粤大記（二）

域外漢籍珍本文庫編纂出版委員會

域外漢籍珍本文庫

第一輯
史部

西南師範大學出版社
人民出版社

粵大記卷之十八

嶺南郭棐篤周甫編

獻徵類

藩監宣勞

宋許申　吳英

明林興祖　彭通　蘇恭則　白思[illegible]

周志新　李晟　蕭鑾　李[illegible]

鄭敬　鍾順　陳政　鄭安

陳琪　何淡　祁順　[illegible][illegible]

姚紹　李聰　何鰲　蘇葵

江源　黃皥　吳一貫　盧宅仁

何繼之　劉士奇　岑嵩　何彥

陳善　胡廷蘭　陳萬言　鍾繼英

許申字繼之潮陽人咸平中陳堯佐通判潮州申以布衣見與語奇之及觀所為文益加器重大中祥符初舉賢良天子東封獻賦頌者數百人召試二人申在列學士院第其文擢申第一授將仕郎秘書省校書郎盖特恩也出知相州鄴縣遷知韶州更吉建二州歷廣西提點刑獄改江西湖南路轉運使終刑部郎中嘗因災異言事極詆時弊凜然有直臣風申為人姿宇軒特識見通敏讀書一經目終身不忘為文淵洽溫潤切劘端正根於所養云申初從陳堯佐為潮州倅艤舟于岸月夜有馬騎數人云丞相漕使會宿于此後陳大拜申果為漕使盖神報之矣申之子因仕至太子中舍孫三人聞誨衛尉寺丞聞義初知賓州終國子監博士閎一登皇祐元年進士曾孫玨娶太宗曾孫女德安縣主授左班殿直繼聞義知賓州在賓賜錦袍者六金帶者三終武功大夫明州觀察使廣南西路兵馬都監四世孫并登元豐二年進士復繼玨知賓州終朝議大夫五世孫居仁居安同登元符三年進士居仁仕至朝議郎知貴州玨子仲禮仕至武節郎為東南第十一將八世孫騫宣同登紹熙二年進士騫為惠州推官調南恩僉判自申而下仕總文武四十有一人焉

吳英南海人生而資幹魁梧有謀畧嘉泰四年海寇竊發有司募人捕之英往應命乃設伏要害處出其

不意擒獲無算特授承信郎開禧二年有邊警調發守把漢川防拓江面虜陡至英請於主将自往偵之英服漁人衣操小舟往来洲渚間虜不疑也淅騎覺之手刃一人而還因得其虚實由是益知名嘉定十年除平江府駐劄御前都副統制十三年轉武翼郎陞御前諸軍都統制十五年轉武經郎十六年轉武節郎又明年轉武德郎淮上却敵多建奇績寶慶改元上賜御筆奨之有曰昨因兩淮屢警爾英能統率舟師措置捍禦功冠行列特轉兩官賜金帶以爾躬爾尚益懋乃續予則汝嘉於是轉武議大夫拜團練使英捧詔感奮淮、之役躬冒矢石為衆隊先乘風急縱火焚虜舟五百餘艘虜大奔斬首千餘級尋戰于北神鎮又縱火燒断横江鐵鎖虜引去及虜圍盬城親率舟師登岸死戰連獲大捷累功轉左武大夫防禦使卒於家年八十四特封南海縣開國男贈官至節度使英為人智勇然在人前默默如無能者愛養士卒不吝犒賞或官無所給即以已資代之故能得其死力所向有功平居有馳騁伊吾之志每聞和議成輙眠食不安者累日其忠憤可尚也子三人長宗道知賓州官至武功大夫次宗達武功大夫知循州次宗遇累官脩武郎

林興祖字伯禎潮州潮陽人七歲而孤毋陳孀居教育及長習舉子業家貧假館以授生徒養毋盡孝洪武初舉孝廉授蓬萊簿丁毋憂居喪毀瘠服除改邵武府倉大使郡中歳饑時尚書夏原吉巡撫福建得便宜行事群集其屬謂曰民莩可憫孰能詣巡撫求賑者方隆暑惔赫衆莫應興祖慨然請行即懐郡牒晝夜倍程以進巡撫覧牒未有言興祖懇懇言民命危急仰公如慈毋義形於色巡撫遽檄郡發廪所活數萬口郡守丁原振薦之于　朝陞當塗知縣有惠政遷代府長史當塗民乞留不得皆涕泣去召還改工部都水司郎中陞廣西右叅議時安南逆命出師討之既平郡縣其地改交阯右叅議分守盤灘城一日餘冦復叛圍城急主帥慮先所招降三十餘人在城中為變將盡殺之興祖曰吾既許以不死殺之不信且無以致後来者冦解云在交阯再歳而卒

彭通字萬里南海人蚤失怙恃勵志讀書工為詩隱居教授從之遊者常數百人洪武四年由儒士舉銓部以名入見　上親閲之拜給事中糸勤封駁嚴公有威同列皆以為勝己時　上方嚮文學多擢近侍員左右俾應制為通詩思敏給　上稱之嘗賜賛善大夫宋濂以群學士歌通預賡和之列九年三月與方徵等十六人偕轉監察御史嘗奉　命巡京郡薦達賢才攻擊貪暴有能聲用事者遣人賫金帛賂之迎辭不可其人强之受通欵以　上聞乃已久之陞山西布政司糸政通單車赴任能以公恕滌積弊河東運司官羨餘不以實聞燾得其情遂寘于法朝廷賜寶鏹旌之有吳印者官至陜西方面本五臺寺僧也以材辯受　上知嘗譖殺按察僉事張丁其家人橫肆諸藩臬事之唯謹偶以事干通通直其罪且斥辱之條其事以聞　上不之罪也尋引年致仕卒于家通為人恭謹外柔而中實剛直為政若不事矯察者然所舉刺動無遺失一時稱賢監司云

蘇恭則樂昌人生元末兵起負母逃難辛勤甘旨養崇之洪武丁卯以春秋經中鄉試授刑曹員外郎明允謹慎事無過舉得陞廣西右糸政廣西蠻地多交側恭則寬恤柔服谿峒猺獠率從其訓永樂四年以事仍前官會師征交趾選僃運給軍餉未幾復授左糸政之命而糧餉不乏又會征南將軍韓觀勦柳慶猺賊所至有功韓觀性躁好殺恭則數諫止之全活甚衆人號為蘇佛子

白思讓樂昌人父玉衡積德種學鄉人以先生稱之思讓生而不妄言笑承家學之懿勤渠將之以貢入京師中洪武二十九年鄉試三十三年授冬官主事有隆譽永樂四年授本部員外郎改左軍都督府經歷滿三載復為員外郎益有政譽擢廣西左糸政旌以清白持身以大體裕政不屑屑簿書期會為能十九年擢山西右布政使以推擇奉　勑賑濟活人數萬所至父老兒童環擁馬首曰此吾父母此韓琦范仲淹公再生人也宣德三年召入朝將加京秩命未下而歿少保金幼孜銘其墓謂思讓殯斂解其衣橐無有餘財可以為殮其清白之操蓋如此思讓氏

手定有孫曰瑩瑩最知名從子純素任大理評事亦
有聲
周志新字日新南海人洪武巳卯舉于鄉筮仕大理
寺評事每有疑獄一言而白壬午擢監察御史彈劾
敢言貴戚畏之目為冷面寒鐵人因稱為冷面寒鐵
公京師中或怖小兒輒曰冷面寒鐵公來皆匿汞樂
元年巡按福建奏言 朝廷設立軍民諸司彼此頡
頏兩非統屬今都司所轄各衛每府官過門或遇
途輒怒府官不下馬甚至毆辱僕隸衛所公務徑行

府州不從即呵責吏典許自今府衛相見行
平禮遇諸途則分道而行所有公務不許徑行府縣
有司官吏毋得淩辱遇 聖節正旦冬至在外衛官
悉於府治行禮開讀 詔書雖邊海衛所亦從布政
司差人都司毋與 上悉從之二年巡按北京時御
令所屬吏民有犯徒流者免罪就發北京民稀處種
田監候詳擬往復數月多死獄中新奏請今後死罪
及職官有犯詳擬待報其吏民犯徒流者悉從北京
行部或巡按詳允就發種田如此則下無淹滯之患

上不負寬恤之恩 上諭都察院官曰御史言是也
且命北京百姓有犯應決者許其收贖燕民大悅
成祖嘗呼其名為周新因改焉而以志新為字三年
九月擢雲南按察使未赴有 旨改浙江有冤民遠
繫聞知喜曰冷面寒鐵公來也吾無患矣及至洗其冤
放之自是異政日著一日視篆忽旋風吹異葉至前
左右言城中無此木獨一僧寺有之去城差遠新悟
曰此必寺僧殺人埋其下也冤魂報我矣發之得婦
人屍人稱為神明一巨商遠回未抵家而日暮恐或

行為人所圖潛以其貲置一祠石下至家妻問之告
以故明日求之無有也往訴之新新曰是必而妻有
外遇也覆之果然蓋歸語妻時接之者竊聽先往取
之矣遂併治之有訴爭雨傘者甲曰我傘也乙曰我
傘也彼奪之所言記驗皆同新命剖之各持其半去
陰遣人尾其後甲曰我始欲助汝傘價之半得非汝
利也乙荅曰傘本我物寧餘低價屬汝於是甲就縛
正其罪其燭奸類此境中有虎害為文告城隍須臾
得虎格殺之初往浙道上蠅蚋迎馬而聚尾之見一

暴屍惟小木布印及至任令人市布得印誌同者鞫得其情乃正其罪悉以其贓召布商家給之家人大驚始知其死於賊也它如辦豆獲盜人皆服之其除姦類此會夏秋潦窪田盡沒永樂九年湖州府無徵粮米十七萬二千四百餘石所司一槩催徵民日逃亡奏乞遣官覆驗　上即命户部覆實蠲免錢塘知縣葉宗行號廉能嘗頌之入其居無長物惟笠澤魚腊一束其家所寄者也抽少許以出明日召飲出示華樂益砥礪號錢塘一葉清後卒于任為文往祭哭之甚哀其旌别淑慝類此寮寀一日餽以鵞炙懸于室後有遺者指示之新未顯時其妻治褥以給及同官内燕荆釵布裙以往大類田野婦各相慚悉更為澹素其廉介類此故當是時周憲使之名震天下澤及無告民自不寃雖三尺童子皆頌其美焉初錦衣衛指揮紀綱用事使千户往浙緝事多作威福受吏賄新時進須知如京師遇諸涿州捕繫之千户脫走訴于綱綱乃更誣奏新　上怒令馳馬逮新承綱意者榜掠無完膚既至伏陛前猶抗聲曰按察司行事與在內都察院同　陛下所詔也臣奉詔擒奸惡奈何罪臣臣死且不憾　上愈怒命戮之臨刑大呼曰生為直臣死當作直鬼他日顧問侍臣曰周新何處人對曰廣東　上嘆曰廣東乃有此好人耶枉殺之矣後紀綱以罪誅事益白新既就死其妻獨挈遺衣及書數卷歸廣貧居如洗然都御史楊信民巡撫時存問其家周以月俸嘗語人周志新當代第一人吾黨所未及也新無子景泰初其妻卒於家浙人在廣東藩臬者皆會塟云或言公被刑之夕司天奏文星墜　上以是悔自後見一人衣紅立日中呵之問為誰曰臣周新也上帝以臣剛直命為城隍為　陛下治奸臣貪吏言已不見天顔憮然嗚呼豈其然乎要之公清風勁節自足以傳也

李晟字孟昭南海人器宇凝重舉止不凡兒時見者知其必貴少失怙入邑學博通經史有文名且能承顔事母華除己卯鄉貢進士靖難初為户科給事中嘗侍左右言事稱　旨永樂癸未春三月　上御奉天門選近臣有才識者使廣東撫綏河源山澤間流

亡之徒　上顧晟曰汝其往哉當陛辭有　旨許過
家省毋賜道里費楮幣以行人皆榮之後　命加慰
勞已丑春正月　上御奉天門晟方奏事　上謂吏
部曰吏員中多有才幹者然亦能害人可令給事中
保舉若非其人則平日交結可知其併罪之晟受命
而出乃奏保郎中萬子雅辦事官前御史傅衡　詔
試二人以事然後任職由是益爲　上所知元夕賜
百官觀燈應制賦詩爲人稱賞與同官陳山輩皆驟
擢于時壬辰進都給事中以廉能舉保擢知廣西南
寧府不鄙夷其民專尚德教歷六載梗化者悉歸供
賦稅以績最擢河南布政司叅政所至有聲致仕家
居尤篤孝友鄉邦論純厚君子必曰李大叅云按李
孟昭爲都給驟聲僅出知南寧府滿考乃陞大叅今
則都給徑陞京堂或轉大叅則怏怏動色矣是不可
觀世耶
蕭鑾字景和潮陽人少勤學登宣德丁未進士初拜
行人使茸肅亦力把力以至哈密多饋方物鑾厲聲
曰　天子仁聖惟恐六合之內一物不得其所故遣
使宣諭汝等肯受汝賂耶遂不敢復有所獻　上嘉
其廉能擢江西道監察御史彈劾不避時遇禁獄囚
犯家口百餘晨暮籲天告冤鑾白其事憲臺俾鑾詳
讞時左都御史王文黷貨剛狠語鑾曰御史好爲之
人罪不可輕出鑾果雪其冤文郎推案大怒曰御史
果輕出人罪法當誅鑾曰置無辜於死地法當爾耶
郎欵具奏文懼乃從之被釋者焚香載道祝壽鑾見
而麾却之正統甲子秋予告歸省明年擢廣西提學
僉事躬率諸生先德行而後文藝講習日有課程歷
年士風[illegible]變人材迭出景泰辛未裁革提學尋丁毋
[illegible]起復除湖廣僉事時按察使楊珏譖黃
州知府與衞鎮撫互奏事下所司皆推避鑾獨問擬
如律珏由是譖戍庚辰丁生毋憂辛巳珏誣奏鑾都
察院奏　旨訊得其實鑾復職得終制癸未復補福
建僉事廉能有聲吏部尚書王翱欵擢以京職鑾力
以疾辭成化乙酉擢山西副使比至有張瑄者以通
政謫知霍州怙勢大肆刻剝部民百餘人摭其事情
會跪詣闕奏之有　旨都察院行鑾鞫問鑾閱實罪

狀黜瑄為民又奏鑾陷已極其詆毀然公論莫不直
鑾奏遂不行居二年上疏乞歸不允請至再三 詔
乃許之去日士民攀轅泣送遮道抵家橐無長物蹤
迹丘園不履公府時年近七十出入自策扶老不乘
輿馬人皆敬之八桂生徒有官職過潮者相見猶凜
然其師道尊嚴如此

𡶶齡字景齡潮陽人自少以穎敏稱經史過目即能
成誦甫弱冠領宣德己酉鄉薦會試南宮中乙榜授
賓州學正調國子監學録太宗伯胡濙器其才薦為
監察御史 勅命提督北直隸郡縣學未幾 特旨
陞詹事府丞入史館輔導纂脩之功居多景泰丙戌
上命為京闈考官掄選真材允愜輿論及丁內艱服
闋補太僕寺丞轉江西提學僉事齡欲士子敦本尚
行嚴責記誦痛抑奔競其自持一言一動不苟餘干
胡居仁躬耕養弟力行有聞請主白鹿洞教事以為
學者式人或欺之亦篤信不渝被譖而去時論惜之
考其平生大抵忠厚不苟徇俗文章政事為當時所
重云

鄭敬字德與東莞人少[illegible][illegible][illegible]敏讀書雖易於記憶
然每誦必百遍乃止夜誦非三鼓不休取正統壬戌
進士授南京湖廣道監察御史廉介自持曹無滯牒
同官憚之六載陞江西按察僉事改河南雲南滿考
將之京土酋循故習賫以兼金異貨家人或勸之受
則大怒叱之曰我司風紀二十年享有常祿猶懼弗
稱況敢暗昧改節以欺天乎竟卻之成化丙戌陞山
東副使食少事繁方踰四褎而鬢盡白即自陳致仕
歸卒于家年五十八其卒也幾無以為歛人皆稱之

鍾順字必華南海龍江人鄉貢進士景泰中知沔陽
州江西凶人周禮洪能起大獄為患荊沔順以計擒
視奏疏叱其不恭即杖殺之監利縣民越境而訴者
凡百有七十人受理聽斷咸得其情監利民大悅為
立生祠於滄浪之上後終廣西太平知府政暇能為
聲詩人多傳誦先是同邑易善為給事中出知岳州
府政尚寬厚吏訟明察凡案牘一目洞然吏不敢欺
稱為神明進湖廣布政使景泰中引年卒于家有程
勉者仕監察御史按江西有能聲湯性方者歷刑部

主事郎中陝西按察副使以剛直果決知名三人是皆起家鄉薦以致貴顯有赫赫聲然惠及鄉邑去後見思世皆評順為最季子禧與李承箕善其卒也承箕挽之白沙陳獻章和焉

陳政字宣之番禺人生而秀穎六月能言三四齡時客有以三人聚話命之對者應聲曰四皓同遊客大奇之十五能文詞有理致作自訟文以警勵提學僉事彭琉見之曰此能潛心孔孟者也亟稱之正統[illegible]酉發解第一卒業太學祭酒李時勉命與商輅等[illegible]十八人讀書于禮經閣下登景泰甲戌進士選為翰林庶吉士與脩寰宇通志書成拜湖廣道監察御史繩愆糾繆務存大體嘗疏敬天勤民十事人服其敢言尋奉璽書提督北直隸學校立教條十五事設簿書以稽學者勤惰隨其資質高下而成就之大都以德行為本文藝為末未嘗輕易棄人故學者咸懷其德閱九載郡邑諸生交章奏保特陞山東按察司副使提督學校如前蓋前此所未有也先是積歲糧餉不敷庠序廩米折半支鈔奏言京師首善之地當以養人才為先不宜吝惜小費丁亥上疏言追崇孔子當更易大成之號以洗胡元之陋復玄聖之稱以正宋人避諱之失用示一代崇道盛典會議者加詆斥寢其疏不行是歲改雲南按察司副使至則繩武弁之尤無良者數人脩舉憲度張弛有道民夷安之甲午獻績之京至湖湘遘疾還番禺治療逾二載卒年五十有九政為人資性淳雅學殖該博存心忠厚不言人過孝友信義之聲洽于鄉黨廣之薦紳謂可以託妻寄子者政一人而已

鄭安字康民海陽人敏悟絕人經史一覽成誦弱冠以春秋領正統丁卯鄉薦第一登景泰甲戌進士授河南道監察御史彈劾不避權要　憲宗即位抗疏陳八事多見採用因南畿災變迭見復疏言宜策免大臣戒飭在位言甚剴切繼遷陝西按察副使時番賊馳龍等一十五族屢為邊害巡撫僉安會軍撫捕安直抵番界召酋長諭以禍福皆率衆詣軍門請降歸所掠人畜財物有二族既降尋叛安設方畧討平之以南洮河一帶及西北路諸要害為番賊出沒之

處皆築堡屯兵據勝固守邊填以寧復言番僧進馬者類多詐冒以所得錦綺製為戰袍宜加裁抑因原州上连滿四等據石城架砲山作亂出師討之安在行多賛畫滿四就擒安作西征鐃歌鼓吹以紀之居官二十年敝廬環堵如故未嘗增一產業秩滿以毋老便道歸省卒于家

陳騏字夢祥南海人少業醫後及學舉子業為邑庠生時年二十七矣三十一舉于鄉連登進士拜大理寺評事晉左寺副脩撰羅倫以剛許之陞江西僉事發奸摘伏有能名分巡嶺北民病瘴以藥活之者至八百餘人勘虛糧明經界均徭役民不敢欺有病死而歸以被毆殺告者騏視而析之曰傷必有血蔭令肋骨形彎內黑彼能自內毆耶煮皂角水洗之黑色盡去獄遂决人服其明巡九江凡清出虛糧十八萬三千餘石儲贖罪穀備賑濟至二十一萬六千石有奇以各道罰罪銀市材倩工脩理學校祭器毀淫祠九十七區百姓以陳打鬼呼之陞雲南副使時鎮守太監飫家人不法每為騏所制中傷之遂訐奏落職家居年八十餘卒騏性勁厲自許晚年論名理與張詡論不協著魯魚辯原學諸篇蓋亦自有所得云騏性聰警善斷獄為江西僉憲初至夢有一虎帶三矢登其舟覺而異之會按問吉安一女子謀殺親夫事有疑初女子許嫁庠生女富而夫貧女家恒周給之其夫感激每告其窓友周彪彪家亦富嘗聞其女之美而歆求婚後貧士親迎時彪與偕行謂之伴郎途中貧士遇盜殺死從行者皆驚散而貧士之父疑女家嫌其貧使人故要於路謀殺其子意欲他適殊不知乃彪所謀欲得其女也遂訟于官問者不察因抜女有姦而謀殺夫騏取貧士之父問之止得其畧未之詳但云女與人有姦則不得其主名使穩婆驗其女又處子乃謂其父曰爾子在學交與誰最密曰有周彪者騏因思曰虎帶三矢而登舟非周彪乎况彪又伴其親迎夢為是矣越數日偽移檄下吉安取有學之士脩郡志而周彪之名在焉既至騏設饌以飲之酒半獨召彪于後堂屏左右引彪手嘆息陽謂之曰人言爾殺貧士將娶其妻吾憐汝有學且此獄

一民不可復反異汝當吐實勿欺吾則赦汝彪錯愕戰慄即跪而悉陳之騏錄其詞潛令人捕同謀者一訊而獄成一郡驚以為神士大夫咸作詩歌以詠之騏生平慷慨多大節羅一峯詩云舉世皆婦人惟公獨男子其見重如此

何淡字中美順德人天順丁丑進士除知山東濱州適蝗旱淡至以勸相耕農為首務定糧役料物以貧富為差書為由帖預給之聽以粟麥布絹通融折納其病民者一切罷之及期不待督而輸賦集暇取呂氏鄉約教民榜每鄉慎選老人親為演說大義使訓其閭里按季查考民以惡聞則召其鄉老泣謂之曰吾不能化若與若不能化鄉其罪一也然吾則罪首也民苟三犯吾當自劾求退於若何如各慙謝而去訟為之稀例得皂隸馬夫芻薪錢悉移應公務乃新學宮脩禮器延聘師儒聚民之秀者日夕教之初士習鄙悍解額荒甚自是科第煥赫甲於他州輿論稱其廉明仁恕政務畢舉民安其業所定徭役後守宗以為法會丁內艱去士庶萬餘人爭哭而留之騎不

清苦乃醵錢二十萬相與謀曰我公素廉不受餉贄其受乎付鄉老余良勝與至臨清致賻淡正色卻之良勝負還散於衆不匿一錢蓋化於淡也後貌淡像祀諸龔遂祠服闋入為工部虞衡員外郎陞湖廣襄陽知府教民力農為築陂堰使時灌溉江右布商群來誘民取倍息因之興訟相讐殺痛繩之民始有寧居尤重學校所教髦士多取甲科前此未有也陞貴州左參政時生熟苗相攻郡縣騷然撫巡集議用兵請淡招之會朝命下如淡言撫巡即檄淡往淡單騎深入諭以威德遂釋甲返故土尋以親老乞歸得允時年纔五十餘與從弟副都御史經內弟參政李聰同時致仕人詡以為難淡居官三十年俸祿恒以助公費家產無所增貧至不舉火自處晏如也暇惟課僕種園蔬以自娛知縣吳廷舉稱為吳隱之流亞分俸賙之張詡贈之以詩謂其清奪粵江水云卒年七十五鄉評重之

祁順字致和東莞人天順庚辰進士　廷對當舉首以其姓名近　御諱於傳臚弗便抑置第二甲第二

[illegible]選部主事轉户部陞員外郎郎中嘗充會試同考
官成化乙未建儲賜一品服使朝鮮惟疋騎從自就
館至旋旆凡輿馬金繒贄使之奉一切麾卻三韓君
臣相顧駭異爲築却金亭刻使東藁来幾陞江西左
參政三載以註誤左遷貴州石阡府知府其地僻陋
至則謹斥堠開屯田廣儲蓄流散日復土人素不知
學自開郡来無貢舉乃興集儒生親爲講授數歲而
擢科者數人弘治癸丑陞山西右參政乙卯陞福建
右布政使尋轉江西左布政使撫按交章特薦王恕

在吏部亦號引之内閣丘濬劉健順知已也皆歎[illegible]
順順未嘗念動辭以書甚力其平生邃問學持大體
守官無私人亦不敢干以私用公帑如已物一毫不
妄費在江西積金數千將易質聞人言可私爲歸計
者即戒妻子曰若私此金吾目必不瞑矣寧歸而餓
死可也乃悉歸于公焉卒年六十四嘗著石阡志十
卷詩文二十卷行于世弟順舉于鄉從弟珍敦雅明
經子敏孜政敎皆以春秋家學得舉敏敕最知名
敏字惟學順之子壬戌進士授户部廣西司主事嘗[illegible]

宣尉懷来鎮給賜邊軍人受實惠歷陞員外郎郎中
卒敕字惟允弱冠魁薦丁丑進士對策有云雖 上
聖亦必有所思雖至尊亦必有所畏道以思而明心
以畏而存蓋舉其所學以爲獻也歷刑部主事晋郎
中嘗辯出曹恕王良弼之冤議減屈劍高巒之獄人
以爲平戊子廣西主考竣事道拜饒州守治獄如刑
曹時奸吏弄文者悉屏斥嘗議鑿井濟囚渴忽泉自
湧出人稱之曰應得泉會當 上燒造 郊壇磚以
愆期逮詔徵謫貴州婺川縣典史道病歸卒[illegible]

之其敎子弟曰士君子求不失此心而已進退榮辱
命也人以爲至言有棠埜藁傳于世
陳穢字仲芳番禺人甲申進士拜南京户部主事侍
郎王恕署部事少許可獨稱其操履清[illegible]晋員外郎
郎中隨出守梧州州當兩廣衝要軍門政務繁劇每
處之有條總督都御史朱英器其才丁外艱起復赴
京例當補任適王恕爲吏部尚書雅知之即陞福建
參政巡歷所至文移精練吏不容奸民甚懷之晋廣
西右布政使時値頻年用兵凡百處置不乏弘治[illegible]

酉與當路微不合乞歸居家卜餘年以詩文自娛卒年七十八穢万正有禮待客未嘗不冠帶聚會雖歡甚未嘗出一褻語白衣有與抗禮對席者輒叱退之婦女孀居者皆能守節人稱其家教足為一鄉表率云

姚紹字廷述潮陽人成化戊戌進士歷官戶部郎中廣西參議所轄地方雖瘴厲衆所不到者紹亦深歷以撫綏之泗城南冊那地東蘭諸州土官餽以兼金峻拒不受衆言奥情疑懼不已乃檄送軍門謝事之日囊橐蕭然

李聰字士達順德龍江人父德彰善醫以藥濟人不責其報正統己巳之亂衆推保鄣後捍禦有功民賴全活聰為人曠達樂易成化丙戌進士授南京江西道監察御史　孝宗龍潛聰率先疏　請立儲貳以定大本　上意遂決既冊立　賜以綵叚尋陞嘉興府知府未幾丁內艱改饒州府恤刑節用勸農興學湖水為患築堤捍鄣民稱為李公堤凡遇雨陽祈禱無不感應迺風歲火有虎入城傷人禱于神曰知府若有雪政害民宜為虎所傷否則神當亟除虎害禱畢立檢虎而殺之人以為異陞廣西參政未幾即上疏乞休時年五十二知縣吳廷舉扁其額曰見一家居三十年足跡不履城市卒年八十有一其生平仁愛水旱必禱于社未嘗一念釋於民焉

何鰲字子魚正德戊辰進士令慶元有政聲召為御史有建白多見用如逐佛朗機夷人出境有功於嶺海出按湖廣持大體革吏弊以燕明謝擢松江知府善均糧役嘉靖庚寅進山東副使備戎徐州州故有驛舘夫役為民厲階父患苦之莫有革者鰲為議罷其役歲省民財殆以萬計徐人以此歸德焉後擢湖廣布政使子思贊庚戌進士歷官鹽運使覃恩贈鰲太中大夫

蘇葵字伯誠順德人性剛介不茍合舉成化丁未進士雅有文譽選入翰林為庶吉士每試輒居前列授編脩弘治丙辰次當充會試同考會有權勢為其私人通關節葵堅却之因辭入試遂被讒出為江西僉事提督學校江右士習驕惰葵以身立教力挽回之增修白鹿洞書院置田以贍其來學者士風翕然知

趍于正時鎮守太監董讓作威炎人縉紳奪氣蔡守正不為詭媚讓巫奏蔡遣法司盛洪等臨治洪閉門欵加葵刑諸生數百排闥而入擁蔡出事竟得白改督四川學政行囊無資兄政為建寧教官遣人周之既至每朔望陞講堂與諸生研求正心誠意之旨脩飭大益書院擇文行之尤賢者讀書其中賢聲丕著士子愛之如父兄焉屢遷福建右布政使卒正德辛未關中李夢陽來視江西學事請祀蔡于白鹿洞先賢祠曰公昔省方視學衿佩作氣抗折權貴威武不屈茲洞之興公實有力德祀功祀公宜蕪之予督四川學時脩省志列公於名宦傳中請入宦祠春秋秩祀焉所著吹劍集行于世

江源字一原番禺人少攻苦讀書成化乙酉發解第一己丑登進士筮仕上饒知縣清理獄訟為百姓所服陞戶部主事晉員外郎郎中清慎自將且有文譽侍講王臣輩皆推重之僉事江西綜屯田水利之政燭奸剔弊不動聲色而事畢舉陞四川兵備副使鎮松藩守將雅敬其學行事每遜之夷酋饋獻一無所受居三年邊鄙不聳致仕歸優游林泉以詩鳴嶺南卒年七十二所著有桂軒集

黃皞字時雍南海人成化乙酉鄉進士讀書太學發二十年明習典故而學業益精人多從之遊試銓曹第一授吏部司務轉驗封司員外郎擢江西左參議提督糧儲精筭法吏不能售其奸寧藩欵增祿米之直皞執不可同鄉一儀賓來嚇皞曰王已草奏劾公林泮以下且斬皞徐應曰彼何與焉第斬吾一人足矣欵据撫其私竟不可得正德丁卯劉瑾用事栽革管糧官報至皞不色動治裝行李蕭然家居二年復以舊職起之尋擢雲南左參政管內多土官茶甸長官沙福者婦人也與其叔普顯治兵相攻皞單車往諭以禍福卒平其怨而歸凡制事每謹恪剛勁不為勢利所奪夷僰安之致仕卒年七十三皞以清白遺子孫人皆重之子學裘學準鶴齡學矩延年皆舉于鄉延年領首解孫濬溥相繼鄉薦溥見任南寧府同知

吳一貫字道夫海陽人資性明敏長於政事成化辛丑進士上高知縣勤慎廉能興學除奸吏不敢欺叵

無所撓擢御史獨持風裁巡按浙閩黜貪墨均傜役
平漳寇所至肅然累陞至大理寺少卿嘗奉使經畧
邊務上安邊策數萬言皆見采用時宦官劉瑾專擅
一貫以直忤諭嵩明州同知尋陞江西按察副使有
靖盜築城功每見上高吏民如家人父子轉按察使
行部至奉新卒民哀之立祠祀焉

盧宅仁字伯居四會人醇雅朴直登進士授都水主
事差管濟寧閘河議脩仲家淺諸閘有成績時逆瑾
有所需同事曲徇宅仁不從幾蹈乎禍瑾敗遷員外
雲南副使以邊功受賞陞福建按察使風紀振肅然
決究獄丁內艱服闋補廣西復以父喪去服闋竟堅
志不起報還雲南右布政使守令勸駕宅仁歎曰人
臣之義終事而退且仕以禄養其親二親俱違養矣
出復何為遂得請致仕居鄉恂恂悍隣有犯者以理
諭之不悛則閉户弗校其謹厚類此

何繼之字克肖順德人世家小圃繼登甲科者六人
初知攸縣豪民張金怙勢逋負執而懲之由是知名
惟艱服闋復補惠安能剸煩劇吏攝莆田士民稱服
權户部主事歷郎中知松江府不受糧長賄賂權要
帖然蒲考得　馳恩前此奉有旨晉河南按察副使
轉參政受委往小灘與主事對糴雜糧解運京倉原
額既完羨銀八萬七千餘兩同事欲私堅不肯徒悉
發府縣收貯晉福建按察使抵家卒繼之廉和清謹
積俸能散每賙族黨云

劉士奇字邦正龍江人舉進士授刑部主事錦衣千户
陶淳枉法殺人言官請逮治不問士奇再請覈實之法
轉員外郎議禮與諸臣伏　闕哭諫杖不死遷郎中
山陝兩藩府與有司訟奏　命臨訊論如法出守梧
州梧州有閣之征軍餉委輸時有奇羨士奇不為利
民多竹舍失火延燒輒數十百家士奇患之表火道
度數家障以崇墉災乃止在郡七年超拜廣西左參
政悉心折獄時有某甲者一家九人傳致強盜誅因
數年士奇鞫而釋之奉兩院檄督兵平七山之寇以
功擢江西按察使監試秉公柄文者欲私權要數令
人諷之士奇執不可右布政山東以病乞骸骨歸居
官廉介家無餘貲或傳士奇常歎市覘問其妻妻曰儻

不書清字與之杜門八年卒
岑萬字體一號浦谷順德人少補郡庠生初名教誉
學歐陽石岡公改今名乙酉鄉試第八連登丙戌進
士觀政工部授戶部主事管九江鈔關著廉聲轉精
膳員外主客郎中陞布政司參議憲度清肅晉理御
簡器用不匱陞雲南副使嚴法御泰更齋歸心陞四
川參政轉廉使風裁整敕入棘得才稱盛陞河南右
布政祛剔宿弊秉持法紀掌篆積羨數千皆歸公帑
時稱其清介陞福建左布政以持正忤于直指傳
論廣右參政陞按察使尋復河南右布政使適前直
指復肆詆誣以年老致政時公年方五十六歲浩然
解組歸徜徉林泉澹如也子用賓巳未進士歷官給
諫直言不避權貴公庭訓然也公明朗端方器度坦
夷人莫不愛敬之作為詩歌優游乎中追古作者有
蒲谷集十卷藏于家笥
何彥字善充馬寧人以舉人署惠安縣教諭登進士
給事南京戶科武定侯郭勛請復置長陵鎮守太監
怙寵作威福自恣人莫敢犯其鋒者彥乃疏鎮守之
害非祖宗法事得寢彥之力也吏部尚書許讚徇私
骫法劾之禮部尚書嚴嵩宣淫納賂又劾之出守衢
州時遼王縱恣數害吏莫敢言而諸王歲祿不繼每
升堂以讓譚彥在郡無諱者荊當岷江下流分數道
以殺其勢權貴人欲湮其一為利彥獨執不可曰若
然民其魚矣彥雖和至大利害未嘗風靡人以為難
擢憲副治荊岳改貴州參陸升肅行太僕鄉遂不出
彥長者於物無忤居里中恂恂如也晚築定性澄心
一樓靜坐其間時從學士先生講學賦詩嘗道以其
醇德年又最高益重之九十而卒祀于鄉賢祠
陳善字繼初號玄山南海佛山人幼穎悟器宇凝重
嘉靖辛卯領鄉薦第九人乙未授全州學正誨人率
先名節信義教學相長益嫻于文辛丑登進士高等
授刑主事盡心刑獄多所平反考績得貤　恩晉員
外郎擢浙江僉事威惠大著時數十人採旅海島為
避者所執誣以為盜撫臺欵按以大辟公力白而釋
之有盜錢粮者牽連人衆郡倅縣罷極刑公覈實出
之其持公平類此陞廣西參議碑意經畧以平柳慶

功擢江西清戎副使便道歸侍太安人遂不出居推
承顏順志不以三公易一日之養時論重之何古林
尚書誌公墓稱其秉憲恪職隨事著功見幾介石難
進之風云

盧夢陽字少明別號星野南海人甫十歲通經書大
義十四入郡庠督學田豫陽公奇其文丁酉舉鄉薦
第六戊戌登進士時方弱冠請告畢姻庚子謁選授
刑部主事盡心讞議明允有聲陞員外郎兩拜 恩
綸封厥父母壽奉 勑錄囚兩浙所釋活若干人矣
恤刑錄中庚戌典試禮闈所得多名士以丁內艱起
補郎中未幾轉憲副督學閩中青衿斌斌奮起會元
田一儁榜眼黃鳳翔探花林士章皆公所鑒識者乙
卯遷遼東苑馬卿尋轉雲南參政辛卯鄉科入棘錄
中文序多出手筆壬戌入 覲遷福建右布政使會賞
萬壽表過里會邸報為秦御史疏論罷職公怡然安
之風性聰悟與同邑雙村馬拯齊名時稱盧馬馬舉
丁酉解首同連登甲第當時才名燁燁而馬不壽授
工部主事而卒時論惜之公雅好文詞所書萬卷所

此處缺一葉

時之望三子子份子倣子倜俱太學生有時名▬
陳萬言字道褒別號海山南海人公自幼岐嶷年十一以奇童稱入為邑庠弟子員二十年領壬子鄉薦丙辰成進士授池州府推官鋤奸剔蠹雷厲風行池民愛頌之滿三年召拜監察御史巡中城時同年御史鄒公應龍劾首相子世蕃衆惧不測公往訊之相與鼓琴終日義形于色已巡長蘆清釐積弊巡閩中倭寇警急行視列郡嚴儆戚將軍繼光為防禦計民賴以安再巡川蜀即差胡入貢溢常例者三百餘人公以　朝廷威德諭之俾遵舊約風紀丕振公之巡關蜀也皆典試事得名士最多遷江西副使視學事二載餘忽報太恭人病公即疏辭歸侍病久之太恭人卒得親歛殯無憾既服闋以御史疏薦調部補大名兵備副使改求平公習于邊務轉江西右參政為忌者所擠擴乃致政歸與予輩結社浮丘優游林泉者十餘年而卒公慷慨大度不為小廉曲謹所踐履亦不齷齪於繩矩之內卒年七十有五子鳴陽鳴岳鳴鯤皆庠生公以蜀省舉劾疏至京詞藻炳蔚時稱才功擢江西清戎副使便道歸侍太安人遂不出

胡璉蘭子伯賢別號相江祖暐領成化甲午鄉薦尹甌寧有善政民思而祠之督學宗臣為撰德政碑璉蘭少負雋才又淹芹泮及己酉鄉試中榜元連登進士任南民部主事有能声尋權揚州稅浮於額九黄悉籍報之曰乾沒自潤非人臣之義也陞署陝西司郎中時東南多警務足餉運時無脆巾之呼庚辰至督學閩中閩數多才而俗多鑽刺一切謝絶之倭夷入寇守當東門領兵登埤寇焚城風從之率衆[illegible][illegible]艘大風旋西轉寇多被燔者各鄉民望城而奔守者拒弗納璉蘭曰皆吾赤子也忍驅之鋒鏑乎開門入之寇既退行部及莆寇又猝至庭蘭決策殲勁倭于峯頭灣時稱奇功然竟以航髒取忌調令于滇至則諸夷跳梁院檄監易門軍計擒溫天王李向陽于鳴鳥谷又擒木址賊芮方廷羙峒賊賊首趙大經新化賊首楊弦子等所向皆大有功二臺立石碧雞以紀其成然謗書且盈篋矣乃拂袖歸作鴈塔以壯風氣其詳具游令崇德記中璉蘭在揚有頌思碑在閩有

功德碑在滇有碧雞碑孰謂儒者徒美鉛槧乎哉
鍾繼英字樂華别號心瞿東莞人父本成以樂華貴
贈監察御史樂華年十五失怙事其母太孺人甚孝
自力于學戊午舉于鄉乙丑成進士選讀中秘書試
職高等隆慶丁卯陞雲南道監察御史時　穆宗登
極御經筵疏請日進講章以裨聖學又論據石給事
星將論題之巡視北城獨持風裁江陵以私憾有所
屬不少徇江陵銜之尋巡長蘆鹽所至杜申究白憲
度肅然　穆皇帝集宦者千人演武内苑公力疏言
端習尚以肅宫禁遂報罷時謂有回天之力又疏言
推廣聖心隆繼述以成大孝大都護　聖躬禮
聖后導　皇子為當今急務　上嘉納之侍經筵有
白金文綺之賜丁劉太孺人憂起補河南道疏陳考
察事宜切中肯綮遷廣西提學副使不迎合新法江
陵惡其異已樂華遂稱疾解印綬會科臣擬拾其過
竟調用癸未補湖廣副使以有心病不果行居家杜
門次獎以終其身樂華居言路有諤諤敢言之節其
督學甄鑄有方於風教三致意焉予六人嗚虞嗚旻
鳴商鳴周鳴魯鳴蕘皆邑庠生翩翩進取未艾云

外史氏紫曰崧高之詩言維甫及申維周之翰
四國于蕃四方于宣後世方伯廉訪之任昉于
此并稱監司云方伯一稱牧伯漢百官表曰位
居牧伯分刺諸州是也廉使或稱廉鎮唐崔鉉
制曰歷居廉鎮是也漢唐以前粤之監司無可
攷見宋惟許申吳奕載諸志表餘寂無傳焉
皇明御寓建設二司藩以承宣德化臬以整肅憲紀
如左右手然其權要兼重已粤載可考見者若
林與祖彭通蘇恭則白思讓李晟鍾順何淡祁
順陳毅姚紹李聰何鰲蘇葵黄皡盧宅仁劉士
奇岑萬盧夢陽則皆藩伯之賢也若周新蕭鑾
李齡鄭敬陳政鄭安陳琪江源吳一貫何繼之
何彦陳善何泒行則皆臬使之儁也聯書于篇
其美具見矣至于周新生稱寒鐵公殁作都城
隍寧非一代之遺直哉詩曰高山仰止予生也
晚竊嚮往焉

粤大記卷之十八

粤大記卷之十九

嶺南郭棐篤周甫編

獻徵類

清直高蹤

漢唐 珍 踈源 吳 碭 吳黃蓋

唐甯原悌 敬元禮 韓 澄 五代何澤

宋丁 璉 黃正一 李積中 張 持

鞠 杲 張 夔 陳康延 馬持國

馬晞驥 溫若春 陳應辰 梁應龍

王道夫

明李 鳳 黎 光 古彥輝 陳善佳

唐 誼方 白 瑩 唐 舟 黃本固

陳 諤 李 澤 梁 軫 嚴 貞

林 貴 沈 福 郭 觀 業 溥

何楚英 吳 璘 梁 昉 劉 澄

王 拯 林 榮 曾 祿 姚 珩

林壽方 先文淵 李學曾 林洋 陳 實 黃 著

勷 黃 重

鍾 蓋 經 劉文瑞 倫以諒 王天與

張拱辰 梁 焯 鍾雲瑞 黎 貫 戴 銑 俞宗渠

梁廷振 羅虞臣 鄭廷鵠 陳 澤 吳允祿 趙 勲

張 潔 張 宰 李 鳳 翟宗魯 梁 津

李 价 孫蕃興 羅蒙 倫 文 岑甫賓

唐珍字惠伯桂陽人幼時聞人讀書即能記誦人謂神童及長狀貌瓌特善事父母天性恬澹寡欲荆州刺史度尚甚稱重之及就辟召累官太常熹平二年秋代楊賜為司空嘗奏請緣海立堠戍以防夷寇天子不從自言先世家本潁川大父南徙已居三世時同族有中常侍衡與左悺等竊弄威福衡常呼珍為弟珍耻之自是陽瘖不復出言明年冬遂以父病辭歸居公位僅踰朞月素師事郴人成武丁得黃老養性之術閉户呼吸玄牝人罕接焉光和二年卒郴人屢見其出入山水間遂立廟祀之祈禱有應號唐司空廟其子孫至宋益盛三世登進士第自元始其家譜以惠伯為珍字湟川志則止名惠伯且以為仙閬經云惠伯每朝謁乘二龍至家化為竹杖宋有田家盧奴子樵於司空廟山麓失路父母悲悼三年乃歸自始腰斧入青林遊臺殿玲瓏碧嶂飛湍見紫綬者

飯而遣之曰行矣早回後敗廣市魚塩歸餉耕者朝往暮還鄉里異之因目其地曰仙山

踈源字元沠南海人出給郡役為户曹佐源性廉潔家貧餉晏不至同第人餉先至呼之共食源未嘗聽由是知名後為尚書郎習練故事為九卿所重故人有詣源歎通者源絶口不答臨别便與訣曰子以言汚我從此與君絶矣居嘗拱手端坐人望之儼然儼直遇隱寒權䝉絜震掉戟栗吏獻裹堅却之從司徒上書言事忤權貴得罪廢于家而卒

吳碭字叔山揭陽人漢末察孝廉為安成長孫權使呂岱取長沙郡碭據縣以拒之權遣魯肅攻圍碭突去曰碭受天子命為長知有漢而不知有吳也後權統有交廣遣步騭為交州刺史義碭而不見責碭亦不後出仕

黃蓋南海人吳孫權時舉茂才為日南太守日南素年友叛頑梗難治蓋思懲之下車呼主簿數其罪殺殺之一郡大鬨討之乃定自是知上下之分歛手遵法後改始安太守治有能聲初魏人唐咨因亂兵推奉為主浮海來降權以咨為將軍後討南海盜賊有功將帥多交接之蓋目為叛人竟不相見其疾惡類此太元中卒君子謂蓋之疾惡為已甚云

寗原悌欽江人寗氏世為合浦豪族原悌即刺史純從孫也純能以詩書禮義教其族人原悌少好學武后永昌元年舉進士以賢良策試于廷時對策者千餘人詔吏部尚書李景諶糊名較覆以張說為首后覽對置說乙科而擢張柬之第一原悌第九原悌出鹿服得上第朝野咸歎異之授秘書省校書郎累官至諫議大夫睿宗景雲二年上以二女西城隆昌公主為女官以資天皇太后冥福原悌上言以為先朝悖決庶人以愛女驕盈而及禍新都宜城以庶孽抑損而獲全又釋道二家皆以清淨為本不當廣營寺觀勞人費財梁武帝致敗於前先帝取災於後殷鑒不遠今二公主入道將為之置觀不宜過為崇麗取誇四方又先朝所押諸僧尚在左右宜加屏斥上覽而善之原悌玄宗朝復以諫議大夫脩國史一日玄宗取所脩史閱之見直書隱巢事諭曰白馬求卿黃金

贖罪鄉以爲何如原悌扣首曰周公誅管蔡季友鴆叔牙雖太宗不得已之誅亦隱巢有以自取爾由是忤旨去官卒葬於大帽山詔發五府兵以給葬事立祠於上蒙村今靈山縣西有原悌讀書之所有石室石壁兩石人夾侍祠在欽州北三里曰諫議廟云

敬元禮番禺人以薦官吉州參軍武氏之亂御史李福業嘗與桓彥範謀討平之及武三思因韋后用事彥範等被殺福業亦流廣州元禮見而敬重之日與洽伊福業嘗賦守歲詩元禮評其催年之句已而三思遣吏捕之亡匿元禮家吏捕得俱坐死福業將刑謝元禮元禮曰公窮而歸我我舍公奚忍乎見者傷之咸歎爲忠臣義士

韓瀣字伯源南海人曾祖瑗顯慶中爲宰相諫廢王皇后立武昭儀帝大怒褚遂良又諫被貶瑗救之許敬宗李義府誣瑗不軌貶海南卒義府復奏籍其家子孫配廣州官奴瀣生長南海厲志讀書嘗默禱于羅浮山神祈復世讐義府死後始以秀才得薦官至汲郡太守郭英乂作變瀣有軍功自普州刺史加尚書兵部郎中嘗巡歷至義府墓私發其尸鞭而刑之以報不共戴天之恨果符向所禱人皆義之從孫子泰元和中官至漳州刺史悉心爲治官吏懲懼百姓安平韓愈刺袁州嘗舉泰以自代云

何澤南海人少好學長於詩舉進士爲洛陽令唐莊宗好獵數踐民田澤乃潛身伏草間伺莊宗當馬諫曰陛下未能一天下以休兵而暴斂疲民以給軍食今田將熟奈何恣畋游以害多稼使民何以出租賦吏何以督民耕陛下不聽臣言願賜臣死於馬前使後世知陛下之過莊宗大笑爲之止獵拜倉部郎中明宗時數上書言事皆國家大務嘗疏言請置太子侍讀明宗勅旨曰澤處班行深明典制固根本而念先憂聞上封章而志切匡君其所敷陳實爲允當特議施行是時儲宮久虛士論韙之明宗幸汴州又欲幸鄴而人情不便大臣屢言不聽澤伏閤切諫明宗嘉之拜吏部郎中史館修撰五代之際民苦於兵往往因親疾以割股或既喪而割乳廬墓以規免州縣賦役戶部歲給蠲符不可勝數而課州縣出紙號爲蠲[illegible]

澤上書言其弊明宗下詔悉蠲戶部觸紙民便之澤
與宰相趙鳳有舊數求為給諫鳳不許乃以為太常
少卿勅未出而澤先知之即稱新官上章自訴章下
中書鳳等言澤未拜命而稱新官輕侮朝廷請坐以
法乃以太僕少卿致仕居於河陽澤時年已七十矣
晉高祖入立召為太常少卿以疾卒于家
丁璉字玉甫番禺人少有才名杜門讀書如坐山谷
講明經學遠近從之受業者羅穜于外元豐二年登
時彥榜進士始授融州司戶歲侵民棄聚為盜盜法
賑濟邑境獲安監司以功列薦于朝還宣教郎尋拜
大府丞兼知樵庫改朝議郎賜銀魚元祐六年靈州
為夏人所侵廷紳合議討之璉言于朝以為天下之
事當先其大者苟知所豫防則纖介之患可不勞而
除契丹倡猾積有年所朝廷未有以制禦之此元昊
餘孽之所以敢肆而不知憚也請休士氣養精銳儲
財粟專意北邊以為豫備之計則西賊之膽落矣然
後以餘力討之未晚也當國者惡其言出為桂州州
學教授訓廸有方人才多所造就紹聖初以知已薦
授左朝散郎知連州郡多水害璉相地勢築隄防民
甚便之陽山境有銀穴流民多匿其中夜每刼掠為
盜設計捕獲闔郡以寧元符三年轉朝散大夫賜緋
魚致仕卒年七十三璉性廉潔與物無忤而政號剛
明博學多識退藏若愚鄉鄙稱其長者知廣州蔣之
奇以才自負意每輕廣南士大夫嘗泛舟與璉同遊
七曜石劇談至三鼓驚曰君問學精博中州士不如
也又為訝語道廣州事曰景有沉珠浦人有丁玉甫
吾來嶺服甚無聊所愛者特此而已
黃正一名仲通以從祖諱遂稱字焉家本寒微刺史
潘鳳一見曰此奇童也命使從學及冠以詞賦知名
場屋間天聖初擢第遷大名府司理時待制王洙沿
河北漕已引漳水御河灌溉衛民田辟衛州推官以
通水利宰[illegible]王且杜衍交章薦之改著作佐郎知南
儀州以病已監宣州稅按察使以欽州賦訟繁夥請
擇材士共贊幕畫就除太常博士僉書欽州判官通
判建州惠州累遷屯田郎中儂寇迫廣州惠州最近
正增堞濬湟民賴以安秩滿年六十八矣乃歎曰鍾

鳴漏盡而不知止者滔滔皆是也遂致仕朝廷授一子官以寵之正少勤學家貧無書手寫五經註疏及文賦數萬篇不急進取每歎禄不逮親所得之俸常均給其兄弟及親戚之貧者鄉閭無不服其友悌當官以幹辦治獄以恕聞其所薦舉皆當世巨公而所享名位不盡其才死之日家無餘貲第以清譽自立余襄公靖正之甥也居同里舉進士同榜宦遊險易未嘗不相親也為誌其墓曰始終一節古之全德君子云子佺期安期經寶臣汾皆登仕籍

李積中士廉子元豐二年進士懋迪世德卓然有台輔器歷官御史翰林直學士司馬温公作相時積中當預議新法言不阿世後蔡京得政黜元祐之黨凡一百九十人積中在黨中舊居四會之社山後以黨籍遂家豫章世仕于朝衛尉丞良弼户部侍郎安國兵部尚書大性省元大異大東皆其子孫并躋侍從為世名臣父子皆祀于高要四會鄉賢祠

張待字父中初名伯虎曲江人幼孤養于兄嫂嘗曰嫂之於吾猶母也婦能以姑禮事吾嫂者可以為吾婦矣慶曆三年以博學善文詞入太學有詔學官歲薦獻士二人學者以數百十人官獨薦伯虎乃更名會學散不報後二年竟卒於興國友人莆陽陳惇歸其喪南豐曾鞏誌其墓曰君為人深沉有大度喜氣節重交遊一時所與遊者是非得失不阿意苟合非其遊者遇之温温不妄與之言於臨川出其文章而與予言古今治亂是非之理操心持身得失之際於其義予不能損益也

鞠杲化州吳川人舉進士元符中入汴京上書排章惇等罪辭極抗直惇怒以杲隸黨籍善類聞者莫不壯之

張夔字致堯潮州人登政和八年進士宰茂名郤豪户贑黠贓贖吏有廉名諸司薦章有云南中諸縣清介一人高宗特賜璽書奬諭擢判廉州廉產沉香生金官此者皆囊括以歸夔一毫無取又能化諭群盜令投戈自散遷知新州首興學校捐俸梓五經以頒民間子弟築陂豬水灌田千餘頃民稱張侯陂前後皆以清節著高宗嘗書其名于屏曰南有張夔北有

周昕登五十登第七十致仕卒年九十三所著有文
號祿隱集子昌裔通判容州嘗示以詩云慎勿與
人交水火好尊名節重丘山後攺曠州持身謹飭能
不替其父風云

陳康延字元舉番禺人力學自奮紹興庚辰進士第
初調鐔津勾簪再調龍川録事三任皆有聲巳今
淳熈間適康延攺秩入京朝廷議催二廣鹽本稍緩
充家與康延厚召赴都堂俾之分司蒼梧以任是責
事成處以監司康延力辭曰二廣民力竭矣催之則
民重困寧居卑官決不敢以害民之事而圖厚祿充
家以其志不可奪愈器重之議亦寢遂有知梅州之
除到郡訪民利病謂境內嘗有贛商之擾於是嚴保
伍之法不得與贛商私販復於江廣往來之衝立寨
募土兵與戍兵雜居置隅總爲之鄉導俟有緩急倂
力夾攻又立山寨以邀其歸賊不敢犯民賴以安冢
居不務華飾龔茂良帥廣日造其廬徑所居湫隘歎
康延新之笑曰吾耐此耳處之裕如也僅有田五十
畝以卒歲其清白如此官至朝散大夫澤延長子洪

彥端溪令孫棫領鄉薦
馬持國字鯁臣南渡入嶺遂居新會紹興癸酉請廣
州文解凡三到省不售乃踰嶺以策干督府張浚浚
寘之幕下不合求去兵部侍郎胡銓措置淛淮海道
檄持國稟議銓見之喜曰馬鯁臣議論操履表裏渾
如也廬州安撫使張師顏聞持國爲銓所知檄委招
集流民淮帥吳總王希呂録其功聞于朝淳熈二年
借補上州文學攝武鋒軍都統司准備差遣舊時兼
差役以蘆蓆持國力讚主帥請易以屯既而得請是
科降鏹糧措辦木石皆身任之召赴都堂執政王淮
李彥頴龔茂良稱其論事有補列薦得旨補嘉州文
學依舊前件差遣免銓攺廸功郎淳熈十年果州團
練殿前副都指揮使郭棣奏于孝宗謂持國在職六
年事事辦集今任將滿君攺常調恐未足以究其用
也有旨令再任又四年棣復薦持國宜力精敏持論
公正乞賜旌擢得旨召對持國奏三劄皆時務之可
行者上嘉賞之特攺授宣教郎仍與近闕監官差遣
持國以國家之耻未雪講觧之謀爲非崇進非其志

也乃著十論標曰中興自治萬全策略攄所蘊又裒集平生江湖淮漢閒裨贊成畫稾讜議朝堂前後事宜帙成曰愚忠錄繳進之上頗嘉納執政周必大楊萬里見之相謂曰持國之文淵宏儁傑深中時病有用才也深器重之持國以和議既不可破乞調廣東鹽幕許之及視事新會有白皮鹽場為民戶擾力請罷之歷方下錢為州縣迫促亦請蠲之紹熙中通判欽州不留交貨遠近為之退譽欽人為立祠知容州政務寬厚遠民懷之又相與祠持國于平實堂持國力學大有志每語及恢復輒泣下志不及竟奉祠而歸壽八十餘卒子睎驥最知名

馬睎驥字千里新會人持國長子也弱冠入太學嘗讀書齋中帝臨學睎驥誦書自若上異之曰鄉何勸也出謝恩與平秦擢淳熙七年進士第初調安豐六安勾稽決牛訟人稱神明臺府毋有事必送之掛士民咸以清强官目之改秩知衡山縣將行持國問曰汝作縣當有何法睎驥曰催科政拙撫字心勞此第一義也持國喜曰如此可矣至縣行所言寬催科之期定差役之例懲預借之弊一以不擾為務境內有山產茶漫野民得採摘以為利無專之者居無何為勢家所占民閩之上司送縣俾定奪有主之者欲睎驥曲筆睎驥力爭不可復歸之民其公廉皆此類也官滿民惜其去耄稚携持窮日追餞及肇慶府留心佐貳有潛以奇硯獻者睎驥謝之曰此非暮夜金但吾職貳郡當飲水自勵何敢以長物污家聲耶其人慚而退由是名節益著尋知雷州時持國亦握州麾鄉人以為榮壽五十四卒官至朝議大夫澤恙[illegible]祖官至朝奉大夫知英德府三世太守亦一門盛事也

溫若春番禺人少力學能文事親以孝聞淳熙十三年領鄉薦累試皆不第凡三十五年而志益堅嘉定十三年廷對特奏名第一人賜同進士出身兩調潼川英德學官作成人士悉有模範寶慶間除樞密院架閣紹定二年春除大學正文譽燁燁動薦紳間宴召試館職除秘書省正字秋除校書郎丞與崔與之遊與之素重其學行思所薦達之紹定三年冬[illegible][illegible][illegible]

間一日上問曰卿鄉里有何人才與之對曰吳純臣有監司之才温若春宜清要之任於是除若春秘書郎若春博洽古今同列推服無何與之帥維揚握手道生平曰人之功名全晚節為難若春喟然感之遂力請掛冠得旨朝奉郎致仕家居節儉手種香芸以遺子孫壽八十餘卒淳祐甲辰廣帥方大琮立四先生祠祠古成之李昴英郭閶暨若春也祭之日常於春秋釋奠焉史論曰交之有裨於人豈不諒哉温若春清修吉士也年近懸車猶靡祿秩一聞崔清獻公言郎浩然而歸言者之能責善聽言者之能從善皆可法也吁後世[illegible]墜沉富貴中得一官若沾肝腦不可脫覩此能無愧耶

陳應辰東莞人須嘉定己卯鄉薦為人謙和舉動不妄少時從師獨處一室夜半讀書忽有鄰女越垣潛至應辰呼蒼頭明燈兀坐女慚而退黎明即遷於他室居邑之紹興橋與翟旦為比鄰有以屋前之田來售者將立券應辰曰此田跨吾二家之門吾全售則不便於翟遂與翟分售之且割田之當翟門者與翟而自取其兩傍之磽瘠者其厚德多此類也兩請嘉定貢舉就恩出仕初任南恩司法將之任適廣帥方大琮舉行鄉飲請充大賓次年再行鄉飲議請大賓以一時齒德無踰應辰者復俾檄自南恩來行禮再任龍川丞滿歸邑舉揭師愿亦久與大賓請應辰行鄉飲于學復改連州推官兼署僉判時綱運積歲額欠官吏每預索於民民甚苦之應辰在職五年以己俸補宿逋綱運得如故而民不擾連守陳中孚嘉其績申聞于朝改遷通直郎致仕家居作清溪亭養節訓子孫年八十餘卒郡人多以詩哭之遂覺陳大震有曰海濱推老大粹行比珩璜邑尉黃楷有曰遷屋避鄰明贈溺買田分券便比鄰皆紀其實也

梁應龍博羅人貧而好學嘗歛市書而困於錢輙慨惜其母憐而詰焉告以故母因解所服簪珥與之登嘉熙二年進士第時榜下有落第者皆哭應龍亦哭或問之答曰本欲苟祿養親今僥倖一第而親已沒是以痛耳性不嗜進取歷仕廣西二十年始改常德僉判以歸惠倅單崔明者嘗學於龍至是盛飭車騎

徃拜之應龍不憚自是崔明造其廬必屏騶從其嚴毅如此居家澹泊自牧不俯仰於人同儕共推服之暮年[illegible]善不改其節　[illegible]

王道夫番禺人少從陳大震游吾志力學登陳文龍榜進士咸淳中仕連山尉有保民驅賊功度宗寵以御札兼有金洋硫黃之賜由是以才略知名孫鎮孫敗後震得脫收集散亡得數千人倚文天祥諸軍為聲援時大震暨道夫皆家居端宗召大震為尚書吏部侍郎道夫權兵部侍郎兼轉運判官大震固辭不就道夫拜命與凌震各將兵相為犄角景炎二年三月文天祥復惠州道夫與震謀曰文公既克復疆土吾等乘此聲勢可大舉成功事幾不可失也震從之時呂師夔退兵與道夫帥師擣其虛遂復廣州城詔褒諭之有敢於事上忠於謀國緬惟純誠深用咨歎之獎以震為廣東制置使道夫真拜兵部侍郎廣東轉運使是年四月端宗崩衛王即位改元祥興加道夫學士兼兵部尚書十月元將李恒襲廣州力戰不利閏十一月庚戌道夫遁壬戌震遁癸亥元人復陷廣州獲船三百艘禽將吏宋邁以下二百人以去於是二人會兵圖再舉十二月壬午道夫引兵先往取廣與李恒兵戰大敗為元人所執宋亡之後道夫不知所終

李鳳字符昌饒平人生穎異歷覽書史識其大意不事記誦家世儒業孝友雍睦為鄉邦稱　國初以人才辟授行人司正守正不阿調福建長樂令吏民先聲俞服涖政公平以安養為務嘗別構觀稼亭於明德堂後以寓省耕勸農之意改調連江會葬除特[illegible]事激烈不能平遂棄官歸杜門不出而卒

黎光字仲輝東莞人博學能文倜儻有奇氣洪武壬子膺鄉薦釋褐拜監察御史正色立朝卓有風裁出巡歷蘇州民罹水災缺食具實以聞得蒙賑濟存活者甚衆及巡歷鳳陽所上封事皆切時弊遂受知于上其在朝也執法不阿為御史大夫陳寧所忌陞刑部侍郎纔三閱月寧以他事中之竟卒于謫所人皆惜之其父伯原元季由連山教諭歷德慶惠陽二郡學教授所至學者尊之文風以振光之學行才識[illegible]

異於人者蓋得家庭之學云陳尚書璉作招魂一篇
以哀之

古彥輝長樂人洪武中歲貢授福建德化主簿以考
最遷縣丞至知縣性敏果習吏事識大體不尚苛察
勸課農桑民服其令會溪流暴漲民苦蕩析無寧居
彥輝撫之邑中忘其災擢監察御史風裁焯著按江
西聞其弟至即命州縣驅之出境時　高皇帝英明
彥輝居職敢諫不避權貴人咸難之卒于官囊橐
蕭然惟諫草盈篋而已今祀德化名宦祠

陳善任欽州人洪武中以郡庠生充貢入太學授山
西平陽衛經歷陞蒲縣知縣歷任三十餘年所至盡
職人民仰慕妻子不入官舍自號其居曰鰥巢其苦
節如此

唐滄方本名遯字誼方以字行瓊山東廂人元郡教
授闇之孫篤儒學有古行元末隱居避辟　國朝首舉
經明行脩拜郡庠訓導有規範永樂三年乙酉冬請
闕請老　太宗皇帝奇其狀貌容止曰此老回去還
有十年壽門有祖植古榕常休憩其下雨則朽[illegible]

誠他膝有欺者亦爲塞之代貧乏嫁娶鄉里稱樸樹
公真長者姪冊少從筆硯間後歷官內外臺奉書問
安謹方答之特有云勿憂吾有病且喜汝無錢冊卒
以清節鳴時永樂乙未卒壽七十七果符十年壽之
數人以爲　聖語即天命云

白瑩字潤權樂昌鄧氏白氏皆以經學父子兄弟相
傳瑩實思謙孫叅政蘇恭則外孫學益有淵委而性
簡默聰敏登正統戊辰進士授戶科給事中能以言
責自任如奏請士木陣亡諸臣子弟宜徵入國學請
書侯用又奏罷樂昌河泊所及減桑絲紅船諸類邑
人賴其惠又請賜鄧文進諱必鄧顒誼並入張文獻
公祠配饗皆見施行而當時六科奏稾多出瑩手有
裨於風化政教者多所建明而家無儋石潔有得於
人臣之義云

唐舟字汝濟瓊山人學優才贍中華除年問鄉試永
樂癸未復試省中第二名甲申舉進士授新建知縣
始至簡易御下若尋常然久名愈著上下大服有問
其故曰古人所謂新任如處暗室輕動必有觸憤々

蚩自明未幾應求賢　詔起赴京陞江西僉事整肅
紀度郡邑承望風采舊南昌守懼先闔門不能仰
視舟侍之加禮衆服其量後以微累降判衢郡郎折
憲節盡安緝撫綏之道以事從戎衢人思之不已
仁廟登極大臣首薦為監察御史入京即抗辨內侍
陷黃本固等數事風節愈勁出按浙江所至多政譽
為人胸次坦夷光明無纖芥畛域持己接人任真自
信歆歷中外餘三十年所至有冰蘗聲嘗題門帖曰
雪霜半染中年鬢天地應知暮夜心見者嘆服及歸
杜門不出家無擔石之儲處之晏如鄉議高之年八
十二無疾而終子亮字景明幼聰敏常隨父任衢州
游常山學中永樂丁酉科浙江鄉試戊戌登進士除
直隸泗州判官改詹事府主簿　欽改二府長史司
奉祠永樂二十二年九月　仁宗以舊恩　勅賜鈔
幣擢寧國府同知孫繼祖長沙衛經歷以孝友聞
黃本固海康人少篤學窮理永樂甲申登進士知馬
平縣涖政清介嘗與內侍馮姓者交章劾奏　命下
削籍為民未幾御史唐舟等疏其無辜錄起用至省

疾作歸卒於家

陳謨字克忠番禺人永樂戊子領鄉薦卒業太學庚
寅五月即拜刑科給事中遇事剛果彈劾不避權要
嘗奏事聲響甚大聽者悚然　上令識之數日奏對
如前乃曰是天生也每見呼為大聲秀才云嘗以直
諫觸禁　上赫怒命為坎塞之露其首七日不死遂
釋還職錄陞吏科給事中一日率同列奏事忤　旨
落職罰使篡衆旁同事者先畢功除職去謨獨不能
倩人乃躬自為之值駕至問治屋者誰也謨前俯伏
陳其故　上念謨戇直且憫其貧命復官辛卯九月
奉使雲南癸巳三月還朝即命署通政使司事逾年
署應天府未幾又署刑部事所至凡百振弛悉中肯
綮丙申夏又轉鴻臚寺亦署事也明年冬又改署工
部事聲績視前有加署事四年陞授順天府尹政尚
嚴明有漢張趙風嘗出行轉城隅誤衝　皇太子駕
事聞竟不問己亥四月癸巳有白烏乳于庭樹謨以
獻　上喜賜金帛廷臣稱賀無何出為湖廣按察使
歷官三載無冤獄將代吏部侍郎師逵有事湖廣留

之督軍尋改任山西以事忤　親王貶知浙江海監縣洪熙改元正月封建親藩選輔導之職廷臣推譯可用會　上一日問左右曰大篳官人何在此人宜為輔導使人得易聞過至是起為荊府長史荊王書忠良鯁直四大字以寵異之宣德戊申丁毋憂歸郡人素服其公直有屈者多訟之譯譯語諸當道皆伸之服闋復為長史與其王不協遂除鎮江府同知時戶部侍郎周忱督漕于淮檄之脩陂塘圩岸相方設宜有成績未滿考以老乞歸卒年六十有八譯為人剛介然賦性頗譎嘗被瘞時嘆息謂其人曰吾今夕乃為大蠶所苦請其故則罵之曰叱嗟汝不知耶朝廷瘞人當以蠶令速死耳瘞者如其言遂得屈伸不死云

李澤石城人永樂乙酉鄉試登丙戌進士歷官至郎中以道義自重不為利祿所干中歲告歸田里清約循寒士杜門絕請託不屢公庭繼詔進職力辭不起以耕讀終其志有確乎不可奪者

梁軫高要人少卓立有經濟志永樂辛卯領鄉薦授福建道監察御史肅清風紀務持大體後改行在山西道初巡直隷所至激烈有指揮抵法浼鄉里蘇鄰事餽以金硯一方夜明珠五顆叱却不受出按湖廣清臬司匿贓贜劾武臣不法事為人所嚴憚後為忌者所中謫雲南典史謝事家居卒始終剛介云

嚴貞字守正新興人有學行業毛詩登永樂乙未進士會試名在高等刻其文以傳授鄱陽知縣政績超著性狷介不為勢屈為寺人所忌拂衣歸迨今人士猶仰其高風焉同年譚壽海字信潮瀧水人名在三甲當為知縣辭不能剸劇就桂林府學教授清恬無求於世官滿徑歸

林貲字光輔四會人永樂乙未登進士第授陝西道監察御史在任十餘年歷按三省嚴毅執法不少徇人守制家居族姻私託悉拒之制滿之藩司起文藩臬將設餞即夜解舟去明日追饋之竟不受清操如此迄今仰其高云

冼福字應隆廉州石康人少業毛詩鄉試會試名皆在第十刻其文以傳永樂乙未進士擢江西道監察

御史巡按陝西時有殺布商投其屍於大塘中者有一蛇至院訴之使人隨其引去果得贓主抵罪而陝人以為神後按交趾尤著聲稱交人有仕中朝者每稱道之同年朱惠字守仁州同知瓊之子亦由冠帶舉人登第任江西道監察御史進太僕寺丞

郭觀歸善人正統辛酉舉人歷廣西平南訓導福建道監察御史浙江按察司僉事性警敏事無巨細必親覽厥手嫉惡所至姦吏竭蹐守官二十餘載清操不渝致仕後家徒壁立解衣質米郡中稱縉士大夫以為儀表

葉濬字恩周潮陽人博洽群書詩句肆口而成在郡學時教授莊姓者考績去後遺俸金四十兩埋庭中濬獲之買舟追至程鄉還之莊酬其半濬堅謝不受比令大冶政務寬簡清操如布衣時及以疾乞歸行李蕭然皆往時所攜物也子喜雨亦令脩仁尚名節擢知永安州

何楚英字邦佐南海人正統丁卯舉于鄉卒業太學拜陝西道監察御史天順初天變詔求直言上疏條陳四事一曰課農桑二曰禁游惰三曰正倫理四曰明禮制其言皆切近而平直且謂孟軻敷陳王道不過數養二端非有難行之事今內臣旦夕惟以齋醮期格天心則非臣之所敢知也疏入又嘗劾逆臣吉祥擅作威福會大祀督光祿寺廚人竊蜜事發正之以罪吉祥緣此中傷之下錦衣獄拿問枷號三月降廣西貴縣主簿成化初巡撫都御史韓雍用楚英勦賊獲文清等以功陞潯州府同知仍掌貴縣事又以運糧草積有年勞陞柳州府知府城舊土壘至郎陽以巨石倚以為安丁內艱起復補太平郡學久廢捐俸新之以弭盜安民得上考滿任陞廣西布政司參政越二年去官抵家與朋故相娛卒年八十有二

吳讓字克讓南海人景泰中進士授廣西臨桂縣知縣以清慎知名巡撫都御史葉盛奬異之曰使有司皆如讓之公廉則生民何至失所哉天順巳卯陞慶遠府知府知縣未及三年陞知府前此未有也慶遠處在極邊所轄三州皆土官各餽白金三百兩為贄儀悉却不受南冊知州莫必善倍前數以懇之讓口占

四句遺之曰貪泉爽酌吾何敢莫夜懷金豈不知寄
語冊州賢太守元封回贈莫相疑居一年卒年四十
八人皆惜之
梁昉字景熙順德人博學強記景泰丙子解元丁丑
第進士年甫弱冠授蕭山知縣禮賢興學疏言致仕
尚書魏驥年近期頤請 賜存問從之陞雲南道監
察御史權浙江僉事監試得狀元謝遷為舉首平生
氷蘗自持執法不阿卒于官無一錢尺帛以遺子孫
同鄉倫晝字國寶乙未進士令龍溪有學有守民愛
之如父母
劉璒字端本四會人朴厚寡言事親孝家貧力學手
不釋卷天順庚辰登進士第歷官戶部郎中督收糧
草人莫能干以私出守興化三年自勵居常蔬食布
衣雖父事家產不長尺寸以廉朝卒于途闔郡哭之
衰歸囊如洗人比之劉山陰趙成都云
王拯字以仁東莞人由鄉貢成化七年知郡武縣為
人穎悟強記吏民有事於縣者一見即記姓名不忘
公廉愛民服食淡素嘗以公事出郊民烹鷄供膳拯
惟茹蔬食終不下筯亦不視其介率多類此督造版
籍請託不行稽考精明宿弊盡革每朔望後一日輒
詣學課試諸生賞勤懲惰率以為常尤慎興作時縣
廳敝乃節稍俸積金三百餘兩以付耆民張舉生何
淳曰儲此俟歲豐新之尋以憂去任拯歸以書白其
事於郡守劉元召二人以銀至封識如故服闋補知
沆之昌化政如聞時兩藩當道謂其心事可對神明
丘㬊稱其政行足為吾廣出色其居官雖清白吏亦
不能過離任六十餘年士民思慕真如父母云
林榮字蓋仁番禺人天順甲申進士授南京河南道
監察御史丁外艱起復入補河南道成化己丑按山
東值歲荒設法賑濟流民復業者千餘人甲午按山
西劾襄垣王不法有 旨委官四員往勘得實如榮
言由是名益振甲午提督順天府北直隸學校九載
滿考師生保留不報庚子擢福建按察司副使巡視
海道獲海賊四百餘人甲辰解官家居郡人多從之
遊弘治七年卒
曾祿字汝學博羅人成化庚子領鄉薦明年登進士

幸武義邑多虛稅禄病之因請度田以羨補不足築陽都堰濬瀦水溉田百餘頃募兵設策擒劇賊張念四俘其黨民獲寧居召為雲南道監察御史上疏條八事曰正心術慎幾微辨邪正戒權倖任賢臣納忠諫絶女寵明賞罰　孝宗多采納焉出按貴州閒夏務存大體不事苛察蜀嘉定峨眉之境饒竹木民資以為生官是地者往往假川江之險徵作役民甚苦之禄曰食君之賜奪民之利民將謂何是不可長也乃取其尤一人罪之諸屬懍怖自是無復私賦陞浙江按察副使卒

魏珩字鳴玉增城人甲辰進士授户部郎中性清介時四方解運糧餉輳集珩以先後至期序收押解官長有厭其停滯歎速收者以金百兩干之僕以為言珩杖其僕而遣之卒還其金自是人無敢干以私又值用兵命珩主軍餉出入分毫無所私人稱其廉卒于官旅櫬蕭然

葉永秀字汝實東莞人庚戌進士知烏程縣清慎公勤力鋤強惡邑有水患連年饑歉乃疏濬流港修築石橋民蒙其惠擢御史審滯獄雖餘喘必訊其情凡可以生之者即為具題辯理正德丙寅巡按北直隸摧抑權横論奏剴切執政惡其直擢知永州府未幾丁内艱家居逆瑾誣以事遣官校逮就逮時得不死竟奪職歸庚午瑾誅乃起補知衛輝府未任陞陝西按察司兵備副使卒士林惜之

冼文淵字希哲順德人弘治乙卯舉人任松溪縣學教諭學優行潔訓士雖隆寒盛暑不輟時與邑宰陳槻同官有拋其責之謠正德四年擢知南安縣性方介不能狥上以奸頑犯者無曲貸然其愛民出自真誠民感之徭役賦税皆以時會無後期者居官清苦食無重味衣無重襲冲約如寒士蓋素性然也邑民謠曰冼清清令如冰權豪欲中以奇禍而無計可施陞南昌府通判民泣送而别至南昌知寧賊將變投檄避去至家六日而卒人問避故文淵第曰吾才不耐劇云提學副使邵鋭檄縣立祠以祀同年同邑

黄瑋字廷宜正德間知南康廉介自持剛毅有執立旌善懲惡牌二面于要地善惡直書其名衆皆服其

以從子官士民哀之
李津字濟之四會人性剛介苦志勵行登弘治丙辰
進士知寧海州興廢補弊時劇賊劉七等流刼入境
津先已設備夜遣士卒四出發砲張疑兵以懼之賊
遂引去州人德之陞南京刑部員外郎郎中歷南寧
鄖陽守興學救荒俱有成績轉兩淮都轉運使鹽筴
叢委奸蠹根據津至搜剔釐正國課倍昔而羨餘悉
歸于公為權貴所忌罷歸南海吳先復繼其任亦以
廉介稱每自曰得無愧於吾鄉濟之否其為人所敬

服如此生平淡薄自得片楮不袛公門年七十卒于
家
李學曾字宗魯茂名人弘治壬戌進士知江西進賢
縣守己愛民卓有善政歷陞吏科都給事中嘗奏事
上前吐語琅然朝覲官集于明庭抗章率六科劾之
詞嚴誼正聞者皆悚刑部尚書孟鳳自愧不如也猷
納時有不合見幾而退卒于家
陳實字夢卿瓊山人弘治壬戌進士值逆瑾用事家
居數年足跡不入城市瑾敗起授南京江西道監察

御史時內臣趙蘭採珠合浦驗民鬻貨劫罷之民頌
凜然改北廣西道出按徽寧諸郡有權宦奪蕪湖民
業洲即論奏還民民為立生祠陞常州知府愛民善
政有古循吏風歲大侵發郡倉賑民不給則出堂食
銀數千糴穀濟之饑民賴以活者甚衆因士習浮靡
乃建道南書院祀楊龜山數君子嘗教人厂學莫先
於辨義利莫切于養心人以為名言撫按交薦尋卒
治喪具外囊無餘貲士民悼之實澹泊寡欲制行不
苟御史朱寔昌為之奏請卹典謂其為古人之心術

也之攻益實録也瓊士人亦咸追慕之所著有霞巖
集若干卷
黃著字子誠別號容菴順德人宋太史庭堅裔也父
俊仕為登仕郎學行重于時以公貴封戶部主事公
性孝友天資穎異聞學該博為儒士考輒居首同輩
歛衽以禮經中省試亞魁弘治十八年進士偕吳門
徐禎卿顧璘臣洹野崔銑西京段炅學為古文詞
力追秦漢唐以下弗入目也諸名公咸推服之授
安溪令政先愛民盜不入境俗喜訟市師以奚

嘗誨其子弟公痛革之授以孝經俗為之變甫一年
政繁知泰興脩學校繕城郭新茅忠烈之祠又識名
士田荊張璁于未遇時蔚有知人之鑒逆瑾檄縣斂
金三百以進公曰吾安能厲民子以博一官卒力卻
之且立辨負傷者之誣時稱神君陞戶部山西司主
事管倉通州轉餉宣府榷賦潯陽皆著清操轉雲南
司員外郎時武廟親征逆濠公率部僚跪諫　闕門
外不聽越數日　勑公督餉由燕潞趨金陵區畫井
井有條　上大悅賜大紅斗牛服駐蹕日久　旨下

議郊公語梁蔣二學士曰南鑾而郊則回鑾未期矣
二公稱善促公代草上之　上感悟回鑾公之力居
多晉江西司郎中以足疾乞致仕仍以征南功蒙賞
白金絲綫及歸明農養素嘉靖七年覃　恩進階四
品京堂服色十一年卒年七十有八子啓讓有雋才
從學士黃佐遊能詩以歲貢訓導上饒教人敦實行
持己以古道與時弗偶陞廬江教授竟拂衣歸孫在
衮在衆同科領鄉薦仕則直道不狥于時好居則守
道不輕謁公府有容菴之流風皆以詩知于時云

何昌者順德黃蓮人天順己酉領鄉薦筮仕知淅之
麗水僻邑有劇寇鄭亞八者流刼為害容捕擒之一
郡獲安其政以扶善詰奸潔己濟民為要義所當為
殫厥心力未幾以丁憂歸民不忍舍服闋補任宣平
盡心民事務使各得其所有訟事難決者務求其平
撫按褒奬有不求人知之語入覲考績居最乃力求
休致以歸與大參李公聰相友善時同稱見一先生
邑令吳廷舉甚敬重之年七十卒後宣平人潘湘來
為清軍御史立遺愛坊以表之子宏繁讀書登科能

繼其志云
鍾曉字景暘別號一齋龍江人少沉毅寡言笑而有
識鑒四川鄒公智時從中秘謫石城吏目曉從學焉
領弘治壬子鄉薦分教梧州府學約己端誨督學董
其文行檄主桂林書院諸士霦霦向風如劉通政曰
乾蕭都憲淮陳解元俊皆出其門歷九載陞國子學
正為祭酒石公瑤司業晉公鐸所敬禮選授南京貴
州道監察御史遇事敢言奏革錦衣金吾龍驤騰驤
四衛冗員及工部冗匠歲省漕粟數十萬石嘗掌江

西雲南貴州三道事查革宿弊平反獄囚又疏劾各省撫臣不職薦名將邵永等才堪邊閫時江西寧藩私養士馬謀為不軌而參政王奎參議王泰白金僉事李淳為之羽翼曉疏言其狀奉　旨奎等罷黜奸邪凛然後數年宸濠果反時多其先見連丁內艱服闋改北差巡京畿東路督捕嚴明強賊斂迹刷卷四川值差內官劉允等往迎生佛曉上疏極詆佛法之非言甚剴切奉　旨追出劉允等廩費銀九萬餘兩又疏請建儲以重國本劾貪酷總兵以安氏夷請停採大木以蘇民困直声震于時為忌者中傷謫沔陽州判遷知歸州息忠路石柱二司之爭時稱其敏同知瑞州進思恩知府皆有惠政居官三十餘年其貧矣志卒八十五卒軍門劉立直聲高節坊以表之子千

鍾千字居賜年弱冠舉于鄉通判岳州輸木于京以羨餘金二百兩進部議獎之遷瑞州府同知　世宗奉章聖太后南祔撫臣檄千袛迎節省諸費民不知擾郡盜數百由寧州出凌江千戮其渠魁而散其黨建岳武穆文信國二祠以勸忠而毀淫祠建社學以端化蒙謗而歸橐中不滿十金曉欣然曰不負吾教矣家居四十年貞白自守沈鉄謂其父子濟美可以廉頑立懦年九十卒

鍾勍字元溥別號東岡廣之東莞人少端穎年十二學春秋二十一舉于鄉癸丑登進士第授刑科給事中巡京倉劾太監罪狀奉　命往按山西盜失庫銀得庫吏茶光實跡正其罪洗副使之冤時稱神明擢吏科右給事中備奏　朝覲考察之弊　勅勘遼陽兵變劾鎮巡大臣啓釁召侮及疏分兵固圍方畧上嘉納之擢兵科左給事中疏歸省一年還朝查盤湖廣事竣晉兵科都給事中尋丁父憂正德丁卯起補工科都給事中逆璫橫措罰米百石已乃出為浙江參議發廩賑饑民受其惠陞雲南左參政有平蠻寇功蒙　欽賞時公已致仕家居足跡不履省城而建宮祠置祭田立鄉館脩學宮道路人以為難及卒黃泰泉公為誌其墓

黃重字子任南海人正德戊辰進士授行人使伊藩葬祭事竣却其金幣較馬癸酉使遼東勞夷人却鎮巡例贈儲然不緇擢户科給事中巡視內庫光祿寺宿弊頓革乃建言重名器久任用慎薦舉省權課四事商旅稱便復言寬都御史彭澤之削籍以彰往功

時論韙之尋進兵科右給事中考選京衛精核會
毅皇帝北巡迎駕有勞　賜金幣數事乞歸省罹内
艱癸未起補吏科右給事中時市魁李鳳陽挾中官
勢為奸尚書林俊執奏不聽公繼劾言甚剴切甲申
夏進兵科左給事中疏劾太監潘真俄以言禮杖于
午門外尋進户科都給事中入侍經筵疏請賑饑民
賴全活甚衆擢南京太常少卿己丑星變自陳致仕
時同年呂狀元柟書喬岳太山氣象青天白日襟懷

賻之家居苴澹泊不謁公府有陷誣枉者則亟為白
之嘉靖己亥卒　上遣官特賜諭祭

鍾善經字理夫順德人博綜經史尤明易學辛未舉
進士授興化府推官持法秉憲剖訟明决斷案如老
吏藩臬暨部使者皆謂莫及督理賑濟民賴全活甚
衆又詰假官楊日升之詐折太監崔震之勢其發奸
摘伏不畏強禦如此乃操持峻絜一毫不私部使者
稱其片言可以折獄一介不以取人蓋實錄云滿考

應乃授監察御史劾奏不避豪貴以風力聞未幾移
疾省覲杜門讀書有司屢勸駕不起卒年四十有五
其豐祭祀恤孤寡鄉人有急難則力為白之嘗謂守
身如處女不可受人指點故其中所自信皎然如一
日云

劉文瑞字廷麟新會人正德辛未進士初拜行人占
城請封當遣使廷推文瑞以往賜一品服事竣擢刑
科給事中　毅皇帝屢出巡遊文瑞抗疏請回鑾數

千言皆剴切疏上不報正德十三年三月也十五年
庚辰六月陞湖廣僉事蓋惟其前言之太剴直也而
文瑞絕無怨尤飄然抵家卒文瑞為人朴厚慷慨不
計羸乏卒之日斂莛不給鄉人賢之

倫以諒字彥周別號右溪狀元文叙之長子也弁神
秀雅喦度端方凡書過目成誦幼同弟白山學于完
齋何璦進士之門以聰悟見稱正德丙子舉鄉試第
一人辛巳登進士第選翰林庶吉士讀中秘書二年

而文日益有名當是時海内人士謂倫氏父子兄弟相繼登三元古今罕見而秉鈞軸者忌公才名太盛門第太高出為山西道監察御史未幾歸養凡數年南北科道官交薦公才可大用　詔復起公拜浙江道監察御史正色立朝嘗導　駕脩儀王立朝宁皆注目焉累疏劾不職大臣數人又舉老成舊德之臣如都御史林俊箪輿論翕服尋改吏部文選司主事凡三年歷四司嚴関防端矩度戒瞽御慎交游歷稽勳司郎中未幾陞南京通政司參議與横溪歐公同心立政居二年奔太恭人之喪而歸守制三年哀毀踰禮自是無復用世之志公性孝友待昆弟有恩與白山穩石諸昆和氣恂恂可掬至老翁如也其量宏廓不立畦畛人有小過多能容之尤好施予郎父用妻之族待公舉火者數十家公無德色其為文不求奇而理自足句不求琢而格自工其詩搞寫天然自有理趣與青蘿王漸逵最相得公雖不以講學名而其一言一行莫不有得于道非世之偽儒者可及也

王天與字性之興寧人也正德甲戌進士授江西寧都知縣行庶政平新學宮重民事勸強梗植善良卓有異蹟其所為類非簿書俗吏所能為民戴之如父毋丁丑從都御史王守仁征横水桶岡浰頭諸寨擒有俘獲功陞俸二級己卯宸濠之叛守仁檄諸郡邑之兵討之天與率兵從焉軍中得異疾作殁于南昌守仁哭之哀毀親為歛寧都之人肖像立祠祀焉明年論平賊功有　詔給賞仍優恤其家

張拱辰者書昭族子也字仰德少力田馬驕見而異之妻以女驕以吏擧于廣右者也拱辰既登進士出遇驃騎將軍陞宣立馬譚宣重之期過倖臣朱寧第竟不往主事大部歷郎中監太倉尚書侯觀欲私縣執不可監兑南直隸則杖金壇知縣任佃其同年進士也成化來鹽法改折商中鹽輸銀户部以次給鹽有數世候支者黠商潛賄計曹通于内閣中貴人祈四朝鹽引偕發拱辰獨抗言國家鹽法有故四朝偕發則成化弘治鹽壅不行鹽壅不行則利入微利入微則商不懷失信商人虧折國賦非細事也拱辰一日去位惟諸公衆不能奪大同軍叛殺巡撫張文錦

議撫拱辰獨請兵部請誅之未幾參議福建會任佃起爲御史姊給事中楊秉義劾拱辰罷歸尚書儹謟兩疏張拱辰剛毅有守吏部嗔不門跪黜之大明會典考察無贓皆得樂無終身廢棄之令也乞召拱辰竟不起拱辰剛直急人之難見不善必叱之太史蕭與成道病革人以某屬即相知過弗恤也拱辰調護病甦乃去知縣曾儁居官無玷被誣友人某聽竄竟僉言於藩司罪儁拱辰俟其出於當衢指罵之曰嗟嗟汝欲子孫爲耶元皆寬誰不知者不解縣又下

石如良交何從譜人者不勝其憤而一時知者稱其直云拱辰歷官十餘載不增尺寸之產晚節益堅有獻百金爲壽而請其關說者拱辰子以聞屬拱辰耘瓜拱子示顏瘦曰有貨如給何耆耘瓜爲拱辰曰吾瓜大於給也妻子幾不能給餡乃割寺田以周之御史陳聯芳表其里曰清白

梁焯字日孚南海人正德甲戌登進士嘗過贛從陽明學辯問君教窮理慷然有悟拜主客主事己卯三月　上議南巡與業龍等十七人上疏陳止　上怒罰跪五日大杖三十車駕遂行會俳朗機夷人加必丹末等三十員名入貢至南京江彬領四家兵馬從上遊豫導引火者亞三謁　上喜而留之比至京師入四夷館不行跪禮焯執問杖之又番人鶩亦虎先與其蝎米黑兒馬黑麻以貢獻事誣陷其肅文武大臣腁彬及錢寧用事二夷人者或馳馬于市或享大官之饌于刑部或從　乘輿筱環膳于會同館或同僕臣卧起而大臣被誣者皆桎梏幽囚以是輕侮朝官焯每以法約束之二夷人相謂曰　天類可即主

事乃顧不可即耶彬聞之謂焯凌雲駕下人負將奏聞焯治後事以待命三月丙寅　武宗晏駕是日皇太后懿旨誅彬已而火者亞三等就獄稱本華人爲外夷所役於是與鶩亦虎先等皆伏誅有　詔佛朗機不許入貢以嘗弑其君也新政旌別淑慝焯嘗諫被杖陞俸一級初舉人武陵龔元亨與焯同師陽明陽明使元亨往寧藩察其逆狀比濠爲陽明所擒乃指元亨同謀下　詔獄死焯捐俸爲備棺斂嘉靖初改司職方聞弟訃而病遂予告歸養宜興醫士周

衡送之及別謂曰益莫善於養心損莫甚於多慾煇
佩服其言卒于家年四十有六
鍾雲瑞字天慶東莞人性温粹潛心舉業執親喪盡
伯兄雲祥廬墓鄉黨稱之正德癸酉中鄉試第三人
丁丑舉進士授南大理評事時寺正林希元以忤御
史參降公疏言實與同事非則均非今坐視希元之
去恐涉賣友之疑乞一同降調不報士論高之考滿
調北寺副尋陞寺正會議大禮忤 旨廷杖瘡甚
起陞江西僉事執法理冤不避豪右未滿考陞布政
司右參議會南贛巡撫憾其諤見稍後以爲慢已飛
語中之改調歸入山居廬爲終焉之計後三年部檄
亟催赴選補雲南左參議丁内艱服闋起補湖廣右
參議提督太和山陞副使備兵衡永以不能隨俗脂
韋弇阿上疏乞歸時年方六十構一室左圖右書閉
門謝客遇祭祀必致其誠敬慮風俗日趨于下與同
里致仕知縣何楷知府林時裹等卒行鄉約以修明
孝友睦婣任恤之行鄉人德之爲建生祠于象山之
陽逾年而公卒年八十有四祠成縣尹楊公題其額
曰卷德祠自爲之記公嘗師事湛甘泉而友林次厓觀其
師友而其人品可知已公別號黃山鄉人稱黃山先生
黎貫字一鄉從化人父元昌簡靜好禮尤嘗書札嘗
錄文史中警語有關世教者以自警鄉黨稱翠岑先
生貫器局凝重吐音洪亮雙眸炯然步中規矩幼齡
能詩補縣學生領正德丁卯鄉薦辛未中乙榜授建
平教諭江東之俗生女多溺之貫始至即請監司厲
其禁澆漓頗革文廟傾圮撤而新焉又捐俸葺名宦
祠祀吳應龍施德懋而下十人自爲文記之黄藻施
榮見而嘆曰覩麟之流也諸生饋遺一無所受御史
張仲賢薦于朝丁丑登進士第選爲翰林庶吉士作
大禮慶成賦爲時所稱授陝西道監察御史首言京
師大甲之弊 上可其奏民賴以蘇奉 命福建清
軍查盤時鎮守太監同藩司乾沒官銀萬兩托人祈
免貫竟按劾之還官銀十二萬糧二十六萬前此命
使未有也又疏上請表勵孫燧等忠節褒錄先朝宸
濠逆狀鄭岳等三臣 上從之嘉靖初流賊起山東
奏請設總制大理以理軍事及請兩廣行鵰剿之[illegible]

咸削其議卒賴成功正德之季天下耗于冗食請稽
考國初與正德中賦入上供之數權其輕重以為定
式又令户部覈考滿官必稽完乃得徙官否則降黜
皆著為令時廷議欲以戚畹奉安陸陵祀貢以為不
可上疏論之且曰 陛下不早抑之恐他日驕恣如
薄昭王鳳然後圖之亦已晚矣昔漢章帝欲封其舅
馬后曰吾觀富貴之家禄位重疊猶再實之木其根
必傷何必營外家之封於是遂止今章聖太后至德
格天非馬后所敢比其不欲營外家之封必矣而
陛下洞鑒古今又非章帝所敢擬豈不思有以預抑
之乎癸未奉 命巡按江西首罷浮橋之害商旅便
之及辯諸冤獄皆得其情宸濠之變宗室株連者甚
衆貢治其從逆者數人餘多存宥遭父喪歸家居七
年庚寅還京師仍舊官掌河南道事大學士張璁請
削去孔子王爵貢謂同寮曰周子嘗言報德報功王
祀萬世使周子而愚人也則可乃率全臺上疏疏入
忤 旨下詔獄都御史汪鋐承 旨劾貢脅同官署
名必欲置之死地 詔令以後言官不得連名後上

意亦稍解黜為民貢歸杜門却埽科道撫按保薦之
疏凡十三 上嘉靖己酉八月卒于家年六十七貢天
性孝友遭喪哭泣年四十不能聞細字弟病三年朝
夕視之請以身代與人甚謙謹而臨事有毅然不可
犯之色建邑後士人登第者寔自貢始所著有臺中
稾使閩稾西巡稾共十二卷文集六卷藏于家
戴銑字子聲別號角峯東莞人公幼岐嶷及長強記
博學從陳鶴峯先生遊習麟經領壬午鄉薦登己丑
科進士第觀吏部政上禆治疏纚纚三千餘言多關理
道授禮部主事提督四夷館懲奸役撓法者直聲大
振迎養賓川公洎母太夫人于京邸俱荷
恩貤封縉紳榮之尋改四川道監察御史執政者稍
忌之公不芥蒂慷慨言天下事如條陳時政申飭禮
儀薦賢則重老成懲刑而獎拔恬退劾奸則先喋嘿
保容而禁抑凶邪作敢言之氣杜奔競之門毅然不
為權豪少屈群黨交惡之公乃見幾飄然罷職而歸
習靜丘園名曰盍簪薦剡累及堅持不起從學於甘
泉湛先生研尋旨趣讀薛中離論傳約一篇淵然有

得於是由博以反于約益究心體認之實年甫四十六歲而卒臨卒神思不亂曰修身俟命無憾可證其見之卓如此隆慶改元褒卹遺直特贈公奉議大夫光祿寺少卿錫之　制詞有曰彈劾不避貴權無隱剛方之士議論能識國體允稱通達之才其見追褒一時若此所著家集十卷中丞李三洲公序之稱其擷菁萃華鉤英探賾道德之宗風節之表其賢有足重云子記博學能文登嘉靖乙丑進士歷雲南楚雄知府以循良著聲

俞宗梁字景山璦山人丙戌進士博極群書而性方直知新昌縣為政嚴毅而濟之以寬遇歲大祲設法施賑民賴全活者數萬有搶掠為盜者勸諭歸農民怙恃之如父母又毀淫祠以立社學隆禮以旌孝節治行為一時最擢南京刑部主事歷郎中讞議惟平有豪貴囑重入者正色卻之常俸所入皆以奉母撫弟不入私囊及卒妻孥不能自給侍郎鍾芳重之為紀其行以傳焉

梁廷振字伯綱別號瀾石生而眉宇秀竦天資淳厚事親盡禮時稱孝童年十四師事白沙高第陳東峰聞江門之學書四勿句于屏継居暗室衣冠危坐年十六習舉業丁卯領鄉薦庚午集海雲精舍于瀾石上究心古學癸未第進士連丁內外艱號慟屢絕時年四十二癸巳班白服闋辛卯春授兵部職方主事擬改風憲又吏部俱力辭尋晉職方郎　廣西土官互相讎殺總制陶公請太僕會安南弗廷　朝議主討公皆力止之中外賴安戊戌陞廣西副使監督諸軍進剿斷藤峽號令嚴肅民不知兵擾　聞賜金幣後平府江諸猺士民頌德尋陞福建右參政督理糧儲兼督諸道印務公餘講明江門奧指閩士嚮風陞本省按察使百度貞肅是秋入覲得賢稱最入覲不持一物清風穆如會陞浙江右布政尋轉左遇旱禱雨輒應民呼公為續命爺特大工木商應給銀七八萬兩衆商欲以數萬謝公公斥絕之其廉介若此未幾卒于任民哭之如喪考妣蓋公學問以仁為宗故其政以仁得民諸孫騰茂等彬彬多賢克継其志焉

羅虞臣字希戴順德大良人天資穎悟覽書目數行

下九歲能屬文弱冠舉進士補建昌推官建昌號繁
劇難治虞臣素習爰書嫺于吏事又以文章潤飾之
日召善書吏數人於前口占其所謝故人書手授其
所為文若干以授吏謄之暇則讀書至夜分乃就寢
故虞臣居官文日益進而治日益有聲各推官皆自
遜以為弗及甫三載徵拜刑部主事改吏部與李開
先任瀚輩以文章氣節相高而虞臣尤剛腸疾惡面
斥人短以故多忌之者開先曰燃載且見中於法矣
會宛平人劉東山僞上變告張延齡姦連虞臣於是
逮詔 詔獄治虞臣乃從獄中上書曰臣昔為刑部
主事提牢因劉東山私脫桎梏越監戲賭笞之所以
示戒懲也後調吏部主事幾一年東山近挾奏延齡
誣臣聽屬笞彼臣常責治各監之奸禁者誰為屬耶
其奏延齡屬臣又非大故止為嗔其坐而不起獄因
權析延齡尚衆豈止坐而不起者即人人嗔之將不
勝其屬矣 陛下不肯骫天下正法赦延齡誠古帝
王誅不避親之義也有司質確其過寘諸叢棘之下
身註幽獄舉日堪悲是若墜不測之淵而踐必死之

地也且延齡幸以肺腑侍先皇帝得列侯封當朝外
戚之隆莫與為比延齡不永惟 先皇帝寵幸深恩
贖貴蔑法卒嬰大僇臣以延齡素驕貴一旦下之吏
郎不括髮交手足荷索關械言不喾者特為強耳延
齡身中明法自當伏刑都市以章其罪為外家驕蹇
橫恣之戒當其時提牢官一切以法苦之萬一防衛
不謹有如卒暴死獄中 陛下欲生得延齡付有司
正刀鋸而不可將必為臣等首咎臣等之罪又安逃
乎況延齡禁在庫房業非臣始夫庫房亦獄中小房
耳自臣提牢其在庫房已踰一年獨以坐臣豈不錯
哉又誣臣與死囚陳邦憲去刑具請至提牢廳高坐
飲酒提牢廳官署也臣法官也身為法官而引囚首
之人坐官署飲酒賤名器辱清議甚矣臣與邦憲雖
同郡平居未識臣其病痞白尚書聶賢先押數日耳
小人造飾欺謾激怒 聖朝加誣及臣以報前怨遂
令臣限身幽圄笋格受辱身非木石獄吏相伍乎影
酸心誰復為憐法官或不慮臣無驗之罪竟按空文
不與蠲除臣恐薄惡相扇慢由京師共為虧損政體

不小也昔絳侯受繫低首獄吏史遷下室嘆季笞辱
縲絏之辱古今所同臣被逮何惜但念結髮從仕通
籍薦紳乃爲小人所誣尚復靦面目對人不亦羞
世奇節之士乎且人情頓挫而節義之行損官師蒙
辱而朝廷之威褻奸慝不懲而法令之綱廢詆欺無
限而是非之真淆皆往昔之殷鑒非　清朝所宜有
也通政鄭紳覽書棄去不奏獄成下御史府大夫王
廷相當廣臣故縱重因黨結元惡杖五十褫職爲民
廣臣既歸就中山結草堂讀書累著圖牒陳徵總括
百家馳騁千載雖仲舒潭思下帷嚴平不窺城市猶
自謂過之也嘗言盧生不如留名義古不如自立其
志如此兩廣都御史蔡經薦于朝未用辛年三十五
所著有廣子八卷傳于世
鄭廷鵠字元侍號望山人少秀穎從貞範海先生學爲
文閱傳辨覽貞範大奇之嘉靖戊子嘗學蕭公考擢
第一補郡庠生鄉試高等戊戌以易魁天下授都水
主事改儀制司主事考績恩贈其父母戊申改吏科
給事中奉　旨脩圓明閣陞本科右尋陞工科左地
震上四事一言黃花鎮古北鎮潮河川皆京師後門雖
設有石匣營仍當築關城以嚴備禦禦二言貴州苗醜地
連三省既有總督又有巡撫官多民擾乞省其一以紓民
力三言在京明智等場草料并御馬等監錢粮户部
委官一年一代去留不常因而滋弊請以三年一代
四言蘇松財賦甲于天下請添設參政一員可專責
成巳酉黎人悠肆上六事一曰先分奇兵二曰調察
賊情三曰禁革土舍此先事禦圖之要也一曰一勞
永逸二曰破荒啟土三曰久任責成此後事經畧之
宜也又上調停三途並用疏以疏淹滯杜僥倖皆有
關于治道庚戌會試充同考官得方弘靜等二十三
人皆天下名士陞江西按察司副使奉　勅提督學
校立教一以不欺爲本文尚醇雅痛革時義浮靡之弊
崇節義以倡士氣明典禮以正風化尤其所惓惓也
陞江西布政司右參政乞終養奉太安人以歸建大
宗祠又立祠以祀周程朱張并陳白沙六先生題曰溯正
祠起藿林精舍與諸生講習其中所著藿膾集春秋
正傳披垣筆記石湖倡和等集共百餘卷

陳澤字子仁號平川南海人少頴異總角領嘉靖戊子鄉薦遊甘泉先生門甲辰授浙江慶元知縣躬節省嚴保伍剔猾遂良民俗丕變有舉溪民積逋觥法公諭之出見官府受約束擇其子弟入社學延師訓之遂為良民又諭撫粟洋礦徒葉姓千餘家俾立功贖罪衆誓以死報甲辰冬礦賊吳八權衆數千犯城公亟撤橋阻水聿嚴捍禦賊乃掠閩乙巳春潛諭葉姓率粟洋死士二百人追擊敗之獲渠魁十六人斬首三百餘級數十年劇寇一鼓而殲之乃請以廢寺田價刱建縣城民賴保鄣尋膺薦剡課績為浙令第一戊申內召士民攀轅樹碑以識去思拜南京貴州道御史振飭風紀按癈廢人獄得其平弾罷本兵大臣交通權貴者風采凜然巡視倉場革官攢侵漁與包攬實支等弊憲紀大振壬子給由冒暑徃返得病終于任澤天性孝友履官俸入奉二親租業悉讓諸弟為政尚仁慈禁溺女之陋俗革秤耗之積弊一日亟戒慶民慎火已而燬者數百家又為文禱除虎患謂政通於神明非與殁祀名宦祠所著有留臺存稿

吳允祿字天申號九巖璉之子舉嘉靖癸未進士性馴雅守繩墨恂恂如也授武選主事時逆瑾熏灼之後公不踰月削籍者一千六百餘員中官谷大用張永等誣奏公下詔獄已而事白復原官以賢調吏部稽勳主事晉文選員外郎驗封郎中是時權歸執政諸郎署共為澳忍以相浮沉公即力請外補出為湖廣參政時楚大饑公請發倉以賑所全活者數十萬家未幾轉按察使先年有儀賓十惡之獄六年弗決公竟辯其誣楚王德焉壽以千金却之半載[illegible]大木之役公處置得宜有白金文綺之賜至是凡七入薦剡銓部一擬光祿卿再擬布政使俱不報歲己亥聖駕南巡公與布政使徐乾預備有方天顏甚悅時導駕胡御史守中者憸人也貪索不滿其欲遂中傷公竟不辨而歸人皆服公長者公歸而守中被戮事益白名益顯直指姚公以廉明介節薦於朝而公病篤不待矣時稱湖湘兩介士謂徐兩溪吳九巖二氏也說者謂九巖尤挺嶒然之操云

趙毅字彝甸別號右坡番禺人貌頎碩性端重傳通

經史督學歐陽公蕭公咸器重之嘉靖戊午舉于鄉辛丑銓授江西瑞金令請均徭役節省浮費民得休息邑素乏科名公爲興學校以經學授諸弟子於是戴汝器等得中式龍南信豐飢莩載道承委賑濟存活者衆撫按交章薦之黄鄉洞賊曾氏及其徒黨[illegible]等糾衆剽掠都御史虞公守愚奏征之實軍[illegible]一千户一縣丞賊張甚公承委單騎入洞推誠慰撫[illegible]賊有崇經及梭化肆掠者數十人以獻餘黨悉降仍拉曾氏二十八人軍門虞公以二子送郡庠觀禮豐俗大化丙午考最召入爲南京四川道監察御史疏言五事禁無名之差役革官司之借辦羅竊盗之工價嚴巡捕之考覈省引禀之煩勞　上從其奏行之南京守備諸司爲之歛戢武職犯法波及無辜事聞下公覆議惟懲其首惡餘皆薄治　上俞允之壬子陞山東按察僉事巡東兖濟南二道執法詳明存心忠厚歲大飢親行賑卹民賴以生者萬計居三年屢薦于　朝甲寅以憂歸遂不復出家居課子長思謙積學郡庠博文守禮次思恭領鄉薦爲當陽令有政聲咸能世其家教云

張宰字體敬號簡齋少有文名弱冠入郡庠甲子領鄉薦壬午謁選冢宰器重之擢第一授南京兵部司務曹事清簡公殫心經理各衛解丁補伍時值風雪襁負嬰孩多寒而斃者逓軫念令各趨廡下止所全活者歲百餘人其仁愛如此三載考績　勑命有曰綜理精詳操履清慎進階登仕佐郎戊子晋車駕司員外掌黄馬快船中官進奉多踰常額公計貢品定撥不分毫假借時稱其直道蘆洲草蕩多爲權貴所侵一以法覈實不徇私託大司馬李公王公喜其慎密且不欺法云己丑歸省逾年晋刑部郎中明慎讞獄民自不冤有以勢囑者一切杜絶之且嚴苞苴之禁私餽者不敢及其門素有渴病每誦白沙先生江湖枯起十年羡之句浩然返初服上奉潘輿下誨二子勉學砥行時好紛華則風之以儉約時尚繁縟則持之以清修舊廬僅蔽風雨薄田稍供饘粥未嘗折腰于人長子廷臣登壬戌進士乙丑以户曹考滿貤恩勑命有廉靖清勤始終一節之褒蓋實録云廷臣歷任台州府知府陞運使其清約不愧家風

張澯字景川順德人年十五補庠生里豪侵其祖墓上書直指使者得白時稱千里駒弱冠登辛未榜進士知建平縣重學校厲忠節歸范希文之祠表王叔英之墓三載考績待詔考功以忤巡江御史賀洪被劾改知廣昌上書訟洪逺 憲綱聽請託等事洪坐削籍則抵廣昌政平民懷故大司寇何喬新未有謚澯為 請易名任子政特大體類此遷禮部主客主事督會同館時司馬王瓊與都御史彭澤有隙澤經理哈密瓊劾其啓釁欲殺之並逮都御史李昆副使陳九疇澤剛毅敢行屢討流賊有功時當國者多畏瓊欲主其說澯知其賢執不署牒後澤等皆得釋澯之力居多改儀制先是主事姚鏌嘗採司所職掌類為書未就澯嗣成之遷精膳員外郎嘉靖甲申七月戊寅諸臣以 上必欲稱 孝宗為皇伯考相率赴左順門哭諫觸 上怒收繫 詔獄五品以下各杖之澯被杖死年僅三十有八澯未死猶力草疏數千言力要主為人后者為之子之說謂爭義壯曰獨此心耿耿耳聞者傷之隆慶改元以御史龐尚鵬疏贈太常少卿

李鳳字鳴岡別號少梧其先大庾人至父賢贈中憲大夫者始爲籍番禺生三子長鸞字鳴漢登嘉靖辛丑進士歷户部郎中次鵬公其季也少從鸞學終身執弟子禮丙午舉于鄉癸丑登進士筮仕知英山縣册豪強簿刑罰更新學校振起士風嚴溺女之禁公輸之法士民咸爭頌聲載道以調繁知餘姚甫下車茂著倭功政令赫奕入為建評品隲庶獄以不完稱蒲考績最遷登州府知府地瀕海饒於魚塩蔵美数千公一切麾却之日理民事惟務節愛郡士民無緦鰓心服者舜考績陞貴州兵憲伸威振紀邊圉肅然葵陞西粤藩泰恪守官常整餉糧務舉陟七閩總憲八桂右轄所至一以清介自持不索民間寸香片書其所行惟求合乎道不求合于世世之權貴人從而媒孽之喉科臣論其老罷歸公澹如也公官居二品而家無擔石之儲稍有積餘則以周諸姪與姻婭梓里之貧者姪良柱有異姿公嚴誨之成進士為廣西糸議先公卒公復教誨其子而不及見其成慟哉公嗣二長良植次良楷俱庠生翩翩奮起稱其家兒云

翟宗魯字一東由東莞遷博羅建涵江精舍以教學
者學者稱涵江先生性沉毅言動不苟補博士弟子
砥節礪行居處必敬行必以聖賢為歸來學者日衆
置茅三蕝在兩階間以居群士能收放心鮮敗遏者
乃得升堂學者遵教唯謹時邑庠東有延慶觀公上
書督學魏公毀之以廣學舍魏公奇之居之省心亭
一日過問省心之義對曰聞省身矣未聞省心心一
也省之無乃二乎魏公然之曰吾欲入羅浮看[illegible][illegible]
知下山何魏公默然嘉靖辛卯與計偕甲辰就[illegible]
學諭其教先德行後文藝而振因之聘蜀文衡悉辭
帶禮不獲則以買圖樂臺皆以文明命之時稱雅文
明云乙酉遷融縣令節財用明禮樂以憂民造士為
政每日端肅告天而后聽訟歲大旱竭誠露禱雨乃
大澍十二峒猺來寇劉天助師禦之寇前牛忽震死
大懼而退乃諭以禍福皆請為編民兩院嘆曰得一
賢令勝十萬師信哉其後上官有誅求者寂不以應
遂被謗乞骸骨歸少傅翟公問旗武定侯求為館客
皆弗往其節槩若此卒無以[illegible][illegible]誠苦節之士云

梁津字濟甫番禺人早歲苦篤志向學能不以空匱
為累入郡學為科試文字太類國語西漢田汝成來
督學真之首選謂曰奇氣逸發子必勉之當顯名天
下也遂從前輩遊益知勵行津有至性事母匡氏以
孝聞三弟皆出庶母時在襁褓庶母素悍盡奪財產
以私其子津略不以介意撫之益厚不異同胞追長
為之冠婚無吝費甲午發解第一辛丑進士筮仕刑
部主事迎母就養以學行改吏部持清操杜私謁朝
著賢之時大璫麥福最寵幸以同鄉求見津書辭之
不與納交福亦服其素履莫能加害循資當轉文選
副郎同僚有越次鑽求者津即讓之曰吾還重務手
寡陋且多病凡才望宜備衆皆服其量卒于官年三
十有五母哭之斷腸而絕聞者莫不盡傷冢宰聞淵
素重其賢尤痛惜之憫其貧苦率僚屬致賻借差鴻
臚寺官護二喪以歸銓部及鄉人至今稱重其行誼
云

李价字少潘番禺人少穎異志趣向上嘉靖丁未進
士從泰泉先生遊講學知本惟反躬復性不事空言戊

甲知當塗縣至即却餽賀絶供億嚴鎖鑰謹浸潤傣
直之外一芥不入俗尚迎迓地當衝要百費交集或
不稱意輒數曰今之所謂良吏古之所謂民賊如狗
將好其如此心何遂革稱節省休養終歳省民財數
千而公事舉獄中大辟四惟四人為辯而出其二
有父告子不孝者反覆開諭下其子朴之父泣請焉
遂提携而出己酉撤委檢踏災傷田糧道經寧國諸
隣靖厭公廸祠為詩文吊之既勘實蠲民租十之四
賑饑均役息夂逃絶撫按屢薦擢户部主事里耆李
鑾等持百金馳至釆石為舟車費慰劳而謝却之竟
留一靴而去貧不能歸省乃徑趨任壬子七月以才
行改吏部稽勲司主事歴遷至署考功員外郎兩經
考績俱以學行清才列上考是歳四月丙申夜三殿
災欵上封事為親知所沮適宿疹頓發遂卧疾求歸
太宰駘書止之戊午二月晋稽勲司郎中四月宿疾
復作乃上疏得允遂歸杜門謝客己未七月卒其清
操為一時冠焉
孫喬與字奉初號居素德性和平弱冠領庚子鄉薦
乙丑謁選授直隷崇明縣令編差即日而定委淩禾
利旬日告成郡守許為神工崇明沙田舊多欺隱公
犬出餘畝名貧民給之百姓立碑以頌其功色有成
兵巡道謙華之兼巳申文撫按公謂崇明濱海兵難
輕華執不可阬道博訪竟如公言兵乃服其練公實
心愛民利興弊革至今民尸祝之三載績最名為陞
南道監察御史時司禮監孟冲弄權公疏其罪當事
者稱其正直趙大洲與高冲玄不睦告休瀕行諸御
史入不敢出送公謂大洲以署院而行臺官豈[illegible]不送
卒一二同寅郊餞之冲公嘶焉出為福建屯田僉事
至則清釐屯弊豪貴歛手署學道考選不徇私囑士
論重之三載秉公執法如一日以貴捧事致氏休杜
門養靜年六十二卒公天性孝友操尚廉介兄弟三
人自相師友仲弟濂中己酉鄉試任長樂令練達有
才季弟嗣興以選貢令南安廉靖不苟子惠領鄉薦仕
修仁令有循良聲次子萱庠生進取未艾
羅黄棠字美至高明人嘉靖己未進士性資惇篤生
平無疾言遽色筮仕吉水縣令恪守官箴勤恤民隱

以忤權門調雲㚇雲㚇連遭水災民不聊生値　親
王之國往来供應殫竭心力百度整戢時不告匱以
才能轉南京大理寺評事民立祠竪碑以紀去思政
北憲囚江南平反有聲出守平樂地瘠而險多盜議
設昭平縣以握其吭陞貴州按察司副使以足疾乞
休家居恂恂若儒生立宗祠置祭田以聯其族開北
港以濟鄉閭時稱其賢子建斐建箕皆太學生有時名
論文字紹周順德人癸卯中省解元嘉靖壬戌進士
孝友天植恭儉性成授官大理毋年八袠不克迎養

皆望雲而思居官留心讞鞫多所平反暇則偕同寮
陳玉叔工古文詞滿考勅封父如其官母太孺人及
出守柳郡迎母祿養柳地僻遠法踈吏靡兵粮歲詘
公銳志節爱釐革宿弊請軍餉以給兵立鄉約以敉
民甫一月卒于官士民衆之工部尚書徐公養正追
惜其賢公生平澹約不以賢智先人家無餘貲時稱
長者子丕顯丕孫而步武棲武皆業儒詵詵知向往云
岑用賓字允穆號小谷順德人父萬登進士歷官河
南右布政使所至以清謹稱用賓己酉舉于鄉越乙

未登進士推官衢州毋喪服除補池州讞刑察屬州
允惟明給事南京戶科所論奏多持大體其崇經筵
購典籍議從祀擇師儒舉遺逸又其大者嘗劾福建
督撫汪道昆曰道昆監軍閩中為軍實辱遮留兩日
之所以得脫者臣不忍言之也今晉都御史督治之
以羊牧狼外見輕忽內生疑畏海寇吳平蹂躪我
邊疆係累我民人虔劉我官校虜我卒五百斷趾遣
歸趾辱孰甚道昆一策不施徒置酒烏石山平遠臺
與賓客為長夜之飲所徵東陽戰士材官隊長悉從貫

得冽書交馳孰能窺左足而先應我闒茸淫貪不宜
久握兵柄為國患害道昆坐免大學士高拱僞材
絕人而猜忌無大臣之量隆慶初為給事中親府
亮所劾御史齊康又聽拱嗾指以劾大學士徐階上
皆不問用賓乃奏言兩人日侍左右心孰邪正行孰
臧否量孰廣狹豈能逃　聖鑒且高拱文章雄俊笑
畫卓詭臣豈敢誣第其剛愎自用苛刻立威意忌文
深決非端人小則殃民大則悞國雖曾授經臣子當
分何足稱伐乞令致仕以杜厲階拱亦全進退之節

不聽是時道昆有文名而拱柄臣死生榮辱在其呼吸莫敢有犯之者用賓不縮朒故直聲籍甚然竟出守紹興其為治務愛民持大體不苛細為條教使木鐸以徇務在以德化民入　覲補丞陝之宜川猶懷前憾也至踰月卒時御史秉彝無以直言謫丞邵陽經紀其喪為文哭之友人王世貞哀其遺文梓之嗟嗟若用賓者豈不毅然有丈夫之節哉

外史氏棐曰詩言涇以渭濁湜湜其沚謂清者之不為俗變也又言南有喬木不可休息謂直者之不為俗曲也乎鄉先輩類多清而直者惟[illegible]清而後能信其直惟直而後能成其清故羔羊美大夫黨以節儉正直其意豈不宏深哉漢唐以來流風斯邈若唐玠之陽瘖疵不媚于衛暕溺之鄙藿豈不崇于宋吳碭拒權惟知有漢黃巖疾惡期以變俗寧眾悌凛隱巢之對敬元禮摩匿交之義韓澄雩戴天之恥何澤儼扣馬之諫桓桓然古直臣風哉宋有黄正一李積中張持動果陳康延馬暐騏陳應辰區適子及丁[illegible]

一夔馬持國名最著高宗嘗夔名于屏曰南有張夔北有周珩而孺之奇嘗稱曰景有沉珠浦人有丁王甫胡澹菴銓嘗曰馬觀臣議論操履表表如一其賢可知已哉

明以廉介風天下而清直堅毅縛儲上國著于篇者亡慮六七十人猗與盛哉予獨愛鍾理夫善經之言曰守身如處女不可受人指點陳秀卿實之言曰學莫先於辨義莫要於養心當書諸紳永矢不諼云

十九

粵大記卷之二十

嶺南郭棐篤周甫編

獻徵類

賢良懿績

漢 鄧宓 何丹 李進 黃豪

晉 陶延 張鲂 齊匡合

唐 蘇妙 甯善道 何昂

宋 郭畔 林從周 梁杞 劉彪

李瀚 吳順孫 鄭敦義 張書宇

鄧并人 侯晉升 黃勳 廖顯

陳中孚 孔元勳 吳群 吳純臣

黃煥國 樂夔 鄧酢 王中行

曾槐 甯君載 楊汪中 郭安仁

錢益 郭友 吳正卿

明 張迪 周德成 楊明德 關可成

翟溥福 蕭嘉祐 楊順 李信

韓珠 蕭守中 龔遂 陳駿

劉源 劉奎 陳克昌 顏宗

鄧周 胡濟 王子倫 李昂

劉康 周昂 冼用行 袁衷

潘本愚 王佐 曾瑁 張瓚

吳澮 馮遵 蕭昂 歐陽寅

鄺文 吳裕 鄧應仁 袁仕鳳

劉芳 葉應 何宏 姚祥

熊季芳 包義民 王昴 曾偉 吳斐

李涓 莊典 梁熹 陳希文

郭廷序 唐守勳 區益 陳恩

楊佐 陳志敬 陳其具 蒙學之

郭大治 鄭夢璞 劉楷 劉介齡 黃天賦 張啟熙

翟守謙 唐守明 蔡子汲 羅煥章 佘光裕

鄧宓番禺人有諸畧權勇武帝元狩末交趾部刺史辟公舉宓茂才為屬國都尉尋為南海郡丞後至日南太守善於柔遠民夷懷之卒葬馬鞍山後建武中馬援南征交趾徼側駐兵南海祐土宇至此每風雨晦冥聞人馬之聲跡之得宓墓云

何丹字伯張湞陽人成帝鴻嘉初鄉里舉茂才為含洭長累遷至中散大夫以言忤王莽出為松滋令慈祥豈弟愛民如子有嘉禾連穎之瑞及卒於官邑人為之哀慟擇河西勝地葬之歲六月二日民酹奠者

不絶焉

李進字子賢高興人世本農家進獨明悟涉獵經史力耕時嘗有一雞毛色五彩倏然而來及去則莫知所往以其無主目為客雞云是年禾稼大熟進得補郡功曹察選騎都尉永和二年荆[illegible]支叛遣進為武陵太守帥兵往討大破之斬首數百級餘悉降附進乃簡選將吏得其情和在郡九年梁太后臨朝下詔增進秩二千石賜錢二十萬中平間代賈琮為交趾刺史奏請依中州例貢士具從所舉以茂才仕至司隸校尉交趾人材得與中州同選寔自進始其子孫蕃衍布在交廣多仕至大官者高興人遂以客雞為祥比諸陳寶焉

黄豪字子徽南海人少好學年十六能通論語毛詩既冠舉交趾部刺史舉茂才因寓廣信教授門徒及徽至京師除外黄令約己儉節麤衣蔬食所得俸秩悉賜貧民凡所剖决一縣稱平是時鄰邑蝗蟲為災而獨外黄無有歲屢豐稔民先流移者悉歸附之闔境大治其循良足稱云

陶延字世賞番禺人其先家丹陽祖父基字叔先為交州刺史始夷人不識禮義男女互相奔隨生子乃不知父基至始教以婚姻之道訓以父子之恩道之以禮齊之以刑設庠序立學校闔境化之莫不說服留從子居廣州生延延材兼文武晉元帝時以戰功至伏波將軍為陶侃郎將湘賊杜弢誘五溪蠻寇武昌延將兵夜趣巴陵潛師掩其不備大破之當論功進秩會疾卒荆人還其喪于廣州

張魴字叔魚始興郡人涉獵經傳善事父母遇年荒穀食荒貴分賚貧窮鄉閭戴之明帝太寧初舉孝廉咸康中為含淮縣令鑒前令貪暴節儉自持視民如子蔚有惠政三年化行民歌頌之關口夜行無警[illegible]鹿群遊取其一獻之民因魴所築縣城及城南有[illegible]皆以白鹿名焉刺史行部至褒美其政治以勵屬邑詔徵為尚書郎

區金字南貴南海人宋孝建末客揭陽會齊武帝在潛起義師往征豫章賊金為首領從大將往平之至金陵事齊高帝及受禪用金為右武衛校尉後以父

為美人累權至尹州刺史子頴亦以恩授寧州刺史頴子伯虎知勇積有軍功益析節讀書官至新州刺史撫綏民獠政平人和陳寶應連留異為亂伯虎從都督章昭達討之三世刺史亦嶺海盛事也

蘇妙字觀妙南海人其先家本雍州武功父又為京兆少尹始徙廣州妙幼奇頴讀書通大義累官至泉州刺史有惠政行春門樓有白雀來巢見妙出每飛集車蓋上泉民歌頌之先是又以父褱兄遡世承台衮每懷盛滿出居南嶺荒遁終身名其二子長曰復取萬物並作吾觀其復也少曰妙取常無欲以觀其妙也妙兄弟皆好道奉事老子而儒行亦脩云五世孫紹之最知名

常善道字守約南海人代為郡著姓善道博學能謀而不好章句俗儒多非之少作縣吏節度使張九章與語奇之乃免其役俾佐書記益究墳籍遂通三禮掌帥府威儀為零陵令歲旱民有流移為盜者開倉賑之境内遂安遷郴州太守有訟鷲者問其所飼甲云稻穀乙云糠飯叱而留之明日視遺矢有芒穀召甲歸之人服其明兄弟訟田者終鮮老紛之訟者感悟更為輯睦有八子長注遯跡不仕闢園鑿池朝夕之陽曾玄累葉不應辟舉號常隱居家第七子湧登進士第上章歸養善道沒後乃出仕官至刺史

何昂其先曲江人後徙番禺少聰悟日記萬言大中初進士筮仕著作郎遷瀧州司馬以能名節度使李迢禮重之累遷容館經畧使時承亂後民生憔悴昂加意紹徠賴以安堵峒賊梁宗熵叛昂單車往說之賊徒露刃林立昂從容諭之以禍福且曰汝曹何不兵我宗與其徒皆拜泣曰竊聞何使君高誼之日久矣開示逆順大有造於吾人是吾儕再生之秋也其敢逆命以干天刑耶率其衆歸耕終昂之任無胠篋者廉辨一州歲人稅賑濟不足以俸周之會昂小疾民有燃指禮佛為之禱者昂善星曆時朱全忠強逆不臣昂誡諸子曰汝慎毋事全忠全忠兇悪類祿山必有慶緒之禍以勢觀之全忠必將改王以星象言之唐家當復興晉分野有王氣其在河東乎昂沒後友珪弑全忠莊宗滅友貞一如所言諸子守其訓皆

華莊宗子澤最知名
邵曄字日華其先京兆人後家桂陽父簡仕陽山令曄幼嗜學從辟署太平興國八年擢進士第解褐授邵陽主簿改大理評事知蓬州錄事參軍時太子中舍楊全知州性悍率蒙昧部民張道豐等三人被誣為刼盜悉置于死獄已具曄察其枉不署牘白全當核其實全不聽引道豐等抵法號呼不服再繫獄按驗既而捕獲正盜道豐等遂得釋全坐削籍為民曄代還引對太宗謂曰爾能活吾平民深可嘉也賜錢五萬下詔以全事戒諭天下授曄光祿寺丞使廣南採訪刑獄俄通判荊南賜緋魚遷著作佐郎知忠州歷太常丞江南轉運副使改監察御史以母老乞就養得知朗州入判三司磨勘司遷工部員外郎淮南轉運使景德中假光祿卿充交阯安撫國信使會黎桓死其子龍鉞嗣立兄龍全率兵刼庫財而去其弟龍廷殺鉞自立龍廷兄明護率扶蘭砦兵攻戰曄駐嶺表以事上聞改命為緣海安撫使許以便宜設方畧曄貽書安南諭朝廷威德俾速定位明護等即時聽命奉龍廷主軍事初詔曄俟其事定即以黎桓禮物改賜新帥曄上言懷撫外夷當示誠信不若俟龍廷貢奉別加封爵而寵賜之真宗甚嘉納使還改兵部員外郎賜金紫初受使假官錢八十萬市私覿及為安撫已償其半餘皆詔除之嘗上邕州至交州水陸路及宜州山川等四圖頗詳控制之要大中祥符四年改右諫議大夫知廣州州城瀕海每蕃舶至岸常苦颶風曄鑿內濠通舟颶不能害俄遘疾年六十三卒

林從周海陽人太子洗馬璨之子登景德二年進士授泉州南安簿日持手板與刺史廷辯曲直侃侃有國士風主計者聞其材俾涖劍州銀冶擢大理評事莞榷永嘉遷本寺丞知開封考城縣後王欽若出判杭州奏辟為副授太常博士通判軍州事抗直不黨欽若初甚怒中悔悉以事委焉入朝以屯田員外郎充開封府推官痛絕私謁權貴有書札輒焚之仁宗時常對衆奏事巡莊獻太后聞其語知其賢指之語上曰此林從周也民有殺其兄之二子以規其財產

㝵被劊即死其幼走以免事發獄成以毋年八十法當留侍從周議使無狀子居毋側以奏其幼孤必無分理且孤孫雖穉亦餘為祖毋養留之惠奸不可讀奏未畢太后還顧之曰人情當如此命配海外持平固執皆此類也轉度支員外提點浙東西刑獄公事在考城有惠政在開封以獄空年豐再獻賦頌一以規誡為本上亦再降手詔褒之仁宗初郊從周以府僚侍祠例授一子出身念其弟從善蚤卒奏以子其孤焉子東喬歷官光禄寺丞司門郎中知汀州東美東美舉學究特奏名官比部員外郎知雷州事東喬子之定朝散郎知惠州事從周叔冀登祥符進士乙科試身言事判第一歷官屯田員外郎其族人曰從可宣德郎曰東注通直郎自從周而下列衣冠者一十有七人猗亦盛矣

梁杞香山人性醇謹好學通五經直郡庠慶曆六年登進士初為連州司理讞獄詳明部使者論薦為桂陽令蒞政以惠民為本恤孤寡抑奸猾作陂池教種藝平賦役弭盜賊庶務悉舉度商有擾市廛者毅友畧驅逐之邑以大治嘉祐中遷比部員外郎尋以朝奉郎通判鄂州軍事俗尚巫覡為置局醫斥去淫褻陋俗為之一變熙寧初致仕與運判徐九思建議請立香山為縣事不果行然自是之後竟成縣治鄉民便之啓其端者杞也是時海曲族望稱陳梁二家而杞家聲尤著稽其譜牒顯仕者十餘人散在他邑凡千餘指經畧使仲簡序之其裔孫現係籍番禺嘉熙二年進士知南康作興學校輟俸增祭器政暇課試諸生舉行射禮民皆懷之

劉允字厚中海陽人曾臆夷曠於經史百家以至天文地理醫卜諸書莫不該貫甫冠四薦禮部登紹聖四年何昌言榜進士初任循州户曹劉華官倉宿弊輸賦者惟正供無有横費時郡守重疲兵卒雖給米日猶令檄木乃謹聚謀變露刃至庭下允以其意諭遣之衆帖服改知程鄉縣歲旱州督租如故允極力爭之會使者廉訪當具豊歉狀入奏遂以實聞得免租例民户歲輸軍衣布折納錢價三百官市貢布價十有二百時主漕計者檄所部令民折納如官市之

直允堅不受命州趣之允曰儻使者怒不過逐令耳乃具報云民折納者給軍士官歲市者供至尊可一其價耶事遂寢權知化州化州濵海歲市玳瑁翠羽以萬費允至悉罷之旬日間決難折宿訟百餘案吳川覔監民蓄戎器以戒不虞令悉捕為盜以徼功賞獄成允辯釋之全活五十餘人後除新循二州皆不赴致仕卒于家所著文存者三百餘篇子昉龍圖閣學士景舉賢良方正孫汶渭滋渙業儒皆繩繩繼武足稱世家

李渤字子文樂昌人世業儒有聲嶺表登嘉祐進士郡人尊之號為李夫子嘗試南昌作聞伯夷之風頑夫廉賦中魁時人膾炙稱為李伯夷有詩云嶺北嘗聞夫子號江西曾振伯夷風渤弟巖以上書召見崇政殿特賜同進士出身官皆至朝奉郎渤知白州巖知象州

梁順孫字景樞高要人以兩貢辟雍賜廷對將作郎出身歷陽江尉廣州左司理與寀新會令桂州觀察判官監邕州橫山田州謹乃寀畢等峒金坑舊制輸金監官多有所需峒丁苦之叛服靡常屢為朝廷患先時儂殘陸梁掠平民入峒凡數十年無一人還者梁至撫諸峒以恩信不較其金惟從其便諸酋長悉聽服梁遂以身請歸其民民之從而歸者如市州人德之有梁父母之稱未幾卒于官喪發之日民護送者數百里祀于名宦祠以狀聞于朝朝廷嘉之官其子駿諷累官朝請郎知韶州次子嚴穆累贈中奉大夫其子孫累世仕宦

鄭敦義湞陽人知潮陽縣官市牛皮峻急乃上書言黃牛善耕農視之如子哲宗下令止之徽宗即位又上書陳成周所以長久者在於得民心暴秦所以短促者在於失民心詔遷一階為來者勸

張晉言番禺水西人其先家世本山東祖士元仕至中憲大夫提刑廣南東路因留居焉父約以學究奏名書言少博學有令譽元符三年進士及第宣和初為廣東市舶提舉制驗收法蕃夷便之以憂去久之復至人皆悵望借紫金魚袋後遷朝議大夫瓊管安撫大使所至皆有惠政嘗立弓箭社不論家業高下

待英賢暮年而卒

黃勳字有功南海人也幼有至性事父母得其歡心母沒家貧無以為葬或議火之而窆其骨勳哭曰吾母何罪而罹焚烙之酷乎乃為人傭書得錢以葬鄉黨異之咸嘖嘖曰黃氏有子如此必不久食貧矣紹興二年登進士第郡守季陵素重勳為之新其第宅名所居巷曰擢甲始授永福丞適縣令久病廢事勳為辯決獄囚滌滯除弊民貧不能具稅賦者勳為代還積逋八千三百餘緡民歡呼稱為再生父以監司薦銓授脩職郎尋進秩右朝奉郎知新昌縣有富民子訟析貲不平召其族長諭使直之而訟以息人以為得體郭外畢里許昏夜有殺人者遺所割刃驗之則皆豕膏也值旱徧禱于境內神祇多使人售豕隻屠者使宰牲其中一人丹獨新一鞫即伏人以為神久之進朝散郎知雷州嘗築郡城甫成其半以賢能還去雷人德之改知新州視事首禁火葬遺命者以殺逆論諭俗為改又課民耕穫使上其數十官自是一郡無敢私殺牛者學田不足缺膳羞乃以俸貲每户出一人乃自相推擇家貲武藝為衆所服者為社頭次為社副有警即率弓箭手以備戰洞俚畏之是書行官亦至朝列大夫兄弟蟬聯為一時衣冠之望云

鄧孝廉字清臣曲江人登建炎三年進士為韶州教授同僚有卒于官一女流落為擇婿具奩飾遣之盜起嶺表佐統制韓京討平之以朝散郎倅邕權郡事邕歲市馬界上吏多侵盜馬不時至孝廉盡革其弊歲饑發廩賑之不足繼以俸金全活甚衆改知德慶府歲租倍取民不堪命而庾吏盜用不會也孝廉究輸數以示民民歌樂之嘗執親喪廬墓於湞陽有甘露降於松枝孝廉不以為奇其不好名類此後卒中書舍人朱翌銘其墓曰急人之急傾篋倒笥仁柔義剛如漢名臣蓋實録也

侯晉升字德昭曲江人登元豐八年進士為程鄉令與蘇軾兄弟往還軾密家藏二公墨帖甚富軾一帖云象示新論利害炳然文亦温麗歎伏不已但恨罷廢之餘不能少有發明爾後知南恩州賑卹窮寡禮

置之政暇則與諸生講解士子樂從之而青衿日盛當時號循吏云終朝散大夫致仕卒勲為人慱洽而有深沉之思最明經義九聖賢格言皆躬自抄寫嘗曰求義當如求官除欵當如除病世以為名言從弟熙後一科進士登第攝新興令為韶州推官胡寅極稱之

廖顒字季邛連州人父玖徐州教授歷循潯新三州守俱有政聲顒聰慧慱學九歲能屬文登紹興五年進士第歷户録縣令改秩授封州教官時父龍川秩滿辭歸顒迎養之及父卒歸葬哀毁感動行路世稱其孝服闋知化州郴寇李金嘯聚萬人圍州城月餘濶水猺乘時為亂大帥陳輝以顒領總管職事統諸將討之金見部分嚴整多疑兵遂懼引其衆宵遁復傳檄召猺酋開諭逆順而猺人降不施一矢不發一矢竟能保全一城之命輝上其功詔褒賞之及守英州招集流民盡刬宿弊號能吏後又守循州有詔措置鐵甲顒經畫有法一毫不科擾而事集民稱其便形諸歌頌乾道八年陞提舉廣南東路茶監事淳熙三年改廣南西路提點刑獄事而卒又嚴武者窮武中甲科累官朝散大夫知南恩州時稱循良論者謂武之大父為獄吏時能辯孝婦寃武之顯揚陰德之報也又陳宗諤字昌言仕瀧水丞攝端溪令都督張浚才之二人者政事並過人而莫攷其詳皆連州人也

陳中孚字子正崖州人舉文學紹興間知萬寧縣黎賊犯城居守有勞擢知昌化軍政舉民安子適以諸科為臨高尉值儋賊王高叛徑造賊壘諭以禍福賊遂降擢知昌化軍有善政父子相繼時人榮之

孔元勲番禺人自少穎異長益惇厚居鄉謹言行雖牧童芻叟未嘗慢易紹興初領鄉薦中進士乙科授迪功郎連州教授正身善誘克稱其職凡四任皆學官也又三歷倅車乃擢麾知封州嘗上機切預防七事多見施行值廣寇嘯聚薄城邦人大恐元勲親率僚屬嬰城自守每事以身先之人為盡力及募善射士連斃二酋餘黨奔潰朝廷以其恩褒賞之轉朝散大夫知新州撫字益有聲未及大用而卒人以為歉

所望焉元勲能文章工詩清勁沉蔚類其為人有集藏于家其父粹熈寧間知封州亦以善政聞改知雷州兼官直學士賜緋魚袋亦至朝散大夫致仕居磻溪鄉人稱其賢元勲與弟元凱友愛遵其父教元凱嘗至行一日江西有牛商數人者告竭汲其居傍之井而飲之因釋裝憇樹下遺白金百餘兩而去適元凱見之持歸置祖龕中復往伺焉有頃復至四顧躑躅長號欲赴井元凱呼而止之詢其實引歸舉囊還之商感泣願酬以半元凱曰汝數千里來販將以求利利未得而先去其半吾受子之半孰若盡取辭讓久之商乃領謝而去且曰吾必有以報子居粹喪時商復至為之擇地穸焉指蘇坑三里許曰此昌後之穴也故老因稱為陰騭墓至今子孫蕃盛果如所言世以其父子兄弟皆賢故名其鄉曰慕德里

吴群字無黨番禺人幼而穎悟有致遠器少捧鄉書登紹興壬戌進士三歷令椽泊改秩所至有聲以負外郎通判瓊州時海盜竊發群出俸貲立城堡以禦之崗黎為亂群單騎詣其營壘開諭利害遂戢兵歸耕初同邑李諤者建炎中甲科進士為瓊州安撫時州惟有子城因編堞許蓋不款經畧遂作亂諤築外羅城州人賴之群至是加完整弭盗邺民政聲與諤埒瓊人歌之曰前有李君今見吴瓊管保障皆番禺民之父毋邦之楹邑人士㨿之聞于當道群尤廉慎未嘗一介取於民終朝奉郎卒

吴純臣番禺人群之子中進士居官口不言錢四握州麾告歸于家人稱其急流勇退在連州時盡心民瘼嘉定乙亥春夏不雨純臣露行酷日中詣龍潭之靈濟廟禱焉頃間神物蜿蜒出水上雨大澍歲獲收郡民目擊其事者率錢刻碑頌德菊坡崔與之素聞其賢入覲時上問南中人才因以純臣對有旨除提點廣西刑獄剖折無滯民有醉入仇家適仇之毋死遂誣之獄成矣純臣察其情釋之一境以為神明時廣右帥臣鄒應龍以大魁典鎮有重名㝡慎許可獨才純臣嘗書清通仁厚四字贈之謂其平反明允不事鉤距也考最進朝議大夫賜金帶又進通奉大夫卒年六十二

宋煥國字章卿揭陽人天資明敏涉獵經史登紹興辛亥進士初宰臨汀政協民心有戡亂之功由朝奉轉朝議通判汀州秩滿汀民卧轍留之如嬰兒之失慈母立祠于南安嚴再遷判鄞江三載卒知州郭正已銘其壙曰仁波德澤雨露均施忠肝義膽日月爭輝譽著三陽功全五陟生佛見稱汀民廟食人不以為過情云

樂夔字友龍德慶人慈竹侍郎之後舉廷對調鬱[illegible]司户遷封川令調循州長樂令有寇千餘恣剽掠邑無城可恃夔集民兵激以重賞一鼓成擒大帥留參目為健令漕吏劉強學聯署上聞班見改宣教郎未幾轉通直郎賜緋魚袋居官以廉能著攝倅董試奉直總餉歲糴二千萬價視昔適歲稔粟直頓減羨餘一千五百萬吏欲私之夔悉還農士人歎曰嶺外有此佳士今祀于鄉賢祠

鄧酢字賓禮始興南城人少穎悟杜門讀書兩請鄉舉胡憲宣諭湖廣酢獻五策十事憲曰吾雖不及度阿味子之言敬輿未能遠過紹興初詣闕上書召[illegible]授官進攻守三畧上嘉納之後知慶州慶化縣盜狄二賊自為書與民吏不及門而集歲以大穰麥一莖數穗慶卒據城猖獗九縣洶洶獨慶化有備不敢犯帥府以聞得旨攝郡守事率兵攻城即日克之權知梅州教民陶瓦蓋屋以絶火患安撫瓊州親擒叛首戮之他峒望風震讋海南帖然除廣西運判劇賊凌鐵猫聚嶺海以西皆震有旨委帥憲漕協力收捕酢移檄約其降遂行部至吳川賊黨有詐來降者見酢車伍嚴整歸二渠致麾下留從者萬八千人皆釋之使歸業移文靜江俾之列奏帥憲自以為功皆受賞而酢獨不及人皆為扼腕既卒臺憲交章論列以功贈奉直大夫直秘閣龍圖胡銓為銘其墓謂吳川之役口不言功以方夏陽之不伐云

王中行揭陽人登隆興元年進士淳熙二十年宰東莞慈祥愷悌博洽能文以興學崇教為首務舊學宮傾圮捐貲市地建黌校勸農桑平賦役邑人頌之有古循良風

曾槐字仲卿番禺人大父自清江調廣州稅官因家

篤幼能屬文經史皆手編成帙從遊平園周必大誠
齋楊萬里之門弟機亦力學脩行號經者踵門其賢
絃誦程行業如學規適大比兄弟聯薦其門充貢者
八輩動州里淳熙戊戌紹熙庚戌科伯仲先後登進
士第槐初調高要尉以賞改秩知歸善縣郡有豐湖
可溉數里為一州利隄岸圮潰幾涸郡委公脩築不
擾而辦郡聞於上有令中書籍記姓名與陞擢差遣
以親老辭得本路憲幹時廣帥張釜合諸司列薦[illegible]
曰文學行義斗南一人得旨與在內差遣未受[illegible]
萬里俱力推輓于朝除監進奏院嘉泰壬戌校文春
官繼除司農寺簿燕署大府丞秋有事于明堂攝
察御史時侍郎林采尚書黄士寅薦槐可大用將超
擢之會與陳自強議論不合力求補外出知桂陽軍
槐以郡無城奏請度牒為費久不報乃撙費積羸以
給用民不見其擾郡討舊抽旗望錢於酒家歲入計
三百三十萬民甚苦之槐捐以便民略無靳色又郡
有總所積逋錢四千餘貫槐為之補解及新招效用
五百名所費出於此項安世奏聞得旨轉朝奉大夫

既而叅劾一縣令簠簋不飭與部使者有嫌求易州
遂調漢陽軍槐力丐歸誠齋以詩勉之曰有自祝融
湘江來者皆能談仁聲義實至於毋憚大吏發摘巨
貪解印夜遁從本朝懸徼尉曹將吏辛窮追之於部
縛之以歸坐之嘉石聞之公車此尤卓詭絕特之舉
近世之所未見而絕無老夫之所却立而不敢者也
遂以石刻之於郡齋槐禀資剛介不與時俛仰故仕
止郡守官止正郎自號省齋有省齋文集及桂林續
抄行於世
黄君載字元厚春州人生而質潁向學聞廣州多名
儒乃往從師擇交學成而歸為有司所舉登淳熙二
年進士以奉議郎權攝廣南東路提舉茶塩嘗奏弌
官賣塩及增收塩斤錢商民便之其行業文章並齋
所僅見者今祀于鄉賢
楊汪中字季子番禺人幼孤篤志好學廣帥楊長孺
見其文敬之言於郡博士請為州學録嘉定己卯領
鄉薦明年登進士第調静江民曹桂帥以瓊莞機宜
辟之及過海既平王君佐之叛又輯陳用戊之變以

戴凛然端平乙未改肇慶府推官家居需次推鋒戍卒干紀晝薄城下居民大恐汪中有縋城諭賊功及罷與之判鄉郡因攝帥幕密贊平叛之謀改佐廣右經幕市馬横山措置得宜邕蠻帖服居無何銓部慕之遂知廬陵縣為政多所建白其勸糴以應邊餉區處有方邑民無怨既而改知歸善縣事業不竟人多惜之官至奉議郎後有吳文震者字發同邑之秀也紹定壬辰進士初試鬱林民曹權宰有政聲次任南恩糾曹尤加意獄事囚繫者感之授新昌令兼攝歸善縣行鄉飲崇禮教絃歌讙然大興文治尋倅欽州攝守全州又攝守春陵皆有惠政

郭安仁海豐人少遊邑校能自檢飭博士黄以寧稱之曰安仁好脩之士也登授宣教郎知循州龍川縣行廉政平循人愛之

錢益東莞人刻苦讀書登淳祐元年進士第性剛介不可干以私每言及貪吏則嗇然怒罵執親之喪三年居廬足迹不入寢室既禫當免解赴省或謂之曰至試期則服除矣益曰含喪次而行不能步也乃進三年赴省試中第次子夢驥生於除服次年竟能世科人以為孝之報歷廉州鹽官在任五年所得常費不歸之私皆以補綱運之力經晝鹽局事宜不擾而辦白著鹺局微勞一帙監司聞其政蹟于朝再調靜江府僉判適乙未推鋒之變府閉城門官多逝益徑往赴任謁靜江府帥李曾伯曰吾儕食君之禄宜勉力共守可先去以為民望乎李甚義之秩滿授知贛州興國縣時峒寇頻年剽掠邑境益至即申郡請兵親帥鄉兵併力勦捕掃其巢穴民賴以安興國縣歷有碑記紀其功益盡心獄訟甚有德政民呼曰錢佛子終靜江府通判

郭夫德慶人歷太中大夫本路總管始領郡事救灾卹民誅鋤奸惡且久於任興革協宜惠澤及人郡之父老悉皆頌之可謂良二千石矣今祀本州名宦祠又有同邑戴元字貞甫至正間以鄉貢授封州判官立心嚴謹撫字有方亦良吏云

吳正卿字素臣遂溪人化州路學録赴丁巳鄉試湖廣後期授平湖書院山長元統中嘗為合浦縣尹改

廿臨桂封其父朝進為海康尹海北廣西兩憲交章舉
入風憲其薦剡有曰人材國家之元氣風紀之耳目
故必元氣充而耳目明人材得而風紀振歷仕至知
南寧軍年七十五致仕時已重聽憲副盧嗣宗知其
名安車迎以賓禮延至郡庠從容以灰置盤中手書
與之語竟日所得俸禄奉親之餘周鄉黨急家無儋
畜云

張廸增城人洪武辛亥鄉貢進士有學識善幹辦被
選為御史左遷弋陽知縣廉靜明決有惠澤及民而
以嚴法馭吏大有政聲後因坐前任事被逮縣民何
溥等千餘人赴京奏宥還職尋復召為御史卒弋陽
輿論稱其廉明仁愛吏畏民懷云

周德成海康人父正元欽州判官隨侍讀書洪武庚
申由人材俊舉明經擢休寧知縣勤于撫字嚴立信
牌之禁關節無所容户口稅役分等編甲周而復始
吏不敢欺民有牛被人割舌而遯者來訴曰汝第殺
之有來訟私宰耕牛德成詰之即其人也人比之包
拯云其為政務崇大體敦尚風化民皆戴之已已洪
武詣京師耆民保留還任宣太以軍事詿誤逮赴兵
部耆民徙詣闕保留　詔從其請卒于客邸邑民哀
惜如失所怙扶柩還葬于休寧城南歲時祭之學士
劉三吾志其墓稱其以廉能結上之知以慈祥豈弟
得民之心云

禤明德字志學保昌人遊邑庠久學有聲洪武乙丑
貢入胄監性至孝歷分宜龍陽海寧縣丞皆有政績
遷寧國知府專務以德化民不尚刑罰累年逋賦不
督自完後坐逮至京左遷刑部主事未幾出判紹興
抑強扶弱興利除害兩郡士民皆德之寧國祠于學
宮紹興滿去民留靴繫思景泰間廣東左方伯韓陽
行部至雄嘖嘖稱賢禮其廬拜遺像而祭之遺愛感
人如此

關司成歸善人洪武十九年貢入太學有聲拜監察
御史二十二年言事謫知寧德縣愛民禮士守已奉
公脩建廟學勸獎生徒擢湖廣僉事今祀于寧德名
宦祠

翟溥福字本德東莞人永樂甲申進士筮仕知青

縣青陽地僻民稀因其土俗為政一以恩禮為本民甚戴之縣治近九華山麓多虎為民患嘉沐為文檄告山神曰民罹虎患令之過也禍于吾民寧禍于令身三日即殲巨虎一境賴寧邑人勒碑頌之移知新淦田里廣而政冗訟繁能推誠布公教民禮讓秩滿陞刑部主事用法平恕進本部員外郎尚書魏源薦其有牧民材出為南康府知府至則訪民情求疾苦省刑罰禁横征捐俸築石隄延袤百餘丈舟人稱便後共立廟祀于隄頭政暇遊廬山見白鹿洞書院遺址捐俸率郡邑之尚義者重建之延致仕何㑹士為師簡民間俊秀子弟受業其中會朔望親臨為生徒講解老稚觀聽動以百計自是郡民皆知慕學考績赴部以老疾辭侍郎趙新曰翟溥福江西第一郡守也豈宜遽退懇乞累日始得謝事別郡之日父老挽舟涕泣不忍舍因留帶立廟祀焉又配饗于白鹿書院之三賢祠三賢者唐李渤宋濂溪晦菴也時年六十六即投老歸杜門却掃惟觀書教子足跡不到公府田宅絕無所增平生廉謹剛介始終一節年七十一卒

蕭嘉祐新會人將赴舉於禮部林坡黎貞作耕室說以贈之嘉祐再拜受教自是益力學養銳堅忍其志以縱横自用為終身戒後嘉祐任廣西恭城縣知縣處事公平待人以信大得民心雖山峇猺獞以片紙招之聞風而至無敢後期者政暇與諸生講學士風大振後卒于官民作祠以祀之世稱貞為知人而嘉嘉祐之能聽受也

陽顒博羅人永樂三年舉人按交阯下洪州知州有異績遷工部員外郎刑部郎中山東登州府知府廉明而果不為權勢所撓其在登州催督勾取不遺吏卒以木刻隸兵捧檄傳行屬邑無遺令者在郡四年秉禮率人力革舊習四境翕然丕變

李信封川人永樂乙酉領鄉薦知交阯屬縣守法奉公人莫敢欺時交人為亂攻城下信率衆堅守交人曰李公守義愛民勢不可奪遂護之出境一時同案得免害如信者僅見云

韓珠字子瓚廉州石康人永樂乙酉領鄉薦中乙榜

年賜冠帶以需後試辛卯乃登進士歷任山西右參政爲政明恕歸日民留之不得乃脫其韡立亭以寓去思

蕭守中字必常保昌人永樂丁酉舉人授户部主事奉命覈鳳陽諸衛軍餉留守蕭其饋百金守中峻拒之復偕御史鄭嘉錦衣林茂巡視京儲茂以贓敗而守中之廉益彰歷南京吏刑二部郎中擢晉吏決重囚請託不行人服其公景泰間守黎平時大軍征討龍里千户姜洪捏申寨民通苗守中力辯其誣奏竟寢全活者衆居五年峒夷悅服天順庚辰致仕家居十餘年晚節尤堅成化改元進階亞中大夫八十六以壽終

龔遂字文昌番禺人世居揚武都以族蕃遂姓其村曰龔屋邊云永樂辛丑登進士第選授浙江道監察御史坐小誤降山東布政司副理問比九載考最陞廣西按察司經歷性廉靜不求榮進景泰癸酉乃擢柳州府知府當廣右極邊賊境要害悉心匡畧民寔安之又將九載當赴銓衡奏績巡撫兩廣僉都御史葉盛廉其持身端潔官吏畏服熟知民情勤勞年久奏請陞授職俸仍管府事免其給由吏部以聞欲俟至部考覈而後擢之遂不及待乞致仕去初田州知府土官岑鏞請遂爲作祠堂記遂操筆立成鏞甚天性之孝郤其贄金時稱其廉

陳駿字仲良河源人丙子貢士奎之子以永樂庚子科舉人歷官光禄寺大官署正工部屯田員外郎乘廣西柳州府知府時馬平宜山寇起駿肅抵郡寇倖至圍城人情洶洶駿從容榜揭城下示以恩威禍福且許其自新寇大慚怖乃狀白其情而退駿遂躬歷公壘開城諭之皆投戈解去歲饑流移滿野駿倡屬勸分計口賑之全活甚衆城池學校靡不脩葺嘗同參將孫麒驗征剿功故事惟校首級駿必欲俘之以訊麒不以爲然既而麒遣卒張翳者出諜逾期不復俄獻功者至閱之得翳首麒始悔服卒用駿言

劉源陽江人永樂中以貢補應天府推官歷陞浙江鹽運副使山東東昌知府所至多治狀在東昌起復民立祠祀之居家清儉無餘畜俗好飯僧源每持正

論以痛絕之為鄉人所信服

劉奎傳羅人領永樂辛卯鄉薦宣德元年授長泰縣知縣為民興利除害凡境内陂塘衝決潰溢壅塞皆募工疏治民或逃亡田土拋荒悉令里老招回復業寛為之計務令得所本縣陪貱糧米數多里甲無不傾覆乃計里分度重輕均分貱納民無靠損去縣三十里許與龍溪縣接界有嶺曰朝天嶺盜賊劫掠時或殺人正統庚申乃奏請設立巡檢司由是盜賊不敢為害邑有虎暴自奎視事虎乃去嘉禾一莖三穗人皆謂奎政化所感九年秩滿民安其政借留之上司以聞陞授承務郎仍掌長泰縣事再歷三考致仕而歸

陳克昌潮陽人父彥恭嘗以學官論征交阯事忤文皇帝旨謫遣從英國公張輔南伐間關戎行備嘗辛苦及歸復教職復上章陳天下利病朝著之間其名遂顯任國子助教卒克昌績學明經領永樂十八年鄉薦卒業胄監宣德七年擢為寧波府推官端謹重厚持操清白每折獄詳讞平恕吏無容奸後陞監察御史論事知大體綽然有聲望于時凡父手澤無裝潢成軸丐名公識而寶藏之其存心苟可以利天下盡力為之雖清貧窮苦不悔也是時黎利陷據交趾一如彥恭所言而克昌絕口不以告人故人無知之者後卒于官

顏宗字學淵南海人永樂癸卯舉于鄉仕福建邵武知縣為政平易愷悌以救荒憫旱為先奉　詔增置義倉勸殷民及措置積粟二十餘萬石儲之歲遭歉計口給賑民無阻饑嘗大旱齋沐徒行百里禱于神雨大注歲遂稔民有吳姓者垂死一子名鐵牛尚幼託所交育之一日鐵牛為人所殺聞于官邑貳執所育者抵罪其人稱冤宗疑之積誠告城隍夢有人訴曰殺牛者驢也明旦召耆老訊之果有親屬幼與丘驢者亟捕得之一訊具服人稱為神明沙尤寇鄧茂七作亂　上命率師討之渠魁既獲餘黨據險弗服當道委宗招撫宗率耆老數輩直詣賊所賊衆皆泣謝聽命散為良民所活者七萬餘人景泰辛未九年滿考無公私過獲貤　恩父母陞兵部車駕司主事

載轉署員外郎奔母喪歸卒于途宗善畫山水為
世所重
鄧周字文郁連州人由監生授刑部照磨陞彭澤令
邑多虎患周曰其咎在令乃禱城隍虎遂引去又邑
多火患曰此瓦屋茅累也何不治陶冶以易之民樂從
其言不二三年比屋皆瓦而火厄遂息
胡濟字孟時南海人以學行優長知名洪熙初元廣
西道監察御史胡啓先以賢良舉授廣西布政司檢
校正統三年廣西按察司僉事王凱以濟廉介學優

為廣西理定縣知縣招來流民復調平南縣界大藤
峽民雜猺獞不時侵掠移竄者多濟築城衛之民始
奠居正統九年廣西總兵官韓觀征剿大藤峽賊連
平南之大同明化二里民多就俘者濟力為民辨蒙
活者二千餘人民懷其德稱其循良廉介至今不忘
以疾卒于官
王子倫先名綱南海人博學積文有名于時宣德初
監察御史何善薦授長沙之攸縣丞政惠及民民愛
之時草寇蕭彦真劉掠子倫與百户張本捕之抵衡

山遇寇與戰失利中有引矢向子倫者衆呼曰王父
母君子人勿傷遂得免既而通政陳璉復以有守有
為薦知江陰縣廉名益著僅初考都御史陳智聞其
有學識且操守廉介復疏奏舉之有　旨來徵邑民
黄淳等千餘人遮道願留不可乃脱其靴懸於譙
門以示不忘至京授河南道監察御史煒然以直聲
著歷官始終不携妻子正統間巡按雲南遂以疾卒
吏部尚書魏驥手書其墓稱為廉能吏贖法司云二
子載貴載能文章隱居不仕貫有詩名由鄉薦任載

平知縣卒載子觀光亦舉人能詩而子倫所著有癸
齋集
李駟字仲驥保昌人宣德甲寅貢入太學任臨江府
同知適新淦大盤長樂等山猺賊嘯聚巡撫侍郎楊
寧命捕之親犯矢石斬首二十六級餘黨遁去民賴
以安陞補貴州督清戎伍發補三千餘户又築黄梅
武家鄉圩堤諸蘄州赤東湖賦額以勞卒于官後李
子昕領成化甲午首解為長泰知縣
劉康字志寧河源人宣德九年歲貢正統間任高州

㞌州州當淮揚要衝使節絡繹守者疲于應酬民事輙叢脞康徒容莅之凡賦役科差必量事勢輕重酌地里遠近審民力厚薄而後施之庶政稱宜而應酬無失其催科不假鞭笞嘗歲旱禱雨芒鞋徒步不遠百里後守桂陽其政如高陞祭酒吳節稱之曰涵養深而器識明言不妄動不苟君子也

周昂曲江人正統七年以舉人任贑州府寧都縣知縣持廉奉公勸農興學時隣賊鄧茂七倡亂郡邑騷動昂脩武備操民兵賊不敢犯邑人德之保陞本府通判仍掌縣事後改思恩府既去民為立生祠

洗用行番禺人少力學窮經馳聲郡校洪武中貢入南監益有文譽永樂初授鎮江府推官斷獄平允甚得民心士論賢之又有戴宗甫海陽人領鄉薦授漳州府推官鞫刑名慎於衆考詢情弊析其是非人心悅服

袁嚢字秉中東莞人正統辛酉鄉貢初授户部河南清吏司主事歷陞梧州府知府改平樂永州其所至公正廉明民蒙其惠尤長於詩文所著有竹庭稿

潘本愚字克明博羅人景泰辛未進士授户科給事中改刑科封駁有聲陞福建興化府知府時郡内荒旱本愚請減稅十之四及陳民情十二事 朝廷皆可其奏鑿蕭之東山渠溉下田數百頃民至今賴之郡有無徵之稅歲里甲陪輸小民往往困弊本愚悉根究其受產之家輸之間有無從根究者則令里長陪輸不以累及小民民以為便嘗重建府治功成而民不知人稱其有政事才以憂去復除漳州守僅半載而卒漳人咸惜其功業之不得施云

王佐字汝學臨高人所至廉操遺愛始終如一日惟質直任職不能隨時俯仰故低徊三郡二十餘年一官不徙衆皆惜之平生雅淡惟耽書史自少至老手未嘗釋卷雖耗瞶猶使家人讀而聽之提學新喻胡榮稱其博學多識精思力踐見道精審故其詩辭和平温厚文氣光明正大當比唐宋諸大家識者以為確論所著有雞肋集經籍目畧原教編庚申録瓊臺外紀其經進御則有珠崖録世稱其文行年八十五卒

魯瑄字德王萬州人幼孤篤學年十三進郡庠家貧
遺券焚之景泰丙子領薦倉使羅玘緣事時妻亡託
以二女杜門予食比事結歸之致謝一無所受成化
甲辰知永嘉有惠政時毋訴子不孝按法不貰母悔
持白金一百兩贖子罪嘆曰父母愛子人心所同遂
辭金釋之有杞笞者舉扇自蔽羅憂歸民立碑追思
起攺懷遠以子鑑登第未老致仕卒年七十餘子鑑
字時重弘治癸丑進士授南京户部主事委督中都
常儲有守支官放糧無所餘當罪鑑為區處獲免遂

携妻子泣謝及期當還府衛官軍赴部保留三年巳
而委督浙揚課前官槩收舟税鑑至量為裁革商人
德之歷陞員外郎中弘治甲子乞歸省行李蕭然抵
家逾年無疾而卒

張瓚字德潤番禺人威儀山立見者起敬居毋喪哀
毀骨立天順丁丑舉進士庚辰授户部主事掌部封
事因得大肆力於群籍宗伯姚公夔薦瓚同考會試
暨提學僉事為忌者所沮轉駕部員外郎知撫州府
撫為江右大郡既下車鋤強扶弱彰善癉惡如素所

目擊一郡以為神明又清詞狀輕引鍰制奸吏不徇
私謁有兄弟争田當路怙其重名久不能决瓚一言
定之屬邑鄉豪殺人繫獄賄緣請囑百端卒繩之以
法他如施立户計苟免科徵隱瞞丁口影脱軍伍與
夫粮里交通富民雲害良善吞併窮苦等弊革去幾
盡歲大饑撫獨有備賑活者不可勝計境内野蠶成
繭士民以為德化所致形於歌頌大宗伯徐公瓊評
瓚庶幾如王祥符而仁恕過之翰墨如周莆田而公
正過之蓋比於王宇周瑛也未幾丁大父憂歸服闋

改守漳州四月抵任有大鳥集于庭是秋洪水大漲
所在田廬淹沒瓚亟發舟張筏活數百人先發賑濟
而後報上司有相忤者瓚曰待報後發民死盡矣復
奏减六縣租有差南橋為水所圯一力脩復民便之
又留意學校以士子專治易乃延請莆田鄭思亨授
以書經後多有成立鄉飲素苟簡瓚考禮正式務極
崇嚴以敦風化漳民昔免魚鱉者今得長子孫為立
功德碑見兵部郎中林公雍所爲碑暨白沙先生跋
六年秩滿被謗調知潯州府時大征梗化者總督朱

公英以瓚工直委管戎事公活數村民命不下萬計適三年以九載秩滿求退掌銓者迎前臺官意罪之時論稱絀而瓚泰然不以介意瓚詞翰如流筆札尤精絕白沙先生閱其莆陽丘御史書赤壁賦嘆其醇古詩云醉中亦有臨池興悵望名家不敢言又曰人謂張兩山傲張非傲者也其政殆儷古循良云子詡官至通政司右叅議見理學傳中

吳瀹字源深增城人天順丁丑進士知弋陽縣耻隨俗吏簿書期會惟以古循良自效始至日與諸生講學習射而助其不給者寧陋宮室以興民寬力立義倉以廩其無告者十萬石挺身攉中貴人之威而息其暴歛裁無經之費以為典常曰寧我受其責毋寧使民受其辜居六載以公道自持不避權勢門無請謁凡民間一切利病悉力興革政平訟理百廢具興朝夕飯粟一盂羹一簪民有餽水上物者謝而不受會歲旱則徒跣行烈日中甘雨隨注巡按御史陳選按邑察其操守政績乃上章薦瀹有曰律己以廉撫民以惠學校興而農桑勸賦役均而詞訟簡賑饑[illegible]弊下民悅服刻間 朝廷給勅褒之瀹為人端謹初篆[illegible]徽未嘗左右顧人或問弋陽磬何似瀹不識也陞饒州府同知清操愈厲廣信鄉宦都御史高明奉六邑之民留公為郡守命未下而公卒年三十九時惟一老僕在旁饒守發篋視之不足歛其喪弋陽之日士祠于學宮奎星樓民祠于縣治之東平生交不取苟合行不取苟從在邑庠諸生或出鄙語則掩耳不聽諸生皆笑之嘗讀書一室有女侍嬉於傍怒曰奴何得侮我即白其夫人出之乃已故其為政清而不驕惠而不費雖古人無以加焉

馮遵字宗轍南海人天順庚辰進士筮仕吏部考清謹有名晉員外郎當銓續持法不私為當路旅久之擢福建右叅政時官吏部者多得京堂遷補外怡然不色愠及蒞任益盡心所職民皆懷其惠後致仕卒遵善鑒別識大學士梁儲布政李祥於未顯時皆其婿也子濟弘治戊午鄉薦授湖廣永州同知以廉能稱卒于官

蕭顯字伯鉉海陽人登天順八年進士任工部虞衡

司主事總理蓮化鐵冶革宿弊課羨而民不困完舊
逋課以萬計改戶部主事出董德州軍儲明出納嚴
禁令奸蠹無所容增置倉廒以廣儲積遷本部員外
郎尋乘傳往督江西福建貢賦稟食外或有所餽遺
雖親故亦峻却之竣事遷擢溫州知府清操愈厲平
居食蔬衣布其自澹泊妻子蕭然在室出則封鎖□
門賦斂正稅之外毫髮不妄取凡有便於民者卽為
舉行會歲旱禱雨徒行烈日中深自咎責當□□□
僧尼少者論之還俗後以疾乞歸改□□東□□
起用銓曹以昇有賢名為特請□□復任□□□□
行囊蕭然士民泣送不忍別為立去思碑居鄉政□
布衣行田野間與耕牧為侶卒年五十六囊無餘儲
溫人聞喪父老數十人至其家致賻哭拜其墓去後
見思可知其德之入人深矣
歐陽寅字敬之從化人少敦樸力學以禮自律屏去
浮靡之習鄉人咸以篤行稱之領天順壬午鄉薦後
為爵休州知州首重學校繼寬徭役大得民心成化
十七年征都康十九年征陸川俱與有功九年考滿

士民保留僉事曾驥以其政績 上聞詔加俸從舊
任三年擢南寧府同知先是同邑監生余用訥亦知
是州行政公平視民如子時有大水擁沙田地荒蕪
民 奏准停徵米五千餘民樂復業至今為□民□
窮之利陞擢潯州知府進階至是德政尤著去□□□
人祀之名宦祠居廣寧未久卽告疾致仕歸鄉士大
莫不高之
鄺文宇載道南海人父宏善詩與陳獻章□□□□
勢利二子皆入官其貧如舊獻章以三代遺老□□
文丙戌進士歷監察御史奉 命通州查盤□□□
威措幹謫黃巖令挫豪猾完逋負禁溺女擒剧賊□
最擢淮安府同知丁內艱補大名府成化二十三年
十二月知漳州府居官廉明剛果吏胥無所用其奸
民有通番船行劫掠者嚴行禁止為政未究而□民
思之弟才亦同知嚴州族人郊南京工部郎中以清
操聞族孫約壬戌進士歷龍泉金谿二縣令以廉能
擢監察御史巡按應天及貴州所至有聲擢河南按
察副使勞于民事卒

吳裕字敦昆揭陽人幼穎悟強記登成化壬辰進士
授户部主事歷遷吏部郎中遴選材能多稱擢右通
政未幾以毋老乞歸省毋卒哀瘠不勝服闋改太僕
鄉會胡虜數入雲中寇掠邊將出師馬多病死至發
數千疋不足裕議更出庫銀數萬兩俾市時巳婴疾
治馬政過勞疾益作三上疏乞休不允巳而疾卒事
五十九　上聞訃遣官諭祭命有司營其墓
鄧應仁字子榮南海人少能經籍入邑學有文名成
化辛卯領首薦辛丑登進士授浦城知縣為政愷悌
不事表襮弘治二年處州賊竊發遠近騷動應仁躬
督捍戰賊遂遁去邑賴安堵尋陞南京禮部主事民
終感之歷户部郎中弘治末出守南安廉静寡慾政
尚平恕在任數年惟携一家僮自隨燕處陶然門無
私謁既去民大失望至有肖像祀其家者
袁仕鳳字孝祥東莞人成化乙未進士初授江西會
昌縣廉介風勵補伏如神扶弱鋤強奸黨為之屏息
寧都人有浸漁者歛迹而去其見義勇為上司不能
抗抑也民歌之曰袁太宰真男子鋤擊豪強貧撫[illegible]

宇吾今求取古人中惟有董宣能似此撫按以其才
堪治劇保知萬安縣民聞風畏之及視事愛民如子
惟恐或傷薄於自奉而厚以恤民臨事必自務平心
易氣而後斷之故每一事行之必帖然服其視廣[illegible]
政體微不同蓋寬猛之宜也期年吏部行取至京當
得科道以無内援乃陞都察院都事尋卒于官喪經
萬安民爭祭賻之舟至不能容今去任數十年矣二
縣人思之真如父毋六
劉芳字永錫陽江人敏穎好學登成化戊戌進士[illegible]
江西靖安知縣清介公勤威不猛厲仁不姑息時邑
久積弊芳至一新之若建公署興學校脩壇壝治績
焕然民有余紹祖為人所究久繫獄審得枉狀即釋
之政暇與生徒講學使習相勸勉士類興起居六載
政平訟理方徵用士民立去思碑于學而紹祖刻像
朝夕事焉歷陞户部郎中轉廣西南寧知府以節用
愛民為本至忤上司不顧久淹于職乃引疾致仕歸
至今郡民猶思慕之子竑字伯度弘治乙丑進士授
如皋知縣陞駕部主事轉光禄寺丞年未衰而乞[illegible]

晏撤不起人稱其勇退其登鄉榜名次連取甲科絕
肖其父云靖安南寧皆祀芳于名宦祠
葉應字子唯歸善人性純慤無二言嘗獲遺金于野
訪其主而歸之居邑校二十餘年安貧力學或空甚
輒戒家人歸勿言曰不可遺憂老親也登成化戊戌
進士初授行人給賞廣西頒封占城以燕謹稱遷南
京工部屯田員外郎始至辭常例之金清理江北諸
州蘆槳課價定搬運抽分竹木之格上下便之其為
營繕郎中時有民陳忠者坐遺官銀幾于繳獲祭其
子徵之計無所出乃鬻其已受聘之女應聞而釋之
代償其逋且戒歸女于其夫出守慶遠未幾乞休家
居足跡不入城市比卒無以為歛友人副使姚祥為
經紀其事應好讀書老而彌篤所著有易卦方位次
序圖衍太極圖說大學綱領圖行于世
何宏字道充順德人舉正德丁卯鄉試甲戌任通州
學正秉持禮法恪恭祀事毫無所苟待庠士嚴而有
恩於禮餽有無厚薄不計試諸生輒自具饌粟於者
進之羸而嬉者即所厚弟亦貸鞣是士用感勵嘗有

道按臨責其禮節挫抑之宏不屈提學御史林有孚
以行檢繩飾儒鮮當其意者獨重宏及聞以憂去惜
不獲見之宏在官五年革弊甚多其法至今可守黍
轉六合縣令一意拊恤為南京御史首疏銓曹弊黃
有聲終德安知府踰年致仕吕狀元柟為作去思碑
碑記極稱其賢云
姚祥字應龍歸善人成化辛丑進士歷官新喻知縣
改沛縣性明鋭所至有治跡吏不敢欺自奉清約愛
民如子民有負官租者殆百人繫且數年祥與之約
而遣歸民果至無後期者市中有惡少嘗被酒挾刃
擬其父祥曰是倫理所關刑無赦立杖殺之脩葺學
校躬進諸生課校德業任甫八月擢江西監察御史
去後父老為立惠政碑後按蜀風力尤著摧奸發隱
界無少貸正德初逆瑾以深文誣祥論戍鐵嶺瑾誅
復官遷雲南按察副使道卒
熊季芳南海人甲辰進士授直隸池州府東流縣知
縣秉德剛方為政簡易抑強振弱吏憚民懷招撫流
移復業者一百四十二戶出俸贖還民子女者十

有七人邑人德之擢九江府同知甫朞月丁外艱服闋終養老母于家卒年九十有六孔孟芳天順丁丑進士户部主事仲芳子一源禮部郎中一渼弘治己未進士累官副都御史大理寺卿

包義民合浦人成化甲辰進士少讀書篤行有抱負任繁昌知縣有愷悌風民甚愛戴之以憂去補知運縣燕靜寬大吏亦不能為奸尤有惠政雅不喜飾厨傳以悦上官由是擢廣信府同知政尚燕平在繁昌三載民録其政績勒去思碑二子廣廉皆登鄉科

王昂字抑之揭陽人性穎敏書過目輒成誦經史皆淹貫遭母喪哀毀成疾登甲辰進士知永豐縣時秉積弊之餘持廉秉公振作有道定詭籍革巫祝新學宫復歐文忠墓梓一峯集捕積寇辯民冤七民感之舊俗椎牛釀酒以送終昂至道以禮教痛革之民亦稱便既又去滛祠表忠節凡事關風化者為之恐後永豐人至今論賢令必曰揭陽公遷太僕寺丞理馬政窮其利病條成一疏將進呈而卒所遺詩文宋史補而已

曾俊字仲才南海人弱冠有文名部使者才之中正德己卯鄉試四上春官弗第謁銓授廣西融縣令融于猺獞梗化逋賦訟必刻木授公府公以至誠撫諭之[illegible]皆樂輸邑多舞文洞其[illegible]桀驁者罪之遂戢脩費宫興社學暇則進諸生講解不輟興至遨遊岩洞[illegible]上人觴咏浩然有老安少懷之度制府檄征銅鼓山[illegible]令若當隘地公請以己地易他令自當隘防禦[illegible]賊不敢越制府多公功時皆難之璫瑾擅權官非入贖不得蒙公屹不為動邑之牛税歲入千[illegible]令多乾沒公悉登于籍人勸為子孫計則曰吾自有不盡之福以遺之也竟以廉介不能徇時免歸行李蕭然至今融人思之嘉靖中慱羅翟宗魯亦知融縣弟廉與公埒語曰融令清白前曾後翟公慱學自植孝親睦儕既歸躬耕教子為鄉閭表式其於理奥極深研精而於諸子百家靡不淹貫凡醫卜星緯律曆咸究其指所著有鶴峯集易義一得洪範圖輯諸書誡子家其令融時有訓俗篇大関于世教子應珪孫[illegible]監相繼中式鄉試皆以才名顯于時

吳璉字美中南海人甲辰進士授直隸含山知縣廉潔專務以德化民值年荒多方賑救作粥糜以餉流移前後所活盈萬政暇授生徒以周易踰年以憂去任士民如失慈母至今稱賢必曰吳公起復知進賢縣以守正不合引疾歸後以子貴封南京戶部員外郎加正四品服卒年八十餘子允禎壬戌進士官至參政允祿癸未進士官至按察使允裕舉于鄉判寧波府父子兄弟以學業顯士林榮之

李渭字長源新會人少未知學以戶役至縣爲縣官所辱乃發憤讀書不就卧榻者三年每夜倚墻而立以槀秸圍其足時搖颺以辟蚊其刻苦如此遂通周易入郡學領成化甲午鄉薦時年四十矣又十年登進士任鳳陽府推官凡疑獄不決剖之如流時有妖僧崔同紀大盜宣寧大惡于玘爲害渭前後治之各當其罪鄭府紀善王澤作過惡傳以紀之仕終淮安府同知

莊典字惇之海陽人年十四遊郡庠脩潔竟不同俗弘治丙辰進士初授安福令有能聲屢[illegible][illegible][illegible]大體事必劄記以次第行之義所當爲直前不忍士大夫不敢干以私尤加意學校士子敬而思之祀于官祠兩疏懇乞改教調國子監博士尋陞　德府長史建言五疏以明心術之微嘉納之丁內艱起復任淮府長史　王敬信時宸濠陰蓄異圖　王許聞于上濠嫉興謀設計杖死時咸悼之御史王完奏稱有貞節正氣凜不可奪之語嘉靖改元　皇上憫其忠加贈太常少卿遣官諭祭

梁魚龍頭人舉人知平樂縣平樂縣小役煩[illegible][illegible][illegible]籍均役草田之賦獨之尤善撫徭獞治甚有聲遷廣州知州思恩土官岑濬爲逆奉檄往諭濬進黃金魚不受也後爲部使者所斥遂拂衣歸使者愧謝留之不可賓民思之

陳希文字載道南海人體貌豐碩類北産成化癸卯舉于鄉弘治乙丑令武清縣去京師百里北枕官道中通運河政弊民疲俗又頑悍希文至視篆七日即執勳舊家販私鹽及開肆于河西務者數人治之凡利於民者次第舉行期年而邑治邑舊無城池學

買馬賊每議築病工費浩繁希文移書于勛戚有田在邑者計田出貲工足以他費遂告成部使者交薦之拜太僕寺丞庚午領常盈庫銀二萬兩往大同買馬給散軍士蕪查盤得欺匿銀兩三萬以　聞歸途遇劉六劉七齊彥明之亂行至定州城中驚駭士夫耆老擁入行臺問計即登城號召發公廪以給貧民守城者有無賴子陰與賊通擒縛以徇民乃堅志固守賊環攻三日知有備乃去至真定賊已抵城守官臨城門遣人察識希文乃啓鑰希文按轡徐行賊意先入乃入民多得按堵咸詣希文叩首以謝尋奏差真定等府寄庫養馬餘地銀乾没者治如律有　旨從之丙子擢湖廣常德知府修理河渠振起學校居三年述職如京師辭官歸卒年六十五

郭廷序字循夫潮陽籍海陽人粹資遐志博學尚友領嘉靖壬午鄉薦歐然不自足師事黄泰泉寓廣城益加深造推以淑後學皆一時雋選登出科目操守尤清介不苟試春官以不果行選常例繼貲并婉却盜船其冰蘖節操未嘗因人少損居家克孝友事兄舉人廷秀猶父撫諸弟無間言登嘉靖辛丑進士出令貴溪剛方不媚權貴惟輕徭薄賦端教育才動必由禮獄無冤抑嘗却王府濫索抑中使誅求遇旱虔禱甘澍輒應述職遷任卒于維揚士民咸痛惜之郡使者觀風采論崇祀鄉賢有集十卷藏于家

曹守勳字允懋番禺人家貧力學志向端方嘉靖辛卯領薦督府以學行延之嶺東書院教諸生多成材甲辰登進士知閩縣舊例歲收綱銀以支公費采民則預徵民甚苦之守勳裁革浮冗撙節出入挺擴減餘羨適值荒歉民獲樂生羅外艱復補任貴溪邑無城郭寇至率民兵禦之擒渠魁而還陞縣安仁民有爭訟守勳受委往勘兩造乃平撫按交薦遷南京戶部主事歷郎中適倭寇屢至客兵行糧皆善經畫已未擢興化知府衡炎就道卒于贛州年四十有九守勳厚於倫理教其弟守明守文皆登鄉薦為賢官守謨守敬遊庠序有名業師湯朝達之弟鬻其祖宅守勳聞之還其契券不索原直同年孫學古令東莞卒于客邸躬治其喪助其歸歛鄉論賢之善詩文有集藏

于家卒之後子孫以清苦不能自立時稱其廉
區益宇叔謙號两蓮高明人幼敏悟年十四補邑弟子員暫學少崖林公黙泉吴公校文俱君首諸名公器重之登鄉薦授都昌知縣愛民禮士馭吏尤嚴以直道忤當路改知泰順泰順在萬山中初涖任適倭寇五千突至城陴久頹兵粮乏絕大敵壓境外無應援公下令民各出壯丁守城將城外居民盡移入内又揀義兵數百人時出驍勇鬬擊之俘獲三百有奇賊遂引去捷聞兩臺藩臬各相稱慶時東南久苦倭患倒三功陞爵一級制府胡某索千金為叙功首公曰吾安所取金夫職力禦海臣職也敢望崇階功竟不叙其盡心民事如都昌時二邑民至今祠祀之尋陞慶遠府同知時有古田之役公督西路兵多中機宜尋以毋憂去起補温州政聲方著值當路以非意過求公嘆曰吾有子可教安能折腰以事權貴遂解紱歸續芝田之馘蓋有陶彭澤之感焉生丈夫子四人長大標庠生大樞領鄉薦大相大倫同登己丑榜進士而大相選為庶吉士陞檢討大倫任知縣選監察御史直言落職累第蔚有時名庭占庭訓云
陳恩宇弘濟東莞人弘治己酉鄉薦初授福建南安學訓導性澹於利而勇于義待士嚴而有恩然畔其教者必加夏楚不少寬縱比去任橐無餘貲秩滿銓選天下教職第一擢大理寺司務員外郎郎中陞廣南府知府涖任見府治軍民雜處目不知書乃授以小學孝經親為句讀講解士始知趨于學後卒于官無以為歛有士官助以棺乃得還子四人越超赴起皆登鄉科建最傳學為教官典試滇南有藻鑒嘗著皇明通紀治安要議具見經濟之猷今傳于世
楊佐字相夫別號少槐南海人弱冠為博士弟子員檢身績學為歐陽石岡諸公所重然九試場屋不一合於有司已酉貢于南宮業于太學值北虜入寇以司業趙公兼僉都御史講武事公入侍經幄出參戎幕趙公亟稱之待選于家從井泉先生講心性之學卓然自得戊午謁選為思恩府經歷時有土目常帥者弒其主攝府事党同知畏不敢問以印付公公慨然任之集該司舊目出故巡檢幼子以大義感動之衆皆

擒泣請効力乃帥衆逐常帥帥走田州死焉按臺陳我渡公撤棄之使攝上恩州及宣化縣事咸登于理薦陞興安知縣恭勤廉惠堅秉一節又停逋負之征出濫逮之獄正豪強武斷之罪吏畏而民懷之陞帳府審理至任踰月而卒三洲李公為誌其墓稱其廉足勵俗惠足濟衆勇足禦侮智足解紛而正足格物為應世之具云子瑞雲登甲戌科進士居官所至蘇赫有聲

陳志敬字一之東莞人弘治甲子領鄉薦嘉靖壬午許偕值同邑舉子林載陽為漕運官兵擊死同行者各趣程去公獨留治其喪一時稱其恤難之仁謁選授判潯郡定催科規則公私便之署篆平南脩城責縣皆効勞績改南寧府判從平岑猛復有土酋盧蘇王受之亂檄守武緣二酋距縣三十里而陣衆懼欲奔公挍劍叱止之堅壁固守賊尋引去戊子晉本府同知王陽明征八寨命提兵往斬首八十餘級陽明疏薦之辛卯林都憲富征忠江二州率衆擣巢渠魁就擒時多其功先是太平推官陝人蘭宗遠旅櫬不返者十餘年公捐俸倡義歸其喪癸巳懇求休致給諫倫川常泰美其急流勇退比漢二疏黃泰泉佐稱其斷大事決大疑卹大難禦大敵成大役卓有定見定守其孫獲登隆慶辛未進士歷官潯梧兵備副使有駿聲云

陳共具字才甫別號唐山父昊賢舉于鄉歷官朝列大夫公其冢子也弱冠以儒士入棘尋領乙酉鄉薦壬辰以乙榜授武寧學諭刻文公家禮以正民俗驅奸僧以息異端累薦陞浙之昌化知縣丁父憂未任服闋補湖廣鍾祥丁母劉宜人憂起補閩之連城酌田糧均徭役親撿勘袪積奸雪盜牛圖賴之寃化兄弟互爭之訟與諸生徒講明正學士民翕然信之歲餘力丐休歸年方五十有一家居與劉素予岑蒲谷龐弼唐何古林諸公四仲月為天關大會發明聖賢心性之旨又為粤山詩社吟咏性情生平敦孝友大節尤嚴於義利之辨所著思誠日録及文集十卷時推有道古儒公嘗為宗倫約言以說耆俗有關風化云

梁學古字念常別號[illegible]菴番禺人宋朝奉大夫[illegible]之

后弱冠補郡庠生新建三水縣選充學宫辛卯以京
朝官出典省試曾給事汴王禮曹慎中來試吾省得
公卷奇之列第十二名嬰下南宫第甲辰謁選為瑞
昌令民悍而健訟公一訊立斷凡数十年積案剖决
如流歲饑發賑視遠近為計口散支之法生活者萬
計又新學校以誨士科第得儁居多所司按部屬邑
率有私餽公獨持正竟為所齮遂調浙江昌化縣之
老稚奔走攀轅者数千人昌化隷杭州山地徭役偏
重其利多為豪家所斂公計利均役以甦疲困惟[illegible]
長之苦而分里甲催徵民便之有富商千重讜貪緣
得輕貸公論如法竟忤權貴飄然掛冠歸晝陶靖節像
置精舍中以識景仰產無厚積聊供饘粥居家篤倫
理睦姻族為教家俗說二卷以誨子姓待二弟怡怡
有情有禮暮年偕同志劉素予諸公結社坡山談詩
講學髦髦不倦年八十一子希夷庠生而鎡已卯鄉
試第五人而釗庠生其才足接武云

郭大治字思道別號粵白番禺人少聰敏稱聖童十
言動必秉諸道時甘泉先生倡道東南游其門大亦
之謂得君晚早年父被誣瞶請空號哭梟遊三日夕
梟大夫與語才君出其父辛卯舉於鄉再會試語人
曰為人子可遲遲一第置若親禄養哉諭泮鄉迎父
就禄日課程諸生周其窶瞥其情泮鄉士以此知學
御史大夫張岳擦其學行于全省曰江右學式竟以
不違迎分宜相七年不調父喪哀毀絕凡豐徒跣三
千里扶櫬歸塋祭一式古儀除虞城庠士親祀之轉
浙新城令職水禁務撫字有兄弟訟田聞論數言相讓
而退倖盗板新良毗百烈甚力保全數十家貯稞糧
餉軍旅境内賴不擾新人士謂二百年未有此仁廉
父母俸有羞大魁第者市材新巷頭憑藉無忌給直
什不二三撫其尤驁者于憲律要阿承切責馬拂衣
翩翩不可留矣歸而甘貧力學有古柴桑風與先人
為四十年交嘗聞二老談毋自欺曰誓於人誓於天
誓於心少有歉於心即自欺其心厥博節勵行一準
諸隨處體認天理宗旨殁而祀許鄉名宦廣州鄉賢厭在
孔門非曾閔其儔與子長崇登壬戌榜累封公禮員外中大夫右
參政次渠舉辛酉官州卯貳有聲云　南海楊瑞雲撰

鄭夢琰字均房先名夢吉字希因别號養吾大父㫤中壬子鄉試父岑登甲子科任湖廣應城知縣公十二善屬文十七入郡庠督學歐陽公龠公並奇之所擬五殊二實及黄鍾萬事根本論宏博淹貫多士稱服弱冠中戊子科鄉薦累試南宫歸則授徒講業都御史龐尚鵬出其門嶺南僉憲何公元述龔公大稔以知厚過從言不及私時有清邑尹殘民命數十被逮以千金求解公曰若受千金必枉多命吾不為也庚戌就浙之定海學諭克端身教月三試士皆捐俸供給樂舜賓等相繼登第兩院交薦之典福建文衡得許天琦等皆名士癸丑丁内艱諸士立碑思德乙卯服闋改補新建端誨作人巡按徐君薦之陞南京國子監助教益正範模司成潘公泰公大加器重未幾陞通判杭州癸亥大水公申請減徵賑貧百姓賴之素躭于古籍簿書非其所樂也竟以直忤監院遂解組歸而室廬蕭然或諷之公正色曰予三世四科自先君雅志清苦予豈營營為子孫作牛馬耶卒年八十六所著養吾吟稿藏于家子冬復冬成冬崇皆業儒

劉格字豫誠别號嶺陽從化人性至孝父母病藥必親嘗衣不鮮帶執喪哀毁幾滅性稍長奮志力學庚子舉于鄉屡上春官弗偶益淹貫經史壬戌謁選授六合令清慎勤敏百廢具舉徐國家徒以債鎖禁良民公杖之八十論戍閭中丞生擒江盜數百人既上當抵死公廉其枉者數十爭之不可得衆駢首就僇曰吾死必訴之天帝未幾中丞病輒白晝見諸鬼鬼悖竟死時稱公為强項令云擢江都御史欲朘削沿江官軍公不阿承遂調信豐會雩都令以丈田激變民遂以反軍門三遣官弗能定公繼往數語解散之就其首惡正法焉督府疏公號其能留治雩都而信豐士民請還益力未幾殷公去長沙李公棠來代諸言先入之左遷荆府審理正遂拂衣歸後信豐祀公于宦祠從邑祀公于賢祠公嘗從學天閑何古林稱之曰今人守古道無如公者所著性說翊善論共倫圖能發聖賢未發之蘊五子皆賢長克正辛未會魁歷翰林檢討次克脩領壬午鄉試署連江教諭次克齊克治克平皆庠生斌斌有文均致遠之才也

劉介齡字少脩別號鶴臺其先金陵人始祖雲甫生壽菴元末仕為廣州路教授卜宅州城高大父鉞以來歷世隱德至穗坡公早貧矢誨介齡十歲從其塾師習讀稍長能自操觚為博士家言應有司試為諸生嘉靖乙卯中鄉試己未成進士授長興令邑多豪強耿介不少假借訟日省而逋負早完直指才之檄兼理諸郡縣所至風裁凜然而青蠅亦止于棘矣尋應內召值以母喪歸謗盃叢起竟出為蘄州判官轉承天署郡事亭無留獄時獄多疫則為代備贖鍰出百餘人咸頌其德擢守福寧州其地瀕海多寇倭衆出沒來薄州城乃開門盡入外郭之民徐乃堅壁拒戰賊潛遁去自捐俸薪營諸寨堡民恃有備陞蘓州郡丞蘓大郡也民饒賦重織造之費歲數十萬諸當事者橐例繁多公一切汰之衆皆側目因與其守相忤遂調台州歲餘以刑憾遷荊府長史乃拂袖歸栖林泉卜池亭于浮丘之右灌園賦詩浩然自得所為詩文自成一家誠令勿梓今散見于浮丘社集渢渢可誦也子孔集端復曾省孟淑皆彬彬能繼其志者

莫天賦字子翼海康人賦性介直己酉領鄉薦即勵志節不苟同於流俗壬戌登甲榜授莆田令時瘡痍甫起而流移轉徙者數千人天賦撫摩勞來民爭扶攜以返方賊屯城中諸惡少匿山谷結隊橫行攫金褫衣即里閈熟識弗少貸後府幕輩跡得數十人因而株連纍纍天賦審白于郡守易道談榜諭諸村落諸幕官始斂手相戒勿敢犯諸生衣襤褕短衣不能為禮則給之冠服金田父苦焚掠後無耕具則為之分牛種訟省鍰贖罪捐脅靡遐邇孚心道路無梗即卓茂之密魯恭之中牟不過也三年擢南京刑部主事士民攀送者數百人後泗上孫謀為令有善政民為之謠曰昔有海康今有泗上其去而見思如此歷南刑郎中決斷惟慎陞守雲南大理府日進父老訪採利病力為興革捐無名之差役減額派之礦金獲甦者數百命又賑饑恤老興學育才時有召杜之歌立德政碑以紀其績四年陞廣西右江道副使未任而卒雷之士夫稱有學有守者必推重公子爾先舉順天鄉試卓犖有大度不愧父風云

張政熙字道亨別號鏡山博羅人出唐張文獻公後性雅靜奕奕玉立稍長益嗜學試諸生高等乙卯舉于鄉三上春官壬戌謁選着將樂諭事日擁皐比論諸生寒暑不輟郤貧士贄而課試則出俸爲具膏火汪中丞道昆姜督學寶並器重之甲子分校浙闈多得名士尋擢陸川令先是邑有劇盜白晝橫行既至嚴保捕法群盜奉首鼠竄悉擒治之吏有舞文者収寘于獄正其罪清操凜然調嶍峩縣故雜夷號難治時丁酋白敗素冠擾內地都御史鄒應龍檄帥諸兵討賊賊先期遁去衆謀馘良民以報功堅持不可民賴得活指揮李朝臣者倚勢作威諸邑令屏息聽其頤指公獨不為禮朝臣啣之譖于都御史誣以受賕脫盜下理官沈鞫之沈黨于朝臣文致其獄陳布政善張觀察文淵執不可都御史意悟乃出之輒自劾遂解組歸築臺東皐力田教子其生平孝友勤儉與人交恂恂然不侵為然諸士人敬而師之卒祀鄉賢子萱博古好脩與其弟華同舉壬午鄉試進取方銳皆負雋才云

翟守謙字[illegible]益東莞人宋都[illegible]之后幼警敏下帷憤志壬子以春秋舉高第已未就署邵陽諭事搬啟聖賢宦三祠佐以月俸莫侍御抑張學使天復校湖南列第一檄領濂溪書院事尋檄著邑志辛酉典閩文衡稱得士未幾丁憂補諭懷野以品藻蜚聲尋歷保定令邑苦邊馬輸累至則亟請減常數之二以便民聲隆隆起俄以註誤調貴縣決丁父憂庚午起補臨桂縣居會省之衝使者絡繹于道而府江古田洛容懷遠師徒繁興靖府宗人又恣睢干紀適有[illegible]故會葬冊封諸費公悉為之區畫所注曆咸中肯綮卑兆民健漁獵為奸亟裁罷之擒其翼虎雷震起置抵于法又剖疑獄均丈田卻諸羨錢千餘金悉歸公帑間出行部妻子饘粥不繼時服其廉介癸酉入棘得徐生尚賓等八人均有才名乙亥晉贛州郡倅嘗橋稅入盡歸公帑黃鄉郡酋執郡理官公數請往討江中丞壯之既而以疾乞骸骨不果卒于任郡人皆爲墮淚歷官十五六載家無一畝之入可謂清白吏矣子繩祖有經世志嘗詣闕上書皆人所不能言者

唐守明字允道守勳弟也別號清湖晚號峻齋資性敏達豁有大度領丙午鄉薦己未選授臨江府通判府當衝要民多頑悍守明端己秉貞嚴法剔蠹民不敢犯有永泰埠民四十餘家被誣為盜按臺屬之鞫審一訊立白其冤時稱神君萬載俗刁猾里胥貪緣為奸守明奉委代署使民徑自輸納不敢有逋負者糧乃盈額上稱其能時分宜專柄使者絡繹往還道出于臨守明切齒之獨無所餽不一屈膝其門分宜家蒼頭有包攬[illegible]其利權者當道或慫[illegible]之守明不少撓偶有劇盜流刼郡邑突入清江城中無備特瑞州界有柯家兵者勇敢善戰守明募千人以義激之咸勇往効死遂擒賊数百餘皆遁去倭寇浙直調兵備禦比旋還主將撫戢無方致其潰散竟犯新淦守明擊走之撫按交薦其才未幾以病免家居孝友執二親喪哀毀盡禮事伯兄守勳如嚴師撫諸姪如己子又讓居於其弟守謨姻族稱焉謝公鵬舉最慎許可然稱其學充邃其才弘濟其節廉介為不可及其子世延醇雅有文當亢其宗云

蘇手汲字澤敷南海人敦禮而慷慨大度弱冠選入邑庠壯領鄉薦授官知左州開闢城池足固保鄣均徭役減餘糧捐俸建學士心翕服政成名立陞荊州府同知修築江陵石首公安等縣陂隄民蒙其利江陵尹[illegible]則革猾吏二人以除邑害放釋里排七十餘人而[illegible]以補原欠及左遷恩明能用[illegible]化俗[illegible]後[illegible]歸請鄉飲正賓歲饑出穀百餘石備賑又出[illegible]四十餘以瘞殍者誠鄉之醇德也子瑞桂秉志勵行克承其志云

蘇煥章字美充高明人性誠實而行端直領嘉靖己酉鄉薦授壽寧學諭造士有方應聘滇南以外艱歸闋補[illegible]陰時東廓鄒先生來講陽明學章從之遊功務實踐東廓器重之以戒慎恐懼常精常明語相勸勉尋丁外艱補宜春典蜀文衡陞龍溪尹富戶隱粮為奸餽以千金麾之而正其罪察偽冢者二釋淹繫者六時稱其明修學宮集生儒講明心性之指左遷橫州判官旋遷荊藩審理以直道而仕不事逢迎故也歸則修宗祠置祭田建文昌塔山陰門人王泮來憲嶺西表其門曰明世儒宗所著有學類編及家錄十一種傳世

余光裕字武可別號江石順德人性孝友讀書經目成誦年十四補香山邑庠屢試輙冠諸生擢乙卯鄉魁從遊井泉先生默契體認天理之旨先生作三傑歌贈之屢困公車就懷寧學諭正己率物以養貞操明義利究性命戒怠荒為教之要又擇士之秀者作文會給供需因材造就士多丕變督學耿楚侗公雅敬重之期以大受徵典廣右文衡所録多奇士乙丑擢湖廣桃源令丁外艱歸服闋補儁白令丁內艱未任壬申改令柳城下車革常例郤餽遺秋毫無染柳俗昏不親迎喪不輟樂又多火葬悉嚴禁之清查隱占均平差役龐子太蘇豪右屏跡獞民負險為亂中丞視師咨榔問公慨然身任之擒巨奸數百撫降者以千計中丞上其功 欽賜白金文綺乙未遷蒙化府通判政尚寬簡蠲租稅之逋負者數萬緡尋欲告休父老子弟上書願留福星未幾陞荊府左史行李蕭然圖書數卷而已既抵荊藩多輔導之功上書言慎威儀戒嗜慾等八事王敬重之尋致政歸年七十六而卒生平言行篤信操持清白子祖顺乙酉舉人進取方銳克光其宗云

外史氏渠曰吏治盛于兩漢而百粵去京師遠里士之縉纂蹝然空谷足音載籍所考見者何寥寥也時則鄧宓守交趾何冊令松滋李進治武陵黃豪尹外黃皆有治聲足稱循吏晉有陶延張魴齊有區金唐有蘇妙常書道何咢而咢諭峒賊化之為良真賢經畧哉宋以德厚稱明課吏一時守令爭相濯磨其著名者二十有五人若邵睥治平民而 太宗面獎林從周持法而莊獻記名劉允華宿弊雪沉冤釋耙恤孤貧正濫俗黃勳號再生之父李渤有伯夷之風孔元勳陳四事之防廖顒全一城之命李純臣仁厚清通治最一路曾槐文學行誼斗南一人楊汪中之縋城安民錢益之政稱佛子餘多廉德讓君子也哉

太祖高皇帝崇飭吏治至

孝廟時海宇寧謐守令率相砥礪嗣是權璫竊政苞苴盛行諸君子當其時獨秉亮節以惠養吾民者踵相接而肩相摩其有自抵不類者輿論[illegible]

碑亦自不容揜也今表其最賢者列于篇若崔
滹福之守南康龔遂陳駿之守郴州劉奎之知
長泰王子倫之知江陰吳澮之知弋陽張瓚之
知撫州蕭尚之知溫州吳璉之知含山尤赫赫
蜚聲不愧古循良云

粵大記卷之二十

粵大記卷之二十一

嶺南郭棐篤周甫編

獻徵類

孝廉懿德

漢羅威　唐頌　吳李祖仁
晉黃舒　南宋鄧魯
宋羅孟郊　李訪　梁顥　林昌期　王進慶
陳壽　韓經　張道真　王康臣　盧順之
阮興子　黎宿　古謔　陳韶孫　單仲升
明簡祖英　祖　陳添佐　溫禧　劉軒
歐陽初　陳立　梁孟祥　林希蔭　唐璧
陳範　曹昌　容悌興　周孝　謝宗齊
林孜　李宣　鄭誒　蒙景澄　雲昱
何宇新　李方　鄭應新　何功右　黃衮
曾應珪　周孚先　謝祐　鍾雲祥　林時嘉
鍾南　陳紵

羅威字德仁番禺人天性惇懿髫髻即知禮讓八歲喪父哀毀如成人事母至孝勤身苦體以奉供養怡

類遜言未嘗有迅聲厲色朝暮供侍奇果珍味隨時
進前遇寒常身先溫被席夏月必撤帳而卧曰吾留
蚊蚋恐去齧吾母制行雅飭口不挂俚褻之言足不
及富貴者之門待妻孥如嚴賓然先世遺以負郭之
田力耕以自給非其力不食也鄰家牛數犯其穡威
刈芻潛納其門而去不令人知數數如此牛主驚莫
不知為誰陰使人廣求乃覺是威感其長者自是收
撿莫敢犯出遇老稚負戴於塗率為代其任邑人化
之孝慈成俗令異其行過人辟召署門下史威辭不

就強之頗力遂偕母適于增城縣令去還復故居後
居母喪泣血骨立日進溢米食蔬醢者三年既塟結
廬於墓朝夕晝哀白鹿止其墓側馴擾如家所蓄者
世以為孝感所致威與同邑唐頌篤行齊名王僧孺
之為南海太守也下教求士有曰此境三閩奧壤百
粵舊都漢開疆理分星畫部風序漸浹衣簪斯盛其
川岳所產豈直明珠大貝桂蠹翠羽孝實人經則有
羅威唐頌學惟業本又聞陳元士燮自是高尚獨往
相望於崍岩懷仁抱義繼踪於前史蓋以廣之多賢

由三數公者倡也

唐頌字德雅番禺人奉養以孝聞連遭父母喪摧毀
幾至滅性遣葬躬負土為墳于墳左為小廬覆以苫
次寢處其中扶服哭踊朝夕捧盤進膳事之如生者
凡六年有甘露降于塚樹鬱郁靄靄彌月不已人或
訪頌見白鹿拾食廬次如豢畜咸異之稱為唐大孝
頌自是終身衣不純采非祭不近酒肉忌月必齋肅
以祭見父母所遺物或經父母所歷輒捧手而泣人
始以為矯及察之恒皆然而後知其篤行之純蓋天

性也有司察孝廉仕為布山令布山在鬱林境中雜
以民夷號難治頌鋪以太和不事威詟控疆拊柔惠
及孳黎民感其仁無梗化者後頌卒民報祀之南齊
永明中范雲為廣州刺史至任首遣使祭孝子南海
羅威唐頌蒼梧頓琦丁密等墓蓋以厲俗也廣人以
威頌皆先賢嘗尸祝之君子曰孝格於皇天化行於
蠻貊唐頌有焉

李祖仁合浦人世為郡望族兄弟十人同居郡北江
上事親理家並皆慈孝廉讓吳神鳳初交州上其事

上賜爵三級復其家郡民因名江曰慈廉云

黃舒東莞人事親至孝家貧力業以供滫瀡當奉養時雖盛暑未嘗脫冠帶其所願指即千里之外往焉而不以為難人嘉其善養志以純孝稱之後父卒皇皇如欲無生躬自負土為墳以葬結草廬其側藉苫以居深野無人豺貐左右號而舒安之每夜寒月號哭聲飄颻出林薄間悲風遠聞人為泣下卻酒肉弗御日進淖糜一盂又之形容枯槁人勸其還哭而弗答母喪亦如之閭巷謂舒生能致養沒能致哀皆曰今之曾參也有司奏旌其門因目其居曰參里參里之傍有山岑蔚可愛舊未有名亦以舒故遂稱曰參里山宋沈懷遠南越志載舒事謂不讓古人云

鄧魯字約子世家桂陽之韶陂里母張氏孕魯時感異徵幼爽閭有至性父思露當戍邊呼魯小字曰阿魯吾今登途矣歸期未可知也魯應聲而泣拜伏訣別如成人時甫四歲世以孝童稱之又歲餘病死一夕魅夢人謂曰上帝憐汝早孤特宥汝魯既愈日籲天願以身代父死未幾訃果至殯思露時哭踴切至聞者皆為盡傷宋元徽中舉秀才為郡小吏適舘閣文帙遭火詔郡國悉上民間所藏郡遣魯進圖至京師宋帝以其有功墜典賜錢幣繒綵會本郡太守缺詔即以魯代之嘗遇異人與語自是精識敏悟預知未來事及領職還郡剖決無滯有惠澤于民創造州城池濠橋梁里道無虛日然經畫有方民不告勞永明中卒贈司徒民思其德立廟祀之

羅孟郊南昌人五代間有官興寧者因家焉至宋嘉德中孟郊生生而穎異早喪父事母孝兒時牧牛羊陂莊坐讀書有山人遇奇之與語孟郊告以父喪會未葬山人指示地遂從葬焉弱冠結廬羅嶺以學鄉子弟徒之孟郊指授篤至邑始多學者善書札洗硯池水盡黑人稱之曰墨池天聖八年舉進士第三人累官諫議大夫翰林學士乞歸養母郊華蕭然母冬月思鱠孟郊解衣入池取魚供母鄉人目其池為曾子湖卒衆立祠祀之

李訪曲江人善事父母父卒勺水不入口者七日母繼卒亦如之廬於墓下虎來墓傍馴視而不傷又有

白烏集廬側州以事聞仁宗旌其門閭慶曆五年賜
粟帛
梁顥字徽之其先京兆萬年人祖旻佐幕番禺屬劉
氏稱南漢據有嶺南顥恥非王命不從所署遯乎東
莞人稱其高宋朝統一區夏遂占籍高要顥秉奇節
強學篤行信於朋友詞章尤贍補武仙簿歷鬱林尉
封川司户參軍悉著能聲年及掛冠以疾乞休朝廷
嘉之遷光禄寺丞致仕卒于家其子揆事親盡孝執
父之喪廬于塚傍朝夕涕泣哀毁踰禮凡六年乃除
耆老以狀白長吏表聞于朝詔郡縣以時存問賜之
粟帛以旌其孝
林昌期海陽人自祖父相傳累世同居兄弟無異産
紹興間郡上其事詔旌其門
王進慶澄邁人性至孝紹興間其母陳氏病瞽而瘵
甚殆進慶刲股為粥奉母疾愈瞽復明時稱其孝
陳壽雷白人瞽十年母死將窆壽欲送至壙人或止
之壽曰母生鞠我今日親入土壽忍以疾而不送乎
索杖一二里雙目忽頓開人皆異之

韓經增城人家于韓唐村蚤喪父與弟綿力田養母
孝友著聞母喪哀毁踰禮竭力治塋墓在葛峒山廬
其側穴壙以入哭撫母柩夜則宿柩下日則出于廬
舍自爨素食不進鹽酪凡三年然後歸室天感其孝
一日風雨晝暝飛錢數萬入其宅以贍不足由是家
裕世稱韓孝子云
張道真連州人淳熙間割股療母疾母疾愈郡守樓
鏻上其事跡曰湟川為郡僻在一隅介荆湘下流與
峒夷雜處化理弛鈌習俗澆訛或健訟以作孽或憑
色以詐語者有之或鬬狠以射利或相挺以為亂者
有之長牧之禁葦雖勤而不令之風漸至於日殊性
分之寘頑既固而教觽之道有難於耻格矧夫秉彝
從善不戒以孚苟無所勸其熊政乎伏見州東門外
民人張道真稟性淳慤不習詩書至孝夙成有異恒
品自幼喪父躬耕養母五六齡時母衣以彩色即泣
謂曰向遭父荼毒既衣素矣何為服此及母遇疾日
侍左右不暇沐櫛蟣蝨遍體血淚盈皆禱于鬼神不
效求藥以療之又不效或教以陳藏器本草人肉能

巳病者道真慨然引刀刲股為羹以進之羹纔入口
毋病如失鄉人嘖嘖歎以為難病創藉卧流血露筋
夢天使從天門來持緇丈符使道真吞之甫寤創已
合矣非誠孝格天其何以臻茲夫篤孝本乎因心明
倫所以成俗州民感道真之為事父母者莫不欲得
之以為子為子者莫不歆飾之以事其親而凡為人
者莫不歆道真之行奉其身也其有關於風教甚大
糾諸耆老鄰里同然一詞請旌之以為激勸制曰可
遂於其宅里建孝感坊

王康臣靈山人父世賢病篤康臣同妻劉氏刲股療
之父即日病愈慶元二年郡守林元者奏立旌孝坊
表之

盧順之海陽人侗之孫事母孝好學篤行鄉評推之
登紹熙四年進士調肇慶軍節度推官以母老僅書
一考嘆曰一日甘旨之奉猶勝十年仕宦之樂丐歸
十年不調母没終喪三年卒年三十九官終文林郎

阮與子香山人天性純篤讀書能通大義早喪母事
父元輔盡孝德祐丙子父病劇與子旦夕稽顙北辰
請以身代廼刲股肉和藥以進父瘳鄉里異之以其
事達于有司經畧使徐直諒賚以二帛號所居為孝
行坊將以上聞會師旅不果居五年父没哀毀逾禮

黎宿東莞人先世本贛州宋季知雷州獻臣者徙惠
州博羅之白沙有政譽宿其從孫也始自白沙徙居
東莞之黄涌敦行禮義鄉人化之刲股以愈親疾家
朝旌其門曰孝義署其里曰德本若祠堂義塾之建
實自宿始後來子孫多以儒名家

古譓韶州曲江人少鄉舉上春官不第乃從武舉
摧鋒軍母病頓瘡不能言食醫藥莫效譓性至孝夜
静精虔奏告北斗以冀母平安扣顙未畢忽聞母大
呼言夢一道士執水盂以柳枝灑我因魘而寤比明
不覺頓消疾遂愈後為本州安撫遷肇慶路總管軍
旅所至每有奇捷人以其孝心感格神明呼為古神
孝云

陳韶孫番禺人父瀏以罪流肇州韶孫年十歲不忍
父遠朝夕號泣願從父不能奪遂與俱往跋涉萬里
不憚勞苦道過遼陽平章塔出見而閔焉語之曰吾

予寛仁罰弗及嗣遐地苦寒非汝所堪吾返汝故鄉汝頋之乎詔孫曰既不能以身代父當死生以之歸非所願也㙮出驚異以錢賞之大德六年父死詔孫哀慟見者皆為泣下肇州萬户府以聞命遣還鄉里仍旌異之

單仲昇增城人父喪與兄同居養母至孝元季大亂申母鄭氏卒葬于藍山之原蔬食水飲不事家業廬于墓所三年服滿始還鄉里稱其孝

簡祖英字世英東莞人學問該博且有才氣事元為江西都省員外又從左丞何真起兵保護鄉邑贊畫平邵宗愚之功居多廖永忠克服廣東乃徵祖英赴闕錫燕勞之賚以纏帛拜建平縣知縣以母辭歸

林祖字述古潮陽人少孤貧從鄉先生張奐學元末盜起祖挈家避亂行遇獠賊母莊氏與弟進皆被掠而去祖號追不能及旦暮悲慟籲天以誓曰不見吾母吾無以生為也及本朝混一祖徒走山谷中物色之至程鄉犬吠乃見焉獠人阻不與歸潛訴于官遣吏偕往夆所贖以金還也母被掠時母子兄弟間關十有四年矣洪武三年縣舉明經以母老乞[illegible]養十三年知府白叔敏復以孝薦舉赴京賜衣九襲鈔五百貫授四川重慶府巴縣丞以薦能聞陞河間府通判尋致仕卒于家

陳添佐新會人世居陳衝添佐性度玄曠於長堤高柳之間讀書且徜徉焉嘗夜泛舟遊冲上誦蘇子赤壁所泝光之句樂之曰吾老於此足矣遂自號月溪處士云為人至孝生五歲失所怙與少弟添佑育于母李值元季所在盜起隨母逃難山林間顛沛相失為賊首所得母子不相見者十載添佐劬勞萬狀每思母欷歔泣下賊首憐而縱之復得見母於登名里之棲岡羈棲貧困采拾以為養者又三載洪武初元與弟始奉母還陳衝脩復故業日增益之有先人舊廬四十楹良田四百畝乃築報本亭于祖考墓次立報德堂于所居之偏闢娛親堂于正寢之北自奉尚儉素而祭必極其豐養必致其樂廣民追遠孝親自添佐始邑令莆田薛彌克辟為孝薦會添佑早世乃以母老固辭後以事謫戍于遼海亦以母老懇訴得

帥甫三載得代歸然未及家而母沒初添佐在途聞
母病戴星倍道既不及即哀號入喪次饘粥苫塊以
終喪未嘗一至私室閭里以為難治喪不用浮屠生
平事親奉祭一遵家禮而參以義門鄭氏家規既又
撮其要為三省九思十誡及家式百條以訓飭其五
子俾世守之同居共爨延時名士鄧林於家塾相其
行禮俾剳于勿替林遂述其立身行已之大畧作月
溪孝義傳云

温禧字宗錫程鄉人洪武間以明經薦任本縣儒學
訓導後調湖廣漢陽府學陳情乞就母禄養准調本
府儒學雖祁寒盛暑衣冠侍立母側不少怠母卒勺
飲不入口三日喪葬盡禮學者稱為梅野先生云僉
事梁觀按邑嘉其孝榜録之勵俗焉

劉軒字景晃潮陽人早失怙母黄氏孀居鞠育時令
讀書母遘疾危甚軒不令人知齋戒虔誠禱于天請
以身代刲股和糜以薦母病遂瘳邑之賢人達士各
為詩若歌以賛之歐陽初作圖并序軒之為人謙恭
純篤凢百家子史莫不究竟為文章得古體鄉人皆
師慕之

歐陽初字遂初潮陽人三歲失怙母王氏孀居守志
頗知書家甚貧紡績教育遂初性聰敏事母極其孝
敬年幾冠博學能文有司舉入邑庠應洪武二十三
年庚午科鄉貢第二十六年授福建泉州府學教
授其教先德行而後文藝大振頹風一時閩人士出
其門者多矜名節嘗葺禮殿朱文公祠凡學之廢墜
者皆次第脩舉秩滿轉廣西栁州府學教授有成績永
樂壬辰丁母憂以疾終于家泉人思之祀于先賢祠
至今潮陽士民稱為孝子云

陳立字子綱德慶人曾祖文仲為元萬户父宗錫號
樂静為樵猺舍率猺貢于朝因事之遼遂不返立七
齡自知讀書既壯告其母曰父去久音問不通若不
訪求天地間一罪人也裹糧走齊燕書姓名情狀于
衣背日詢訪之至開平中屯衛遇一父老領至家出
其父所作樂静遺稿因獲殯所立嗌指滴血而骸果
滲仰天大慟絶而復甦乃負骨以歸閭閻者萬餘里
禮部侍郎陳璉作陳孝子傳以傳于世

還孟祥南海人性至孝四歲時父以吏事長流口北
為百姓攜孟祥出墻屏之下語之曰吾遠行恐無還
期兒別我矣其父果不還孟祥自後歲時拜於墻屏
下拜則泣終身無不然歲久墻污壞人令毀之孟祥
不肯曰猶是彷彿見吾親也年甫壯喪妻不更娶終
其身

林希蔭字宜民揭陽人性寬仁莊重恬淡寡慾自幼
能屬文傳通五經尤精春秋敦孝行父客死非命賫
錢歸瑩奉母盡禮母沒廬墓三年有白烏巢瑩樹鴿
子以千數聚檻三日不散妻亡不再偶與潮士林厚
交善俱以孝行稱永樂間朝廷舉孝廉郡邑以二人薦
希蔭謂厚曰君有父母可以祿仕余遺恨終天祿位
奚為厚舉進士累官參政希蔭終身家食有司時賜
饋遺自甘貧樂天順間海寇作亂劫掠村落屋廬盡
焚賊過其家大書其門曰此林先生屋也戒其徒勿
燬一日出遇賊希蔭坐舟中衣冠甚偉賊終不犯族
兄與鄉人訟郡守不能決召希蔭至涕泣言曰至誠
不能化宗族鄉黨非善也證父攘羊非直也郡守益

重之所著有逍遥歌乃二十四孝七言梓傳及空原
撰墓誌銘季子巖性剛介嘗從白沙講道江門居家
有禮恤孤寡周貧乏立家規以聯屬族鄉有不善者
不詣官治輒質焉積善行義能不替其父風

唐璧號圭一南海平步人豫之子也性醇脩文行酷
類其父母區氏目瞽不能自食璧晨夕執匙勸養之
後遇神醫目遂明人以為孝感一時公卿皆重璧歆
薦之璧以母老無他兄弟辭焉參議陳贄侍以賓禮
且贈以詩有百鳥群中孤鳳凰之喻及贄改太常少
卿去執手泣別不能舍謂曰鄉吾三益也其忍一日
遠鄉耶璧動循禮法當暑未嘗去衣冠為文端嚴遠
近尊師之每訓誨子弟必使端立正出入規矩然後
授以句讀或左其迂闊曰文藝末事爾茍不收其放
心其何以為受教之地耶正統己巳之亂避寇佛山
為其鄉人畫策賊不能入遠近賴之

陳艷龍川人早喪父事母以孝聞永樂乙酉舉于鄉
歷官湖廣麻城學教諭衡州府學教授奉母就養承
順備至自製戲彩詞朝夕歌舞以為悅秩滿乞歸終

養從還唐府長史慕親不置王察而憫之為請追贈之恩大學士楊榮嘗贈以思親辭三章

曹昌字德脩其先壽州人祖承宗授德慶千户父斌有隱志好遊覽往来汴洛許汝間久而不歸去時昌甫三歲及長問其母曰吾父安在母告之故昌大以為慽慨娶妻生子以家事付其弟遂辭母去誓不見父不還乃趨河南之遂平得館主告之曰而父殁此有妻子携以歸久矣昌旁求不已困于塗每夕稽首北辰愿減筭以見父行至裕州遇父友倫濟始知父已死矣訪遺骸得殯所朝夕號泣水漿不入口裕人憐之事聞于周王賜孝子詩命長史潮陽鄭義為之傳已而負骸骨歸葬哀毁踰節人稱之為曹孝子

容㥄與字行白香山人性質醇厚學博行脩明經長於書求樂中署儒學事聘脩邑志士大夫咸推重之執弟子禮者無遠邇居家有禮男女各有學祀先謹祠堂之制嫁宗族孤女數人母陳氏病風癱㥄與躬視湯藥十三年無頃刻怠懈及母沒哀毀踰禮邑人稱為孝行先生自經學外攻吟詠別號雲巖所著有雲巖集數卷卒年七十有七侍郎陳璉序其挽歌謂其儒行足稱風俗為之歸厚云諸子汝勤汝嘉並以醇篤聞汝嘉平生足不履城市壽八十有一惟以邑令敦請一詣鄉飲而已孫彬亦有文學仕為教官奕世皆有㥄與遺風其四世孫師偃自少性純父春泉罹癱疾兄弟六人惟師偃侍朝夕弗離側正德丁丑賊掠其鄉人各奔竄師偃負父而逃賊追之急父麾使遁師偃不肯去泣謂曰父子更相為命去将安之俄而賊至俱被執縱火焚其父師偃泣曰父老且病請以身代賊舍其父遂就焚死時年二十一父哀之甚設祠置田祀之

周孝揭陽人少孤問其母曰我何名母曰吾養汝望汝孝耳遂以孝名之孝曰吾不讀書但能孝亦可以順吾母矣家甚貧力田為養朝出耕具衣冠揖母而出暮歸禮亦如之歲旱不雨鄉人以為惟孝誠足以動天告于縣丞潘安生禮請之孝至號天而拜曰天不雨民且死矣禱訖翌日大雨如注

謝宗齊濟遠人宣德癸丑貢入太學授杭州衞經歷

云任優恤軍餘差用有節衛官不得私役狩巡按潘臬見重後陞雲南趙州同知蒞事公平士民悅服歷任五載餘辭病解篆歸義方訓子仁愛及人尤注意于鰥寡孤獨天順中流賊陷城邑民張俊家無噍類宗齊憫之寄養十載及没殯瘞之弟叔齊早逝無嗣婦張氏守節厚待終身置墓田五十畝上祀先祖下贍族人之無後者鄉閭傳誦

林孜字志善文昌人景泰庚午貢士母雲氏病癰疽汚穢人莫能近孜朝夕泣侍撫摩除滌未嘗離側吮出膿毒母愈孜因毒入腹未幾亦疽發背創劇自不不起嘆曰死生命也孜亦何所憾惟恨母老不得終養而反貽母憂且顧謂諸弟曰能善事老母吾死無爲念也囑其妻子亦如之言不及私須臾卒遠近聞者莫不悲痛

李宣字德輝澄邁人自爲兒時聞其父云祖子惠觧補遼海衛伍隔絶南北萬餘里父子不相見者二十餘年宣遂悲號不已志欲往省景泰癸酉登名鄉薦上京師哀告當道憐之遂得往遼海時祖年已八十矣祖孫相見慟哭見者爲之墮淚御史戴縉舉例以其家就近補伍除遼海戎籍得持其祖南歸鄉人嗟嘆以爲難

鄭誐石康人天資穎異詩文雄偉性篤孝母謝氏爲流賊所獲時誐年十六號天涕泣欲以死代趍入賊壘紿曰吾母金瘞於地吾幼不知所在願以身爲質吾母歸取金贖我可乎賊信之遂釋其母而拘誐以俟誐在賊沛言色自若大軍至賊遂殺之時天順六年以石康縣陷故孝子未獲表章至嘉靖十六年知府張岳始立祠于安仁里立烈孝坊于林公祠前而誐之孝乃著云

蒙景澄字伯潔仁化人老而不怠性至孝天順中母嘗病稽顙籲天乞以身代父嘗疽發于背輒吮其血母卒哀毀勺飲不入口葬訖廬于墓側父卒亦如之嘗有虎至墓側景澄不爲少懼縣令丘璥兩以其事聞于朝未奉褒恤人共惜之

何宇新字子完博羅人性至孝父滔蚤卒每遇忌日輙悲慟不食事母甚謹母卒水漿不入口者七日號

泣聲絕獨居于中門之外不盥不櫛不爐不扇衰經
不去身既塟躬率子躬負土成墳廬于墓側夜有虎
蹲其門宇新祝曰罪惡之人孤哀萬死盍蚤食我毋
徒相怖穴壁覘之二虎左右馴如也既旦散去夜輒
復至每浹旬別擾不敢咆哮率如常然宇新忽得危疾
鄉人舁歸治之其家在市虎亦尾之去疾愈還墓則
虎又來遂狎焉若素豢者先是家畜一黃犬犬三五
日輒候墓所宇新欲有所需即書片紙繫其頸家人
見之具備繫使負還人以為孝感状聞　詔旌其閭

宇新嘗遊白沙陳獻章之門獻章書卓行二字并遺
以詩曰遠舍烏成障終年虎卧門山梅初並蒂冬竹
又生孫耿耿天公識明明國典存千秋何孝子不愧
史官言後舉于鄉仕為南京光禄寺良醞署正秩滿
還宗人府經歷請告展省卒于家

雲孟文昌人七世祖從龍元行省參知政事撫綏有
方兵民悅服見一統志昰少多病父母鍾愛失學然
有美質所行常過於厚成化十五年喪母邢氏哀毀
憂思飲食損減漸至骨立服終如初喪無何父雯卒

死遲年衰毀竟廢飲食以憂思卒

鄭應新字孟元順德人父星南公異登天順巳卯鄉
薦為瑞金令以廉介稱歸居一室蕭然應新事之唯
謹朝夕親供菽水教授生徒以供滫髓星南公年六
十遭奇疾應新偕仲弟宣平令應文焚香祝天願以
身代比藥石弗効醫言得臂肉可痊應新慨然曰吾
欲生吾父何愛於一臂我尋自割左臂肉和藥以進
父疾頓愈延壽一紀盖一念精誠所感格然也子用
淵每述公行誼涕泫泫下亦能繩其孝者孫伊傳皆
庠生有時名

何功右字元理號念堂順德人性純好學少孤嘗以
不逮事其父學愚公為恨奉母至孝先意承志唯謹
幼習舉業弱冠益工以母老不忍離膝下曰吾求禄
養何如以善養乎遂絕意進取居嘗茸旨母疾則朝
夕奉藥餌比執喪哀毀幾不欲生泣血三年閭里稱
孝嘗傷母節未經表揚痛慕終其身嘗喜接文學士
户外屨常滿日相與賦詩為樂每遇大義竭力為之
歲旱賑恤不少吝鄉人稱為善士嘗夜歸遇盜於途

群盜聞其賢各來扶掖持炬送之公揣其可與為善諭以利害衆感其言各化為良善家畜老牛忽向公跪拜庭有靈芝并雙之瑞人謂孝感所致按院望海劉公以聞于　朝下所司立坊旌之公行履益堅年甫及艾而卒縉紳士夫多哀輓之

貴袞字朝儀增城人性孝友父蘭既廩當貢督學李綸紬之遂忿成病袞孝事之唯謹甫成童父命為叔嗣後袞以父母在力辭族人因謀逐祖母梁而分其產訟于官梁誓不易節以袞為依官斷如之袞不獲已乃入繼惕然以繼述自任曰脩省工夫當自此始三年在殯力覓吉地葬之深於時邁而學無成乃刻意教子其子夢說甫成童聘孝廉張潮庠彥陳恭為之師發蒙啟沃克殫厥心未幾母梁故合葬祖墓循禮制也先是生母喪袞卜厥宅兆及生父喪袞偕兄弟奉柩合焉視所生所繼父母事之如一鄉黨備里咸稱其孝夢說領己酉鄉薦歷官辰郡判以所入俸致饋袞營廬于家廟置買祭田復買穀百石奉梁氏祀以湛文簡公嘗賦慈節詩因表其祠曰慈節又立田百石以備祔祭出穀三百石以賙族人濟閭里當道榮以冠帶邑尹優以大賓壽八十而卒

曹應珪字侯信號起岑其先保昌人宋咸淳遷南海九江父俊知融縣有善政生公幼神穎七歲日誦三萬言倫司成以訓戴太守嘐甚奇之時錢塘田汝成視學政得其文曰此力追秦漢者選舉茂異讀書越秀山癸卯領鄉薦春闈不第居家窶甚乃教授生徒絕不干謁有司篤於人倫事嫡母劉起敬起孝父居官廉公以束脩佐之弟妹婚嫁喪葬悉出己貲無所吝公博學豪舉初謂青紫可芥拾既屢絀遂不復應公車嘗言官與財造物所靳視者何逐逐為也木屐葛巾浮湛里中託情於酒家貧不能沽有召者輒往往輒醉徜徉泉石以故無賢不肖各得其懽心嘗夜出遇惡少行劫公佯醉衆扶歸過溪公曰慎之慎之一入深淵不復出矣衆悟各散去隆慶壬申疾革戒說請計偕舟車助喪公正色曰不計偕而受是欺也寧臝葬以全吾志或言事業未畢公曰死即畢矣正衾而卒君子謂其齊死生一物我為東方嵇阮之流非與仲子仕鑑應乙酉鄉書任中書科有才名孫宗漸皆弱冠為庠生翩翩競爽繩厲未艾蓋盛德之[illegible]

李方字時端饒平人少孤事毋至孝晨昏依定省禮出雖至近必告業漁擇美者供毋餘鬻之貿易不貳價成化甲辰颶發海潮翻漲突入方室方允斥奉毋避之不及遂抱毋以死收其屍尚抱不可觧邑令張灝聞之給衣棺以殮聞其事於監司加周䘏云

林濟民字廷泰海陽人以孝聞弱冠時毋病篤強命娶婦入門而毋卒居喪哀毀踰禮及葬廬于墓服闋始合巹鄉邦稱之領成化丙午鄉薦授龍巖教諭以身率教陞贑榆知縣有廉惠聲卒年六十四從祀鄉賢

周孚先字克道潮陽人中鄉試榜魁篤志于聖賢之學不遠千里從井泉先生於天関得勿忘勿助之指歸居桃谿隱居求志誓不眷闈閑門靜坐不謁公府其事父毋孝就養無方出入必告待弟友愛教子義方體孝敬慈愛之道沒齒不渝克道祖梅叟有志行潮人以配食於周濂溪祠而克道能繩其武自號西山居士時有王子敦鄭世迪皆正人同學於井泉有志未就而卒而克道尤為井泉所重故其卒也為之銘曰於乎西山世迪子敦表表三賢甫及二年淪没後先崇之何哉吁嗟乎天子三人光陽光命光鎬鎬舉辛未進士廵撫寧夏右僉都御史大理寺卿蔚有經世之望

謝祐字天錫别號葵山府庠生棄去從白沙先生于江門聞渾淪之學卜築于葵根山安貧樂道糟糠不厭腹布襪不掩脛井泉先生與之詩有曰布襪度玄冬其貧如此晏如也病中遺詩於井泉曰生從何處來死從何處去化化與生生便見真元處未幾卒井泉為之銘曰瞻葵之陽山高水長公在宇宙死而不亡又龕公神位與陳清江祀于白雲白沙祠之尚友堂

鍾雲祥字天兆茶園人性行純篤為邑庠生執父喪哀毀骨立及葬結廬墓側朝夕哀慕饘粥僅充饑渴人之斬衰羸病毋憐而強之歸抵家朝夕問毋起居宿于堂次不入私室如是者三年一致提學副使章拯旌其門雲祥歎曰子道之常自盡其心耳敢以要

獎未幾病歿聞者莫不哀悼後提學副使魏校遣官
立碑致祭其孝足以風矣
林時嘉字子逢東莞人南川光之族子也嘗從光遊
白沙之門自律甚嚴入邑庠規行矩步不習流俗態
雖盛暑未嘗去冠服無事則終日對書冊吾伊不輟
提學魏公校嘗選為廣州西隅社學師初娶妻李未
娶而李目病雙瞽母欲改聘時嘉堅執不可竟娶之
相敬終其身不衰時高其義
鍾南字汝巽別號肖愚順德人性誠篤事二親極其
孝敬弱冠入為南海庠生改充三水考輒居優等為
文醇粹尤精于經學授徒數百人多顯邑者而先生
七入棘弗售貢為福建福清縣學訓導端範立教捐
俸以供會需得賢如魏體明薛德純施觀民皆知名于
時陞樂會學諭益勤誨誘海濱詵詵有鄒魯風未幾
引年歸先生嘗從鍾理夫先生得養性養氣之訣年
逾九十而精神完固士人多宗之
陳絢字衷素別號素菴東莞人自少敦篤坐如泥塑
人弱冠補邑諸生偕友人盧堯典袁應文周之翰輩
讀書于道家山德業相勸過失相規邑中子弟相率
師事之則誨之曰善學者因文見道不善學者離道
求文欺慊之幾毫釐千里於是寫紀善紀過簿以自
考朋來日衆隆慶庚午中鄉試第五人兩赴南宮弗
售生平不私干有司然時有利病民有冤抑挺然入
告必得白而後已慕鄉先達張公鵬之賢立傳以表
之又倣范龍圖贍族之舉年四十而卒其志以一介
不取為行以安時守道為賢云
外史氏棐曰孝者人道之大綱功令所旌勵要
先焉其行根於心不以海濱之遠而貳也羅威
唐頌孝實人經鄧魯黄舒行由天性孟郊之供
魚名湖李訪之感虎馴墓廬順之棄官就養古
謂之告斗祈安陳蕭之送葬開瞽韓經之感天
飛錢林典祖之求親得舉陳添佐之感賊獲母
梁孟祥之拜墻思父林希膺之化盜書門何守
新衷重于白沙容悌與見稱於琴軒周孚先謝
祐取信於甘泉鍾雲祥林時嘉推獎於莊渠皆
無間于父母昆弟之言者也割股雖非常道然出于

其心之所安夫非人情所難耶若王進慶張道宣
正康臣阮與子皆本至性非有所矯率聯書之
以言正鵠則未也至若蒙景澄林濟民之廬于
墓李宣之孝于祖皆足風世故併録焉嗚呼為
人子為人孫者比類而觀之可以興于孝矣

粵大記卷之二十一

粵大記卷之二十二

嶺南郭棐篤周甫編

獻徵類

行誼芳標

漢張重　陳臨　宋唐静　胡彥忠

宋陳公佑　趙必瑑　翟龕　張元吉

張登辰　鄭漢章　張元俊　羅鑄夫

明梁惠生　伍驥　朱璽　湯有容

彭森　金誠　謝熹　林厚

羅顯韶　鄭稽　朱琳　周用

霍任　霍傑　陳謨　楊鸞

張雲彩　伍雲　李一寧　李紹敏

姚文寬　戴璉　林曙　梁祖寅

梁學　金詔　林崠　吳廷講　張鵬

張重字仲篤合浦人敏才篤學為郡從事舉計入京明帝訝其么麼問之曰何郡小吏重抗聲對曰臣日南計吏非小吏也陛下款得其才耶抑將稱骨度肉也帝善其對正旦大會帝問日南郡北向視日也重對曰今郡有雲中金城者不必皆有其實日南日亦俱出

於東爾至於風氣暄暖日影仰當官民居止隨情面向東西南北迴背無定所謂日域在南者也帝益善之賜以金帛自此上計召對仕至通顯

陳臨字子然南海人家居海島耆志不同蠻俗郡舉孝廉永建中官至蒼梧太守推誠而理導人以孝悌民有遺腹子為其父報怨殺人者為吏所獲臨知其無嗣令其妻侍獄中後產一男郡人歌曰蒼梧府君恩廣大能令死囚有後代德參古賢天報賚建安中被徵為廷尉後本郡以五月五日祠臨東城門上令小童潔服舞之其後子孫蕃盛播於嶺徼世以為陰德所致云

唐靜連州人父元雍熙初進士歷官知渝韶峽光化四州終尚書屯田員外郎靜生而穎異十歲能為文章隨父宦蜀遭毋喪哀毀踰禮間關川陸扶護歸塟人稱其孝大中祥符八年再舉進士科初調澧州獄掾試秘書省校書歷韶州判官試大理評事當官執法不撓為張士遜陳堯咨晏殊所推重范仲淹麗籍[illegible]兄事之靜子炎景祐元年進士官至太子贊善大夫三世甲科湟川前此所未有也同靜時有吳世範者工詩文登咸平三年進士大中祥符間為漳浦令有善政遷殿中丞

胡彥忠曲江人五世同居慶元己未經幹吳豐假宿其家深加奬歎為言於臺閫列上其事旌表其門吳豐贈詩云古羊人物彝風餘百世傳來只舊廬為愛一門能守義相承五世不分居

陳公祐保昌人宋嘉定間與弟汝賓同居共爨至本朝成化間禮恭廸恭勝恭演恭及其子孫凡十二世食指八百餘內外雍睦絕無間言且性任天真不事文飾家法淳整人以義族稱之成化甲辰知府江璞躬至其家加奬勸書至和堂美之以勵風俗弘治壬子知府林符覈實以　聞未蒙旌表

趙必瑑字玉淵號秋曉僕安懿王裔也咸淳元年進士父崇舳同科喬梓聯登簪紳傳為盛事必瑑初任高要簿尉郡檄署四會縣事有異政民為之立生祠再任高康丞惠州守文璧辟為郡從事丞相天祥璧之兄也集兵勤王必瑑往謁相與論時事必瑑忼慨

泣下天祥里之後寮壁無堅守意郎歸適熊飛駐兵
于邑散盡括稅户財穀以充軍需人情恟恟必瑑恐
爲變請於飛願以己資錢三千緡米五百石以贍供
餉使臧稅户需擾飛從之即委必瑑董其事必瑑隨
其家各寬征之人感其義以朝散郎簽書惠州軍事
判官兼知録事公以恢復勢艱無仕進意以象州儒
學教授歸隱于邑之温塘以詩酒自娛嘗題其室曰
詩人只合住茅屋天下未嘗無菜羹其所養可知矣
至元甲午卒公以英邁之氣俊逸之才而官止監一
州壽不踰五十平生慷慨仗大義樂周人之急至臨
大事以身任而不辭文文山極推重之張超齋登辰
哭之曰世有一人之死生關於吾道之興衰生人之
休戚是有夫焉故吾於秋曉之死仰天推心爲吾道
哭爲生人哭非獨哭吾私也其見重如此

翟龕東莞人少以文章知名景定二年以書經領鄉
薦咸淳二年再舉鄉魁宋季爲邑主簿時值亂離與
邑尉張元吉協力安輯邑賴以完世靖後建樓貯書
以延文學名曰聚秀書院學者稱遯庵先生其先世
有翟巷石者任瀧水簿亦以行誼稱于時云

張元吉系出張九皋之後曾祖淑有篤行家邇城市
然足跡未嘗造公府夜出聞窮簷歎息聲輒委金户
下而去不使人知之父光濟漕貢進士元吉當宋末
爲邑尉元既降德祐帝使招討使黄世雄梁雄飛入
廣邑丞吕立遣元吉以全邑户計入廣歸附世雄委
元吉攝尉既而宋制置使趙溍舉義元吉即從之溍
使之同熊飛捍禦南雄飛戰死于韶元吉歸仍攝尉
後元張弘範率兵自惠將至邑人驚遁元吉使其弟
登辰罄家貲賂之元兵由是不犯邑境以憂憤卒

張登辰善屬文有器識舉咸淳癸酉鄉貢試南省歸
慨然語人曰權臣酬豢湖山奢蔽主聽襄樊受兵六
年乞援不報方且歌舞太平粉飾文治時事可知已
說邑宰爲保障計及張洪範兵至哨騎往來邑民奔
竄登辰毅然請行齎白金千兩晝伏夜行抵惠州行
營請紓邑難弘範喜遂戒兵無得犯東莞邑人德之
後登辰攝縣丞時帥府欲增東莞稅額登辰力爭得
免入元邑稅得仍舊規登辰之力也登辰子惟寅亦

力學有才譽元初因南漢媚川都之舊役民採珠不
勝其害惟寅上採珠不便狀竟得罷採邑民至今德
之元吉登辰死時邑民大作緇黃以報德李春叟為
詩慟哭之云

鄭漢章南海人宋慶元間為萬安主簿解官歸家羊
城一日遊蒲澗得遺金二百餘兩翌日往候之亡金
者果至舉而還之其人爲擇地瘞其父至今子孫蕃
衍人以為陰德之報云其後有歐福慶者家貧販果
權有遺金一裹福慶拾之候其人還焉封識宛然客
謝而去君子曰夫非其有而取之盗也身爲縉紳而
心盗賊之行者多矣若二人者世亦鮮哉

張元俊字允超番禺水西人少雋異不群兄弟五人
元俊最少事諸兄甚恭謹家庭之内雝雝如也平居
重厚自持與人必信鄉閭有曲直者趨訴之片言剖
析無不悅服或勸之出仕歎曰吾豈不知仕進之榮
哉飛鳥擇木吾將有所擇矣先世居番禺之石井元
俊以祖墓皆在水東乃徙香山居焉時值兵起嶺海
騷動群盗布滿山谷居民請其兄元方為保障元俊
毅然獨往創立營堡築土城圍之引泉水爲濠塹有
儆則散財募兵曲為豫防山後諸盗皆不敢經其壘
遠近相為聲援以遏盗出入一方之民恃以無恐廣
東都元帥王本肅聞其賢録其功上之省臺以
便宜授官然非其好也尋歸鄉閭築園圃以自樂晚
尤好施與人有急即賙之遇歲凶則散穀以濟饑者
及豐年競償之元俊拒而不受人無不感其德卒葬
于水西之銀帶山子漢忠性亦端慤重厚寡言有父
風云

羅鑄夫順德人生有異質日誦数萬言宋景定中以
明經試省舉第一人是時廣盗鍾明亮起寇南海鑄
夫告諸父老共為捍禦鄉里頼之胡元代有天下
公不忍仕遂隱居教授又作祠堂為蒸嘗伏臘以祀
宣義公長老曰公忠孝人也衆議謚曰義隱其次子
文鳳仕宋為都巡檢後辭去廣置田庄三百頃歲入
撥封君長老相傳曰無官寧羅盖指公也公嘗慕漢
樊重之爲人好行義讓不嗇施舍盖庶幾先正所謂
君子之富焉

姦惡生東莞之戚船澳人洪武初其兄惠養得重罪當斛京就刑惠生留之曰兄承宗祀第請代死遂從械繫至京師刑於市義士莫不傷之為詩文以弔

伍驥字弘道新會文章里人先世宋末有為典章者其後總管士達仕元生驥年弱冠知大義兄騏以事戍遼海固請代行不得兄弟執别路人為慟嘗歸自京師泊舟白沙滸夜半忽聞水中有呼救聲亟起援之乃一童子詢之曰父賴人全家沒入幸而得釋還所沒携吾毋子三人附便舟還父病死中途舟人圖卄夜謀吾毋子於江毋與弟死水中矣吾以能浮得不死然彼必來追復恐不免驥曰毋恐吾當為汝復讐黎明賊果至紿曰平生止一子夜起墮水中救得者酬以白金百两言訖即出金以示舟中人利之誘驥歸其童驥正色拒之隨以童詣白沙寨白巡官捕之賊徒伏法其為義不奪於利類此平生積書多至數千卷一時名士同邑黎貞南海王子倫胡濟番禺董匡皆受其延聘為子師建祠堂築墓亭家規族譜諸記序皆名公筆也雖富甲鄉邑而儉朴如寒[illegible]

朱璧清遠人為邑庠生孝友彰聞志行端潔丁毋憂泣血三年未嘗見齒與弟姪同爨四十餘年一錢尺帛不入私室捐俸貲置義田遺助子孫婚喪之需洪武二十四年貢入太學官至工部主事

湯有容字載行其先新會人少年能文章勇於為義不擇利害為趨舍時輩多推服之洪武丙子舉於鄉會試中乙榜任廣西恭城教諭又歷興安聞其兄故即日蹤其情上聞棄官養毋者七年毋謂之曰君恩未報久而不去恐有罪吾有諸孫可矣於是有容援官于容縣時舉縣大疫世謂疫能染人人莫敢出離縣門無行者知縣彭清中其病煢然一身自分必死有容日令家人具湯粥而自節宣之晝夜不離其側清得不死時人以為難皆曰有容今之庾袞也要之庾袞處兄弟也天親也有容處朋友也義合也皆人情之所難也而有容尤賢已利令之生非有為而為也而世或以利心窺之過矣

彭森字伯森南海人少孤貧以俊材被選為郡諸生所服襴衫破缺以紙糿而補之有司見而憫焉為給

燈油飲食使力學森以是得肆力於書搜筆輒萬言皆中規矱永樂甲午鄉舉第一明年登進士授山西道監察御史陞福建參政始未第時聘同里女蓋卑賤人也及得解其家以姿辭親戚復以女貌陋止之森不可竟成婚恩愛甚篤生子皆賢而有文有舉于鄉者君子曰婚姻之禮以嗣世也非以論財也男女之居室以正家也非以漁色也近世粧奩尚奢脫輕召咎皆森之罪人也

金誠字誠之番禺人尺籍繫廣州右衛讀書社學常衛指揮曰麻張者最無賴人也遇諸途繫之詬曰爾軍餘也乃敢爾效儒生邪褫其衣使薙草烈日中少息則撻之誠泣曰讀書以求顯揚今日戮體辱親甚矣張怒逮其父窘辱之父子相視不敢言乎張數金乃寬之永樂丁酉誠領解明年登進士授工部主事尋改兵部會張行乞奪人財逮至京師有　古命誠鞫之張望見誠一步九頓首誠笑而迎之言于堂官以為非張造誠執禮如平時張感泣歸以女妻誠子誠性易直不事表暴常侍　文皇帝北巡同行皆記其舉動朝夕未嘗失尺寸蓋敦朴人也正統初以疾乞歸杜跡公門怡情山水所作詩文皆純雅有集行于時君子曰吾嘗怪夫人之好怨也染指笑聹動成干矛又嘗怪夫人之好報也睚眦不忘而一飯以為德雖然小怨忘之苟有大故絕之可也不然以直報之亦其常也張之辱誠及其親矣以德報怨無乃非直乎嗟乎其視世之淺丈夫何如也故吾於誠有取焉

謝廉字子清河源人永樂中以監生任交阯芙蓉令剛正自持時縣治草創境內盜賊蠭起廉提兵抵穴盡獲而俘之賞賚必貤于下以母憂去職後除知江西樂安縣催科不擾民甚愛之滿考請老家居後交阯叛諸臣駭竄廉適錮圍闠之厲聲曰使廉在彼便當以身殉國何偷生為不覺揮鋤中武流血其忠憤如此

林厚字萬重博羅人以永樂丁酉舉人歷遷江武隆德化九江四學職居官三十六年囊無餘貲其居家動必以禮鄉人賢之謂其表正風俗之功居多年踰

六十一日沐浴更衣呼子姪輩至前諭以後事因口占一詩末云盖棺萬古無遺恨含笑從容入九泉端坐瞑目而逝又有黄志逵字伯達者興寧人正直和厚宣德中以國子生仕為惠安主簿致政歸鄉人重之目所居為黄公嶺没祭于學祠

羅顯韶字九成順德人簡默而多智畧正統巳巳時有黄蕭養之變辟兵端州明年賊誅侍郎揭稽以節鉞鎮廣顯韶率父老詣軍門上書言善智者圖見於大善謀者圖計於遠邇者黄賊之變起自亡命擅帝號攻城邑潰王師禍可謂烈矣今幸就誅然近來諸司諱言災禍治幕空名撫字无恩防禦不密非所以弭禍而圖遠也今欸樹長晝而伐禍本則莫若置縣竊見大良地遠于南海然西有排榜之峙東有迎暉之壯前擁華盖後鎮拱北山原如翼河流若帯此澤國之形勝也因其地而置縣限以疆域防以城池治以官師撫以户口齊以科教如此雖復有黄賊之變無能為矣其樹長晝伐禍本之道計無易此故曰前事者後之鑒惜小者大之費惟執事者圖之於是侍郎嘉納竟奏行今八十年民無兵擾者顯韶之力也周知縣亶治縣稱廉平卒于官貧不能歸顯韶捐十金為助於是鄉人各持金争為令賻公之好義蓋天性然也别號東澗人因稱東澗義士縣大夫過式其閭或比之龎公焉及卒唐璧為東澗賦吊之

鄭稽字考夫瓊山人成化癸卯舉人任洛容知縣與兄燧早失怙恃孤苦相依及長不忍分爨凡出入之需皆燧主之財帛不入私室燧没奉嫂益恭鞠其二子擇士人以歸鄉人取田真之事名其居曰荊茂賦詩頌之

朱琳清遠人秉性剛直居鄉以睦婣任恤為事時有鄉人黄清者年五歲父母繼没琳見憐之助其喪塟長成又齊以婚禮凡遇鄉閭有貧窮者出穀救濟至今鄉曲思慕不已景泰癸酉舉于鄉仕龍溪知縣

周用字舜中饒平人穎悟博學弘治乙丑進士歷知建昌惠安懲悪旌善興學賑饑常北行舟至豐城遇狼兵鸞所掠老嫗于市用見之歎曰此何罪也而使之流離鄉井不得其所乎因以金贖之俾還其家其

仁愛發自天性如此以大理評事疏乞歸休居家十餘年緼袍草履吟咏自適無異韋布

霍任字尹先文敏之弟弱冠以諸生兩應舉不利輒謝去習靜西樵山中絶玩好斷戱譚與人一以真誠毫無矯飾嘗從王文成湛文簡遊窮究理與所學日邃事二親最孝居喪飦粥百日齋戒三年歲侵每罄橐以賑多所存活語其子玠曰即此是惻隱之心有被誣殺人者知其冤輒白當路釋之其人以百金為壽力却之聞者嘆服居西樵三十載人化其德比卒山中老少莫不惋惜所著心性說解宙山剩言行于世

霍傑字民先任季弟也倜儻不凡脫然世外嘗遊羅浮不食十數日無飢色初欲近家園築室獨居諸兄止之傑遂屏去厮僕自負巨板入西樵獨棲錦岩中日出採蕨和粟炊之聞湛文簡講心性之學移書辨論父之信服顧執弟子禮方文襄與論古今名賢無當意者文襄嘆曰真古之狂也居三載忽出省城登越秀山坐石而化所着論自成一家言文敏公稱其超然無累自得於萬物之外謂世之奇士允宜

陳謨字公贊號艮齋順德人父東山先生從甘泉先生隱居烟霞洞中携公贊來從授業講聖賢之學脫然有悟遂卜築於烟霞後洞名其亭曰仰止設短床其中不敢安寢少假寐即起坐嘗惕然自訟曰謨汝離父毋遠從學可悠悠虛度乎乃益自奮蓋不就枕者七夕先生慮其厲志生病也力諭止之後隨京居逾年而歸見愈真養愈定凡所以事親敬長乎於妻子信於朋友處乎族黨者莫不求盡心焉其篤志如此戊戌夏病革猶扶掖見毋省訣還正寢而卒甘泉先生哭之慟云

楊鸞字少默號復初潮州人與其兄驥從學于湛甘泉先生毅然有向往之志丙子兄弟同舉鄉試復從甘泉於西樵服膺隨處體認天理之教務求自得及還潮甘泉贈之文深期之其居家事毋孝敬兄弟和翕夫婦好合一家之中雍雍穆穆人皆敬信稱之曰雙鳳甘泉為南大司成少默從居觀光館值身已病尚灑然浩歌不自知其病也未幾卒于館舍時從先

生遊者多海內名士如少默兄弟篤志力行者不多得故先生於少默之卒也甚慟之使天假之年其所造豈可量耶

張雲彩字伯起番禺人居山水之濱自稱溪山子後又結廬隱螺山中故善詩詩體多効陳白沙往往亦能入格有出其詩謾人曰白沙稿雖善詩人亦弗能辨也里中人士稱翁為張先云張先每樂閒居少出出則整冠衣嚴步趨諸弟子或雜劇望見張先來則罷之至則面數諸弟子侃侃無避忌或過其直張先曰吾不欲見諸君為過行人也久之諸弟子咸愧服爭欽事之郡人鍾御史者雅善之稱其篤行云正德末邑寇大起相戒以張先長者慎毋害也里中人走相告曰有天有天張先生二女其一適羅虞臣為作傳稱為克己守禮之君子焉

伍雲字光宇新會人癯而爽軒然凌厲初年任意氣垂四十聞石齋先生遂約己俯躬以聽嘗激昂厲聲云不樹立爲人不如死溪壓之山有巖石挺起竹揷其中為亭日處于內焚香整襟端默靜坐庚寅冬葬壓白沙扁曰尋樂齋其學主力行任載直前迄乎不移為祠以祭其先力疾營創或止之曰不安先靈死不瞑目不踰月而卒年四十七

李一寧字應坤東莞人宋儒春叟之後父德脩嵩明州同知民雜夷僰治以寬簡且有聲名一寧領正德丁卯鄉薦雞澤學諭提學御史王應鵬檄掌漳川書院教事清苦不受饋贄諸生多所成就遷蘇州府學教授端方嚴重誠慤儉朴遇諸生常恂恂未嘗疾言遽色以身帥人不示表暴不輕屈於上官郡守常稱之此真教授也後知懷寧縣淳實溫厚志在愛民不事矯飾冠服敝垢人疑其詐及卒于官囊無數金笥無新衣尸殮士民哀慟之嘗渡江見覆舟中有動躍聲令人鉤之得一婦手抱嬰兒猶活詢知為長沙人隨舅官遊遇風一家淹沒救挂偶遺已二日矣遂捐俸買舟送還其鄉兄一清亦鄉舉知新繁縣有聲能名

李紹敏字叔宜別號槐臺幼聰悟十三通毛詩以嘉靖初補邑弟子員督學歐陽公鐸優異之四入棘試弗售

遂退隱林泉日誨其子光宸俾淬勵以繼志公天性孝友成童時侍父栢山公病衣不解帶藥必先嘗事二兄克盡承志務得其歡至襄大事必揆于禮與比鄰同居攻苦茹淡東帛鈞金不私于橐待梁安人相對如賓姊夫黃裳病異症同氣咸辟去公調護之數月又經紀其後事卒亦無恙外族梁汪被誣公為白其冤而却其謝邑人稱之教諸子光志行嚴章程光宸連舉庚戌進士以户部主事績最封公承德郎知其官邑人榮之光宸歷官漳州知府公誨之嘗曰守

為一郡綱紀必以身帥人萬毋循俗好辜　主恩光宸以名守稱蓋公庭訓之力也光子光宙亦舉于鄉為亳州學正孫男廷璘廷琰廷瑮廷瑜能讀書以繩武云

姚文寬字裕夫別號東皐南海人世居蟠江父石川經有隱德生公幼穎悟强記博覽既壯從石川遊廣右所歷佳山水多題咏與諸同志者為蘭亭詩社天性孝友旅次嘗有愛日之詠及執父喪哀毀特甚歲時祭享輒嗚咽下人稱其孝與諸弟友愛同居合爨出所藏以給公費什器尺帛不歸私房諸弟或為他

訟者所齮齕公必力為直之其臨大事遺大變贍略過人嘗次烏灘遇蠻兵舟人皆懼亡匿公挺身以理諭焉衆驚歎其義因解去又還諸商羨金三十不為非義之得鄉族訛訛稱之與弟文貫文粹文暢同心競爽而文粹尤賢粹字純夫號蟠山從鍾公善言習舉子業試弗遇遂師事泰泉先生雅見許可嘗纂[illegible]律萬餘言黃嘉子之為詩音調俊逸不規規以字句為工家苘蓄古圖籍甚富以分授諸子姪特為講說義理又延明師訓之兒子光虞光南光泮相繼[illegible]

第稱一門之盛出公誨誘居多嘉靖己酉東書將逾嶺遊豫章比至雄州疾作而返抵家數日卒初公生子光玉未週而夭擇兄之子光泮為嗣二公卒後光泮舉乙丑進士拜官行人遇　穆宗登極覃恩贈二公皆如其官迨泮拜留臺又贈二公俱南京山西道監察御史說者謂二公各抱明達之識負誘掖之學躬孝弟忠信之行足稱二難而兩荷　勑命並授　恩褒其為嶷方勸豈諭尠哉

戴璭字汝器南海人夙禀穎悟為郡庠弟子員一時

名公咸以遠大期之素有詩名所同遊者如閔與
旻徐轍輩皆蜚声吟壇尋領正統戊午鄉薦登己未
乙榜授羅城訓導僅二載卒時稱清節先生子縉工
部尚書諸孫岸科䕫瑞輩咸彬彬有縄武之志

林曙字行旦別號曉塘南海人弱冠遊邑庠督學歐
陽石岡吴默泉田豫陽諸名公咸器重之考轍居首
遊其門者時多名士為教先孝弟敦禮讓為文法先
秦兩漢為詩繼響盛唐性甘澹泊不為苟得樂天知
命每遇有拂意事即以理自遣以泰然名其堂又纂
遠伯王之為人慨然曰人鮮知非便可希賢希聖遂構
思遠軒尚友千古卒老場屋其弟子獲儁者語人曰
我輩登科能無摩顏而公志自若也至於樂善好施雖
老不倦又嚴於教子不少姑息人比於陳太丘劉去
華云子三人長朝綸少負奇登萬曆癸未進士知肅
田改貴縣歷南戶主事以邑滿考績贈公如其官母邵孺人
制詞有積學典謨植身矩矱雖絀鴻達竟成燕翼之
褒次子朝鈺朝銓皆明經進取未艾云

梁祖寅字誠卿別號氷蘗順德人祖觀賢父宗道皆
業儒公天資秀朗從遊世父西川及鍾復軒之門幼
孤奮迅傳綜墳典旁及子史百家靡不淹貫屢試有
司弗售則負笈於驪粤連韶所至阜比風嚴衿裳雲
集暇則出緒餘誨二子俾脫穎以繼志長鶚方鑑登
有聲於庠序間次鵬負駿才中萬曆甲戌進士歷官
南戶郎中屹然有公輔望以聞公志未艾公又樂善
廣施歲歉則群其鄉之人為糜粥食之曰於我乎養
積稍裕乃又群其鄉之子弟而延師訓之曰於我乎
教合宗子姓㝡衆三千餘指未有譜帙則倣歐蘇二
氏譜法次而聯之俾宗人有所統而弗渙其孝弟忠信
之實敬長恤孤之心自壯至老如一日其嘗訓子有
句云屋漏鬼神在齋居天地臨深得聖門敬畏之旨
年方六十七而卒鵬先尹崇安考績居最贈公文林
郎如其官母唐封孺人　勅詞有曰衡門樂道里閈傳
經長厚重于鄉評義方嚴乎庭訓其賢足覘已其後
赫赫顯盛允宜

梁學字壯行別號雲橋番禺人少穎悟而純篤從先
輩陳元誠遊私淑於魏莊渠先生之教弱冠就試督

學歐陽石岡奇其文首選為邑弟子員以清嚴自律動必由禮盛暑不扇亦未嘗𡾊惰曰吾終日危坐心静自凉座右置周程所着書及近思録玩繹其旨趣灑然自得偕同鄉陳恒所謝盧白僑館二十餘年無一言戲謔王母壽百齡二親皆八袠孝敬色養庭闈肅然累入棘闈利蘧受冠帶儒官歸休築室扁曰静虚取有主則靈無欲故静之義於黄湾搆亭架橋橋成大雪時至因號雪橋與隱君七人為泉石交人目為八仙友其存心正學以遏欲崇理為要以躬行實踐為的士多宗焉子士楚夙負壯猷令詔安時倭寇充斥破玄鍾攻邑城勢甚危急公募敢死士星夜馳至時僯令林咸李尧鄉皆戰殁公遣士楚書勉以盡忠成孝殉國忘家等語且賦天子宠鄉詩以壯之士楚益感泣効力遂大破倭併勦吴平諸寇邑賴保鄣捷聞超陞閩臬僉憲蓋公所貽也萬曆改元　誥贈公奉政大夫如其官始食其報云子家粤白大夫與公交號知己每稱公以正持身以忠教子學能識其大者

金詔字廷言其先江西廬陵人從叔貴以水軍千户調衛廣城占籍鍾村少聰敏精楷法初業儒後以武胄補幕府參隨静峰張公時總制二廣大征田州及勦賊兩遣調兵于思恩忠州畫却常例督兵所過秋毫無犯制府奇之子節庠舉于鄉詔曰賴祖宗之庇吾有今日吾老矣汝其勵志以報後節登丁丑榜進士歷官南户曹郎詔年七十八矣欲一往觀金陵形勝跨大江匡廬以泛鄱陽抵南都鶴髮飄蕭都人一以為仙骨僉問長生訣詔曰修短本造物得來然清心寡欲似亦有助借居倪文毅公花園寄書其婿室曰謹言語防物議其自持若此後歸隱深居一室自書對聯曰萬物静觀皆自得弄丸閒裏亦相宜有司延為鄉飲正賓其聘詞曰衡門韜高公庭絶跡謙恭忘素封之貴重厚有長者之風其提身有禮其待鄉族下及臧獲輩皆肫肫有情初封中書舍人進封户部員外年八十而卒今粤人譚有行誼能善教其子者必曰金封君子節今任福建副使芳聲蔚著次子簡庠生有文名

林陳寀字子覺增城人少倜儻自雄其才遊于白沙先

學之門亟稱之讀書于南海廟大書一聯於其門云白浪起時浪花拍天山骨折呼吸雷風黑雲去後雲牙拂諸海懷開吐吞日月御史按部見而奇之欲召見輒請指禮御史重其才竟禮之御史後訪白沙語及睞歎曰斯人諸葛儔也當成其器白沙嘗與之詩有過客窺諸葛論詩病長公之句蓋深與之也

吳廷講字惟沃增城人性端重穎異師事甘泉先生褆身孝友接人渾是一團和氣善為文詞落筆滾滾數千言見者稱服數試弗偶築臺植槐因別號槐臺課子讀書其中家素饒歲推其羨以周里之貧者里人德之萬曆初錢法騰涌講慨然出其餘納錢平糴非誦其德二次輸粟以實義倉預為粵人備荒計直指梅公旌其門曰崇義名家鍾光祿卿霍僉事與瑕及會省諸名公咸為歌詩以揚其美邑令鄒公巡行賑荒比至講卿知其全活甚衆謂必昌其后云五子皆業儒長子文燦敦行孝義卓有父風督學陳褒嘉之有墓貴表杞輕財周困之語葬其父時有大魚自江躍出人稱孝感

張鵬字子用東莞人精于易學嚴于義利生徒多敬信之中正德癸酉科鄉試任鄞縣學訓導平易恬靜以正學誨諸生尤嚴于義利之辨凡束脩節餽皆力辭不受諸生貧者力資助之士論目為古人陞知蕪湖縣事調福建歸化所至有惠政不負其所學云

外史氏柴曰夫彰善褒德徵顯闡幽麟經大指也漢人月旦有評亦倣斯義予粵雖僻遠然夙稱海濱鄒魯自漢以來薦紳之流布衣韋帶之士卓犖瑰特代有其人如張重之對日南陳臨之種陰德謂非漢畸士哉晉唐未有聞焉宋則唐靜一節不撓胡彥忠五世同居陳公祐瘞骼無間然趙必瑑慷慨仗大義翟龕張元吉張登辰之保鄣鄭漢章歐福慶之還遺金張元俊羅鑄夫之施予夫非其行誼足表著與我明則梁惠生代兄就刑湯有容棄官養母伍驥急義捕奸彭森卑娶貧女金誠不念舊惡林厚動必以禮羅顯韶之稱義士張雲彩之號張先鄭稽之扁荆茂周用之瀆流嫗伍雲之名其齋曰尋樂以及朱璧朱琳謝燕李一寧張鵬輩皆卓然有

節行甗炳于世足挽頹風故併芳之嗟夫肥遯之貞考槃之碩其蜚馨於五嶺者何限今第表其所知者餘伺旁采續入焉語曰蘭生幽谷不以無人而不芳其諸君子之謂與

粵大記卷之二十二

粵大記卷之

嶺南郭棐篤周甫編

獻徵

文學經綸

漢陳元　楊孚　董正　郭蒼

晉王範　黃恭

唐劉軻　區冊　常昌明　周傑

宋胡賓王　林巽　譚侁　歐陽經

盧侗　石汝礪　翟晫　石處道

歐陽譖　譚訊　潘預　鄭玠

黎獻　區適子　阮沭　蔡微

李閎　羅蒙正　張鷁

明茸友信　馬名廣　黃勣　梁宏

唐豫　王惠　吳敬　黃裳

陳廸　丘敦　廖謹　鍾瑛

鄭箋　李亨　劉玘　黎暹

葉孟昭　林茂森　高　李孜　王文友　馮載

方用中　黃儲　梁顥　黃瑜　陳猷　黃貞　湯朋

陳其會 陳彥際 某春 侯大鍚

陳元字長孫封川人父欽字子佚習左氏春秋王莽
從欽受左氏年以欽為猷難將軍元少傳父業為之
訓詁鋭精覃思至不與鄉里通以父任為郎建武初
元與桓譚杜林鄭興俱為學者所宗時議欲立左氏
傳博士范升奏以為左氏淺末不宜立元聞之乃詣
闕上疏曰陛下撥亂反正文武並用深愍經藝雜
眞僞錯亂每臨朝日輙延群臣講論聖道知丘明至
賢親授孔子而公羊穀梁傳聞於後世故詔立左氏
博詢可否示不專己盡之群下也今論者沈溺所習
翫守舊聞固執虛言傳受之辭以非親見實事之道
左氏孤學少與遂為異家之所覆冒夫至音不合衆
聽故伯牙絶絃至寶不同衆好故卞和泣血仲尼聖
德而不容於世況於竹帛餘文其為雷同者所排固
其宜也非陛下至明孰能察之臣元竊見博士范升
等所議奏左氏春秋不可立及太史公違戾凡四十
五事案升等所言前後相違皆斷截小文媟黷微辭
以年數小差掇為巨謬遺脫纖微指為大尤抉瑕擿

釁掩其弘美所謂小辯破言小言破道者也升等又
曰先帝不以左氏為經故不置博士後主所宜因襲
臣愚以為若先帝所行而後主必行者則盤庚不當
遷于殷周公不當營洛邑陛下不當都山東也往者
孝武皇帝好公羊衛太子好穀梁有詔詔太子受公
羊不得受穀梁孝宣皇帝在民間時聞衛太子好穀
梁於是獨學之及即位為石渠論而穀梁氏興至今
與公羊並存此先帝各有所立不必其相因也孔子
曰純儉吾從衆至拜下則違之夫明者獨見不惑於
朱紫聰者獨聞不謬於清濁故離朱不為巧眩移目
師曠不為新聲易耳方今干戈少弭戎事略戢留思
聖藝眷顧儒雅採孔子下拜之義卒淵聖獨見之旨
分明黑白建立左氏解釋先聖之積結洮汰學者之
累惑使基業垂於萬世後進無復狐疑則天下幸甚
書奏下其議范升復與元相辯難凡十餘上帝卒立
左氏學太常選博士四人元為第一元以才高著名
辟司空李通府大司農江馮上言宜令司隸校尉督
察三公事下三府元上疏曰臣聞師臣者帝賓臣者

霸故武王以太公爲師齊桓以夷吾爲仲父孔子曰百官總己聽於冢宰近則高帝優相國之禮太宗假宰輔之權及亡新王莽遭漢中衰專操國柄以偷天下況己自喻不信群臣奪公輔之任損宰相之威以刺舉爲明徼訐爲直至乃陪僕告其君長子弟變其父兄綱密法峻大臣無所措手足然不能禁董忠之謀身爲世戮故人君患在自驕不患驕臣失在自任不在任人是以文王有日旲之勞周公執吐握之恭不聞其崇刺舉務督察也方今四方尚擾天下未一百姓觀聽咸張耳目陛下宜脩文武之聖典襲祖宗之遺德勞心下士屈節待賢誠不宜使有司察公輔之名帝從之宣下其議李通罷元復辟司徒歐陽歙府以郎爲掾數陳當世務并正郊廟之禮帝不能用以病卒於家子堅卿有文章能世其業云

楊孚字孝元南海人章帝朝舉賢良對策上第拜議郎和帝即位欲用兵匈奴孚奏言創造用武守業尚文故周勝殷則有載戢干戈之頌太宗息兵嘗言自勝衣冠念不及兵先帝繼述屬來則應未嘗先伐故孝章之謚追配孝文詩曰允文文王克開厥後又曰倬彼雲漢爲章于天二帝之謂也願陛下繩美祖宗毋輕用武永元十二年荒旱令在廷議政令得失孚曰漢制郡國之士誦肆孝經察其志行選舉孝廉故帝謚必稱孝者躬行化率也王莽不服母喪天下誅之[illegible]將公卿大夫雖父母憂不得去位而黎萌孝悌力田反得爵級非所以爲民表儀也且郡邑侵漁不知紀極貨賂通于上下治道衰矣宜詔中外臣民均行三年通喪而吏治必務廉平以勸選舉之士庶幾克誠小民副承天意帝從其議詔禁有司假勢行邪其有巧法析律飾文增辭作[illegible]於言罪成乎手事發重罪之賜三老孝悌力田爵三級爲父後者爵二級窮民不能自存者予粟時南海屬交阯部刺史夏則巡行所部冬則還天府表奏舉刺不法其後競事珍獻孚乃枚舉物性靈悟指爲異品或爲韻語使士民識之遂著南裔異物志自後羅浮瑇瑁之屬日絕世謂能通神明孚家在江滸北岸嘗移洛陽松柏種殖宅前隆冬蜚雪盈樹人因目其所居爲河南[illegible]

為臨海太守復著臨海水土記亦以正獻貢也世服其高識不徒博雅云

董正字伯和番禺人少有令姿能意術籍年十五通毛詩三禮春秋遂以學行知名公府以其有用世才常諮其廬疇咨理道數被辟命皆不就熹平末張角衣術起難天下大亂正每仰觀天象知漢曆之不長輙掩涕太息或勸使出仕嘆曰潛龍以不見為德君子以藏寶自完吾惟俟時何遽相迫耶誠性高潔負其不戚志在規俗躬耕以足衣食暇即講詩書陳禮灋遠近多從之游鄉閭或少為不善必相戒曰吾伯和得無入於耳否有不平者多詣正直之隱士南陽韋遂聞正令名不遠千里從來授正正與同志恩如兄弟數年中遂得病正為傾家救卹病篤正呼遂字曰德陽君更有以見屬否遂瞪視曰以死累君言訖而絕正為停柩於堂殯殮之禮一視凡弟之喪躬送喪於南陽而返粵產素多奇瑰之貨番禺為都會商賈湊集貿遷易以致富加以夷獠叢雜習尚輕悍鬬爭射利未嘗知學感正清白偷俗自爾日變建安中正卒葬番禺之東衆為刻碑表門有漢徵士董君之墓過者必式晉隆和中南海太守袁宏追想其風采乃訪求世族條列行誼聞于朝有詔旌表門閭史論曰董正蓄真衛守泥視軒冕嘉遯之貞百世所師嗚呼遐荒而有斯人殆豪傑特起者歟

郭蒼字伯起曲江人富有文學舉茂才為荊州從事熹平三年太守周憬開導昌樂六瀧流通商旅郡民頌之蒼為撰神漢桂陽守功勳銘曲紅長區祉勒石于瀧上至今頌周守之功則蒼碑文之力也因是知文之不可以已也

王範南海人好讀書有鑒識州閭推重之吳孫皓時閉戶不出門問其繇對曰見彈繳而弗避非靈禽也處亂世而求聞達非知士也人以為名言郭馬亂廣州遂刺史徐旗範從旗避難朝夕不離側者五年既歸以琴書自娛未嘗妄交有司賢其行薦辟之皆辭晉平吳後遵行九品官人之法每州置太小中正俱以本土人為之刺史熊睦薦州人德充才盛無踰範者舉秀才乃以範為廣州大中正選舉人才第其高

下習惟興論將作[illegible]河內司馬彪號博學善著[illegible]州春秋盛行于時範閱之見其畧於嶺服紀錄弗稱乃蒐羅百粵典故為書名曰交廣二州春秋泰康八年表上之訂述該覈衆見之稱服自是名動京師範為人卓犖不群未嘗事流俗事篤學至老不廢交廣素缺脩載自範始創為之史論曰王範交廣春秋事贍詞工昔稱之而今不傳嗚呼識時之通事上之忠秉心之公亦足以芳耀於無窮矣

黃恭字義仲南海人少性恬漠履尚清潔刺史鄧岱覩面察言那器重之録為記室參軍草檄聲罪山越讐服比轉封山令居夷部事甚有治材然非其好也州察孝廉舉為佐著作郎父憂去職比服闋不起教授生徒發明聖籍鄉里推重徵辟不就乃補廣州大中正於是蒐緝王氏交廣春秋補其遺漏以君親倫理為重其論合浦之士有尹牙者為郡主簿受知太守問其愁悴答以重讐未報即變姓易名為執之夫子奇其才因赦不問此事邦君之大義也評者比諸刺客則謬矣丁茂孝感人謂之靈然則通于神明者

非[illegible]論辨始道之道不應輕議其他研覈皆此類也後復廣為十三州記昔釋郡縣弘洽世傳其書族子整為平越司馬守治亡文詞有集十卷今不傳

劉軻字希仁曲江人其先家本沛上天寶之亂祖効懷家自淮入湘至韶[illegible]生大曆中父綺方商於鄉感異夢亟買舟歸也長風骨奇秀大異之曰興我家者此兒也吾夢孟子顧臨因以軻名之成童嗜學博洽靡所不通從學月華寺僧慧朗禪師遂窮內典貞元初扶風馬植見其文歎曰韓愈之流也自是入廣求師聞壽春楊生寓羅浮講授春秋輒杖策從之道者數年乃馳書於植曰楊生以傳書為道者也二代聖王既歿其道盡留於春秋春秋之道輒以不下牀而求之其在生矣每一講問疑周公孔子左丘公穀迴環在坐假生之口以達其心也元和初乃下羅浮隱於匡廬山耕田自食其力夜忽夢一書生自言其祖歿於此僧塔之牖下不能自安乞為遷窆軻[illegible]貫具襯窆之及還虎溪[illegible]

俾食之輒嚼一吞二自後文學倍優韓愈南遷過韶聞軻之言欲記其事後以事不果輒所爲文精邃追逐古人閉戶著書有三傳指要十五卷漢書古史十卷黃中通理三卷冀孟三卷隋鑑一卷三禪五革一卷三傳指要則著於羅浮者後以韶籍登進士第歷官史館嘗以春秋條貫取歷代刪冗補闕成一家言馬植爲之至侍御史世稱其文章與韓鄉齊名

區冊南海人系出區冶子之後著於長沙以南爲名族冊爲人喜讀書循理謹持雅飭惟恐戾于典則人樂從之遊家徒四壁立縹緗盈其門挾卷呻吟無少倦時下筆爲辭章千百言袞袞不休自郡守以下皆重其文采貞元十九年監察御史韓愈以言宮市極論天下根本爲幸臣所讒貶陽山令愈大儒也以道自任世方之孟軻冊以道喪學絕無所依歸遂冒險往陽山師愈愈亟加稱許及冊歸省其親爲文送之其見重於愈者如此二十一年愈徵爲江陵法曹累官吏部侍郎文章爲一代鉅工冊因是知名時又有區弘者亦遊愈門愈有送弘南歸詩張籍亦有詩送弘蓋與愈周旋頗久愈遷法曹時弘送至荆門及愈入爲博士弘亦隨之冊陽洪興祖謂弘即冊然其始末不類或其族人也夫樂正子獲教於孟子而其學進侯芭見知於楊子而其名傳昌黎韓子之賢上接孟楊之統而區冊能從之遊其行粹然一出于正亦可謂賢矣其樂正子侯芭之流與

常昌明循州龍川人家素饒富昌明勵志讀書工於詩律詞賦長慶中進士及第嘗上書宰相李吉甫責以恊恭和衷之義併獻所作喦賓賦吉甫稱重之累官校書郎轉秘書丞秘書清華之職自吳郡張率之後東南冑緒未有任者昌明躭閱麟籍慣乘鹿車雖荀勗之注寫竹書薛夏之移坐蘭閣莫能過也竟以勞瘁卒于官

周傑南海人開成中進士解褐獲嘉尉歷弘文館校書郎中和初僖宗在蜀傑上書言治亂萬餘言擢水部員外郎三遷司農少卿傑精於曆算嘗以大衍曆數有差因敷衍其法著極衍二十四篇以究天下之數時天下方亂傑以天文占之惟嶺南可以避地乃

遣其弟嗣求為封州錄事參軍傑入宋後中亦棄官攜家南適嶺表劉隱素聞其名每令占候天文災變傑自以年老嘗策名中朝耻以星歷事僭偽乃謝病不出龔襲位強起之令知司天監事因問國祚脩短傑以易筮之得比之復曰卦有二土土數生五成於十二五相比以歲言之當五百五十龔大喜賞賚甚厚龔以梁貞明三年僭號至開寶四年國滅止五十五年蓋傑舉成數以避害爾大有中遷太常少卿卒年九十餘傑生茂元亦世其學事龔至司天少監歸宋授監丞而卒

胡賓王字時賢曲江人少力學以溥洽知名南漢時進士甲科嘗讀書中宿峽經史皆有發揮累官中書舍人知制誥劉鋹淫虐辭官歸乃著南漢國史自劉隱至鋹為五世傳楊洞潛至陸光圖等三十三人為純臣傳復有具臣亂臣宦官女謁之目凡十二卷鋹亡上其書于宋號劉氏興亡錄以明經授著作郎會詔有官者得與科試遂登咸平庚子進士第累遷翰林學士復致仕卒于家賓王為人樂易俊爽言行不苟洊官屢顯晚歸鄉憐貧恤孤其所居鄉乾道中分隸乳源號學士里二邑人至今重之

林巽字巽之海陽人天聖中應才識兼茂明於體用科對策鯁切忤權貴上司不敢取慶曆中投匭論事仁宗獎之授除州儀曹不就南歸讀易著書八篇曰卦元卦經卦緯綜業辭起律吹管範餘叙和總名曰易範人稱為草範先生外有文集若干卷

譚侁始興人唐循州司馬誨之後皇祐壬辰進士博通經史教三子皆成名粹朝議大夫銳朝請大夫拚中散大夫一門三大夫時人榮之粹名望尤著於張文獻公九齡為外家十世孫每歲躬詣公墓必致祭焉熙寧初知惠州有善政嘗輯羅浮志序之以傳其餘詩文皆可觀人稱其學行子煥字文煥篤志好學嘗預薦書當父任力辭遜于弟大觀元年詔天下舉八行每路以三人為率廣東一十五郡無有應者郡以煥聞朝廷嘉其讓推舉八行之首次則歐陽任許牧炎三人為一路殊選煥仍登大觀三年進士甲科官至朝散大夫

歐陽經連州人家世業儒至經尤卓穎徐鐸榜進士登第後乞歸建致一堂曰勖書其中初任杭州幕官以詩文見稱時蘇軾帥杭州表薦之云材猷夙壯忠孝兼全學古入官敏於從政官至朝散大夫知封州

盧侗字元伯海陽人行實朴茂事親至孝為梓里推重年旨暇手不釋卷嘗結廬讀書西湖山慱經史而易學尤粹自為訓釋日與諸生相討論五應鄉薦皇祐五年以恩釋褐守本州長史嘉祐中余靖蔡襄王舉元皆薦侗文行詔惠州歸善簿未幾靖帥廣州以機宜辟治平初諸司剡章交薦蔡抗以廣漕召還國子監亦復以經學薦之召對授國子監直講熈寧初力言新法不便遂求外補知郴循二州以太子中舍致仕立祭田及大潭塘以祀先人卒于家

石汝礪英德人號碧落子少穎敏讀書過目成誦自以生長嶺嶠僻於聞見乃踰嶺而之江西從聞人遊久而有得五經多有講說於易尤契微妙嘗曰易經不須註但熟讀則見互相發明總一乾元亨利貞之道晚年進所著易解易圖于朝為荆公所抑蘇軾謫惠州過之聖壽寺興之談易及談羅浮之勝至日暮乃散汝礪有水車記刻南山石壁明於樂律以琴為[illegible]述所著有碧落子琴斷一卷行于世鄭樵最稱之

[illegible]暁字明甫南海人篤志向學故與馬子才遊子才[illegible]嶺南節度推官鄱陽馬存也端之為文也淵雋奇[illegible]與俗合或勸易其習乃質諸存存以序送之其言曰南海霍公好古文日夜習誦其下筆極有力語梗而氣劲讀之有不能成句者以是連不得志於有司同進之士時或疑怪頗自悔欸為新麗軟熟之習以易業為謀於予予曰子必勉之三代之文章民之所知也後之學者有所不知也是世之學者不知三代之民也非子之耻學者之耻也子必勉之初皇祐間新會龍山之水色變而為紫者旬日人皆以為瑞暁獨持論以謂清者水之真體也變而為紫非正色也其必水之怪乎水陰物也陰之類為小人為夷狄為盜賊姦宄今水失其常性吾恐其關於國家者大也因記其事其特立獨見此類也後蔡京童貫肇嘗國有金人之變江南盜賊蠭起皆如言元符初入太

學時詔舉八行人以睎之脩已教於家者無間言遂以應命官終海豐縣尉時東莞王知亦有學行同預是科廣之士以八行著者睎暨知二人而已鄉評咸謂無媿色云知未及仕而卒

石處道字元叟德慶人自幼聰敏築室篤志讀書鄉人因其所居之村山水皆名書堂登元豊五年進士知松江縣以清白稱政暇發為詩詞有松江集官至朝奉郎祀于鄉賢祠

歐陽獻可字晉叔連州人幼領鄉薦俄厭科舉程度之文即棄去乃學為古文嘗作所居見山臺記張魏公稱誦不已為名其讀書處曰致一堂作記而親書之

譚凱南海人性恬静不妄言讀書務自得不爲紛華所動年二十餘即不赴科舉崔與之與交稱其賢帥淮東日馳書薦于廣州守帥楊長孺長孺得書喜曰敬老尊賢以風勵世俗吾心也亟往見之以為學老日南至長孺請學諭先師畢守帥以下聚拜明倫堂長孺忽退立西偏命兩吏掖凱以進拜之既而貳車以下帥郡官旅拜其為時所重如此壽八十六卒

潘預字晉卿博羅人也篤學該洽以古文為鄉黨推重而尤邃於易三山林東負時名少許可及抵羅浮見預論易遂為之屈乾道中以特科授宜州司法叅軍時龔茂良帥廣聘至番禺訓廸諸生南州經學自是日盛

鄭玠字太玉湞陽人少博學通經史工於詩文入太學嘉熈初以上舍對策極言天下事正言李昴英亟稱之淳祐甲辰釋褐知博羅縣事賦詩志喜遂結廬幽居洞後每政暇輙至讀書其中自稱幽居野人云時有異人逍遥子者常住茶䕃相與唱和爲神明之交玠治邑清静不苟政成人和有曹參之風部使者考最薦之擢大府寺丞以去逍遥子亦不知所適咸淳中玠子康佐知惠州乃闢廢為鄭公書堂吟詠泉石墨跡猶存

黎獻字子文東莞人性警敏異常而富學問甫弱冠授徒一依紫陽白鹿規以為教遠方之士聞風而來什户外之屨恒滿講授暇取經史子集與埤雅小說

釋老之言摘其的對奇語編為事類蒙求對偶切要叙事精詳見者稱賞別號拙翁人稱拙翁先生

區適子字正叔登洲人父璵仕宋為德慶叅軍廉介有聲適子幼俊爽能文辭經史皆通大旨及長重厚寡言笑以博學洽聞稱學者多從之遊所居鄉名魷洲而適子自號登洲鄉人因以其號名其鄉曰登洲元適子抱道不仕或問之曰吾南人操南音安能與達魯花赤俯仰耶元法南人不得長治郡縣皆蒙古色目人制之謂之達魯花赤故云劉與子序適子文曰君德人也乎以文士目之淺矣扶胥之南粵臺之下卒復有斯人哉故老傳今三字經適子所撰也童蒙多誦之子曾鄉元末出粟四百石作粥以食饑者後饑民相率爲盜戒毋犯曾鄉墓曰此作粥主人也廣州志遂以作粥爲適子誤

阮泳香山人至元初領鄉薦爲邑學教諭遷惠州路學教授學博行脩一時視為儀表攻古文辭以韓歐為宗子士桂亦以文行名其後有趙梅南楊士元者皆以詩鳴于時由泳倡之

文徽字希玄號止庵宋學士襄之裔居萬寧後遷瓊山通經史善文辭知縣李思廸稱其文謂海南儒者未能或之先先任樂會學校官後攝瓊郡學事値時不偶遂隱德弗耀纂瓊海方輿志以傳

李閔字子羽海陽人早喪父事母至孝性敏好學通春秋諸子史皆識其大畧至正間元兵逼城閔秉夜負母避難歸外族從姓曾氏隱居不仕教授郡邑子弟閒有貧者輙與之書籍鄉人有爭者寧聞於官府毋聞於閔時號爲北源先生

陳家正字希呂其先廬陵人父稽叔游學新會遂家焉家正資禀秀拔勤學強記諸史百家無不成誦甫弱冠聞肇慶羅斗明工詩往拜之斗明嘉其誠又同族譜悉以詩法授之一載而歸大有詩名縣尹沈壽創古岡書院禮家正於師席一時學者聞風雲集未幾領湖廣省檄為高州文學秩滿歸仍授徒于書院至正丁亥赴省試遇開武功銓人或勸其借註廵檢不屑就以詩答之云儒冠不是將軍具只作當年措大看既不快心志落落遭元季亂避地郡城館於燕

吏趙式家式薦于司授南恩州教授時州判吳元良亦文士也素慕蒙正名一見歡如平生元良有志併合群醜據有一方歆用蒙正爲幕賓以贊厥謀蒙正識其志力辭不就後因病以詩謝云頗賜一廛閑養病簡編燈火伴青衿未幾卒元良禮瘞之有詩集數卷傳于鄉

張稱字彥謙新會人蒙正門弟子也幼嗜學性敏強記年十八賦崖門懷古詩蒙正器之惜其相從之晚也洪武初以足疾不能行益留心經籍知縣謝景暘爲搆書堂于象山之麓俾邑人往從受業扁其軒曰退拙晚年自號病叟人咸以象山先生稱之其學以明理爲要詩文以典雅爲本不事巧琢其弟子不拘學之淺深皆能識其大要不問可知其爲先生徒也

井友信名節保昌人家貧力學登洪武乙丑進士後坐累謫戍楚雄用薦起爲瑞州訓導深明易理訓學者從事根本不尚浮華後學宗之嘗考廣西等處鄉試在瑞一十八年瑞人德之祠于學

馬名廣番禺人少讀經書能賦詩以累舉充遼東開元衛軍士洪武二十六年正月乙未名廣上言五事一曰遼東二十一衛定遼等大衛已有都司儒學金復海蓋四州已有州學其開原廣寧義州亦皆名郡學基尚存遺碑猶在宜建學立師以復其舊二曰天下學校教育人材或出於工商技藝之家稍通書淺即欺人傲物管子曰工商雜類不預仕伍萬一任之以政必無益於治宜慎選端厚明敏者入學每三年一考九年通考能通四書本經理者取入國學既入國學勿令歷事以荒其業三曰狹鄉之民宜令移寬鄉地有餘而民力不給則分兵以屯之如此則民無游食之憂兵無坐食之害四曰兵老而營無丁者除其籍庶免有司勾補之勞五曰今華夏晏安夷狄遠遁正歸馬牧牛之日昔唐大宗初年置兵分隸禁衛天下八百而在關中者五百舉天下之兵不敵關中此居重馭輕之法也臣願外衛軍士老死者免補且漸收舊衛移置京畿不勝社稷之福書奏　上覽所言有可采者但工商技藝之子不預士伍則與孔子有數無類之意悖矣命禮部擇其可者行之名廣

仕衛讀書不輟至是詣闕上書　上既納其言復命吏部用之遂授吉安泰和縣丞

黃勛字敏功東莞人慱極群書為文奔騰雄放出入經史有古作者意元季避地白濠雖在擾攘中持志益堅無書披閱則假事文類聚與凡默手自抄録風寒暑雨不倦其勵志如此洪武中以薦授邑庠訓導後改梧州二庠士子後多顯融者世稱其善教致仕卒于家學者因其別號稱之曰學圃先生

梁宏字廓之南海人少穎敏被選為弟子員貢入胄監以學行知名司業劉崧試其文稱為奇才堂友長亦皆推重將省覲蒙由道華求方孝孺為南士之說以送行歸廣州後聞長安兵變遂不復仕

唐豫字用之南海平步人父奎字景文洪武初鄉貢授增城縣學教諭慱洽群書鄉人號為唐書櫃湛葉民作亂往諭以義不從被執罵賊而死豫生而穎悟少從翰林典籍孫蕡遊作詩文有古人風度性剛介無諂曲交友克盡義尤篤於孝作蓼莪亭以寓孝思主事劉履以古孝子不能過稱之隱居授徒自號樂[illegible]澹與周祖生周祖念劉子羽何淮劉子高友號平步六逸皆德行尊嚴衣冠儼肅為世所欽嘗相與定鄉約十條一言秋收後即輸稅粮使役人無悠期二言補尺籍必遣少壯當行之人三言冠禮當依文公定制殊見習俗之美四言漸老蕪非禮但如儀醮之五言父在子立適者叱之六言喪無款客遠者與羹食朔望舍哭勿留七言祭以四時忌日哭盡哀不飲酒食肉居宿於外如禮八言冠昏喪祭朋友親戚往來助之九言子弟教以孝友睦於親族鄉黨讀書學文毋令侈其衣冠慱奕飲酒為父母僇十言鄉為甲其出入務相周知其事有不善者聞于有司治之庶免其累鄉人信而行之

王惠字仲廸瓊山人家本合肥從凡千户志調官海南遂占籍焉慱洽能文學士解縉稱惠從趙考古講明性命義理之學潔白清脩毅然自立洪武末用大臣薦至京以三喪未舉力辭歸隱自號霜筠天下聞其節行所著有截山詠史嶺南聲詩鼓吹等集

吳敬字汝遜定安人尚禮好學專以讀書教子為事

士大夫咸敬重之嘗與王惠友善欲結鄉約以善瓊俗未果而卒子姓受遺教者擢科登仕不絶邑之文風自此漸盛

黄裳字廸吉番禺人少從李謐游明經學善文詞洪武癸酉鄉貢進士卒業太學永樂初授福建政和知縣適病荒歎勸富民發私累以借饑民而官置簿書條其人名以印鈐之授諸富民約至秋成令息石以二十而歸之且禁粟毋得出境獲全者衆民甚德之而他縣多莩餓云政為一省之最罹毋憂去服闋部使者以文學政事薦陞禮部主事辛卯晉郎中壬辰以小誤左遷員外郎後歷刑部郎中卒裳有學識多所著述在政和時嘗與典史郭斯屋脩縣志其論社所以主石之義曰社祭土主陰氣也夫陽氣積而成天故其精為星陰氣積而成地故其精為石石擊則星出陰動生陽也星隕則化石陽變為陰也土為陰氣之積而石乃其精故社以石為主也時稱善論其他詩文亦多可採者時承南園詩社之後廣人多工詩嘗與周斷事溥敬曹知縣惟忠儒士潘翥胡憬畢淼黎本寧楊肇所皆有名工時繼之者則趙不易何濬筆也東莞時有鳳岡詩社則陳靖吉何潛淵羅泰為之宗皆志欲追唐而力不逮其流甚靡後江門詩法既傳始翕然從之為白沙詩教云

陳迪字保中四會人博學能文篤於孝友洪武甲子領鄉薦明年登進士第任陵江縣丞有政聲坐事謫戍遼左以明經薦爲國子助教　仁宗在東宮時召試令入文淵閣同脩永樂大典居館職十餘年有詩文類集藏于家

丘敦字一成濬之子也性簡默塾師疑其痴濬留敦在家敦乃盡讀所儲書非有事足迹不涉公府對人塊如土木不出一語嘗高雷間有故河遺迹有司開通以便往還舟楫敦家書併及謂疏治失宜恐先貽害元人治河因之召亂往事可鑒濬得書始知其不凡也屢書趣還京邸以廕録為太學生挾春秋藝試京闈下第遂屏去舉業研究經史百家自是絶無進取之意其學以積思自悟為主終日凝然無言繼以通夕不寐有所得發而為文多不起章落筆如飛酷嗜秦

閩著醫吏運氣表三因說言皆有補於世時見李賡葦將復成化故事又作發冢論以攻宦者蓋取莊子詩禮發冢之義設為甲乙辯詰之辭謂其友蔣晃曰走為此論乃癡人說夢中事也夢者固癡矣安知聞人說夢者亦不癡其人哉夫天下之事心有所蔽則以惡為美以非為是以害為利者多矣古人不云乎箕籙眯目則天地四方易位自是其是者蔽於所見但見其是而不知其非人一切有言舉不能入自非為之說者逆探其所料指摘其所信推極其所期竭兩端而盡之凡彼所以為之地者一一皆豫為之言若彼之自言為者又曷足以感悟其心也耶予為此論意蓋出此卒時晃哭之慟為之序其書以傳

廖謹字慎初以字行南海之葛岸人恬靜力學凡經史百家之書靡不淹貫不妄交游以濬交名其齋永樂中學士解縉出為交阯參議嘗遇謹與之上下其論題西樵讀書處有曰反身循理懲忿窒欲敬之敬之如金如玉稷契皐陶何嘗可讀蓋深騏之識與不識皆謂廖五經云以明經舉為四會訓導後轉桂林南安二郡性樸實不能諛上官作古必解以自嘲久之陞通山縣學教諭滿考陞擢南安教授致仕卒其教人以執禮為先群從兄弟嘗受學者終身莫敢與雁行立兄子恂從謹宦遊入通山邑學中湖廣鄉試宣德癸丑登進士至通顯事謹猶執服役人以是高之有集陳璉序之以傳于世

譚瑛字汝器高要人脩眉豐頰沉默莊重事親孝年十一遊郡庠子史百家靡不該洽永樂辛卯登進士

文皇帝有事四方選學行之優者入秘閣習四書文字瑛與選為翰林庶吉士無何授編脩効勞編摩為詞林推重賜馳驛歸省鄉人榮之秩滿轉大理寺正仍辦秘閣事雖久居侍從不殊常布丁內艱歸哀毀成疾而卒朝論惜之

鄭義字伯集潮陽人丰儀峻整見者起敬自少以穎敏稱刻意讀書凡經傳子史百家靡不究竟兼以草聖妙絕時髦嘆服嘗入邑庠博洽春秋書史最後邃情於詩卒以詩成其所教人讀書於膠轕肯綮處多可攷疑義洞燭其微剖析詳明以啟迪之平日為文

潤奥雄健上司考校每出人右將應賓興推薦以[illegible]
及角藝秋闈未中永樂辛卯晉選會試南宮弗捷授
以教職秩滿擢陞　周府長史歷俸年深輔導之功
居多晚年工於述作有文集若干卷梅花等詩藏于
家教子女早服廷訓後從劉主事習舉子業念二
親仕遠方弗終其業以一女有淑德册爲項城王妃
受封南城兵馬副指揮次子曰昇神秀玉立絕類離
群選爲　周府儀賓
李亨字嘉會博羅人以春秋中永樂甲午鄉試戊戌
會試乙科授廣西博白教諭改四川珙縣遷國子監
學正亨博學能文居官勤于講授謂五經惟春秋屬
辭比事難見要領乃撮其大指爲一編曰麟經管中
豹謂諸史浩繁非初學所能盡覽復撮取其要爲一
編曰青史節要以使諸生講習課試之文或背理遺
式則親爲筆削少有進益則加奬勵於是學者競勸
故博白珙之人文漸興會亨卒之以子嶼貴贈工部
侍郎
劉玘字允璋潮陽人生而聰敏博學強記永樂丁酉
領鄉薦第一辛丑登進士授南京兵部主事以年老
乞歸田里文章學業後輩得其指授爲多以疾卒于
家
黎進字景升順德人穎博能文日與論議授以楷法
閒[illegible]雅時出新意成化乙酉領鄉薦卒業胄監嘗爲孫
酒丘濬所稱授金華府同知當道有述作必出還手
罷歸搆羅江書院吟嘯其中凡賀慶贈禱頌德勒功
哀誄銘表人多求之一時薦紳亦皆推遜以爲莫及
有求誌壽者以腴田百畝爲壽誌成竟返其券壽
老命工像其貌于書院又自誌其墓其曠達如此有
草庭集藏于家
葉孟昭字文明保昌人領永樂癸卯鄉薦歷潯州京
衛教職選臨江教授人品磊落議論英發爲文有思
致所至學者仰之嘗主試山東遷　魯府左長史歷
有規正皆見嘉納大爲賢士所重稱先生而不名每
乞歸不許終于任王悼惜之賵贈優渥歸葬有遺愛
若干卷
沐茂森字良材臨高人少孤事母性至孝[illegible]貧力學

傳極群書以春秋領永樂辛卯鄉薦仕武宣教諭勤於課士及鄉試中式者五人潘臬諸司異之上其事當擢用以毋老辭歸養家居以孝弟勤儉迪訓家塾及鄉人子弟暮年手不釋卷嘗校註方輿儒林一覽行于世大學士丘濬稱其博洽云

吳高字尚志歸善人宣德元年領鄉薦八年登進士歷官刑部主事員外郎福建參政好學能文酷嗜林泉既致政幅巾杖屨徜徉山間水際惠陽風物陶寫殆盡嘗脩校郡志文譽稱一時云

李孜字日孜保昌人博學多聞尤邃于書正統辛酉領鄉薦歷南靖寧遠豊城三邑教諭遷淮安教授才以學富詞氣和平善於教人雅有高致明倫堂傾圮不勞郡邑捐貲鼎建仗義多類此士子至今慕之三典文衡所至得人時名公陳選獨推重之謂真五經師也大學士丘濬欲薦以館職會孜引年不果孜性狷介負氣岸與人寡合然能克己處物為文典贍有法尤喜蒐郡中遺文故實一時號為博雅雖位止儒官而譽望特重所著有林塘集

王文友字志民南海人當元末草昧鼎沸之際能卓然自淑以才行稱被徵召　命至有司勸駕弗應族里促之弗應親友諭強之亦弗應喟然歎曰象以齒焚翠以羽傷以自耀也聖人之戒人也隱而未見行而未成君子弗用也壯趾征凶其乎窮也吾何性焉遂韜光以終其身易曰高尚其事詩曰碩人之寬公之志也公之孫漸達篤志好古為時名碩而公之學行日以顯世所稱幽人之貞非耶

馮戴字克任號埜庄南海人先名祥弱冠補邑庠生廉憲薛公器之委幣使于白沙先生慨然有求道之志遂棄舉業講明心性之學秋試期逼薛諭以引薦意不顧強之後學亦不應遂留受業焉比歸白沙先生贈詩稱許之自是言寡默學問精詣湛甘泉稱公能隱居以求其志謹孝弟敬父兄貌莊禮恭行修言確以嚴教子而以義睦族雖擬諸陳太丘可也子教徽同領正德庚午鄉試徽歷官按察僉事贈公如其官孫士懋秉禮矢謙恂恂有古人風曾孫良棟領乙酉鄉試第七名敦重有大器其能光其宗者

方權字用中以字行別號亭秋出福建金紫光祿大夫宗元公之裔來居南海占籍焉公生而聰慧日記萬言既長貌狀魁梧聲如洪鐘肆力稽古自六經子史百家以及天文地理醫卜伎藝靡不研究嘗借人東史二日還之已盡識其大義其強記博學符齊黃咸遜避弗及嘗曰祿仕無所用之絕意仕進而圖所以不朽者聲聞日起從遊者日衆橫經質疑者日數十人公以次條荅各因其質而造之古今禮文度數沿革世所難知者公獨考證詳明時人以其博洽因號曰方書櫃云公聞之咲曰吾之書豈徒藏諸櫃乎將寄之子孫以用于天下康濟斯世其志蓋如此後子遂舉鄉薦為全州學正孫獻夫舉進士歷官吏部尚書武英殿大學士贈公如其官果符公所志焉公性狷介淡泊無營至周人之急即解衣脫驂不吝居家有禮終日衣冠危坐早起謁祖祠畢即據案吾伊夜誦必漏下二十刻始休與士語勸以清勤砥礪與鄉人語勸以孝友節儉里有訟者聞公之風輙愧而止年八十而卒所著述多散佚唯亭秋集十卷行于世

泰仕儲字鍾秀瓊山人質粹行純博極群書通五經年十八為人師年長於倍者皆北面執弟子禮若河汾之風有司亦欲用其賢堅守嚮如也高雷之士越海從游甚衆領薦遊太學發明言人心道心之旨申明義利之辨門人林參政士元亦贊其為道先覺潛德化鄉云學者稱石南先生士元字舜卿縣官歸戴世二躬耕不入城市瓊人賢之

黎繼灝字行素新會人秫坡黎貞高第子博學有行嘗以書授生徒後白沙陳獻章稱之曰吾邑以文行教後進百餘年秫坡一人而已余生也晚不及秫坡之門及長而與澹齋之子益游始拜澹齋澹齋語余以秫坡之事縷縷此豈一日忘其師者耶當時在秫坡之門者不少獨澹齋傳其學教授羅山之下使弟子有所矜式焉其見稱類此邑人曾熊吳韜鄺慈皆出其門子益登景泰丙子鄉薦知興業縣益子文任衡山訓導皆能世承儒業

黃瑜字廷美香山人幼聰穎明尚書景泰丙子舉于鄉入成均以經術為一時冠天順初天變求言應

詔疏上六事一曰正身則天下治二曰正家則天下
定三曰正禮則天下化四曰正樂則天下和五曰正
稅賦則天下富六曰正軍伍則天下安凡數千言觸
權貴將得罪賴吏尚王翱戶部侍郎薛遠救之而免
成化己丑乃授長樂知縣首捐俸還建學校日與諸
生講學時科目闕有間矣自是曾瓚林廣連舉于鄉
兄弟有相訟者開導以因心之義皆涕泣受教退讓
而去以勁直忤當道浩然永去民攀留不可則立其
生祠既歸徙居會城番山下手植槐一株亭吟嘯其
中自稱雙槐老人曰子孫能更植其一則吾志畢矣
盖睎蹤三槐也爲學以存誠為本嘗自誦曰不欺心
不欺人合內外而一之誠也置朱子語類及唐音杜
詩于卧所晨起讀語類以析疑義暮則詠詩數章而
後就寢於聲色紛華一無所好卒年七十有三所著
有雙槐集及歲抄傳于世

陳獻字公遠東莞人自少勵志聖賢之學博覽群書
充然有得領成化戊子鄉薦上春官不第卒業國學
時瓊臺丘濬總理教事校其文為首選以大魁期之
仁樂於取友偏交當世名士蔣冕費宏廖紀吳廷舉
皆道合者也歸與白沙陳獻章論甚相得遂厭科舉
學隱居四十餘年嘗於居旁闢土為壇號風日壇日
與學者講論其上悠然有自得之趣并貧樂道晏如
也當道多重其為人至邑以禮延見以為有道君子
參政蔣曙有撒旌云行止端莊學問優贍澹泊自如
足迹不履乎城市節義是守賢聲久著於鄉閭非惟
增重士林抑將表勵風俗晚得子僅彌月而獻遂疾
革年已八十七矣人謂天道有知云所作有金臺簡
陵吳興崆峒等稿藏于家笥

黃結字資友東莞人受益之子領鄉薦就天河教諭
居僻陋益肆力於書史陞泉郡教授薦主鄉試樞要
家以白金五百兩為其子關節且許保薦為御史結
峻絕之泉人久廢于學結嚴立科條士皆激發科第
自是聯盛復擇生徒之穎敏者數人授以春秋後皆
得薦泉中始有春秋之學矣九載赴銓曹考為天下
教官學行第一陞遼府右長史多所規諫王稍疎之
久乃知其賢後丁內艱起復轉岷府而卒孫閱古、守

特準以進士官至福建都轉運使
陳其魯字恩穎別號巨川性至孝事澹泉公惟謹幼好學弱冠應試第二名入爲博士弟子員覺山洪公同受學於甘泉先生相得懽甚後杜門執圃者二十餘年子堂克承庭訓領乙卯鄉薦登戊辰進士授嚴州推官迎養官邸公諭之曰吾不患汝不廉患不能不患汝不明患不平堂恐遵教克恪于官召入爲監察御史隨養留都官舍朝夕聿嚴鎖鑰父之拂衣歸萬曆初單　恩封監察御史衣服僕役一如諸生或諷之曰吾豈以軒冕桎梏哉日以詩酒自適招携同志遨遊白雲蒲澗之巔觀天風海濤徜徉嘯歌時與星晝見公憂形于色爲詩曰
聖皇今在上愁見彗星明其心不忘于世如此庚辰夏卒值叅議公以覲歸得視含歛時歎爲孝感所致
湯朝達字邦顯番禺人弱冠補庠生下帷講業淹貫子史學者多師之德器舂容儀度整戢見善若己出惡即爲之掩覆嘗被酒昏憒及醒而愧即具衣冠告于祖考令其弟箠朴之痛誓自新因號戒所真勇於改過者女適中丞李義壯素以節操自持而視公行履尤相敬重其狷介大都天性然也晚益貧責室廬以終歲中炊以一室館之疏食水飲不改其樂督學吳默泉張萊溪咸嘉獎之精于詩律晚學朱晦菴風流醞藉與李子長頡頏而持正過之門人如唐户曹守勲輩多知名
陳彥際字道章別號環碧幼聰悟嗜學祖父靜齋公陽誨之弱冠補從化弟子員屢入棘闈癸丑赴銓授福建建寧司訓至則與寧士講究課業砥礪行檢一時髦俊奮起貧者捐俸助之憲副朱東光爲諸生公知其儒器尤厚待焉陞吉田學諭寄寓桂林至則請修宣成書院集諸生搞文講學嚴却餽遺布衣蔬食怡然自得士人樹碣以表之尋陞柳州府學教授朔望陞堂集講宗程朱大義柳士始知向方又選其秀者捐俸按月試之士益思淬濯以自表見未幾晉藩官辭不拜會子大猷中戊辰榜進士迎養歸日與詩朋道友遨遊水石削迹公門而於宗姻貧者竭力周之以子貴誥封中憲大夫柳州知府年八十卒次子

大期亦領鄉薦任宜山尹有治聲

葉春芳字應元別號兩峯惠之歸善人父標母鄒氏年十九而寡遺腹生公母茹荼鞠之公幼而秀發頴悟及長聞母稱父生平即灑淚悲泣矢志思報十五試爲郡庠生督學考輙居首莊渠魏公嘉之聘爲社學師凡七入棘試弗遇選貢游南監祭酒湛甘泉公大說之遂受學焉日益淬礪嘉靖壬寅謁選授福建古田縣丞盡却常例不苟於流伍確然有高世之志院委署旁邑民皆愛戴若父母又署本邑政務畢舉建社學行鄉甲祛虎患禱甘霖三載政平訟理民歌頌之上司有訝其疎慢者厲聲曰豈不折腰人耶公應聲曰兩峯山水當不譙吾疎慢遂拂衣歸士民遮留爲立去思碑公歸即葺求思堂以志孺慕其志浩然不囿于俗其持己以正治家以嚴臨財以廉睦族以義與人以忠教子以詩禮族人有於其少時肆害者置弗較曰吾同祖一氣也豈容異視耶赴選時有欲爲之先薦者公曰吾素不事干謁豈今改節耶其自持如此又輕財重義周困恤孤鄉族共推服之年六十有三子五人長夢麟由貢生授如皐縣主簿次夢奎次夢陽次夢熊登乙丑榜進士歷三遷總制南京工部尚書加太子太保贈公如其官此皆公垂裕克昌之烈也甘泉先生稱公祈雨而雨降驅虎而虎除禦賊而賊遁政行澤流程松溪稱公慷慨直衷得諸兩峯之磊落弗窮不折腰人得諸兩峯之聳雲倚空則公之賢可知己

侯天錫字尚恩別號退岩南海人天性至孝執親喪哀毁逾節歲時廟祀一遵家禮性慷慨仗義事叔南隱君如事其父與人交久而能敬樂易坦率不爲町畦嘗推所積以周親友之窶者人多樂與之交素知績學有弗愜意者輙稱詩謝遣之嘗曰陋巷一生顔氏樂清風千古伯夷貧蓋其素志也以子國治貴奉誥贈奉政大夫戶部郎中後國治歷參政致仕今年躋九十精神如少壯人謂退岩公積德昌后如此

黄民準字邦直別號慎齋順德人少有文名屢試弗第應嘉靖元年貢授福建政和縣學訓九年滿補廣西平樂府學訓徐陞富川縣學諭嘉靖戊戌以丁繼

毋憂遂隱不出公三仕為學官率諸青衿講學考課
卄坐寒氊不受贄節十八年如一日也今彼中人士
尚鰓鰓景慕之其甄陶人才模範士習所裨翊世道
豈尠哉既致仕年已七十餘師事卄泉先生講明心
性之指平生苦心問學矢志聖賢居已甚約與人甚
恭而持論甚正其天性渾厚正直無疾言遽色亦不
以非禮徇人卄泉先生雅重之呼為老友年九十卒
卒之前数日循手不釋卷所遺二子者皆其先產毫
無增也子應龍能繼其志領鄉薦任武昌知縣績最奉
勑贈公文林郎如其官今龍任户部主事司倉監兑
以清直敏斷蜚聲其揚公芳烋者駸駸方熾云
外史氏裴曰予讀董生賈傅書未嘗不掩卷嘆
也董淹貫經術賈通達國體其言皆可見之行
而不獲大用于世經綸之蘊鬱而弗舒二子何
心焉嗟乎文學弗足經世雖工何益有之而弗
竟其用於學何損是故君子貴自鋭也予鄉先
彥蜚馨文學之林者弗尠漢若陳元逸張左氏
楊孚之論畏制董賈之表儀鄉國王範之著春秋
劉軻之學通麟經區冊之見重呂黎林巽之精
識又胡賓王之著漢史彬彬乎各有董賈之志哉
皇明益廣崇文之化卄友信深明易學馬名廣條上
五事黄勛號稱學圃梁宏標為奇才而唐豫陳
迪啓謙黎進吳高黄瑜陳猷黄結方用中湯朝
達華春芳陳卄四陳彥際侯天錫黄民準輩詵
詵濟濟謂皆一代之碩儒非與故次之于篇

卷之二十七終

粵大記卷之二十四

嶺南郭棐篤周甫編

獻徵類

詞華黼藻

唐區宗回 李文儒 邵謁 楊環

五代孟賓于 陳拙 鄧洵美 張㫬

黃匪躬 周克明

宋藍奎 黃洞 徐信 陳仲輔 古成之

李南仲 譚惟寅 梁衡直 陳渙

曾躍麟 蔡齊基 唐文嚴 趙東山

蔣耕 黃景賢

明孫蕡 王佐 黃哲 趙介

李德 黎貞 周尚文 鄭牀

林士猷 鄭毅 歐觀生 何子海

董珣 梁敏 吳宗直 林文亨

王克義 郭張善 陳衡 何潛淵

凃瑞 康麟 倫以叙 黃佐 倫以訓

林大欽 陳建 倫以諒 李時行 何鰲 梁有譽

黎民表 歐大任 馬拯 劉克正 羅一道 梁光祿

區宗回字望淵南海人少時讀書日夜忘寢食同舍七見其所作嫉之假以他事毆宗回宗回避溺怖不興校由是爲鄉郡所重舉元和十年進士官終秘校理久之聞父有疾浩然乞予告歸李宗回嘗寓長安有題慈恩寺塔詩時人傳誦愛之爲刻木榜至今存焉宗回詩東來曉日上翔鸞西轉蒼龍拂露盤渭水冷光搖藻井玉峯晴色墮欄干九重天關參差見百二山河表裏觀暫輟去蓮悲不定一凭金界望長安沈括筆談亦載此云

李文儒字元賓南海人少善書札漸摛藻以詞翰知名仕爲番禺從事元和中應湖南徵辟道樂昌遊泐溪石室衆推作記揮毫立成情景畢萃見者駭服轉觀察推官羅豪東還帥府孔戣甚重之延爲記室每事周咨會韓愈謫潮州刺史請於戣加優禮戣從之月給送使錢文孺謝不受時論兩稱其賢後在湖南以侍御史充節度判官江陵有兄弟甲科者召讌固辭帥譙其傲幕客不能終篇文孺爲足之曰韡韡棣華異有懷而靡及幡幡瓠葉同式飲以庶幾誚其非奉使也其人惶恐謝過成禮而去帥大悅厚幣謝

之性剛方嚴重竟以舉刺忤帥罷歸家徒壁立惟□
圖讀書而已曾孫休亦好學有祖風致
邵謁翁源人少貧賤屈為縣吏令有客至目使掃牀
者三謁不應又顧指之者三謁不應令乃怒慢罵之
謁瞪視曰咄吏豈供汝掃牀者耶且讀書干祿亦易
與爾大丈夫當仰居人上安能俯為人役令益怒大
言曰死狗胥敢爾盡牽來於是左右提曳之謁不為
動掉臂而出握刀截其髻着縣門矢之曰苟學不成
有如髮發憤讀書開闢晝夜築書堂隱起水心距縣
十里許平居雙髻蓬然如里中兒親友多笑之謁不
自沮也久之博通經子百家束髮苦吟尤工古調學
既成為有司所舉抵京師隸國子監聲華煒煒於薦紳
間有詩一卷翁源人刻之傳于世
楊環南海人力學工詩隱居羅浮咸通末登進士第
初任省時夢登高臺耘草得玉麟及除弘文館校書
郎人賀曰子居是職所謂麟臺芸閣也始悟所夢拜
官後時事日非即拂衣歸隱至德令周縣與環友善
極稱許之又有黃隱居者家于朝臺往來羅浮與環
友遊日以琴樽自娛時人稱曰兩[illegible]隱
孟賓于字國儀連州人少聰穎游鄉校力學不怠父
以家貧且賓于無他兄弟力止之賓于進曰衆星不
如孤月明牛羊滿山畏獨虎父奇其志晉天福九年
登進士第仕湖南幕官歷縣令水部員外郎給事中
賓于能詩有盛唐風致工部侍郎李若虛廉察沅湘
日賓于以詩數百篇號金鰲集獻之大為稱賞因採
集中尤異者數聯馳書朝署聲譽藹然李昉者同年
進士也與之友善後昉仕宋官翰林學士而賓于猶
為南唐郎官寄賓于以詩蓋惜其不顯庸也後歸老
于鄉號玉峯叟年八十卒賓于以詩鳴為世所重性
好獎拔後進新塗令李有中者詩有乾坤一夕雨草
木萬方春之句賓于稱為方干賈島之徒有中由是
知名宋陳堯佐序其金鰲集有云如百丈懸流轟轟
灑落蒼翠間清雄奔放望之竪人毛骨自五季詩人
以來未有過賓于者也今其集不存族人暇字子純
性落魄耽詩酒多遊僧寺太平興國中白吉水還故
鄉逾年卒十餘年後其友成務崇於江左遇之以為

陳拙字用拙以字顯連州人少肄習禮樂尤長於詩天祐元年擢進士第校書作郎見朱温弒逆遂假使節南歸謁清海軍節度使劉隱隱與悟大悦遂留用之未幾温果篡位改元開平用拙勸隱仍奉天祐年號隱是其言而不能用遂掌書記擢觀察推官比隱病篤用拙撰表請其弟節度副使巖權知留後乃巖巖襲其位益信任之乾化四年奉使吴越吴越王錢鏐與語稱其辯對賚以金幣用拙遜謝歸以獻巖巖稱南漢遂用爲吏部郎中知制誥卒用拙明悟音律嘗大唐正聲琴籍十卷載琴家論議操名及古帝王名士善琴者古調無徵音仍補新徵音譜其法以四弦中徵統會樞極黃鍾正宫合南吕宫無射商即徵音也知音者皆祕之其書遂不傳

鄧恂美連州人有敏才工詩賦時湖南朱昂博學號朱萬卷士類無當意者獨推遜恂美天祐中與孟賓于孟爲李若虛薦入洛陽擢進士登第後還家爲湖南節度使周行逢所留辟爲館驛巡官置幕下恂美皆倨時謂之鄧馱子性頗迂僻如其形衆多不悦之者行逢因此禮待日薄故雖處府僚而食不暇給同年王溥爲相聞恂美不得志乃寄詩曰鉢衣我已登黃閣白社君猶寄故廬自是行逢稍優給之未幾翰林學士李昉亦恂美同年也召至傳舍相見詰舊不覺既慨因倡和款讌竟日行逢疑其泄已陰事呵責之黜爲易俗場官須臾又使人詐爲山賊夜入官署殺之聞者無不惋惜行逢猜忌驚酷群下多以譖死其妻嚴氏避於郊以避害至是又殺恂美士流益不附後李昉再銜命祠南嶽知恂美墳在近徒步百里爲詩哭之古人布衣交未有若昉者也

張詢字正言南海人家貧力學工於詩性行孤潔不下書帷而百爾藻藝莫不玄悟超絕舉進士不第後流寓長安以畫自適善貌吴中山水中和年隨車駕至蜀中人重詢名爭請求之嘗爲昭覺寺僧夢休作早午晚三景於壁間謂之三時山僖宗駕幸茲寺見之歎賞彌日以是與夢休交善值唐亂遂依託焉王建據蜀稱帝其太子簡王歆遷畫於東宫爲壁泥通

拔終損不全乃寢

黃匪躬連山人負詩名有志大惟憂國恩深豈顧身之句登唐光啓三年進士與鄭愔黃胡君昉並名于時先在江西鍾傳幕掌奏記楚王馬殷傾慕之值匪躬使事至殷大喜盡闔其門户租稅君昉隱居嘗遇羽客得吐納長年術二人皆有集而君昉集號藥川其句有白鶴遶閒詠處雲島月耕明人以爲得詩家三昧云

周克明字昭文傑之孫茂之子也精於數術凡律曆天官五行讖緯及三式風雲龜筮之書靡不究其要開寶中授司天六壬改臺主簿轉監丞五遷春官正克明頗修詞藻喜藏書景德初嘗獻所著文十篇召試中書賜同進士出身三年有大星出氐西衆莫能辨或言國星妖星爲兵凶之兆克明時使嶺表及還亟請對言臣按天文録荆州占其星名曰周伯其色黃其光煌煌然所見之國太昌是德星也臣在塗聞中外之人頗惑其事願許文武稱慶以安天下心上嘉之即從其請拜太子洗馬殿中丞皆兼翰林天文又摧判監事翻修兩朝國史其天文律曆事命充明參之大中祥符九年坐本監擇日差互例降爲洗馬天禧元年夏火犯靈臺克明語所親曰去歲太白犯靈臺掌曆者悉被降譴上天垂象深可畏也今熒惑又犯之吾其不起乎八月疽發背卒年六十四克明久居司天之職頗勤慎凡奏對必據經盡言及卒上頗悼惜遣内侍諭其壻直龍圖閣馮元令主喪事賻賵甚厚初諸僭國皆有纂録獨嶺南闕焉惟胡賓王胡元興二家纂述皆不之備克明訪耆舊求碑誌葺纂著撰載十數卷皆未成而卒

監臺守策文程鄉人性強記書不再閲家無圖史或假於交越宿則歸之問之輒能成誦嘗有詩云懶思身外無窮事願讀人間未見書其志學如此舉進士官文林郎郡博士嘗授詔校文福州文章氣節稱爲監夫子云

黃洞字明達南海人性度玄曠博學能文自經史百家以至浮屠老子之書罔不究心焉舉進士于鄉數奇竟不得售南省元祐初蔣之奇知廣州初下車即聞洞名遂與之相往還談今古蟠底裏終日由由然

不相舍也時或出筆札互唱酬之奇自以為不及會妖人搆亂洞為之奇晝計先事平之之奇最其才能紹聖改元蘇軾以寧遠軍節度副使安置惠州時往來南海洞又與軾遊焉嘗同軾登鑒空閣軾賦詩有曰黄子寒無衣對月句愈警者即謂洞也元符三年十一月軾被命北還洞與吳復古何崇道李公弼林子中顈堂通三長老自番禺追餞至清遠峽同遊廣慶寺而後返洞為詩瑰奇時出新意為人所傳誦然志大才疎竟不及顯庸云

徐信南雄保昌人皇祐壬辰進士蘇軾謫海南造其書齋見信作芥露寺詩平地風烟飛白鳥半空雲木捲蒼藤軾以橫字易飛字信遡嘆服

陳仲輔歸善人博學善屬文工於隸篆為世所重嘗作梵昇篆五箴文遺侍講陳鵬飛鵬飛以詩答之極其奬賞晚以特科授邕管察推鵬飛贈以詩幕下誰人識某之徵閣贊畫向蓮池登樓不恨鄉關遠桂笏只言山色奇直道自能消鬼魅高人何處不軒羲他年坐上話銅狄可是蓬萊清淺時

古成之字亜奭本河源人五季末居增城性簡靜寡欲結廬羅浮山學貫群籍時出吟咏語多驚人宋初嶺嶠鮮文士雍熙改元成之獨應舉督府勸駕詩云囊中有道逢千載嶺外觀光只一人明年上春官奏名梁灝第一成之第二有張賀劉師道者嫉南人名居其上夜召成之飲以啞藥比黎明臚唱喑不能應上怒其不恭扶出之報罷成之竟不自明曰司命者自有定分時服其量端拱初再舉登第同放榜二十八人時謂應二十八宿都下競傳賀師道事成之力

此葉缺

此葉缺

登覽遐極眇𨚗芊綿贊其迴廻五百七十二里森列四百三十二峯廻谿峻谷巉巖崆峴藻石璀璨瀑水玲瓏山出珷玥竹茂龍葱群雀五色靈禁千叢寂寞兮冊砂遺竈炎業兮瑶臺隱空懸厓斗折徑路難通祥雲瑞霧晝夕朦朧時有岸幘羽服野人山翁忽去倏來不知其蹤謂長生而久視亦往往寓乎其中時有萬舶乘風不知西東瞻我峻極烟花蒙茸洞谷黑昏開乾闔坤怒風吽號轟騰四門恍然之内隱隱若萬兵之屯呼吸號召鬼神湊奔徐而萬籟息朝霞散

日月晃耀氣象始溫又或五夜蕭森樂池奏乎彷彿仙籟彈絲擊金疑有雲和之瑟空桑之琴青谷闕幽列仙下臨聚會靈族明來盍簪列席環坐開廓沖襟耶極廣庭寶除翠林海桃霞漿左右酬酢樂真言之恬濟憫世網之浮沉倏然往來不繼以瞬息萬里飆馭之駸駸變化倏忽孰能究尋其上則有惟金三品枇杷梓翡翠毛虎豹犀兕竹箭冊砂絺纊絲枲珎角絲桶元龜象齒石蜜山蕉黄精白芷蛾眉龍骨桂香桐子先供實以充庭何九州之敢擬真足

以燦上國之文章增皇家之盛美矧夫當祝融之宅位贊真主以乘離雲行雨施產英孕奇其在國家有大禱祈驛使奔走帝誠肅祗投金龍與玉板指道路以交馳將事之夕明靈鑒斯乃至翔鸞舞鶴繞殿紫芝仙壇滕記宣室受釐蔦有景福允王保之帝子王孫慶流本支獻南山之壽歌天保之詩與夫他山穎壁徒當乎四達之逵至飾別館止可事乎遊嬉於功業兮何補於造化兮何裨豈止增高福地為美天基邵兩四極鎮安外夷巍巍隆隆無騫無虧宸宸之內

文米蕆然端謀顗昇又奚論乎真區之遠而
諱惟寅字子欽高要人紹興二年登進士第講書一
覽終身不忘常夜入衢州祥符寺閱古碑就僧假燭
不至遂以手摸之歸即錄所記黎明對本不遺一字
應傳學宏詞科用叅政龔茂良薦除太學博士出倅
靜江容州提舉廣西鹽鐵事尋遷廣東提刑改江西
提刑卒于官端州人祠于鄉賢有詭齋講學大學中
肅行十世
米𧹞直高要人通五經博學強記五魁鄉舉號爲梁
書樞秘書張宋卿守端州延之齋閣甚禮重之講旂
涓尉以除盜功轉鬱林僉書一日假寐夢西海府君
謀請至殿庭講賓主禮請撰水城記梁援筆成之覺
而錄之次日無病而逝其遺文尚有能誦者

陳煥字少微博羅人安貧守道敝衣蔬食處之晏如
也接物甚謹雖遇童稚無異成人以禮遜化閭里之
橫逆者鄉人稱之曰陳先生提刑苟煇嘗屏道從造
其廬見四壁蕭然贈以詩云原思非病貧何患回也
雖貧樂有加歲晚與誰同此味梅花深處是君家煥
詩清勁傳於世者幾百篇其咏梅花云雪裡溪橋獨
樹春客來驚起曉妝勻試從意外看風味方信留侯
似婦人

曾躍鱗字子龍陽江縣人少警敏博通經史爲詩文
主揮即就嘗講書人多從之淳熙五年登進士
第初爲羅源簿設法弭盜閩境以寧擢汀州通判歷
任皆有政聲受知於學士李彥穎薦入秘書少師陳
俊卿尤器重之會諫官缺人俊卿以躍鱗名上遂拜
監察御史紹熙末災異數見奏請避殿減膳以承天
心仁愛預侍從兩省同班奏事多見施行朝著重之
所著有集數卷今惟傳二律其遊王母閣一首閣空
雲散靜如銀石磴層層接九宸翠竹影搖湘浦夜碧
桃香謁武陵春但看此日燒丹竈不見當年駕鶴人
遊徧瑤池歸去晚一聲長嘯月華新聞西浦漁歌作
一首西浦鳴榔下釣磯欸聲欸乃送斜暉扣舷互答
驚鷗夢拍手歡呼看鷺飛山接素琴仙子過洲連青
草使君歸海天空閣家長在一任蘆花雪點衣

蔡齊基字夢傳連州人篤學業文年十九預鄉薦嘗

著周易述辟九卷大意由象數而理於義以爲三古四聖尊君卑臣進陽退陰無非爲天下安危治亂計嘉定八年爲瓊州户録瓊㝠安撫趙善譚東萊呂祖謙門人也見其書大喜勝薦進于朝參政樓鑰報善譚書曰瓊州有此文人瓊㝠有此條屬王孫典遠藩而能取此書奏聞使行于世皆所罕見也齊基詩尤高嘗自謂少從竹林先生徐張學詩得四大法門律詩學老杜長篇學東坡絶句學荆公古詩學魯直訓廸後學毋以此教之

唐文蔚字充寬瓊山東廂人任廸功郎宋末隱德不仕建一亭名曰松軒日逸其中留意經史景炎間翰林學士陳仲微省郎謝少敏抵瓊臨訪合歡終日改其軒名曰慶餘有詩相倡和云

趙東山東莞人來出瓊郎憚學能詩然性高古不諧流俗過談勝國事則掩耳不聞嘗登鳳凰臺以舒懷抱其志行汗漫超越浩不可禦視世間事無足當其意數來亭頭遊法性寺海月巖每憑高瞻望厓山之雲則悲歌慷慨涕泗潸焉交下雖屈平之忠愛不是過也逢佳山水輒有詩成刻于石者凡數歲久磨滅不可讀惟題海月巖近體二首石刻猶存其詩極爲人傳誦野仙則其自號云

蔣科字進之高州電白人少穎好學通尚書周禮交從事郎南夫奇之曰能取科甲必此兒也初名聖傳因更以科焉凡思問已正奏名益自奮勵遂登寶祐丙辰進士爲瓊州教授篤意教養較文以器識爲先咸淳二年捐貲脩學移建御書閣于講堂北其費甚浩三載而後成提學諗其才以其持廉業薦于朝秩滿僅擢儋之宜倫令撫輯裔峒教以詩書於聲利澹如也後卒嘗謂同年楊應辰必貴而壽但當堅慎臣節爾後攝雷州降元爲廉訪使果如科言

黄景賢字希賢海康人由邕州路教授陞慶遠天河縣尹仕至靖江路推官致仕有文學自號愚谷至治癸亥文宗潛邸于瓊因獻詩爲所嘉賞掌手書愚谷二大字賜之天曆中復有六花宮袍之賜善詩嘗賦老將詩以自況人傳誦之老將詩瀟瀟夜雨泣金鎗夢過交河古戰場醉誤臂鷹呼走卒閑思調馬唤先

皇黑山戍後田園廢青海歸來歲月長日旰西涼初試佩猶存覺鑠一分狂

孫蕡字仲衍南海平步人性敏慧姿表瓌秀於書無所不讀為詩文伸紙揮毫頃刻立就初若不甚經意而氣象雄渾興致深遠駸駸乎魏晉之風自少負節槩不妄交而兒童走卒莫不稱為孫先生國初東莞何真保有南海洪武改元征南將軍廖永忠至真求蕡作書請歸附曲盡誠款永忠不戮一人而南海帖然者蕡之力也永忠尋徵蕡典郡教三年庚戌始 詔天下設科取士蕡舉于鄉至京師授工部織染局使尋出主虹縣簿時經兵燹十室九空加意撫來民還其業甫一載特選入為翰林典籍學士宋濂樂韶鳳承旨詹同亟稱之日侍上左右奏對敏便而容觀飄逸濂輩皆自以為莫及八年預脩洪武正韻九年以奉常之節監祀于西川居翰林三載力求補外為平原簿無何以事逮繫有旨輸左校板築蕭垣望都門謳吟為與聲督工者以聞召至上前陳所作詩皆忠愛語特命釋之十一年罷歸田里遨遊雲林中益肆力於問學所見益深有輕死生齊物我之意嘗和陶潛歸去來辭以寫其情其一曰懷靈荃志不忘君也十五年被召拜蘇州府經歷蘇為東吳劇郡素號難治蕡區畫有方政用太和二十二年以事謫戍遼東怡然就道酌酒賦詩無異平日時都帥梅思祖節鎮三韓素聞蕡名延置家塾是年竟以藍黨見逮人皆勸其以跡自明蕡不答歌一詩長嘯以就刑有黃泉無客店今夜宿誰家之句天下冤之年五十有六門人黎貞時亦在戍奉柩葬于安山之陽蕡平生譔述甚富既沒諸書多零落弗存番禺趙絅稱其究極天人性命之理濂洛關閩之學為嶺表儒宗官雖不甚顯而所至有聲出處窮達夷險一致所著有西菴集傳于世

王佐字彥舉系本河東元末侍父官南雄因寓廣州占籍南海時孫蕡與佐結詩社于南園開抗風軒以延一時名士佐才思雄渾體裁甚工蕡深重之撰辭歛捷王不如孫句意沉著孫不如王會何真開署求士與蕡首被禮聘真敬重其才使掌書記軍旅事多

見咨詢李質者德慶豪帥也據有肇慶佐恐其有異志與質往說之得其歡心質遂通好然質尤號好文義衣冠之士多往依之其尤知名者則有江右伯顏子中茶陵劉三吾建安張智歸言於真使招致之由此士凡以一藝名者真皆館殺焉洪武六年用部使者薦拜給事中論思補闕恒稱　上意學士宋濂嘗拜賜黃馬　上為歆命諸詞臣和之佐斯須而就清新富贍如宿構者有臣騎黃馬當赤心之句　上覽之而喜賜鈔一錠　上遊幸或過會心處多命之賦

詩三吾嘗同詠署中桂驚其才高語妙以為名世之作其為名流所重如此佐性不樂樞要居官二載即乞骸骨　上憐其誠特俞所請陛辭日賜鈔五十千以為道路費士林羨之時　天威嚴重臣僚自陳者多被譴斥蓋十人而九佐以恭慎得歸故當時以為難云佐天性孝弟父没時有廖元正者為料里喪事殯諸南雄之五里山終身事元正如父既貴後元正之子犯法言於有司以己資贖其罪哀慕終身形於著述集多散逸評者比之高適岑參

[illegible]哲字庸之番禺人世為荔灣著姓哲弱冠而孤刻苦讀書通五經嘗借人文選手抄之沉玩究竟遂能作詩造晉唐奧域性好山水結廬蒲澗栖息其中往來羅浮峽山南華諸名勝自以為未足乃辭家度庾嶺過吳楚遊燕齊間一時湖海英豪皆與遊焉當風雪時泊舟秦淮遇朱文昭涂穎輩相與握手吟詠沽酒大醉二人嘖曰君才如白雪吾雖知音如寡和何自是益有名龍鳳中　太祖為吳王駐師金陵招徠名儒哲為丞相李善長參政張昶汪廣洋所知交薦

之乙巳建吳國拜哲翰林待制入書閣侍　太子讀書尋兼典籤輔導盡職　太子愛重之鈔幣之賜無虛日居未幾歲旱　上祈雨鍾山獲應　御製七言詩志喜命哲賡之其見重如此洪武初奉使青徐諭諸天側尋出知山東東阿縣吏胥初以儒士易之哲剖决如流案牘無滯且不事矯激奇察民樂其寬一縣帖服值旱麥苗盡凋乃齋戒徒跣烈日中詣洪範池龍祠禱焉詞旨哀惻甫謝應時優渥民驩呼曰此黃公雨也狼溪有怪物為灯竊人啗之哲為文禱之

人有兒風雷大作一青蝦[illegible]水上時繆毛賁亂後民多流徙他鄉聞哲善政復其業者亡慮數千人戶口日滋辛亥四月陞東平府通判東阿士民遮道涕泣攀留父老扛輿而至有百餘歲者抵府境乃返舜上既除時務數十事皆人所難言　上怒其狂斐會山東省奏哲捐俸修先聖祠築積水湖堤有成績乃釋不問哲亦乞歸得允既南還有司請哲領郡橫舍橫經授徒四方至者多名士歲凡數百人乙卯四月　朝廷取田山東治在郡詿誤竟置于法郡邑人上爭睹之且家為奠祭哲始北上時倚蓬[illegible]自詫曰天下奇音妙韻出自然者莫是過也[illegible]一軒名聽雪蓬學者稱為雪蓬先生

趙介字伯貞番禺人博通六籍氣[illegible]江路治中與毋建袞介狐憤閉戶[illegible]意植二松于所居扁其軒曰臨清蓋以淵明自[illegible]時有李韡者南海文士也以薦趙介力止之不可[illegible]別介泣謂曰尭天雖長劉日實短子獨不為高[illegible]乎韡竟去後倅雨康坐累乃歎曰趙伯貞真高士[illegible]介行嘗以一囊自隨遇景即授詩其中絶不為人留題縉紳恒病其狷性復不喜接達官貴人日往還西樵泉石間獨與八十翁劉樂善者相倡和以自娛[illegible]為有司所薦皆力辭免洪武巳巳以家累有　旨赴京師道南昌卒于舟中年四十六介類如[illegible]度類神仙中人尤善教子四子絜絢繹純皆善詩文工篆隸時稱四懷絢亦隱居有父風所謂趙[illegible]也後純貴贈介為監察御史有臨清集行于世[illegible]黃王佐結詩社南園時一時名士如李德黃哲[illegible]駕黃英金徽士蔡養晦黃希貴黃希文駕閣蒲子文進士黃原善趙安中安中之弟通判澄徵士訥皆與焉豪吟劇飲更唱迭和文士宗之而介與黃佐德哲并稱五先生與吳下四傑同蜚聲寓內云

李德字仲脩番禺人蚤負逸才通三經三綸之學洪武庚戌以明尚書薦至東師授洛陽縣典史雖遷漢南西安二郡幕非其好也政暇遍覽帝王遺墟登高作賦攄其胸中磊落之氣人爭傳誦嘗著論謂西安南陽皆天下大形勝所在建不拔之基者當擧[illegible]

之汎東非其匹也士林題其識歷職郡邑卜餘年年薄暮矣乃自陳不能吏願就教官得為湖廣漢陽教諭當兵革初靜黌舍鞠蓬藋中生徒僅十數輩皆野獷不可與語德盡心訓迪之秩滿改任廣西義寧縣學其俗尤陋德立法凡遇家有吉凶事當吉假者隨貧富以楮幣賻之孜孜勸諭使約束鄉黨不得為惡習俗日美科貢漸盛當道方薦達之而德以倦遊南歸卒于家德為詩多效長吉太白孫蕡笑之曰子真混元皇帝遠孫也德乃力追古作評者以為躋晉唐而躒宋元云少嘗自號秉真子著論如子書晚更潛心伊洛嘗謂誠意為古聖賢心要故其詩有曰意誠諸妄遣可以通天地又云鑿空非自然立異豈真實堯舜與塗人其初本同一故世稱有理學者必曰李長史

黎貞字秀瞻新會人性坦蕩不羈五羊孫蕡才美絕人為文章操筆立就死生榮辱得失一不以介意貞從之游故學有成就非一時流輩所及發而為詩文滔滔自胸中寫出無斧鑿痕議論古今治亂興廢與世道得失洪武初補郡庠生部使者以其有學行署為新會縣學訓導志不樂仕乃退築釣魚臺自擬嚴光後以事為訟者所誣發戍遼東者十八年鄉老困阨之中學愈博而識趣愈高氣愈充而議論愈出比脫伍歸鄉閭益著學者從之遠近畢至貞諄諄善誘每濟而就之然以酒自放號陶陶生嘗自贊其像曰江湖勝覽湖海浪遊飄颻一葉浩蕩沉浮惟酒是務陶陶忘憂譬如力穡乃亦有秋不知老之將至樂天知命死即休年五十九卒初貞在遼時孫蕡以事死貞抱持其尸以衣裹之殯殮如禮奉柩葬于安山之陽典衣營其事為文祭之讀者莫不墮淚其篤於友義如此比其自遼歸也適已薄暮明月滿空呼舟中餘酒登所築釣魚臺吟嘯乃扣門還家其胸次脫落類此陳白沙嘗稱慕之學者稱秫坡先生

周尚文香山人初遊邑庠以穎俊選入郡學時翰林待制黃哲解官家食尚文從遊讀書番山清苦該博皆稱重之洪武甲子領解額第一乙丑登進士明年從仕承龍巖從仕公勤廉潔嘗修城西虎渡橋二十

爐戶有鐵課申上司准折鈔充納鐵遠軍之於
以爲御史未行坐事謫戍馴象衛時同年狀元丁顯
同戍相與倡和超然自得其詩文皆妙悟有法以韓
柳李杜爲宗一時才子也其孫慈堅讀書儒雅有祖
風致杜中士子多師之年餘七十嘗爲鄉飲大賓云

鄭林字士齊新會人能爲古文章洪武丙子以明經
中鄉選歷貴縣南昌教諭遷吏部驗封稽勳二司主
事晚坐事謫居杭州學士大夫多從之遊林嘗自謂
其學詩於陶韋李杜學文於漢韓柳學書於晉唐
諸名家初無所知名作懷春賦以寄意曰方春陽之
和煦兮萬物育而熙熙何使予之不樂兮獨惆悵而
歔欷思抑鬱其若緘兮言可結而詒詒閟深閨而惛
嘿兮焉知予之所懷女生而願有家兮及嬿婉於良
時時與願而兩睽兮豈予德之有虧以保傳之愛助
兮華無非而無儀辨貞慎以爲鞶兮飾禮義以爲綦
陳女圖以爲鏡兮鑑在彼之妍媸不外炫其姣服兮
矧自揚其娥眉吾有此姱節兮諒君子之攸宜申予
好以玄纁兮亦既差轂而語締指初昏以爲期兮洎
中心而改適德無虧而見擇兮倪懷顧而靜思豈
言之不固兮致兩美之參差將其志有締繾兮非蹇
脩所能媒感摽梅之在筐兮欲自往而謂之念伐柯
之匪斧兮思相鼠之貽譏不由禮而汲汲兮固非予
之所知時怱怱其不淹兮亦恐繁華之不滋心眛眛
而莫喻兮假筳篿以決疑靈氛吉予以吉兮曰貞固
之可持雖佳期之非真兮就求美而釋兹節余情而
不傷兮聊撫景而娛嬉步逍遙而容與兮玩衆芳於
畹畦崇蘭況乎光風兮蕙芳菲而襲衣願申椒與若
蕙兮謂結車與江離筌好脩而有取兮終必克夫佩
帶曼余目於遠道兮望軒車之載馳與芳菲之未歇
兮及公子以同歸亂曰有美一人清揚婉兮綣綣嬋
娟惟靈脩之故兮芳春求懷無使歎夫遲暮兮後宮
予朝大學士楊士奇祭酒李時勉閱其詩文曰嶺南
一代文人也自號退菴所著有退菴集

林士猷揭陽人以儒士舉任本學教諭陞本府教授
學問該博尤善吟詠名動京師學士宋濂有云潮去
京師八千里林君不出州里而予知其名其所

□深乎其為名公所稱如此

鄭敦字德弘洪武庚戌鄉貢進士歷官[illegible]有風裁凜然嘗按八閩以清直稱才思敏[illegible]有省必曰鄭御史

歐觀生杏山人倜儻不羈博學工文詞尤豪邁洪武丙子鄉貢進士教授紹興以性傲忤當道左遷什方典史歸年六十卒號梅軒有集今不傳

何了海字百川番禺人梁臨同年也本宋進士起降之後博學能詩嘗擬秋風三疊清婉沉蔚評者以[illegible]邊居實遠甚歷丞睢寧永康二縣政敷令行士民稱賢

董珣字伯琪番禺人博極群書有飄然物外之趣與其二子皆能詩伯曰麗字宗志永樂甲午鄉薦金谿訓導仲曰匡字宗輔丁酉鄉薦萬載教訓陞貴州道監察御史時稱二董

梁敏字以訥高要人父至孫有善行仕元為新州同知敏穎悟能文性孝友年十九舉洪武壬子鄉薦歷仍遠教諭繁昌宛平丞以文學薦擢左春坊左贊善日除眷遇常被 命作午門觀燈詩及賦朝陽鳴鳳圖操筆立就 成祖稱賞不已尋以乞[illegible]詔遼陽死牧再陳再謫枝江訓導號變上 帝始賜允復其官致仕歸中年喪偶不再娶自奉如寒儒以勤儉訓諸子暇日多所著詠年九十有六卒 雲萍集

吳宗直遂溪人獵涉經史善於筆札尤工于詩洪武乙卯領應天府鄉薦以文藝知名于時累官禮部儀制郎中有集今不存

林文亨海康人永樂初鄉試第一登甲申進士第歷官戶部員外郎性情淳謹無貴勢氣習鄉評重之工詩文不苟作獨同年同邑林現者為興化縣丞恬退不求利達文亨為賦還鄉詩蓋重其人也

王克義瓊山海口人永樂丙戌進士授崇仁知縣大臣薦其才有博學宏辭等語至則增減宋詞科出題試之果中式陞都官尋出為建昌推官所至甚能克義試蓬萊春曉歌碧雲初散扶桑樹六龍已駕羲和馭海上神山曉色分琪花瑶草濕香霧雙雙彩鳳棲梧桐喈喈相應朝陽東四海蒼生盡蘇息萬國如伍

春風中憶得當年來上國棘圍鏖戰文場屋瓊林賞
罷醉扶歸不讓當時步瀛客厥來出宰十八年于今擢
詔還朝天上林春色正明媚百花爛爛爭芳妍自喜
生逢堯舜世愧乏涓埃酬 聖帝吟詠非才冊淚垂
強作狂歌歌舜治

郭張善潮陽人少孤力學善經義文詞永樂丁酉六
月以儒士舉自陳幼孤賴繼母陳氏撫教而成願出
仕報效 上令翰林院試其文可取授翰林院檢討
考滿稱職復任時奇其際遇云

陳衡字祖平陽江人舉永樂丁酉鄉試補上舍生授
戶部山東司主事調工部以汰冗官記名于家未幾
擻取復職督徐州百步洪𤄊謹著聲喜吟詠嘗作漫
底月詩百餘首以見志其警句云光彩也應無處著
清操惟幸有天知又云妖蓁浸䰟秋容老神鲜星殘
夜色回又云江空隻影惟留恨半夜孤蟾自落湖
今為人所膾炙

何潛淵字時曜東莞人質性明爽有操守好學問為
詩文必欲理勝於詞立心行己壹循矩度晝從事於

陳仲璧講性理學旅館夜分忽有窺垣而至者遽床
使退明儕重之洪熈初知縣李貞舉經明行脩薦于
藩司以親老辭歸親疾侍湯藥惟謹居喪毀瘠三年
不近葷酒事兄潛深友愛彌篤頌白猶同財共居因
名其堂曰同心晚年與邑耆英結詩社于鳳臺潛淵
又羅泰社中宗之成化初知縣吳中每舉鄉飲必躬
請為正賓歲時式閭致恭稱為止齋先生年八十五
卒同鄉長史黃鎬嘗曰維止齋行可媲古之君子才
不愧今之名賢云

涂瑞字邦祥番禺人通判暐之子少穎悟不凡儀表
豐偉弱冠蔚有文名每督學試輒居首性慷慨有大
度不屑齷齪常態一時名公咸器重之成化丁酉鄉
試第一丁未進士第三人及第授翰林院編脩日披
石渠金匱之藏問學日益進而文日益有聲同署者
皆謙讓虛左席庚戌以脩 憲廟實錄成陞脩撰與
經筵進講多引 君於當道其才學書法儀表為一
時冠稱翰林三妙癸丑例請歸省時父母皆無恙日
稱觴膝下陶陶然盡天性之懽士林崇之未幾卒

咸惜其未究于用瑞為文汪洋浩瀚成一家言廣人入
國朝及第者瑞實開先云弟瑾並有才名同榜進士
時稱二淶洵一門科名之盛也

康麟字文瑞號介軒順德龍江人景泰甲戌進士授
監察御史巡按八閩貞肅百度發奸摘伏如神驄馬
所至伸冤理枉崇正絀邪一時想望風釆稱真御史
性善吟咏究心推敲甄覈之暇博採百家選唐諸詩
照韻分類倣楊士弘等所選唐音取五七言律絕
分始音正音遺響為尾之以音遺工部昌黎三大家
以一東二冬等三十韻類而成書名曰雅音會編凡
十有二卷總詩三千八百餘首其間四鍊五法七德
六義傍犯假對雙聲疊韻與夫正法偏格句法句眼
之類一覽而備誠詩學之閩鍵也所著有世教錄

倫文叙字伯疇別號迂岡南海人長身玉立頭顱大
二尺許幼秀穎有術者見之曰此兒必魁天下弘治
己酉以儒士就試御史周南大異之入棘果中高等
肄業太學會試殿試皆第一授翰林院脩撰學行才
器為世所推重為文根極理致而詞藻溢發同館皆
遜謝弗及乙丑一武宗登極頒詔安南充正使會丁
外艱歸不果行庚午起補原職充　經筵講官每遇
講期必凝神精思務發明理奧以啓　君心而儀度
顒昂音吐洪亮　上注目焉尋陞右春坊右諭德兼
翰林侍講壬申九月進講舜有臣五人而天下治多
規諷語　上和顏傾聽癸酉春與脩玉牒考覈惟詳
是秋　命主應天試所得多名士比還得疾卒于京
師年四十有七公天性溫醇德器和粹望之可知其
為君子居嘗以書史自娛手不釋卷為文宗韓楊脩
長兇轉蔚有真趣其孝友出于天性而與物無競谿
有雅量尤善教子長以諒鄉試第一辛巳進士讀中
秘書歷官南京通政參議次以訓會試第一殿試第
二歷官南國子祭酒次以誥登進士高等雅有雋才
父子三元海内科名之盛未有出其右者惜公與白
山皆不及知命之年麟角而折鳳毛而摧詎非氣運
使然歟

黄佐字才伯號泰泉一號太霞子祖瑜號雙槐為長
樂令父畿邃於理學稱為粵洲先生弘治庚戌生公

是夕雙槐夢有紫綬金章者入室喜謂必亢我宗幼
穎悟五歲觀周程六君子遺像自誓必如此而後為
人十二歲舉業成弱冠舉庚午鄉試第一作九洲問
以見志潛心理奧至忘寢食嘆曰孔門之學知行並
進豈可偏廢乎庚辰中會試十六名逾年廷試初擬
進呈移寘二甲十一名選庶吉士第一以乾清宮災
試諸吉士公獨先成諸老奇其文謂張平子王文秀之
流也授翰林院編脩時嘉靖初元公上初政要疏及
脩舉新政疏刑書林公大韙其議遂與定交會試充

考試官值議大禮公與尚書毛澄同疏有謂公為黨
者會冊封渭南王充岷府副使事竣堅辭金幣歸家
陳情養毋不允力疾還朝三年滿考贈粵洲如其官
上省覲疏力懇得允春出潞河與文公徵明聯舟唱
酬甚適至杭訪王陽明論良知之學抵家上疏養病
有司請修廣州志書成却幣辭宴戊子大禮成有譖
公者出為江西按察僉事上疏乞養覲隨補廣西僉
事提督學校抵蒼梧謁軍門秉禮不跪撫臣啣之經
府江猺賊出沒諭以恩信皆叩首去抵省城則脩當

教育人材日與諸生講明理一分殊之旨因輯理學
本源以端士習又撤淫祠行射禮舉節孝立鄉社擇
士民及猺獞之子弟者教之風化大行校士懷集偶
得家報毋疾即日疏丐致仕棄官竟歸撫臣以前憾
嗾御史劾公擅離職守朝議止着致仕既歸卜築粵
洲草堂遠近學者從之遊時多宗象山之學謂朱子
為支離者公圖析衷之曰朱子有萬世之定論亦有
一時問答之言又作格物說以明本指都御史陶公
諧薦公有文章華國謀猷經邦之語禮部侍郎西樵

以宮僚薦丙申驚聳平臺　上謂相臣曰向李時嘗
薦黃佐可用皆叩首曰佐才實可用遂以翰林脩撰
左春坊起公于家至京作六經政要箴又更正訓蒙
三字經歌上之輔臣不悅書不果上而止充　經筵
講官遇事規諷陞翰林侍讀掌南京院事便道歸省
奉毋宜人以行陞右諭德兼脩撰同脩　玉牒陞南
京國子祭酒頒五倫條約禁止趨撥之流作南雍志
又作樂典龍湖張治見之曰簫韶九成可復聞也主
試南都因以策士丁毋憂歸廬于墓側起復陞少詹

士……翰林侍讀學士入京見輔臣抗禮惟再拜談及
河套事叟言不悅會吏部右侍郎缺欲以公及王公
用賓推補先是崔公桐與許公成名互爭言官劾之
併及王公謂公亦有覬覦奉　旨致仕公不辨挈家
諸生後從講學日録所聞名曰庸言蓋篤信孔孟而
學貴力行晚歲謝病少過賓客公仕籍三十年立朝
僅數載雖屏居有廟廊之憂嘗作鄉禮寓保甲之遺
鄉邦賴之丙寅七月疾革猶作詩有氣完光耑身在

雲霄又貽謀無厚業忠孝種心田之語歛襟拊帶曰
弘毅當如是也年七十有七子在中在素在宏在素
舉乙卯鄉試公問學該博與廖洞野齊名所著文集
六十卷樂典三十六卷庸言十三卷華除遺事十六
卷翰林志二十卷廣東通志七十卷廣西志六十卷
南雝志二十四卷詩經通解春秋傳意明音類選各
若干卷傳于世學者稱泰泉先生

倫以訓字彥式别號白山状元文叙之次子少有異
質書過目不忘稍長通六經子史百家言正德[illegible]

鄉試第六人時年十五是年丁父状元公憂丁丑中
會試第一人殿試第二人授翰林院編修予告畢姻
遂侍母者七年癸未免御史以諒亦告歸養公復出
供職乙酉纂修　武廟實録成晉脩撰　賜白金文
綺己丑壬辰同典會試校閲精確所得多名士充
經筵講官儀度端雅　上為起敬甲午以九歲考績
晉右春坊右諭德偕龍湖張公主試南畿所得尤多
名士丙申陞南京國子監祭酒敦典明彝脩德講學
毅然以斯道為己任士習一時丕變丁酉奉　恩贈

諭德公如其官封太宜人為太恭人迎養于南監官
邸者二年一日太恭人有歸志郎上疏得請奉板輿
還粤時人榮之公性夙敦孝友與通政互相砥礪教
諸弟尤懇至平生儉約雅淡不植黨不樹私不苟取
予尤熟　朝廷典章有問者條荅無遺其發為文詞
意暢神適非人所能及若壬辰會試文質一策究竟
古今循環之迹而變通以道　皇上大加獎異後輩
崇質殿取其意云所著文集四十八卷詩集三十二
卷　國朝彝憲二百卷時稱著述之工庚子執太夫

入之衰過衰而卒年僅四十有八其力方強其化方
熟其澤未及施於天下論者謂公有丘文莊之博而
不為僻有梁文康之厚而不為同有霍文敏之剛而
不為跂而惜天不假之年未見其止也
淪以詵字彥群別號穗石南海人狀元文叙季子也
年十七舉已卯鄉試廷對擬爲甲爲忌者抑寘二甲
授禮部儀制司主事凡表箋封拜旌賢校士一切大
典極其敬慎考最轉兵部武選司郎中公性至孝例
請歸養遂不復出或諷之則曰隱居以求其志耆
遵孔子法也從甘泉先生遊宗白沙先生主靜之學
嘗謁陽明先生講學即以志道篤趨向正稱之嘗語
學者云道不在談論得之力行文不在藻麗华之六
經故其言動婉有法程其文章可追大雅平生杜跡
公庭每遇　聖節必儼然從當仕者后甲子之變四
郊士女趨城不得入公叩直指公啓城活生靈奚啻
百萬至今德之公為文下筆數千言立就賦詩或一
韻百餘首宏博不凡壽八十卒所著文集五十六卷
詩集四十三卷藏于家笥

陳延宇廷肇號清瀾太守恩季子也與兄越起岩
領鄉薦而建爲春秋魁究心國家因革治亂之迹及
道術邪正之機兩上春官皆乙榜以母老選授侯官
教諭日勤飭鑄貧生如來栖梧等分俸周之與巡按
潼川白公賁論李西涯樂府因著擬古樂府通考與
督學潘公潢論朱陸同異作朱陸編年考督學江公
廷命校十三經註疏成代作上十三經註疏奏稿
遷臨江府學教授編周子全書程子遺書大有造於
來學聘典試者凡四江右廣右雲南湖南所得多名
士而滇士嚴清後爲名家宰時論多之尋陞山東陽
信令未幾以子老力告歸養時年方四十八歲益銳
意于著述裒輯
聖祖啟運以來迄于正德爲皇明通紀凡三十四卷
文藝治安要議六卷其言切于通變捄弊又訂正朱
陸異同爲學蔀通辨以端學術復著古今至鑒六卷
以嚴勸戒刻陳氏文獻錄以示子姓莆田林公潤爲
都御史脩輯宗藩條例內翰李公廷機編百子粹言
則多採公之說也公學識溫醇議論純正酌古準今

崇正黜邪則毅然責育莫奪年七十有一而卒林尚書潤稱公涵泳古今蔑治亂之變通性道之源譚尚書大初亦稱其經世之遠憂世之深予家學白大夫與公同典雲南癸卯鄉試相得甚驩稱公博古之學用世之才云

林大欽字敬夫别號東莆海陽人生而穎敏幼嗜學家貧無書過肆見眉山蘇氏集心竊慕之佇玩移日竟成誦後為文絶似之縉紳長老咸噐重焉嘉靖辛卯以儒士應試對李綱十事其詞直其事核督學王公與巡按吳御史歎異之曰此必大魁天下是年中鄉試第六連中進士廷試狀元及第公廷對不起胷藁一如漢策殿閣大臣以不合式而有奇氣置進呈十二卷之末　上覽大異之列第一此制下海内翕然稱復有蘇子授翰林院脩撰每有著述一時爭傳誦之尋以母老疏乞歸養築室東莆山中以聚族人族里待之舉火者數百指吉水羅念菴武進唐荆川時遺書問學公自負奇氣厭繩趍尺步而好為豪舉寄意於詩酒臺榭聲色之樂客至莫見其面後母氏卒公哀毁踰禮既塟歸竟病卒悲公以瓌奇之質乃輒家伏自廢才難不信然哉

李時行字少偕南海人嘗讀書於羅浮青霞谷因號青霞弱冠入邑庠為督學豫陽田汝成所鑒賞庚子舉于鄉辛丑連登進士第授浙江嘉興縣知縣鉅豪猾驚憚治以法有訟其兄析產不均者驗其券更授之各俛首服部使者交章薦于　朝陞南車駕司主事為娼者所構遂拂衣歸杜門讀書從湛甘泉黄泰泉二先生遊築小雲林於西郊上青霞洞天嘗遊吳中與諸名士結方外之交有騰驚九州之氣其文章法漢魏古詩法顏謝歌行法李杜律絶取裁於沈宋王孟咸超詣入品所著駕部集雲巢子天求子癯癃子傳于時讀之者可想見其人云

梁有譽字公實别號蘭汀南海人父世驃以進士為御史轉福建按察僉事茂著風裁有譽兒時秀穎日誦數千言長益沉思百氏講業于泰泉黄先生砥礪行誼癸卯舉于鄉庚戌登進士第授刑部主事聿勤夙夜審視桎梏貴臣有以讒論死下獄者輒悲嗟之[illegible]

自少陷虜中及長奔歸偵者得之以為間諜訊得其情釋之決獄務平反時稱長者居曹多暇慱綜緗素多所譔著力追古作者時同舍郎李攀龍徐中行王世貞宗考功臣吳舍人國倫謝山人榛結社唱和都人目為七才子居三年蕭然一室袁州當國建安為冢宰聞其才欵羅致門下謝不往尋引病歸鏈乘家園敎二弟有兆有楨詵詵競爽搆柮清樓以居作詠懷十五詩社中人自謂弗及尋乃浩然遊羅浮未至而返一疾竟卒年僅三十有六所著比部集六卷行于世子逢登清標邃養為詩文有矩矱而翩翩秀發稱其家兒云

黎民表字惟敬自號瑤石山人籍從化父貫翰林吉士授監察御史以直言落職　穆宗登極贈尚寶少卿毋恭人梁氏誕公之夕夢有持羽幡數十人從雲中擁一童子入室五色璀燦覺而生公幼穎異九歲習舉業十三為邑庠生二十歲舉鄉試榜魁屢試春官弗第已未就銓天官授翰林院孔目辛酉陞吏部司務辦內閣　制勑房事乙丑陞南京兵部職方自外時兵鈌粮欵作變公示諭諄切中止之丁恭人憂起補户部浙江司員外監通州倉轉餉雲中事竣仍召掌秘閣侍　經筵預脩　世宗實録成晉郎中加四品俸脩　玉牒又脩　穆宗實録成陞河南布政司右參議萬曆己卯乞致仕歸好讀書慱綜古典下及百家稗史過目成誦至其豪邁之氣闊放之才則獨立一時雄視千古其操尚鯁介不為脂韋不事苞苴有故人交極厚來署南海篆事客持千金賄公為解紛公正色斥之至於親知喪葬則捐貲賻助惟恐後少師事宮詹黃公泰泉獨見雅重諸所論撰必與公商確多交海內名士吳門文待詔徵明王侍郎世貞歷下李觀察攀龍天目徐方伯中行武昌吳參知國倫同邑梁比部有譽並篤稱名上埒盛唐遺響所著瑤石山人稿梅花社稿北遊稿若干卷行于世公歷仕　三朝累膺金綺之賜　恩遇特隆而抽簪太驟未究其用時論惜之弟民衷進士銓部郎中陞廣西參政死節民懷為貢士志操高絜工詩有時名子邦琰進士銓部郎中陞江西參政

政大任字楨伯別號崙山順德人父贈奉政大夫南
京工部郎中士元家多藏書公幼駪誦覽無所不窺
十四歲授春秋為邑弟子員習舉林端簡公雲同試
居首時與黎惟敬民表梁公實有譽從黄文裕公佐
學殷擬必舉春秋第一人乃入應舉弗錄就　廷試
選江都訓導歷光州學正邵武教授栖遲十年始入
為國子助教六館之士爭執經問難　上方幸學啟
臨雝頌賜衣一襲尋陞大理寺左評事公讞刑獄至
重一成而不可變凡論白必盡心焉黄太監姪殺人
司寇欲以小失者抵罪卒駁正之一日奉許戚畹封
事入奏中貴人自内出却之公大呼曰御前封事誰
敢阻却竟上之俄遷南京屯田主事殫力稽察積弊
猶除轉虞衡郎中庶務具舉督修　孝陵有白金文
綺之賜甲申丐致仕歸天性孝友修始祖祠為家祏
以祀奉政公時多其孝公學博而才贍所撰詠力追
漢魏與李于鱗王元美汪伯玉徐子與吳明卿號稱才子晚與
曾以三輩尤友善年八十卒所著有百越先賢傳廣陵十
先生傳思玄旅燕浮淮雍館秣陵遊園等集傳于世

何絳字子時昌之子鰲之弟也弱冠以文名督學莊
渠魏公器重之以禮經魁鄉試巳丑復魁南省授兵
部武庫主事督教武學時有勢家掗入武學察其冒
籍黜之於是各勳貴斂戢莫敢儻蕩編修揚名者同
年相厚以言事論歎上疏申救之不果尋移疾歸卷
臥門掃軌當路造其廬咨詢民瘼靡不悉其肯綮邑
人陰受其福而不知其自也尤好急人之難鄉紳別
駕沈文淵貧不能葬邑博士滕鳳客死廣州不能歸
皆白於當路資遣之家居問學益邃嘗立祖祠以睦
族出義穀以恤備里人多稱之撫按先後九薦不起
年六十卒所著禮經創意藏于家
馬撥字壯與別號鳧村南海人少穎悟於經史過目
成誦年十三入郡庠督學田公汝成試居首等巡撫
余公本會考第一奇其文遂中丁酉科解元戊戌連
登進士與盧夢陽齊名時稱盧馬公年方弱冠請告
歸娶赴選授工部主事介直自持不徇内監囑托未
數月卒于任人咸惜其才未竟其用然公才名自足
不朽何問年哉

劉克正字懋一號海樵從化人父嶺陽公格博學好脩嘉靖庚子舉于鄉令六合繼移信豐俗有遺愛民生祠尸祝之公其冢子也生而穎悟年十七入邑庠每試輒冠多士隆慶丁卯魁鄉薦辛未會試主司奇其文擬魁天下偶置第六名時論惜之既第進士改庶吉士試居高等逾二年授翰林院檢討侍　經筵會皇上登極覃恩得進階封父承德郎奉　命冊封靖江王王郡王也欲比親王例受朝見公曰　祖訓不可違也王不能屈禮竣餽遺一無所受朝議韙之特修　兩朝實錄充纂修官錄成　賜白金文綺嶺陽公卒奔喪南歸哀毀骨立肖署經營塋地形神日耗比起復不欲離親塋以限逼勉強而行抵維揚疾作入淮具疏以　請還次真州而卒年僅三十有七性孝友事親承顏順志待諸第曲盡友于諸第恂恂廸訓克修舉于鄉克治黌成勤緗素駸駸進未艾也公資敏而才茂肆力詞賦為丁后漢諸南明群公所推重儼然稱翰苑宗工矣惜早卒何古林先生表其墓而深悲之公無子以第克修子翱嗣翱硃有風毛云

羅一道字貫卿號中山博綜子史而質任自然中己酉鄉試庚戌登進士第大學士徐階讀其對策奇之但以中有讜語如云君德莫大於敬天而禱賽非敬天之實也君道莫先於勤民而祈求非勤民之實也讀卷官嫉其語太直抑寘二甲乃聲華彪傳海內矣授刑部主事壬戌會試分考得張廷臣佘立陳洙彭富皆海內名士歷官湖廣參政分守湖北不阿權要罷歸杜門養重不干謁有司卒于家所著中山存稿藏于家笥

潘光統字少承號滋蘭順德人魁峄磊落火補邑弟子員應　詔輸粟為太學生見知于司成李泉孫公司業大洲趙公而大學士李公敬重之未幾以母老告歸養投贈言者多比之何蕃云既歸從黃泰泉先生於粵洲究心子史兼工詩學請于泰泉類選明音唐音若干卷而自捐貲剞劂之泰泉為序以傳辛未選光祿良醞署監事堂卿路坦齋奇之薦升大官丞歲羨萬餘中貴人侵沒為奸光統毫不染指闢邪歛手銓部薦其賢欲優遷之尋以病卒發其篋無餘積

值其子豫之寄百金至乃得成殘時稱其廉光繞天
性孝友為其父樹家廟為其母築樓居烏華暈飛中
于海上鄉黨鄰里有乏則樂周之雅好圖史作怡馨
堂飛雲閣為藏書之府所著史漢存鈙山房紀聞及
詩文各若干卷存于家筍子豫之慱而雅盎之敏而
雋皆能詩仗義有父風云

外史氏棐曰夫摹象二儀繪綴萬彙則莫尚乎
詞華第握靈蛇之珠者不混於魚目蘊翡翠之
羽者增華於鳳藻詞之蔚為國珍豈不辯辯乎

哉吾粵詞人漢無可攷唐則盧宗回李文儒邵
謁陽環黃隱居擷其英蕊嗜一味南濱三隱今
猶膾炙于文苑也五代則孟賓于陳拙鄧惆美
張詢黃匪躬周克明揚其瀾金贊遺集黃鍾正
音向嘗焜煌於執圖也宋藍奎富文章時稱藍
夫子黃洞博經史見知蘇東坡李南仲之賦羅
浮陳少微之咏梅花趙東山之題海月蔡齊基
之得四大法門曾曜鱗之薦秘書黃景賢之賜
宮錦蔚為一時詞人之冠而徐信陳仲觽譚惟
寅梁弼直唐文嚴脩科皆琅琅有聲夫孰非吾
川霧秀所鍾哉入我
皇明道化醇丕人文宣朗時則有孫蕡黃哲王佐趙
介李德結社南園摛華振藻時稱五先生與吳
下四傑並轡聲寓內或賦懷靈荃或賡歌黃馬
或和鍾山兩詩均為 當宁鑒賞煇煇乎
一代之黼藻也黎貞之著林坡集鄧林之賦懷春
何子海之擬秋風三疊康麟之編雅音黃佐之
賦兩京梁有譽黎民表之並稱七才子而翰苑
宗工則佐為白眉吳余瑞首擬探花倫文敘連
登會狀倫以訓名標榜眼林大欽特選榜元周
尚文林文亨馬拯發解蜚譽而海內科名則倫
氏樹赤幟矣至若林士猷見重於宋濂郭張善
騰聲於翰苑陳衡之咏潭月梁敏之集雲萍鄭
御史之能詩歐觀生之慱古伯琪之聯稱二董
宗直之名擅一時王克義之蓬萊春曉篇李時
行之雲巢次求集劉克正之詞賦詎詠嶺海炳靈世
載其英與次而傳之俾後之有所稽云

粵人記卷之二十五

嶺南郭棐篤周甫著

獻徵類

巖泉隱德

晉姚成甫　齊盧度　張岊　梁廖冲
隋程紋　唐李謹微　張鴻
宋李士廉　林脩　劉冨　黎子雲
吳復古　王罕　吳國鑑　林槖
田知白　張奂　周伯玉
明趙晦　李真佑　李宗仁　黃受益
羅子房　鄺湡　李孔脩　王夢吉
鄧階　　馮大樹　張鉻

姚成甫番禺人有行誼父喪哀毀州辟不就以父不仕後脩世業家雖貧而性耽山水不為世事所縈棲遯丘園以服食自娛吳刺史陸胤苦南海水鹹鹵導泉為井溪後蔆湮涸成甫復濬之郡蒙其利晉咸安中採菊於菖蒲澗遇一老父教之服菖蒲曰此安期生所餌可以忘老成甫如其言身遂輕健築室井溪之上並魚鳥以為侶挹源泉而自絜歲被徵辟皆不行郡人高其誼咸愛敬之

盧度字孝章始興人性穎悟明老易知兵法亦有道術少隨張永北侵魏永敗魏人追急阻淮水不得過度心誓曰若得免死從今不復殺生須臾見兩楯流來接之得過然後隱居廬陵西昌三顧山鳥獸隨之夜有鹿觸其壁度曰汝壞我壁鹿應聲去屋前有池養魚皆名呼之次第來取食乃去逆知死年月與親友別永明末以壽終

張岊字彥高封川人少而醇厚為鄉曲所譽舉秀才初仕晉興令材明敏有吏幹累遷安昌郡守事齊明帝於藩邸轉西中郎帝以宣城王入輔用岊為左將軍甚見寵信王即位是為高宗明皇帝建武初以平慰功代陳顯達為司空責極台司議恭禮士嘗建言清理獄訟帝從其言躬自聽覽及蕭諶等獲罪岊見帝殊忌骨肉諷諫不從乃求出刺郢州即拜驃騎大將軍郢州刺史仍加司空岊遂棄官入長沙溫泉山人改號山為司空山蓋因其官故云梁武帝天監初

卒于山時著靈爽居民常有見車騎出入者大
張治長沙府志爲山作傳人以山歿爲昇仙亦
行誼也
廖冲字清虛桂陽人博學能文辭於經史無所不通
飭身脩行鄉閭稱之以儒術知名舉秀才仕梁爲本
郡主簿西曹祭酒時武帝好儒學招徠天下名士冲
與焉嘗命賦詩稱上意嘉賞之湘東王之就國也聞
冲有詞藻請以爲王國常侍上許之王爲人内猜忌
而外浮華喜談老子而莫知其要冲嘗坐講進無欲
自靜之説以諷之凡王所爲多所規諫遂日見疎薄
時帝既耄荒諸子又皆嚚頑不法冲私謂所親曰
根本撥矣天下必不能久治吾當去且不去王將以
赭衣衣我即浩然掛冠歸結廬靜福山在縣北五十
里居焉時大同三年也託迹黄老以鍊丹服氣爲名
遂棲自適不復知有塵俗事人往訪之見其吟眺水
石間猛虎脩蛇馴狎其側休休如也遂真以爲得道
矣陳光大二年卒壽九十有七世之好事者相傳冲
白日上昇號其地爲仙翁壇遺址尚存唐刺史蔣防
所居爲作碑銘刻石山下有捫蘿撥雲瞻仰不
嘆且謂冲策名金簡晋身玉堂辭詞林學苑之職
以紅霞册府爲家鶴骨松貌泉渟谷靈寓形人間天
地無累蓋扶桑公陶隱居之流也
程畋潮州程鄉人爲人悃愊無華性嗜讀書不慕榮
達棄以忠信結人人服其行誼有不平者不往訴之
官輙質成於畋畋爲之辯是非曲直咸心服而退當
時化之心有愧怍者望其廬輒思改過有陳太丘之
風焉畋生於南齊時歷梁陳而行誼大著於隋至壽
安初乃卒年九十餘後人思其德名其里曰程鄉因
以名縣云畋二子長松字伯材事父母最孝終日怡
聲未嘗大言疾語隱居不應薦辟次杉字仲材仁壽
中以學術被徵隋末爲弘農郡守罹父憂葬後值天
下大亂遂棄官遯于攸邑之靈谷習靜日久絶有神
異常端坐默默如堄塑者一出語輒豫知人禍福鄉
氓每值旱澇往拜禱之許諾輙應後壽至百餘歲卒
人以其眉壽因指謂羽化稱爲真人焉
李謙徵德慶人天祐年進士授番禺令之任夜泊二

洲時夜半月高作歌吟聲有一漁父拏舟而來長揖謂曰適聞子吟嘯有觀國之志偶就子會世將亂矣宜高尚雲林以保天年言訖不見謹微悟遂隱不仕

張鴻連州桂陽人唐天祐末年進士方將筮仕知運祚將易遂隱遁不出天下聞而高之為詩清絕世所傳誦著述甚裕有集十二卷行于時君子曰自唐季迄五代可謂無道之世也已視篡弑為飲食棄彝倫如弁髦豺狼冠纓而鸞鳳伏竄仕其時猶湛身不測之淵以自娛也若李謹微張鴻者豈非賢哉

李士廉字舉之四會人形貌魁碩有大志喜周游四方尤愛蜀之勝槩因寓于錦城輕財好施蜀人敬之熙寧二年河隴用兵諸將經費不[illegible][illegible]坐逮繫史[illegible]察下總管使王君萬於獄君萬素不識士廉望風使人求救士廉知君萬驍將也出己錢二千緡與之免罪既出獄適值鬼章犯洮隴君萬力戰屢克敵每以所獲功為士廉報士廉曰吾豈望報者天果祐吾有子力學使竊獲祿養足矣君萬感泣後子積中果登進士第士廉從積中寀新吳時廉訪委鞠獄陰使中傷人又令增羨鹽許以薦章士廉戒之曰吾固願汝顯榮必以是得之弗願也積中竟從父訓後以積中貴封翰林學士李氏子孫之多賢實士廉積德之報也

林脩南海人輕財好施造淨慧寺千佛塔者其人也元祐初調官京師授鳳翔府寶鷄縣主簿時司馬溫公書儀及居家雜儀未刊行脩手錄以歸守為家法脩之孫曰師仲曰[illegible]曰遂皆好學循禮山谷黃庭堅謫居涪州師仲往謁之山谷勉其教子讀書一帖曰質夫兒已十七歲正是與擇師友時人家有賓客動輒費數千乃不能捐二百千奉其師友不可謂善計者也後其家纂山谷之言創義齋延賢師以教子弟及諸生隆興初有由此登第者質夫師仲字也遂遠居母喪一遵禮制侍郎胡銓作素冠說以貽之

劉富南海人仕試將作監主簿拂衣歸隱熙寧元年知廣州張田徙郡學于國慶寺之東未及營造而田卒富納貲獻材戮力以自效殿堂廊序次第將完轉運使陳安道以為卑狹而止之繼田任者程師孟將

之奇發官貲庀成之富後以買郭之田總其直與費為錢五十萬貲千學懷化將軍辛押陁羅者蕃酋也聞風興起亦捐貲以完齋宇且售田以增之復置别舍以來蕃俗子弟之願學者黌舍之成廪食之備富之功居多宋末校書郎東莞黎友龍者亦損貲修邑學近弘治間建崖山全節廟大忠祠新會義民趙思仁助錢二百千皆可謂見義勇為者矣

黎子雲儋州人家居州東二里昆弟貧而好學城南有别墅所居皆林木水竹清幽瀟洒蘇軾雅敬禮之每與弟載酒過從請益問奇日相親炙作歌有寂寞兩黎生食菜真臞儒之句一日軾往訪之遇雨從農家借笠着屐道上婦人小兒相隨爭笑邑犬群吠子雲兄弟恭敬自將送軾至館未嘗懈也因名其别墅曰載酒堂云時有翟逢亨者歸善人事母孝學問博洽鄉人呼為翟夫子居白鶴峯東蘇軾居惠時與往還又王公輔儋州人世傳天文蘇軾甚重之後　秀質亦與相厚公輔年一百三歲而卒

吳復古字子野揭陽人志趣超逸以父為侍講志失其名當蔭官遜于庶兄居父母憂廬于墓者三年手植木墓傍又以餘力葺治園亭教養子弟後遣去妻子築庵居潮陽直浦都麻田山中絶粒不食間出遊四方遍交公卿然一無所求每論出世法以長生不死為餘事煉氣服藥為土苴待制李師中於世少所屈及見復古稱曰白雲在天引領何及蘇軾與其弟轍暨一時名士皆傾下之軾嘗問養生復古對以曰安曰和及軾南遷見於真陽無一言及得喪休戚事獨曰邯鄲之夢猶足以破妄而歸真今子目見其身履之亦可以少悟矣軾嘗為作遠遊庵銘

符晉字霞舉儋州人嘗事東坡蘇軾筆硯間年餘七十發貢至京住辟雍者三年建炎初歸鄉潛德不仕李光以宿學稱之年至九十六衆推為鄉先生妻吳氏亦年九十餘郡守以聞賚授初品官吳封孺人又有符林者亦儋人蘇軾稱其安貧守静謂之老符秀才

吳國鑑雷州海康人紹聖中為太廟齋郎後退居于家先是寇準謫雷州人有舍之者為丁謂所害自是

無人敢入燾郁安置雷州莫謀所止國鉏慕
義而不顧害特創一室館之轍輿之立傚券章淳果
謂其強奪民居下州追治以傚券甚明而止國鑑因
是不復仕進世稱其高致
林橐者南海人也以靜修聞廣帥方大琮初行鄉飲
禮請以為大賓橐時年九十四矣威儀可則終席無
倦容大琮稱為衛武公之流
田知白番禺人操脩粹白廣帥方大琮脩濂溪書院
成訪於文漢卿李鼎英求主席者鼎英荅曰是邦老成
人無如田知白者大琮躬詣之知白以病辭再往叩
之則遁矣知白時年踰八十猶能燈下細書貧甚得
錢即貰酒飲之自號醉鄉遺老制行甚潔皆一時耆
舊也
張奐號魯庵海陽人潛心性理之學靜處一室玩味
經旨衣冠儼然端坐終日從游受業者甚衆家居嚴
肅冠婚喪祭一遵文公家禮潮人多化之元末盜起
過其里曰此張先生所居不敢犯旁舍亦賴之以安
周伯玉潮陽人初名瑾元季讀書自娛累辟不起元
故或勸之出伯玉曰吾讀聖賢書肯北面胡虜乎入
本朝復膺徵命嘆曰吾老矣無適於用辭弗就子三
人彥敬彥作彥器皆膺薦
趙晦字俊明東莞人系出濮邸元季避地東莞之石
崗雖在亂離中篤志問學手不釋卷時鄉里自雄者
召為館賓不屑就洪武五年壬子以明經膺薦任番
禺縣學教諭藩憲諸公以其學行純懿咸禮重之後
陞國子監學錄一時門徒居侍從有聲者不可殫舉
如廣東憲使潘伯庸亦其一也寓羊城東坝自號曰
東橋以故學者稱為東橋先生云
李真佑字鍼之南海江尾人自少力學老而不倦洪
武初有司辟為吏避居古岡為人傭人不之知也冬
之主人翁異其行延為塾師作為文章豐迤弘博永
樂間左布政王公亮將薦之會公亮卒遂不果未幾
真佑亦卒自號扶搖子所著家式尚存
李宗仁字秉懿英德人性純行脩苦志力學登洪武
庚午鄉貢進士旦夕讀書不厭曰吾斯之未能信安
可仕邪遂隱居南山終身焉

黄受益字虛己東莞人勳之子世其文學善於[illegible]尤長於古文開門授徒搢紳及門者户外常滿雅志不喜仕永樂庚子有司強之入試果以春秋中選遂隱居不出年五十五卒諸子皆業儒次子結最知名

羅子房字宗傑順德人成化庚子領鄉薦會試後遊大學歸以母老乃築卧愚亭以奉母為樂時白沙陳檢討江浦莊行人皆與子房友善為賦卧愚陳白沙詩何處水邊堪此亭偶從詩卷挹芳馨小眠牛上真何意大夢人間肯未醒難以智愚分巧拙儘教[illegible]付册青老夫伏枕廬山下頭白于今未與名定山莊杲詩白沙詩在卧愚亭萬古高人萬古馨何處有亭長合在人間此宴直該醒酩然白酒三杯盡只麼西山數點青春到堯夫真意思無名公本是無名大良李孔脩亦與子房為友而尚書吳廷舉治縣時嘗咨問民間利病子房棘棘言之有得理于言者請賦百金為壽子房大咤曰何得汙我弘治中知永福縣民貧瘠又苦盗至則均田薄賦招流亡嚴保甲民乃[illegible]清縣有大猾張月麒縱其子殺徐氏二子亡不得夕有二烏繞廨哀鳴子房惟之從走卒微行廉得其伏捕月麒及其子正法監司重之奏治行為廣西第一後以疾乞致仕父老涕泣遮道留之不得歸之日囊無十金之貯及卒其子粥產為喪葬具夫以宗傑之才且廉而信不滿其德語曰高樹寡陰獨木不林其是之謂與

鄺邕字器之南海人幼有志每讀書寒暑不輟成化乙酉科中式鄉試丙戌中乙榜不屑小就入太學肄業每試居優等聲稱籍甚聞于京師時大宗伯白公學士尹公太常卿李公闓進士五美孫公皆樂與交遺其子受易于門卒業國學二十餘年為詩文灑然有自得之趣及卒孫五美哭之詩有義易廿年談夜兩烏門幾度看春雷之句族有大岑沙祭田一區被豪便陳某所占歷訴當道而直之至今族人祀之于祠兩廣都御史韓雍為建坊于鄉以旌其賢

李孔脩字子長順德大良人自號抱真子僑居廣州之高第街混迹人群張詡識之則薦于其師陳獻章獻章亟稱之名由此益著孔脩嘗輸粮于縣縣令異

其容止問姓名不答第拱手令吐之曰何物小民乃拱手耶再拱手令怒笞之五竟無言而出有廢毋父没數適誣孔脩奪其產縣鞫之孔脩操筆置對曰毋言是縣疑焉得其情乃大禮敬孔脩由此知名素家貧敝廬薄產疏食不繼未嘗一顰其眉詩字不履前人自為户牖或觀山水歸而圖之見者爭愛而酬之金田子長盡平居菅寧帽朱子深衣入夜不遠二十年不入城闕惟攻周易城中兒童婦女皆稱曰子長先生吳廷舉由縣令歷藩臬在粵最久與孔脩為布衣交兩人高風在塵埃之表粵人常道之此兩人亦相成也孔脩卒無子憲使李中少恭王崇教經紀其喪尚書霍韜瘞之西樵山志其墓曰白沙抗節振世之志惟子長張詡謝佑不失或問子長廢人有諸陳庸曰子長誠廢則顏子誠愚庸與子長同師故相信如此萬曆乙未祀于鄉賢祠子長善屬詩有花影船頭落釣蓑之句為白沙先生鑒賞云

王夔吉字兆楨南海人父梅澗公廷舉有至行嘗捐金以濟甲丁操舟以拯溺者為鄉評所重年方壯而卒夔吉奉母李以居屹屹爲巨人志比長業文雋明有矩度督學試陽山冠諸生遂為諸生所擊不得入籍中乃就試南海每試輒數千人屢角屢不勝遂歸休以素業教其子學曾學詔學憲俾各淬鋒以進而自築亭臺累疊石雜蒔花果行游其間甚適也父有所育族人子比長而公割產贈之思以承父之志南海里人困於役度輸可二百金公傾囊代償至於陽山之產有觊而奪之者則以大義爭焉曰祖業而拳拳於豪民乎非夫也年三十八而卒後十三年學曾成進士為崇陽令贈公如其官制詞曰居家孝友處已謙恭有濟物之仁無絶俗之行蓋實錄也學曾尋召爲御史遇事敢言以讜諫論優歷轉光祿丞上請建　儲疏

天子震怒落職歸直聲動海内皆出公庭訓則公之賢可知主先生作公傳稱為奇男子云

鄧階字文高號寶野南海人幼孤業儒嶄然自植奉母張氏盡菽水惟母卒執喪哀毀如禮敬事二伯兄如父伯兄俱蚤世家政叢集日兢兢綜理不遺餘力

嘗曰古人有不墜青雲志者然獨立難因輙絀素畫
家人生產乃又不苟同流俗撫伯兄子一錢尺帛不
自私鄉族有急亟周之或忿爭不平者爲直之而後
已子于蕃領嘉靖壬子鄉薦歷河東運司先是以寧
洋尹　贈公文林郎繼以福州貳守再　贈公奉政
大夫如其官人咸稱公爲子能孝弟能恭父能教躬
具有碩德云

馮大樹字希浩別號半江順德人博綜群籍下筆滚
滚千言弱冠試有司奇擢第一方文襄公以姻戚女
鍾歸焉家貧奉菽水惟孝待兄弟雍睦族黨咸敬服
之然老工詩亦豪飲酒酣浩歌嘐然於懷人多慕公
才名爭延爲師時鄧公于蕃方成童公目爲偉器如
春邑別駕朱君會極從化李嘶子解元粹中皆門下
士也與鄧君海嶼何君次泉陳君約吾爲金石交竟
賫志不售而卒時午紹京尚幼公諄諄囑以自植後
果領萬曆癸酉鄉薦官翁源雎事以清介聞列于名
宦不負公志如此

張鎔字時侃東莞人淹貫群籍隱里中談道自樂家
屛動遵矩矱事親孝待兄弟友而恭接子姪則山立
淵渟有過輙庭扑之朋舊過從命觴浩歌以淵明自
况搆山亭扁曰恒齋自記有曰恒吾性也貧賤富貴
一於此而已矣學者稱恒齋先生子仲孝中鄉試爲
番陽令公以清白訓戒之所著筆壽集語多悟道其
詩多學陶云

外史氏桒曰易稱不事王侯高尚其志詩稱考
槃在澗碩人之寬蓋或出或處君子之道然也
以予所聞巢由洗耳於勳華之世夷齊採薇於
清明之朝士固各有志哉嶺海自來號多遺佚
蓋羅浮樵山舊饒佳勝雲林蒲澗足以栖遲養
性者井澹寂以存心守玄者追仙靈而託迹處
冲姚成甫以紅霞冊府爲家趙晦李孔脩以明
月清風寄傲張鴻同謹微之志程啟有太丘之
風至若黎子雲吳復古王霄林脩非遇東坡山
谷二太史世何從知其名哉嗟嗟巖穴瑾瑋堙
鬱無聞何可勝道也予故自所知者表而書之

粵大記卷之二十五

粵大記卷之二十九

政事類　嶺南郭棐篤周甫編

水利

[illegible]

槽以承水溪水散緩則以石約歸輪下使急水急則輪轉如飛每筒得水則底重口仰及輪至上則筒口仰下水瀉木槽分流田中不勞人而水利自足盖利器也夫桔槔處有之或運以手或運以足或運以牛機械之巧無踰此矣 鄭樵通志畧

漢安帝元初元年詔江海陂湖園池屬少府者以假貧民勿租賦 文獻通考

水部諸州堤堰刺史縣令以時檢行而涖其決築有埭則以下户分牵禁争利者 唐書百官志

宋太祖開寶八年知瓊州李易上言州南五里有度靈塘開脩渠堰溉水田三百餘頃居民賴之 宋史河渠志

太宗淳化二年以霖雨詔諸州河隄使豫圖繕治

興脩水利起熙寧三年至九年府界及諸路凡一萬七百九十三處為田三十六萬一千一百七十八頃有奇 以上俱宋史

洪武二十七年勑示天下凡有陂塘湖堰可以潴畜備熯旱者或宣洩以防霖潦者皆因地勢脩治勿妄興工役掊尅吾民仍遣監生人材分詣天下督吏民脩築水利 大明會典

正統六年詔農作以水利為要各處隄防閘堨或年久堋塌不能蓄泄陂塘淤塞及舊為豪強占據小民不得灌溉已令脩復或有未脩復者該管官司仍即依例整理應修築者悉令修築不許怠慢敢有豪強占據水利者以土豪論罪布按二司官巡按御史巡歷提督務見實效若苟且文書虛應故事一體論罪

廣州府南海縣圩岸四十五 白石　大欖　禄步　豐湖[illegible]　江滘　州豐滘　村魁岡　緑[illegible]冲　上圍　張桂　豊寧　興賢　西隆　登俊　大富　土盧　烏[illegible]　大同　鰲頭　龍津　河清　鎮涌　九江　海洲　冼村　金甌洲

梂伏陸登雲楊梅陸洞大良大朗金紫小攬蘆荻□豈南岸蔡坑清塘土塘樂塘共陣田六千五百餘頃

番禺縣陂十三望岡橫岡大坑大塘竹樹黎村白沙大湖小坑赤逕白泥波浪黄岡塘五、新塘橫沙河嶺石井大朗潭一洗馬潭共灌田一千三百餘頃

順德縣圩岸十二百滘葛岸鷺洲平步苹竹簡林□津龍山龍江沙頭吉利水藤共灌田四千三百餘頃

東莞縣堤三西隆鹹潮朱過朗陂一羅家塘一張婆塘共灌田三萬三千餘頃

增城縣陂七官陂羅陂百家百姓社頭燕江陽大山圩岸二張洲沙□共灌田九千一百餘頃

香山縣陂四張江竹逕欄泥弟兜南共灌田五十餘頃沙坦八北海□□竽石□□替三洲海心箔步東沙外沙

新會縣陂一落鞋塘一五斗南基圍七陂亭大小基□麥村大小水□招村越塘天河共障田六百五十餘頃

新寧縣塘二古成大陂水圍三朗尾浮石那滘共灌田五十餘頃

清遠縣陂四大陂坑口禾㟁湖石灌田四十餘頃

三水縣基圍一十九黄家圳鵝陵土塘南岸烏石二江高豐白泥龍池豁陵南滘沙頭董興黄家南岸黄塘烏石獨樹大良共灌田三萬三千餘頃

連州陂十二邪陂楓陂龍腹檄前福濟長江東江□塘田心刀未太平三樂共灌田三百□十餘頃

陽山縣陂五連陂橫坑胡頭中洞龍板塘三麻荻太塘白石蓮共灌田九十餘頃

連山縣陂三觀陂曾陂鷲陂岡共灌田十餘頃

韶州府曲江縣陂五十郭西城高夫圳凌州燮江轉水溪口河心高圳赤土土新福倉下東土石寒姑草田滘田居塘小溪橫溪岑圻過江龍逕口迴橫分橫石周岸漕溪南華湯泉大泉東錫風山藍坑橫岡陳岡月華平峯獨峯石溝剪溪按李灘大黄留村馬渡沽水龍塘中心湯村雲□□澗九江水共灌田九百餘頃

英德縣陂一大陂坑四觀音山古芊蓼溪波□溝水十二青水溝□□孤村水頭黄塞上良蕉園洞鰣魚龍口金坑長壽共灌田二百餘頃

翁源縣陂二十一詹公坑鉄蘆員潭河源油草塘九牛吉水塘石湖羅坑南塘崗美蓼石張差山嵡山沙溪乍崗圳五湴頭坑虎頭石赤黄子灘橫嶺棗嶺大坑陂泥嶺坪上惠大坑塘五三坑岩背蘇竹候嶺隴頭共灌田二百餘頃

樂昌縣陂五十黎子坑小水馬擠塘中心村大望黄坭彎龍潭牛欄冲獅子潭上龍田疄峯黄柘坑崑山塅資溪墓頭石龍潭深度水梅子坪鉼脛竹潭出水岩黄崗逕口確背下甜菜南埔中湖变石冊車坪㘵朗蒲竹雪崗白泥井詹公坑獨脚石羊牯𡊄下潭水烟墩蕉頭坑龍逕石羅磐陂場横埄逕將軍弓背冷水棠梨卅竹曹確䉶狸俠牛頭嶺小羊洞佛祖前魚溪蘆竹共灌田四百四十餘頃

乳源縣陂六十大陂錢崗西水石頭小溪歐陽塘眞花雲門洪帶南山青泉蓮塘長蔭白石肯石天井湧泉馬頭溷青潭龍溪武峯蘆村平羅佛崗南水王福寨樂崗王公古毋半星遶水深崗月

坪山大桃雙橋神步深源均容横溪江湾圳白石堝
山人塘朗頭梅花井上石帶下石帶神定出水岩過
水石朧上新下新天塘鰲溪赤土龍盤白沙流沙岩
背源蕨坪源新田源鄧坵陂共灌田四百餘頃
仁化縣三十五桑頭銅口車陂白石官陂鷲頭烏石
朧東畔羅分小巳黄鴬小坑西烏石
橋界江董塘茅坡白星寺邊嶺水東水西赤嶺横陂
細背社横山沙對塘平石會水沙龍虛陂灌陂窩石
鷄里白虎黄岡圳十官田泉觀音山泉黄獅坑楊獅
長連東田陂坑小莊泉界江茅坪内崗本寨
崗南塘九蓮塘犂離冲白泥冲下渡桐子樹下獅子
蛇尾岩前拂子嶺平江坑尾慶落大塘共灌田
三百三
十餘頃
南雄府保昌縣陂六凌陂葉公連陂虎
岸寶陂羅陂塘塘六求溪大
湖湖
來灌長豐新塘
灌田一百餘頃

始興陂七豊坡李㘵湖坊下
坊迴水黄莊許陂塘二許塘蓮塘共灌田
百一十餘頃
惠州府歸善縣陂一白
馬塘一龍
塘湖三豊湖鰐湖同湖
共灌田二百餘頃
博羅縣陂三大陂大
羅蚺蛇堤四龍蘇村登山鈌冶瀝
共灌田一千二百餘頃
河源縣陂五超陂官陂土陂仙女黄
沙共灌田五十餘頃
龍川縣陂一石
陂鼓堤一蘇
堤湖一鰲
湖塘二柳塘鰲塘共
灌田數十頃
興寧縣陂三黄狂新
陂石陂塘三蓼塘茸
塘令水溪八篤溪凉溪湯
口淡溪吳田
上堡中
堡下堡池一黒池共灌田二
百二十餘頃
長樂縣陂二烏陂
赤陂井一冷水共灌田
一百餘頃
潮州府海陽縣陂六黄翁黄竹洋横塘
赤水石堰新溪溪一三
利堤上

五古堤歸仁大和登雲南廂西廂東廂登隆澄
步東蒲南桂江東三外蒲堤障田六萬五千餘丈
潮陽縣陂二十六黄竹東隴小莊高豊陳思老虎欄
家新溪西溝斗門官陂陳和橋宇
小坛茭蔴坛頭赤跡客陂材林板溝橋石橋
碑溝洋岡藍明倉洋共灌田一千五百餘頃
揭陽縣堤七南門龍溪派頭長岐陂十二長潭金湯
相思雷岩青龍螺
坑新豊曲潭大榕烏溪揮溪河口蘆
叢虎朴潭共灌田二萬三千餘丈
程鄉縣陂三紫桑甲
子三圳
大埔縣陂十三坑小陂林屋大陂頭大溪連坑圳十
糊田心此塘小胡口九龍黄欄
五恋墩福壇小公坑南橋松山漳溪洋陶廣林新塘
安樂坑嵜田河腰古野烏槎三洲共灌田一萬七
千三百
餘頃

肇慶府高要縣堤二十五附郭水礅新江頭溪攬江
塘步横槎大圍金西白滙
范州栢樹大湾鎮南谿陵黄家塘大沙羅岸羅嶜
蜆塘玩埇黄桐石碕大寅金溪共障田八千頃
四會縣基九埇橋隆後高路攪岡白坭湖崗塘壢
白沙廖山廿一田三千二百餘頃
新興縣陂六赤子馬巷都登雲匯羅馬黄
漢共灌田一千五百餘頃
陽春縣陂五横牛羅鳳上坑荔枝崗
大崗共灌田七百餘頃
陽江縣陂一譚流灌
田數頃
高明縣堤十大沙石碕停步白鶴小零進陂七石陂
州蓏茭緑葱蛤萊東坑鈌冊羅塘
岡橋頭岡大逕下
共灌田一千餘頃
德慶州陂十鳳料高車甘共滑古龍見村羅埇大
蓬波花牛古汶鎮康共灌田千餘頃

澂水縣陂二大陂羅岸
開建縣陂十二似龍大洲嚴尚圓珠源斛九旭九源姚田南耶大林小林淡霸共灌田三
百三十餘頃
高州府茂名縣塘十五長界荔枝潭浮鶴面梁粘南燕烏魚平山槎石蓮子獨樹
新田張界山境昌符勒萊圩岸八吳山賣冠上㵎地安延銘傑德即韶隆順障田九千二頃
電白縣塘十二車田羅村立石新村野狸雲閘石鼇奇石光良山清湖高龍赤坭山口
陂四塘白通江後山長籬竹共灌田二百餘頃圩岸四賣犁村上保寧下保寧德善共障田
一百五十餘段
信宜縣塘五冷水羅黃大蓬粟木路倒流川陂七聖垌六塲陰沉木榕梧垌垌六[illegible]

横共灌田三百餘頃
化州塘八賀村職田竹子謝留津下堰長那山口圩岸八水東長寧博弄陳村石寧
油竹高嶺盈河共障田五百四十頃
吳川縣塘九麻底神塘羅山村那葛占村楊海歸尋唐祿架山圩岸四新村三江
窰頭三栢溝三深塘吳屋毛師芧共灌田三百餘頃
石城縣塘四平坡三角蘆荻文峯陂五周家那蓬募院高倉垌心共灌田四頃
廉州府合浦縣江二清水羅成溝一江州水滑
欽州水二魚洪欽江
靈山縣泉一源泉井一官田共灌田四二百餘頃

雷州府海康縣塘十一西湖白水石奇徒兵都悲四苟溝悋潭濛潭攬孤洲戴公
陂十竊源那耶徒麻象骨曹家羅湖潭塱石岩捍海那催共灌田八百餘頃
遂溪縣塘九潭車古洲張熱都興調雜那詠塘家博格特侶泉二石泉白石青泉堤
一捍海共灌田五千五百八十餘頃
徐聞縣塘八龍塘保水連塘李家顏家視橋南撫龍船井七六角吳舍畫春塘北赤坎
計南那博共灌田一千四百餘頃
瓊州府瓊山縣水二坡亭南橋圩岸三濱壅博歷博浪陂九塘心潭羅
東岸潭溪岩塘綠松大潭橋仲南頼梁陳塘五東屯圖山譚宅南天潭都共灌田一千八百餘頃
澄邁縣塘一徉塘陂三小水滴濛送甲共灌田二十餘頃

臨高縣陂二那新那陸灌田五十餘頃
定安縣水一思崖溪灌田二十餘頃
文昌縣陂三蘆塘白延潭牛
會同縣堤四牛浸嘉會黎毬端趙灌田十餘頃
樂會縣塘一陸塘
儋州江二大江小江泉三水井德義那細埧一南册共灌田二千四百餘頃
昌化縣江一昌江塘二居候村利村
萬州渠一衍豐陂八後㵎吾家莟溪横山多謀詘埔車頭吳九共灌田一千餘頃
陵水縣溝一[illegible]

崖州陂八都陂椰根石頭南界石牙埋鴦抱里高村溝八雷溪涌乙溝大南達隴中亭仰重抱架橋門共灌田一千八百四十餘頃

珠池

漢章帝章和元年鬱林晉大珠圍三寸安帝永和十五年鬱林降民得大珠圍五寸徑七分古今注

順帝永建四年詔曰海內頗有災異朝廷修政大官減膳珍玩不御而桂陽太守文礱不惟竭忠宣暢本朝而遠獻大珠以求媚令封以還之

晉陶璜自交州上表曰合浦郡土地墝埆無田有農百姓唯以採珠為業商賈去來以珠貨米而吳時珠禁甚嚴慮百姓私散好珠禁絕來去人以饑困又所調猥多限每不京今請上珠輸二次者輸一麤者蠲除自十月訖二月非採珠之時聽商賈往來如舊並從之按沈懷遠南越志珠有九品大五分以上至一寸八分分為八品有光彩一邊水平似覆釜者名璫珠璫珠之次為走珠走珠之次為滑珠滑珠之次為磥砢珠磥砢珠之次為官雨珠官雨珠之次為稅珠稅珠之次為荅符珠南方草木狀凡採珠一旁小平形似覆釜第一珠毋肉正白人民以薑蒜食之徐衷南方草木狀凡採珠常三月用五牲祈禱若祠祭有失則風攪海水或有大魚在蚌左右自蚌珠長二寸半在環海中其一寸三分其光色一旁小平形似覆釜為第一璫珠凡三品其一寸三分雖有光色形不圓正為第二滑珠凡三品

唐懿宗咸通四年秋七月辛卯朔日有食之弛廉州珠池禁

採珠禁

宋太祖開寶五年詔罷嶺南道媚川都採珠初南漢劉鋹於海門鎮募兵能採珠者三千人號媚川都卒凡採珠者必以索繫石被於體而沒焉深至五百丈溺死者甚衆及平嶺南於是廢之仍除民取採禁

太平興國二年貢珠百斤七年貢五十斤徑寸者三八年貢一千六百一十斤皆珠場所採

紹興二十六年罷廉州貢珠縱蜑丁自便珠池之在廉州凡十餘接交阯者水深百尺而大珠生焉蜑往取之多為大魚所害至是罷之民各稱便

端宗祥興二年詔採珠

元至正十七年詔廣州採珠

皇慶四年設廣東採珠都提舉司元史廣東舊設採金銀珠事都提舉司至是復設秩正四品官三員

皇慶六年罷廣東採珠司元史以有司領其事

泰定二年罷廣州採珠元史罷廣州等處採珠蛋戶為民仍免差役一年

至元六年罷廣東船戶採珠二提舉司

本朝洪武七年秋九月罷廣州採珠舊志東莞知縣詹昴同官矣採

崇于大海自四月至八月止得半斤詔罷之
洪武二十九年詔採珠
洪武三十五年差內官於廣東布政司起取蜑戶採珠蜑戶給與口糧
永樂三年春三月詔勸廣州採珠 舊志永樂三年東莞軍人王保兒告大步海出珠蚌可採爲國用是年差人才黄俊同廣東左參政莊敬等官勸之申狀以洪武七年罷採事上聞未報
永樂三年罷廣州採珠 舊志大鵬千戶所貢目廖春當本所和戶蔭賦籍取水采巡按及二司委官勸實以聞遂報罷且禁竊採以啓事端
永樂十四年詔採珠
洪熙元年春正月詔弛珠池金銀坑冶之禁
天順二年詔採珠
天順八年差內使一員看守平江珠池
成化九年令看守廉州府楊梅等珠池奉御黃管求安池
成化二十年差內官一員看守雷州府樂民珠池
成化二十三年差太監一員看守永安所楊梅珠池
又令取回廣東新添守珠池內官
弘治七年差太監一員看守廣東廉州府楊梅青鶯平江三處珠池兼巡捕廉瓊二府并管永安珠池
弘治十二年詔採珠 是歲十月開池訖於明年之正月費銀一萬七千兩餘獲珠二萬八千四百兩有奇
弘治十五年詔採珠
正德九年詔採珠 是歲十月開池訖於明年之二月費銀一萬二百兩有奇獲珠一萬四千兩有奇
嘉靖五年詔採珠 是歲十一月開池訖於明年三月費銀九千三百兩有奇獲珠八千九十八兩十二月大雨雪池水凍樹木皆枯民多凍死
嘉靖九年詔採珠 是歲八月開池訖於明年之正月費銀六千七百六十兩有奇獲珠五千三百九十兩
嘉靖十年巡撫都御史林富奏革看守珠池內官 林富疏略廉州府合浦縣楊梅青嬰二池雷州府海康縣樂民一池俱產珍珠設有內臣二員分地看守成化弘治年間樂民珠池太監少監監丞初無定制正德年間官因裁革惟廉州珠池一向存留看守逓年額編門子弓兵皂隷等役俱設實人戶及所占匠役無故納銀以供坐食爲費不貲珠池納計十餘年一採而看守太監一年所費不下千金十年動以萬計割萬金之費守二池之珠於十年之後其所得珠幾何正所謂所利不能藥其所傷所獲不能補其所亡也臣愚以爲珠池太監不必專設乞勑海北道兵備官帶管既係所管信地又免編役供需禁令易及民困可蘇若謂珠池乃寶源重地宜添內

臣看守誠恐倚勢為奸專權生事害民不得禁詰誰司不得干預非惟費供役之煩抑且滋擾竊之弊故臣以為不如令海北道兵備官帶管之便也伏望

皇上軫念邊方軍民窮困特勑該部從長查處將珠池內臣取回別用其額編軍民殷實人户及所占匠役并門子皂兵等役盡數裁革仍乞降勑海北兵備官嚴督官兵看守以待採取則省一內臣之費不獨濟民數十家之產而地方受惠極邊獲安矣

嘉靖十二年詔採珠 是歲八月開池訖於明年之二月費銀七千七十兩有奇獲珠一萬一千三百二十兩有奇

嘉靖十三年詔復採珠

嘉靖二十二年詔採珠

嘉靖二十四年復採珠 廉州府知府胡鰲議稱自天順年間採珠以後直至弘治十二年方採年月已久螺蚌生孳者衆老大者多所以彼時得珠二萬八千兩正德九年採取又隔一十五年止得珠一萬四千兩嘉靖五年採取亦越一十二年止得珠八千餘兩嘉靖九年採取亦隔三年止得珠五千七百餘兩觧納碎小不堪嘉靖十二年行回復取得珠一萬二千餘兩至嘉靖二十二年採取又隔十年蒙海北道翁嚴立採法四箇餘月方總封池共計用過官民銀不下七千餘兩纖造螺筐起蓋廠房并雜用夫役等項動擾於民不預造報者不下二千餘兩僅得珠四千餘兩所得不償所費尚且碎小歪扁不堪今蒙復取緣照前次採納至今止隔一年螺蚌未生纔有一二生息俱係嫩小亦未有珠恐復虛費錢糧况本府所屬一州二縣之民前次勞困未蘇逃移未復近有兩月之前傳聞採取民各驚疑多致逃遁已該本府出示招恤外今蒙前因切照本年天雨不一各鄉亢旱者多豐收者少民迫飢饉若復重以採珠之役必致民命不堪深逃遠竄則必無得珠之理伏乞轉達憐憫極邊小民少賜甦息且得休養池蚌將來可以供上用地方幸甚職等幸甚

廉州府珠池七 青鶯池 楊梅池 烏坭池 白沙池 平江池 斷望池 海渚池

雷州府珠池一 樂民池

外史氏棐曰水利有関於民生尚矣自昔論治莫不以是為兢兢者大禹盡力溝洫周官詳及桔槔漢諸循吏遵為先務若史禄之鑿靈渠閩璟之疏瀧水何臬之導呂堰戴郤之築海堤其有功澤於粵者不淺茲非後來長民者之標的乎夫田有高下不同而修濬工程不一高者歲常虞旱則開陂引水因其勢而利導之凡為堰為壩為塘其利均也而水車又以助陂壩之所不及也下者時常虞潦則築基鄣水防其灌而壅閼之凡為基為堤為防其功同也而圩岍又為海堤之所最急也 圩岸惟南海順德近海諸處有之 盡人工之能以賛天時地利之所未逮詩曰既優既渥既霑既足豈值天澤夔對哉人力疏導不可誣巳至於合浦之珠亦為水利之一近者富民也

吉竭而偷珠之徒定繁官民恣肆地方驛騷致
煩大師討而後定就中弊蠹有不可勝言者利
未什一而害且什九不能不煩當事者右畫也
謹附著于篇

粵大記卷之二十九

粵大記卷之三十

政事類　嶺南郭棐篤周甫編

屯田

漢昭帝始元二年發射士調故吏將屯田張掖郡宣
帝神爵元年後將軍趙充國擊先零羌罷騎兵屯湟
陿此屯田之始

東漢邊郡置農都尉主屯田殖穀

晉杜預開陽口起夏水通零桂之漕屯田萬餘頃

唐百官志屯田郎中掌天下屯田司農有諸屯監一
人丞一人掌營種屯內倉功課屯主勸率營農督斂
地課每屯主一人副一人諸冶監令掌鑄兵農之器
給軍士屯田唐書食貨志

開元二十五年詔屯官叙功以豐凶為上下鎮戍地
可耕者人給十畝以供粮餉方春屯官循行謫作不
時者凡天下屯田收穀九十餘萬斛

天寶八年天下屯收穀百九十一萬三千九百六十石

宋仁宗天禧末諸州屯田總四千二百餘頃

宋高宗紹興二十九年臣僚言二廣村疃之間人戶

淍䖝彌望皆黃茅白葦民間膏腴之田耕布猶且不徧旹有餘力以耕營田額乞寬一年無或抑勒詔可之

元世祖至元三十年召募民户并發新附士卒於海南海北等處置立屯田成宗元貞元年以其地多瘴癘縱屯田軍二千人還各翼留二千人與召募民共屯種大德三年罷屯田萬户府屯軍悉令還役止令民户八千四百二十八户屯田瓊州路五千一十一户雷州路一千五百六十六户高州路九百四十八户化州路八百四十三户廉州路六十户為田瓊路二百九十二頃九十八畝雷州路一百六十五頃五十一畝高州路四十五頃化州路五十五頃二十四畝廉州路四頃八十八畝元史

國初通行衛所軍士以三分守城七分屯田又有二八一九四六中半等例皆隨地而異其法每一軍撥田三十六畝歲收一十八石爲子粒除與月粮歲十二石間加一石餘六石上倉

洪武二十年令屯軍種田五百畝者歲納粮五十石

三十年令凡屯軍内少壯者守城者老弱者若有餘丁多亦許屯種

永樂二年令各處衛所凡屯軍一百名以上委百户一員三百名以上委千户一員五百名以上委指揮一員提督若屯軍不及一百名亦委百户一員提督若官員軍餘家人自願耕種者不拘頃畝任其開墾子粒自收官府不得比較

永樂三年更定屯田則例令各屯置紅牌一面寫刋於上每百户所管旗軍一百一十二名或一百名七八十名千户所管十百户或七百户五百户三四百户指揮所管五千户或三千二千户提調屯田都指揮所收子粒多寡不等除下年種子外俱照每軍歲用十二石正糧為法比較將剩餘并不敷子粒數目通行計算定爲賞罰

永樂五年廣東按察司增置僉事一員整粮屯田

正統元年令每下屯旗軍一名給屯田二十畝總小旗各給牛一隻軍人二名共牛一隻不分旗軍每名種子一石每田一畝起科三斗六升每納粮六石

正統八年令屯田有自開墾荒田每畝歲納粮五升三合五勺

正統十一年令各處衛所類造屯田坐落地方四至
頃畝子粒數目文冊一本繳合千户上司一本發該
管州縣以備查考
弘治十三年令凡用強占種屯田者問罪
廣東都司并所屬衛所屯田共七千二頃三十三畝
七分六毫
凡屯種去處合用犂鏵耙齒等器着令有司撥官鐵
炭鑄造發用若木植令衛軍於出產山場自行採辦
造用係干動撥官物具奏施行

凡屯種合用牛隻設或不敷即便移文取索若官庫
數多差人發遣如果路途窵遠此間地方出產可以
收買務在公私兩便就給官價民間買用其孳生數
目每歲年終通報
廣東都司水黄牛四百八十二隻水牛四百一十二
隻黄牛六十九隻
廣州府
南海縣屯田五　落塘屬廣州左衛　馮村　赤泥
圍頭　大圍以上屬廣州後衛

番禺縣屯田二十五　茭塘　石碁　沙涌　官涌
田步　明經　官橋　龍眼二　東圍　欖山
石頭　新橋　李溪陂　楻山以上屬廣州左衛　山門屬廣
州前衛　雙井　勝安　水東　蓮塘　老人峒
上塘　鶴嶺　蘇峒　大滘　金塘以上屬廣州後衛
順德縣屯田一十八　金斗　龍潭　吉鄉以上屬廣州左衛
桂洲　扶寧　外東村　大黄圃二　北潮　譚義
周易　扶閭　外塘　上涌　江村　塘利　龍潭
高讚　江尾屬廣州右衛

從化縣屯田十　石湖　良田　永泰　永口
趙陂屬廣州左衛　歛嶺　握山　大圍　圍頭　馬村
東莞縣屯田五十九　大步七　麻涌二　小享二
東向二　樟坑　東邊二　白市　龍眼山　神逕
譚那　大蕉二　白沙　葵湖　石水洞　滑橋
石凹　水斗　黄岡　大墩　廣湖　鎮岡　新村
大享　梅林　屯門　圓頭山　官富以上屬廣州前衛
下黄峒　上黄峒　鍾坑　橋隴　黄砂　上籬坑
[illegible]峒　黏嶺　梅塘　水貝　石角　到滘

唐家村 羅租 栗木岡以上屬南海衛 翟屋邊 月岡
番禺縣屬本所 葵涌 塩田 黄毋峒屬大鵬所 陳石 寺貝
增城縣屯田一十三 鐵岡 江山 鳳池 長漢
平坑 竹溪屬廣州左衛 仙村屬廣州前衛
雙石 窑石 菱角 求清屬本縣所
香山縣屯田三十 譚洲屬廣州左衛 黄岡二屬廣州右衛
大欖二屬廣州前衛 小欖十一屬廣州後衛 象角三屬本縣所
古鎮屬新會所 古鎮五 大欖四 小欖屬廣海衛
新會縣屯田一十二 小梅屬廣州右衛 沙岡 那坭平

龍溪 江門 小乾 官涌屬本縣所 簡頭平 雲鄉
馮村 南村 㟥峒屬廣海衛
清遠縣屯田三十七 横村 黄龍鎮 梅花逕
龍脛 横江 石溪 良石 越城 巖前
畬坑口 雲梯 東村 官步水 冊竹逕 蒸嶺
擡扛嶺 猪楼村 黄寨 金造 方村 大分田
南華園 攬村 蘭盤石 歌塘扳 新村
大車逕 大圃平 馬鞍山 五石 文領
周子平 譚塘 高被 白石潭 雙石 李賽俱屬本衛

連州屯田三 馬槽 酒樓 通儒
韶州府
曲江縣屯田十 西衛 小坑屬本縣所 鶯鼻 東池
鹿脛 韶石 上羅以上屬廣州後衛
英德縣屯田三十五 高道二 平浦 平塘
慷水 寺山 大塘 苦竹 石芝以上屬廣州右衛右所
峰文 烏石 羊寨以上屬廣州右衛後所 上良 黄泉
平山 沙逕 大塘 羊寨 蓮塘以上屬廣州右衛前所
鏡湖 藍岡 寺衛 清泉以上屬廣州左衛後所 高[illegible]

子平 譚塘 交嶺 攬村 坑口 長壽以上屬清遠衛前所
五石 鷓鴣 清塘 遙田 蚊嶺 大分以上屬清遠衛中所
仁化縣屯田十 小羅 中塘以上屬本縣所 後嶺
林溪 蒸嶺 蕃岡 麻壢 解江 平山 石毋
以上屬廣州後衛
乳源縣屯田五 龍溪 渣渡 南水以上屬本縣所
梅花 平嗌以上屬廣州右衛
南雄府
始興縣屯田五 黄坑尾 新田 陳村 睦村

江湾俱官石南城都
惠州府
歸善縣屯田二十四　山嵐　平湖　蠟石　黄塘
栢濟　黄泥　新村　大埔　李坑　岡尾　都樂
梁化　蒋田　義容　上石　下石　羊口　明溪
沙湖　上義　下義　林田　烏石　黄花以上五屯原後
所今羅
慱羅縣屯田三　平陵　黄陂　栢塘俱在寧集都今廢
河源縣屯田九　白石　南湖　蔡庄　義合

藍口　長吉　德行　水源以上屬本所　水尾今奉例革還民起科
龍川縣屯田六　白堅　馬塘　田心　上莒
興隆　嶺西以上屬本所
長樂縣屯田三　黄沙　下潭　白浮以上屬本所
興寧縣屯田五　龍陂　大隴　井塘　吉昌
魚梁以上屬本所
碣石衛屯田十五　際峯　横隴　石陂以上屬左所
賴僧　大安　黄塘以上屬右所　黄姜　羅峯　崩塘
以上屬[illegible]所　松林　上護　鄭公以上屬前所　梅林

雙派　半逕以上屬後所
潮州府
海陽縣屯田二十三　鉢壺山　黄岐山　葵頭磜
隘隍小産　江南　百花臨俱左所　峇洞　潘田
湯頭俱右所　田心上伍　田心下伍　東洋　三洲
漳溪上伍　漳溪下伍俱中所　南洋黄竹洋上伍
溪西下伍俱前所　朱坑　南洋　車頭　米埸
果壟以上屬本衛
潮陽縣屯田七　東溪　果壟　蒲塘　平林

南寮　米埸　南洋以上屬海門千户所
揭陽縣屯田一十一　黄岐山　峇洞　狗毋山
苦竹溪　楓林　朱坑　車頭　陸境　石口
北山　烏石以上屬蓬州千户所
程鄉縣屯田三　梅塘　南口　石扇以上屬本所
饒平縣屯田十一　東洋　樟溪　黄竹洋　南洋
梅花坂　雙溪　秋溪岡　西洋　上寨　黄大潭
以上屬大城千户所
惠來縣屯田二　蒲塘　杜塘以上屬靖海千户所

肇慶府

高要縣屯田二十四 鎮南 白土 寶光 水坑

小洲 寶豐以上屬左所 典水 蘇坑 納封 保務

伯朗 保田以上屬右所 祿峒 都拳 陶𡼏 古樓

龍光 古分以上屬中所 何村 平崗二 曹岡

大圃 太平以上屬前所

四會縣屯田六 黃岡 榕村 羅坑 扶雷

譚圃 扶溪以上屬後所

新興縣屯田六 清水 酒樂 下山 岡坑

武同 康村以上屬本所

陽江縣屯田九 古城 古㮚 古牛 輪水

界石 横坪 水禄 岐古 馬䭾以上屬本所

海朗千户所屯田三 三龍 那龍 那吉

雙魚千户所屯田四 茶水 蒲牌 石望 冊城

德慶千户所屯田十三 朗心 欝帳 獨石

托峒 班石 五都 大臺 桃𣏌 裹茅 沙岡

尚峒 譚星 洪燃

高州府

茂名縣屯田三一 清水 牛皮 沙田以上屬神電衛

電白縣屯田四 黃崗 雙石 那夏 白石以上屬神電衛

信宜縣屯田二 紅花 栗木以上屬神電衛

化州屯田四 吴村 冷水 那喚 大坡以上屬神電衛

吳川縣屯田三 白沙 平城 樟木以上屬神電衛

廉州府

欽州知州林希元嘉靖十八年奏立屯田六十四頃八十畝科米一千二百零五石一斗

欽州地曠而瘠民鮮而貧率務取給目前無復有遠圖者故雖已欵之田尚或舍而弗稼况荒蕪不墾之區而必責其勤力斯亦難矣昔人謂西北有可耕之地而無其人欽廉是也東南有可耕之人而無其地閩之海濱諸郡是也今以閩例欽强所不欲而授之田卒廢而無成賦一增而莫減烏得不為民病哉

雷州府

海康縣屯田四十二 茂林 遇四 鎮福 司馬

以上屬右所 陳和 押草 新田 三板 麻廉 客東

以上屬左所 那隱 保寧 邊萬 地坡 調延 那絲

石井 寨乙 林家 祿祐以上屬右所 斜雛 草浑
三板 馮公 邁梅 石壁 廣都 馬生 邁合
那貢以上屬中所 東葉 東濠 討律 莊茱 那落
那逞 那宋 莫村 調亭 高畔 那扶 清水
以上屬前所
海康所屯田五 莊茱 平場 石井 朗頭
邁寨
樂民所屯田七 塘飯 調禮 郭家 金鈫
官長 勤肥 東洋

海安所屯田五 討空 討哨 張疇 賓板
邁東
錦囊所屯田六 那旺 擔捍 東零 邁黎
邁崚 連村

瓊州府
瓊山縣屯田十一 南黎 青寧以上屬左所 大寨
頓墟以上屬右所 龍抱 南綿以上屬中所 坡口 徐家
以上屬前所 澄邁 安平以上屬後所
清瀾千户所屯田二 文嶤 頡興

萬州千户所屯田二 新洋 禁山
南山千户所屯田二 嶺脚 鴨塘
儋州千户所屯田二 黄謂 黄村
昌化千户所屯田二 蘇屋 大南
崖州千户所屯田二 北山 淌西

永樂元年榜諭天下屯田旗軍士人等知道朕承大統君主天下軍與民皆朕赤子即位之初便思量要養的道理只要使軍民都得豐衣足食共享太平常思着洪武年間軍士都着他耕種自食又積贊餘糧防備水旱百姓免其轉輸軍士並無饑窘這箇法甚是兩便後來被建文廢弛了如今天下平定軍士不受眠霜卧雪的劳苦都安然無事百姓每那幾年遭建文苦害得好生窮乏若教那窮乏百姓供給安坐的軍士百姓轉見艱難軍士轉見驕堕了倘或百姓供給不前軍士也只得坐受饑餓兩下都不便當因此上着您海官軍依着定的分數下屯專委官管領定立賞罰則例年終赴京比較每一都司另撥旗軍士一名種樣田只是要您每衆人勤耕力種贊下

粮食官府起蓋倉廒替借每收藏起來號令出去已
及二年近來寧夏種樣田軍士索成等遵着朝廷法
度好生動謹每名收得子粒折筭細糧五十五石有
零管屯的官與種田的軍都量量賞賜又將餘剩的
糧四十三石賞與他了山西種樣田的也収得子粒
好生多也都與他了賞賜其各處多有等管屯大小
頭目不體朕心因循度日不肯提督甚至恣肆奸貪
多方害軍害民或正當農作時月私自差占或巧立
名色科斂穀米財物或指以點屯爲由勸合遠接及

需索酒食稍有不從便加鞭撻或自已不肯親自到
屯遠在一二百里穩便處宿歇却拘集屯軍齎帶盤
纏前來聽他發放往回便是十朝半月及至將農務
躭悮了却又問軍家有罪過使軍士手足無措如何
能勾安心耕種又有等本爲點屯但遇經過去處有
司都要他供給又要人夫挑擔行李及擡轎等項使
百姓也不得安如此百般無狀也有等屯軍不遵號
令懶惰撒潑不肯儘力或假以告訴爲由聽候對理
虚度日月或投托官吏假名隱占全不下屯或推稱

軟弱日腫一日畧不畏懼或擅離田所私自回家遊
蕩因而掠取民家資畜都因是這等上頭致令田土
荒蕪子粒無収及至比較或揑做災傷欺罔虛数
目影射一時縱然瞞過日後軍士夫男小女將甚麼
來養活其自饑死者朝廷差人督糧却又在下營
軍士科斂賠納又如莒州千户所先遍奏說本處荒
閑地少都要守城關糧不肯屯種及致差人踏勘選
有荒閑田地每軍撥與五十畝着他儘力開墾都
屯官員又行故違號令不肯督軍下屯縱容懶惰

士還在原營居住中間止有開得地四畝五畝者其
餘田地俱各荒蕪又有等管屯官不肯用心提督屯
種將及年終比較恐怕罪責却縱放奸頑屯軍假以
原撥田畝沿海土鹻沙瘦水深低窪四散不成片段
所收子粒不及揑詞來告他都不思量民人也有些
等田土逓年辦納稅糧不缺況又要承當一應水馬
驛站等項差役又要養活家下人口其軍人所種田
地種收子粒不過止是存與食用又有等因見屯軍
所收子粒數多除正糧外本有餘糧十一二石他都

照原報見有之數從實收取上倉却將原定的比較例兒有餘糧一斗至九斗無罪為由抄與旗軍傳説互相托故不肯從實上倉事發到官都依着法度責了念慮恐係每衆人逓相倣傚陷入刑法遂一説將去并將重别更定則例條列于後各屯都要置立紅牌一面刊得明白轉逓着省以為警戒管屯的官務要不離屯所勤謹提督不許狥情縦放軍人懶惰又要公平撫恤一毫不許擅科一刻不許擅差亦不許無故淩虐屯種的旗軍務要趂時耕種朝作暮息不要惟奸躲懶不許聽從大小官旗私下役使亦不許倚恃刁頑不伏本管官旗比較約束若是遵着號令自然田禾茂盛子粒多收各家長得飽煖又得重賞如仍前壞法定將犯人處以極刑家小遷於化外故諭

嘉靖十年屯田僉事林希元以臣愚見如本年終屯糧不完者管屯及各衛所掌印官并屯種官俱各住俸一年之上不完者衛所僉書首領官及都司按察司管屯官俱各住俸其各衛所管屯掌印屯種等官俱各革去冠帶戴罪徵納屯老旗甲通行提問又半年之上不完則管屯及各衛所掌印并屯種官各條開降級其都司管屯官聽按察司管屯官查舉按察司管屯官若容情怠誤聽撫按官查舉如此則綱紀適中情法兩盡而人易遵守矣然屯糧之欠蓋有數等有田土迷没或被人霸占賠納不起者有田被水堋沙壓或高埠辦納不起者有軍士姦頑不肯完納者有攬户推姦不肯完納者有官豪影射不肯完納者此皆拖欠在人各該官員失於追徵以之住俸降級可也亦有管屯指揮千百户等官將徵過錢糧侵欺入己託名軍欠抵搪彼則自獲大利住俸降級固非所恤而各該官員反因之住俸降級可乎至如姦頑攬户官豪不肯完納各該官員不能如法督徵以之住俸降級可也如或田土迷没或被霸占或堋壓高埠辦納不起寧不在所恕乎故臣愚欲再申明事例凡屯糧本年終不完者衛所掌印管屯屯種等官照舊住俸仍令開報何人名下拖欠申達按察司管屯官查考如係奸頑攬户官豪拖欠即令作急督徵

待至一年以上不完方照例施行如是管屯等官倘
欺不肯完納即便參奏照例問遣如田土遠年埋沒
或被人霸占或坍壓高埠軍士難於陪納則當為查
處被占者為其追斷迷沒者為其查理坍壓者將新
增田土撥補或與開豁高埠則令肥瘠相兼領種或
准雷州事例只納三分之一或只納一半查處既當
該衛所管屯掌印屯種等官不行如法督徵復致拖
欠然後坐以降級之罪則人始無後言矣

外史氏棐曰按漢文帝從晁錯言募人徙塞下
使屯戍之事益省轉輸之費益寡此為議屯田
之始昭帝始元二年發射士調故吏屯田張掖
宣帝神爵元年趙充國擊先零請屯湟中條上
便宜十二事此乃行屯田之始而屯種之為世利
久矣

國初屯政徧于天下大率衛所軍士以五分守城
七分種屯又有二八十九四六中半等例隨地
而異乎於粵之屯政未攷其詳而其利弊較之
別省不甚懸絶究其故有五焉一曰軍民互爭
以虧屯額二曰將領置莊多占軍田三曰沙壓
水衝粮數日減四曰豪強典賣稅額日逋五曰
舊額新增相仍滋弊此弊也久矣古有青山綠
水魚鱗諸冊今湮滅不可攷矣獨其弊而清釐
之因其勢而利導之則在有位君子然此皆以
養兵也至於養民則有社倉平倘等倉邇來積
儲鮮少頃歲洊饑民多艱食

按院望海劉公惻然憐之自捐贖鍰買穀二萬餘
石立義倉四十座又檄沒官田捌拾餘頃納租
入倉將來有萬餘石又發銀各府置倉百餘所
貯穀數十萬皆按歲豐凶以常平之法出糶民
受其賜不淺百世之澤於是乎在謹表而書之

粵大記卷之三十一

政事類

鹽法　　　　嶺南郭棐篤周甫編

周禮天官籩人曰朝事之籩其實形鹽又曰掌鹽之政令以其百事之鹽祭祀供其苦鹽散鹽賓客供其形鹽王之膳羞供飴鹽凡齊事鬻鹽以待命

史記曰募民自給費用官器作煑鹽官牢盆

漢地理志南海郡番禺蒼梧郡高要皆有鹽官自河東至蒼梧凡郡二十五有鹽官三十五

武帝元封元年因桑弘羊請置大農部丞數十人分部主郡國各往往置均輸鹽鐵官鹽官凡二十八部南海之鹽煑海而成者也

魏志曰衛覬與荀彧書言夫鹽國之大寶也自亂以來放散宜如舊置使者

唐地理志凡天下有鹽之縣一百五嶺南自東莞至義倫縣六並有鹽

唐玄宗開元十年勑諸鹽鐵令刺史上佐檢察收課

肅宗乾元元年第五琦為使初變鹽法號山海井竈近利之地置監院游民業鹽者為亭戶及為榷鹽鉄使盡榷天下鹽

憲宗元和二年以李巽為鹽鉄使奏江淮河南峽中兗鄆嶺南鹽法監院去年收鹽價緡錢七百二十七萬比舊法張其估一千七百八十餘萬非實數也今請以其數除煑之外付度支收其數鹽鉄使煑鹽利繫度支自此始也

元和五年王播奏江淮河南嶺南峽中兗鄆等鹽利錢六百九十八萬貫比改法以前舊鹽利時價四倍虛古此錢當為一千七百四十餘貫請付度支從之

僖宗時鄭畋請以嶺南鹽鉄使委廣州節度常荷歲煑海取鹽直四十萬緡市虔吉米以贍安南

宋太祖開寶四年詔権嶺南鹽

太宗雍熙元年除江南鹽禁二年尋復之

淳化中陝西轉運鄭文寶議禁毋入塞煑海為鹽凡六路廣南其一也地曰亭場民曰亭戶竈戶戶有鹽丁煑井為鹽

仁宗天聖以後東西海場十三皆領於廣州歲鬻五

十一萬三千六百八十六石以給虔西二路
慶曆中廣東轉運使李敷王繇請運廣州鹽於南雄
州以給虔吉後三司戶部判官周湛等八人復請運
廣鹽入虔州
嘉祐以來或請商販廣西鹽入虔汀所過州縣收算
神宗元豐二年舒亶迎合章惇乞運廣鹽於江西即
遣周輔往江西相度遂以周輔遂領提舉江西廣東
鹽事
元豐三年詔廣東東莞靜康等十三場歲煑二萬四
千餘石以給本州及封康英韶端潮連賀恩新惠梅
循南雄州并連州白石石康二場歲煑一百五十萬
斤以給本州及欽州等處又高竇春雷融瓊崖儋萬
安州各煑以給本無定額
元豐四年蹇周輔上廣東鹽法總目
元豐七年修廣東西鹽法條約總目上之
高宗紹興四年詔淮浙鹽每袋增貼納錢三貫文並
計綱赴行在　命廣鹽亦如之
紹興八年以前樞密院編修官胡銓監廣州都鹽倉

詔廣西鹽歲以十分爲率二分令欽廉雷化州官賣
餘八分行鈔又　詔廣東鹽九分鈔法一分產鹽州
縣出賣廣南土曠民貧賦入不給故漕司蘖鹽以其
息什四爲州用可以租給而民無加賦若客鈔既行
州縣必致缺乏
紹興三十二年鹽額廣東路廣州九潮州三惠州三
南恩州二廣西路廉州一高州二欽雷各二化州二
孝宗乾道六年戶部侍郎葉衡奏今日財賦之源煑
海之利居其半然年來課入不增商賈不行者皆私
販之害也
通考曰二廣之鹽皆屬於漕司量諸州歲用而給之
鹽然廣東之倍富猶可通商廣西之地廣莫而彫瘁
食鹽有限商賈難行況自東廣而出水小多灘磧其
勢甚難是廣西之鹽不得與廣東比倫也
淳熙六年詔廣南毋擅增鹽額
淳熙九年遣使訪問廣西鹽法利害
淳熙十年詔罷廣南官鬻鹽法　宋史是月又命二廣提舉鹽事官互措置
鹽事十二年三月又詔命提舉廣南東西鹽事司爲　十六年又復二廣官般官賣鹽法紹興初詔歲[illegible]

東增收鹽行錢（右上角小字：索賣鹽華免廣）
成淳七年正廣東鹽法
元至元五年二月湖廣行省咨中書省云廣海鹽課
提舉司額鹽三萬五千一百六十五引餘鹽一萬五
千引近因黎賊爲害民不聊生正額積虧四萬餘引
卧收在庫若復添辦餘鹽困苦未甦恐致不安事關
利害如蒙憐憫閲奏除免廢期元額可辦不致遺患
邊民户部議云上項餘鹽若全恢辦緣非元額兼以
本司僻在海隅所轄竈民累遭刼掠死亡逃竄民物
凋弊擬於一萬五千引内量減五千引以舒民力中
書以所擬奏聞得旨從之至元二年監察御史韓承務建言中書省送户部定
擬自元統三年爲始廣東提舉司所辦餘鹽量減五
千引十月初九日中書省以所擬奏聞得旨從之十
三年免廣州因宋之舊立提舉司從實辦課二十二
年分江西鹽隸廣東宣慰司歲辦一萬六百二十
引二十三年併廣東鹽司及市舶提舉司爲廣東鹽
課市舶提舉司每歲辦鹽一萬一千七百二十五引
大德四年增至正餘鹽二萬一千九百八十二引十
年又增至三萬引十一年三萬五千五百引至大九
年又增餘鹽一萬五千引延佑二年歲增五萬五百
引五年又增至五萬五百五十二引新隸之場凡十
有三至元十八年分撥廣州路二萬七千户計鈔一
千八十錠爲呂國公主湯沐元統五年免廣海添辦
鹽課一萬五千
引止辦原額

國朝洪武二年置廣東海北二提舉司歲辦鹽課每
引四百斤
洪武十七年定廣東鹽工本鈔每引俱二貫
正統三年令河間長蘆及河東陝西運司官鹽客商
中給支給不敷者准於廣東海北鹽課司兌支
景泰五年令廣東海北二鹽課司竈丁有私煎餘鹽
者送本司每引官給米四斗
弘治六年添設廣東按察司僉事一員專理鹽法
廣東鹽課提舉司提舉一員　同提舉一員　副使一
員　吏目一員　廣盈庫收貯引目大使一員
外十四場大使各一員
海北鹽課提舉司提舉一員　副提舉一員　吏目
一員　石康批驗所大使一員　外十五場大使各
一員
廣東鹽課提舉司所屬十四場　靖康　歸德
東莞　黄田　香山　𨪚峒　海晏　雙恩　鹹水
淡水　石橋　隆井　招收　小江〇已上鹽場十
四處歲辦鹽四萬六千八百五十五引一百斤零

海北塩課提舉司所屬九場 白沙 白石
西塩白皮 官寨丹兜 蠶村調樓 武郎 東海
博茂 茂暉
瓊州六場 大小英感恩 三村馬裊 陳村樂會
博頓蘭馨 新安 臨川 已上塩場一十五處歲
辦塩二萬七千四十引二百斤零

塩引印
户部塩引之印篆文一顆
塩糧勘合并塩引由契本銅版

塩糧勘合銅版一片
廣東塩課提舉司銅版二片
廣東海北提舉司銅版二片 嶺表異録曰野煮
塩者廣南煑海有恩州石橋場俯迎滄濵商人掘
地為阬阬口綿布竹木鋪蓬篚於上堆沙潮來投
沙鹹鹵淋在阬内候潮退以火炬照之氣衝火盡
則取鹵汁用竹盤煎之頃刻而就自收海水煎塩
謂之野煮云
洪武間户部恭塩引印及塩粮勘合并恭塩引由契
本銅版俱收貯 内府户部編號本記收貯户部凡
遇各處急缺粮草則户部奏請印刷定召商開中正
統十一年以户部改為京户部具奏鑄換印與銅版
各增南京二字於户部之上仍收貯南京内府户科
遇開中本部差官至彼印刷編定齎赴開中處所給
發其印及銅版木記用使年久平乏模糊則奏請改
鑄刊告

廣東塩課提舉司一十四場舊額人丁三萬二千九
百零一丁額辦有徵無徵小引生熟塩八萬九千二
百八十七引九十八斤六兩三錢二分每小引該塩
二百斤俱觧廣州塩倉收貯除竈户逃絶無徵塩課
外令見存人户代徵外嘉靖二十一年分攢造實在
人丁二萬三千六百零八丁并竈田四千七百二十
九頃一十二畝一分四厘五毫三絲塩埕池漏七千
五百四十三口共辦有徵小引生熟塩六萬七千一
百四十九引一百六十二斤一十一兩零一分三厘
每熟塩一引折徵銀二錢三分生塩一引折徵銀一
錢七分正德十一年御史鮮冕奏定後同 共徵銀一萬三千四百三

十五兩零六分九厘零其鹽聽竈户自賣（弘治四年[illegible]奏行後）
先年俱係提舉司徑自催徵因與各場隔遠中多拖
欠自嘉靖三十年為始行各附近縣分掌印官將各
轄地方場分課銀督徵務在年終完足及將二十九
年以前拖欠之數立法帶徵（嘉靖三十一年正月内鹽法僉事李萬實呈行）
俱解提舉司按季解布政司一半解部一半留備軍
餉（正德十一年刑部莊主事奏行）
海北鹽課提舉司一十五場舊額人丁一萬六千五
百八十九丁額辦有徵無徵太引鹽二萬八千一百

一十九引零九十二斤九兩每大引該鹽四百斤折
小引二引俱解白石倉收賣除竈户逃絶無徵鹽課
免令見存人户代徵外見在人丁一萬一百零六丁
共辦有徵大引鹽一萬二千七百八十二引一百零
九斤八兩（嘉靖九年僉事林希元奏查）其鹽聽竈户自賣内海南
大小英感恩等六場每大引一引折米一石每石折
徵銀三錢各場實徵米六千零四十六石七斗八升
一合零該銀一千八百一十四兩零三分四厘零遞
年俱係各附近州縣掌印官徵解瓊州府廣盈庫收

貯支作海南衛並本府合屬官吏俸鈔及大征支用（正統七年瓊州府知府陳瑩奏行）
海北白沙等九場每熟鹽一引折銀二錢三分生鹽
一引折銀一錢七分實徵鹽課銀二千七百五十兩
零九錢二分五厘零嘉靖二十五年以前俱解布政
司一半解京一半留備軍餉嘉靖二十五年以後解
廉州府惟作該府衛縣所并本提舉司官吏俸軍正
七九十一月折俸支用（廉州府知府胡鰲呈布政司覆議呈行）
水客鹽價（凡往場買鹽轉賣與商者曰水客）廣東鹽課提舉司[illegible]

靖康歸德場名曰東路香山海晏等場名曰西路鹽
用火煎故曰熟鹽煎法不同故鹽有高下淡水等場
生鹽不煎值晴日多曬其色白雨日多濕其色青價
亦隨之水客告往各場買鹽以一萬斤為率青生鹽
照舊納軍餉銀八錢白生鹽銀九錢東路熟鹽照舊
納軍餉銀一兩西路熟鹽銀一兩二錢隨其報買鹽
數多寡折算預納完足給限往場收買依期回銷（嘉靖二十八年鹽法道呈行）
納堂商人（於水客處買鹽往他處發賣曰商人）鹽至連州陽山英德翁

源清遠等處發賣於湞遠縣納堂至樂昌曲江乳源
仁化始興等處發賣於韶州府納堂至高要高明德
慶封川開建瀧水等處發賣於肇慶府納堂四會懷
集等處發賣於四會縣納堂陽春縣屬發賣於該縣
納堂至廣城并南海番禺從化三水順德新會增城
龍門東莞等處發賣於廣[illegible]府納堂至歸善博羅河
源龍川和平等處發賣於惠州府納堂至南雄河下
舜性江西南安贛州發賣於南雄府納堂至梧州河
并繼廣西各府湖廣衡永潯南柳慶等處發賣於梧
州府納堂每買正鹽一引許帶餘鹽六引每引二包
重二百五十斤共一十四包計正餘鹽一千七百五
十斤正鹽於提舉司納引價銀一錢紙價銀三厘軍
餉銀九錢餘鹽六引於納堂官司每引納銀一錢五
分共銀九錢若包有大小及潮州鹽無包者並以斤
數折筭正德十四年總督都御史陳 題行
餘鹽銀凡水客赴場買鹽回銷每鹽一萬斤首出餘
鹽一百斤劄除餘鹽三十斤外又或委官盤出餘鹽
俱照河下時值折收價[illegible]灶場則例抽納軍餉

其鹽免劄入官惟令立限在省河下居貨發賣其所
入正餘鹽七引每引劄餘鹽五斤及或於七引之外
委官盤出餘鹽亦照時值折銀仍計以一千七百五
十斤為一引抽引價銀一錢紙價銀三厘納堂軍餉
銀九錢其鹽亦免劄入官明於引票內填寫劄鹽盤
出鹽若干抽納過價銀引紙軍餉若干數目照徃告
指府縣納堂若各處納堂委官又盤出餘鹽亦照此例
俱隨盤出多寡折筭抽收價銀引紙軍餉銀兩亦免
劄鹽入官仍於票內填寫委官盤出餘鹽若干收過
各項銀兩若干明白將票給還商人照徃各處貨賣
潮州府鹽去省路遠免其赴廣東提舉司報納每年
鹽法道於該司庫引目拆出一萬道并印給號票俱
發該府轉發廣濟橋廠委官收候用盡再發其水客
徃場收買生熟鹽及商人接買與盤出餘鹽引紙價
軍餉銀俱照廣東提舉司則例行所收軍餉季終送
府解布政司收貯
高州府所屬化州石城茂名電白信宜吳川五縣每
年於海北提舉司庫貯引目各一百道鹽法道就近

於廣東提舉司刋印商人水客號票亦各一百張俱發化州收貯候有水客告往茂陣博茂官寨册兜三場買塩同經紀赴州告給號票照數預納軍餉銀該州秤收立限填票給往該場買回赴州銷盤明白准令對賣與商人照每官引先納引價銀一錢紙價銀三釐軍餉銀九錢該州照數填票將引截角定限給照往告指地方官司提秤盤驗聽賣依限將引目號票回州銷繳不許影射并私通徭山引目號票拆填將盡造册連巳銷引票併繳本道查行給發所收銀兩并給過引票該州季終通中年終將收過軍餉銀解布政司貯候軍餉支用引紙價銀解海北提舉司類解

牙用銀廣東塩課提舉司經紀三十名週年一換番南二縣土著居民如有願充者具狀赴塩法道報限日齊集拈鬮數足而止每塩價銀一兩計牙用銀二分五釐内一分五釐商人同引價納赴提舉司以充軍餉一分聽經紀收用該司季終將收過牙銀起解布政司造册繳道具數呈報軍門查考商人赴道告買引塩狀後明開經紀姓名貫址以備稽查

海北提舉司轄屬官寨册兜場僻在海隅水通廣西博白陸川二縣每被奸徒私販塩斤合行該提舉司并石城縣着令商人隨其買塩多寡徑往該司告納軍餉給票照往該場買回石城縣告銷委官盤驗仍往該司秤納引紙價銀折引另給引票立限領回該縣照例納堂仍照廣東提舉司事體每萬斤割塩三十斤每官引一引割塩五斤折收塩價軍餉引紙價銀貯庫免其收塩入官聽在本縣地方貨賣依限銷繳所抽銀兩年終解海北提舉司收候類解嘉靖二十四年塩法通議行

議復衡永行塩地方疏　吳桂芳

照得兩廣地方素為多盜之區師旅頻興軍餉無措前該督府諸臣先後建議設立塩廠委官抽盤資彼餘塩之利以供餉用之費行之既久上下相安者數十年於茲矣近者都御史鄢　整理塩法議改衡永二府盡食淮塩緣淮塩遠涉洞庭經歷風濤遲延歲月本輕脚重商既不樂於行而塩來既艱其價必高

衡永之人益何其不便也臣自蒞任以來飭查梧州
税餉比前頓減節據該道清查回報皆云因衡永之
鹽既阻而軍餉之入遂稀已經案行議報去後今照
前因臣會同議照強兵之道足餉為先興利之方便
民為要兩廣地方素稱多盜兵戈不息供餽實繁其
餉用之資類取給於鹽利而鹽利之稅皆權納於橋
關夷考梧州一關之稅往昔頗增盖以湖廣衡永二
府盡食廣鹽惟鹽法之疏通故稅入之頗裕其來尚
矣其衡永二府之民安食廣鹽百有餘載亦以彼地
水陸近便鹽貨阜通之易也夫何邇年以來議將衡
永地方改食淮鹽遂將廣鹽停止淮之官鹽其來有
限而廣之私販遂致盛行徒減兩廣之軍需何益兩
淮之歲課於上無補於下有虧既非通商足國之規
又豈導利便民之道況開私販之門啓椎埋之漸地
方隱憂誠有大可虞者所據該道呈要議復舊規辨
析分明似應依擬如蒙伏乞　勑下該部再加查議
如果臣等所言不謬乞將衡永二府照舊通食廣鹽
著之令甲通行兩淮鹽法衙門及湖廣司府永為遵
守庶軍民便於得鹽商賈利於通濟而兩廣軍餉亦
賴之以裨益矣

議疏通韶連鹽法疏　　劉堯誨

臣據該道查議呈詳到臣該臣看得廣東東西二路
所產生熟二鹽向係各處水商往場收買運至省河
赴鹽課提舉司每引納軍餉銀九錢仍聽商人各照
引目行鹽地方轉運發賣一自南雄度嶺至南[illegible]以
達于吉安一自梧州入桂林至全州以達於衡永二
路商鹽皆出境發賣者一自韶州至樂昌縣平石村
一自連州至星子白牛橋二路商鹽皆本境發賣者
南梧二路向來通行江楚似矣韶連鹽商雖在本境
發賣緣白牛橋以北平石村以西皆湖廣郴衡地方
廣東水道俱窮源於此過此則阻以騎田獵嶺即古
之五嶺地不可舟楫而陸行者亦不能重負故韶連
二路之鹽俱係鄰界郴桂宜臨等縣人民覩赴水次
交買各擔負而歸以供日用以故韶連二路引鹽舊
規每年拆至幾二萬引與梧州引目相等者以鄰省
食鹽之故若止以供韶連二處即每歲二千引亦不

能銷引目既均塩行無阻二百年以來公私利賴即
往年兩廣山海盜起徵發煩費而其取諸塩餉者皆
遵守成議不変迨隆慶五年間因廣西古田既平該
巡撫都御史殷正茂議將廣東產塩皆由梧州府江
以入省城全州發賣官給本銀每歲凡三運計取息
可得二萬五千金專備古田善後之需將廣東韶連
前項行塩津路悉皆禁絕題奉　欽依於是廣東餉
銀乃驅之而歸西矣東省餉額日蹙各處軍民買
食日艱生理日窘故紛紛赴愬乞復舊規此其情亦
切今該司道等官復查歷年卷冊韶連二路引塩先
年銷至一萬四五千道而餉背多者一萬有奇至少
亦不下九千餘兩今皆為之限制每年止許拆引三
千六百道納餉三千餘兩是常餉去其過半矣而從
廣西官塩每年果能三運則衡永食塩尤可以望取
給也柰何徒法難行民煩軍赦而凌遲至於一年之
間僅能一運運數既縮在官則虧損餉額在民則衡
永之民每年既少塩五千引該塩三百五十萬斤矣
而又阻絕韶連萬引塩斤將併郴桂臨藍五七州縣
之民越千里而皆仰食於西塩其能給乎若廣西
商又每以塩運數則塩積而價平其取息也微塩運
疎則塩稀而價踊其取息也厚原其心惟欲利民之
艱食以遂己之奇贏而於常餉之盈縮不計也是以
衡郴等府州每至於秋冬之間則塩商為之罷市而
價之騰踊無論矣其所屬宜章臨藍及江華永明等
縣又皆冒禁潰防群百十人而四出其西南則至於
廣西賀懷及廣東四會等縣東至於陽山連山樂昌
等縣皆迂避官道而出入於猺獞之鄉蛇豕之穴轉
相貿易徒負以歸此其勢亦迫矣蓋民生日用惟米
塩不可暫缺者民食所關雖日梟一人其能禁乎初
議塞私販之路今之所開者視舊路孰多是徒自窮
其法而示民以不率也司道官所謂無裨於西省官
運而反見損乎東省軍餉者可謂切中弊因矣近者
又該前任督撫凌雲翼目擊東省窘憊不得已遂從
司道之議凡韶連生塩每引於常餉九錢外加銀五
錢以補餉額之不足者此法外意也於裕餉則得矣
而如商民之並病何以臣愚計之止當復引不當加

餉加餉則餉足而商民不利復引則商民利而餉亦
足臣奉　勑諭帶管鹽法許以悉心計議今見商民
嗷嗷控訴如此成法新政利病昭然如此豈容置之
不講所據廣東司道各官議將廣東韶連二路引鹽
每年各拆一萬引查復舊規納餉通行而有攙買引
者不為嚴究此亦通商便民滋益常餉之一道也蓋
竊以為為引太浮奚於中裁酌在韶州西河鹽則每
年拆引七千道連州則每年拆引八千道與同西省
官運民商並聽常行無阻經久良法無踰於此者
惟饒益東人亦所以全西省之官運而行之遠也若
民間私販之徑不待官禁之而民自阻絕且於法亦
無不行矣　勑下戶部再加詳議如果臣言不謬覆
議上　請行臣轉行兩廣司道及湖南守巡道欽遵
施行庶官民兩便而於臣總理之責亦少稱塞萬一
矣

議裁革北鹽課提舉疏　陳大科

欽差總督兩廣軍務兼理粮餉帶管鹽法兵部右侍郎兼都察院
右僉都御史陳大科為酌裁衙門以省冗員以節財用事據廣東
布政使司呈先奉職批據屯田水利道副使黄曰謹
呈據海北鹽課提舉司提舉高儀揭稱本司衙門原
設提舉吏目各壹員名有職官其實虛設遞年俸薪
馬夫條鞭及皂庫諸役工食等項約費公帑肆百壹
拾兩零所管白沙白石西鹽官寨武郎東海茂暉柒
場歲共課銀貳千貳百叁拾壹兩壹錢零貳釐不必
本司行催場官自能及時盡數徵解本司轉解布政
司收納此外若客商票引紙餉銀每年多不過壹百
柒捌拾兩提舉吏目閉門靜坐以年費公帑肆百餘
兩而止職管餉銀壹百柒捌拾兩所得大不補其所
費誠尸位素餐而為冗員之首當裁革者揆之時宜
質之輿論皆以為議革便該本道查看得設官分職
各有攸司海北僻在一方舊設十三場官分地督徵
今該司所管只存白沙等七場課額歲銀貳千貳百
餘兩向皆場官徵解司官毫不費催科之力而所經
理者歲不過餉銀壹百柒捌拾兩尸素莫有甚於此
者今該司欲將白沙白石西鹽官寨肆場共銀壹千
壹百柒拾壹兩肆錢肆分壹釐柒毫在廉州境內

郎東海貳場額銀共陸百玖拾壹兩叁錢零壹毫在
雷州境內茂暉場額銀叁百陸拾捌兩叁錢伍分玖
釐叁毫在高州境內分行各府管粮官督行場官照
數徵解每季客商票稅引紙餉銀通屬廉州就近兼
理其提舉吏目俸薪馬夫及皁庫工食共銀肆百捌
拾餘兩悉行免編該司官吏另聽選擬而以裁革衙
門具　請匪值省冗官且以節財用等因奉批事干題
請仰布政司會同按察司覆議報奪依奉備行守巡
海北二道并廉州府查議相同到司隨該本司參布
政使游應乾會同按察司按察使王儆看得設官以分職
職易舉則官不必拾冗員餼廩以稱事事易集則廩不必於
濫費海鹽司原為提舉十三場計耳顧遠者法令難及已
奏隸貳府徵解近者課額易完又無事提舉督催是
該司衙門誠擁虛名雖歲督稅票引價不過壹百柒
捌拾金而吏目除餉亦僅肆伍拾金總計提舉吏目
俸薪夫馬等費乃歲糜肆百貳拾餘金是所出浮于
入之半其當裁革明甚今該司以柒場課額事簡欲
比陸場分屬高瓊事例併于雷廉及高州府管粮官

附近徵解鹽引稅票等銀仍以廉州佐貳理其原東
批驗所印記議委府首領及縣佐輪管此誠官民兩
便且亦節財省費於地方大有利益再照提舉吏目
既裁則歲用夫馬等銀貳百叁拾餘兩原派拾叁場
竈丁辦納應照道府所議免編其俸薪紙劄工食各
項共銀壹百玖拾叁兩肆錢零原派叁府州縣徵解
令鹽司既革應否照舊徵完貯候別用抑或免行派
徵統候裁酌等因到職據此案查先據該道具詳已
經批行布政司會同按察司覆議通詳去後今據前
因該職會同巡按廣東監察御史劉會看得建官所
以佐事也官領除目來居然無所事事則官可省也
已廣東海北之有鹽課提舉司也原為管理陳村樂
會等壹拾叁場鹽課而設也今拾叁場之中割去其
陸矣緣此拾叁場中有坐落裊遠催徵難周者正統初奏
准遂割陳村樂會等伍場屬之瓊州割博茂壹場屬
之高州即今該司所隸僅白沙等柒場而已額課僅
貳千貳百有奇而已節年場官徵解俱中程無煩司
官催督而其所辦納者止引餉壹百柒捌拾兩是課

哉而官備也司官寔桂畫諾坐嘯之誚烏即無糜費猶當裁之矧提舉吏目廩餼與人役工食歲費至肆百餘兩視歲入之餉倍之衆得非所謂食浮于人而人負其官歟此提舉官高儀所以有裁革之條議也今據司道再三勘議要將白沙白石西鹽官寮肆場額銀壹千壹百柒拾壹兩肆錢肆分壹釐屬廉州府武郎東海貳場額銀陸百玖拾壹兩叁錢零壹釐屬雷州府茂暉場額銀叁百陸拾捌兩叁錢伍分玖釐叁毫屬高州府各管糧官督行場官照數徵解其寮

南票稅引紙餉銀事務通屬廉州府佐兼理石康批驗所印記議委府首領及縣佐貳輪管該司衙門提舉吏目俱行裁革各官每歲原派各場辦納夫馬等銀貳百叁拾餘兩及派叁府徵解俸薪紙劄工食等銀壹百玖拾叁兩肆錢零俱行免徵以寬民力此誠官民兩便之計也或以為官無統則事不集如之何殊不知向也以陸場分屬高瓊兩府自正統以迄于今未聞鹽課稍缺也陸場既可屬之高瓊無害安有柒場不可屬之雷廉者耶僉謀海北鹽課提舉司衙

門裁之便相應允從伏乞

勑下吏部再加議覆將海北鹽課提舉司准行裁革各官送部別選吏役另撥補叅該司印信送布政司收貯聽候類繳其催徵各場鹽課與榷收票引稅餉及減免俸薪等銀照前議施行庶官不至于虛設財不病于糜費而海地方少有裨益等因該吏部覆題將海北提舉司裁革原管各場鹽課分屬高雷廉三府管糧官督徵庶官省而用節課足而民紓奉

聖旨是欽此欽遵

外史氏某曰夫鹽者生民日用之急不可已也煮海則天地自然之利不容已也按禹書有鹽絺之貢此為賦鹽之始周禮有鹽人掌鹽之政令此置鹽官之始漢武元封初以東郭咸陽孔僅為大農丞言山海天地之藏宜屬少府願募民自給費因官器作鬻鹽官與牢盆凡鹽官二十有八郡此為榷鹽之始南海之鹽斛渡而煮與齊代無異乃其利稍亞焉及唐元和稅煮海四十萬緡宋天聖歲鬻五十一萬三千六百餘

緡而鹽法始大行矣歷代建設不同我
明洪武初置廣東海北二提舉以理鹽課弘治六
年設僉事憲臣以董鹽政法綦詳矣第鹽之為
利如泉之流不可壅也近有議開餘鹽之利以
濬其源弛私鹽之禁以疏其流者其言似亦可
採何謂開餘鹽之利夫鹽貴流通而不宜閼之
也先年御史李信言每正鹽一引許帶餘鹽二
引詹事霍韜亦議每正鹽一引許帶餘鹽三引
或令商人於緣邊報中或令商人於鹽場買補
如此是　國家獲額外二三倍之利而竈丁亦
得二三倍之息公私兼利商竈兩便誠為法之
得也何謂弛私鹽之禁蓋行鹽地方雖有定限
而鹽之為利本自無窮唐劉晏謂任其所之宋
歐陽脩謂各處鹹池盡令煑鹽而官不為禁蓋
水之行於地中也遇坎則止盈科則進鹽之行
亦猶是也何必限之然且勢之所不能限也二
者言似近理聊書之以備採焉黃泰泉先生有
言興革鹽政必處價以寬報納時秤以平市易

賑濟以紓亭户又必禁權要之佔中懲豪民之
罔利均竈啇之貧富則利興弊革鹽法可通斯
亦灼於廣南之鹽弊者

□□卷之三十一

粤大記卷之三十二

政事類　　嶺南郭棐篤周甫編

海防

洪武二年倭寇惠潮諸州

時天下初定海内乂安倭夷竊發濱海一帶皆被騷擾乃命行人楊載使日本以　璽書諭其國王書詳見使倭事畧中

四年倭寇海晏下川指揮楊景討平之

時海寇鍾福全李夫人等自稱總兵挾倭船二百艘寇海晏下川等地廣州左衛指揮僉事楊景追捕至陽江平之

二十七年秋七月甲戌始命廣東防倭

命安陸侯吳傑永定侯張全等率各武官往廣東訓練沿海衛所官軍以備倭寇

永樂七年冬十月倭陷廉州教授王翰死之

翰河南人任廉州府學教授嚴立規程教誨不倦倭賊陷城民皆逃匿翰整衣端坐明倫堂賊至欲執之罵詈不屈遂遇害

九年三月倭陷昌化所千户王偉死之

時副總兵李珪等擁兵不救城遂陷王偉力戰而死軍士死者甚衆城中人口糧食軍器皆被劫掠

十九年正月辛巳李珪敗倭於潮州靖海海濱

珪先以昌化之陷戴罪殺賊大敗賊于靖海生擒十五人斬首五級悉送京師

十二月辛丑命都督僉事胡原等備倭

同充總兵官都督僉事梁銘都督指揮使薛山爲副率原調廣東所屬軍士五十名巡捕倭寇

景泰三年夏四月海寇寇掠海豐新會備倭都指揮僉事王俊有罪伏誅

時海賊寇海豐新會甚猖獗總兵董興使都指揮僉事杜信往勦之被殺備倭指揮僉事王俊追至清水澳不及還至荔枝灣海面獲白船一隻俊取其檳榔蘇木等物縱賊開洋而遁事發追出俊贓奏聞俊當斬奉　旨就彼處決號令於是誅俊梟之

嘉靖三十二年春正月海賊許棟寇潮陽縣招收等上秋九月許朝光殺棟于江中

棟饒平黃岡人自結髮為盜搆通倭夷毒痡海上垂及萛年潮人苦之棟無子養謝氏子為己子曰朝光以所統賊衆數千半令掌之棄後流刼潮陽招收等里自往外洋留朝光屯海上及棟還自日本朝光迎棟于石碑澳殺之江中因盡有其衆自立為澳長君子曰朝光之殺許棟與安慶緒之殺祿山其事殆相類蓋祿山忘堂壁之分以無君許棟戕桑梓之邦以無父其滔天之罪均也俾得偷生何足以明天報今乃見屠於其子謂非天道癉惡之徵權乎

三十三年海寇何亞八等引倭入寇提督侍郎鮑象賢總兵定西侯蔣傳討平之

先是亞八與鄭宗興等潛從佛大坭國引番舶于沿海刼殺逃往福建收叛亡數千人與陳老沈老王明王直徐銓方武等流刼浙福復回廣東鮑象賢遣副使汪栢指揮王沛黑孟陽督兵捕之及於廣海三洲環生擒亞八等賊一百一十九名斬首二十六級餘黨脫逃徐銓方武等又自福建流突潮州為黑孟陽所破徐銓授首分巡兵備等官兵於潮州柘林等海洋擒斬一千二百有奇亞八宗興武與陳時傑等俱斬于市海島遂平

三十四年撫盜許朝光分據潮陽牛田洋後為陳滄海所殺

朝光自殺棟後沿海焚刼日熾當事者乃始昌為招撫之說聽其自據海陽闢望村威制海上又分據潮揭牛田鮀浦華䖏凡商船往來皆給票抽分名曰買水朝光復深居大舶公行擊斷間或出入城郭列羽衛以要陪官之宴其横如此後朝光竟為其酋陳滄海所殺聞者快之今南澳有許朝光舊寨云

三十七年正月壬午倭犯揭陽入蓬州所官兵擊敗之

先是壬子歲倭寇初犯漳泉僅二百人其間真倭甚寡皆閩浙通番之徒髡頭以從至是船十三艘賊八百人自漳泉犯揭陽縣適蓬州千户所城崩賊遂擁入殺百户李日芳等提督都御史王鈁遣副使林懋舉僉事經彥寀參將鍾坤秀知府李寀

芳指揮劉天倫等官兵擊敗之斬首一百七十名顆劉天倫復追至東龍凇與倭血戰死焉

十月甲子倭賊自饒平攻黄崗鎮據其城官兵敗之

經彥寀等大敗賊衆俘斬一百四十六名是戰也鄉夫之功居多

三十八年二月寇圍揭陽官兵大破之

時軍門駐潮州肇慶同知呂天恩與僉事經彥寀率鄉兵合擊之斬獲甚多寇復趨揭陽圍城彥寀帥師救之鄉夫斬金甲賊酋一人賊大敗走俘馘無筭會彥寀報罷僉事殷從儉代之乘勝逐北賊望風而靡黄崗鎮賊亦遁去

十一月庚午賊攻海門所官兵敗之走犯潮陽復破之

先是賊在福建之平和與饒平黄崗鎮隔界而壘至是賊首許老等三百餘賊引倭千餘自磊門登陸攻海門所官兵擊之賊死甚多壬申南冊土目莫善等追賊與指揮孫敏擊敗之賊遁還平和丙子許老等犯潮陽縣丞范𣏌鄉等兵擊走之賊由分水関犯黄崗鎮城通判翁夢鯉指揮李棠知縣熊昊林叢槐率兵捕之己卯賊至南洋灣指揮[illegible]良佐統目兵黄真莫善分為二哨千户黄昇等統募兵打手為一哨南洋三湾諸鄉兵又協助之大破其衆賊奔聚闢望港口甲午賊出揭陽蓬州都水沙村焚掠皆為我兵所敗十二月己亥賊寇龍外蒲都辛丑賊自平和營於赤寨村揭陽棉湖寨丁未新賊自福建雲霄突入黄崗戊申闢望賊出掠彩塘甲寅新賊與闢望賊合蹤出掠甲子棉湖賊突往蘆清官兵連戰皆破之俘斬凡一百八十有奇

三十九年　月官兵會擊闢望賊大破之

時賊為[illegible]兵追急移屯潮陽貴山都屯指揮武尚文及鄉兵連戰皆捷賊攻營古埕乙酉賊遁往南洋三湾典膳秦金與官兵合擊大敗之斬首三百七十賊潰渡河官兵邀之復大捷戊子賊癸江而渡誓復南洋湾之仇尚文等官兵又大敗之甲午古埕營賊出掠官兵又敗之二月戊戌賊復回平知沙嶺己酉賊至大涇橋目兵又勝之戊午賊[illegible]

來掠守備陳學尊兵擊之賊大潰俘獲八百有奇四月僉事齊邁與海道叅將會師追之擒斬三百六十殘賊悉遁

四十三年倭寇大犯潮州提督侍郎吳桂芳總兵俞大猷討平之

自嘉靖壬子以來倭奴内犯浙直諸郡以次及閩廣潮海之間歲被其患然尚倏至倏去至嘉靖癸亥則屯住潮揭海濵衆號一萬甲子春新倭萬餘繼至與舊合夥屠戮焚掠之慘遠近震駭桂芳新簡來鎮甫二旬即躬董師東向前後動調狼土勁兵四萬五千福兵一萬五千以伸威營總兵官俞大猷帥之副總兵湯克寛叅將王詔門崇文副之僉事徐甫宰監之相持兩月賊被圍困不得野掠乃復分夥思遁我兵乘勢擊之一戰於減水神山溝俘斬一千一百二十七名顆再戰於海豐大德港俘斬一千三百一十三名顆賊奔潰下海又陸續擒斬六百六十二名顆餘賊掠船開洋者遇颶風三日覆溺殆盡

秋八月海賊吳平攻潮陽神山古埕等鄉陷之

時倭自潮陽解圍遁去為兩廣督撫吳桂芳總兵官俞大猷所破會海風大作倭多溺水死者至是吳平乃挾殘倭流刼惠州海豐等處復轉入縣界攻陷神山古埕諸村殘破福建玄鐘等所勢益熾事聞　詔閩廣兩省會兵勦之吳平退保南澳會閩兵先至總兵戚繼光都司傅應嘉圍攻之擣其巢穴平傳間道去以小舟奔交趾官軍竟無所得尋有見平於海島中抱枯樹死為螻蟻食者其後平遺孽曾一本等仍復嘯聚海上為患高雷等府被荼毒者數年

隆慶三年正月内叛逆把總周雲翔殺將投倭作亂總督侍郎張瀚同巡撫廣東都御史熊桴督兵討平之

先因倭奴寇犯海豐平山之間巡撫親臨惠州調度分委叅將王詔雷瓊叅將耿宗元各統兵一營尅期進戰至則倭奴雖衆拒戰宗元部將周雲翔先退致賊逐北宗元憾其無功欲斬以徇雲翔懼誅是夜鼓衆二千餘人焚營稱叛襲殺宗元併[illegible]

留監催通判潘槐直逼惠城撫院發兵與戰擒斬一百三十餘功周雲翔乃奔烏栢塘投倭時通判潘槐在虜中乃用間倭夥執首惡廖鳳以獻又殺叛黨四百餘人餘皆逃散惟留周雲翔曾德父等黨門乃借調南贛叅將蔡汝蘭贛州府練兵同知方策等官兵三千五百員名前來恊同總兵郭成標兵戰於平山盬路磜東洲坑俱大捷通判潘槐亦得生還周雲翔與其黨曾德父黃遷皆生致磔于市是役通計擒斬倭王丘古所并倭奴一千三百五十七名

是年六月海賊曾一本作亂總督閩廣軍務兵部左侍郎兼右都御史劉燾討平之

曾一本者乃廣東潮州人因倭寇之亂招亡納叛聚黨數萬出入閩廣大肆倡獗攻城掠地殺虜叅將繆印等直抵五羊焚我舟師經年不能平致廑

聖懷下廷議推兵部左侍郎劉燾總督福建兩廣軍務以兵部員外王倬隨軍贊畫議於南北兩京帑銀內解發十萬以資兵食四月二十一日入境督催廣東巡撫熊桴福建巡撫塗澤民總兵俞大猷郭成李錫叅將王詔等閩廣尅期相機會剿五月十二日一戰於銅山勝之六月十二日再戰於玄鍾澳又勝之二十六日再戰於蓮澳大勝之生擒賊首曾一本黨類數千悉除是役也蓋兩省夾攻之力然俞大猷建議造舟於閩身任其事竟以收功其筭多矣

四年正月倭寇廣海衛城陷指揮王禎鎮撫周秉唐百戶何蘭死之

三年冬十一月倭賊二百餘從西海登陸寇海宴雙門等村城中有間發奸軍朱衣盧崇黃大孫等因衛所遇之過當挾怨搆藤峒賊丘樂開葦五百餘徒與倭合夥次年正月賊攻城時城中旗軍上梧州班餘丁單弱初六日寅時朱衣先滅火殺人賊由西南角入千戶甯紹傑棄城走掌印指揮王禎鎮撫周秉唐戰敗死之百戶何蘭力戰被重鎗逾日而死倭住城四十六日殺戮三千餘人官舍房屋焚燒殆盡賊退肇慶府同知郭文通率俍浙兵追之二兵不和敗沒文通僅以身免倭徒東歸

虜男女五百餘人時委新會知縣林會春勘驗招
集流亡請糧賑濟瘞枯骨於西郊死事者俱行恤
録人甚德之事定寗紹傑擬典刑監故王禎周秉
唐之後俱照例陞級而何蘭以當日不在陣亡不
録焉

五年冬倭賊大犯高雷地方提督侍郎殷正茂討平之

廣東倭患往年多於惠潮地方潮惠之民因遭殘
破自衛稍嚴而官府於該路設備頗密故此倭一
入徑向西之西自廣海以至陽電一帶村落盡遭
荼毒神電錦囊相繼被陷化州石城幾亦不免遠
近駭動正茂新奉　命至蒼梧甫浹旬聞報即董
師東奔時羽書旁午議者謂倭奴兇狡夥黨甚衆
非如往年例大調狼土官兵未易殲殄正茂曰勢
已燃眉遠需何濟况兵貴先聲必須大將親行今
宜移緩就急重申賞罰破之無難遂檄總兵官張
元勳量移從化征兵親董赴援檄僉事李材許孚
遠參政江一麟副使陳奎吳一介參議周鳴埴各
分道督集所在官兵以參將陳濠晏秋元等將之
仍屬僉事李材隨軍監督張元勳等各斬數十百
級賊勢披靡零星奔潛或遁入林箐或出海搶船
爲偷生計官兵窮其所往凡俘斬一千零七十五
名顆倭患平

萬曆二年冬倭犯雙魚所提督侍郎殷正茂討平之

自隆慶五年冬海倭犯神電錦囊勦滅之後歲於
汛期加謹二三年間海無異航說者謂其或有創
懲弗敢復窺矣至是先得廣海香山報警檄總兵
該道發兵趣應之至則南遁矣雙魚爲臨海孤城
援寡兵孱守者見倭驟薄城下惶亂自經人心失
恃遂爲倭所據督府震怒將總兵等官通令戴罪
徂征時總兵張元勳監軍副使趙可懷自新會發
嶺西守巡參政劉志伊僉事石盤自肇慶發參將
梁守愚先發陽江官兵四集重懸賞格將士咸思
奮請鬬乃三道及文武將吏日夜籌算謂欲擣賊
巢先防奔逸庶不流毒支邑且計各賊海上無船
勢必奔陸須設伏儒峒以待乃可收功已而賊果
棄城逸出爲西奔儒峒討官兵遵方畧敵至伏起

遮道夾擊戰於藍水施村所向無前大收克捷共
計擒斬首級八百一十二名夥奪回被俘男婦六
十一名口器仗馬匹無算其漏刃殘徒竄匿林菁
者復令官兵分道爬梳澌滅無遺類嗣是報有倭
夷百餘來自外洋由白額港登岸屯聚望夫坪石
等山官軍日夜攻圍勢難急下又議三道諜知敵
恃潰圍而出奪舟下海乃遂以舟為餌各賊果伺
隙奔出麻橋乘舟順流東下官兵用大砲邀擊之
舟沉倭溺計生擒及斬級共二十六名顆餘黨逋
入陽江康洲鶯步嶺者悉蕩平之

三年海寇林鳳突入廣澳總督侍郎淩雲翼擊走之

林鳳與林道乾皆曾一本餘黨也各擁衆數千流
刼海上猖獗多年為官兵所逐鳳因奔外洋攻呂
宋玳瑁港築城據守且脩戰艦謀恊番人復圖內
逞福建巡撫劉堯誨遣人諭呂宋國主集番兵擊
之巢船燒燬賊衆大挫至是又從外洋突入廣澳
雲翼乃檄總兵胡守仁兵合追至獲賊徒男婦八
十餘人復追至淡水洋賊船飄遯兵隨擊之焚沉
艘二千餘隻鳳走遯外夷其後林道乾亦突入南
澳期月官兵擊之尋遁竄如林鳳云

五年倭寇突外洋滅之

日本薩子馬國賊合黨三百舟二十餘至溫州南
圯外洋風擊舟壞散奔有倭舟俄帥四十餘人奪
白艚突犯大鵬外洋帶管海道副使孫光祖奉督
府方畧帥參將胡震督兵追勦至九洲洋賊懼棄
舟登黃楊山叢林中拒敵各兵奮勇生擒二十三
人斬級六顆奪其舟械及被虜者八名

八年廣海瓊廉倭番入寇總督侍郎劉堯誨討平之

是歲閏四月倭賊自浙閩直犯廣州南頭福永海
面下令海道參政劉經緯督遊擊韓沛追擊于翁
厓陶娘島豬海洋滅之既番賊自大泥國糾結千
衆來犯瓊崖聲勢張甚督府下令參將顧宗文晏
尚中領兵出海迎擊之毋令登陸肖破賊于感恩
追及于北黎魚鱗洲盡滅之時副使舒大猷參議
王來賢僉事薛夢雷俱移署海濱監督各將凡斬
獲倭番海賊奪回被擄共四百八十名顆口其餘

焚燬及覆者不計其数

二十五年六月總督侍郎陳大科議設復陽電叅將以固海防

廣東三面距海接連島夷風帆迅駛疾如飈隼千里可瞬息至也近者封豕未結倭情變遷其在廣海尤當思所以綢繆牖户之計至是總督侍郎兼右僉都御史陳大科題為倭警未息廣海防禦當周摘陳切要事宜以固邊隅事查得潮之南澳廣之南頭肇慶之北津雷瓊之白沙白鴿皆為沿海要區全粵門户務須在在周防事事有備竊見城垣繕治有未固軍興粮餉有未充將領布置有未周士卒訓練有未熟戰舡火器有未齊整節繳各守巡該道加意講求從實詳奪隨據守巡二道呈詳行布按二司會議前來隨該會同巡按廣東監察御史馬文卿議照國之防寇也譬諸人身之防病也必當視其受病之處加慎焉昔倭夷侵犯我粵一陷電白再潰双魚皆在陽電之間則陽電一帶固百粵受病之處矣今查廣惠潮瓊等處俱設叅將雷廉南澳則設副總兵布星列畫地桓守乃高肇之間獨缺焉查萬曆四年前督臣凌雲翼題設高州叅將一員專管陸路陽電叅將一員專督舟師嗣因羅旁之役遂以高州叅將裁改駐劄東山地方將陽電叅將議革於是陽電陸兵併之於恩平守備北津水寨僅設　欽依把總一員統之而高肇之交始無叅將矣該道鑒前慮後是以有設復叅將移駐同知之議臣等廣集衆思僉謂陽電之間一舍之外即為巨海節年寇患率由此登陸以震驚全粵叅將之設是誠不容已也但議復陽電叅將則可議移潿洲遊擊則不可何者潿洲有斷望平江等也之防高廉固並重也移之雖省供億之費不能無顧此失彼之虞惟北津把總一員初以革叅將而設今亦宜以復叅將而裁即以其廩糧移給叅將似亦相當至于高州府同知名曰海防乃全端居府城今議以本官移劄梅菉均于海防有裨既經司道會議僉同相應亟行題　請准將陽電叅將設復前來於二縣地方駐劄統領北津水寨兵舡遇汛出海防倭兼督在遼教恩陽守備及衛所官軍俱聽節制今

用廩餼節湊處給北津把總應行裁革至高州府海
防同知照議移劄梅祿地方仍乞　勑下禮部鑄給
關防一顆以便行事該兵部題覆設復陽電叅將裁
革北津把總奉
聖旨是欽此欽遵
二十五年十月總督兵部侍郎陳大科會同廣西巡
撫右副都御史戴燿題爲仰仗　天威交夷叩關領
奉職貢請　特賜區處以柔遠夷
安南黎莫二氏搆亂五年于玆黎維潭擅戕貢夷罪
應不宥祗緣恢復之名近正乞款之情頗真姑聽伏
罪議處乃夷情狙詐去年二月該道臨關詰勘定示
啟關日期倏爾宵遁䘮經嚴行閉關一面整搠兵馬
以俟声討維潭復具公文稱䟽款齊備請乞定期賜
進所據先後情由似亦可原相應嚴行勘詰備行到
道牌仰潯州府同知黄宇思明府同知李陶成會同
左州知州楊繼顯督俻呉懷仁倖檄黎維潭依期赴
關公同覆詰要見維潭是否黎氏之孫世系有何
確證鄭松的否黎氏舊臣維潭恢復過國臣耆有無

異詞抑或鄭松詐冒去年抵關因何託故逃回莫氏
世修臣職豈容黎維潭興兵擅殺豈忍遽令播遷盡
絶今當以何處地方量劃以存莫氏其金印一節前
勘審係權時描摸但夷情詭詐再行究詰原印是否
失落描摸有無燒化務得實據取具各親供及各耆
目結狀明白以憑定奪仍嚴行撽諭流土人等但有
指稱索取䫉儀謝禮者即時縛献以軍法處治道府
以下自有本等廩糧各自洗濯併加關防毋致奸猾
指騙仍行黎氏遵照去後續據該道査議前來奉批
據報安南款事告成仰仗
朝廷之威稜頓免邊鄙塗炭之苦百萬生靈之福也
應即馳　奏但事体重大仰廣西布政司會同按察
司覆勘明確詳報以憑會題奉此該司布政使熊惟
學右布政使姚學閔會同按察使朱運昌看得安南
僻在徼外歷代制馭不同然大要羈縻令勿絶而已
明興亦倣此意以故黎季犛叛逆永樂間常郡縣之
矣然叛服不常恐其羅敝　中國旋以黎利主之莫
登庸僭亂嘉靖初嘗撻伐之矣未幾因其繫頸乞降

復以都統授之此皆　祖宗恩威並用舒慘惟時馭
夷之策莫有尚焉者也今黎維潭的係黎利世孫
先朝棲之於漆馬江源流世系確有可考且其興師
恢復名義甚正恢復未幾即叩關乞款至再至三其
慕義又甚切啟關之日繫頸徒跣匍伏請死其執禮
又甚恭以　祖宗待安南之法處今日之事似不當
復有苛求獨其擅殺貢臣一節安得無罪但急于報
仇不遑請命旋即叩關請死凜凜不敢自絕則亦足
以贖矣原降金印在莫登庸乞款時　朝議追奪登
庸並未繳還想其時已失之矣今六十餘年屢經變
故豈能復存遺失之言似非飾說紙上之迹又屬描
模則金印似不必追求也其都統銀印似亦姑容行
使俟後另有頒降方勒繳還至于安插一節在黎氏
既聽　天朝處分在莫氏又願棲止高平即應斷高
平以與之舍此無為莫氏計者其稱藩頒封事宜本
司未敢輕擬呈乞　題請定奪等因到臣卷查先准
兵部咨為奔夷告急事該前督臣陳蕖具題本部覆
議奉　聖旨這夷情便行與該總督官相機處置務
[illegible]安欽此欽遵又准兵部咨為夷人侵住非宜乞
[illegible]非策懇乞　聖明亟勅當事臣工務嚴內備
[illegible]邊畧以保治安以杜釁萌事該貴州道監察御
史[illegible]元正題本部覆奉
聖旨是欽此欽遵又准兵部咨為馳報夷情事該臣
兩巡撫廣西會同前總督巡撫等官陳蕖等具題本
部覆議合候　命下移文督撫巡按衙門將令該司
道將領等官將切近安南要害嚴加防備一面傳檄
[illegible]中詰問黎維潭為何不請命　天朝擅自攻殺貢
臣劫奪印信並查維潭果否黎氏子孫是否鄭松假
冒取具通國耆老臣民結報待其具表送印請死方
與奏　聞區處莫氏見存人口聽于新安棲插以存
其宗祀其安南國王印信是否當年　頒降之印即
行追奪如莫氏尚圖復及有別項情節悉聽相機處
置不失　天朝大体亦不盡絕中國禮法務在內地
無譁貢夷羈縻而已等因題奉
聖旨這夷情依議行與彼處相機處置欽此欽遵又
[illegible]兵部咨該臣會同撫按等官戴　等具題前事人

該兵科署科事刑科左給事中徐成楚題爲夷情詭
秘可虞剿撫機當蚤決懇乞　聖明亟勅當事諸臣
及時審處以伐狡謀以全國体事俱該本部覆議合
候　命下移文廣西總督撫按衙門查照本部先今
及科臣題議事理詰問黎維潭緣何候勘有期輒行
宵遁若實係鄭松主使作何處治可撫則撫毋致黷
武以窮兵當剿則剿毋令玩寇以養寇務期操縱在
我處置得宜勒限完報等因題奉　聖旨是欽此欽
遵又准兵部咨該巡按廣西監察御史黄紀賢題會

夷情雖屬反覆操縱貴審機宜懇乞　聖明亟賜裁
決以定　廟謨以靖疆圉事本部覆議合候　命下
移文廣西總督撫按諸臣查照題議事理要見黎維
潭候勘宵遁有無鄭松主使即今剿撫機宜作何決
策體勘情形及時審處統侯督撫奏到之日另行覆
請定奪等因題奉　聖旨是欽此欽遵俱備咨前來
節經案行廣西布政司轉行左江守巡道委官會勘
詰問去後續據該道呈報黎維潭於本年四月初十
日叩關請死乞降并進代身方物數目具報到臣即

將受降緣由先行具本題　奏外今據前因該臣會
同巡撫廣西地方都察院右副都御史戴　巡按廣
西監察御史林　看得安南僻在荒徼夷長更置不
常嗣入我　明斷自以陳氏爲正而黎氏之代陳也
莫氏之代黎也總之皆篡也備考掌故　累朝處置
率多恩威並用雖嘗郡縣之而旋復捐棄之故黎利
抗命已甚矣及其服也　宣宗皇帝不難于權署之
授莫登庸僭制無比矣及其降也　世宗皇帝不靳
乎都統之封此列聖馭夷之洪摹而千古柔遠之上

策也乃今則有黎莫內訌之事而黎維潭自始事迄
于今日壹是以恢復爲名其中最喫緊者恐維潭假
托乎黎氏子孫也則據安南通國臣民結供相傳世
系有據咸願皈依舊主即查志畧當年勘核亦不外
是矣又恐鄭松假托乎維潭也則據供鄭自世爲黎
臣同居清化共嘗艱苦毫無冒詐旋查莫氏申文所
開亦黎自黎鄭自鄭判然矣乃若擅興師旅罪在不
赦也則稱　天高駱遠關禁謹嚴急于復仇不遑稟
命不然何夾板文書悉從泛海又若臨勘宵遁豈得

為恭也則稱久住諒山粮草囷乏本函諸件倉卒未辦不然何自今豐完旋復前來此臣等所得于詰問者如此然猶是傳檄置對之詞也及當期開關之日黎維潭面縛徒跣匍伏　龍幄親率臣目恭聽處分凛凛如也逢來夷使與夫夷槙鱗次而列魚貫而入秩秩如也又詰其　貢物殊不及額則譯對此原非貢儀秪是一二方物伴進代身本函候　天朝許其貢然後敢備貢烏又斷斷如也始信黎維潭乞款之忱恭順矣以視當年黎利莫登庸之事並歷　中國徵兵費餉擾攘數年直至　王師壓境勢窮乃降今維潭曾不煩一矢之加遺而束身款塞稽顙獻琛也若此葢恭遇我　皇上至誠淪浹化及豚魚　文德誕敷威行蠻貊維是　鴻休光前而獨邁熙烈超後而莫倫豈偶然之故哉臣等何幸躬逢其盛除劾勞文武官員另疏敘錄外所有處置事宜行據司道會議前來臣等往復參酌竊惟安南一方生靈皆陛下赤子不可一日無人管束今黎維潭既為衆所推舉合疏代懇似應准從伏乞　聖慈矜憐赦其既往之愆鑒其一念之誠待黎維潭以不死仍乞　俯順彼中民情姑假之事權使之統轄其土地約束其人民其應授職銜或照莫登庸例授以都統使或改給別項名色此則生殺予奪請自　聖裁臣等不敢定議原降國王金印屢經詰責執稱遺失已久似應免追都統銀印見收封識暫令行使或別有　頒給另行追繳以後每年曆日行廣西布政使司照舊本數頒行令赴鎮南關祗領三年　貢儀乞　命下禮部查議或照莫登庸時所進品物或另有增減酌定數目行令依期恭進其莫氏境土先已淪失近莫近璋在東海新安亦被擒殺止有莫敬用等所遺無幾逃竄靡定念係貢臣之後宜加保全擬黎維潭願聽處分莫敬用亦自願安插高平合照漆馬江事例斷以高平府治一處撥給莫敬用安插仍禁諭黎維潭以後不得侵害庶　朝廷之恩威益溥而交夷之大小兩安不惟南徼百蠻知所感慕而四夷之來假者亦必有觀感而興起矣但事体重大臣等智識短淺一得之見未敢必以為當伏乞　勑下該部再加酌議

上　請定奪行臣等欽遵施行除黎維潭具　奏奉
章及所進代身方物聽原差耆目親齎并差指揮向
明達吏目李加禎伴送赴京外等因又該巡撫廣西
地方都察院右副都御史戴耀巡按廣西監察御史
林道楠題同前事俱奉
聖旨該部知道欽此欽遵又准禮部咨同前事內稱
禮科抄出安南先國王黎利世孫黎維潭奏為披瀝
血誠欵關伏罪懇乞　天恩赦宥以慰徯悰以綏邊
壤事臣維潭竊聞天地生成無外日月臨照無私臣

雖僻居遐徼覺隔華風實賴　天朝涵育以至今日
臣負譴至重積悃未伸不得不披陳於生成照臨之
下臣始祖黎利代陳氏之不祀宣德年間奉　詔勅
署國事至正統年間臣祖黎麟奉　勅頒賜金印封
為安南國王傳臣黎濬臣黎灝臣黎暉臣黎誼臣黎
啁臣黎譓祖孫相繼保有南土恭職脩貢罔敢違越
中業遘屯權臣莫登庸擅柄逼逐臣黎譓脅立臣黎
應尋弑應自立以禪其子莫方瀛臣譓子臣黎寧播
遷清化源頭差陪臣鄭惟憭抱　奏乞師救急　聖

祖赫然震怒遣大將提重兵壓境重念交人塗炭宥
莫登庸以不死其臣祖黎寧遷居清化地方以主黎
祀臣父黎維邦係臣黎暉四世孫國人推戴與舊臣
鄭檢以復仇為念以征討自任恢拓舊疆保有西土
臣嗣守先緒嘗膽卧薪俟時觀變詎謂逆裔罪惡貫
盈國內離心臣乃順天之道因衆之怒督舊臣鄭檢
子鄭松巻甲而趋之遂執莫茂洽繼擒莫敦邦等土
地人民得完舊物臣即欲星馳函　奏郊關梗阻隨
具夾板間道叩閼三院司道衙門冀為臣轉達　天

聽道路遥遠長歲月邊巡臣復差人問関浮海再乞欵
附臣一念戀　闕區區　天日實照臨之唯是臣蠻
嶠細眠但知莫賊可殺誠得甘心以其餘瀝告我先
靈而不知非臣所得擅殺也臣跼天蹐地不勝殞越
荷蒙　天皇帝覆載高厚之恩不加顯戮許臣欵關
聽勘開以自新之路臣加額雪涕粉身罔報即於去
年二月親率國人抵関亦既浹旬會兵士告飢瘴毒
為侵函進章奏倉遽未及整肅不得已據實呈報暫
求南歸臣惴慄不遑寧處隨於數月後續申前情院

道再三察臣偹極恭懇諒臣委非反覆偹將前後情
由詰勘明白臣乃於本年四月初十日率領通國臣
耆繫組幕庭匍伏龍馭恭進代身金人請死不謂南
徼荒裔再覩　天朝威儀懽声震動山谷響荅臣何
敢復有希兾惟是臣黎之不絕於莫逆如綫　聖祖
念累世職貢之故棲之清化滁馬江意深哉覆露於
所不知着有待於　天皇帝今日再造哀而怜之也
臣徼天幸藉一成一旅之衆仰對　聖祖洪庥伏乞
天皇帝体聖祖所為棲臣祖清化滁馬江之心俾臣

得嗣服南土輸貢北闕國內臣民早有統攝仍乞比
例藩事体世奉正朔長為外藩　惟臣之幸實一國
生灵之幸臣祖宗亦共啣戴於地下矣臣一歎未通
旦夕以兾除常貢儀品候須恩　欽定之後照例依
期恭進外謹披瀝實情具本函封專差耆目馮克寬
阮仁贍等齎奏不腆方物代身金人聊將靖獻下悃
等因又該安南國小目鄭松等奏為投情輸款乞
恩赦罪事情詞與黎維潭相同俱奉
聖旨該部知道欽此欽遵該本部看得黎維潭之於

交屬雖云復其故物兵殺用之於　朝廷亦久隸爭
貢臣由前則已逭其擅奪之罪而未討由後更當責
其立功報效以自明合無恭候　命下將黎維潭仍
准授安南都統使令其統轄土地撫治人民移文禮
部題　請另鑄銀印壹顆即令差來伴送押貢官齎
黎維潭以便欽遵行事舊印　奏繳每年曆日行廣
西布政使司照舊本數頒給其貢期貢儀等項俱聽
禮部查例議題自今受　命之後果永肩恭順貢獻
依期保境安民别無生事及[illegible]効劳功績許該省總

督撫按查議代　奏加給[illegible]本部會議另為題
請史乞照例　特降勅諭一道約束遵守惟復别有
定奪至於莫敬用等准擬給高平府治一處安插嚴
禁黎維潭以後不得侵害務俾夷情讋服荒徼敉寧
遠者定從處治等因萬曆二十五年十月十六日本部
署印左侍郎李　等具題十八日奉
聖旨黎維潭既安輯舊疆又繫組服罪請命不失遠
夷恭順之義朕念安南雖係夷邦人民不可無統黎
維潭准授安南都統使仍寫勅諭并鑄印與他俾轄其

合浦
珠池
平江池
楊梅池
冠頭嶺
至烏兔一日
至峨上二日
珠場巡司
可泊北風船百隻
乾禮
博港
廉州府
烏兔寨
高仰巡司
林墟巡司
可泊北風船千隻
烏雷山
白皮嶺
如昔巡司
那木營
沿海巡司
平銀驛

東水澳
儋州
西海
園山
流水港
貴谷村
三合尾
東場巡司
大爬山
白沙港
調神營
樂平巡司
仙口營
節制營
萬州
崖州
海口所
瓊州府
白沙村
錦囊所
白鴿寨
清道巡司
雷州府
遂溪縣
海安所
徐聞縣
赤坎

吳川縣
化州
高州府
清水巡司
赤水港
獅子山
東海山
放雞山
可寄泊
番貨澳
神電衛
電白縣
大陂巡司
五都巡司
撫民
雙魚所
那貢烽堠
海朗所
番船澳
蓮頭山
泊北風船三十餘隻
可泊南風船三十隻
水底礁
可寄泊
可泊南北風船七十餘隻

新寧縣
廣海衛
白礁
三洲山
可泊颶風
大金山
銅鼓角
傍鶴村
獨崖
長沙
兩岸人村

廣東省城
河南十三村
海珠寺
乾成村
南洲
鶴嘴門
深涌
高欄山
黑沙灣
烏沙頭
下表
上表
河泊鳳凰
荷包灣
泊西南鳳
牛角灣
竹篙尾
天妃廟
白泥
大虎
雁門
甜水壚
新會縣
香山縣
香山塲
鳳凰山
濠鏡澳
有陸路至香山縣
東下村
鶴柏曾
東洲門
南沙
虎頭門
黃角
武山
蛇西
林洲尾
鐵爐石
順德縣
波羅廟
深井
黃楊門
東石
三板洲
白鵝洲
松柏山

此葉缺

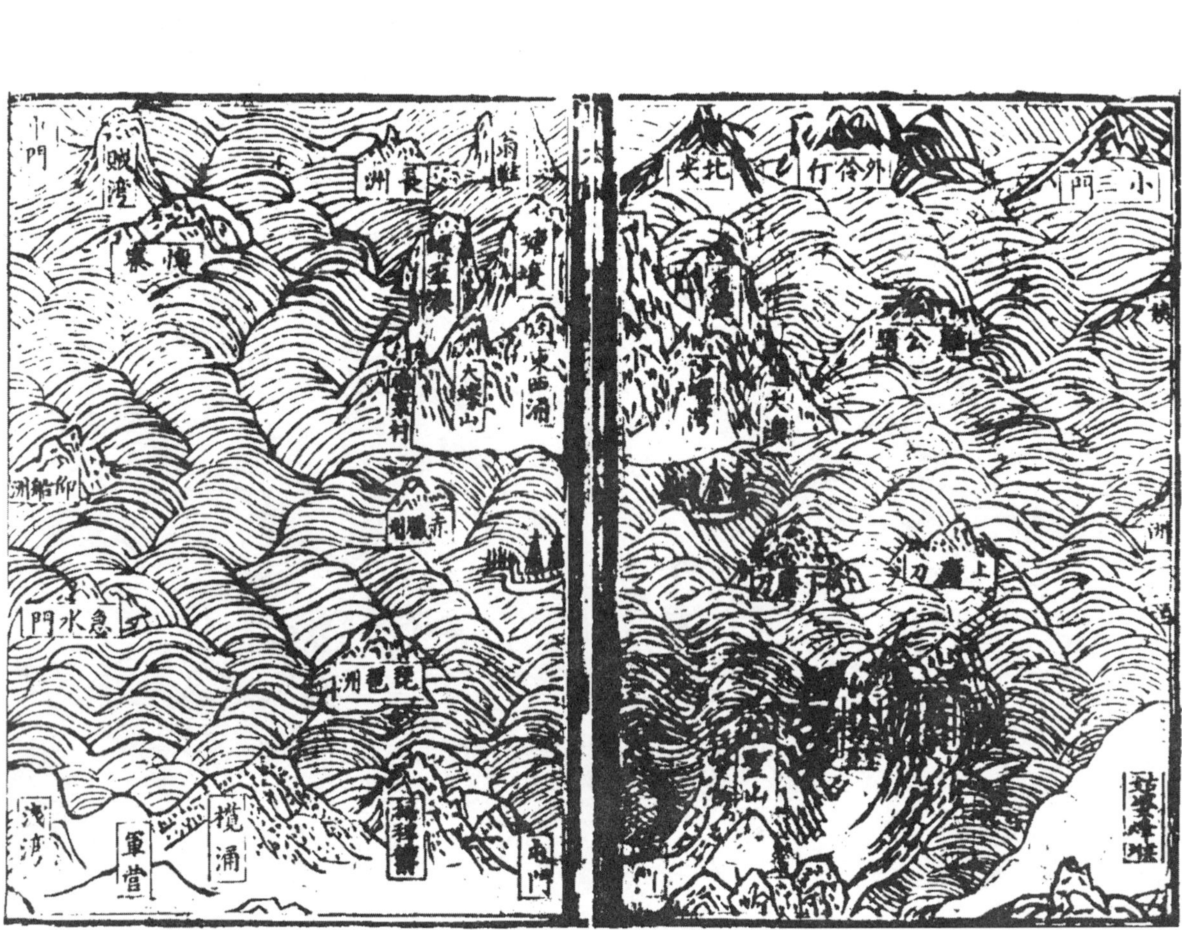

雙箶門
稍箕灣
天妃宮
赤沙
大小官富
將軍澳
賊灣
滘
香港
鉄坑
赤柱
大潭
黃泥埇
春花落
官富巡司
九龍山
尖沙嘴

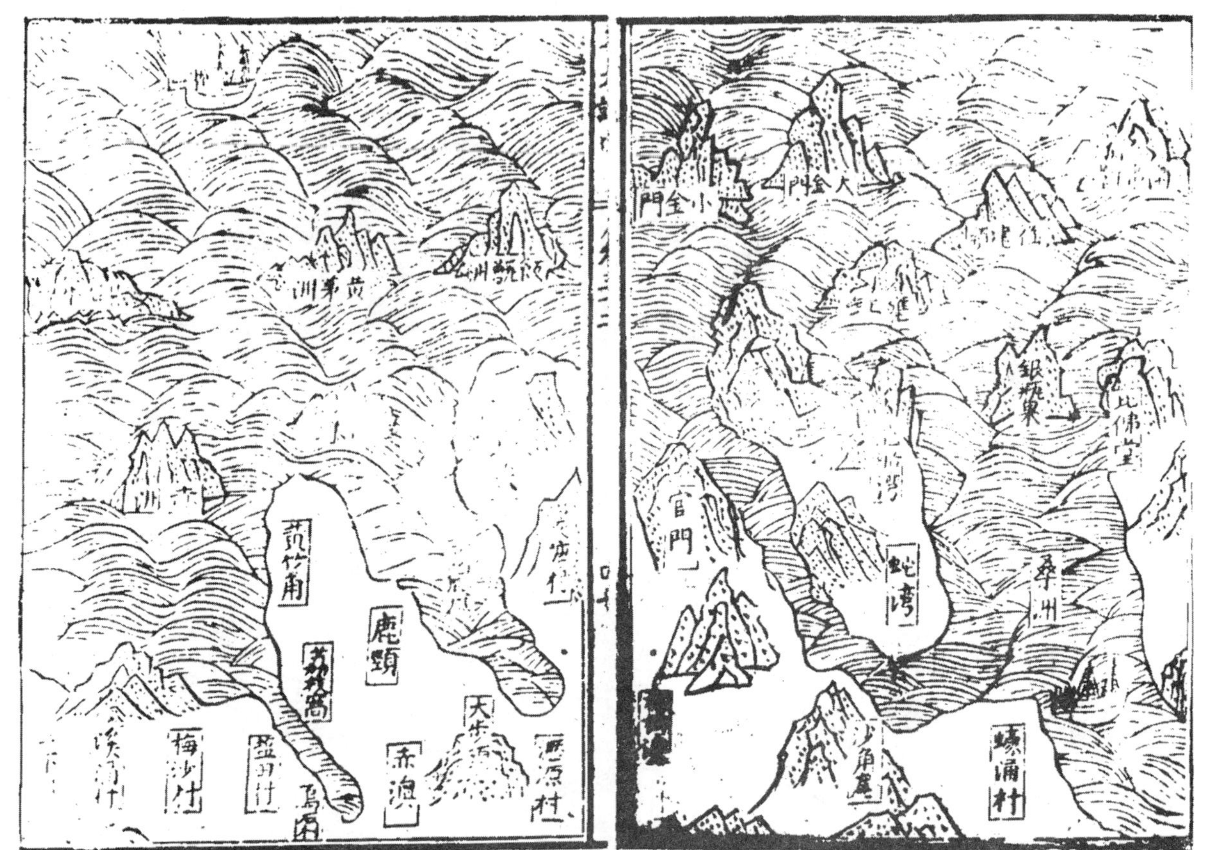
小金門
大金門
黃茅洲
鹿頸
赤泥
梅沙村
蛇灣
官門
北佛堂
蠔涌村
沙角尾

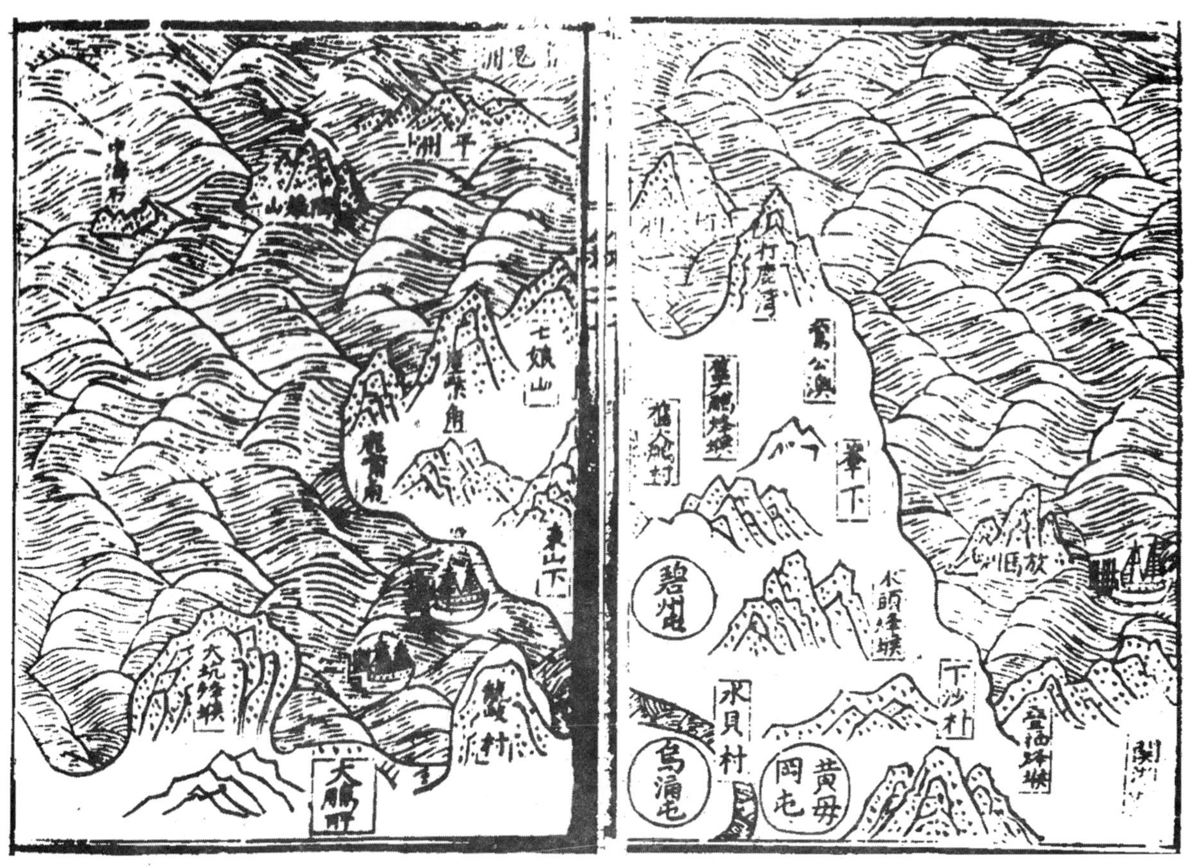

平洲
七娘山
東山下
大坑烽堠
大鵬所
碧州屯
烏涌屯
黄毋岡屯
水貝村
下沙村
峯下

大星角
平海所
大星港
平安驛
碣石地方
黄河港
惠州府歸善縣地界

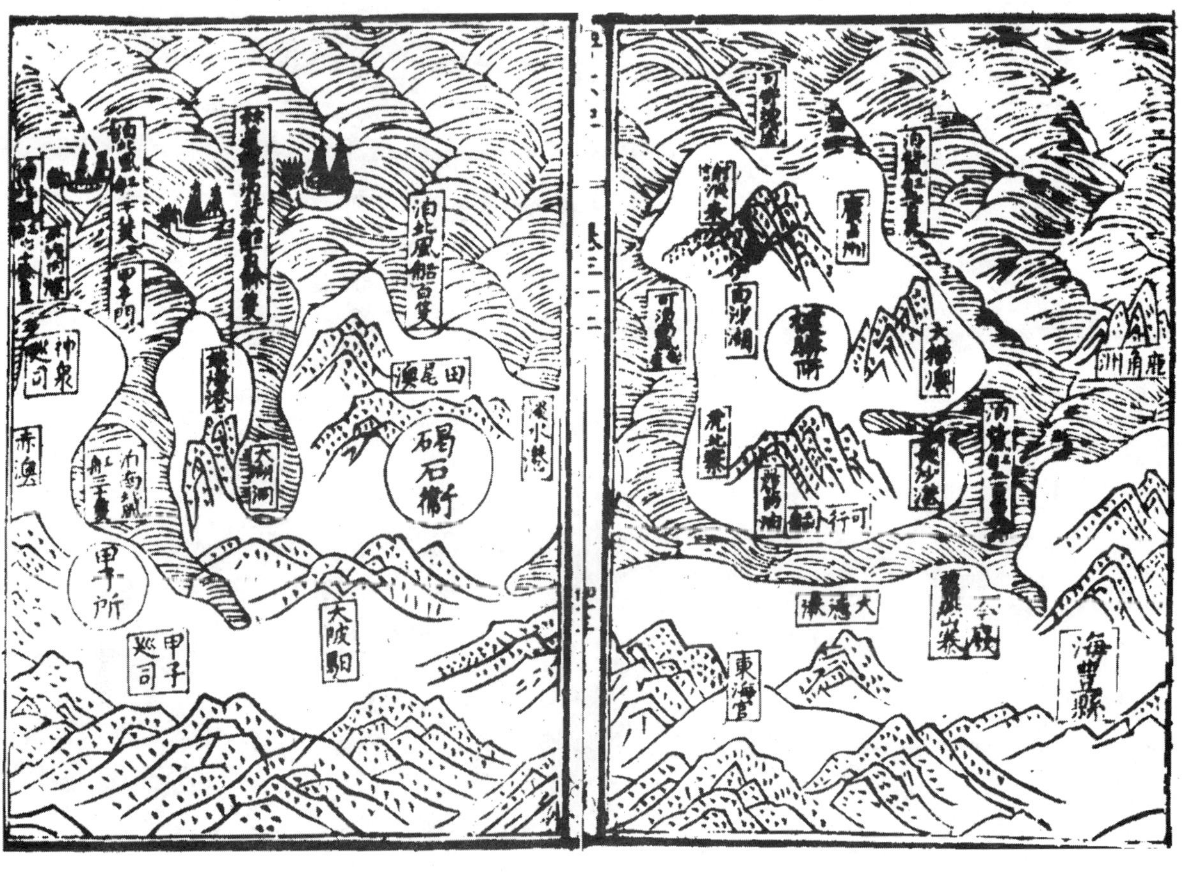
碣石衛
田尾澳
神泉巡司
赤澳
甲子所
甲子巡司
甲子門
大陂驛
捷勝所
南沙湖
大德港
東海窖
海豐縣
鹿角洲
可行船

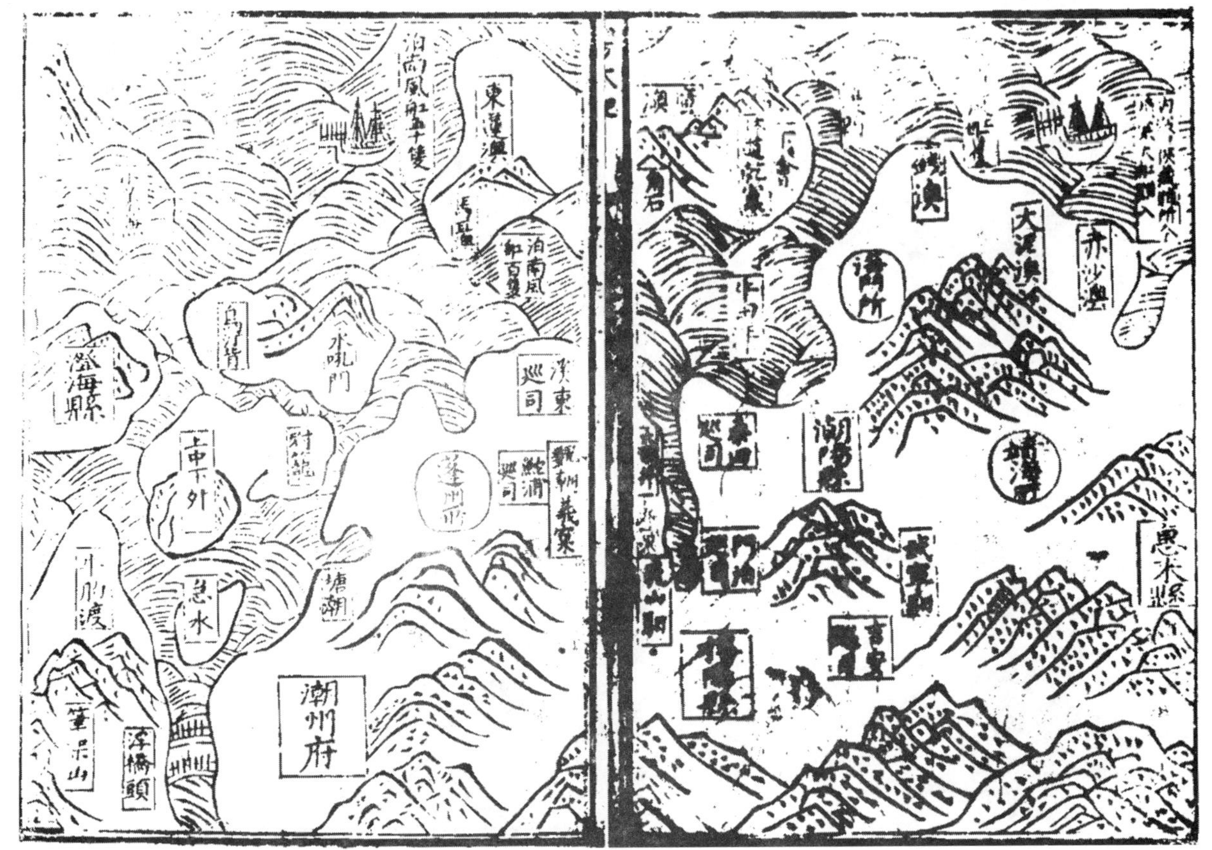
潮州府
東隴澳
泊南風船百隻
鳥背
水吼門
澄海縣
東隴巡司
蓬州所
上中外
急水
浮橋頭
筆架山
赤沙澳
大泥澳
靖海所
潮陽縣
惠來縣

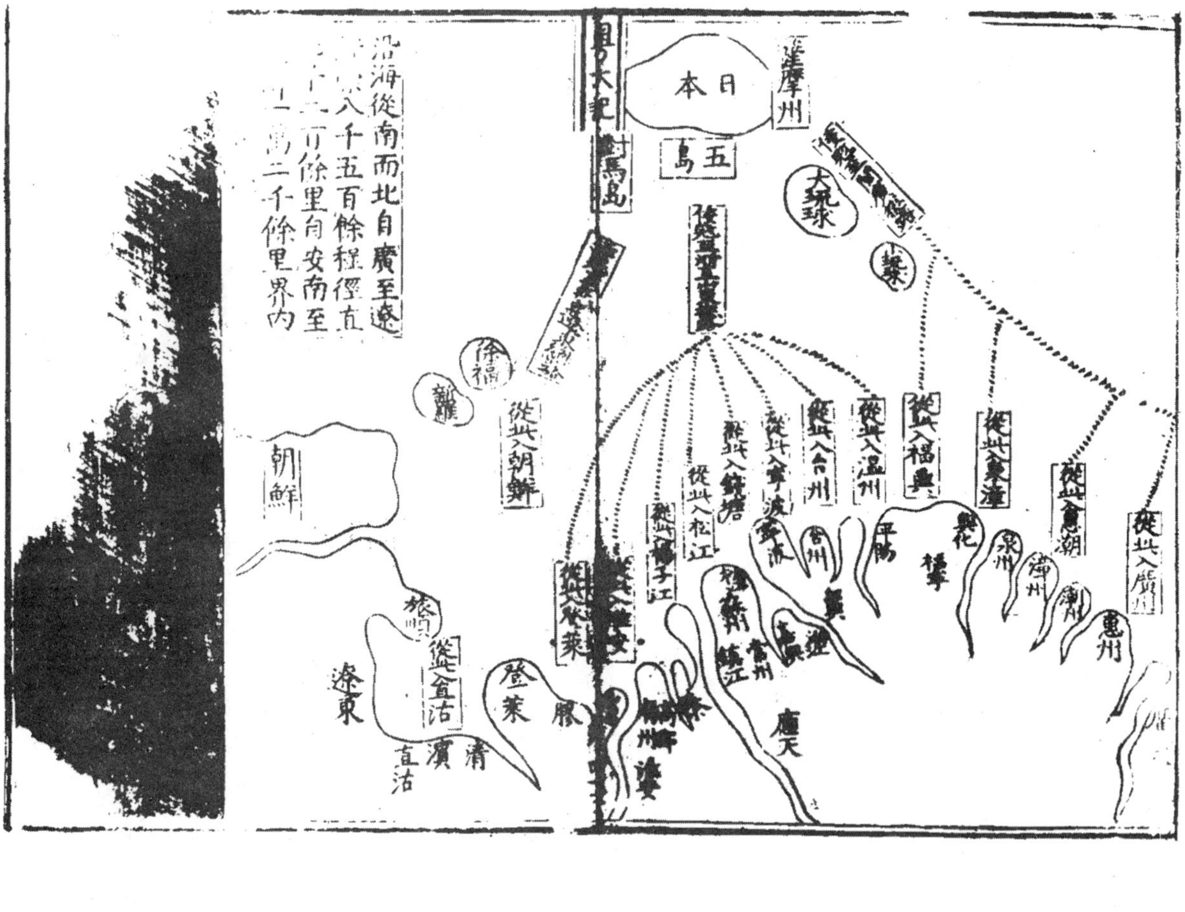

沿海從南而北自廣至遼
□□□八千五百餘程徑直
□□□□百餘里自安南至
□□萬二千餘里界內

外史氏梁曰夫倭蕞爾小醜耳洪武二年寇惠潮四年寇海晏下川尋討平之至二十七年命廣東防倭又於沿海置備倭官軍何

聖哲之深圖而遠慮若是也永樂七年陷廉州則教授王翰矢其節九年三月陷昌化則千户王偉死其難自是賞一李珪而有功者勸僇一王俊而有罪者惧倭乃畏威喙遯我粵敉寧者百有餘年至嘉靖末季憑陵殊甚然莫不有奸宄為之向導也是故吳潮之役許棟之所釀也廣海之戰何亞八之所引也牛田洋之寇許朝光之所招也海門所之横許老之所導也神山古埕之陷吳平之所鼓也平山東洲之梗周雲翔之所誘也則夫禁遏群小絶勾引之路把防海口塞從入之門峻行保甲杜接濟之奸嚴詰貪婪清苞苴之賓庶幾乎海防可肅而地方無虞當事者誠不可不加之意已

粵大記卷之三十二

新修南昌府志

提要

《新修南昌府志》三十卷首末各一卷，明範淶修，章潢纂，日本內閣文庫藏明萬曆刻本。每半葉十行二十二字，白口，四周雙邊，版心書名『南昌府志』，前有範淶、張位、鄧以讚、萬恭、萬廷言、熊釗、胡儼、張元禎、章潢等人序。關於作者，《修志姓氏》題『總修南昌府知府範淶，纂輯郡人章潢』。此書分輿地類、創置類、典制類、封爵類、鄉獻類、雜錄類、藝文類等。

新修南昌府志序

余奉豫章之明年巨浸作民籲西司水所以佐歲者惟長河官港囤天順地其利普其惠不費而額課有禁也弛之便爰遡之掌故尋課鈔所自始將徼惠於朝永錮之當事者可其議顧徃牒無徵遂寢或曰省有大志可稽也而畧又曰郡故有志而未傳即諮之二酉得其簡褎然百年物也其畧猶是也刓殘闕不啻此耶乃商之章本清氏本清郡之高士也余所爲下榻者辭讓於太史太史鄧公又以習[illegible]

讓於督學使督學萬公則謂學士張宗伯公在可俟也余各走書三四復議始協適宗伯休沐過里闢局有日矣二三公猶歉然吾鄉哲自司馬公而下觝悉當心手鉅典無小就公書無獨成顧廣之余復走書於司馬萬公以及國中薦紳三老凡郡乘所當揚摧者咸請畢其詞屬諸大夫國人之不余棄也或採於巷或諏於野或參互於載籍雖言人人殊而彙進輻輳則志之道歸焉耳志凡三十卷前後脫槀者三其梗槩纖悉具諸公自

爲序中又烏乎贅余惟古者諸侯之國各有史自罷侯置守之法行而史廢即郡縣間有識之空文徒存不見諸行事而史亦廢蓋志所以昭鑒戒考得失因其所可因革其所宜革推古昔善治之利以致之斯民而已豫

章名郡也省會在焉而徵前信後之典不備至不可徵惠以佐歲其所繫之重可知大夫士之交讓以有成也得無意乎然志未備而求以備之固矣借令備體而遺用備言而遺行善不能法不善不能戒所欲所惡不能

與之聚勿之施其於士風民瘼何與焉雖志猶弗志也此亦大夫士之所懼也余之所走書而畀力者以此遂以爲序

賜進士出身中順大夫知南昌府事前南京户部郎中刑部主事

新安范淶撰

南昌府志序

休寧范公之守南昌也思日孜孜以興敎起敝爲己任甫下車索郡圖志無從覯焉既訪於比部方公來崇暨余弟上林丞化得舊本二盖創於其年修於其年俱寢未布公慨然曰文獻故郡志可闡諸是識在我政暇乃與二三文學章君潢等謀之時余在京嘗以書見訊余方供奉講幃樂贊其成而未有以對也萬曆丁亥冬余乞病歸山公訪余草堂曰向云志事業與二三文學編輯成帙矣尚俟一言而定余謝曰僕病未能也竊聞志猶史然昔嘗濫竽實録會典之役每將事預發金匱石室所藏下捜諸司掌故不啻詳焉猶病缺如蒐羅其備手諏詢其公乎公由是檄所屬州邑採典實移書鄉先生下問三老訪求故家遺俗而佚事多有徵焉公曰庶幾可乎余曰未也竊見國家凡有纂修必開館屬事分曹具草以上於總裁反覆參校始克就緒百工居肆業其成于專乎公由是擇公署之靜閒軒廠者增延博雅設饗醴供餼廩分局而專

貴成公復以人物見詢余曰志也非所以論於史矣愚何敢與聞史道去取嚴斧鉞鄉黨恂恂依厚孝子慈孫之情可盡徇乎是在主持風教者採月旦公評精於疇咨發于一旦若揭榜標題孰得而議焉公頷之遂以章君等所成集如

干卷質諸萬督學鄧太史余亦幸得卒業公因以序見屬余致按圖牒俯仰今昔而論其世山川無改氣運推遷良用憮然太息於斯昔

高皇帝神武服海內獨提全師與偽漢爭衡始定豫章故形執為天下重蓋全省江南中原而南昌又當列郡之中也國初建草昧闢鴻荒休養生息二百餘年于茲中間潢池弄兵逆藩窺鼎雖不無多故尚晏然號稱樂土以故志所傳自弘正逮嘉靖初官政簡易旄倪嬉遊田里氣龐俗朴士者循

循本業砥礪清白官有餘蓄民有餘藏不數十年而風景頓異矣若淄建領波東注力挽之而卒莫可挽也今方寓謐寧無旁蘖意外之擾

天子嘉惠元元有司奉上意蚤夜勤恤蒿目而憂其患科條功令

絡繹日須于下始用容捄跦而其跦也吏在容用隆捄汚而其汚也吏在隆用節捄耗而其耗也吏在節吏治民艱有若不能為日由一邦而天下可知也審變通而興民宜之非志曷稽或曰存則人亡則書固矣自有郡以來良二千石

楙楙相望志果能為有亡曰不然理家者而欲長善厥家凡田舍庾篋紀綱識獲手自擘畫無遺謀尤必盡登簿正庸便稽覽而貽後人國醫之為療也方脈品劑攻治輔養之術自出工巧又箋諸類案籍以傳世充此志也仁也公夙講

一體之學理官如家視民不寧猶痌瘝乃身斯舉也亦思其仁之有寄而已連歲苦旱澇饑饉賴公極救多方公為政崇風教重農桑學校斤斤古道恥為俗吏夫天下事廢不舉坐闒駝者托鎮靜偷安旁觀者不肯自為又媢人之

為動煽危言相阻蓋事無全善倘憚毛舉而逡巡却步是何務之能成寧惟志也乎哉吾聞君子之為政也居有所樹去有所遺迹公今日之為樹且遺也識卓以遠矣

萬曆戊子仲秋朔日

賜進士出身通議大夫禮部右

侍郎兼翰林院侍讀學士
經筵
日講官記注
起居
會典副總裁新建張位譔

曾學孔書

南昌郡志序

南昌故缺志有司者多以為空文
無所用之新安范大夫至輒留意
于茲踰年遂有成書夫志紀利病
昭懲勸可為空文乎哉蓋其起教
於微渺而轉習於幾希務於弗急
而收於無功所為用非俗吏所窺
見勝未易言也方大夫初蒞念輒
移書屬余山中余抱區區之心有
年矣惟以郡志比列國之史易而
為之其傳不遠故屬章文本清為
謙不敢蓋余深惟孔子絕四矣所
為筆削自信於天之督眛然後能
以天信人曰斯民也三代之所以

宜道而行也夫豈敷〻朕傾人情
以自飾昭吾輩意氣不徹猶在天
人之不與焉嘗發語如泥滯五寸
須說一尺往〻而有則安敢與于
斯乎識曜一語或浮諸九夫擾矣
且史有專官其紀載皆當日所睹
聞此之為志則欲以數百年後臆
斷其事矣如田賦曰倍於往其增
必有漸也吾欲求積重之故而戶
書無徵也何以議復嘉之壬午乙
巳歲嘗饑矣自上援之卒有孑遺
今室如懸磬野無青草吾欲求所
巳試為令日請而室積無徵也何
以贊畫人之不同如面或迹是而

心違或始脩而終戾必耳目所及
朕後得其精狀吾欲察於衆好衆
惡之中而故老無徵也何以決去
孝由斯以言即余有以自信能無
遺憾乎故自未易言也迺大夫不
謂朕也直以身任之自豈可以當
吾世而仍其闕且余為一圻而圖
之何弗信之與有于是開館延賢
廣漁獵彙依違其為心亦勤矣猶
自慮欲朕與衆共之豈不謂斤〻
於江淹自史之難無出於志非淺
言也朕大夫有意乎明德新民之
學久矣其精神淪浹蓋在言語文
字之外自令吏茲土者率大夫之

衷從于寬政解紓民困而生茲土者亦臨深履薄專一晶魄以起地靈則上下皆無違心而有嘉德庶幾大夫所為用矣乃顧余察國人之心其孝子順孫多急于明先德也容可既乎予能為大夫解矣曰可以書傳者名不可以書傳者神

無所以不朽書無益也有所以不朽不書無損也此虛實之說也且脩德於明者人紀之行善於陰者鬼神紀之無以鬼神為窈冥由枝葉之榮昌而所紀可知也其於人何必急上昭乎故欲父老子弟冥於不必事而嚴於無所待斯為善

矣余將以此廣大夫之用於其請序也并為書之

萬曆戊子十月邑人鄧以讚撰

玉山程福生書

南昌府志序

司馬氏曰余讀范刺史南昌府志而知王道之易易也夫

高皇帝親將王師百萬逆江流討僞漢血戰鄱湖滅之長驅入豫章城我豫民壼漿迎王師

帝大説幸南昌府學青衿雍雍執經融融已乃登滕王閣瞰南浦望西山與諸臣飲酒賦詩宵乃張燈令長老携幼縱觀焉始知有生人之樂矣當是時也僞吳寢巢中原沸鼎征討未遑也我南昌先被王化脫去湯火士起絃歌之習民蒙樂利之休蓋已蕩然有控九州駕

百王之氣矣王道於是乎開其始乃今二百四十年來德化彌洽封疆若故逆藩不能使之動水旱不能使之困民皓首不識兵革士結髮緊被簪纓蓋晏然有執經賦詩宵燈之象焉王道於是乎成其終比年饑饉薦臻室而懸罄然灌輸亢疾於薄海賢書尚後于中華夫今之南昌非昔之南昌耶而鑠盛若此盡

高皇江河之遺嘡山岳之委形也世代流易文獻已徵記載弗揚

威靈何述萬曆十有六年春睎陽范公来守是邦喟然歎曰影響

史掿摭春秋以對揚
高皇之丕烈用章治世之典刑其
守土臣事乎乃聯鄉袞儒衿局而
志之布之目四十有一括之類七
夫翼軫列垣繁夥廣里高山大川
之綱之紀類輿地野有澤梁邑有
明堂或因或革吏治乃章類創置

厥序皇皇厥賦唯上上錯懷柔百
神下民以乂瀵類典制實繁有封
肇于一本地力有限若之何滾滾
類封爵鴻鴈于飛畢之羅之或漸
于逵或遵于池類鄉獻浩宇茫茫
孰知其所啟竅發機孰為之祖類
雜録鳳凰鳴矣于彼西岐翽翽其

羽可以為儀類藝文夫刺史探性
命之實際洩經濟之訏謨復九津
蕩三湖出百灘之魚腹翔九序之
鳳雛斯不亦耀西江之景鑠振
高皇之雄畧也哉乃復紀之路史
藏之盟府俾後来者考輿地而思
封疆之臣覽創置而思控馭之臣

閱典制而思經緯之臣稽封爵而
思頒禄之臣鏡鄉獻而思棫樸之
臣校紀事而思博物之臣讀藝文
而思黼黻之臣既蕩然若覩
高皇之視學横經宗廟皇皇百官
鏘鏘又晏然若覩
高皇之登閣賦詩鉄馬騰驤玉韵

流光又如列炬遐征樓櫓夜明而遠覽山色之蒼蒼水氣之洋洋也耀皇靈而治世恢帝訓以奠封王道顧不易乎哉然周官六典猶舊也周用之而純王唐用之而雜夷巳它心之所繇者異路也燕人有之荆而獲璞者以示荆人剖之得囊玉焉荆人紿之曰囊者母也貴見囊者子也賤我取子君取母燕人大說從荆人鬻子玉于市獲千金乃持璞囊反燕之市索萬金終歲不獲一恚曰荆人貴之子燕人賤之母皆闇也今之志范公之囊也璞也其心必有所以囊者覽鏡者索其囊又索其所以囊乃范公之玉見矣

萬曆十六年戊子中秋吉

賜進士出身通議大夫兵部左侍郎前奉

勅總督河道軍務本部右侍郎兼都察院右僉都御史南昌萬恭譔

南昌府志序

予聞之民俗士風兩者葢治本馬俗貴返儉儉返而俗厚士貴論品品高則風遠廼世或緩圖馬而志古君子則兢兢有深思矣南昌俗尚淳朴唐旹海內風氣巳開猶無瓦屋取材召陶自韋觀察始其茅茨土復不亦可想見乎而勤生嗇施代有紀載至

國初民俗尤爲近古予聞長老言民間歲旹燕會杯飲豆肉率數人共之日暮盡歡乃罷親黨有謁手單布深衣革履道路間不敢服及門服以謁謁罷持歸故或終身不易衣履是以尚親而後利崇本務而賤浮食雖稱土瘠民用利焉其俗厚如此至於士風則繇來遠矣自澹臺先生躬不由徑之行游學此邦以進退辭受明示諸侯其風品清超當旹從之者旣三百人矣嗣是學士縉紳世敦履操而徐聘君黃太史特其標著風聲所感雲卿自遠而託寓焉不亦盛乎

國初忠節尤著宣成以後士大夫以清節相高仕不問家退維實穡至有恥以一鐶汙其行李者

拜御書而子姓饋糊不備者猶予所睹記焉品可知矣故吾郡非獨形勝據東南總會而俗化風標葢自古爲西江冠首焉惟是靡習蘖自濠藩浸淫閭巷冠裳燕會之侈頓非其舊而士尚藻辭或踰大德鄙修檢爲拘攣華繁實寡民用日匱鄉之長老心竊憂之比連歲歉災

當宁痛革浮靡屢奉

詔書歛飭歸之本實而

晞陽范公實奉

命來守吾郡下車首勵風敎抑豪奬善郵孤闡幽而災蠹焦勞癘

瘵在已諸所渫潔嚮乎士民已知趨慕矣公猶以特設不若循習其舊典泛陳不若紹明其先訓於是稽牒訪遺慨然以郡志爲任委其事於予友文學章君葦而質裁於張少宗伯鄧太史予亦槩與聞焉公復畀予序之予惟志以紀治本之不先於治何有彼詩紀二南列國之風而終之豳雅太史遷傳前世名動奇績而先首陽之餓夫誠以感德旣衰非述先公恭儉之化無以善後功名標末非有廉頑高世之行不足開先故儉徵於曰

用衣食之微而品定於事業文章之外非溪思反本莫能重也今公之志雖城郭沿革之詳山川夷險之迹風土民物之繁米鹽出納之瑣靡不具載而竊由公所行以窺所論著權衡取舍其有志古之思乎蓋齒吹太史

之遺錄矣故予敢備述焉使郡之士民按瘠磽之遺究困匱之故考名行之殊遡風生之實必惕然以思土地猶故今吾何匱也其先民之儉乎人物猶故今吾何品也其先喆之師乎將營衛内腴雖尫羸而元氣不衰紛

靡不眩雖頑懦而精神有立出爲良士處爲良民楨榦王家保錫皇極俗厚而風遠豈惟一郡實天下賴之百世休之斯志庶不爲空文哉雖然士風民俗之表公下榻禮賢於士旣尤加意矣且當

熙朝德澤涵濡之盛西山南浦清淑宛如彭蠡匡廬凝渟自昔沙城讖著龍斗日新豈翳澹臺聘君之風烈將遡明性學躋聖品以應

昌期各兢兢進隆古之思用光斯志亦千載一旹也敬書以俟且

使繼公而倡者有覽觀焉志自
弘治辛酉以上頗采舊本餘皆
新創云
萬曆戊子閏六月既望
賜進士出身奉政大夫奉
勑提督學校雲南按察司僉事前
光祿寺寺丞禮部員外郎郡人
萬廷言書

南昌府圖志書序　熊釗

南昌郡在大江之西藩臬所治統縣惟八其山厥原其浸彭蠡舟車所集財賦所出自古都會之地秦屬九江漢爲豫章郡今之疆境東西蓋千里人民衆多方古諸侯之域則大邦也歷代廣狹不同而郡守之擇必在其賢智列郡儀表繫焉

皇上興運南昌不煩干戈而嚮服雖攻竊間發民人莫不遵約束固守禦屬縣向風畏威順化山川風氣之淑亦可徵矣洪武十一年郡守太原王莊治郡政修恭承

上命致郡之圖經紀誌屬進賢文學新建丁之翰編類成卷專修調雅命釗爲之序蓋自疆野分州而國以萬區九州既別而貢賦成等殿正域四方周列爵分土帝王之政莫大於是然而古者列國各有史官任其記載郡縣設而史職廢矣今使郡各有志志得其實可以考見得失係於政治不小也按斯誌而求之山川之勝人物之奇生産服食之宜城池之高深道里之遠近民性習俗之賢愚美惡治術教化之難易緩急與夫文章卓行之關於天典民彝者皆可以覽而周知

皇上神機聖畧可以仰測其妙而　盛德之化極於無窮繼今以後民人得以求其先民學行之懿致力忠孝以不

失乎爲臣爲子之道仕於此者有以知其風土之常令
皇上開基之跡愛民之心用德以率其人有加於昔人之
善治則斯志之作豈曰小補云哉

南昌府志序　胡儼

郡之有志一郡之事物皆載焉昔李吉甫作元和郡國志及國計簿謂爲政者執此可以治天下蓋山川之險易物產之豐約貢賦之多寡戶口之登耗人材之顯微風俗之美惡可以一覽而得之古南居相位固以此爲重爲今守者於此豈可忽哉豫章之有志始于雷次宗後其書亡南唐涂廙補撰豫章古今志時時引次宗舊記爲證至宋洪

芻駒父謂廙書贍則近穢踈則及漏又時有牴牾非完書也乃掎摭書傳疏所見聞取其舊書析爲十二部謂之職方乘元劉有慶潘千元又補述續志凡十四卷然流傳不廣書多湮沒歷世既久又皆殘缺所謂郡之文獻誠不足徵也儼嘗承
命纂修天下郡志時郡邑所進之書非苟簡則冗雜至於錯謬莫此爲甚同列舉以見示唯有慨嘆而已未幾以末疾　賜歸不及見其書之成養痾居閒山林無事知府任肅伯雍乃以是書詣吾廬而請曰此余之宿負也先生於此長於此終老於此其可辭乎遂力疾而爲之然編者之

就昔者傳訛較之昔人猶有可嘆於是會諸生舉其綱領類其條目其可考者以意求之爬梳剔抉刪其繁穢探幽發隱正其謬誤遂覽旁搜補其遺缺詳略互見要其會通庶幾一郡之事物千載之文獻有足徵焉而任侯於此可謂知爲政者矣雖然衰疾之餘獨見無詢徒勤皇甫之心輒有師丹之忘其不備者尚有待於後之君子云宣德八年秋九月望也

南昌府志序　張元禎

郡志志一郡古今事寔有政之不可闕者矧南昌江西會府　宗藩疏封岳牧統治與鎮巡　王臣之下臨其土宇

民物山川風景種種視支郡特廣大蕃盛郡志尤宜留心焉郡先達祭酒頤菴胡先生嘗檢閱舊編慨嘆其脫略紛舛而更修之歲久完本復失其幸存者恐亡有以重先生之嘆也太守祝侯瀚甫下車即有意是書亟命屬邑采錄以上適泰和羅儒生輔來訪吾廬侯得觀其所著洪範類書深有得人之喜政暇輒延與定爲義例出屬邑之所上纂輯羣籍之所遺各以類考訂悉付羅編次之而張貳守汝舟江貳守昌應通守尹張通守才楊推守與復相與參校郡敎授鄭惟欽亦與焉曾未踰時書成授梓徵予以序祝侯卓有負挾優于經濟視天下事舉無難爲若此書者非

知所當重非留中有此曠千載環千里成書安能速於[illegible]緒如此夫天下一郡之積一事萬事之推漢唐名相知圖籍地志之當重者或弼成帝業或茂隆至治候大用之具即是可占矣抑天下事之成率若有時若有待是志前守閻侯琮亦嘗屬意竟未克成成之乃歸侯與諸僚友而復邀迫輔儒贊相之蒐輯大郡之遺勒成大郡之典以播天下以垂後世俾有志於興理善化者得所據馳何於天寶地靈者得其悉茲固非一時之條不輕屬哉於是乎序

新修南昌府志目錄

學校　禋祀
十一卷　封爵類
宗藩 附傳
十二卷　封爵類
職官　府
十三卷　封爵類
職官 南新豐進
十四卷　封爵類
職官 奉甯寧武
十五卷　封爵類
名宦傳 歷朝
十六卷　封爵類
名宦傳 國朝　武職 附傳
十七卷　鄉獻類
薦辟　科第　歲貢　武科　封廕
十八卷　鄉獻類
人物傳 歷朝
十九卷　鄉獻類
人物傳 國朝
二十卷　鄉獻類

人物表　寓賢
二十一卷　鄉獻類
貞節
二十二卷　祿錄類
古蹟　丘墓　災祥
二十三卷　祿錄類
寺觀　仙釋　方伎
二十四卷　祿錄類
紀事
二十五卷　藝文類
奏疏　文移
二十六卷　藝文類
治記　各志序　書
二十七卷　藝文類
學記　書院記
二十八卷　藝文類
祠記　廟記
二十九卷　藝文類
閣記 樓記 寺記　水利記　山記
三十卷　藝文類

計開

首卷

序貳拾玖葉　舊序肆葉　目錄叁葉　文移貳葉

修志姓氏叁葉　凡例貳葉

末卷

序肆葉

通共拾貳冊叁拾卷計壹千貳百伍拾壹葉

通共板刻計柒百貳拾貳片內

雙面板刻伍百貳拾捌片　單面板刻壹百玖拾肆片

目錄終

南昌府爲纂修郡志事照得江省爲文獻之邦而南
昌居省會之首所遺典籍夙昔稱多郡志一書于今
未備本府每有年久事宜稽查舊卷不云回祿被失
則云浥爛無存如賦役戶口多寡之由兵防水利沿
革之異引伸觸類頭緒浩繁散逸混淆漫無考證在
叁伍拾載內固不見續編即壹貳百年來亦未睹舊
刻誠爲闕典亟當乘時茲值
台臺右文敷教之期正採志圖經之會竊有感於殘缺
欲因成此憲章合無呈請允日一面通行所屬州縣
備細查訪志中各項事宜采輯送府仍設局於一公

所禮聘本境搢紳生儒學行素優才識並茂者總
裁其事或分理其欵計日纂定成書以昭　文教盛
典其合用供應紙張等費或於
提學道府屬學租量動壹貳或仍乞轉請
兩院許於府縣庫中備查堪動銀兩奏用其於前集厥
可成功惟復別有定奪緣係纂修府志事理本府未
敢擅專合就呈詳爲此今備前由理合具呈伏乞
照詳施行須至牒呈者　蒙
欽差巡撫江西兼理軍務右僉都御史陳　批轄郡志備
典章所謂事有似緩而急者也如議即行纂修其一

應供需該府酌查堪動另詳繳
巡按江西監察御史朱　批南昌無志殊爲文獻缺典
仰府刻期設局纂修合用供費查堪動官銀議詳此
繳
欽差提督學校江西等處提刑按察司副使沈　批郡志
久闕誠宜及時纂修仰府經詳　兩院示行其府屬
學租行各州縣查報以憑批給繳
南昌府據各縣查明堪以動支銀壹百伍拾餘兩申
請蒙
欽差巡撫江西兼理軍務右僉都御史陳　批修志供需

准照行支解應用繳
巡按江西監察御史朱　批准照動支繳
欽差提督學校江西等處提刑按察司副使沈　批各州
縣查報學租等項銀兩俱准動支以充修志之費其
南新二縣租銀今年先支一半其一半候十六年分
徵收補支繳
南昌府爲修志事查得各省府州縣志書體裁或傳
或表止論人品賢否不論官職崇卑今本府修志合
宜照行各縣人物除已祀府學鄉賢祠者俱公議已
定俱宜入傳又省志修自嘉靖三年止凡已[illegible]已長

及各欽化標名如義民之類俱一體開載今將弘治
辛酉以後至嘉靖四十伍年據各縣各學申呈及諸
生呈請從公採訪應傳應表及止標姓名者開列于
後自隆慶元年以來蓋必待其年久情忘公論大定
俟將來修志者採之惟孝子一款除生者不錄貞節
已經勘結
物產及當道奨異者一體採錄俱送志局採酌施行

允修先後

院司官階姓氏

欽差巡撫江西等處地方兼理軍務都察院右僉都御史陳有年 登之，浙江餘姚縣人

欽差巡撫江西等處地方兼理軍務都察院右副都御史莊國禎 君祉，福建晉江縣人

巡按江西監察御史朱鴻謨 文甫，山東益都縣人

巡按江西監察御史祝大舟 濟之，浙江蘭谿縣人

江西等處承宣布政使司左布政使陳文燭 玉叔，湖廣沔陽縣人

江西等處承宣布政使司右布政使宋應昌 時祥，浙江仁和縣人

江西等處承宣布政使司分守南昌道左參政陳蕙 君膺，湖廣郴陽縣人

欽差提督糧儲江西等處承宣布政使司左參政韓紹 [illegible]

江西等處承宣布政使司分守南昌道左參議龔一清 仲和，浙江義烏縣人

江西等處提刑按察司按察使戴燿 德輝，福建長泰縣人

欽差督理驛傳清軍江西等處提刑按察司副使宋堯武 季唐，直隸華亭縣人

欽差督理驛傳清軍江西等處提刑按察司副使金[illegible] 子魯，浙江錢塘縣人

欽差提督學校江西等處提刑按察司副使沈九疇 箕仲，浙江鄞縣人

欽差整飭湖東等處兵備兼分巡嶺北道江西按察司副使張治具 明[illegible]，福建晉江縣人

欽差督理屯鹽兼分巡南昌道江西按察司僉事胡時麟 靈昭，浙江餘姚縣人

欽差整飭南昌等處兵備道江西按察司僉事[illegible]應[illegible] 國賓，浙江長興縣人

欽差整飭饒南九江兵備帶管分巡南昌道江西按察司僉事顧雲程 [illegible]，直隸常熟縣人

修志姓氏

總修

南昌府知府范淶 原易，直隸休寧縣人

同修

南昌府同知黃[illegible] 公紹，廣東順德縣人

南昌府通判鄭克[illegible] [illegible]，福建閩縣人

南昌府通判

南昌府推官吳洪績 崇緒，福建莆田縣人

協修

寧州知州張雲冲 [illegible]，福建晉江縣人

南昌縣知縣何選 [illegible]，直隸嘉定縣人

新建縣知縣佘夢鯉 [illegible]

豐城縣知縣韓文 原質，直隸無錫縣人

進賢縣知縣韓邦域 仕[illegible]，[illegible]侯官縣人

奉新縣知縣沈天啓 [illegible]

靖安縣知縣楊維誠 子明，浙江湯溪縣人

武寧縣知縣

總裁

禮部右侍郎兼翰林院侍讀學士經筵日講官起居注纂修會典副總裁張　位　明成 新建縣人

翰林院編修鄧以讚　汝德 新建縣人

提督學校雲南按察司僉事萬廷言　曰忠 南昌縣人

纂輯

郡人章　潢　本清 南昌縣人

同輯

郡人胡　湜　文盛 新建縣人

舉人胡汝綸　孟敎 南昌縣人

舉人丁此呂　右武 新建縣人

舉人劉一焜　元丙 南昌縣人

生員丘曰敬　汝止 南昌縣人

郡人李具慶　孝孺 奉新縣人

生員黃慎修　惟承 南昌縣人

生員周之冕　服叔 新建縣人

督工　禮工吏羅　作　豐城人

姓氏終

凡例

一志者志也志不忘也錄憲典標儀刑求以信今而傳後也故於舊志筆其可傳信者削其猥瑣之無補者間有增入亦必文獻足徵然後採錄不敢以一毫意見軒輊其間

一志有綱目凡郡圖郡紀沿革星野山川風土土產皆輿地類城池署宇坊里鋪舍橋梁樓臺水利皆創置類戶口田賦差役漁課軍餉與學校禋祀皆典制類宗藩職官名宦武職皆封爵類薦辟科第歲貢封蔭逸行孝節寓賢皆鄉獻類古蹟丘墓災祥寺觀仙釋方伎紀事皆雜錄類奏疏文移碑記詩賦皆藝文類故志中文第表傳各從其類焉

一志必先圖今圖後各列疆域具圖說并增脈絡圖與說以便覽觀

一志各有體郡志志郡也非敢略于上以有省志在非敢略于下以有縣志在故各款一以郡爲主

一今志與舊式異非欲簡于古也期于省文核事不得不簡也非欲詳于今也創建之規制大備賦役之派則錄科不得不詳也故往事各存因革以備考

一名宦鄉賢舊志已表傳者茲不敢逸今則止以朝代

爲敘次而玩其表傳人品自殊舊志分能吏廉吏等款恐廉吏未必無能文士未必無節故不敢專以一二字槩其平生

一各傳俱以已祀郡學者爲主以志爲郡而修也餘皆止于嘉靖末年若慶曆以來固多賢哲然必世隔則情忘歲久則論定俟將來續修採錄

一節孝多仍舊志或旌表勘結其實行足垂勸者傳之餘止錄其姓氏懼歲久則湮沒也

一寺觀之類亦仍志體採入舊志卷末類載事多奇詭皆孔子所不語也玆特去其有關名教者以具見一郡之槩云

一藝文舊志甚富且散見各款之下未免繁蕪今特錄其有稗治體風敎及興廢利害之大者餘不槩収

凡例畢

南昌府志卷之一

南昌府圖　有圖說

自古樹侯剖符建邦畫埜厥有輿圖以定封疆以明職守凡辨方則壤相土宜民於圖籍有渙賴焉亦不鉅且重哉南昌古豫章郡幅幀延袤殆將千里雖八州縣疆域區別而握樞運化責有攸屬故郡志必首圖經形勝風土犂然在日中矣

北京計六十二驛四千八百五十里

南京計十五驛一千五百二十里

南昌府圖說

南昌古豫章郡實藩會爲圜樞乃羣山翼赴衆水朝宗之域而聲名文獻蔚然列郡冠冕王子安云物華天寶人傑地靈有味哉夫其言之也然閭左凋編戶周道文皇華簿書鞅於期會路節犇於悉逵俗且勤生啇施薄義喜爭彈射騰口罷訟鼓舌而宗潢星列城社多憑有如二千石咸神君焉庶幾談笑籌畫之矣

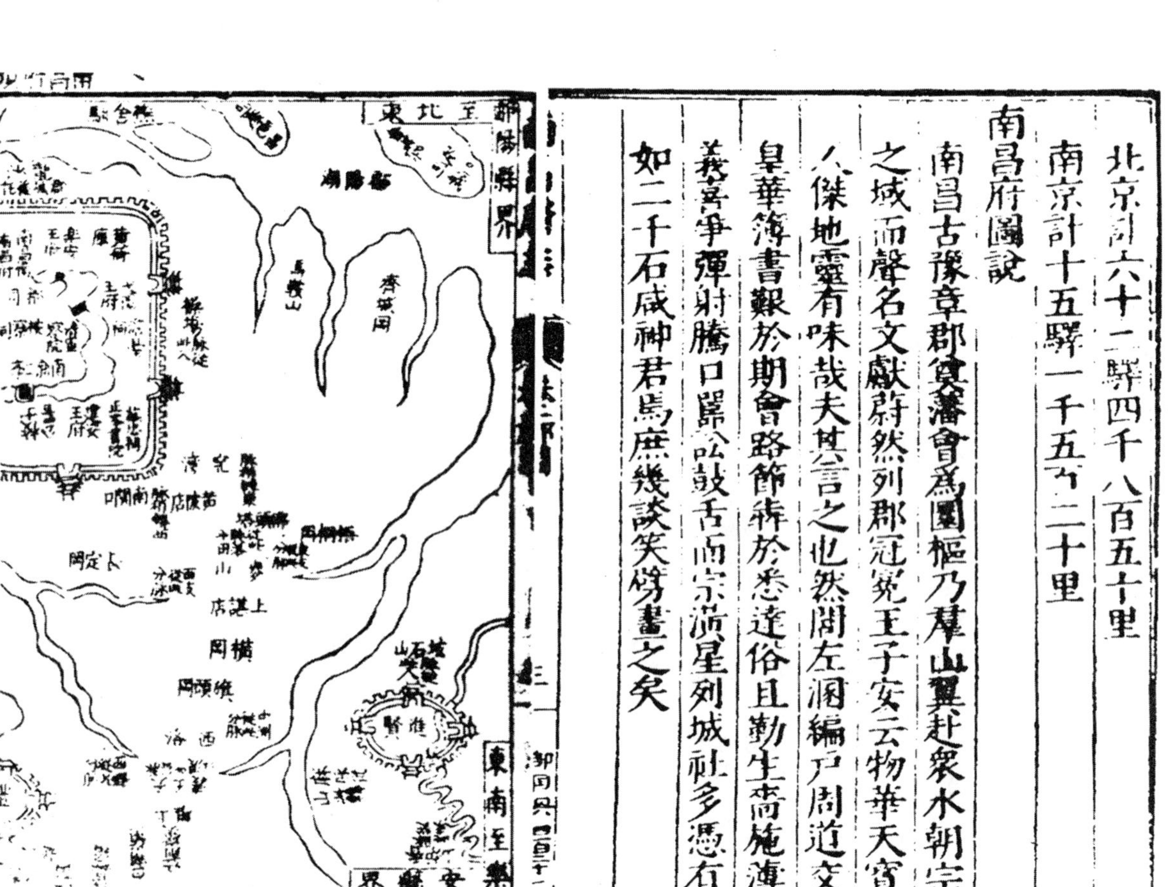

南昌府疆域

東二百四十里抵饒州府餘干縣野塘峽界

西四百九十里抵湖廣岳州府平江縣草鞋岡界

南二百里抵臨江府清江縣龍池上湖界

北一百八十里抵南康府星子縣新河口界

東南二百六十里抵撫州府樂安縣丁山界

西北五百里抵湖廣興國州通山縣界

西南一百二十里抵瑞州府高安縣招仙鎮界

東北三百里抵饒州府鄱陽縣石塔湖界

廣八百二十里　袤四百四十里

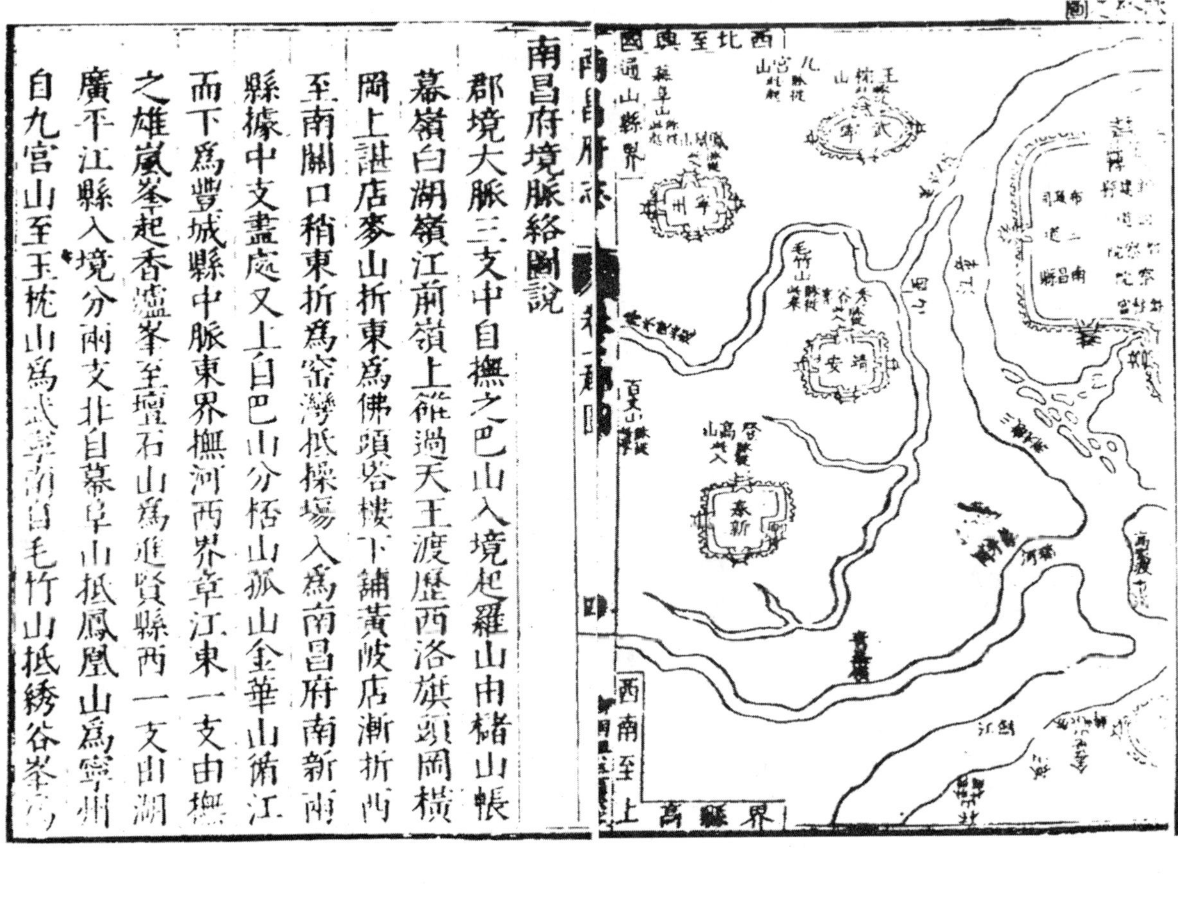

南昌府境脈絡圖説

郡境大脈三支中自撫之巴山入境起羅山由楮山帳幕嶺白湖嶺江前嶺上衕過天王渡歷西洛旗頭岡橫岡上誑店麥山折東爲佛頭嶺樓下舖黃陂店漸折西至南關口稍東折爲窑灣抵操場入爲南昌府南新兩縣據中支盡處又上自巴山分梧山孤山金華山衕江而下爲豐城縣中脈東界撫河西界章江東一支由撫之雄嵐峯起香爐峯至壇石山爲進賢縣西一支由湖廣平江縣入境分兩支北自幕阜山抵鳳凰山爲寧州自九宮山至王枕山爲武寧南自毛竹山抵綉谷峯爲

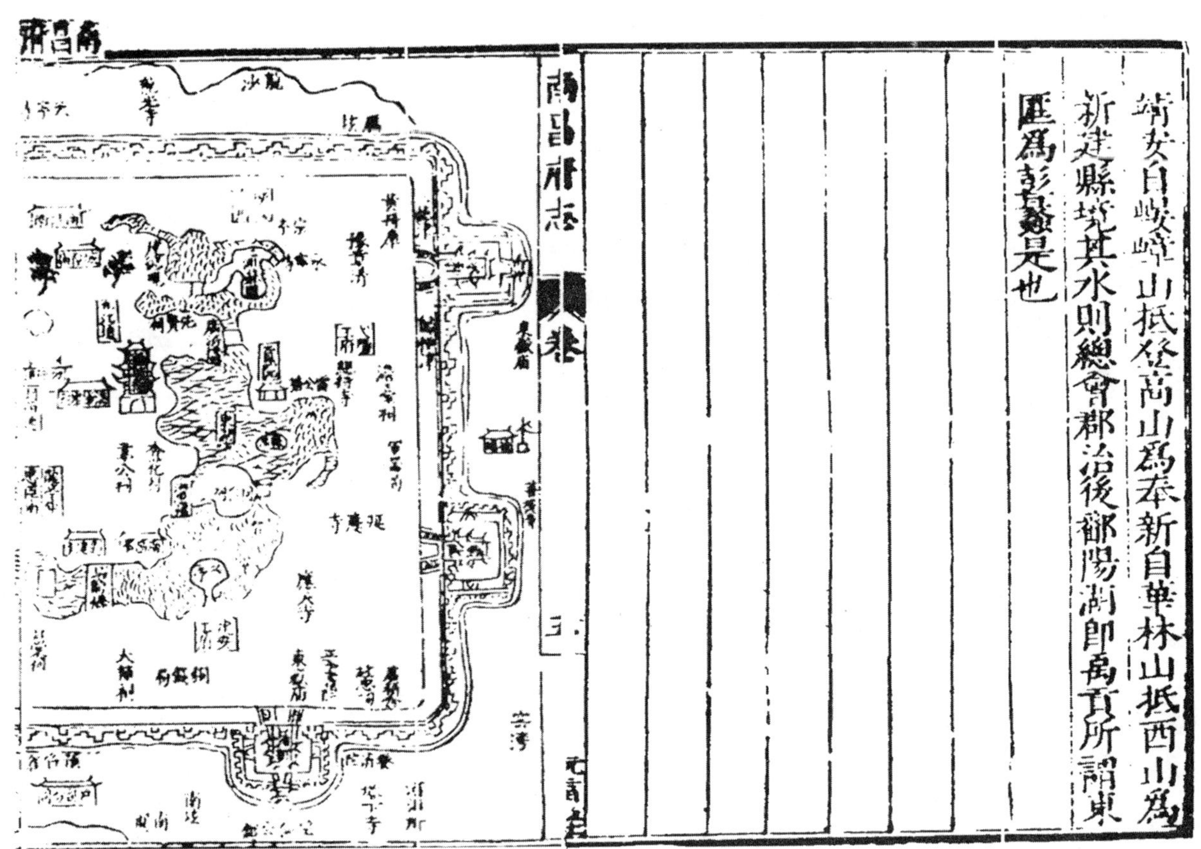

靖安自峨嵋山抵登高山爲奉新自華林山抵西山爲新建縣境其水則總會郡治後鄱陽湖即禹貢所謂東匯爲彭蠡是也

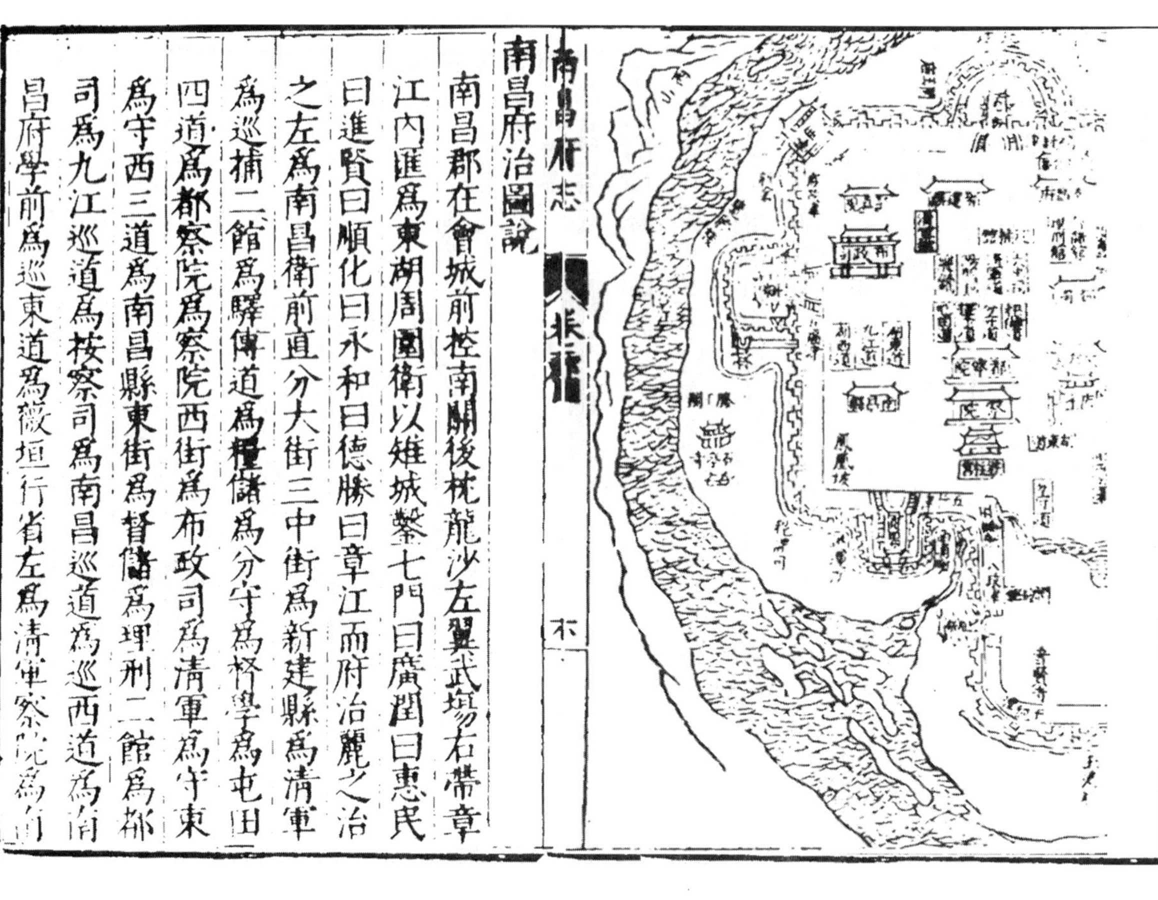

南昌府治圖說

南昌郡在會城前控南關後枕龍沙左翼武場右帶章江內匯爲東湖周圍衛以雉城繁七門曰廣潤曰惠民曰進賢曰順化曰永和曰德勝曰章江而府治麗之治之左爲南昌衛前直分大街三中街爲新建縣爲清軍爲巡捕二館爲驛傳道爲糧儲爲分守爲督學爲屯田四道爲都察院爲察院西街爲布政司爲清軍爲守東爲守西三道爲南昌縣東街爲督儲爲理刑二館爲都司爲九江巡道爲按察司爲南昌巡道爲巡西道爲南昌府學前爲巡東道爲徵垣行省左爲清軍察院爲南新二縣學而東湖在馬湖之北爲貢院爲宗學爲樂安王府東爲弋陽王府南爲校士公署爲建安王府進賢門外爲戶部分司爲河泊所爲山川壇廣潤門外爲南浦驛爲遞運所爲稅課司德勝門外爲社稷壇爲郡厲壇茲蓋一郡之大概也凡上之樞中馭外下之嚮風式今儔非繇茲握之乎

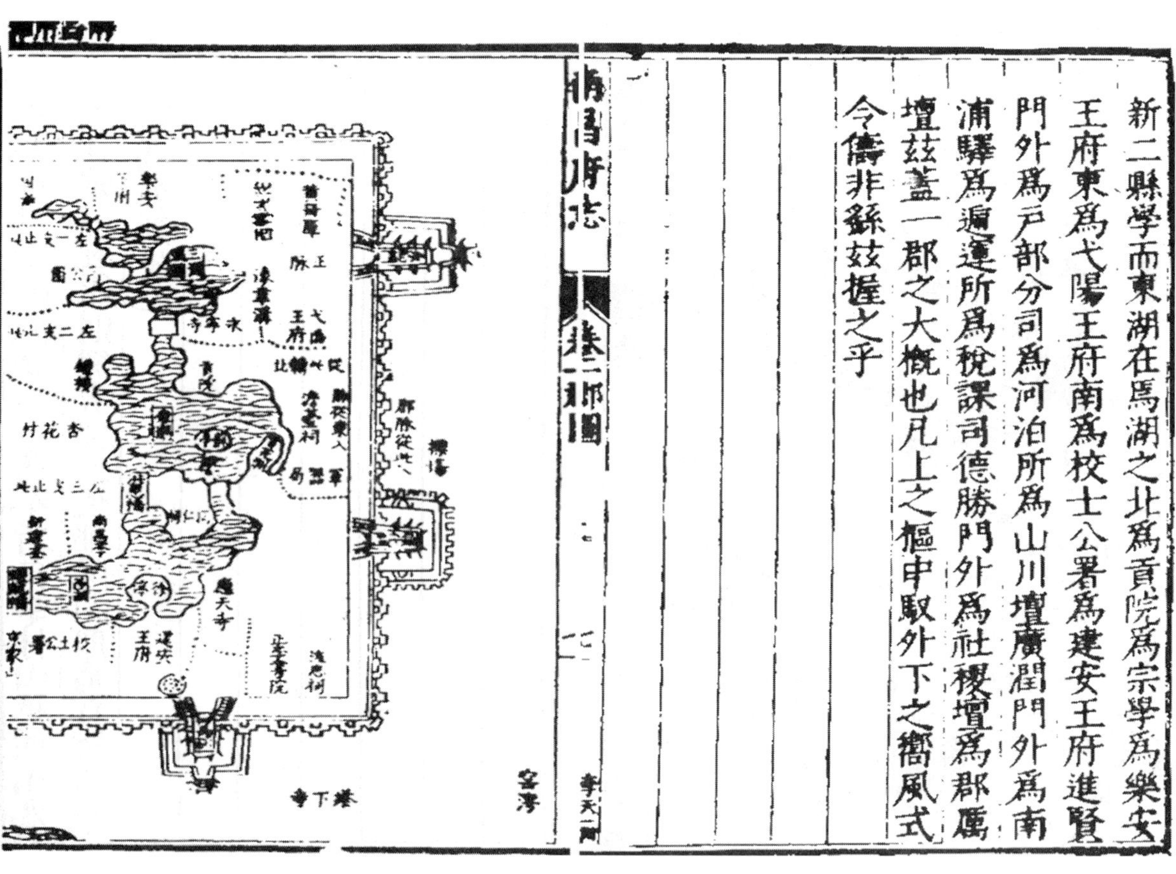

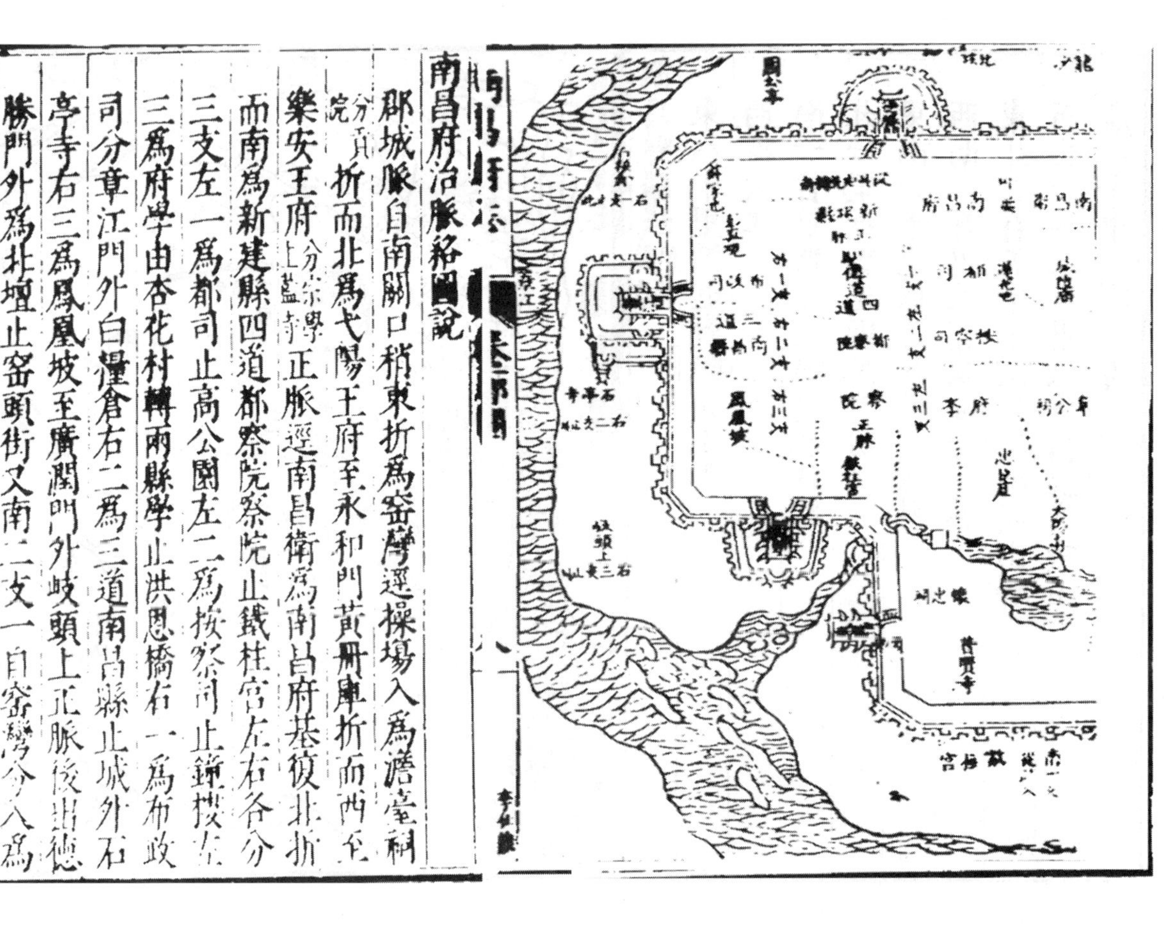

南昌府治脈絡圖說

郡城脈自南關口稍東折爲窑灣逕操場入爲漕臺祠分司院折而北爲弋陽王府至永和門黄册庫折而西至樂安王府分宗學上監寺正脈逕南昌衛爲南昌府基復北折而南爲新建縣四道都察院察院止鐵柱宫左右各分三支左一爲都司止高公園左二爲按察司止鎮撫左三爲府學由杏花村轉兩縣學止洪恩橋右一爲布政司分章江門外白糧倉右二爲三道南昌縣止城外石亭寺右三爲鳳凰坡至廣潤門外岐頭上正脈後出德勝門外爲北壇止窑頭街又南二支一自窑灣分入爲[illegible]止應天寺東至順化門止百花洲一自[illegible]下寺抵紫極宫入爲京家山東止建安王府西止惠民門水關口其中之水匯東湖洩于九津

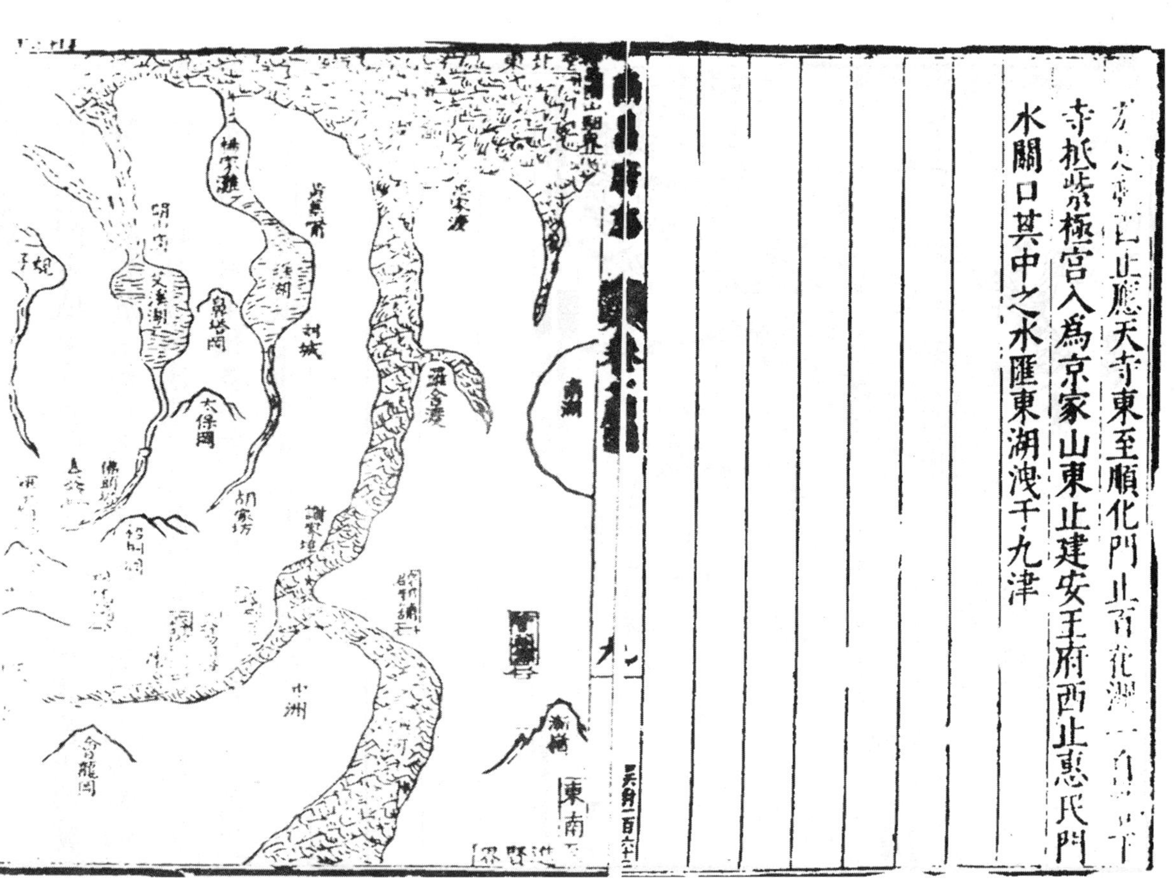

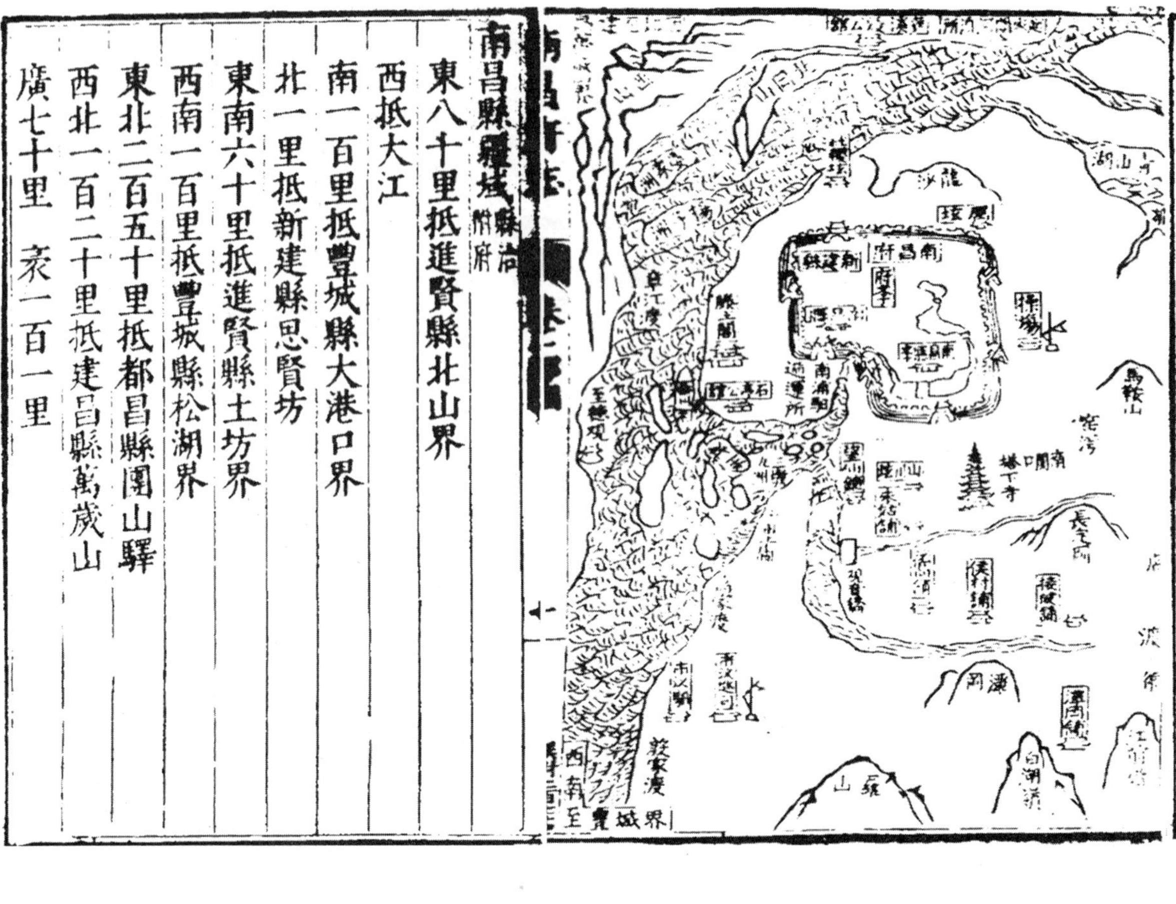

南昌縣疆域縣治附府

東八十里抵進賢縣北山界
西抵大江
南一百里抵豐城縣大港口界
北一里抵新建縣思賢坊
東南六十里抵進賢縣土坊界
西南一百里抵豐城縣松湖界
東北二百五十里抵都昌縣團山驛
西北一百二十里抵建昌縣萬歲山
廣七十里　袤一百一里

南昌縣圖說

南昌治附省城東而轄地亦東之口賦甲諸邑洪都盼唯茲邑最鉅麗云然以磽土逐末空縣皆之四方游佃作籍流民茲隱稇地東北瀕湖受贛皖兩水之浸多苦秋潦故逋負用積姦慝難考竟椽曹因得用計筴舞其文重以藩封攸宅事多牽制難乎其爲理也

西北至建昌縣界

西南至高安縣界

南昌府志　卷之二　輿圖

新建縣疆域 附郭縣治

東抵進賢縣北山界八十里
西八十里抵奉新縣石鼻界
南二里抵南昌縣思賢坊
北一百八十里抵星子縣新河口
東南六十里至進賢縣池港界
西北一百二十里抵建昌縣萬歲山
東北三百六十里抵饒州府鄱陽縣石塔湖
西南一百二十里抵高安縣招仙舖
廣一百六十里　袤一百八十里

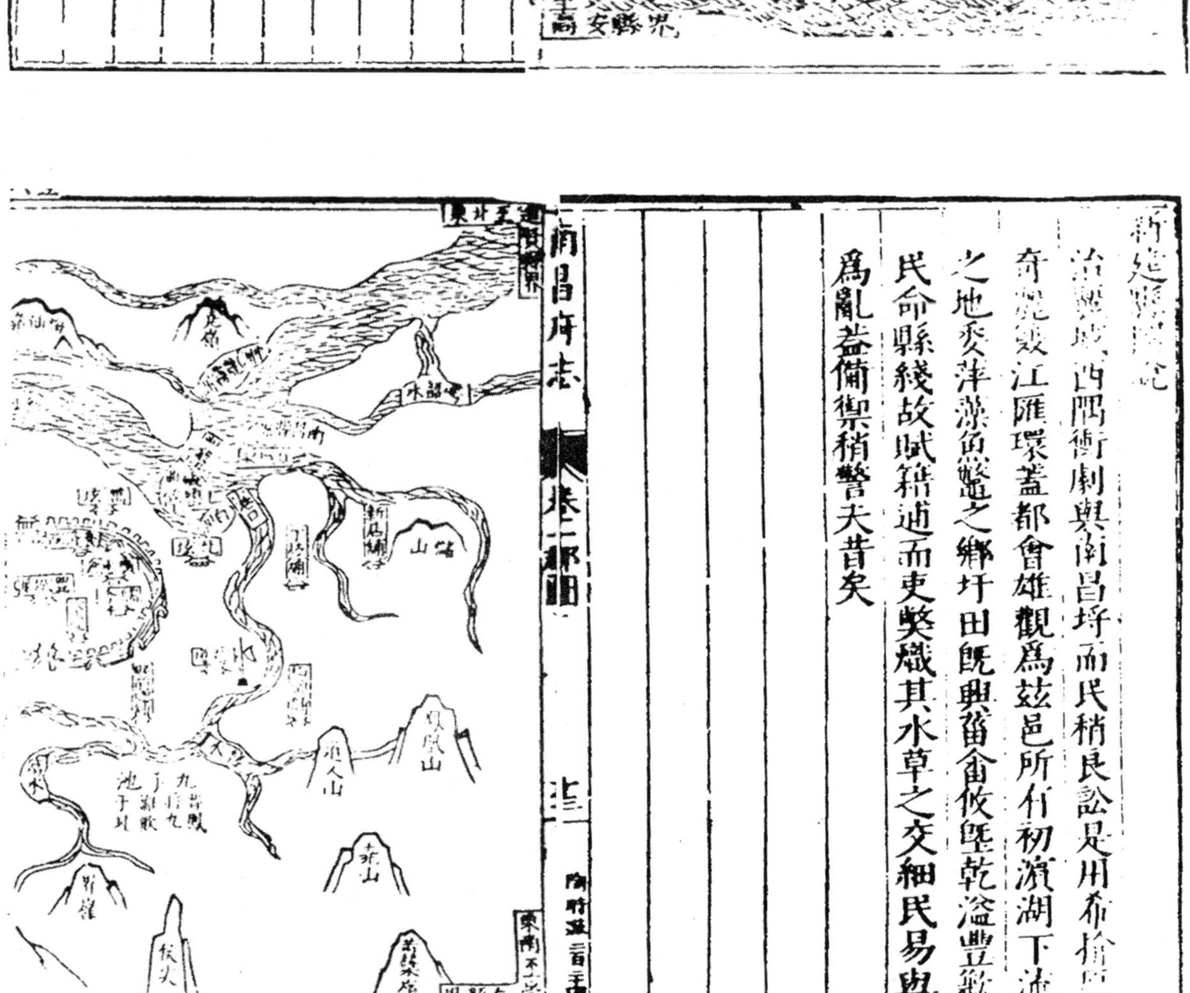

南昌府志　卷之二　輿圖

新建縣圖記

治離城西隅衝劇與南昌埒而民稍良訟是用希按[illegible]奇嶼鍾江匯環蓋都會雄觀爲茲邑所有初濱湖下流之地炎萍藻魚鼈之鄉圩田既興畜畬攸墾乾溢豐歉民命縣綫故賦籍逋而吏獘熾其水草之交細民易與爲亂蓋備禦稍警夫昔矣

西北至新建縣界
馬鞍山
雷土嶺
江滸巡司
西南至清江縣界

豐城縣疆域 縣治在郡西南一百五十里

東八十里抵撫州府臨川縣楊塘界
西五十里抵瑞州府高安縣馬鞍嶺界
南八十里抵撫州府樂安縣丫山界
北七十里抵南昌縣殷家渡界
東南八十里抵崇仁縣黃檗嶺
西南四十里抵清江縣龍池舖界
西北五十里抵新建縣虎口嶺界
東北七十里抵進賢縣辛家渡界
廣二百一十九里　袤二百二十八里

豐城縣圖說

豐城在郡南境羅山列屏劍江潆帶士之績文辭[illegible]有龍光斗牛之氣土瘠民稠居務稼穡而游四方者成徒手致槖中裝然地當閩楚兩粵之交冠蓋出乎亭輅相接也歲儲不下十萬而逋者過半地勢外隆中窪受五郡下流所擊金隄易決掃埂頻煩又地界撫瑞臨江草竊間發而黠俠競勝於無情狡吏巧舞於多藝蓋附郭之外於此稱劇邑云

東南至

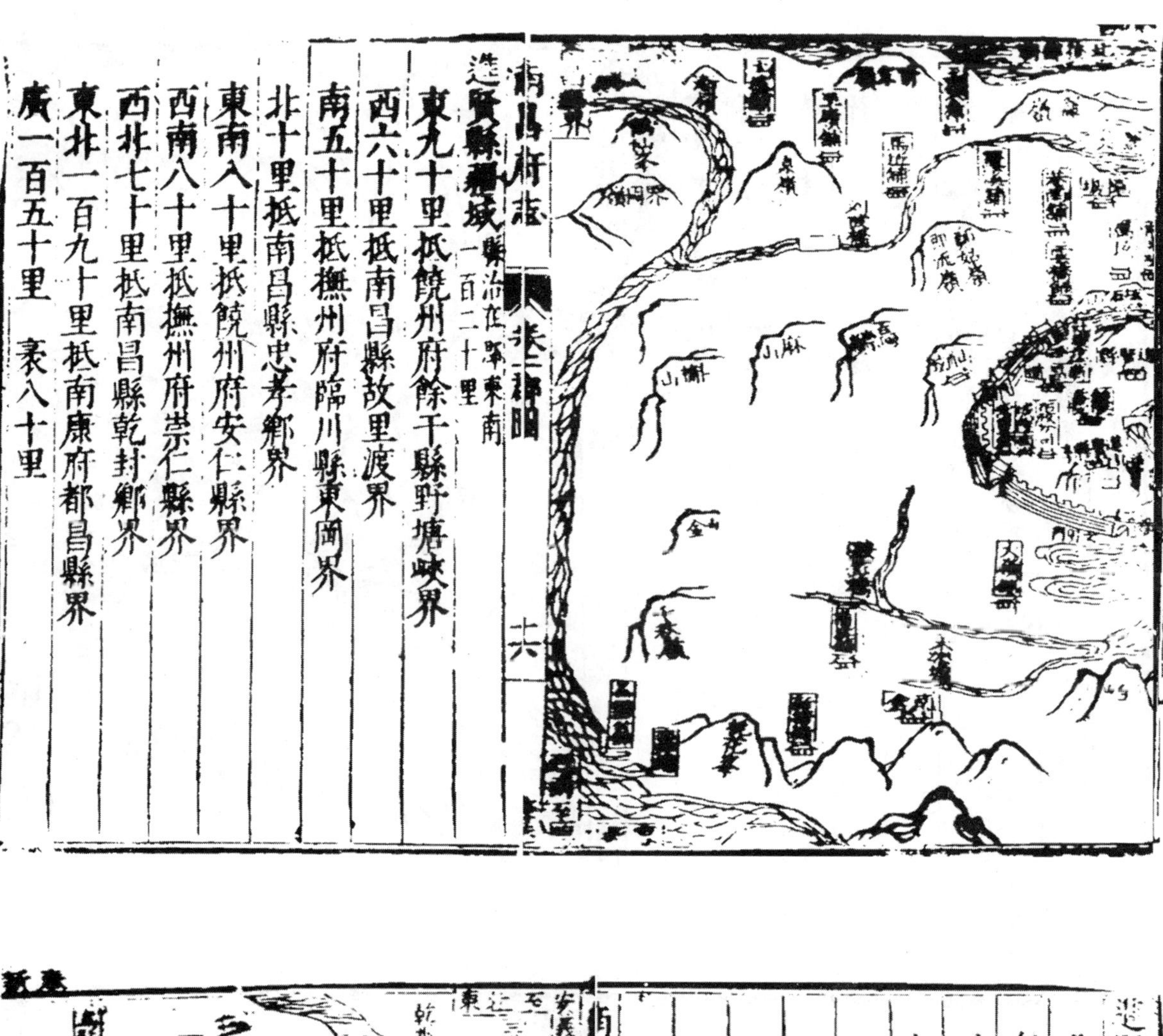

南昌府志　卷二　郡圖　六

進賢縣疆域 縣治在郡東南一百二十里

東九十里抵饒州府餘干縣野塘峽界

西六十里抵南昌縣故里渡界

南五十里抵撫州府臨川縣東岡界

北十里抵南昌縣忠孝鄉界

東南八十里抵饒州府安仁縣界

西南八十里抵撫州府崇仁縣界

西北七十里抵南昌縣乾封鄉界

東北一百九十里抵南康府都昌縣界

廣一百五十里　袤八十里

進賢縣圖說

進賢在郡之東九曲瀠流三台屹立靈秀攸鍾人賢代有民率忠樸士高節槩風俟近馴金矢鮮入第閩越四馳犇命云瘁而撫饒錯界盜多竄流然花園既平稍得高枕治之

南昌府志　卷二　郡圖　七

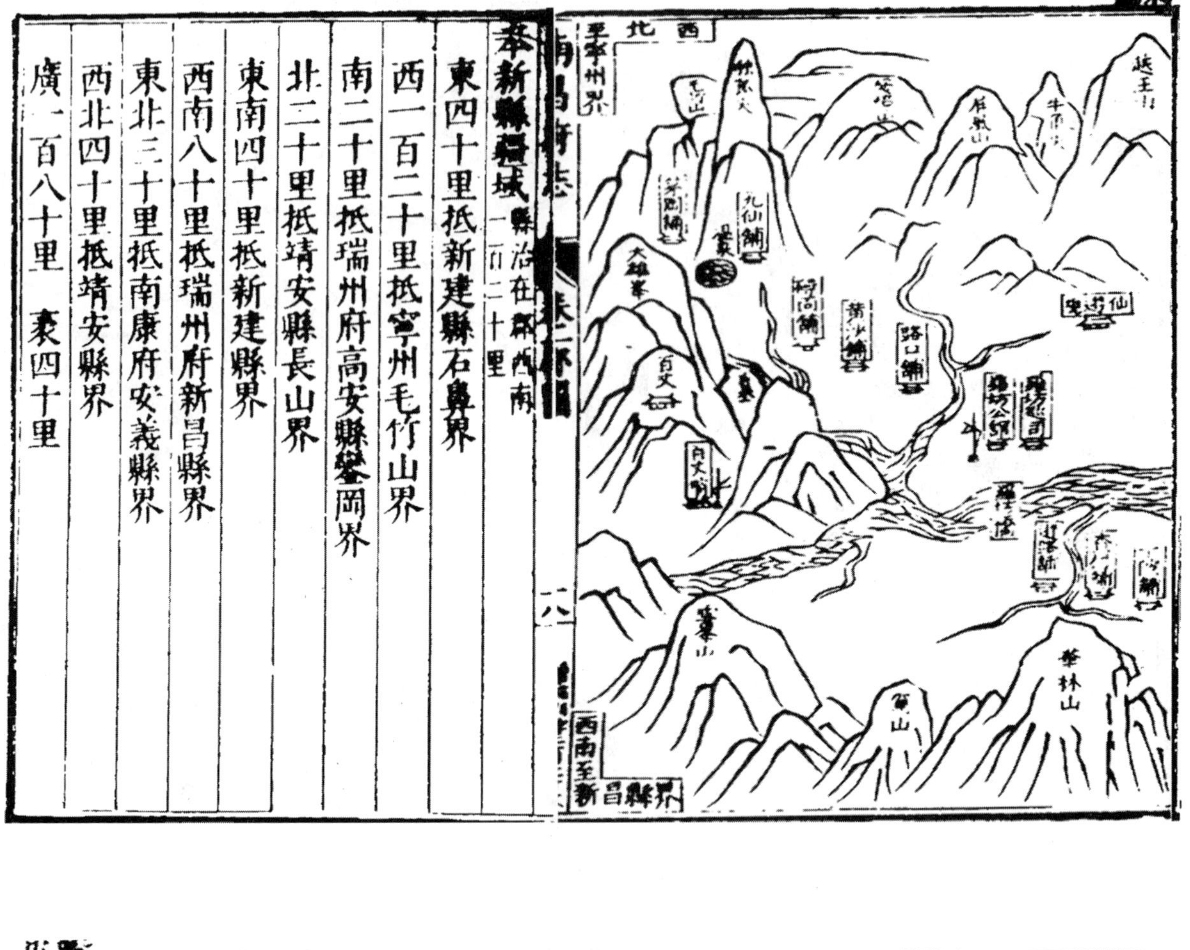

奉新縣疆域 縣治在郡西南一百二十里

東四十里抵新建縣石鼻界

西一百二十里抵寧州毛竹山界

南二十里抵瑞州府高安縣鑾岡界

北二十里抵靖安縣長山界

東南四十里抵新建縣界

西南八十里抵瑞州府新昌縣界

東北三十里抵南康府安義縣界

西北四十里抵靖安縣界

廣一百八十里　袤四十里

奉新縣圖說

奉新治去郡介在西陲與寧州壤接北抵安義南通高安向稱僻靜邇復安義闢衢客引車轔省會逴逴闌出遂令山區延爲謁舍稱驛騷馬且俗尚澆漓告訐成風胏石棘聽連粲不休宰厥邑者談何容易若夫九仙百丈溫泉劍井固封內之勝槩殆未與於斯文

靖安縣疆域 縣治在郡西一百六十里

東二十里抵南康府建昌縣桐城界

西一百二十里抵寧州毛竹山界

南九十里抵奉新縣烏藍界

北九十里抵武寧縣朱家山界

東南一十里抵奉新縣洪山界

西南一十里抵奉新縣石嶺界

東北三十里抵建昌縣界

西北一百里抵武寧縣界

廣一百四十里　袤一百一十里

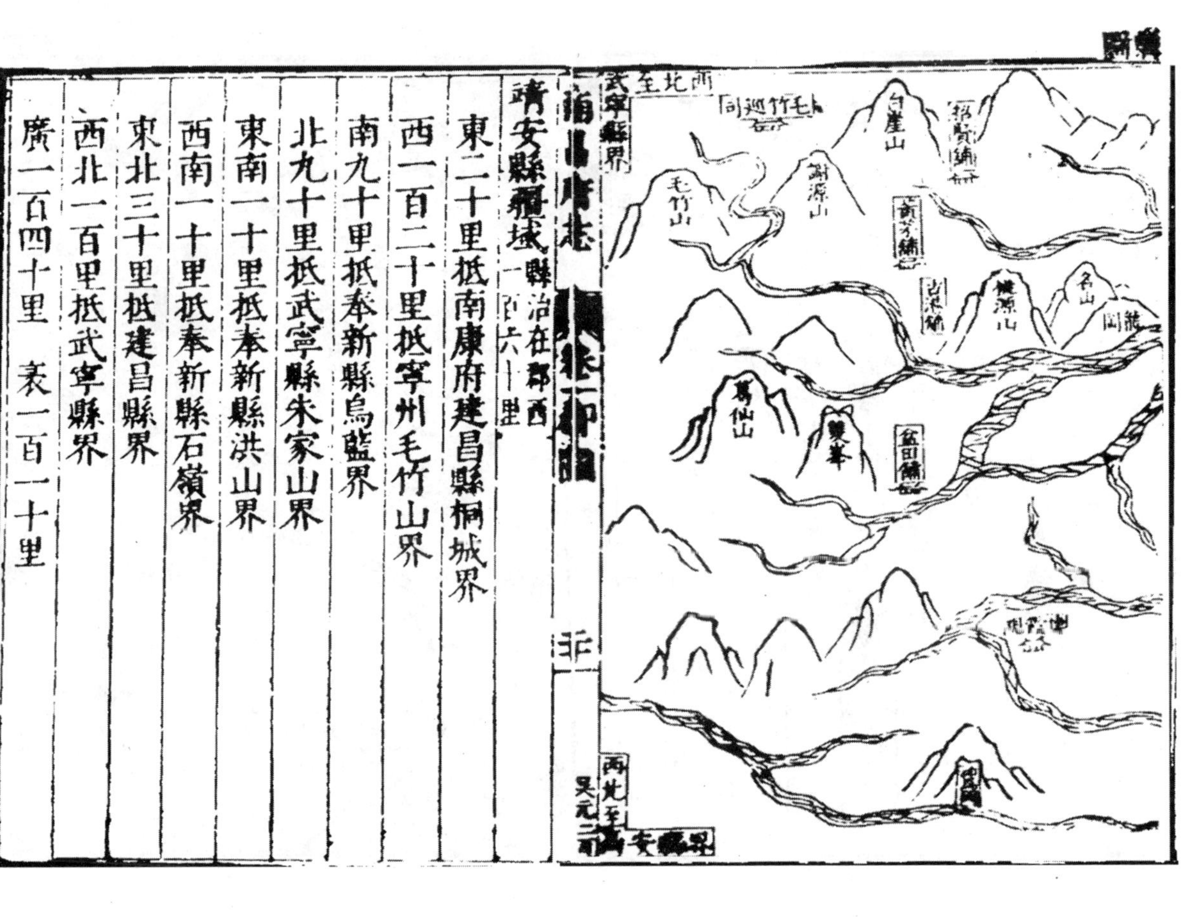

靖安縣圖說

西去奉新入四十里蓉苓鬱盤鳥道爵叢素為盜藪溪澁而商賈絕跡土瘠而民散接踵私匿公逋職此故哉迺其桀黠鼓刀筆以公門為城社攬稅根覗臧鏹為藏橐銅摘鮮施薙芟廓皇邑雖僻小治良艱已

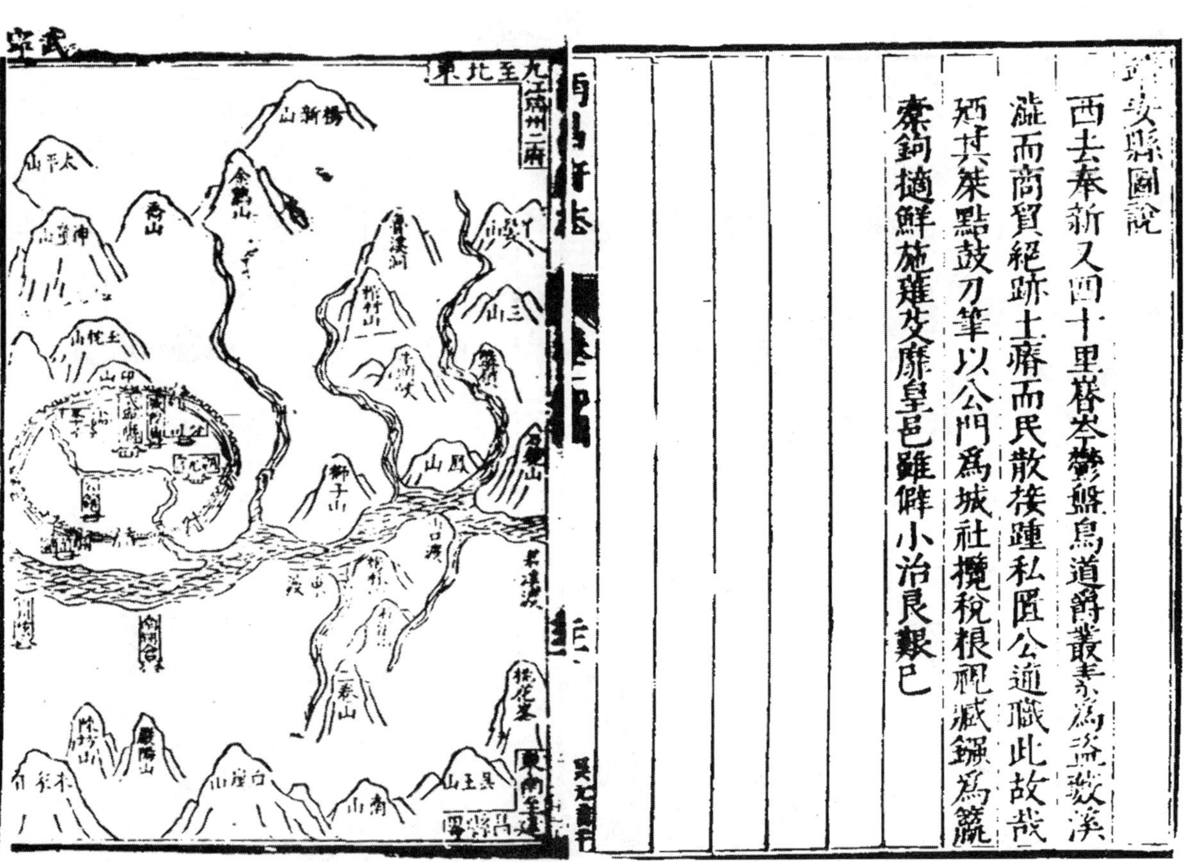

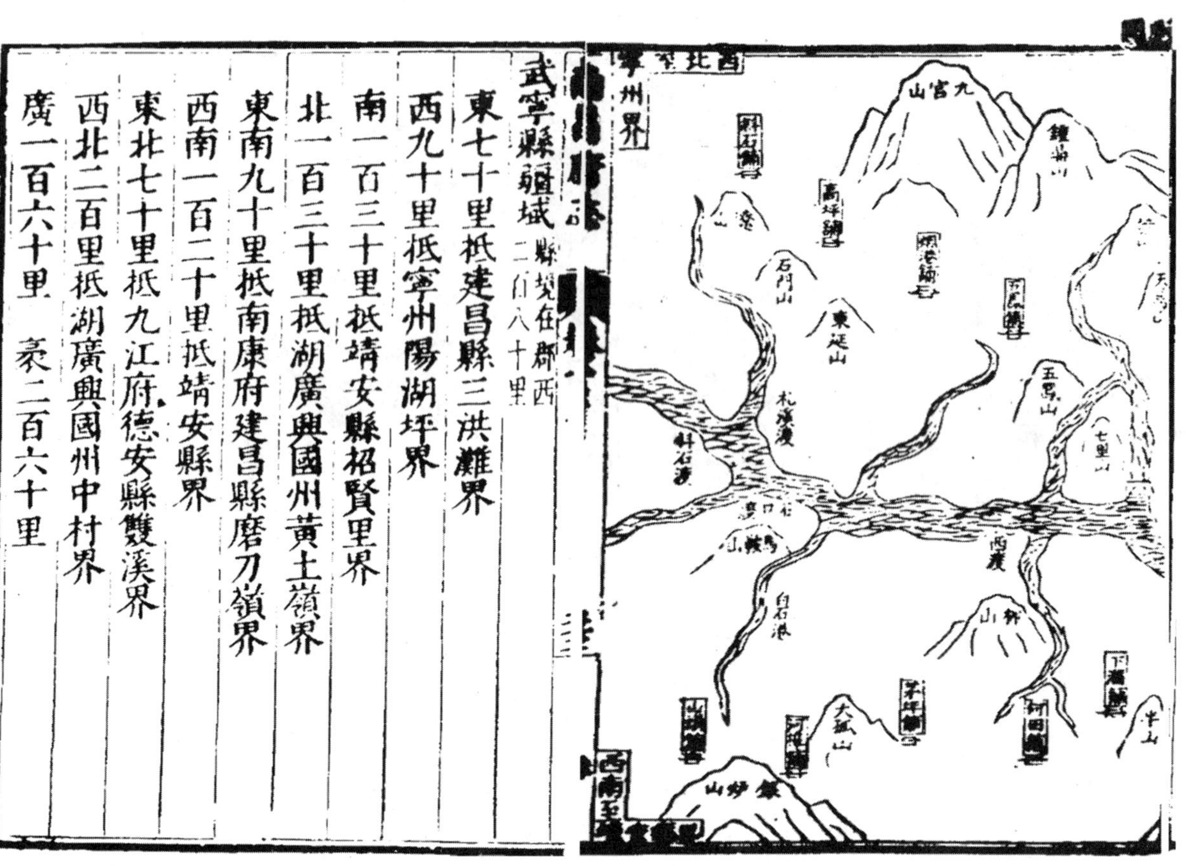

武寧縣疆域 縣境在郡西二百八十里

東七十里抵建昌縣三洪灘界

西九十里抵寧州陽湖坪界

南一百三十里抵靖安縣招賢里界

北一百三十里抵湖廣興國州黃土嶺界

東南九十里抵南康府建昌縣磨刀嶺界

西南一百二十里抵靖安縣界

東北七十里抵九江府德安縣雙溪界

西北二百里抵湖廣興國州中村界

廣一百六十里　袤二百六十里

武寧縣圖說

武寧僻在郡西北萬山中僅通羊腸一道上抵寧州下至建昌山削水駛瘠土寠民以畊織自長養庶幾哉槿廬藿扉之風歟廼浮俗漸漓重以司牧者賢之繇是主保與官錢沒訐揚盛文法蠹長吏鮮克有終噫嘻世道江河治斯履霜矣

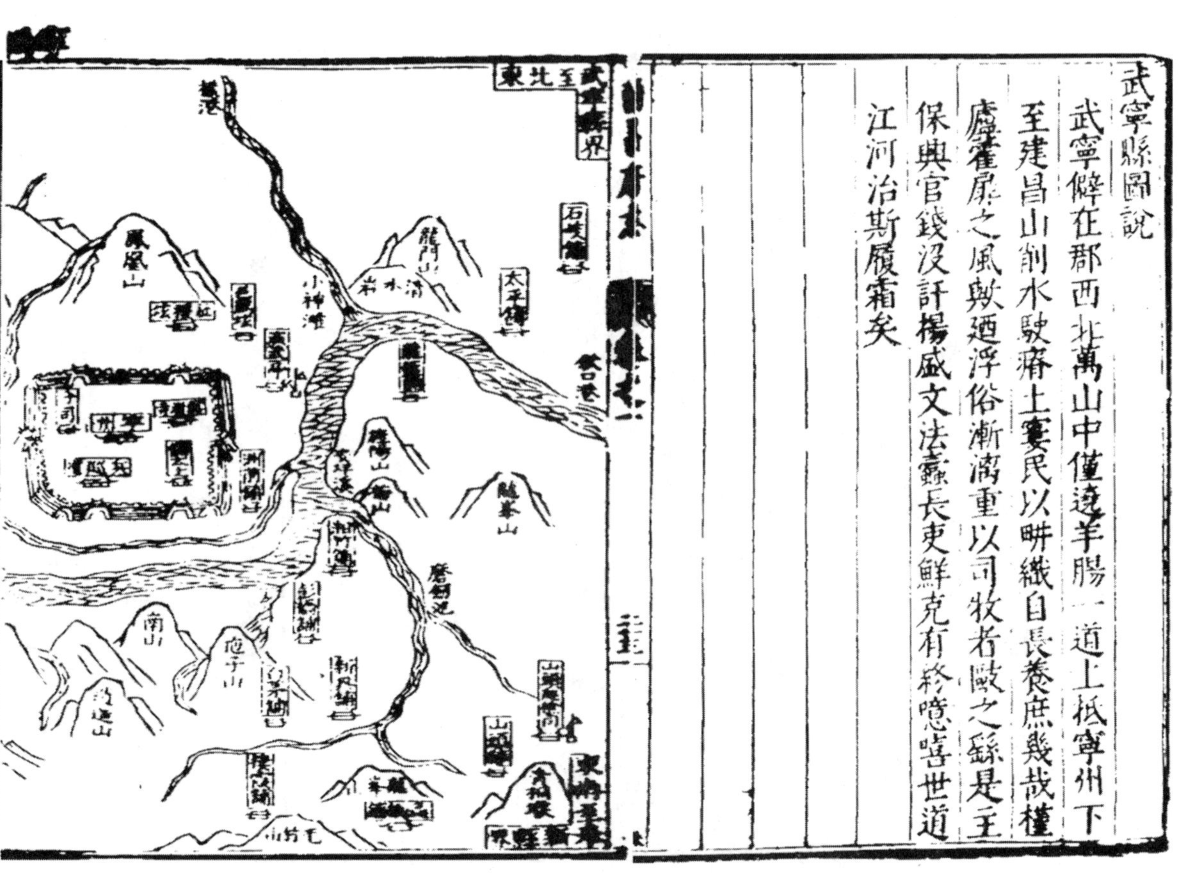

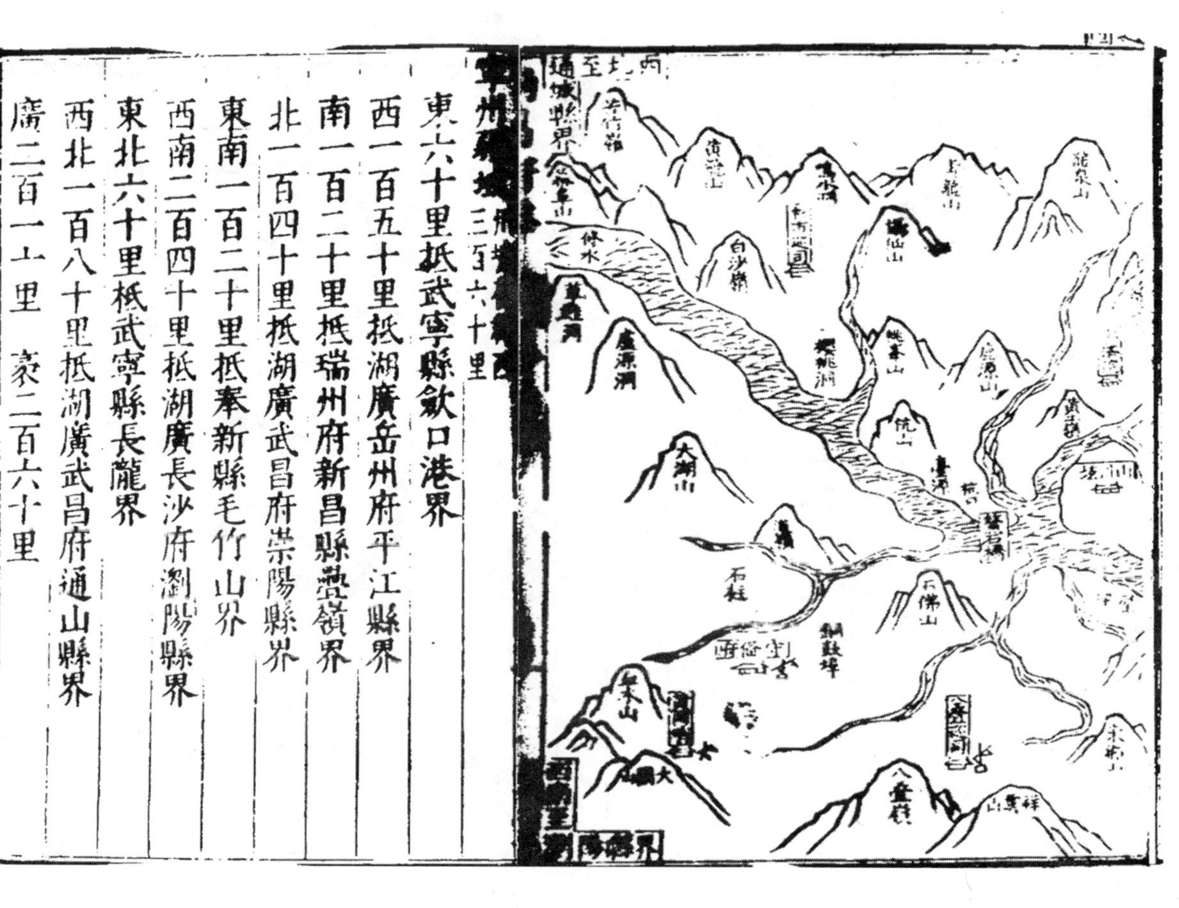

寧州[illegible] 三百六十里

東六十里抵武寧縣欽口港界

西一百五十里抵湖廣岳州府平江縣界

南一百二十里抵瑞州府新昌縣甕嶺界

北一百四十里抵湖廣武昌府崇陽縣界

東南一百二十里抵奉新縣毛竹山界

西南二百四十里抵湖廣長沙府瀏陽縣界

東北六十里抵武寧縣長龍界

西北一百八十里抵湖廣武昌府通山縣界

廣二百一十里　袤二百六十里

寧州圖說

寧州在郡之最西地僻土沃民務稼穡稱富厚矣昔人謂大江以西分寧鍾秀爲多蓋不虛云宋號多才今亦駸駸以起但遠處萬山中地里寥廓林菁蒙茸北接崇陽通城通山興國南接瀏陽萬載西南接新昌奉新東北接武寧崎嶇迫窄僅一線通盜賊憑恃溪山白晝斂攷邇者增設兵備駐馬地方以寧第多事愆艾之後民稍罷于前拊循而輯寧之是不可徒以武健勝也

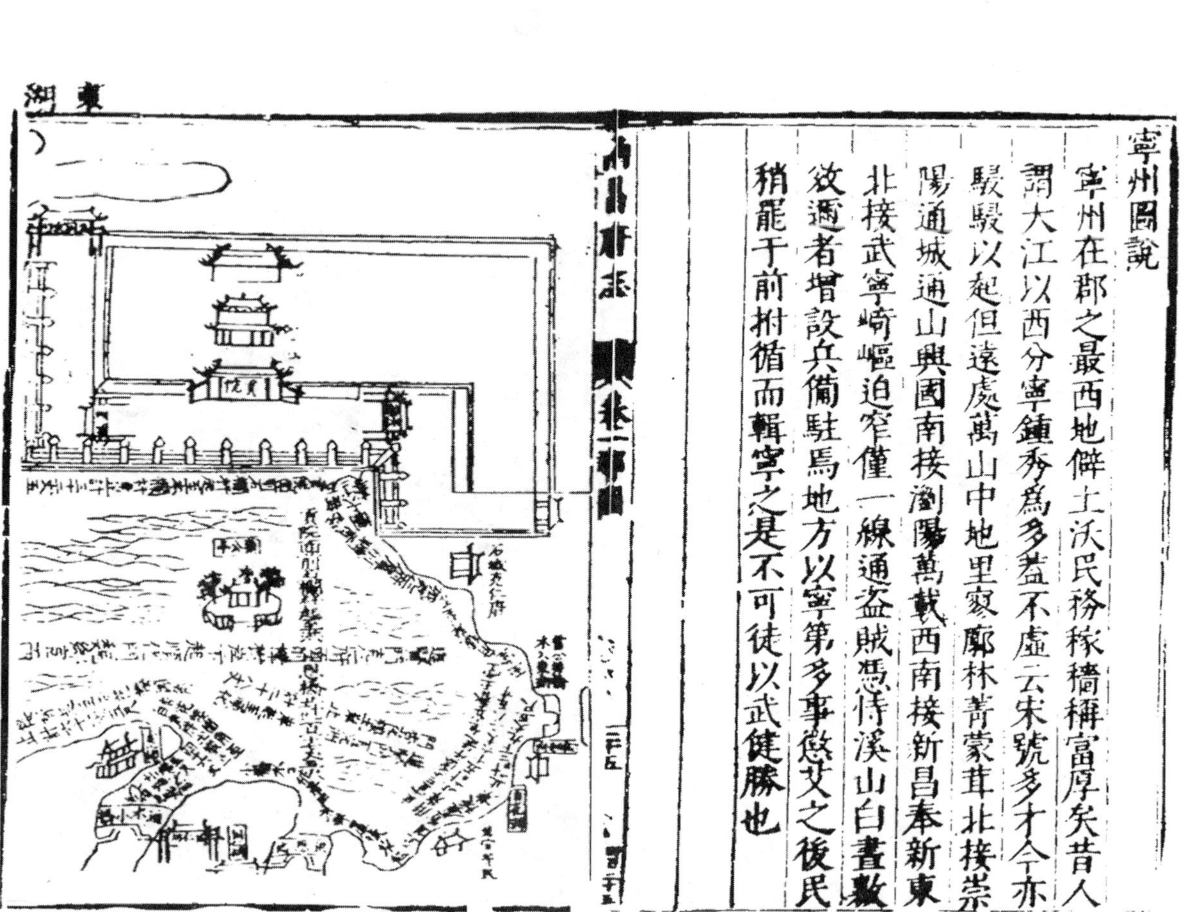

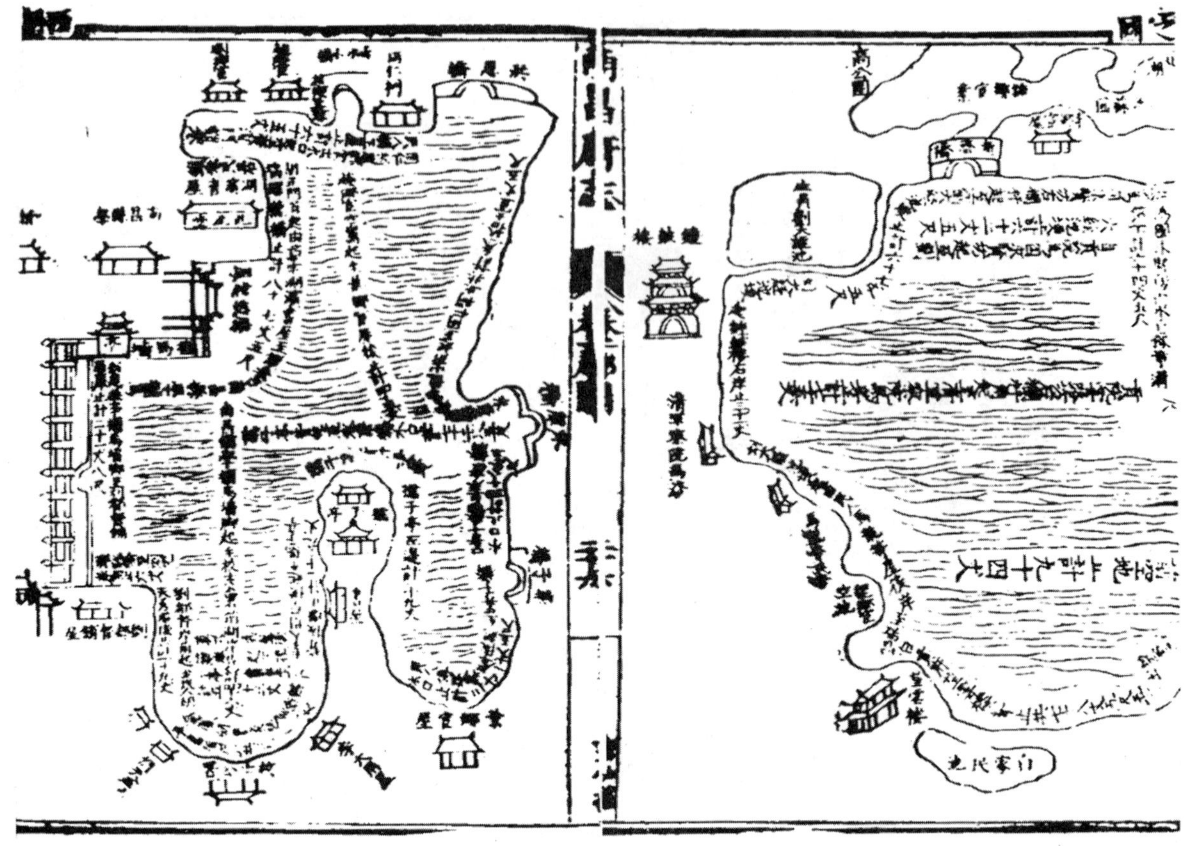

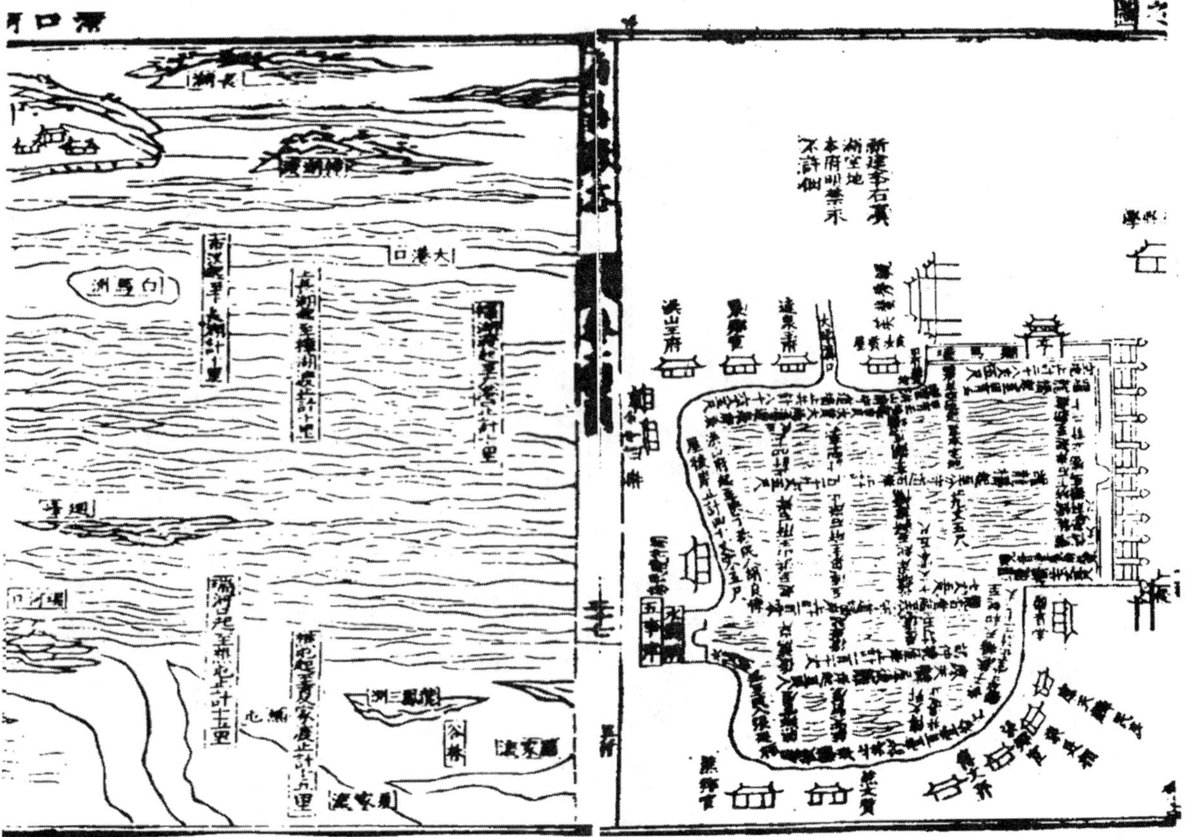

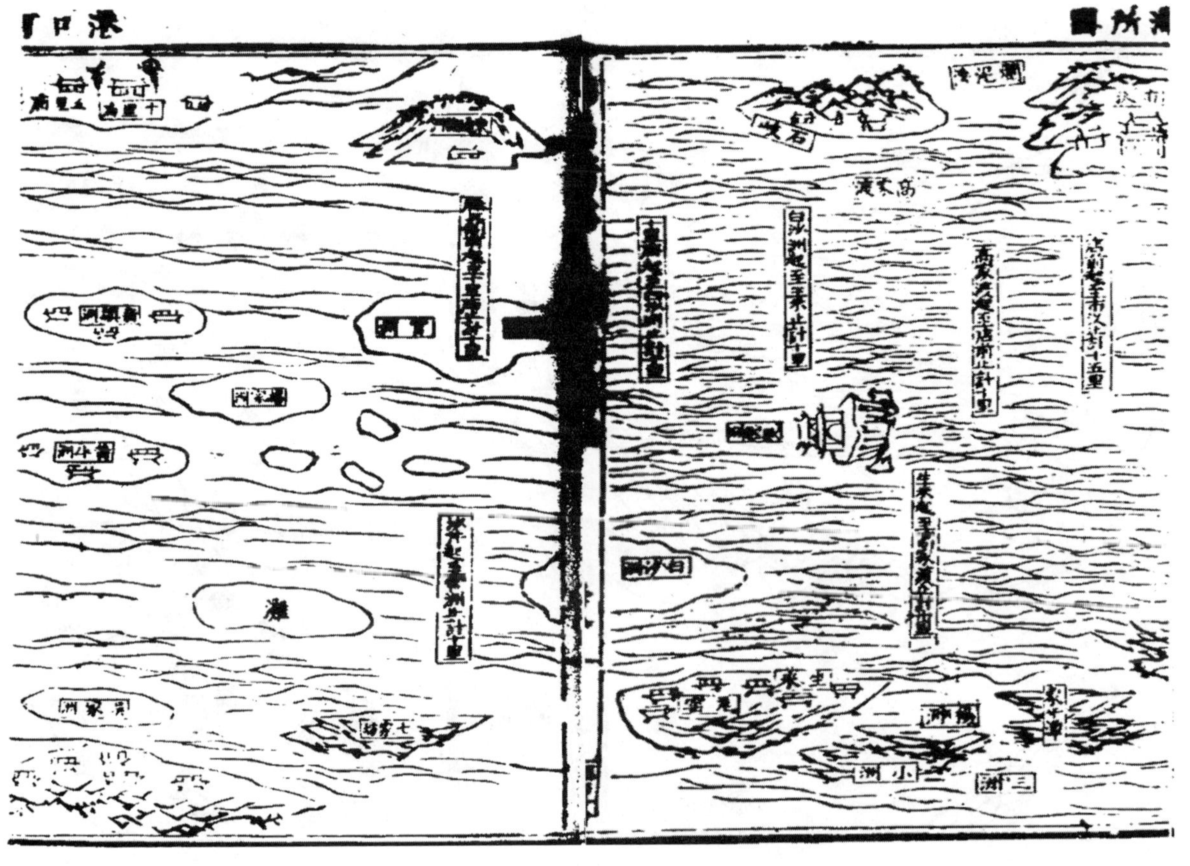

白沙洲
高家渡
小洲
三洲

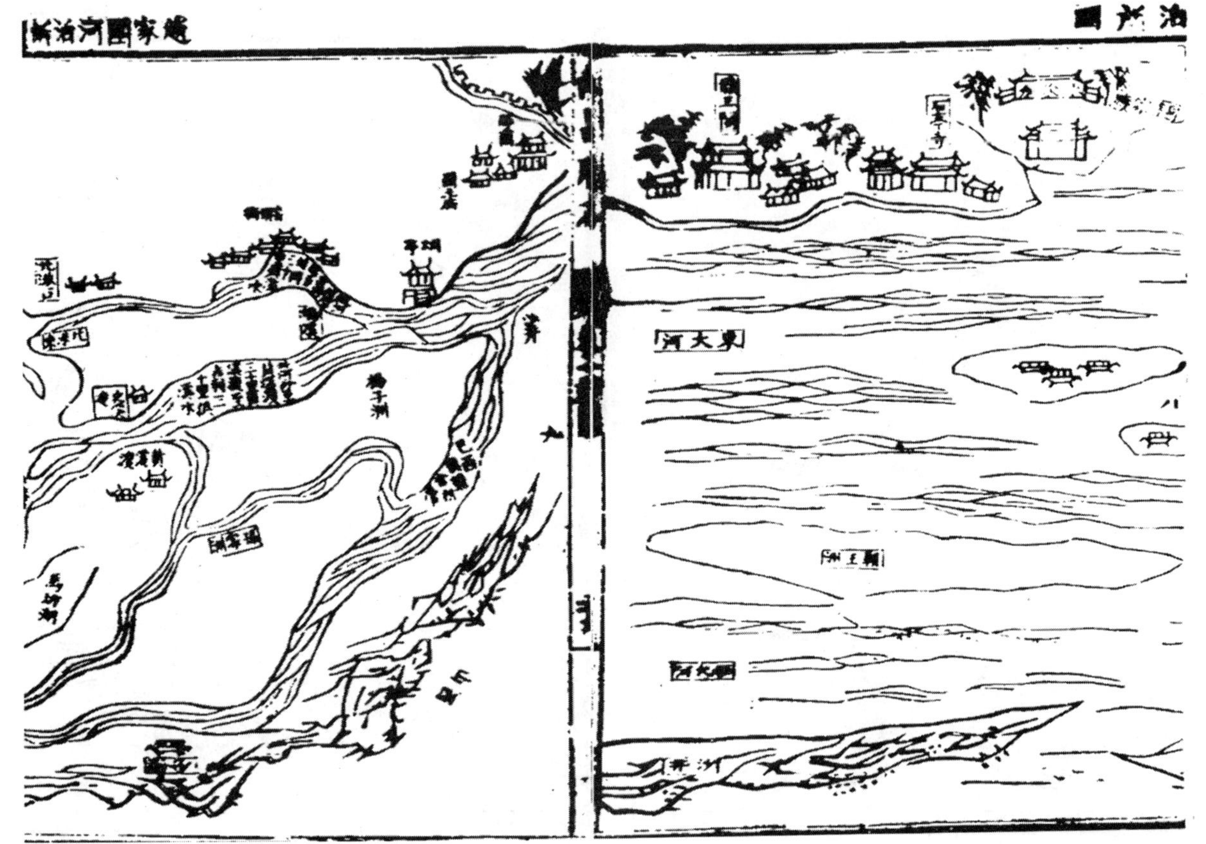

東大河
揚子洲

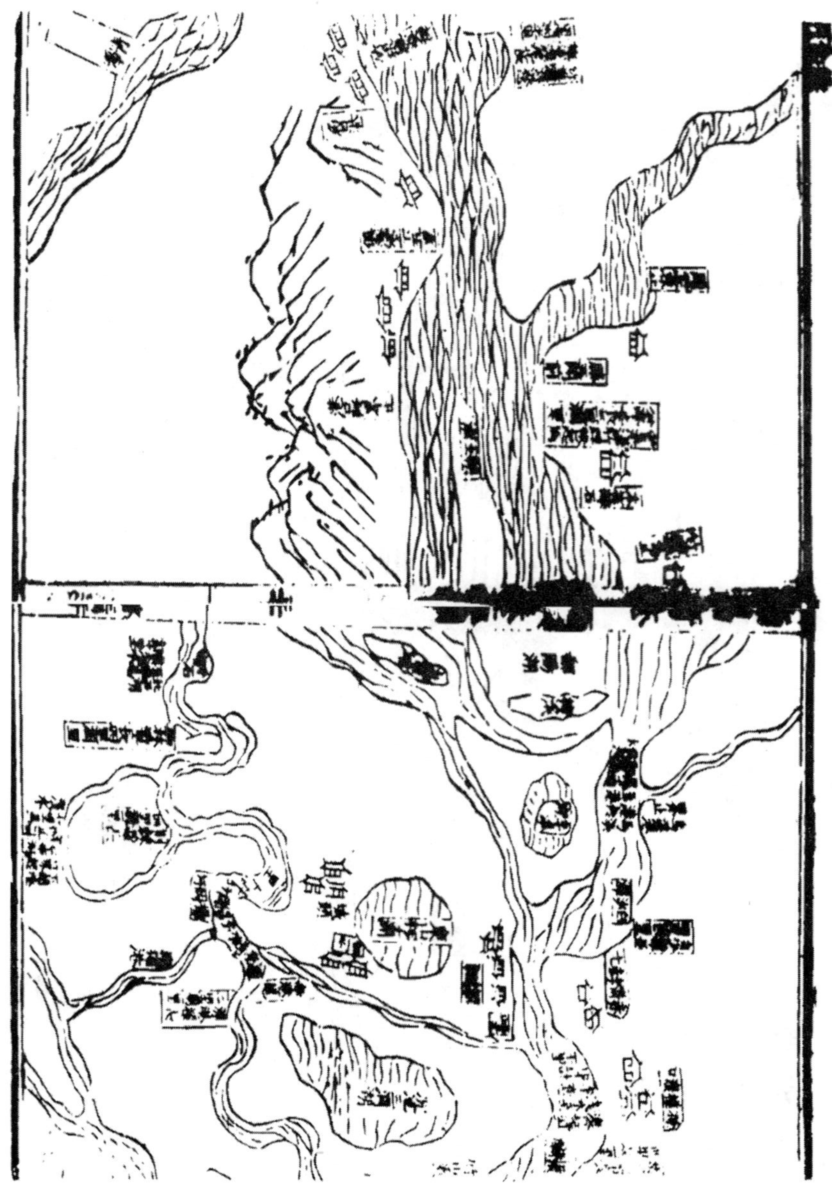

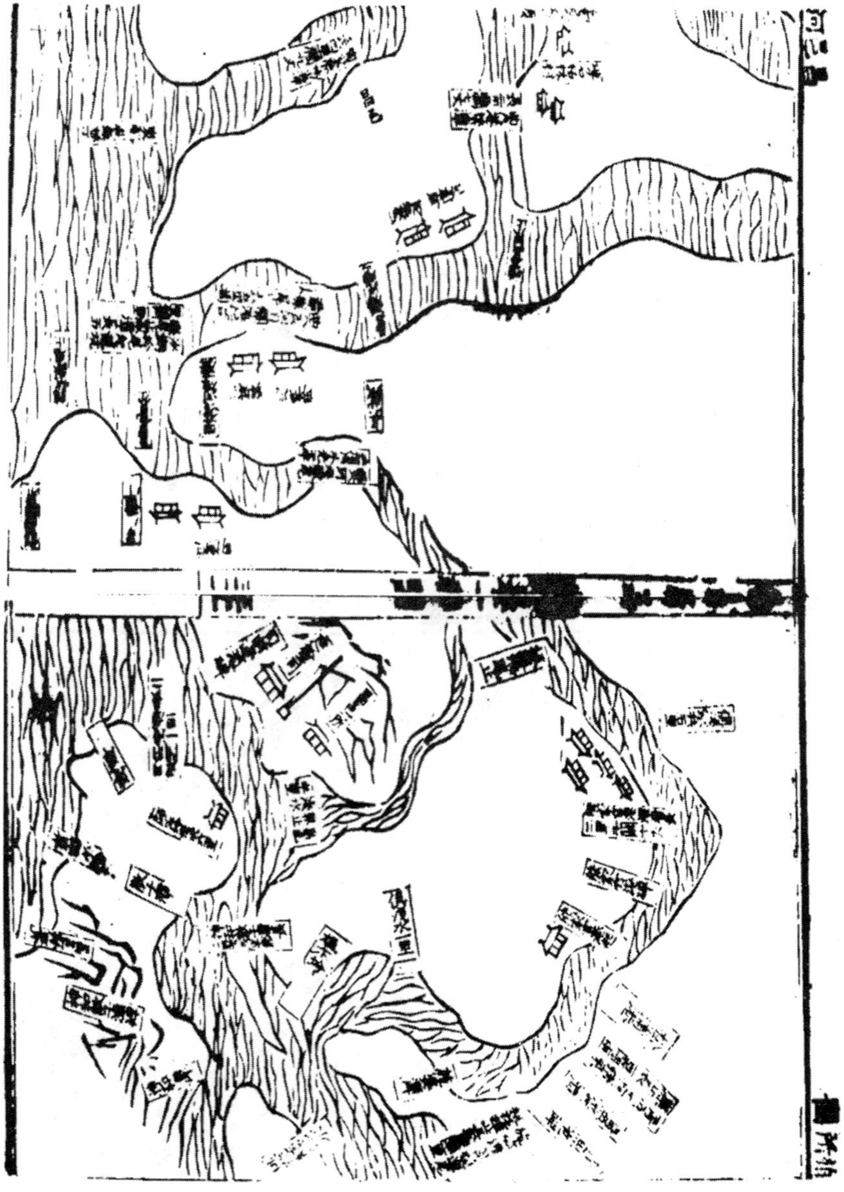

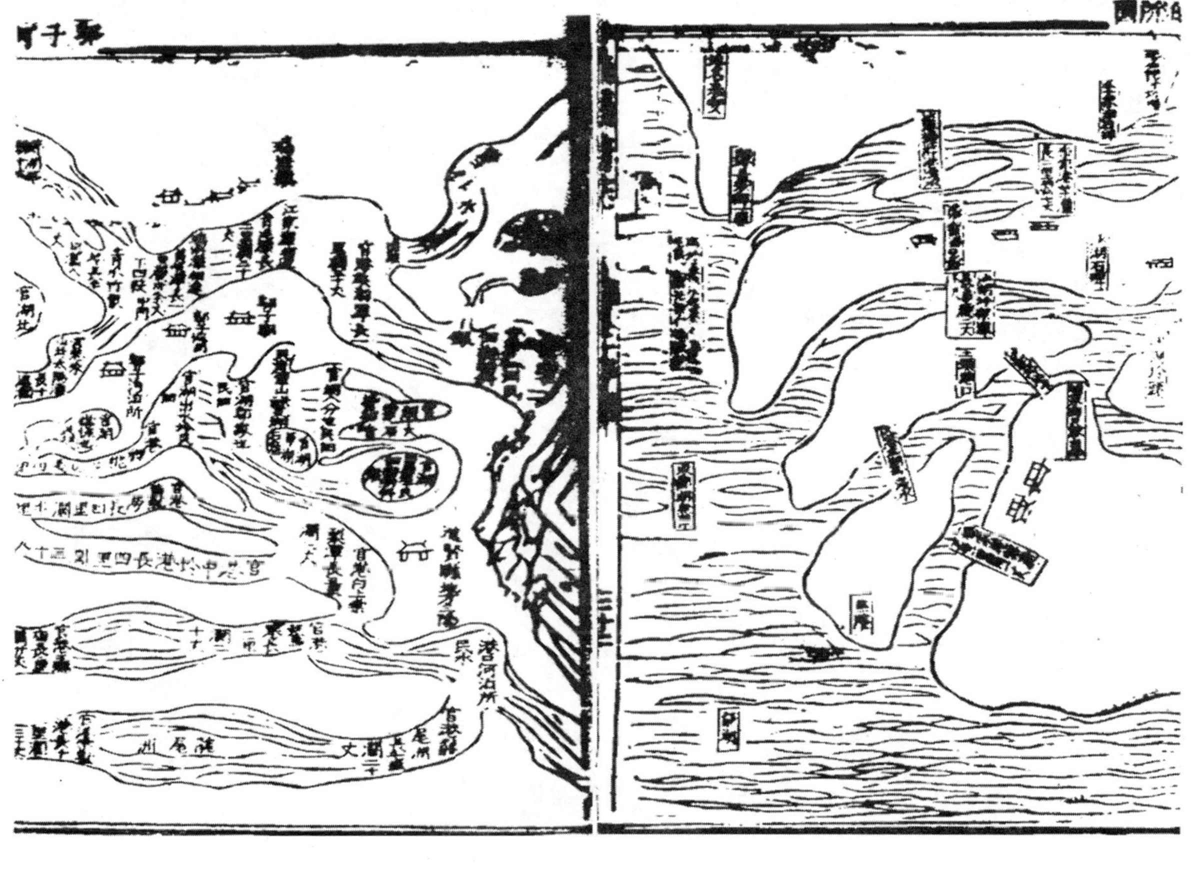

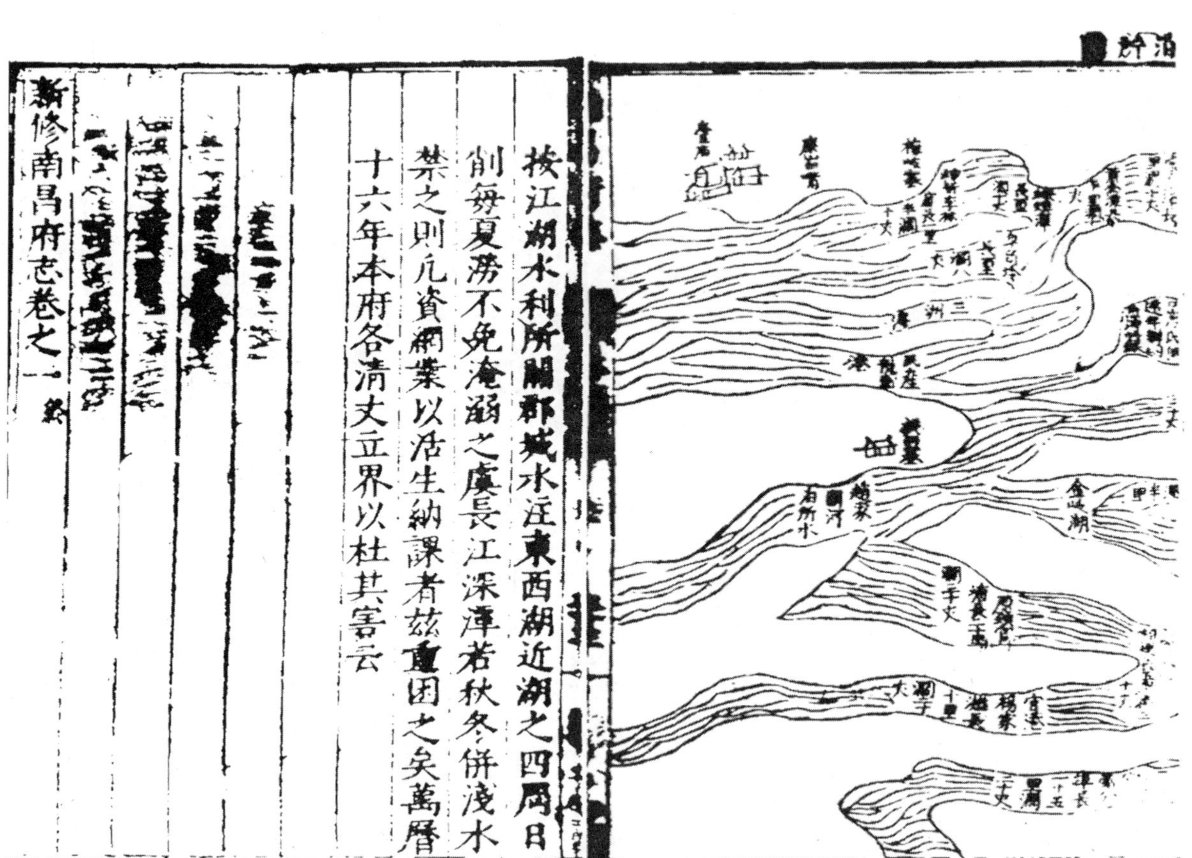

按江湖水利所關郡城水汪東西湖近湖之四周日削毋夏潦不免淹溺之虞長江深潭若秋冬併淺水禁之則凡資網業以活生納課者茲重困之矣萬曆十六年本府各清丈立界以杜其害云

新修南昌府志卷之一終

新修南昌府志卷之二

郡紀

南昌號稱故郡襟江帶湖控荆引粤一大都會也歷代為州為郡為路為府并府所屬縣沿革靡常故推原世次俾論世者有考焉

虞 隸揚州 舜肇十有二州豫章地屬揚州

夏 隸揚州西據敷淺原北匯澤為彭蠡 酈道元水經註云敷淺原在豫章歷陵縣西南即今廬山彭蠡在豫章彭澤縣南即今鄱陽湖

商 隸江南揚州 以為殷制見爾雅先儒

屬周南郡 當商之季周文王三分天下有其二揚州屬焉據禹貢三江論之彭蠡之下為南江蕪湖[illegible]為中江揚子[illegible]北江同入于海南江又[illegible]與蕪湖合流文王之化行于江漢二南為國風之始揚州沾王化為先

周 隸揚州

屬句吳始稱豫章 初商之季泰伯欲讓位於季歷逃之荆蠻不返自君於吳此地屬焉按左氏春秋昭公六年楚令尹子蕩帥師伐吳師于豫章十三年楚師還自徐吳人敗諸豫章二十四年楚子為舟師以略吳疆越大夫胥犴勞王於豫章之汭三十一年吳師圍弦楚師救弦及豫章吳師還定公二年楚囊瓦伐吳師于豫章四年柏舉之役吳人舍舟于淮汭自豫章與楚夾漢杜預註不審誤以為漢東地名又誤以為漢江北地殊不知楚伐吳師于豫章豫章吳地也楚豈吳疆吳疆即豫章也水經酈道元云贛水北逕南昌縣城西即楚令尹子蕩帥師於豫章者也秦以為廬江南部漢高六年始命灌嬰以為豫章郡自豫章與楚夾漢者自由也吳由此進於楚夾漢而軍其為吳地明矣註以為漢東及江北地者因夾漢之文而誤說也蓋豫章春秋屬吳戰國屬楚其地為楚之東境吳之西境故吳楚相攻自此而酈道元之言為有據矣又豫章之所以名

[illegible]漢宮儀曰有豫章木生於庭故曰豫章陳留風俗記曰豫章以木氏郡酸棗以棘名郡是也而余廣以為郡因水為名以前漢地里志新淦縣豫章水出西南為證洪駒父職方乘溪關其非又豫章記云於陽門內有大樟樹高十七丈大四十五圍枝葉扶疏庇蔭數畝中間枯死至晉永嘉中復生從而元帝奄有江南議者以為中興之祥豫今沈木章今樟木二木生七年乃可分別

屬越 周元王四年吳王夫差為越句踐所滅王命句踐為伯豫章屬焉

屬楚 顯王三十五年楚威王熊商敗越殺王無疆明年盡取故吳地至考烈王時封其相黃歇為春申君後徙封江東以吳地為郡邑豫章屬焉

艾子國屬楚 即今武寧寧州地

秦 隸九江郡 始皇二十四年滅楚明年定九江郡豫章屬焉

屬番 天下初叛秦吳芮為番陽令號曰番君時豫章屬番

漢 復秦郡名

屬長沙國 高帝割九江郡東南境益長沙郡封吳芮為長沙王時屬芮國

屬淮南國 初項籍封英布為九江王籍滅高帝割九江之西境益淮南國時豫章地半屬淮南

屬吳 高帝十一年布誅封子長為淮南王治布故地以丹陽會稽豫章三郡為吳地患吳俗輕悍無壯王鎮之立兄子濞為吳王豫章屬焉

始置豫章郡隸揚州部縣十八 景帝三年濞連七國反命太尉周亞夫擊滅濞始併郡為豫章領南昌廬陵彭澤番陽歷陵餘干柴桑艾贛新淦南城建城宜春海昏雩都鄱陽南埜安平共十八縣

南昌為郡治 武帝元封五年置揚州刺史領郡十六豫章其一也以南昌為治所

析海昏置建昌縣南城置臨汝縣廬陵置石陽縣史安

平爲平都縣先是王莽改豫章爲九江郡東漢復稱豫章析三縣更一縣適領前漢十八縣共二十一縣

析海昏建昌置新吳縣初高帝以項籍起江東惡其强盛遷吳之大姓吳氏塗山氏東遷氏於海昏因名其地爲新吳靈帝中平二年於其地置新吳縣割建昌之地來附

吳立廬陵番陽柴桑爲郡孫策據有江東於漢獻帝建安四年立廬陵爲郡分平都贛雩都南埜西縣屬之十五年孫策立番陽爲郡分餘干鄡陽二縣屬之又立柴桑爲武昌郡分彭澤縣屬之豫章郡之地去其半矣

析南昌地立富城鍾陵宜豐縣孫權分南昌南境置富城縣今豐城縣所由始富城縣治在富水西故名一統志謂在長豐鄉有廢城在東境置鍾陵縣今進賢所由始縣治在今南昌縣東北鍾陵鄉西境置宜豐縣今新建所由始治在今瑞州府新昌縣三十里有廢城在焉

分海昏建昌地立西安縣孫權割海昏建昌左右境立西安縣今武寧寧州所由始其治在今寧州西二十里有廢城在

併南城臨汝爲臨川郡孫亮太平二年置

分建城宜春屬安城郡孫皓寶鼎二年分豫章之地至是又十去其四矣

晉襲漢豫章郡更西安爲豫章縣豫章當作寧詳見註文富城爲豐城縣廢鍾陵縣統縣十五武帝太康元年以西安犯安世字諱改曰豫章移富城於豐水之西故曰豐城分建城地置康泰望蔡二縣宜春地置吳平縣又分艾置永修縣通領漢南昌海昏新淦建昌建城豫章彭澤艾又領吳宜豐所更所置共十五縣考之晉今改西安爲豫章後隋又改西昌爲豫章豫章名縣何其重復據南史傳王雲首追封豫寧縣侯子從掉襲封豫寧縣侯寰宇記謂繒綽所封即是豫章然則其晉武改西安爲豫章當是豫寧而晉書隋書皆誤耳唐睿宗景雲間復名豫章前此有豫寧州矣豈因海昏所而遂西安因西安改而爲豫寧因豫寧而又改爲武寧此其沿革也

立江州治豫章郡統縣十三惠帝元康元年有司奏荆揚二州疆土曠遠統理尤難於是割揚州之豫章鄱陽廬陵臨川南康建安晉安荆州之武昌桂陽安成合十郡因江水之名而置江州以豫章爲刺史治所永嘉元年割彭澤屬尋陽省宜豐鍾陵入南昌統縣十三咸和六年江州刺史自豫章移治尋陽咸康六年移治武昌義熙中復治豫章未幾又還尋陽

宋襲晉郡名屬江州

齊襲宋郡名屬江州

梁襲齊郡名屬江州

析豐城置廣豐縣別屬巴山郡大同二年

陳置豫寧郡統縣五隸江州領建昌艾永脩新吳豫章共五縣

更置宜豐爲西昌縣永定三年立縣治在今石頭渡

隋革豫章郡置洪州總管府更西昌縣爲豫章幷豫寧郡四縣入巴山罷巴山郡豐城廣豐二縣仍屬開皇九年易郡爲州以州之西南洪崖因以名州移西昌入城北百步未幾總管王世積出城卅三里而臨章江改爲豫章焉

復豫章郡及南昌縣名併廣豐入豐城領縣四大業中復郡名及豫章縣爲南昌以避煬帝諱又幷廣豐縣爲豐城領建昌建城及所復所幷者共四縣

唐襲隋洪州分創孫州南昌州靖州隸總管府武德四年以洪州置總管府析章江之西境置南昌西昌金檐三縣又析南昌爲新吳南泉共五縣於石鼻林之北孫慮故城建孫州以統之後分建昌永安永修共三縣建南昌州以統之又分建城爲望蔡華陽宜樂陽樂五縣建靖州以統之

立洪州都督府廢三州幷新吳入建昌復鍾陵縣來興

廢為進賢鎮統縣五 武德七年更總管府曰都督府治洪吉饒虔撫南平六州廢南昌移治豫州洪州鍾陵豫章建昌豐城建城并析建昌置高安共五縣豫章縣貞觀十一年自灌城移回于東湖太觀西郎王標置縣舊地豐城縣永徽二年移治章水之東郎今治所

立武寧縣 武后長安四年郎吳所置西安縣之地立武寧縣睿宗景雲元年復名豫寧寶應元年避代宗諱復舊

罷都督府置江南西道治洪州 景雲二年置江南道兼治黔中開元二十二年分江南為東西二道江南西道領洪州刺史按州十七宣歙池江潭岳虔吉饒鄂袁撫渝水道郴郎

復州為豫章郡 天寶元年

罷郡復置洪州南昌軍 乾元元年復改洪州按治諸州武分威合上元元年始定管八州洪吉虔撫信袁江袁二年置南昌軍

併豫章入鍾陵縣 寶應元年避代宗諱改為鍾陵舊志云豫章郡避諱止稱章郡先此時已罷郡置洪州安得復諱郡名意者當時自諱於民間而志誤載之

復置新吳縣 永淳元年邑人余文師覺思祥以建昌道途遙遠民勞供輸請置縣從之復名新吳

升為江南西道廢南昌軍改置鎮南軍 建中四年升為江南西道元和六年廢南昌軍咸通六年改鎮南軍

更鍾陵為南昌縣 貞元中復名南昌迄今循之不改

分武寧置分寧縣 德宗貞元十五年觀察使奏割縣之西境十鄉置分寧縣縣本武寧縣之常州亥鎮南村落有市謂之虛不常會多虛日也西蜀曰痎如痎疾間而復作也江南曰亥本與蜀同人惡以疾為稱止曰亥耳其地在今太清鄉甘羅村縣之西境遠去治所乃至五百里復多攻劫溪洞猖獗遂請設[illegible]追捕佐助故鄉民於縣西二百里[illegible]安奏曰當至是置縣公私便之

南唐立洪州更新吳為奉新升靖安場為縣領縣七 李昪以國號唐諱楊行密所稱吳更新吳為奉新初建安有靖安孝第二鄉去縣遠唐廣明中因盜侵掠以此二鄉置鎮為保障行密改為場至是始升為縣保大十年割高安置筠州通領縣七南昌豐城武寧分寧建昌并所更所升者共七縣

建南都升為南昌府 保大十六年李景置為南都明年自金陵徙居焉

宋置都督洪州豫章郡鎮南軍 開寶八年

分為江南西路 太平興國元年分江南東西為二路西路統洪筠袁虔吉撫臨江興國南安建昌十州軍先是路或置兵馬鈐轄司轉運司提舉司安撫司馬步軍總管司建革不一洪州統縣七南昌建昌奉新豐城武寧分寧靖安

分南昌豐城新建縣析建昌置南康軍 太平興國六年析南昌洪崖等十六鄉置新建縣明年析建昌置南康軍洪州所屬分一縣除一縣仍統七縣

升南昌進賢鎮為縣 崇寧二年析南昌之歸仁眞隱崇崇信四鄉新建之王溪東西二鄉改鎮復立進賢縣從太守張綬之請也大觀三年復割王溪東西二鄉歸新建再割南昌之欽風鄉來屬

通江東西為江南路隸江州 建炎四年置江州路安撫司統洪州八南昌江州撫州信州興國南康臨江建昌紹興初復分江東西為兩路以撫建隸江東四年復以撫建來歸

升南昌州為隆興府 隆興元年以孝宗初為皇子遙領鎮南軍因即位紀年遂以名府帥漕治所皆在焉

元設行都元帥府及安撫司領縣八 至元十二年設行都元帥府及安撫司領縣八南昌新建豐城進賢奉新靖安武寧分寧立城設錄事司

立江西行中書省及總管府隸江南諸道行御史臺十四年四月改行都元帥府為江西道宣慰司府為總管府九月立行中書省十月移行省治贛州與二浙湖廣三省共隸江南諸道行御史臺

更府為隆興路十五年改隆興府為路十六年行省復自贛州治此十七年并入福建行省本道止立宣慰司十九年復立行省罷宣慰司隸皇太子

更隆興為龍興二十一年裕宗即位更名

升豐城縣為富州立武寧縣為寧州二十三年升豐城為富州立武寧縣為寧州領武寧分寧二縣大德五年以分寧縣隸寧州武寧縣隸龍興路領司一縣六州二

國朝襲元行中書省更路為洪都府尋復為南昌府至正十八年僞漢陳友諒陷龍興路壬寅正月王師取龍興改為洪都府癸卯復改為南昌府

立布政使司復富州為豐城縣寧州為寧縣統縣八洪武九年革中書省置江西等處承宣布政使司統府十三南昌瑞州建昌廣信饒州九江南康臨江袁州撫州吉安贛州南安南昌府領縣八南昌新建豐城進賢奉新靖安武寧寧縣

升寧縣為寧州

府屬州縣沿革序次依一統志

南昌縣自秦漢置郡縣以來已定厥名在秦為九江郡漢屬豫章郡東漢分其地為宜豐縣尋廢晉分縣東境立鍾陵縣復廢隋改為豫章縣以郡名邑大業初復名南昌縣尋廢唐初復置屬孫州又析置豫章縣尋廢孫州以南昌併入豫章貞元中復名南昌是縣與郡同𨕖境地所包甚廣今郡屬八邑與筠之高安新昌皆其所析焉縣治舊圖經云三改五移其始置縣也在郡西南隋開皇徙之城北唐貞觀徙附郡城宋開寶縣宰徐用和主簿袁逢吉建廨宇義倉縣治復修元仍其舊為倚郭縣　國朝因之屬本府領鄉十一編戶四百九十九里

新建縣本漢南昌縣章江之西境嘗分置宜豐縣尋廢陳永定復分立西昌治在石頭津隋遣林士弘亂縣廢唐武德張善安據洪州沿舊西昌曾建南昌金塘三縣創立孫州及善安就擒州并三縣俱廢後置西昌縣尋又省入豫章縣宋太平興國始析南昌洪崖等十六鄉置新建縣屬隆興府治所即郡尹林仁肇故宅境土析自南昌與南昌均治府城大率城之西北與江之西境屬焉元仍其舊為倚郭縣　國朝因之縣屬本府領鄉十六編戶一百九十七里

豐城縣漢南昌縣地後漢建安中立縣尋廢吳析南昌縣之南境立富城縣於富水之西屬豫章郡晉移治豐水西改名豐城梁大同析置廣豐縣在富水之東治巴山郡隋開皇併豐城入廣豐唐永徽移治章水東即今治所按續職方乘又有始豐城基在縣南七十五里未

詳所拠後梁改名吳皐後唐復名豐城宋爲緊縣[illegible]
後始汪選人元陞爲富州屬龍興路　國朝改爲縣[illegible]
本府領鄉十七編戶三百五十四里
進賢縣本南昌東境吳析置東陵縣晉武帝時鍾陵縣
廢唐武德中復立鍾陵縣八年罷縣爲進賢鎮宋崇寧
從太守張綬之請陞鎮爲進賢縣大觀三年又以南昌
之欽風鄉加入進賢縣屬隆興府元仍其舊　國朝因
之縣屬本府領鄉五編戶一百九十八里
奉新縣漢豫章郡海昏之地東漢中平初分海昏立建
昌縣尋廢漢末分海昏建昌之境爲新吳縣又分新吳

海昏立西安縣隋開皇省入建昌唐武德復置新吳尋
廢永淳復立新吳縣治所舊在山間神龍三年遷馮水
之南南唐改名奉新由漢以來三廢三置職方乘云漢
高祖平定海內以項籍起江東惡其强盛分徙吳之大
族于他縣徙奎山氏于此故曰新吳南唐李氏承楊行
密後忌吳楊之名故曰奉新宋元並仍其舊　國朝因
之縣屬本府領鄉十一編戶一百五十一里
靖安縣本漢晉豫章郡建昌縣地唐廣明中置靖安鎮
屬洪州五代吳乾貞二年改爲場南唐昇元中析建昌
奉新武寧三縣地陞爲靖安縣其初靖安本里名因里

以名鄉因鄉以名鎮因鎮以名場因場以名縣宋屬隆
興府元仍舊　國朝因之縣屬本府領鄉五編戶三十里
武寧縣本春秋艾子國漢海昏縣地獻帝時置西安縣
晉大康改名豫章陳武帝初析建昌豫章之艾永修新
吳五縣置豫寧郡屬江州隋開皇廢豫寧郡省四縣入
建昌置武寧縣景雲元年改曰豫寧寶應元年復名武
寧貞元中觀察使李巽奏割西界十鄉置分寧縣宋因
之漢所置西安在今分寧西二十里旣改武寧又營遷
于甘羅村北山嶺間城基尚存今縣城乃天寶四年所
築去西安舊治二百里元至正置寧州縣屬焉　國朝

以縣屬本府領鄉九編戶五十一里
寧州周艾地哀公二十年吳公子慶忌出居于艾今治
西百里有故艾城漢爲艾縣在修水東北屬豫章郡或
曰漢西平縣今不可攷晉改豫寧縣陳置豫寧郡隋開
皇省入建昌唐置武寧縣貞元中觀察使李巽奏請分
武寧西界十鄉爲分寧縣又縣民鄧廣支等請于常州
亥市置縣治屬洪州故職方乘云縣本武寧之所分也
宋仍其舊元至元二十三年以武寧二縣山險盜多置
州以鎮之理于武寧　國朝爲寧縣至弘治十六年陞
爲寧州屬本府領鄉八編戶八十六里

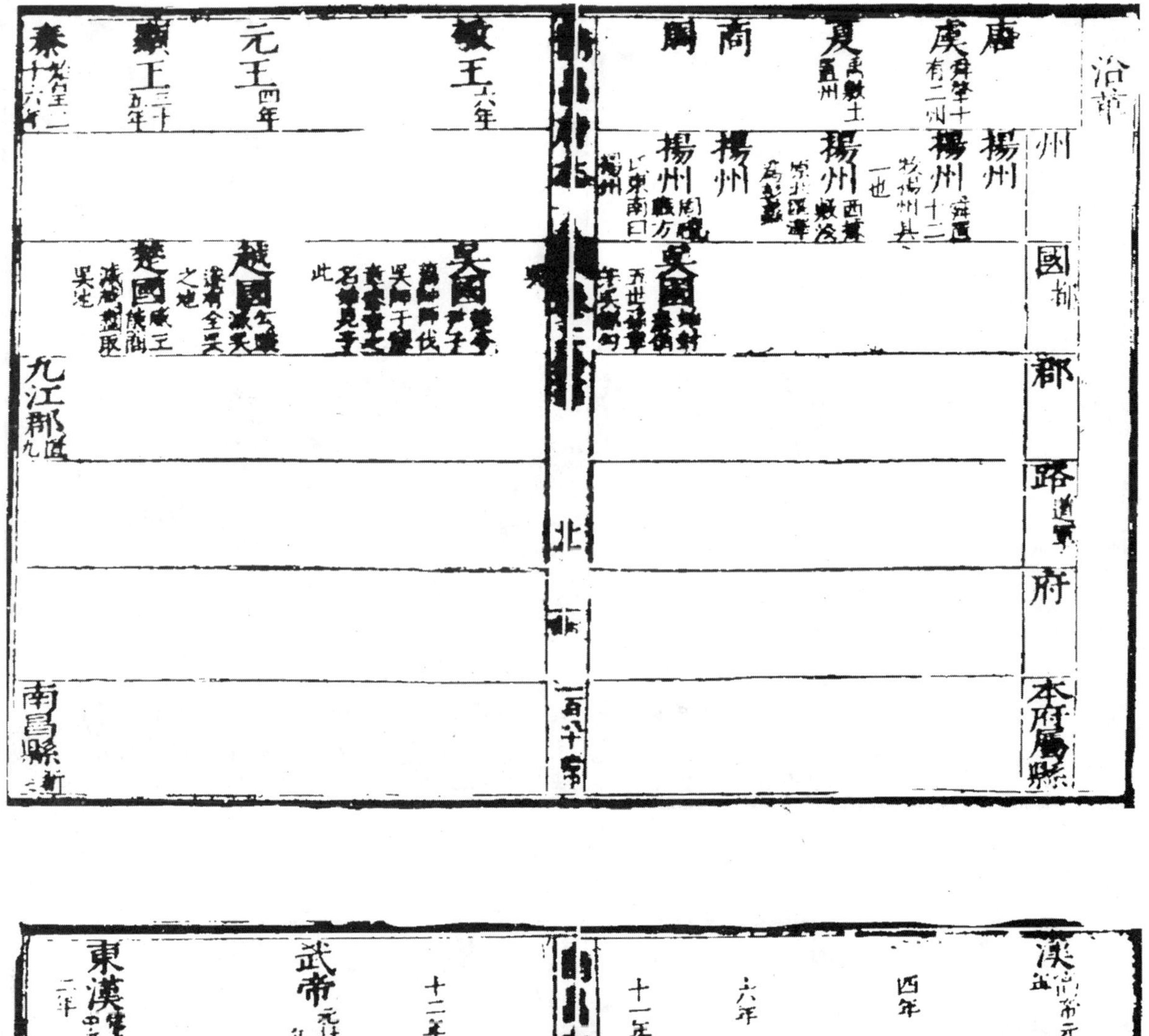

沿革

州　國　郡　路　府　本府屬縣

唐　虞　揚州

夏　揚州

商　揚州

周　揚州

吳國

敬王六年

元王四年　越國

顯王三十五年　楚國

秦　九江郡

南昌縣

漢

四年

六年

十一年

淮南國

長沙國

淮南國

九江郡

豫章郡

十二年　吳國

武帝　揚州

豫章郡

東漢

南昌縣

艾縣

新吳縣

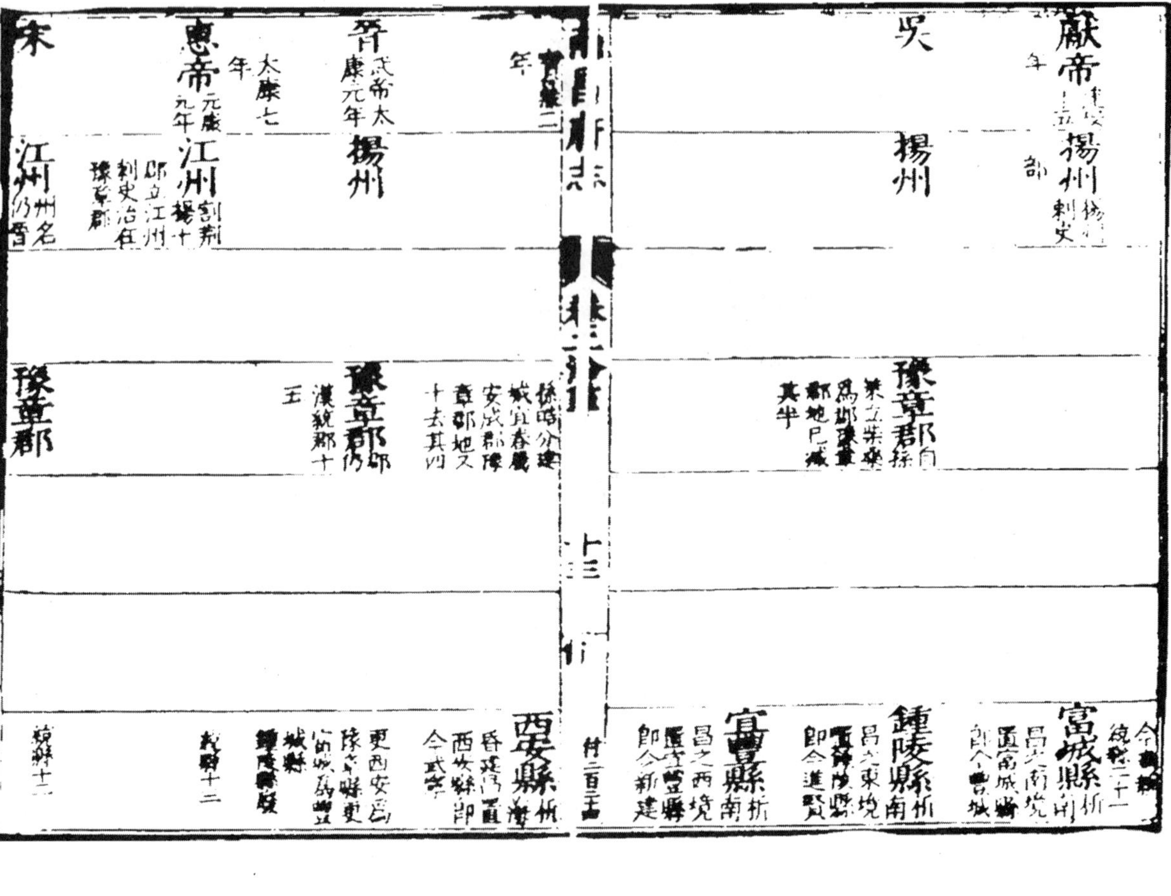

獻帝建安十五年 揚州 揚州刺史部
富城縣 析南昌之南境置富城縣即今豐城 今統縣二十一

吳 揚州 豫章郡 自孫策立柴桑為郡豫章郡地已減其半
鍾陵縣 析南昌之東境置鍾陵縣即今進賢
富昌縣 析南昌之西境置富昌縣即今新建

南昌府志 卷三 十三

寶鼎二年

晉 武帝太康元年 揚州 豫章郡 仍漢統郡十 孫皓時分建城宜春建安成郡豫章郡地又十去其四 王
西安縣 析海昏建昌置西安縣即今武寧 更西安為豫章縣更爲豐城 城縣 鍾陵縣廢
統縣十二

太康七年

惠帝元康九年 江州 割荊揚十郡立江州刺史治在豫章郡

宋 江州 州名仍晉 豫章郡 統縣十二

齊 江州 州名仍宋 豫章郡
梁 江州 州名仍齊 豫章郡
陳 江州 州名仍梁 豫章郡 統縣五 隸江州
析豫章西境置豐城縣已後更有豐城西昌縣治在今石頭渡

隋 文帝開皇元年 洪州 洪州之名始此 豫章郡 復豫章郡名領縣四
罷豫章郡置洪州總管府
改南昌縣爲豫章縣 西安縣併入豫章縣 統縣四 後改名南昌縣

大業中

唐 高祖武德四年 洪州 州名仍隋以州統縣
分割孫州南昌州靖州隸總管府
南昌西昌全析置鍾陵縣

南昌府志 卷三 十四

太宗貞觀元年
武德七年 洪州 改洪州都督府爲洪州都督府 統縣五
江南道 分天下爲十道洪州屬江南道

高宗永淳元年
洪都 王勃滕閣序曰南昌故郡洪都新府
復置新吳縣

武后長安四年

睿宗景雲二年
即西安縣置武寧縣改武寧爲豫章縣 統縣六

玄宗天寶元年 豫章郡 復州

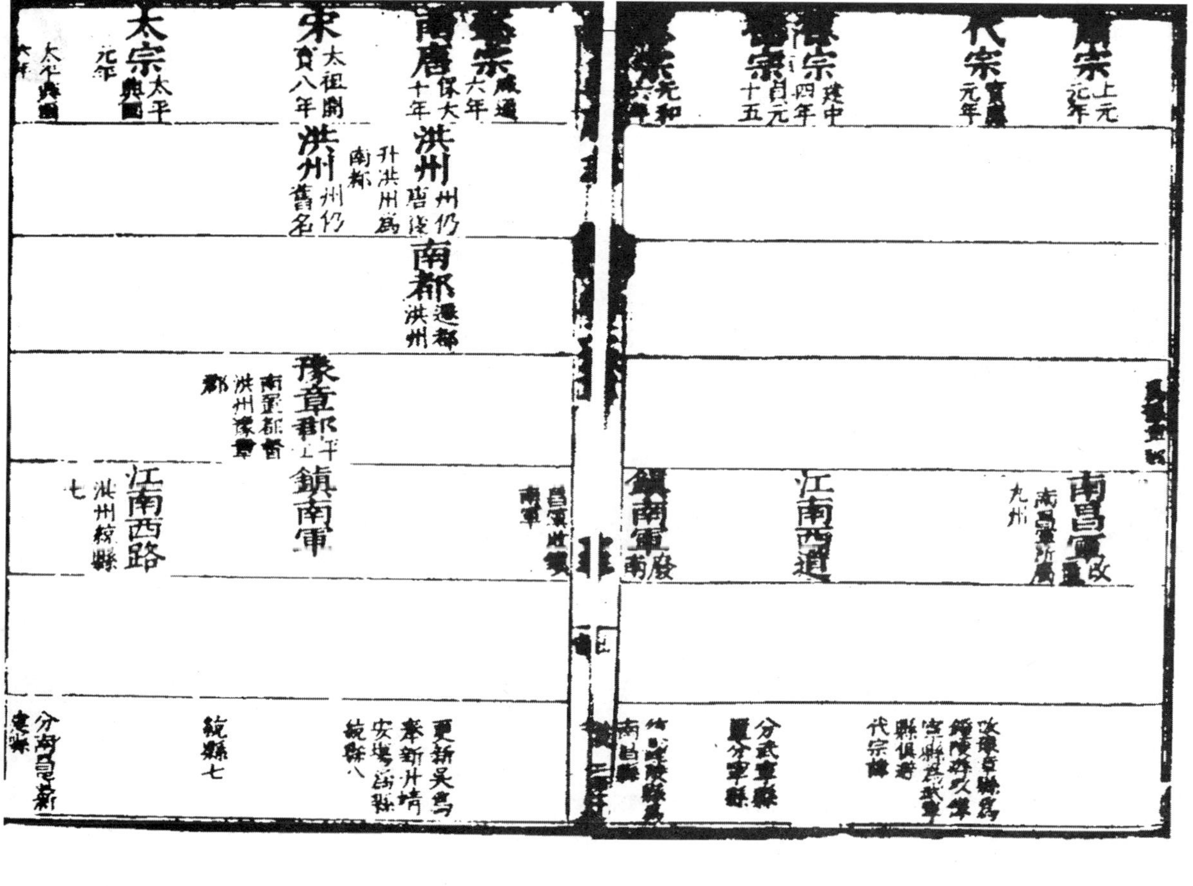

肅宗 上元元年
代宗 寶應元年
德宗 建中四年
憲宗 元和
南昌軍
江南西道
鎮南軍
南唐 保大十年
洪州
南都
宋 太祖開寶八年
洪州
太宗 太平興國
豫章郡
鎮南軍
江南西路

高宗 建炎
江州
江南路
孝宗
隆興府
元 至元十四年
江西道
國朝吳元年
隆興路
南昌道
洪都府

高皇帝

洪武元年 平中書省置江西等處承宣布政使司統府十三南昌府首焉

南昌府 改洪都府為南昌府 統縣八 南昌 新建 豐城 進賢 奉新 靖安 武寧 分寧 領州縣八

孝宗皇帝

弘治 寧州 改分寧縣為寧州

秦并天下置郡三十六此為九江郡地漢為豫章郡統縣十八南昌其一焉凡今袁臨撫建吉瑞饒九南康贛南安之境今新建豐城進賢奉新靖寧武寧為縣境時郡治所在南昌是南昌自昔為首縣也晉為江州治所如故自孫吳析柴桑安成郡而郡境漸狹自漢末析富城鍾陵縣而縣境漸分隋唐或改郡為州或改州為郡宋又改為州軍至 國朝始定制為南昌府統縣八弘治間改寧縣為州夫一郡縣何古廣而今隘耶意古為荒服之地民物未蕃後風氣漸開倫崗日庶是以愈析而愈隘也抑亦時勢分合治亂衰榮之故耶今 國家承平生育涵濡二百餘載物華天寶益盛炳如號稱繁阜矣然民以土狹日貧士以民繁日瘠觀郡紀而思康濟則蒞玆土者加之意而已

星野

周禮保章氏以星土辨九州之地所封封域皆有分星以觀災祥其來尚已豫章爲江南一大封域歷代分野所指差殊然觀張華雷煥論斗間之氣卒得寶劍豫章則豫章之屬斗可據而知也爰備載其詳使知所自考云

辰	次	宿	五星
丑 漢書郡國志云吳越其辰在丑	星紀 漢志云丑位郎星紀大斗牛麗焉	斗牛	熒惑
牲牢	王命	民事頻	

衡星[illegible]南斗上下星史記宋書天文志斗六星 斗玉衡星 揚州王云上台下星手荊揚東第六星

自斗十三度星紀吳越也星紀斗牽牛牽牛流爲揚州 爾雅 春秋元命

至婺女七度又曰斗牛女

曰星紀之次揚州 周禮保章註

於辰在丑 黄帝 分野次星

南斗牽牛吳吳地斗牛之斗江湖牽牛斗十一度至女五

越之分野 史記 分野今之豫婺女揚州 南湖 度爲星紀於辰 正義

章諸郡 史記 列國 書 在丑吳越之分野

分野

斗十六度至須斗建在子今自斗十一度南斗十二度至

女二度爲星吳越分野後漢至女七度吳須女七度爲星

紀大雪冬至書　越分皇甫謐帝王世紀廣揚州晉書

居之吳越分　紀

野蔡邕月令章

華聞斗牛之丑爲星紀初自斗十至女七初斗九度中斗

間何爲有異斗十二度終度爲星紀吳二十四度唐僧一行

氣煥對寶劍發女七度博物越得其分隋書

之精當在豫志　地里志

章豐城張華雷煥問答

斗在雲漢間吳越當天文豫章入斗十句吳之區維斗

當淮海下流南斗須女之度鄭樵文略　所值半入于楚太史

爲吳唐書　分宋史　終餖于越黃庭堅

斗四度三十北斗第四星玉衡第六星

六分六十六權王吳越分王揚州星經

杪入吳越分通考

元史

費直周易

吳分野斗牛

在丑斗三度

至女一度屬

吳越分揚州

皇明清類分野書

按春秋傳在諸侯謂之分星在九州謂之星土昭二十三年吳伐越首史墨曰越得歲而吳伐之將者以爲歲在星紀此以星紀爲越之分星而爲揚州之分土司馬遷謂揚州屬斗牛分漢地里志謂吳地斗分野費直謂起斗六度至婺女七度略不同焉惟晉史引魏太史令陳卓言郡國所入度云豫章入斗十度南昌古揚州地漢隸豫章陳卓魏人也其言所入宿度是襲漢郡名然則南昌宿度正值斗十度此分野之正也

新修南昌府志卷之二終

志卷之三

起[illegible]數於山川爲天地精氣所由洩有生之倫形體聲
音往往所由異也南昌絕無山僅數培塿耳新建次之
豐城又次之然多蜿蜒雄麗介在平衍稱秀區矣乃奉
靖武寧山高水急臻乎楚封故君子覽其山川民性不
有可睹哉 國家承平二百餘年詩書禮樂之教洋洋
乎彬山巨藪悉爲清淑以故士大夫多循貧廉讓自好
無彼此同也乃剛柔異齊民難馴一劑量調御用濟平
康是在民牧焉嗟夫乘卑者易凌遇壯者或吐濡恐之
民奔豕突尉難禦暴猶貌莠悍息甘心滅趾焉矧上焉
者乎不茹不吐於仁人實有厚幸爰紀山川非徒表望
庶平政者有覽觀焉

白湖嶺在縣南九十里高五十丈周迴三十里南有白水湖故名 江前嶺即斫柴岡又名翟嶺
岡縣南七十里 旗岡在縣南六十里高四十丈周迴二十里 橫岡在縣東南四十里高四丈周迴二十里
三十里以其橫亘富山城來勢之上 麥山在縣南三十里高五丈周迴二十里麥或曰墨言遠望如墨然或高十
曰縣郊城勝水處 鶯岡山縣南四十里 象尾岡在縣南四十丈長五里其形如象
尾 會龍岡縣南六十里 梧桐岡縣東南三十里 長定岡縣南二十五里 鼻塔
岡縣東二十里 齊城岡縣東二十里 潭岡城南七十里 石岡城南六十里 虎
山縣西南十里 沙岡在縣南四十里高五丈周迴二十里 漸嶺東南六里俗名尖山在縣

高三十丈周迴二十里 芬苔山在縣東南里周迴二里五十 隆岡在縣
陳如筆南屬洪都南四十以上俱南昌 西山一名厭原山在縣西三十里高二千尺綿亘三百餘里
疊嶂如雲數縣之地自爲一山不與諸山相接前人詩云太白方積翠倚穹蒼萬古連新月半江無夕陽
形 雷王嶺西山去縣二十里 猴嶺在西山去縣西五十里高百丈長
甲與鶴嶺對或云王子喬嘗 吳王嶺在雷王嶺南上有吳王祠 雷公
往來故以洛中緱山名之
嶺在縣東 罕王嶺在西山去縣六十里峯巒高峻上有罕王廟 蕭史峯在西山去縣五
十里高三百五十丈周迴十里 洪崖在西山紫清觀去縣四十里左右
中下爲 洪崖洞 石壁相向斗起懸絕飛湍奔注其
洪井在西山洪崖鄉二十都洪崖自詠詩去
辭似樓臺二十有入市非求利過朝不爲名有時陪俗物
相伴月營營二十下謝無人采高心又被眞不知時俗
意殺我 秦人洞在西山洪崖二十九都齊源嶺側可容
若爲人 千人父老云嘗有鄉人秉燭入洞行五
里許豁然溪明有詩云桃花洞 仙蹟巖在西山雲巖側 鶴嶺
山無多達借問秦人知不知
在西山去縣四十里高一 鶯岡在西山去縣四十里
百丈長十里與鶯岡相對 高五丈長十里 天寶
洞在府城西八十里西山最勝處洞門有石泉狀如水
不到西山原嘗遣使投金龍玉簡于此唐時大寶洞中
是不知者 潘仙洞眞也不洋代人有棋局
翔鸞洞在西山有石洞敞豁可容數十人
於遺書梅嶺在西山去縣三十里 安尖峯在西山去縣
峯等西山秀 桃花嶺在西山去縣三十里高七十 雞籠
嶺在西山 葛仙峯在西山去縣三十里 上有葛仙壇
山在縣西十里石頭渡北 釣磯山在縣西十里
洪崖到道處 翻車岡在縣西南四十里 湖洲岡

西南二十一都　龍潛岡在瑞河口　昭山在縣西南八十里與西山並峙　藻山在昭山南　逍

遙山在藻山南高十丈長五里乃道家第三十八福地山之陽舊玉坐宮　綵鸞岡與逍遙山相近

上有曾仙亭故址舊傳唐太和末文蕭吳綵鸞相遇之所　胡詹嶺一名綱大嶺在逍遙山南孤峯高峻

與昭山竝秀　大球山山形環瑋聳峙若斷　小球山兩山爲西山照山水口在胡詹嶺中南

青峯嶺在南鄉七都西臨瑞河　吳城山在縣北一百八十里高五丈廣五里臨大江上有龍

王廟　吉州山在縣北八十里彭蠡湖中其上居民數百家相傳秦時居此　李岐山在縣東北

一百四十里鄱陽湖之西長四里廣二里春夏水高其巔獨露往來舟楫值風濤者皆泊其下山舊有廟故老

相傳因神之姓名元年勅封　几山在縣東北一百四十里高六丈周廻二十里泛立鄱湖中之西南其

山多石上有石橋釣臺東南有仙叢可容三五十人　南山在縣東北一百五十里鄱湖中高七尺周廻二

十五里與康郎山相對　松門山在縣西北二百一十五里枕彭蠡湖之東高五丈廣五里兩岸悉生

松遶望如門因名松門寰宇記云山上有石鏡光明照人謝靈運泛彭蠡詩云攀崖照石鏡牽葉入松門故名

擔石山在縣東北一百八十里兩石相並形如二壘每石周廻半里　佛名石在南齊下若

人狀鄉人以其能爲厲有禱佛號於上故名　泉頂壇西山最高峯也其頂蜿蜒行攀援上百步始

得平地上有石壇有石如香爐狀自唐以來祈禱于此壇側有石如雞冠　相公石堂在縣西去六十

十里石室嵌空可容數人世傳宋齊間陳陶隱於此故名　以上俱新建　羅山在縣南一

百四十里周廻二百里其山自巴山而來南抵崇仁邑之望昔時有道士羅文通於此學道因以得名山嶺

有池冬夏不竭故又名池山　杯山在縣南一百五十里廻百里上水發源於此形如覆杯

故名　堯山在縣南一百五十里高二百丈周廻二十里有祠祀堯帝莫詳其始　櫧山在縣北[illegible]

高五十丈周廻五十里山產櫧木又名三峰山上頂有徐孺子讀書堂　後烏山在縣[illegible]

高四十丈周廻六里故老相傳昔有隱者入山不出其妻往候之故又名候夫山　始豐山在縣[illegible]

[illegible]在高三百丈周廻一百里道家第三十七福地石上有龍[illegible]一池又有二虎跡犀牛馬跡因存石壁上又

[illegible]王[illegible]影及[illegible]書[illegible]有福地始豊名山入字傍注丁

[illegible]書山之西傍石山有仙人掌迹棋枰棋

于遊山下有仙林　白馬山在縣東南五里　孤山在縣南一百四十里高二

[illegible]南唐徐鍇作記[illegible]名[illegible]山其色如丹砂　龍門山在縣南一

百丈周[illegible]二百里其[illegible]　鳳凰山在縣南九十

下有水[illegible]源[illegible]來[illegible]　[illegible]里在縣西大江岸十

百里高五十丈周廻十里其山[illegible]　[illegible]山之南

[illegible]前有七[illegible]傍有[illegible]　仙山在縣西高二百丈周廻

[illegible]百丈周廻[illegible]里[illegible]　金華山在縣西南七十

[illegible]　遊人山在縣西南八十里　[illegible]

一百里[illegible]周廻十里高二十里　佛嶺在縣山之

[illegible]山[illegible]有[illegible]龍頭山在縣西五十丈周廻入里

[illegible]仙　[illegible]在縣西[illegible]高四十丈周廻入里其

其　馬鞍嶺在縣西[illegible]山兩來形如馬鞍故名　南神

嶺在縣西[illegible]十里[illegible]　仙嶺在縣西一名

[illegible]十里[illegible]　[illegible]嶺在縣西[illegible]五里

[illegible]高五百丈周廻七里高五里[illegible]

[illegible]十里其[illegible]邑之[illegible]　[illegible]嶺在縣西五十里

如　望城嶺在縣西五里人登其上望見縣治故名

[illegible]五里其山[illegible]　赤岡在縣西北五十里高一百丈周廻十里

西日[illegible]照[illegible]　[illegible]在龍霧洲左岸

[illegible]春水[illegible]不見[illegible]　[illegible]在水中若[illegible]

名[illegible]水[illegible]其形似[illegible]　以上俱豐城　麻山在縣南二十里

高二十丈周廻[illegible]里上有[illegible]

麻姑曾過[illegible]於此　金山在縣西南二十里高二十丈周廻五里[illegible]

山昔產金山上有金井在山之　衡山在縣東[illegible]高十丈

[illegible]南[illegible]州[illegible]地名漳源　[illegible]在縣[illegible]

南廻十五里[illegible]在縣南一里[illegible]舊傳[illegible]　烏石山

其山產[illegible]　藏山在縣[illegible]其山木冬夏常[illegible]

[illegible]縣治西二百步　檀石山在縣治後百餘步故老相傳

多巨石色皆烏[illegible]　[illegible]在縣東七十里高二十丈周廻十五里

[illegible]　棲賢山唐[illegible]州刺史[illegible]家[illegible]居於

五字[illegible]

此　角山在縣北七十里其山多[illegible]　港南山在[illegible]

□□山下夾綿亘十五里旁北山在縣北百里地高□負嶺路險後雲縣北連羅溪四面皆水其土平坦可耕作居民千餘往往避害隱居於此上下破山在縣西五里高二丈其下臨水有石裂之名漸山在縣西六十里山有石壁謂之石倉又有石如鏡貫石竅中動搖不□其山北局南昌彰宋於何嘉山在縣治西二百步高二丈盤賢嶺在縣南三里許昔朱子嘗與呂□□舍盤桓於此長歎嶺在縣南五十里高□丈仙鶴嶺在縣西南十里高十五里其□有石泉流不竭周迴三二十丈廣十五里流嶺在縣南二十里高十丈周迴一飲足嶺在縣東北三十五里銅嶺在縣南二十里上有巨石如黃嶺在縣東五里高十丈廣五丈周迴十五里露嶺在縣治南百銅□里有泉流注于大滿龍潭羅溪嶺在縣西元大德中縣尹□□□平五尺以為通□□至元九年□□□五里□□里高三十丈□□□□□□□之麓有溪通太湖多巨石北嶺在縣東十里高五十丈上有巨石奇

峪又有泉水出於洪源野塘嶺在縣東南六十里一名野塘峽高二十丈周迴十里巨石若坐西五十步有泉泉嶺去縣四十里高三十丈周迴十九人飛瀑懸里頂上有泉流于澗冬夏澄澈高崇嶺在縣南五里高二十丈周迴十五里其嶺石形若臥牛俗謂之石牛嶺大歇岡在縣東八十里岡之麓當行路負擔者多於此岡弛肩故名赤岡在縣東三十里土燥而多赤色拜虎岡在北二十里昔武□邑人包貴夫經其地適遇虎虎告曰吾說老親乞終養虎遂斂威須臾伺虎而去梅峯在縣東南六十里高二十丈周迴十五里舊志云兩峯對峙梅子員寄憩于此香爐峯在縣東四十里高四十丈周迴二十里其狀如香爐時雨將作烟霧藹然雙乳峯在縣治六十里高二十丈周迴五仙壇峯在縣東七十里高三十丈周迴十五里有仙壇在其頂歲旱禱於此望夫石在欽風鄉舊傳昔有商於遠方者久不歸其妻登嶺望之遂化石大石磯在縣東北三尺其峽隨水消以上俱雖賢登高山一名龍山在縣之北長頃有巨石□十五里高万□□許山□北□

夕當□□□□□□□□□□□□□□□□五丈□□□□□□愛名鼓樓岡□□山□高峯四面如屏南有劉仙岩山嶺有九仙山在縣西入十里高三十丈周迴二十里鳳洞上有壽堂禪院瀟清逸記有曰九仙新吳之名百丈山在縣西百四十里高百丈周迴四十里岫池與寧縣接界其高與越王等危巒疊嶂傑出西北上摩青蒼者曰大雄峯內有平原坦夷深秀四山環拱外圍中寬唐僧大智開山創寺其下寺南有靈境亭西南有義石黃狗冢西有人習塌北有狐岩西北有流觴曲水東有木人冢南有駐蹕山又名車輪峯又東有迎薰峯故老相傳寺後有虎負常聽經講罷長嘯而去聲振林木故八景有百丈猿聲之詠是也駐蹕山里許唐宣宗出遊嘗駐蹕於此古基山在百丈山之東玄秀峯在同安鄉十五都迎棠峯在百丈山中高十丈山之巔有仙姑壇周迴三里大智寺之東相傳大智初開山與□□李八百洞在浮□□□之所李說有□□□□北□禪□李八百洞□□名□□浦八自成□陽亦有八百洞與鄒公洞□在□□北□□□□八□□□□□□

周□□成北嶺坦夷旁多古木四□越山□□□在□□□□□□□井□如指諸掌公餘車□□□□□□陶仙山在縣南十五里高六丈周迴六里峯□□□□□傳山有陶安公故居後為豆雲曾仙二□□□□□尋安公之故居曾仙蘆芙山在縣西二十五里高九丈有安公二女遺跡長三里許眞君逐蛟至此折蘆為矛剪芙為浮雲山在縣治西南四十里山之腹讖以禦之因名有李八百石洞南有浮雲宮校龍洞華林山在縣西南五十里高八十丈周迴五十丁口石里其南有浮丘嶺吳仙壇故址其山三峯竦拔高險奇秀越王山在縣西北五十里宋乾道中不生還不及猛獸令陳寅眞常觀記云越王句踐伐楚屯兵于此城壘猶存今觀山巔平曠地勢遼邈人呼為越王城其出入之門為城門口又有建越場點軍坪走馬崙具在春秋時豫章之境屬吳越吳又當為越郎此而知越王之名亦自有也謝良齋記云絲與經界誤以藥為越然洪玉父記吳地邑之作題越王山玉父通儒必有所據駕山在縣西南三十里其山平如長十里唐宣宗遊百丈山後駕迴至此駐蹕南有一山蜿蜒奇秀宣宗顧問遂名王見山復有岡駐蹕之

[illegible]投龍洞在奉化鄉秀[illegible]白水洞三十一都[illegible]有石崖高十餘丈飛泉噴瀉白如素練俗呼白水兩旁懸崖峭拔下有石潭闊十餘丈深不可測鄉人遇旱禱祈於此風洞在嶁嶂山之崗穴間二尺許直下深闊莫測中有風出焉劉仙巖在嶁嶂山南昔劉道成修煉之所岩前有石蹬里人遇旱禱於此祈禱野狐巖在百丈山北舊傳大智禪師說法有老狐來聽因名七寶石在寶雲寺殿中作拜石五色爛然潤澤可愛磨劒石在延真觀側有石橫斜上有痕跡尚存鎖蛟石在縣東二十里許旌陽逐蛟至此鎖此石以鎮之丫口石在[illegible]許旌陽逐蛟至此書符於石以鎮之試劒石在縣西八十里許真君逐蛟經過遂試劒石分三[illegible]大義石在百丈山大智寺僧開田爲說大義名笥石在百丈山大智寺之北山後欄泥沏

龍門峽過峽處有石二枚相對而立尖秀如筍以上俱奉新葛仙山在縣西北四十里四面平曠人跡罕到昔楚人葛生隱于此上有煉丹壇飲馬池皆云葛生遺跡壇前有葛仙菴後爲華藏院桃源山在縣西北四十里山勢環聳屹若石壁林木幽隱泉水湍飛仙靈勝槩宛若武陵故以名焉東有鶴嶺西有雲山西北有仙姑壇東北有桃源菴今爲貢福院又有九洞曰龍鬚曰藥臼曰[illegible]曰車箱其餘四洞或大或小莫究其名皆在兩山之間緣洞而上疊嶂迎追竹葦蒙茸水石之奇世所罕見唐校書郎劉子虛字君寶自號支離翁嘗居此山以文學爲世所稱登高山在縣東南二百步爲學宮之案石門山在縣北四十里渤潭之北五里聳立於白雲之間世傳吳猛常遊憩於此葛陽山在桃源山東南吳憇山在縣[illegible]繡谷山一名幽谷在縣[illegible]名山在縣西四十里嶺半有瀑布如練火焰山在縣東北[illegible]金城山在縣西北五里高十丈周[illegible]華山在縣東北[illegible]

[illegible]丈周迴三里荊山在縣西八十里高百丈周迴二里龍鬥山[illegible]高一百五十丈[illegible]白雲峯在縣北五里高一百丈周迴三里[illegible]峯在縣北十里高一百丈周迴半里[illegible]雙峯在縣西四十里高百丈周迴二里文筆峯在縣南一里爲縣案山寶蓮峯在縣北四十里以上俱靖安東延山在縣西北四十里高八十丈周[illegible]寶座巖在縣北[illegible]寶峯寺之側[illegible]峯在縣西北九十里高百丈周迴十里其山多古木皆[illegible]不材重巖山[illegible]血木山在縣西北九十里以其山多赤木[illegible]嚴陽山在縣南四十里[illegible]伊山[illegible]玉枕山在縣北一百八十步高五丈周迴十里草木[illegible]

[illegible]鐘鼎山在縣西六十里[illegible]四望山在縣西五百步[illegible]楊新仙山[illegible]大營山在縣南三十里[illegible]孤山在縣西南一百四十里[illegible]丫髻山在縣東北四十里[illegible]秀形如雙髻曾溪山[illegible]神童山[illegible]雙山[illegible]白崖山在縣九十里[illegible]武陵山在縣東南六十里[illegible]三卷山[illegible]綺山在縣北十里[illegible]馬鞍山在縣西一百[illegible]其形如馬鞍遼山在縣[illegible]香柔山一名香[illegible]多產香茅[illegible]白石山在[illegible]梅崖山在縣東八十里山最高峻武安山[illegible]

[illegible]二十五里[illegible]今邑人胡紹[illegible]之[illegible]今分立並集 **獅子山** 在縣東[illegible]

獸 **鳳山** 在縣東五里下瞰修水 **朱家山** 在縣東一百三十里抵寧安縣界 **七里**

山 在縣西一里山斗險峻下瞰龍潭不可通行道齊[illegible]凌迂邑人李宗道募工鑿石開路約七里許 **遼東**

山 在縣東三十里舊傳丁令威化鶴處山東北山也山之東有精靈觀 **雞龍山** 在縣北二十里

飛洞山 在縣東南四十里俗傳昔尚書女仙去今有遺跡存焉 **三山** 在縣東北十里下有三乃

石鏡山 在縣東北四十里面平色黑其形如鏡 **黃土嶺** 在縣西北一百二十里其土色

堂 **碎石嶺** 在縣東三十里 **黃牯嶺** 在縣五里 **谷樹嶺** 在縣南二百里 **紫鹿**

岡 在縣東三十里俗傳王子喬嘗騎紫鹿訪丁令威于此 **白鹿岡** 在縣西二里俗傳山多白鹿

桃花峯 在縣東三十里 **吳王峯** 在縣東南八十里俗傳孫鍾種瓜之地下有足跡巷尚存 **雷**

洞 一名雷岩在縣南八十里俗傳洞中常有雷[illegible]深險不可入 **石佛洞** 在縣北四十里[illegible]

山之上當窮巖絕壁嵌空如樓觀中有怪石如佛像其[illegible]刹泥削雖巧匠莫能及也有石如鼓 **伊**

洞 在伊山下邑人殷濟詩云雲鎖重重古洞幽深天深處有靈秋 **仙人石** 在縣北二里土有仙人足跡石正黑而足跡微白 **以上俱武寧** **鳳凰山** 孝[illegible]乃縣之主山峯巒氣勢迴旋如鳳翼

翼晉郭璞識云抱子有地接梅山鳳凰舉翼過溪即此山也 **幞阜山** 在州西一百十里高千丈

[illegible]一石二十里昔劉表從子磐數[illegible]分寧氏有昌左右六縣以太史慈為建昌都尉拒磐

置營壘此 **旌陽山** 在州東高聳千尺層崖[illegible]立 **梅**山因名 截水口相傳許遜斬蛟過此 **山**

在州東隱安溪山多梅樹又有石似牛李若海時詩云[illegible]牛安然不動[illegible]秋 **鷄鳴山** 在州

西[illegible]嶂壁隔塵人跡罕到每夜深然聞鷄響 **南山** 在州南[illegible]入[illegible]

修水有[illegible]溪上有石[illegible]石黃廷堅題字[illegible]和[illegible]日劍一峯亭山巔又有[illegible]亭下有[illegible]以[illegible]

山相連排列對峙而[illegible]縣又曰排衙山 **龍峯山** 在泰鄉八都[illegible] **龍門山** 在泰[illegible]

[illegible]之上[illegible]數丈可通人行 岩穴 **株樹山** 在州東六十里高出層雲[illegible]

[illegible] **杭山** 在州西[illegible]舊傳晉時有[illegible]杭[illegible]致仕歸結廬於此[illegible]

[illegible] **九龍山** 在州西四十五里山勢[illegible]自東北蜿蜒至是突起

[illegible] **龍泉山** 在州西六十里山高千丈秀聳峻極人跡罕到下有

[illegible] **龍安山** 在州西北七十里古云有龍安伏其中山下有[illegible]

[illegible]老相傳龍伏其中故[illegible]

黃龍山 在州北一百八十里舊傳山頂有湫池中有黃魚二能致風雨 **青龍山**

在州[illegible]一百八十里高千丈周迴四十里 **百口山** 在州西二百九十里高百丈[illegible]峭聳多坑穴

東鄉山 在州南八十里高百丈周迴三十里 **東津山** 在州南二百三十里高千丈周迴二十里

舊傳山出羚羊今無 **毛竹山** 在州東南一百二十里高千餘丈[illegible]其山產毛竹 **血木**

山 在州西一百四十里高千丈周迴十里其山產赤木 **北嶺山** 在州東南六十五里高百丈周迴十[illegible]

大湖山 在州西一百四十里高千丈周迴二里[illegible]在州南六十里山巔有池廣六丈泉流不竭 **逍遙山**

[illegible]丈周迴七十餘里 **島石山** 在州西八十里高千丈周迴十餘里 **海湖山**

在安鄉二十八都[illegible] **鹿源山** 在州[illegible] **頻**

筆山 在仁鄉五十八都[illegible] **攢仙山** 在崇信鄉[illegible]

[illegible] **巖山** 在州西[illegible]

[illegible] **桃峯山** 在州西九十里[illegible] **板山** 在州西三十里 **鳴山**

[illegible]

水洞 [illegible] **櫻桃洞** 在州西南[illegible]

人洞 [illegible] **清水**[illegible]

嶽穿石乳異狀稍似人物竟石中立像如獅子其口[illegible]嶔石龍鹹石者乃岩之佳處北岩尋山北去可一里許洞穴如主賓必崎嶇而後入中有石田石鹽石佛雙泉石木石菓之類又多蘭蕙春風披拂香氣芬郁

巖在州西一百二十里邑石能容百人內有二石狀若御象左右有石形如鐘鼓岩穴深處幽隱莫測中有池清泉湧不涸旱不涸

雞冠石距州東六十里 烏龜石距州八十里 白面石距州東十里

金鐘石在武鄉三十二都 銅鼓石在武鄉二十二都 神石在州東二十里

石佛在州南二十里高丈餘宛若鐫刻 龍石在州西南二十里高百丈傍連大山形勢蹲踞宛若龍形四面苔蘚斑文又若錦繡 換人石在州東南六十里高大如屋在官路側下有深潭人過多墜潭中故老相傳黃山谷嘗過此指曰你是換人石我是黃庭堅待我得官後驗雷劈兩邊山谷豎第此石果被雷震

抱子石在州東十五里狀如人形屹然獨立江干上無草木苔蘚斑斑前有小石在其懷抱憑遠望之儼若婦人抱子將濟涉者土人呼為抱子石陳良顯有詩 以上俱寧州

南昌府志　卷之三　山川　十一

按豫章郡城雄跨一省山之鎮曰西山屏障西北望曰羅山屹峙東南其大川西曰章江東曰撫河匯為巨浸曰鄱陽湖大脉三支中為南昌分豐城東河之東為進賢西河之西為新建為奉靖寧武此其大槩也郡之山祖五嶺南衛經寧都樂安崇仁自巴山始入郡境起羅山歷櫧山豐城俱屬帳幕嶺東為[illegible]嶺崗為鷄仙峯俱屬入南昌縣界為上雒過天王渡東分會龍岡止棠墅總名中洲西自城江進賢[illegible]西為江前嶺救湖右石岡由安仁過合山止沙岡又[illegible]歷市汊斜虎山十[illegible]里劉當黃牛湖稍轉東北為旗頭岡上謊店橫岡[illegible]中為東家岡西為[illegible]塔岡山盡象牙嘴逕麥山皆山勢聯絡[illegible]

轉埂頭[illegible]為淡里北武陽[illegible]一自[illegible]歷鼻塔岡[illegible]北度五[illegible]運城[illegible]南山埂一自明山廟渡折佛頭塔樓下鋪江為[illegible]山黃家渡北百箭灘西分石馬[illegible]家窑稍西抵南關則地勢益平衍矣由黃陂店口折東為窯灣逶迤自東趨西掠操場而入由滄臺祠折而北再折而西至德勝門復自北折而南與京家山合背聳龍沙枕匡廬彭蠡面挹章貢對羅山乃中大幹盡處也郡城據其勝焉南昌東境與進賢同縣游衍東盡泰浦西盡羅谷武山港 豐城在郡西南由巴山起梧山澄山金華山循江而下分五支轉南為縣治小東鄉港口東為虎山鵝仙山道人山鳳凰山東南為上界嶺中界嶺[illegible]峯皆自羅櫧二山分派

南昌府志　卷之三　山川　十二

[illegible]數山龍門山白馬山南[illegible]峯山[illegible]山[illegible]始豐山西鄉則自上高荷山起馬鞍山各分鄉西為金[illegible]北為[illegible]江[illegible]山[illegible]大神山[illegible]進賢脉自撫之東鄉入界起雉嵐峯至仙壇嶺西行而榔山麻山爲崇嶺入城南白馬廟東分為儒學而迤至環石山南入為縣治兩支交會此其大勢也東南一支過香爐峯折西北至于三陽又東過仙壇大石至于鄔子西南由蓋岡嶺分流嶺銅嶺西為梟嶺西北為漸嶺[illegible]北為羅嶺喻家嶺惟西鄉帳幕嶺隔撫河[illegible]郡城西界贛河為新建其山總名西山脉自奉[illegible]

新華林山來起虬峯轉梧桐嶺東爲緱嶺南出雷公嶺北行天寶洞嶺分罕王嶺（由金塘嶺拔丁家塘）中爲蕭史峯東行上安峯（以爲生米界又畫象界）一爲香城爲洪崖蟠龍山翠岩一山靈官壇北行朱家山梅嶺折霞溪嶺轉雙嶺（分爲仙峯青嵐盡石頭口又龍泉嶺盡東廬葵橋峯）梅嶺北走大小十八崙起下安尖峯（分盧坊鄉忠孝里又陰崗桃花嶺止雞籠山）仍香城過仙里爲黃鶴山雲蓋嶺（左上天嶺中老鸛嘴右赤坑青嵐北撫州）與西山同脉分者爲昭山（左過通山橫出爲牛子嶺止何姑嶺中出爲藻山前右分嶺分右小）隔筠水以上爲建口嶺黃堂（分梓溪鄉）隔修水以下爲梧塘赤岸岡下爲（南新接豐城界）（右止豐城赤岸鄉俱陽口口坊梅口嶺俱）

吳城過江而東爲昌邑山（接南昌界）由新建諸山究其脉所自出則由湖廣平江通城之交界分兩支北支爲寧州武寧南支爲靖安奉新又四縣各詳其支派西山之西南爲奉新由九仙山獨孤尖（分石溪）起晏嶂山（分北年路又立治城）轉屏風嶺（分羅坊陰村）牛角尖（分招賢下爲會埠）起藥王山（一名越王山分小城青樹）綿亘至登高山（一名龍山）縣治據焉（縣後上爲來嶺分碳溪及岡前又分又爲楊溪湖西）其右則由百丈山過八疊山起雲峯山（分橫石崎）折白水嶺（分上富定興）起華林山（分竹平田）（南岸爲車仲洞安）仙女寨浮雲山（分東南治里）轉分米嶺讀禮山羅塘桃樹鋪（分五嶺鋪石逕沿溪西歷止界又西止界鋪接新建界）西山之

西北爲靖安雖在萬山中然其脉由毛竹山過謝垸山起吳憩山在白雲綺谷之間乃縣之來山也縣治四面平曠前文筆峯後綺谷峯左火焰山右龍岡東南登高山（爲學宮之案）山脉來自西北西自雙峯爲仙峯（分盆田新興都）西北自白崖山入（左碑坑右南源富仁中爲忠孝都）起桃源山謊母峯（分棠棣上安下安龍仙都）北由寶蓮峯石門山（分大桿來湖都）粟山桃山（分龍里都）南支自飛橋舖而下爲船峯山鳳凰山神馬岡（分石馬東江夏故都）若其關隘東齊頭山西毛竹山南烏嵐山北洪屏山皆因山以設險也靖安之西爲武寧其脉自九宮山過鍾萬山太平山聳神童山至

王毬山爲縣治（縣東界分水爲雙峰山接寧山西界分水爲伊山越七里山又越五鳳山俱北鄉）北穩崇山（嶺北界從此分水魯溪山牛頭又越丫髻山武陵山俱安樂鄉）東北爲遼東山（越三山盤山石仁鄉俱昇鄉）西北爲遼山（東分延山赤岡嚴陽俱年豐鄉）縣南隔江諸山與靖安同脉爲朱家山（南界從此分水牢山陳坊山俱上南鄉）白崖山嚴陽山爲縣之案山（越又）西南自鑼鼓山（分大孤山石門山石鏈山至西渡俱下南鄉）東南三巷山石硯山（上東渡江陰鄉）又桃花峯吳王峯（至箬溪俱長樂鄉）（山至石口渡俱順義鄉）武寧西南爲寧州鳳凰山乃州之主山南山其對山也州治據之其脉起自幕阜山黃龍山綿亘至鳳山（山中分古城嶺東高嶺烏石山白沙嶺俱仁鄉蜘蛛山分）西自盧坊大湖山（白）

[illegible]泰青石[illegible]臺[illegible]俱[illegible]鄉 **自金錫山**[illegible]**仙嶺三庄嶺** 分彭

姑[illegible]石山長崙五老[illegible]鄉 **自血木山** 西南[illegible]山 **柞里石**

佛山 分舊司前查湖帶下若嶺蕭薊津俱武鄉 **自桃峯山鹿源山** 分[illegible]口[illegible]梨埠

杭口龍坡俱高鄉 **自東津大廐山** 分楓[illegible]士[illegible]梅坑征村郭[illegible]岸用津[illegible]山崖俱奉鄉

自毛竹山株樹山 分[illegible]堰石田渎岡上蔡石梁[illegible]山桐林雄陽山蒸子崖俱安鄉

自龍門山逍遥山 分上[illegible]源湖竹來坪梅山俱泰鄉 **大勢亦兩支相**

會八鄉分支合爲州之境也

西洛水 在縣東七十里其源發自蚌江東[illegible]五十[illegible]八十里入鄉湖 **曹溪**

水 [illegible]西[illegible]八十里其源分自三江萬舍仍合西洛永入章江 **三陽水** 在縣[illegible]十里其[illegible]

[illegible]都 **武陽水** 在縣[illegible]南四十里源出蚌江逕[illegible]川入南[illegible]界[illegible]南三十五里[illegible]武陽渡又東[illegible]

南昌府志　卷[illegible]

東湖 [illegible]元云東十里二百二十六步北[illegible]與城[illegible]至南塘本通大江增[illegible]與江[illegible]以

水兩漢永平中太守張躬築堤以通南路謂之南塘以

蓄水冬夏不增減水至清深魚甚肥美每月江水[illegible]

而過居民多被水害[illegible]興元年太守蔡興宗於西

起堤開塘爲水門以節水水盛則閉之多則洩之自是

民居少患至唐貞元五年江水汎溢[illegible]塘一丈[illegible]祭使

李巽[illegible]李使民以土實周護元和五年刺史韋丹復建南

塘斗門以洩[illegible]漲[illegible]湖築堤高五丈長十二里明年江

與岸平無復水害歲月既久失於浚治[illegible]壅塞湖身

益淺積有南漲便成淤[illegible]有復[illegible]工[illegible]增

築堤岸植以[illegible]柳至國朝[illegible]督[illegible]一浚之後[illegible]復浚塞

萬曆十五年太守范[illegible] **瑤湖** 在縣東十五里長闊十餘里 **南湖** 在縣東五十里

[illegible]加浚治置外閘[illegible]東北

流八十里合二湖水入鄉湖 **聯漢** 在縣東三十餘里

[illegible]家漢周四十餘里 **南浦** 在郡城廣潤門外 **蔡洲** [illegible]即[illegible]二洲相[illegible]

[illegible]入章江上有民居數百家[illegible]元云[illegible]經[illegible]州[illegible]參子洲即此也 **黃牛洲** 江中在縣南[illegible]神仙

[illegible]以[illegible]陽[illegible] **吳墩洲** 之在縣西上有民居化牛[illegible]牧[illegible]之所 南黃牛洲 **滕家洲** 在[illegible]

西北洲前[illegible] **郭家洲** 在縣西南十里江上有民居 **洗馬池** 在城東南

有滕家渡[illegible]環[illegible]有民居相傳[illegible]

漢灌嬰飲馬池[illegible]六七人[illegible]石[illegible]於岸

路池中[illegible]十人[illegible]以[illegible]成[illegible]餘皆化[illegible]

期去[illegible]名[illegible]鄭[illegible]珙[illegible]加浚治[illegible]

以建[illegible]華堂洪武[illegible]路[illegible]重浚[illegible]木[illegible]便

房安[illegible]城內多[illegible]復加浚[illegible]杇[illegible]塞太守田

實易[illegible]正[illegible]史[illegible]命工浚深[illegible]以石[illegible]

舊青雲[illegible]是也[illegible]吳[illegible]復以[illegible]華壽院

名之嘉[illegible]分宜[illegible]氏[illegible]公生

[illegible] **止山池** 在縣東[illegible]五[illegible]予少有[illegible]

[illegible]東漢南昌[illegible]東[illegible]池各止

山而[illegible] **墨池** 在[illegible]主義之[illegible]臨川[illegible]日[illegible]

池[illegible]今無考[illegible]

[illegible]久之不[illegible]居此一年[illegible]老子

[illegible]一[illegible]池[illegible]蓮花池中[illegible]

田生[illegible]壽[illegible]妻子

入[illegible]山[illegible]池[illegible]二池[illegible]今皆不可[illegible]

放生池 [illegible]二[illegible]元年[illegible]

有宜城太守周[illegible]其一在石頭津

發記年久碑不存 **康王港** [illegible]宣[illegible]東其水東北[illegible]

久入于湖今古[illegible]

存中[illegible]没久矣 **[illegible]谷井** 在東山寺[illegible]

龍井 在[illegible]陵[illegible]南[illegible]水常[illegible] **[illegible]井** 舊在城西門[illegible]

奔于井 **九里井** 在城東[illegible]亭 **游眼井** 在城東南[illegible]

今塞 [illegible]今[illegible]十[illegible]寺中今[illegible]久[illegible]

廢不 **[illegible]井** [illegible]在[illegible]寺[illegible] **真觀井** 一[illegible]舊傳[illegible]和中有

存[illegible]黃冠[illegible]浚井

得二石[illegible]之中[illegible]小[illegible]丹三[illegible]郡守[illegible]選[illegible]校取

之矛[illegible]之少[illegible]以水通[illegible]

日[illegible]自是[illegible] **[illegible]井** [illegible]夫人丹井 以上俱南昌章江

[illegible]在縣西章江門[illegible]漢地理志云[illegible]水出[illegible]西南

井入大江[illegible]志云[illegible]有[illegible]水按桑欽水經云

[illegible]水出[illegible]東又西北過[illegible]縣南[illegible]

又東北過[illegible]北[illegible]過[illegible]

淦縣西又北過南昌縣西又北過彭澤縣西北入于江汀大江合注於江州按山海經贛水出聶都山東北流注于江入彭澤縣西地理志又云彭水出南野東入湖漢漢水出雩都縣西北逕贛縣東北入豫章水東至彭澤入江行千九百八十里淦水出新淦西入湖漢盱水出宜春至新淦入湖漢鄱水出鄱陽西入湖漢餘水出餘干北至鄱縣入湖漢修水出艾縣東北至彭澤入湖漢行六百六十里又按酈道元云捴引衆流總成一川與江于彭澤豫章水及湖漢諸水竝通稱也十川均流而此源最遠故獨受名焉 **黃源** 在縣西南七十里蕭史峯下發流六十里合筠河水出象牙潭 **香城源** 在縣西一百五十里發源香城山南折注于洪崖又自洪崖入鸞陂春夏之交聲若雷霆 **銅源** 在縣西三十五里其源自香城南注青山唐光化中銅溢時鍾傳鎮豫章盡採其銅以鑄銅佛鐘磬既訖工銅遂不發 **芭蕉源** 在縣西南五十里庾肩吾石室在其上峯巒絕高芭蕉絕小移植則不活而源水縈流七十里合筠河水出象牙潭 **吳源水** 在縣西三十里乃西山風雨池之餘波也水自風雨池當流下注十餘里閭居民堰水作陂凡十一所每歲溉田千餘頃

麥源水 在縣西四十里發源於風雨池南逕梅嶺之下源之東有故李相公庄相公者南塘洪渊節度使同平章事李李進中也 **白石源水** 在縣西三十里其源出梅嶺下灌田四百餘頃 **瀑布水** 在縣西六十里洪崖洞之側及天寶洞之水滙注昆門狀如玉簾歐陽修作大明水記藏李季卿茶經論水之次第以洪州西山瀑布泉第八即此泉也 **藥湖** 在縣南一百三十里周廻四十里石倉龍潭瑞河九十九汊水流注于內 **蜀水** 一名筠河在縣治西南六十里出高安縣南東流一百二十里合象牙潭水入章江亦名錦江 **象牙潭** 在縣西南八十里與高安蜀水合流入豫章江潭中有淵灣環其狀類象牙陳周文育討余孝頃嘗率軍衆入象牙江又五代史徐温遣周本將兵七千救臨川戍危全諷於象牙江即此也 **生米潭** 在縣西南四十里 **上僚水** 在縣治西北一百二十里源出建昌津酈道元云僚水導源建昌縣東逕新吳入逕海昏縣謂之上僚水 **白沙口** 去縣北八十里在樵舍下十里支派西趾流五十里至昌邑王故城東南至神塘湖轉流入慨江口又入大江 **慨江口** 在縣北八十里源發

[illegible]亭縣逕建昌入東流六十里入慨口與章江水合又[illegible]十里逕至城入[illegible]舊志慨江口在昌邑王城[illegible]十[illegible]里[illegible]海昏之江別派東出豫章大江之口昔邑王賀西從海昏乘流東遊倘佯而還故名今訛爲浮[illegible] **松門水** 在縣西北二百一十五里自江流入松門入塢亭湖 **李岐漁門** 在縣東北一百四十里其水東北流一百三十里逕楊家灘過趙家圍又東流二十里至漁門口又分流三里入鄱湖 **塘** **上江** 在縣西北一百九十里舊志云昔有孝子喪父貧上成堵山往來艱苦仰天而嘆泉應聲涌出通流成川得以乘舟至今遂免陸行 **擔石湖** 在縣東北一百八十里擔石山下 **金鐘湖** 在縣州五十里大賓洞上周廣僅三丈舊傳萬天師元振[illegible]入長安爲天師武后賜以金鐘[illegible]後遺于湖中湖有石壩存焉 **鄉亭湖** 即宮亭湖在縣北一百八十里與彭蠡相連舊圖經云在縣北四十八里 **鄱陽湖** 即彭蠡湖在縣東北一百五十里即禹貢東匯澤爲彭蠡是也今饒信徽撫吉贛南安建昌臨江袁筠南康數州之水東至饒州府餘干縣之康郎山西至本縣[illegible][illegible]里南至進賢縣之北山北至南康府都昌縣南[illegible]

足觀百里跨豫章饒州府南康三州之地鄱五湖之一也 **投書渚** 在縣西北十里按水經酈道元云水之西岸有鱸石名爲石頭津度之處也晉殷羨字洪喬投書于此故時人號投書渚門口洪喬門 **龍沙** 在縣北帶江酈道元云沙甚潔白高峻而逶迤若龍形連亘五里中今高過于城舊有此沙過城出聖人之讖 **楊子洲** 在縣北章江之中周廣二十里居民百餘家按舊志東漢楊文字居門佐光武定天下封南昌侯封子受字子仲亦封萬戶侯食邑豫章就封居此洲 **鱘洲** 在縣[illegible]北周廣里舊志云昔有漁於彭蠡者釣得大魚引之不出因隨流而上凡五日因於此洲得而殺之 **鳳凰洲** 在章江西北與城相對初因水自而生數十年來勢漸縮可上接沙井下達石頭津傍三埠而止初晴宸濠敗開墾成田每秋水落植稻種其利甚穀 **蘆洲** 在縣西北 **風雨池** 在縣伍漆鄉二十至都舊志西山高水深數尚著草木霏微散霧勢如風雨 **石臼池** 在樵舍其旁皆土池側有不如[illegible] **泣水池** 在松[illegible]孝子湯霖得水處 **洪井** 在武[illegible]鄉[illegible]父宗記云[illegible]原[illegible]之下[illegible]余年村其西北五六里有洞井形[illegible]

池其深丟民舊說洪崖先生鑿井其上有片望誌蓋廬山三峽橋之亞也 **沙井** 在章江西石頭渚之上 **七星井** 在郡城井報恩亭東井周廣二尋復以石板穴七竅以便取水因流爲七星井 **八角井** 在縣小石頭之西五里湖[illegible]中其石甃尚存故老言即南平王鍾傳家前之井也今存 **逍遙觀井** 世傳爲蘭天師煉丹之所 **丹陵觀井** 世傳爲鍾離真人煉丹之地 **馬跑湧沙二泉** 馬跑泉在鷹福院敷佑觀壇下 以上俱新建 **劍水** 其源自[illegible]北出下[illegible]陵奧庄春江合過清江至邑之西北爲劍水東流十里爲曲江又東流一百五十里過豫章城下入彭蠡 **雩部水** 在縣南一百二十三里源出南城縣西北流入崇界又八十里至大港口入章水 **富水** 在縣南一百二十里源出羅山東流五十里入豐水又與松水合小港口入章水 **豐水** 在縣南一百八十里源出嵩山西北流逕長安長樂劍池梅仙發仙五鄉繞古豐城劍池廟後至長樂港入江故又名劍水今爲隄其水自旁流與富水合入江 **松水** 在縣南自[illegible]峯發源西流經黃金橋入文江[illegible]黃沙源鳥石岡對行五十里未石昌

[illegible]者三十餘所灌溉之利民甚賴之 **曲江** 在縣東北十里形如半月中分三潭岸傍居民數百家潭曉波平光浮金碧真水鄉佳處也舊傳宋元祐太后以金花投潭祈風故又謂金花潭 **磯頭灣** 在曲江南岸 **隱溪** 在順[illegible]鄉[illegible]山之南西北行十里至[illegible]信鄉又行十五里至樅溪橋合橫江諸水其流始可通舟楫歷湖塘沙部合雩部水旁支北過鄭家處至大江口入江 **杭溪** 在縣西其源自介山來過紅石至杭溪而水方大利通舟楫溪水下匯於藥湖鄙爲巨浸流入瑞河與劍水合 **苦竹洲** 在邑上游十里許其洲多竹南史梁廣州刺史蕭勃舉兵踰嶺[illegible]江西新吳洞主余孝頃應之勃之別將歐陽頠軍苦竹洲陳武帝遣周文育總師擒頠勃將時尚居南康營下聞之軍[illegible]其首以獻於是孝頃退走新吳 **三洲** 在縣北隄之外有小港港之外爲三洲洲大江上陽林中牛宿下余鶴古讖云三洲相連必出狀元頃一歲春水泛入小港泥淤尺餘三洲將合爲一 **白洲** 在[illegible]五里 **楊梓洲** 在縣南二十五里 **龍霧洲** 在縣北四十里大江中[illegible]

入於斷岸得一金鍾傳識者謂爲宣和故物舟行泊焉 **蓮花湖** 距邑五里在縣治後左右水流繞向縣前郡陵帶水 **藥湖** 在邑北宜風鄉五十里周迴四十餘里 **銅湖** 在縣治東二十五里上通豐富二水下接撫河綿亘五十里 **化龍潭** 在縣西南七十里歲旱禱之相傳有龍居其中云 **龍湫** 在縣西南三十里衆峯拘處內有蟄龍積雨枯旱水無登耗中有石色深黑可作硯 **九子池** 在縣東南苦竹村相傳鳳將九雛飲於此 **羅仙池** 在縣富城鄉羅山之上 **劍池** 在縣治西南三十一里晉雷煥掘獄得龍泉太阿二劍處有石函長闊六尺廣半之俗呼曰石門 **梅山壇井** 舊傳梅子真嘗寓于此井水所漬多化爲禹餘糧土人呼爲石中黃覆土即得之 **孝感泉** 在道人山豐乘院內紹興元年少卿曹識寓居于此識母喜茗飲初院無井識乃齋戒處祝即院之堂斸地爲井纔尺餘泉忽湧出味極甘美人因曰孝感泉 **給事泉** 在龍澤山智度院有泉冷然清淺其寒冽給事父子寓此愛其泉美[illegible]汲之故號給事泉 以上俱豐城 **三陽水** 在縣治北六十里其源自南[illegible]洞陽武陽[illegible]入於彭蠡湖 **院澤水** 在縣治東南五里源發斛山下匯于蘆溪灣旋九曲沿通濟橋流入鄱湖 **彭蠡湖** 即鄱陽湖在縣治北二百二十里跨豫章饒州南康三洲之地禹貢所謂彭蠡既豬陽鳥攸居者即此湖也 **蘆蒿潭** 在縣治北八十里其水通臨川縣積烟山龍穴潭[illegible]庚子旱舟人見五龍升降其間翌日乃雨 **龍潭** 在縣東十里水泉[illegible]列岸[illegible]林木森秀 **優游源** 在縣西六十里其源自斛山來下注藏溪溪復流與通濟橋水合 **看源** 在縣東七十里南山之間其水亦從斛山發源下與藏溪水相合出通濟橋 **龍馬洲** 在縣北四十里軍山湖之旁 **回龍洲** 在縣東北四十里長一里廣半里宋淳熙中邑人獲白龜之所水由洪源來流入軍山湖 **龍岐** 在縣治北百里其勢若龍據彭蠡湖南岸以障巨川 **日月湖石人灘** 在縣治北鄱陽湖東日月湖中有灘曰石人古讖云日月湖明良將出石人灘合狀元生 **龍坑井** 昔有龍蟄伏其中一日雲霧四塞雷霆震驚龍自井騰去 **[illegible]陽觀井** 舊傳施真人煉丹之所今井尚存 **東嶽祠井** 在縣東北百步 **優游泉井**

在優游泉西唐咸嘉猷所鑿廣二尺深亦加之冬夕麻山
夏不竭故老傳云昔有祥光自井躍天井今尚存
井又名白鹽泉在縣磨山禪靜寺井秋冬大滿井在縣
石壇之下秋冬不竭不竭東五
里黃嶺下陽和天井在英山下湖中世傳張道始井在
東四十步其水與娘烟山通名
心寺內水或以上俱進賢馮水在縣南一百五十步其
五十年一湧源發於百丈山至潭側
深可載舟又東行百餘里至縣境入盡龍而右於其北
舊圖經云因昔從東馮之族于海分故里水因以名也
龍溪水在縣西二十里其水自趙王山南北兩源至此
合流縈迴數里南出馮水梁天監中邑人嘗於
此獲四華林水在縣西南四十里其水出華林山可以
目龜灌溉而不勝舟縈迂數十里至縣東馮
田與馮水流觴曲水在縣西百丈山之西北二里許
合流而東唐宣宗微時嘗遊此避暑鑿石
引泉九曲縈迴每曲置石墩爲坐石梁跨水以通往馬
來元趙孟頫子昂書流觴曲水四字鐫於石壁之上
投潭在縣西四十里中會村其源出百丈山流注于潭
昔司馬頭陀經此世傳頭陀有仙術於此赴水卽

後頭陀山寺後井中出浮雲山丹井在李八昭德觀丹
今呼其井爲司馬井百洞前
井在劉真君祠前舊志真君姓劉諱道成晉人學道修
煉汲斯泉煉丹故名元豐七年蘇文忠公過之有題
云五月九日寓新吳見縣令李志中同謁劉真涂七公
君祠酌丹泉飲之卽此井也今井堙在月台上
井在縣東六十步長街之南七公廟前初七公卜從縣
治以之井不便於民卜地爲七井星布市中此井以
尤其今六井冷井在縣治東立行坊蘇圃中深三尺許
不詳所在夏秋不竭可溉田數十畝每溪張井
沒其上清澈如鏡盛暑中飲之劍井在南鄉十都羅塘
水齒故名今湮沒不知其處大畢村井在大石
井石欄闊五尺深六尺徹底皆石色純紫相溫泉在九
傳許真君自柘林得劍分此試劍透石爲井仙山
壽聖禪寺東北官道傍東二泉以新雙溪水自
池相連一沸一溫冬夏無間餘丈毛竹
山發源其一歷南源富仁棠棣箬溪石馬東江夏漢以
達丁追里其歷忠夏爆坑大村安溪仙以達于桐
城其南流之水派分二大橫溪寶峰寺興桃源水西北
支逕縣而流故名雙溪在六梓都在縣

四十里桃源山其源水出九石掌灘在縣西四十里其
澗自南流與毛竹坑水合水出桃源南流至
里入放生池在縣解後舊傳宋紹興間飲馬池周圍
雙溪仕還家嘗買魚放於此因名三百
步在縣西二十五泉井在石馬都上林七井在縣栖山大
里云是舊仙遺蹟其泉望南東流星形鑿井
七所法藥井在法藥院內唐禪師馬祖至此時值邑人
厭之疫作遂鑿池出水令人飲之因以名焉今
井尚存其源以上俱靖安修水在縣二百步其源自艾
大旱不竭城出修口直下武寧又
東流至海昏入彭蠡湖世傳郭璞云有梁口水在縣東
水名修有魚名鰷天下大旱此地無憂一百里
其源發黃龍修醴泉在縣西十五里源出鳳口水在縣
山流入修水大溈山流入修江東北
七里其水發自三港楊浦水在縣西磧溪水在縣東二
源流入修水而東南二里百步其水
發蟆山北滏灘水在縣東六十里巾口水在縣東四十里伊渡在縣西
流入修水五里
東津水在縣西五十里峯口水在縣東四十里義溪水在縣西一百二十里[illegible]

水在縣前三十步孟家灣在縣東一里饒灣在縣西十里豫寧義浦
一名濤江浦在縣西南八十里其源出青龍沼又名仙
寄田流五里入義浦又二里入修水人沼在
縣東三里其水自吳源北發源流入丹沼傳在桃花案俗
修水按舊志云嘗有青龍出于此沼丁令威所
鑿真公井在柳山之上唐柳渾石崖井在縣東
號真公隱居于此鼎山三港北二
十上泉在縣東北六十里汾水泉在縣東北七十里苦竹泉在縣北九
里灌田一千餘畝十里
黃土嶺泉在縣北九十里曾溪山泉在縣東北六十里石鑊泉在縣南十里四龍
潭在縣西一里其深數丈宋置放生池于其側後建放生
亭潭之近岸有磐石名化潭石豪游觀者多刻詩其
上仙人潭在縣西南六十里深不可測潭之上有石東渡
壁上有二仙人影水落石出乃見
灘在縣東鳳口灘在縣東五里鹿角灘在縣東十里徐灘在縣東二十里西灘在縣
二十里車頭灘在縣東三十五里羊腸灘在縣東四十里涳灘在縣東五十里鷺鶿

灘縣東六十里　三洪灘縣東七十里亂石橫列俗名爲和尚石　張家灘縣西一里　梌瀬灘縣西二十五里　惡瀬灘縣西二十里　抖擻灘縣治西三十五里　新縣灘縣西三十八里唐景雲中所遷縣之側　大湖灘縣西四十里　牛渡灘縣西四十五里　蘆陂灘縣西五十里　渠頭灘縣西五十里　醴溪灘縣西七十里　桃林灘縣西八十里　彭灘縣西九十里　新開灘縣西一百里　斜石灘縣西一百里　以上俱武寧

修水去州一百八十里黃龍山發源歷泰清至查田津納杏花諸溪水北村下納百昌水至港口會中津水杭口納杭橋又納瀑布水環遶縣治至浮橋度納腰帶水灣廻經北至梅陽山下安平納平安水至小港口納梁溪水楊湖港口納欽口水石溪渡納鶴源水然後歷武寧過建昌六百餘里入彭蠡達于江以其水流縈紆甚長故曰修水　東津水去州西一百一十里　杭口水在州西五十里　腰帶水又名秀水發源下州治西北鳳山流入鶴鳴橋歷昇仙高家夏坌諸鄉左繞經東湖市南荊市東塋蓮諸橋然後從伏浮橋度會入修水　杏花水發源於幕阜山在州西一百二十里流經查田津會入修水　平安水在州東南一百二十里　東鄉水在州南一百四十里　瀑布泉發源州西七里鶴鳴山　武寧鄉水發源於武鄉州西南二百四十里　鹿源水發源於高鄉州西八里源上有峯高峻峭立其間山水流經直港入東鄉水會入於修水　鶴源水發源于泰鄉州東十里　百昌水發源於崇鄉州西九十里六嶺山流經北村入修水　欽口水發源於泰鄉州東六十里　梁豁水發源於泰鄉州西四十里　大神灘去州東三十里在泰鄉　小神灘州東泰鄉　磨灘縣東泰鄉　抱子灘州東二十五里泰鄉　棗樹灘州東三十里泰鄉　葉陽灘州東二十里泰鄉　高城灘州西二十五里　洪水灘州西九十里有巴嶺山山之下其灘之右田地二千畝元無水源舊於灘下作陂以灌水多不成功昔于灘之上作小堰山之下鑿石濟川引水灌田深爲民便　濤灘在州西三十里每歲清明湖如注　旌陽潭

有龍藏其中　犀津潭州西二里　石觀潭在州西三十里高鄉　月灣潭明月灣州西二十三里高鄉　層潭州西三十五里崇鄉　神潭州西六十里崇鄉　石池潭州西四十五里　馬子湖州三十里　馬家洲州西半里前修水中　紫陽溪在雙井下　黃山谷伯祖善所居之地　雙井二一在州南三十步四州前山有水衢對州號曰十大地理家所忌謂當掘二以狀之遂掘雙井一在州西二十五里黃山谷所居之南溪心有二井土人汲以造茶絕勝他處　義井在州東三百步其泉歲旱不竭宋時宋氏八百餘口同爨共汲此水故名　溫泉三一在月石壁一溫泉去州西南九十里二曰白沙灣溫泉去州西南一百四十里三曰長茅溫泉在州西南一百四十里出黃龍山下泰清　泰清寒溫二泉之地相去數尺其一寒如水其一熱如湯俱便人浴　磨劍池二一在州治東隔修水一里一在州西二十里相傳晉許旌陽逐蛟於此磨劍　以上俱寧州

按豫章爲列郡都會由山川會合故風氣攸聚西河遶郡城前曰章江發源于贛州合流西北流入于鄱陽湖遶郡城後曰撫河發源于撫州從東北流入東鄱湖兩水爲郡水之經鄱湖爲諸水之聚兩水之中爲南昌縣境其間鄉村支派自天王渡而下因水界分東西在郡脉西南者一由撫水入曰曹溪水出撫港一由劍水入曰殷家渡經豐城溪出荊林以金爲黃臺港中又分下涉渡虎山港至施家窑合選南浦入章江　在郡脉東南者自撫水入曰西洛水由港浦熊田渡步至潭棠墅合池港入撫河　東曰武陽水由王家渡而下爲梁家渡彭崇渡湖棠墅東岸方溪湖羅舍渡永合　又東曰三陽水由[illegible]橋入城湖陽湖合出撫河之東　郡脉中行兩界細分[illegible]

（合一米姑橋與西小港合東流者一…倚…南長湖一自陽陵橋出艾溪湖一自孟…青沙河合蜆子湖水逆折出章江又東爲荷湖後埠湖諸湖與車塘水合出燕河）郡城北沙

而下章江之水又分小港（一從窑頭東過滌陰一東北過黃溪渡與小港合自此又三分之一出樊須巷與信河水合一自趙家圍空南港尾一自吉利出黃背港尾合撫信水出東鄉與從陽岐下至廳山合埠合昌邑會西鄱湖出口）其縈注郡城中者曰東湖（開南出水關與章江水合）新建縣治附郡城所治之境則在章江

西岸亦以章水爲之經也其水多自西山發源分派

曰吳源麥源銅源潘源白石源（俱下出章江）口香城源黃

源邑蕉源（俱上出瑞河口）曰昭山水（同黃指湖昆盧水出瑞河）南鄉水曰

溪湖藥湖（出象牙潭）上蜀水橫出曰瑞河（一名蜀河發源瑞州東流入章江）下修水橫出曰慨江口（發源寧州經建昌出口與章江合）曰邸亭

南昌府志　卷三山川

湖曰鄱陽（即彭蠡湖也）豐城經水曰劍水曰曲江水（即劍水也流下入章江）源自杯山曰豐水源自羅山曰富水（與豐水合）源

自猴岸曰槎水（與富水合至小港口入江）源自南城北流入縣界

曰雲韶水（鄱人港口入江）源出介山曰杭溪水（由瑞河口入江）進賢

縣雖以鄱湖爲水之統會秀在常湖九曲而水之經

則曰三陽（合各湖入鄱湖）源出香爐峯曰通濟港池陂港源

出榆山曰院澤水源出師古嶺曰鍾陵港源出流嶺

曰羅溪港俱匯于湖而湖之大者曰日月湖曰軍山

湖總會曰彭蠡湖（…）奉新水之經曰馮水（發源…縣治南納諸溪之流東北與建昌水合至蘆潭入章江通馮水合）源出華林山曰華林水

源出藥王山西北曰龍溪水（…入）靖安

經水曰雙溪（發源毛竹山一經南源高…棟盆田石馬江東夏陂以達于縣城…歷忠夏碌坑大杉家湖熊仙以達于…口水合流會奉新水入建昌河）源出寶峯寺側曰

大橫溪源出桃源山九洞曰桃源水（雙溪…入）武寧水之

經曰修水（自寧州經縣治東北以達于江）在縣治南者其港曰（洋湖長田青江白石鄧埠楊浦鳳口長沙中年官田）在縣治北者其港曰（木潭南坪埠港龍…茶坊官塘源塘溪雙港陂田箬溪）源派不齊同歸諸修水外一支曰

分水泉（自椈崖七十里至湖廣興國州入新陽河）寧州諸水之經亦曰修

水其支流出自幕阜下至河潭（爲東津杭口杏花安坪東鄉武陵鹿源歙）

南昌府志　卷三山川

（泛鵝源石昌梁溪行三百里廣五百里）八鄉交匯趨州治過武寧建昌

由慨江口總寧武奉靖之水以達于章江惟一支西

流者曰泹水（發源桓山西入湖廣平江縣合泹羅水至磊石會湘水入洞庭湖）以上

各邑山多源清者止記其發源與合流處其流派長

而支派多者不得不詳其分合曲折之地焉是故合

一郡之形勝觀之西北層巒疊巘東南巨浸澄波真

可稱山川之奇會矣

風俗

嘗讀二南并列國諸風見風氣與風俗常相須也土有

柔剛故稟有強弱教有得失故俗有美惡語稱百里不

同風匪道德何以一之豫章故吳楚爲地廣谷大川異
制民生其間異俗剛柔遲速異齊大抵稍樸茂比亦稍
趨澆漓閭閻日或靡靡矣然善道誘民因俗敷教則幸
有良牧宰焉

周其民二男五女其畜宜禽獸其穀宜稻 周禮

春秋江南之氣躁勁厥性輕揚 元命苞

西漢民好劍輕死易發 前漢志 豫章俗好辭巧說 史記

東漢男子耕農種禾稻苧麻女子蠶桑織績 地理志

晉豫章人好經學 漢志 講誦爲業士尚氣節 晉志 其俗信鬼
神好淫祀父子或異居 地理志

南昌府志　卷三　風土

穎川澤沃衍有水物之饒永嘉東遷衣冠多所萃止其後
人物頗盛 史 六朝 人尚清淨之教重于隱遁 雷次宗 豫章記

隋君子善居室小人勤稼穡 地理志

唐藝文儒術爲盛雖閭閻賤品處力役之際吟咏不輟 杜牧 記
通典

宋崇名教而修身慎行紹文獻而後武職總市井多儒雅
之風田野無靡麗之習 鄱志 勤生而嗇施薄義而喜爭 郡守
處士有巖穴之雍容文章有山川之秀發 深
山大澤之中民多朴質或終身抱道未嘗至城郭者或
作爲文章隱而不彰者或操觚秉翰蹈於臺閣者黃氏
之論衰幾近之 志 故家遺俗皆知尚氣節畏清議 黃公
山川秀拔代不乏人 范梈

元賦役輕省民庶而富禮義之俗不因時變學者留意經
史率以重吏輕儒爲耻 元志

國朝南昌府 洪武志 南昌爲江西會府生齒繁夥南北士民
來寓者因地利之美多占籍焉其士不惟解經訓傳種
學績文而直知實踐以身爲教者亦屢屢有之科第亦未
嘗乏人其居肆殖貨及挾藝遊術之流爭尚清雅植蒲
蘭竹石收古器名畫崇儒好客至於閭閻村落細民皆
勤於稼穡斂於役作秉尊上孝弟之心然尚氣太過不
能忍小忿輒至鬭訟此江右之俗所以不能純美者焉
一府風俗大抵尚如閭經所言但賦重役繁富者
貧貧者至無以爲生大家多恐儀更以文持禮義細民
終歲不知鹽肉之味加之負累縱橫愁苦無息此皆任
牧司牧者之罪也

南昌縣 洪武志 南昌縣境無長林邃谷但平疇沃壤其俗
勤於稼穡男女少長惟留一二守舍餘悉在田且薄
自奉務儲積故雖值凶年無貧乏困苦者 南昌縣
士夾人淳家尚禮義詩書之聲四封相接科第之盛比
屋皆然士大夫尚名節終身

嘗往來仕宦貪婪轉相唾罵偶會多不爲禮雖屠人牧豎亦知誦而道詩書中語但地窄民稠多以手藝敎書爲生逐食四方南北要途居輒成市名曰南昌街

新建縣志洪武 新建縣百里之境西山爲之主鎭秀氣所鍾代生聞人村落細民亦知禮義弘治郡志 新建人性剛峭土産頗饒鮮事商賈大家勢重良賤截然讀書者多有所給不以仕進介意其視南昌爲衣食所驅而藉書爲生者有間矣

豐城縣志洪武 縣爲本府壯邑山峙川廻土沃人庶士習經學而兼尚黄老民勤稼穡而更務商賈無甚困失所者無甚頑鈍不道者苟得良吏古風可復焉弘治志 豐城縣生齒甚繁承平時水種至六萬戸然未號繁劇編戸數十百華持牒立戒石下盱目俟判者多瑣瑣亡豚失菜細事然回視他邑殆有甚者至若進科易集期會易信號令易行又非他邑比舊尚淫祀近今不革士行無盛於儒業擢高科登膴仕聯鑣接武農商工賈各業其業無嬉士無遊民亦烝化之自然

進賢縣志洪武 邑境倚山瞰湖當驛道之交民性無常有終身恬退立學積文者有操觚秉翰以赫仕顯者有逐紛好競囂頑不逆者

奉新縣志成化 風聲氣習多近吳越農務耕桑民事商賈庠校之士勤經史而踵科名閭巷之學習詩書而敦禮義

靖安縣志洪武 縣雖僻小而山深谷窮其民朴厚而勤耕作婦女謹飭而務織紝士尚雅素不競有朱陳村落之俗焉弘治志 不尚浮靡不作商賈其間好學者頗多科貢人材繩繩相繼

武寧縣志洪武 舊俗其民氣剛而好鬬心忿而喜訟元末土豪蜂起嗟強者悉銷於鋒鏑貪懦者復殁於疫癘所存者皆良民歸附以來加之以生聚維之以教訓男勤稼穡女務蠶績有淳古之風

寧州志洪武 本縣去郡最遠治在山谷間其民雖勤力作而斬施與告訐詐僞瞬息百端最號難治元末紅巾亂居民悉起爲寇強弱相併官兵誅討數年之間頑狠强率者澌盡燐滅矣歸附以來政教一新舉爲良善無復舊習成化縣志 寧今居市井者多文雅處田里者無嚚訟而士之養於學者亦頗知科第之榮風俗之移將駸駸乎與中州並稱焉

按氣行於天亦由地勢高下燥濕以爲宣暢昔孔子論南北之强指風氣也論齊魯之變指風教也豫章

為南方一隅耳然方隅各域風氣殊齊豈非地勢使然哉大都南昌豐進處章江東南地勢平衍水多于山新建奉靖寧武處章江西北山多于水土平則氣宣民生其間者稟氣近柔故多愿慤慈祥與人鮮競喜安恬崇退讓以禮義爲風範乃或不知剛克而一於柔未免怯耎不振委曲徇人甚至脂韋澳涊而無檢矣土峻則氣鬱民生其間者稟氣近剛故多椎魯峭直遇事爭先果於赴義而孑然以修飭廉隅爲風節乃或不務柔克而一於剛則褊急奮激勇而尚氣或逞一朝之忿輕生弗恤也惟氣之宣也生齒繁夥

村落叢集土淺田磽稼穡桑麻之入不足以給養生送死之需賦役之供悉取辦四方歲以爲常所以南昌豐進商賈工技之流視他邑爲多無論秦蜀齊楚閩粵視若比鄰浮海居夷流落忘歸者十常四五故其父子兄弟夫婦有自少至白首不相面者恒散而不聚無怨語也惟氣之鬱也民恒聚而不散田足以耕山足以樵一方物產自足給一方之民用故新建奉靖寧武村居星布鮮大聚落咸自食其土壤至老死不離鄉井終歲勤動不至大失所焉矧同一山水之平曠也以南昌視豐進則平疇曠野尤過之同一

山水之峻且僻也以西門邑較之新建則愈甚矣若山鄉而得寬衍水鄉而起岡阜尤爲秀氣所鍾氣稟習尚又視此爲等差也豈獨齊民爲然山川之靈孕而爲士爲大夫者文章行誼亦或因之蓋風氣宣則暢暢則文尚疏朗士煒才華凡受一命出而鋪張展拓莫不以動業掀揭自負而中多功名之士風氣鬱則勁勁則文尚峻拔士尚器岸出而在位每以禮法自繩且以繩人而中多檢防之操此皆據士之剛柔以論風之舒歛雖未必人人皆然亦可彷彿其大槩也若夫豪傑之士經濟海甸表樹鄉邦豫章代不乏

人不在此論惟是剛克柔克一歸諸中則在學問之功焉自昔澹臺子傳聖門一脈文教豫章士夫所以彬彬郁郁稱文獻之邦比鄒魯之俗徐孺子清風高節要自不徑不私謁中來也周元公復以中正仁義主靜立極於西山東湖之濱其遺風餘教猶未泯也嘉靖初王陽明先生復倡以致良知之學迄今陳仁義談性命者皆其倡導之力則一郡風教之助豈鮮淺哉雖然風教有隆替而風俗因之轉時學者篤于自修仕者安于途轍貴齒尚禮道義相先民間愛惜廉恥畏法度無敢公然鬪歛歌呼狂躁以相[illegible]

剽闇訟以捍文網今則不然學校本以禮讓相先而少長無序縉紳本爲閭閻表率而靡麗相高務爭崇富貴嗇貧賤喜事功黜恬退婚媾索金幣餼妾侈珍奇居喪喧鼓吹而尚浮屠疾病急符禱而忽醫藥蚌蝣其習陸梁其性者如頹波下注匪堤曷止哉

土產

豫章厥土惟瘠無瓌奇珍怪之產茲惟紀動植樹蓺民生日用之不可缺焉者然亦鮮薄甚矣雖然土沃則產饒而俗奢土瘠則產嗇而俗儉與其奢也寧儉茲土良近之

穀之屬（凡稻之可食者爲占可釀者爲糯古謂之秫種名有早晚不齊在田總曰禾其實總曰穀）有九十日占有百日占有百二十日占（俗名六十日熟）有北風占（高）有大生占（八月熟）有見秋紅占（十月熟）有肯塘占（種則赤似稻種則白黏與糯米相似後種先熟不宜久貯）有晚赤占有齊頭占（十月熟）有矮占（六月種十月收宜於鄉人多藉此以給）有柳占（米赤無芒八九月熟）有上黃占（米白無芒）有通山占（米赤無芒）有無名占（米赤無芒）有毛占（米白無芒）有麻占（米白無芒）有白米秋占（米白有芒）有洞占（米赤白有芒俱八九月熟）（種大中祥符五年詔遣使福建取占城稻三萬斛分種江淮兩浙之）有救公饑（五十日熟）有團穀早有大穀早有一近水有七十日早（米白無芒）有由風早（米白有芒）有百日早（米白無芒）有見秋早（米赤無芒）有南早（米白無芒）有陝西早（米赤無芒）有瀏陽早（米白多芒）有南陵穀（米赤無芒）有小赤穀（米赤白無芒俱六七月熟）有赤穀（米赤無芒）有烏穀（米灰紅有芒）有冷水秋（米白有芒）有早大禾（米白無芒）有大赤米（米赤無芒）有黃尖嘴（米赤有芒）有大禾（米白有芒）有大時禾（米赤白十月熟）有七斗糙（米白有芒）有烏大禾（米赤白有芒）有硬稾（米白無芒俱八九月熟）有百日糯（早糯米白）有鐵糯（九月熟）有柳條糯（彩粒長中秋熟）有倒稾糯（一歲兩熟）有赤粒糯（米赤色）有油麻糯（隨麻熟）有稚子糯（粒子圓如稚十月熟）有金絲糯（米白有芒）有大糯（米白無芒赤名晚糯）有馬牙糯（米白無芒）有紅穀秫（米白無芒俱八九月熟）有虎皮秫（米白無芒六七月熟○凡糯米新者熟者動氣陳者和脾胃糯米大補胃氣秫米似黍而小動風不宜常食）

麥之屬有大麥（性調中止泄益氣力初熟炒食發熱病）有小麥（秫也可爲麵麪熱麩涼南方少雪有毒）有蕎麥（氣寒難消七月種九月）

粟之屬（粟即稷也一謂之粢主養腎氣去脾胃中熱粟米稷而難化與粱同食則易化且胃冷者不宜多食）有禾粟有牛繩粟有寒粟有毛粟有紅糯粟有青稈粟有早粟有鹿角粟有馬口粟有紅粟有烏糯（以上靖安武寧縣出）粟有旱粟（以上寧州出）

菽之屬（菽即豆也）有大豆（久食令人身重）有虎班豆（九月熟安縣出）有歇荚豆有羊眼豆（種類甚多上八月熟）有錢豆有米豆有莊豆（西五月熟以上寧州出）有黃豆（可爲腐）有小豆有菉豆（早者六月收晚者八月收製而爲粉）（賦茅作爲）有黑豆（可作豉炒熟入酒可治腹痛）有紅豆（治心腹絞痛亦可作粉）有

豇豆有刀豆[illegible]有豌豆一名胡豆 有扁豆白眼豆[illegible]

有紺帶豆[illegible] 有青皮豆有花眼豆有茶子豆

麻之屬有烏麻[illegible]南昌縣出 有旱麻子 麻仁除六腑之燥 有白

麻子 久食消[illegible]肌肉 有火麻子 緩脾潤燥且肝病者宜服

蔬之屬有菘 周顒所謂秋末晚菘 有芥 有紫芥白芥南芥[illegible]石芥皆芥之[illegible]

[illegible]治痰 有白菜 有二種根大莖短名蓮花白根圓而長曰筒竿白 有韭 而可一種

久故名韭能下膈間[illegible]多食昏目 有香菽 出奉新 有竹菽 出奉新 有蕈

出寧州武寧俗曰黃姑蕈 凡新蕈有毛者能殺人本草載胡椒能解諸蕈之毒 有石耳 出寧州斷[illegible]

崖壁 有木耳 利五臟 有羅漢菜 苗出西山香城寺葉如豆[illegible]西土

携至[illegible]故名 有蘘荷 出新建俗云蘘荷不過[illegible]無土無也 有蘿蔔 一名萊菔蔓菁

南昌府志　卷之三

即蕪菁也熟食[illegible] 有茭白 即菰蔣根[illegible]治心胸浮熱 有君薘

有小毒多食動氣 有萵苣 俗呼萵筍 有苦苣 即苦蕒也一名苦蕒[illegible]

心[illegible] 有蕨 [illegible]我其根

可[illegible]食 有芹 [illegible] 有苦菜

有二種引蔓 有甜菜 有冬夏二種[illegible] 有[illegible]

蔓者味佳[illegible] 有莧 [illegible] 有茄 名[illegible]

[illegible] 有蒝荽 [illegible] 有菠薐 [illegible] 有灰莧

[illegible] 有蕹 [illegible]

紅者有毒 有蒲 [illegible]

蘿 [illegible] 有蕨 [illegible]

令人[illegible] 有諸有油菜 [illegible] 有紫蘇[illegible] 有瓠[illegible]

[illegible]有胡蘿蔔[illegible]有茭[illegible]

[illegible] 有薤 [illegible]有蔥[illegible] 有薑 五六月發紫[illegible]

[illegible]有蔥 [illegible]毒故食不可缺 有蒜 小蒜也久食損心力 有

[illegible]久食損目[illegible] 有蒿 野生曰蒿 有胡荽 一名芫荽多食令人多忘 有茴

蒿 多食令人氣滿 有蘩菜 其種來自東夷以繁盛之故名 有黃連芽 二三月採 有香

椿芽 二三月採 有黃花 三月

瓜之屬有王瓜 本名胡瓜最早熟故曰王瓜 除寒熱 瘴痛 益氣 治暑毒 多食發百病 有西瓜 能解暑毒皮曬乾能治喉諸 有冬瓜 九十月熟能除胸滿 治瘡毒 有菜瓜 有絲瓜 六七月熟 多食傷目 有甜瓜 多食令人手足無力 有苦瓜 帶燒灰治瘧瘡 有南瓜 一名[illegible]

瓜有土瓜 即葛之根也 能止渴解酒

南昌府志　卷之三

藥之屬有地黃 [illegible]出南昌之蓮塘今則無矣 有牛膝 [illegible]

有紫蘇 下氣一種名雞蘇 有薄荷 能發汗除皮膚風熱 有烏頭 治半身不遂 有

天雄 能補上焦陽虛 有大附子 性大熱走而不守不可多用 能補下焦陽虛 以上三藥同出

一木 有何首烏 一名交藤一名夜合赤者雄白者雌 益精髓 黑鬚髮久服延年 有牽牛 草本

名金鈴 性言其大小便俱秘者用之 有惡實 一名牛蒡子一名鼠黏子 主風毒腫 有決明子

和肝明目 有青箱子 即白雞冠子 治目疾殺三蟲 有葶藶 治水 有括蔞 一名

果蠃根即天花粉 治胸痹 有瓜蔞 開痰 有二種 有半夏 治痰燥濕和胃 勿用

通津潤燥治胸痹 水道出南昌 有玄參 之無根

有香薷 治暑氣利水道出 有旋覆

花 [illegible]補中下氣 有三稜 破積除血 有芍藥 有赤白二種

[illegible]開結痰 有五味子 益五臟氣 有獨活 治諸風 有藁本

[illegible]

治□□□□咽喉腦痛 有白朮 除濕益氣和胃 有白斂 治□一切瘡毒 有白藥子 □□
咽喉閉塞痰止嗽 有澤蘭 消癰腫行損傷瘀血 有射干 一名草薑一名□□治胃中癰□□
明目開 有天門冬 味苦殺三蟲保肺氣 有細辛 治□□風痛 有菟絲子 □者
名菜絲附松香者名女蘿 有蓽麻子 治產難出肉中刺油可入印色 有茴香 和中止嘔治腎
氣冷痛可調飲食 有蒼耳 透腦風一切瘡毒 有益母草 子名茺蔚明目益精調經保產
之聖藥 有大黃 性苦寒善走也 有蛇床子 補精除痹氣 有艾葉 名大艾有力 有
菊花 明目 有菖蒲 本草曰菖陽九節者佳 有薏苡仁 主治風濕拘攣入米釀酒味佳
有前胡 發表除煩解肌熱 有香附子 即莎根消食快氣 有芣苢 子即車前利水
有乾葛 止渴 有苦參 治熱毒風燥 有威靈僊 治風痛 有天南星 治中
風癱腫開痰利膈 有黃精 久服能輕身與鈎吻相似誤採傷人 有覆盆子 益腎固精 有

馬兜鈴 其根即青木香 有豨薟草 味苦寒可治痹癢 有蒲公英 即地丁治乳癰
升諸毒 有羊蹄根 一名蘇黃根研醋可治癬 有旱蓮 一名數炭草黑鬚髮止血 有夏
枯草 治□痛 有金銀花 即忍冬藤花治癰腫毒并血痢 有穀精草 治目 有
梔子 瀉肺火除心煩能屈曲下降□□□□□服二枚立愈 有枸杞子 葉可以為蔬 有
地骨皮 去骨間熱枸杞根之皮能 有茱萸 多食衝眼落髮傷□四十九粒入酒服之□□
有枳實 消堅破氣去胃濕熱 有枳殼 治胸中痞塞滯氣 有陳皮 即橘皮留白和脾去白□□
白開 有桃仁 破血潤大腸 有杏仁 降氣治喘逆除閉結 有青皮 平肝□□□□
痰氣 有桑白皮 主喘息 有桑寄生 能愈風痹血崩安胎 有桑椹 □□ 有
鈎藤 治驚風 有金櫻子 可熬膏 有山楂 消食行氣 有仙茅 □□
氣虛弱出新□□□ 有白扁豆 吐瀉 有烏藥 □□ 有山藥

補虛羸長肌肉 有紫河車 紫白二種 有青木香 理諸氣 有黃蓮
能瀉心火除脾胃濕熱 有石斛 平胃補腎 有五加皮 治□□兩腳赤腫者 有草
豆蔻 治胃脘痛 有五靈脂 行血止血 有杜仲 壯筋骨 有五倍子 能收
頑瘡 有楝實 能除心腹之暴痛 有白頭翁 補腎 有蜜蒙 □□ 有薺 □□□□
赤白痢 有蒼朮 除□□遠嵐氣 有當歸 頭止血身和血尾破 有麻黃 太□
陽少陰經汗 有藿香 □□出西山 有紫菫 □□□□□ 有石菖蒲 生水石間
一寸九節出洪并者佳 有連翹 治上焦諸熱并瘡瘍 有骨碎補 即胡孫薑能補骨碎
□名 有蔓荊子 □□□□ 有防風 療風邪通用 有桔梗 □□□□□
□氣 有黃芩 □□□□□□ 涼心瀉肝火 有郁李仁 □□□□
木賊 去目翳發汗 有□□ □□ 有松節 □□□ 有松花

能止痢多食發上焦熱 有松脂 □□□□ 有茯神 安神除虛煩 有茯苓
白入氣赤入血 □□□□ 有土茯苓 一名硬飯治毒 有槐
實 即槐角 □□□□ 有側栢葉 □□□□ 有栢子仁 □□□□ 有茵
陳 治□□□ 有葶藶 治頭痛 有款冬花 □□□□ 有
咽滿 有使君子 治小兒□□□ 有蓼花 □□□□□□□ 有
女貞實 即冬青子□□□□ 有金燈籠草 治□ 有柴胡 □□ 有
木通 □□□□□□ 有竹茹 □□ 有竹瀝 治□ 有杉木節 □□□□
作湯 有天麻 □□□□ 有黃卷 即豆 有酸棗仁 □□ 有遠
志 □□ 有草果仁 溫脾止嘔 有麥芽 化食助脾 有蒿蓄 □□□□□□
兒□□ 有花椒 □□ 有燈心 □□小便 有藍實 □□□□ 有乾

薑 有生薑 有葛根 有烏梅
有蘡薁花 有木鱉子 有木瓜
有白芷 有麥門冬 有荊芥 有百
合 有山茱萸 有黃蘗 有藿
香 有蒺藜 有烏飯葉 有楮實
子 有皂莢 有皂莢刺 有豬苓
有丁香 有厚朴 有桂
有佛耳草 有蘆根 有
芫花 有蕘花 有甘遂 有常山
有白豆蔻 有牡丹皮 有羌活
有升麻 有[illegible] 有蘆巴
有巴豆 有蟬蛻 有鹿角 有
虎脛骨 有兔頭骨 有兔矢 有
夜明沙 有牛膠
花之屬有牡丹 有芍藥 有瑞香
有木犀 有茶花
有海棠 有蘭 有
蕙 有薔薇 有木
香花 有長春 有素馨 有茉莉
有山礬 有芷花 有薝蔔

有玉簪 有金鳳花
有滴滴金 有[illegible]花 有石榴花
有水[illegible] 有[illegible] 有
木槿花 有白槿花 有
葵 有荷 有蓮花 有[illegible]花
有槐花 有李花 有[illegible]
菊花 有[illegible]花 有凌霄花
有扁竹花 有山丹花 有粉團花 有
雞冠花 有百合花 有石竹花
有木筆花
花 有金錢花 有七姊妹 有梨花 有萱草
忘憂草也 又名鹿蔥 有葵花 有芭蕉
有芫花 有[illegible] 有馬藺花
有蒔蘿 有夜合花
有夾竹桃 有剪金 有剪春羅 有剪
秋羅 有鳳仙 有[illegible]花 有七里香
果之屬有梅 有桃 有李
有杏 有林檎 有櫻
桃 有葡萄 有楊梅
有枇杷 有橘 有柑子 有梨

[illegible]消食[illegible]見冬可多食 有茅栗 有尖栗 有鵝[illegible]其節[illegible] 有[illegible]
子 助脾清心 有菱 性冷令人損陽 有芡 南曰芡西曰芡 有鷄頭實 實[illegible]又名[illegible]
益 有梨 消渴利下水 梨別種爲棠梨 可熟食 有[illegible] 有赤白二種 能[illegible] 有銀杏
檎 俗呼爲日果 多食作腹滿 有石榴 汁多食損肺 其[illegible]成疾 有榛 益氣力 有柿 紅有
肺 牛心柿 入[illegible]柿性凉 乾[illegible]止[illegible]蒂止呃 有椑 似柿而青 與蟹同食
性 反溫 能止[illegible] 即瀉汁可造扇傘
有樝 治咳嗽[illegible]骨出 西山香[illegible]者佳 有金棗 亦有二種 有榧 多食[illegible] 有枇 大者
爲鷄頭樹 多 有[illegible] 小[illegible]樹[illegible]潤肺 酸者 有金橘 又名 牛乳
食 發陰汗 有[illegible] 痰 其核仁治疝氣 有木瓜 益脾 有櫨 多食傷肝氣 其
橘 有金豆 俗[illegible] 羊矢[illegible] 有山樝 消食去積 有[illegible] 小 有[illegible]
皮或片或[illegible] 有[illegible] 大[illegible] 有[illegible]積 有[illegible]
入[illegible]爲[illegible]丁[illegible] 有[illegible]
一名[illegible]
[illegible]

木之屬 有[illegible] 有松 有二[illegible]合[illegible]
花上黃粉 名松黃 有栢 禮記曰松栢爲百木長 王[illegible]志名義 松凡松
栢葉[illegible]陽 栢尚存 [illegible]止血 有檜
松身 有梓 也楸 有桑 其子曰椹 葉可飼蠶 有柘 亦可 有桐
有梧桐 有油桐 二種 梓實桐皮曰椅 有桂 又名木樨 有椿 木實葉香 即今之香
種 有[illegible] 椿也 其白皮治痢 [illegible]
血 有檀 黃白二種 有楮 性堅不凋 實有雌雄二種 有檉 似柳 香 有柳 其花治
崩 有樺 二種 有[illegible] 諸瘡止
血止痛 又 有楊 蒲柳也 白楊皮去風痺 [illegible]腫 有杞 [illegible]柳 有欖 有楮 皮可造紙
有樺柳
有榿 實可食 有棗 其皮療湯火傷 有槐 花可染黃 其含而未開者 入藥治痔 解大腸熱
有棠棃 材可鋸刻 有冬青 貞實 子即女 有海冬青 歲晏不凋 有烏柏 可木
解蚘[illegible] 子可取油爲燭 有椒 大曰欓 小曰椒 有栟櫚 也棕 有杬 花入藥 有榆 白榆
也 其葉可療 有楓 似白楊 大楓子可療諸風疥癩 有柞 性堅可作梳 有樸 [illegible]
前後[illegible]瘡

[illegible]相[illegible]文 有檽 其根皮入藥 能逐血 有棘 心痛[illegible]止[illegible]實可
[illegible] 又 有[illegible] 坐斷不中[illegible] 有[illegible] 治心痛殺虫
一 有楸棘 [illegible]樹也 有[illegible] 爲梳 有荊 生者[illegible]小木叢[illegible]日 有楠
忠武 有杉 其皮可療漆 有[illegible] 出西山 春歲[illegible] 有李 皮止 有
字 [illegible]止腹痛 [illegible]
橡 其實可食 有紫荊 其皮可療[illegible] 有芙蓉 葉可療諸[illegible] 有扁柏 名一
梓 [illegible]寫 有[illegible] 名
十種 [illegible]病 有黃[illegible] 出山谷間

草之屬 有芝 麻之[illegible] 說文曰芝神草也 有莎草 一名夫須 一名臺 有苔 乾苔[illegible]諸
有蘋 水萍有三種 大者曰蘋 次者荇菜 小曰浮萍 乾浮萍發汗甚于麻黃 有紫 本草蓬
疥 [illegible] 可[illegible]布 其根可 [illegible]也
有葛 蔓生可[illegible] 有苧 安胎 有艾 入藥溫胃安胎 有[illegible]
爲絺綌 [illegible]
郎 有菖蒲 久服益智 其根[illegible] 有藻 水草 有葵 葉香可食 有[illegible]
蔥香 [illegible]
汁可作酸 有荇菜 [illegible] 有[illegible]草 可以[illegible] 有[illegible] 詩[illegible]
藍 花通經 [illegible]

蓼 可[illegible] 有蘆 根可解河豚毒 有荻 一名[illegible] 有蓬 有茅 說文[illegible]之[illegible] 根止血 與吐
齒痛
明 有菅 可織爲席 有茗 可作 有茭 一名[illegible]陵 有蒿 青蒿 治瘡除[illegible]
[illegible]可爲席 有[illegible] 有[illegible] 汁治[illegible]
骨蒸 有馬鞭草 入藥行血 治金瘡 有鴈來草 秋深心葉俱紅 有鳳尾
勞熱 [illegible]
草 一名 黃[illegible] 有龍牙草 一名長生草 有虎耳草 可治痔瘡 有佛指甲 [illegible]
補天 有接骨草 有狗尾草 因形得名 有酸漿 除煩通淋止[illegible] 有[illegible] 有
水泡 [illegible]
種 有佛耳草 治嗽 有燈心草 利水通五淋 可治喉痺 燒灰出[illegible] 有夏枯
草 治瘰癧 有鐵[illegible] 可治[illegible] 有[illegible]草 且可爲席 [illegible]中痛 有[illegible]
去下焦濕熱 有鷺不食草 治小兒[illegible]癖 有[illegible]草 可洗[illegible] 有白馬骨
草 治痰去骨熱 有旱魚腥草 多生墻上 [illegible]治背瘡 有羊蹄 [illegible] 有
血見愁 治諸[illegible] 有[illegible]草根 [illegible]理黃疸 有紫草根 通九竅 [illegible]

竹之屬有貓竹諸竹中其幹長大其用最廣有筆竹笋味甜絲可製
綠筆四種入藥止嗽逆有箭竹其別名曰篠有方竹可杖出泰新有筋竹
可作篾一名金竹可為篾出靖安有白竹可有苦竹夏笋味苦有青黃白紫四種入藥止
渴消煩熱有水竹質小而勁有紫竹可備簫管有班竹種自湘江有
實竹四月始笋其管可筆有石竹有淡竹九節者佳入藥除熱又可以造紙有夾竹有
慈竹又名孝竹有桃竹作篾亦堪織簟有篁竹可為笛有鳳尾竹即慈
竹之別種又名觀音竹有箬竹幹小葉長大可造蓬笠
筍之屬有冬筍冬月取貓笋萌土中者佳有春筍多食發冷病有交筍生[illegible]
澤內
羽之屬有鶴[illegible]有鸛狀類[illegible]有白鷴出武寧[illegible]
有雀其卵壯陽月令季秋雀入水為蛤有燕玄鳥爾雅曰鳦有越燕胡燕二種胡燕多巢村墟有
鷹禹貢陽鳥攸居今鄱湖有鷗有鷺鷥一名舂鉏有鵓鴣身文黑白相間有
鴛鴦匹鳥有山鷓一名山胡善鳴有鳧水鳥如鴨有布穀以其催耕故名有
啄木鴷也有錦鷄一名吐綬毛甚華彩有雉[illegible]有鶯
一名倉庚一名黃鸝有鸕鶿不生卵而孕雛澤間善入水捕魚有鸂鶒狀似鴨頂微
紅入貢有天鵝入貢有畫眉其聲似鶯而小有鸜鵒即八哥斷舌能言有白
舌形小似鴝鵒有鵪鶉與[illegible]同食令人[illegible]有鶺鴒[illegible]
也有翡翠羽可為飾有竹鷄[illegible]有鵲[illegible]
之別名[illegible]有鴉鴉烏背白腹曰[illegible]慈烏有鸂鶒
有練鵲似雀而[illegible]有白頭翁[illegible]有黃頭有子規[illegible]
有戴勝[illegible]有鴿有四種天鵝[illegible]有鷹[illegible]有隼[illegible]有
鶚大鷙[illegible]有鵰[illegible]有鶻晨風有鷂最者有鶻鷙鳥之有鷂
[illegible]有鴟鴞惡聲鳥也一有鷹捕魚為食有鶴鳩一名有鬼
車一名逆鴒有姑惡鳥出武[illegible]黃雀有班鳩食之益氣入貢
毛之屬有虎山獸之君其肉熱食損[illegible]有豹[illegible]肉補絕傷益氣有熊[illegible]
多力有人熊馬熊二種寧州出山谷詩云欽香鼷戶分能[illegible]有麝[illegible]宜同生菜
食有麂似鹿而小皮最細有兔[illegible]肉主治五痔不宜食有麞[illegible]明目[illegible]
禁食有鹿牡曰麚牝曰麀子曰麛[illegible]其茸入藥壯元陽補腰膝有豺[illegible]
之[illegible]
有狼食之[illegible]有麋山牛俗名有豪豬身長毫如箭長六七寸能激以射人有野
豬狀類家豬牙利力甚大人[illegible]有[illegible]

獺[illegible]小兒[illegible]有狐[illegible]有貍似虎[illegible]
食有牛尾[illegible]出寧州者佳有黃鼠狼似鼠而大有鼯鼠一名[illegible]有山
羊爾雅[illegible]以上多出奉新建兩山
畜之屬有牛有黃牛水牛牡曰牯[illegible]不可與[illegible]同食有馬[illegible]有
驢食之[illegible]動風有騾[illegible]有豬[illegible]有特有羊[illegible]
食子有豕[illegible]亦能[illegible]日羔有犬[illegible]
猪有貓一産止一子有[illegible]有鵝
東坡云[illegible]白鵝肉性冷[illegible]有鴨家鶩也[illegible]
有鴿性烝
鱗之屬有鯉諸魚中惟鯉最壽[illegible]有鯽[illegible]

鰕巨口細鱗食可益氣力 有鮊 有鱅狀如鰱而頭大 有鰱似鱅也身扁鱗細 有鯿縮頭闊身大 有鮎本草曰鮎鬚[illegible]目赤者殺人 有鱧一作鯉 有鯇一名鯶俗名草魚 有鯖者不可食 有[illegible] 有鱔即白[illegible]鰆[illegible]鯿[illegible] 有鯉[illegible] 有[illegible] 鰟也又名[illegible] 有青魚可食 有鰤魚 有鯋魚[illegible]沙中吹沙 有鱖魚[illegible] 而頭[illegible]腸可療目疾及[illegible]痒 有鱔魚食之補五臟 有泥鰍似鱔而短不可同白犬肉食 有白魚[illegible]蟲 有鰻魚 有[illegible]魚出寧州 有金黃魚出曲江 有鰣有[illegible]魚[illegible]出[illegible] 有[illegible]魚最細者佳出進賢 有金魚出進賢 有麥魚[illegible]小味佳 出[illegible] 有[illegible]魚[illegible]出新[illegible] 有[illegible]樂有刺能[illegible] 有鱸[illegible] 有[illegible]人俗呼黃[illegible] 有河豚[illegible]中 [illegible]益氣

介之屬[illegible]

[illegible]曰[illegible]目[illegible]及[illegible] 有[illegible]兩目相向者不可食 有螺大者[illegible]能[illegible]熱[illegible] 有蜂性寒無毒蛤粉治疝氣 有蜆爾雅曰蟨小者曰珧治時氣乳汁多食發嗽 有蝸牛 王賊風[illegible]筋急[illegible] 有鯪鯉即穿山甲治五邪驚怪去諸風腫毒 有牡蠣澁精

蟲之屬 有蠶[illegible]者其絲細 [illegible]中[illegible]有養 有白殭蠶能祛風 有晚蠶蛾補腎固齒 有蜜蜂[illegible]安[illegible]止痛[illegible]解毒 有土蜂窠多產土墻中其窠治癰腫咽痛 有蜂最小一種 有螢[illegible]草為螢一名宵燭 有蝶[illegible]化為蝶 有[illegible]蛉[illegible] 有蜻蜓一名蜻蛉 有莎雞詩曰六月莎雞振羽六足四翼 有蟀[illegible]一名促織 有蚱蜢[illegible]也 有蠓 蛞治[illegible]種水病 有[illegible]即[illegible]本草[illegible]能解[illegible] 有蚯蚓[illegible]入藥解諸毒一名蛇蟺一名土 有蛾[illegible]志云蛾者蠶之所化一名蓑光 有蟻蠓一名[illegible]雞 有蠅蒼者蠅青色 有 蚊爾雅曰蚊性惡烟以艾熏之則潰 有蝘蜓[illegible]色如蛇而四足 有螳螂[illegible]

蜈蚣一名天[illegible]治[illegible]毒[illegible]之七日[illegible] 有蚯蚓[illegible] 有果蠃[illegible] 有蚰蜒[illegible]一名[illegible]治久瘡 有蛇[illegible] 有鼠負[illegible]破血[illegible] 有[illegible]化為巴子[illegible]口 有[illegible]毒者急服麻油以雞子[illegible]吸 有烏梢蛇[illegible]風熱 有白[illegible]其毒蓋而食其浸八藥祛風 有蠍 花蛇[illegible]被其毒者[illegible]汁 有蜞 有蠅虎治瘡善捕蠅 有蜈蚣白齒[illegible]即愈 有蚪子蛙 有黽腹圓有尾 有蚖蜒一名[illegible]一伸[illegible]也 有蜘蛛大腹者名[illegible] 小者名[illegible] 有蝙蝠即飛鼠也其矢即夜明砂治目昏耳聾 有蟬治小兒驚癇去風明目除翳 有石蛤俗名石蛤生似蝦蟇而大味甚美出奉新 有蟻又一種濕熱相蒸而生者曰白蟻 有 水蛭俗呼為馬蛭入藥走血 有班猫可治疥癬諸毒 有衣魚治小兒[illegible]口[illegible]斜 有桑 白蟲治小兒臍風 有地虱生濕地石下一云即鼠負治惡瘡毒

貨之屬 有金出豐城今久不采 有銅舊出西山今無 有茶能清頭目令人少睡新建洪崖[illegible] 白露[illegible]武寧[illegible]陽寧州雙井者佳 有羅漢茶出西山 有煤炭出豐城 有火紙以竹麻為之奉新出 有木炭 有紅麯出奉新 有竹紙以竹穰為之 有竹箄 有棕衣 有漆器 有苧布 有錫器 有葛布出武寧 有白蠟治久瘡補絕傷 有藍靛 有棕毛止吐血 有棕灰 有棉紙 有紙被 有棕鞋 有瓦器 有桐油 有蜂蜜安寧州出 [illegible]入脾[illegible] 有漆出[illegible] 有稷 蓆 有土漆 有疏紙 有柏油 有苧 有麻 有火麻 有木綿 有綿布 有綿紬 有香油即麻油去諸毒 有菜油 有茶油茶子[illegible]之為油 有乾筍 有箬 有黃臘 有豉能去胸膈煩[illegible] 有米粉[illegible]可久藏

新修南昌府志卷之三終

新修南昌府志卷之四

城池

易曰王公設險以守其國詎直高城浚池足自馮藉哉葢有紀法要束銷㩀心而寢奸軌也南昌爲郡領州一縣七分土而治衛以城池稱安壤矣故東南諸縣沃野千里即無鎖鑰而藩籬固自扃也第山以西奸逋嘯聚不無蛩蚷蛇豕警馬僕守土者有術以控馭之則其梗可不芟而夷哉雖然今日之杞憂則有踰於是者法守漸窳四民弛業肘腋間疢寠亦孔棘矣惟二三良有司厚其保障而罔浚脂膏袪其繭絲而益崇禮義則人心雖險蜀變伊何劃地而守要會湯矣不然崇墉可梯濬池可航不出四封有敵國也其不爲寇兵藉者幾希則夫席承平而防叛亂在虞桑土者[illegible]爾

南昌府城卽江西會省雷次宗豫章志云漢灌嬰所築四周廣十里闢六門外浚濠渚水晉太康中太守范寧增闢二門唐元和太守韋丹復修築東北隅增廣闊二十一里闢門十六符載有新廣城門頌序宋志外城周三十餘里直南一門曰撫州稍而西轉曰宮步寺步柴步井步章江倉步觀步洪喬廣恩北郭竹濱江繚而東轉曰琉璃壇頭故豐廣豐望雲[illegible]平[illegible][illegible]其改相李綱東南橫截東北隅入三里廢四門曾鞏撰東門記元代宋舊　國朝壬寅大都督朱文正以城西南濱江故築于內北舊減五之一周二千七十丈有奇高二丈九尺浚濠三千四百丈有奇闊十一丈共存七門曰廣潤曰惠民曰進賢曰順化曰永和曰德勝曰章江南昌新建二縣附府城郡名漢曰豫章隋曰洪都宋曰隆興元曰龍興　國朝定名南昌府

城門以廣潤爲正門月城內舊爲勢豪造列舖店填塞萬曆初巡撫劉斯潔盡行撤去刻木榜以禁之惠民門外以近河無濠城外牆脚下亦爲勢豪起造舖店劉巡撫懼寇至不便防守亦盡拆毀刻木榜永禁不得租佃

郡城之水總潴東湖廣潤惠民二門之中城下水閘乃湖水所出之口也舊有外閘以蔽江水年久外閘盡廢且東湖久未疏浚湖身淤塞故每年江水泛漲則內閘一閉而城中沿湖居民盡被渰浸萬曆十五年知府范淶南昌知縣何選新建知縣余夢鯉擇徒杖雜犯挑濬東湖與周城濠池詢訪外閘舊制加高甃石如每年春夏江水一漲則閉外閘使江水不得漫入然後開內閘使湖水出閘口流城濠由廣潤章江門轉德勝門永和門以達于賢士湖[illegible]名[illegible]則城中可不免渰溺之虞矣

[illegible]水小則仍閘内閘由外閘以達于江

按此閘平不宜輕啟所以防寇賊之衝突也故閘中不可以淤塞所以便湖水之通流也二者所關匪細須□鑒之

郡城九津以九疇列名五行津在廣潤門東八政津即正水閘五事津在惠民門下五紀津在進賢門西角樓右三德津在永和門北稽疑津在德勝門下庶徵津在夕佳樓南五福津在章江門下歸極津在順化永和二門之中水各由津以達外濠

豐城縣舊無城元有築者尋毁正德庚午邑令吳嘉聰築土城水圯且盡嘉靖辛酉粵寇將逼境始從郡守韓鄒之議築今城闢正門四小門七内外池溪水遶總匯曾家湖洩于門閘達于港險固重城萬曆丙戌因洪水傾城若千丈邑令韓文來修葺之

進賢縣舊無城西南北皆山東阻水正德庚午鄰郭盜起時汪同知顥來視縣篆謂宜城後令王紀累土爲之建門六己未令程光甸始甃以磚石丁丑令劉源清加修葺馬城之北門曰拱極堪輿家忌其順水下流近士民有改向之議城池詳萬浩記

奉新縣舊有土城長慶間知縣劉正一築年久遺址蕩然正德六年華林賊發築今城嘉靖元年洪水衝崩隆慶五年縣令陳雋復修築之萬曆十年縣令朱南英新築走馬城月城樓水門十四年因雨頹圮今縣令沈天啟仍前築完固

靖安縣舊無城池正德辛未華林賊發副使吳一貫始命民兵築土城内外有池四隅有門門上有樓今仍之後縣令萬士賓建立敵樓嘉靖丙戌縣令黄炯重修甲子縣令趙公輔始甃以磚石周五百丈有奇詳訓導吳綰磚城記

武寧縣城唐天寶四年縣令萬建殊所築城久廢弘治間縣令毛騤即江爲險築今城嘉靖二十一年縣令唐

牧修葺建四門至三十五年縣令葉棣大加修築周七百二十餘丈詳潘儋碑記

寧州舊爲寧縣土城久湮萬曆三年因盜賊流劫州守陳以忠始建修磚城樓櫓具備東至浮橋渡西至西郭渡南至上坑渡北至鳳凰山東西相距四里周圍十八里箭樓八所

署宇

按周官以八法治官府蓋府之設所以宅官也布象綏敎質造明刑會民讀法繇兹出焉非徒廣廈崇丹梲雕楹董董駭氏睬聽已也輓世官常既瘉澣官□□爲得

舍然其所樹建大較睹矣至於棘木肆志者則脈石之
上寧無丹濺乎高閣寄傲者則棠牘之側寧無霞寶乎
不知上者民之幈幪也衆稱君子得與恒於民之所載
而得之向使日執三尺以敲扑乎下拭見民剝而吾之
廬亦剝耳嗚呼甘棠遠矣南國興思剏署宇乎司民牧
者詎可庭有鵰號令民望公庭而起譫也
南昌府衙門考豫章志自唐以來爲都督觀察節度治
所乃江西之會府也故其制廣袤宏衍如唐隴西公李
憲創新樓立石柱石尊半尋有咫刻姓名于石柱宋太
守張繼則重修大廳揭州名于中門之楣楊傑記之其

規制壯麗可槩見矣元仍宋　國朝洪武三年郡守趙
文奎衍司府二縣之地重建廨宇永樂元年改爲布政
司府遷今處正統元年郡守任爾重修弘治十二年閼
祐詳學士張元禎記歲久傾圮萬曆二年郡守周良臣
鼎建廣濶如故高敞過之詳自記中爲正堂後爲穿堂
又後爲後堂左右爲庫堂東經歷司廳西照磨所廳堂
兩翼爲六房中爲戒石亭前爲儀門門東爲名宦祠迎
賓館萬曆十三年郡守范淶改陳楊堂祠左爲獄原輕犯獄在新建縣治後
又前爲大門門左爲譙樓知府廨在後堂後同
知廨在知府廨左通判廨在知府廨右添設通判廨在

同知廨左推官廨在通判廨右經歷知事照磨廨在經
歷廳右檢校廨在推官廨右吏舍在西廊後
清軍館在新建縣西南
督儲館在府治南
巡捕館在新建縣東南
理刑館在府治南
明刑公署在忠臣廟右卽明德書院改建
公府齋居在府治後萬曆十五年知府范淶卽入官房屋改建詳自爲記
稅課司舊在惠民門內今改南浦遞運所右卽舊茶引所
南浦驛在廣潤門外濱江卽舊南浦亭

遞運所在廣潤門外驛之右
樵舍河泊所舊在德勝門外萬曆年革併入昌邑
昌邑河泊所在新建縣昌邑鄉五十二都
港口河泊所在南昌縣南鄉四十八都今改百福寺右
趙家圍河泊所在南昌縣十四都黃家渡
鄔子河泊所在南昌縣二十四都塘口
廣積倉舊在東湖南嘉靖三十八年分宜嚴氏佃湖移進賢門內貢院廢址廠舍所存無幾舊倉基址存什之一餘卽嚴氏入官產改爲校士公署
僧綱司在上藍寺內
道紀司舊在玄妙觀內今觀廢移萬壽宮

接官亭在章江門外今名石亭公館
送官亭在進賢門外今名望仙舖
軍器局在順化坊城東隅
民局在進賢門內正學書院後
陰陽學在鍾鼓樓後舊廢今始復
惠民醫學藥局舊基改清軍館萬曆元年本府帖給廢產建立本局在書政坊
鍾樓舊在普賢寺內洪武初遷東湖之濱弘治九年重修詳何喬新記嘉靖二十八年重修詳吳鵬記年久圮壞萬曆十六年知府范淶請重修自爲記
龍亭庫在忠臣廟左
南昌縣宋在府城東北陽廳創有古松兩株司馬温公

送沈紳赴南昌有長江湛湛帶松林之句紹興中徐師
川屬其令蔡宰建堂榜曰雙松元在隆興路治左洪武
三年觧其地爲府治遷今處在城西隅知縣黃德銘創
建嘉靖六年知縣陳世甫因火災復創門堂幕廳六房
庫獄譙樓戒石亭申明旌善亭俱如式儀門東爲縣城
隍祠萬曆十年知縣凌嗣音建迎賓館十五年知縣何
選改脊仁堂復于堂後建儼思堂以祀歷代名宦又東
爲黃冊庫門外新列石屏知縣廨在後堂後知縣何選
重修內創川堂幷思過堂報本堂共十二間詳萬恭記
縣丞廨在知縣廨東主簿廨在正堂北典史廨在正堂

東吏舍在堂左右
市汊巡檢司在西鄉六十四都
市汊驛在巡檢司西
武陽驛在長定鄉四十三都
石馬稅課局皆在二都今革基存
預備縣民倉四所在進賢門外永大倉後
申明亭八十座俱廢
旌善亭八十座俱廢
養濟院在進賢門外塔下寺後
漏澤園一在進賢門外與口汊坡計四十三丈五尺一在順化門外古城內計二十五丈一在順化門
外[illegible]宮廿一[illegible]捐田六畝計七十五丈

武陽寨萬曆十四年知縣何選新添設哨官兵防守地方
黃溪渡公館萬曆十五年知縣何選新創
新建縣原爲西昌縣治在章江之西宋太平興國建立
故曰新建與南昌均治府城舊治即南唐都尹故宅洪
武三年觧其地爲府治知縣李壽遷于城北永樂十八
年移今處宣德三年知縣岑自得撤而新之縣治門堂
幕廳庫獄戒石亭悉如式儀門左爲縣城隍祠右爲迎
賓館後爲吏舍知縣廨在後堂後縣丞廨在正堂左主
簿廨在正堂右典史廨在縣丞廨前門外左右爲旌善

申明亭前為屏

玉隆稅局舊在石頭口今廢

烏山巡檢司在孝忠鄉八都

趙家圍巡檢司在東鄉五十五都

吳城巡檢司在驛南

昌邑巡檢司在昌邑

樵舍驛在四十四都

吳城驛在五十都

預備賑濟民倉四所兌軍倉舊在石頭口今半移章江門外

申明亭五十六座俱廢

旌善亭五十六座俱廢

養濟院在進賢門外

漏澤園在德勝門外周圍三百丈

江渚公館在章江門外

華嚴公館

劉田公館

急遞公文總舖在思賢坊

豐城縣本南昌之南境漢置富城縣在富水西晉改名豐城唐移治章水東元為富州　國朝改縣治廳事自唐永徽建後燬于兵元至正重建洪武二年强州守立將修正德初謝尹顯構堂嘉靖丙戌始周以陶甓隆慶已巳尹正道復新堂制門堂恭廳六房庫獄樵樓俱如式堂後為知縣廨廨西為西書院為海棠廟堂左為龍亭庫知縣李國士建黃冊樓于恭廳之左儀門外左為迎賓館少傳雷禮有記知縣吳達可改造冊局為報功祠儀門內東縣丞廨前典史廨西主簿廨門外列旌善申明二亭

梅源巡檢司在二十三都

江滸口巡檢司在七十一都

稅課局在治西劉公祠北宜革局廢

劍江驛距北門西半里

醫學在邑治鐘樓右

陰陽學舊在城隍廟前今廢

僧會司在龍昌禪寺

道會司在清都觀

舊申明旌善亭共八十九所今廢

廣惠倉在治東西根倉在曲江東根倉在山茶林預備倉在各都今廢

養濟院在行臺北廣惠倉右

漏澤園

操場在東門

察院行臺在治東
布政分司在城隍廟東
南昌分司在正法寺西
府館在城隍廟西
東郊公署
西郊公署
南門外公署
北澤觀風臺公館知縣李國士建府事曹雷懷記
泊瀨公館　石灘公館知縣李國士建
進賢縣本南昌東境置鍾陵縣尋廢宋改鎮爲今縣治
縣廳建自崇寧二年紹興二年安撫大使知洪州曾開
府于縣之廳事元知故今仍元舊基　國朝邑令李思
中張冲相繼修之至正德丁卯知縣李學曾撤後堂爲
廳事高爽過於舊壬申知縣姚求禎創言雨堂于西北
丁丑知縣李源清咸藻續焉縣治見萬鏜記門堂幕廳
六房庫獄悉如式儀門旁土地祠後堂後爲知縣廨縣
丞廨在幕廳左主簿廨在正堂右典史廨在主簿廨前
旁列六房吏舍萬曆丙戌知縣林道楠移寅賓館于二
門之外扁堂曰聞過
稅課司在南昌道左

陰陽學在城隍廟側今廢
醫學在譙樓前火於弘治初
僧會司在海智寺
道會司在崇眞觀
鄔子巡檢司在縣治東北
潤陂巡檢司在邑東八十餘里
龍山巡檢司在邑北百餘里
花園巡檢司在邑南十一都地方
鄔子驛在邑治北百餘里
預備倉四所一在周溪一在盤田一在臧溪一在白塘山常平倉在城隍廟東一陽倉在二十六都
申明亭四十所今廢
旌善亭四十所今廢
養濟院在舊西鄉倉基一在陳家塘舊社學基
漏澤園一山川壇東一蛟穴一烏石山西
操場邑治西二里
布政分司在邑治南二里
南昌道分司在邑治西一里
府館在譙樓左
輪嶺公館　紫薇公館在北門
潤陂公館　徐橋公館在十三四都

奉新縣本漢海昏地後分新吳縣後唐改爲奉新縣治
縣事創于天祐二年廳後有希必堂嘉祐縣令丁陳爲
之記元如故今仍元舊基　國朝知縣王溥余思齊黃
壽褒鎮海袁彰劉讓相繼創修成化間知縣岑方重修
詳張元禎記嘉靖元年知縣朱雲鳳增修十三年知縣
胡億創通和堂萬曆三年知縣陳雋復增修之七年知
縣朱南英改創門堂恭廳六房庫獄譙樓俱如式知縣
廨在後堂後縣丞廨在其東主簿廨在其西典史廨在
堂東吏舍在堂西儀門左舊迎賓館隘甚今知縣沈天
啓增修爲遲鴻館堂曰景陳外修旌善申明亭左右豎

建鸞琴飛鶴坊
迎恩亭在東門外
稅課局在縣治東改爲西齋裁革
陰陽學在縣東
醫學在縣東
僧會司在寶雲寺
道會司在昭德觀
巡檢司在縣治西羅坊鎮
倉六所
便民倉在從善鄉一都

廣盈倉
舊申明亭四十所今廢
旌善亭四十所今廢
養濟院在靖安門外
漏澤園在縣治北一里
哨所二一在丈叫在奉化鄉五顯哨在北鄉
布政分司在縣治東
南昌分司在縣治東南
兵巡道公館在羅坊
府館在縣治東

靖安縣漢爲靖安鎮南唐改縣治廳在縣城西隅廳東
南有幽谷亭乃謝令宇所建也曾鞏袁陟潘清逸各有
詩紹興黃令宗誇建製錦堂胡敦實爲之記元如故今
仍元故址　國朝洪武二年知縣衛守敬因舊創新扁
堂曰尊美自爲記中罹回祿知縣金文英劉芳張伯祥
萬士賢葉金周麟先後修建至嘉靖三十九年主簿黃
應徵重修煥然一新知縣趙公輔扁後堂曰慎思有記守
爲門堂六房譙樓戒石庫獄俱如式知縣丞簿典史宅
廨附於後堂之北吏舍在公堂右儀門左爲土地祠外
爲屏前左爲旌善申明亭

稅課局 在縣[illegible]坊

醫學 在[illegible]樓西

惠民藥局 在縣治西

接官亭 在縣市東今廢

僧會司 在[illegible]寺

道會司 在棲霞觀

縣倉 在縣門

預備倉四所

塘埠倉 去縣西北八十里忠勇鄉

養濟院 舊在鵝橋側今遷北津關

漏澤園 在南門外

教場 在北門外丘家洲

布政分司 在縣治北

按察分司 在縣治東

府館 在縣治東

長寧公館 在縣治西五十里

武寧縣本漢海昏豫章艾縣地初置西安縣唐置武寧縣天寶遷今治宋紹興縣宰上官世美重建淳熙洪慣復修廳東堂曰絃歌黃庭堅有銘元季燬於兵　國朝洪武初知縣仇允行創置厥後知縣余嘉賢[illegible]橋等

林秉淵毛騏陸浚梁熹唐牧相繼增修門堂幕廳六房庫獄譙樓俱如式知縣廨在堂後東爲縣丞廨西爲主簿廨南爲典史廨爲吏舍最後爲保寧樓詳張裳記又西爲書院萬曆十一年知縣程子侃重加修葺于儀門東設迎賓館

陰陽學 在治南

醫學 在治西

僧會司

道會司 二者隨僧道官所寓寺觀

縣倉 在治門

預備倉共四所 今廢

舊申明亭十九所 今廢

旌善亭十九所

養濟院 在縣治五十步

漏澤園 舊在教場西北又一所在教場左計五畝

教場 在東門外

布政分司 在縣治東

南昌道分司 在縣治東北

府館 在縣治南

河山公館 知縣胡東陽創

羅溪公館 在上南鄉

高坪公館 在年豐鄉

炭坑公館 在炭坑鎮基存

磨崖公館 基在磨崖

寧州在漢爲海昏地唐爲武寧西境因分常洲亥置縣故名分寧州治舊爲縣治仍元舊基　國初吳元年爲州知州徐溴創設門堂六房庫獄俱如式中立黃堂儀門左爲土地祠爲獄而正門居其右後堂以北爲知州廨稍東爲同知廨吏目廨在其南偏西爲州判廨吏舍衛其前洪武二年改州爲縣中廨知縣東廨縣丞西廨主簿南廨典史知縣項中宣始建譙樓于外門之南成化十年知縣蕭光甫易黃堂以墨爲琴堂重修肯焉鉄溥有記弘治十六年復升縣爲州十七年知州葉天爵鼎新州治飾琴堂以黃俱仍舊建譙樓于正南楊廉爲之記徙架閣庫于堂西正德三年再新後堂規制煥然

稅課局 舊在治東今裁革

陰陽學 在治西

醫學 在治南

僧會司 在雲巖寺

道會司 在儀翔宮

杉市巡檢司 在治西一百里

定江巡檢司 在治西南一百五十里今移瑞州府[illegible]

八疊嶺巡檢司 在奉鄉十九都去治一百二十里

舊石峰驛 今廢

仁和驛 今廢改爲府館

梁口驛 今廢

存留倉 在治西南

預備倉 在土地祠右

廣恤常平各倉共十七所 今廢

舊申明亭 六十一座

旌善亭 六十一座

養濟院 在高市去州治一里

漏澤園

教場

分巡南昌兵備道前巡道歷年按臨未有專駐至萬曆五年因流賊劫掠且州境與湖廣聯壤兩省之民爭訟連年不結兩省議　題以分巡南昌道駐劄本州兼制興通崇瀏咸平等處於是爲常治焉

守備府在州南一百六十里隆慶六年因[illegible]劫始議將本州在省操練精兵二百名[illegible]

武寧精兵委名色把總督操後因失事乃移定江巡檢司于新昌縣將定江巡司改爲守備府統哨官五員兵四百分立黃岡沂源黃竹雙坑百丈五哨萬曆十三年復議將本州精常兵若干名委南昌衛指揮一員時常操練以備不虞駐劄于本州府館

府館 在州治東即古仁和驛舊址

南坪公館

石岐公館

按郡志備載郡以下公署例也如　兩院三司各道俱建置于本郡境內故于例亦得書之秩官題名則具列省志茲不敢載

都察院　國初名鎮守署在貢院右宣德時爲都御史治所天順爲太監鎮守府今改貢院景泰年設巡撫院治在上藍寺後提學分司右本爲清軍御史察院成化二十一年巡撫副都御史閔珪來居之豫章溝在其左正德末年巡撫孫燧掘溝于前得古鏡即其地也後即逆濠南門遺址移創撫院尋革巡撫衙門改今巡按察院至嘉靖十七年巡撫胡公岳即逆濠故宮所創提學公署改建今治詳羅文莊公記門堂廊舍俱如式堂東爲友士軒後堂西爲正廨西前爲讀易軒爲清風亭又西爲習靜軒演武亭儀門東爲旗纛廟門外兩翼爲各屬茶廳前爲節鎮坊又前爲屏右畔爲三司茶廳坊左右爲轅門兩轅門外各有坊

察院舊在按察司左即城隍廟故址洪武五年按察使周禎始建正統十四年燬於火遂鼎新之詳御史韓雍肅清堂記至正德十五年即逆濠南門改建巡撫行臺因革巡撫改創今治規制宏麗列省莫逮爲門堂廊舍俱如式後堂左爲貞白堂東爲琴鶴軒東北爲亭後堂右爲書吏廨正堂東爲賓館秋江書屋正堂西爲射圃儀門左爲土地祠正門外兩列爲各屬茶廳西爲三司茶廳前中爲坊爲石屏又前兩翼爲廊前爲紀綱重地坊又前爲石屏坊內東西橫街各爲門門外各有坊

清軍察院在鍾鼓樓右清軍御史劉芳因普提寺廢基創建詳張元禎記門堂廊舍俱如式正門左爲三司茶廳前爲石屏屏外東西爲各屬茶廳兩邊各有坊

布政司舊在子城內宋隆興府元行中書省故址　國朝乙巳年仍立行省參政楊憲因故址重建洪武九年改爲江西等處承宣布政使司永樂元年封建爲寧王府本司遷于章江門內舊南昌府治宣德四年布政使孟桓重修正統九年布政使吳潤充拓舊規成化十二

年布政使王克復創築東譙樓以配章江門城樓樓外爲枋詳陳文記嘉靖甲子燬於火隆慶己巳年左布政使焉惟訥重加創建門堂六房如式紫微樓詳左布政使陳文燭記廣濟庫在樓之右詳何喬新記曆日庫在樓之左儀門左爲土地祠爲迎賓館前爲門樓左布政使廨在後堂左右布政使廨在後堂右參政廨二一在左布政廨左一在右布政廨右參議廨三一在正堂左一在正堂右一在東廊東理問所在儀門外之東廳廨如式正理問廨在本所後左副理問廨在本所後右案牘廳提控案牘廨司獄司俱在理問所內儀門西爲經歷都事照磨檢校各廨庫大使副使庫吏廨舍俱在本廨內各吏舍在堂兩列并各廨後

清軍道 在本司南

南昌道 在撫院後

湖西道 在本司南

湖東道 在本司南

糧儲道 在撫院後

微垣行省 在萬壽宮東南濟都司西南昌道

黃冊庫 在永和門內花街林

織染局 在府學東今官萬壽宮後

鑄錢局 [illegible]

外銅局 在錢局左

按察司即宋漕臺元廉訪司舊基詳吳[illegible]記　國朝乙巳年改立江西等處提刑按察司按察使傅獻創建宣德三年按察使童寅等重修正統九年按察使張文昌撤正堂重新焉詳錢習禮記成化辛丑重修百鑑堂詳張元禎記門堂六房俱如式儀門左爲迎賓館爲海棠廟前左爲正門門外爲外臺總憲枋東西爲明刑弼教枋正門外左爲司獄司按察使廨在後堂後副使廨三二在正堂東一在正堂西僉事廨五二在正堂東三在正堂西經歷知事廨照磨檢校廨俱在西廊後吏舍在兩廊後

南昌道 在司治東

提學道 舊在上藍寺嘉靖間改建撫院後

湖東道 在府學南原爲寧府長史司

湖西道 在司東南

驛傳道 舊在司門外西南今爲賓館所清軍爲一道故建大忠祠西

屯鹽道 在提學道西

九江道 在城隍廟東南

都司在郡城中舊志元文錦局故址又云元平章府

洪武四年設立江西都指揮使司統各衛所都指揮使宋晟創設天順四年都指揮養賢奏 准修理八年指揮同知王貴等始克成之詳陳文記門堂六房皆如式最後爲旗纛廟儀門右爲斷事司獄在斷事司內官廨四一在正堂右一在堂稍東一在正門外右又遊擊廨在後堂後經歷廨在堂東隅斷事幷司獄吏目廨俱在本司內舊吏舍在儀門東隅東有池塘二口

戶部分司公署舊在扳倉因水涸不便兌軍移吴城又因每歲兌時軍民相譟嘉靖間移今治在進賢門外王濟觀左門堂舍皆如式門外左右爲南新兌運米倉府縣徵糧廳臨河江漕總會杤

新修南昌府志卷之四終

新修南昌府志卷之五

坊里

坊里古都鄙鄉遂之遺也邇以役苦賦嚴民不土著丁亡而籍徒存矣儻欲因鄉編甲計戶均圖則何可無表也

南昌縣

坊：一社四坊　二社五坊　三社一坊　四社三坊　五社一坊　六社三坊　七社一坊　八社一坊　九社二坊　十社一坊　十一社一坊　十二社一坊　十三社二坊　十四社一坊

街：郡城（南新二縣同）　廣潤門內大街（西通橋步　街東通羅帛市）　東大街（都院東門南出南昌北[illegible]）　[illegible]　西大街（都院西門南出南昌北[illegible]）　新建　南大街（在察院前）　橋步街（廣潤門西）　明露大街（起府學前至東）　湖　忠孝[illegible]大街（東通五柱　坊西通鐵柱宮）　章江門內大街（東通[illegible]西道）

鄉：郡城鄉（管十都廿九十七里）　[illegible]鄉（管七都廿六西十七里）　[illegible]　南昌鄉（管六都共三十六里）　歸德鄉（管三都共三十六里）　乾封鄉（管四都共四十八里）　忠孝鄉（管十二都共一百三十二里）

里：一都十三里　二都十里　三都八里　四都九里　五都九里　六都九里　七都六里　八都六里　九都十九里　[illegible]十十三都二里　十都十二里　十一都四里　十二都九里　十三都五里　[illegible]百五十　[illegible]七十[illegible]三里　十五都七里　十六都五里　十七都六里　十八都六里　十九都十里　二十都六里　二十一都三里　二十二都四里　二十二都八里　二十三都二十四里　二十四都十六里　二[illegible]　都十四里　二十六都六里　二十七都十二里　二十八都十四里　二十九都十三里　三十都十一里　三十一都十四里　三十三都四里　三十二都七里　三十四都十二里　三十五都十二里　三十六都十五里　二十七都六里　二十八都十一里　二十九都十

廣潤門外坊 西起司前

惠民門外坊 按察司東大街 南起大陽溝北止南昌衛左

進賢門外坊 新總鋪街

葵洲四坊 觀堂街 在布政司後

市附 德勝門内大街 接府院東

市汊市 在西鄉六十四都 大街

上塘市 在南鄉五十四都 府背大街 東至蓮塘陵府背西通塔子巷

窑頭市 在鄉[illegible] 永和門内大街 南通[illegible]

長定鄉 管七都[illegible]十六里 [illegible]

南鄉 管八都共四十六里 宋名招賢南鄉 四十五都四里 四十八都四里 五十一都三里 五十二都八里 五十四都六里 五十六都十里 五十五都五里 [illegible]

北鄉 管六都共四十一里 宋名招賢北鄉 四十五都一里 四十六都十五里 四十七都十里 四十九都六里 四十八都三里 五十都[illegible]

東鄉 管二都共三十四里 五十五都十[illegible] 五十九都十[illegible]

十都 附

醉[illegible]市 在忠孝鄉三十八都 上藍寺前大街 直通磨子巷口

謝家埠市 在忠定鄉四十二都 進德觀前大街 東通上藍寺西通城隍廟

黄家渡市 在陵鄉十四都 郡學前直大街

高家渡市 城隍廟前直大街

順化門内大街 至五杜坊

進賢門内大街 至羊汊巷

進賢門内横街

西鄉 管七都共五十一里 宋名安[illegible]東[illegible] 安樂[illegible] 六十[illegible]都[illegible]里 六十一都四[illegible] 六十二都八里 六十[illegible] 六十四都四里 六十[illegible]都八里 六十六都十里

高橋大街 通進賢門

惠民門内大街 南通進賢門北通鐵柱宫

蓼花前大街 東通高橋大街西通惠民門

廣潤門外大街 通南浦驛 進遠所

章江門外大街 通滕王閣

德勝門外大街 至北[illegible]

永和門外大街 至當門[illegible]

順化門外大街 至普提寺

進賢門外大街 至南[illegible]

進賢門外横街 通紫陽宫

惠民門外大街 南通火[illegible] 倉北通南塘灣

葵洲大街

合同巷 鐵柱觀右

上柴巷 起鐵柱觀東至大陽溝

鎖巷 南昌縣學左

縣西夾墙巷 北[illegible]鳳坡王府

[illegible]巷　榜帽巷 通[illegible]家池　察院西新巷　五顯廟前巷　草[illegible]巷　古井巷　笋[illegible]巷　司馬巷 新建縣前　爛泥巷　花街子巷

南昌府志　卷之[illegible]

磨子巷　華[illegible]巷　土地巷　桑[illegible]巷　快子巷　杏花村巷 在三橋東

新思賢坊　街與南昌縣同　南鄉 宋名德[illegible]鄉　一都二圖　二都一圖　三[illegible]　四都[illegible]圖　五[illegible]　[illegible]都十圖

建迎恩坊　市附

縣脩仁坊　生米市 [illegible]都　嘉忠鄉　七都[illegible]

集仙坊　松湖市 [illegible]　太平鄉　十[illegible]

遊仙坊　烏山市　遊仙鄉　十五都二圖　十六都二圖

德政坊　落花市　忠信鄉　十七都二圖　十八都二圖

崇[illegible]坊　[illegible]　[illegible]鄉 宋名[illegible]忠[illegible]鄉二鄉今併　十九都三圖　二十都六圖　二十一都五圖

[illegible]市 [illegible]鄉四十一都　北鄉 宋名德禮北鄉　二十二都五圖　二十三都五圖　二十四都二圖　二十五都四圖

[illegible]市 從善鄉五十二都

善政鄉　二十六都五圖　二十七都七圖

[illegible]鄉　二十八都六圖　二十九都四圖　三十都二圖

桃花鄉　三十一都八圖　三十二都六圖　三十三都四圖　三十四都四圖　三十五都二圖

伍[illegible]鄉　三十五都一圖　三十六都一圖

南昌府志　卷之二

[illegible]鄉　三十六都六圖

伍[illegible]鄉　三十七都三圖　三十八都四圖　三十九都三圖　四十都三圖　四十一都三圖

[illegible]鄉　四十二都二圖　四十三都一圖　四十四都二圖　四十五都四圖　四十六都四圖　四十七都二圖

從善鄉　四十八都二圖　四十九都一圖　五十都二圖　五十一都一圖　五十二都一圖

豐[illegible]鄉　[illegible]圖

西鄉 宋名玉溪西鄉　五十三都三圖　五十四都四圖

東鄉 宋名上溪東鄉　五十五都五圖　五十六都[illegible]

登仙鄉　一都二圖　二都四圖　三都六圖　四都九圖

豐一坊　中正大街 縣治南東抵[illegible]

城縣

二坊

南頭巷 在縣治南抵斗門橋北通大街

務前巷 在縣南南抵黃家渡北通大街

馬驛巷 在縣南北通大街南抵湖

學前巷 在縣東南抵湖北通大街

城隍巷 在縣西北抵城隍廟南通大街

北頭巷 在縣治西北抵大江南通大街

三坊

梅仙鄉

劍池鄉

長[illegible]鄉

長安鄉

[illegible]化鄉

折桂鄉

五都八圖 六都十圖

七都三圖

八都三圖 九都二圖

十都一圖

十一都二圖 十二都二圖

十三都五圖 十四都三圖

十五都二圖 十六都二圖

十七都二圖

十八都二圖 十九都一圖

二十都三圖

二十一里二圖 二十二都[illegible] 二

十四都三圖

二十五都四圖 二十六都

[illegible]圖 二十八都三圖

二十九都六圖 三十都四

[illegible]圖 三十一都四圖 三十

二都四圖

街

義井巷 在縣西

流水巷 在縣東北抵江南通大街

三聖巷 在縣治西

市附

城頭市 在縣治二十里

中市 在縣治二十里

赤岡市 在縣治十五里

東林市 在縣治東五十里

金平市 在縣治西四十里

四坊

會[illegible]鄉

長寧鄉

富城鄉

大順鄉

廣[illegible]鄉

三十七都四圖 三十一都 二

一圖 三十四都一圖 三

十五都二圖

三十六都二圖 三十七都

二圖 三十八都一圖 三

十九都一圖 四十都二圖

四十一都二圖 四十二都二圖

一圖 四十二都二圖

四十四都二圖 四十五都

二圖 四十六都一圖

四十七都二圖 四十八都

一圖 四十九都四圖 五

十都一圖 五十一都四圖

五十二都二圖 五十三都

三圖

五十四都二圖 五十五都

二圖 五十六都[illegible]

五坊

金溪市 在縣治西七十里

樓[illegible]市 在縣治西七十里

蘆[illegible]市 在縣治西六十里

鎮附

曲江鎮 在縣治東北十里

松湖鎮 在縣治西北六十里

六坊

八坊

正信鄉

[illegible]鄉

富[illegible]鄉

十七都[illegible]圖 五十八都

圖

五十九都二圖 六十都二

圖 六十一都三圖 六十

二都三圖 六十三都十圖

六十四都四圖 六十五都

五圖 六十六都五圖 六

十七都四圖 六十八都七

圖 六十九都三圖

七十都六圖 七十一都四

圖 七十二都九圖 七十

三都八圖

六十九都五圖 七十四都

十一圖 七十五都十二圖

七十六都四圖 七十七都

八圖 七十八都七圖 七

十九都八圖 八十半都二

圖

九坊

[illegible]仁鄉

[illegible]鄉

八十一都五圖 八十一都八

圖 八十二都八圖 八十

三都十圖 八十四都九圖

八十五都六圖 八十六都

八圖 八十七都八圖 八

十八都七圖

進賢縣

東隅賢行坊 中大街 在縣治南

西隅仁行坊 東[illegible]街 在縣治東

南隅[illegible]坊 南長街 在縣治南

北隅折桂坊 濟門巷 在縣治東北

中隅清武坊 [illegible]後巷 在縣治西南

正隅民和坊 [illegible]巷 在縣治二十里

[illegible]仁鄉

真隱鄉

崇信鄉

一都十二里 二都六里

三都四里 四都五里

五都六里 六都七里

七都九里 八都十里

九都九里

十都九里 十一都七里

十二都七里 十[illegible]四都十

二里

十五都七里 十六都[illegible]

里

奉新縣

明倫坊　立行坊　宣化坊　儒政坊　登仙坊　招賢坊　醇厚坊　登義坊

市[illegible]
楊橋市縣東十[illegible]都
新墅市縣東十八都
瀾陂市縣東十七都
上坊館縣[illegible]三十六都
長街縣前東抵迎恩[illegible]西抵文明坊
[illegible]巷縣治西
[illegible]巷縣治東北
[illegible]巷[illegible]縣治東
棚口巷在縣治東
鎮市附
南市在縣治南
北市在縣治前
羅坊鎮在縣西三十一都

[illegible]鄉　[illegible]鄉　從善鄉　[illegible]鄉　北鄉　南鄉　同安鄉　[illegible]鄉　新安鄉　新興鄉　法城鄉　[illegible]鄉　[illegible]　奉化鄉

[illegible]五里　十九都六里　二十[illegible]
[illegible]都三里　二十二都十一里　二十一都三里　二十[illegible]
都十一里
二十四五都四里　二十六[illegible]
都四里　二十七都六里
二十八都九里　二十九都
三里　三十都七里　三十
一二都二里
三十三都五里　三十四都
四里　三十五都六里　三[illegible]
十六都四里　三十七都五[illegible]
里　三十八都六里
一都五圖　二都五圖
三都一圖
三都五圖　四都四圖
五都四圖　六都一圖
六都四圖　七都[illegible]
八都三圖　九都[illegible]
十都二圖　十一都三圖
十二都三圖　十三都一圖
十三都三圖　十四都三圖
十五都五圖　十六都二圖
十六都五圖　十七都三圖
十八都四圖　十[illegible]都二圖
二十都二圖
二十都三圖　二十一都四圖
[illegible]二十二都二圖
二十一[illegible]都[illegible]圖　二十四都
四圖　二十五都四圖
二十六都五圖　二十七都
五圖　二十八都[illegible]
二十九都五圖　三十都[illegible]
圖　三十一都四圖　三十[illegible]
二都二圖
三十三都四圖　[illegible]四圖
四圖

靖安縣

承恩坊一圖
西[illegible]一圖

長街在縣治西北直廣惠坊南通南巷橋
杞林街在縣治北東[illegible]長街
後街巷在縣治西南抵河東通長街

招賢鄉　南義鄉　靖安鄉　長安鄉　義門鄉

十六都二圖
三都五里
三都五里
三都五里
三都五里
五都十一里

武寧縣

一坊一圖
一坊二圖
一坊三圖

縣前横街東竟紙坊西竟[illegible]象橋
十字街東竟迎恩門[illegible]

安樂鄉　[illegible]鄉

一都　二都　三都[illegible]
五都　六都　七都　八都
十都　十一都　十一都
十三四都　十五都　十七
八九都　二十一二都

市附
南市縣南隔江南渡
[illegible]市安樂鄉
巾口市縣治東[illegible]鄉
[illegible]市縣西北[illegible]鄉
[illegible]村市縣西南上南鄉
鳳口市[illegible]
南竟[illegible]和門北竟縣治
學前[illegible]街南竟仙桂坊大街北竟王印[illegible]
北門街南竟明倫坊横街北竟[illegible]門
井頭街東通迎恩門西竟北門街
石口渡街在順義鄉
清江坪街在順義鄉
彭家巷
[illegible]家巷

北鄉　[illegible]鄉　順義鄉　上南鄉　下南鄉　[illegible]鄉　長[illegible]鄉

二十三都　二十四五都
二十六都　二十七都
二十八都　二十九都
三十都　三十一都
三十二都　三十三都
三十四都　三十五都
三十六都　三十七都
三十八都
三十九都　四十都一圖
二圖　四十一都一圖二圖
四十二都　四十三都一圖
二圖　四十四都
四十五都　四十六都一圖
十七都　四十八都一圖　四
[illegible]圖
四十九都[illegible]
[illegible]都　五十[illegible]

[illegible]溪市 北[illegible]

[illegible]巷　土地巷　北巷　[illegible]巷　[illegible]巷　[illegible]巷　[illegible]巷　[illegible]巷　[illegible]巷　[illegible]巷

五十三都　五十四都

[illegible]巷　[illegible]巷　迎[illegible]巷　[illegible]巷　[illegible]巷　[illegible]巷　[illegible]巷　三福八巷　[illegible]巷

寧太市坊一坊一圖　大街 州治前南通上[illegible]

泰鄉

一都二圖　二都一圖　三都一圖　四都一圖

州

高市坊 三坊

市 一圖二圖四圖

崇仁街 東高市

義井巷 州東百步路通義井

古常洲巷 州治東一里

協和巷 州治東二里

泰市 自[illegible]

貞順巷 州治東二里

山谷巷 州治西一里 舊有黃山谷

碧[illegible]市 在泰鄉一

孝友巷 在州治西二里

長[illegible]市 在南鄉十

泰宣巷 州治西一里 舊有高[illegible]

安鄉

五都一圖　六都一圖　七都一圖　八都一圖　九都一圖二圖　十都一圖　十一都一圖二圖　十二都一圖二圖　十三都一圖二圖　十四都一圖二圖

泰鄉

十五都一圖二圖　十六都　十七都一圖　十八都一圖二圖　十九都二圖三圖

武鄉

二十都一圖二圖　二十一都一圖二圖　二十二都一圖二圖三圖　二十三都一圖二圖　二十四都一圖二圖　二十五都一圖二圖　二十六都一圖二圖　二十七都一圖二圖　二十八都一圖二圖　二十九都一圖二圖　三十都

四都

[illegible]溪市 在[illegible]鄉九都

三[illegible]巷 州治西南一里 舊有

午水巷 州治南一里 有水井

[illegible]市 在崇鄉四十九都

驚[illegible]巷 州治南 相傳宣和以巳到此歇 鼓鳴故名 今有祠在[illegible]水[illegible]

[illegible]口市 在崇鄉四十一都

杉[illegible]市 在仁鄉五十六七都

定江上市 在西

高鄉

三十一都一圖二圖　三十二都一圖二圖　三十三都　三十四都一圖　三十五都一圖　三十六都一圖　三十七都一圖　三十八都一圖二圖　三十九都

崇鄉

四十都一圖　四十一都一圖　四十二都一圖二圖　四十三都　四十四都　四十五都一圖　四十六都一圖　四十七都　四十八都　四十九都一圖二圖　五十都　五十一都　五十二都

仁鄉

五十五都一圖　五十六七都一圖　五十八都一圖二圖　五十九都一圖　六十都一圖二圖　六十一都一圖二圖　六十二都　六十三都　六十四都一圖　六十五　六十六都一圖

西鄉

六十七都一圖二圖　六十八都一圖　六十九都一圖

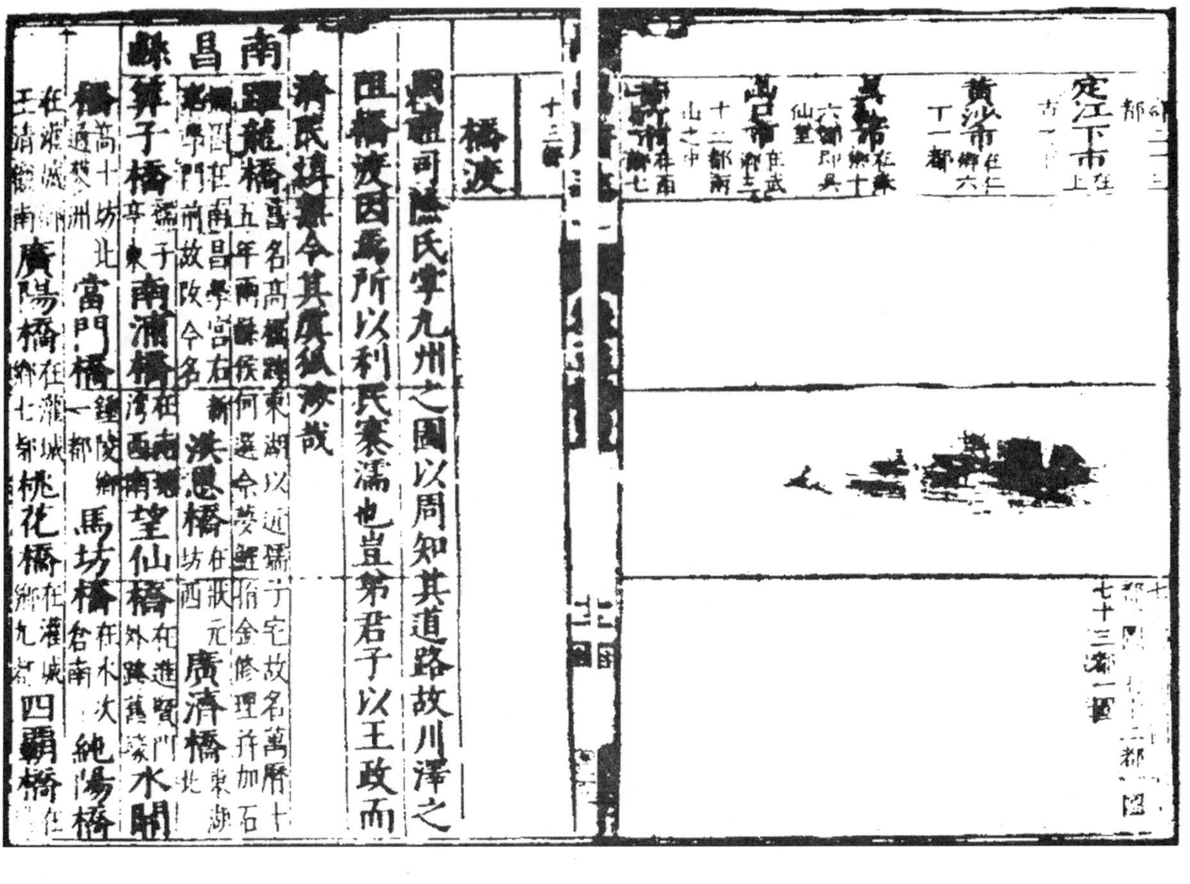

定江下市在上
黄沙市在仁六十一都
吳市在鍾十六都即吳仙里
高峯市在武十二都山之中
新市在南七

十三都

橋渡

周禮司險氏掌九州之圖以周知其道路故川澤之
阻橋渡因焉所以利民寒濡也豈弟君子以王政而
濟民辨輿令其庶幾矣哉

南昌縣

豫章橋舊名高橋在城東湖以通孺子宅故名萬曆十五年兩縣侯何遷余懋衡修理并加石

孺子亭前故改今名 洪恩橋在坊西 廣濟橋東湖北

算子橋 南浦橋在廣潤門外 望仙橋在進賢門外舊名 水閘

橋高十坊北 富門橋一都 馬坊橋在水次 純陽橋

在灌城王清鄉 廣陽橋在灌城七都 桃花橋在灌城九都 四顧橋在

朱姑橋在灌城二都 孟母橋在灌城一都 龍眼橋

家橋在灌城舊名定山橋 黄城橋在灌城鄉故城東 大城橋

艾溪橋 塔平橋在南 大泥橋 觀音橋在灌城二都

橋在東鄉五 李家橋在忠孝鄉 熊里橋在北鄉十七里 西洛

南橋在南鄉一都 陸陽橋在北鄉五十都 千門橋在北鄉十二都 五湖

塗家橋在長定鄉四十三都 曹坊橋在忠孝鄉 魏五師橋在長定鄉四十二都

石橋在新鄉五 熊家橋在忠孝鄉 赤岡橋在忠孝鄉 徐家橋

路橋在長定鄉廿四都 萬石橋在西鄉六十三都 新林橋在西鄉六 官

大通橋在南 濟溪橋在三十七都萬曆元年侍郎萬恭建 廖家橋

鳳凰實錦二橋在三十九都 西瀝橋

潤家渡在東鄉五十八都 萬家渡在忠孝鄉三十都 躍潛

渡在忠孝鄉三十四都 廖家渡在忠孝鄉三十四都 羅舍渡在忠孝鄉十一都 楊

家渡在南昌鄉十七都 武陽渡在長定鄉 鄧家渡

高湖渡在鍾陵鄉 史家渡

黄家渡在鍾陵鄉七十四都 謝埠渡在長定鄉 故里渡

滕家渡在鍾陵鄉 安仁渡 楊昌渡

潭子渡在鍾陵鄉 港口渡 西洛渡

決溪渡在西鄉 賴家渡在長定鄉 蚕溪渡

象牙渡在西鄉 大樓前渡

新建縣

仁和橋在永和門內　通濠橋在德勝門外　塔下橋在七都　黃土橋在八都　大同橋在五都　百花橋在白花洲　豫章橋在縣治北俗名千秋橋　程公橋在西山雙嶺崇勝院前　洪崖橋在翠巖寺側　翠巖花橋在翠巖寺左　文常橋在善政鄉二十六都　龍岡橋在忠孝鄉二十都　花陂橋在忠信鄉十七都　擊湖橋在盡忠鄉七都　馬橋在忠孝鄉十九都　板橋在盡忠鄉八都　遇仙橋在盡忠鄉二十一都　遊仙橋在遊仙鄉十五都世傳許旌陽曾遊故名　鄧家橋在遊仙鄉十六都世傳大禹故名　湯家橋在忠孝鄉八都　華嚴橋　斗門橋在五都　古塘高橋在七都　蛟橋在三十二都[illegible]　濟民橋在北鄉二十都　仙姑橋在二十六都　小橋在洪崖鄉二十九都　蛇坡橋在中鄉十五都　西林橋在盡忠鄉　敕賜橋在松湖舊名[illegible]新建　濠埔橋

[illegible]八都　敦橋[illegible]　廣濟橋在石頭[illegible]邑　廣德橋在[illegible]四十都[illegible]　龍[illegible]橋在洪崖鄉[illegible]　溪洪橋[illegible]陂年常[illegible]下[illegible]河港口

石頭渡在縣西[illegible]　蘆洲渡在縣[illegible]七十里　李家渡在縣南四十里　楊家灘渡在縣東三十里　董江渡在縣[illegible]　建昌渡在縣西北四十里　裴步渡在縣北六十里　象牙渡在縣南　凌支步渡在縣西五里　義渡在盡忠[illegible]　真君步渡在[illegible]　施婆渡

蛟橋在縣東一里　石橋在縣西[illegible]　荷塘橋在[illegible]二十二都　中溪橋在折桂鄉三十二都　石灘橋在高豐鄉五十六都　赤石橋在高[illegible]五十六都　黃沙

豐城縣

橋在長[illegible]三十八都　雙坑橋在富城鄉三十六都　荷湖橋在[illegible]六都　昌溪橋在[illegible]五十七都　南湖橋在邑中仙音巷　象牙橋在[illegible]　點山溪石橋　柿頭陂石橋　文岡橋距邑[illegible]　李家橋距邑五十里　永安橋距邑九十里　小橋距邑三里　潘橋距邑八十里　丁橋距邑五十里　梅陂橋在丁信鄉六十一里　固寨橋在長寧鄉四十二都　狀溪橋在梅仙鄉十都　蓮花橋在宜風鄉七十四都　田南橋在宜風鄉七十七都　杭橋在宜風鄉七十九都　洛溪橋在興仁鄉八十三里　洪石橋在興仁鄉八十一都　熊庄橋在興仁鄉八十一都　[illegible]橋在宜風鄉七十五都　斗門橋在[illegible]鄉南　二溪津橋在折桂鄉三十都　朱坊橋　太平橋在洛溪[illegible]良鄉建

太平渡在[illegible]　赤岡渡在長寧鄉七十二都　黃墓渡在登仙鄉二都　左[illegible]渡距邑二十里　曾溪渡距邑二十里　株湖渡距邑五里　柿頭陂渡距邑三十里　楓林渡距邑南十里　泊蕪渡在登仙鄉　山下渡在宜風鄉七十四里　石下渡在正信鄉六十八都　孫家渡在登仙鄉一都新增石橋　花湖渡在登仙鄉三都　梓湖渡距邑西三十里　松湖渡距邑北四十里　故縣渡在廣豐鄉五十七都　吳城渡在正信鄉六十都　銅湖渡在正信鄉六十五都　大港渡在正信鄉六十八都　熊墓渡在登仙鄉四都新增石橋　白沙渡在登仙鄉六都　袁家渡在正信鄉十二都

進賢縣

思悔橋在邑前今名　王帶橋在泮宮前　通濟橋在邑東一名大石橋　小石橋在邑東　青龍橋在邑東舊名新興橋　木橋在邑　百丈隴縣橋在邑東一都　鳳亭橋　鎮東橋　官圳橋　黃華橋　白石橋　周溪橋在[illegible]　繁祠橋

在邑東 池陂橋在崇信鄉 中橋在邑南五里 雲橋在邑西三里 少
府橋在邑西 小橋在十五都 託固橋在歸仁鄉 三
馬橋在十都 鍾陵橋在二十二都 潤陂橋在十七都 架橋在三十五
都 岐田橋在邑西七里 羅溪橋在欽風鄉三十三都 白田橋在邑南七里
灑陂橋在邑西十里 白石嶺橋在邑西三里 安山橋在欽風鄉三十三都 熊家橋
木架橋在十都 盧家橋在邑西七里 吳家橋在邑南十里
在八都 行者橋在八都 擇界橋在三十五都 徐家橋在三十四都
河木橋在二都 水北橋在十九都 棗木橋在十七都 河湖橋
在十都
石人渡在崇信鄉十五都 南陽渡在歸仁鄉八都 英山渡在歸仁鄉八都
鼓溪渡在歸仁鄉三十三都 [illegible]渡在崇信鄉二十六都 新居渡在歸仁鄉九都
三陽渡在歸仁鄉七都舊名歸過渡 傅家渡在歸仁鄉九都 韓家渡在崇
信鄉二十六都 瀘浮渡在崇信鄉二十六都 故里渡在欽風鄉三十六都 朱
家渡在崇信鄉二十二都 梅潭渡在崇信鄉二十三都 潤安渡在崇信鄉
二十二都 洪源渡在崇信鄉五都 望流渡在三十都 青山渡在二
十都 雷公渡在三十八都 冰港口渡在二十二都 車江渡在崇
信鄉十二都 李家渡在崇信鄉二十二都 新橋渡在崇信鄉二十二都 石
灰渡在二十九都

奉新

義濟橋在縣南惠政門外有記 通化橋在縣街西有記 天津橋在宣化坊舊名
義城[illegible] 通濟橋在招賢坊俗[illegible] 和豐橋在縣東北俗
呼上市 中市 下市

縣 登仙橋 楊公橋 澄心橋
黃沙港橋在縣東二里 陽烏橋在縣東十五里 赤郭橋在縣
東北二里 京師陂橋在縣北二里 深木橋在縣北一里 綠溪橋在縣
東北十里 龍洲橋在縣西三里 黃土橋在縣西九里 遐富港口橋
在縣七里有記 界竹橋在縣北十里 藍溪橋 鳳凰橋在縣東北
櫟榔橋在縣南十里 大陂橋在縣十里 廣陽橋在北九都 藏溪
橋在縣西十里 車平橋在縣西五里 板橋在建康鄉 查村橋
在縣西四十里 碧溪橋在縣西四十里 三板橋在進城鄉 厚田橋在縣西六十
五里 治城東濟橋在治城彭[illegible]建有記 福惠通仙橋在奉化鄉三十四都 富
溪橋在奉化鄉三十四都上[illegible] 横石橋在奉化鄉三十五都因石脉過水處架橋 通
和橋大橋石百步 睦日橋在奉化鄉石溪
南津渡在縣治南舊名安國縣胡仲堯建有記 富陽津渡即上揚 東津
馮田渡在縣東二里 延平觀渡在建昌鄉五都 三溪渡在建昌鄉二都
候龍渡在奉新鄉十九都 唐家灣渡在北鄉七都 童家渡在建昌鄉
磐山渡在奉新鄉二十都劉若駐兵地 潭埠渡在新興鄉十四都 張坊渡
在新興鄉三十四都 曾坊渡在新興鄉十四都 馬坡渡在新興鄉二十
陰村渡在進城鄉三十一都 羅坊長灘渡在北城鄉三十都 上富
渡在奉化鄉三十四都

靖安

石橋在縣治東坊 臨清橋在縣治東南 市橋 北
津橋在縣治北一里 錦橋一名錦繡橋在縣治北 長安橋

南港橋（縣治南）登高橋（縣治東十里）清湖橋（一□□□）黃石橋（在縣西六十里）雅橋（在夏陂都）通化橋（在夏陂都）高湖橋（在□□）章陂橋（在新興都）白魚橋（在夏陂都）沙港橋（在盆田都）登瀛橋（在新興都）花橋　塘埠橋（在忠夏鄉）長坑橋（去縣八十里，通武寧）春雲橋（縣南門前，方令時記詳）

北津渡（坊廓內）樟樹渡（在安福都，新增木橋）鷄冠渡（在盆田都）中港渡（在棠棣都）凌崖渡（在焦仙都）任首渡（在忠里都）招賢渡（在□□都）古港渡（在富仁都）堂港渡（在熊仙都，有詩）櫸田渡（在大梓都）

武寧縣

冠蓋橋（縣治南）臥象橋（縣治西）看鶴橋（縣治東）望遠橋（一名西門橋）磧溪橋（一名東門橋）新學前橋　五公橋（在午豊鄉）陳公橋（在順義鄉）西庄橋（在順義鄉）潭埠橋（在江陰鄉）上書橋（在江陰鄉）林家橋　楊柳橋　龍牙橋　譚田橋　雙板橋　苦竹橋（在昇仁鄉）楊安橋（在昇仁鄉）上坪橋（在江陰鄉）雙溪橋（在順義鄉）張公橋（在順義鄉）昇平橋　匡溪橋　龍口橋　七里橋　黃橋　下溜橋（在下南鄉四十四都）清漪橋（在順義鄉）萬峰橋（在上南鄉四十一都）末濟橋（在下南鄉四十二都，舊名黃麥橋，張元禎記）登仕橋（在縣治東）步雲橋（縣治南）王印橋（在儒學前）黃沙橋　沙田橋　鳳口橋　尚書橋（在上陰鄉□□）清隱橋（在□□門□）

渡

南渡（在迎恩坊）龍潭渡（在縣治西）中口渡（在安樂鄉）石亭渡（在江陰鄉）鄭家渡（在安樂鄉）梅林渡（在安樂鄉）斜石渡（在午豊鄉）砦溪渡　石灰渡（在順化鄉）藍田渡　梁家渡　東湖渡　謝家渡（在長樂鄉）孟家灣渡（在北□鄉）醴溪渡（在北□鄉）漳潭渡　陂田渡　汪家渡（在安樂鄉）西津（在南□鄉）湖海渡（在安樂鄉）章家渡（在江陰鄉）楊柳津（在安樂鄉）東津（在江陰鄉）紫陽渡（在江陰鄉）

寧州

市東橋（在泰市）望霞橋（在泰市）依龍橋（在泰市）鷺鷥橋（在高市）市南橋（在南高市）碧□橋（在泰七都）清水橋（在泰七都）彭橋（在□安）護仙橋（在泰鄉□□）□林橋（在泰鄉七都）棲霞橋（在安鄉十四都）鰲陽橋（在高鄉）杭口橋（在高鄉三十八都，宋□□相章鑑世居此）黃砂大橋（在□□）棗□橋（在西鄉六十一都）桃溪橋（在西鄉十八都）綰龍橋（在西鄉十九都）留仙橋（在西鄉七十都）金鷄橋（在西鄉七十六都）溫湯橋（在武鄉十七都）玉溪橋（在武鄉十四都）盤龍橋（在武鄉十二都）平橋（去州十里）□斯橋（在安□太十一都）黃沙橋（去縣五里）鴉鵲橋（在書坊）茅埠橋（在高鄉十八都）洞口橋（在安鄉十四都）鹿源橋（在高鄉二十五都）瀛溪橋（在溪院前）青水橋（在西鄉七十都）路浦橋（在南山寺前）扶同橋（有記）玉峽橋（州治西南一百七十里）女坑橋　曾坑橋　官橋　陂坑橋　白土石橋　馬坳

橋　□坑橋　大石橋　高橋　石林□

桃溪橋　竹春橋　郭城橋　大感橋

普巷橋

庭陽渡在庭陽山下　浮橋渡州治東一里　西郭渡州西一里　上坑橋

州南梁口渡在泰鄉一都　梅山渡在泰鄉五都　龍潭渡在泰鄉五都

彭姑渡在泰鄉五都　追潭渡在泰鄉六都　曾公渡在泰鄉六都　呉都

渡在泰鄉七都　相竹渡在安鄉地多湘竹　深渡在泰鄉十三都　來蘇渡在武

鄉三十一都　葡萄渡在武鄉十六都　高城渡在高鄉二十四都　赤江渡

在高鄉十四都　朱潭渡在高鄉十七都　杭口渡在杭口十八都　馬了

湖渡在崇鄉十二都　大石頭渡在崇鄉四十二都　東店渡在崇鄉四十

二都　修口渡在崇鄉四十九都　查田渡在崇鄉四十九都　東津渡在崇鄉

二十一都　遠溪渡在崇鄉五十二都　丘家渡在西鄉六十七都　嚴沽渡在西

鄉六十七都　大王渡在西鄉六十八都

鋪舍

夫鋪宇之制環列四封所以宣達公檄郎以速置郵之傳命也雖所職甚卑而所關匪輕故建設有定方俾達有定期無或爽焉柄國務者誠以梓白施條號拭見愿意所洽不出几席而自揄之矣

南總鋪　望仙鋪在德城鄉一都　樓岡鋪在德城鄉二都　桐

呂林鋪　武陽鋪　梓邪鋪在□□鄉十八都

縣　管頭鋪在忠孝鄉三十七都以上通進賢　朱姑鋪在忠孝鄉二十都　沙窩鋪在北

鄉五十二都　候村鋪在東鄉五十七都　接陂鋪在西鄉六十二都宋嘗置驛　潭

岡鋪在西鄉六十六都宋嘗置驛以上通豐城

新建縣

章江鋪在章江門外　石頭鋪在桃花鄉三十一都唐宋嘗置驛　沙井鋪在洪

崖鄉一都　新坊鋪在善政鄉二十七都　烏陂鋪在善政鄉二十七都　赤塘鋪在善

政鄉十七都　留田鋪在忠孝鄉十八都　八赤鋪在遊仙鄉十六都　烏山鋪

在忠孝鄉宋嘗置大通驛　社坑鋪在忠孝鄉十七都以上通奉新　樊橋鋪在桃花鄉

三十三都　壚坑鋪在桃花鄉三十二都　落花鋪在桃花鄉三十三都　新城鋪在伍

陳鄉四十都　新興鋪在伍陳鄉四十都　茨菇鋪在伍陳鄉三十九都以上通建

昌

豐城縣

總鋪在縣治前　梅岡鋪去縣十里　丁坑鋪去縣二十里　新店鋪

去縣三十里以上通進賢　黃埠腦鋪去縣十里　拖船鋪去縣二十里　三泊

濂鋪去縣四十里以上通臨江

進賢縣

大山鋪在歸仁鄉六十都去縣七里　寶山鋪在真隱鄉十二都去縣十里　棗樹鋪

在真隱鄉十三都去縣三十里　翁嶺鋪在崇信鄉十四都去縣四十里　芠塘鋪在崇信鄉十五

都去縣五十里宋嘗置驛　古路鋪在崇信鄉十六都大路去縣六十里　石頭鋪在崇信鄉十七

十九都去縣七十里以上通撫州　雲橋鋪在歸仁鄉一都去縣十里　港南鋪在歸仁鄉

二都去縣二十里　羅溪鋪在欽風鄉三十二都去縣三十里宋嘗置驛　馬坑鋪在欽

風鄉三十四都去縣四十里　瑜嶺鋪在欽風鄉三十五都去縣五十里　土坊鋪在欽

風鄉四十六都去縣六十里　大嶺鋪宋嘗置驛以上通省城　橫溪鋪

新塘鋪　西泮鋪 已上通[illegible]　[illegible]田鋪 北[illegible]

奉新縣　總鋪 在縣前　桃樹鋪 在南鄉十都　陽烏鋪 在北鄉八都　界牌鋪 在北鄉八都以上通府　鸞岡鋪 [illegible]　九梓楓鋪 在奉新鄉十八都　山口鋪 在奉新鄉十八都　下陂鋪 在法城鄉二十八都　查村鋪 在法城鄉二十八都　游路鋪 在進城鄉二十九都　羅坊鋪 在進城鄉三十一都　路口鋪 在奉化鄉三十三都　黃沙鋪 在奉化鄉二十四都　磜面鋪 在奉化鄉三十五都　九仙鋪 在奉化鄉三十五都　茅岡鋪 在奉化鄉二十四都以上通寧州　烏藍鋪 在建康鄉三都　界竹鋪 在建康鄉三都以上通靖安　三溪鋪 通安義

靖安縣　縣前鋪　雅橋鋪 在夏防都以上通奉新　盆田鋪 在盆田都　古港鋪 在富仁都　黃茅鋪 在富仁都　招賢鋪 在忠夏都以上通武寧

武寧縣　縣前鋪　月田鋪 在下南鄉四十都　下溜鋪 在下南鄉四十四都　何田鋪 在下南鄉四十四都　茅坪鋪 在上南鄉四十一都　半山鋪 在上南鄉四十一都　河埠鋪 在上南鄉四十一都　坪坑鋪 在上南鄉四十一都以上通靖安　何家鋪　炭坑鋪　茅岡鋪　磨崖鋪 以上四鋪通建昌　五鳳鋪　烟港鋪　高坪鋪　斜石鋪 以上四鋪通寧州

寧州　州前鋪　湘竹鋪 在安鄉十三都去州十五里　彭橋鋪 在安鄉十三都去州二十里　新興鋪 在安鄉十四都去州三十五里　白茅鋪 在安鄉十六都去州[illegible]里　樓霞鋪 在安鄉十四都去州七十五里　南坪鋪 [illegible]　高橋鋪 在安鄉十[illegible]一百[illegible]里　山口鋪 [illegible]州一百二十里以上通去府至府　龍蟠鋪 [illegible]六都　太平鋪 在奉[illegible]六都　石岐鋪 在奉[illegible]六都以上通武寧

樓臺

豫章爲郡襟江帶湖每山水環結蔚有奇觀乞東南一都會也故樓臺之建豈直供游人臨眺哉擒澤國而贍物華則龍光隱隱當自物色之矣

滕王閣 在郡城章江門外面臨章江西山之勝唐高祖第二十六子元嬰封滕王時建詳王勃序記[illegible]　俟賓樓 在郡城上西北隅嘉靖間[illegible]相臺[illegible]其景最佳故名夕任以日將夕則日光與[illegible]今皆從夕住之稱焉　望湖亭 在新建吳城[illegible]士蘇軾詩謂亭下水[illegible]天者[illegible]此也　曲江亭 在豐城縣東北十里[illegible]義山有詩　讀書臺 在進賢縣之北山[illegible]

[illegible]　彤[illegible]治[illegible]八窗則四山環[illegible]其下[illegible]然爲一邑之[illegible]

幽谷亭 在靖安縣東南[illegible]南豐有詩　喜雨亭 在武寧縣[illegible]洪武間知縣[illegible]行大旱[illegible]有應故名後知縣[illegible]文[illegible]記　山谷釣臺 在寧州修水之濱[illegible]山谷墨[illegible]存焉

新修南昌府志卷之五終

新修南昌府志卷之六

水利

豫章爲八郡水之所會地最卑下故田以隄爲命頃連遭大水良牧宰惕然乃心孜孜修築然隨築隨潰猶僅僅舉十之三四焉亦困甚矣爰備著之以示 國計民命之重至陂塘瀦水又禦旱至計也故並録云

南昌縣

南塘灣 在郡城西南十門外漢太守張躬築堤捍江

十二里堤 郡城西南唐刺史韋丹築

章江堤 郡城章江門上下成化間巡撫大理卿夏時正因江水衝崩遂于城濠捐官錢伐石修砌未完 弘治太守祝瀚繼成其績

周公堤 郡城德勝門外因江水衝崩民居嘉靖甲子巡撫周相括所贓鍰金伐石砌堤民思其德立亭北關上曰周公亭云

古額 共一百八十二所

新陂堰　塡陂堰　棠陂堰　塘陂堰

觀陂堰　客候堰　刺史堰　岡下陂堰

夾陂堰　楊湖塘　大長塘　朱姑陂塘

魚溪塘　潦溪塘　萬溪塘　桃花塘

大陂塘　小池塘　彭陂塘　大汊 俱灌城鄉

河陂塘　石陽塘　團捍塘　小洪陂塘

大觀陂　湖武陂　任家陂塘　南州塘

露南塘　高公塘　蓮池塘　沿港續塘

義塔塘　鶖池塘　獨塘　圩塘

烏陂塘 俱長定鄉　陳陂堰　開陂堰　苦陂堰

豫陂堰　痕陂堰　雉陂堰　針陂堰

新陂堰　石陂堰　大角陂堰　蒼波堰

張陂堰　楊家堰　馬鞍陂堰　彪落堰

楊墅塘　南官塘　桐官塘　桐車塘

堵老塘　曾家壢　楓塘壢　西壢

南壢　東灣 俱東鄉　曾陂堰　蛟陂堰

宿陂堰　大滿陂堰　趙陂堰　溪陂堰

長湖堰　黃家冷塘　黃牛塘　泉坑塘

泥灣塘　神靈湖塘　新塘 俱西鄉　螺螄塘

橋坑塘　蔡蕭湖塘　黃陂堰　孫陂塘

蛟坑堰　渠鳩陂堰　旱水塘　圩塘

張家塘　長堨陂堰　姚灣塘　潰湖

大海湖　廣濟陂堰　神塘湖　鋪湖塘

大如陂堰　小如陂堰　横塘　麻丘塘

朱家塘　東池陂塘　圩塘　楊樹塘

楊門塘　橋陂塘　塘頭玲　品湖玲

下神汊　柳塘俱鍾陵鄉　大陂堰　櫪樹堰
灌陂堰　厚陂堰　横陂堰　北口陂堰
四丘陂堰　南山塘　新田塘　古塘
院塘　謝家塘　大塘　劉家塘
黄家塘　羅龍塘　東大塘　院溪蒙塘俱歸德鄉
當陂塘　社埧陂堰　葛溪陂堰　鄧艾陂堰
下埧陂堰　觀陂堰　秋陂堰　黄陂堰
長陂堰　社陂堰　幽蘭塘　官溪塘
覇塘　熊柔塘　丁公塘　皇恩塘
長塘　車塘　魏家塘　大吴塘

𧄼塘俱忠孝鄉　荆陂塘　何陂塘　塗舍陂塘
當南陂塘　白鷺塘　草陂塘　白鼠陂塘
殷家陂塘　藕陂塘　萬陂塘　荷蘭塘
朱家陂塘　彭陂塘　瀧陂塘　梅陂塘
上坑陂塘　寅陂　大藍塘　象陂塘
莫家陂塘　白蘋塘　觀湖　截湖
板湖俱北鄉　霸陂堰　烏上陂堰　蜀陂堰
梅陂堰俱南鄉　黄竹湖　滿湖　上湖
瑶湖　牯牛湖　荷湖　官湖俱西鄉
沙泠港　小港　廣前港俱南昌鄉

舊築弘治十一年本府太守祝瀚因歲饑發粟修築
上豐圩八都十四都　富有圩十等都　順利圩十都　大有圩十一二等
平成圩十二都　衆樂圩十三都　大全圩十三都　歲有圩十四都
康樂圩十都　厚利圩　順利圩俱十五都　大積圩十五都
富積圩十五都　歲豐圩　豐樂圩　樂成圩俱十六都
秋成圩十七都　秋收圩十七都　富利圩十八都　博收圩
大熟圩　豐成圩　萬全圩　廣積圩
和平圩俱十九都　西成圩二十一都　實利圩二十一都　豐熟圩二十二都
安樂圩二十二等都　樂收圩二十二都　年豐圩二十二都　長樂圩二十四都
富成圩二十五都　收成圩二十五都　富收圩二十六都　樂平圩二十九都
[illegible]圩三十一都　[illegible]圩三十一都　厚收圩四十五都　大豐圩四十五等都
當豐圩四十五等都　秋熟圩四十六都　富熟圩四十六都　歲收圩四十六都
熟收圩四十六都　廣豐圩四十七等都　樂豐圩四十八都　屢豐圩四十八都
廣收圩四十九都　康濟圩五十一等都　大成圩五十一都　全豐圩五十一等都
黄熟圩五十二都　安豐圩五十二都　常熟圩五十五都　仁濟圩五十八都
樂利圩五十九都　通濟圩六十等都　大平圩六十二都　安順圩六十三都
富實圩六十三都　樂有圩六十四都　和樂圩六十五都　龍口圩六十五六十七都
大利圩六十六等都　富樂圩六十六都　宋家墻六十八都　常平圩八十都
新築萬曆十四十五年連遭水災本府太守范淶詳命何選呈請兩院司道措置賑饑荒因以修築堤圩砌石埧石坊石閘共發給銀肆千五百餘兩各圩築完固

陳家汊二十一都二図 鐵船湖外墻十都三図 吴家背十都八図
富有圩 青山閘十都九図 樂有圩十三都一図 汪家湖口十三都四図
伍章港口十三都四図 新開總口 新衝子口 俱十四都
黄家廠滕家山 蔗家门 黄莜穴閘港口俱十四都二図石梘一所
大有圩 牛尾岭閘十一都 新垾 閘山垾
牛欄穴 大坎淇頭 廟灣穴 下樂有圩石梘一所
劉家埠五図俱十三都二三四図 平正圩十二都 上樂有圩石梘一所
剩有圩十四都三六図 歲豐圩六都在十 涂家埠所石梘一十九
都二十都 得救圩 稻收圩石梘四所 又倍收圩
禾豐圩三都一四五図石梘三所俱二十 歲稔圩石梘一所二十六都

[illegible]

詹家廟對岸六図 石梘一十所共二十六都三 石梁小港一所石[illegible]
石梁小塘口土圩 大湖大成圩
車塘渡 楓林圩 豐樂圩石閘一座俱二十七都一二等図
横塘圩石梘一所 張牙灩圩図石梘一所四十八都一二三四
袁坊圩 豐樂圩六図四十九都一四 山西圩
蛇湖圩 上富倉圩 新草圩 上富樂圩四十六都
二八九十図 夏家穴五十一都四図 富有圩石梘一所
上長湖圩俱六十五都一六七図 沙湖圩石梘一所 堺埠圩六十六都七図
三馬洲 漸溪圩俱五十一都二図 灌口塘
濠塘圩俱六十六都十七 石溪嘴 赤谷圩俱六十[illegible]

図五六七八十 今古圩六十六都二五 茅園圩六十一
芋大圩都三図石堤一所五十七 剣[illegible]內增鉶天香圳梘一五六都
熊天灘俱五十八都一図 荖[illegible]湖石梘一所 余家塘
黄泥岭 [illegible]圩俱十四都四図 太積圩
下坊圩石梘一所 富[illegible]圩 東虞洲二三五図石梘一所俱十五都
潮坑圩 朱公[illegible] [illegible]上豐圩図俱八都四七八
芉谷圩十五都七図 [illegible]監[illegible]廠 富救圩俱八都
鳳絲圩 苦竹樹土圩 楚坑五図俱十四図
中下長有圩石梘二所 和平圩 豐[illegible]俱十[illegible]
中洲圩十九都三図 蔡家埠二十一都三図 常豐圩一図[illegible]

[illegible]

大熟圩十八都十九都 楊林埠石梘一所 大口湖
端公圩三所石梘 白田洲石梘二所 東塅圩石梘一所 樂熟圩石梘一所
里湖圩都四七九十図石梘二所俱十九 西城圩都二十一 安太圩都二十二
富利圩一図十八都 永樂圩石梘二所二十一 小莊湖四図十七都
楊灣圩 三洞湖監家廠俱十七都三六図 宮二背
下湖圩 長陵交溪圩 南竹山[illegible]圩
樓前渡圩 豐城圩石梘一所 楊[illegible] 龔資穴
三洞湖圩俱十九都五七九十図三四 大[illegible]湖圩六十三都
青草湖圩石閘一座五都六十 楓林灘石梘一所 曾家埠十九都五図
中長湖 下長湖 牛湖圩俱六十五都六図

利順圩三都　厚富圩五都　豐富圩五都　成富圩七都
大盈圩十一都　永盈圩七都　豐寧圩七九等都　安富圩七都
壢下陂官塘二十都　吉順圩二十二都　廣潤圩二十二都
十全圩二十二都　豐盈圩二十三都　大利圩二十三都　樂富圩二十四都
大富陂二十五等都　富儲圩二十七都　富順圩二十七都　樂民圩二十八都
樂全圩二十八都　和順圩二十九都　豐實圩三十四都　廣儲圩
大儲圩俱四十一都　康順圩　永豐圩俱四十三都　澤潤圩五十二都
惠民圩五十三都　富民圩　廣盈圩俱五十三四等都
富民圩　富寧圩　泰寧圩　富潤圩俱五十四都
豐利圩　吉利圩　足民圩　豐順圩

安寧圩俱五十五都　萬倉圩七十五等都　[illegible]　厚儲圩[illegible]都
新集萬曆十四十五年連遭水災太守范淶縣令余夢麟呈請部院司道措置賑饑因以修築圩岸并石梘石梘石閘共發給銀叁千壹百餘兩各鄉圩岸砌築完固
大平圩　[illegible]豐圩　萬枋圩　萬豐圩
隆興圩　牛欄横永豐圩　新增圩
接新　西辛圩　謝家汊圩　錢家圩
楊坊圩　隨嫁圩　北汊圩　新安圩
大平圩　塘下汊圩　東官圩　常豐圩
上潤澤圩　中潤澤圩　下潤澤圩　馬家嘴圩
下潤澤外圩　都爾圩　豐樂上讓圩　塘西圩

富倉閘四十六都　萬橋圩四十二都一啚　沈湖閘二十都四啚　下富倉圩
朱湖口圩　下富樂圩俱四十六都四五六七九啚　二十二　富盛圩
救成圩二十五都二啚　歲救圩二十六都三六啚　鐵船湖內墻十一都三啚
大有圩十一都　美利圩二十都一啚　年豐熟圩　十二都一啚
廣辭洲二十五都　蛟池圩十七都四五六啚　上泥姑山
下清水壢三十七都南進三縣界　方溪湖　大圩岸及二閘十七都
大興圩　萬曆圩三十七八都　山前港十四都四五啚　都湖横石梘二十七都啚
同心圩十五都十等啚　小潭圩七都三啚內石梘一所四十

新建縣
九社陂　西疇陂　新塘陂　黃陂俱桃花鄉
鵲陂　鸞陂　小陂　柄陂
珠陂　梅樹塘　黃泥塘　官塘俱洪崖鄉
嶺港陂　萬於磨陂俱忠孝鄉　遊仙堰
大磯堰俱遊仙鄉　塞水堰　黃坊羅家墻
金谷墻　安樂萬石墻俱南鄉　橫岸比圍
趙家圍　上謝圍　塘西圍　張坊圍
五嶺圍　吉利圍俱東鄉　沙頭港堤岸
沙成港堤岸俱西鄉
舊案弘治十二年本府太守祝瀚修築

豐樂新圩　新豐圩　東南圩　羅家圩
黃家圩　楊家圩　長湖圩　張枋圩
趙家圩　赤湖圩　豐順圩　上下廠牙湖圩
樓前石橋小塘圩　鄔子羅木埝圩　永和圩
高溪圩　留洋圩　紅灘圩　鴉鵲圩
中洲圩　長山下圩　新豐圩　貯山圩
永豐圩　熊家圩　囊里圩　暗里圩
萬家圩　厰灘圩　范家圩　黃湖圩
蘆洲圩　萬雙圩　新圩　上近湖圩
下近湖圩　上瀕江圩　下瀕江圩　瀕湖圩

網前圩　寺湖圩　蘭亭圩　下英圩
下岸圩　官貴圩　喻坊圩　扁子圩
羅家圩　大泡圩　興里圩　北湖圩
南圩　大山下圩　夏里圩　堯英圩
荷溪圩　胭霞靈圩　荷溪廠圩　長樂圩
燕泥圩　豐利圩　安樂圩　新塘圩
季家圩　象湖安定圩　蔣巖圩　駉馬圩
毛墩圩　前汊圩　三芽風底圩　下庄圩
師家墻　樂湖西汊圩　視家圩　社東港塆
萬符圩　行湖圩　連豐圩　豐盈圩

甘谷圩　永豐圩　盤石圩　大石圩
中興盤石下包圩　常豐圩　舍前圩
劉家圩　塗師圩　豐實圩　東湖王家圩
央洲圩　豐坊圩　思三圩　魏福圩
蛟湖圩　凡七圩　章田圩　歐家圩
雷家圩　南沙圩　婁里圩　錢家圩
樘塘圩　晏家圩　李家圩　江上圩
濠湖圩　鄒家圩　沙簾圩　彭澤圩
沙汀圩　產子北沙圩　下汊圩　馬廊圩
界湖圩　蘆洲蕨腦埧圩　陳婆圩　范湖廠港圩

小沙圩　新瀝圩　楊林汊圩　車軸圩
積水塘圩　常湖圩　赤港圩　源港圩
西瀝圩　宗貴圩　穴東圩　上中下游團圩
栢一圩　院壜圩　游團北小圩　草湖圩
邊圩　灌山圩　南角圩　鐵鹿圩
盤石下關馬下汊圩　下新圩　邊灘圩
新汀圩　鄔家灣圩　萬婆圩　西梓圩
南中圩　藍家圩
豐城縣
古額

蛟湖（俱南昌十五都）　湫湖　趙家塘　典[illegible]下陂　[illegible]　揚坊小港
林塘　烏陂　城頭湖　孫家瀟港　張坦湖　降湖
車馬湖　東湖　鍾陵[illegible]　泉湖　車湖　湖東湖
櫪湖　泥坑湖　西塘陂　[illegible]湖　敖公陂　新塘陂
萬家陂　碩路陂　黃湖　松湖　山岸[illegible]陂　道士井陂
花陂　朱姑陂　鐵[illegible]陂　大[illegible]陂　驕湖（俱登仙鄉）
楓源新陂　呂潭溪　圍塘陂　涂家陂　長老塘陂　松樹塘陂
南圳溪　小港陂　觀陂　大水塘　金家陂　花湖陂
潭頭圳　黃溪堨　洛圳（俱[illegible]仙鄉）　漆家陂　長坑陂　官店陂
潭頭陂　桂湖陂　蔡陂　陳家陂　桐江陂　黃家陂
萬家陂　白陂　萬陂　大橋陂　劉家陂　虎岡陂
敖塘陂　土橋陂　蕪陂　石陂　扶山陂　烈陂
丁公陂　龍窟陂　商嶺陂　南市港　魚數陂　張家陂
梅溪（俱仙港鄉）　羅陂　熊家陂　史家陂　油榨陂
石盤陂　黃家陂　源頭水圳　官陂　楊林陂　楓樹陂
何家陂　楊溪塘　白楓陂　秋陂　余公陂（以上俱長樂鄉）
橫橋陂　西岸陂　麻陂　蘆陂　羊牯陂　石橋陂
白竹陂　卸源陂　上坑陂　金陂　橋上陂　街前陂
牛頭陂　猛屋陂　歐山陂　柘葉陂　蔣家陂　菜子陂
沙港陂　後思陂　陳公陂　雷山陂　東羅陂　蛇源陂

聶家陂（俱長安鄉）　流陂　越陂　安善陂　孤橋陂　老鴉陂
周盧陂　袁陂　檀樹陂　陳陂　楓陂　穴陂
黃家陂　白陂　鄒湖陂　官陂　啞陂　吳陂
沙陂　羅陂　甘陂　松陂（俱奉化鄉）　江家陂　牢陂
桂村陂　三溪陂　涪溪陂　夾陂　山茶陂　郭下陂
茅園陂　港口圳　中江塘　羅家陂　鐵爐塘　雷坊塘
大頭陂　中堨陂　雷家陂　李家陂　塘東上陂　塘東中陂
塘東下陂　秋塘　荷塘　鄧家連塘　壕塘　津頭港
坪塘（俱川桂鄉）　百斛陂　謝家陂　斗陂　龍南陂　陳枋陂
竹溪陂　長峯陂　堯坊陂　長江上塘　烏陂　麻庄塘
黃社陂　付陂　鄭家陂　板陂（俱合昌鄉）　沆江陂　大塘陂
九工陂　蚍陂　南湖陂　獄陂　結陂　良陂
長陂　烏蘇陂　嚴家陂　鄒家陂　梅母陂　楊樹陂
揭家陂　黃家陂　下港陂　起山中陂　湯林上陂　下藍陂
龍井陂　大塘陂　鳳港陂　賴陂　火燒陂　苦竹陂
三汊陂　東港陂　周家塘　提陂　龔坊陂　桃花圳
李家陂　蕭家陂　叢陂　土硯陂　下戍陂　水磨陂
故汊陂　梅林陂　藻溪陂　白塔陂　斗陂　佳城陂
龍山陂（俱長寧鄉）　船核溪　黃師溪　牛路溪　遠溪
低溪　覺溪　鹹陂　中陂　竿山塘　永安陂

孫家塘　井家塘　佛座塘　雷公塘　蟾塘　陳陂

石陂　王家陂　泉陂　蘆復塘　舞陂　荒陂

燕陂　陶陂　匡行陂　范家陂　范仔陂　油陂

張家陂（俱富成鄉）　李家陂　渴坪陂　蔡塘　楊家陂

文淵橋陂　官主陂　澤口陂　黃墓陂　新塘陂　白陂

玕陂　壽山陂　捍陂　嚴家陂　率陂　楊柳陂

玕溪陂　黃家陂　石陂　篁竹陂　杜林陂　䓂樟陂

張家陂　倪家陂　棠陂　陡溪　上南陂　巢湖陂

荷塘陂（俱大姓鄉）　龍陂　高陂　何陂　筌陂

屯陂　下陂　東陂　南陂　赤場陂　連陂

透郎陂　崖陂　朱陂　泉水南湖　上洛陂　[illegible]

南崖陂　赤石橋港　鄭家陂　李家陂　石家塘　[illegible]湖

潭頭小港　畬下塘　里長埠港　羅家橋港　同湖　赤墈上塘

徐洞塘　嗣前塘　天塘　潭塘　下塘　奉鄉塘

彭家塘　二塘　左埠港　屯陂　秋陂　徐家陂

楊塘（俱廣[illegible]鄉）　上引陂　下引陂　烏皷陂　上大陂　城岡塘

葉家橋陂　爐下堠塘　古陂　櫃陂　吳倪圳　新作陂

勻陂　晴陂　大陂塘　蛟頭湖　城山塘　小陂塘

湖坑塘　東湖塘　螃稍湖　屯陂　錦水塘　楓樹塘

梅陂　劉家港　大塘湖　西塘湖　孝序陂　牛陂

蘆湖　溪湖　手湖　赤角湖　土橋陂　雙溪湖

龍窟　[illegible]陂灘　城門塘　章陂　圩塘　泉水湖

吳塘港　蘭坍港　茫湖　流澌潭　張九圳　萬十塘

小伏塘（俱正[illegible]鄉）　港口湖　羅頭港　平沙湖　藍家圳　菖蒲湖

大家湖　泉湖　黃[illegible]溪　官陂　龍泉塘　楓林溪

舟長圳　傾客陂　高埠陂　桑洲陂　伏鳩坪圳　劉家陂

城下陂　大橋陂　竹篠陂　泉下陂　蓮塘陂（俱長[illegible]鄉）

烏[illegible]塘　長溪　洪濠　甘谷湖　馬湖　蔡湖陂

李家湖　黃樅陂　劉茅湖　石頭港　萊子湖　旗塘

藥紅塘　胡盧塘　赤岡陂　泉水陂　楊木塘　羅溪禾圳

羅湖　管坊南塘　洪[illegible]塘　[illegible]塘　三角塘　大橋陂

菱湖　禄塘　閘塘　神仙橋塘　甘家塘　爵塘

黃第塘　黃巷塘　楊湖塘　嵩塘堰　塢社陂　鄉塘

袁塘　黃家塘　鵲塘　葉家塘　井塘　新塘

上三塘　中三塘　下三塘　賀家橋陂　龔家陂　田西陂

泉陂　從陂　羅坊陂　洪家陂　任塘　郭家井圳

水泉陂　矩塘　塔頭塘　缺塘　皮湖　鴨卵湖

閣塘　白竹塘（俱[illegible]鄉）　洛溪　荊塘　羅湖　急寶湖

搭橋湖　丁家塘　傅家陂　石龍陂　高家塘　檀陂

[illegible]陂　湖陂　[illegible]岡陂　官橋陂　膛塘陂　櫪陂

狗陂　對陂　官大陂　富陂　ㄎ塘　竹家陂
金鵝塘　白馬塘　洪石陂　朱坑塘　官塘　石塘
胡家塘　桑古陂　楊河塘　植梓岡塘　梓陂　泉陂
城塘陂　沙岺陂　小儼陂　吳山陂　牛陂塘　鐵爐陂
唐坊塘　大塌陂　山塌陂　刁江陂　掩泥陂　楓樹橋陂
刺樹陂　烏臼塘　蓮塘　小陂塘　龍會塘　黎樹陂
楊樹陂　泉塘　大泉塘　羊肝塘　樓廻陂　廂塘
後塘　赤塘俱興仁鄉　老塘　禾岡塘　烏猪圳　黃土塘
長坑圳　板橋陂　楓樹陂　橫陂　中陂　檀陂
新陂　河洑陂　福溪　泉圳　余家陂　彭古陂

九曲陂　文湖　寶塘　義方塘　壬湖塘　馬頭塘
舍頭圳俱歸德鄉

新築

環邑石堤南起坪舍墪北抵馬家埠約長一里新墻南起驛前北抵楊林洲約三里許自坪舍埠而南爲演武亭三百步爲散家墻又七百步爲仙壇爲移鶴墻又八百步爲觀音墻又南爲瓦窰灣爲精忖潭又移南十里爲熊坊墻又十里爲拖船埠墻又二十里爲狗頭墻自家埠而北爲龍潭湖墻又北三百餘步爲平豐墻又二里許爲蘇家淤又五里爲南沙岸又十里爲下坊墻爲寒坊圩隆慶丁卯水決馬湖墻通判王天性署邑篆築堤湖中萬曆甲戌水決南沙岸顧令九思修築遷使李廷觀爲之記丙戌水決熊坊墻吳令達可修築韓令又繼之請貴均夫大興工役各圩修理完固民甚賴之

斗門南堤在縣南以障豐高水之逆入者

長樂港塘縣南十里豐水出江故道
絽灣塘在劍江西上接安沙下接羅湖
滕坊塘距縣西七十里顏瑞門
連湖塘　松湖塘　周坊塘

進賢縣

舊額

和尚陂　藍陂　楊樹陂　張源陂　楊家陂　益和陂
東陂　馬大陂　南新陂　烏石陂　白石陂　荷陂
魏婆陂　楊柳塘　五里塘　文塘　鴉鵲塘　新塘
李家塘　倉塘　龍陂塘　七里塘　大塘　湖觀塘

徐家塘　媱蜂塘　桑塘　大郭塘　艾家塘　劉公塘
觀塘　積玉塘　丁家塘　堯師塘　堰塘　何師塘
堰湖塘　新陂塘　南塘　黃家塘　張家塘　橋兒塘
古塘　胡婆塘　涂家塘　劉家塘　雙塘　烏鴉塘
宋坊塘　松洋塘　吳塘　吳家塘　葉田塘　英山塘
沙塘　胡家塘　楊樹塘　新姑塘　神塘　泉牛塘
殺樹塘　西源塘　吳塘　上棚塘　肥前塘　喻勝塘
院塘　庄前塘　萬方塘　魏家塘　竹塘　林前塘
傅家塘　蓮家塘　羊鵞塘　羅家塘　萬家塘　筋竹塘
俱歸仁鄉　長陂　東陂　新陂　中陂　淳塘

金塘　陂塘　新塘　雷塘　谷塘　祿塘
劉家塘　長坑塘　殺樹塘　范家塘　王家塘　作陂塘
牛岡塘　黃家塘　文家塘　麻油塘　西坑塘　許家塘
西家塘　爪坑塘　蛇圍塘　牛塢塘　吳家塘　黃緑塘
夏坊塘　潤山塘　焦家塘　浮礫塘　山下塘　水尾塘
李家塘　樓前塘　筱陂塘　張陂塘　黃家塘　鬼柳塘
東岡塘　鵝鴨塘　羅家塘　潤安塘　窑舖塘　龔家塘
俱崇信鄉　楊樹陂　鄧坊陂　趙家塘　正塘　曲尺塘
王辛塘　傅家塘　秋塘　岡口塘　陳坊塘　鄧家塘
新塘　龍源塘　百戶塘　翁家塘　陂塘　龍窟塘

周公塘　朱家塘　斗塘　長桑塘　大喻塘　全家塘
肥塘　院前塘　五邑塘　魏家塘　虎豹塘　黃泥塘
黃土塘　宋家塘　南波塘　五步塘　西坑塘　丁家塘
樓下塘　泉脚塘　大江塘 俱真隱鄉　赤陂　鄔凌陂
官陂　新陂　明塘　塔岡塘　謝長塘　熊坊塘
顏家塘　碓塘　楓樹塘　新堰塘　閔家塘　龍塘
彭坊塘　新坦塘　藍家塘　官塘　牛欄塘　烏泥塘
黃泥塘　桿塘　青窟塘　新陂塘　當頭塘　黃塘
甯公塘　新堰塘　小黃塘　大塘　平皷塘　湖尾塘
俱欽風鄉　大陂　紫陂圩　鄧家塘　桃林塘　堰塘

幽槎塘　大姑塘　小欧塘　交塘　新堰塘　吳家塘
院前塘　新塘　院方塘　張甫塘　中小塘　小塘
李家塘　榆柳塘　卢家塘　中塘　白沙塘　鄭家塘
流田塘　東塘　新陂塘　黃山塘　龍會塘　流塘
證林塘　朱家渡汀　竹塘　觀塘　官池一所 俱崇豐鄉
新築
官圩　周家渡圩　鄧林圩　泉白湖　裘家渡　紫溪圩 縣尹
林道楠修築韓尹邦域蒞其工
奉新縣
舊額

艮石陂　烏石灘陂　蘆陂　蒲陂 俱從善鄉　北洲陂　黃家陂
洪家陂　京陽陂　界竹陂　盧家陂　周家陂　京思陂
洪水陂　胡家陂　下宅陂　鄒家陂　綠溪陂　馮家陂
湛家陂　鳳凰陂　實竹山陂　下板橋陂　上板橋陂　前塘官陂
石陂塘　蓮花塘 俱建康鄉　鄉家陂　路南陂　黃塘陂
西湖陂　盤陂　黃家塘　楊步港　桃林塘　顯教院陂塘
徐家塘　井湖塘　蘆塘　土地廟前塘　丁塘　義塘 俱[illegible]鄉
朱羅陂　石陂　水圳　村尾陂　南圳陂　荷葉陂
大橋陂　羅塘 俱南鄉　井龍陂　金湖陂　黃伯陂　黃腦陂
槎陂　黃土陂　四石陂　周坡陂　[illegible]陂　劉八陂

社下陂 小石陂 帥家陂 青塘圳陂 青水陂 櫪圳陂
丁坊陂 白沙陂 楊林陂 彭城陂 上湧陂 白茅陂
楊樹陂 大石陂 和尚陂 歐塘陂 團山陂已奉新鄉 金陂新安鄉
百家陂 赤田陂 黃扇陂俱新興鄉 社坑陂 廟前陂
烏石陂 消陂 石堨陂 新塘陂 赤田陂 斜陂
西源陂 下坊陂 朱山下陂 小陂俱法城鄉 黃土陂 大坡陂
東山陂 中陂 白花陂 百里陂 黃鷹陂 上石陂
下石陂 下塘陂 熊大郎陂俱進城鄉 上當陂 兩岸陂
南塘陂 黃沙陂 泊山陂俱奉化鄉 梅家堨 朱羅堨 師姑堨俱洪崖鄉

新築

龍船港口圩 縣尹沈天啓修築

靖安縣

舊額

承陂 秘陂 洪陂 觀前陂 官陂 清湖陂
北津陂 南港陂 道塘陂 昭靈陂 上車陂 吳公坡
西新橋陂 黃花堰 小堰 鄭家堰 槐堰 土堰
院揚陂 太平堰 西邊小堰 曹山堰 千工塘 李源塘
湖尾塘 黃泥塘 巴田陂 清陂 白泥塘俱靖安鄉
石陂 新田陂 張淡陂 陂前陂 石崖陂 中陂
湖陂 白星陂 崖頭陂 中田陂 荒田陂 櫪源塘下陂

竹棚陂 層陂 潛下陂 南陂 熊師陂 周家堰
黃土堰 大堰 黃土堰 山塘堰 城崖堰 田圳堰
小子堰 土塘堰 土塘堰 鄒師堰 雙新堰 清塘堰
戴家堰 箬源堰 白泥塘 百工塘 大岫塘 栗樹塘
大甲塘 烏頭塘 洪家塘 徐家塘 羅家塘 破塘
小横塘 大横塘 灌塘 長塘 旱塘 石陂
萬家陂 鄒家陂 欄港陂 小古陂俱崇仁鄉 藿莘陂 梅陂
青溪陂 旱水陂 烏沙陂 廖家陂 土同堰 張家堰
河田堰 青溪陂俱甫義鄉 林陂 吳陂 梅陂
羊溪陂 判陂 香陂 馬家陂 石陂 周家陂
黃堰 長翁堰 冷水塘 仁坑堰俱長安鄉 苦竹堰在招賢鄉

武寧縣

舊額

瞿陂 任前塘 宅前塘 社林前塘 任肯塘 門首塘
紫石塘 西余塘 鹿眠塘 西盧塘 土費塘 匡費塘
岡頭塘 匡費塘 門首塘 黃曆塘 張家塘 任畔塘
暗路口塘 門首塘 陂裏塘 路畔塘 社林前塘 長湖塘俱安樂鄉
梘田陂 土陂 合前塘 上塘 黃塘 艾長塘
艾塘 由塘 株塘 港社段塘 畬塘 屋畔塘
居畔塘 壺坊塘 鄧塘 濮溪塘 江墩塘 門首塘

烏塘 倪家塘 橦子塘 山塘 油榨塘 雷塘
程塘 上塘 中塘 前塘 大塘 泉塘
坂田塘 新塘 雷塘 東塘 門首塘 陳隴塘
丁塘 山南塘 茶培塘 黄塘 梅塘（俱仁鄉） 長樂陂
舒家塘 沖口塘 夏家源塘 門首塘 鷺鷥塘 余坊塘
下黄塘 楊隴塘 竹田塘 上田塘 風山塘 路邊塘
過道塘 艾家塘 新田塘 艾家邊塘 楊坊塘 龍潭口塘
上沖塘 牛車塘 徐家塘（俱北鄉） 滄陂 清陂 桑陂
斜塘 煙塘（俱在曾鄉） 官陂 早陂 石鐘巷陂 磨源陂
楊田塘 李家源塘 桃林塘 下費洲塘 費洲塘 上月田塘

中月田塘 下月田塘 月田塘 求鴉塘（俱西鄉） 石陂 源口陂
石峯陂 散灘陂 荆陂 山口陂 南沖陂 鄭家陂
漱場塘 濁水塘 大沖塘 漆洲頭塘 西殿頭塘 笮林塘
嘶田塘 黄沙塘 車頭塘 石鼓塘 西沖塘 東源塘（俱在[illegible]鄉）
盧陂 大塘 蓑塘 東山塘 殷胡塘 苦山塘
泉塘（俱顯忠鄉） 章家陂 毛家陂 長水源陂 衕坑陂 大陂
梅家陂 黄陂 李家陂 大洪陂 上董口陂 大洋陂
鄭家陂 潢水陂 瓜谷陂 蔣壠塘 邢家邊塘 新卑源塘
山口塘 株嶺下塘 下房塘 茅岡塘 黄水塘 羅沖塘
栗田塘 山口源塘 [illegible] 桃花塘 蓮花塘 大江塘

黄師塘 李家沖塘（俱[illegible]鄉）

寧州

上平陂 大段陂 梅潭陂 鷄冠陂 黄泥陂 張塢陂
鄧隴陂 張陂 張枋陂 坎下陂 黄泥陂 王陂
横潭陂 窄石陂 赤江陂 鄭家陂 汪隴陂 楊才陂
杷林陂 清林陂 牛車陂 何家陂 巖下陂 喻家陂
余家陂 黄婆陂 藕陂 石思陂 角頭陂 曾潭陂
協礄陂 長灘陂 竹山陂 長湖塘 徐隴塘 李頭塘
石隴上塘 西坳塘 高坪塘 劉思塘 劉思上塘 石壠塘
石坳塘 瑩坑塘 石坳下塘 土嶺塘 岑段塘 王坎下塘

趙嶺上塘 趙嶺下塘 西塘 車田傍塘 車田塘 泰臨塘
槐林塘 張遊塘 朝家塘 朱家塘 東段塘 東段大塘
東塘 西塘 陳塘 黄家塘 黄塘 城頭塘
城下塘 朱塘 宋家塘 方康塘 鄧隴塘 新塘
汪家塘 白竹塘 白竹上塘 張塘 塢頭塘 塢尾塘
郊隴中塘 余家塘 錢家塘 東坑塘 東坑下塘 仁塢塘
沙塘塘 石井塘 丘塢下塘 黄家上塘 陳家塘 吳家塘
吳家上塘 塘原口塘 歐家上塢塘 宋原上塘 塘原塘 宋原塘
陳家塘 陳家門塘 黄丘塘 梅山塘 歐塘 上大塘
劉家塘 江谷塘 諶塘 湛口塘 江家塘 [illegible]

新塘　北岸下塘　下岡塘　西石塘　三塘　石坳下塘
石坳塘　門首塘　葫塘　瀝溪上塘　曾神塘　烏居塘
瀝溪下塘　劉瀧塘　葛家塘　臺源口塘　臺源塘　壯隴塘
西嶺塘　正源山塘　竹段塘　魏家塘　王坑塘　正源口塘
朱韓塘　宋信塘　西坑塘　西坑口塘　豬槽塘　梟坑塘
湖頭塘　湖頭下塘　傅家塘　平塢崙塘　西塢下塘　安豐上塘
安豐塘　程源口塘　程源塘　郭源口塘　郭源塘　郭源段塘
郭源下塘　范口塘　范蓋塘　陳崙塘　安峯塘　孝坑塘
韓家塘　范塘　載坊塘　禾柳塘　同坳塘　廖塘　以上[illegible]鄉
烏山陂　石嘴陂　楊田陂　黃源陂　港洲陂　山口陂

港源陂　廟前陂　後林陂　新田陂　高田陂　陝嚴陂
徐公陂　黃坳陂　楮樹陂　花源陂　源仲陂　黃源陂
石梁陂　徐家陂　杉樹陂　清陂　故宅陂　皆口陂
港洲陂　桃林陂　坳下陂　港口陂　田丘陂　姜家陂
杜家陂　石門陂　余家陂　椒洞陂　龔家陂　港洲陂
平港楊林陂　中华陂　宅前陂　墳坳陂　清港陂　籠港陂
石頭陂　風山陂　清源陂　武家陂　大陂　石嘴陂
黃家陂　洞坪陂　社前陂　石井陂　余家陂　王家陂
左坊陂　安居陂　上蔡陂　章家陂　沙田陂　馬山陂
南隴陂　沙溪陂　小洞陂　大洞陂　桐林陂　許家陂

鄧家陂　洞源陂　源口陂　坪港陂　宅前陂　武家陂
田坳陂　坑口陂　劉家陂　清陂　洲竹陂　師家陂
劉大陂　[illegible]陂　傅[illegible]陂　李公陂　朱公陂　逵公陂
谷[illegible]陂　源口陂　葛家陂　南陂　涼灘陂　東坑陂
杭頭陂　陶家陂　[illegible]陂　社前陂　龔家陂　陳家陂
坳口陂　江家陂　[illegible]陂　趙坊陂　雙頭陂　李家陂
中岸陂　汪家陂　石橋陂　周家陂　喻家陂　張家陂
安摩陂　宮家陂　杭口陂　胡家陂　社前陂　熊灘塘
磨冲塘　故宅塘　熊源口塘　鐵爐塘　石寨塘　程家壠塘
山洞坑塘　[illegible]塘　[illegible]塘　[illegible]下塘　羅源口塘　羅源塘

大源塘　[illegible]塘　[illegible]塘　[illegible]塘　[illegible]坳下塘　黃溪[illegible]塘
黃泥塘　劉家塘　下[illegible]塘　沙溪內塘　沙溪塘　桐林塘
桐林小塘　小水塘　廖源塘　廖源口塘　城隍[illegible]塘　浩塘
程家[illegible]塘　周家[illegible]塘　水碓塘　程源坑口　水井源塘　洞頭源塘
洞頭塘　曆[illegible]塘　黃[illegible]塘　堂源塘　小源塘　西大汝南塘
下[illegible]塘　清源塘　黃[illegible]塘　芭蕉熊家塘　楊柳塘　大源塘
上源塘　聶坑塘　以上[illegible]鄉　梅坑陂　麻潭陂　龍峽陂
柘坑陂　左家[illegible]　麻[illegible]陂　石坪陂　南山陂　觀前陂
上石陂　載坊陂　小[illegible]陂　坑陂　茵株陂　龔家陂
桐處陂　小洞陂　徐公[illegible]　板壓源陂　洞口陂　北岸陂

[illegible]陂 楠潭陂 南坪陂 西港陂 煙竹陂 火燒陂
祝家陂 鄒家陂 江陂 南港陂 大陂 石嘴下陂
蕭公陂 宅前陂 道[illegible]陂 黄[illegible]陂 杷[illegible]陂 河源陂
橋頭陂 馬江陂 [illegible]陂 [illegible]頭陂 安平陂 罷[illegible]陂
夏[illegible]陂 汪[illegible]陂 [illegible]下陂 [illegible]陂 楊[illegible]陂 烏樹陂
瀔江陂 石崖陂 上陂陂 水陂陂 上洞陂 下洞陂
小陂陂 [illegible]家陂 大陂陂 上源陂 古[illegible]陂 西湖陂
千工陂 [illegible]陂 石[illegible]陂 楊頭陂 石潭陂 馬源陂
石[illegible]陂 [illegible]陂 大[illegible]陂 唱歌陂 港口陂 劉陂
周家陂 傅家陂 石田陂 李家陂 何家陂 大橋陂

南昌府志 [illegible]

[illegible]江陂 [illegible]家陂 [illegible]陂 杜坑陂 三[illegible]陂 [illegible]陂
湖[illegible]陂 [illegible]塘 [illegible]塘 丁宗塘 [illegible]塘 [illegible]頭塘
姜[illegible]塘 丁[illegible]塘 [illegible]塘 雷家[illegible]塘 [illegible]荷塘 [illegible]源塘
[illegible]塘 [illegible]塘 [illegible]塘 [illegible]下塘 下源塘 清[illegible]塘
[illegible]張家塘 [illegible]王家塘 [illegible]張家塘 宇井王家塘 龐原山塘 張塘
[illegible]源塘 上源塘 下源塘 道[illegible]塘 山[illegible]塘 洞口塘
村前塘 店坪塘 [illegible]源塘 小水源塘 冷坑塘 磨源塘
田[illegible]塘 梅[illegible]塘 [illegible]前塘 熊舍宅前塘 王坑塘 [illegible]南塘
泉塘 潭[illegible]塘 [illegible]塘 榮長塘 東嶺塘 白水洞塘
東[illegible]下塘 大坪塘 [illegible]家塘 劉塘 村前塘 [illegible]

蕭塘 以上在縣
查湖陂 楔封陂 石坑陂 酌保小陂
同荒陂 楓陂 湖田陂 上源陂 何塘陂 洲口陂
野豬坑陂 赤泥陂 鳳田陂 石梁陂 岫嶺下陂 小水陂
長[illegible]陂 楊林陂 水口陂 查湖陂 匯石陂 中村陂
南庄陂 石虎陂 茅田陂 下官陂 雷家陂 鐵爐陂
上[illegible]陂 明山陂 馬[illegible]陂 楓梘陂 前嶺陂 泉嶺陂
[illegible]源陂 桿[illegible]陂 南沖陂 大坪陂 禄田陂 黄皮陂
義田陂 小港陂 白沙陂 石嘴陂 小洞陂 長沖陂
均陂 張家陂 劉家陂 湖頭陂 楊[illegible]陂 廟下陂
鄒家陂 水源陂 石下陂 蔣里陂 洞下石陂 蓮花陂

南昌府志 [illegible]

南潭陂 茶山陂 石[illegible]陂 小口陂 正源陂 東甫陂
袁家陂 劉中陂 嶺下陂 湖頭陂 湯陂 林灣陂
黄泥陂 水口陂 段陂 小留陂 白茅陂 港西陂
段陂 小山陂 桑坑陂 米壽陂 大段陂 將里陂
關山陂 夏家敷陂 南港陂 蕭莊陂 學孔陂 上芭蕉陂
張家陂 楊家陂 受村陂 劉唐下陂 上坪陂 盧壁陂
山前陂 楊田下陂 上源陂 周坊陂 榮家陂 楊田中陂
大段陂 虎口陂 受村陂 石山下陂 港口陂 楊家陂
胡家陂 小陂 何下陂 賀家陂 傅家陂 苗陂
泉塘陂 李家陂 張家陂 辮陂 酌坑陂 羅家陂

山口陂　大陂　湖頭陂　安平陂　坳下陂　楊陂
土坑陂　杭口陂　楊山陂　徐平陂　龍蟠陂　彭姑陂
崇陽陂　楊林陂　龍坑陂　羊林陂　龍段陂　石田陂
石當陂　吳陂　清水陂　龔家陂　胡家陂　杜家陂
張家陂　雷家陂　杭口陂　横安陂　林橋陂　石井陂
泉湖陂　杉樹陂　湖楼陂　石坳陂　寒婆陂　山口陂
程源陂　上坑陂　寨前陂　許陂　安峰陂　廟嶺陂
新田陂　石渠陂　苑口陂　清水陂　安峰陂　山下陂
葛藤陂　里田陂　山口陂　萬家陂　金堆陂　汪家陂
黄家陂　鄒家陂　涼源陂　黄石陂　吳閘陂　大楓樹陂
巖家陂　藍家陂　潭頭陂　泉田石陂　柳家陂　陜頭陂
安峰源口陂　東岸陂　上坑岸陂　藍家陂　塌橋陂　關山陂
下坵岸陂　坵岸陂　黄沙陂　萬江陂　栢樹陂　坵坑陂
莫家陂　南陂陂　楊林陂　烏石陂　南坑陂　小田陂
鄒坊陂　楊家陂　蘇家陂　龔家陂　梅坑陂　社山坳陂
胡嶺陂　阜家陂　蔣村陂　黄岡下陂　黄岡陂　洞下陂
張家陂　劉家陂　謝家陂　蘇阬陂　謝家陂　田背陂
毛橋陂　黄家陂　陂坑口陂　周家陂　洞下陂　石田陂
石坑陂　竹段陂　田浦陂　南村陂　水壓陂　韓家陂
閘山陂　山口塘　東源塘　一梲塘　温家上塘　温家[illegible]

下宅塘　社下塘　查湖塘　社前塘　楓槎塘　楓樹坳[illegible]
南岸塘　庄前塘　唐源塘　鄒家門首塘　觀上塘　衛下塘
楓槎塘　楓槎背皮塘　衙坳塘　帶下塘　安樂塘　鋏爐坑口塘
南岸塘　賽背塘　庄前下塘　賽上塘　石下塘　均田塘
觀源塘　石土塘　萬家源口塘　萬家源塘　交洞塘　禄田塘
大坪塘　小回洞塘　石坡塘　程稠塘　下源塘　下源口塘
崙塢塘　泉嶺塘　童家塘　童家下塘　趕洞塘　周家塘
井源塘　小洞口塘　泥湖塘　古塘　坪舍源塘　東蒲塘
東蒲上塘　俞家塘　俞家下塘　蕭家塘　蕭家下塘　葉家塘
葉家下塘　朱家塘　朱家下塘　劉庄塘　劉庄下塘　毛口塘
小科[illegible]塘　交田塘　俞家[illegible]塘　樟家塘　喻家源塘　将源塘
坑口塘　梅家塘　孫家塘　璜塘　周家塘　康家塘
蔡家塘　蔡家門首塘　胡家塘　柴家塘　黄毛塘　櫂家塘
三峰塘　大坪塘尾塘　塘下塘　蔣家塘　蔣家下塘　鄒家塘
陂田塘　陳家塘　蔣塘　石塘　里塘　彭段塘
櫂源塘　韭菜塘　關山下坳塘　山源塘　南源塘　正源口塘
灣頭塘　東庄塘　正塘　栢林塘　郎師源塘　龔源口塘
栢林源塘　丘家塘　以上武鄉　正村陂　南新陂　沈坊陂
黄家磨塌陂　黄沙陂　車段陂　雙畝陂　嵐消陂
上坑陂　邦浪陂　毛佈塅陂　大盛陂　白沙陂　坪下陂

坑口陂 石家陂 法高陂 修坑陂 二峰陂 石頭陂
雙坑陂 留陂 湖頭陂 迷潭陂 菜園陂 黃陂
深圳陂 黃家陂 [illegible]陂 龔家陂 戴家陂 塥口陂
章家陂 熊家陂 石歇陂 桃灘陂 坳下陂 嚴坪陂
西港陂 楓林下陂 鄢陂 楊口陂 上坑陂 雙亂陂
大陂 紫溪陂 大禾陂 張陂 小車陂 坑南陂
芳坊陂 東陂 張坑陂 茅田陂 杏港陂 余陂
包源陂 雷號陂 [illegible]陂 新屋陂 杭口陂 鄧家陂
戴陂 南山陂 余陂 羅溪岡陂 羅陂 梁陂
東岡段塘 紫石[illegible]塘 [illegible] 店前塘 下龍塘 上龍塘
下龍塘 上[illegible] 下[illegible] 半[illegible]塘 青龍山塘 楊林塘
黃張塘 [illegible]塘 湖[illegible]塘 [illegible]塘 余家塘 黃大塘
高陂塘 呂塘 吳塘 徐思塘 程塘 茅坪下塘
樂塘 丘源塘 山塘 大陂內塘 內塘 茅坪塘
上龍塘 石嶺頭塘 段塘 梁岡塘 段頭塘 大丘城塘
段塘 戴塘 黃泥大塘 張公下塘 張公塘 夏塘
夏家新塘 朱家大塘 黃泥塘 朱塘 張戴塘 舒家塘
舒塘 丘塘 鐵爐塘 敏岡塘 勝塘 箬嶺下塘
戴山塘 箬嶺塘 上塘 茅坪西塘 下坊塘 熊盧塘
伍塘 箬坑口塘 茅坪塘 桂坑塘 王塘 王家大塘

[illegible]塘 [illegible] [illegible]大塘 竹[illegible]塘 杜樹坑
小塘 塘頭源塘 南[illegible]塘 [illegible]塘 [illegible]下 童家心塘
[illegible]塘 [illegible]家塘 東塘 [illegible]塘 [illegible]塘 李塘 以上高[illegible]
[illegible]陂 [illegible] 下[illegible]陂 [illegible]石陂 石[illegible]陂 [illegible]陂
[illegible]陂 [illegible]陂 [illegible]陂 [illegible]陂 柴岡陂 山泉陂
[illegible]陂 上[illegible]陂 黃[illegible]陂 [illegible]陂 楊[illegible]陂 [illegible]陂
白沙陂 黃家陂 余家陂 消陂 石坑上陂 中段陂
[illegible]陂 頭[illegible]陂 石坑陂 [illegible]陂 張源陂 下中陂
[illegible]陂 廖家陂 山[illegible]陂 二坐陂 黃[illegible]陂 梁口陂
[illegible]陂 [illegible]陂 [illegible]陂 [illegible]陂 [illegible]陂 [illegible]陂
高陂 [illegible]陂 游家陂 百丈陂 新[illegible]陂 萬山陂
中源陂 鄧通陂 鄧[illegible]陂 陳[illegible]陂 永先陂 仕安陂
鄭坑陂 熊家陂 遊芳陂 [illegible]陂 [illegible]柳塘 山蓮塘
義坑塘 南嶺下塘 南[illegible]塘 消源塘 高坑塘 高坑下塘
泉塘 官橋塘 官橋上塘 飯山塘 游泊塘 游泊下塘
楊柳下塘 楊柳塘 蓮荷塘 馬[illegible]山塘 北山口塘 中庄塘
南湖塘 飯羅山塘 北山程家塘 [illegible]塘 崖前塘 [illegible]飯塘
飯羅山塘 茅塘 江塘 黃塘 廣源塘 新塘
李塘 元塘 西下塘 石[illegible]塘 唐源塘 社山塘
楊師塘 雷大塘 章[illegible]塘 子路坑塘 松林塘 梅源塘

廖新塘　子路坑下塘　喻大塘　下坑塘　車函塘　黄土嶺塘
内黄塘　外黄塘　紅菱塘　大木下塘　大水塘　上蕨塘
籍源塘　何大塘　帥家塘　車段塘　丁楊塘　方楊塘
沈觀塘　萬山塘　滑石塘　魚田塘　小大低塘　鄭源塘
瞿塘　上彭源塘　下彭源塘　塘冲塘　黄塘　鳳凰岸塘
塘源塘　臺步塘　臺步下塘　雙源塘　淨林塘　以上崇義鄉　蓮花陂
山口陂　長田坑家陂　園石陂　東田陂　西源洞陂　黄岸陂
石下陂　逆水洞陂　官陂　小洞陂　曹源陂　欒田陂
新陂　楊冲陂　小洞陂　王仲陂　黄陂　新田陂
下家陂　婺田陂　東田陂　草鞋圻陂　太平橋陂　寺前陂

太平陂　大庄陂　千秋陂陂　西隱陂　黄龍寺陂　早塘
新塘　雷塘　鍾公塘　方塘　寄塘　徐塘
彭大塘　官塘　石皮塘　劉成塘　中段塘　黄山塘
松林塘　談坳塘　新塘　打石塘　石前塘　歴塘
巖塘　張家塘　張家大塘　李塘　李家塘　王家塘
苦塘　黄塘　石塘　東塘　大東塘　小東塘
官段塘　官段上塘　大山塘　三塢塘　楓樹塘　楓樹下塘
横冲塘　龍門塘　龍門下塘　龍坳塘　丘家塘　方家塘
上衛塘　黄家塘　隱居家塘　戴家塘　以上仁鄉　郭家陂
商家陂　黄家陂　青山陂　黄沈陂　余家陂　大磜陂

廿家陂　口州陂　芭蕉陂　大陂　黄泥陂　彭源陂
路口陂　從下陂　對庄陂　道背陂　力田陂　丘田陂
上家陂　陳家陂　黄家陂　楊田陂　余家陂　讀爐陂
耐公陂　蛛絲陂　牛欄陂　黄段陂　石段陂　楓林陂
劉方陂　青木陂　章家陂　泰清陂　談陂　桃樹洪陂
龍陂　山田陂　西灣陂　觀前陂　板洞陂　徙陂
曹坊陂　洪葆陂　太分陂　黄株陂　淵林陂　上源陂
黄陂　西庄陂　南源陂　沈庄陂　黄沙陂　石頸陂
柚埠陂　自然塘　朗田塘　高家塘　高家門首塘　官田塘
黄大塘　陂冲塘　小源塘　錢坊塘　西庄塘　西庄下塘

蓮塘　鶴塘　新塘　萬庄塘　塌陂塘　唐冲塘
大坪塘　以上西鄉

按各邑堤圩陂塘或一地而今昔異名或一名而縱横分裂別立圩號新築者亦多仍舊補砌各建閘以便水道蓋時異勢殊未必盡循舊額也茲合新舊並録之以便考云

嘗過

范公所築之堤而知于道譚之大哉夫觀民心可與為治昔西門豹鑿十二渠邑人苦之豹曰當令百歲後父老子孫思我耳如是三年渠成世父橋絶漢長史

以兩渠驤道相近欲秆二橋一之父老不可曰賢君之法不可改也嗚呼當其難苦且艱之矣而歿世思爲寧獨豹哉我南昌澤國也左臨章江而右章貢臨女挾鍾陵下流而東匯于南昌諸湖春夏之際饒廣之衝直突而西章貢復西合而寧武諸山澗之水朝發暮至勢益[illegible]

稽闕以來民與黿鼉爭呼吸之命不可得已會城爲東湖東湖不甚辟俾湮淤則漫江戰之則潮矣范公廼詢廣擘觀察故事求九津淪之故千寨冬十二月董發徒夫百餘人濬湖淤令易瀉自贖湖尾舊爲水關

公治橫關候水強弱湖強則直放而西達于江江湖俱強則閉關謝章貢不得外侵復引湖達濠帶郭而東北行數里與江合不得內漲固其時民實信公不疑而亦私迂公是役也卽問之九津且湮沒數十百年未之講也濬者淪者啓者閉者分而治者役而贖者又駭視易聽不知爲誰也是時公復下令諸屬求前太守祝公之遺何公堤南昌銀四千五百兩有奇余公堤新建銀三千一百兩有奇韓公堤豐城林公韓公相繼堤進賢沈公堤奉新范公勞焦諸公胼胝上下之間視吾民若痌瘝如一體也三月雨留者平

勞者復荒者治魚鱉者按堵而居之民始知有生人之樂而思范公之功大矣夫當其不知未嘗不以爲迂已而享其利則以有德而且思之欲尸祝之世世也此所謂萬世賴之王道哉嗚呼事久則湮物極則變籍令韋祝二公之業非范公微矣何余諸公又能勞苦成范公之志與民更始爲大利益使非有堅決之志誠愛之實不亦難乎余又嘗覩關中仰鄭白二渠既而豪戚壅上流取磑利且百餘年農田十七若是賴猶守令不可不知無動過討焉

新修南昌府志卷之六終

[illegible]卷之七

閭[illegible]以保息六養萬民又有司民掌登萬民之
[illegible]自古重之矣南昌二百餘年來涵濡
[illegible]入休養生息駸以阜繁而版籍所載視昔稍
[illegible]兵燹綏安集在司國計者加之意耳

歷代戶口

漢	晋	宋	隋	唐	宋	元
豫章郡 [illegible]	豫章郡 [illegible]	豫章郡 [illegible]	豫章郡 [illegible]	洪州 [illegible]	洪州 [illegible] 南昌縣 主客戶肆萬[illegible]	龍興路 [illegible] 至元二十七年 戶叁拾[illegible] 口[illegible] 寧州 [illegible] 南昌縣 [illegible] 新建縣 [illegible]

國朝戶口

南昌府 [illegible]

洪武[illegible]年 戶壹拾[illegible]

洪武二十四年 [illegible]

南昌縣 新建縣 豐城縣 進賢縣 奉新縣 靖安縣 武寧縣 寧州 [illegible]

永樂十年	宣德七年	正統七年	景泰三年	天順六年	成化八九年
戶[illegible]	[illegible]	戶捌萬伍 千陸百貳 拾 口叁拾壹萬 萬伍千肆百 百伍拾	戶[illegible]	[illegible]	[illegible]
[illegible]	[illegible]	[illegible]	[illegible]	[illegible]	[illegible]

戶口起存鹽鈔

南昌府所屬八州縣起存鹽鈔魚油共銀貳千伍百叁拾玖兩伍錢貳分捌釐零

成化[illegible]年	弘治五年	嘉靖初年	萬曆[illegible]年	萬曆[illegible]年
[illegible]	戶貳拾[illegible]萬柒百陸拾[illegible]	戶貳拾叁萬捌千捌百肆拾玖	[illegible]	[illegible]
[illegible]	戶叁萬貳千捌百陸拾壹	[illegible]	[illegible]	[illegible]
[illegible]	[illegible]	[illegible]	[illegible]	[illegible]

南昌縣起運銀叁百柒拾捌兩玖錢柒釐柒毫外水脚銀
柒兩伍錢陸分肆釐捌毫遇閏加正銀貳拾柒兩肆錢
捌釐伍毫外水脚銀陸錢叁分叁毫
存留銀叁百貳拾捌兩玖錢叁分柒釐柒毫零遇閏加銀貳
拾柒兩肆錢捌釐伍毫不派水脚臨期編解
新建縣起運銀壹百叁拾玖兩玖錢捌分玖釐壹毫零照
例加閏加水脚
存留數同起運不派水脚
豐城縣起運銀貳百玖拾兩貳錢玖分陸釐肆毫零
照例加閏加水脚
存留數同起運不派水脚
進賢縣起運銀貳百叁拾叁兩貳錢壹分陸釐叁毫零
照例加閏加水脚
存留數同起運不派水脚
奉新縣起運銀陸拾貳兩陸錢肆分捌釐貳毫零
照例加閏加水脚
存留數同起運不派水脚
靖安縣起運銀貳拾兩陸錢柒分柒毫零
照例加閏加水脚
存留數同起運不派水脚
武寧縣起運銀玖拾壹兩玖錢肆分柒釐貳毫零
照例加閏加水脚
存留數同起運不派水脚
寧州起運銀捌拾壹兩陸分捌釐玖毫零
照例加閏加水脚
存留銀數同起運不派水脚

按隆慶六年後戶幾叁拾萬口幾玖拾萬此著成丁者耳其未成丁及老病男女奚啻百萬而每戶未報者總亦不下數十萬流民移戶尚不在此數是幾貳百餘萬口也而萬曆十四年丈清官民田地山塘共柒萬頃有奇其中田地可食者不過伍萬頃有奇土壤原瘠以上中下乘之計壹頃出穀不及壹百伍拾石而縮加以水旱則不及壹百石有奇計口以食僅養貳拾口而不足總計田伍萬頃僅養丁百萬有奇耳是常有百萬口無養也以故郡民多半逃亡或客外不歸至父母妻子終身以衣食之故不相見者多矣仁人君子念之當爲流涕邇有欲盡數核丁者以丁多則差輕不知歲久弊生猾胥旋以那增日積毫釐差將復重且世事難測異時安取料其不加是既不能養之又復役之大非人情矣爰詳戶口與覽者察其蕃庶思以生養休息焉而無徒曰吾將盡役之也則庶其逃亡者可省也

田賦

書稱楊州之域厥田惟下下厥賦下上上錯乃南昌屬揚裔土尤稱下下矣而惟正之供百倍疇昔柰何民不窮且逃也迺雖幸剤量頗有成憲而細故多端命懸猾吏或藏匿户由以意增損焉嗟夫畀而不可欺者民也詎曰可使由之巳哉是用表詳開俞庶廣仁人户曉之至意云

南昌府税糧總目 八州縣附

	官民田地山塘	夏税	農桑絲絹	秋糧
洪武間	官民田地山塘共伍萬伍百叁拾捌頃	夏税米壹千伍百叁石伍斗肆升玖合	農桑絲肆百貳拾貳斤貳兩柒錢 折絹叁百叁拾柒疋貳丈玖尺肆寸	秋糧米肆拾捌萬壹千壹百捌拾叁石陸斗伍合
弘治間	官民田地山塘共伍萬伍百叁拾捌頃捌拾玖畝叁分	夏税米壹千伍百叁石伍斗肆升玖合	農桑絲肆百貳拾貳斤貳兩柒錢 折絹叁百叁拾柒疋貳丈玖尺肆寸	秋糧米肆拾捌萬壹千壹百捌拾叁石陸斗伍合
嘉靖間	官民田地山塘共肆萬玖千玖百捌拾柒頃肆拾肆畝肆分伍釐	夏税米壹千伍百叁石伍斗肆升玖合	農桑絲肆百貳拾貳斤貳兩柒錢 折絹叁百叁拾柒疋貳丈玖尺肆寸	秋糧米肆拾捌萬壹千壹百捌拾叁石陸斗伍合
萬曆十四年	官民田地山塘共柒萬肆百陸拾頃伍拾柒畝叁分捌釐陸毫	夏税麥米壹千肆百玖拾玖石壹斗柒升捌合叁勺	農桑絲玖百貳拾貳斤壹拾貳兩叁錢伍分 折絹肆百[illegible]尺[illegible]貳分伍釐	秋糧官民米肆拾[illegible]萬壹千肆百貳拾[illegible]石柒斗[illegible]升[illegible]合捌勺

先是萬曆十年本府遵奉
明旨淸丈查覈過寧州并南昌等縣田地山塘總撒數目税糧等項相應遵照戶部題奉
欽依立碑鐫刻永爲遵守

南昌府屬州縣清丈過實在田糧

官民田伍萬肆千捌百陸拾捌頃貳拾壹畝柒分貳釐貳毫

官民地壹萬壹百捌拾玖頃伍拾伍畝貳分壹釐陸毫

官民山肆千伍百壹拾壹頃陸拾壹畝柒釐叁毫

官民塘壹千陸百肆拾捌頃陸拾柒畝叁分陸釐肆毫

以上田地山塘通共柒萬壹千貳百壹拾捌頃伍畝叁分柒釐共戴原額

官米玖萬陸千伍百伍拾石壹斗柒合陸勺

民米叁拾捌萬肆千捌百柒拾叁石柒升陸勺

夏税麥叁千肆百玖拾玖石壹斗柒升捌合叁勺

計開

寧州田陸千伍百叁拾玖頃陸拾叁畝玖分陸釐 地柒百肆拾壹頃叁拾壹畝壹釐肆毫 山叁百肆頃壹拾柒畝 塘壹百柒拾柒頃陸拾畝叁分捌釐捌毫

官米叁千肆百貳拾玖石叁斗貳升玖合伍勺

民米貳萬柒千玖百伍拾玖石捌斗玖升[illegible]

南昌縣田壹萬貳千玖拾壹頃柒拾陸畝壹分壹
叁勺
釐
地壹千陸拾叁頃陸拾玖畝肆分伍釐
山伍百捌拾頃柒拾捌畝
塘陸百叁拾捌頃肆拾伍畝捌分柒釐
官米壹萬陸千叁百陸石玖斗伍升壹合叁勺
民米壹拾壹萬貳百貳拾叁石叁斗伍合叁勺
夏稅米麥貳百陸拾柒石玖斗壹升玖合伍勺
新建縣田玖千叁百貳拾肆頃壹畝叁釐陸毫
地壹千柒百玖拾玖頃玖拾伍畝貳分叁毫
山叁百玖拾柒頃陸拾玖畝捌分叁釐叁毫
塘壹百陸拾柒頃陸拾壹畝捌分柒釐貳毫
官米壹萬壹千肆百肆拾伍石叁斗肆升貳合
玖勺
民米伍萬貳千壹百捌拾陸石陸斗伍升捌合
肆勺
夏稅米麥叁拾壹石叁斗壹升柒合伍勺
豐城縣田壹萬壹千肆百玖拾壹頃肆拾捌畝叁
分陸毫
地叁千壹百陸拾伍頃陸拾貳畝玖分捌釐玖
毫
山陸百陸拾叁頃肆拾壹畝肆分肆釐
塘壹百叁拾肆頃柒拾畝肆分肆釐
官米叁萬柒千肆百貳拾叁石肆斗叁升貳勺
民米捌萬肆千肆百叁拾伍石肆斗陸升伍合
玖勺
夏稅米麥柒百捌拾石捌斗柒升捌合伍勺
進賢縣田肆千玖百壹拾肆頃叁拾陸畝壹分
地貳千柒百玖拾捌頃捌拾叁畝肆分
山壹千叁百玖拾玖頃柒拾貳畝
塘叁百貳拾伍頃壹拾玖畝陸分
官米柒千陸百肆拾石陸斗捌升玖合
民米肆萬伍百肆拾石陸斗伍升柒合陸勺
夏稅米麥壹百貳拾伍石捌斗伍升肆合壹勺
奉新縣田肆千伍百肆拾壹頃肆拾陸畝伍分壹
釐
地叁百捌頃貳拾玖畝壹分
山壹百伍拾叁頃玖拾畝捌分
塘肆拾壹頃壹畝貳分肆毫

官米壹萬柒千叁拾伍石捌斗玖合
民米叁萬伍千玖百伍拾肆石貳升陸合叁勺
夏稅米麥捌拾石肆斗捌升肆合陸勺
靖安縣田貳千叁拾捌頃捌拾貳畝壹分
地貳百壹拾貳頃壹拾陸畝肆分壹釐
山肆百壹拾壹頃玖拾貳畝
塘捌頃柒畝叁分玖釐
官米貳千柒百玖拾伍石伍斗柒升玖合
民米壹萬壹千肆百柒拾捌石伍斗捌升陸合
貳勺
夏稅米麥壹拾壹石陸升貳合肆勺
武寧縣田叁千玖百貳拾陸頃捌拾柒畝陸分
地壹千玖拾玖頃陸拾柒畝陸分伍釐
山陸百頃
塘壹百伍拾陸頃陸分
官米肆百柒拾貳石玖斗捌升柒勺
民米貳萬貳千玖拾肆石肆斗柒升捌合陸勺
夏稅米麥貳百壹石陸斗陸升壹合柒勺外
補閏米肆石肆斗肆升肆合陸勺
析州止此

寧州	武寧縣	靖安縣	奉新縣	進賢縣	豐城縣	新建縣	南昌縣
官民田地山	官民田地山	官民田地山	官民田地山	官民田地山	官民田地山	官民田地山	官民田地山
塘共[illegible]千貳百叁拾陸頃貳拾玖畝肆分	塘共叁千玖百貳拾壹頃伍畝捌分	塘共壹千捌百玖拾壹頃壹拾壹畝	地共肆千肆拾壹頃壹拾肆畝叁分	塘共捌千叁百伍拾玖頃壹拾叁畝叁分	塘共壹萬伍百柒拾玖頃叁拾[illegible]分	塘共伍千陸百玖頃柒拾陸畝玖分	塘共壹萬壹千壹百陸拾叁頃肆畝[illegible]
夏稅米麥[illegible]石[illegible]陸斗[illegible]	夏稅米麥壹石陸斗陸升壹合[illegible]	夏稅米麥壹拾壹石陸斗[illegible]	夏稅米麥捌拾石肆斗[illegible]	夏稅米麥壹百[illegible]	夏稅米麥柒百[illegible]	夏稅米麥叁拾壹石叁斗壹升柒合伍勺	夏稅米陸百陸拾柒石玖斗壹升玖合

[illegible]

田賦科則

萬曆拾肆年丈後新則

南昌縣　新建縣　豐城縣　進賢縣　奉新縣　靖安縣　武寧縣　寧州

[illegible]以分[illegible]民下下共陸例 官田畝[illegible]例田肆十 科米壹合捌百叁拾 共[illegible]伍拾陸拾叁 一則官學例畝捌分伍 壹拾叁畝所塵每畝 叁畝柒分各科米貳 各科米貳升叁合壹 一則民地捌升陸合叁 頃柒拾項分以至叁 柒拾陸畝合者共叁 柒分肆釐捨貳捌 每畝科民地玖百壹 米伍升陸拾頃壹拾 合肆勺叁畝玖分 壤成畝每每畝科 畝科米壹米壹升肆 升陸合伍合伍勺伍 抄抄

科民米肆合貳勺捌抄 一則民山貳拾貳畝柒分壹釐 每畝科茶貳柒百柒拾株 壤成肆拾貳頃肆畝陸釐 每畝各科官民米壹斗貳升壹合肆勺貳壹斗壹升貳合或壹斗肆合伍勺 [illegible]

民地桑地例百肆拾頃捌拾畝壹分 每畝科米肆合捌勺 民山肆百叁拾頃陸拾玖畝 每畝科茶伍合叁勺 民塘壹百壹拾頃柒拾捌畝 每畝科米肆升叁合

科[illegible][illegible]拾文

按

國朝量田制賦即古則壤成賦意也然各郡有不平之

甚者姑記南新二縣之畧而一郡可槩覩也二縣附省科重每民上田陸畝陸分中田捌畝肆分下田不及拾畝各科糧壹石官田貳畝或叁畝或伍畝科官米壹石載在賦書可考也計田中所出上田壹畝收租穀壹石捌斗中田壹石伍斗下田壹石貳斗或壹石官田稱是即田中所入嘗歲輸三分之一于官而下田則歲恒不給除水旱無論也臨川高安與二縣接壤耳臨川每畝科米陸升計田壹拾陸畝捌分載糧壹石視南新倍矣高安帶官米玖升視南新過半倍矣他如廬陵田科伍升吉水安福帶官民叁田科壹斗贛州屬邑大約科貳叁升又或以伍畝叁畝折壹畝饒州南康九江三府大畧田科伍升肆升輕重何相懸若是哉或者猶曰南新派則太輕嗟夫是齊末之說也善乎陳中丞之言曰科則明而後輕重之本辨南新科重而則稍輕諸處或科輕而則稍重耳然概提而論則重之害十之三而科重之害十之七儻使易地而居不待知者而知擇處矣矧二縣之則未輕哉

田賦刊則　歷年賦書　秋糧凡例附

南昌縣

賦役總會文冊　嘉靖十八年刊

本縣夏稅　起運農桑絲絹肆拾貳疋叁丈陸尺捌寸

存留本府倉米貳百壹拾柒石玖斗壹升玖合伍勺

秋糧官民米壹拾貳萬陸千貳百柒拾伍石叁斗貳升捌合壹勺內　官米壹萬陸千伍拾柒石肆斗玖升貳合伍勺派京庫折銀

[illegible]

賦役紀　嘉靖四十年刊

本縣夏稅　起運農桑絲絹存留本府倉米數俱同前

秋糧官民米壹拾貳萬陸千貳百柒拾伍石叁斗貳升捌合壹勺內

[illegible]

重定稅糧派則　萬曆十四年刊

[illegible]

稅糧歷年刊則

[illegible]

新建

本縣夏稅　起運農桑絲絹

[illegible]

南昌縣刊則

[illegible]

縣稅糧

歷年刊

新建縣刊刻

城縣稅

則

糧　歷　年

壹百柒拾貳石陸斗肆升色米壹萬柒千伍百貳拾捌石折色米伍千陸百肆拾肆石陸斗　京庫折銀米伍萬捌百柒拾柒石柒斗肆合　沙蘆米叁萬玖千捌百玖石陸升肆合民折米壹萬壹千陸拾捌石陸斗叁升陸合　南京庫綿布米肆千伍百肆拾捌石　京庫生絲肆千肆百陸斤價米捌百捌拾壹石貳斗　存留淮府折色祿米陸百貳拾玖石叁斗　各府祿米貳千玖百伍拾石陸斗壹升　鳳陽祿糧陸千壹百石　新倉米八百柒拾石叁斗捌升柒合玖勺　縣學倉米叁百石　[illegible]折米陸拾壹石

南京庫綿布米叁千伍百貳拾伍石柒斗捌升　京庫折銀米伍萬貳千陸百壹拾柒石柒斗玖升壹合伍勺內官米叁萬柒千肆百貳拾叁石肆斗叁升壹合伍勺民折米壹萬伍千壹百玖拾肆石叁斗壹升　大府祿米伍百叁拾捌石柒斗壹升　各府祿米伍千叁百柒拾捌石貳斗陸升　本府倉米叁千伍百柒拾肆石　鳳州府倉米叁千叁百肆石　縣倉米叁百叁拾壹石柒斗肆升肆合伍勺　縣學倉米叁百石　微折米陸拾貳石肆斗陸升貳合壹勺伍抄每石徵銀陸錢作同庫存留　帶徵派剩白糧等

叁千肆百伍拾伍石柒倉米叁百貳拾玖石叁斗肆合伍勺　縣學倉米壹百石　帶徵新封銀叁百柒拾捌兩肆錢叁分肆毫伍絲　改派司庫米壹千肆拾伍石肆斗壹升壹合玖勺　帶徵四司料銀壹千伍百叁拾叁兩玖錢肆分叁厘貳毫　加派白糧本折牲口共銀壹千貳百壹拾兩貳錢陸分玖厘供除腳耗　顏料銀叁百叁拾叁兩肆錢陸分壹厘壹子連補墊　外牛租穀壹百貳拾貳石玖斗貳升肆合叁勺　夏稅米每石派府倉麥米銀陸錢　秋糧官民米每石派實徵本色米陸斗伍升叁合柒勺壹

則　遵　賢

斗陸升[illegible]合[illegible]勺派存留本縣倉米

遵[illegible]刊則

本縣夏稅　起運農桑折絹本色絲肆疋壹丈陸尺伍分　存留本府倉麥米壹百叁拾石叁斗陸升陸合捌勺　秋糧官民米肆萬捌千柒百柒拾捌石柒斗柒升壹合壹勺內官米柒千陸百肆拾石陸斗捌升玖合伍勺民折銀　民米肆萬伍百壹拾柒石叁斗捌升貳合壹勺內[illegible]米肆拾叁石叁斗壹升陸合陸勺派京庫折銀　實派民米

料牲口苗木竹棕毛[illegible]腳耗顏料加派共銀壹千叁百壹拾兩肆錢壹分伍厘陸毫　生派工部四司料銀壹千肆百陸拾玖兩陸錢肆分陸厘叁毫

本縣夏稅　起運農桑折絹本本府倉麥米叁數俱同前　秋糧官民米肆萬捌千柒百柒拾捌石柒斗柒升壹合壹勺內　存在官民米叁拾陸石玖斗柒升伍合叁勺俱照前則扣除　實派官米柒千陸百叁拾叁石伍斗貳升柒合叁勺　每石派折銀貳錢伍分　派京庫顏料　民米肆萬伍百[illegible]米肆拾[illegible]拾叁升陸合伍勺　派民

[illegible]折色　銀貳錢玖分柒釐玖絲肆忽　黃蠟[illegible]全納銀陸錢肆分肆厘　牛租米每石派司庫銀陸錢

縣　稅　糧

肆萬[illegible]千玖拾肆石柒斗肆升派銀伍錢每石連水折作銀伍錢肆分叁毫壹絲玖忽微肆纖　起運京庫米叁萬壹千壹百捌拾伍石陸斗　淮安倉米肆千陸百伍拾壹石叁斗內本色米肆千貳百玖拾玖石陸斗　鳳陽折色米叁百柒拾壹石柒斗　南京倉米壹萬壹千肆百叁拾陸石陸斗內本色米捌千陸百伍拾石捌斗折色米貳千柒百捌拾伍石捌斗　京庫折銀米壹萬叁千壹百肆拾陸石壹斗內　官沙蘆米柒千陸百捌拾叁石叁斗貳升叁合陸勺民折米伍千肆百陸拾貳石柒斗柒升陸合

司庫折銀貳錢伍分　實派民米肆萬肆千陸拾伍石玖斗貳升玖合肆勺每石本折全納銀柒錢肆分貳厘柒毫伍絲陸忽陸微肆纖　充軍正米貳萬壹千柒百柒拾伍石伍斗捌升　淮安倉正米叁千柒百壹拾壹石叁斗陸升　南京倉正米柒千捌百伍拾石叁斗捌升　剛派剩折色米壹千玖百捌拾柒石肆斗貳升　南京庫綿布折色米壹千柒百肆拾石肆升　京庫折銀米壹萬伍千伍石柒斗陸升貳合內官米柒千陸百叁拾貳石伍斗貳升貳合民折米柒千叁百柒拾叁石貳斗肆升　大府祿

壹石貳升　改京庫折壹千陸拾石肆升　帶派裹束絹疋肆拾肆疋壹丈陸尺伍分　存留大府折色祿米壹百伍拾貳石壹斗貳升　代徵峽江縣大府祿米銀肆兩壹錢陸分叁厘肆毫　各府祿米肆千玖拾肆石玖斗肆升　各祿改解本府抵作燕儀米壹千肆百柒拾陸石肆斗貳升　議允加派燕儀祿銀壹百伍拾玖兩壹錢肆分壹厘貳毫　倉米壹千貳百玖拾石　本府縣倉米叁百捌拾貳石玖斗玖合肆勺　縣學倉米叁百石　帶徵新封銀壹百陸拾捌兩玖分玖毫肆絲　改派司庫米捌拾

刊　則

肆勺　南京庫綿布米貳千貳百肆拾肆石陸斗　京庫生絲貳千壹百柒拾肆斤壹拾貳兩價米肆百叁拾肆石玖斗伍升　存留淮府折色祿米叁百壹拾石伍斗肆升　各府祿米壹千肆百伍拾陸石貳斗肆升　本府倉米貳千陸百叁拾玖石柒斗柒升　縣倉米叁百伍拾貳石叁斗柒升壹合壹勺　縣學倉米叁百石　外駁餘析米叁拾玖石壹斗叁升伍勺派存留本縣倉米　奏出新陞充洲胡田米伍石每斗派存留本縣倉米

遵[illegible]刊則

米貳百陸拾壹石肆斗貳升　各府祿米貳千陸百玖石捌斗陸升　本府倉米貳千肆百陸拾陸石　縣倉米叁百玖拾石陸斗貳升玖合肆勺　縣學倉米叁百石　外駁餘折米叁拾玖石壹斗叁升伍合　奏出新陞充洲胡田米壹石伍斗肆升伍合陸勺每石派銀陸錢作同庫存留　帶徵派剩白糧本折品牲口苗木竹棕毛圓藤并加派共銀陸百叁拾貳兩柒錢叁分肆厘柒毫　生派工部四司料銀柒百玖兩陸錢壹分貳厘

貳石捌斗玖升伍合貳勺　帶徵四司料銀柒百叁拾兩玖錢玖分玖厘陸毫　白糧并本色舂辦品共銀伍百捌拾兩伍錢陸分陸厘除腳耗　顏料銀陸拾柒兩柒厘連補墊　牛租穀捌拾肆石陸斗貳升壹合貳勺　夏稅麥米每石派府倉麥米銀陸錢貳分捌毫叁絲壹忽玖微捌纖　官民米每石派實徵本色米叁斗壹升貳合柒勺陸抄叁撮玖粟折銀貳錢壹釐陸毫壹絲捌忽叁纖　通共全納銀柒錢叁厘　牛租米每石派司庫銀伍錢伍分肆厘玖毫叁忽伍微肆纖

奉新縣

稅糧歷

靖安縣

年刊則

稅　糧　利　　則　武　寧

縣　稅　糧　　利　則　寧

州稅糧刊則

南昌府志

稅糧凡例 附 新定

凡兌軍正米壹石

南京正米壹石 加副米叁斗陸升每石折銀伍錢共該銀陸錢捌分南昌俱支行糧徵批解部

新例改折米壹石 徵銀柒錢玖分

舊例派剩仍解太倉米壹石 徵銀陸錢

京庫折銀米壹石 徵銀貳錢伍分 加腳耗

大祿壹石 徵銀貳錢伍分 原折壹兩今裁定

各祿壹石 徵銀

三司俸米壹石　徵銀捌錢

庶儀祿米壹石　徵銀陸錢　內扣壹錢作新封

府州縣倉米壹石　徵銀陸錢　內扣壹錢作新封

府州縣學倉米壹石　徵銀陸錢

改派司庫米　先年派則不等俱追解司道備各祿支用今定每石徵銀叄錢叄分

牛租穀折米　每石派司庫銀陸錢

南京庫苧布　每壹疋折銀貳錢

京庫闊白苧布　每米柒斗折布壹疋南京闊白苧布價仝

南京闊白棉布　每米壹石折布壹疋

府縣庫鈔　每叄壹石准鈔伍拾貫每貫折銀伍釐每伍貫爲壹錠每錠折銀貳分伍釐

按本省田賦弘治前案牒皆燬無可考已正德末使司始議以民糧多寡爲分派數目上地肥瘠爲輕重等則河道有無爲起存分數定十二則而南昌府屬南新八州縣暨高安等三十縣爲一則運留全派此定派之始也自後更革不一嘉靖十四年改派南米壹拾肆萬石每石折銀陸錢解貯太倉所謂派剩大倉米也而各府祿米增叄千叄百餘石爲二十則然袁州獨邑有偏重之詞以南贛宜黃樂安得輕使之剩於是十七年所議損爲七則而高安峽江併入南新八州縣爲一十一則矣二十年摘淮倉米陸千石改派顯陵　承天二衛爲舊例折色每石減貳錢伍分有零二十一年峽江奏原分新淦民沙米貳千伍百餘石乞改京庫折銀移南昌等五十二州縣代納二十二年定淮倉副米過江湖米則二十三年撫院虞　因各縣田科有重至壹斗陸柒升以上者議以壹斗柒合仍舊派餘改京折與官沙同謂之改重南新豐奉暨高安等九縣皆與焉是年摘南米肆萬餘石改派新例折銀每石伍錢三司俸糧增壹千伍百叄拾伍石有奇於南昌等六十七州縣存留內均派二十六年撫院傅　因南新附省科重差繁議少殺於科輕縣

分量益之定九則二十八年增庶儀祿糧貳萬叄千餘石於豐奉靖寧武十三縣原派南昌府倉米內派之三十八年撫院何　定淮正米壹石減過江湖米柒升謂之過江帶湖米更定各總支給之數而以三司俸糧全派南新二縣隆慶六年撫院徐　定南米改折陸萬柒千有奇每石銀伍錢解南戶庫謂之改折至今因之萬曆十三年奏例丈量更定稅糧南新二縣仍舊則焉本郡錢糧因革大都若斯然詳究更革之端則稅糧原有定額究淮京折棉苧布大各祿三司俸糧庶儀祿米府縣學倉米四司料黃白蠟等

物料俱無增損所不同者惟南米舊例派剩二項每年奉部文坐派本折多寡不同臨時增損遂生弊端十四年撫院馬　陳　撫院孫　優行司道府議以下三年派剩米數爲準酌本折之中定納銀之則雖坐派歲異而則不可易臨時增減之弊庶其少焉又將南新二縣原額沙米均攤每民米壹石內帶玖升兌軍准正米壹石減脚耗米叁升以黃白蠟抵補基章預布較若畫一豈獨意哉郡縣稱加恤矣然查二縣原派民米壹石全納本折陸錢貳分玖釐今帶沙減脚則每石該編銀肆分有零黃白蠟每石不過數

釐即有他增亦須止陸錢以上而今定派陸錢貳分陸釐是所減僅叁釐耳所云加恤何以稱焉蓋二縣科則原重始自處中丞議改而應山傅公繼之稍均毫釐於諸縣科輕處乃微蒙一分之寬賜焉而或者不察幾爲爭論德安何公遂復加派然仁人目擊隱中成爲愴惻雖浮論多端而科則重輕寸木岑樓昭然本末是以有十四年之議焉然而所減僅若是推之一郡縣有可知豈其時勢低昂姑爲此賦芋之說耶大抵積書猾算詭派多方列數微眇旁懸孔竅以待重稱其所呈查脊文致既成畧無罅漏雖使弘羊

[illegible]後生亦不過按籍奏當莫窮孔端蓋益深[illegible]矣

按嘉靖四十年派則南昌縣京庫折銀民米叁萬肆百陸拾叁石有奇萬曆十四年則貳萬捌千玖百有奇實減壹千陸百伍拾餘石似爲優邮及查南昌舊派南正米壹萬壹千伍百陸拾肆石新派南正米柒千伍拾捌石新例改折米伍千柒百伍拾伍石二項總壹萬貳千捌百餘石比舊壹萬壹千伍百陸拾肆石加壹千貳百肆拾餘石矣夫京庫折銀每石貳錢伍分南折每石陸錢捌分是每石實加銀肆錢叁分

以壹千貳百石計之共加伍百貳拾餘兩以新例改折筭之每石派銀柒錢玖分所加又壹百叁拾餘兩是南昌實加銀陸百餘兩矣無亦名優之而實浚之耶至於適省改折陸萬陸千石下叁拾陸萬貳千石之中不及十之二而南昌遂改伍千柒百餘石于壹萬貳千捌百餘石之內乃踰十之四派數不均皆未可曉姑志焉

峽江沙米原不過貳千伍百餘石移各縣代賠今旣丈量則各縣盡削沙米之名而此縣以借口科則之重獨存然南新田科視峽江更重彼派則全納銀伍

錢玖釐零而二縣陸錢貳分陸釐又大相遠是其科則視二縣爲皆輕矣柰何苦爲之辭而强使代賠耶鳲鳩君子當有以處此矣

新修南昌府志卷之七 終

新修南昌府志卷之八

差役

里甲 均徭 驛傳 附折色 四差凡例 四差議 民兵

南昌附省首郡而所轄又皆瘠土先是里甲均徭驛傳民兵各役每十年輪充始謂一勞永逸也日久官吏乘勢凌下愚民不自勝斗給庫役以升胥之蓄當谿壑之求而諸募執票倍索若虎翼焉雖役一年逋負累累常繫在官不得休息安在其永逸耶條編之法其來遠矣吾郡則議始於餘姚周中丞成於江陰劉中丞每年通計丁糧瑣條諸費相提衡論而視所出頗裕計馬徵銀在官齊以畫一愚民歲輸募直則循循阡陌安所常業終身無吏胥之苦毒焉蓋拯之酷烈登之清臺厚幸矣厚幸矣而或者謂官不便夫張官置吏所以爲民柰何可使不便在民耶矧官未必不便也或又謂歲歲出錢致令小戶逋竄又云倉庫重事不當徒倚吏胥又云精兵恐不時給生變而令對支凡所紛紛皆妄言沮法無事實今法行二十餘年不聞有此是浮論在計無稽不效可睹矣尚賴一二當事群公悉力調護乃得竟行不爲奸猾所阻謹詳紀始末以示惠政所由來之艱難焉其敢忘德嗟夫掊克者取數多盈而民不堪法名者條支多縮而官不便今吏歷多方成憲具在慎守焉可矣

里甲

本府里甲項下共該派銀貳萬柒千玖百陸拾肆兩貳錢玖分叁釐壹毫柒絲貳忽壹微捌纖捌渺內派

南昌縣里甲項下共該派銀伍千玖百柒拾壹兩玖錢玖分壹釐柒毫肆絲貳忽柒微柒纖

新建縣里甲項下共該派銀叁千伍百壹拾壹兩捌錢捌分壹釐壹絲捌忽玖微

豐城縣里甲項下共該派銀伍千伍百玖拾柒兩捌錢貳分伍釐伍毫柒絲貳忽陸微壹纖

進賢縣里甲項下共該派銀伍千伍百叁拾貳兩玖錢捌分陸釐貳毫柒絲玖忽玖微

奉新縣里甲項下共該派銀叁千壹百貳拾伍兩柒錢

靖安縣里甲項下共該派銀玖百玖拾伍兩玖錢玖分

武寧縣里甲項下共該派銀壹千貳百肆拾陸兩伍錢

寧州里甲項下共該派銀貳千伍拾壹兩貳錢捌分

二

里甲一縣項下八州縣分派

南	昌	縣	新	建	縣
[illegible]	[illegible]	[illegible]	[illegible]	[illegible]	[illegible]

三

豐	城	縣	進	賢	縣	奉	新	縣	靖	安	縣	武	寧	縣	寧	州
[illegible]			加水脚			加水脚			加水脚			加水脚			加水脚	

料價凡例

弓箭弦條 凡折價年分 弓每張價銀肆錢壹分 箭每叁拾枝價銀伍錢捌分伍厘 弦每條價銀貳分玖厘捌毫 解料年分 弓每張價銀肆錢叁分柒厘 箭每叁拾枝價銀柒錢玖分柒厘 矢毫貳忽伍微 弦每伍條內貳條折價 每條價銀叁分柒厘伍毫 叁條解料 每條價銀陸分壹厘柒毫柒絲壹忽玖微壹纖 [illegible]

胖襖褲鞋 每副工料銀壹兩伍錢外加水腳已經題徵至萬曆十年止以後奉文成造本色每副加棉花價銀壹錢捌分如解折色仍照舊派 水腳銀每正銀壹兩 加水腳銀貳分叁厘

茶藥材野味翎毛等件料價扛解俱明註款下

里甲二 雜辦項下各公費

朝賀公費

祭祀公費 郡祀

祭祀公費 六州縣

祭祀公費 六州縣

布政司 進 萬壽 冬至 正旦 千秋表箋銀壹拾叁兩伍錢柒分伍厘派新建縣

南昌府 進 萬壽 冬至 正旦 千秋表箋銀玖兩叁錢玖分捌厘派南昌縣

本府應朝造冊紙張工食錢帛等銀陸兩派南新二縣

寧州 進 萬壽 冬至 正旦 千秋表箋銀壹拾叁兩叁錢伍分陸厘

南新二縣應朝造[illegible]

祭社稷二祭本府[illegible] 文廟釋奠[illegible]祭銀陸拾肆兩肆錢肆分陸厘 學

敬聖公祠祭銀捌兩貳錢貳分 名宦祠祭銀陸兩肆錢 鄉賢祠祭銀陸兩壹錢玖分捌厘 山川壇祭銀叁拾柒兩貳分陸厘 忠臣 武陽 適溪 [illegible]四祠 共祭銀貳拾陸兩[illegible]分陸厘 派南昌縣 [illegible] 文廟府學 社稷壇 共祭銀貳拾[illegible]

各州縣學 文廟釋奠[illegible]進各 [illegible]銀肆拾壹兩[illegible] 肆分陸厘奉新派 銀叁拾肆兩[illegible] 肆分陸厘靖安派 銀貳拾玖兩肆錢 肆分陸厘武寧派 銀貳拾玖兩叁錢 銀叁拾伍兩貳錢 肆分陸厘 [illegible] 名宦 鄉賢 三祠豐城派銀捌兩叁錢肆分肆厘 進賢派銀壹拾壹 兩[illegible]錢叁分 新派銀壹拾[illegible] [illegible]錢玖分[illegible] [illegible]銀拾[illegible]兩[illegible]

豐城縣 文山 公二祠各派銀叁兩陸錢叁分肆厘 忠節祠祭 奉新縣 銀叁兩捌錢陸分 貳厘 寧州郡厲壇三祭共 銀壹拾肆兩伍錢 叁分 邑厲壇豐城祭銀壹拾肆兩捌錢叁分 進賢壹拾叁兩陸 錢[illegible]分奉新[illegible] 壹兩伍錢叁分靖 安玖兩叁錢叁分 武寧拾兩伍錢叁 分 [illegible]神等[illegible] [illegible]各派銀[illegible]

州[illegible]工食[illegible] [illegible]平縣各派[illegible] 叁兩[illegible]等六 川縣各派銀壹 兩

[illegible]陸[illegible]錢[illegible] 厘 旌忠 [illegible]陽 [illegible]公四祠 共祭[illegible]壹拾[illegible] 兩伍錢陸分肆 厘 郡厲壇二祭銀叁 拾叁兩玖錢叁 分俱派新建縣 [illegible]春祭[illegible]神等項 南昌派銀壹拾 貳兩 新建柒 兩玖錢 已上係郡祀 南新二縣儒學 文廟釋奠二縣各 派銀壹兩肆錢 肆分

錢玖分貳[illegible] [illegible]壹兩陸錢肆分 寧州派銀拾兩柒 錢叁肆厘祭濂溪 祠在內 山川 社稷二壇豐 進各派銀貳拾柒 兩貳錢叁捌厘奉 新貳拾叁兩[illegible] 分肆厘靖安貳拾 肆兩[illegible]錢叁分肆 厘武寧貳拾肆兩 陸錢柒分肆厘寧 州派銀貳拾貳兩 陸錢柒分肆厘

[illegible] 已上係六州縣祀 各派銀[illegible] 肆分[illegible] 錢柒分

上司公費

布政司公費銀叁百[illegible]新建[illegible] 兩派豐城奉新均 出

按察司衙門各項公費 銀叁百兩派南昌 陸拾兩新建叁拾 柒兩豐城陸拾壹 兩進賢伍拾捌兩 奉新叁拾肆兩靖 安壹拾叁兩武寧 壹拾肆兩寧州派 拾叁兩遇按臨之 年派撥候用

南昌兵備道到任修 衙什物銀貳拾兩 職事公座泉帥[illegible] 陸兩貳錢貳分叁 [illegible]

上司公費

[illegible]公費[illegible]供應上南昌府公費銀貳百 兩公費銀進賢柒 拾柒兩柒錢陸分 柒兩奉新玖拾貳 兩捌錢伍分壹厘 柒毫捌絲 供應過往[illegible]香油燭 柴炭士夫交際等 銀南昌派銀伍百 兩新建肆百兩 紙劄油燭柴炭過 客下程士大交際 供應上司按臨心紅 等項公費豐城派 銀[illegible]捌拾兩進 賢陸百玖拾兩奉 新[illegible]壹[illegible]捌兩 靖安捌拾兩靖安

本府公費

肆拾兩內派南昌 靖安各貳拾肆兩 新建壹[illegible]兩豐[illegible] 進寧州各[illegible]拾兩 本[illegible]拾貳兩武 [illegible]拾捌兩 本府正堂新任陞任 祭祀公[illegible]銀[illegible]兩 伍錢[illegible]衙[illegible]火銀 壹拾伍兩[illegible]職事傢 貳兩陸錢貳分各 夏泉帷[illegible]兩捌 錢陸分[illegible]厘青[illegible] 壹副銀玖錢[illegible] 厘府佐四員各新 任[illegible]任祭祀公[illegible] [illegible]兩[illegible]

八州縣公費

賓 公費

校閱 公費

解 費 公費

修 理 公費

[illegible]

公費

[illegible]

歲報循環

[illegible]

里甲二 雜辦項下各屬夫役船馬

各衙門役夫

都察院南昌縣答應……每役各給銀壹兩……二院同……按院南昌縣答應……布政司左堂……司同……清軍糧儲二道……分守南昌……南新二縣……本府首領四員……

布政司首領六員各……按察司正堂……清軍提學屯田三道……按察司首領四員各……分巡湖東湖西九江……九道每道……每年約計……南昌兵備道寧州答……

[illegible]

八州縣夫馬俱給

[illegible]

[illegible]

按役書止中其目有五曰額辦歲有定額茶芽藥材

以土所產翎毛麂皮於有衛所府縣監造弓箭胖襖

造於通省野味皮翎魚油漁捕戶所供今併入丁糧

曰歲派蠟茶果品牲口皮竹棕藤諸料每歲一派謂

之歲派以南新二縣附省靖安武寧寧州路衝站遠

俱不派豐進等一十三縣亦路衝量派之正派惟二

十一縣曰坐派竹木棕箬金箔紙漆紵綾紬綿二年

一派散木黃棕焰硝十年一派修造諸事料或三年

或五年或連數月派無定例嘉靖十七年撫院胡

通計二派歲徵銀貳萬伍千兩以待之二十三年黃

口蠟增銀叁千壹百餘兩三十二年果品牲口增銀

貳千捌百餘兩二十四年又增白蠟銀壹萬餘兩供
謂之加派仍免南新二縣而坐七十二州縣三十五
年撫院蔡　議一條鞭法各州縣統計糧差諸額不
輪甲通十年均派帖下民戶備載所應納之數於上
徵銀解給縣官親裁之民殊以爲便所不便者惟吏
胥貲積年利包攬者耳竟未施行三十六年撫院馬
　以坊都各甲丁糧多寡不同而輪年編差輕重懸
異令各屬總累十甲實在丁糧分爲十段如一甲有
餘割之以遺二甲不足取三甲補之造十段冊布政
司又議加派白蠟銀改入秋糧派徵遂爲例三十七

南昌府志　十

年撫院何　議取里甲內額辦歲派坐派加派應
十年類編以定畫一之規仍畱雜辦中夫馬鋪龍坊
長家火十年輪編以盡消長之變改編規則各有增
損是年奉
例坐派銀入秋糧內帶徵明年重修會冊覆議歲派州縣
三十有四有正派有量派而加派則均攤七十二州
縣白蠟既徵於里甲又加於秋糧款目參差幷以歲
派加派坐派竝徵於秋糧里甲帷存額辦雜辦上司
公費而已四十五年撫院周　方議一條鞭法一體
徵銀在官支給允未及行隆慶二年撫院劉　通計

各縣實在丁糧徵銀貯縣凡一切上司過客帷舍薪
燭賓祭夫馬皆縣官親裁而小民百年重負頓釋於
一日矣萬曆十四年撫按二院協議重修役書凡前
議未備應增應損者悉裁定之

南昌府志　十一

均徭

本府均徭項下共該派銀貳萬柒千肆百捌拾伍兩壹錢柒分壹釐伍毫捌絲陸忽內派

南昌縣均徭項下共該派銀玖千柒百壹拾兩叁錢柒分伍釐玖毫壹絲陸忽

新建縣均徭項下共該派銀叁千捌百肆拾壹兩零陸分貳釐柒毫柒絲

豐城縣均徭項下共該派銀肆千貳百貳拾壹兩玖錢柒分肆釐伍毫

進賢縣均徭項下共該派銀叁千零捌拾叁兩貳錢伍分柒釐玖毫

奉新縣均徭項下共該派銀貳千貳百陸拾肆兩伍錢叁分壹釐伍毫

靖安縣均徭項下共該派銀捌百陸拾叁兩壹錢貳分陸釐陸毫

武寧縣均徭項下共該派銀壹千叁百陸拾捌兩肆錢貳分[illegible]釐[illegible]毫

寧州均徭項下共該派銀貳千壹百叁拾伍兩貳錢壹分貳釐伍毫　已上捌州縣各分派

院監兌布按二司徭銀

[illegible]

南昌府徭銀

[illegible]

南昌府總銀[illegible]經歷門子壹名武南昌
南新二縣[illegible]
本府公堂日用心紅紙劄銀壹百兩內[illegible]
陸兩[illegible]
進賢[illegible]
肆百靖安[illegible]兩伍錢[illegible]寧
捌兩伍錢寧州壹拾壹兩
伍錢
本府官九員每員馬丁銀肆
拾兩[illegible]
本府朱新貳拾柒名每名銀
壹拾貳兩[illegible]銀壹兩
南昌武名[illegible]拾陸名
豐[illegible]名每名工
食銀伍兩增閏[illegible]
門子肆名[illegible]工食銀伍
兩增閏[illegible]
庫子壹名[illegible]銀叁兩增
閏武南昌　轎傘夫[illegible]名

[illegible]肆名[illegible]
知事照磨檢校門子各壹名
知事照磨皁隸各肆名俱
武寧州　檢校皁隸肆名
武豐城每名工食銀叁兩
俱增閏
本府預備倉倉夫拾名內南
豐進各[illegible]名奉新肆名每
名編銀壹拾[illegible]兩內除工
食銀柒兩貳錢增閏募役
看守外餘銀扣解以備修
倉之費[illegible]
本府[illegible]倉倉夫貳名每名
工食銀伍兩增閏武南昌
本府鼓樓[illegible]各貳
名每名工食銀叁兩陸錢
本府[illegible]庫書貳名武豐
城庫夫[illegible]內豐進[illegible]

本府儒學齋夫拾名內南新
豐進[illegible]各壹名奉新
州各貳名每名銀壹拾貳
兩遇閏加銀壹兩　膳夫
肆名內南新豐進各壹名
每名銀貳拾兩遇閏加銀
壹兩陸錢陸分陸釐陸毫
祭器庫子肆名門子壹拾
肆名每名工食銀柒兩貳
錢增閏俱武南昌　書手
壹名南昌分武工食銀貳
兩伍錢貳分新建壹兩柒
錢分增閏　射圃亭門子
壹名工食銀貳兩增閏武
南昌
[illegible]

[illegible]兩[illegible]舉人牌坊銀內武南昌[illegible]兩
貳錢豐城[illegible]
錢陸分進賢[illegible]拾[illegible]兩
錢伍分奉新[illegible]

南新二縣正佐首領各衙員[illegible]
每衙門[illegible]銀肆拾兩
二縣[illegible]新各[illegible]名每名銀五
拾[illegible]兩增閏
二縣[illegible]冊夫銀各壹拾
陸兩[illegible]陸分陸釐
二縣公堂日用心紅紙劄銀
各[illegible]拾兩
二縣[illegible]門子貳名皁隸壹
拾[illegible]名每名工食銀伍兩
佐領各員各門子壹名皁
隸[illegible]名每名工食銀叁兩
各壓皁隸南昌捌拾名新
建肆拾名每名工食銀柒
兩貳錢俱增閏
二縣庫夫各貳名每名工食
銀柒兩陸錢庫書各壹名
各工食銀柒兩貳錢增閏
一縣預備倉倉夫各貳名每
名編銀壹拾[illegible]兩內除各

[illegible]城[illegible]二驛各[illegible]夫貳名
每名工食銀陸兩增閏
四驛舖陳庫子各壹名銀伍
兩解府[illegible]驛
武陽驛廩給銀叁百伍拾伍兩
市汊驛廩給銀肆百陸拾兩[illegible]
[illegible]驛夫用該驛[illegible]
冊紙張工食銀各壹拾捌
兩於此款餘銀動支有餘
照延例扣解
吳城二驛廩給各貳百伍拾
兩
武陽驛使客馬貳疋每疋工
料銀壹拾貳兩增閏
閏南昌
市汊[illegible]司弓兵貳拾肆名
每名工食銀伍兩貳錢增
閏屬南昌
烏山昌邑吳城趙家圍肆巡
檢司弓兵各貳拾肆名俱

[illegible]
[illegible]兩捌錢[illegible]分[illegible]
[illegible]
肆名每名銀柒兩貳錢包
修船在內增閏
武陽渡渡夫肆名每名工食
銀肆兩外修船銀伍錢增
閏南昌
石頭口渡夫陸名每名工食
銀壹兩伍錢包修船在內
增閏新建
看守貢院門子南新各壹名
工食銀柒兩貳錢增閏
山[illegible]司馬祠門子壹名
工食銀壹兩伍錢增閏南

給工食銀柒兩貳錢[illegible]
看守[illegible]給倉書壹名工食
銀叁兩陸錢外餘銀扣[illegible]
以備修倉盤造冊之用
南昌縣禁子拾名新建柒名
每名工食銀柒兩貳錢增
閏外刑具銀捌錢
二縣儒學齋夫各陸名膳夫
各貳名俱照府學
二學書手各壹名工食銀叁
兩陸錢　祭器庫子各貳
名　門子各捌名各工食
銀柒兩貳錢　射圃亭門
子各壹名工食銀貳兩俱
各增閏
二縣[illegible]生[illegible]花紅[illegible]酒席銀
南昌捌拾兩新建肆拾兩

[illegible]各工食銀伍兩貳
錢增閏
司前[illegible]司兵拾貳名[illegible]
[illegible]江[illegible]舖各伍名[illegible]
沙[illegible]五舖
各叁名[illegible]陸名[illegible]
[illegible]各伍名共陸
拾叁名內[illegible]門[illegible]
壹名於[illegible]用各工食
銀叁兩貳錢增閏南昌
沙井新坊[illegible]八
尺烏山[illegible]口[illegible]橋
[illegible]花[illegible]新城[illegible]
共拾伍[illegible]肆名
共陸拾名工食屬新建
[illegible]吳城[illegible]二巡檢司[illegible]船
水手各肆名每名工食銀
伍兩貳錢增閏屬新建
南[illegible]倉門子壹名工食銀貳
兩[illegible]新建

昌
社稷[illegible]壇門子貳名各工
食銀壹兩伍錢增閏新建
[illegible]亭公館門子壹名[illegible]公
[illegible]忠臣祠共壹名[illegible]
[illegible]共壹名[illegible]田壹名
共肆名各工食銀貳兩[illegible]
[illegible]公館門子[illegible]名工食銀
壹兩俱增閏
[illegible]門子壹名南昌[illegible]銀[illegible]
兩捌錢新建壹兩貳錢
[illegible]門子壹名
銀貳兩增閏　和[illegible]
門子工食南昌拾叁兩[illegible]
錢叁分新建伍兩柒錢
[illegible]忠[illegible]三賢[illegible]
[illegible]司徒
[illegible]
[illegible]

六州縣徭銀

[illegible]建武寧五州縣[illegible]正伍
首領各[illegible]夫[illegible]每
貢馬丁銀肆拾兩
實建奉[illegible]肆縣各柒拾玖名
靖安永[illegible]寧州[illegible]拾[illegible]名
每名[illegible]兩增閏
六州縣應解[illegible]夫各銀壹
拾壹兩陸錢陸分陸厘
日用[illegible]紙劄油燭實進
各[illegible]拾兩奉新寧州各柒
拾兩靖武各伍拾兩
六州縣直堂門子各貳名皂
隸拾名　實進奉武寧州
伍[illegible]各[illegible]靖安伍[illegible]
[illegible]各門子壹名皂隸肆名
工食俱照南新
六州縣各應[illegible]實城肆拾
名進[illegible]伍拾名各工[illegible]

實城縣江[illegible]館
夫各叁名　銷[illegible]子各
壹名　進賢縣[illegible]子
貢名工食[illegible]銀照南新
[illegible]江[illegible]肆拾[illegible]兩
[illegible]子[illegible]銀叁百叁拾兩
進賢縣[illegible]新建縣供
應上司公費銀伍百零陸
兩肆錢
進賢縣[illegible]南[illegible]布[illegible]分司
府館[illegible]
武拾肆兩伍錢　[illegible]
[illegible]平湖公館[illegible]
[illegible]叁名[illegible]肆兩伍
錢
實城縣[illegible]
各[illegible]兵[illegible]拾名
進[illegible]山[illegible]子[illegible]

實城大[illegible]夫叁名[illegible]下
[illegible]名[illegible]
[illegible]城[illegible]湖故縣[illegible]
[illegible]口左[illegible]
[illegible]自[illegible]
[illegible]州[illegible]拾[illegible]
[illegible]夫[illegible]名共[illegible]拾陸
名每名工食銀壹兩伍錢
外[illegible]拾叁[illegible]給[illegible]
肆兩伍錢增閏
水手共肆名每名工食銀
進賢縣白沙[illegible]西二[illegible]
伍兩貳錢增閏
武寧[illegible]縣[illegible]市口[illegible]
東湖坡田[illegible]各[illegible]夫[illegible]
名每名工食銀壹兩伍錢
外[illegible]給[illegible]伍錢增閏
[illegible]州[illegible]水手[illegible]名[illegible]名工

[illegible]名
食銀夫兩俱增閏
[illegible]各[illegible]夫武各[illegible]
食名六州縣各庫[illegible]
工食俱照南新
六州縣[illegible]
夫貳名上食[illegible]南新
[illegible]各[illegible]
各伍名工食銀陸兩貳錢
[illegible]具各[illegible]
[illegible]武五學[illegible]夫各陸
名[illegible]夫[illegible]寧州[illegible]夫
[illegible]名[illegible]夫[illegible]名俱照南新
五學[illegible]子[illegible]名門子
各伍名[illegible]工食
俱照南新
州學[illegible]子[illegible]名門子
[illegible]射[illegible]
南新
[illegible]名工食銀

[illegible]司[illegible]兵[illegible]拾肆名
奉新縣[illegible]巡檢司弓兵[illegible]名
拾貳名
寧州定江[illegible]巡檢司
弓兵叁拾名每名工食銀
巡檢司弓兵[illegible]拾肆名共
叁兩陸錢　八[illegible]市
肆[illegible]名每名工食銀伍
兩[illegible]俱增閏寧州
實城縣[illegible]司兵伍名[illegible]
[illegible]丁坊新店[illegible]各[illegible]名
[illegible]名
武名共貳拾名
進賢縣[illegible]司兵伍名大
山[illegible]南[illegible]五
[illegible]坊[illegible]各[illegible]名[illegible]
[illegible]南[illegible]
[illegible]石頭平[illegible]拾[illegible]
各夫[illegible]兵[illegible]名[illegible]
[illegible]肆名[illegible]

食銀壹兩伍錢增閏
[illegible]上坑西津[illegible]口[illegible]
[illegible]江湘竹[illegible]
大石口安平港共[illegible]拾[illegible]
[illegible]夫[illegible]名各工食
[illegible]兩伍錢均給[illegible]
兩增閏
實城縣[illegible]守[illegible]院布[illegible]分司
府館[illegible]師公[illegible]各門子[illegible]
名[illegible]名工食銀貳兩增閏
[illegible]文[illegible]公[illegible]公[illegible]
公各[illegible]門子[illegible]名[illegible]名
工食銀[illegible]兩伍錢　南[illegible]
[illegible]門子[illegible]名工食銀[illegible]
北[illegible]公館門子工食銀玖
錢[illegible]增閏
[illegible]察院[illegible]門
[illegible]名布[illegible]分司[illegible]名[illegible]
[illegible]分[illegible]府館共[illegible]名[illegible]
[illegible]平[illegible]陵[illegible]

叁兩陸錢增閏
五[illegible]縣[illegible]各銀貳拾伍
兩　州[illegible]縣[illegible]銀叁拾柒
兩伍錢
進賢縣[illegible]生[illegible]花紅[illegible]
酒席銀肆拾伍兩
各州縣山川社稷[illegible]城隍
[illegible]　實城[illegible]龍[illegible]公[illegible]
[illegible]臣廟　寧
州[illegible]山[illegible]小學各
門子俱[illegible]各名[illegible]
[illegible]

奉新縣[illegible]司弓兵[illegible]名[illegible]
[illegible]山口下[illegible]
[illegible]九
[illegible]口[illegible]西[illegible]
[illegible]叁名[illegible]
[illegible]伍拾[illegible]名
[illegible]田古港[illegible]
[illegible]
[illegible]司兵[illegible]下
[illegible]山[illegible]
[illegible]名
[illegible]各[illegible]名共[illegible]
[illegible]拾[illegible]名
寧州州[illegible]司兵伍名[illegible]竹
[illegible]高[illegible]西[illegible]
[illegible]名[illegible]
夫[illegible]名石[illegible]太平[illegible]
[illegible]山[illegible]

各壹名便民[illegible]陽土坊二
倉各[illegible]名共拾壹名每名
工食銀貳兩俱增閏
奉新縣[illegible]守布[illegible]分司府館
共門子貳名每名工食銀
[illegible]閏
[illegible]守布[illegible]分司[illegible]府
館門子壹名工食銀壹兩
貳錢[illegible]守南昌道公署門
子壹名　南[illegible]門子壹
名每名工食銀[illegible]增閏
[illegible]守布[illegible]分司[illegible]府
[illegible]門子[illegible]名
[illegible]名[illegible]門子壹名每名工
食銀[illegible]增閏
寧州[illegible]守布[illegible]分司府館門
子共[illegible]名每名工食銀[illegible]
兩本州[illegible]館夫工食銀
壹兩[illegible]增閏
[illegible]名[illegible]門[illegible]名

[illegible]名
[illegible]名
[illegible]工食[illegible]俱增閏

起運徭銀

[illegible]京[illegible]戶每名[illegible]銀[illegible]兩[illegible]
南昌縣壹拾貳名
新[illegible]縣[illegible]名
實城縣[illegible]拾壹名
進賢縣[illegible]名
奉新縣[illegible]名
寧州[illegible]名

王府[illegible]銀

[illegible]伍名[illegible]名[illegible]南昌[illegible]
[illegible]州
[illegible]王[illegible]名[illegible]實城
[illegible]河王[illegible]名[illegible]實城
[illegible]山王[illegible]肆名[illegible]
[illegible]
[illegible]名[illegible]
[illegible]名[illegible]
[illegible]川王[illegible]名[illegible]奉新
[illegible]王[illegible]名[illegible]已
上[illegible]
[illegible]王府[illegible]名[illegible]
名[illegible]閏[illegible]
[illegible]奉新

各州縣備賑銀

[illegible]百零伍兩
伍錢[illegible]分
新建縣備賑銀[illegible]百[illegible]拾伍
兩[illegible]分[illegible]厘[illegible]毫
實城縣備賑銀貳拾兩
進賢縣備賑銀貳拾兩
奉新縣備賑銀壹拾兩
靖安縣備賑銀壹拾兩
武寧縣備賑銀[illegible]拾兩
寧州備賑銀壹拾[illegible]兩[illegible]錢
[illegible]分

均徭二　上司公費係南新二縣均徭改抵

南昌縣原編公費并均徭改抵除裁減外實編銀[illegible]零玖兩伍錢叁分伍厘零又各州縣協濟[illegible]百玖拾伍兩肆錢零陸厘零通共該銀貳千壹百零肆兩玖錢肆分貳厘又本縣備辦銀貳百零伍兩伍錢肆分零

新建縣原編公費并均徭改抵共銀陸百玖拾捌兩玖錢壹分零又進賢縣奉新協濟銀陸百柒拾柒兩壹分捌厘通共該銀壹千叁百柒拾伍兩玖錢貳分玖厘零又本縣備補銀壹百壹拾伍兩叁錢叁厘零已上二項二縣專備各上司公費不得通融那借永爲定規其守內供應

都察院各項公費銀玖百柒拾[illegible]

拾柒兩伍錢柒分　派南昌縣

[illegible]

布政司堂上各項公費銀壹百肆拾貳兩玖錢柒分貳厘　派新建縣

本司堂上造冊銀叁拾兩　派南昌縣

按察司堂上各項公費銀壹百柒拾捌兩陸錢捌分玖厘　派南昌縣

[illegible]

新建二縣各派銀壹拾兩

[illegible]

按往牒徭編以十年爲率而其目有二曰力差令民出力以供役故銀常不滿額鄉間小民畏見官府即大姓巨室亦不利親充往往募人代之募人常倍取償其親解皆京庫料物上納不中輒破家其次金銀横索最重者驛差解户率多市猾冒僞坐累徭户代庫子倉斗級司錢糧出納凡查盤必有罪倏經收銀穀支放盡然後得免而上役常例吏書需索難法令不能禁又其次縣驛祗應編銀有限而使客饕求無厭鋪陳館穀供億繁劇日不暇給皆稱苦役曰銀差有解有支解者例有腳耗或利其餘并徵之甚至柴馬齋膳坐名呼追率過正額嘉靖二十七年撫院張　裁定解户通省共五十一役每役編銀陸拾兩輸司庫委官類解而革坐名聽解二十九年撫院吳　增上下衙門門庫隸兵工食三學門斗亦如之以便給令三十一年撫院翁　議徵縣驛祗應副銀官自供億而徭户漸釋重負三十三年撫院蔡　議均徭通入一條鞭法而罷各差名目未及行三十六年撫

院馬　分丁糧爲十段每年摘以審編三十八年撫院何　復取一條鞭之意更議徭規各增損有差四十五年撫院周　下車首革金銀庫子次第舉行惜此法未竟隆慶二年撫院劉　盡革徭編據實在丁糧徵銀入官額直歲以爲常而按院顧　力成之隆慶四年撫院徐　稍加潤色萬曆十四年撫院陳　按院蔡　協議酌定諸役凡例稍增損焉其法大備嗟夫郎㙍徭一從小民倒懸僅百年矣而往往上官軫念今始獲安伊誰之賜歟

驛傳

本府驛傳項下共派銀壹萬肆千伍百零陸兩玖錢柒分壹釐壹絲伍忽內派

南昌縣

本縣驛傳共該銀叁千肆百柒拾陸兩玖錢貳分伍釐貳毫叁絲　圖節驛上馬壹拾壹匹金臺驛上馬壹匹白沙驛上馬貳匹每匹銀叁拾玖兩肆錢金臺驛中馬壹匹銀貳拾陸兩陸錢共銀肆百叁拾捌兩貳錢　外水腳銀壹拾兩零柒分捌釐陸毫　豐城驛下馬壹匹銀貳拾肆兩柒錢叁分五釐外水腳銀伍錢陸分捌釐捌毫貳絲　永定驛下馬貳匹馬價同外火耗銀貳錢肆分柒釐叁毫叁絲　南京江淮衛水夫肆拾名伍分每名銀伍兩共銀貳百貳兩伍錢每名水腳銀貳分叁釐　南浦驛水夫壹百伍拾六名每名工食柒兩貳錢外船料銀壹百肆拾

新建縣

本縣驛傳共該銀壹千伍百肆拾捌兩肆錢捌分柒釐貳毫伍絲伍忽　北京會同館上馬壹匹編銀肆拾伍兩外加水腳　圖節金臺貳驛各上馬貳匹馬價同外加水腳　豐城驛中馬壹匹馬價同外加水腳　永定驛下馬壹匹馬價水腳同外加火耗　南京江淮衛水夫伍名零肆分共銀貳拾柒兩外加水腳　南浦遞運所水夫壹百叁拾名工食同外船料銀壹百伍拾兩過關銀柒拾壹兩貳錢陸分共銀壹千壹百伍拾柒兩貳錢陸分增閏　樂化驛站船水夫捌名工食同前共銀伍拾柒兩陸錢增閏　樵舍驛水夫捌名

豐城縣

本縣驛傳共該銀叁千陸百柒拾叁兩捌錢叁分壹釐叁毫伍絲伍忽　北京會同館上馬壹拾壹匹馬價同前外加水腳　恒山驛中馬貳匹下馬壹匹馬價俱同外加火耗　永定驛上馬壹匹馬價同中馬壹匹馬價同外加火耗　豐城驛上馬肆匹　圖節白沙貳驛各上馬壹匹馬價同前外加水腳　協濟德化縣馬肆拾匹每匹銀壹拾貳兩共銀肆百捌拾兩增閏　南京江淮衛水夫玖拾玖名以分各工食同共銀肆百玖拾玖兩伍錢外加水腳　南浦遞運所水夫壹百伍拾名工食同外船料銀壹百陸拾兩過關銀捌拾貳兩陸錢共壹
[illegible]

進賢縣

本縣驛傳共該銀壹千柒百叁拾貳兩陸錢肆分壹毫伍絲伍忽　北京會同館上馬肆匹馬價同共壹百捌拾兩外增水腳　恒山驛下馬壹匹馬價同外加火耗　永定驛中馬壹匹馬價同外加火耗　南京江淮衛水夫壹拾叁名伍分各工食同共陸拾柒兩伍錢外加水腳　南浦遞運所水夫壹百伍拾名工食同前外船料銀壹百陸拾捌兩過關銀捌拾貳兩貳錢陸分共壹千叁百玖拾兩貳錢陸分工食增閏　郵亭驛水夫捌名工食同前外過關銀肆拾兩共玖拾柒兩陸錢工食增閏

致兩陸錢舍料銀[illegible]舍拾壹兩肆錢[illegible]關銀叁百兩共壹千陸百伍拾壹兩肆錢各役遇閏加銀陸錢
南浦遞運所水夫壹百名每名工食銀柒兩貳錢船料銀壹百壹拾兩遇閏銀伍拾捌兩陸錢捌分共捌百捌拾捌兩陸錢捌分
[illegible]貳錢縣水夫捌名工食增閏同外舖料銀壹拾壹兩貳[illegible]銀柒陸拾捌兩捌錢
市汊驛水夫捌名工食同料銀壹[illegible]

工食同前外遇閏銀叁拾兩六捌拾柒兩陸錢增閏

陸錢工食增閏
針江驛水夫伍拾玖名工食同前外船料銀壹拾陸兩肆錢舖料銀壹拾柒兩陸錢遇閏銀柒拾兩共伍百柒拾捌兩捌錢工食增閏

南昌府志 卷八 驛傳

拾兩遇閏銀柒拾兩共壹百叁拾柒兩陸錢增閏

奉新縣	靖安縣	武寧縣	寧州
本縣驛傳共該銀壹千伍百貳拾肆兩伍錢捌分陸釐肆絲壹忽 北京會同館上馬貳匹馬價水腳同 瞿墟驛上馬壹匹 固節驛上馬貳匹馬價同共捌拾捌兩貳錢外加水腳 西樂驛中馬壹匹下馬貳匹馬價同共柒拾陸兩零陸分貳釐外加火耗 南京江淮衛馬船[illegible]外加水腳	本縣驛傳共該銀肆百柒拾捌兩捌錢玖分貳釐伍絲伍忽 固節驛[illegible]各上馬壹匹馬價同共銀伍拾捌兩捌錢外加水腳 西樂驛下馬壹匹馬價同外加火耗 南京江淮衛馬船水夫貳拾名柒分工食同共壹百柒拾兩伍錢外增水腳	本縣驛傳共該銀玖百貳拾叁兩伍錢貳分玖釐捌毫 北京會同館上馬貳匹馬價同共銀玖拾兩外加火腳 瞿墟驛中馬壹匹馬價同外加火腳 南京江淮衛馬船水夫貳拾伍名貳分工食同共壹百貳拾陸兩外加水腳 鄱湖九江遞運所水夫捌拾貳名工[illegible]	本州驛傳共該銀壹千壹百肆拾捌兩零柒分捌釐叁毫伍絲伍忽 添鹿驛上馬叁匹馬價同共銀捌拾捌兩貳錢外加水腳 鎮寧驛中馬壹匹馬價同外增火耗 臣上驛下馬壹匹馬價同外加大耗 南京江淮衛水夫叁拾壹名伍分工食同共壹百伍拾[illegible]

水夫伍拾壹名柒分工食同共柒百伍拾陸兩伍錢外加水腳
九江遞運所水夫伍拾壹名工食同船料銀伍拾壹兩肆錢伍分遇閏銀叁拾兩肆錢共肆百肆拾貳兩伍分
鄱陽德化縣旱夫柒拾柒名每名工食銀柒兩貳錢共伍百伍拾肆兩肆錢俱增閏

鄱湖德化縣旱夫肆拾名工食同共貳百捌拾捌兩增閏

食同外船料銀肆拾捌兩壹錢肆分遇閏銀叁拾陸兩壹錢零分六陸百柒拾伍兩叁錢伍分工食加閏

柒兩伍錢外加水腳
南浦遞運所水夫貳拾名工食同外船料銀貳拾捌兩遇閏銀貳拾陸兩肆錢共壹百捌拾捌兩肆錢工食加閏
鄱湖九江遞運所水夫柒拾捌名工食同外船料銀伍拾伍兩遇閏銀壹拾兩壹錢肆分共陸百伍拾陸兩柒錢肆分增閏

驛傳一役視昔十減其三誠千載一時也先是本省各驛遞分剩上中下衛俾如南浦驛所驛子市汊驛

南昌府志 卷八 驛傳

江爲上衛樵舍吳城次之嘉靖三十三年議徵銀給驛祇應凡正銀壹兩上衛增副銀壹兩其次柒錢又其次伍錢猶往往告匱且各役槩給工食銀柒兩貳錢三十八年例裁濫關而驛費少節仍存夫額聽其出帑自取工食每役量驛遞衝僻各裁銀有差又裁驛廩三之一通省得餘剩銀貳萬陸千餘兩以壹萬兩解部餘貯府庫向久通行萬曆初奉例裁革冒濫自元年至三年已支剩銀十分之三三年以至五年又支剩銀十分之五節省既多該前撫院潘准驛傳道王 條議即以餘剩銀抵充六年 分

傳支費免派於民又定各驛遞經費幷各役工食刊
載站册歷歷可考至今因之

民兵

本府民兵項下共派銀貳萬肆千肆百叁拾叁兩米錢[illegible]

分叁處內派

南昌縣	新建縣	豐城縣	進賢縣
[illegible]	[illegible]	[illegible]	[illegible]

名內撥名司道役所共叁拾柒名□□守宿差操肆百壹拾柒名每名工食銀伍兩貳錢共銀貳千叁百陸拾兩剩銀遇閏增給應補兵無事操守所存缺補府看給名每壹拾貳名每名工食銀柒兩共銀共壹百肆拾兩肆錢遇閏其江防哨船以後如奉文添設應給水手工食即請詳於奉新縣解司軍餉銀內支給不必另派

役如奉文添設哨船水手工食即臨期請詳照數於內支給不數仍於將安縣解司軍餉銀內請詳支給不必另派解府將該湖兵行糧銀叁拾肆兩伍錢陸分

期請詳照數於內支給不必另派

兵俱同南昌解司充餉銀叁百肆拾陸兩壹錢肆分柒釐以後如奉文添設哨船則水手工食即臨期請詳照數於內支給不必另派

寧都縣　本縣民兵叁百貳拾本縣民兵壹百肆拾等連解司府充餉共兵餉銀貳千□□□肆拾兩零壹錢叁分叁釐內除長兵名工食銀伍兩南昌

圍操民兵壹百零柒名工食增閏同南昌今奉撫院批允增援民兵壹拾肆名每名工食銀肆兩以錢共該銀壹百貳拾肆兩陸錢即於解司軍餉銀內支給不必另編

瑞金縣　本縣民兵壹百玖拾名工食支給不等連解司府充餉共編銀壹千肆百叁拾肆兩零伍分解府給哨船水手兵壹名銀捌兩守營坑哨隊長壹名工食同南昌民兵壹拾陸名每名工食銀捌兩玖錢共貳百肆拾壹兩隊長民兵係增加閏縣防守差操民兵壹百叁拾肆名又民兵肆充勾募壹拾陸名共壹百伍

武寧縣　本縣民兵貳百叁拾名工食支給不等連解司充餉共編銀壹千柒百玖拾柒兩貳錢內除長夫名工食同南昌外增閏圍操民兵壹百貳拾名工食同南昌外增閏本縣防守差操民快捌拾柒名每名工食銀伍兩貳錢共肆百伍拾貳兩肆錢外增閏本縣應補兵壹拾貳名工食增閏事體俱同南昌

寧州　本州民兵叁百柒拾柒名工食支給不等連解司充餉共銀貳千玖百柒拾貳兩叁錢伍分肆釐內除隊長肆名工食同南昌外增閏圍操民兵壹百玖拾陸名工食同南昌外增閏本州防守差操民快壹百陸拾伍名工食伍兩貳錢共捌百伍拾捌兩外增閏本州應補兵壹拾貳名工食增閏事體俱同南昌

民快貳百零柒名內撥各道役用共叁名本縣守城差操貳百零肆名工食同南昌共壹千零柒拾陸兩肆錢增閏本縣應補兵壹拾貳名工食增閏事體俱同南昌解司充餉銀伍百玖拾玖兩陸錢柒分叁釐以後該府南昌縣奉文添設哨船水手工食臨期請詳照數於內動支不必另派解府縣船水手銀壹百零陸兩肆錢

拾名每名工食銀伍兩貳錢共柒百捌拾兩外增閏本縣應補兵壹拾貳名工食增閏事體俱同南昌解司充餉銀叁百壹拾捌兩陸錢伍分以後如奉文添設哨船則水手工食臨期請詳照數於內支給不必另外派撥

解司充餉銀壹拾兩零叁錢

解司充餉銀貳百肆拾伍兩壹錢伍分肆釐內除銀伍拾柒兩陸錢解南昌兵備道給作□事□□捌名工食又支銀壹拾陸兩給哨官鹽餉銅鼓石守備衙門火藥銀壹拾貳兩於該營所本州事故曠役各兵數內支給不入前總

傳聞父老云江西原無民兵設兵自華林之役始蓋戎伍虛耗乃籍民兵而贍兵之費取辦丁糧各州縣大率十年更編例除優免涉遞應繇者均計實編之數以滿其額丁糧多者爲籍首諸小戶附益之每兵給一由票聽其自充或募人而徵銀於編戶嘉靖二十二年分上下班始定工食銀叁兩陸錢戎裝銀壹錢明年罷更番之令增工食銀壹兩貳錢又明年增銀陸錢戎裝銀倍給至三十五年撫院蔡　以兵冗費繁簡練無法而內儲適告乏於是視額數過三百名者十裁其一其存者十選其二號爲精兵餘爲常

操兵衛所軍餘亦十選其一並練於各府增工食銀柒兩貳錢裁兵全徵輸部餉存兵俱扣銀貳兩貯府庫以充精兵按月給賞示優異撫院馬　又以省城兵寡募兵三百名另裁各縣額兵銀解給撫院何參酌前規以會冊續減之額爲據大率每兵百名選二十名爲精兵裁十兵徵解部銀裁壹兵徵解募兵銀常操兵仍叩銀存庫精兵則盡給爲工食隆慶二年撫院劉　改入一條鞭徵銀當官領直精常兵工食如故六年撫院徐　更定之各州縣每兵一名正編銀柒兩陸錢削除壹兩叁錢免編其各兵工食悉仍舊例各州縣額兵豐增損之南昌等一十二府除南贛二府不計外通共每年減銀貳萬陸千餘兩至今遵行

新定四差凡例萬曆十四年　藩司刊行

一節經題奉

欽依事例京官一品免糧叁拾石人丁叁拾丁二品免糧貳拾肆石人丁貳拾肆丁三品免糧貳拾石人丁貳拾丁四品免糧拾陸石人丁拾陸丁五品免糧拾肆石人丁拾肆丁六品免糧拾貳石人丁拾貳丁七品免糧拾石人丁拾丁八品免糧捌石人丁捌丁九品免糧陸石人丁陸丁内官内使亦如之外官各減壹半教官監生舉人生員各免糧貳石人丁貳丁雜職省祭承差知印吏典各免糧壹石人丁壹丁以禮致仕者免其拾分之柒閑住者免其壹半其犯贓革職者不在優免之例如戶内丁糧不及數者止免實在之數又如丁多糧少不許以丁準糧丁少糧多不許以糧準丁俱以本身自已丁糧照數優免但有分門各戶疏遠房族不得一槩混免及巧立女戶寄莊等項情弊撫按官嚴行所屬州縣盡行查革若有司不能奉行者考以罷軟黜退官參當民不能遵守者事發之日應拏問者徑自拏問應參奏者指名參奏如有通同容隱責有所歸等因又查得原議條編冊開凡　王府郡縣鄉主君儀賓及　題奉賞授引禮舍人與武舉係本處人民者各優免[illegible]

宗壻庶壻歲貢散納榮身壽官俱不准優免封官比子
減半陰陽醫學僧綱道紀等官與本處人民納授典膳
官俱比照雜職量免候缺者不准武職見任係本處民
人者比照文官品級減半優免以前各項例止優免均
徭水馬民兵參差其里甲壹差例不優免如係寄莊田
糧俱不准免各州縣官若有聽其以寄莊冒免及不應
免而准免者俱以罷軟論爲照前項事例極爲精詳且
節經前撫按申飭已明各該有司自宜遵守但條例雖
具而上司漫無查考故有司任意冒免徒徼長厚之譽
不顧細民之累合行立法稽查以清積弊今後每年陸

月以前各分守該道即須行所屬州縣將前項應免官
民人等逐一清查如鄉官則明開見任聽用致仕養病
閒住等項原由監生省祭則查其文引生員則稽其考
案吏承則驗其劄付其餘異途俱查與前例相合備造
花名文冊申送該道通行覆覈如有士夫原籍已免而
復寄籍別圖別縣重免者有宗壻庶壻而槩稱儀賓者
有散納榮身冠帶而混同實授雜職者有官吏監生生
員人等原經革職革役除名當差而槩稱致仕閒住及
見役見在肄業者與凡一切影射虛冒之弊皆掌印官
狥情壞法之過該道既稽覈有據輕則徑行提問重則

照例參究仍駁行改正明白一面將覈實文冊咨送撫
按道照數筭發由票一面開具簡明揭帖除應免者比
開某州縣實應優免丁糧共若干不必備列細數外其
有舊該優免而今該開除者務備列職役姓名呈報本
院照驗以憑不時吊冊查對違者一併參究
一兩院并省城各司道及南昌府一應公費雖議有定數
然皆妝貯南新兩縣隨便取用或未及年終原數先已
用盡續有取辦該縣不敢不即應承往往那移湊補漫
無限制不惟有司難於遵守且使吏胥因緣爲奸首當
議處以杜弊源今後本院一應公費已印給文簿行南

昌縣逐日登記每月送查稍有多用即行節縮庶補不
致越數外其二司各道并一十三府公費銀兩俱責令
各縣分作四季追徵於每季前壹月批解該司該府各
經歷司收貯遇有公事即票行該縣差吏赴經歷司領
銀備辦如原數用盡在司道府不得越數取辦在該縣
不得阿意順承違者一併查究
一各司道公費皆於駐劄縣分摘出應用今獨將豐城奉
新武寧縣編派布政司公費銀各壹百伍拾兩大庾縣原
編分守嶺北道公費伍拾捌兩柒錢陸分今又加編當
百兩蓋因各縣原編各應上司公費太多故以彼有餘

濟此不足按察司將額派清江等縣皂隸弓兵禁舖等役工食銀共伍百叁拾叁兩陸錢抵作本司公費是又以均徭之有餘而補里甲之不足也星子壹縣獨協濟九江兵巡道公費銀壹百兩則因該縣原有分守道供應今該道既移饒州駐劄故該縣當協濟德化恐年久籍湮各縣不明其故以爲偏累合備列始末以便查考

一凡視學講書考校生儒操練官兵合用紙張筆墨考卷花紅供給等項今雖酌量縣分大小定無差等然及遇應用之時每不查原數之多寡任意給賞動逾數倍縣官因此那移科派亦病民之一端也今後除本院閱操已批定于軍餉内動支外其按院考校人財操賞官兵及提學道歲考科舉各該府縣即將原議額數預先申明以便酌量給賞如有不足係按院行者許詳支兩院紙贖係提學道有行者許詳支備補銀奏用各該有司不許朦朧應承仍前那移科派違者査究

一兩院司道到任祭祀公宴修衙家火執事等項雖議有定數然間有新舊更替不常或壹年之内而到任貳叁次者原議公費未免不足該縣不妨預行申請動支該衙門紙贖及備補銀備辦不許朦朧那借及責令舖戶工匠預先出辦致有虧損

一府佐州縣官到任祭祀公宴修衙家火等項已各照品級派有定數但見今方行又任未必年年到任若每年全徵不無浮冗合查照南昌縣事例每年減半派徵收候新任支用不許朦朧全派

一坊民鄉民均爲赤子在鄉民一完四差便得休息而在城坊民仍責令答應各衙門及過客燈籠油燭幷祭祀宴會幕次什物等項甚爲煩苦不均先該司道會議免其在官答應比照鄉丁量編差銀每丁壹錢貳分置辦幕次等物聽用丁銀一完各安生理民皆稱便今查各屬惟南昌新建豐城鄱陽四縣久已遵行其餘州縣仍用坊民應役間有於四差里甲項下編派燈籠夫銀雇用者數亦多寡不同相應申明原行以甦民困今後各屬俱照依南新二縣將在城坊甲人丁除原同鄉丁編派四差者免行重派外其餘俱一例派銀徵收在官即充備辦燈籠油燭及幕次家火等項之費凡擎執燈籠搬運幕次家火俱令在官民快應役再不許累及坊民其里甲項下原編有燈銀者惟南新二縣附省事繁照舊仍用其餘盡行免編違者許各坊民從實陳告以憑究治

一先年將各州縣民兵簡其強壯者團操延守名爲精兵

其餘卑備守城差遣名為常兵除常兵工食例給伍兩
貳錢無容再議外其精兵則不惟各府不同即一府之
中各縣亦多互異有多至玖兩貳錢者有少至陸兩貳
錢者雖各因地方水陸不同其實勞逸不甚相懸所得
工食豈宜低昂太甚況過濫則民力難支太縮則兵食
告匱相應通融酌處內除原給陸兩貳錢柒兩貳錢柒
兩陸錢者相沿已久俱應仍舊其餘原給捌兩以上者
今俱裁去零數各止給捌兩隊長原給玖兩以上者止
給玖兩哨官原給壹拾捌兩者止給壹拾陸兩庶兵食
不致賺減而民力亦覺少甦合行查照徵派

南昌府志　卷八　雜役

一各庚應捕原係民兵之數其工食豈應額外另編今惟
贛州府屬向於操兵內取用原無另編工食其南昌等
一十二府并所屬州縣各另編應捕工食銀每名柒兩
貳錢甚屬冗濫相應裁革但此項人役原不可缺合仍
照原數存用其工食不必另編即於民兵內汰革老弱
以其工食抵給應捕合行遵照施行

一各司道先因裁革防夫復於各屬取撥常兵抵充民快
健步等役以備差遣尚多冗濫今酌量裁革布政司壹
名清軍道貳名分守南昌道叁名糧儲道陸名分守嶺
北道捌名經歷都事照磨檢校下共貳拾名按察司貳
拾肆名清軍驛傳道壹名屯田兼分巡南昌道伍名南
昌兵備道壹名分巡嶺北道貳名各宜查照減編在司
道不得仍行取用在州縣不得另外撥送蓋民兵中既
已汰減抵充應捕名數愈少豈堪泛應各衙門之役違
者一併查究

各驛館夫查賦役紀冊所編工食原因地方衝僻定數
每名陸兩以至叁兩有差後以置備吞應轎傘為名有
編銀至柒拾兩者肆拾餘兩者甚屬冗濫相應裁減今
定南浦水西二驛差役極繁每名各給工食銀柒兩貳
錢其餘各驛原給伍兩者仍給柒兩貳錢者減為陸兩

南昌府志　卷八　雜役

此外多編之數查行裁革至於府縣各官及各應上司
過客轎傘修整等費亦勢不容已俱照南浦驛事例臨
期申請於過關船鋪料銀內支辦再不許指稱前項名
色妄行加派違者查究

枝櫃之法聽民自秤自封原為禁革加耗乃今法久弊
生其掊尅更甚於官收蓋貪官污吏欲為自利之計先
誣良民以原數短少而加之刑罰以故民皆疑畏何惜
錙銖之費而自罹不測之辜有每兩加至壹貳錢或柒
捌分者官無橫徵之名而民有暗害之實其視當官稱
納而明加法馬者所得更無算矣今後各守巡道務嚴

禁所屬不許暗索加耗或於經過州縣之時間出不意
親臨開櫃秤驗以懲一警百或令民寄切陳告以憑查
究毋得避嫌遠怨致滋民害
一徵收限期除秋糧起運
近例甚早無容少緩外若四差銀兩原以壹年之編派聽
充壹年之費用均徭民兵則按季給領里甲驛傳則計
日支應費出既各有時追徵豈可無序近訪各屬不能
酌量緩急槩行追併民難卒辦相應調停以後各州縣
將各里四差銀分作十限先期曉諭里民自每年拾月
初壹日爲始壹月須完足壹限至次年柒月則拾限通

完如每限完不及數者量行比責拾限已滿而不違全
完者照例重治庶用一緩二民不苦於催科而隨徵隨
給官不患其欠缺各宜遵行違者查究
一閏月工食查原議條編冊開各府州縣柴薪齋膳夫扛
一應在官人役俱照原編銀數逐年帶徵貯庫候閏給
發民兵則於扣追華兵銀內支給但每年帶徵數目零
星典守者視爲不急動輒那移別用以致遇閏缺支尚
覺未妥今議止于有閏年分照數增編餘年不必帶徵
其公費廩給等項若有盈餘照舊免編
一各州縣坊鄉里長先係拾年壹輪支應夫馬等項俱里

甲扣出自條編法行則各費盡已派入丁糧內派用此
外毫無科擾近訪得各里長仍有在鄉欺哄愚民剝騙
甲首者不但出辦房租飯食而已合行嚴禁今後各掌
印官如不行覺察聽憑里長科索許被害人等指實陳
告將本官一併究罪
通省各屬舊額田糧有崩沒無踪并逃絕沙塞者或原
經奏
准免派起運止派存留司庫或令該年里遞均賠其中類
多影射情弊今既奏有
明旨通行丈量前項虛糧俱已清出各宜查照實糧通融

編差不許仍立前項名色影射致累里長包賠違者查
究
節經議定各州縣解京銀兩每兩徵水脚銀貳分叁釐
離府州縣分應解司府等銀每兩徵火耗伍釐俱併算
入派則徵收水脚銀同正銀解司耗銀臨起解之時照
數扣給管解員役以爲扛解盤費不許指以別項名色
扣尅其係本府本州縣存留支放者俱免派加耗仍照
原議施行
此係萬曆十四年　使司新定四差凡例止此
又

原定四差凡例

隆慶六年[illegible]月三十有九　[illegible]使司刊行

役法總議查得各州縣里甲均徭等項差役俱係拾年壹次輪編通併一歲出辦雖爲一分九邑頗其應直之年費繁役重力必不勝今將各項差銀查照丁糧通驗會計攤分拾年輪納此外別無加派則役輕而衆易舉用約而財不費相應通行

遵例優免隆慶貳年伍月內奉

巡撫都御史劉　案驗內開審編差銀務要遵照節年

題

准事例京官一品免糧叁拾石人丁叁拾丁二品免糧貳拾肆石人丁貳拾肆丁三品免糧貳拾石人丁貳拾丁四品免糧拾陸石人丁拾陸丁五品免糧拾肆石人丁拾肆丁六品免糧拾貳石人丁拾貳丁七品免糧拾石人丁拾丁八品免糧捌石人丁捌丁九品免糧陸石人丁陸丁內官內使亦如之外官各減一半教官監生舉人生員各免糧貳石人丁貳丁雜職省祭承差知印吏典各免糧壹石人丁壹丁以禮致仕者免其十分之七閑住者免其一半其犯贓革職者不在優免之例如戶內丁糧不及數者止免實在之數又如丁多糧少不許以丁准糧丁少糧多不許以糧准丁俱以本身自己丁糧照數優免但有分門各戶[illegible]遠房族不得一槩混免及巧立女戶詭寄等項情弊[illegible]按官[illegible]行所屬州縣盡行查革若有司不能奉行者考以罷軟黜退官豪奸民不行遵守者事發之日聽撫按問者徑自拏問應參者指名參奏如有通同容隱責有所歸等因奉此合行

各屬查照定例止是優免均徭水馬驛三差其里甲一差例不優免至於省祭監生併其部給路引生員稽其學道考察其餘異途查果見任吏承查果在役方許量免若有落職罷閑等項不許一槩冒濫官吏徇情問奉者定照前例論

嚴禁詭冒查得詭寄庄田多因勢豪借名希圖倖免以致小民賠累節經議允凡王府宗室幷各鄉官及軍民寄庄田糧一體與本縣居民照例科派四差絲毫不免其士夫丁糧止許於原籍縣例扣免其餘郡縣鄉主君係賓及題奉實授引禮合人與武舉係本處民人各傍免壹丁壹石宗婿庶婿教讀散納榮身等官不准優免封官比于減半陰陽醫學僧綱道紀等官與本處民人納授典膳供比照維職候缺者不准武職見任係本處民人照其品級比人官減半凡各寄庄俱不准免如今州縣官員徇情[illegible]其以寄庄冒免及不應免而弁免者以罷軟論

一議處糧解查得糧長之設原以糧多富戶僉充後因坊里審報不公官司濫[illegible]無度充是役者鮮[illegible]不傾家蕩產貳年四月內蒙

巡撫都御史劉　案行司道會議止以該年經催里長徵收解運量其銀米多寡酌處解耗給令各名領解合人奉

本院案驗該

總督漕運都御史方　題稱查得

大明會典洪武肆年令天下有司度民田以萬石爲率設糧長一名專督其鄉賦稅拾陸年革罷糧長復設今里甲催辦拾肆年復設糧長是糧長之設或編僉實或輪里甲皆自

祖宗舊制合里遞接年收解[illegible]

祖制里甲催辦之意合無將各里排年輪收錢糧甲下人戶出銀帮貼等因該戶部覆奉

欽依通行正與

本院新議允協合來遵行其甲下人戶出銀帮貼一節查得見年催徵經催催糧均爲勞苦見年已[illegible][illegible]甲人戶[illegible]以資[illegible][illegible]亦[illegible]此今[illegible]見年經催但於該甲人戶照依[illegible]均出帮貼庶免偏累

印信由票[illegible]十年一給但[illegible]夏稅聽[illegible]每年[illegible]本[illegible]日至日[illegible]方行照則[illegible]王[illegible]因差[illegible]文[illegible]有定則但各項優免應除[illegible]且人戶[illegible]不常恐奸[illegible]優[illegible]有[illegible]照近本[illegible]院明文[illegible]由票[illegible]會同本司臨期[illegible]則[illegible]州[illegible]立票式呈院發各[illegible]刊印通發大小人戶遵納以革奸弊

一徵納[illegible]查得所屬州縣各項糧差徵收無法完納[illegible]期里長[illegible]戶至相[illegible]催攢[illegible]不[illegible]近議以糧完納戶印給由票但官無[illegible]經催[illegible]以[illegible]亦無以[illegible]完次之[illegible]今該州縣本照貲冊丁糧[illegible]所司道[illegible]差派則每一[illegible]造[illegible]四差總冊各壹本[illegible]冊首列細則次壹[illegible]總[illegible]次量總次甲總次人戶姓名戶內官民等米若干該納本折銀米若干脚耗若干則差冊有首開則例次列都[illegible]甲總次人戶姓名戶內丁[illegible]各若干

該納四差銀若干州縣官逐限據此查比又分壹□照依
造格冊壹本給經催四差格冊壹本給見年俱如
總冊首列首總甲總及人戶應納之數其糧米各總催
催辦各戶同赴官倉上納管糧官登簿給發小票糧銀
差銀札櫃投納掌印官於里長格冊人戶名下註完給
發小票付納戶執照仍將收過人戶都圖銀數登入流
水簿內備查臨限經催見年執里冊官憑總冊及流水
簿查驗相同於總冊內人戶名下註完以備查考
一清查格冊查得先奉
巡撫軍門劉　案開各屬糧差有起解而未獲批迴者
有徵銀在官而扶同假領未起解者有那移月日洗改
數目以致批文不對者有徵銀在官不及時支散以致
各役往往告苦者備行本司將糧差各置一冊一曰稽
查稅糧格冊一曰稽查四差格冊稅糧各開起存本
折四差款列里甲均徭驛傳民兵并附課程填寫追完
數目解給月日按季齎繳院司及督糧道倒換去後近
奉
巡撫軍門徐　案行定立簿式內
本院一本該司一本名曰
都察院稽考徵支各屬錢糧文簿每府分發一本又

建昌府志　卷之八　賦役　四十

都察院稽查某年分徵解錢糧限簿事責該府掌印官
通將所屬各州縣奉派各項錢糧勘合則例盡數登報
簿上凡遇各屬解到本銀札府換批該府於本項之下
明白填註某月日據某縣解某項銀若干到府於某月
某日批差解官某轉解赴布政司上納已未獲批或本
州縣何項支用其餘徵在該司亦將各屬解到及轉解
各日期銀數差官職名照前填報月終各府送該司并
督糧等道查理該司仍分別已未完并司府限簿俱送
本院參對覆覈如限外有未完者各府州縣掌印管糧
官悉聽司道照例參呈住俸降調吏書從重拏問各府
仍行各縣自置限簿如前填寫支解錢糧數目於次月
終送府查考以便督催各簿年終類繳另行給發又先
奉本院釣牌行置四差總簿式內行應於四季支銷
者後立春夏秋冬四格將支領過各項填於四季格內
其有續完未解給者亦要開報若干任庫聽候支銷每
季終於格內前填解給及續完之數後開未完若干如
無未完則寫全完字樣按季赴
司院及本司道倒換存考等因蒙
按院任　憲牌定立收納投櫃冊式東櫃徵收錢糧西
櫃追收四差銀行本司通轉行各府州縣編各甲甲丁

數□逐隨印到發并逐日聽令人戶親自輸納照歷
登記完過數目候送查盤以革宿弊合行一體着實
照施行
一責成催徵照得州縣管糧官每年徵完兌准米銀親赴
水次監督交兌完後催南糧本折運赴南京各倉上
納府管糧官亦同總部同往又催未完京庫各秋等銀
一年之間通無暇日錢糧尚多逋負其四差銀兩俱係
解京軍需馬價及本省軍餉各役力差公費等項之用
若俱責之管糧官則頭緒紛多顧此失彼難免推候之
弊各掌印官相應照常總理如掌印官或公務差委或
公出事日即令佐貳首領官分管不許推托稽誤本司
并糧儲守巡等道不時查吊格冊稽考完欠分數如違
欠數多者照節
年事例即將經管官參提究問以懲怠玩
一分投催納近奉
巡撫軍門徐　釣牌照得各屬糧差開有殷實大戶特
已糧多分立自運貪圖延緩有司不能除奸革弊乃不
分殷實中下人戶俱聽分自運又以他戶名目或甲名
或朋族衆總名等項名色遷延無稽考不服里催督催任
意拖延歲遷岡及害虐負累分解以致影射隱漏無完

建昌府志　卷之八　賦役　四十一

□行由票凡州縣各屬人戶遇年應徵米銀俱要
照實徵由票發給官投櫃上納仍聽里催總催十甲
十甲排年分催人戶依限赴比中間果係殷實之家門
糧多有願自運者掌印官於內選有行止身家的
當戶丁或差名令其承管通催本戶錢糧名曰運催每
限遞同赴時比較有不完者仍責令運催督催完納若
不係殷實人戶及不報的當戶丁負運催者不許開立
自運以滋奸弊如違吏書以贓究罪該管官以罷軟論黜
決不輕貸
一徵收限期　查得徵先於立法完納貴在依期今議凡
年催差以六月初一日上限本年十月終全完經催
催糧以十月初一日上限本年十二月終完本色
次年二月終全完折色掌印官每遇比限查對格冊嚴
拿拖欠人戶追比敢有恃頑不服者照依無故不納秋
糧中例從重問遣不許將里催監加刑責其本年糧差
務要依限完足方追以前未完毋得新舊併追及濫
差人拘擾致滋姦弊重爲民害
一立櫃收銀　今後各處州縣遵照　兩院近行每一鄉都
起立銀櫃置簿一扇□差□等一扇送府印鈐發縣六
年一甲□甲逐戶開具一戶里長某一戶甲首某名已

[illegible]錢[illegible]此或神入[illegible]同經手批[illegible]
[illegible]事[illegible]係原差解戶自解者俱要[illegible]
解到[illegible]以比前弊
一革除斗級[illegible]將各倉原設有斗級名數多寡仍
等俱於均[illegible]會點放賞之家親當事皆提徒句攬及
至侵費虛折仍累正戶追賠今議添設倉吏專司收放
倉書專管登記倉夫專管看守倉吏聽該府縣慎選有
身家殷實者典吏一名充役如倉穀萬石以上再添撥
一名仍以一年爲滿倉夫查照賦役紀原額斗級名數
改納其工食從近議每名貳拾肆兩伍錢內扣米兩貳錢
作募夫工食餘壹拾米兩叁錢扣存貯庫以備準人
夫造冊紙張并賠補虧折等用數不及萬石者照例
裁去倉夫名數并工食收備眼先議倉書歲於均徭
另編工食銀叁兩陸錢近議允倉書工食解於倉夫餘
銀內支給不必另派其倉吏仍照原行滿日掌印官
於一月之先公選一吏申詳守巡道批允更替不許
舊吏營役索取頂頭仍將在倉穀數委官交盤每石每
年照見行事例准除耗穀壹升此外果無虧折本吏准
照效勞吏起送參若對折數多除償前餘剩銀買補仍責
本吏賠足若查有侵盜者仍行照例究遣

一革除庫役查得各州縣庫子舊編從戶親當賠賞不貲
今議查行裁革止以誠實吏農大縣二名小縣一名專
司出納仍立庫書府二名縣一名登簿發票外加庫夫
府四名大縣二名小縣一名以供役使歲給工食銀各
柒兩貳錢於均徭內編給庫吏於役滿一月之先掌印
官預選篤實吏農申詳守巡道批允委官公同掌印
官盤驗果無侵盜准照效勞例起送參不許營役滋弊及
索新吏頂頭如違通提究治其公用紙劄油燭之類舊
出庫子今已另項增編不許仍蹈故轍自干[illegible]
一鋪陳庫子查得通省各驛鋪陳庫子名數工食多寡不
同殊欠歸一議裁革庫子各照原額名數每名編銀
捌兩解給該驛官吏以為器皿修整之資如有不敷聽
該驛申府動支鋪陳料銀委官監造今查原派[illegible]
分吏因為經常并修整荒洗銀兩不解府縣查驗
合用數目轉發各驛官吏領[illegible]
以致[illegible]驛不得實用近經司道議允以該[illegible]
[illegible]
[illegible]

[所]看守及杠船各應免其差撥年終更替不許占戀生
奸其鋪陳照依舊規伍年壹造叁年壹修每年聽驛傳
道委官查盤以革欺弊
一水夫工料照得本省驛遞座站等船水夫工食過關船
隻料銀向係一總編派募役全收入已船隻料銀追扣
還官過關乘兩臨期出用率多侵費供累近經議允凡
額編驛遞水夫銀兩自隆慶肆年為始俱要追徵在官
水夫止給本等工食其過關銀兩給發驛遞官須辦各
應船鋪料銀解府以備修造
一節府廳公費查得往時各州縣輪派坊里抵應及整酒辦
禮等項費至不貲今議定為式動支官銀給發該吏隨
時辦用一切科索盡行裁革亦不許義民老人營管及
查抵應公費二項名實多濟各縣有單載公費而不載
抵應者有兼載者有并二項混同支用者故議總編公
費一項除去抵應名目近奉
兩院備行查[illegible]道會議南新二縣該派各衙門執事供
應家火等項公費係供過省上司之用故分派寧州等
五十八州縣編銀協濟向來二縣不詳原行每將本府
與兜網之費樂於前銀內混支動稱缺乏除前項公費
銀兩餘係[illegible]數外其各衙門合用紙
數開定款目另刊一冊名曰江西議處各衙門公費凡
遇[illegible]應照款動支逐一登簿備照報查考已經呈允
其各州縣數目多寡備載編冊凡上司按臨心紅紙劄
油燭柴炭及過客下程常士夫交際禮儀並詩文冊仍
照近經布政司議允除南新二縣銀數頗繁四差并公
費各另造報循環外其餘各縣公費俱附四差循環簿
內後按季倒換查考
一備補銀兩查得各州縣凡過上司及往來使客供應并
本衙門支費先年總會冊賦役紀因恐費出無常議於
均徭內各編備補銀多寡不等本以補正項之不足實
不得已之用也近來有司不行覺察每遇支放四差不
分正項備補混同支給以致經管人役隨手侵盜
那移殊非立法初意今後各衙轉行各州縣遵照將原
編備補銀兩照數貯庫凡各屬支解四差及動支公
費者俱要從本項數下支給若數果不足及事出意
外款目所未載者必須通詳批允方許給發敢有故違
仍前混冒者吏書坐贓官還職官別議決不輕貸
一夫馬[illegible]發查得各州縣夫馬[illegible]因[illegible]經[illegible]
[illegible]逐并派徵其夫馬[illegible]臨[illegible]雇募[illegible]
[illegible]

其役以防守鋪兵[illegible]派撥給應用餘者[illegible]以備差[illegible]
其設有[illegible]數目進置簿籍登記按季赴驛附守巡二道
查發不許差撥長夫長馬及各官役占以致走遞缺之
其船民因應差民船除南新二縣何已議定造船工料
并船夫工食徵收外船一般支給其他州縣除廣信九江
饒王山等縣近議并各原編[illegible]工驛站船水夫工食改
造民船各處俱徵本款外餘各州縣各因緊關以定船
數其編定銀兩專給船夫工食及借修造船隻之用如
遇修造申請動支有餘扣貯登報作正支銷
館編州具查得各府州縣禁子往時動以刑具為名指
取徑戶今議府州縣一應刑具編入禁子工食項下帶
徵每名工食銀米兩貳錢外增編刑具銀兩扣貯在
官按季給買因糧許於自理贖銀內動支毋得混取
鋪兵工食查得各鋪司兵多係食戶募充舊俱給領
戶原額每名工食貳兩貳錢徵銀在官給領今查得
南康府南昌縣黃[illegible]嘉梅石牛長亭長樂驛家常赤
四鋪南昌長山城兆鋪兵遞送往返不過十里各裁一名
工食銀貳兩九江府申德化縣安仁崇德驛鎮三鋪止
遞送口彭驛二縣公文似為[illegible]各裁一名止編二名
各裁工食銀[illegible]兩[illegible]林二鋪與瑞昌縣[illegible]

書經志 卷之八 [illegible]

所[illegible]三十全[illegible]公安撫[illegible]建南七鋪司兵俱遞送[illegible]
[illegible]各賦工食叁兩陸錢外其餘各縣鋪兵名數工食俱
仍照舊
按撫防夫近蒙布政司呈詳查得前項防夫原係奉文
編革今各[illegible]失查原行仍舊編徵相應革編呈蒙
撫院批行抖[illegible]衙官[illegible]道會同議可將省州縣原編
各衙門防夫工食銀兩盡行裁革剔除條編款目以免
日後重編之弊仍聽[illegible]將前徵盡行革退本年工食查明
[illegible]日扣追貯庫作正支銷省會諸衙門缺役並聽選常
兵差遣
給散工食查得各州縣從編諸色力役工食往年親自
下縣動取過倍斂擾從戶今俱量為損益徵銀在官雇
直但恐給不以時未免難為守候今定給領期限二院
門皂鋪兵二司造冊書手門皂防夫鋪兵府縣門皂常
兵走遞皂隸倉書庫書倉夫庫夫鋪司兵弓兵禁子儒
學書手門役庫手各祠壇門子俱分上下半年正七月
內給領原給水夫走遞馬夫人夫精兵俱四季[illegible]月給
領如過期不給或將成色銀抵換及原數短少許各役
陳告或訪出該吏拏問坐以贓罪決不輕貸
閏月工食查得通省在官力役應得工食各衙各有支

[illegible]計月支[illegible]以應[illegible]史[illegible]衙[illegible]
守管查府二司造冊書手架閣庫子各衙門[illegible]
其[illegible]各遞水夫防夫館夫各倉倉書倉書倉夫庫夫[illegible]
走處皂隸人夫馬足渡夫驛夫各照原編銀數增編閏
年帶徵貯庫積常二兵於扣追革兵銀內動支俱候臨
閏給發其入費等銀原有寬餘閏月免編
紙劄油燭查得各府州縣日用紙劄油燭多令庫子出
辦今已革去庫役給於均徭加編大府歲編銀壹百叁
拾兩其次壹百兩大縣捌拾兩其次柒拾兩小縣伍拾
兩永為遵守
沙田糧查得通省各屬逃絕并沙塞田糧除係舊額
并崩陷無蹤原經
奏免派起運止派存留司庫者里遞均賠外其有舊額
沙業今已開墾久已逃沒令曾清出或本管里長并各
畝殷豪包占影射者即於得業人名下追收花利以抵
糧差不得朵及通[illegible]包賠其餘不係逃絕沙塞妄扣無
稱者照舊與實糧一例編差
近逃人丁查得各州縣原額逃絕人丁註於實徵冊
有稱者照舊免編外其新開逃絕逃人丁雖未免[illegible]無
本戶丁[illegible]丁并[illegible]其各州縣因差人丁[illegible]

審編人丁[illegible]其[illegible]若有[illegible]托[illegible]隱[illegible]差役[illegible]
虛濫戶口清許諸人首告將本犯名下罪銀給告人其
實其清出丁口所在戶係[illegible]一兩增入遂年撥冊一例
編徵仍候造冊之年造入黃二冊將逃絕開除
丁糧派查得本省各項差徭自嘉靖貳拾[illegible]年間奉
前
欽差撫按都御史張　題定賦役總會文冊內開南北京庫
漕運本折米銀起運存留
宗藩司府倉米皆出於糧戶口食鹽起存錢鈔則出於丁
糧里甲均徭丁糧兼派里甲壹丁折米壹石均徭[illegible]丁
折米壹石及查各府州縣編派驛傳機兵二差數各不
同有以糧編驛傳有以丁糧編驛傳機兵有以丁折米
爾編機兵全不編驛傳者土俗各宜民情成順從舊各
府州縣查照舊規通融兼派庶為便益其戶口食鹽起
存錢鈔近年奉例隨糧帶徵查得錢鈔二項係是丁口
差役仍前隨糧帶徵則時恐小戶不無偏累今仍照丁口
隨四差徵銀今行改正以便遵守
嚴禁坊長照得城有坊猶鄉有里近今坐甲首催糧
差原不相干後因審編均徭保充歸役官府偏聽坊長
遂致坊長得管里長挾詐誅求深為民害今南新二縣

包攬議允止許坊長遵照編派催督其中糧差又[illegible]
路甲遞合行各屬一體嚴禁其在省并年分先于責
令坊長賃辦家火僱募人夫今俱分派各屬解銀呈貢
一毫不取於民若坊長仍踏舊轍科派在市坊甲在鄉
里長者事發從重問遣

田糧科則查得賦役總會文冊刊載南新二縣田糧每
畝科壹斗陸升伍勺其次科壹斗貳升捌合肆勺又其
次科壹斗零米合宜春分宜萍鄉萬載四縣俱畝科壹
斗陸升奉新高安上高新昌萬安五縣俱畝科壹斗壹
升豐城新淦吉水龍泉永新五縣俱畝科壹斗零進賢
靖安二縣俱畝科玖升武寧寧州安福峽江肆縣俱畝
科捌升吉永豐南豐崇仁永寧宜黃五縣俱畝科柒升
新喻泰和南城三縣俱畝科陸升清江廬陵鄱陽餘干
樂平德興浮梁安仁萬年都昌建昌安義德化湖口彭
澤廣昌星子德安瑞昌大庾南康上猶崇義瑞金二十
四縣俱畝科伍升廣豐弋陽玉山臨川東鄉新城贛
縣雩都石城龍南興國信豐安遠會昌一十四縣俱畝
科肆升上饒鉛山貴溪金谿寧都樂安六縣俱畝科叁
升興安縣原係上饒弋陽分割定南縣原係會昌龍南
安遠分割糧料與原縣相同載入凡例以備查考

欽糧總冊　萬曆十一年一造
欽糧格冊
四差總冊　十年一造
四差格冊
糧差票式
兩院冊式
此係隆慶六年　使司原定四差凡例止此

四差派則　查自萬曆十三年至十五年止丁糧四差派則備錄

南昌縣

萬曆十三年　人丁每丁派四差連閏銀壹錢貳分伍厘叁毫玖
絲玖忽捌微　民米每石派四差連閏銀壹錢陸分叁毫
伍絲玖忽叁微　坊丁每丁派銀壹錢貳分　帶徵鹽鈔
連閏每丁每口各派銀玖厘捌毫伍絲伍忽玖微壹纖
十四年　人丁每丁派四差銀壹錢壹分玖厘陸毫肆絲貳
忽[illegible]微叁纖　民米每石派四差銀壹錢伍分肆厘陸
毫柒絲伍忽柒微伍纖　坊丁每丁照舊派銀壹錢貳分
外帶徵鹽鈔銀每丁每口各派銀伍厘肆毫伍忽肆微柒
纖
十五年　人丁每丁派四差銀壹錢貳分[illegible]

忽[illegible]微[illegible]纖　民米壹石折米貳石各派四差銀[illegible]
分柒厘[illegible]毫[illegible]絲陸忽叁微陸纖　坊丁每丁照舊派銀
壹錢貳分　外帶徵鹽鈔每丁每口各派銀伍厘肆毫伍
忽肆微柒纖

新建縣

萬曆十三年　人丁每丁派四差連閏銀壹錢柒厘陸毫柒絲肆
忽玖微叁纖　官民夏米每石派四差連閏銀壹錢陸毫[illegible]
叁厘伍毫伍絲柒忽捌微玖纖　坊丁每丁照舊派銀壹
錢貳分　外帶徵鹽鈔連閏每丁每口各派銀柒厘壹毫
玖絲叁忽玖微柒纖
十四年　人丁每丁派四差銀壹錢貳分柒厘玖毫陸絲貳
忽貳微貳纖　民夏秋米每石派銀[illegible]分伍分捌厘[illegible]毫
叁絲[illegible]忽[illegible]微[illegible]纖　坊丁每丁照舊派銀壹錢貳分
外帶徵鹽鈔每丁每口各派銀陸厘陸毫肆絲伍微捌纖
十五年　人丁每丁派四差銀壹錢柒分貳厘伍絲叁忽柒
微[illegible]纖　民夏秋米每石派四差銀[illegible]分伍厘伍絲[illegible]
貳厘陸毫玖絲玖忽貳微肆纖　坊丁每丁照舊派銀壹錢
貳分　外帶徵鹽鈔每丁每口各派銀陸厘陸毫[illegible]絲
伍微捌纖

豐城縣

萬曆十三年　人丁每丁派四差連閏銀壹錢陸厘玖毫肆絲
叁微叁纖　官民米每石派四差連閏銀壹錢貳分貳厘
玖毫貳絲壹微肆纖　外帶徵鹽鈔連閏每丁每口各派
銀捌厘肆毫肆絲貳忽肆微捌纖
十四年　人丁每丁派四差銀玖分玖厘貳毫玖絲陸忽柒
微陸纖　官民米每石派四差銀壹錢壹分肆厘伍毫伍
絲肆忽叁微柒纖　外帶徵鹽鈔每丁每口各派銀[illegible]
柒毫玖絲叁忽柒纖
十五年　人丁每丁派四差銀玖分叁厘玖毫[illegible]
微柒纖　官民米每石派四差銀壹錢玖分[illegible]
外帶徵鹽鈔每丁每口各派銀柒厘[illegible]
陸纖

進賢縣

萬曆十三年　人丁每丁派四差連閏銀壹錢陸分捌厘[illegible]
絲陸忽柒微叁纖　官民米每石派四差連閏銀壹錢[illegible]
分叁厘陸毫貳絲肆忽玖微伍纖　外帶徵鹽鈔連閏每
丁每口派銀捌厘叁毫叁忽肆微捌纖
十四年　人丁每丁派四差銀壹錢伍分玖厘伍毫[illegible]
忽柒微叁纖　官民米每石派四差銀壹錢[illegible]分[illegible]
毫捌絲[illegible]忽捌微[illegible]纖　外帶徵鹽鈔每丁每[illegible]
柒厘陸毫[illegible]絲肆忽[illegible]微
十五年　人丁每丁派四差銀壹錢伍分[illegible]
官民米每石派四差銀[illegible]

又[illegible]

奉新縣

萬曆十三年　人丁每丁派四差連閏銀[illegible]錢[illegible]分[illegible]厘[illegible]
[illegible]忽[illegible]微　官民米每石派四差連閏銀壹錢柒分[illegible]
厘捌毫貳絲玖忽柒微陸纖　外帶徵鹽鈔連閏每丁每
口各派銀肆厘玖毫柒絲肆忽[illegible]纖
十四年　人丁每丁派四差銀[illegible]錢貳分[illegible]厘[illegible]毫玖絲叁
忽捌微叁纖　官民米每石派四差銀壹錢伍分玖厘貳
毫陸絲陸忽叁微陸纖　外帶徵鹽鈔每丁每口各派銀
肆厘伍毫玖絲壹忽肆微肆纖
十五年　人丁每丁派四差銀壹錢伍分伍厘貳毫壹絲柒
忽叁微叁纖　民米每石派四差銀壹錢玖分捌厘陸毫
玖絲陸忽玖微柒纖　外帶徵鹽鈔每丁每口各派銀肆
厘伍毫玖絲壹忽肆微肆纖

靖安縣

萬曆十三年　人丁每丁派四差連閏銀[illegible]錢肆分玖厘伍毫貳
忽捌微叁纖　官民米每石派四差連閏銀貳錢肆分陸
厘玖絲[illegible]忽玖微玖纖　外帶徵鹽鈔連閏每丁每口
各派銀叁厘陸絲陸忽叁微壹纖
十四年　人丁每丁派四差銀壹錢肆分肆毫捌絲伍忽貳
纖　官民米每石派四差銀貳錢叁分貳厘貳毫捌絲伍
忽伍微貳纖　外帶徵鹽鈔每丁每口各派銀貳厘捌毫
陸絲肆微肆纖
十五年　人丁每丁派四差銀壹錢叁分叁厘肆毫柒忽伍
微陸纖　官民米每石派四差銀貳錢壹分柒厘玖絲伍
忽壹微貳纖　外帶徵鹽鈔每丁每口各派銀貳厘捌毫
叁絲肆微肆纖

武寧縣

萬曆十三年　人丁每丁派四差連閏銀[illegible]錢肆分玖厘柒毫陸
絲伍忽陸微壹纖　官民米每石派四差連閏銀壹錢柒
分伍厘陸毫貳忽捌微叁纖　外帶徵鹽鈔連閏每丁每
口各派銀玖厘柒絲柒忽捌微柒纖
十四年　人丁每丁派四差銀壹錢叁分[illegible]厘柒毫伍忽玖
微捌纖　官民米每石派四差銀壹錢陸分肆厘捌毫壹
絲伍忽貳微柒纖　外帶徵鹽鈔每丁每口各派銀捌厘
叁毫柒絲玖忽伍微陸纖
十五年　人丁每丁派四差銀壹錢叁分捌厘玖毫伍絲陸
忽柒微貳纖　官民米每石派四差銀壹錢肆分玖厘叁
毫壹絲玖忽玖微壹纖　外帶徵鹽鈔每丁每口各派銀
捌厘叁毫柒絲玖忽伍微陸纖

寧州

萬曆十三年　人丁每丁派四差連閏銀[illegible]
忽捌微貳纖　官民[illegible]

南昌府志　卷之八　[illegible]

厘伍毫陸絲捌忽[illegible]微貳纖　外帶徵鹽鈔連閏每丁每
[illegible]玖厘陸毫貳絲柒忽柒微伍纖
十四年　人丁每丁派四差銀壹錢伍分[illegible]厘[illegible]毫柒絲捌
忽柒微陸纖　官民米每石派四差銀貳錢陸厘柒毫玖
絲捌忽貳微陸纖　外帶徵鹽鈔每丁派銀捌厘捌毫
肆絲[illegible]忽壹微壹纖
十五年　人丁每丁派四差銀壹錢壹分玖厘貳毫柒絲柒
忽叁微半纖　官民米每石派四差銀壹錢玖分柒厘伍
毫捌絲肆忽陸微半纖　外帶徵鹽鈔每丁派銀捌厘捌
毫捌絲柒忽壹微壹纖

南昌府志　卷之八　[illegible]

新修南昌府志卷之八終

新修南昌府志卷之九

坊甲 萬曆十五年數

本府所屬南昌縣四十五坊共坊丁陸千叁百壹拾叁丁每丁歲派銀壹錢貳分每年該銀柒百伍拾柒兩伍錢陸分本縣留備三年科舉鹿鳴宴牌額花亭等項及應試生儒盤纏原額不敷并奏給賑貧冬布銀并給上下衙門書手門皂庫斗舖兵弓兵禁子倉夫館夫巡攔渡夫驛馬各閏月工食等用新建縣十坊每丁歲派銀壹錢貳分共坊丁銀壹百玖拾兩捌錢陸分本縣留備三年科舉鹿鳴宴牌額花亭等項及應試生儒盤纏原

額不敷并奏給賑貧冬布銀本縣扣存燈銀不敷等用其原行事理備載鐫碑豐進奉靖寧武六州縣坊丁銀俱入四差欽內專辦燈籠修理器皿家火并奏給閏月工食等用

鐫碑全文

南昌府爲軫念困疲坊民一體徵銀以終良法事據南新二縣揭稱承奉本府帖文奉江西布政司劄付奉欽差巡撫江西等處地方兼理軍務都察院右副都御史劉　批據本司呈詳蒙　巡按江西監察御史劉　批據本司經歷司呈先奉　撫院批據南新二縣坊民耿天爵任仲貴海劇徐憲等告稱二縣坊甲首蒙編倅議照丁徵銀貲造幕次雇夫答應日今出示借辦鋪設入簾鹿鳴二宴文場盛典惟有省府首縣繁累乞照案驗欵開書冊事件建立碑石等情該本司覆議得二宴租賃椅桌器皿幕次家火與夫扛擡舉人牌枋鼓樂彩亭人夫等項各有專官領發官銀照依原議官價租賃毫忽不取於坊甲其科場內外管收管領用事坊長搬運看守執彩迎導人夫俱止役用其力日給官銀壹分此外別無科派各宜竭心服役毋再妄生告擾仍禁坊長不許蹈襲舊弊科派甲首管收人役不許需索文物常例違者許被害之人指實告究仍摘坊丁條件緊要

畧節鐫豎碑石以垂永久等因呈奉　本院批坊甲事宜議處已悉今以賓興盛典須人供役暫借其力計日給値非無故役使也其合用幕次椅桌什物俱照原議動支官銀租賃委官身任其事不得累及各役餘照行仍刻石示示遵守此繳幷蒙　按院批如議此繳劄府備帖二縣給示曉諭仍摘坊丁條件緊要畧節共鐫碑石豎立等因奉此卷查隆慶貳年十一月內承奉本司劄付奉　撫院批據本司呈奉本院批詞幷蒙　巡按江西監察御史顧　憲牌同前事該本司會同按察司幷守巡糧儲驛傳各道査議得南新二縣坊甲人户往

特但遇當役之際俱令在官整備酒席借辦幕次什物家火打燈檯轎鋪氊執彩等項委果賠累煩難坊民受困久矣今當更議之初合將坊甲盡行豁免力役通計各戶人丁比照鄉都一例派銀徵收在官專備置造合用幕次家火什物及雇募扛擡搬運鋪設管領夫役之用開列凡例造冊通行呈詳奉　撫院批冊內各欵事體詳悉處置合宜此誠可久之法俱如擬通行遵照其各府坊甲仍行守巡道一併參酌通詳報繳幷蒙　按院批細閱文冊查析周詳酌處妥當徵銀有則既不累民措置有方又克濟事誠官民兩便而經久可行也至如華齋宿之煩文以省勞費計積累之餘羨以預賓興禁混免以杜奸欺嚴審編以清隱射尤其利益之大者俱准照行仍通行各該守巡道轉行所屬一體查明酌議詳奪施行若夫勤稽什物使無冒濫恥爲乾沒以恤膏脂則存乎各有司之自勵耳通諭知之此繳劄發書冊丁縣仰各遵照條欵施行依奉間今奉前因除行縣給示曉諭外合將條件摘其緊要畧節立碑鐫刻豎於撫院門首曉諭官民一體永爲遵守施行

計開議革坊甲緊要條件

一南新二縣坊長每十年一次當役之年官府責其在官荅應百務萃于一身科歛過于群甲勞費浩繁困累已久委宜禁革今後免其在官供役通將坊甲人丁比照鄉丁起派四差之數徵銀以供公用均攤十甲多寡通融合爲一則歲輸十分之一庶衆輕易舉官民兩便

撫院批如議行　按院批革坊長正所以寬坊甲也徵銀之外仍嚴禁坊長不許分毫科擾坊甲人聞自來夙弊以坊長管里長顧轎搬擾今既不相干涉併宜禁革

一二縣往時各項公宴酒席俱係見年坊長領銀辦設賠累不勝今議裁革如遇兩院辦酒取發公費銀兩責令門下官員或該縣禮吏整辦每酒壹桌價銀肆錢伍分三司宴待兩院及　欽差亦同前例止取成禮不用看席若用花幣臨時派單令當月禮吏照市値領銀買辦其閱操廵城審録决囚免軍較射等項毎酒壹桌價銀貳錢捌分毎飯壹桌價銀貳錢照依舊規南昌管辦兩月新建一月俱查發公費輪委禮吏領辦以免推誤至於學道歲考生儒茶餅二縣動支里長銀令禮吏辦送敢有再擾坊甲者罪之　撫院批備辦責之禮吏此外須有協助之人仍聽該縣撥發　按院批依議行酒席止取成禮不用看席如當凡遇新任上司該縣掌印官先期以此例稟知在同志者亦必相諒他如過客與鄉

上夫可類推矣

一近奉兩院明文裁革坊甲禁止節儀以省繁費今後凡遇節序禮儀盡行停止司道不得辦送兩院府縣不許辦送司道及該府違者過書受者以罷軟貪婪署考其使客往來下程三司自有公費銀兩買辦若遇尊客禮宜豐厚者另行二縣動支公費責令禮吏買辦革去燒炙止用鮮臘數味托盤食盒聲担俱官爲置辦扛擡人夫給銀雇覓不許再用坊長　撫院批如議行　按院批依議行

一本省文廟二壇春秋二祭舊規各衙門大小官員赴彼齋宿所用床帳什物等項甚多皆係坊長出辦勞費萬端今革坊長相應比照兩京事例先日酉刻各詣祭所省牲畢回本衙門齋宿次日四鼓行禮以省繁累　撫院批此議最當　按院批祭所省牲本衙門齋宿則敬神之實意已廟而冗費之虛文亦革矣著爲令甲永永遵行

一各公署合用家火各官府合用幕次舊責辦於坊長或借用於地方委爲不便今俱逐一查明應修者劄修應造者補造各有數目造完之日督造官刻字印記分貯於合同青雲公館列郡行署并廣積倉各空閑房屋中安放置大牌二面一開寫家火係本館者一開寫某府係寄頓者門子封鎖鑰匙掌印官收掌每遇使客官員到日查係某縣工吏直月即稟官領匙開鎖將應用本館家火等項開單驗發與門子領用使客去日門子照單付工吏驗收封鎖如有損失即許告明查修致有偷盜者問罪追償　撫院批領用交收須專責之門子　按院批各公署收貯什物須各選殷實門子立名責令掌管候取用時同工房該吏收發掌印官仍時常查驗墻圍門扇修理堅固如有盜失即坐看守人役賠償問罪

一科舉舊時一應筵宴桌椅幕次什物雇倩遞酒農民管領鋪設席面人夫管收解到品物打造金銀臺盞花朵跟隨考官門皂俱責備坊長收買物件等類責在鋪行舉人騎坐馬匹搭廠竹木蓬板等項借辦糧里雜細家火借辦地方委屬不堪但事體浩繁若非慣熟之人終難濟事必當借用坊長計日給與工銀鋪行兩平交買使不有累其餘夫馬椅桌器物竹木等類應雇賃者定價雇賃應造辦者委官造辦考官門皂內外答應扛擡湯飯迎導舉人馬匹人夫俱先期查委司府能幹首領或縣佐領銀召募臨期分撥答應與夫打造金銀花朵

堂議許責本司通吏監督領造席面就令原派管收物件坊長兼之亦計日給與工值庶事有責成可免推諉之弊　撫院批賓興大典綵亭百花亭似難裁省只應照舊其餘如議分送鹿鳴筵席就近備辦尤便　按院批科場重務最宜周悉據議用坊長則有工銀之給用舖行則無價值之虧而又官吏監督隨便備辦蓋誠得其要領矣依議行中間未盡事宜仍聽府縣正官臨時酌議施行蓋事有難於預擬者固無嫌於詳審也惟綵亭百花亭等項雖若虛糜之費實則典禮之儀似未可裁革各該府縣科舉銀兩仍宜量微措辦務求美麗以

成賓興盛典蓋惟財用有餘計處自無難也該司併議成規用便遵守依奉又該本司查得舉人彩亭百花亭合用花朵竹木各色布帛綵段紙鮮花租賃及人夫工料共銀壹拾伍兩貳錢肆分伍厘查照今議工料銀數補載冊後以全盛典覆議具由通詳奉　撫院批綵亭合照舊規以彰盛典工料銀兩從寬估計載入欵目繳

按院批如議行繳

一增置查考幕次家火及雇募坊甲夫役已刊入書冊永為遵守不復鐫碑

隆慶四年歲次庚午仲秋穀旦

漁課

國家田地山塘各則壤成賦而江潭湖泊乃總為漁課之徵南昌府五所自　國初迄今雖漁戶冊籍如故而歲久人更逃絕影射莫可勝言莫若以業求人畫潭定界庶漁油料鈔不失其額課云

凡例五欵

一官湖課凡湖有定主戶有額米課甲每歲徵銀完納

一潭鈔課凡官港中有深潭潭有定界每歲秋冬停禁漁戶當官承認取魚納鈔

一浮辦課凡官港除秋冬禁外聽小民各色網業長江

泛取納課

一淺水課凡民湖民港埼瀝等項各有分段照米徵銀完納

一高塘課凡蔭田池塘除各縣秋糧外其課屬河泊所者亦名曰高塘

五所額派

港口河泊所每年有閏月額辦魚油料銀貳百柒拾七兩叁錢斷分柒釐　小水腳銀叁拾貳兩伍錢玖分　每年有閏月額辦鈔銀玖拾貳兩肆錢柒分叁釐柒毫　外水腳銀貳兩柒錢柒分叁釐　每年無閏月額辦魚油料銀貳百肆拾柒兩肆錢判分肆錢伍毫　外水腳銀叁拾兩零伍分捌釐柒每年無閏月額辦鈔銀捌拾伍兩叁錢壹分伍釐　小水腳銀陸兩伍錢陸分

下所瀕無官湖官港官洲亦無泥蕩禁港段數止皆
州數淺水長河上自壹成縣地名大港口起下至省
城縣王關爲界內多沙湖水淺復內一源川又東道
德河西抵瑞州縣係州載沿河兩岸舊額新增漁戶
自置各色漁船網業四季在河取魚辦課活生常年
春夏時遇驟雨洪水泛漲江面闊則一里狹則半里
東西小河港汊四五七八丈者春夏有流秋冬內多
乾涸

趙家園河泊所

每年有閏月額辦魚油料銀叁百零壹兩陸錢玖分陸釐貳毫伍絲肆忽玖微
捌微　外水腳銀叁拾陸兩貳錢零叁釐　每年有
閏月額辦鈔銀捌拾貳兩零貳分壹釐貳絲　外水
腳銀貳兩肆錢陸分陸釐陸毫叁絲陸忽　每年無
閏月額辦魚油料銀貳百柒拾捌兩肆錢捌分捌釐
玖毫　外水腳銀叁拾叁兩肆錢壹分捌釐陸毫陸
絲捌忽　每年無閏月額辦鈔銀柒拾陸兩壹錢壹
分陸釐　外水腳銀貳兩貳錢捌分叁釐肆毫捌絲
本所禁潭五處　黃料潭上自北岡口起下至餘塍
積路口界止計長肆里闊貳里歲辦課米叁百肆拾
捌石伍斗肆升玖合柒勺伍抄有閏年分該鈔銀貳
拾伍兩柒錢伍分捌毫伍絲肆忽無閏年分該鈔銀
貳拾叁兩玖錢肆分陸釐陸絲伍忽貳微　源港潭
上自赤港尾起下至鰕窑港尾徐觀四埠下界止計
長叁里闊壹里歲辦課米貳百叁拾貳石叁斗陸升
陸合伍勺有閏年分該鈔銀壹拾柒兩壹錢陸分柒
釐貳毫叁絲陸忽無閏年分該鈔銀壹拾伍兩玖錢
陸分肆釐肆絲肆忽捌微　林潭上自楊岡打渡課
鰕口起下至閂港口界止計長肆里闊壹里歲辦課
米叁百零玖石捌斗貳升陸合有閏年分該鈔銀貳
拾貳兩捌錢捌分玖釐陸毫肆絲捌忽無閏年分該
鈔銀貳拾壹兩貳錢捌分伍釐叁毫玖絲肆微
林潭上自中洲頭起下至北石湖尾界止計長肆里
闊壹里歲辦課米壹百玖拾叁石陸斗叁升捌合柒
勺伍抄有閏年分該鈔銀壹拾叁兩叁錢零陸毫
絲無閏年分該鈔銀壹拾叁兩叁錢零叁釐叁毫
玖忽　白沙潭上自赤背嘴李亦七埠下起下至烏
溪港口界止計長肆里闊貳里　課　下起下至烏
肆石柒　升　合有閏年分　銀叁拾
錢叁分肆　毫柒絲貳忽　分該鈔銀叁拾
壹兩玖分貳分捌釐捌絲

懋會河泊所　每年有閏月額辦魚油料鈔銀貳百壹拾兩
壹釐　每年有閏月額辦外水腳銀貳拾伍兩壹錢捌分叁
分伍　每年無閏月額辦魚油料銀壹百玖拾叁兩叁錢
捌分壹釐　每年無閏月額辦外水腳銀貳拾叁兩壹錢
分肆釐　外水腳銀柒拾肆兩
致　本所禁潭七處　王關竹
本所禁潭七處　王關竹坪口起至周公亭止長三里闊二里原額外課米叁百
零叁石無閏月年分納鈔課銀叁拾叁兩有閏月年
分納鈔課銀叁拾叁兩　竹視潭自有閏月年
分至納鈔課銀一兩里　半里原額課米伍拾石伍分
伍卜無閏月年頭止長一里闊半里原額課米伍拾石
納鈔課銀伍兩年分納鈔一里闊半里原額課米伍拾伍石
林坑埠止長一里闊一里原額課米伍拾伍石
閏月年分納鈔課銀伍兩伍錢有閏月年分納
銀伍兩米錢　　　　　
止長二里闊半里原額課米壹百零玖石起至師子埠
分納鈔課銀壹拾壹兩有閏月年分納鈔課銀壹拾

壹兩獎潭自昌邑課米百肆拾至泥
橫冷止長二里闊一里原額課米壹百肆拾柒石貳
斗伍升無閏月年分納鈔銀貳拾柒兩柒錢伍分
有閏月年分納鈔銀伍兩伍錢伍分伍釐伍分
斗伍升無閏月年分納鈔課銀伍兩伍錢伍分
青魚湖起至柘分界鈔課伍兩半里有閏月年分納伍
斗無閏月年分納鈔止長二里闊半里原額課米伍拾
鈔課銀伍兩伍錢家官港內有口至柒石起至柒石
柒石止長二里北十丈課課米貳拾柒兩伍錢伍分
斗伍升無閏月年分納鈔課銀貳拾伍兩伍錢伍分
有閏月年分納鈔課銀伍兩伍錢伍分伍釐

昌邑河泊所　每年有閏月額辦魚油料銀壹百玖拾叁
兩伍錢陸分伍釐伍毫叁絲　外水腳銀壹百玖拾叁
鈔銀陸兩伍分伍釐伍毫叁絲　每年有閏月額辦
分玖錢貳毫　每年無閏月額辦魚油料銀壹兩玖錢
拾捌兩陸錢米分叁忽　外水腳銀壹百玖拾壹
肆拾肆兩陸錢玖分伍絲捌分　外水腳銀壹百玖拾
伍拾玖兩陸錢肆分　外水腳銀壹拾壹兩
釐貳毫
本所禁潭六處　冰湖冷上自深汊洲頭起下至本

港尾止不□長二里闊一丈二尺原額課米肆拾壹
石貳斗伍升有閏年分該課鈔銀叁兩肆錢伍分玖
釐陸毫叁絲柒忽伍微無閏年分該課鈔銀叁兩壹
錢玖分叁釐壹毫陸絲貳忽　湖埒長步上自沙湖
埒尾起下至龍坑繳尾止并長三里闊一里原額
課米陸拾壹石捌斗柒升伍合有閏年分該課鈔銀
伍兩壹錢捌分玖釐肆毫伍絲陸忽無閏年分該
鈔銀肆兩柒錢捌分玖釐柒毫肆絲肆忽　椿湖李
家港上自楊坊頭起下至本港尾止　長二里闊
計七丈原額課米陸拾壹石捌斗柒升伍合有閏年
分該課鈔銀伍兩壹錢捌分玖釐肆毫伍絲陸忽無
閏年分該課鈔銀肆兩柒錢捌分玖釐柒毫肆絲肆
忽　曲尺陶家港共二段上自黄泥潭起下至本港
尾止長共七里闊十六丈原額課米捌拾貳石伍斗
有閏年分該課鈔銀陸兩玖錢壹分玖釐貳毫柒絲
伍忽無閏年分該課鈔銀陸兩叁錢捌分陸釐叁毫
貳絲伍忽　楊家港北湖埒上自土頸港頭起下至
焦灘止長計二里闊一丈原額課米捌拾貳石伍斗
有閏年分該課鈔銀陸兩玖錢壹分玖釐貳毫柒絲
伍忽無閏年分該課鈔銀陸兩叁錢捌分陸釐叁毫
貳絲伍忽　西大長河上自□泥□起下至龍坑繳
尾止不潭長伍里闊一丈原額課米伍拾叁石有閏
年分該課鈔銀肆兩肆錢肆分伍釐壹毫壹絲無閏
年分該課鈔銀肆兩壹錢零貳釐柒毫叁絲

鄔子河泊所

兩每年有閏月額辦魚油料銀叁百貳拾捌
叁拾玖兩叁錢柒分柒釐每年有閏月外水脚鈔銀
玖拾叁兩肆錢陸分柒釐壹毫柒絲　外水脚銀
兩捌錢零肆釐壹絲叁忽　每年無閏月額辦魚油
料銀叁百零貳兩捌錢　外水脚銀叁拾陸兩叁錢
肆分伍釐　每年無閏月額辦鈔銀捌拾陸兩叁錢
叁分叁釐壹毫　外水脚銀貳兩伍錢玖分
本所禁潭七處　湖潭上自釣鐵嘴起下至江家
潭止長一里闊二十丈原額課米共伍百柒拾壹石
柒斗伍升肆合有閏月年分該課鈔銀貳拾叁兩肆
錢肆分壹釐玖毫陸絲無閏月年分該課鈔銀貳拾
貳兩零捌分陸釐柒毫叁忽　江家潭青泥灘上自
椗嘴起下至嘴洪潭止長二里闊三十丈原額課
米共伍百柒拾叁石玖斗肆升玖合玖勺有閏月年
分該課鈔銀貳拾叁兩伍錢叁分叁釐玖毫無閏月年
分該課鈔銀貳拾貳兩壹錢柒分壹釐叁毫壹忽
瑞洪埠黄岐埠上自青泥灘起下至楊子港口止長
一里闊三十丈原額課米共叁百叁拾肆石伍斗玖
升玖合壹勺有閏月年分該課鈔銀壹拾叁兩柒錢
壹分捌釐陸毫無閏月年分該課鈔銀壹拾貳兩玖
錢貳分伍釐伍毫陸絲　黄金埠上自龍船洲起下
至本洲尾上長半里闊十一丈又青水根埒上自青水
埒口起下至竹根埒止長一里闊八丈額派課米共
壹百玖拾叁石陸斗壹升貳合玖勺壹抄有閏月年
分該課鈔銀柒兩玖錢叁分捌釐壹毫叁絲無閏月
年分該課鈔銀柒兩叁錢伍分柒釐叁毫　棠棣潭
上自牛頭埒起下至龍船洲頭止長一里闊十丈又
蚌湖亭上自竹根埒口起下至牛頭埒止長一里半
闊十丈額派課米肆百伍拾壹石伍斗壹升貳合
叁勺伍抄有閏月年分該課鈔銀壹拾捌兩伍錢壹
分貳釐無閏月年分該課鈔銀壹拾柒兩壹錢伍分
柒釐伍毫壹絲　蝦蟇潭上自龍船洲尾起下至絹
界止長一里闊十丈又龜角埒上自洲頭起下至洲
尾止長一里闊八丈又坤背李休家破□穴上自梅
岐起下至洲尾止長一里半闊十丈額派課米共貳
百玖拾□石□斗壹升玖合叁勺陸抄有閏月年分
該課鈔銀壹拾貳兩零捌分柒釐陸毫無閏月年分
該課鈔銀壹拾壹兩貳錢零叁釐貳毫　梅岐上自
絹界起下至洲頭止長一里闊二十丈又南北夾上
自洲頭起下至洲尾止長二里半闊二十丈額派課
米共肆百伍拾捌石壹斗零伍合柒勺有閏月年分
該課鈔銀壹拾捌兩柒錢捌分貳釐肆毫無閏月年
分該課鈔銀壹拾柒兩肆錢零捌釐貳絲

洪武十年五所漁課總額（止四所今樵舍所官裁革并入昌邑）

南昌府所屬河泊所五所共計歲辦貳萬陸千伍百貳
拾陸石叁斗壹升

嘉靖年間布政司總會文冊載五河泊所鈔銀數

港口河泊所銀壹伯陸拾捌兩陸錢伍分壹釐伍毫陸
絲柒忽

趙家圍河泊所銀玖拾肆兩陸錢零伍釐貳絲伍忽
棋舍河泊所銀柒拾肆兩叁錢貳釐捌絲伍忽
昌邑河泊所銀壹伯零柒兩陸錢伍釐
鄔子河泊所銀捌拾陸兩貳錢伍分柒釐陸毫

萬曆十三年本府推官李之用爲錫類造民事奉兩院批允五所俱以現在有徵民產長河課米額辦漁油課鈔外派所官雇馬幷書泊工食紙張一體通行均攤編派故巳上各所派則俱係近年事例每年定行八月關限年終齊足差所吏解報

萬曆十四年十五年連歲水災饑荒本府太守范淶盡弛江潭之禁以賑沿江貧民申呈 撫院題請奉
旨兩年各課俱蒙蠲免

按漢東萊縣官嘗自漁海魚不出後復予民魚迺出守令賦民者亦愼哉善乎孔子之爲言曰不度於禮則雖丘賦將不足也我南昌水災至 今上十五年滔天矣風波之民鵠形菜色流離死喪之狀言之寒心焉爲人牧者不求治本要徒爲小恩卽教民採鳧茈竹實蔬蒲藕於水濱以佐歲豈盡善政哉太守新安范公甫下車卽追奪浸漁之利還之民爲治可謂識大體頃復悉捐漁課代民輸納以甦其沈溺復申撫院請於 朝得並蠲之如是者二年迹其愛民之心不啻其身當之矣昔趙善俊癈巳肥人代民方斛盧鈞閱驛馬疲耗爲市馬易之此所謂河潤九里澤有既乎今范公矣

軍差

南昌前左二衛原額正軍壹萬壹千貳百名後併南昌一衛見存食糧正軍叁千伍百肆拾陸名不議徵稱外餘丁實在城丁貳千陸百零肆名每丁上則派銀貳錢中則派銀壹錢伍分下則派銀陸分前屯實在餘丁叁千丁每丁派銀伍分左屯實在餘丁肆千伍百丁每丁派銀陸分伍釐前左二屯田共正米壹萬陸千叁百壹拾玖石每石量派銀壹分共派銀壹百陸拾叁兩壹錢玖分丁田二項共派銀捌百玖拾玖兩柒錢伍分伍釐除支給衛所各官徑役外剩銀玖拾叁兩柒錢伍分伍釐存貯府庫留作備補支用登報循環今議定編都司徑銀玖百貳拾柒兩陸錢於裁革餘丁精兵月糧係屯糧麥豆銀內支給衛所各官徑銀并閏月備補銀俱於丁田銀內徵給續議都司禮生操捕二衛書手世襲指揮傘馬門役扣存精兵月糧麥豆銀內支給中軍書記於備補銀內支給合派

都司各官募役徑銀

都司掌印正堂聽事吏陸名各工食銀伍兩肆錢門子貳名皂隸壹拾貳名轎傘夫陸名各工食銀柒兩貳錢常兵陸名餘夫貳名各工食銀伍兩貳錢各役遇閏照例增給門[illegible]給工食銀人肆名[illegible]名銀[illegible]兩捌錢等[illegible]捕二衙各[illegible]名各門子貳名各[illegible]拾名子轎傘夫陸名各常兵陸名各館夫壹名各燈夫貳名各役工食并增閏各燈夫[illegible]俱照正堂例給續議書手各貳名每名工食銀伍兩貳錢俱於裁革餘丁精兵月糧銀內支給經歷都事正副斷事共肆員每員各門子貳名各傘夫壹名各工食銀伍兩貳錢各府典大員各[illegible]皂隸陸名各工食銀柒兩貳錢各役照例給閏各燈夫壹名各油燭銀壹兩[illegible]司獄皂隸貳名傘夫壹名馬夫壹名各工食銀伍兩[illegible]

發

都司引禮生伍名各量給銀[illegible]壹兩貳錢於裁革餘丁精兵月糧銀內支給

續議

撫院中軍官書記壹名每月給米壹石折銀肆錢於備補銀內支給

南昌衛所各官募役徑銀

本衛見任并優給未襲共指揮貳拾員納級指揮伍員內見任指揮壹拾貳員每員健步陸名每名工食銀伍兩貳錢遇閏照例增給工食內世襲指揮玖員各[illegible]傘馬門役共銀[illegible]兩其納級者不許援例納級指揮貳員每員健步肆名衛鎮撫[illegible]員千户拾員每員健步肆名所鎮撫叁員百户陸員每員健步貳名已上健步各工食銀伍兩貳錢遇閏照例增給工食已上各員徑役俱係見任其優給未襲者不准給役經歷知事貳員每員門子傘夫各壹名皂隸各肆名每名工食銀伍兩貳錢遇閏增給閏月工食　已上司衛各役先儘各餘丁充役但[illegible]如不願方聽民壯役

本衛六房[illegible]書壹名歲給工食[illegible]於精兵[illegible]

[illegible]銀內支給[illegible]捕精壯兵士貳百名操巡照正軍支給月糧其值班行糧每名日給米壹升折銀肆厘其徑銀仍行追收[illegible]餘丁充書記火藥匠伍名每石歲給米壹拾貳石操丁壹拾柒名每名歲給米壹石捌斗催糧軍餘貳拾夫名每名歲給米貳石柒斗續議本衛[illegible]給[illegible]食於餘丁精兵[illegible]補銀支給

正軍役事

都司六房科書識并看守鋪牌打聽傳遞公文看衛共叁拾陸名操衙撥充書識看衛傳遞公文樓園共陸名續議內除壹名裁回差操捕衛撥充書識[illegible]大共陸名續[illegible]發回差操[illegible]肆名

經歷都事正副斷事各撥充書識壹名

南昌衛六房書識并譜[illegible]看守司獄[illegible]貳名

一門正軍共貳拾叁名[illegible]書識貳名[illegible]各撥[illegible]壹名[illegible]撥用貳拾名[illegible]撥用壹拾名[illegible]上下江各撥壹拾伍名[illegible]左二屯各識字書名內巡捕撥壹拾伍名外巡捕撥軍捕叁拾名[illegible]江二門各撥壹拾伍進賢等五門各撥看守拾名

城鋪七十一座每座看守軍肆名照養馬軍例月加米貳斗軍器局撥充局匠肆拾名比看守軍肆名預備倉撥看守壹名漕運把總并運糧指揮千百戶共催運伍拾肆名南昌衛運船貳百壹拾貳隻每隻軍甲拾名本衛中軍吹鼓手壹百叁拾[illegible]名養馬軍[illegible]拾名火藥匠貳拾叁名鎮撫[illegible]守名軍柒玖名見任[illegible]玖名[illegible]拾肆名實在所[illegible]撥操[illegible]叁拾玖名

按軍民一也民差定而民困甚矣軍差獨可緩哉是故徭自丁生丁隱則徭重役從徭出役省則徭輕國初正軍歲办操守正役餘軍止聽繼爾嗣是遂貼正軍又嗣是輸有司草料然而未有徭也今徭之派若重困之矣乃欣欣然如解倒懸者何故哉緣武職世襲不易故軍户世被役占亦勢所必至者貧弱故絶積漸致之也惟軍餘各輸徭以雇役則武職使令不乏餘軍咸得脱占以治生業則正軍聽繼有人是餘餘軍乃以翼正軍也邇者□兩院灼見利病特為疏請復行司道暨本府酌議自萬曆十五年一切定為徭

役丁多遞損丁少遞增法紀畫一正餘兩利所以拯焚溺而登諸衽席者至矣自茲世守勿失利賴曷窮極哉

新修南昌府志卷之九終

新修南昌府志卷之十

學校

學校所以關王政之首務也古昔盛時自家塾黨庠以至國學咸所為教者甚具而士亦翟然彌化豫章宿稱文獻之邦郡有學宮以開儒術又有社學書院相與翼而[illegible]猶古先王立教之意也爰備載之以昭造士之懿典云

南昌府儒學在府治南洗馬池東明堂路北晉大康豫章太守胡淵始建學繼以范甯大興學制文風遂振唐光啓中杜亞徙夫子廟於城西北繼而觀察使張鎰鮑

防役加營建宋景祐趙槩即祠以建賢舍而泮宮之制甲諸郡矣治平二年太守施元長遷今處建炎火于兵紹興趙鼎即故趾更立李綱繼之像七十二子於兩廡元改江西等處儒學提舉司設四齋於講堂之前元季兵燹　國朝洪武三年改為南昌府儒學五年建明倫堂立四齋曰志道據德依仁游藝二十七年九月文廟災次年重建景泰四年巡撫韓雍撤四齋而鼎新之闢明倫堂後址建樓以貯　頒降書籍後正統間巡按許仕達成化間參議李蔥弘治間巡按韓明重修正德嘉廣集錢習禮鍾成何喬新學記嘉靖九年建敬一亭十

年奉詔撤像更封號稱曰先師孔子易以木主學宮

中爲

先師廟正聖賢祀典先是洪武初曾子司業宋濂上孔子廟堂議謂荀況之言性惡揚雄之事莽王弼之宗莊老賈逵之忽細行杜預之建短喪馬融之黨附勢家[illegible]宜從罷黜又謂何休參役空書上而其父刑食[illegible]同[illegible]真[illegible]真此爲甚上不喜[illegible]康安遠知[illegible]未[illegible]從[illegible]以貽[illegible]學士程敏政請罷馬融王弼[illegible]聖[illegible]賈逵[illegible]休[illegible]杜預入人從祀鄭家處植鄭玄服虔范寧[illegible]漢[illegible]又謂況[illegible]宜祀伯仲宜拜[illegible]究中樓中當本入宜存[illegible]家語七十弟子不及公伯寮秦冉[illegible]宜罷[illegible]冉同祀[illegible]於商[illegible]於[illegible]證[illegible]於后[illegible]王[illegible]宜從祀[illegible]子思[illegible]於[illegible]而父[illegible]并[illegible]宜[illegible]立[illegible]中祀[illegible]聖以[illegible]孔[illegible]五[illegible]氏[illegible]享[illegible]狗來[illegible]從祀下[illegible]不可遂已四年[illegible]祀[illegible]時亦[illegible]不[illegible]入年大學士[illegible]之十四年[illegible]又請[illegible]祀[illegible]梁[illegible]吳[illegible]不[illegible]九年用[illegible]臣張[illegible]作正

孔子祀典[illegible]大成至聖文宣王[illegible]至聖先師孔子四配爲復聖顏子宗聖曾子述聖子思子亞聖孟子從祀及門弟子[illegible]先賢左丘明以下[illegible]先儒去[illegible]公侯伯諸封爵申黨申棖一人存[illegible]去[illegible]本主[illegible]先聖向遠[illegible]休[illegible]顏潞十人[illegible]祀[illegible]七人[illegible]於其鄉進后蒼十七[illegible]又以行人薛[illegible]議進陸九淵[illegible]祀[illegible]大成[illegible]爲先師大成門爲廟門[illegible]又引歐陽[illegible]說請[illegible]立[illegible]祀[illegible]公叔梁紇稱啓聖公孔氏以無繇[illegible]氏[illegible]先賢[illegible]於蔡元定從祀稱先儒擬[illegible]祀從之十年[illegible]祭[illegible]孔[illegible]祀[illegible]中說聖諭于石[illegible]門左右各[illegible]學如之

先師廟祀先師南向復聖顏子宗聖曾子述聖子思子亞聖孟子東西相向稍後先賢閔損冉耕冉雍宰予端木賜冉求仲由言偃卜商顓孫師十哲從祀亦東西相向

兩廡從祀先賢澹臺滅明字子羽武城人宓不齊字子賤魯人原憲字子思宋人公冶長字子長齊人南宮适字子容魯人高柴字子羔齊人漆雕開字子若蔡人樊須字子遲齊人司馬耕字子牛宋人公西赤字子華魯人有若字子若魯人琴牢字子開衛人申棖字子續陳亢字子禽陳人巫馬施字子期陳人梁鱣字叔魚齊人公晳哀字季次齊人商瞿字子木魯人冉孺字子魯魯人顏辛字子柳魯人伯虔字子析魯人曹卹字子循蔡人冉季字子產魯人公孫龍字子石楚人漆雕哆字子斂魯人秦商字子丕魯人漆雕徒父字子文魯人顏高字子驕魯人商澤字子秀魯人壤駟赤字子徒秦人任不齊字子選楚人石作蜀字子明成紀人公良孺字子正陳人公夏首字子乘魯人公肩定字子中魯人后處字子里齊人鄡單字子家奚容蒧字子晳魯人罕父黑字子索魯人顏祖字子襄魯人榮旂字子祺魯人秦祖字子南魯人左人郢一作左郢字子行魯人句井疆字子孟衛人鄭國字子徒魯人公祖句茲字子之魯人原亢字子籍魯人縣成字子祺魯人廉潔字子庸衛人燕伋字子思魯人叔仲會字子期魯人顏之僕字子叔魯人邽巽字子斂魯人樂欬字子聲魯人公西輿如字子上魯人狄黑字子晳衛人孔忠字子蔑魯人公西蒧字子尚魯人步叔乘字子車齊人施之常字子恒魯人秦非字子之魯人顏噲字子聲魯人先儒左丘明公羊高穀梁赤伏勝高堂生孔安國毛萇董仲舒后蒼杜子春王通韓愈胡瑗周惇頤程顥歐陽修邵雍張載司馬光程頤楊時胡安國朱熹張栻陸九淵呂祖謙蔡沈真德

務許衡令狩薛瑄王守仁陳獻章胡居仁共九十五人
前爲廟門廟右爲
啓聖祠祀啓聖公孔氏先賢顔無繇曾點孔鯉孟孫氏配
饗先儒程珦朱松蔡元定兩廡從祀門左名宦祠祀漢南州
尉梅福太守陳蕃晉刺史虞溥唐都督張九齡宋知府
唐介趙鼎李綱　國朝參政李思聰知府胡本惠
提學僉事李獻布政使何宜御史丁鉉都御史林俊提
學副使蔡清布政使林鶚提學副使邵銳副使胡世寧
郡御史王守仁清軍御史范輅知縣陳世甫布政使王
御郡御史胡松周如斗提學副使徐階知縣劉應峰提
學副使　祀漢高士徐穉晉隱士范宣南唐
江以東門右鄉賢祠祀處士陳喬宋太史黄庭堅隱士蘇
雲雞仲素尚書李太性侍郎徐鹿卿元學士揭傒斯
尚書伯顔　國朝太子賓客胡儼大學士朱善郎中范
饗先尚書黄宗載按察使蕭鎡訓導鍾甬知府熊尚初
太常寺卿張元禎尚書謝一夔副使丁隆知府李金太
子少保楊廉[illegible]史文[illegible]使陳奎參政熊逵知府
熊[illegible]尚書[illegible]參政[illegible]榮知府李遷知州秦縣
僉事楊萬修撰舒芬尚書熊浹通判王諫都御史姜儀
尚書胡訓長史朱世忠太常少卿魏良弼解元魏良政
布衣魏良器尚書宋瓊尚書李遂贈尚書曾
鈞參議王臣郎中陳琚尚書張鏊侍郎丁以忠知府黄
樞尚書吳桂芳尚書李
選太常寺卿萬思謙　兩翌左崇禮堂右儆儀堂中泮
宫枋前泮池又前櫺星門廟左爲宰牲亭廟後爲明倫
堂後爲賜書樓樓兩傍爲齋宿房堂左右爲四齋豆堂
兩列爲上達閣堂前西南爲祭器庫祭器樂器詳文廟
禮樂志東南爲儆地遷聖賢遺像志道齋後爲黄柑園
及池據德齋後及儆義堂後俱爲號舍廟右爲膳堂及
兩列號舍萬曆十五年知府范淶重修櫺星門左爲誦

學門門内爲聖學心傳枋爲敬一箴亭西爲禮門東爲
義路官廨五一在義路左一儒學門左一櫺星門右明
堂路前通東湖中爲大成枋横二枋左興賢右育才
射圃舊在王文成公祠後今廢
正學書院在進賢門内舊貢院基址嘉靖丁巳年提學
副使王宗沐創建内祀周濂溪先生程明道
伊川二先生萬曆年奉勘人毁至丁亥年提學副使
沈九疇重修東堂一所祀豫章祠十六先生詳自爲記
崇儒書院先賢祠在鍾樓西北萬曆四年毁丁亥年改爲豫章
南昌縣儒學在縣治東南東湖之北即宋李寅東湖書
院故址嘉定四年郡丞豐有俊請于權府計使胡槻創
書以丞變來權府事始落成詳變自爲記後十二年計
使滕強復移舊址之東元詔天下皆立學時縣令程大
度遷于郡城南進賢門外至正燬于兵　國朝洪武五
年知縣黄德銘復遷今處後知縣顔提曾光沈韡相繼
修葺景泰巡撫韓雍弘治巡撫韓邦問重修具載胡儼韓
楊張元禎黄仲昭記萬曆四年知縣林應訓價買民居
復以嚴產增拓東隅詳萬恭記萬曆十六年知縣何選
重修詳齊世臣記　文廟制俱如府學啓聖祠在廟
西北廟後爲明倫堂又後爲魁星閣堂左右爲修德凝
道齋儒學門内爲聖學心傳枋爲敬一箴亭後
爲號舍官廨三一廟右二明倫堂左右舊戟門外左右

賢牧祠右行先賢祠祀本縣中丞李公實、侍御胡公上、巳湖史黄英、堅瞍蜂、睨春門、齋蒋、傅治紫、陽真、慶恩、宥真幹、弘壽李文定公、介亭劉鍇、文定公胡安國、今竹久祠祀祀典俱廢。萬曆十六年知縣何選于外門外右復建二宦鄉賢祠，所祀名宦鄉賢，即同府學

射圃舊在教諭廨後，今廢，左後併府學

社學九所

民義社學在府學東南面大街北萬太常墻東萬駱屋西萬太常屋

物理社學在府學西，今廢，即舊洗馬池

高士社學在普賢寺前南官街北，艾以敬墻東楊栢屋西官巷

洪恩社學在應天寺左前大街後左右聞唐屋

崇真社學在撫步街，今移廣潤門左前官街後城樓左洗馬房右兵馬司

南昌府志　卷之十　八

奎章社學在惠民門外崇仙宮西對大街後豪左李居屋右鄧勝屋

蓼洲社學在蓼洲上西南河東街北丘雲屋

高節社學在進賢門外南增後南北西徐槐屋地東大街

蓉洲社學在蓼洲西

謝埠社學知府范涞、知縣何選因本處民甚刁頑，故即魏中公祠遷社學

敦倫社學在九都六圖民人彭宗儒捐已屋建立，知縣向選呈詳本府批允賜名

通濟社學在廣潤門外第五舖前官街後李玉屋左李玉牆右劉新屋

友教堂在滕薑子羽墓前。萬曆十五年太守范涞撤知縣何選重修

正誼書院即舊鎮守府，今廢

東湖書院宋李寅父子讀書處，禮府討使湖槐，副爲書院，即今南昌縣學是也

隆岡書院在隆岡，宋進士劉邦本所建，今廢

龍岡書院在北岡里，宋鄉貢士李天福建，今廢

豫章書院在嚴氏故址，今廢

雲龍書院在嚴氏故址，今廢

明德書院在忠臣廟西，今改明刑公署

羅原書屋在西鄉羅文恭公洪先書額，并作王靜堂記，世傳羅豫章之讀書址

新建縣儒學在縣治之南，東湖之北，初爲宗濂精舍，宋淳熙二年江萬里建之，以祀濂溪周子，基在城北龍沙岡。宋末燬于兵。元元統初詔天下興學，新建邑令薛方卽其基以建縣學，元季學廢。國朝洪武五年即湖

南昌府志　卷之十　十三

濱書院創新建縣儒學，知縣黄德銘、教諭江价重修景泰四年巡撫韓雍建宗濂書樓於明倫堂後。弘治提學黄仲昭復增修，馬具載胡儼、夏寅、謝一夔記。廟廡堂齋制如府學。敬一亭在廟右。啓聖祠在亭後。膳堂在廟左。魁星樓在膳堂後。舊學門在櫺星門右，今改于左，面對躍龍橋。橋南爲泮宮，枋兩縣學基相聯，前横街左枋扁騰蛟起鳳，右枋扁興賢育才

射圃舊在明倫堂西，後并府學，廢

社學五所

修仁社學在德勝門門西大街坐西向東，闊一丈三尺，直深九丈八

思賢社學在韋江門內紫仙坊坐西向東闊三丈直深十丈

崇文社學在德勝門內崇梵坊闊三丈直深十二丈

文奎社學在章江門外坐西向東闊三丈二尺直深七尺

崇信社學在德勝門外面南闊五丈直深八丈

宗濂書院宋江萬里創自北沙祠周濂溪先生元貫鹿泉改高橋北即今新建縣學是也

歐陽拾遺讀書堂在湖鸞岡側今廢

蘊眉吾書院在西山天寶洞中西十里今廢

陳陶書堂在西山香城寺西今廢

秀溪書院在北鄉二十五都四圖廢

五溪書院在忠孝鄉二十都四圖丁鉞建

虎溪書院廢

吳溪書院廢

東山書院在二十一都一圖廢

眉林書院在五十五都二圖廢

丹陵書屋丹陵觀旁盛無翁溥爲太常少卿魏艮齋題

香城書院即香城寺廢基大理寺丞謝廷傑立捐租有石以充膏火

香山書院在城西五十里原香山寺廢

香溪書院在北鄉二十五都四圖廢

界增義塾在盡忠鄉七都六圖學士張元禎有記

前澤義學在十二都　廢

豐城縣儒學舊在縣治東南宋紹興間尚令總遂徙于治東即今所也胡令瓊余令僉先後修葺逮元末燬于兵　國朝洪武二年强守立改創二十七年重建成化增拓舊基自後屢圮屢葺始末詳黃文山章懋陳杰胡儼張元禎碑嘉靖間縣令鄭佶宗弘暹重修萬曆以來縣令吳達可韓文相繼修葺增建文奎樓復通明溝渠故道　廟縣制同府學左爲祭器庫右爲齋宿所戟門左爲名宦祠祀晉令雷煥唐令鄭渾宋令程瑾簿楊告尉宋威令雷□遂令胡陳附劉翁令劉卿月尹賈全尹陳元凱尹高復禮　國朝史日史彬令林簿丞何鄭壽令鄭子朗教諭陳瑋諭鄭燾簿王璣令尚就令劉鐘洪開□□通府王天壯右爲鄉賢祠宋陳士劉士充恭議陸鈞傑士盛昷如傑士于竹岡鄉進士胡大訓元學士揭傒斯　國朝州太守劉崧學士朱善冢宰黃宗載處士甘惟寅都憲孫□艮正郎史安司寇丁鉉藩參夏希純州守范季寺遺孫日作翰林揆昔旻齡勛致孫日侍御丁後太守甘英太守劉帶內翰黃節廉憲余謙處士丁傑二□杜□廉憲范鏞憲副李獻冢宰李裕廉憲楊晤太守楊崇藩參丁璐司鹽熊懷藩參黃琥太守余觀憲副余洙文宗游明正郎□□導宗伯楊文恪郎諫李漢長史范丕府侍御熊卓義□楊廷都憲吳祺通府雷述藩參朱宋宗兆揚鈴封君李□高平太守高宇憲副范慶越街南爲泮池有枋扁曰泮宮左曰興賢右曰育才廟後爲明倫堂堂後爲秀傑閣樓之下爲端本之堂樓北爲啓聖祠祠左爲敬一箴亭堂兩翼東齋曰居仁西齋曰由義東爲禮門西爲義路東西列爲號舍官廨三一甬道分二秀傑樓左右

射圃舊在學前今地且有樓屋六間俱入學宮

社學二 一在府館北 一在清都觀西。

龍光書院在儒學西舊有龍光書院在縣西十五里今廢

徐孺子書院在儲山今廢

雷尚書書院宋朝雷宜中創祀徐孺子胡文定公今廢

盛家洲書院在盛家巷宋盛沿始創今廢

實修書堂在正法寺左隆慶壬申年參議徐用檢立

蓮槎書堂在槎灘蓮花寺內副使李材立

敦東義館在東坊嘉靖辛酉邑人袁伯明立

貞文書院在長寧鄉詳歐陽玄記今廢

同文書院在湖茫今廢

石峰書院在棲仙鄉今廢

敷山書院在同造今廢

蓮溪書院在小塘今廢

脩岡義塾在長寧鄉詳吳澄記今廢

澄溪書閣

進賢縣儒學在縣治南面三台峰常湖九曲按豫章志舊在縣治東南宋熙寧初建殿堂齋舍元至正監縣袁州海牙重修之兵燬洪武初施令仲始遷今處重建學廟後令陳有常李思中張沖呂潛林貴陳延憑經歷知[illegible]修詳李寔胡儼高旭張元禎碑記嘉靖間縣令周美何鏜程光甸重修飭焉 廟廡學宮同府學齋曰博文約禮文明樓在學門內張元禎有記萬曆乙酉令林道楠重修學廟煥然一新明倫堂陰名宦祠[illegible]堂右鄉賢祠[illegible] 官廨三 一學門左 二文廟右

射圃舊在學門北今廢 社學舊二十八所見提學李齡記新五所

土坊社學萬曆十五年推府吳洪猷勸捐基址同圍共計五十丈足

鍾陵書院正德七年改福勝寺爲之見提學李夢陽記今廢

徵士書院正德七年改東嶽廟爲之今廢

奉新縣儒學舊志宋咸平縣令徐用和築於縣南馮水之上厥後五遷于今處元重建兵燬 國朝洪武以來方令淵余令思濟張教授克靜璩令鎮海劉令讓謝令竣後先創修隆慶二年陳令雋加修葺詳胡口謝一夔碑水城謝廷傑記萬曆十一年朱令南英新築磚城移對學門路十四年因水滸圯沈令天啓復增修改規制偉然 廟廡堂齋同府學啓聖祠在西齋前名宦祠[illegible] 鄉賢祠[illegible]

右文昌祠在敬一亭左公廨三 一明倫堂後二[illegible]
青雲樓在儒學左今燬文筆峯在縣東街二里嘉靖間復創[illegible]
射圃 舊在學門左正德間在學宮後嘉靖間復創于此玄觀西今皆廢
社學 舊在縣西昭德觀左嘉靖間創建二所 一曰崇正 一曰崇德今皆廢基存
三賢書院 在縣治北門外寶雲寺右許陽玄記今廢
華林書院 郎胡仲堯家塾在浮雲之東詳徐鉉記今廢
梧桐書院 距縣治六十里羅坊鎮東北今廢
龍洲書院 余襄創今廢
靖安縣儒學在縣治東二百五十步舊在簿廳之東近法藥院宋紹興邑令黃宗諤始創元季兵燬洪武戊申

南昌府志　卷二十三

知縣衛守敬重創後江令德琦劉令芳相繼修飭弘治間知縣張伯翔主簿王准建騰蛟起鳳二枋正德乙卯教諭郭纓修飭堂廡癸酉知縣萬上衡甃城門於學前建青雲樓于上嘉靖間知縣盧奎主簿徐漢知縣趙公輔先後加意修葺詳教諭何援學記青雲樓記拜重修明倫堂記 廟廡堂齋如式啟聖祠在文廟東名宦祠 祀宋楊芳趙抃周[illegible] 鄉賢祠 祀唐劉存虛宋呂延年[illegible] 在戟門左右公廨三所一學門左二文廟右
射圃 在[illegible]

社學四所 一儒學後 一陰陽學右 一總鋪右 一射圃左
武寧縣儒學宋設于縣治之東紹興間知縣謝鐸創建元泰定廟學一新詳范梈記 國朝洪武知縣馬楠周鑑相繼修葺成化六年提學夏寅因學宮隘甚命知縣黃雋遷縣西延恩寺故址詳寅自爲記弘治知縣毛駿建文明閣提學鍾晟邵寶各有記正德知縣陸浚徙城隍廟改今學詳舒芬記萬曆三年重修 廟廡堂齋如式啟聖祠在廟西敬一箴亭在學東偶名宦祠 祀唐令[illegible]萬建殊宋知縣呂晉夫縣丞楊方元達魯花赤帖木兒主簿[illegible]明知縣[illegible]黃雋王[illegible]陸浚[illegible]元[illegible]

南昌府志　卷二十三　九十

鄉賢祠 祀[illegible]周友賢[illegible]廷彩方孟[illegible]今改刱于啟聖祠前右公廨三
射圃 在東門外教場右
學倉 在明倫堂左
社學二所 一在東門內 向爲隙地知縣黃一鵬[illegible]修建文廟今廢 一在西門內 甘羅坊北詳提學李齡記
柳山書院 在縣治南四十里唐柳渾隱居于此今廢
寧州儒學治東一百八十步按豫章續志宋元祐八年知縣胡璞重修又作藏書閣黃廷堅爲之銘遭兵燬淳祐知縣謝榮更新馬元因之後燬于兵 國朝洪武[illegible]

戊知縣項中宣重建後知縣閻賡以明倫堂迫于廟乃
移建藏書閣故址自是屢圮屢修弘治改縣爲州學官
如故于學前鑿月池增爲崇德廣業與賢齋詳見官俞
繪楊崇記正德丁卯知州沈䏊重修嘉靖癸巳知州蔣
芝改學門殿廡堂齋爲之一新舊有尊經閣魁星樓今
俱廢　廟廡堂齋制同府學啓聖祠則因學倉廢基改
爲之戊戌知州丘愈增置名宦祠在學門內祀周敦頤
鄉賢祠在聖廟東祀令應徽徐禧黃庭堅余良肱[illegible]雍周季麟周季鳳石彥誠查仲道
官廨四所在縣東南
社學在州治西二十步嘉靖十一年知州蔣芝立

射圃在學之南今廢
濂溪書院即濂溪祠在治東旌陽山麓先生作簿時建因祀之元季兵燬天順三年知縣羅暎重建弘治癸亥都御史林俊知府祝瀚知州葉天爵鼎新之學使邵寶肖像判官蘇信鑿蓮池知州蔣芝有記
山谷書院與濂溪書院相連
芝臺櫻桃書院今廢
按建學廣教以造士也郡之士彬彬文盛矣實亦少
衰焉豈教之不備與抑古今所爲教異也士當講藝
游郡國六經之訓炳若日星即退而家塾黨庠大司
徒之三物具在夫豈義修古質有其文固在家傑矣
貢院[illegible]按貢院本十三縣公所合建[illegible]故從文錄[illegible]

貢院在東湖之左前對百花洲按豫章續志豫章舊無
貢院每遇大比即以城東開元寺爲之宣和元年始創
於仙市坊未幾經兵火不復存紹興以來乃寓能仁上
藍寺後應詔者浸多寺不能容遂旁益以光華館乾道
戊子帥守吳芾議卜築爲經久計未定所止故老相率
請曰開元寺故址廢不治久矣舊嘗以比試進士且受
東湖之勝面直繩金塔其旁多隙地塞可架屋湖水泓
澄塔勢孤聳識者謂有詞源筆峯之象地無易於此卜
之食於是鳩工庀材命樂平主簿高鼎董其役爲左右
重廊二百三十楹廳居中署直舍處其後旁列考校位

於直舍之兩偏謄錄彌封所悉居中間外既成輪奐甲
于江右後帥守李朋見來試者三倍於昔乃闢西北偏
藏經寺創重廊二百一十間咸淳庚午漕使方逢辰又
於東西增闢二門士子賴之宋季院廢元延祐中宣改
創於琉璃門之北壬辰兵燹遺址半爲城半爲營　國
朝洪武初每試士于上藍寺二十九年始拓地于東湖
之左得三皇廟故址而創建之正德己卯宸濠反妨試
事迨壬午屆期湖水泛溢遂改創進賢門內逆濠陽春
書院嘉靖壬子貢院災甲寅巡按御史吳遵復遷東湖
舊址併徙旌忠祠鎮守府道德觀而重創焉規制模

益宏厰矣其制周圍繚以棘垣中爲至公堂堂前甬道中爲明遠樓兩列爲文場磚舍四隅各爲瞭高樓前爲龍門又前爲儀門左爲供給所外爲正門堂後爲穿堂左右兩廊又後爲協一堂正堂後爲五經考試官房左爲監臨察院又左後新設京考公署右爲提調監試二堂東文場棘圍外爲收掌試卷彌封謄錄對讀四所正門外左右爲各屬茶廳天衢雲路二枋右直道臨街爲貢院石枋

校士公署 即豫章書院基址井前入官空地萬曆辛巳年提學孫代改建

禋祀

夫國之大事在祀所以崇德報功而尚賢也郡中若文廟社稷山川固禋祀正典而各祠血食玆土或以死勤事或禦災捍患皆有功德于民焉具得載在祀典故併存之

先師廟歲春秋二仲月上丁日致祭 其祭品祭器樂舞具載禮樂志南新二縣學釋菜餘州縣學同府學

啓聖公祠歲春秋二仲月上丁子夜致祭 各縣學同

府學名宦祠每歲春秋二仲月上丁致祭 各縣學同

府學鄉賢祠每歲春秋二仲月上丁致祭 各縣學同

社稷壇歲春秋二仲月上戊日致祭 壇在德勝門外舊在□□初知府趙文奎遷立南新二縣同豐城在縣東馬驛巷進賢縣治西奉新在縣治西北靖安在縣治北武寧在縣西寧州在州北

風雲雷雨山川壇歲春秋二仲月上巳致祭 壇在郡城進賢門外國初知府趙文奎改建嘉靖十一年釐正祀典改爲雲南風雷南新二縣同豐城在縣治南賢龍坊進賢在縣南奉新在縣南市靖安在縣南武寧在縣南寧州在州治南

各縣里社 南昌縣舊設四百零三所新建舊設一百七十六所豐城三百四十二所進賢一百四十五所奉新一百四十五所靖安二十一所武寧四十三所寧州八十一所

府城隍廟 在府治東直深三十八丈橫闊三十六丈按豫章志舊在子城東世傳神乃漢灌嬰以嬰常定豫章郡城故祀以爲神洪武三年知府趙文奎移建今處正統九年知府胡本惠修詳張居傑記景泰間知府蕭任宣重修詳韓楊記萬曆十五年知府范淶修自爲記南新二縣同豐城在縣西百步進賢在縣

南新在縣治北靖安在縣治東武寧在縣治北寧州
在儒學之左

郡厲壇 在德勝門外　洪武三年頒降禮制每歲春清
明秋七月十五日冬十月一日致祭 各縣坊隅俱一體置立鄉厲南新
二縣同豐城縣厲在劍江之濱石堤上進賢在縣西二
里上奉新在縣治東北靖安在縣治北武寧在縣治北
寧州在州治北一里

各縣鄉厲壇 南昌四百一十八處新建一百八十處豐
城三百六十處進賢一百六十五處奉新
一百八十五處靖安二十九處武寧四十九處寧州八
十八處已上豐與里社同

旗纛廟每歲霜降都司致祭

忠臣廟 在府學前街洪武初奉　旨創建祀國初死
王事者趙德勝劉齊牛海龍李繼先趙國旺許
珪朱潛張子明趙天麟徐明張德山夏茂成葉琛萬思
誠十四位詳胡儼碑張元禎廟記萬曆十四年太守
范淶重修

旌忠祠 在進賢門內祀忠臣孫燧許逵以馬思聰黃宏
周憲孝以枋配嘉靖年間　敕建

澹臺祠 在永寧寺左祀先賢澹臺滅明祠後即其墓也
詳田汝耔祠記萬曆十五年太守范淶知縣何
選清理界址重修門堂詳太守范淶自爲記

徐高士祠 在縣學前東湖南即舊小洲徐孺子亭也宋
曾鞏建詳自爲記并胡儼重修祠記萬曆十
五年太守范淶重修

許旌陽祠 在廣潤門東即萬壽鐵柱宮以祀旌陽令
許遜詳胡儼記

武陽郡公祠 在三橋東巷內祀唐刺史韋丹詳杜牧碑
并張元禎廟記舊祠在石亭寺內近改爲
寄占居濕祀節奉明文禁逐祠寺僧故

濂溪祠 舊在新建學西今移正學書院後堂內祀周濂
溪先生以程明道伊川二先生配詳羅洪先記

蘇公祠 在貢院前東湖中小洲祀宋邑士蘇雲卿詳洪
邁祠記

大忠祠 在四道後街祀宋忠臣岳飛文天祥謝枋得三
位

大節祠 在高橋南貞街內祀靖難死事諸臣黃子澄練
子寧胡閏劉端王艮周是修習鄒瑾王高
彭與明魏冕[illegible]運顏伯瑋子顏有爲

同仁祠 在洪恩橋祀孫燧許逵胡世寧伍文定王守仁
後龍六臣萬曆間太守范淶重修詳丁此呂記

王文成公祠 在大忠祠右祀新建伯王守仁萬曆十四
年太守范淶重修

豫章十六先生祠 舊在豫章書院[illegible]今改
建進賢門正學書院東內祀豫章羅從
彥[illegible]九韶[illegible]九齡象山陸九淵文安李蕃尚
伯黃灝元[illegible]草盧吳澄康齋吳與弼一峯羅倫東
白張元禎[illegible]居仁水洲魏良弼東廓鄒守益南野
歐陽德念[illegible]

豫章先賢祠 [illegible]萬曆丁亥提學副使尤允
[illegible]白鹿元禎并[illegible]

[illegible]水洲魏良弼四先生侍郎張位捐田租四百爲本祠
[illegible]

巳上諸祠廟每歲春秋二月次戊致祭

懷忠祠 在忠民門內祀忠臣孫燧許逵郎其先難之所
也

每歲夏六月十四日祭

懷仁祠 在章江門外石亭寺左祀都御史周如斗
詳萬恭記

仁政祠 在府學右即洗馬池廣祀巡撫劉公允濟詳蔡
汝碑

南昌縣

章江廟 在城北章江濱崖婁諶定南方舉章人章文
名文獻也築城且多鳩集材築功甚人懷而祀
之大歆州賜號霈澤廟

劉縣廟 在歸德鄉二十三都祀漢刺史劉[illegible]宋[illegible]有
記元季兵燬鄉人重典之

江東廟在廣潤門舊玄妙觀內祀漢石固高祖時有功於民故祠之

溫忠武廟在進賢門外有江祀晉溫嶠廟在墓前詳胡儼記知府范淶知縣阿世澤修立碑布政陳文輝記

武烈帝廟在高士坊祀隋司徒陳杲仁江西受其賑恤之惠故祀之唐封忠烈公南唐封武烈帝宋徐鉉有廟記

魏相公廟在謝埠相傳所祀神為魏鄭公又曰魏謩嘉靖間李氏重修今仍為廟傍立社學

黄司空廟在進賢門外祀唐司空黄庚號有功豫章嘉靖十五年太守范淶知縣何選重修詳同知黄在袁記

陳司徒廟在進賢門外徐孺子墓南祀漢太守陳蕃修胡汝嘉記

英澤廟在府城南安仁鄉胡儼記云隋季曾昭漁山澤間一夕雷雨得木槎于水中如聞語云吾乃杯山之神姓章氏明日徒于岸衆異而祠之宋賜額英澤

萬都官廟在府城南安仁鄉祀宋萬保集義兵保障鄉井後傳兵寇有功勅命為都總管立祠祀之詳胡儼記云

張王廟在城南普賢寺中祀唐張巡

甘棠廟在東湖南祀周時召公奭知縣何選重修

明山廟在鍾陵鄉世傳神姓白兄弟孝友妙顯靈于王莽時故鄉人思而祀之

白馬廟在府學左

梅仙祠在府學內祀漢梅福宋紹興間有異人至稱真人今廢

謎侯廟在城南湛重河呂人衆有祈禱稱宜剌史觀其盧墓致孝亦被同祀之今廢

五賢祠在府治東南祀梅福陳蕃范寗徐孺章丹今廢

新建縣

關王廟一在德勝門外月城一在沙井

孚應廟在都察院東祀唐崔隱士不求仕進惟以忠孝教人故祠之

王將軍廟在府城北撫舍神姓林諱衝鄱陽人五代時顯靈于北故祠之

順濟廟在吳城山相傳即吳許旌陽斬蛟子宋真宗有感其嘗刻蹟于中遣祭有異靈來享去則送至彭蠡封順濟王

咸古廟在忠孝鄉二十都四圖祀太史慈

王中尉祠在呂邑山祀漢王吉以其嘗諫昌邑王得罪死于此辟

何公祠在生米市安成公何黨忌諱后備黨徐道覆戰敗而死辭色不撓故士人為之立祠

方闡祠在西山相傳黃仁覽為二弟時勇好獵覽化之不從乃斫草化鹿止其安心後黃四郎亦入山成仙云

仰山故縣祠在二十一都

謝忠愛祠在十二都

蕭山壇在十三都

會仙壇在二十六都

太子廟今石頭口

賈萌廟在郡城北祀漢郡太守賈萌其主簿燕豐亦臨難守節故以配之

熊公祠祀南唐熊墓

三徐先生祠在洪崖鄉祀南唐徐延休及其子鉉與鍇宋趙汝愚重修

風雨池廟在吳源山唐張九齡禱雨有詩李兼因歲旱禱雨得應有記宋請于朝立廟

三李祠在蟶觀側祀宋李黄李虛己李虛舟今廢

吳王廟［illegible］邑［illegible］祀吳孫策以其至豫章［illegible］兵不殺［illegible］故祀之不知孰是又［illegible］在西山［illegible］之立廟或云即漢吳王濞宵即西山［illegible］

文舜廟在章江門外濱河

江丞相祠在縣學東廡祀宋丞相江萬里今廢

豐城縣

三賢祠在磯山巔祀朱晦菴李義山姚雪坡

劉公祠在城西北祀邑侯劉遂

文公祠在城北祀信國公文天祥

劍池廟在登仙鄉祀晉張華以雷煥配享

李司空廟在楊子洲祀唐李承鼎從招討秦裴平豫章後為餘寇戰敗而死葬本洲宋勅封威顯廟

徐鉉有記

十門廟在城南石岡

厚郭廟在正信鄉相傳神姓傅諱祈宋封驍衛將軍

龍津廟在登仙鄉

雲槎祠在縣二十里一名故縣廟

三王廟在邑中

壇頭廟在東南城濠之左濱

東嶽廟距虹橋二百步

南神廟在青潭山巔

超山廟祀晉范登雲

堯壁在蘭溪州許衰塋記

劉徐二公生祠在華嚴寺祀都御史劉光濟知縣徐子恭有惠政故民祀焉

振功祠在縣儀門外祀縣令雷煥柳公綽韓愈曹大川徐子器

壺山廟在蓮花橋

進賢縣

黃司空廟在歸仁鄉祀後唐黃法𣱼

樊修職廟在崇禮鄉紹興初嘗率鄉兵討汀賊王虎戰死于此故祀之

密都統廟在欽風鄉宋咸淳十年密佑為江西都統與張世傑呂師夔戰敗被執不降而死故鄉其死所祀之

忠武廟在縣北伍員過渡右世傳伍員奔吳過此後人思祀之

節士廟祀元末辛君［illegible］明中以下死節之士十四人許包希魯記

奉新縣

三賢祠即三賢書院祀周濂溪蘇東坡黃山谷三先生許歐陽玄記

吳漢二帝廟在縣東南三百步孫權表薦先王領豫川牧吳有豫章因姓米新吳之境有德于民至今祀之

順應廟在南鄉十都地名咸占吳太史慈役葬于此邑人立廟祀之

五神廟在縣東地名卯山相傳神與太史慈駐兵下此

余侯廟在縣內祠神即余彥有保障之功

劉樞密祠宋劉珙鎮隆興時奏蠲三縣稅糧故祀之楊萬里名其堂曰懷德

張尚書祠［illegible］宋嘉定中張［illegible］江西［illegible］民懷其德［illegible］祠［illegible］

沈令尹祠　祀宋知縣沈雲舉于學宮，萬曆十六年知縣[illegible]遷其主于高令尹祠合兩祀之

高令尹祠　在縣之側，祀宋知縣高南壽，詳余紹祖記

徐七公廟　在縣治大街之南，今縣乃七公所卜，故祠之。廟前有七公井

趙把總祠　在縣市北隅。元末領兵討賊，戰敗死此，逸其名

胡氏祠　在縣學講堂之西，祀胡仲容克順直孺，今廢

文昌行祠　舊與順應廟相連，今改敬一亭左

忠節廟　在縣治東門外中堂，祀副使周憲、吴一貫兩廟，祀舍人劉翰及征華林陣亡烈士

靖安縣

順應廟　在縣東三里，祀吴太史慈

孚澤廟　在縣北一里，相傳祀鄧愈、耿弇二人

關王廟　在縣治北

昭靈廟　在縣西，祀楚三閭大夫屈原

玄壇廟　在縣治南半里許

四聖廟　在縣治西

大仙廟　在盆岀都，祈雨有應，澤孚于民，故祀之

懷功祠　在城隍廟右，祀憲副吴一貫、太守李承勛

武寧縣

段中丞祠　在縣東二十五里，祀唐中丞段逸

修水神廟　在縣西南四十里，祀修江之神

柳貞公祠　在南鄉四十二都，祀[illegible]柳準，嘗讀書于其山，有石臺遺迹，詳章[illegible]記

高[illegible]廟　[illegible]在州治東，萬曆十三年知[illegible]。祀宋岳武穆王飛

寧州

劉陵祠　在崇鄉陵郎，漢艾城人也

遺愛祠　在州内，黎斌爲邑丞，而民懷其德，故祀之

黄山谷祠　在雙井墓所，詳張元禎記

東嶽廟　在鳳凰山左

濂溪先生祠　在崖陽山麓。周敦頤爲分寧簿，創以延學之士。治元燬于兵，後即其地建景濂書院。至弘治間，新提學邵寶立像祀之

吴縣尹祠　祀縣尹。元縣尹吴覲有惠政，後人懷其德，立廟肖像

許眞君祠　在旌陽山，眞君遊歷登此，因以爲祠

華光廟

關王廟

協佑廟　在州治東

眞武行祠

按各鄉祠廟不在有司祀典，而併録之者，存舊志也

新修南昌府志卷之十終

新修南昌府志卷之十一

宗藩

郡乘者于宗藩無與也然[illegible]建之郡治禄俸[illegible]之郡糧令宗禄日加民糧有限司國計者能無憂乎故宗藩[illegible]世系[illegible]存[illegible]理攸屬且[illegible]中[illegible]

行[illegible]

朝廷[illegible]者亦[illegible]書[illegible]各[illegible]而[illegible]

云

寧王府 在省城內[illegible]初[illegible]封[illegible]建[illegible]門[illegible]日[illegible]正[illegible]十四年[illegible]其[illegible]

一世	二世	三世	四世	五世
[illegible]王權 [illegible]年[illegible]生二十四年[illegible]二十[illegible]大[illegible]三年[illegible]弘[illegible]三年[illegible]日[illegible]	惠王盤烒 [illegible]一十八年[illegible]生[illegible]二年[illegible]子[illegible]追[illegible]日[illegible]	靖王奠培 [illegible]一子[illegible]十一年[illegible]封弘治四年[illegible]著[illegible]石[illegible]	康王覲鈞 [illegible]一子正統十四年[illegible]封[illegible]高[illegible]弘治五年[illegible]十年[illegible]日康	宸濠 [illegible]子成化十三年[illegible]弘治十二年[illegible]正德十四年[illegible]反逆伏[illegible]除

寧獻王子各郡王位下

臨川王府 在普賢寺後

二世	三世
康僖王盤[illegible] 宣德九年封天順五年以罪降庶人嘉靖三十五年追封曰康僖	恭[illegible]王奠[illegible] 正統七年封天順五年以罪降庶人嘉靖三十五年追封[illegible]順子孫不襲

宜春王府 在進賢門內

二世	三世	四世	五世	六世
[illegible]王盤烑 宣德二年封[illegible]後人[illegible]	[illegible]王奠[illegible] 弘治八年封	[illegible]王覲[illegible] 弘治八年封	[illegible]王宸[illegible] 弘治十一年封	拱[illegible] 正德[illegible]年封十五年坐宸濠逆[illegible]京[illegible]代[illegible]奏府事[illegible]代 奏

新昌王府 廢

一世
新昌王盤[illegible] 宣德七年封[illegible]

信豊王府 廢

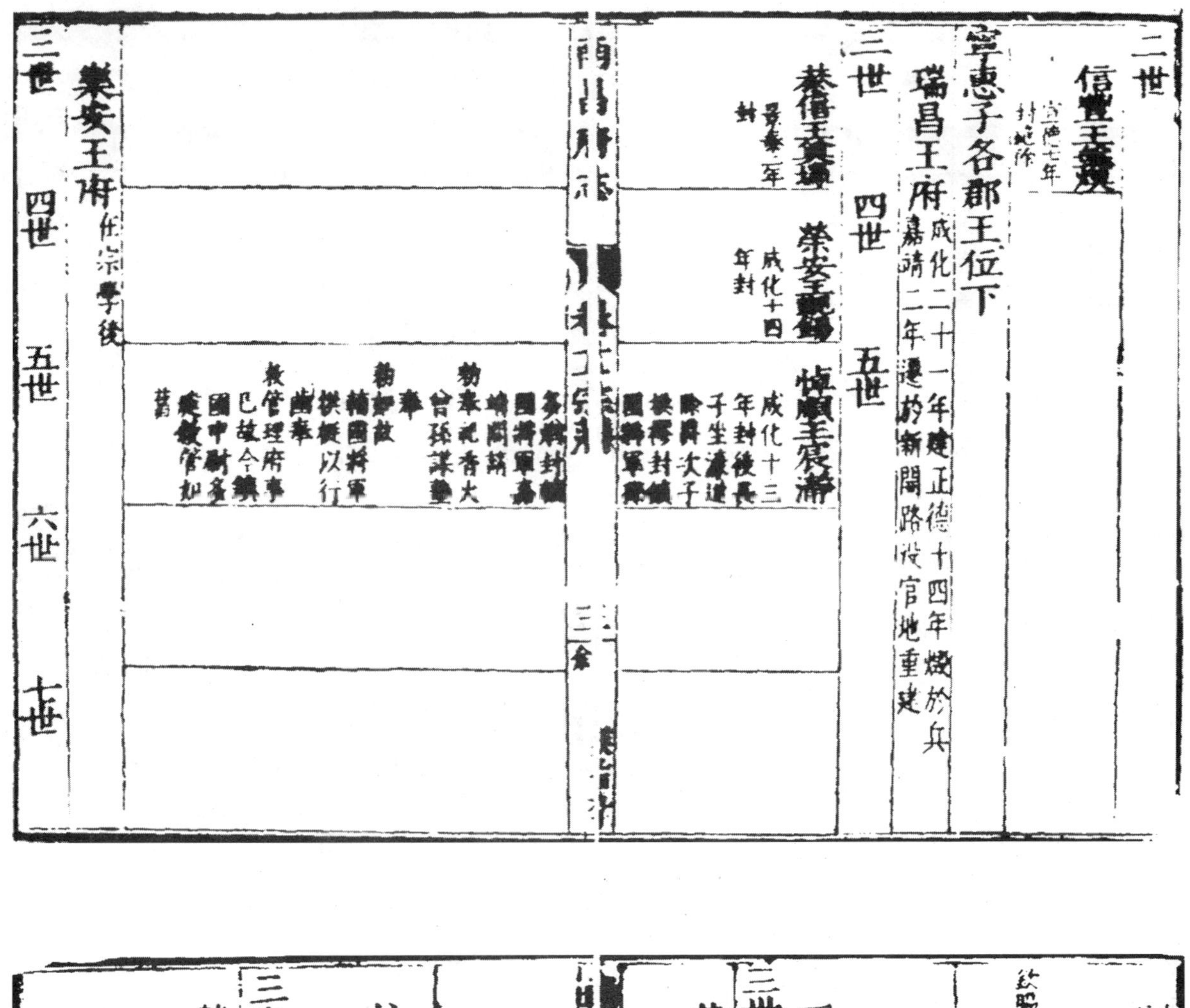

寧惠子各郡王位下

瑞昌王府 成化二十一年建正德十四年燬於兵 嘉靖二年遷於新開路没官地重建

二世 信豐王奠濽 宣德七年封 詔旨

三世 恭僖王奇璜 景泰二年封

四世 榮安王覲錫 成化十四年封

五世 悼順王宸潸 成化十三年封後長子坐濠逆除爵次子拱榱封鎮國將軍

樂安王府 在宗學後

三世　四世　五世　六世　七世

石城王府 在永和門內

三世 恭靖王奠壏 景泰二年加封

四世 端懿王覲鐲 初封鎮國將軍

五世 安僖王宸浮 弘治二年封十三年

端莊王宸潮 弘治四年封妃陳氏

端簡王拱欀 嘉靖二十四年襲封 奉敕管理本府并石城瑞昌二府

今王多炡 嘉靖四十一年封 欽賜有特文

弋陽王府 舊在通仙坊民家橋北 遷城東没官府地重建 至恭懿王拱樻今管理

三世 榮莊王奠壏 景泰二年加封

四世 僖順王覲鍊 成化二年封

五世 莊僖王宸汭 弘治十三年封

六世 端惠王拱樻

七世 恭懿王多焜 嘉靖二十

寧靖王子各郡王位下

鍾陵王府 在南昌衛左

四世

鍾陵康僖王觀鍵

[illegible] 奏下表 勅[illegible] 嘉靖二年冊 封[illegible] 八年薨 勅賜忠[illegible] 楊子長子 詩禮世府 東學好義

[illegible] 今奉國[illegible] [illegible]以 推[illegible] 賜[illegible] 奉祀香火

戊申九年封王弘治十八年以事降爲庶人殁于鳳陽以孫宸濠世次承封不得襲王今建安王奉代府事

建安王府 在舊廣積倉之東

四世

簡定王觀錄 成化七年封王

五世

端順王宸漪 成化二十一年封王

六世

昭靖王拱欐 嘉靖二十六年封王

七世

今王多爍 嘉靖四十年封

[illegible] 以禮[illegible] 宗孝行 [illegible] 升宗[illegible] 陵二府

宗藩傳

宜春王府宗室觀鑰初封鎮國將軍因宸濠事累革爵晚年苦志讀書博通載籍常衣百結之衣以制慾蓋慕吳康齋風度而興起者故言動舉止一遵其業冠婚喪祭悉依文公家禮遇貧儒至解衣脫釜以贈之嘉靖甲辰乙巳大旱日夕躬暴露禱雨捐金賑饑致兩院旌

異

建安王府鎮國將軍宸洪父簡定王乃宸濠季父濠佯加恭敬將軍勸父力拒之久之濠偵其謀怒甚父子被禁者三載饗實以適新米己卯濠反縶縛以行王都御史倡義討逆揭濠惡有曰建安王父子俱死當時傳其遇害云後事平復其爵祿又三上疏願指祿 請復靖王蒸嘗于輔國將軍拱樋亦見旌于當道

瑞昌王府奉國將軍拱枘工詩詞以大書鳴世嘗割股救母濠反父累逮中都請以身代兩臺題 請勑諭表行純篤子多炘因父病嘗剉割臂和藥[illegible]奏請

敕諭有忠孝兩全父子濟美之褒典云
瑞昌王府奉國將軍拱析嘉靖間助　顯陵工蒙　嘉
奬樹枋又疏捐祿代課以免濱湖居民水災條陳□事
瑞昌王府奉國將軍拱樅好讀書講學嘉靖初上疏議
復蒙　賜祖德詩敕一箴及大學衍義諸書
瑞昌王府鎮國中尉多烣嘉靖間捐祿建崇儒書院又
郊祀之禮幷　請建宗學蒙　賜璽書有篤志好學之
褒又捐田白鹿洞以贍學者兩臺爲之立碑于洞云
瑞昌王府鎮國中尉多焞嘉靖間捐田租于學宮兩院
捐田租學官後因題　請奉　旨有延賢樂善之奬

南昌府志　卷十宗藩　七

題　請蒙　勅奬後又辭祿蒙　勅旌樂善義舉
臨川王府輔國中尉多㷗因父病年久不起朝夕籲天
請以身代一日父昏喘垂絕遂割股烹湯以進父復甦
壽終各宗屢呈明表賞蓋其父拱樋平生殫心爲其父
祖雪誣復爵人謂獲其報云
宜春王府鎮國中尉拱拱父病昕夕祈天愿以身代不
克居喪守立三年不入中門事母益謹及終痛哭殞絕
遂不聽音樂念五喪妻不再娶鰥居三十餘載人以孝
義稱之
瑞昌王府鎮國中尉謀雖因母病割股蒙　奬

婁氏原封妃因夫濠稔惡泣諫百端不聽逮逆兵過鄱
湖婁預以棉紙爲小繩渾身自纏束投湖而死後宸濠
思而歎曰紂以聽婦言而亡我以不聽婦言而亡其賢
可知矣夫人之淑愿父子兄弟夫婦不相掩也濠之悪
逆蒙顯戮矣今歷六十餘載而婁之賢竟掩於夫濠之
悪莫之表章惜哉
節婦樂安府匡廬縣王儀賓楊表妻青年孀居蒙奬
郡王將軍中尉各祿每季二萬二千四百二十七兩八
錢七分三釐 藩司給
庶儀米銀每季二千五百四十六兩一錢四分九釐九
毫 郡給

南昌府志　卷十宗藩　八

每歲各祿幷庶儀銀共十萬三千八百九十六兩一錢
七分一釐六毫 萬曆十五年冬季總數

新修南昌府志卷之十一終

府職官沿革

國朝置府掌府事者知府一人正四品即漢箕太守唐刺史宋知州事元總管是也按歷代沿革舜置十二州各設州牧禹貢九州秦并六國置三十六郡郡設守秩二千石漢景更名太守武帝置天下十三州分統諸郡州設刺史仍設別駕治中諸曹雖刺史與太守秩俱真二千石然太守實統于刺史成帝罷刺史置州牧新莽改曰大尹太守曰卒正光武罷州牧仍西漢舊名三國因之晉郡守皆加將軍後魏初郡設

三太守北齊制郡爲上中下三等後周郡太守各以戶多少定品命隋初罷天下諸郡以統縣煬帝罷州爲郡郡設通守唐武德改郡太守曰州刺史加號持節天寶又改曰郡太守未幾仍復州刺史但州分上中下三等上州刺史或鎮郡督或以處置節度採訪觀察莫徭等使兼之而中下州有爲其所屬者其後兵鎮刺史兼團練使連制數郡任愈重矣南唐升洪州爲南都設留守又非重鎮刺史可比宋初革五季州郡專兵之患分命朝臣出守列郡號權知州軍事知閫帥經略安撫制置總管悉以守臣兼領或兼兵馬鈐轄元改爲達魯花赤安撫使至元曰總管　國朝改今名同知一人正五品秦爲郡丞漢爲治中別駕隋爲長史司馬元設同知　國朝因之通判二人正六品唐天寶後有判官之名宋設諸州通判掌倅貳郡政　國朝因之推官一人正七品漢設諸郡從事史唐採訪使有推官宋有團練推官元設推官專治刑獄　國朝因之幕官經歷一人知事一人照磨一人檢校一人漢置功曹使五官掾郡郵曹掾主記室史唐設參軍事宋爲節度書記元有經歷知事照磨司獄　國朝比元加檢校府學教授一人訓導四

人漢郡國有文學平帝時郡國曰學置經師魏晉以下郡國並有文學唐郡設經學士開元中敕州縣每鄉各置學擇師宋慶曆詔諸州軍監各令立學生徒二百以上許更置縣學又設教授元各路設儒學教授學正學錄　國朝府學但設教授訓導

秦

馬端臨曰秦郡官有守有尉但有丞以佐之尉之尊與守等非丞掾可擬

九江郡守一人　丞一人治民

尉一人　丞一人主兵

姓名無考

漢

豫章郡太守一人二千石　尉秩比二千石　丞秩六百石

治中　別駕　司馬
功曹史主選署功勞　五官掾署功曹一人主□
五部督郵曹掾監屬縣　亭長明
主記室史主錄記書催期會
諸書各有書佐幹主文書

太守　尉　丞　治中　別駕　司馬

光武初 賈萌有傳
建武七年 周生豐清約儉惠
十七年 李忠有傳
明帝時 張躬有傳
王永刺史所察
李儀
劉祇
劉寵有傳
張雲
孔笁一
夏侯尚
陳蕃有傳
隆脩
欒巴有傳

陳循有傳
司馬昂字公度河內溫人司馬懿祖
華歆有傳

[吳]
豫章郡太守　尉　功曹　督郵
太守　尉　功曹　督郵

孫權時 謝斐會稽人
嘉禾二年 黃翊
五鳳時 張俊有傳
孫賁有傳
太史慈有傳
顧劭有傳
謝景有傳
太元元年 沈法秀

[晉]
豫章郡太守　郡尉　郡丞　別駕　郡從事
內史以王國改守太守事
主簿　主記室　門下賊曹議生
門下史　記室史　錄事史
書佐循行幹小史　五官掾功曹史
功曹書佐　循行小史　五官掾
太守　郡尉　郡丞　別駕　郡從事

孔沖
胡淵
蘭謙
閻濟
史陵 杜陵人有中郎治書御史中丞
周訪 有傳
甘卓 有傳
王弘之 字子和
戴淵 字若思廣陵人
史疇 字伯儒

南昌府志 卷十 五

周撫 字道和訪子驍毅有父風
周廣
劉胤 有傳
夏靜 晉陵人
褚裒 有傳
劉邵 彭城人
史羣 陳留人
庾條 有傳
殷羨 有傳
謝綴 有傳

王筱
范甯 有傳
韓伯 有傳
梅頤 西平人
孫潛 有傳
郭泉之

宋

豫章郡守　丞　監　別駕　治中　中正

內史　參軍　郡從事　主簿　功曹

太守　丞　監　別駕　治中　中正　參軍

南昌府志 卷十 六

鄭鮮之 字道子
謝潁 字仁□為太守之官至□服□烽火樓□
蔡廓 彭城人字子度
庾登之 字元龍
劉思存
庾仲元
張辯
劉惜之
內史
王慈
胡濬

豫章國內史 掌太守事 佐屬同宋

內史

顧憲之 有傳

蕭戩 字叔文

虞悰 字景豫

王昺 有傳或曰姓袁

王君正 一曰子有傳

梁

豫章郡守 丞 監

內史 參軍 都錄事 主簿 五官掾

南昌府志 卷十三 職官

太守 丞 監

周文育 有傳

[illegible] 為侯瑱所殺

任忠 字奉誠汝陰人與侯瑱討巴湘

劉孝儀

內史

蕭勱 有傳

蕭穎達

伏暅 字玄耀

丘仲孚 有傳

胡穎 有傳

陳

豫章郡太守 監 五官掾 外兵參軍

內史 外兵參軍

太守

王倫之 有傳

周敷 有傳 任蠻奴

徐璒 劉廣德

內史

南康王方泰 在郡暴掠驅錄富人徵求財貨有司奏劾

熊曇朗 為刺史周迪誅

庾自直 潁川人學涉所歷

南昌府志 卷十三 職官

[illegible]

隋

開皇九年置洪州總管府大業初府廢為州刺史大業二年又改為太守

洪州總管府總管一人 長史 司馬 錄事

參軍事功曹 戶兵等曹參軍事

外兵騎兵長流城局刑獄等參軍事

掾史參軍事 法士等曹行參軍

行參軍典籤 州都光初主簿

郡正主簿 西曹書佐

祭酒從事 部郡從事

倉督 市令

總管　長史　司馬　錄事

豆盧通有傳

杜彥有治名

郭衍

蘇孝慈有傳

刺史歲秩八百四

榮建緒有治名

豫章郡太守一人歲秩五百四　郡丞　郡尉　中正

許敬宗字延族杭州新城人

光初功曹　光初主簿　功曹主簿

記室書佐　西曹金曹租曹兵曹集曹等

市長合屬官佐史百四十六人

撥佐　倉督

太守姓名無考

記室書佐

杜正玄字慎微[illegible]

唐

唐初以郡爲州置總管府武德中更爲都督景雲初置江南道採訪使治不在洪州開元時江南爲東西道採訪使治洪州係上州也故洪州刺史兼江[illegible]江西十七州[illegible]歙池江饒鄂[illegible]撫吉虔[illegible]等州天寶年改爲郡太守乾元初復爲州刺史並採訪使加防禦使節度使或節度[illegible]觀察使或罷祖庸專重莫[illegible]上元中加八州都防禦觀察處置莫[illegible]兼洪州刺史尋[illegible]南昌[illegible]貞元[illegible]防禦爲團練貞元置都團練[illegible]元和[illegible]南昌軍咸通[illegible]爲鎮南軍節度使[illegible]節度[illegible]江南西道觀察處置等使都督

洪州總管府武德元年領洪吉撫饒虔南六州　總管使持節六州軍事一人

行軍司馬一人　掌書記一人　姓名無考

洪州都督府都督一人正二品　別駕一人從四品　長史一人從四品上　司馬一人從四品下

錄事參軍事一人正七品　錄事二人從九品　功曹

倉曹戶曹兵曹田曹法曹士曹參軍事

各一人從七品　行參軍事四人從六品　上市令一人從九品

文學一人從八品　醫學博士一人正九品

都督　別駕　長史　司馬

李大亮有傳

黃長公有傳

謝友叔

劉政會有傳

若干則

滕王元嬰[illegible]縱失度居官[illegible]建滕王閣

閻伯嶼

李行休有傳

李景嘉有傳

馬懷素字惟白丹徒人兼黜陟使處決平恕

殷欽明字文思京兆治下人

盧承慶幽州涿人

張惟齊

庾信

洪州刺史　別駕一人從四品下　長史一人從五品上　司馬一人從五品下

錄事參軍事一人從七品上[illegible]

倉司戶司兵司法司士六曹參軍各一人 參軍事四人 典獄十四人 問事八人 白直二十人
市令一人從九品上 丞一人 佐一人 史二人 帥三人 倉督二人
經學博士一人從八品下 助教二人 學生六十人
醫學博士一人正九品下 助教一人 學生十五人
自置刺史後或以採訪使兼或以觀察處置使兼其佐屬副使支使判官掌書記推官巡官衙推各一員或以節度使兼其屬判官支使推官巡官衙推各一員參謀二員或以都團練觀察處置使兼其佐屬同觀察使以後佐屬同

觀察兼州刺史　佐　幕

吳兢 後儀人

韋同
楊虛受
張九齡 有傳
班景倩 有風力遷午太
竹承基
裴敦復
徐惲
霍𢎞吾
韋虛舟
嚴正誨

張震
李知已
楊光翽
李成式
宇文衎 以監察御史中丞
皇甫侁 兼御史中丞加防禦使
裴倩 兼租庸使
元載 以殿中侍御史兼租庸使

韋元甫 有傳

韋璟 兼八州防禦使
張休 有傳
韓朝宗 有傳
張鎬 有傳
李勉 有傳

蕭衡 觀察副使
李景讓

宇文
李方玄
魏弘簡 字裕之由進士
楊於陵 字達夫
竇 貞元九有詩
梁炫
鄭從
李維岳

李佐 兼刑部……監鐵使

王士華 字……

張滂 字……

陸調 字牧臣 吳人……

李芃 有傳

張鎰

魏少游 有傳

張鎰 有傳

路嗣恭 有傳

鮑防 有傳

曹王皐 節度使 有傳

李泌 有傳

徐申 長史

盧羣 判官 有傳

李貫 道王元慶四世孫

王緯 有傳

齊抗 字……

裴濟 ……

薛戎

來擇 支使

王季友

馬燧 支使

許孟容

戴叔倫 參謀

李兼 有傳 以下觀察使 團練副使

柳渾 有傳 團練副使

裴胄 有傳

盧弘正 字子強 團練副使

李衡 御史中丞

韓洄 ……副使 有傳

李巽 有傳

楊憑 字虛受 弘農人 檢校右散騎常侍兼御史中丞

呂恭 字敬叔 團練參軍

齊映 有傳

路寰 檢校秘書兼御史中丞

殷侑 檢校右散騎常侍兼御史中丞

李憲 御史大夫

韋丹 有傳

李紳 兼御史中丞

李少和 兼御史中丞 坐贓……

崔元 兼御史中丞

裴諶 兼侍御史中丞
裴次元 右散騎常侍兼御史中丞
王仲舒 有傳
薛放 江西觀察使
沈傳師 有傳
裴誼 檢校右散騎常侍兼御史中丞
吳士矩
狄兼謨 字汝諧 太原人 御史中丞
羅讓 會稽人 御史大夫
敬昕 御史中丞
李凝 御史中丞
李班 尚書
裴全 兼[illegible]討使

李中敏 字藏之 沈傳師表爲判官
李方立 團練判官

李固言 [illegible]裴堪表[illegible]
杜牧 字牧之 沈傳師表爲團練巡官

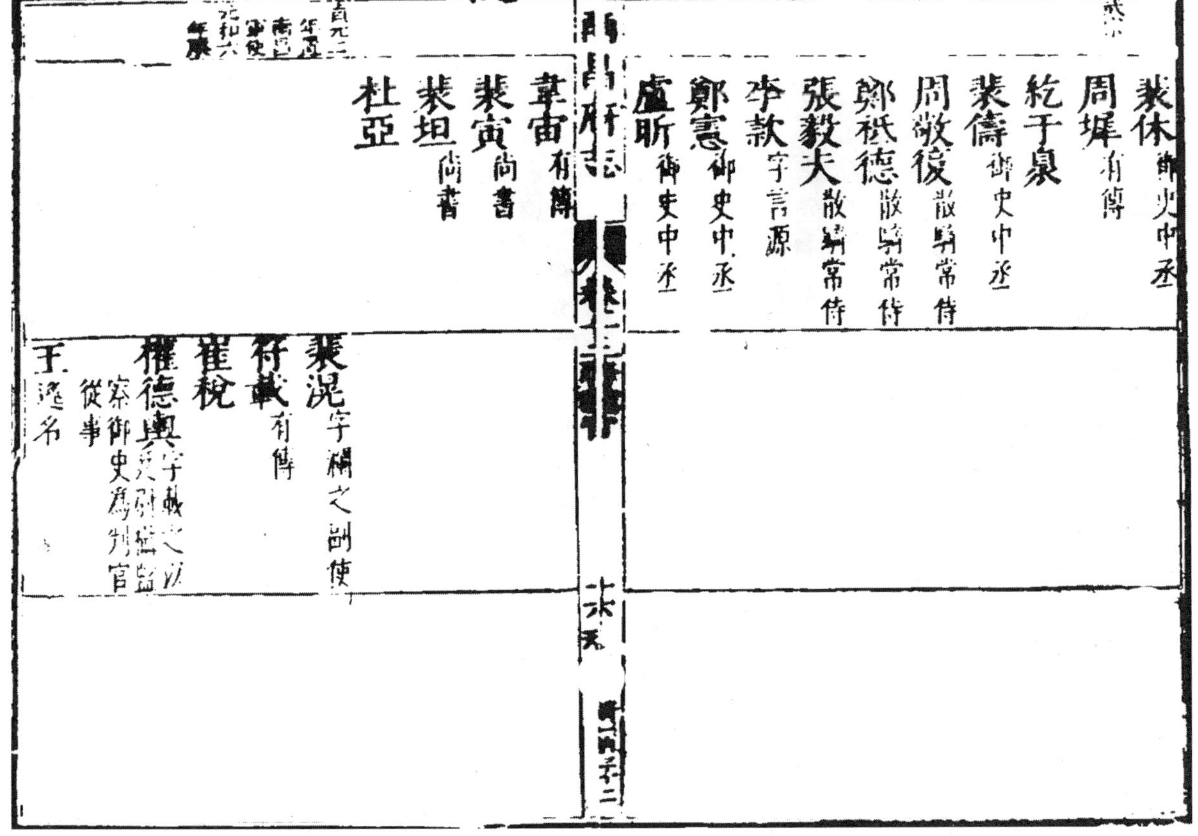

裴休 御史中丞
周墀 有傳
紇干臮
裴儔 御史中丞
周敬復 散騎常侍
鄭祗德 散騎常侍
張毅夫 散騎常侍
李款 字言源
鄭憲 御史中丞
盧昕 御史中丞
韋宙 有傳
裴寅 尚書
裴坦 尚書
杜亞

裴泥 字構之 副使
符載 有傳
崔稅
權德輿 字載之 察御史爲判官
王遂名 從事

咸通六年 嚴謨 御史中丞以下鎮南軍節度使

嚴景

李騰 散騎常侍

崔安潛 字進之 觀察使 表于史

楊載 散騎常侍

高湘 字濬之 御史大夫

李諷 御史大夫

高茂卿 御史大夫

昭宗光化二年 鍾傳 有傳

楊渥

天祐六年 秦裴 制置使

楊 逸名

崔汝賓 七十三人後爲禮部員外

王昌齡 洪州別駕

王叔政 別駕

張 逸名 侍郎

鄭碣 判官

宋誠 書自又爲鍾傳副使

陳岳 觀察判官

盧簡求

陳象輿 以下書記

南唐

鎮南軍節度使 制沿唐舊

節度使

昇元二年 李德誠

宋齊丘

徐知證

保大六年 李景運

江西觀察使 嗣置尋廢

觀察使

馬希萼 初平湖南以楚王希萼爲觀察使未幾徵入朝卒於金陵

南都留守 南中主遷都豫章廢觀察因制南都留守

韓王從善

鄧王從鎰 後主以南都留守韓王從善爲司徒兼侍中諸道兵馬副元帥鄧王從鎰爲司空南都留守

林仁肇 有傳

宋

宋鎮名從唐州名從隋鎮則節度使領之州則觀察團練刺史領之太平興國分江南東西路後舉十州軍兵馬鈐轄太中祥爲一路天禧後復分大觀兼馬步軍都督總管宣和置安撫使統十州洪爲東古撫臨江興國南安建昌首爲屬郡建炎通爲一路紹興復分隆興陞府帥臣知軍府事兼安撫總管之職淳熙兼領之端平移鎮九江嘉熙復歸豫章至四年知江州兼帥復駐于九江然安撫司副帥總管司與參機密鈐轄屬帑藏兵營俱在隆興咸熙知隆興兼帥悉歸閫本府洪州學廢府諸路州軍各置教授九郡各置教官建炎罷紹興復置

洪州知洪州軍一文臣一員帶本州兵馬鈐轄[illegible]　一員充副鈐轄　武文臣一員帶本州兵[illegible]都監　武臣一員充副都監　宣和三年詔洪州守臣帶安撫使

通判二員

簽書判官廳公事　兩使防團軍事推判官

節度掌書記　觀察支使

戶曹參軍　司法參軍　司理參軍

洪州學教授一員　文學一員

知洪州	通判	推官	教授	文學
太宗[illegible]年　王明有傳				
陳良器有傳				
宋搏字[illegible]				
張惟德國子博士				
劉輝朝散大夫衛書司封員外				
夏侯嶠有傳				
符昭義光州刺史				
陳象輿給事中				
董儼字望之洛陽人進士以給事中知洪州俊[illegible]有材[illegible]				
[illegible]州人[illegible]中丞判				
蘇紳字儀甫晉江人以祠部員外郎判洪州				
錢通字德[illegible]江人				

知洪州	通判	推官	教授	文學
呂紹寧司勳員外郎				
江鈞太常少卿				
卞咸衛尉少卿				
朱台符字洪正眉州人工部郎中				
楊可綿竹人進士嘗屬文有吏幹累召試歷戶部鹽鐵判官至都官員外郎				
樂崇吉有傳				
馬景侍御史[illegible]其[illegible]				
李綱字公敘政人擢進士第以太常丞知洪州有能名轉運使				
大中祥符二年　王濟有傳				
李虛己有傳				
夏竦有傳				
詹[illegible]有傳				
李諮有傳				
盛[illegible]用尚書金部郎中				
許式尚書祠部郎中				
		蕭立之[illegible]人[illegible]都		

南昌府志

許申 員外郎
蕭貫 有傳
趙槩 有傳
吳遵路 字安道累官至殿中丞降尚書工部知洪州
威京 太常少卿
魏瓘 字用之尚書司勳員外郎
高繼宣 西上閤門使
蔣堂 有傳

張若谷 有傳
邵飾 刑部員外郎
劉沆 後入相
張存 給事中後爲禮部尚書
王贄 太和人天章閣學士尚書吏部郎中
徐起 太常少卿轉運使
張子憲 字彥章齊賢子以獻文賜進士歷太常少卿三司鹽鐵判官直史館

至和
嘉祐

馬尋 須城人有
仲簡 字畏之江都人進士以兵部郎中知洪州後爲待制
劉緯 光祿少卿
程師孟 有傳
唐介 有傳
張瓌 有傳
葉均 尚書司封員外郎後以集賢校理再任

應舜臣 太常少卿
陶節夫 鄱陽人樞密直學士
施元長 尚書刑部郎中
周豫 集賢校理
杜植 少府監
榮諲 任城人秘書監集賢殿修撰
李師中 尚書左司郎中
馬亮 有傳

十年

朱巽 刑部郎中

章得象 字希言浦城人尚書屯田員外郎

曾肇 有傳

王韶 字子純德安人進士元年任上平戎策拜觀文殿學士戶部侍郎後罷知洪州又坐謝表怨慢落職元豐二年復知四年卒

元積中 尚書司封員外

[illegible]郎前龍圖閣[illegible]修東西二門

蔡延慶 字仲遠萊州膠水人翰林學士朝請郎

謝景溫 字師直富陽人通議大夫尚書禮部侍郎

孔宗翰 有傳

李良輔 朝議大夫將作監

熊本 番陽人龍圖閣待制神宗嫌其不傷財不害民後再任

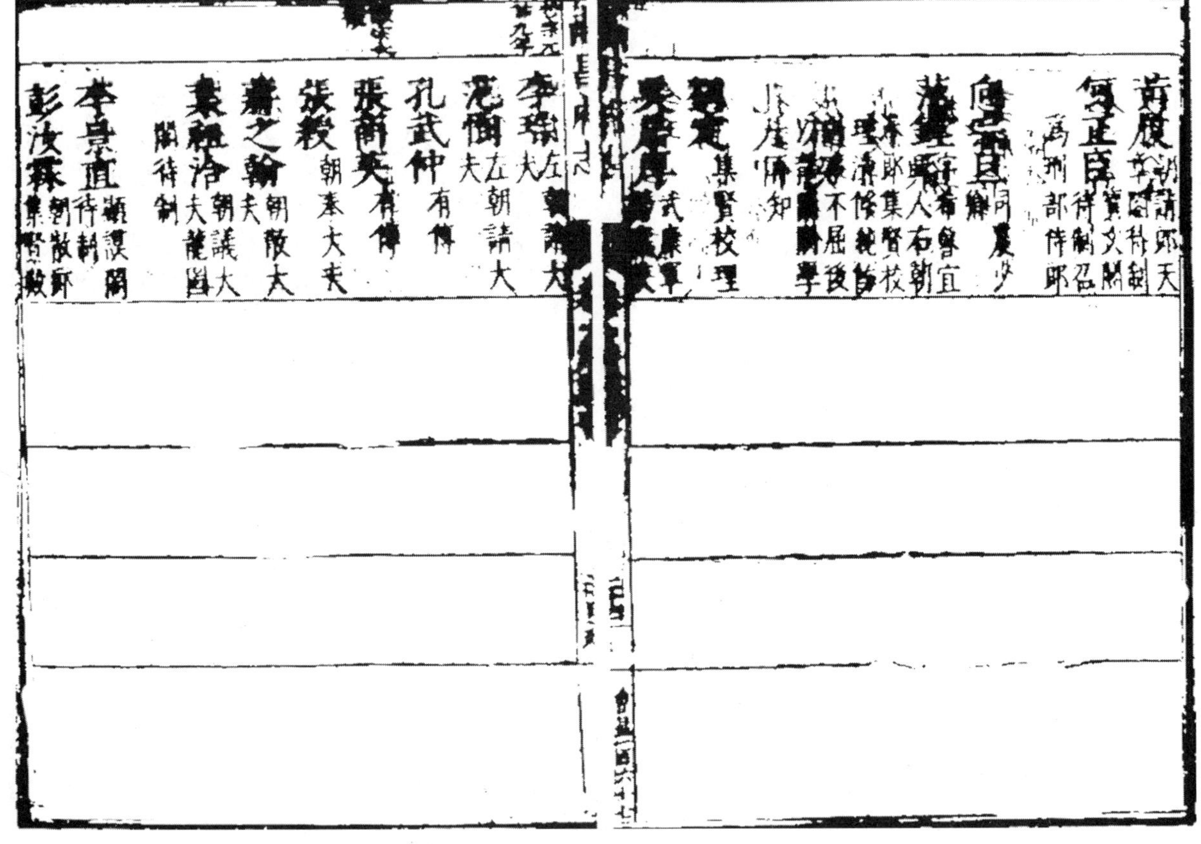

黃履 字[illegible]朝請郎天章閣待制

何正臣 寶文閣待制召為刑部侍郎

傅[illegible] [illegible]同[illegible]少[illegible]

蔡[illegible] 字[illegible]人右朝宜[illegible]

[illegible] [illegible]郎集賢校[illegible]

[illegible] [illegible]不屈後[illegible]學

[illegible] [illegible]知

[illegible] 集賢校理

[illegible] 武康軍[illegible]

李[illegible] 左朝請大夫

范[illegible] 左朝請大夫

孔武仲 有傳

張商英 有傳

張[illegible] 朝奉大夫

[illegible]之翰 朝散大夫

[illegible] 朝議大夫龍圖閣待制

李景直 顯謨閣待制

彭汝霖 朝散郎集賢殿[illegible]

贛州府志

修撰

朱彦 龍圖閣待制 集賢殿修撰

范坦 字伯履 承議郎 集賢殿修撰

王渙之 有傳

張徹 中散大夫

王漢之 字彦昭 常山人 朝奉郎 集賢殿修撰

范致虛 龍圖閣直學士 集賢殿修撰

陳彦文 修撰

王尊 朝請大夫 集賢殿修撰

張琮 徽猷閣待制

蔣清 字叔明 宜興人 以直言選國子司業 爲大司成 顯謨閣待制 出知洪州

陳邦光 顯謨閣待制

汪伯彦 字廷俊 祁門人 朝奉郎 直

徐惕 朝奉郎 秘閣

林震 朝奉大夫

潘允 直秘閣 閣待

龔復元

林濟孫

贛州府志

張勵 中奉大夫 集賢殿修撰

孫峡 朝奉大夫 直龍圖閣

孫希叟 徽猷閣學士 中大夫

郭允迪 朝請大夫 直秘閣

郭三益 龍圖閣學士 朝請大夫

姚宗彦 中大夫 直龍圖閣

田開 廣西平樂人

胡直孺 有傳

紹興三年 王子獻 江西失守 撰 金人 集英殿修

高衛 顯謨閣待制 邛州兼本路安撫使

葉宗諤 朝散大夫 直龍圖閣

李回 資政殿學士 左中大夫

陳之茂 寶文閣 大夫

趙鼎 有傳

胡世將 有傳

李綱 有傳

張浚 有傳

謝元龍

李聖 字與權 當人 登進士第 調

楊杞

八年	李光	資政殿學士左朝奉郎
[illegible]	張守	有傳
[illegible]	梁揚祖	徽猷閣學士右正奉大夫
十一年	李迨	以右中散大夫龍圖閣待制任十六年復除龍圖閣學士再任
十六年	沈昭遠	降除左朝請郎充敷文閣待制
	李綸	綱之弟
	葛祺	
十九年	張澄	慶遠軍節度使
二十年	張宗元	龍圖閣直學士左大中大夫
二十三年	王師心	左中大夫復敷文閣待制
二十六年	閭丘昕	左朝請郎充敷文閣待制
	折彥質	端明殿學士左朝議大夫
二十八年	施鉅	資政殿學士左中大夫
二十九年	蘇簡	右朝議大夫直龍圖閣
	任古	左朝請郎直龍圖閣
三十年	魏良臣	資政殿學士左中大夫
	鄭柞	左朝散大夫直秘閣以覃恩轉朝請大夫知隆興府
孝宗隆興元年	朱商卿	右朝散大夫
二年	沈樞	左朝請郎直顯謨閣
	劉珙	有傳
五年	吳芾	有傳
六年	龔茂良	有傳
淳熙元年	汪大猷	字仲嘉鄞縣人兼安撫使以討永新禾山洞寇不利自劾降龍圖待制
	朱勝非	字藏一蔡州人以宣撫使兼
	莫大猷	
二年	呂企中	朝請郎直龍圖閣轉朝奉大夫除秘閣修撰再任

潮州府志 卷二十八

趙善俊 有傳
四年 辛棄疾 有傳
五年 楊倓
陳俊卿 觀文殿大學士 特進尋改建康府
張子顏 龍圖閣待制 大中大夫 七年轉敷文閣直學士
九年 雷正 字仲全 敷文閣學士 朝散大夫 有傳
劉堯夫

程叔達 敷文閣待制 紹興宮
林栗 字黃中 福清人 集賢殿修撰
趙富文 字彥博
十四年 王藺 敷文閣待制
十五年 黃洽 有傳
十六年 王嘉
光宗紹熙元年 施師點 資政殿大學士
趙雄 武寧軍節度使 開府儀同三司 醴泉觀使 衛國公
四年 趙鞏 直秘閣 本路轉運判

寶祐 蔡戡 敷文殿修撰 轉中大夫
張杓 有傳
單夔 華文閣學士
張孝伯 華文閣直學士
韓邈 太尉 保康軍節度使
四年 薛叔似 字象先 華文閣待制
趙彥勵 集賢殿修撰
程松 資政殿學士

曾煥 字興祖
施康年 集賢殿修撰 二年進寶謨閣待制
嘉定元年 徐誼 字宏文 溫州人 寶謨閣待制
趙希懌 有傳
三年 王居安 有傳
四年 李珏 直寶謨閣 本路提刑 秘閣修撰
五年 王補之 秘閣修撰 本路

曾有俊 字中功 浙人
黃灝 字商伯 都昌人 淳熙進士 累官徽猷閣

黎仲吉 字叔達 廣都人 嘗上書言事 叩閽 謂 丁亥 以 言 附 其 不 已 授 任

七年　衛涇 資政殿大學士通奉大夫十三年再任

九年　沈作賓 有傳

曹彥約 字簡甫都昌人以直龍圖閣任

十二年　真德秀 有傳

十四年　杜庶 字康侯杜頴之子直寶文閣兼轉運副使

十六年　洪波 朝議大夫直徽文閣轉中奉大夫

言咒

理宗寶慶元年　鄭性之 福州人三年除寶章閣待制再任

三年　李壽朋 朝請大夫直煥章閣五年除直徽猷閣任

五年　陳韡 有傳

六年　吳潛 字毅夫寧國人淵之弟以秘閣修撰轉運副使兼知十管安撫使

[illegible]二年　黃伯固 兵部侍郎[illegible][illegible]安撫使

何嵩

鄧得遇

黃汝嘉

三年　陳塏 有傳

嘉熙二年　曾穎茂 朝請大夫直寶章閣轉運判

楊恢 朝議大夫試尚書兵部侍郎江西安撫使兼知督視府參贊軍事

三年　吳淵 有傳

王遂 字去非金壇人華文閣直學士兼江西轉運副使後再知隆興兼安撫使

四年　史巖之 通奉大夫徽文閣學士

王埜 有傳

黃度 字文叔新昌人煥章閣學士

淳祐元年　陳一薦 中奉大夫直秘閣運判兼知

二年　董槐 有傳

三年　江萬里 有傳

何濬 字自然龍泉人徽文

殿學士

何庾久 朝議大夫直煥章閣運判兼知四年轉中奉大夫

曾頴茂 朝議大夫運判五年再任

六年 吳泳 字永叔寶章閣學士朝請大夫

七年 吳子良 字明甫臨海人朝奉大夫華文閣運判

八年 尹煥敘 朝奉大夫直寶謨閣運判兼知

董楷 字正翁臨海有惠政秘閣修撰

十年 章琰 工管谷江制置副使兼知江州安撫司

湯漢 有傳

寶祐二年 翁甫 朝散郎直寶文閣運判

三年 包恢 有傳

開慶元年 趙時詰 朝請大夫直煥章閣兼運副

景定元年 趙汝暨 朝請大夫秘閣修撰

陳夢千 中奉大夫右文殿修撰運使

四年 洪燾 以朝議大夫寶謨閣待制出知兼正使

蔡抗 字仲節建陽人直龍圖閣

趙希瓐 新安人

咸淳元年 曹孝慶 朝散大夫集英殿修撰知隆興府兼正使

黎立武 有傳

二年 劉應龍 朝散郎直華文閣

八年 曾淵子 朝散郎知隆興府兼副使有傳

九年 盧鉞 中奉大夫顯謨閣學士兼帥

十年 吳益 朝奉郎直徽猷閣兼運副

熊震龍

德祐元年 劉槃 永新人以城降

舊志所載觀察使都轉運使經略安撫制置使制置大使宣撫使安撫提舉等使今監司例不得書惟兼知州事者書之

元

至元二十年定置十萬戶以上者為上府不及者為下

龍興路總管府達魯花赤一員正三品兼勸農事俸八十貫職田八頃　總管一員正三品兼勸農事俸八十貫職田八頃

同知一員俸四十貫職田四頃　治中一員俸三十貫職田三頃　判官一員俸二十貫職田二頃　推官二員俸一十九貫職田

經歷一員俸一十七貫職田二頃　知事一員俸一十二貫職田二頃　照磨

兼承發架閣一員俸十貫職田一頃　司吏隨事多寡　譯史一員

通事一員　醫學教授一員　陰陽教授一員　司獄司司獄

一員　丞一員　織染局大使副使各一員　雜造局大使副

使各一員　平準行用庫提領大使副使各一員　惠民

藥局提領一員　稅務提領一員　大使副使各一員

錄事司達魯花赤一員正八品田二頃五十畝　錄事一員正八品田

一頃五十畝　判官一員正九品田一頃

龍興路學教授一員正九品　學錄一員　學正一員

達魯花赤	總管	治中	判官	錄事	教授	學錄	學正
至正年 篤壽爲樂		王友信	辛恭字好		萬鵬	劉輔	山長
阿思蘭花			李廉有傳		南昌人	何中 字太 人有傳	
偰百遼字安謙有傳		胡明甫南昌人		陳時遇新建人			
王伯恭				徐川		劉	

元統七年		
	同知	舜舉
	以資德大夫	朵只
		郭完哲
		楊瑋 經歷
		程恭貴 饒州人
		葉聖時 饒州人
		姚登孫 蜀人
		閔節夫 富州人
		余岳　李志道
		姜朴之 建德人
		俞師魯 婺源人
		李資翁 字肯齋
		宋復亨 湖州人
		楊謙 字伯 吉水人有傳

楊怡老 饒州人
戴起宗 集慶路人
羅以孫 臨江路人
李鼎孫 臨江路人
孟履端 永新人
周大洪 建昌路人
陳景常 永豐人
張忠順 淮安人
范金 南康路人
夏溥 臨江路人
陸中行
黃澤
張勝達

蔡伯俶　張鵡　羅玘　趙縉

國朝南昌府知府一員正四品月俸二十四石　同知一員正五品月俸十六石
通判一員從六品月俸一十石　推官一員正七品月俸七石五斗
經歷司經歷一員正八品月俸六石五斗　知事一員正九品月俸五石五斗
照磨所照磨一員從九品月俸五石　檢校一員未入流月俸三石
儒學教授一員從九品　訓導四員未入流
司獄司司獄一員從九品　厚儲庫大使一員未入流　稅課

南昌府志　卷之十二　非

司大使一員從九品　廣積倉大使一員從九品　南浦驛
驛丞一員未入流　通運所大使一員未入流　港口河泊
所大使一員未入流　昌邑河泊所大使一員未入流　樵
舍河泊所大使一員未入流　鄔子河泊所大使一員未
入流　趙家圩河泊所大使一員未入流　醫學正術一
員從九品　陰陽學正術一員從九品　僧綱司都綱一員從
九品　副都綱一員未入流　道紀司道紀一員從九品　副
道紀一員未入流

知府　同知　通判　推官　經歷知事照磨檢校　教授　訓導

葉琛　喻福生　余修　趙祖順　彭英　臧用

程國儒　萬里　張錫　陳會
楊格　張斌　吳祥　曾恕
趙文奎　王徹　張淳　劉隆　李覺
陳安禮　張徽　黃璉
許方　葉尚絅　孫俊　葛鵬　薄方　朱謇
楊毅　陳端　李濟
王莊　李振　陳溥　方吉祥　李璞　李德
七儀　李庸　蘇佐　周順　朱諡

南昌府志　非八　天

張瑛　劉楨　梁經　陳賓初　錢叔希
沈彥亨　盧欽　蔡觀　許成　楊俊　程仲木
錢保　羅英　黃廉　蔣泰　李思　郭子奇　裴宛
施景昭　王景常　洪景模　郭昊
田實　汪瀚　徐錫　趙鼎
何善　周時雍　王賓　韓有信

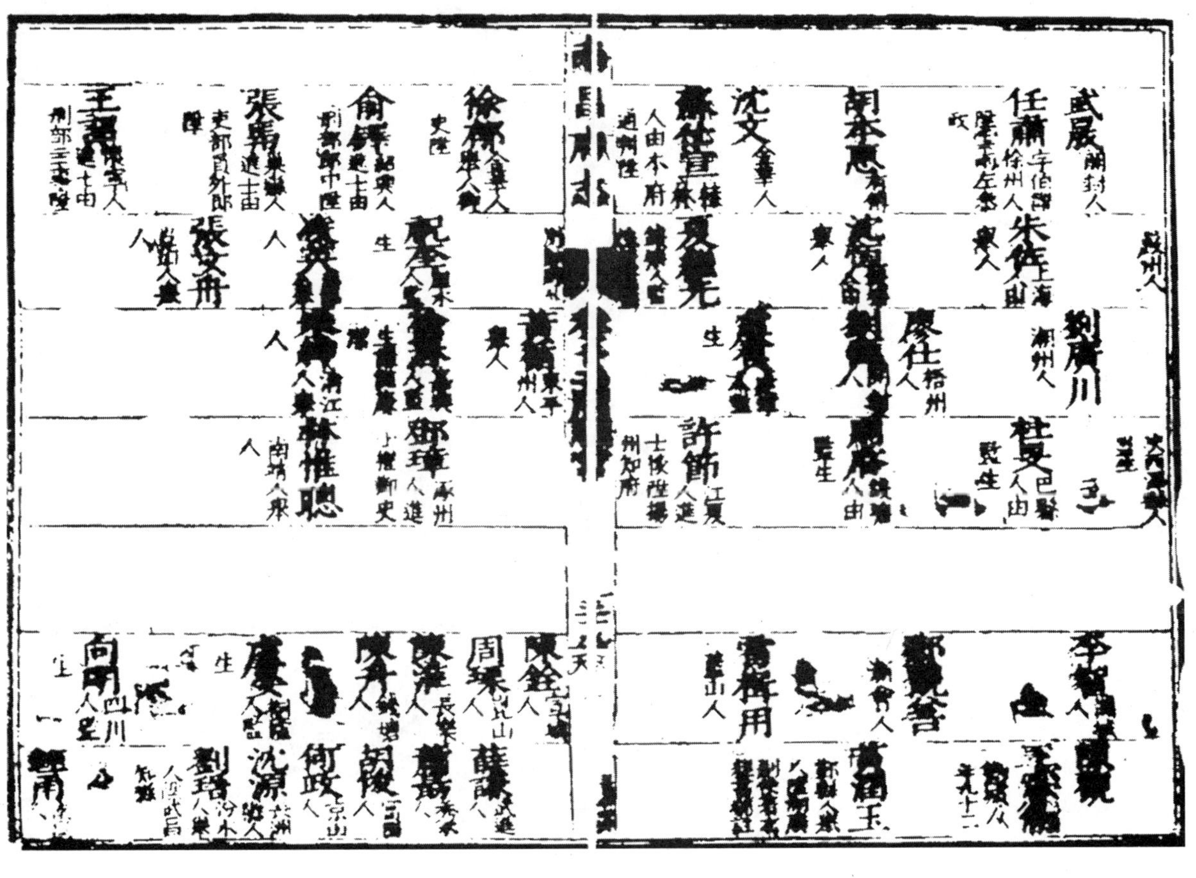

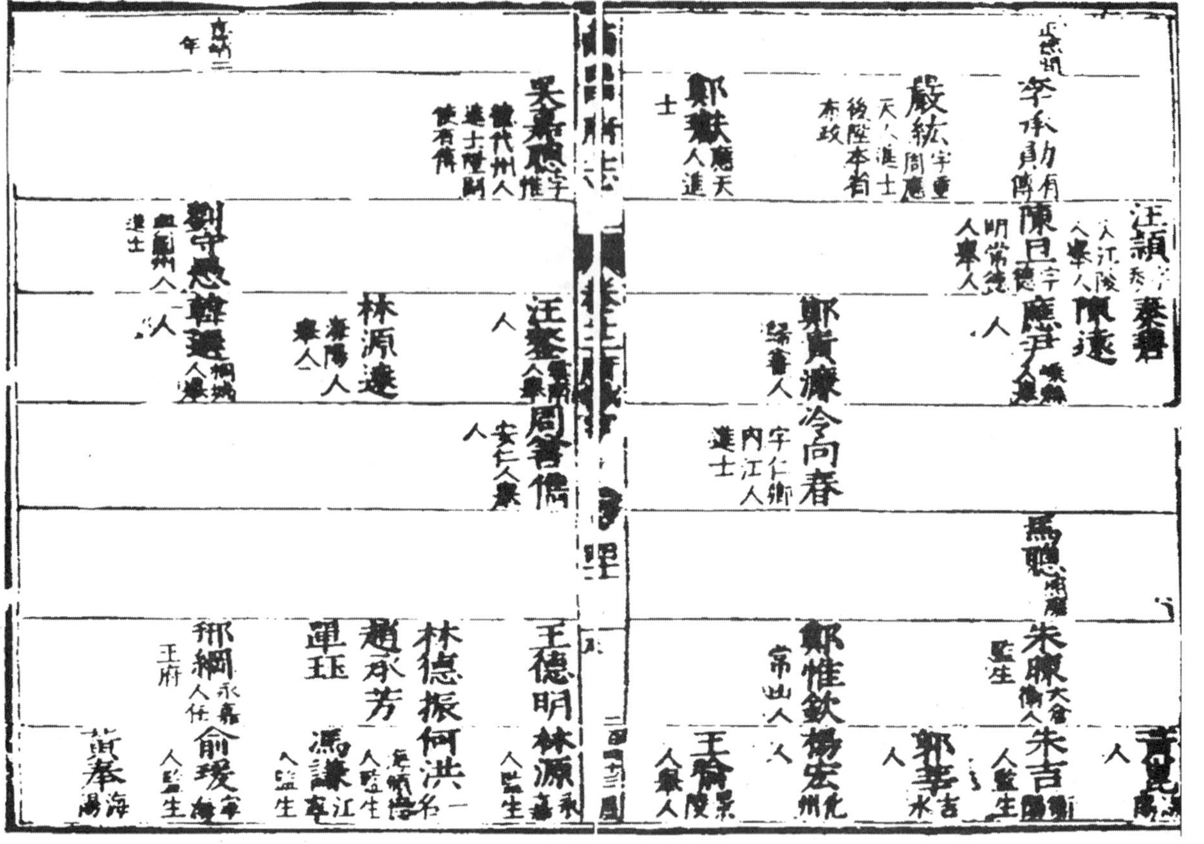

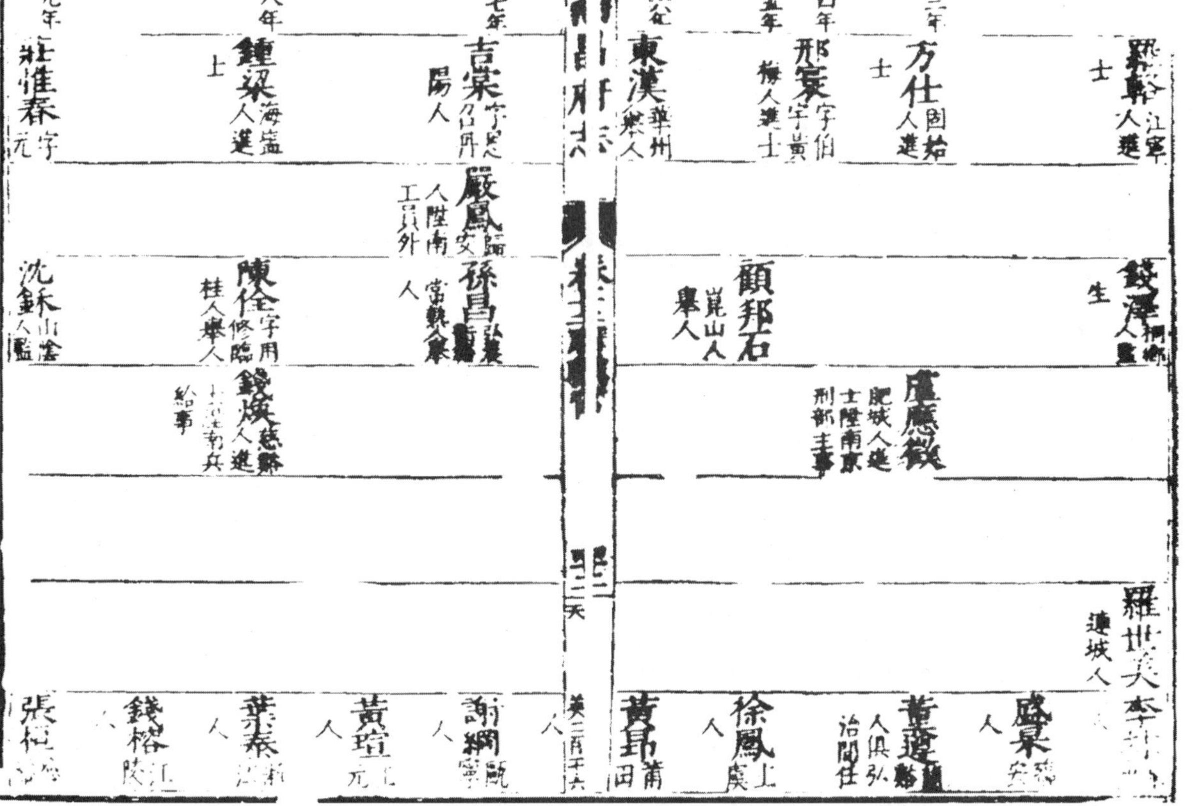

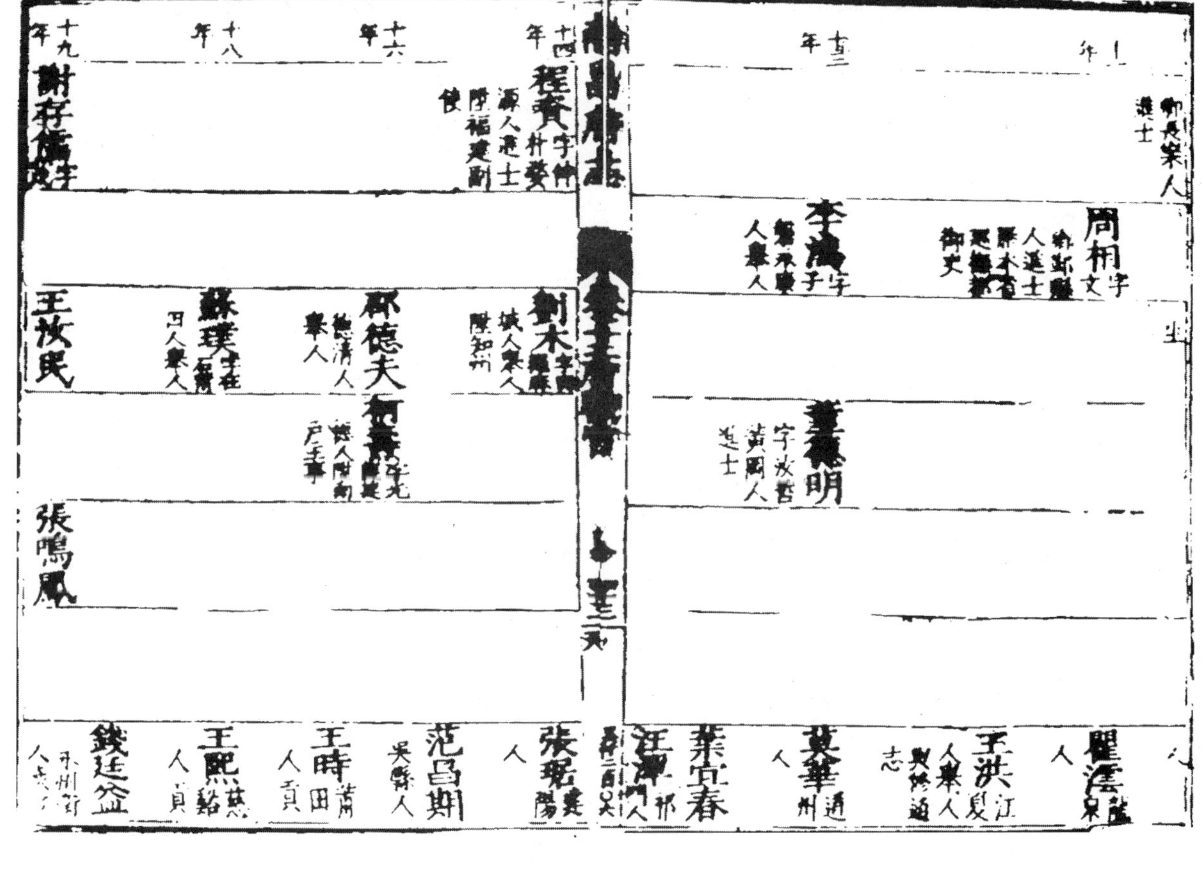

十二年　周相 字文 人進士 御史
瞿澐
王洪 人舉人
莫華 人
葉宗春
汪津
十三年　李鴻 字 人舉人
董德明 字汝哲 進士
十四年　程賁 字仲 人進士
劉木 人舉人 知州
張琨 人
十六年　邢德夫 人舉人
何喬
范昌期 吳縣人
王時 人 貢
十八年　蘇璞 人舉人
王熙 人 貢
十九年　謝存儒
王汝民
張鳴鳳
錢廷益

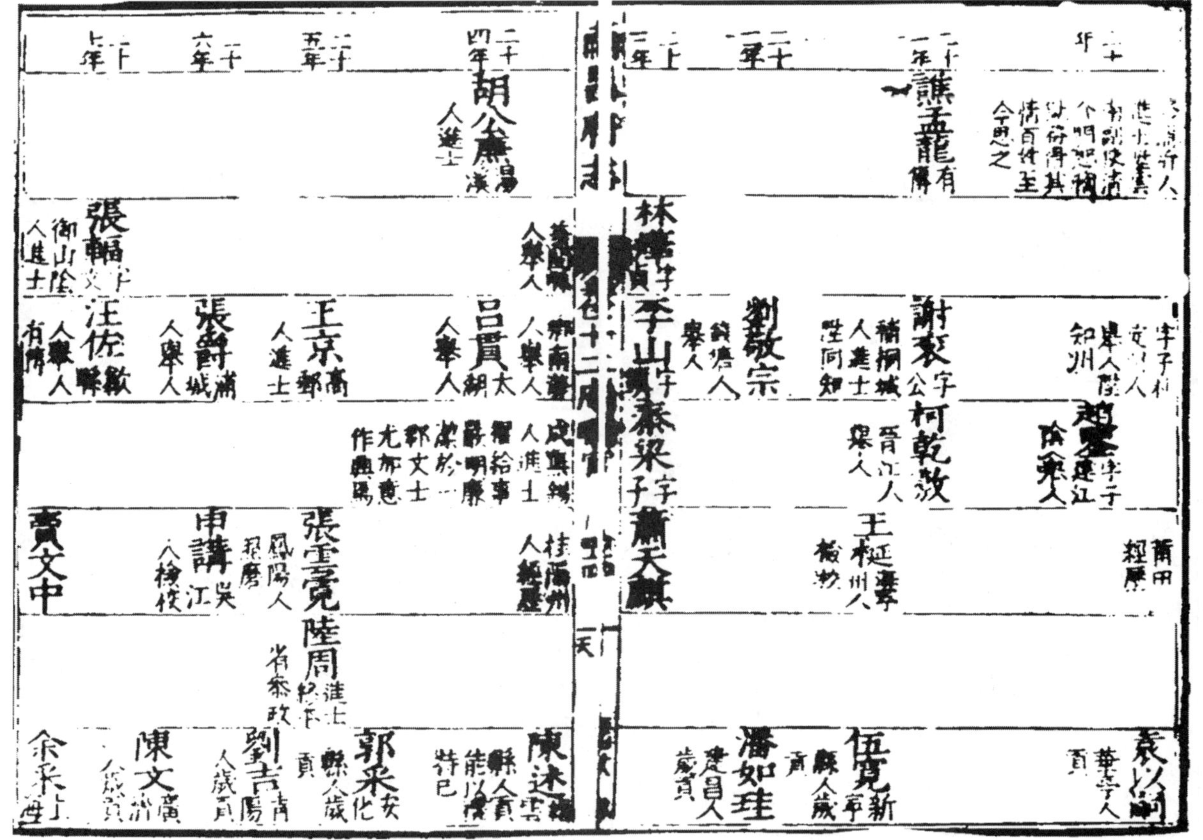

二十年　趙 人
袁以嗣
二十一年　譙孟龍 有傳
謝袞 字公 人進士 同知
柯乾毅 人舉人
王梃 州人
伍寬
潘如珪
二十二年　林
李山
蔡梁 字
蕭天麒
劉敬宗 人舉人
二十四年　胡介廉 人進士
呂賈 人舉人
陳述
郭采
二十五年　王京 人進士
張雲霓
陸周 進士
劉吉
二十六年　張爵 人舉人
申講
陳文
二十七年　張輻 人進士
汪佐 人舉人 有傳
賈文中
余采

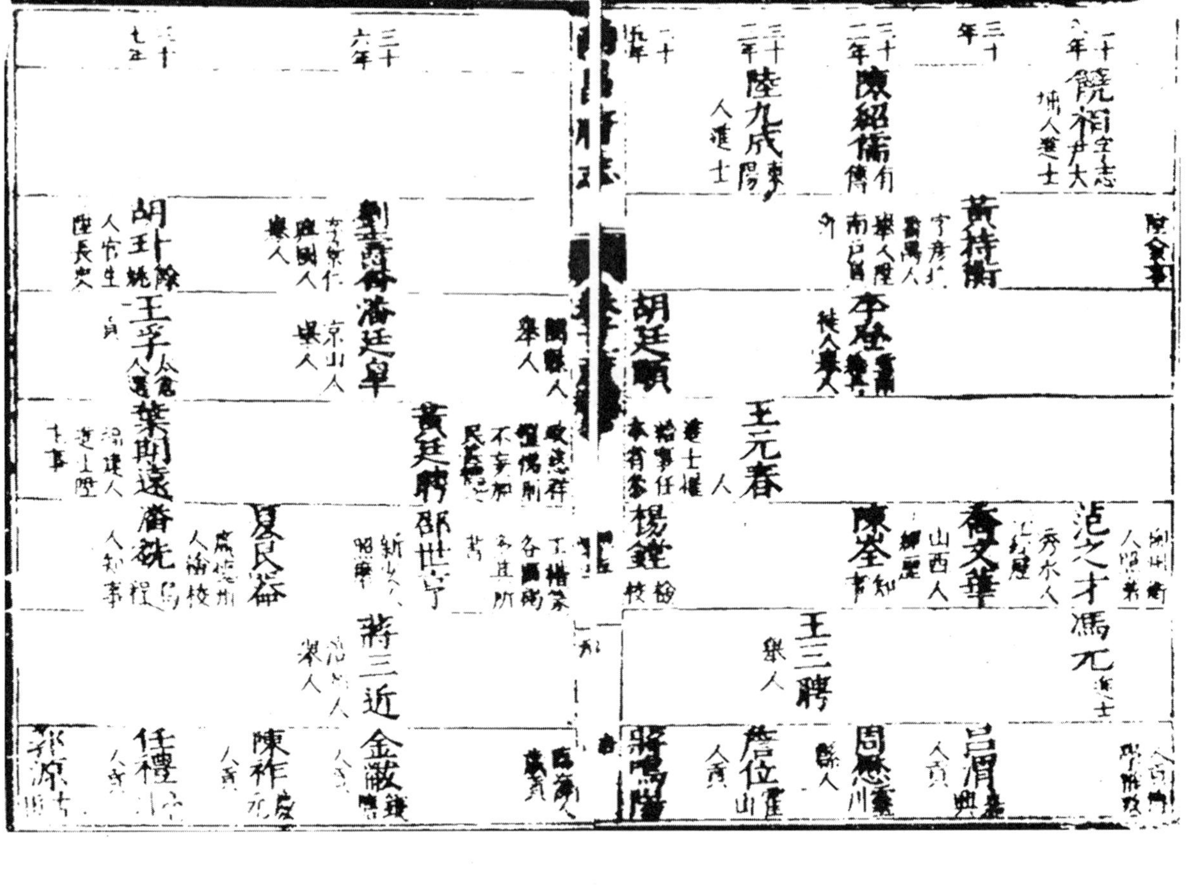

三十八年 韓弼 平湖人進士
王壽臣 桂林右衛人舉人
臧珠 山陰人經歷
王九經 昌平州人貢
陳旦

四十年
郭金南 上杭人經歷
袁文 人貢

四十一年 葉應乾 慈谿人進士歷四川副使
畢效欽 歙縣人舉人
侯必登 字懋學 廣南衛籍上元人進士歷南兵主事
曹文燦 永康人經歷
黃桂 德興人舉人
何燁
楊萬初

四十二年 黃學
丘日清 常州府人檢校
田在 真定
朱沆 徐州

四十三年
蔣仲楷 人舉人
鄭玉 山陰人檢校
張佾 人舉人
人知事
人貢

四十四年 陳紹登 元江縣人進士歷福建副使
王天性 字來鳳 全州人舉人
中上海人進士
史煒 會稽人知事

四十五年 許尚靜 字原仁 滄平人舉人
萬言策 字廷陳 無錫人進士
張守約 字希曾 永福人進士擢御史
黎應宿 烏程人經歷
江朝東
吳希旦 歙縣人舉人

隆慶元年 馬兗

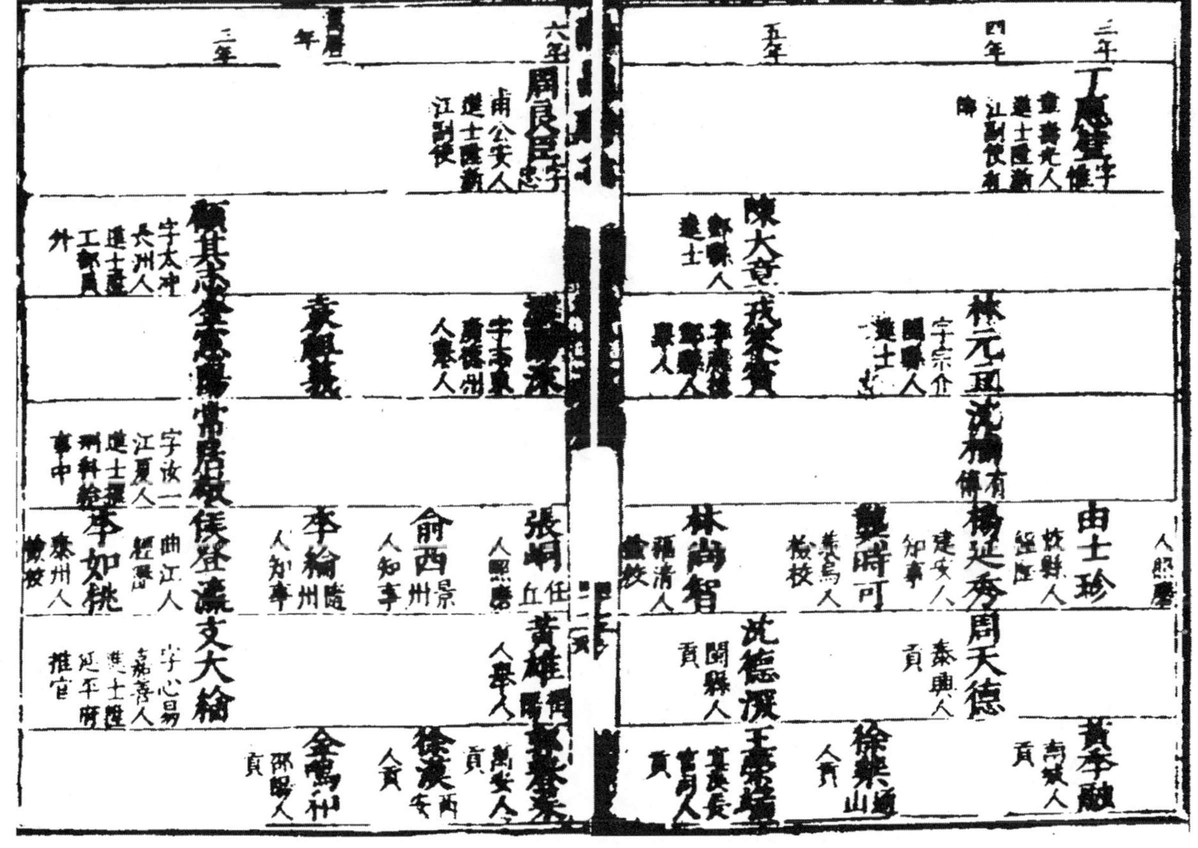

三年　丁應璧 字[illegible] 壽光人 進士歷浙江副使
四年　由士珍 人熙歷 恢縣人 經歷
　　楊廷秀 建安人 知事
　　周天德 泰興人 貢
　　黃季融 尚賢人 貢
陳大章 鄞縣人 進士
林元亟 字宗企 閩縣人 進士
　　龔時可 萊陽人 檢校
　　徐樂山 人貢
五年　林尚智 福清人 檢校
　　沈德渡 閩縣人 貢
　　王[illegible] 宜黃人 貢
六年　周良臣 字忠甫 公安人 進士歷浙江副使
　　施濂 字[illegible] 長洲人 舉人
　　張嗣任 人熙歷
　　黃雄 人舉人
　　俞西景 州人 知事
　　徐瀼西 安人 貢
　　吳[illegible] 字[illegible] 人舉人
　　李綸 隨州人 知事
　　金鳴和 邵陽人 貢
萬曆　顧其志 字太沖 長洲人 進士歷工部員外
　　余[illegible]常居敬 字汝一 江夏人 進士歷刑科給事中
　　李如桃 曲江人 經歷
　　侯登瀛 泰州人 檢校
　　文大綸 字心易 嘉善人 進士歷延平府推官
二年

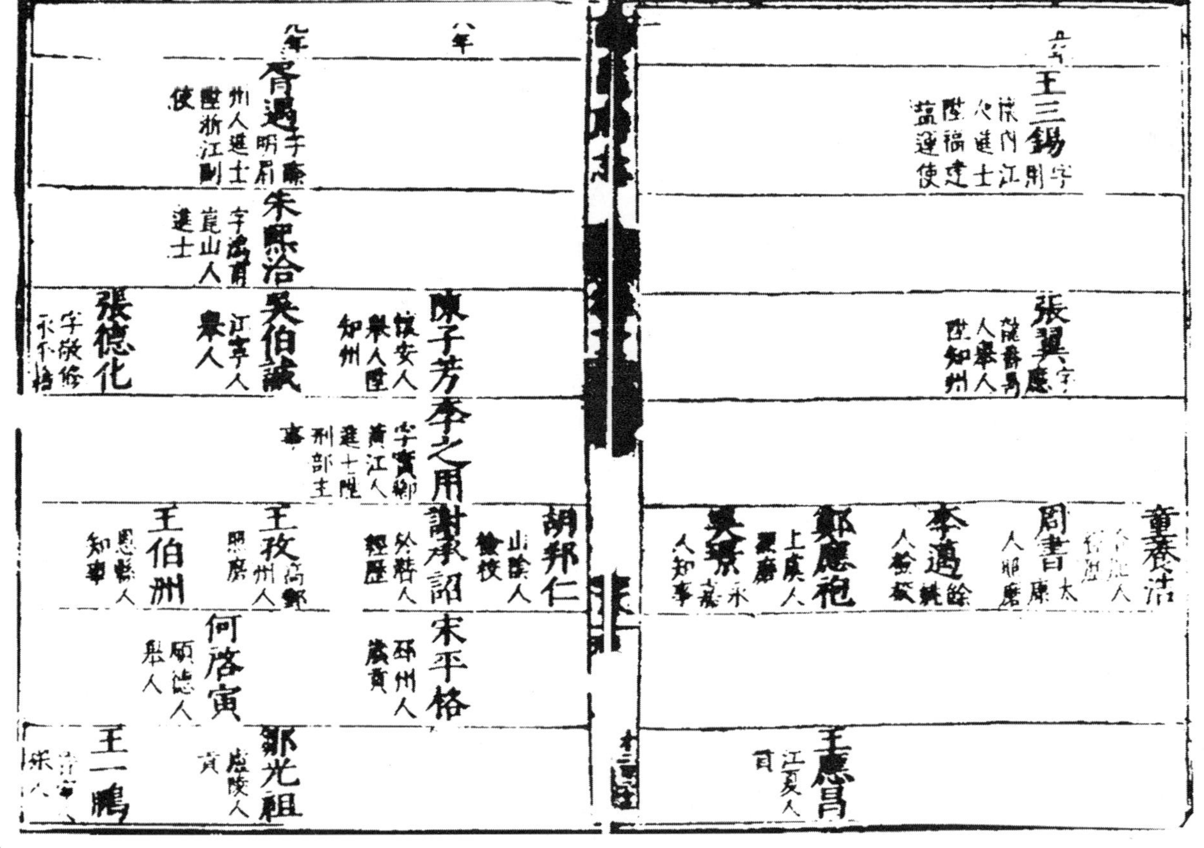

七年　王三錫 字用[illegible] 陝西內江進士 陞福建鹽運使
　　張翼虞 字[illegible] 龍游縣人 舉人 陞知州
　　童養浩 [illegible]人 [illegible]歷
　　周書 太康人 照磨
　　李邁 餘姚人 檢校
　　鄭應袍 上虞人 照磨
　　吳環 嘉禾人 知事
　　王應昌 江夏人 貢
八年　胥遇 字[illegible] 明府州人 進士 歷浙江副使
　　朱熙治 字德甫 崑山人 進士
　　陳子芳 字[illegible] 懷安人 舉人 陞知州
　　吳伯誠 江寧人 舉人
　　張德化 字敬修 [illegible]
　　李之用 字實卿 黃江人 進士 陞刑部主事
　　胡邦仁 山陰人 檢校
　　謝承詔 紹興人 經歷
　　宋平格 邳州人 歲貢
　　王孜 高郵州人 照磨
　　王伯洲 恩縣人 知事
　　何啓寅 順德人 舉人
　　鄒光祖 廬陵人 貢
　　王一鵬 [illegible]人
九年

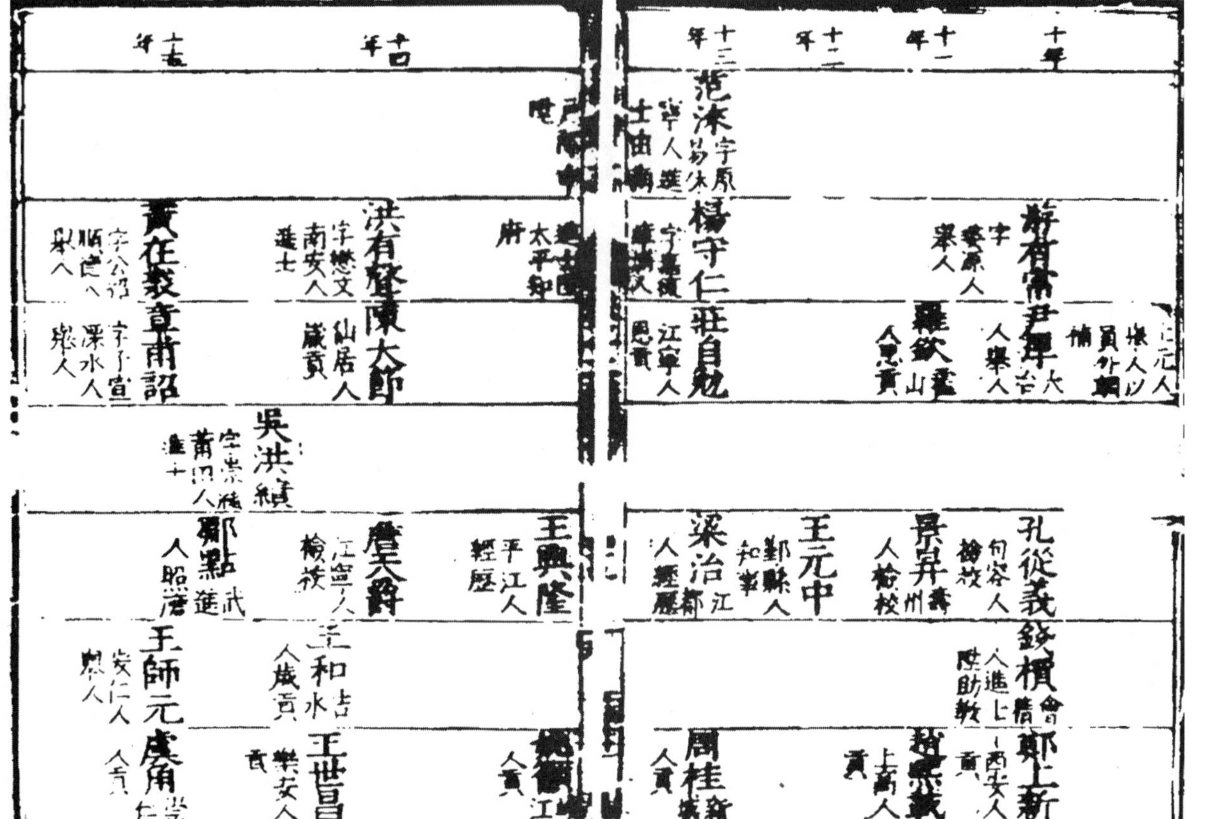

十年 游有常 字君擇 婺源人 舉人

十一年 羅欽□ 上□山人 恩貢

景昇 壽州人 檢校

孔從義 句容人 檢校

欽槓 會稽人 進士 歷助教

鄭上新 西安人 貢

趙宗義 上高人 貢

十二年 王元中 鄞縣人 知事

十三年 范淶 字原易 休寧人 進士 由御史

楊守仁 字嘉甫 舉人

莊自勉 江寧人 恩貢

梁治 江都人 經歷

周桂 人 貢

十四年 洪有聲 字懋文 南安人 進士

陳大節 仙居人 歲貢

吳洪績 字崇緒 莆田人 進士

詹人爵 江寧人 檢校

鄭點 武進人 照磨

王和 人 歲貢

王世昌 樂安人 貢

十五年 黃在袞 字公諧 順德人 舉人

章南詔 字子宣 溧水人 舉人

王師元 安仁人 舉人

盧角 人 貢

Other entries (year not clear):

太平知府

王興隆 平江人 經歷

姚□ 江□人 貢

鄭克家 字□□ 進士 選貢

王學古 江都人 檢校

黃光呈 人 歲貢

朱永年 人 貢

南昌府志卷之十二 終

縣職官沿革

國朝設知縣一人正七品主一縣之政按周制百里為縣[illegible]正春秋千里百縣縣有四郡時縣大而郡小上大夫受縣下大夫受郡縣邑之長曰宰曰尹曰公曰大夫[illegible]以後郡大而縣小秦有縣令長漢因之唐制縣等分赤畿望緊上中下七等至宣宗時以裴讓權知縣而知縣之名始見宋自政和始以朝臣為之其間叅用京官初稱某官判縣事後詔改知縣事元每縣各有達魯花赤掌縣印以蒙古人任知縣為縣尹掌判署事漢人南人任　國朝改令官縣丞一人正八品後漢署文書典知倉獄唐置丞為縣令之貳宋初惟大邑有之後各縣並置元仍宋　國朝因之主簿一人正九品漢以來皆長自調用唐赤縣置二人他縣一人宋惟千戶以上設令簿尉四百戶以下設簿尉主簿兼知縣事　國朝因之典史一人為縣令首領官漢大縣兩尉小縣一人唐赤縣六人他縣各有差宋用選人元尊捕盜　國朝因之每縣學教諭一人訓導二人詳府學職官

南昌縣

秦　縣令一人　縣丞　縣尉

漢　鄉三老十亭一鄉　亭長十里一亭　嗇夫　游徼

職官姓名無考

縣令一人秩六百石　縣丞一人　主簿　縣尉二人

諸曹掾史　廷掾監鄉　五部掾　鄉有秩一人

三老一人　游徼一人　鄉佐屬鄉　亭長

主簿　嚴豐臨淮守節里人廟祀太守賈萌以豐配

縣尉　梅福有傳

吳　官制仍漢

晉　縣令一人　主簿

錄事史　記室史　門下書佐幹　游徼議生

循行功曹史小史　廷掾功曹史小史

書佐幹戶曹掾史　幹諸曹門幹

金倉賊曹掾史　兵曹史　吏曹史　獄小史

獄門亭長　都亭長　賊捕掾

職官姓名無考

宋　官制仍前職官姓名無考

齊　官制仍前

主簿 熊岳

梁 官制仍前職官姓名無考

陳 官制仍前職官姓名無考

隋 官制仍前職官姓名無考

唐 縣令一人從六品上 縣丞一人從八品下 主簿一人正九品下 縣尉二人從九品上

錄事二人 司戶佐四人帳史一人史七人 司法佐四人史八人

倉督二人 典獄十人 問事四人 白直十人 市令一人

經學博士一人 助教一人 學生四十人

縣令

南唐 官制仍唐

王遂有傳

主簿 縣尉

王寀進士 涂興本縣人著環宦郎志

宋 縣令一人以京朝官爲之有戍兵則兼兵馬都監或監押之職 縣丞一人熙寧四年始設

主簿一人 縣尉一人

學主學一人景定三年設

縣令 縣尉

太宗 和嶸有傳

章穎字茂之浦城人官試秘書

省校書郎任

范端字思道德化人謹法度持廉名

張錫字晲之漢陽人試秘書省校書郎

周敦頤有傳

王逸名

陸鴻漸

神宗 沈紳

曾旦字升仲花人

紹興二年 張憲

紹興元年 喬璐右宣義郎

二年 段玠右宣教郎

四年 王顗一云覲右文林郎

六年 周渠右宣教郎

九年 蔡宰右宣教郎

十二年 李知止左宣教郎

十五年 林鎔左宣教郎

十六年 張枚右宣義郎

十七年 王栻右宣教郎

曾民瞻有傳

周忻　承直郎
二十年　夏康佐　右朝奉郎
二十六年　吕介中　右通直郎
三十年　馮義叔　右承議郎
孝宗隆興元年　黄克巳　右承議郎
乾道二年　王玼　右奉議郎
五年　王演　右宣教郎
七年　林樞　右宣議郎
淳熙元年　陸琰　左奉議郎
趙不椿　承事郎
四年　王金　宣教郎
五年　王中復　宣教郎
六年　祖世美　奉議郎，一名世英
楊長孺　有傳
十年　徐輝　宣教郎
寶祐十年　鄧得遇　字達夫，邛州人，進士，調寧縣主簿，攺知南昌縣，通判隆興府

元

上縣達魯花赤　一員，從六品，俸二十貫，職田一頃，掌縣印號，曰監縣，兼勸農事
縣尹　一員，從六品，俸同上，職田□頃，亦掌縣事，兼勸農事
主簿　一員，俸十三貫，職田一頃
縣尉　一員，俸一十二貫，職田一頃
典史　三員，俸三十五貫
儒學學諭　一員
達魯花赤縣尹
怯烈　程大度　有傳
秃丹
帖木眞　有傳
主簿　宋廷玉
縣尉　陳恭　進賢人

國朝

知縣　一員，正七品，月俸七石五斗
縣丞　一員，正八品，月俸六石五斗
主簿　一員，正九品，月俸五石五斗
典史　一員，未入流，月俸三石
儒學教諭　一員
訓導　二員，俱未入流，月俸三石
石馬稅課局大使　一員，革
市汊巡檢司巡檢　一員
市汊驛驛丞　一員
武陽驛驛丞　一員，俱未入流，月俸三石

知縣　縣丞　主簿　典史　教諭　訓導
洪武元年　宋英　劉綱
洪武二年　孫彦忠　陳倫　安慶人
四年　吴文正　葉璀　安慶人
五年　黄德銘　范彬　金華人
六年　綦行恕　林壽
九年　陸暉　魏宜　滁州人
李修　字士□，□□人
顔暐　字□□，吉水人，豐城人
丁隆　□□人
也相　字士正，□□人

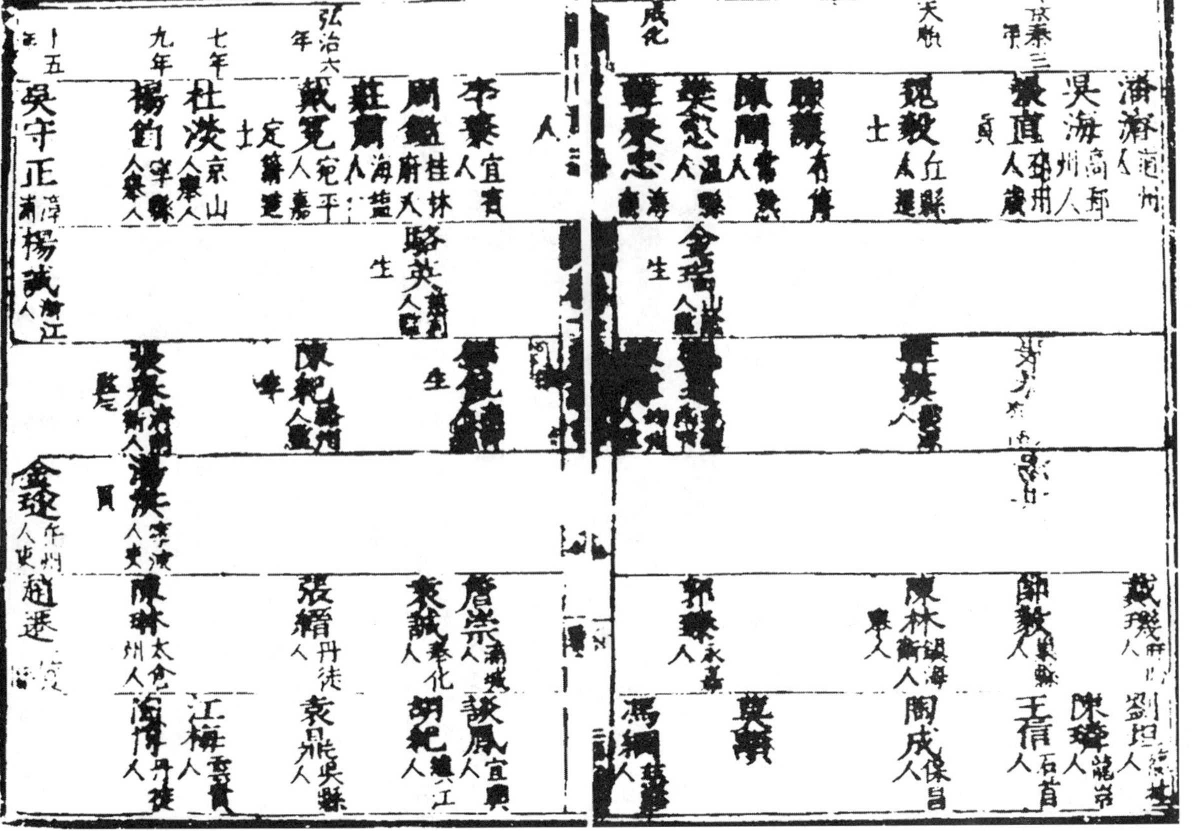

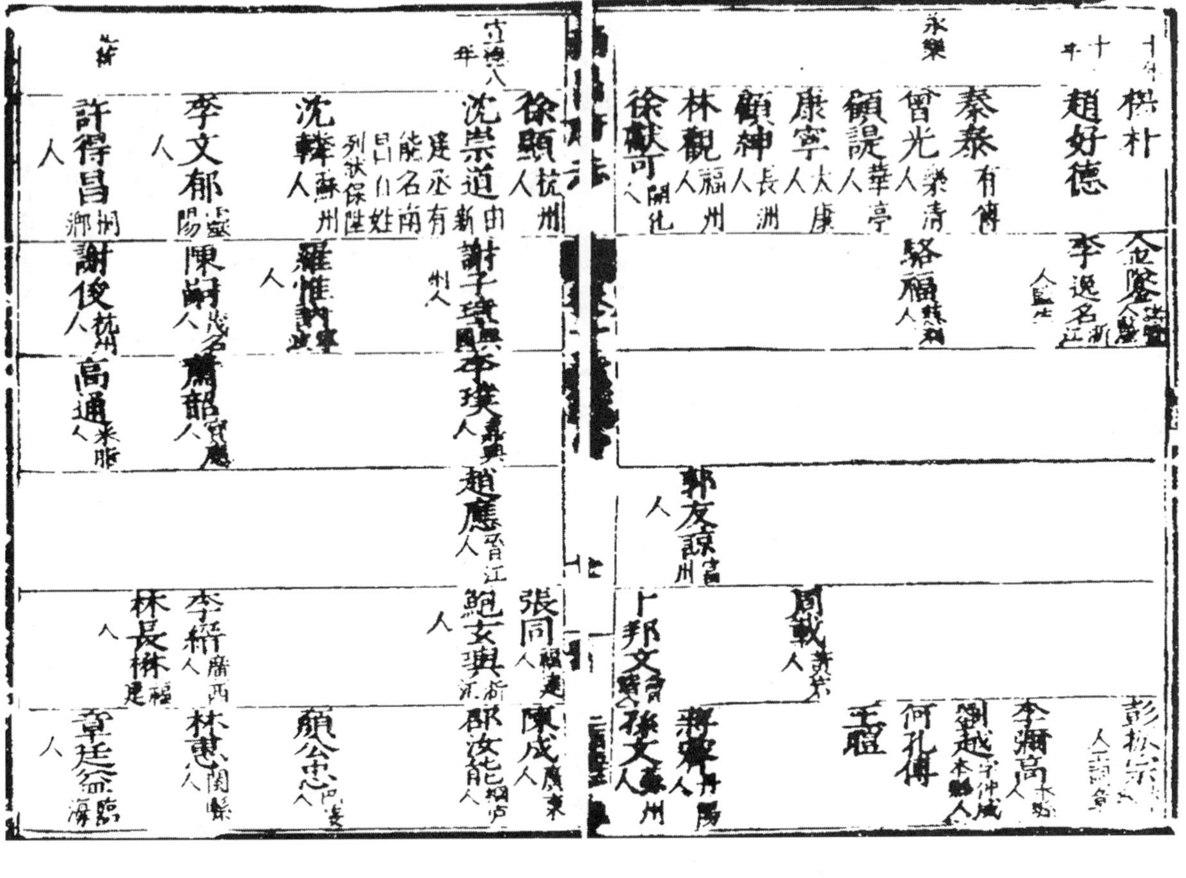

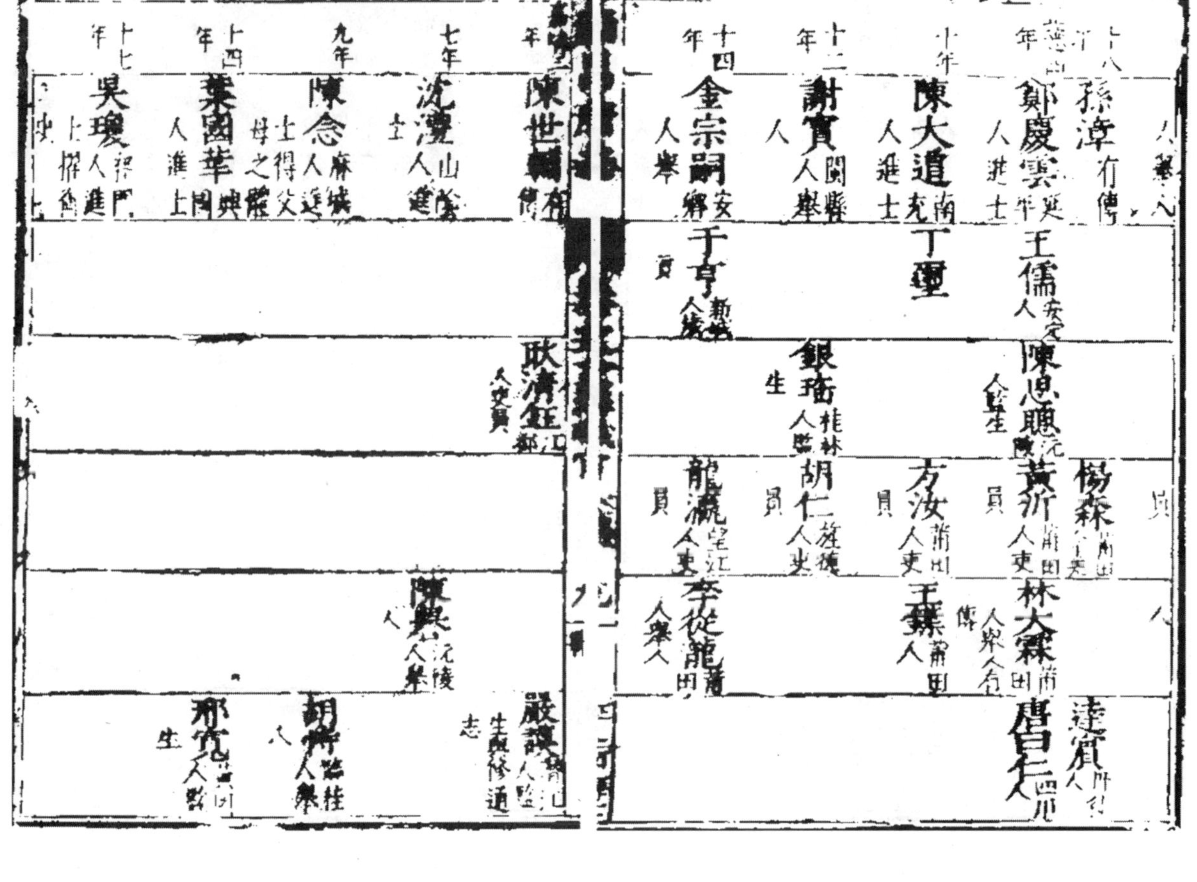

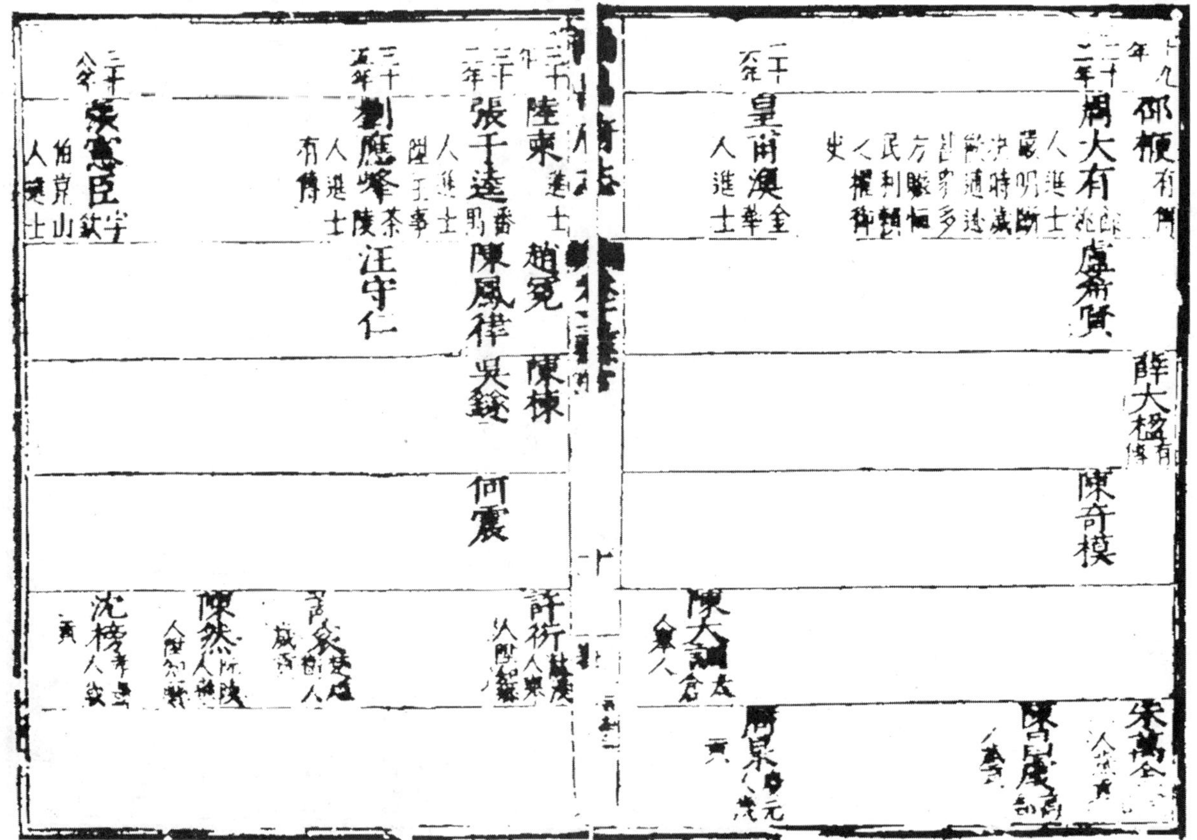

四十年 戚于國 秀水人進士 按察使

袁珏

俞浩

四十四年 嚴汝麟 安陸人進士

隆慶二年 劉紹恤 安陸人進士

王相

完顏棐

王朝相

五年 林應訓 安陸人進士

萬曆二年 李得祐 天台人進士

薛居正

彭堯用

董良

王文光

何仁言

程大有

八年 凌嗣

周燮

周良策

倫天秩

梅淙

十年 楊鎬

十一年 何選

李伯驄

袁邦直

楊汝

黃中

陳良策

何子遜

徐錄行

許持謙

周家

吳儒

劉民

新建縣

吴　析南昌西境置宜興縣尋廢職官姓名無考

陳　永定中復立西昌縣職官姓名無考

唐　復立西昌縣尋廢職官姓名無考

宋　太平興國六年置新建縣官制同南昌

縣令

太宗太平興國六年　余靖有傳

仁宗　孔延之有傳

縣丞

主簿

何慈有傳

曾詵平恕人稱在實

嘉祐元年　黄巽字公權鄱陽人　黄幹字直卿號勉齋有傳

高宗紹興五年　周端禮右奉議郎　饒禋堯從政郎

八年　何稽中右宣教郎

十一年　向澈右從政郎

鄧昌朝右文林郎

十二年　蘇欽左奉議郎

十九年　魏彦忱右朝奉郎

二十一年　范之基右通直郎

二十五年　葉棼右承議郎

二十八年　潘昉右奉議郎

蘇嶠右奉議郎

孝宗乾道元年　劉彭老右通直郎

六年　路樗右通直郎

八年　孟仲信朝奉郎

淳熙二年　洪綸宣教郎

四年　董安居宣教郎

七年　汪義和宣教郎

十年　李唐卿宣教郎

十三年　史光祖宣教郎

十六年　李緗宣教郎

王居簡通直郎

虞大中宣教郎

曾湛通直郎

章林宣教郎

葉知幾宣教郎

吳時英通直郎

孫崇宣教郎　辛棄疾字幼安號稼軒

陳宸奉議郎

桂如莞 承事郎
謝樞 承奉郎
邵應祥 宣教郎
張熚 宣教郎
王槐 通直郎
趙汝機 通直郎
胡棍 宣教郎
徐仕宏 奉議郎
陸鎮 通直郎
方澄 奉議郎

伍龍 （閩人）

楊崇龍 奉議郎
吳輔 通直郎
成公節 宣教郎
饒應子 宣教郎
朱惟肖 通直郎
詹慶 宣教郎
蕭元爾 宣教郎
趙希哲 宣教郎
吳必延 宣議郎 以上并大德

元

縣官制同南昌

達魯花赤 縣尹

至正間 拜住 有傳

十年 愿來 有傳

宋德民
劉寀 有傳
薛方 仙民 與學
李班

學諭

袁梅瑞 字用和

國朝

縣官制同南昌

學官制同南昌

玉隆稅課司大使一員 吳城巡檢司巡檢一員
昌邑巡檢司巡檢一員 烏山巡檢司巡檢一員
趙家圩巡檢司巡檢一員 吳城驛驛丞一員
樵舍驛驛丞一員

知縣 縣丞 主簿 典史 教諭 訓導

乙巳年 趙志仁
吳元年 謝毅
洪武元年 蘇英
二年 宋斌
李璿

黃季恒 人
申吾學 人
陳安 福建人
胡伯年 人
丁之瑜 人
臨達 人
盧宗 人
芮特 人

十一 何廣 華亭人　甘華 濟州人　李源 安人 新州
十年 艾林沙　沈崇道 崇明人　章琦 新州人
十年 陳信　莊惟賢 曾興學　梁濟 南海人　平方端 開化人
陳全　康侯昌
永樂 唐舟 琅山人 進士　廖鐵龍　蔡得原 常山人　姚昌 錢塘人　黃宗成 武
黃立 陝西人　丁賢　陳鐸 長樂人　黃萬碩 莆田人
鄭璇 侯官人　吳徵承　胡敎 立山人

吳大用 義烏人　侯虎 州人　侯忠 人　翁文忠　李泰 華亭人
宣德二年 茅自得 慈谿人　袁貴春 彬州人　江玢 字孔 安陸州人　圭開化人　許仕 莆田人
葉濟 黃陂人　唐顕 變州人　王祀 吳縣人　蔡志 湖廣人　王來 慈谿人
正統 苗實 淮安人　李昱 人　馬陛 山陰人
景泰 林客 金華人　張書 人　任志 巴陵人　張素 錢塘人
林茂 建德人　張濟 宜賓人 監生　人吏員　張益 本縣人
天順 余潤 黃陂人　李進 和州人
成化 董鋐 麻城人 進士　歐銳 開封人　孫璉 山陰人 貢　馬文

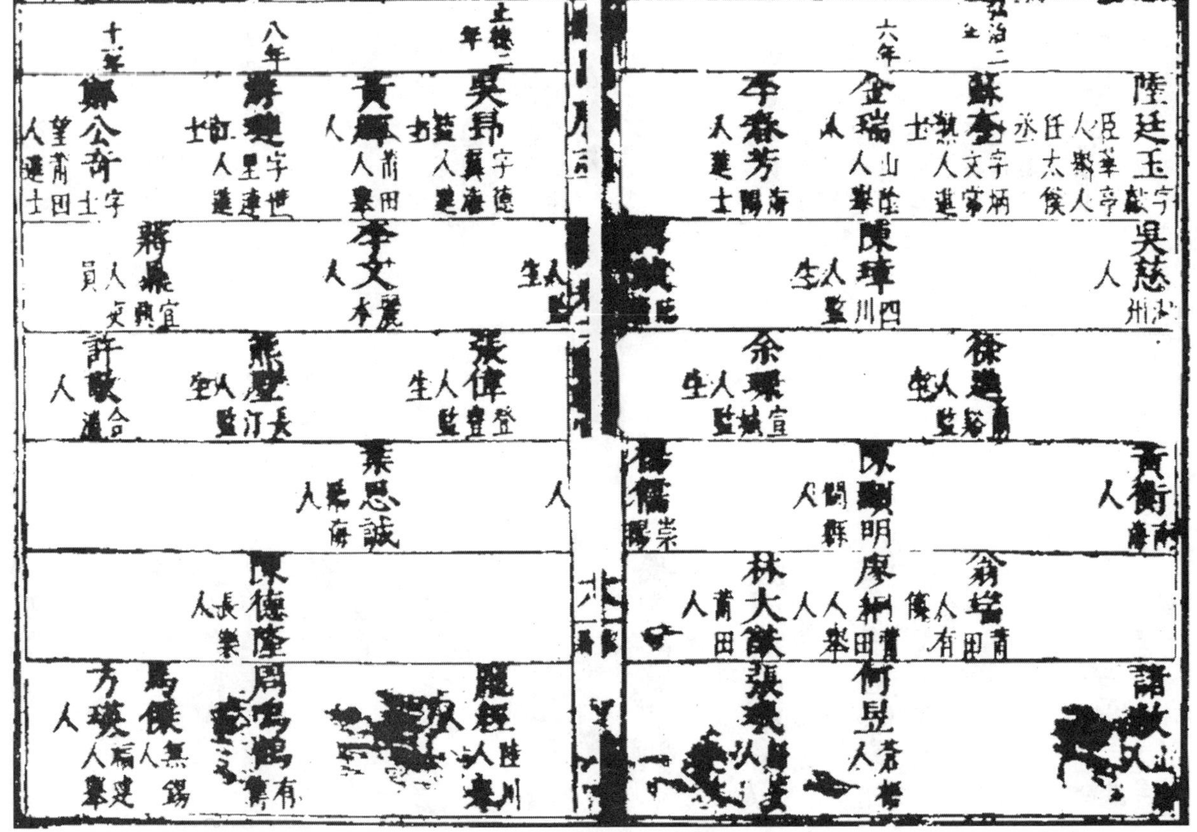

年 李時 字大學 衛人 舉人
嘉靖元年 林成 字世王 福州右衛人 進士 陞主事
四年 葉照 字景賜 慈谿人 進士
沈澄 吳江人
黃堂 高郵州人
笵翰 荊門人
謝煬 上虞人
李柏 監
王濂 人 舉人
周尚文 閩縣人 舉人
唐繼仁 人
周錫 道州人 舉人
陳貴 桂林人 舉人
臣賓 南昌人 監生
王聰 長沙人 舉人

七年 蘇木
十年 米深 字甫華亭人 進士
潘恕 字行之 海鹽人 進士
劉萬鍾 名山人 監生
黃仲仁 沅陵人 監生
梁紹元
黎伯林
吳憲 字休 人
劉璟 江下人
陳爵 人
羅雯 人 舉人
金瑄 字 人
梁千鍾 人 監生
河洛
洪瑀 歲貢

十五年
十六年 李朝宗 字子順 人 進士
十七年
十九年 盧璘
二十年
二十二年 許嗣宗 字紹德 閩縣人 進士
二十四年 甘觀 字文貞
林尚綱
羅贊 歲貢
李秉芳 歲貢
鄭天行 福建人 舉人
張寶 歲貢
周敬 歲貢
郭九皐 歲貢
包澤 人 舉
蔡紳 歲貢
袁一本 歲貢

二十八年 人 進士
三十一年 劉勃 字仲 安丘人 進士 有傳
三十四年 杜 有傳
吳魁 東 人 歲貢
施貢 直隸人 歲貢
盧曰倫 廣東人 舉人
高中孚 太倉人 歲貢
江學曾 青陽人 舉人
王修易 歲貢 有傳
徐恩 人 歲貢
李騰芳 松滋人 歲貢

史部　第三册

三十六年　鄔學珖 南海人 舉人
三十八年　王天爵 字子廿 歙縣人 進士　李呈英 浡林人 舉人　吴天齊 歸安人 歲貢　繆仕像 和州人 歲貢
四十二年　錢貢 字時廓 桐鄉人 進士　楊欽政 安東人 舉人　顧相 安東人 歲貢
四十四年　邵長翰 金華人 歲貢
四十五年　王以修 字敬 南通州人 進士 歷主事 今任知府　胡佑 桂東人 歲貢　楊世杞 辰州人 歲貢　戴于磐 金華人 歲貢
任邦賓 嘉魚人 舉人 歷通判　黃約 莆田人 歲貢 官至知縣
泰昌元年　戴耀 字德輝 長泰人 進士 歷工部主事 見任　唐聲　丘近雲　朱太 監生　王涵 仙居人 歲貢

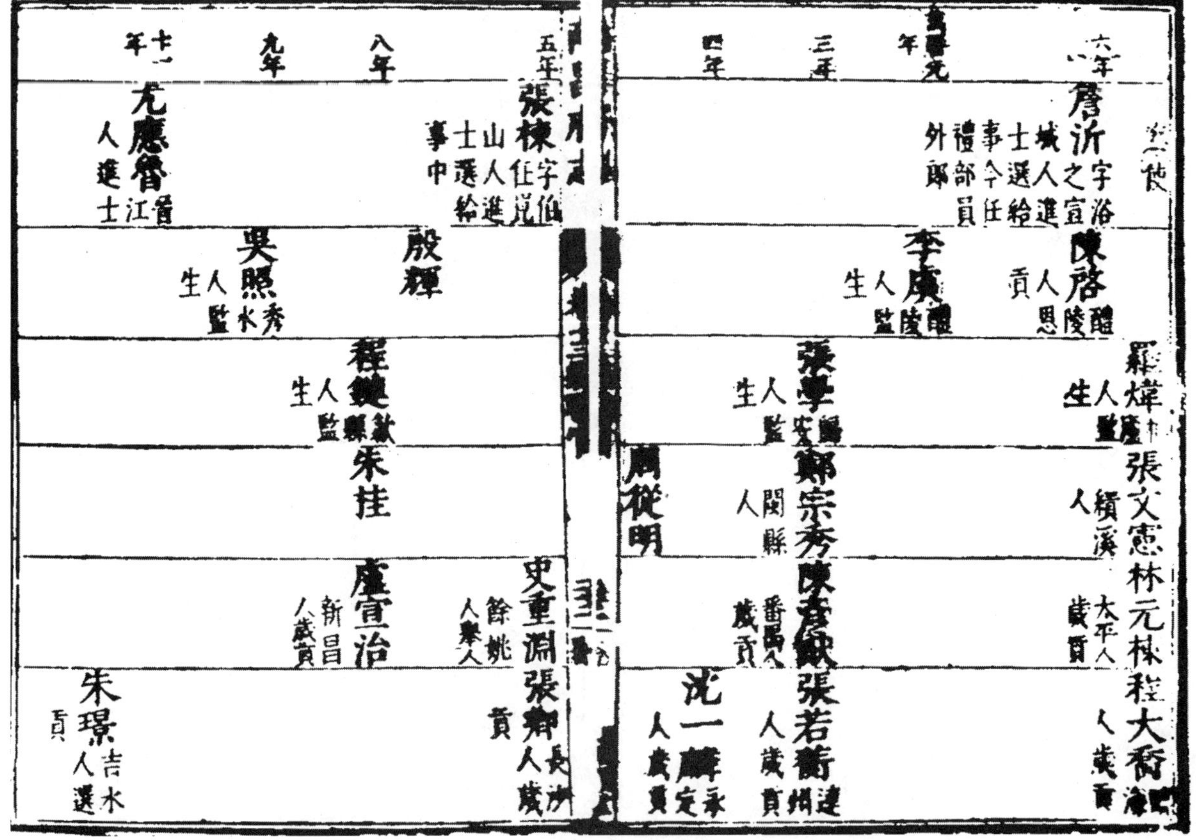

隆慶六年　詹沂 字浴之 宣城人 進士 選給事中 今任禮部員外郎　陳啓 醴陵人 恩貢　羅煒 監生　張文憲 縉溪人　林元 太平人 歲貢　程大容 人 歲貢
萬曆元年　李廣 醴陵人 監生　張學 人 監生　鄭宗秀 閩縣人　陳君欽 番禺人 歲貢　張若蕎 人 歲貢
三年　沈一麟 永定人 歲貢
四年　周從明
五年　張棟 字伯任 崑山人 進士 選給事中　殷輝　史重淵 餘姚人 舉人　張鄉 長沙人 歲貢
八年　程鍵 歙縣人 監生　朱挂　盧宣治 新昌人 歲貢
九年　吴照 秀水人 監生
十一年　尤應魯 晉江人 進士　朱璟 吉水人 選貢

十二年	十三年	十四年	十五年
佘夢鯉 字有清，徽州人，進士。初授奉新縣，以才望薦改。			
張濯 □□人，歲貢			
彭有年 □□人，歲貢			
王之屏 □□人，歲貢		王文華 涇縣人，吏員	王政 岳州府人，吏員
殷□ □□人，歲貢			鄭安國 福寧人，歲貢
陳□□ □□人，歲貢	朱辰 瑞金人，選貢	尹世芬 永寧人，選貢	

豐城縣

漢 建安十五年始置富城縣，官制同新昌，職官姓名無考。

晉 太康元年改富城爲豐城，官制同南昌。

縣令 雷煥 有傳 裴稚 河東人

唐 官制同南昌。

縣令 朱元謹 玄宗開元十七年 以朝儀郎爲江南西道採訪判 柳渾 代宗大曆 有傳 張休 九齡姪，紹州人

縣丞 宋遷 名 王遷 名 李景伯 字玄伯，唐宗室

縣尉 鄭光輔 滎陽人

南唐 官制同南昌。

縣令 馮儀 有傳

宋 官制同南昌。

縣令 孟賓于 太祖建隆 連上人，爲子

縣丞

主簿 王學

縣尉 劉敞 字

水部郎中
袁逢吉 字延之
大中祥符 凌簡 爲大理寺丞
六年 趙奕 校書郎
毛洵 字子仁 吉水人 校書郎
鄧嚴 校書郎
天聖元年 張宿 著作佐郎
明道二年 徐錫齡 國子博士

趙可言
徐舜俞
元舜英 [illegible]
人
馬同 雲川人
趙汝彥

宗強
宋咸 有傳

[illegible] 邑人 博學 [illegible] 文 [illegible] 二十年卒

孟[illegible] 太常博士
蕭遂名
康定元年 雷儼 大理寺丞
慶曆八年 邠倚輔 大理寺丞
[illegible] 陳肅 朝散郎 部官郎中
嘉祐 何辟非 朝請 著作

人
劉參 校書郎
張禰之 校書郎
徐簡 校書郎

門孝恭
朱珣
趙睿妳
倪仲斌
林方廣

佐郎
程播 明[illegible]元 [illegible] 有傳
董嘉祐 職方郎中 有善政
元豐七年 張崇 宣德郎
江任 有善政
政和九年 應昭若 承議郎 武騎尉
林選 字元舉 福唐人

楊古 有傳
陳浚

劉豁 有傳
樊三英
田傅 字宸 建寧人

有善政
朱素
朱梓
紹興六年 李熊 從政郎 有革弊十條
李夷仲
四年 韓逸名 相臺之裔
五年 嚴相齡
六年 富洒 字朝定
十年 雷繼遠 翰林

戴重熙 廬陵人
劉確
郭景

劉楊祖 吉州人
王洪毅 嚴州人
林天與 建寧人
趙崇點 端州人

十四年 熊彥可 修職郎 蔣興 孔瑤 李喆甫 建安人
十五年 胡璉 有傳 張汝翼 趙汝玐 字 建安人
十八年 丁紳 從政郎 何煒 婺州人 夏武 廣德人
二十一年 王覺 從政郎 楊廸
二十三年 宋綬 青社人 文林郎 羅全材 盧陵人 趙師秋 婺州人
二十六年 段植 文林郎 舒烈 西川人
二十七年 陸倏 從政郎 王濤 祝慶洽 簡州人
隆興二年 吳千乘 字子國 文林郎 陳棨

乾道二年 李愿 從政郎 韓淳 何範 崇仁人 趙彥𢘬 嚴陵人
十年 馬光誉 從政郎 趙不悶 趙奢侶
淳熙元年 汪若愚 從政郎 蕭賓 臨江人 鄧約禮
四年 蕭不惕 字相夫 從政郎 趙不疚
七年 朱陞 從仕郎 洪林 張鼎臣 旨山人
十年 張煜 從政郎 韓亢
十一年 蕭戶躬 文林郎
十二年 楊萬里 有傳 李充
十四年 斛僖 文林郎 趙不砦 李時 字當可 新安人

紹熙三年 白彥脩 儒林郎 張聰 趙希濂 童松年 字老臨 人
四年 陳峙 承直郎 趙伯鯉
慶元二年 林仲懿 字文子 永嘉人 從仕郎 周待問
五年 劉鼎孫 承直郎 毛伯熊 張紳
童仁澤 字惠叔 四明人 吳植 姜育 字孟庠 富川人
鄭褒然 字渼 蒼人 趙希恭
王孝稱 字君美 星子人 劉丙 星子人

諸人
朱鐙 霅川人
嘉定 葉庭 字景陽 永嘉人 從政郎 張嘉績
曾烈 紹興人 劉棣 三衢人 李公行 洪正學
八年 黃簡 南陽人 通直郎 梅存
九年 林溴之 南陽人 宜人 梅彥實 衢州人 黃以堯 崇仁人
趙必取 福州人
十二年 汪綬 字仲章 新安人 鄭伯驥 溫州

通直郎　人

十五年　厲容　字可大　寧陵人　承議郎　黃友諒　信州人　伍章　韶州人

寶慶元年　趙汝約　字可約　莆陽人　通直郎　吳桐　雲川人　孫之宏　餘姚人　陳震炎　崇仁人

紹定元年　余金　字宗萬　三衢人　方夢中　福州人　陳會　崇仁人

四年　李尚　字同之　新安人　承議郎　黃師尚　福州人　許簡

端平元年　周鑰　雲州人　奉議郎　趙時枝　福州人　郭遜　臨川人　趙某　雲川人　趙與興

嘉熙元年　鍾鑑　字元[illegible]　盱江人　曾烈　紹興人

四年　陳可　字元直　早渚人　奉議郎

淳祐三年　洪揚　字子咸　番陽人　朝奉郎　趙時夫　天台人

四年　劉鄉月　有傳　曾允宗　永嘉人

七年　陳綸　字伯經　天台人　承事郎　李濟　嚴陵人

十年　葉振文　字時[illegible]　盱江人　劉敏學　新昌人　李修　崇仁人

陳萬里　字冲　高安人

大人　奉議　人

十二年　趙嗣語　字一作　曲江人　奉議郎　段惟清　永新人

寶祐二年　朱杰　字子俊　金華人　奉議郎　余瑄　三衢人　易子炎　崇州人　何夢龍　永新人

六年　李鉦　字靜之　盱江人　宣教郎　曾大同　永嘉人　鄭煒　玉山人　郭同　萬載人　趙時綸

景定元年　秦丙　字伯高　撫州人　宣教郎　趙必寓　字居安

二年　劉惠祖　字君[illegible]　廬陵人　宣教郎　胡發　四明人　黃鳳翔

黃吾老　江西政爲五十四縣第一　宋亡不仕　張桂龍　安樂人

元

上州　改爲富州

達魯花赤　一員　從四品　俸一十五貫　職田五頃

州尹　一員　從四品　俸田同上

同知　一員　正六品　俸二十五貫　職田二頃

判官　一員　正七品　俸十八貫　職田一頃

吏目　二員　各一員　俸一十貫

提控案牘　一員

學教授　一員　直學　一員

達魯花赤州尹　同知　判官　吏目

元　捌兀兒管　有傳　明理　色目人　史彬　洪淵　人

至正　必守元陳元凱　吳公介　燕琳　有傳　王建孫

陳榮祖　孫萬鍾

阿剌威　趙守智

有傳　靳仲禮

賀哥　有傳　劉秉彝

杜唐臣

李克家

南昌府志

奧剌罕　完顏鐸　有傳　董恕　熊介

權伯文　元顏完　郎完氏　女真人

高復禮　有傳

江從善

强立

蕭雪峰

陳曾

毛仲鐸

名宦祀

國朝因仍元爲富州以知州張立吏目史彬同治之洪武二年降爲豐城縣

縣官制同南昌

學官制同南昌

柘源巡檢司巡檢一員　江滸巡檢司巡檢一員

稅課司大使一員　劍江驛驛丞一員　陰陽學訓術一員

醫學訓科一員　僧會司　道會司

明太祖　予之　家於　吉安

知縣　縣丞　主簿　典史　教諭　訓導

南昌府志

洪武二年　林彬　有傳　林孔孫　朱善　本縣人　有傳　朱善　朱仲仁　本縣人　儒士

香景明　人　張禮　鄧榮　揭漸　字伯

張公孫　沙縣人

李思曾　李祥　張榮宗　李簡　周鑑

十一年　祝天麟　相叔方　浙江人　賀固　劉子彥　劉伯和　秀才

彭林 澧州人
楊統
薛阿靈 無錫人 二十六年
石剛 全椒人 兵部郎中 三十年
王子中 平凉人 由人才
任幹 浙江人 由進士 累官有為
王禮
何昭會
李仁 山東人 廉而有為
張鈞 山東人 吏員
楊文興 浙江人 吏員
趙廷 山東人 監生
楊信 監生
方岡 崇安人 生員
試事
張穗 字明慈 [illegible]
潘吉 字惠迪 宜興人 舉人
鄭泳 福建人 秀才
徐漢彰 本縣儒士
孔昌言 本縣儒士 通經舉人 [illegible]

姚瑾 有傳
蘇堅
程璞 字公山 江山人 [illegible] 有傳
許松 侯官人 監生
樂中 [illegible]
柯祐 晉江人 舉人
袁文 合肥人 歲貢
何廷賓 山陰人 歲貢
王鼎 句容人 歲貢
壽希允 本縣儒士
程式 蘄州人 舉人 盡心教誨 多所造就

姚庸 廣東人
李宗海 廣東人 監生
范約 汾水人 有才力 果斷 官至太僕寺丞
梁用 廣東人 二十年
梁
劉典 政績 典
閻本 吏員
史仲遷
孫得初
袁濟 四川人 吏員
馬璘 山東人
馬貞 雲南人 監生
浙江人 吏員
江安 浙江人 吏員
趙中 武城人 有幹繁
章恭 [illegible] 歲貢 清正 會文
譚文彥
卓聞 [illegible] 多懷之
李庸
聶伯填 本縣人 以通經舉

周文郁 長洲人 進士 有幹才
鄭子朝 慈谿人 由人才 [illegible]
王英 正統元年
朱瑄 字廷貴
李子文
張子華
張溢
沈友直
陶旺 通州人
治劇才
王賢 安陸州人 吏員
劉忠 江夏人 [illegible]
葉餘忠 分水人 歲貢
鄧嘉 [illegible]
沈友直 華亭人 [illegible]
史濬 [illegible]

呂人……
陳景　望江人
……亭人監生
葉洁恂　處州人
民……之……
遠……州人三任訓導有法教成
齊士馨　……舉人清介自持始終如一

景泰三年
張敞　虹縣人監生清介剛……
賴壬　上杭人監生
馮光　臨海人剛直有守
李圮　開化人
江振　開化人貢士

尚禮
李貴　臨桂人吏員以捕盜陞功勤為有聲陞潞……司
奐禮　汝州舉人平易近民
柴璘　有傳

成化二年
貝明　蘇州人監生平易近民
周宗貴　晉雲人
馬普　龍溪人貢士陞教助

四年
李廷璁　有傳
周暨　餘姚人有政聲
張綱　慈谿人
林淦　古田人監生得民心
徐輔　崇德人貢士
瞿謙　字于東……人……文行卓然

事

八年
周芳　山陰人舉人
俞謐　上虞人能詩善楷書
黃璲　有傳
李玉　新會人

十四年
鄭瓘　南海人舉人
楊榮　鄞縣人監生
魏用質　福清人

十五年
王本儉　餘姚人進士有方……
謝環　璞山人
袁應詣　鄞縣人監……
李孜　寶昌人……
戴魯　字民……當陽人舉人才敏

……刑部主事

二十一年
石塘　餘姚人進士
黃敬忠　武昌人監生
花謙　隆慶人監生
沈顯　浙江人
瞿永　聞縣舉人

二十三年
樊璽　河南人舉人公平勤政
周杞　字廷嘉理人進士
顏輝　合肥人監生
張昌　無為人監生州……清謹特躬
鴻佑　東安人監生
賴祖　武平人監生
熊釪　湖廣人

弘治四年
余振英　字仲英新昌人進士不阿剛正
辛輝　汾州人監生
伍蘭　宜儀人
陳獻　沅陵人貢士
趙本　彭山人舉人

劉璲　有傳
朱萱　桐鄉人舉人守清慎
陳裕　合浦人監生
潘棠　嘉定人才幹有為
金屋　山陰人監生
江朝立　桐……人舉人

九年
鄭鉉　浙江人舉人
陶懷　會稽人

十年
何洽　字允富……人……
劉湘　香山人監生
張榮　上海人
李聞　上元人貢士……教授……
方正　桐廬人監生

十五年
王裕　……人……
蕭韶　……人生
胡江
王凱　……山人

十八年 朱謙 人監生 戴景隆 錦衣衛籍監生政理勤民 王玉

正德三年 郭洪 字從仁曲國人進士以御史左遷 陸普 平湖人監生 樓儀 秦遇 監生 俞士俊 字士英石首人貢士 許邦贊 [illegible]田人舉人有李[illegible]教 蔣聰 東莞人舉人 林瑞 東莞人舉人

五年 謝顯 字文成江陰人進士 張璜 靈璧人監生 黃仁 福建人 梁大廈 字景周新會人 張璣 字舜卿長清人監生因巳洪水巳懷文遺

七年 吳嘉聰 趙欽 石城

十二年 沈教 字從善夫鄞人進士 王瑄 山東人 咸人貢 陸奎 高應禎 字貞甫閩縣人進士官至郎中 遷修撰 修撰 許顯 閩人舉人 顧佖 有傳 滿月 貴州人 翁榮 沈暄 華亭人貢士 王濂 慈谿人 楊守隅 郫縣人監生

嘉靖元年 李章 字民俊長青人進士官至參政 沈廷用 瞿觀 太倉人監生 陳鏡 浙江人 江深 字具徽州人

二年 潘禎 字[illegible]海人進士陞主事 陳吉猷 化州人監生有清操 丘木 [illegible]人 汪峻 [illegible]人舉人知縣 周[illegible] 有傳 韓鈺 字定晉衛人舉人推官

十年 沈浩 字明烏仁和人進士至知府 黃中 江陰人監生 劉恒 字貞大人仕至知府 莫廷 字伯謙石城人監生

十一年 朱寶 字守貴山陰人進士十歷刑部主事 劉寬 麻城人貢史 黃昂 廣東人監生 孫瑤 字國賢鎮江人

十二年 胡汝翼 字[illegible] 陸璋 無爲 戴安 李鉞 太倉人監生

十四年 鄭綱 州人進士官至知府 人監生 年全 傅阜 喬明 婺源人歲貢 吳京 [illegible]陽人

十八年 周乾 字一清崑山人舉人 祝觀 李仲傑 字化賢陵陽人舉人官至戶部員外 朱昕 應天人 陳大器 [illegible]州人

十九年 歐禮 字汝和[illegible]州人舉人官至副使兵事 瞿鶴齡 胡桂 平湖人吏員[illegible] 蕭弘德 [illegible]人

二十[illegible]年
王倖 字道[illegible] 杭州人 進士
張大韶
王鳴鶴 延平人歲貢
董承祐 [illegible]陽人歲貢

[illegible]六年
韓[illegible] 字敎良 千斯人 進士 歷本府知府 本省提學副使
劉廷貴 麻城人監生
薛經 如皋人
王棟 福建人 識[illegible]
吳以[illegible] 莆田人歲貢
司馬騏 慶遠人歲貢
石顯宗 雲南人歲貢

三十年
鄭信 字元健 [illegible]陵人 進士 歷知府
顧望 華亭人監生
顧賢 河南人
朱元 福建人
洪侹 字廷瑞 [illegible]縣人
鄧[illegible] 莆田人歲貢 [illegible]
廖景賢 全州人歲貢
王應春 [illegible] 人歲貢

三十二年
葛慈 字伯比 江陵人 進士 陞河間同知
張漢 泗州人歲貢
施淮
王都 杭州人吏員
黃驊 六合人 [illegible] 南昌府同知
李中 字時[illegible] 閩縣人歲貢
廖言 福建人歲貢

三十六年
曹大川 字[illegible] 融縣人 進士 陞刑部員外
劉體乾 霍丘人歲貢 陞知縣
陳烓 潮陽人吏員
洪廷相 建德人吏員
洪一貫 巴陵人 [illegible] 知縣
朱舜臣 海寧人歲貢
[illegible]心 [illegible]人歲貢

三十[illegible]年
王徽猷 字天吉 晉江人 進士 陞武昌同知 歷本省僉事
李庭 太平人監生
李應春 武宣人歲貢
余秉遠 [illegible]縣人吏員
鄧天[illegible] [illegible]人歲貢

四十二年
宗弘暹 字[illegible] 嘉興人 進士 歷禮科都給事中
洪良忠 鄞縣人吏員
譚震 衡陽人吏員
汪希武 字學周 歙縣人 舉人
周望 [illegible]水人歲貢
錢廉 字[illegible] 華亭人歲貢
黃明賢 餘姚人吏員
潘獻卿 永春人歲貢 [illegible]
邵有鄰 字[illegible] 新城人歲貢

四十四年
徐子[illegible] 有傳
向良弼 漢州人監生
樊良爵 縉雲人監生
陸九達 臨桂人 [illegible]縣
高才 華亭人歲貢 有文學名
陳量 無錫人歲貢
徐[illegible] 善化人吏[illegible]

隆慶二年
張正道 字可[illegible] 潼川人 進士 [illegible]事
牛繼武 虹縣人貢
張惟德 威縣人監生
許志學 石門人吏員
陳汝訥 青田人貢
彭轍 字子介 [illegible]人貢
俞沛 [illegible]縣人歲貢
徐應舉 宣城人監生
陶繼[illegible] 字[illegible] 海[illegible]人 舉人
王繼程 字宗[illegible] [illegible]人貢

元年
顧九思 字睿良，上洲人，進士，權給事中
王國任 麻城人，歲貢
檀良材 蒲山人，監生
陳烶 官人，吏員
[illegible] 縣
黎奇 人，貢

二年
史守中 丹陽人
張袞 字歐，寧人，歲貢

三年
周錫 海寧人，監生
劉鍾 南海人，舉人，歷知縣
楊檀 海寧人，歲貢

四年
陳昇 蕪湖人，吏員
孫孔康 連江人，選貢
滕伯崇 睢寧人，貢

五年
李國士 字汝志，亳州人，進士，權給事中
陳樂 長樂人，恩貢
沈麒 桃源人，監生
溫如春 舉人
汪汝魚 臨湘人，歲貢

六年
曹天禎 浮梁人，舉人

七年
陶世芳 漢川人，吏員

八年
趙國典 蘭谿人，監生

九年
趙文林 黃安人，選貢，後歷知
唐憲章 衡陽人，吏
何漢臣 德化人，選貢

十年

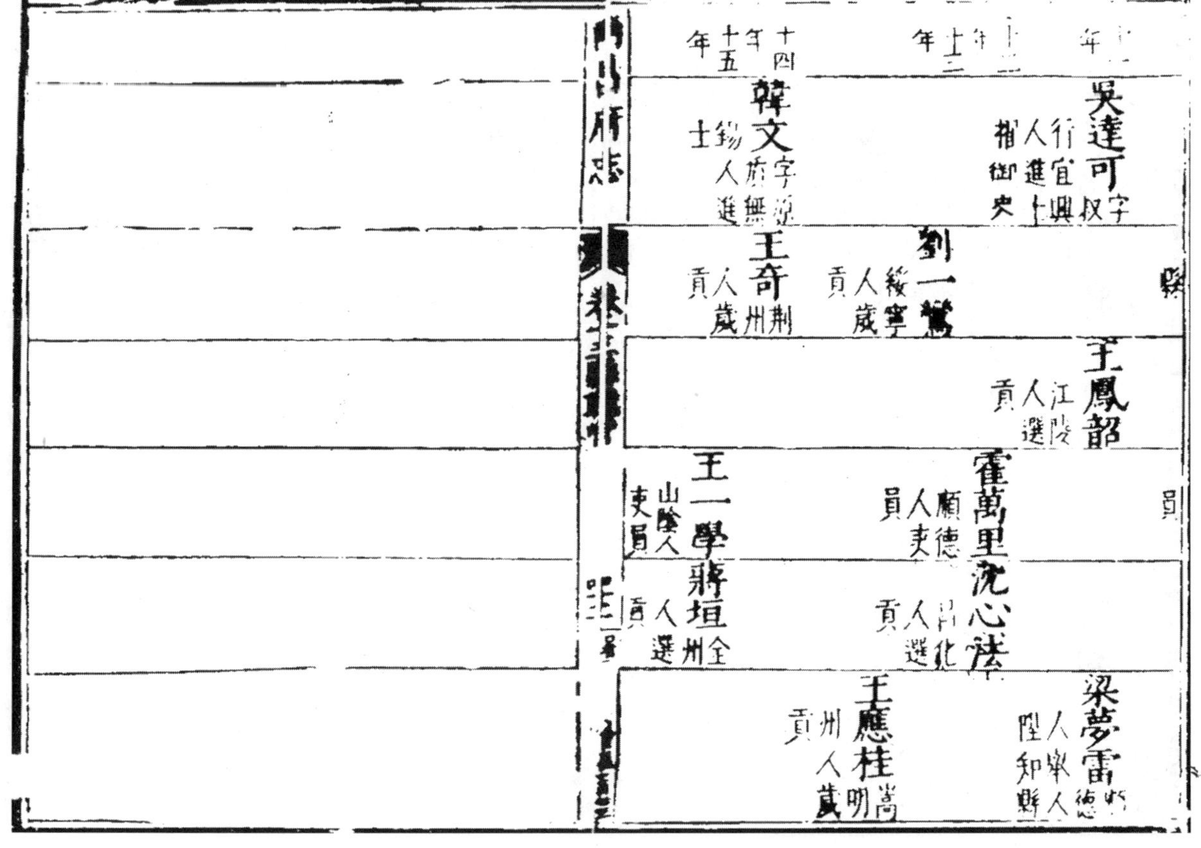

十一年
吳達可 字叔行，宜興人，進士，授御史
王鳳韶 江陵人，選貢
梁夢雷 字德，人，舉人，歷知縣

十二年
劉一鶚 綏寧人，歲貢
霍萬里 順德人，吏員
沈心榮 昌化人，選貢
王應桂 嵩明州人，歲貢

十三年

十四年
韓文 字無逸，府人，進士
王奇 荊州人，歲貢
王一學 山陰人，吏員
蔣垣 全州人，選貢

十五年

進賢縣

晉 太康元年割南昌東立鍾陵縣七年廢官制同南昌職官姓名無考

唐 武德五年復立縣八年廢縣官制同南昌[illegible]姓名無考

宋 崇寧三年復立進賢縣官制同南昌

縣令 縣丞

[illegible]崇寧三年 劉尊 奉議郎 張挺

大觀四年 曾定求 曾[illegible]從政郎

何正矩 宣德郎

政和四年 史[illegible] 從政郎 葉若濟 武夫

[illegible]松 文林郎 劉勇

宣和六年 程章 從政郎

[illegible] 右承直郎

呂愿中 郎右從政

欽宗靖康二年 賈褒 左從政郎

項旦 右從政郎

高宗紹興四年 方[illegible] 郎右文林

廖伯憲 郎左文林

十四年 熊濤 右從政郎

任詔 右從政郎

二十三年 趙伯達 郎右文林

二十四年 向文中 郎右從政

二十六年 杜易 左從政郎

二十八年 林彥和 郎右從政

孝宗隆興元年 [illegible]淚 郎右從政

乾道二年 白彥[illegible] 郎右文林

四年 張嘉謀 郎右文林

八年 江介 有傳

淳熙二年 趙師澄 從政郎

三年 黃景說 從政郎

六年 程迴 有傳

九年 [illegible] 從政郎

[illegible]

寧宗嘉定四年 句龍傑

七年 [illegible]

金[illegible]

元

中縣 達魯花赤一員正七品俸一十八貫職田一頃五十畝 縣尹一員從七品俸一十八貫職田一頃五十畝 縣丞一員俸一十五貫職田一頃 主簿一員俸一十三貫職田一頃 縣尉一員俸一十貫職田一頃 典史一員俸三十五貫

學諭

達魯花赤	縣尹	縣丞	主簿	縣尉	學諭
[illegible]里失	趙好禮		句龍[illegible]		章熙

至元十七年 阿忽台	周天祥	徐海	韓炳 字以正
十一年 [illegible]里吉思	兜顏察 有傳	韋能	熊惠 字致祥
成宗 麻合馬沙	葛天祥	段從周 有傳	金成翁 本縣人以薦任
元貞二年 脫因	楊銓	吳鈗	
大德八年 [illegible]蠻	顏師周	王九成	
武宗 別帖木兒	張挺	李[illegible]	
至大四年 字蘭奚 有傳	申天澤	孫伯周	
仁宗延祐 脫列干思	馬思溫	曾福昇 大梁人	
英宗 朵列禿 有傳	秦德昭	劉[illegible]	
	霍[illegible]道	尚允	
泰定 實[illegible]	薛[illegible]	劉忠義	
襄州[illegible]牙 有傳	王倪	秦[illegible]	
文宗	陳世[illegible] 有傳	温恭	
		張桂	
馬合謨	張[illegible]	布八	

范乞歹不花	趙彥舉	張瑷 劉[illegible]
奕谷兒思不花	唐玉成	牛瑋 [illegible]足 廢元人
十四年 葉忽都答兒	李世能 字文	吉天禧
	朱彬	囊加歹
	李郁	孫識理湯
	傅箕 有傳	吳世逵
	辛敏	佀顏帖木兒

國朝

縣官制同南昌

學官制同南昌

龍山巡檢司巡檢一員 鄔子巡檢司巡檢一員

潤陂巡檢司巡檢一員 花園巡檢司巡檢一員

稅課局大使一員 鄔子驛驛丞一員

陰陽學訓術一員 醫學術科一員

僧會司 道會司

知縣	縣丞	主簿	典史	教諭	訓導
洪武 梁璧 有傳	陰節	孟繼芳 金華人	馬俊	丁之翰 建人	陳文蔚

南昌府志 卷之三 選舉

王頊名 陳思可 施安
鄒止中 有傳 劉彥琛 蘇茂章 無爲州人 羅弘道 柳州人 王用 字
謝俊伯
王麟 朱舜
申明時 李渾 褚謙
十一年 徐成美 章熙 文安
陳有常 有傳
丁全 陳豫 黃建
張節 上海人 黃隆生
鄒子貢 梁永中 李均成
李思中 有傳 李存誠 歷城人 崔寧 褚良
吳英 張受
姚愷 張益 錢如塤 詹宗
十二年 余曜 有傳
徐耀 荆陽人 曾敏 倪以孚

張冲 有傳 顧高 高福 張威 沈經
丁宛 黃聰 楊信 張榮 潘愷 涂贊
羅昭 倪彥誠 楊勉 蔡貴 張本
呂馨 有傳 孫敬 高添祿 張寅甫
李鑑 楊從宜 陳陽
杭鏞 吳廷禮 陳鏞 孫貴 周儒 王元
陶鉉 張介 包瑜 李貫
十年 林貫 段舉 許顒
周海 鄭愷 謝實 范希時 柳照

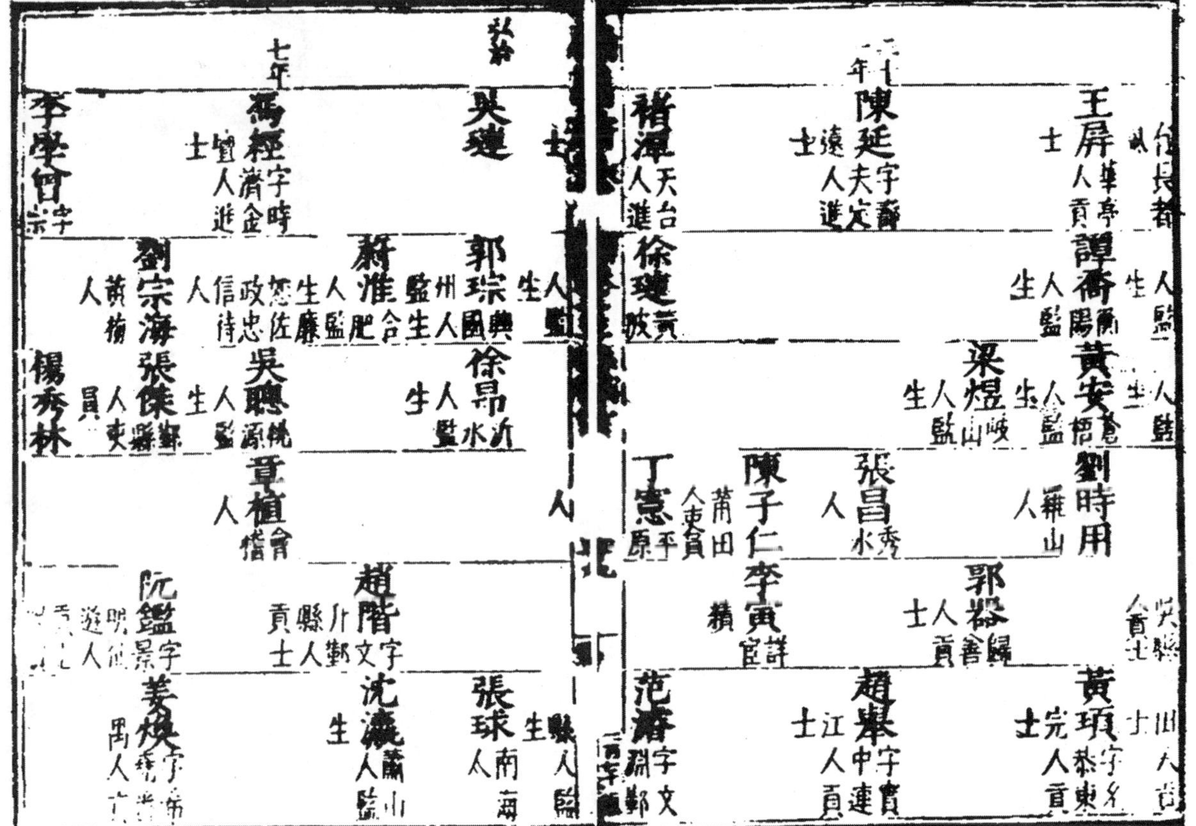

王屏 華亭人貢士　譚裔 衡陽人監生　黃安 蒼梧人監生　劉時用 華山人　郭鎔 歸善人貢士　黃項 字[illegible]東 完人貢士
陳延 字[illegible]夫 定遠人進士　梁煜 峽山人監生　張昌 秀水人　陳子仁 莆田人吏員　李寅 字[illegible] 趙舉 字實中 連江人貢士
褚潭 天台人進士　徐璉 黃陂　丁憲 平原人　范濬 字文[illegible] 鄞縣
七年 馮經 字時[illegible] 人進士　吳璉　郭琮 興國州人監生　蔣淮 合肥人監生　徐昂 沂水人監生　吳聰 桃源人監生　章楨 會稽人　趙階 字文 靳縣人貢士　沈瀛 蕭山人監生　張球 南海人
劉宗海 黃梅人　張傑 鄞縣人吏員　阮鑑 字景明　姜煥 字[illegible]
李學曾 字宗[illegible]　楊秀林

正德 謝賓 婺源人貢士　[illegible] 名 人進士 擢刑科給事中　殷偉 六安人監生　潘雲 錢塘人　周鉞 字仲威 [illegible] 信府教授　黃懿 字時[illegible]　張翀 字鳳舉 烏衛人貢士　談一鳳 字文瑞 無錫人舉人
姚永禎 有傳　劉同 合淝人監生　陶鼎 鄱陽人監生　賈宏 淮安人　董騫 字一[illegible] 婺源人舉人
王杞 字理 泰州人進士 選工科給事中　何京 監生　封藤 生　劉滄 巴陵人　鄭玨 水春人監生
九年 彭瑛 太和人監生　汪昌 宣城人監生　陳子仁 莆田人　薛瀾 鄞縣人監生
十一年 劉源清 東平人進士 有傳　林青 字新 秀人監生
十四年 胡[illegible] 字時章　馮[illegible] 字佐

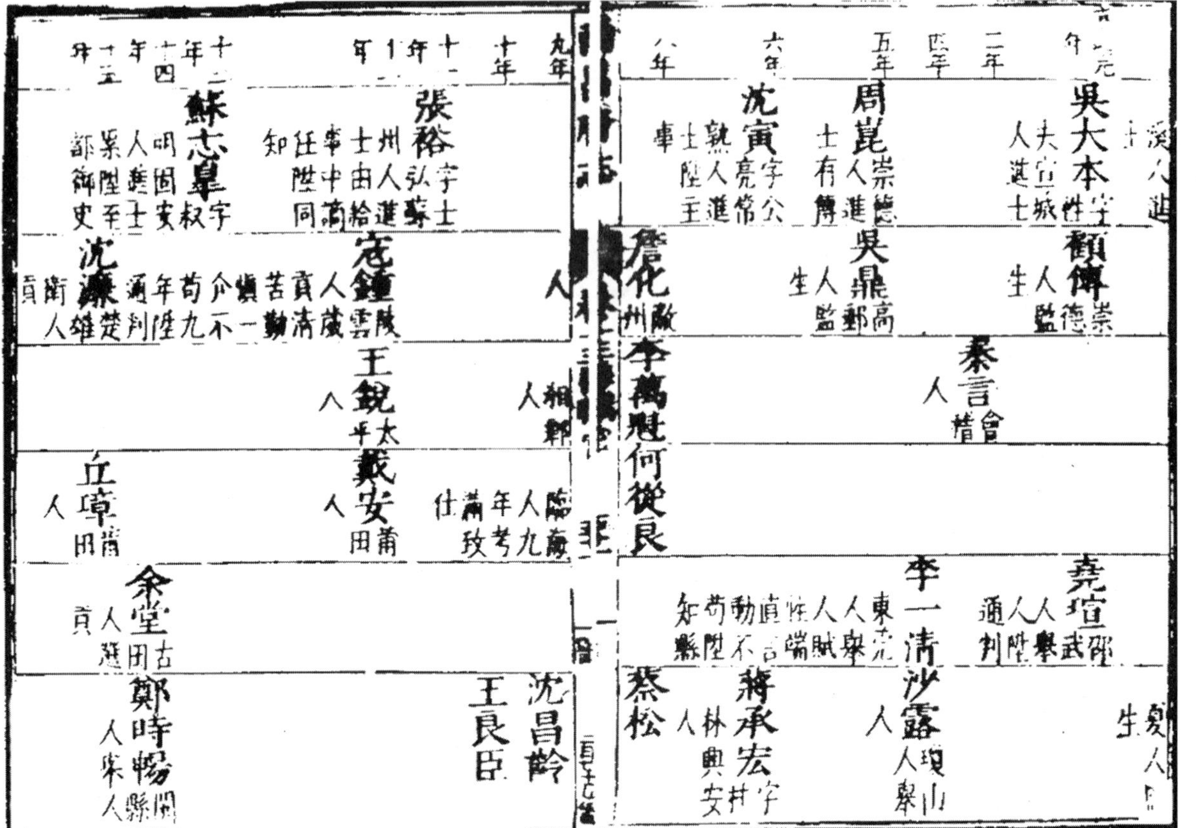

元年 吳大本 字性夫，宣城人，進士
二年
四年
五年 周崑 字崇德，人，進士，有傳
六年 沈寅 字亮公，常熟人，進士，陞主事
八年

顧偉 崇德人，監生
吳鼎 高郵人，監生
詹化 [illegible]州人

秦言 會稽人
李萬魁
何從良

堯瑄 邵武人，舉人，陞判
李一清 東莞人，舉人，賦性端直，不苟動，陞知縣

[illegible]人，生
沙露 山東人，舉人
蔣承宏 字林，安興人
蔡松

沈昌齡
王良臣

九年
十年
十一年 張裕 字弘士，州人，由進士給事中，陞任高同知
十二年
十四年 蘇志臯 字叔明，固安人，進士，累陞至都御史
十五年

人
寇鍾 雲岩(?)人，歲貢，清苦勤慎，一介不苟，九年陞判通楚雄
沈灝 衛人，貢

相鄉人
王銳 太平人

臨海人，九年考滿致仕
戴安 莆田人
丘璋 莆田人

余堂 古田人，選貢

鄭時暢 閩縣人，宋人

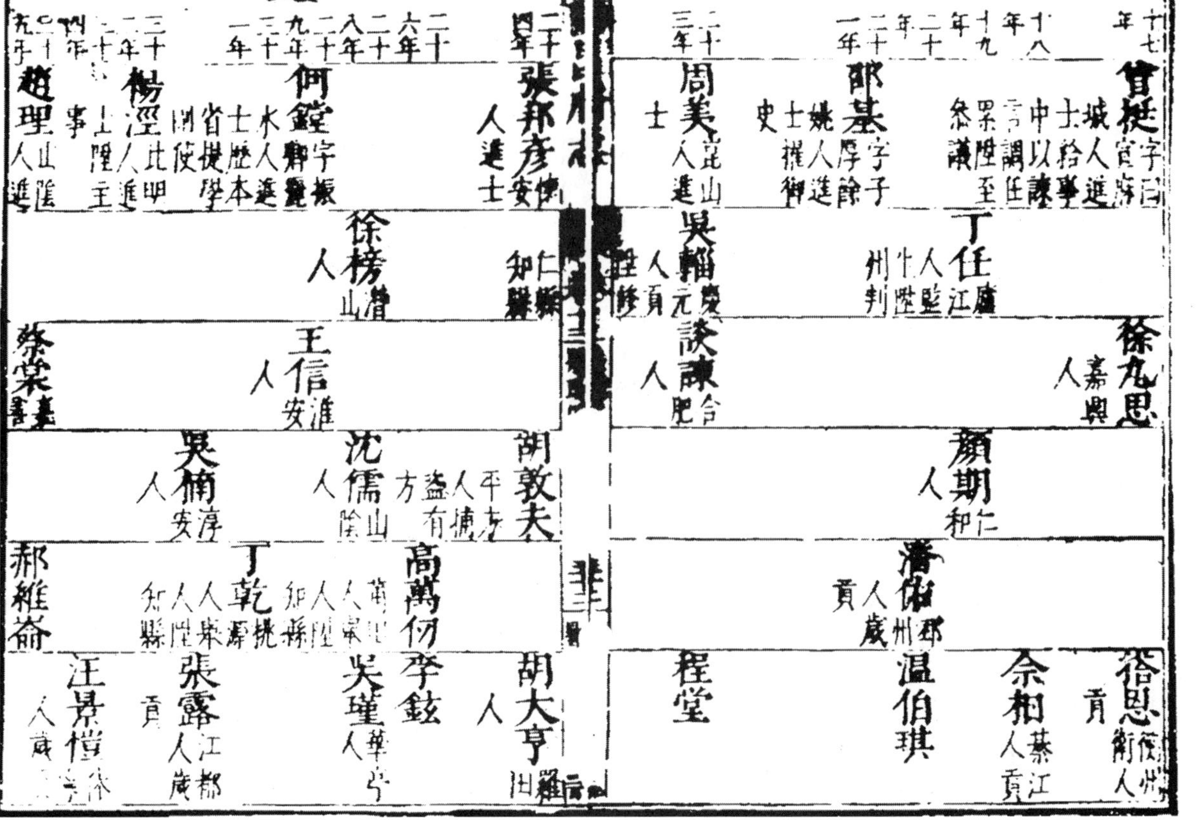

十七年 曾挺 字官宇(?)，城人，進士，以給事中言調，累陞至參議
十八年
十九年
二十年 鄔基 字子厚，餘姚人，進士，擢御史
二十一年
二十三年 周美 崑山人，進士

丁任 廬江人，監生，陞州判
吳韜 崑元人，貢，陞修(?)

徐九思 嘉興人
談諫 合肥人

顏期 仁和人

潘倫 郡州人，歲貢

俗恩(?) 溧州衛人，貢
余相 江人，恭(?)貢
溫伯琪
程堂

二十四年 張邦彥 華安人，進士
二十六年
二十八年
二十九年 何鏜 字振鄉，人，進士，歷提學，陞副使
三十年
三十一年
三十二年 楊涇 字比甲，人，進士，陞主事
四十年(?) 趙理 山陰人，進士
元年(?)

徐榜 仁和人，知縣，滑山人

王信 淮安人
蔡棠 嘉善

胡敦夫 平湖人，有方
沈儒 山陰人
吳楠 淳安人

高萬仞 萬年人，舉人，陞知縣
丁乾 桃源人，舉人，陞知縣
郝維爵(?)

胡大亨 羅田人
吳瑾 華亭人
李鉉
張露 江都人，歲貢
汪景愷 休寧人，歲貢

- 二十六年：士；人；南海人，貢
- 二十八年：呂鳳翔，永康人；郭蘭，武進人；盧俊，黃岡人，歲貢；周燈，祁門人，歲貢
- 二十九年：李惟寅，將樂人，藉川人，歲貢，陞縣知；章宗儒，臨淮人，貢
- 四十年：程光甸，太湖人，進士，歷給事中；李雲，麻城人；耙維新，晉江人，貢
- 四十三年：李雍，永安人，歲貢
- 四十五年 隆慶元年：李澤，晉江人，進士；劉大章，巴陵人；張欽，麻城人，歲貢，陞教諭；周維城，華亭人，貢
- 二年：湯聘尹，蘇州人，進士，選給事中；黃儒，泰和人，貢；汪信夫，婺源人，貢士；馬廷茵，臨邑人，貢士
- 三年：陳孟芳，池州人；吳師顏，寶應人，貢
- 元年：陳嗣光，唐□衷

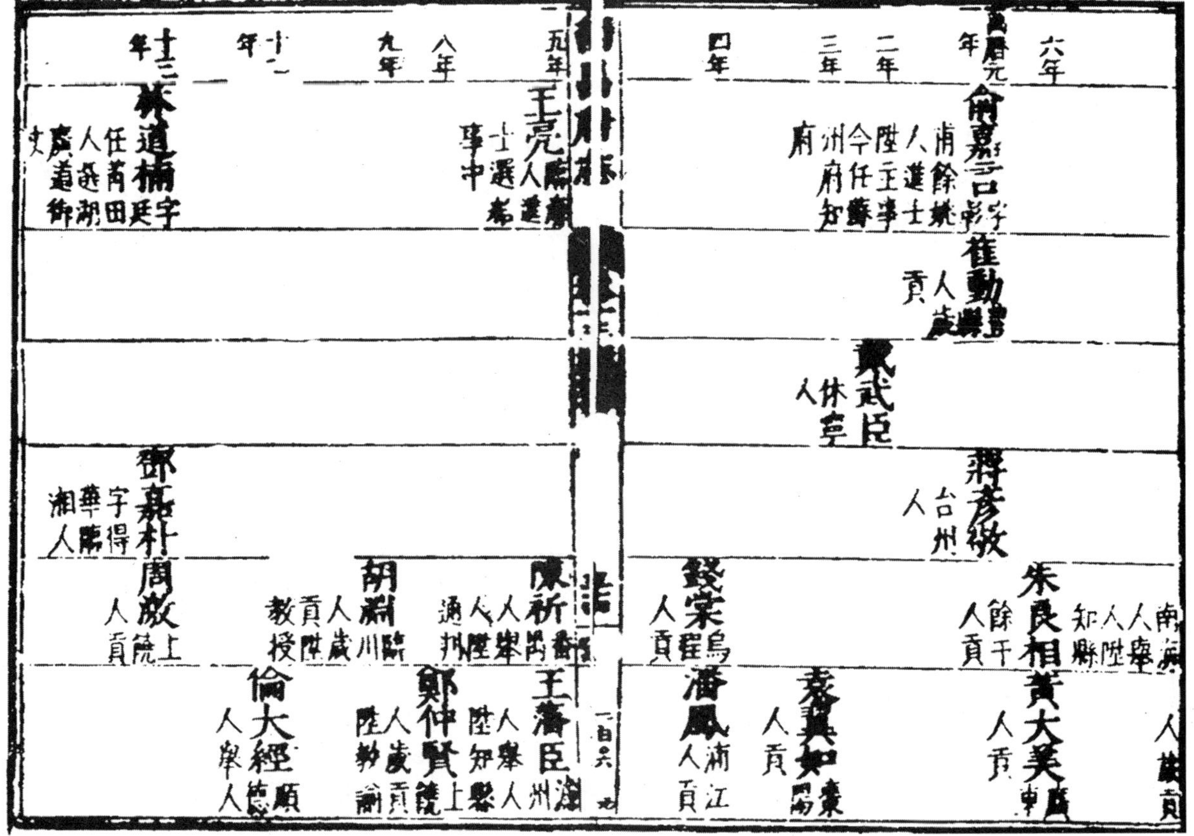

- 六年：南海人，舉人，陞知縣；人，歲貢
- 萬曆元年：俞嘉言，字彰甫，餘姚人，進士，陞主事，今任蘇州府知府；崔勳，曹縣人，歲貢；朱良相，餘干人，貢；黃大美，廣東人，貢
- 二年：蔣彥徵，台州人
- 三年：戴武臣，休寧人；姜士如，東陽人，貢
- 四年：錢宗，烏程人，貢；潘鳳，浙江人，貢
- 五年：王亮，蘇州人，選進士，事中；陳祈，常熟人，舉人，陞通判；王齊臣，滁州人，舉人，陞知縣
- 八年：胡瀾，臨川人，歲貢，陞教授；鄭仲賢，上饒人，歲貢，陞教諭
- 九年：倫大經，順德人，舉人
- 十二年
- 十三年：林道楠，字廷□，莆田人，任湖廣道御史；鄧嘉材，字得華，臨湘人；周啟，上饒人，貢

新修南昌府志卷之十三終

韓邦域 [illegible]

新修南昌府志卷之十四

奉新縣

唐 官制同南昌

縣令	縣丞
劉正一	高良弼 有遷縣功

宋 官制同南昌

縣令
- 梁見素 大宗至道元年
- 徐用和 二年 後陞太子中允
- 許南史 眞宗咸平三年 後陞太理寺丞
- 樊楼 景德元年
- 趙蒿 二年
- 沈昂 大中祥符元年 後陞太常博士
- 沈同 六年
- 黄禹昌 八年
- 柴微規 天禧元年
- 戴玭 五年

縣丞

主簿

縣尉
- 劉光剛

主學

天聖元年 王居白 後陞太理寺丞
四年 張惟周
五年 查延之
六年 王言
仁宗景祐元年 張陶 字[illegible]餘杭人有[illegible]陞本州通判轉殿中丞
蘇宏
馬遵 校書郎

寶元元年 王章 大理寺丞
康定元年 蔡[illegible] 字公度秘書省著作郎
慶曆元年 陳莊
三年 鄒嚴 後陞秘書丞
六年 王貞長
皇祐元年 張序 後轉太子中允又陞大理寺丞
二年 胡少連
至和元年 林喬

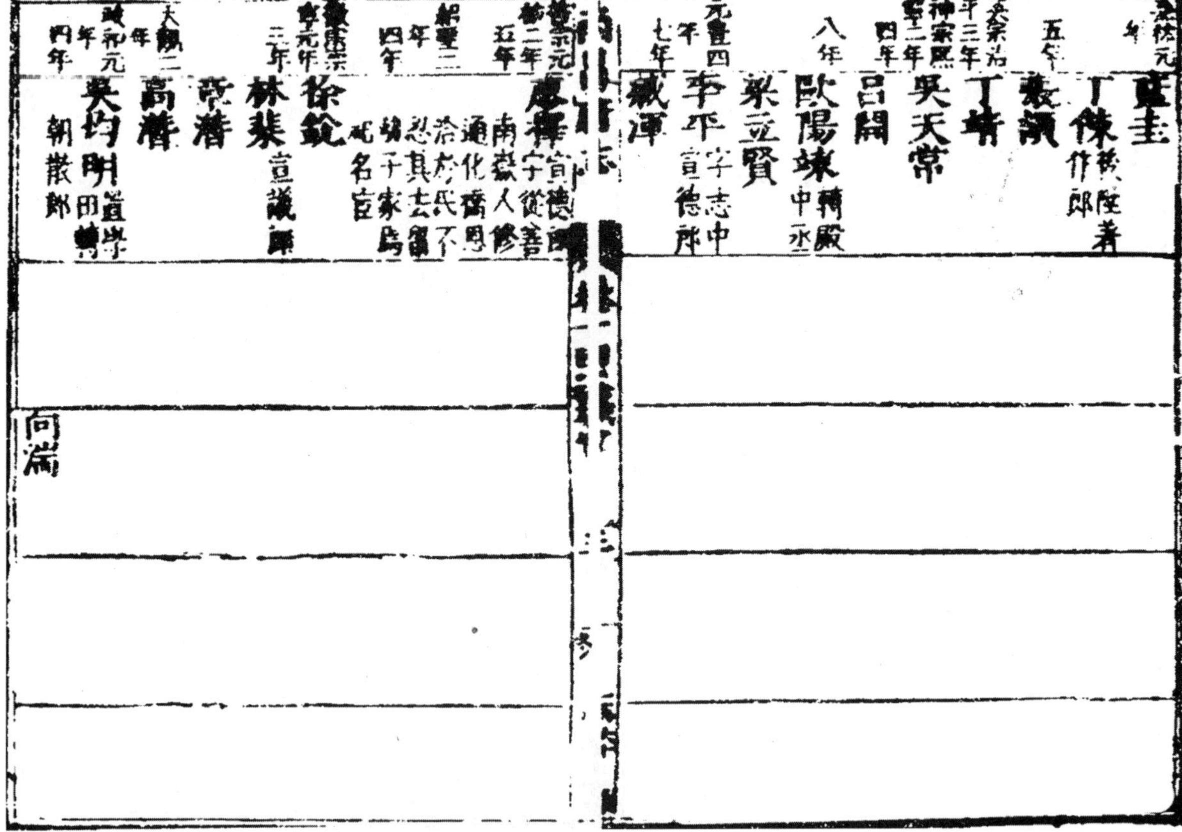
嘉祐元年 董圭
丁僳 後陞著作郎
五年 裴頲
英宗治平三年 丁晴
神宗熙寧二年 吳天常
四年 呂開
八年 歐陽緣 轉殿中丞
梁立賢
元豐四年 李平 字志中宣德郎
七年 戚渾

哲宗元祐二年 廖[illegible] 宣德郎 字從善南嶽人修通化橋恩洽於民不忍其去留祠于家爲祀名宦
五年
紹聖二年
四年
徽宗建中靖國元年 徐銳
三年 林集 宣議郎
蔡潛
大觀二年 高潛
政和元年 吳均明 以置學田轉朝散郎
四年

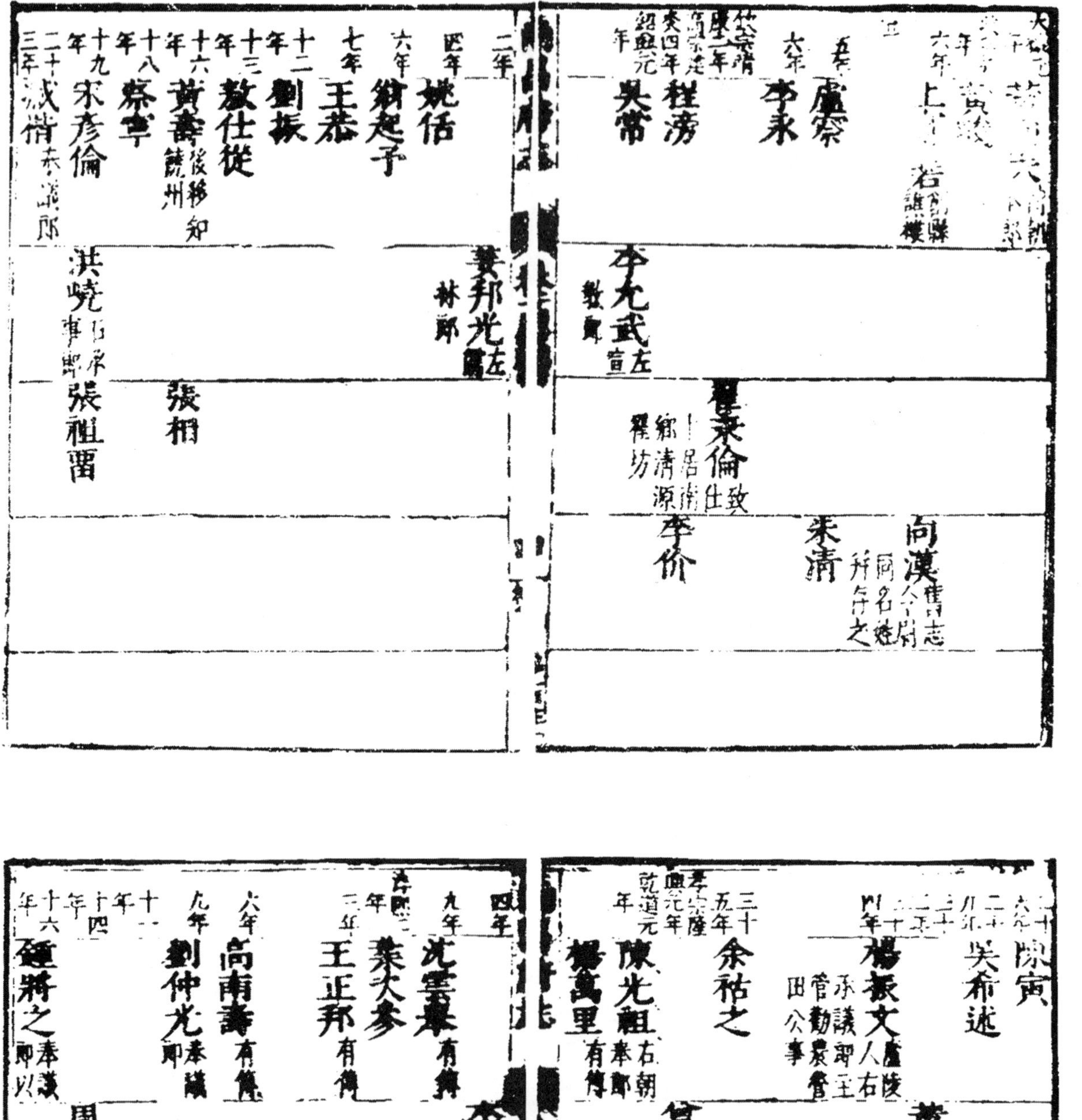

大觀[illegible]　[illegible]
政和[illegible]　黃[illegible]
六年　上[illegible]　若[illegible]縣譙[illegible]樓
五
五年　盧察
六年　李承
欽宗靖康元年
高宗建炎四年　程滂
紹興元年　吳常
李允武　左宣教郎
瞿秉倫　致仕，居南鄉清源瞿坊
向漢　舊志今附同名姓并存之
朱清
李价

二年
四年　姚佸
六年　鄭起予
七年　王恭
十二年　劉振
十三年　敖仕從
十六年　黃壽　後移知饒州
十八年　蔡亨
十九年　宋彥倫
二十三年　戚猜　奉議郎
黃邦光　左儒林郎
洪曉　右承事郎
張祖留
張相

二十六年　陳寅
[illegible]　吳希述
[illegible]年　楊振文　廬陵人，右承議郎，主管勸農營田公事
三十年　余祐之
五年
孝宗隆興元年
乾道元年　陳光祖　右朝奉郎
楊萬里　有傳
黃源
曾省
孫復
劉源

四年
九年　沈雲舉　有傳
淳熙二年　葉大參
三年　王正邦　有傳
六年　高南壽　有傳
九年　劉仲光　奉議郎
十一年
十四年
十六年　鍾將之　奉議郎，以
李愈
周大辨　承奉郎
李浩然
李學
徐珊

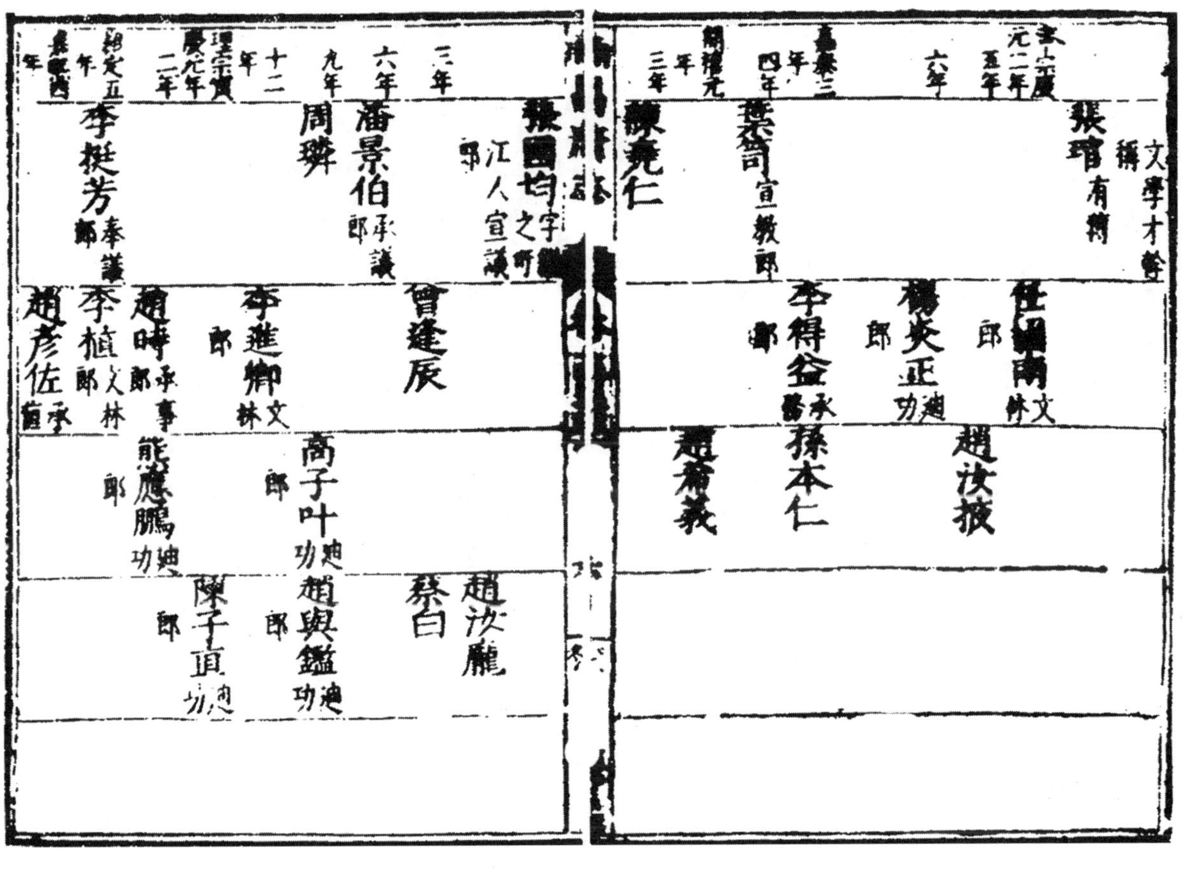

嘉定元年　張瑨　文學才幹有稱
二年　任國南　文林郎
五年　楊炎正　迪功郎　趙汝掖
六年
嘉泰三年　四年　葉賓司　宣教郎　李得益　承事郎　孫本仁
開禧元年　三年　陳堯仁　趙希義

三年　張國均　字之可，江人，宣議郎　曾逢辰　趙汝龐
六年　潘景伯　承議郎　蔡白
九年　周琳　李進卿　文林郎　高子叶　迪功郎　趙與鑑　迪功郎
十二年
理宗寶慶元年　二年　趙時　承事郎　熊應鵬　迪功郎　陳子直　迪功郎
紹定五年　李挺芳　奉議郎　李植　文林郎
嘉熙四年　趙彥佐　承直郎

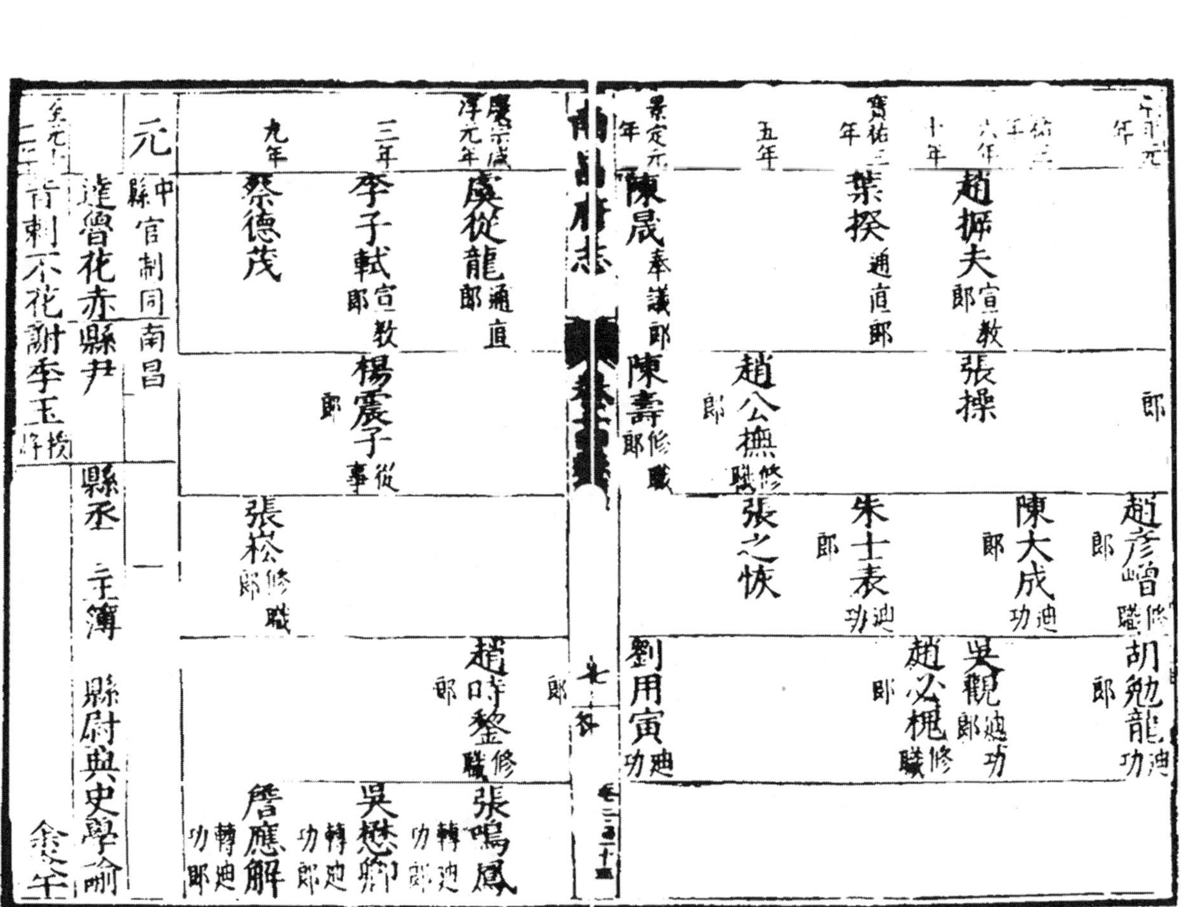

端平元年　郎　趙彥嶒　修職郎　胡勉龍　迪功郎
淳祐三年
六年　趙擬夫　宣教郎　張操　陳大成　迪功郎　吳觀　迪功郎
十年　趙必槐　修職郎
寶祐三年　葉揆　通直郎　朱士表　迪功郎
五年　趙公撫　修職郎　張之恢
景定元年　陳晟　奉議郎　陳壽　修職郎　劉用寅　迪功郎

度宗咸淳元年　虞從龍　通直郎　趙時鏊　修職郎　張鳴鳳　轉迪功郎
三年　李子軾　宣教郎　楊震子　從事郎　吳懋卿　轉迪功郎
九年　蔡德茂　張崧　修職郎　詹應解　轉迪功郎

元
中縣官制同南昌
達魯花赤　縣尹　縣丞　主簿　縣尉　典史　學諭
至元十二年　行刺不花　謝李玉　許撥

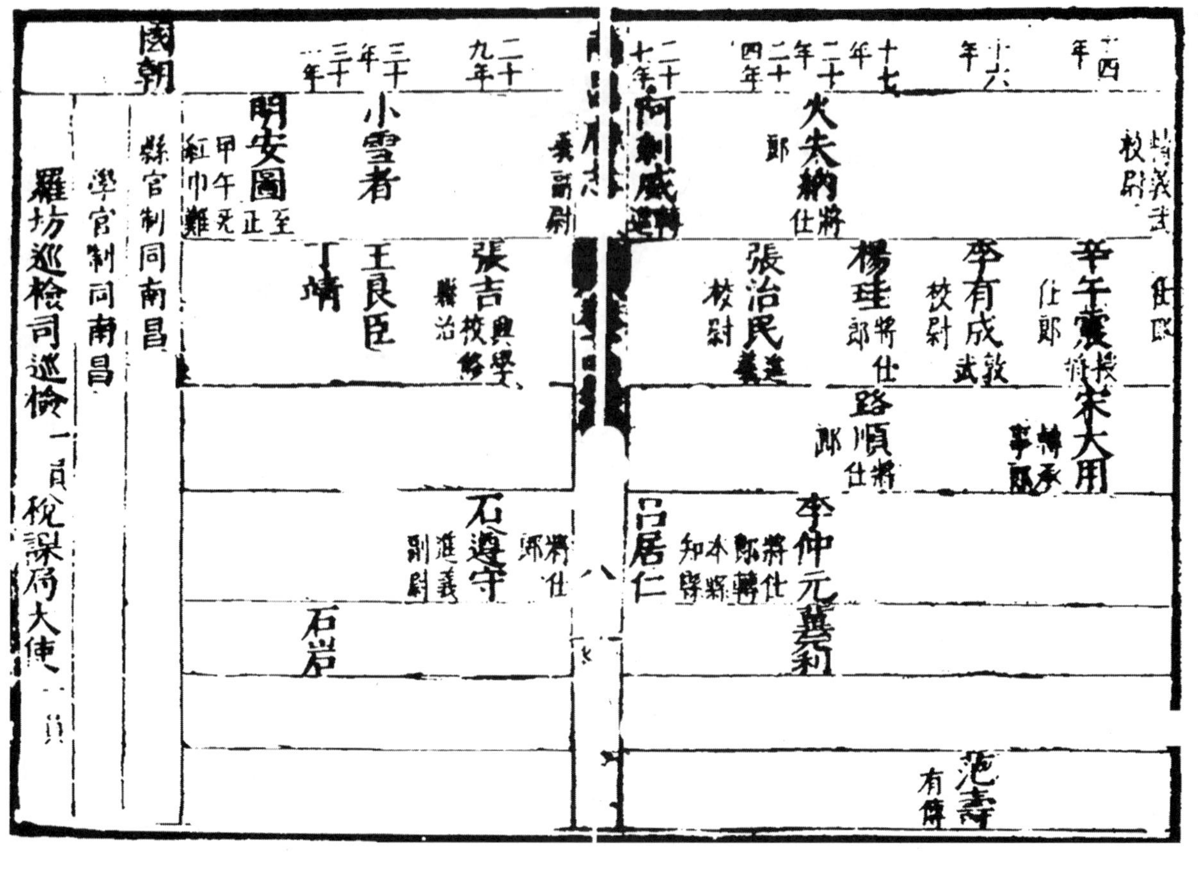
十四年 忠翊校尉
辛午震 將仕郎
宋大用 承事郎
范壽 有傳
十六年
李有成 敦武校尉
十七年
楊珪 將仕郎
路順 將仕郎
二十年
火失納 將仕郎
張治民 進義校尉
李仲元 將仕郎 本縣知事
二十四年
二十七年
阿剌威 進義校尉
呂居仁
承務郎
二十九年
張吉 興學校修治
石遵守 將仕郎 進義副尉
三十年
小雪者
王良臣
石岩
三十一年
明安圖 至正甲午元紅巾難
丁靖
國朝
縣官制同南昌
學官制同南昌
羅坊巡檢司巡檢一員 稅課局大使一員

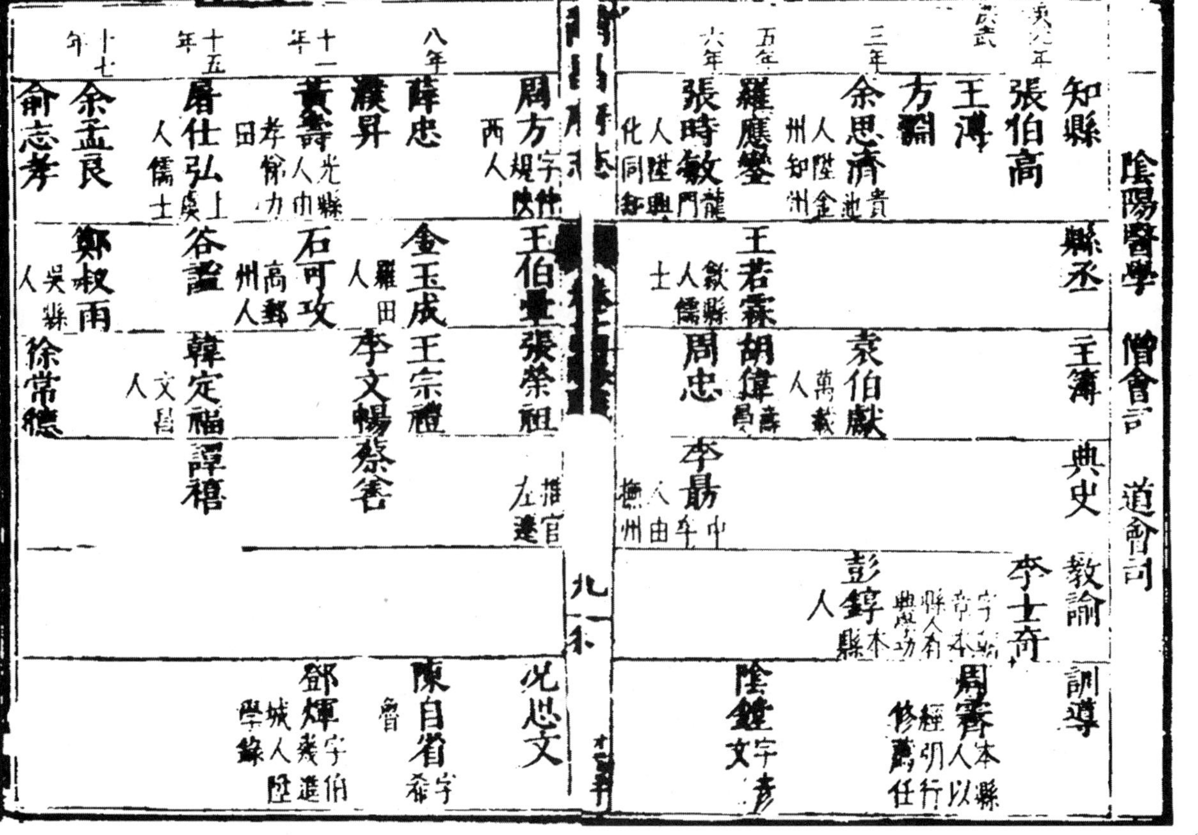
陰陽學 僧會司 道會司
知縣 縣丞 主簿 典史 教諭 訓導
洪武元年
張伯高
李士奇 字本縣人 有學功
周齊 本縣人 以經明行修薦任
王溥
方淵
三年
余思齊 貴池人 陞金州知州
袁伯獻 萬載人
彭錞 本縣人
五年
羅應鑾
王若霖 歙縣人 儒士
胡偉
陰鐽 字彥文
六年
張時敏 龍門人 陞興化同知
周忠
李勗 中牟人 由撫州
周方 字規 陝西人
王伯豐
張榮祖 推官 左遷
況思文
八年
薛忠
金玉成 羅田人
王宗禮
李文暢
蔡審
陳自省 字希曾
濮昇
十一年
黃壽 光化縣人
石可攻 高郵州人
譚禧
鄧煇 字伯進 城人 陞學錄
十五年
屠仕弘 上虞人 儒士
谷謐
韓定福 文昌人
十七年
余孟良
鄭叔雨 吳縣人
徐常德
俞志孝

二十年　范用禮
葉原 江山人 監生
傅徽敏 北人
張克靜 有傳
俞仲淵 李縣人 舉人

二十四年　石九疇
陳觀 福州人
陸仁甫 宜興人
周景禮
黃思明
張良成 句容人
黃泰 當塗人
劉讓

二十八年　陳觀 丹徒人
趙子温 廬陵人

龍隆 荊州人 進士
葉壽 州人 監生
夏濂 溧水人
陳郡 縣人

二十五年　何昭 嚴州人
杜泗 清上人

永樂元年　楊丹珉 尤溪人 監生
江仲庸 休寧人
邢敬哥 彰德人
徐安 常山人
劉覺 番陽人
楊永源 徐聞人

十一年　趙理 江都人 進士
李明 澧州人
陸野 黃陂人
李用成 茶陵人
孫徽才 上虞人
康季謙
唐易 建陽人
梁敬 巴東人

宣德十年　蔣鎮 有傳
王錫 長沙人 進士
陳晟
屠進
丁太初 人 監生
陳顒 長沙人 監生
封添禄
尚志 陝西人 監生
李延 鄞縣人 以才幹 天臨校檢
陳贊 長沙人 舉人
吳鐸 江夏人 舉人
胡俊 安陸人 監生
歐陽自 懷安人 吏員
李祥 湖廣人
周文盛 有傳
沈廉 任丘人 舉人
王純
羅子成 衡山人
王普光 建寧人
史文 鹽城人 御史左遷
文質 安陸人 舉人

王在明 象山人 舉人
胡聞 平長官司人 監生
廖珩 湖廣人
張英 通山縣人 吏員
潘偉 天台人

正統　陳純 有傳
胡玘 鄞縣人
趙文彥 浪雲人 監生
周友 上虞人
林勤 有傳
陳訥 清江人 舉人

景泰　劉讓 應州人 監生
吳禧 人 監生
余鏞 沅陵人 監生
陳用貞 東莞人 儒士
田濟 有傳
丘清 石門人 監生
曾謙 南海人
吳忠 武進人
邵忠 桐廬人 監生

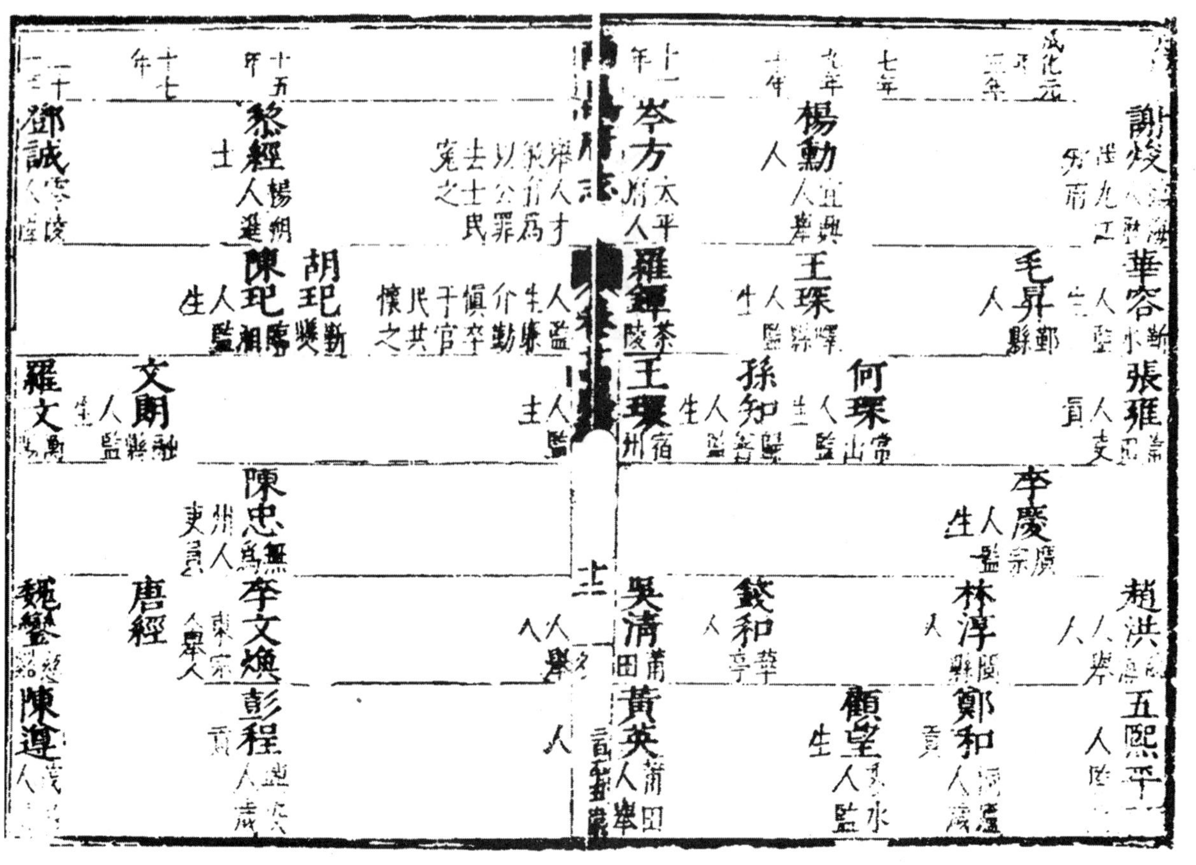

謝焌 人 府九江 知府　華容 人監生　張雍 人吏員　趙洪 人舉人　五熙 人監

成化元年　毛昇 鄞縣人　李慶 廣宗人監生　林淳 閩縣人　鄭和 同安人 貢

七年　何琛 常山人監生　顧皇 人監生

九年　楊勳 宜興人舉　王琛 人監生　孫知 人監生　欽和 華亭人

十一年　李方 太平府人　羅鐸 茶陵　王琛 宿州　吳清 莆田　黃英 莆田人舉

人 以公罪去士民之思　人監生 介勤慎率官于民共懷之　人監生　人舉人　人

十五年　黎經 揚州人進士　胡玘　陳玘 人監生　陳忠 無為州人吏員　李文煥 東莞人舉人　彭程 人貢

十七年　文朗 人監生　唐經

二十一年　鄧誠 零陵人　羅文 生　魏鑾　陳遵 人

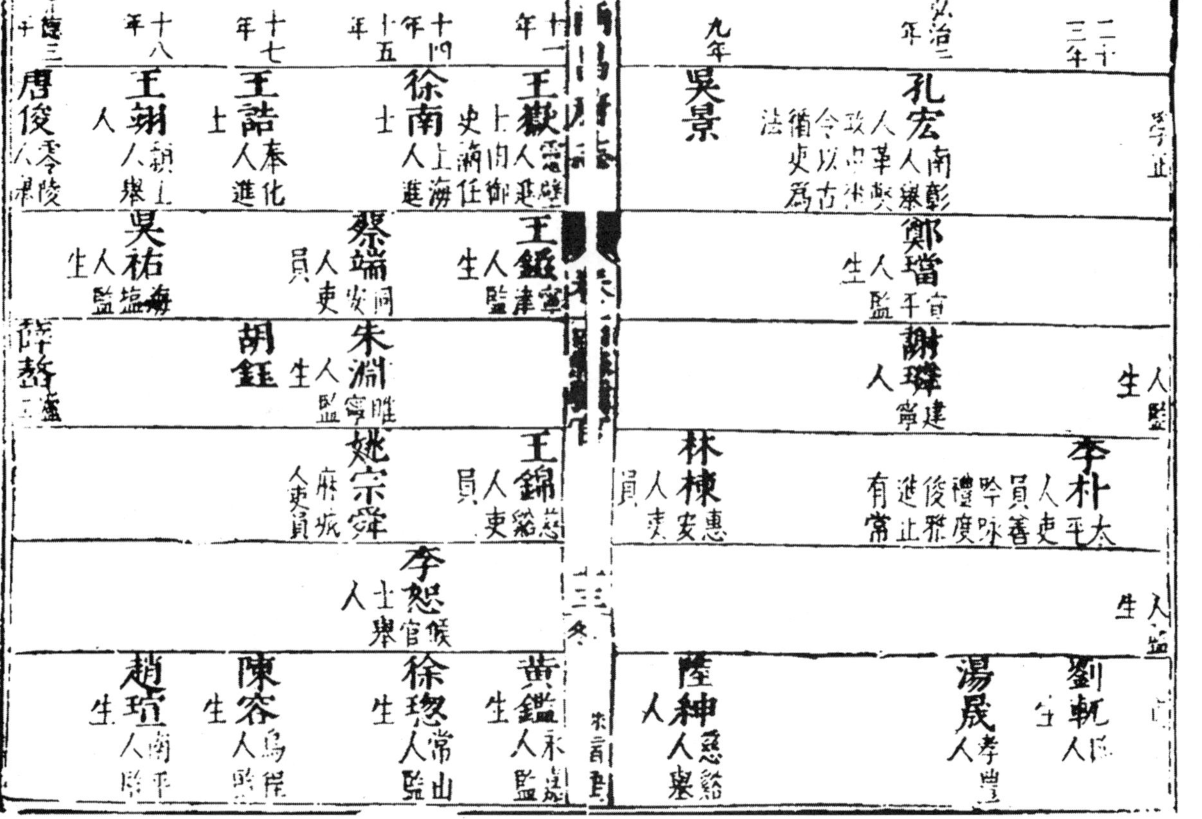

二十三年　人監生　李朴 太平人吏員 吟詠善禮度後罷進止有常　劉軏 人生

弘治二年　孔宏 南彰人舉 政革弊令以古法循吏為　鄭璫 宜平人監生　謝璨 建寧人　湯晟 孝豐人

九年　吳景　林棟 惠安人吏員　陸紳 慈谿人舉

十一年　王嶽 人進士 由御史上任　王鑑 人監生　王錦 慈谿人吏員　黃鑑 永嘉人監生

十四年　徐南 上海人進士　蔡端 同安人吏員　朱淵 [illegible]人監生　姚宗舜 [illegible]人吏員　李恕 侯官人舉人　徐璁 常山人監生

十七年　王誥 奉化人進士　胡鉦　陳容 烏程人監生

十八年　王翊 潁上人舉人　吳祐 海鹽人監生　趙瑄 南平人監生

正德三年　周俊 零陵人舉　薛哲 [illegible]

南昌府志 卷十四 職官

- ……人
- 何淳 □德人進士
- 何永清
- ……人生
- 吳志科
- 六年 徐元稔 莆田人進士
- 陳嘉猷 番禺人舉人
- 孫貫 句容人監生
- 七年 鄒鯤 巴陵人監生
- 蔣綉 汝寧人監生
- 葉榮 慈谿人吏員
- 八年 侯盛 建安人舉人
- 九年 劉守緒 [illegible]
- 張金 [illegible]
- 吳憲 休寧人
- 十二年 ……人監
- ……生
- 葉澤 [illegible]人
- 十四年 梁幹 武進人舉人
- 吳縉 [illegible]人監生
- 鄒龕 長樂人監生
- 黃甲 [illegible]人吏員
- 十五年 徐誠 餘姚人吏員
- 毛仲涌 慈谿人舉人
- 陸任忠
- 楊燮 [illegible]人監生
- 嘉靖元年 朱雲鳳 字瑞 程鄉人進士
- 二年 周世雍 順德人進士
- 吳景岩 貴池人監生

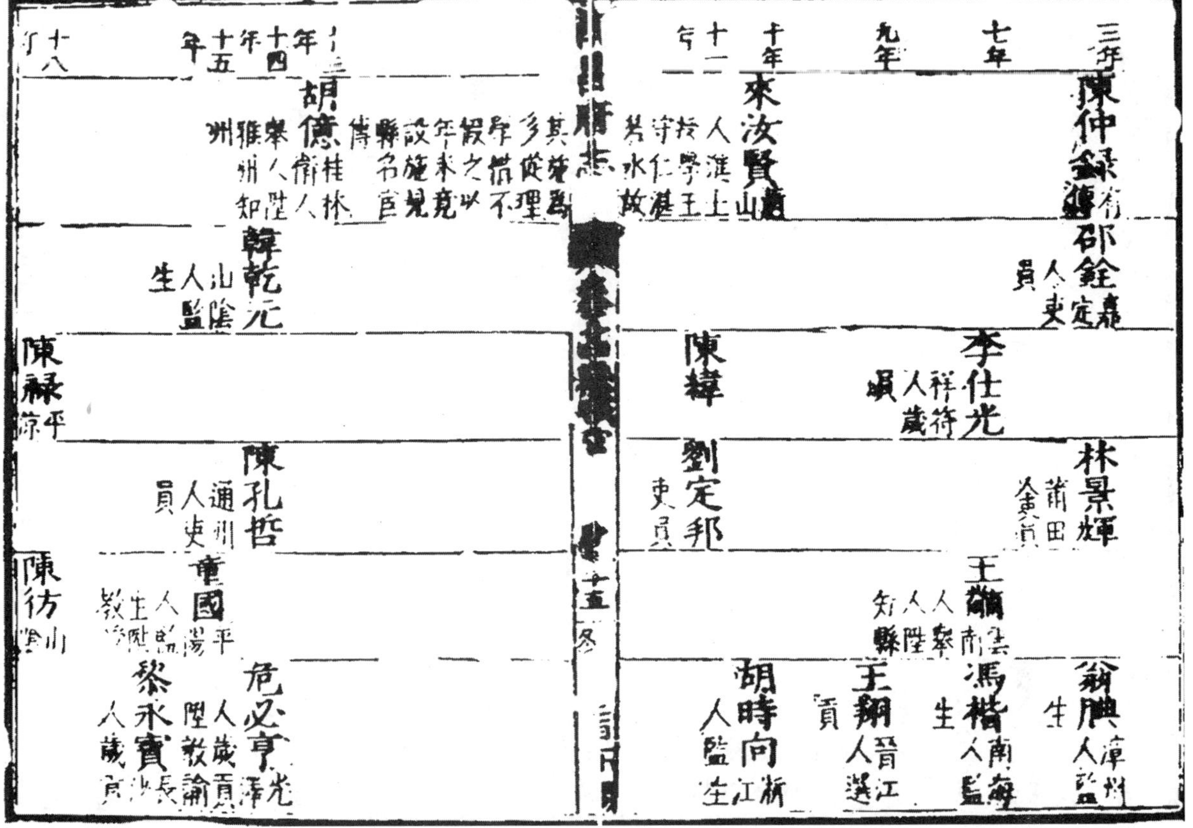

南昌府志 卷十四 職官 十五

- 三年 陳仲錄 [illegible]
- 邵銓 嘉定人吏員
- 林景輝 莆田人貢生
- 翁腆 漳州人監生
- 七年 李仕光 祥符人歲貢
- 王顓 [illegible]人舉人 陞黎縣知縣
- 馮楷 南海人監生
- 九年 王翔 晉江人選貢
- 十年 來汝賢 山陰人進士 學王守仁 [illegible]
- 陳椲
- 劉定邦 吏員
- 胡時向 新江人監生
- 十一年
- 十三年 胡億 桂林人舉人 [illegible] 陞雅州知州
- 十四年 韓乾元 山陰人監生
- 十五年 陳孔哲 通州人吏員
- 童國 平陽人監生
- 危必亨 光澤人歲貢 陞教諭
- 黎永實 長沙人歲貢
- 十八年 陳祿 平涼
- 陳彷 山陰

南寧府志 卷十 職官 一六

二十年 二十一年 二十二年 二十三年 二十五年 二十六年 二十九年 三十二年 三十五年 三十六年 三十八年 四十年 四十四年

吳文漢 莆田人舉人
李可賢 福清人舉人
潘相 丹徒人舉人政事明文英學宏博
楊廷珪 醴陵人歲貢
葉廷樸 瀋陽人舉人
張廷軌 青陽人歲貢

葉泰 餘姚人吏員
陳訪 麗水人貢士
沈騰黃 瀏陽人貢士
張理 海鹽人吏員
李恒 銅梁人吏員
賀鄉 湖廣人貢士

府人監生
鄭輝 太倉人監生
郭萬安 杜榮人貢士
杜祉 雲南人吏員
李惟裔 晉江人吏員
余天明 黃岡人貢

莊祥 莆田人吏員
陳啓 光化人吏員
周欽 滁州人吏員
章廷佐 諸暨人吏員
袁汀 滁州人吏員

人 人
高儒 柳州人舉人歷知縣
盧志 賀縣人選貢
傅棟 鄞縣人選貢
陳子瑩 漳浦人貢
林貞相 閩縣人舉人
翟務忠 桂林人舉人歷升縣
章汝顏 金華人舉人

聞理 鄞縣人歲貢陞教諭
孫鰲 長興人歲貢
戴邦直 上海人歲貢
顧邦 仁和人歲貢
馮高 金華人歲貢陞本學教諭

南寧府志 卷十 職官 一七

二年 四十年 四十四年 四十五年 隆慶元年 二年 四年 五年 萬曆元年 二年 三年 四年 五年 六年

陳蔚 衛人舉人
趙應元 仁和人進士
金應徵 長洲人官至參政
李啓 湘陰人舉人官至知州
陳雋 以字行長樂人陞主事員外郎
王榮 蘄縣人舉人
朱南英 山陰人

劉元祥 四川人貢士
王鉦 會稽人知印
晉義 湖廣人吏員
金積 嘉興人吏員
李幹 上元人監生
皇仕貞

張金 太湖人吏員
徐堯咨
侯鎬 蕪湖人知印
李玉 廣德州人

陳允中 山陰人吏員
林應昌 莆田人吏員
蘇林 莆田人吏員
陳鰲 吳江人吏員
平旦 吳縣

人知縣通判
馮高 金華人歲貢陞教授
朱河 建安人歲貢陞教授
毛緯 景陵人歲貢

戴志業 陽人歲貢陞教諭
呂輝 永康人歲貢陞教諭
陳惟一 香山人歲貢陞教諭
李本然 衡陽人歲貢陞教諭
卓成鳳 慈利人歲貢陞教諭
涂忠謀 興國人歲貢
吳省 龍泉人歲貢陞教諭
袁霄 宜春人歲貢陞教諭
周激 …

八年　九年　十年　十一年　十二年　十三年　十四年　十五年

人進士

福建人吏員

史良實

人吏員

張道深 汾陽人舉人

張新 人歲貢

黃卿 陝西人選貢

萬民華 南城人舉人知縣陞

丘雲啓 谷城人選貢

江垾 歙縣人監生

唐仕廉 貴陽人儒士

胡點 建昌人歲貢

丘海 武昌人舉人

余夢鯉 清湖人進士以才望改新建

南昌府志　卷十四職官　冬

支大綸 字心易嘉善人進士

朱邦傑 休寧人監生

譚懷 高明人吏員

沈大蔭 字完山生人進士

施廷翰 雲縣人監生

黃河清 饒平人縣選貢

王天鑑 通城人選貢

靖安縣

靖安縣職官姓名無考

宋　官制同南昌

縣令

吳雄 有傳　天聖二年

謝宇　紹興元年

程衮

詹從檢

朱綬

彭希臣

南昌府志　卷十四職官　冬

劉彭年

朱逸

吳植

謝敢

都將之

周積 一作績 有傳　高宗建炎四年

黃宗 從政郎　紹興二年

桂章 宣教郎　二年

劉震　四年

王覲

縣尉

李公濟

晁頌之

向溥

韓昕

楊孝定 文林郎

十年 鄭公明 從事郎

十一年 鄭嘉正 從事郎

楊億

十七年 韓邦光 文林郎

十八年 李簡能 從事郎

十九年 龔椿年 從事郎

二十一年 黃宗諤 從政郎 興學校有政聲民懷之

二十四年 祝大年 文林郎

二十六年 蕭南式 從事郎

二十九年 褚意 從政郎

嘉定元年 李大和 文林郎

四年 李簡 文林郎

八年 向士仁 文林郎

九年 吳仲衍 從政郎

孫興

王廠 從政郎

葛郁 從政郎

九年 許鏜 承直郎

十年 楊方 文雅寬厚德政藹然

寶慶 趙析 清廉愛民

寶祐 江斗祥 愛民如子

開慶 蔡塾 北兵犯縣捍力守城

元 縣官制同進賢

達魯花赤縣尹

阿速不花 王福

黃紅 常(?)永遂

陳秉炎

朝瀚 有善政 吳德中

黃紹 與朝瀚同死紅巾

主簿

吳主一

江楫

黃德欽

國朝

縣官制同南昌惟縣丞正德十二年革

學官制同南昌

巡司院為驛遞俱革

陰陽學　醫學　僧會司　道會司

知縣　縣丞　主簿　典史　教諭　訓導

乙巳年　祝春　羅傳道 滁州人　江楫

吳元年　唐玄 廉慎有傳　崔忽都　黃德欽

洪武元年　衛守敬 有傳　游志遜　周英

六年　葉思誠　[illegible] 太平人 由人才　姚必中

十年　汪德瑜 淳州人　劉鼎 字公平 池州人　傅謙

張景昇 河間府人　劉祥 壽州人 持身端謹 蒞政有方　徐鼎 嘉水人 舉人

十一年　朱宗暉 有傳　孫子貴 東陽人 監生

十八年　曾允中 山西人

二十一年　方仲晦 山東人

二十四年　江仕原 武昌人

二十八年　高彥才 湖廣人

三十二年　周廣平 永平人 舉人

永樂元年　李麟 山西人 進士　張景祥 池州人 監生

四年　俞益 有傳　楊誠 慈湖人 監生

孫宗廣 處州府人　曾富 真定人 監生

洪復 山陰人 吏員　徐鍊 浙江人 舉人

張璣 福建人 舉人　黃宜 廣東人 監生　李廷尊 江山人 監生

宣德三年　楊伯熙 無錫人 由人才　湯誠 兗州人 監生　劉銘 長沙人 吏員　高才 仁和人 [illegible]　柳南濵 平江人 進士

楊振 澄州人 監生　吳堅 宣城人　鄭理 有傳

周鼎 池州人 舉人　孫燓 紹興人 監生　陳廷省 莆田人 [illegible]　帥毅 米縣人 監生

二十七年

金文英 餘姚縣人監生
王榮 江陰人監生
姚璜 興化人吏員
程通 陵縣人吏員
鄭貞 會稽人舉人教諭陞
李稅 臨湖人監生

景泰

屈宣 羅山人監生
王淵 溪北人
朱安 [illegible]人吏員
秦琰 城人吏員
龍起 茶陵人舉人有[illegible]
謝[illegible]

何讓 峨嵋人監生
盛禧 長沙人監生
程讓 麻城人舉人學行俱優

天順

康觀 惠安人監生
山秀 和仁人監生
程良 陽浙人吏員
范子厚 廣州人吏員
葉聰 金華人監生
沈約 錢塘人監生有名

張羽 孟縣人
胡滿生 莆田人吏員
梅林 合肥人監生
許紳雅 莆田人舉人

成化

高潔 封丘人監生
徐祥 遂定人監生
楊琛 狄道人監生
翁進 海豐人監生
張澄 諸暨人監生

張鵬舉 [illegible]人監生
傅璽 呂縣人監生
陶璲 武進人吏員
楊春 新昌人監生

十六年

劉芳 有傳
白裕 新城人監生
范希仲 吳江人監生
沈濟 江陰人吏員
徐讓 安西人監生
馬晉 南[illegible]人監生

余福 城[illegible]人監生
孫貧 [illegible]人吏
陳璣 [illegible]人監生

二十年

林盛 南平人監生
董瑄 馬平人監生
鄭祈生 寧德人吏員
程奇 婺源人監生學行俱優教不怠

二十一年

何增 江陵人監生
楊傑 長寧人監生
郭崇仁 彭山人監生
沈沂 桐鄉人吏員
李時熙 桂陽人監生
陳綱 江寧人監生

弘治三年

吳維 岐山人舉人為政有聲
傅俊 貴池人吏員廉介公平士民頌之
吳茂 [illegible]縣人吏員
王晟 長洲人監生

王端 郎陽人監生
胡泮 廣濟人監生

四年

戴昌言 [illegible]州人
汪潑 太平人監生
劉克勤 莆田人[illegible]
何瑗 [illegible]人監生
沈珪 會稽人監生

九年

朱祚 海鹽人[illegible]
黃端 [illegible]人監生
蔣洛森 [illegible]人吏
[illegible]

南昌府志　卷十　職官

十四年	十八年	正德元年	六年	八年	九年	十二年	嘉靖元年	四年
俞玹 山陰人，舉人	張伯祥 溧水縣人，舉人	蕭瑞 醴陵人，進士		萬士賢 布政		是年奉例裁革倅丞	葉金 宜山人，舉人，才識繁隆，制聖學校	
夏端 合浦人，監生	石瑺 江陵人，監生	沈滔 慈谿人，吏員			于胤 桂林人，吏員	彭齡 中江人，監生	林傑 廣西人，監生	
王淮 歙縣人，剛果寡治事		張毅 解州人，吏員	姚恕 蒲州人，吏員	蕭鳳儀	忠州人	張榮 沅州人，監生	林偉 富州人，監生	
王璲玉 莆田人，吏員		呂操 太平人，吏員			林鑾調 莆田人，吏員			李琦 淮安人，府吏員
		鄭貞 會稽人，官至提學僉事		吳瑄 長洲	倪欽 閩縣人，舉人		郭纓 莆田人，監生	吳旭 [illegible]人，監生
陳軒 德化人，監生	戴欽 丹徒人，監生	董杏 吳縣人，監生	王鑾 桂林人，監生	杜信 湖廣人，監生	陳沛 廣東人，監生	沈朝陽 嘉善人，監生	張旻 華亭人，監生	

五年	七年	八年	十年	十二年	十五年	十八年	十九年	二十年
[illegible]綱 [illegible]人，太學，問該博		李珠 新興人，舉人	方均 福建人，監生	葉轍 順昌人，監生，敬以持己，愛民禮士	吳勝璋 [illegible]人，監生	袁永德 東莞人，舉人	項鼎 臨海人，舉人，持己公廉，政整肅	史載澤 新[illegible]
	左鑄 [illegible]人，監生			黃應宿 鄞縣人，監生	劉鼎 [illegible]東人，監生		梁灌 武進人，監生	
			魏鉞 [illegible]州人，吏員				李濟 [illegible]人，吏員	劉廷彬
	于桂 臨[illegible]人，監生			王間 [illegible]陽人，歲貢			全洋 [illegible]人	
	陳汝 [illegible]人，舉人	朱廷貴 [illegible]人，歲貢，博學宏文			謝元生 [illegible]人，歲貢	王天民 [illegible]人，歲貢；蕭玨 [illegible]湖人，歲貢	廖格 [illegible]人，歲貢	

二十五年 二十六年 二十九年 三十年

（前接）人監生 二十五年 大早 二載撫 字多方 詞訟 有累以能 吏稱

井一成 建德人 監生 清介 且愛民

李曉 襄陽人 舉人

謝恩 宣化人 監生

彭大化 莆田人 吏員

寶慶人 吏員

鄭紳 南安人 吏員

吳琪 興化人 吏員

胡礼 江西人 歲貢

陳大器 南康人 歲貢

黃保 德化人 歲貢

鄭達 衡州人 歲貢

許明會 安溪人 歲貢

三十一年 三十二年 三十五年 三十七年

徐烈 長洲人 選貢 清廉能幹

周麟 吳江人 舉人 保愛 周恤 有方

盧圭 東陽人 舉人

陳源 秀水人 監生 朴心 不虐 有其 善士 民歸之

黃應徵 莆田人 吏員 陞撫

莊瑄 莆田人 吏員

張淳 武鄉人 吏員

（前接）貢 德量寬洪 持身以礼

陳良臣 稱鄉人

曾魁 水州人 歲貢

詹白 六安州人 歲貢

費璋 餘杭人 歲貢

四十一年 四十二年 四十五年

趙公輔 滎陽人 舉人 陞知州

方懋 青陽人 舉人

（前接）弼 敎 穀 荒 多 後 思之

徐漢 水溪人 監生 以言動 禮相 備修 明倫 堂

方日章 莆田人 吏員

陳恩 江華人 吏員

羅秉直 保昌人 監生

吳錧 貴州人 舉人

胡子奇 湯溪人 歲貢

隆慶二年 三年 四年 六年 萬曆元年 三年 四年

蘇時雨 潮陽人 舉人

蕭重熙 泰寧人 舉人

朱玉 永嘉人 舉人

鄭煦 興化人 貢

員

袁戴 六安州人 監生

田汝耕 莆田人 監生

徐達 廬江人 吏員

王義 鄞縣人 吏員

鮑知學 麻城人 吏員

趙不昧 縣人

黃鏵 南海人 吏員

彭經 臨淮人 歲貢

張炯 萬安人

吳克儉 化縣人 歲貢

江雲漢 奉化人 歲貢

年	[official rank not printed on this page]	[official rank not printed on this page]	[official rank not printed on this page]	[official rank not printed on this page]	[official rank not printed on this page]	[official rank not printed on this page]
六年				陳應□ 福清人吏員	[illegible] 莆田人歲貢陞學正	繆一鶚 莆田人歲貢陞本學教諭
七年	張淵 沙縣人恩貢		臧守憲 溧水人吏員			
八年	楊萬春 錢塘人舉人			李橋 會稽人		李家 臨川人歲貢
十年			陳文宗 義烏人監生		繆一鶚 莆田人歲貢	馬化時 貴州人歲貢
十一年	唐大卿 武進人舉人					
十二年					聶琬 太和人歲貢	馮士元 高安人歲貢
十三年	梁夢雷 德興人舉人		李悅文 桂林人吏員		焦明體 興寧人貢	丘體乾 臨川人舉人陞知縣
十四年						黃家 劍□人歲貢
十五年	楊維誠 湯溪人舉人		楊秉衡 餘姚人監生	周應選 黃岡人吏員		劉敎良 萬安人歲貢

武寧縣

唐代宗寶應元年改豫章縣爲武寧縣官制同南昌

	縣令
唐	[illegible] 沈建殊 築縣城 郭諲
南唐 官制同南昌	蕭濟

宋 官制同南昌

縣令	縣丞	主簿	縣尉
郎簡 [illegible]大中祥符[illegible] 呂晉夫 温陵人黃庭堅爲之作東軒記 王永年 郎[illegible]任 范嚳 奉議郎 王澤 朝奉郎 翁圭 文林郎 周鼎臣 承議郎 鄭俊民 □曹 洪敏修 承議[illegible]			

雷勉 承議郎
王彥參 儀曹
余器 宣教郎
陳秉文 從事郎
黃公儒 文林郎
黃升 朝奉郎
蔣述 承議郎
姚佸 宣教郎
李景常 文林郎
趙不華 宣教郎
宋理 承議郎
朱同文 文林郎
劉襄 朝奉郎
高宗紹興元年 黃炎 朝奉郎
二年 齊志道 朝奉郎
四年 上官世美 右承事郎
十年 張垌 右承議郎
十一年 謝鐸
十三年 陳武 右朝承郎

十五年 陸遹 右宣教郎
范德冲 右朝請郎 李思恭
二十年 李之邵 右通直郎 劉汴 張斌
二十五年 王岡 右宣教郎
二十七年 章汝昭 右通直郎
三十年 賈禧 右通直郎
王寧 右奉議郎
孝宗隆興元年 吳彥夔 左朝奉郎
乾道一年 黃興祖 右從政郎
四年 趙不驕 右奉議郎 黃興祖 韓敏仲 鮮于立
七年 王洪彥 奉議郎 莫源
淳熙七年 李邈 通直郎
八年 陳夢材 迪功郎
王逕 權承事郎知縣事 楊方 權知縣事 劉興祖
九年 洪楨 宣教郎

元
中縣官制同進賢
達魯花赤 縣尹
帖木兒 傳有 李洪濤 王濤
阿爾渾 江漢
典史

脫因　呂天倪

伯伯帖睦

毛原傑

艾瑛 進賢人

楚彥 與帖木兒俱死張普憲之難

剌馬丹

國朝

縣官制同南昌

學官制同南昌

巡司稅局驛遞俱省

洪武

知縣　縣丞　主簿　典史　教諭　訓導

陰陽學　醫學　僧會司　道會司

但元行有傳

二年 盛文郁 錢塘人進士事母孝時國家新造教民墾田疏水利建公署崇學宮卒于官二[illegible]

鄭思有傳

蔡存心

賈敏 山西人

楊贊 陝西人

趙毅 邑人

金華人

瞿普

鄧均佐

王伯溫 吉水人

陳孝

劉林 閩縣人

王克敬

冷祖大

劉向祖 新水人

饒永謙 錢塘人

劉文漢

馬植 浙江溧水人愛民勤于吏治

王仲叔 真定人

張士安 北人

周恭泰 山西人

張政 徐州人

鄭敬方

汪仁瑜

游孟博 婺源縣人

熊勉 南昌人

黃士玉 福建人

李淳夫 浙江人

廣西由才人

范義善 建寧人

孟忠 無錫人

周子壽 寧波人

朱淑玉 浙江人

羅可敬

張秉忠 浙江人

劉文漢 山東人

周鑑 浙江人

景泰

陳鑄 仙遊人 清介 官後上 嘉坊市
施大有 浙江人
郭智 福建人 由[illegible]史左[illegible]

劉政 平陽人
孟吾 台州人
馮克讓 徐州人
范景大 山東人
鄭觀 福建人
賈榮 陝西人
殷景[illegible] 御史 有傳

樓楷 句容人
周忠 [illegible]水人
張鑑 北直隸人
李凱 永平府人
馬恭 河南人
黃試保 湖廣人
黃子諒 湖廣人

周昌 淮安人
周希遜 浙江人
張杰 陝西人
李光 化州人

穆良 [illegible]亭人
盧昌 樂平府人
魏嵩 山東人
李仲良 泉州人

嚴所安
游沛 [illegible]縣人
游爰圭 吉水人
江振 江山人

宣德

張志和 [illegible]人
王耀 泉州人

正統

黃玘 浙江人
潘潛 有傳
韓正 山陰人
馬榮 長汀人
葉洁澄 [illegible]

蒲琛 四川人
何清 彭明人

葉盛 崑山人
杜潛 江寧人
俞仕榮
徐斌 建德人

唐諒 [illegible]始人
陳琇 新州人
孫盛 上虞人

鮑旻 嘉興人
邵愚 慈谿人
陳禮 [illegible]人
陳乾 陶縣人

王福 滿浦人
徐觀 當塗人 [illegible]事中
馬瑩 汀州人
楊和 鄭州人
許素 吉水人

景泰

張臻 鄭城人

天順

余希賢 遂安人

陶廣 南陵人
張俊 [illegible]人
李端 [illegible]人
周官 長[illegible]人
羅善 [illegible]州人

吳子諒 連城人
徐性 四川人
劉銓 [illegible]州人
易楨 宜都人
盧章 上杭人

宋禮 宿州人

王金淵 桐廬人
李循良 莆田人

王溥 興化人
李泉 四會人
伍琦 永嘉人
張瑄 海州人

域外漢籍珍本文庫

四七四

弘治

黃篤 莆田人　趙殷 單縣人 監生　梁錦 寧山人 監生　江釆清 望江人　呂珹 徽州人　王崇 廬陵人

嚴明 蒼梧人 舉人　趙忠 新興人　廖瑄 羅田人　應元徵 象山人 舉人　鄭孟進 長樂人

馮琦 蘄州人 舉人　田時 泥陽人 長司人 監生　曹剛 盱眙人 監生　徐鐦 直隸人　李體廣 莆田人

王僑 崑山人 進士　田義 靈璧人　謝安 寧化人　陳通 仙居人　孫琳 歸善人

劉信 孝感人　譚塤 新會人　張猷 遂寧人

王鎬 臨海人 舉人　楊遐 中江人 監生　龔敏 中江人 監生　趙傑 餘姚人 吏員　曾發 莆田人 舉人　沈秀 錢塘人 太學生開學操持不愧師表

嚴輝 烏程人 舉人　易政 衡山人 監生　張通 休寧人 監生

林秉淵 福清人 舉人　翁純 廣西人 監生　曹綱 泗州人 監生　袁緯 慈谿人 吏員　洪世傳 海陽人 舉人

杜璘 高郵州人 監生　梁祥 臨桂人 舉人

正德

毛駿 麻城人 舉人 有治才人敦行　周克恭 新寧人 監生　陳員 慈谿人　朱來 華亭人 吏員　陳猷 瀏陽人 舉人　陳堝 仙游人 歲貢

南雄府志

趙 右書以格言……生

謝臻 溧陽人 舉人　張祥　王璉 休寧人 監生　聶懋 內江人 吏員

薛伸 人 歲貢　楊瑞 瑞安人 歲貢

熊永全 遂山人 吏員　鍾汪 南海人　李泰 人

朱冕 高明人 進士

李梅 襄陽人 舉人　王贇 蕪湖人 吏員

沈倬 仁和人 舉人　杜璘　吳志大

州人 由本縣主簿陞　建平人 監生

陸浚 桂平人 舉人　周冠 郴州人 監生　嚴英 崑山人 吏員　劉必英 邵陽人　蘇銓 長沙人 歲貢　宋徽 奉化人 歲貢

梁龍 閩縣人 舉人　彭齡 中江人 監生　池源 福安人 吏員　唐祥慶　朱華 莆田人 歲貢　莫琛 蒼梧人 歲貢

唐澤 海陽人 舉人　汪璨 貴池人 監生　張秀 休寧人 監生　金璉 義烏人 吏員　陳其 番禺人 歲貢　徐士光 武義人 歲貢

李世科 嘉興人　游鐸 建平人 監生　曾文璽 宜章人 監生　徐拱玉 常山人 吏員　徐璘 人 舉人　江玘 荊門人 歲貢

林舜民 莆田人，監生
唐牧 上海人，監生
金沂 應天人，監生
謝詔 博羅人，舉人
劉均 廣西人，舉人
方岳 新城人，吏員
向瑞 靖州人，監生
洪量 婺源人，監生
毛益 鄞縣人，吏員
張寄 嘉興人，吏員
黎聰 太州人，監生
胡奉 應江人，吏員
翁孔中 福清人，吏員，在任三年卒，已祭
俞瓛 揚州
陳華 □□人，監生
徐鍾 淮安人，吏員
舒鳳翔
任繁 嘉善人，選貢，以教人和平，居官有素，言遂色疾，改新學官，陞教授
知縣
湯銘 □□人
涂允寬 德化人，歲貢
吳璲 武義人，歲貢
徐士英 武康人，貢
韓元錦 曲江

林孟機 福清人，舉人
舒希周 黟縣人，監生
黃一鵬 永嘉人，舉人，舉鄉約，行冠禮，修文廟，有記
黃元意 鄞縣人，吏員
丁方 潛山人，監生
陸科 宣城
人吏員，陞縣丞
夏庠 涪州人，吏員
謝光賓
黟縣人，吏員
胡濂 義烏人
朱璣 仁和人，舉人，造士有方，素以孝稱，并養親至今有孝子泉云，陞知縣
陳教 溫州
人歲貢
管文輔 清流人，歲貢
梁任 高安人，歲貢
王勉仁 □□人，歲貢，剛方諒，進士樂，得師

三十七年
吳思齊 官渼人，舉人，陞隆州府判
葉棣 興國人，舉人，守官清慎，建峙陂，民頌誦之
劉廷相 光化人，監生
賓天榮 武陵人，吏員
揭陽人，監生
倪式 山陰人，吏員
張文言 巴縣人，舉人，陞知縣
鄧周 樂昌人，舉人，陞知縣
高孝忠 □□人，貢
葉茂光 順昌人，歲貢
張天民 鹽城人，歲貢，捐俸立會造士
吳國禎 璦州人，歲貢

朱安邦 山陰人，貢
陳度 馬平人，舉人，高明溫雅，足稱師表，經□勤
朱成武 延平人，舉人，陞知縣
何廷傑 □州人，歲貢

[illegible]從龍　[illegible]人　舉人
耿鐸　德州人　監生
史文淵　溧陽人　監生
丁[illegible]綸　[illegible]人　吏員
馮[illegible]　[illegible]州人　歲貢
[illegible]文[illegible]　[illegible]人　歲貢

岳如厚　崇安人
李志學　荊山人　監生
何求　於潛人　歲貢

胡東陽　有傳
劉相儒　長沙人　監生
林明達　莆田人　吏員
李廷[illegible]　敘州人　歲貢
劉允璋　永新人　歲貢

沈繼才　海寧人　吏員

詹近敏
陳休　歙縣
吳時言　休寧

萬曆

五年
李春顔　南海人　舉人
孝感人　監生
人　監生
汪伍源　建德人　監生
徐本滕　青陽人　吏員
李士振　晉江人　歲貢
伍益達　清流人　貢
人　貢

六年
尚煁　臨安人　恩貢
唐映　石埭人　恩貢
方澍　桐城人　監生
應崇化　黄岩人　吏員
丘蘭　南城人　歲貢

張元敬　浦江人　舉人
賈鍾　仁和人　吏員

程子侃　休寧人　舉人
徐子滂　義烏人　貢
黄系弋　[illegible]陽人　歲貢

潘九思　無湖人　恩貢
朱士佳　晉江人　進士

沈照　[illegible]人　監生

曹敏學　牛湖人
李元勳　三水人　吏員
程桓　寧國人　監生

徐球　金華人　吏員
王廷臣　[illegible]州人　吏員

周彬　湖口人　歲貢
陳鍾　崇仁人　歲貢
雷汝復　德化人　歲貢
鄭瑗　浦圻人　選貢

曾子文　[illegible]人　貢
李仁富　[illegible]城人　歲貢
吳禎祥　萬年人　貢
陶輔　星子人　選貢

寧州

南唐爲分寧縣官制同南昌

縣令

黃瞻 金華人，後除宗正寺丞，校書郎，著作佐郎，宋建隆六年立祠

宋 官制同南昌

縣令

真宗景德 何希仲 字爽臣，新建人，以權管勾奉新知分寧

主簿

神宗元豐 郭知章 字明叔

彭思永 有傳

韓駒 有傳

哲宗元祐八年 胡瑗

陳敏識

高宗紹興元年 曹續

四年 程易 程顥孫

七年 程祥

九年 常真

十二年 王昌緒

十五年 沈夔仲

十六年 鄭嘉正

二十一年 章紋

二十二年 朱明作

二十六年 宋造

二十九年 王瑊

三十二年 徐鐩

孝宗乾道元年 汪德固

三年 袁嘉猷

六年 王稷

九年 曾光

淳熙二年 謝著

四年 趙誊珪

六年 姚仲欽

七年 桂隨

十一年 陳中道

趙良純 有傳

周敦頤 南康軍 以令

趙振文

元

中州 大德八年改爲寧州

寧州 達魯花赤 一員，從四品，俸四十貫，職田四頃

州尹 一員，從五品，俸一十貫，職田四頃

同知一員從六品俸一百…貫職田…頃五十畝 都目一員俸一十貫職田五十畝 判官一員從七品俸…職田一頃 陰陽學醫學各一員 蒙古字學一員 儒學教諭

達魯花赤州尹	判官	教諭
亦不剌金 吳觀有傳	張仲美	婁志淳字太初
法保 徐渙	胡漢卿	熊介本州人
也先不花 楊元鈞有傳	楊崇訓有傳	

項中宣	湯盤有傳

國朝初仍元爲寧州洪武五年改爲寧縣弘治癸亥復爲寧州 知州五品一員從 同知六品一員從 判官七品一員從 吏目九品一員從 儒學學正一員 訓導二員 杉市巡檢司巡檢一員 定江巡檢司巡檢一員 八疊嶺巡檢司巡檢一員 稅課局大使一員革 陰陽學 醫學 僧會司 道會司

知州
吳元年 徐渙有傳
項中宣[illegible]

寧縣官制同南昌

學官制同南昌

知縣	縣丞	主簿	典史	教諭	訓導
[illegible] 李良貴	謝宗文[illegible]			鄧禮則有傳	程翼本縣人[illegible]
李彥誠有傳					周學古[illegible]
十年 張惟德	黎斌[illegible]				艾挺吉水人[illegible]
韓希祿有傳					潘昂金溪人舉人
闕賡有傳	張拱秀水人由懷才抱德任			吳公榮莆田人舉人	方秉奇祁門人舉人
卓朝用有傳			向善有傳		王貴仁和人[illegible]
劉琛有傳				曾景修莆田人	余良上虞人[illegible]
羅珉邵武人監生				朱忠莆田人舉人	黃倫[illegible]
陸旹滁州人貢		吳苡[illegible]陽人			

貢冊 馬緒
都昂 人舉人
屈伸 吳縣人 舉人

成化間 蕭光甫 甫田人 舉人
錢銚 浙江人 監生
劉海 景陵人
孫穎 慈谿人 舉人
張孟 嘉定人 舉人

朱浦 桂陽人 監生
吳澧 字世崇 安人 監生
李鰲 平南人 舉人
陳朝卿 莆田人 舉人
顏鑑 字明叔 龍溪人 舉人

南昌府志 卷之 職官 四八

沈存 崑山人 舉人 由訓導陞任
張琦 閩縣人 舉人
先楷 盧州人 舉人
任山 山陰人
陳原洪 常熟人 舉人

弘治 周廷璋 人
蔡瑾 同安人 監生
李瑄 遼東人 監生
周昂 人
林熙春 建德人

董壽 人
蔡廷璋 麻城人
許義 華亭人
陳球 莆田人
周崢 嵊縣人

弘治十六年 知州 葉天爵
同知 趙宗堯
判官 陳興 臨淄
吏目 李鉞 河東
學正 周昂
訓導 周嵥

正德元年 沈暕 仁和人 進士 由兵部員外郎
人 進士
武進 人舉人
吏員
許棨 浩州人 進士 由主事謫任
龍暹 融縣人 監生
陳能 人舉人
林森 人歲貢
蕭翊 泰寧人

林文琛 閩縣人 舉人
傅祿 龍游人 監生
王宣 安陸人 監生
陳浚 龍水人 監生
楊孟洪 晉江人 舉人 國子監學錄
朱參 龍溪人 歲貢 以捐俸置祭器

李錫 東安人 進士 由御史調任
單儼 興化人 監生
朱霖 南海人 監生
李智 南溪人 監生
魏鑾 慈谿人 歲貢

南昌府志 卷之 職官 四九

太倉 原府同知
牛鸞 歙縣人 進士 由給事調任 才識通敏 人風清 與絕
張偉 桂平人 監生
王岳 商城人 監生
楊春 無錫人 監生
周翱 楊林千戶所人 舉人
許昱 海陽人 監生

汪憲 莆田人 舉人
黃輔 順德人 吏員陞通判
周陽鳳 安遠人 監生
胡彥明 霍丘人 監生
林顯 吳川人 舉人
康昆 義烏人 歲貢

嘉靖二年 孫芝 當塗人 舉人
張桂
周貴
王策
貴淮 烏程人

三年 人 人進士 人監生 人監生 貢
趙宗夔 武進人舉人　金源 義烏人監生　介休人監生　周元 睢寧人歲貢
四年 喬遷 九溪衛官籍人陞贛州同知　傅祿 羅源人監生　方懋 桐城人監生陞桃源縣知縣　劉爵 巴縣人歲貢
七年 單儀 興化人監生陞改維摩州同知　張增睿 閩縣人舉人　徐檜 永康人歲貢
十年 蔣芝 成都人進士　張偉 桂陽州同知　王昱 平陽人歲貢

十二年 上杭人陞潮州 議文學政治有聲　人監生　班聰 夏邑人吏員　蘇信 平陽人進士由御史謫任　陳常 山陰人舉人陞知縣　陳廷佩 河源人歲貢
十四年 丘愈 莆田人陞雲南府同知　林奇峰 寧德人監生　張權 惠安人歲貢
十六年 王時泰 餘姚人進士　蕭稽 白雲人陞知縣　王時舉 東完人舉人　韓昌宗 江津人歲貢
十九年 陸梲 平樂人　章董 溧水　唐子琳　殷銳 江都　彭常道 潤陰

二十一年 人歲貢　人監生　山陰人監生　人吏員　朱勛 孫州人歲貢有傳　張奎 江浦人監生
二十二年 萬民望 黃岡人舉人　林春澤 侯官人進士　李輪 長洲人進士由御史以建言左遷　周節 穎州人監生　陳萬言 高要人選貢
二十四年 陳高 高要人歲貢　林惠 保昌人歲貢
二十六年 朱孫秀 錢塘人舉人　朱守元 山陰人監生　袁宗興 始興人歲貢　楊相 淮安人歲貢
二十七年 章元泰 山陰人監生　成位 興　袁大綸　蔣仲馨 興

二十九年 范晉卿 上虞人舉人博學善文恤民造士　人監生　人選貢　張洛 溪人吏員　鄞縣人歲貢　駱騰光 諸暨人歲貢
三十一年 余瀛 谷城人監生　徐沛 宜城人進士陞解州知州　周番 霍山人　魏蘭 皇縣人歲貢　潘受 漢陽人歲貢
三十三年 吳雲臺 莆田人舉人陞臨安同知　吳仲瑞 潛山人監生　張必成 浦城人監生　吳越 鄞縣人歲貢陞教諭
三十四年 陶雲漢　趙彥 無爲　魏希賢　王才美 定安

會稽人歲貢
州人監生
兗平人舉人陞知縣
人歲貢

三十六年
崔一濂 南海人進士陞南陽同知杜絕奸弊加意學校有去思碑
陳瑞 鄞縣人吏員
屠鉉 嘉魚人監生
賁鎰 耒陽人歲貢
劉九成 鍾祥人監生

三十九年
方大猷 南海人舉人
梁沛 高要人歲貢
吳聯芳 邢台人歲貢
葉達枝 閩縣人歲貢

王興才
周偉 茶陵州人

西華人
歲貢

四十年
張秉中 會稽人舉人
李棟 當陽人監生
王綸 莆田人舉人陞知縣
何吉 當陽人歲貢

四十一年
江龍 敘縣人監生
李秩 崑山人歲貢
匡朝宣 應山人歲貢
諸森 餘姚人歲貢

四十二年
謝紹祖 有傳
侯來聘 范縣人監生
李廉 當塗人歲貢敎尚操行信
丁文昌 江浦人歲貢

四十五年
黃誥 東莞人進士陞吉安府同知徒跣禱雨撫字勤民有去思碑
孫敏學 慈谿人儒士
癸十二 氣
徐璽 [illegible]人歲貢

隆慶元年
楊廷檻 京山人監生
閻宏 麻城人吏員
余奕 貴州前衛人舉人陞教授
張加兆 長沙衛人歲貢

二年
楊府 平湖人舉人
曹相 當塗人吏員
劉梁 陽山人監生
劉序 溧陽人歲貢

四年
陳賢 蒼梧人進士
王淪 貴池
胡維新 餘姚人進士由御史
吳珊 太倉
陳應秋
王應瑞 亳白
胡文鳴 績溪人歲貢

士陞湖州府同知
人歲貢
謫任陞推官
人儒士
莆田人舉人
人歲貢

萬曆二年
熊烈 富川人舉人
吳時和 歙縣人監生
夏子雲 涪州人舉人陞通判
黎康 瀏陽人監生
劉楠 山陰人歲貢
向承上 敘浦人歲貢

三年
陳以忠 無錫人舉人
王伏 太平人吏員
鄭公明 綏寧人歲貢
張珂 上杭人歲貢
曾魯 永豐人歲貢

四年
宋廷仲 上思州人歲貢陞監
柳鍂 當塗人吏員
黃應旌 貴州前衛人舉人
吳塾 洋鄉人歲貢

七年 石漢 大寧人 舉人 昌逆僉事 南監
曾唯 興寧人 監生
辛如金 高唐州人 進士 陞上饒縣知縣
談加績 德清人 監生
陸管 安陸人 貢
嚴崖 分宜人 貢
蔣思齊 貴山人 歲貢

八年 陸宗龍 貴州人 前衛舉人
孔忱 南漳人 吏員
虞廷臯 臨海人 歲貢
吳樂唐 南康人 歲貢

九年 吳之問 新建人 舉人
沈亨 慈谿人 吏員
何鴻 [illegible]人 舉人
令俞奇 荊州人 監生
左三德 星子人 歲貢

十一年 范宗鎮 黃岡人
陳滿 永嘉人
蔣道 高郵人
蕭應龍
楊一貫 臨川人

南昌府志　卷之十四　二百八十三

十二年 [illegible] 人 舉人 由推官陞任
陳楹 山陰人 恩貢 監生
束桓 丹陽人 監生
仰應朝 錢塘人 吏員
[illegible] 龍溪人 恩貢
人 選貢

十四年 李士達 龍溪人 舉人
丁景芳 貢
左衛人 吏員
歐陽材 萬載人 歲貢
劉啓元 泰州人 監生
劉啓 懷集人 吏員
劉廷光 安義人 歲貢

十五年 蘇得祿 易州
王體坤
蔣釗 [illegible]

十六年 張雲冲 晉江人 舉人
錢[illegible] 人
馬巽孟 溧陽人 監生
晁維 嵩明人 恩貢
貢

新修南昌府志卷之十四 終

名宦傳

得見君子賢其賢而親其親小人樂其樂而利其利此以沒世不能忘也自秦置守及今千五百載豫章一郡以[illegible]之官其因傳而見者止此亦何少也雖然太守如陳仲舉縣令如周茂叔尉如梅子真誰能忘之諒哉沒世不能忘況近世乎

漢灌嬰史記載潁陰侯傳中云破吳得吳守遂定吳豫章舊志載郡城乃漢丞相灌嬰所築故自昔以灌城名鄉寧獻王刻有灌嬰除豫章三害集且世傳城東南隍城寺爲嬰之故宅即土寺側有灌嬰墓至今尚存歷代祀爲城隍之神其大有功于斯土可知矣故首列之

黃霸字次公陽夏人爲人明察內敏又習文法然溫良有讓足智善御衆宣帝時因宋畸舉霸賢良擢霸爲揚州刺史以外寬內明得吏民心

何武字君公郫縣人舉賢良方正徵對策拜爲諫大夫遷揚州刺史所舉奏二千石長吏必先露章服罪者爲虧除免之而已不服極法奏之抵罪或至死其餘賢不肖敬之如一是以郡國各重其守相州中清平行部必郎學官見諸生試其誦論問以得失然後入傳舍出記問墾田頃畝五穀美惡已乃見二千石以爲常爲刺史五歲入爲丞相司直

梅福壽春人爲南昌尉時成帝委任王鳳京兆尹王章以譏刺鳳坐死福上書云方今君命犯而主威奪上不納至王莽專政福遂棄官去隱于洪崖山

賈萌河東人仕爲郡守與安成侯張普約同起兵討王莽普負約遂獨戰死民立廟祀之

李忠東萊黃人王莽時爲新博屬長更始立忠與任光同奉世祖以爲右大將軍封武固侯建武二年更封中水侯食邑三千戶從平龐萌董憲等十四年遷豫章太守求雨有應令七人廟祀爲五穀之神

張躬永平中爲太守築堤以通南路謂之南塘

張禹字伯達趙國襄國人建初中拜揚州刺史歷行郡邑深幽之處莫不畢至親錄囚徒民皆喜悅

鮑永爲揚州牧時南土尚多寇暴永誅彊橫鎮撫其餘百姓安之

劉寵字祖榮中牟人桓帝朝爲豫章太守性秉仁慈政尚寬裕爲吏民親愛後轉會稽太守爲漢循吏稱首

陳蕃字仲舉汝南平輿人由孝廉遷尚書出爲豫章太守聞郡人徐孺子風節下車即先詣之主簿請先入廨

蕃曰武王式商容之閭孔席不暇煖吾之禮賢有何不可性方峻不接賓客惟禮徐孺子特設一榻去則懸之至今名懸榻里

欒巴字叔元豫章太守郡多淫祀小民常破貲産以祈禱巴素有道術悉毀之於是妖異屏息而小民不復惑矣

陳循為太守惟徐孺子詣門待以殊禮

華歆字子魚高唐人豫章太守簡靜不煩孫策盛兵徇豫章一郡大恐歆善遇之策待以賓禮民賴全活赴召人贈之金皆不拒密各題識臨去還之人皆服其德量

吳孫賁策之同産兄為豫章太守後封都亭侯在郡十一年卒子鄰嗣鄰年九歲代領豫章進封都鄉侯二十九年討平叛賊政績脩理

太史慈拜折衝中郎將撫安豫章士卒時劉表從子磐數為寇於艾西安諸縣慈督諸將拒磐磐絶跡不為寇權遂委以南方之事

張俊五鳳中為太守建子城雙闕

顧劭字孝則博書史樂人倫為豫章太守下車祀先賢徐孺子墓優待其後小吏中有資稟佳者輒令就學擇其先進授以右職舉善以敎風化大行卒于郡

謝景豫章太守在郡有治迹吏民稱之以為前有顧邵後有謝景

晉雷煥豫章人初吳之未滅也斗牛間常有紫氣張華聞煥妙達象緯問之煥曰寳劍之氣上徹於天耳當在豫章豐城華即補煥豐城令煥掘獄地果得二劍是夕紫氣不見劍名龍泉太阿煥以一送華以一自佩後華誅劍失所在煥卒其子攜劍過延平津忽于腰間躍入水中使人投水取之但見二龍蟠縈光彩照水波浪驚沸而劍失矣

王稜字文子從兄導以稜有政事宜守大郡乃出為豫章太守加廣武將軍稜知從兄敦驕傲自負有罔上心日夕諫諍每言苦切敦不能容潛使人害之

庾條字幼序永和三年為豫章太守豫章黃韜自稱孝神皇帝臨川人李高為相聚黨數百人乘犢車衣皂袍攻郡縣條討平之

劉胤字承胤東萊掖人以忤王敦出為豫章太守豪民莫鴻因亂殺其令橫恣為民患胤誅之豪右屏蹐

甘卓字季思丹陽人元帝初渡江授卓前鋒都督揚威將軍下陽内史其後討周杏征杜弢屢經苦戰多所殺獲以前後功進爵南鄉侯拜為豫章太守湘州刺史將

年如故復進爵

周訪字士達潯陽人元帝初爲鎭武將軍與諸軍共征杜弢弢遣將張彥陷豫章焚燒城邑王敦時鎭湓口授訪節度擊彥破之訪爲流矢所中折前兩齒形色不變弢又遣杜弘出海昏湓口騷動訪步上柴桑偷渡與賊戰又擊破之帝進訪龍驤將軍敦表爲豫章太守加征討都督賜爵潯陽縣侯

溫嶠字太眞壽春人性聰敏有識量博學奇氣手儀秀整咸和初爲江州刺史持節都督豫章等十郡軍事時豫章爲江州刺史治所嶠甚有惠政甄異行親祭徐孺子墓後在鎭削王敦畫像聞蘇峻之變率鄱陽內史紀瞻等以州師赴難平之卒謚忠武葬豫章城南詳見廟祠次子爲新建縣侯

王允之字深猷咸康中進號西中郎將假節尋遷南中郎將江州刺史謚玫甚有威惠

范甯字武子少篤學多所通覽在郡大設庠序遣人往交州採磬石以習樂改革舊制不拘常憲遠近至者數千人資給衆費一出私祿選四郡子弟充學生課五經學舍郡門皆其所增改者嘗慨時競清談罪在王弼何晏乃著崇有論以矯之云

韓伯字康伯潁州長社人清和有思理留心文藝舉秀才徵佐著作郎並不就簡文帝世藩引爲談客自司徒左西屬轉撫軍掾中書郎散騎常侍豫章太守入爲侍中

桓伊字叔夏譙國銍人以破苻堅功封永脩縣侯遷都督江州等十四郡軍事江州刺史伊到鎭以邊境無虞宜以寬恤爲務乃上疏以江州虛耗連歲不登今餘戶有五萬六千宜幷合小縣除諸郡逋米移州還鎭豫章詔令移州尋陽其餘皆聽之伊隨宜拯撫百姓賴焉卒葬豫章

褚裒字季野康帝爲琅邪王時將納妃妙選素望詔聘裒女爲妃於是出爲豫章太守及康帝卽位徵拜侍中遷尚書以后父苦求出外除建威將軍江州刺史在官清約雖居方伯恒使私童樵採頃之徵爲衛將軍領中書令

殷羨字洪喬爲豫章太守都下士夫因其致書者百餘函行次石頭皆投於水曰沉者自沉浮者自浮殷洪喬不能爲致書郵其資性介立如此

孫潛字齊由太原中都人爲豫章太守殷仲堪之討王國寶也潛時在郡仲堪逼以爲諮議參軍固辭不就以

愛卒

謝鯤字幼輿陳國陽夏人以時方多故謝病避地于豫章嘗夜宿空亭中除鹿怪左將軍王敦引爲長史敦將爲逆鯤諫之不從出鯤爲豫章太守蒞政清肅百姓愛之

何無忌仕晉爲都督江荆二州八郡軍事加散騎侍郎進鎮南將軍時盧循遣別帥徐道覆順流而下舟艦皆重樓無忌將卒衆拒之長史鄧潛之諫曰今以神武之師抗彼逆衆廻山壓卵未足爲譬然國家之計在此一舉聞其舟艦大盛勢居上流蜂蠆之毒邾魯成鑒宜決

破南塘守二城以待之其必不敢捨我遠下畜力俟其疲老然後擊之若棄萬全之長策決成敗於一戰如其失利悔無及矣不從遂師舟拒之既及賊令强弩數百登西岸小山以邀射之而薄於山側俄而西風暴急無忌所乘小艦被飄東岸賊乘風以大艦逼之衆奔敗無忌尚厲聲曰取我蘇武節來節至乃躬執以督戰賊衆雲集登艦者數十人無忌辭色無撓遂握節死之後人傷之爲立廟焉今其地名戰坑

齊顧憲之爲豫章內史在任清簡務存寬恵有民婦萬晞者少孀居無子事舅姑尤孝父母欲奪而嫁之誓死不許憲之賜以束帛表其節義

王昻字千里永明中爲豫章內史丁所生母憂去職以喪還江路風潮暴駭昻乃縛衣著柩誓同沉溺及風止餘船皆沒唯昻船獲全咸謂精誠所致

王君正字世忠昻之子也爲豫章內史不信巫邪有師萬世榮稱道術爲一郡巫長君正在郡小疾主簿熊岳薦之師云須疾者衣爲信命君正以所著襦與之事竟取襦云神將送與北斗君君正使檢諸身於衣裏獲之以爲亂政郎刑於市而焚神一郡無敢行巫遷吳郡太守

梁周文育字景德陽羡人廣州刺史蕭勃盛兵踰嶺遣其將歐陽頠頓兵以拒官軍新吳余孝頃以兵應有艘艦三百在上牢文育潛軍襲之悉取以歸乃棄故船舫沿流僞退孝頃大喜不設備文育由間道據其中築城饗士賊徒大駭遂襲頠擒之孝頃弟孝勵猶據舊柵文育討之不克退據金口熊曇朗乘其不利欲害之監軍孫白象知其事勸令先發文育曰不可我舊兵少客軍多若取曇朗人皆驚懼亡立至矣不如推心撫之後遭曇朗害武帝聞之卽日舉哀贈侍中司空謚忠愍

蕭勱字文約梁武時爲豫章內史道不拾遺男女異路

徙廣州刺史去郡之日吏人悲泣數百里中卅乘塡塞
各齎酒殽以送勵勵人爲納受隨以錢帛與之至新淦
縣斫山村有一老姥以槃擎鱠魚自送舟側奉上之童
兒數十人入水挽舟或歌或泣舟爲之歒
丘仲孚字公信梁武時爲豫章內史在郡以清節聞頃
之卒喪還豫章老幼號泣攀送車輪不得前
陳周敷爲太守天嘉二年徵江州刺史周廸鎭彭城又徵
其子入朝皆不至獨敷先入朝進安西將軍給皷吹賜
女妓金帛令還豫章廸以敷出已上不平陰與留異相
結襲敷敷戰破之

王綸之字元章永明中爲太守下車祭徐孺子許子將
墓圖陳仲擧華子魚謝幼輿像於郡朝堂爲政寬簡稱
良二千石
胡穎字方秀吳興人也儀姿容性寬厚梁末陳武帝在
廣州穎深自結託從克元景仲平蔡路養李遷仕皆有
功武帝進軍頓西昌以穎爲巴丘令鎭大臯督糧運下
至豫章郡武帝率衆與王僧辯會白茅灣同討侯景以
穎知留府事梁承聖初元帝授穎羅州刺史封漢陽縣
侯尋除豫章內史
周羅睺字公布九江尋陽人陳宣帝時以軍功授開遠

將軍除雄信將軍使持節都督豫章十郡諸軍事
內史獄訟庭決不關吏手民懷其惠立碑頌德
隋蘇孝慈仁壽初爲總管有惠政時桂林山越人相聚爲
亂孝慈平之卒於官
豆盧通字平東昌黎徒河人弘厚有器局開皇初尚高
祖妹昌樂長公主遷洪州總管所在以恩惠稱
唐李大亮武德八年以都督爲安撫使討張善安執之撫
集離散僅有一旅之衆因灌嬰舊城置鄉以處之高祖
以擒善安功賜奴婢百口辭曰而曹皆衣冠子女不幸
破亡吾何忍錄而爲隸乎縱遣之高祖聞咨美更賜俚

婢二十人
袁承序爲齊王元吉府學士府廢補豫章建昌令治尚
慈簡吏民懷德
黃長公武德八年任鄱陽寇馮陵人戶流竄土地阡陌荒
毀長公奔車入境招懷流散襁負而歸未及朞月民庶
安居
李行休鎭洪州下車踰月逃亡歸附引接賢善虛心不
倦屬歲旱精誠祈禱膏雨下降
張九齡字子壽曲江人十歲知屬文居父喪哀毀庭木
連理擢進士調校書郞後以大常卿出爲冀州刺史以

出不肯去鄉里表改洪州都督有治聲歲旱輸而輙應
作[illegible][illegible]千慕砌政暇泛東湖有詩爲唐賢相史稱唐室
第一流人物謚文獻
王遘天寶中爲南昌令有中使過洪州頻求取無厭遘
欲按之謀於權臯良久不荅泣曰令何由致天子使而
據欲治之掩面去遘悟厚謝之
江亞字次公京兆人肅宗在靈武上書論當世事擢校
書郎常衮惡之出爲江西觀察使
張休上元末以衛尉卿爲都督崔祐甫作張公遺愛頌
云唐張休爲洪州都督一之日二之日三之日纔三日

而政成州人愛之如父母及移廣州民愈思之
韓朝宗以門下朝請大夫持節都督守洪州刺史乞罷
貢梅煎以乳柑代之後爲京兆尹
韋元輔上元中自御史中丞出爲豫章都督時淮泗不
寧夾泉震動由是都國藩屏大臣皆輻輳是邦欲議同
盟靖難王室故常州刺史獨孤及作豫章冠蓋盛集記
張鎬寶應元年爲洪州刺史屢平盜賊修城池愼簡僚
佐四方賢者皆與其選慈惠之政洽于百姓卒于官郡
人求李華頌其遺愛立碑郡中
韓洄字幼深洪州刺史張鎬以故相鎭江西奏授洄本

州長史吳務副使以績最拜監察御史轉殿中侍御史
賜緋魚袋充江西都團練判官軍州庶政多所諮決鎬
終於位洄領留務每長史交代人心輒搖洄能輯寧所
部以待守臣
李勉自河南尹徙江西屬兵睦鄰平賊屯部人有爲父
求厭者以木偶署勉名埋之掘治驗服勉曰是其爲父
則爲孝也縱不誅
符載字厚之岐襄人隱居廬山聚書萬卷不爲章句學
貞元中觀察使李兼薦其才授奉禮郎爲南昌軍副使
李芃字茂初趙州人李勉觀察江西表署判官永泰初

宜饒劇賊方清陳莊西絶江劫商旅爲亂支黨蟠結芃
請以秋浦置州扼衿要使不得合從勉是其計奏以宣
之秋浦清陽饒之至德置池州即詔芃行州事
魏少游大曆二年爲江西觀察使表柳渾爲判官州僧
有夜飲火其廬歸罪奴軍候受財不詰獄具渾與其僚
崔祐甫白奴冤少游趣訊僧僧首伏
柳渾字夷曠襄州人大曆中江西觀察使魏少游表爲
判官嗣恭代少游渾遷團練副使未幾表爲永豐令轉
豐城令政如永豐而仁厚加焉後拜相封宜城伯
李泌字長源代宗時元載惡其不附已因江西觀察使

魏少游請條佐載稱泌才以試秘書少監充判官載諱
帝召還入相號稱得君帝嘗曰誰與卿有恩者朕能報
之泌乃言爲元載所疾請江西路嗣恭與載厚臣嘗
畏之會與其子應竝驅馬齧其脛岂惶恐不自安應闕
不言遷起見父臣常媿其長者思有以報帝曰善即日
加應檢校屯田郎中服金紫

路嗣恭字懿範京兆三原人爲觀察使以善治財賦稱
有賈明觀者素事魚朝恩朝恩誅當坐死宰相元載納
其賂遣效力江西將行居民數萬懷瓦石候擊載諭市
吏禁止乃得去魏少游畏載常曲容之及嗣恭代少游
即日杖死載因譖嗣恭初平五嶺且爲亂陛下試召必
不入朝三伏中追詔至用樗渾策即日過江宿石頭代
宗曰嗣恭不俟駕行矣載無以罪

王緯字文卿并州太原人大曆中與李泌俱爲觀察路
嗣恭判官泌見惡於元載嗣恭希意欲殺之緯護解僅
免泌執政奏於巳有私恩德宗許爲泌報故進緯給事
中

張鎰大曆十四年自壽春移觀察使到郡之日賑給孤
獨均平賦稅存問癃老不能自安者厚其粟帛然後大
興學校激勵浮俗

鮑防右散騎常侍兼御史大夫建中元年爲觀察使民
悅其化崇飾儒學敦勸生徒有業成貧貢者給資以遣
之徵拜常侍

李皐字子蘭嗣曹王當李希烈反遷江西節度使受命
日不宿家至豫章大令將吏敎以秦兵團力法聡其賞
罰張弛如一莫能當其鋒皐性勤儉能知人疾苦參聽
微隱盡得吏下短長其賞罰必信所至常平物估豪右
不得擅其利教爲戰艦挾二輪蹈之皷水疾進駛于陣
馬有所造作皆用省而利長以物遺人必自視衞量庫
帛皆印署以杜吏謾

盧群字載初李希烈反以監察御史爲江西行營糧料
使嗣曹王皐節度江西奏爲判官皐徙荊襄皆從其府
以勁正聞

戴叔倫字幼公潤州金壇人嗣曹王皐領湖南江西表
在幕府皐討李希烈叔倫領府事試守撫州刺史民歲
爭溉灌爲作均水法俗便利之耕餉歲廣獄無繫囚俄
即眞其治清明仁恕多方畧故所至稱最

李兼貞元元年以左散騎常侍兼御史大夫自鄂岳移
鎭江西屬淮西叛亂征討之後編户蕩析兼下車撫之
三年歸者過籍五千山水衆漲浸城郭壞廬舍州南先

有古堤舊制低狹不能防水老幼號呼懼將沉溺冕於
是率勵將吏百姓躬自立於堤上負土囊以遏之卒免
水患
裴胄字胤叔絳州聞喜人以兼御史中丞為觀察使初
李兼罷南昌卒千餘人收資廩以為月進胄白罷之
齊映瀛州高陽人貞元八年以給事中兼御史中丞為
觀察使嘗立義倉積粟三十萬斛及豐城縣大姦昌千
乘西山道士葉清源先聚徒各數百人以妖惑衆映一
朝擒去之刑不用而詐息
李巽字令叔趙州贊皇人貞元五年以右散騎常侍兼

御史大夫為觀察使銳於為治持下以法察無遺私吏
不敢紿長於吏事至治家亦自檢案牘書如公府吏有
過秋毫無所縱股慄脅息常如與巽對
韋丹字文明京兆萬年人元和中為江西觀察使計口
受俸委餘於官罷八州冗食者以收其財始民屋草茨
竹椽久則燥焚丹召工教為陶瓦置南北市為營以舍
軍築堤捍長十二里竅斗門以走水漑治陂塘五百九
十八所灌田萬二千頃百姓賴之至宣宗讀元和實錄
見丹政事卓異宰相周墀稱當時治民第一德被八州
詔刻功于碑

裴誼為觀察時按虔州刺史李將順受賕不覆訊而貶
呂元膺曰觀察使奏部刺史不加覆雖當誅猶不可為
天下法請遣御史按問宰相不能奪
王仲舒字弘中并州祁人除觀察使罷榷酤錢九十萬吏
坐失官息錢五十萬不能償仲舒焚簿書脫械不問水
旱民賦不入為出錢二千萬代之有為佛老法與浮屠
祠屋者皆驅出境卒于官贈左散騎常侍謚曰成
殷侑陳州人貞元末及五經第寶曆元年以右散騎常
侍兼御史中丞為江西觀察使以廉潔稱
沈傳師字子言蘇州吳人寶曆二年拜尚書左丞出為

江西觀察使明於吏治吏不敢罔慎重刑法每斷獄召
幕府平處輕重盡合乃論決其僚佐如杜牧李中敏韋
極當時之選嘗擇邸吏尹倫遜魯不及事官屬屢白以
之傳師曰始吾出長安誡倫曰可關事不可多事倫如
是足矣故其政以廉清聞
周墀字德升汝南人及進士第武宗時為觀察使兼御
史大夫施敎令申約束發虔守陳弁贓坐弁以法死所
捕劇寇劉大朴徒數百人於彭蠡東口戍五百人上下
千里無一賊跡
韋宙丹之子也以御史中丞為觀察使政尚簡易南方

以爲世官
鍾傳高安人中元二年逐觀察使高茂卿自稱留後久之朝廷因拜鎮南軍節度使累授至檢校太保中書令封南平王據有江西垂三十年廣明後州郡不鄉貢惟傳歲薦士行鄉飲酒禮率官屬臨觀資以裝齎故士不遠千里來赴天祐三年卒長子匡時自立爲留後後入于吳

南唐林仁肇建陽人剛毅有膂力初爲閩將閩亡歸南唐官至洪州節度使仁肇雖爲將任常與士卒均食同服故得其心宋太祖忌其有能名用計間之後主遂殺仁肇

馮儀爲豐城令性廉明撫民有方有田父詣令求決事凌晨飯蕨稍饑至食肆求麵久不至乃去肆家堅索麵金不與乃訟于縣公飲以茶而洒桐油其中田夫盡吐所食惟蕨耳肆家乃伏罪

宋王明字如誨大名人以秘書監知州事時王師問罪金陵明帥師入豫章或以城逆期不下當屠之明心不然移與其衆約曰吾入城觀發政等視吾鞭上下爲處分鞭餌即如令否則不可妄殺一人翌日入城舉鞭以示城於是獲全人甚德之至圖其像於上藍精廬以祠之避其名不敢斥如曰明則改曰光云太平興國二年兼轉運使四年召爲右諫議大夫

張鑑字德明太平興國二年登進士第釋褐大理評事王明薦其能用爲江南轉運使本部有大姓爲民患者鑑名聞太宗盡令部送魁首及妻子赴闕以三班職名羈縻之江左震肅又建議割瑞州清江吉州新淦袁州新喻三縣置臨江軍時以爲便召還特被慰奬

張齊賢字師亮太平興國六年爲江南西路轉運副使至官詢知饒信虔州土產銅鐵鉛錫之所歲鑄五十萬貫又諸州歲錮送京師罪人奏減大半奏免小民官逋房錢及稅戶出丁克伍爲江南義軍者並放歸農在任勤恤民瘼務行寬大江左人思之不忘

范正辭字直道齊州人太平興國中以膳部員外郎充江南轉運副使饒州民甘紹者積財鉅萬爲群盗所掠州捕繫十四人獄具當死正辭按部至引問之命徙他所評鞫既而民有告群盗所在潛召監軍王愿掩捕愿未至盗遁去正辭單騎出郭二十里追及執之賊自刃不殊按其姦狀伏法而前十四人皆得釋

和峴字顯仁開封浚儀人擢進士第雍熙初知崇仁縣拜大理評事江南轉運楊緘以其材幹奏移知南昌縣

夏侯嶠字峻極濟川鉅野人興國初舉進士中科雍熙二年以左補闕直史舘知洪州淳厚謹愼居官無過大

任中正字慶之曹州濟陰人進士及第大宗時爲秘書丞江西轉運副使聽幹顧長帝擇人務命内臣取緋衣之長者賜之至郡歲大稔民出租賦不糴皆爲羨發運使王子輿欲悉調餉京師中正曰東南歲輸五百餘萬而江南所出過半今歲有餘他歲歉則數不登患及吾民矣乃止

許驤字允升世家薊州十三屬文善詞賦太平興國初詣貢部與呂蒙正齊名及廷試擢甲科雍熙二年爲江

南昌府志　卷　　九

南轉運副使洪吉上供運船損物主吏懼罪故覆溺者獄者按以欺盜當流死者餘百人驤馳往訊問得其情實以聞多獲輕典優詔褒之又上言劫盜配流遇赦得還本鄉反讎告捕者多所殺害自今請以隸軍詔可遷正使

何恙大平興國六年析南昌縣西境置新建縣首命慈爲主簿領縣事慈擇地得南唐南都尹林仁肇故宅始創縣在任公恕民咸德之

凌策字子奇宣州涇人雍熙二年進士眞宗時洪州水知州李玄病上與宰相歷選朝士將徙策代之上曰南昌水潦艱殆長吏當便宜從事不必稟於外計也王旦言策蒞事和平可寄方面望卽以江西轉運使授之仍詔諭差選之意饒州產金嘗禁商市斃或有論告逮繫滿獄策請縱民販市官責其算人甚便之

欒崇吉字世昌開封封丘人眞宗時以司農少卿知洪州有司歲歛民財造舟崇吉至奏罷之

張煦字輔賜開封人眞宗時江淮災歉分命大藩長吏綏撫以煦爲江南西路安撫都監

王濟眞宗時以刑部郎中知洪州兼江西安撫使屬歲旱民饑躬督官吏爲糜粥日給之錄饑民爲州兵全活

南昌府志　卷　　二十

甚衆

張傳字巖卿亳州譙人進士及第眞宗時提點江西刑獄所至審覈簿書勾摘奸隱州縣憚之傳曰吳爲我悍哉吾所以事事致察者正所以愛州縣也吏不敢慢則州縣不復犯法矣人亦以爲然天禧中有術士自言能百歲少時嘗游泰悼王家歷見唐肅宗代宗朝由是出禁中見尊重人無敢詰其僞傳見之詰以唐事術士語屈

李虛已字公受父寅仕江南有清節國除留京師而寅母獨在江南大平興國中遷尚書屯田員外郎以便親

請通判洪州是時寅巳謝歸春秋高寅毋尚無恙虛巳雙鑾迎侍臨東湖築第以居眞宗時知河中府未幾進給事中知洪州綽有德政

程師孟知洪州州瀕江歲積薪捍堤師孟壘石易薪又浚豫章溝揭北閘以節水升降後無水患民甚便之

唐介字子方江陵人由進士宋端平間以禮部郎中出守南昌爲人簡抗以敢言見憚皇祐間論貴妃叔張堯佐宣徽節度及文彥博錦燈籠事致仁宗怒貶英州別駕李師中贈詩有孤忠自許衆不與獨立敢言人所難之句後官至執政封楚國公謚質肅長子淑同官左司

諫次子義問判南太守淑閣子康華陽令意南陵令

宋咸字貫之天聖二年進士任豐城尉著治迹計以勤政公暇且勤學好吟詠

蕭貫字貫之新喻人舉進士以祠部員外郎知洪州臨事敢爲不苟合於時有撫州參軍孫齊畱妻杜氏于家娶周氏入蜀久之又納娼于撫周氏至捽置廡下爲娼殺其所生子周訴于州及運使皆不受貫特爲治之

唐肅字戒之錢塘人以工部郎知洪州事恬靜寡欲初至蠟州南康徘徊不進或問其故曰職由以四月爲限今遽之得無獲邀利之譏乎逾月乃至人皆慨服

孫抗字和叔仁宗時提點江南西路刑獄持大體畧細故與賓客談說絃歌飲酒委任佐屬盡其力事以不廢

趙槩字叔平南京虞城人進士仁宗時知洪州城西薄章江有泛溢之虞槩作石堤二百丈高五尺以障其衝水不爲患力折豪吏府中股栗然秉心和平與人無怨事雖不言陰以利物者爲不少議者比劉寬婁師德云

陳良器仁宗時通判洪州値大水城不淹者十五舉城惶擾不知所爲良器豫具薪稿不終日以塞州人德之曰無陳公吾屬其不免矣

李諮字仲詢新喻人擢進士第三人仁宗時以樞密直

學士知洪州諮性明辨周知世務其處煩碎常若閒暇吏不敢欺政平訟理人以況唐韋丹曰前韋後李

蔣堂字希魯常州宜興人登進士仁宗時以吏部郎中知洪州清節純飭遇事毅然不屈

葛源字宗聖麗水人仁宗時爲洪州司理參軍州有將官之甥與異母兄鬬人而甥殺之州將脅源曰兩人者皆吾甥而殺人者乃其兄也源不聽卒正其罪

夏竦字子喬江州德安人仁宗時以戸部郎中知洪州事舊俗尚鬼巫民至屛去醫藥飲食惟神之聽竦索其部中得符籙鍾角巾幘之類以萬計悉燔之治郡有政

許皆作條教於閭里立保伍之法致盜賊不敢發然人苦煩擾所在陰間僚屬使相偵伺以鉤致其事遇家人亦然

孔延之字長源新淦人鄉進士第一仁宗時知新建縣寡言笑言若不能出口見義慷慨辨且彊酬切上官無顧避

周湛字文淵鄧州穰人進士仁宗時爲江南西路轉運使州縣簿領案牘淆混無紀次且多亡失湛爲立號以月日比次之詔下其法諸路又以徭賦不均百姓巧於避匿因條其詭名挾佃之類十二事且許民自言凡括隱戶三千萬湛天資彊記吏胥滿前一見輒識其姓名

薛向爲江浙等路發運使領均輸之職運舟兵士交相侵盜貿易甚則託風水沉舟以滅迹向始募客舟以官舟運費募寡而物良舊弊悉去

叅宗道遷江淮發運使通眞揚漕河廢三堰舟楫便之歲入以八百萬食京師

蔣之奇字穎叔擢江淮荊襄等路發運副使元豐年始建言鑿泗州股渠以避長淮之險自是無覆溺者哲宗朝再爲發運使

王鼎慶曆中爲淮南江浙荊湖制置發運副使內侍士永徵奏請沿河置鋪挽漕舟歲可省費六萬鼎議不可發八難永徵不復爭鼎因言陛下幸用臣不宜過聽小人有所變更以誤國計於是永徵言始不用居二年遂爲使

許元擢江淮荊襄制置發運判官尋爲使元曰以六路七十州之粟不能足京師吾不信也至則治艘浮江而上不數月京師足食乃考故事明信令發斂轉徙遠近遲速賞罰皆有法凡江湖數千里外談笑治之不擾不勞而國用以足歲漕六百二十萬至京師常餘百萬

張環以度支郎中知洪州營校督役急其徒三百人將以夜殺之求不獲持兵譟請易校環召問諭遣明日推治黠者十人不爲易校

鄒極宜黃人治平中進士以與執政議不合丐外除江西憲親喪服除曰吾讀書干祿以娛親耳今既孤可復仕乎力請致仕

蔡挺字子正宋城人進士調虔州推官越數歲提點江西刑獄提舉虔州鹽自大庾嶺下南至廣驛路遠客廬稀往來無所芘挺兄抗時爲廣東轉運使迺相謀課民植松夾道以休行者江閩鹽賊率千百爲州縣害挺諭所部與期使首納器甲原其罪得兵械萬計官鹽惡而

僧賣益鹽害而價且下故私販日滋挺飭俗吏年淵中
新…賞以官數之餘畀之於是賊黨破散宿弊遂
絕…賣鹽四十萬改陝西轉運副使進直龍圖閣

曾民瞻爲南昌尉通天文之學以郡之晷漏有差更用
其法箭之傍立二木偶左者晝司刻夜司點擊板以告
右者晝司晨夜司更鳴鉦以告自謂得古人之所未至

張洞字仲通祥符人英宗時爲江西轉運使江西荐饑
徽民積歲賦爲奏免之又輸紬絹不中度者舊責以消
匹洞命計尺寸輸錢民便之

孔武仲字常甫新喻人進士以寶文閣待制知洪州請
從臣爲州者杖以下公坐止劾官屬候獄成聽大理約
法庶幾刑不逮賓近又全朝廷禮貌之意遂著爲令從
宣州坐元祐黨奪職

周惇頤字茂叔道州人爲分寧主簿有獄久不決惇頤
至一訊立辨邑人驚曰老吏不如時四方從學者甚衆
惇頤別築室於廬阜山麓以延之暇日相與講論其中
由是寧人益知嚮學後徙知南昌南昌人皆曰是能辨
分寧獄者吾屬得所訴矣富家大姓黠吏皆惴惴懼不
獨以得罪於令爲憂而又以污穢善政爲恥

程璠字仲韞河南人知豐城邑江水環城人畏溢衆咸
開羅璠召諭衆至謂曰民饑且死令亦不敢自保祿位
當杖以取之吳大懼於是富人爭出米民用以濟璠賞
識高爽凡山川道途人物一見聞歷年不忘

劉彝字執中建州崇安人進士神宗時爲江西轉運使
嘗過江東見二囚繫累年問之曰前此殺吉州徐掾咸
疑二人究者變言於朝釋之後果得眞盜

盛度字公量杭州餘杭人進士爲開封府判官坐決獄
失實降監洪州稅起知建昌軍入翰林爲學士初度請
洪州請復賢良方正科又請建四科以取士曰博通墳
典達於教化科才識兼茂明於體用科軍謀宏遠堪任
將帥科明曉法律能按章覆問科既而用夏竦議置六
科其議亦自度始

彭汝礪字器資鄱陽人治平二年登進士第一以館閣
校勘爲江西轉運判官陛辭言今不患無將順之臣患
無諫諍之臣不患無敢爲之臣患無敢言之臣神宗然
其忠讜

張若谷字德繇南劍沙縣人進士及第以龍圖閣直學
士兵部侍郎知洪州有循良跡不激訐取名云

張根字知常德興人登進士提舉江西常平內侍走馬
承授舉劾一路以錢半給軍衣非是自轉運使郡守以

下[illegible]以奏不可以小間[illegible]人
奏[illegible]美餘奏罷其吏失錫[illegible]言後入[illegible]
命[illegible]進副使歲漕米百二十萬以給中都根常存三
十十本司爲轉輸之本以活諸郡時甚稱之

馬亮字叔明廬州合肥人舉進士神宗時知洪州亮有
智略敏於政事所至皆以廉稱

曾鞏字子固南豐人以集賢院校理知洪州事會歲大
疫乃資民衣食書醫候視全活甚衆凡督察勾稽皆有
程式[illegible]民憚其嚴而安其政既去而思彌切馬時安南
兵興道由本郡鞏前期爲萬人備不以煩民及兵過市

南昌府志　卷十五名宦　三七

里不知也

張商英字天覺蜀州新津人知洪州興學校會歲澇開
東湖以泄水民無涔浸之患大觀中入爲右僕射

孔宗翰孔子五十世孫朝議大夫出知洪州以治聞哲
宗初立求言吏民上書以千數詔司馬光采閱其可用
者獨宗翰與王鞏二人見稱獎

李之純字端伯滄州無棣人進士熙寧中江西轉運副
使御史周尹劾廣西提點刑獄許彥先受邑吏金命之
純往究其端乃起於出婢之口之純以爲無便之言不
治彥先得免

李[illegible]字伯紀邵武人政和二年進士爲江西安撫制置
大使兼知洪州因召入對言今日用兵之失者四措置
未盡者五宜預備者三在任修葺郡城橫截東北隅入
三里廢四門嘗經畧兩河銳志恢復負天下重望朱子
稱爲一世偉人

趙鼎字元鎮聞喜人自幼通經史百家之書登崇寧進
士相高宗爲江西制置使後以辛企宗事忤旨出知洪
州戢吏愛民盜賊屛息一方賴之時李橫兵過江西鼎
先遣米舟往迎之衆戢民安朱子稱爲中興名臣一

徐仁傑玉山人紹興初進士廷對惟以復讎爲言忤秦

南昌府志　卷十五名宦　三八

檜遂辭歸後提舉江西茶鹽任滿奉祠平生不治產
及沒惟圖書數篋而已所著有易傳春秋發微及文集
數卷

胡世將字承公晉陵人崇寧五年進士以刑部郎中知
洪州兼江西安撫制置使屬建昌兵變殺守倅嬰城以
叛世將以便宜發兵討平之除兵部侍郎

張守字子固晉陵人崇寧元年進士紹興中以資政大
學士知婺州尋改洪州兼江南西路安撫使入對時江
西賊盜未息上問以弭盜之策守曰以先德政既至郡
許之自新不數月盜平

盧奎卭武人政和初進士官至江西運判後陞轉運使
嘗作毋我論爲衆所推號盧毋我其學多得於楊龜山
晚寓黔中著筆録十卷
李𧙗副運江西制一路財賦都簿未幾召還乞令本路
毋廢此書上曰卿不爲高論務在便民甚善
張士遜出爲江西轉運使辭王文正公於政事堂公從
容曰朝廷榷利至矣士遜起謝後迭更是職思公之言
未嘗求羨餘之利識者曰此運使識大體
陳橐字德應餘姚人紹興初登上舍第除江西運判瑞
昌令倚勢受賂橐首劾罷之期年所按以十數至有望

風聞印綬者後陞轉運使
張浚字德遠綿竹人宣撫江淮先是知密院視師江上
講論軍務招捄山東淮北義士以實建康鎮江凡萬二
千餘人萬弩營所招淮南壯士江西群盜又萬餘人險
要築城偃水置江淮戰艦器械悉備將士皆望虜至成
大功虜亦知有備不敢動至是浚復以宰相來撫諸軍
將士踴躍思奮虜聞浚來亦檄宿州之兵歸南京浚行
次餘干付杖杓曰吾嘗相國不能恢復中原盡雪祖宗
之耻即死不當葬我先人墓左葬我衡山足矣
張俊字伯英秦州三陽人紹興初爲江淮招討使討李

成頗言成兵衆上曰成竭力攻九江兩月不能下豈
何能爲因謂俊曰今日諸將獨汝未曾立功若韓世忠
擒苗傅劉正彦功績顯著俊殆不如俊恐懼承命誓必
擒成以獻宰執有以俊行軍事奏者李回白俊軍極肅
上曰朕亦聞之犯軍律者已誅六七人矣遂詔勉之立
功俊復鈞州臨江軍成將馬進走江州俊追殺之成遂
遁於是俊軍有鐵山之號
楊沂中崞縣人高宗賜名存中都督江淮軍馬時李成
叛江東張俊方會諸將議所以破賊皆欲分道而進沂
中時爲右軍都統制官曰兵分則力弱又諸將位均不

相下岳飛亦密爲之定計俊乃急趨南昌與賊夾江而
營飛請自爲先鋒擊之沂中由上流徑絶生米渡擊退
之賊將馬進銳卒數萬來犯沂中語俊曰彼衆我寡當
以奇勝願以騎見屬公率步兵攻其前沂中乃將騎數
千出山後夾擊大破之俘獲數萬俊以其太衆且疑復
叛是夕會思恭盡殺之遂復江州沂中追成於江筠蘄
之間與統制官趙密合擊又大破之
芮煇字國器與趙子淔相繼爲漕使門方聘幣皆不入
于家斥其資置養濟院於南昌以養貧者時以廉節稱之
趙希懌字伯和以宗室登進士第爲趙汝愚屬吏嘗曰

治人如修身治人如理家愛民如處昆弟收古今官者
惠吏者纂爲一編曰是吾師矣汝愚嘉之後遷江西茶
鹽提舉歲饑惡少聚劫希懌發粟賑給擒首謀誅之其
黨遂散陞本路帥兼漕事

趙崇憲字履常汝愚子江西轉運司幹辦公事後提江
西常平遷轉運判仍兼漕事初汝愚捐私錢百餘萬創
養濟院供四方賓旅疾病者藥食歲久寖移爲他用崇
憲至修復之立規約數十條以愈疾多寡爲賞罰兼見
丁道者亦收鞠之社倉久弊訪其利害而更張之

王希呂字仲行宿州人乾道五年進士孝宗獎用西北

之士加直寶文閣江西轉運副使嘗作拳石池以示僚
屬一時官寮筆塗數字舉坐駭愕希呂覽之[illegible]其不阿
薦之後官廉潔無屋可廬

[illegible]字元質[illegible]人乾道進士爲江西轉運幹辦公事
成己成物所學堅厲心識及與游處了無纖間

上知縣者逸其名令南昌一日凌晨見一婢子堂中執
籍而泣詰其故知爲前任陸知縣女詰其妻畜之如己
出已久許嫁鄰邑知縣子有定期遽報云近得前故交
代女欲進之一年辦奩具與女同嫁鄰邑知縣報云其
有僱作幾弱冠請將令女奩具中分之嫁吿于其孫侄
麗成一段義事也出嫁之夕知縣燭下視事忽見一人
拜於庭下驚問之云前任知縣陸鴻漸項遺劫賊留一
女在此念其流落無歸常相隨今蒙矜憐嫁遣故來相
謝公緣此陰德延壽一紀將來子孫三人同及第語畢
遂不見後果如其言

[illegible]事舊志失載今時僎修志有令選偶閲爲舊[illegible]得[illegible]年相爲感召[illegible]其精神之不可泯[illegible]

趙不愿字仁仲嗣濮王宗暉曾孫紹興二十七年登第
累官江西路轉運判官居官所至有聲孝宗嘉其忠諒
每宴禁中帝飲之酒顧謂皇太子曰此賢宗室也

程大昌字泰之徽州休寧人紹興二十一年進士徙江
西轉運副使大昌曰可以興利去害行吾志矣會歲歉
出錢十餘萬緡代輸吉贛臨江南安夏稅折帛舊有破
坑桐二以捍江護田及民居地幾二千頃後堰壞歲罹
水患且四十年大昌力復其舊

趙善俊字俊臣太宗七世孫紹興二十七年登第知建
州徙知隆興府移江西轉運副使時朝廷議減月樁錢
善俊言及州不及縣則縣仍迫取於民猶不減也宜一
路通裁其額下之漕臣科郡縣輕重均減之又奏和買
已是白科從而折變益嘉糜費其數反重正絹折錢[illegible]

戍潰卒遇赦還者剌充鋪兵可除民害擢轉湖南帥
鍾季玉樂平人淳祐間進士自知建昌軍改江西轉運判官郡大胥以賄敗前使百計護之季玉卒窮治投嶺表後改都大提點坑冶北兵渡江季玉寓建陽兵至死之

劉輅字仲偃一字夢弼崇安人紹興丙子爲豐城尉設方畧勤警捕鄉邑以清歲饑多盜他邑率以捕殺希賞輅曰此饑民救死爾率豪右出穀賑濟躬自收恤多所全活官至資政殿學士

岳飛字鵬舉湯陰人生有神力紹興元年張俊請飛同討李成時成將馬進犯洪州連營西山飛以騎兵自上流絶生米渡出其不意而破之進走筠州復破之降八萬餘人追斬進成走降僞齊又張用寇江西飛致書降其衆遂以副統制留江西彈壓盜賊嗣是如惠韶南贑汀漳諸寇悉皆破而降焉授江南西路沿江制置使大

韓世忠字良臣延安二年年十八以敢勇應募積官檢校少保建安范汝爲反以世忠爲福建江西荊湖宣撫副使世忠因奏江西湖南寇賊尚多乞乘勝討平廣西賊曹成擁餘衆在郴邵世忠既平閩寇旋師永嘉若將就休息者忽由處信徑至豫章連營江濱數十里群賊不虞其至大驚世忠遣人招之成以其衆降得戰士八萬

王渙之字彦舟漢之弟也未冠擢上第累官吏部侍郎入黨籍罷爲洪州渙之性澹泊恬於仕進每云乘車常以顛墜慮之乘舟常以覆溺慮之仕宦常以不遇慮之則無事矣其歸趣如此

劉珙字共父登進士乙科爲端明殿學士奉外祠知隆興府江西安撫使蠲税務新額及罷苗倉大斛屬邑奉行有復出租税窮民不能輸相率逃去反失正税弁奏除之珙精明果斷喜受盡言事有小失下吏言之立改民愛之如父母

韓駒字子蒼成都仙井監人宣和進士知分寧縣事政修民悦訟簡庭空以吟咏爲樂詩篇甚多

吳芾字明可台州仙居人宣和進士遷秘書正字以敷文閣直學士知隆興府因俗爲寛猛吏莫容姦民懷惠利

周積爲靖安令建炎間金騎至邑積率衆發兵拒守邑賴以全

龔茂良字實之興化軍人紹興八年進士孝宗時除直顯謨閣江西大旱知茂良精忠以荒政付之茂良[illegible]

發廩賑濟以右文殿修撰再任嘗纂大作命醫治救全活數百萬進待制敷文閣賞其救荒之功召對奏募民耕諸郡荒田除禮部侍郎

楊萬里字廷秀吉水人紹興進士知奉新縣戢追胥不入鄉民逋賦者揭其名市中民讙趨之賦不擾而足縣以大治

黃洽字德閏福州候官人隆興元年賜及第除貢正殿大學士知隆興府嘗言居家不欺親仕不欺君仰不欺天俯不欺人幽不欺神何用求福哉

王居安字資道黃巖人淳熙十四年進士知隆興府盜起列城皆震居安命都統許俊討平之賞厚罰明將吏盡力始終州以賊擊賊之策故兵民無傷者人皆祠祀之刻石紀功

辛棄疾字幼安歷城人提點江西刑獄平劇盜賴文政等有功上疏論郡縣致寇之弊詔獎諭之差知隆興府兼江西安撫時江右大饑始至榜通衢曰閉糴者配彊糴者斬次令出公家官錢銀器召官吏儒生商賈市民各舉有幹實者領錢運糴不取子錢期終月至城下發糶于是連檣而至其直自減民賴以濟

沈作賓歸安人江西安撫兼知隆興府在郡蓄錢一十餘萬緡僚屬請獻諸朝作賓謂平生未嘗獻羨以半歸帥司犒師半隸本府

楊長孺知南昌縣前宰多控制不下長孺處之裕如也嘗曰畏事生於不更事更事則不畏事矣三年之間輸繇保障各得其所迨今邑人猶能誦之

李燔字敬之建昌人紹興進士添差江西運司幹辦公事會洞寇作亂漕帥議平之各持其說燔徐曰寇非吾民耶有司令剿及將校邀功者激成之耳及是而行之皆吾民矣漕帥曰幹辦議是誰可行者燔請自往駐兵萬安馳辦上諭以順逆禍福寇皆帖服他如築堤以捍江漲軍殺粟以權楮幣設社倉以貸佃人皆有利於民

陳辭候官人以寶章閣待制知隆興府時贛盜出沒饒遣官諭降不從即自提兵擣賊巢克平六十餘砦郡境寧輯

真德秀字景元浦城人慶元進士學宗朱子以斯文自任嘉定間以集英殿修撰知隆興府嘗以廉仁公勤四字厲勵僚屬承寬弛之後稍濟以嚴起弊維風吏民肅然尤留意軍政欲分鄂州軍屯武昌及通廣鹽于贛與南安以弭汀贛鹽寇未及行以母喪歸明年蘄黃失亡盜起南安討之數載始平人服其先見

江介乾道初為進賢令曰民饑而食之猶子饑而毋乳之甚幸賞平會詔蠲半租白部使者程大昌曰但減其半民尚未堪若自全戶三升以上悉蠲之則貧民被實惠矣其有惠及民如此

程迥字可久寧陵人隆興進士知進賢縣縣大水亡稻麥郡蠲租至薄迥白於府盡蠲之境內有婦人傭身以養姑其子為人牧牛亦乾飯以餉祖母迥廉得之為紀其事給以錢粟

陳塏字子爽嘉興人加直寶文閣知隆興府樂於薦士幕客盛多有善政軍民愛戴之後兼江西安撫使

張杓字定叟孝宗時升龍圖閣學士知隆興府兼江西安撫使奉新縣舊有營田募民耕之畝賦米斗五升錢六十其後議臣請鬻之始征兩稅和買且加折變民重為困杓悉奏蠲之

黎立武字以常新喻人擢進士第三人授隆興判官時歲饑有同僚言殺一牛活萬蟻藉富戶賑貧民立武駁之曰萬蟻固可憐一牛何罪而死衆稱善議由是止

吳淵字道父嘉定七年進士以華文閣學士知隆興府兼江西轉運副使會歲大祲講行荒政全活者七十八萬九千餘人

沈雲卿知奉新縣治有善政置法櫃以養士捐圭稅以修陂堰分屍之獄雪白骨之冤政以最聞邑民德之為立生祠于學

趙汝讜字蹈中嘉定元年進士江西提舉常平尋提點刑獄瑞州大姓辛氏貪徐氏田不可得彊取其禾終不與誣以殺婢置徐獄徐訴其冤汝讜以反坐法黥竄辛氏籍其家

姚希得字逢原一字叔剛潼川人嘉定十六年進士授江西提舉常平役法久壞臨川富室有賂吏求免者希得竟罪之遂提點刑獄未幾加度支員外

高南壽福建福清人知奉新縣有政聲歲旱禱雨未應有願減十年壽乞為三日霖之祝雨雖少應旋亦復止白于連帥賑廩勸分荒政且舉卒挽回凶年為樂歲朱晦菴守南康告糴於邑南壽曰吾方被髮纓冠以救同室之鬬何暇卹鄉鄰乎謝而弗與晦菴初以邊辭怒之後乃曰使吾屬皆如高南壽民何憂乎邑人愛之如父母為立生祠

趙子潚字正之燕王五世孫紹興元年為江西都轉運使時進都府軍需治辦子潚運餉不絕以功進寶文閣直學士

余靖字安道曲江人以將作監丞出知新建縣著有遊西山記慶曆中除右正言知制誥時稱其與范仲淹尹洙歐陽脩爲四賢又與歐陽脩王素蔡襄爲四諫任廣帥十年不載南海一物廣州有八賢堂後陞工部尚書謚曰襄

黃幹字直卿閩縣人師事朱晦菴以女妻之筮仕新建丞日與李弘齋講道德性命之學歷守漢陽安慶悉樹善政在位者忌其聲華群起擠之致政鄉居教授生徒受晦菴深衣幅巾之貽大闡其學所著有經解文集歿謚文肅

留正字仲至淳熙間以顯謨閣學士出知隆慶府有惠政後召還西府拜相封國公時徐處士以女爲妻蓋預覘其貴焉而虞允文一見亦以宰輔奇之

王正邦字槃甫四明人淳熙間知奉新善詩尚氣節不苟取與以拔世好爲政有操縱事至而應無所容心嘗征通相期以程信時婚姻賑窮乏恤死喪哀孤苦皆任真爲之初無所浮湛於世云

楊方淳熙間爲靖安令雍雍文雅不事矯飾行政務從寬厚久之民不罰而自化士民推循吏者必以公爲首稱

張瑄慶元中知奉新爲城營田賦上之州州不可其請益堅孤憤不勝欲解印綬去邑人王模率耆衆留之曰寧存民病勿失賢宰令請不可後有賢帥與賢宰意合必可其請矣未幾龍圖尚書張公來帥豫章瑄又請從之民相賀曰微吾賢宰不能爭吾民難爭之賦如此由是政聲大著

江萬里字子遠都昌人少神雋鋒穎連舉於鄉有文名知隆興府兼江西運判創宗濂書院以興文學累官至丞相兼樞密使器望清俊議論風采傾動一時後因元兵死節止水池舉家從之

游汶德清人咸淳中爲江西提刑有能聲賈似道當國與論事忠誠懇切國亡歸居元參政蒲大全薦爲福建路總管不就嘗大書衣背云前宋提刑今爲百姓服之以出入焉

黃申字酉卿井研人開慶元年進士授德安尉攝主簿兼提點江西刑獄司簽罷獄事多所辨明丞相江萬里提刑黃震交薦之調安樂中爲政廉謹有治聲以恩升從事郎

王埜字子文嘉定十年進士爲江西轉運副使知隆興府繼有它命時有米綱不便就湖口造轉運般倉請事

畢受代
董槻字庭植濠州定遠人嘉定六年進士進直龍圖閣沿江制置副使兼知江州主管江西安撫司公事視其賦則吏侵甚下敎曰吾涖州而吏猶爲盜不自悔吾且誅之吏乃震恐湏自新槻因除民患害凡利有宜弛以利民惟恐不盡弛大計軍實常若敵至裨將盧淵㓙猾不受命斬以徇軍中肅然五年以集英殿修撰改知隆興府

湯漢字伯紀饒州安仁人淳祐十二年提舉江西常平兼知吉州移江東運判知隆興府介絜有守恬於進取後乞休致擢太常少卿太子以書勉留求補外以秘閣修撰再知隆興府

包恢字宏父建昌人自其父楊世父約叔父遜從金谿陸九淵學恢少爲諸父門人講大學其言高明諸父驚馬嘉定十三年舉進士陞秘閣修撰知隆興府兼江西轉運沈妖妓於水化爲狐人皆神之有母愬子不孝者年月後狀作脈字恢疑之呼其子至泣不言及得其情母孀居與僧通狀則僧爲之也因責子侍養不離以絕僧母乃託父諱日入寺作佛事以籠盛衣帛因納僧於籠以歸恢知之使人要之置籠公庫逾旬吏報籠中臭達于外恢命沉於江語其子曰爲汝除此害矣又姑死者假子婦棺以斂家貧不能償婦愬于恢恢怒買一棺給其婦啓棺中以試就掩而葬之

劉應龍字漢臣瑞州高安人嘉熙二年進士知隆興府兼江西轉運副使奏免和糴二十萬石德祐元年遷兵部尚書寶章閣直學士知贛州兼江西兵馬鈐轄靖海軍節度使

吳雄字慶錫長汀人篤學尤深於易登姚穎榜進士調隆興府戶漕憲馬大同委決疑獄剖斷如神辛靖安行勸民五事諭民十詩自註孝經一編諭上戶毋閉糴毋

文非務本抑末有關風化爲識者稱賞終廣西帳幹

彭思永盧陵人進士知分寧縣事縣素號難治民化其誠相戒以無犯法至於無訟後累官侍御史

陳敏識知分寧縣口金騎至江右牧守之臣望風逃避獨敏識抗義不屈與民死守幸全境土

趙良淳字景程餘干人初爲泰寧縣主簿壯事于謁浮沉冗官二十餘年咸淳末來知分寧事先是俗尚譁訐良淳治之不用刑戮不任吏胥敎孝友者身親禮之至甚桀驁者乃繩以法俗爲少革秩滿特差權江西安撫司機宜文字詔除諸司審計院皆節江西陞大理司

楊告豐城縣主簿有賊殺人投尸於江人畏不敢言告親往搶之有言賊黨欲報怨者告不爲動旣而果乘夜欲刺告告又捕得之境內肅然

密佑廬州人咸淳十年以閤門宣贊舍人爲江西都統元帥張榮實呂師夔提兵逼撫州佑率衆逆之進賢坪進戰兵圍數重告其部曰今正死日也佑面中矢身被四矢三鎗猶力戰橋斷被執元帥欲降之不屈而死鄉人立廟祀于戰所

文天祥字履善廬陵人英資秀爽目光如電少詣四忠一節祠曰死不俎豆其間非夫也理宗朝狀元歷湖南

提刑德祐初江上報急詔天下勤王天祥捧詔涕泣發郡中豪傑結溪洞蠻及許州兵衆萬人事聞以江西提刑安撫使詔入衛屢卒邵永巨冦已而伯顏軍到皐亭山公往說之被脅至眞州遁時益王駐福州公上書勸進以樞密使號召天下屯贛州嶺南兵敗被執四元都四年死節至本朝謚忠烈

何時字了翁撫州樂安人文天祥同年進士調廬陵尉尋入江西轉運司幕府臨江司獄相傳舊斬一冦屍能行一里許衆神之塑爲肉身皐陶時至取故牖閣此冦嘗掠殺數人曰如此可謂神乎命鞭之沉於水人服其

明

樓[illegible]彥字朝美河間人崇寧四年賜上舍及第以寶文閣學士改淮南江浙荆湖等路制置發運使夕受命朝引道走江東西董諭傾檢欺隱覈逋亡責稽滯水陸餘五千里財用湊足於行在所可億萬計詔嘉獎之

趙汝談字履常淳熙進士添差江西安撫司幹辦公事嘗從朱熹訂疑議十數條熹嗟異之遷江西提舉常平寧宗崩以哀痛得疾賀理宗表力寓勸諫陳碩曰此諫書也數請祠授江西轉運判官辭不獲命之官一月以言者罷

劉卿月字昇叟合沙人淳祐間知豐城縣提身介潔其治以隆名辨分尚禮義謹敎化爲先務至之日新南維門浚湮濠建粟社廣學校百廢具舉築堤五百丈至今賴之

馬光祖字華父金華人寶慶進士江西轉運副使後復以沿江大使兼江西安撫使景定庚申元兵旣退賈似道行打筭法污諸閫臣若向士壁杜庶皆瘐死獄中累及妻子時趙葵以宣撫使屯兵江西委光祖打筭力爲辨析葵得無害

李誠之字茂欽婺州東陽人慶元中爲江西轉運司幹

辦使稱提會子第其物力高下輸錢以歛之誠之以悉
撥使者不悅曰商君之命猶能必行今乃齟齬如此誠
之憮然曰使君儒者而欲效商君之所爲乎遂辭去遜
謝罷令而後止

何中樂安人宋末舉進士以古學自任其學宏深該博
與門弟子講易詩書春秋吳澄揭傒斯皆推服元正順
初江西行省聘爲隆興郡學師卒所著有易象類書傳
補遺通鑑綱目測海知非堂集等書

楊謙字伯恭吉水人元季任隆興路儒學正時陳友諒
掠江西諸郡無備謙上書藩鎮陳用兵理財數事言甚

南昌府志

剴切衆迂視之既而劉鶚守江州中道聞警止隆興未
進謙爲畫計募兵隨行既行又數遺書促鶚曰乃今尚
可爲不可緩也又數以書干藩憲獨憲使韓準與謙意
合而典兵者不聽友諒既連陷諸郡謙以義倡衆捐金
帛爲克復計事集又爲典兵所沮遂罷歸不復出未幾
而龍興亦陷矣友諒既敗死江西內附
詔舉故官有才幹者用之謙以疾辭得免

謝枋得字君直弋陽人爲人豪爽忠義寶祐中試經科
後爲江西招諭使遣將與元兵戰不利乃變姓氏入建
寧山中號熙齋易卦元初大臣累薦輒辭有怒之者
以北行至元都問謝太后及瀛國公所在慟哭不食而
死妻李氏亦自縊以殉

元許有壬字可用至治二年遷江南行臺監察御史行部
江西會廉訪使苗好謙監欽茫庫吏而下榜掠無全膚
有壬悉釋之凡勢官豪民人畏之如虎狼者有壬悉擒
治以法部內肅然

李世安字彥豪西夏人至元間僉江西行中書省事辨
黠僧首取富室貨寶平信豐諸處巨寇至降一十七寨
散粟以給復業之民後除行省平章政事

董士選字舜卿成宗時拜江西行省左丞韓賊衆至萬

南昌府志

餘朝廷遣兵討之無功士選請自往即日就道但率掾
吏李廷鎮元明善二人同至境部官吏害民者治之寮
激亂之人并奸民爲囊橐者于是民爭出請自效遂擒
渠魁散餘黨歸農在任敬禮賢士得吳澄而師之延虞
汲于家塾又招汲子集與俱得范梈等數人皆以文學
顯故世稱求賢爲士必以董氏爲首

全岳柱爲江西行省平章政事時有誣富民負永寧王
官帑錢者遣使徵之使至江西柱曰事涉誣不可奉命
况民爲邦本傷本以歛怨非國家福也時相聞之感動
詰治得誣罔狀乃罪誣告者

劉容至元中以中書省掾使江西撫慰新附之民或勸其受送遺歸賂權要以致榮寵容曰剥民以自利吾心何安不聽

敬儼字威卿易水人皇慶二年爲江西行省參政舊俗民有爭往往越訴於省吏得並緣爲奸利訟以故繁儼下令省府非有司不得侵民訟事遂簡詔設科舉儼薦臨川吳澄金陵楊剛中爲考試官得人爲多

安謙監郡沉毅明斷政尚清夷德化大孚至于退璽冠興學校革弊政尤加意焉後人爲立德化碑

李廉字行簡廬陵人以春秋兩舉進士授隆興路錄事

日置公事夜課諸生有春秋會通行于世

創兀兒回回人豐城縣達魯花赤明恕廉介爲政有方嘗有軍人舟行過境死於盜事聞省路委同知鄭共會郭招討出捕郭欲盡屠瀕江民兀兒曰吾爲令長撿覆知爲何冦於民何與乃直前辨白謂不得請則將入奏郭斂兵去邑四面皆水連歲增築堤防又築墻數千丈民不告匱戶口日增産物殷阜陞縣爲州就授州達魯花赤興學崇化政教一新子孛蘭溪歷寧州新建進賢達魯花赤在進賢十餘年甚著功績

賈全甄城人豐城縣丞至元十二年隆興守臣劉槃以城降諭屬邑順附市民懽而從者十九非邑邑然全以仁恕慰撫民以還定省徭役興學校邑人祠之

陳元凱字時舉河東人豐城初陞州元凱以行省郎中爲尹立紀綱以新民聽先教化而後刑罰經理學宮重修講堂改鑄祭器創江山秀傑樓招學徒興文治公退即單車詣學訓勉諸生講求民瘼詢考政事利害得失而罷行之一時會治翕然

吳觀江州人至元間知分寧縣清慎寡欲門無私謁括私帑買田數百畝設鄉司以掌之置倉積其所入名曰存惠遇水旱輒發之以賑卹貧民去後民懷其德立祠

塑像於公署之側歲時祭之

高納麟智耀之孫睿之子天曆元年改江西廉訪使値歲饑督守令覈戶口計米數月發官廩給之不足則捐已俸爲助禁勸分而遏人之不欲及抑價以遏糴其老弱不能移者遣吏往濟之病不能愈者給以醫藥饑餓于道者爲粥食之厄于命者瘞之下令州縣撫皆如其法又能發奸摘伏撫恤孤弱民咸德焉

楊元鈞莘縣人至元間知寧州廉明寬恕政平訟簡久於其任民以殷富去任之日民皆卧轍告留

帖木兒色目人至元間爲南昌達魯花赤處心仁恕愛

民如子民戴之如父母嘗歲旱熾膺責己禱於神祠雰雨隨應

范詩字于洪豐城人教諭奉新時寺僧豪奪學田持訟數載適宣政院專官根勘逮壽詰問辭氣俱厲壽出載籍指陳使者怒執其籍壽曰此與我同生死若執之必叩閽求直非所憚也田竟得不奪

劉宷字君晴至元間爲宜黃丞自撫檄攝能興庚受米平斗甬器無取於民参政胡漢卿時方爲寧州判官率其民以賦上民無羡費吏無苛苦甚異之及尹新建漢卿爲参政待之甚厚宷居劇縣决訟如流上下莫敢易之

黃澤東湖書院山長以明經講道爲志多所著述受學者甚衆嘗揭六經疑義千餘條以示學者

朶列秃字仁卿蒙古人元貞間爲進賢令威以攝吏德以懷民嘗修陂塘八百餘所民甚利之秩滿民爲立去思碑

完顏鐸字振之曹州人由隆興路同知除富州尹優於爲治凡處察宷斷是非意見傑出改築公廳作新文廟皆不煩民

高復禮字仁卿河南人先以兵部侍郎使日本授中順大夫遂尹富州到官屏謝謁戸庭闃然一蒼頭給事而已及臨政出言不易公退閉戸讀書清儉自持饘粥外無異味始終如一以病終于官

買哥畏兀兒人爲富州達魯花赤仁厚有大度嘗從學魯齋許公手不釋卷尤善大字得古人筆意性簡直臨民不事鞭朴不以請囑易是非

阿剌威河西人大德初授武略將軍富州達魯花赤州境歲受水患爲湖堘衝决損田四十頃剌威至築堤三百丈又修境内壞堤六十四處甃石禦衝水復故道歲遂有秋

完顏璧河陽人大德中令進賢廉明公恕愷悌愛人尤寬於賦税嘗以牆壁爲府所責壁恐百姓聞之而懼召慰安之民感戴爭先運輸惟恐累之

段從周字郁文大德間主進賢簿文雅清斷臨政精察時賦税之簿不明富者計避貧者苦之下令許民自陳其情由是民畏其明不敢隱諱而咸服焉

程大度爲南昌尹事上以禮待下以寬政平訟簡庭無紛譁元之學校多其修創嘗編豫章續志後卒于官

陳世榮字顯卿莘縣人泰定中知進賢縣興學校正民俗嘗曰民雖可殘而天不可誣也幹辦公事悉出措置

不擾於民時歲饑預爲儲蓄所活[illegible]千人以[illegible]秩奉
訓大夫致仕民不聽其去爲築室於南郭以留之
袁州海牙字伯源至正間監進賢縣事公勤廉能興利除害增公廨新學校民戴之如父母
楊宗訓字源清洛陽人以蔭授寧州判爲政廉明民甚德之至正壬辰永興武寧寇數千人入境宗訓率義士吳德文等與賊接戰敗義士祝興可以兵應期克復與賊拒戰俘馘甚多癸巳吳德文等謂訓曰賊若强於游清溪今莫若先勦清溪遂往戰勝忽賊伏兵四起宗訓與德文等訣曰我世受國恩委身報國此其時也汝等各宜逃生德文等泣曰相公不負國恩我輩敢負相公耶誓與同死宗訓奮身死戰殺數賊力不能勝爲賊所殺吳德文德機莫以中俱被擒罵賊而死
湯盤字又新龍興人至正壬辰春以教官陞判寧州偕僚屬葉伯厚從間道與楊宗訓合謀率義士吳德文黃居簡姜本道等直入州治殺賊數十人明日賊復糾二千餘衆攻圍州治盤等與賊大戰數合力竭爲賊所殺時定江巡檢劉儼亦同死於難
馬合木隆興人至正間任新建縣達魯花赤爲政有方公平無私及滿民不忍舍去

李蘭奚回回人進賢達魯花赤監縣十年吏畏民懷始終如一他州縣事不能決者憲府時委之多著能績歿于官
帖木兒武寧達魯花赤至正壬辰土寇張普憲率賊衆侵縣境帖木兒謂主簿楚彥曰我等受國家恩委身報效此其時也於是募義士與賊戰于縣東力不敵而死
葉仙鼐畏吾人至元間爲江西行省平章政事巨盜鍾明亮積歲肆害仙鼐討擒之
哈出布兀剌子也幼孤長善騎射至元入侍遷江西都元帥後授中書左丞行中書省事初江西甫定帝命隳其城哈出表言豫章諸郡皆瀕江爲城霖潦泛溢無城必至墊溺隳之不便帝從之降附之初有謀叛者既收獲矣哈出謂同僚曰撫治乖方之所致也中間豈無詿誤止誅其渠魁盡釋餘黨入覲復命行省江西尋以疾卒
賈居貞字仲明眞定獲鹿人至元十五年遷江西行省參知政事時逮捕民間受宋二王文帖者甚急坐繫巨室三百餘眞悉出之投其文帖於水火大水壞民廬舍發倉廩賑之十七年朝廷再征日本造戰艦於江南貞極言民困必致亂將入奏罷其事未行以疾卒
管如德黃陂縣人至元遷江西行省參政破豪猾去奸

吏[illegible]民大悅時贛汀二州盜起如德指授諸將[illegible]平之
[illegible]者多所全宥遷尚書左丞時鍾明亮以循州叛
[illegible]如德統四省兵討之諸將欲直擣其巢穴如德乃
遣[illegible]使諭以禍福賊感其誠信即擁十餘騎詣贛州石城
縣降平章政事奧魯赤怒其叛息不臣欲以事殺明亮
如德聞之曰皇元仁厚未嘗殺降明亮叛人何惜所重
者信不可失耳卒贈平昌郡公謚武襄
劉思敬歷城人世祖賜名哈八兒都至元間授江西行
省參知政事治吉贛盜民賴以安

王艮字止善諸暨人爲江西行省左右司員外郎吉之
安福有小吏誣民隱欺詭寄田租九十餘石初止八家
株連至千行省數遣官按問吏已服其虛誣而有司喜
功生事終莫能詰艮到官首言是州之糧比原經理已
增壹千壹百餘石豈復有欺隱詭寄者乎行省用艮言
悉蠲之
十里牙禿思爲江西行省理問副江西於諸省號多獄
訟禿思屢辯決疑獄民得不冤
范梓字德機清江人爲江西湖東道廉訪司照磨所至
興學敎民雪理冤滯長史素稱嚴明於僚屬中獨敬異
之梓正廉謹居官不可干以私蔬食飲水澹如也居憂

慕著有豫章集吳澄以道學自任少許可至稱爲特立
獨行之士爲文志其墓以東漢諸君子擬之
徐煥字秉文浙江三衢人至正末知寧州事嚴明幹濟
獄無留訟吏不敢欺兵寇之餘民多流散公署殘毀殆
盡煥勞心招來翊置公私不擾而民樂其政焉
傅箕字拱辰進賢人至正戊子進士授延平路錄事再
授進賢縣尹爲政有聲人皆思慕
同同蒙古人授江西廉訪司經歷在官有能名至正戊
戌偽漢陳友諒攻陷郡城與賊遇于合同巷遂駡賊而
死

吳當字伯尚澄之孫也幼承祖訓精通經史百家言侍
祖至京補國子生至正間江南兵起屢遷江西廉訪使
平撫州各處賊拜江西行省參知政事命未下而陳友
諒已陷江西諸郡嘗杜門著書友諒辟之不就拘留終
不屈所著有周禮纂言及學言稿
道童高昌人至元十一年以平章政事行省江西是年
賊起蘄黃道童素不知兵乃從郎中普顏不花禮請撫
州致仕左丞章伯顏同理軍事伯顏亦欣然爲起曰此
正我報國之秋也至則與普顏不花設備敵計甚悉賊
圍城三月因童素卹民故民皆爲之用奮擊破賊而章

伯顏與普顏不花功俱多後陳友諒攻陷江西童走撫
州遇害謚忠烈

胡明甫南昌人當元季土寇蜂起時平章道童募壯勇備資儲城門十二各建樓櫓定職守城城內四廂廂各設官又列巷置長編民兵爲十七屯環列城上與廂巷之兵相爲聲援明甫以才能選任廂官未幾紅巾賊首鄒普勝由湖廣來擁衆圍城凡五十四日城中固守出奇搏賊賊遂敗去明甫以功授奉新縣尉尋升龍興路判

亦憐真班西夏人性剛正動有禮法至正十年移江西行省左丞妖賊由蘄黃陷饒州真班招撫脅從攻擣巢穴先是道童以寬容爲政軍民懈弛真班既至風采一彰威聲大振所在群盜盡歸欵矣

廉惠山海牙字公亮至治元年進士遷江西行省右丞時所隸郡縣多盜賊乃與平章政事司徒道童協謀殫力以定守禦招捕之策就除本道廉訪使

郭貫字安道保定人大德五年遷江西道肅政廉訪使同中書賑恤饑民有惠政

全普庵撒里字子仁高昌人至正十六年以功拜江西行省參政分省于贛十八年江西下流諸郡皆陳友諒所據乃與總管哈海赤戮力同守友諒遣其將幸文才帥兵圍贛使人脅之降普庵撒里斬其使曰吾頭可斷城拒之力戰凡四月兵少食盡義兵萬户某欲舉城降賊普庵撒里不從遂自刎事聞贈謚曰傲哀

普顏不花字希古蒙古人至正五年進士第一遷江西行省左右司郎中蘄黃徐壽輝來寇普顏不花戰守之功爲多十六年除江西廉訪副使

伯顏字子中因父官江西遂家進賢參政全普庵撒里哈海赤守贛以伯顏學行醇正可與有爲辟爲都事至正中兵陷伯顏間道入閩攻復建昌因陳江南緩急之勢朝臣驚嘆授南恩知州尋除吏部侍郎會全閩二廣皆入 本朝伯顏遂隱進賢之北山洪武初以禮往徵伯顏聞使者將至作七哀詩祭其同事死節之士書縕歌哥別熊釗以後事囑之夜盡望北再拜飲藥而卒

新修南昌府志卷之十五終

新修南昌府志卷之十六

名宦傳

國朝

趙得勝鳳陽人爲江西行中書省平章初至正戊戌夏僞漢陳友諒陷南昌以僞丞相胡廷美守之辛丑秋王師至九江將壓境廷美遂遣人納欵壬寅春　王師至江西參政鄧愈留守未幾廷美裨將祝宗康泰作亂愈走建康復命右丞徐達自湖廣還師討平之遂以朱文正爲大都督同德勝等來鎮守友諒聞之於是悉衆以巨艦攻圍城自癸卯夏圍城者八十五日文正命諸將分城拒守時德勝守惠民門晝夜巡城爲矢中左胷輿至府學敬義堂遂卒德勝每臨陣武勇軍中號黑趙元帥後賜榮祿大夫柱國梁國公謚武桓

鄧愈泗州虹縣人幼有大志勇力過人
太祖高皇帝駐師滁陽率所部來歸庚子鄱陽院判于光等以饒州來附命愈鎮之屢藏偽漢之師除江南行省參政襲取樂平擊敗蕭總管進取江西走鄧克明壬寅授江西行省參政鎮南昌陳友諒悉兵來寇愈固守凡三月　王師親征諒敗死復與開平王合兵圍贛州守之自贛以南皆望風納欵進右丞封衛國公

葉琛麗水人　國初與劉基宋濂章溢同聘至金陵入見
上甚喜曰我爲天下屈四先生創禮賢館以處之一日
上問陶安以四人之才何如曰臣治民之方不如葉琛後授營田司僉事守洪州因降將復叛琛戰死之追封南陽郡侯祀忠臣廟

張子明　國初爲千戸從大將守洪都陳友諒來攻子明潛出詣京師請援兵旣還爲友諒所獲使誘城降子明僞許之至城下大呼曰大軍且至宜固守以待友諒怒殺之事聞追封忠節侯

陶安字主敬姑熟人少敏悟有大志博涉經史
太祖高皇帝渡江至太平安率父老迎謁即留參幕府拜左司員外郎從克金陵陞左司郎中後克黃州思得重臣以鎮之曰無逾安者遂命知黃州至則寛租賦省徭役民悅服之尋移知饒州時方征伐急軍需安勸諭誘率其民民皆樂輸而用不乏及寇至攻城安開諭父老率子弟固守後數日援兵至乃走之諸將以鄉民多從賊欲屠之安曰民爲所脅耳從賊非本心柰何殺之由是得全事聞遣使往勞明年入朝命復守饒州民懷其德爲建生祠尋召爲翰林學士遷江西行省參政卒

太祖高皇帝親爲文遣使祭追封其祖考皆爲姑孰侯祖母母皆爲夫人顯榮光耀儒者榮之見爲善陰騭

趙文奎洪武初知南昌府蒞事嚴毅措置有方凡百興作民不知而事集去後民思慕之

許方浙江寧波人洪武三年知南昌府盡心民事勸課農桑尤惓惓於學校常夢一儒者曰吾廬冒風雨久矣冀太守修之莫詳所以及見徐孺子像方悟遂葺其亭

林紳字元凱福建龍溪人任吏部主事洪武初奉使安南還奉知豐城縣事以文學飾政事孜孜愛民士高其行民頌其德時比之卓魯焉

梁璧洪武初知進賢縣事在任廉明果斷囹圄空虛吏畏其威民懷其德立清政坊於縣前期爲清白吏民至今頌之

衛守敬河南關丘人洪武元年爲靖安知縣闢萊剪棘定賦役繕公署立壇壝修政事民受其福秩滿陞山西平陽知府

秦泰洪武中知南昌縣事勤於撫字延禮儒生民有不率者以禮喻之不加鞭朴政清訟簡去任父老攀留

李思聰桂陽人洪武時爲布政司參議廉介自守行學俱優善書法作興學校創貢院士林重之

旁安河南汝陽人由監生洪武中爲按察使一統志載其有守有爲崇儒重道旌善懲惡吏民咸服聲譽赫然轉福建參政陞工部侍郎

鄧禮則廬陵人洪武間以明經授寧縣學教諭重厚典雅施教有方雖處盛暑祁寒未嘗少輟幾九載殁于官葬山谷釣臺之側

項中宣浙江三衢人洪武三年任寧縣知縣治事嚴明公勤不息公署廟宇多所剏建

但元行湖廣安陸州人洪武初任武寧知縣開荒田興水利重建公署惠愛甚多民至今頌之

朱宗晦直隸華亭人洪武十二年任靖安知縣愛民禮士潔己奉公修壇壝興學校治橋道勸農桑政績甚多

韓希祿陝西乾州人洪武十六年任寧縣知縣蒞政寬平不事苛擾尊崇學校士民咸仰慕之

張本字致中山東東阿人洪武中自國子生擢知揚州江都縣陞揚州知府永樂中陞江西左參政是時都司唐琮布政司劉辰按察司周觀政三人皆負勁氣不相下事連軍民者各務己勝積滯數月不決本以溫辭和氣導之久而三人者多聽從吏弊素甚本每事躬理吏無容奸聲譽頓起召爲工部左侍郎終兵部尚書

閻賡山西河津人洪武二十二年任寧縣知縣廉慎正直遇有繁劇區畫有條不爲奸吏所欺建立預備等倉十所斂散有法民甚德之後以最陞監察御史

張克静龍泉人洪武中任寧新縣學教諭學博行脩善於教誘一時賢才彬彬輩出嘗創觀瀾樓于學宫遺蹟猶存

胡本惠池州銅陵人由監生歷陞南昌知府朴實有才愛民如子苟利于下不忌拂于上苟益于貧寧損于富處紛糾有餘裕斷隱伏如神明衣無重襲食惟適口滿去囊無南昌一物時儒士鄧爾稱行卓然公特禮致之爲齋薦補本學訓導至今士民以爲 國朝南昌太守第一後官副都御史

何宜字行義福建福清人由進士歷江西左布政使謹審清介父爲巨商饒積蓄宜丼清苦爲部屬粥食徒行方面入覲舟僅容身隨從數人日止一炊體燥則沃以江水閲簿書一字不輕過侍吏彊立多欲顛時王克復爲參佐書判如流恒以太綱戒宜宜安之未幾卒

璩鎮海浙江常山人由楷書任開縣典史擢奉新知縣蒞政廉勤鋤強植弱歲大饑民賴賑濟邑學田畝科正耗米一石七升租重民困爲 奏損十二民咸德之卒于官

鄭止中浙江麗水人洪武二十五年知進賢縣廉勤慈愛御衆以寛民有過未嘗痛責徐以理諭之曰爾人子也我人之父母也忍不矜恤乎卒于官民哀痛之

陳有常直隸册徒人由監生洪武二十七年任進賢知縣居官廉公有威人稱爲小風憲陞刑部主事任廣東副使

解敏河南武陽人由進士歷陞按察使一統志載其性剛毅務學明敏以古人自期超拜右都御史

周觀政浙江山陰人洪武末爲江西按察使一統志載其禀性剛直彈劾不避權貴在任振肅風紀百度維新吏民畏之

何昭善浙江淳安人由人材洪武二十八年任豐城縣丞營繕公廨學舍橋梁堤塘多其經畫陞奉新知縣士民懷之

姚瑾字磋石桐廬人由監生洪武末知豐城縣事平易近民有知人之明至於葺縣治修學宫築隄防濬溝洫皆務民之義去後民思之稱循良吏云

鄭思恭安豐人洪武間任武寧縣丞簡肅儉素始終如一民甚宜之

劉中孚順天大興縣人以工部員外郎出爲參議持身
清白處事公平後陞參政布政使終戶部尚書
李思中湖廣荆門州人永樂四年任進賢知縣持巳公
勤處事寬猛得宜陞刑部郎中
劉辰字伯靜金華人永樂初與修國史歷遷江西右參
政至官適久雨江水泛溢九江諸郡瀕江田皆澇饑民
爲盜富室多懼其害辰即檄郡邑勸富出粟以貸饑者
蠲其役以當息爲立券約明年償本由是富者樂從饑
者得食南安贛州等九府荒田糧六萬餘石有司嚴抑
取於民民不堪辰以聞悉蠲其額後以同官坐累免歸

永樂六年復起爲左侍郎
劉賓山東人江西右參議深沉有容廉介謹厚始終一
心
俞益浙江臨安人由進士永樂四年任靖安知縣歷任
十三年清廉恤民勸勉學校公私無犯民咸德之
成均淮安鹽城人由監察御史陞按察司副使端重簡
默有風力終刑部侍郎
顧佐河南太康人由進士歷任江西按察司副使一統
志稱其卓有聲與爲名執法後官至都御史臺綱肅然
余耀福建莆田人由進士知進賢縣廉介不苛蒞下以
信政平訟理而民不敢欺遷饒州府同知去任士民不
忍舍
林瑜字子潤福建龍巖人歷任江西按察司僉事行部
贛州豪民索逋殺人賄誣姪殺伯母獄巳具瑜廉得其
實寘豪民於法安福有劇盜未獲奸民誣爲富家所匿
瑜廉得眞盜富家得釋陞本司副使表接長沙境流民
爲冦奉檄往治之殲除渠魁撫綏餘黨一方底寧嘗督
造戰衣一百萬責以三月如期而集居江西二十餘年
滿去耆老數百相與挽足脫鞾爲記陞浙江左參政
史克新永樂中任江西按察司副使一統志稱其剛方

有守正直無阿發奸摘伏如神巡歷所部淹滯無遺卒
于官聞者流涕
邵玘字以先浙江蘭溪人以監察御史歷陞江西按察
使先是南昌新建二縣苦上官和買里正多傾家以供
百費玘規事立罷之歡聲溢路積歲訟牒塡委悉取省
閱擇其尤甚者聽斷之餘悉歸郡縣滯獄一清在江西
五年綱紀振肅一統志載其嚴明之政廉潔之操始終
一致後陞都察院右副都御史
卓朝用湖廣通山人永樂間知寧縣公平廉恕遇有差
科惟恐傷民財力董夫役于太和山以病卒役夫數百

哀慟如喪考妣
徐□字克明河南人由進士授監察御史陞江西按察
副使一統志稱其理冤禁弊摯強扶弱善類多賴焉終
戸部右侍郎
牟彥誠山東登州人由進士任寧縣知縣廉明耿介治
事公平尤勞心愛民差役不擾民懷其惠去猶思之
向善房山縣人永樂間由監生任寧縣典史敦尚信義
篤守清廉贊政優爲上下咸愛敬之九載考最超陞武
城知縣
殷景進浙江烏城人永樂間任武寧縣丞廉能多惠政
九載秩滿民赴臺省乞留凡歷二十四載卒于官因家
焉
周文盛天台人由舉人授奉新學教諭以學行膺薦陞
監察御史
王翔字九皐直隸河間府人宣德中以都御史鎮守江
西剛果孤介斂華就實處事平易而吏民自懼臨下雖
寛裕有容而犯奸觸法不少貸刑清政舉一方晏然後
官至吏部尚書卒諡忠肅勳業爲昭代名臣
于謙浙江錢塘人由進士拜監察御史出巡江西風稜
峻整時三司多宿望僉敬服之終官兵部尚書少保□

泰時再安　社稷功多
陳智湖廣咸寧人爲江西左布政使剛毅不可撓以廉
能著薦超擢都察院右都御史
何源字幼澄蘇州吳江縣人正統間擢江西右布政使
爲人温雅歷事五朝文章政事見稱于時
張文昌四川江安人累官江西按察使性慈厚居憲職
未嘗輕撻一人輕入一罪吏民咸服吉郡素號健訟至
今亦追思之後陞廣東左布政使
吳潤常州武進人爲左布政使量宏而政寛在任幾二
十年民樂於無事以致仕去
張綱字大振山東長清人由進士授監察御史江西按
察司副使持己嚴謹臨事剛決銳於建立陞都察院僉
都御史
楊寧浙江錢塘人以刑部右侍郎鎮守江西寧寛裕和
厚勸懲允愜時閩浙盜起屬郡贛建廣信民皆震悚奔
竄寧與御史韓雍協力警備盜不侵境民復按堵
崔恭字克讓廣平人由進士歷江西左布政使陞都察
院右副都御史吏部侍郎進尚書卒恭恒以寡學自歉
而好賢禮士惟恐不及任吏部奬廉退抑貪競未嘗以
私好惡有進黜時論稱之

潛直隸銅陵人正統間任武寧知縣嚴明廉潔不愧
古人
韓雍字永熙蘇州崑山人由進士正統十三年巡按江
西尋陞都察院右僉都御史巡撫後屢蹈復起以右都
御史總督兩廣致仕卒雍敏識高才嚴明敢為在江西
施設多愜輿情所行均徭歲辦法民甚便之至今頌追
鄭理桐閩縣人由舉人宣德間分教靖安禀性坦易博
學而邃於文士林咸仰重之
黃琛字廷獻福建將樂人由進士歷陞江西左參政轉
左布政使學識操履有稱於時終南京戶部侍郎
林鶚字一鶚浙江黃巖人由進士歷江西按察使繼陞
左布政使恪守禮法人無私干寧憲時有決獄雖滯其
明如燭之謡終刑部侍郎
夏塤字宗成浙江天台人由進士歷江西左布政使自
負甚高銳功業律身居官卓有執持以四川巡撫致仕
張冲龍巖人由監生正統間知進賢縣嚴明廉幹禮士
愛民重名器抑僥倖新學宮築城垣增圖籍置義倉民
無荐饑時致野蠶成繭瑞蓮靈芝之異庶績之載碑刻
者尤多
劉琛沔陽州人正統六年由進士知寧縣嚴厲有威遇

事果斷聽訟能得民情吏不敢欺境內肅然
陳純字希文寧夏籍錢塘人由舉人知奉新縣蒞官有
惠政吏部以　聞特賜褚幣搏酒仍推恩贈其父母
耿九疇河南盧氏縣人由進士累官塩運使右都御史
坐御史劾石亨出為江西右布政使亨敗累陞至刑部
尚書九疇素剛介至今稱運使之清正者以九疇為首
子裕終官冢宰亦廉潔無忝
張居傑字翰英上虞人由舉人訓導擢吏科給事中陞
江西參政出督郡邑軍政田賦措理得宜人受其惠
孫遇字際時山東福山縣人由進士歷陞江西右布政
使其治一以至誠民皆心服稱仁厚長者云
張鎣字尚文直隸華亭人由進士歷監察御史江西按
察司副使按察使累陞南京兵部尚書太子少保參贊
軍務鎣寡默博洽居官務安靜輿論或誚其無為然事
賴曲成者實多
王鈺浙江紹興人由翰林修譔出為提調學校僉事風
望峻整問學該博考課士子帖服三載述職言忤當道
輙求致仕
陳璲浙江台州人以翰林檢討養疾家居強起為提調
學校僉事士子以難疑質問懇懇言之不倦管制課責

若建饒水既而亦求致仕去
裴璉湖廣荊州人任江西按察司僉事執法不撓被誣
左遷後超爲都御史官至刑部侍郎
張琦字升潤山西人由進士授監察御史陞江西按察
司僉事持己廉介用刑平恕後陞工部侍郎轉都察院
副都御史
李齡廣東潮陽人由舉人歷陞江西提調學校僉事時
提學官久罷復設齡欲士子敦本尚行嚴責記誦痛抑
奔競自持一言一動不苟雖時爲教官士子所厭然篤
信不渝被謗而去時論惜之

林勤莆田人由舉人任奉新教諭學行淵博所著文字
綽有古人風致正統十三年應春官禮聘同典會試文
衡秩滿而去學者稱之
張鼒蘇州府長州人知南昌府性剛鯁以名節自許優
於刑名剖決如流成化間中貴王慶怙勢索取珎玩鼒
峻拒之一無所與臨行挾之上舟挫辱之民號擁登舟
奪歸陞廣西參政終雲南按察使
呂聲字廷和桐廬人由進士知進賢縣敏捷有材幹凡
所修舉功能立就邑嘗多疫聲剪爪齋沐禱上帝七
晝夜不少息疫勢隨息明年疫復作聲又齋禱請身代

死疫又隨止人咸感之
聊讓陝西蘭縣人由進士天順中知南昌縣執禮守法
于於愛民不苟徇上司好惡時鎮守中官恃恩恣横或
有過取輒納冠帶求去由是反加禮貌民被澤爲多幾
三年竟以誣去
田濟陝西麟遊人由進士知奉新縣政平訟理務以德
化卅三年陞監察御史終大名知府
原傑字子英山西陽城人由進士拜監察御史巡按江
西尋陞按察使成化間復巡視江西後巡撫鄖陽終南
京兵部尚書傑深沈有智畧持身清白臨政剛決三仕

江西聲稱大著
徐懷字明德浙江建德人由進士歷江西按察司僉事
江西右布政使左布政使終南京刑部左侍郎卒于官
懷剛明有治才所歷清白著稱庭無私謁未嘗一骫法
以徇勢要終宦囊無羨物焉
秦夔字廷韶常州無錫人由進士歷江西右布政使博
學工詩文爲人脫洒無累而涖官清介簡嚴不苟至今
稱之進秩藩司纔數月即以疾歸逾十年卒
王恕字宗貫陝西三原人由進士歷陞江西右布政操
履剛正人不敢干以私天性忠直遇[illegible]

弘治初　詔起爲吏部尚書卒謚端簡

陳選字士賢浙江臨海人由進士拜監察御史出巡江西風采大振不事聲威官吏自不敢犯江西至今稱前有韓雍後有陳選累官河南按察司提學副使按察使廣東左布政使選沈默嚴毅詞貌若無能爲而臨事不可奪提學南畿士子悅服去後追思至有垂涕者在河南民族亦然布政廣東一心爲民不屈於權奄誣譛已白行至南昌卒橐無一物棺斂俱出於知舊云

陳煒字文曜福建閩縣人由進士拜監察御史彈劾不避爲權貴所忌同陳選出督南北二畿學校時稱得人

尋陞江西按察司副使按察使威望大著復陞右布政使卒于官煒操履清正學亦該博宦轍所至切以表名賢正風俗爲務未及柄用君子惜之

尚褫河南羅山人由進士授監察御史天順已卯左遷知豐城剛嚴敢爲不畏權勢時鎮守中官假進貢名民不堪其需擾多伐樹棄產以逃獨豐城賴褫無患一邑德之

翁端字正甫莆田人由舉人成化間掌教新建操履端方問學純正不畏權貴不憚寒微其教人之勤無間寒暑風雨鄱邵來學者以百計三典文衡陞國子助教卒于千里致奠者有捐俸爲置祭田墓所者士論至今高之

郁顒字致和廣東東莞縣人由進士歷江西左參政左布政使未幾卒順慎操持富文學居官寬厚得大體宦中物雖例可獨取者亦不私一毫病革目已瞑聞侍吏嗽其子取其物云人無知者順力視曰何得污我言訖遂逝

牟俸字公爵四川重慶人由進士歷江西按察使官終巡撫俸端嚴有守奮發敢爲執法不知有權勢竟得禍卒于戍所家無寸貲識者憐之

李蕙字德馨直隸當塗人由進士歷陞江西參議參政終右都御史總督漕運蕙才識通敏政事周詳所至吏奸民隱纖微洞燭號令必行無能撓者

黃綉福建閩縣人成化間由進士知武寧縣事廉潔惓已仁惠及民深得牧民之體士民至今稱之

李廷聰湖廣監陽人由舉人成化四年知豐城縣廉明有爲時洪水衝堤殆盡勸募採石興工修理至今百姓德之

殷正字以中山西澤州人由進士歷監察御史浙江按察司副使尋調荊州知府陞江西布政司左參政進了

衣卒于京正持身居官嚴整有劉釗馳驛仕途不□間
學晉人京居文官無寸椽片瓦卒在東郭之道觀識者
憐之
劉鈺湖廣沔陽人登進士爲戶部主事嘗督課九江一
錢不取羨餘悉貯之府庫時以廉慎稱
林泮字用養閩縣人由進士累官江西左布政使臨政
温克馭民不擾其米清至潔得之天性俸入取給公私
應酬不計盈縮既休致行李蕭然居位三十年無異寒
素且望重而宿而接謙以自牧故人多愛而敬之終南
京戶部尚書

夏寅字正夫直隸華亭人由進士歷官江西提學副使
博學工文所至多題詠紀述其敷教以寬爲本校文時
雖不過爲隄防而藻鑑精明毫髮不爽士子心服
周秩字公密安鄉人由舉人任南昌府學教授文行爲
時推重督學使夏寅委以文柄品藻甚當學徒例有公
費秩藏之公帑積至五百餘金悉以造儒星門樹泮宮
枋梵學墻不經官費卒於任士子痛之
張悅字時敏直隸華亭人由進士歷江西按察司僉事
居官持大體不事苛察終南京兵部尚書
劉芳字永錫廣東陽江人由進士成化間知靖安持身
清介治政公勤建公署興學校修城邑治煥然□作
六載政平訟理民到今思慕之
祝瀚字惟容山陰人由進士以南京刑曹郎中來守南
昌戴星出入汗夏皴冬時京奏臺訴者株連至千百人
瀚不一閱其誕辭惟令對面纏繹之相去不能以寸寢
息惟艱未旬日多求辭去圄土一空出堂餐餘羨田二
百頃以贍三庠生築圩五百餘處統名曰祝公堤感民
至捐田以興義橋義渡義圩者又立義學擇師以訓蒙
士他如修郡志移郡獄攘郡治基致靈鵲巢梁馴鷹隨
車鐵船港妖龍潭鍾怪俱遁跡人以比魯恭三異爲生

祠祀之
汪舜民字從仁直隸婺源人由進士授御史陞江西按
察司僉事才識明敏刑名練達所至有聲終操江都御
史
張汝舟字濟民蘇州崑山人弘治間任南昌府同知剛
正廉明上下信服嘗修忠臣廟表高士墓以激忠清之
風毀淫祠斃妖鬼以正幻妄之俗巨寇徐九齡猖獗官
民騷繹汝舟率衆往捕爲賊所執部下民兵能王金以
身代死汝舟獲免有司遣祭王金而遺以墓田亦汝舟
德政之所感也

□□字伯誠廣東順德人以翰林編修陞江西提學僉事性剛介不苟合太監董讓陷之理官附董欲加之刑南昌諸生數百人號泣白寃擁入扶蘇去事竟得雪其名愈彰白鹿洞書院自朱子振作之後至潮陽李齡復興而增置田廬招徠四方之士至葵尤力

潘子秀荆州人癸丑進士歷陞江西提學副使藻鑑精明人才多所造就雖嚴刑弼教人或過之而表正砥礪卓有可紀以表賀入京卒于旅邸

邵寶字國賢無錫人由進士歷陞江西提學副使敦尚道義砥礪名節以身為教累遷都憲督漕運因忤逆瑾致仕性度端雅于聲色貨利嬉戲絕口不言名重海宇卒贈太子少保謚文莊

周憲安陸州人由進士歷陞江西按察司副使督兵捕馬腦巖賊策馬以進為士卒先大戰華林桐梓嶺援兵不至死之其子幹時亦從征奮不顧身同死于鋒鏑事聞贈憲按察使謚節愍以其父死於忠子死於孝　詔旌表其門嘉靖二年巡撫右副都御史盛應期　奏請從祀於省城旌忠祠

蔡清字介夫福建晉江人由進士為江西提學副使性質溫良問學純正取士先德行而後文藝其教人論道必使其蘊奧語事必悉其首尾所著易經四書家引於經傳多所發明以疾致仕陞國子監祭酒未拜命而卒

吳一貫字道夫廣東海陽人由進士累官大理少卿左遷江西副使正德間華林賊勢猖獗一貫督兵勦捕嚴申令信賞罰士卒奮勇俘斬甚多因建議築城賊至則督兵以戰賊退則督民以築至忘寢食竟以勞瘁卒于軍二縣俱立祠祀之

李情字宗善河南靈寶人由進士歷陞江西按察司副使整飭饒州兵備時桃源降賊復攻萬年縣有告賊至盍避諸情曰我憲臣柄兵者也寧死不避遂遇害時同心死事者為通判蔡碧陳遠照磨馬聰指揮邢世臣千戶許政凡五人

邵銳字思抑仁和人由進士授編修改員外郎陞江西提學僉事銳顧名檢篤孝義澹樸素持退然若不勝衣究心理學文體賴之以正且以敦行風士忠信之稱朝野同之

孫璋鄞縣人由進士正德八年任南昌知縣以孤介立身以和緩應事時宸濠肆虐政多掣肘璋維持調護保全一縣之生靈濱江田多沙塞入　覲曠路沙米八百石以蘇民困三年政平訟理民到今稱之

林俊字待用莆田人由進士歷陞江西僉[illegible]傲[illegible]官廉約厭末俗侈靡欲以身爲表率政尚大[illegible]巡撫本省鋤強扶弱雖市販小害必懲之先事發寧庶人奸修葺陳司徒祠後遷刑部尚書執法不苟平生不畏強勢不擇利害抗犯顏敢諫之節高難進易退之風無瑕可議

陳恪字克謹浙江歸安人由進士歷陞江西布政時逆濠肆虐鈐制方面恪雖不事矯激而內有定見不可撓奪凡議夫價賀禮類多忤其意濠怒甚面叱數四且繫逮其吏恪處之裕如蓋其雅量盛德得之天性如此濠

將中以奇禍會陞都御史巡撫南贛以去甫月擢大理卿而卒力守清白家無餘貲云

姚汞禎字文瑞華亭人由貢士正德辛未知進賢縣一以愛民爲本值歲荒盜起流刦坊鄉　命將征勦調度軍用百法區處民不知擾閫帥求貢自甘窘辱焦心勞力乃復安堵逾年卒于任士民思之

李夢陽字獻吉慶陽人由進士歷員外郎正德間以直諫謫官後陞本省提學副使工古文詞爲　本朝文章之宗自負英氣故在任亦以振作士氣爲先至今頌之後因事去任

吳廷舉蒼梧人耿槩雄傑百折不回從學於陳白沙由進士爲縣令以忤上官構誣編管起爲府同知轉兵備忤鎮守潘牛被搆於逆瑾矯旨枷號錦衣衛門月餘幾死復編管又起本省參政姚源峒亂被執入賊巢欲加害公挺然不少動色且諭以順逆之道賊感化反加禮馬歷陞尚書士類傾服卒不能殮

胡世寧字永清仁和人公偉器局雄視百夫材畧足以副之嘗曰學以經濟爲主由進士任本省副使備兵東鄉民賴以寧時寧藩有逆謀乞　詔戒諭濠賂權奸公坐離間謗下錦衣衛獄獄中三上書言江藩逆狀後濠

果反起歷官巡撫所至有勞績而憂國薦賢之心老而彌篤卒謚端敏

穆相字伯寅陝西三原縣人由進士當武宗朝諫南巡被杖巡江省劾大監黎鑑風采肅然按部止乘驄馬除貪摘奸十三郡靡不憚服沒于寧州有遺疆詩亦直氣所發云

徐一鳴字伯和醴陵縣人由進士任江西學憲崇正學正文體毀淫祠并寺觀創東湖書院司憲綱禮自公始明被鎮守黎太監誣劾逐散僧道爲盜錦衣官校械繫入京三學諸生泣送官校爲之感動事竟得白謫官

遂歸隱焉

范輅字尚啟桂陽人由進士以御史清軍本省時逆濠將讀護衛擅察民間殷實給領椒塩倍取其利莫敢誰何公忤之被誣謫龍州宣撫經歷恬然不悔後起陞本省副使

李承勛字立卿嘉漁人幼性靖敏廉潔自守由進士任郎中出守南昌時劇賊騷藩內外孔棘號稱難治公深畧雄才撫機輒應如華林瑪瑙桃源各寇執殺藩臬公疏獨稅請兵廣詢謀繕壁壘扼溪澗盡勦殲之境內安輯官至兵部尚書贈少保謚康惠

萬士賢南海人由舉人正德六年令靖安時遭馬腦賊變舊無城郭兵甲可恃公勵志不避艱險鑄兵器訓戰士築城鑿池建敵樓羽翼太守李承勛討平之事詳平盜錄盜雖平民尚失所多方撫字刑罰不苛節用愛人民多德之己卯宸濠造逆偽檄宋祥四涂景七取馬腦餘黨以塩其亂假威臨公公誓不受制即斬祥四等於南港橋以定衆志隨興義兵應中丞王公討逆宸濠就擒公與有力焉公遭兵燹後修學校建射圃立社學治教聿興民到今懷之

孫燧字德成餘姚人由進士歷刑部郎中嘗奉　命撫江西刑獄多平反正德末年濠潛逆謀漸露擇公巡撫公屢疏罪狀以聞俱為中道遮匿乃與御史范輅參議陳洪謨副使許逵協謀時稽飭旅布守要害己卯六月濠反脅公保駕公折之曰天無二日臣安有二君不屈令斬於惠民門內時烈日方熾忽陰曀慘淡百姓皆為流涕當濠起兵倉卒乃遣人走軍器局取軍器等物則只鐵牢鎖無存者蓋公先是皆已別移其老成深慮如此贈禮部尚書謚忠烈　勅賜祀旌忠祠

許逵字汝登固始人由進士授樂陵縣令以禦寇功陞僉事轉江西副使時宸濠陰蓄逆謀[illegible]境土騷然公密[illegible]其黨以杜其惡己卯六月濠反縛副都御史孫燧公厲聲曰孫都堂　朝廷大臣不可辱無禮濠并縛公且鬧公罵賊言天無二日我惟有赤心肯從汝反乎濠怒喝令武士縛公并斬之慷慨激烈挺立受刑贈左副都御史謚忠節並祀旌忠祠

馬思聰莆田人由進士官戶部主事奉　命督糧江西正德己卯六月與宸濠生辰之燕翼日入謝度必有變語厨人曰我備不出將　[illegible]姑如所示及入濠怒其不從遂遇害配享旌忠祠

黃宏鄞縣人由進士官至本省參議己卯之變濠械致

谷官家慣憤不平引所繫索自縊而死先是三月間預
遣家屬遁歸按部至都昌謁
先聖畢語諸生曰今年省城當有大故到其間亦惟有死
而已至是果踐之事 聞贈太常寺少卿賜享旌忠祠
王守仁字伯安餘姚人少負奇氣不欲爲俗學所囿銳
志理學乃獨得不傳之緒因致良知爲一代儒宗由進
士累官至提督南贛軍務平峒寇奉 命往勘福建叛
軍事道豐城聞宸濠反轉駐吉安起兵勤王平逆有功
民尸祝之後提督兩廣猾思平八寨悉著奇勳雖當軍
旅旁午時群諸士講學不倦故其學獨江右信從甚衆

以功封新建伯謚文成從祀 文廟
伍文定字時泰松滋人由進士正德末年知吉安府足
食足兵百政具舉逆濠謀不軌都御史王守仁募兵
勤王文定首倡義兵團練先聲足以寒逆濠之膽者由
公先事足兵食也及王公兵入南昌逆濠兼程還救公
率哨兵先進被甲冑立矢石間雖火炮燃鬚不退故各
哨奮勇爭先逆濠就擒擢本省按察使後陞操江都御
史終兵部尚書
顧似字民表成都人由進士宰豐城存心仁恕莅政嚴
明積粟至數萬石頻年水旱似發廩減價以糶秋成糴

還民賴以濟逆濠要索悉禁絕之及叛欲加兵于豐即
緝斬從逆者四十八人以狗極力備禦境賴以安首發
其變于巡撫王公守仁率兵從討有功陞大理寺丞轉
少卿
劉源清字汝澄東平人由進士初尹德興以堪繁調進
賢尹政尚嚴明尤加意學校已卯逆濠變起倉卒遠近
震駭清監旗邑門書精忠報國四字號集義兵斷橋守
城效死弗去又積薪環衙誓戰弗利同家眷自焚逆濠
婁伯領僞詔逼奪邑篆清即斬以殉賊遂不敢東嚮逆
平擢御史大理寺丞士民于邑東關立忠義去思碑祀

縣名宦祠
劉守緒與國人由進士正德乙亥知奉新嚴明正大不
假人以辭色平賦役清獄囚事簡而民安已卯宸濠之
變統兵搜伏破城其功居多
唐龍字虞佐嘉興人由進士爲御史正德末年宸濠搆
逆已就擒中貴張永率京兵駐省肆虐尤甚兵荒後且
值水旱相仍公按本省疏請班師如解倒懸列從逆之
罪表劉源清馬津之功劾鎮監崔和之贖貨與夫辨雪
脅從賑濟饑荒多方存恤先後所上九十餘疏無非爲
民請蠲賑患時賴以寧去後肖像同仁祠累官至吏部

尚書

汪穎字秀夫江陵人由舉人任南昌府同知練達政體人不敢干以私練兵營中申軍法作士氣與士卒同甘苦故人皆思奮若桃源華林瑪瑙礶源諸巢皆險不可破者以次破之閒關百戰先期集事其勞居多視篆淮新革弊政均徭役罷誅求民戴之若父母然

吳嘉聰振武衛人由進士知南昌府適當逆濠變後凡與平民讐者輙誣以助逆時拳梏盈囹圄故本府有新監之設公竟日夕細求豁免者千計且留神興學造士豫章文風振起公有力焉

陳世甫定遠人由進士嘉靖三年為南昌知縣溫厚慈祥視民如子聽訟時詳為開導雖人伏其罪亦貸不深究令其自化嘗有兄弟爭田公且諭且泣兄弟竟以相讓庭無滯事至今稱為南昌縣令之最

陳仲錄武陵人由進士知奉新甫蒞任禁令一新盡革里役冗費大都撫良鋤強而寬洪闓雅四年間吏胥未見其有疾言遽色考滿之日送者幾千人靡不墮淚

鄭岳先任江西叅政以守正拒濠被濠誣發戍及濠叛後起江西巡撫江省坐勤濠逆者率多累死公至曰濠横恣甚我藩司且被挫折矧民乎分豁何啻千餘家至今民戴其德

徐階華亭人自翰林出為江浙文宗崇正學勵士風藻鑑精朗時稱得人又闢同仁祠陽明祠以示嚮往建登相位置田宅群三學士肄業其中迄今士類猶仰慕之卒謚文貞

鄭世威長樂人由進士嘉靖間為協堂副使督驛傳革借閘夫馬時分宜權宰當軸絶不通問人皆服其操且性恍直清苦自甘歸家止畜一僕灌園自給善翰札故江西名區多遺墨云

譚大初始興人生平多奇節由進士任副使時江省供億不貲軍籍苦勾補坊甲苦幕鋪齋宿苦酒筵驛遞苦借閘民力憊矣公一一裁革之且執法不媚權勢摘伏好賓民畏服若神明然

李一瀚仙居人由進士歷御史陞江西僉憲守法不阿卽億貲醎賈不敢跳號一時醝政甚得其平存武陽郡公廟祀頌超溪水利此其蹟之較著者人稱為鐵面御史云

譙孟龍南充人由進士嘉靖間知南昌郡政郡故九河交注也春水暴漲民閒廬舍田疇汪洋一浸公沿河築堤捍之民以永賴今譙隄記尚存更加意人材攷癸卯

一榜南昌中全省之半亦作興之效云

周崑字孟登崇德人由進士初任玉山縣以堪繁調進賢威惠並行鄉有慣盜夙惡公亦得之僞逃往捕數其罪即于其地杖死有漢神君之風士民到今思之

林大森莆田人由舉人任南昌縣學教諭仁厚謹敕言不及利誨人以敦本爲先論學以明經爲急雖隆冬酷暑未嘗輟故學規整肅造士有成時稱得師云

張岳字惟喬晉江人自西粤督學調江西時相創行選貢法公曰需次以貢此　祖宗舊制乃以序貢忤相意謫廣東提舉尋陞知府以征安南功擢江西巡撫甲辰乙巳歲大饑公同巡按魏公多方賑濟民賴以生各郡邑民糧苦偏重公爲請改重米若干民至今稱得輕輸皆公之惠云

魏謙吉栢鄉人由進士嘉靖間巡按江西才猷軒敏砥有風裁墨吏滌滑莫不悚息乙巳歲大饑死者相枕藉公出贓鍰爲糴多方賑之民賴以生復奏蠲全稅其威惠並著如此

黄卿字時庸益都人由進士歷本省參政左右布政使清介峻特因大旱步行祈禱彌旬不懈遇解兌原封出入堂無完庫捐俸修學舍及城隍廟入覲惟圖書數卷行清風兩袖獨朝天之誦先是市民有夢鼓吹迎新城隍者諦觀之乃方伯黄公也公卒適乎所夢之期故人以爲神明云

邵鞭仁和人由進士爲南昌尹聽政勤敏每治公事令兩吏讀民詞且治且聽略無違錯時能恭肅有寧院之報公往謁與之抗禮恭肅公高其品及離任民爭脱靴祀之有涕泣追送至九江者

謝紹祖海陽人知寧州爲民間之圖賴革衙門之宿弊鞫獄以洗冤抑捐俸以修學宮迨陞長史去士庶擁輿以送哭聲載道

薛大楹蘇州人由監生授南昌主簿清直自持嘗標其門曰要一文不直一文且不畏强禦不媚上官今鄉耆猶有薛青天之稱焉

魏一恭字道莊莆田人由進士初授温州府推官陞時相子弟恃勢侮慢官司者境内肅然歷陞參政分守南昌道廉明素著闔境憚之性剛方清約宦囊蕭然過里中敵服徒步如寒士雖交際微物無害於義者亦不受嘗自言不要官不要錢不要命則何事不可爲故時人目之爲三不要累官至布政卒于官

陳紹儒廣東南海人慈祥樂易器度休休有容由進士

任本郡太守承上接下不設城府恒不言而飲人以和且案牘詳慎鞫獄刑不妄施百姓亦自輸情欵服不忍欺也惜任未久即朝覲陞擢後官至戶部尚書

胡松滁州人舉進士先督學山西抗疏論邊事時稱經文緯武之才爲當事所忌林居二十餘載時江右流寇猖獗起公巡撫公入境單車趨撫州定難而後視事無何

詔三省會兵勦廣剿賊建公朝命夕駕飭兵境上滅寇旋旆豫章建三大營視要害所使撫之民賴以寧且節用愛人巨細畢舉有弘貸而無遺明焉

汪佐歙縣人由鄉舉判南昌清權古朴司捕時刑罪人輙泣下嘗視篆南昌縣縣務素稱煩劇公無煩焉賦稅民爭輸納每見諸生門立即召入問所以雖匆冗不少廢禮亦不狥人爲可否民至稱爲汪娅公觀之也

王修易江山縣人由歲貢任新建縣學訓導五載終日談學見貧生輙賙恤之與先任巡撫張浮峯公爲同門友一日遣舍人詣公公荅云爲公事乎爲講學乎公事即日公堂參謁如論學當致一帖浮峯公竟以帖請而直之

劉應峯字紹衙茶陵人由進士宰南昌邑當會省事難綜核公以鎮靜處之一不爲勞均丁糧以斂差役省工役以嚴稽兵糧十限以定追徵約鋪行以蘇佃累革民輸以省差擾政績爲一時之最卒祀名宦

栗永祿　人由進士[illegible]惠政[illegible]時[illegible]分宜之產當事[illegible]敢匿其數於是[illegible]者比[illegible]矣公[illegible]之[illegible]以千計南昌縣有[illegible]餘[illegible]假設[illegible]寄頃[illegible]害百姓公審[illegible]實之法民賴以安

杜完字子修宜賓人由進士知新建縣愛民郵用時大旱踰月不雨乃出郊禱[illegible]對切百姓誦之潸然涕流越三日果得雨[illegible]歲[illegible]及蒞事權貴之家一無所[illegible]當時百姓有杜母之號

秦紡慈谿人由進士任左方伯政治嚴明一洗宿弊錢糧出入委之屬官間有羨餘悉申貯爲公府經費清節自持每晨起誦感應篇以不貪不殺爲心官舍中僅家僮一二以弗偶于時浩然長往行李蕭然

周如斗餘姚人由進士巡撫江省稔知民困差徭即致[illegible]與白執事議興利祛害爲四差條編畫一之法開局摩算寢食俱廢竟以勞瘁得疾民無老幼日走祠廟請禱公疾革一語不他及詹詹惟鞭法是圖百姓如喪考妣肖像祀江濱祠曰懷仁

馮岳慈谿人由進士任江西左轄正直重厚有大臣風

□揩不任庫官外府縣官參見禀事者遇到便委衙
究文書擅案批發絕包苴之入華吏書之奸滿政一時
爾然至今多其楷式官至尚書
劉光濟江陰人由進士巡撫江省首詢民瘼知江西苦
役乃下吏議行一條鞭法總其事爲二十四欵閱三月
定爲四差俾役民悉輸于官官盡顧役于民較若畫一
貧富兩便之未幾又創坊甲條鞭法及禁約諭行法民
頼以寧肖像崇祀青雲舘累官至南吏部尚書
江以東全椒人由進士以南考功督學江省人不敢干
以私時 上加意學校更勅學使者申飭士行要使中

繩爾止公一一奉行士習一變行部南贛當塗稍欲撓
之公回省竟拂袖歸諸士攀留江滸數日舟不得行嗣
權大參竟致政居鄉靄然儒生沒無以爲殮
王天性字則東揭陽人由舉人任本府通判資性質直
疏爽有才能初署豐城縣篆委丈田良法未盡得行民
甚惜之次年復涖豐值平豐堤決乃躬相地勢移馬湖
實地僉工分丈修築堅固至今頼之晝督工于鄉夜理
訟于縣吏胥肅然事罔不辦民稱無冤故豐人被澤尤
深祀豐城縣名宦祠
曹大川巴縣人由進士授豐城令存心易直字□□□

紛世俗常有寒素氣味且妙齡老練寬抑催科不貸□
民脂膏以博聲譽受挫當道忽恤焉歷刑部主事員外
卒於官豐人思之祀本縣名宦祠
丁應璧壽光人由進士任本府太守資性廉介儉朴日
需恒以藜藿充之冠服敝垢略不措意時省會競尚奢
五色金魚王孫有以此獻公者公烹食以愧之其風遂
稍稍息教民節約率類此且簡易慈祥留心民瘼士民
稱冰蘗之操者必歸諸公云

武衛

文武並列府衛錯置制也豫章人文郁乎盛矣武衛可少緩哉爰志南昌衛所凡軍政武功並附于後亦各從其類云

南昌衛舊有左前二衛門左衛在今都司之西領左右中前四千戶所即李寅故宅永樂間改為寧府護衛自宸濠叛後裁革前衛在府治東洪武年建五千戶所列峙之左右萬曆十九年重修

指揮使

朱維祺 原籍懷遠縣人

指揮同知

謝祖述 原籍寧陵

指揮僉事

孫默 原籍通州人

衛鎮撫

忻忠 原籍新蔡縣人

方應震 原籍徽州休寧縣人承襲原籍定遠縣人推陞南京守備襲職回籍

歷任指揮使

李應詔 原籍睢寧縣人歷任北京都指揮左參將見任

魏元佐 原籍寧山縣人推陞寧海石守備故

陳惟賢 原籍合肥縣人推陞東海把總今故

樂嗣武 原籍泗州盱眙縣人優給未襲

楊東曉 原籍定遠縣人優給未襲

汪煒 原籍和州人

何尚文 原籍武定州人

梁尚忠 原籍宿州縣人

鞠炳 原籍泰州興化縣人

曹烺 原籍六安州人

歷任指揮僉事

耿清 原籍鍾祥縣人運糧有功推陞本衛署指揮同知

趙大行 原籍

二科武舉奉例授本衛署指揮僉事

呂武 原籍六安州縣人

前千戶所

副千戶

周象賢 原籍睢寧縣人

張文煥 原籍高郵縣人

後千戶所

副千戶

彭紀 原籍新野縣人

中千戶所

正千戶

左千戶所

正千戶

趙烺 原籍合肥縣人以運糧功推陞本衛署指揮同知

歷任

陞把總見任

戴廷淑 原籍懷遠縣人優給未襲

楊寶 原籍滋陽縣人今故

右千戶所

副千戶

顧大用 原籍宛平縣人

方渭 原籍武清縣人以運糧功推陞本所署正千戶見任

李清 原籍德州人

實授百戶

盛國用 原籍定遠縣人

馬朝卿 原籍歙縣人以運糧功推陞本所署副千戶

試百戶

趙祖沛 原籍沛縣人

姜應泰 原籍泰州人

李宣 原籍武清縣人以運糧功推陞指揮實授僉事見任

副千戶

賀應武 原籍渠縣人

戴之美 原籍

徐文淵 原籍武清縣人今故

楚恩 原籍壽光縣人今故

副千戶

王嵩 原籍荊州人奉例納級署指揮僉事

實授百戶

宋國政 原籍

王用臣 原籍安仁縣人以運糧功推陞本所署正千戶納級署指揮僉事

實授百戶

陸文炳 原籍定遠縣人

吳一元 原籍太湖縣人

王元俊 原籍丹陽縣人

潮城縣人撥給火駿

所鎮撫

柳國忠 原籍女直人

萍鄉縣人

蕭承恩 原籍義貢縣人以運粮功推陞本所實授副千戶

郎光祖 原籍和州人以運粮功推陞本所實授副千戶

張應奎 原籍遵化縣人以運粮功陞本所實授副千戶

試百戶

馬光祖 原籍太平縣人撥給末襲

功陞本衛所實授

除授官職

劉招桂 指揮僉事 實籍六安縣人今陞順蒙叅將

鄧子龍 指揮同知 原籍豐城人今陞雲南副總兵

附 劉顯 南昌人都指揮同知

吳綜 正千戶 原籍徐州人附南京都督府都督僉事今故應襲正千戶吳國恩

劉天鳳 實授百戶 原籍福清縣人推陞雲南衛遊擊

傅清 試百戶 原籍南昌縣人

朱重光 新建縣人武進士

曾拱極 進賢縣人武進士

武職傳

趙鉞任南昌衛指揮使以捕盜功陞都指揮僉事守備
南贛凡九載，嘉靖守已上下賢之，正德十六年陞叅將谷
兵征剿馬腦寨林山賊俘獲甚衆寇平仍司關防時逆

豪陰謀不軌暴虐軍民事干都司者甚多鉞執法不徇
寧發其陰匿濠憾之一日召入府飲之酖酒策馬歸第
毒發而死復統軍校二百餘圍其宅繫其妻孥檢掠其
貲產一空鉞死四日不得殮蒙禍慘甚方濠之虐燄熏
天百司阿縱恐後鉞以武弁與之抗蓋亦鐵中之錚錚
云

方印字欽佩以南昌衛世爵承襲指揮慨然以功業自
期許正德庚午饒州姚源洞寇起建號稱王流毒五省
詔撫按大吏督守臣籌將討之遂以委印捧檄拔劍誓以
身徇 國督兵討賊賊僇其渠魁賊大靡越旬進逼賊
壘大戰梁山坂下我軍氣倍張而身忽中流矢猶接短
兵奮格以南力竭被執賊欲降之印大罵賊被殺廟祀
萬年縣 賜額曰忠錄其後加一等後以子恩晉贈驃
騎將軍都督僉事

南昌一衛五所共旗軍見在食糧正軍共叁千伍百肆拾陸名

左屯共田叁拾貳處永樂二年開種九江南康九府屯田玖百貳頃壹拾畝弘治間屯種旗軍壹千玖百玖名屯田柒拾貳頃用開屯名于後九江府屯叁拾處今實止貳拾捌處

劉家灣屯　新市街屯　小口灘屯　東前龍屯
馬口湖屯　晁田畈屯　鶴城𡌅屯　四溪阪貳屯
青竹坂屯　查埠湖屯　大禾坂屯　樟枋坂貳屯
滁槎坂屯　大圻湖屯　南庄坂屯　石門坂屯
白楊坡屯　鄒家埠屯　易家龍屯　城門山屯
瀾西湖屯　洲陂坂屯　書院坂屯　吳家坂屯
常溪山屯　東落洲屯
南案畈屯貳處
西山舖屯　章平坂屯
萬曆年左屯丈量過田地基塘山陂共計捌百捌拾伍頃零陸分伍厘肆毫

實徵子粒正米壹萬伍千貳拾肆石陸升貳斗玖合
秋徵餘租折銀貳百兩捌錢壹分伍厘
新增地貳百貳拾捌頃叁畝貳分壹厘壹毫
實徵麥豆折銀肆百玖拾兩肆錢柒分陸厘

前屯共田二十六處永樂二年開種九江池州二府屯田玖拾陸頃用開屯名于後

九江府屯壹拾肆處
楊子橋貳屯　楊樹灣貳屯　中安山叁屯　烏山貳屯
栢山貳屯　會田屯　陶宅屯　磨盤洲屯
池州府屯陸處
鹿盤洲屯　官山屯
萬曆年前屯丈量過田地基塘山陂共計伍百捌拾捌頃柒拾叁畝貳分玖厘

實徵子粒正米捌千陸百零貳石
作徵餘租折銀貳伯肆拾兩貳錢　分柒厘伍毫捌絲
[illegible]地叁拾石伍拾伍畝
實徵麥豆折銀捌拾陸兩
[illegible]屯田米共壹[illegible]叁石壹拾玖石

本衛運船共貳百貳拾貳隻

衛所官軍操場洪武四年都指揮宋晟拓地於德勝門外籠沙園廟嵗貳百餘嘉靖十二年移建於順化門外置土營房羅列左右但東方乃省城來脈識者謂其金木相尅云

新修南昌府志卷之十六

南昌府志卷之十七

選舉志 科第 歲貢

昔讀功令至洪武開科詔有經明行修文質得中之語竊在[illegible]而比于質行[illegible]局盛時鄉大夫興其賢者能者獻之於王而[illegible]于是專尚德行而文辭黜焉後稍襍以諸科行與文分為兩岐然未嘗偏重文也宋用王安石議盡罷諸科而分經義詩賦取士察舉之制遂廢國初稍一行之如孝廉人材等駸駸乎周禮鄉大夫之遺也乃後經制漸詳特設科舉以起懷材抱德之士文與行併為一焉豫章人文蔚起由漢以來尚已諸所由經義起家或輸忠以明義或振藻以揚休或矢金石而歸大常或洞天人而列俎豆猗與休哉科目得人于茲為盛至其栖情物表抗志雲天晦迹韜光砥行立質者容有網羅所不及焉何與今備載人材選舉之目薦辟科第歲貢見國家文行並用之意云

薦辟

漢

陳重 雷義

漢豫章郡治甚廣今饒袁分治則人以地殊故陳重雷義仔名夫傳

程曾 以孝廉舉有傳南昌人

吳

謝禮 以德行舉有傳南昌人

晉

熊遠 以孝廉舉有傳南昌人

梁

鄧琬 任南海太守 南昌人

唐

郭瑷 應茂才異行有傳南昌人 鄧懐素 察孝廉南昌人

熊九思 察孝廉南昌人

宋

潘慎修 有傳 潘淳 慎修孫俱南昌人 李仲訥 字子遠推官

孫蔭 字從道以經學行誼薦 李仲詢 字子謀仲訥弟授書郎

李仲文 字子通主簿 孫光 字如明以文學授學正 李亢 有傳

李充 縣令 孫約之 字宗禮迪功郎 李君伯 見父秉有傳 雷遜 有傳

南昌府志 卷之十七 選舉 二

李聖功 入學上舍 劉允 范士衡 有傳 孫源深 字德遠迪功郎

袁漸 字伯賢授文學官 李斌 以文行舉主簿 孫松茂 字季宗學錄 李清子 字源達提舉

孫起龍 以文學授學正 李茂元 范壽 字千族以儒選教諭 李雲紀 教諭

熊昶之 同知仙豐城人 胡旦 字從道以文學薦任諫議大夫遷保信軍節度使奉新人 餘無考

元

范明遠 袁州路照磨 劉懋 以明經訓導 熊良 以明經授教授 高興麟 以人才授大使

貝文郁 以明經授教授 劉紳 以明經舉辭射能詩 熊東 學正俱南昌人 熊誠 字道新州諭

洪淵 以進士授教授 孫印吾 多著述授教授 揭傒斯 有傳 揭汯 見父傳俱

李克家 以儒學授縣 朱本 儒學提舉 熊自得 字參祥經歷 鄢至善 仕至刑部侍郎

于友信 治中 孫盛 仕至奉議大夫 孫予初 翰林修撰 徐智 字明知初州同知

陳仲易 照磨 甘泰亨 甘朝舉 奉議大夫知嘉定州

陸志遠教授　徐濟民以明經舉主簿能詩　萬瑀以明經舉教授俱豐
城人　傅商傑教授　金以寧本縣學諭　陳恭南昌縣學
樊伯贊以賢才舉縣令　樊敬道南康路學正　樊友道撫州府同知俱進賢人　餘縣無考

國朝

胡璉貢外字汝器以明經舉任主事　范世美訓導　胡季安有傳
范相訓導　李顧字克正終禮部尚書　彭振宗本縣學訓導　劉錞給事中
李彌高本縣學訓導　張謙有傳　徐越國子助教　李懋以明經授教授擢給
事中因狀元任泰亨出門下賜一品服所著有覌山集歸田稿　程仲本訓導　范理訓導補之千戶
史以明經授訓導擢紀善　余順辰任知縣重實興學勸民　萬欽以■■■■
袁原發知縣有善政　丁寅以明經舉終判官　李平字文正廷揄致仕　陳濟亨以明經舉知州
宗斯文以人材舉授主事　胡伯諒字友益■■■　鄧景武以人材舉知縣

南昌府志　卷十二　選舉　三

王啟宗以人材舉知縣　喻復仁以明經舉歷大理少卿　熊彥廸以人材舉授諭
口總兵馬　秦泰以明經舉授訓導　劉斌字廷傳人材舉郎中　萬鋼有傳
彭義和以人材舉典儀　袁集以明經任都轉運使　劉友誠以人材舉通判　袁■以人材舉主簿
喻季陽任知縣　萬楚哲以人材舉評事　萬孔昂以賢良舉戶科給事中
羅觀以人材舉歷知府　喻仕啟　胡珏以人材舉任郎中　劉■■有傳
范子言以儒學舉訓導　袁順德以人材舉巡檢　胡仁以人材舉歷知縣　龔遂字■■人■■■■
吳叔範以人材舉知縣　胡炳以御史　萬吉以賢良舉終知府　唐伯遜以明經舉知縣
萬邦憲以人材舉知縣　王啟宗以人材舉知縣　蕭叔雅以人材舉州同　袁學政■官
王仲舒以善書舉入秘閣轉郎中　龔■以人材舉知州　胡清有傳
唐九萬知縣　鄧霖以人材舉授主簿　塗士安　熊鏝有傳

鍾用有傳　王叔安以善書擢入秘閣特精律呂書成書官至郎中子復世其書學由中
秘閣終大理寺丞　萬孟朴以明經舉教授　王銓舉賢良方正授縣丞以善書官至中書舍人
楊立以善書授中書舍人許張元禎墓表　熊源以茂才舉任縣丞　王銓書官至中書舍人
龔彥昇以人材舉歷知南昌　萬均文以儒士舉授倉副使考滿授鄉
老賜敕任有制誥後年老致仕　高皇帝稽古
書均給之　徐德賢以明經行修舉歷知縣
唐仕昂以人材舉知縣　張益以經明行修舉訓導時擇諸生八人課程不輟至丙子一舉四人狀元謝一夔與焉
丁之翰有傳　袁明誠以薦授修撰　萬自明以儒士舉給事　裘儀主簿授序班歷
袁仕隆字學凝明誠子幼穎敏好學以薦召授府同知永樂間又以精通堪輿召賜宴金幣詔馳驛歸自號宇宙畸人
順漸建人　朱善有傳　徐鐸以人材舉歷尚書改布政
揭平仲侯斯孫以才能授中書　陳必成修撰　崔朝舉以秀才官主簿

南昌府志　卷十二　選舉　四

余萬全以儒士官吏目　聶鉉以通經舉助教　徐茂勳主事　劉侯有傳
聶行以通經舉通判　劉積以明經舉典史　余詮字士平提舉　袁博以秀才舉給事中
毛仲誼以明經舉教諭　丁維南太僕寺丞　葉奎以通經舉　甘■牧以明經舉教諭
熊孟純以通經舉衛知事　徐林卿以明經舉學錄　劉仲謇秩之子以通經
舉教授　楊麟以通經舉學正　徐仲濟以求賢舉主事　朱叔服簽之子以通經
舉教授　丁隆以通經舉教諭　袁稷先以秀才舉知州　劉靜字仲安秩之子以孝
行舉縣丞　陳夢鈐御史陞僉事　鄭■以通經舉教諭　周監訓導
李本立以才舉給事中　周伯闡州判　周伯張伯闡弟以儒舉知縣
黃宗衡訓導　聶濟以通經舉　宋用斌以才舉主簿　周煥以文學舉知縣
熊伯讓以人材舉■■　熊泰春以人才舉州判　劉叔衍以文學舉知縣　夏叔良■■■■

周祖良 以人材 庶汝濟 以人材舉 鄧伯陽 以人材舉[illegible] 呂公召 [illegible]
鄧朝英 以人材舉大使 毛則仁 以明經舉[illegible] 周偉 以人材舉北平參議 涂伯宇 以人[illegible]
范叔儒 [illegible] 孫盛 訓導 范士立 知縣 孫而安 以字[illegible]歷郎中
曹[illegible] 聶孝順 鉉子以秀才授縣丞 熊續 字子綸教諭
李南奉 以茂才[illegible] 葉叔恭 以茂才 熊綱 [illegible]教諭 鄧叔仁 以律[illegible]
王郁 主事 周伯美 伯張弟以文學舉 萬宗祿 以通經舉教諭
又名琦 萬瑀 教授 劉行倫 以明經修行舉教授
[illegible] 長弟以通經舉訓導 吳誠 以通經舉訓導 袁文振 以求賢舉知縣
[illegible] 以通經舉[illegible] 黃茂 [illegible]以明經舉訓導 范再呂 有傳 李篤恭 以秀才舉縣丞
[illegible] 教諭[illegible]試事 周大鵬 以人材舉知縣 袁孟勵 以茂才 于世 [illegible]縣丞轉教諭
[illegible]之子以通經舉教諭 朱聚 以楷書選取修書主簿
揭[illegible] 以楷書選送修書任知縣 丁偉 有傳 楊子恭 歷長史
熊[illegible] [illegible]子以求[illegible] 孫日儉 貞子本縣訓導 李信 以通經舉訓導 王賓 以求賢舉主簿
黃[illegible] 以通經舉教諭 楊清 以通經舉訓導 盧與齡 以通經舉教諭 甘行 以通經舉訓導
黃遇 以[illegible]明行[illegible] 萬隆 以善琴歷[illegible]少卿 朱復初 以通經舉訓導 任直 以通經舉訓導
胡佑 以通經舉訓導 涂瑤 以通經舉訓導 蔣德 以通經舉訓導 涂禮 以通經舉訓導
鄒璣 以通經舉訓導 余貞吉 衡子以通經舉訓導 黃英 以通經舉教諭
丁傑 維楊子三舉不就有傳 劉華藻 以經明行修舉教諭
聶蒙明 訓導 胡璘 以通經舉訓導 熊毅 以通經舉訓導 范德升 經歷 豐城人
傅維堯 教授 傅原益 知府 曾樞 郎中 包宏 有傳

[illegible]復 涂節 嘉興知府[illegible]中丞 樊伯文 以賢才舉縣令 吳蔚 翰林學士[illegible]行舉
不錄流俗 焦位 有傳 袁鎮 訓導 陳[illegible] [illegible]
[illegible]門 任王事有傳 傅文明 知縣 黃[illegible] 知縣 黃子成
周行 主簿 王維初 任僉事有政聲 樊維賢 以明經授主事 王晝年 [illegible]
王壽年 書年弟知縣 包[illegible] 任教授 曾益 教授 胡頊 教諭
黃天則 知縣 黃敬行 知州 章光國 教諭 顏孟安 知縣
胡秀才 經歷 余則明 州判 陳康齡 教授 樊用儀 [illegible]
樊伯言 以人材授通判 陳昌齡 世榮孫教授 樊伯猷 以人材舉主簿 樊公[illegible]
艾敏中 知縣 程[illegible] 有武功 樊用允 以明經授通判 車邦顯 主簿
艾應中 知縣 [illegible]孟頊 訓導 曾敏 歷學錄 陳洪 教諭
陳禾 訓導 曾大齡 中書舍人 樊叔政 [illegible]翰林院檢閱 陳邦[illegible]
周壽 以經明行修授本學訓導 余可立 [illegible]
許孟奇 [illegible]經歷 鄒泰和 以明經舉教授 王桂林 以薦舉大使 倪伯奇 [illegible]
監丞 余茂均 以人材舉通判 鄧南高 以人材舉州判 涂成[illegible]
鄧與常 州同知 黃自旦 以人材舉主事 謝伯偉 以人材舉[illegible]
彭斯[illegible] 州判 劉崇[illegible] 以人材舉州判 鄒思誠 以人材舉州判 闕克登 以人材舉知縣
劉中和 知縣 鄒義 縣丞 曾克謙 縣丞 劉拱 主簿
劉宗美 主簿 鄒伯漢 主簿 曾克恭 照磨 王自[illegible] 照磨
金伯玉 照磨 謝伏祿 大使 彭尚志 大使 以人材舉 [illegible] 以儒士舉[illegible]
[illegible]桂 國子監丞 李宗順 有傳 劉執中 以人材舉知府 劉將中 以人材[illegible]

劉廷桂以秀才任知縣　王仕通以人材舉知縣
徐性成以人材舉縣丞　塗斗眞以秀才歷主事
舒文昱字有常富順令　張則敬以人材舉知縣　舒德常以人材舉邵武主簿
劉泓以稅戶人材任大使［俱靖安人］　夏瓊知府　張世保縣丞
潘德義知縣　蔡良遠同知俱通經舉　傅濟川知府
葉仲堯布政司都事　傅均玉任知縣征黎有功授千戶
王英發主事　徐自康縣丞　馮谷才知縣　崔南昇大使
潘德昭以孝友徵　張自謙縣丞　常永堯驛丞　張宗泰大使［俱］人材舉
張志明主簿　吳昌彌通判　潘德中縣丞俱孝廉舉
陳原隆以通經舉推官　胡齡以通經舉縣丞　陳均任巡檢　王得俊縣丞

陳志達縣丞　汪文達巡檢　吳嗣康同知　盧伯通大使
鄭文龍大使　鄭文宗倉副使與人才舉［俱武寧人］　程冀有傳
陳元蘊縣丞　游龍淵訓導　陳仕鼎運使　王埜知縣
車鑑以孝廉舉任州同　冷紹文以人材舉巡檢　方用賓以人材舉縣丞
周非榮以人材舉知縣　楊伯義以人材舉授錄事
何用先以孝廉舉知縣　周維中以人材舉主簿　冷渙以孝廉舉巡檢　冷昊以人材舉主簿
余充經歷　周瑾舉孝廉任交趾大使交人叛戰歿于陣　胡以謙監課大使
潘孟敬序班　周鑑律仲孫以人材舉　余天爵以人材舉知府
陳蘭實以人材舉知縣　余允明州判官　梁志安以人材舉大使
陳仕亨龍江副使　陳仕賢吏目　陳特達交趾江知縣

周仁　盧仲威　冷惠民　劉海［俱□□人］

科第

唐

聖曆十年進士　徐王有傳南昌人
神龍元年進士　楊相如有傳南昌人
開元中進士　熊曜有傳　鄭承緒有傳［俱南昌人］
天寶元年進士　歐陽持有傳新建人　王季友有傳豐城人
天祐四年　萬碩洪州牧南昌人　胡敞國子監博士侍御史奉新人

南唐

何蒙有傳洪州人　王定保有傳南昌人　王子郵季友四世孫有傳［豐城］

宋

陳恕有傳　李虛己有傳　萬基字世隆上高令［俱南昌人］
潘汝士慎修之子南昌人
李寅南昌人　周諤有傳豐城人
涂餘奉新人
胡用之仲容子　胡克順仲堯弟歷三縣皆有治跡重義輕財［俱奉新人］　姜興［分寧人］
胡仲華擢大理寺丞奉新人
胡用莊自幼頴悟詩賦登第六戊第三人及第　戴益　涂及［俱奉新人］
劉拱　胡順之　胡用時仲華子　胡用禮仲容子［俱奉新人］
袁抗有傳南昌人
涂會奉新人　黃茂宗有傳分寧人

王固　余貫［俱寧州人］
胡寶［南昌人］　華顯言　蕭本太常博士［俱武寧人］　南宮誠［分寧人］
八年庚午王洙榜　黃注有傳［分寧人］
吳溫［南昌人］　閔汾　胡具卿　胡況［俱奉新人］
黃渭［分寧人］
景祐二年　黃庠有傳［分寧人］
李秉有傳　過昱有傳［俱豐城人］　黃淳［分寧人］
夏交［新建人］　何延世有傳　李冕有傳［俱豐城人］　徐民先
萬蔡　南宮觀　黃廉字亞父嘗攝康州有文學各早卒［俱分寧人］
六年丙戌賈黯榜　袁陟見父抗傳　彭度　彭應度從弟［南昌人］　余高［新建人］

南昌府志　卷十七科第　九

李襄［豐城人］　黃照庭堅兄弟［分寧人］
游賁　夏傳　陳肱［俱南昌人］　夏昱［新建人］
余從周官至吏部侍郎　黃離有傳［俱分寧人］
黃公望［南昌人］　王純中　黃庠　黃浚［俱分寧人］
王華［南昌人］　黃孝寬　黃湜　黃灝［俱分寧人］
鄒柯　胡澤［俱奉新人］　黃廉［分寧人］
李秉夫［南昌人］
汪旻［南昌人］　黃庭堅有傳［分寧人］
王詷［南昌人］　余宏［新建人］
黃公器［分寧人］

彭仂　魏商［新建人］　黃朋字□□任通直郎［豐城人］
黃介［分寧人］
徐祐　唐覲［俱南昌人］　李無黨知縣［武寧人］
黃堦含山知縣　冷恙字德明光祿卿［俱分寧人］
周刊　張彪　涂汲　周格［俱南昌人］
鄭中立［新建人］　鄒輅軻之弟終浮梁令［奉新人］　黃庚
彭紘　張爲　陳衎［俱南昌人］　莫援［新建人］
王又寧字東望任判官　龔弁［俱豐城人］　王庸［奉新人］　余彥明良肱孫官至禮
御侍郎　王本有傳［俱分寧人］
錢發有傳　李安字聖壽任奉議郎　黃得禮有傳［俱豐城人］

南昌府志　卷十七科第　十

余彥倫字景□良肱孫授信州判官［分寧人］
鄒宰中［南昌人］　徐大任任處州法曹［豐城人］　胡晉侯［奉新人］
黃叔敖有傳　黃成允字之功［俱分寧人］
丁良輔［新建人］　揭伯微有傳　萬迪學正　周幡然［俱豐城人］
盧常［分寧人］
洪芻見父洪朋傳　洪炎芻弟見父洪朋傳　陳常［俱南昌人］　閔涇［新建人］
范瑄有傳［靖安人］　姜蹈中博士［分寧人］
洪縣［南昌人］　毛伯英［奉新人］　李布［分寧人］
洪羽字鴻父芻弟坐上書入黨籍　楊帥［俱南昌人］　陳平
余贊［俱新建人］　黃穎字秀實判官［豐城人］　胡直孺有傳［奉新人］　李嵩知縣［武寧人］

余彥直　余持中　黃有[illegible]人　若何劉陽知縣　俱分寧人
紹興乙丑　章耀　南昌人
元符二年己卯解試　師天麟　字勝瑞　吉州同知　分寧人
三年庚辰　黃誠　石城知縣　范本　任從政郎　俱豐城人　黃無悔　字觀復　咸寧縣尉　分寧人
壬午解試　陳昂　解元　分寧人
駱蔱　南昌人　袁公槩　新建人　黃公槩　承議郎　分寧人
四年乙酉　丁奭　丁奐　奭弟　俱新建人
五年丙戌　同制　南昌人　李僊　新建人
張毅　南昌人　王益　知縣　豐城人
陳昇祥　名天瑞　有傳　武寧人

政和二年壬辰莫儔榜　王濬　熊慶躍　俱南昌人　陳常　劉天瑞
伍先覺　俱新建人　何莫　見孝世傳　黃彥輔　有傳　豐城人　葉若清　武寧人
五年乙未何㮚榜　杜崟　徐成可　俱南昌人　余惠通　新建人　葉君虛　知縣　若清弟　武寧人
黃榛　分寧人
八年戊戌王昂榜　周獻民　王鏜　熊俊民　俱南昌人　劉僎　新建人
范瑀　有傳　豐城人　羅政　見志政作進賢人　呂延年　靖安人　陳昇　分寧人
宣和元年己亥　黃次山　一名彥平　有傳　鄒楊　有傳　俱豐城人
三年辛丑何渙榜　宋瀚　胡彥先　俱南昌人　余彥恭　新建人　陳廷　字邦直　知縣
傾淡　官至上柱國　俱豐城人　黃無斁　字觀道　授奉議郎　進賢人
黃岱　[illegible]黃知縣　分寧人

五年癸卯鄉試　袁宏　[illegible]人　李夢躍　武寧人　潘淡　分寧人
六年甲辰沈晦榜　馬文虎　盧寰　李誼　有傳　周僖　俱南昌人
張掄　余允　俱新建人　徐昇　有傳　鄒遊　有傳　俱豐城人
周時舉　進賢人　王從言　字師孟　佐湖南帥幕　貶罷　築室數椽　名俠老　世論善人君子　必以為首稱
舒邦彥　[illegible]以才幹顯名　俱奉新人　余璿　分寧人
靖康元年丙午鄉試　熊方　高彥達　教授　俱豐城人
建炎二年戊申李易榜　李斌　葉廣　俱南昌人　時舉　新建人　徐洪　字巨川　主事
姚齊賢　字彥思　俱豐城人　湯邦德　武寧人
四年庚戌鄉試　孫元衡　豐城人
紹興二年壬子張九成榜　萬貞　字均節　南昌人　李三俊　奉新人

五年乙卯汪應辰榜　李宗臣　南昌人　徐時動　有傳　甘庭珪　字德全　孫褎　見父發傳
李寔　周承敘　[illegible]之子　字任仲　任明州酒官　俱豐城人　李球　奉新人
胡敦實　有傳　靖安人
八年戊午黃公度榜　萬嘉謨　字師周　大父彥輔政和戊戌進士　[illegible]　知連州致仕　南昌人
胡敦詩　靖安人　南宮瑞　黃元量　俱分寧人
十二年壬戌陳誠之榜　熊大盈　南昌人　劉解　葉羽成　陳烈　俱新建人
黃彥正　[illegible]禮子　黃望堯　諧志名望堯　鄂州教授　李惟深　有傳　俱豐城人
黃元之　[illegible]新淦用知縣　豐城人
十五年乙丑劉章榜　李彥質　南昌人　翁德粹　新建人　陸鈞　有傳　豐城人
王權　有傳　豐城人　龔宗傑　林霆　俱靖安人　鄧定　字惠可　以能詩名

裘去華 字宣卿…化人…黔永…陵所著有…類稿 俱奉新人 余商霖 靖安人
二十年庚午鄉 黃登選 南昌人 鄧應祥 新建人
二十三年辛未鄉進榜 揭衡霖 字必先任潭州教授豐城人 陳特立 有傳 胡嗣立 俱奉新人
賀義 武寧人 趙昌 字顯祖
二十四年甲戌榜 徐文達 豐城人 舒頤祖 進賢人 許叔達 有傳 奉新人
二十六年丁丑 陳作乂 南昌人 京鏜 有傳 新建人 范大用 字正邦任通直郎
徐笋伯 有傳 曾光 有傳 黃嘉遹
黃鳳 有傳 徐紹祖 有傳 俱奉新人 王吉傑 俱豐城人
三十年庚辰 熊彥獻 南昌人 蔡邦傑 武寧人
徐夢王 萬源 禮部尚書 俱南昌人 鄧舜臣 新建人 劉德秀 有傳

南昌府志 卷十七 選舉 十二 十三

桂輪 字運卿 州教授 豐城人 范人傑 字子俊常寧知縣 徐昌期 字德載 教授 俱…
顏世傑 有傳 進賢人
乾道二年丙戌 …榜 石孝友 南昌人 孫琳 字溫叟袁州判官豐城人 胡价 有傳 奉新
四年戊子鄉試 毛文質 新建人 王允文 有傳 王允邵 允文弟 俱豐城人
五年己丑 …榜 汪藤 南昌人 李大理 字仲簡官至寺丞 新建 高胄 有傳 新建
李修己 有傳 豐城人
七年辛卯鄉試 歐陽某 南昌人 范飛卿 有傳 豐城人
八年壬辰 黃定榜 王祐 南昌人 李大異 字伯珍官諫議大夫…
蔡說 俱新建人 趙希傑 字無擇任檢法 豐城人 劉坦 靖安人
鄧… 青宮少師 新建人

淳熙元年甲午鄉試 俞煥 … 范德勳 字… 見孝行傳 廖端 … 俱豐城人
余定甫 武寧人
二年乙未 詹騤榜 劉邦本 創隆岡書院 南昌人 鄧元 字南秀任廣西經幹 有傳
王熙 字彥廣 沅江縣尉 孫覺之 字宗順 主簿 吳丕績 字懋功 耒陽知
縣 俱豐城人 鄭騎顏 進賢人
四年丁酉鄉試 龔洪 南昌人 丁翔龍 新建人 李京 盛遂 字溫如 有傳 俱豐城
人
五年戊戌 姚穎榜 韓充 南昌人 李郭 字大防 古田知縣 王佐才 字…用 知縣 甘同叔 有傳
黃瀛 字季海 都督計 黃嘯若 有傳 孟程 有傳 俱豐城人
八年辛丑 黃由榜 胡元衡 南昌人 李時敏 新建人 于華 有傳 豐城人 舒邦佐 靖安人

南昌府志 卷十七 選舉 十四 十五

十年癸卯鄉試 丁鈇 有傳 新建人 朱源 豐城人 鄧南杞 分寧人
十一年甲辰 衛涇榜 賈瀛 南昌人 崔郭義 新建人 黃遵 主簿 揭飛雄 有傳
黃紹宗 俱豐城人 李自得 主簿 武寧人
十三年丙午鄉試 楊三益 武寧人
十四年丁未 王容榜 熊璐 南昌人 裴萬頃 有傳 新建人 王巒 字東叔 教授 王衡仲 有傳 俱豐城人
紹熙元年庚戌 余復榜 楊鳳 字公儀 官至直學士 萬志 宋甡 萬志作珪 俱南昌人
四年癸丑 陳亮榜 歐鑑 南昌人 黃竑 有傳 孫伯溫 有傳 李恕己 字原之 修己弟
武江知縣 俱豐城人
慶元元年乙卯鄉試 徐宗禹 武寧人 王邦傑 …奉新人 張漢臣 余大任 …州軍推官…

[illegible]榜　萬仕貢　陶武（俱南昌人）　張漢（新建人）　廖峦（靖安人）
[illegible]年戊午鄉試　孫伯溫（豐城人）　王訓克　鄒甲　袁允中
陳節（俱奉新人）
五年癸[illegible]榜　徐倫　有傳　范仲武　有傳　熊元璞　字子珪　教授（俱豐城人）
李元龍（靖安人）
[illegible]元年[illegible]　余驥士　字致遠學　鄒[illegible]泰（俱奉新人）
二年[illegible]榜　劉亨叔（南昌人）　沈遷（新建人）
四年甲子鄉試　李天福（新建人）　閔大雅（奉新人）
[illegible]榜　屠仲禮（南昌人）　萬居安（新建人）　余林　字茂宗　任湖南[illegible]幹　范應鈴　有傳
王武子　有傳（俱豐城人）

二年丁卯鄉試　徐肇（豐城人）　余伯珍（奉新人）
[illegible]戊辰[illegible]榜　游譯（南昌人）　廖士正　靈川知縣（豐城人）　汪剛中　累官侍御史
胡玠（俱武寧人）　黃埒　字平之　判建寧府　黃瑞　字衡之　字之弟　巴陵主簿（俱分寧人）
三年庚午鄉試　萬岳（南昌人）　熊大源　李嗣良（俱豐城人）　章漢彰（分寧人）
四年辛未[illegible]榜　李純仁　翟森　鄭名卿（俱南昌人）　宋恭（新建人）
熊炎　字[illegible]甫　任武軍僉判　徐必庚（俱豐城人）　羅必元　有傳　萬一薦（俱進賢人）
六年癸酉鄉試　熊大簡（南昌人）　田隆興　丁景仁　雷璲　有傳（俱新建人）
駱安義　袁宣中　劉伯傑（俱奉新人）
七年甲戌[illegible]榜　楊三益　王行之（俱南昌人）　李伯堅　胡逸鶴
闞伯益　田居正（俱新建人）　范之選　字仲行　任諸[illegible]置科院

傅叔昂　字士[illegible]　安慶推官　趙德夫　字澤民（俱豐城人）
戴三得（進賢人）　刑凱　吏部侍郎（武寧人）　黃巒（分寧人）
九年丙子鄉試　丁式（新建人）　袁漸　青雨軍判　王休　有傳（俱豐城人）　鄧希
駱森　袁濬（俱奉新人）　舒璣（靖安人）
十年丁丑[illegible]榜　徐允（南昌人）　戴汝諧（新建人）
十二年己卯鄉試　萬綸　字行理（南昌人）　胡仲衡　李漸　劉端中（俱奉新人）
冷鏈　字李[illegible]　主簿（分寧人）
十三年庚辰[illegible]榜　吳浩（南昌人）　李義山　有傳　徐[illegible]　字子[illegible]　教授（俱豐城人）
陶夢桂　有傳（進賢人）
十五年壬午鄉試　程必簡（新建人）　徐應雲（豐城人）　鄧武　徐憲（俱奉新人）

十六年癸未[illegible]榜　程必東　蔡薦（俱新建人）　徐鹿卿　字德夫　有傳（豐城人）
雷應雷　樂陽校官（進賢人）　黃鉞　探花（分寧人）
寶慶元年乙酉鄉試　田和父（新建人）　范巽中（豐城人）　李鼎新　余元鳳
鄧大章（俱奉新人）　葉登龍（武寧人）
二年丙戌[illegible]榜　游藩　陳孟震　謝堯夫　羅盛得
劉文星（俱南昌人）　袁申庚（新建人）　徐一鳴　字[illegible]伯　教授
吳千源　字千發　徐經孫　有傳（俱豐城人）　吳慶之　主簿（進賢人）
黃端亮　祝如川　熊苗　王仲稚　歷中議大夫　全
紫光祿少卿　王濟　王大成（俱分寧人）
紹定元年戊子鄉試　甘巽　李龍庚　有傳　胡大訓　有傳　李登　有傳（俱豐城人）

傅霖（奉新人）

二十年己丑黃朴榜　萬益之　徐叔倫　羅應鳳（俱南昌人）　程雲炎

曹一龍（俱新建人）　黃伯玄（字季發，郴州僉判）　揭三京（字少尹，鬱林知州）

蘇思誠（字志夫）　熊埜（字森甫，吉州判官）　鄒祥正（字勝非，揚之孫）

太平司戶，俱豐城人　趙來夫（進賢人）　呂懷祖（靖安人）　葉應和（寶慶司判，武寧人）

冷應徵（有傳，分寧人）

四年戊辰鄉試　陳千月（字性之）　袁微（俱豐城人）　楊應符　涂應星（俱奉新人）

五年壬戌徐元杰榜　沈國光（南昌人）　趙日關（新建人）　甘茂榮（有傳）　王庭椿（字伯壽）

主簿　丁冶（俱豐城人）　李鴻漸（池州通判，武寧人）

端平元年甲午鄉試　程發雲　丁崇應（俱新建人）　李仲詢（字子謀，豐城人）　譚午

南昌府志　卷二十三　科第　二十　四百六十八

周應美（俱奉新人）

二年乙未吳叔告榜　萬元傑　游炳（俱南昌人）　胡純（新建人）　黃千椿（字仲范，豐城人）

羅一龍（信豐知縣，進賢人）　冷夢虎（主簿，終容州戶錄參軍，武寧人）

南宮靖一（有傳，分寧人）

嘉熙元年丁酉鄉試　徐應麟（豐城人）　袁洙（字幼東，貌古性介，攻苦食淡，事親孝，廬墓）

周正大（分寧人）

二年戊戌周坦榜　龔日升（字子輝，官至吏部侍郎，胡銓題墓）　黎朱高（知州）　萬鍾鳴（俱南昌人）

袁應材（新建人）　黃鉀（縣志名鉀）　王柜（主簿）　王柖（主簿）

祝林宗　王仕甫（光祿少卿）　王夢經（歷奉政大夫）　王子發（歷大中大夫）

黃簡端（俱分寧人）　塗幼醇（字孟博，吉州判，靖安人）

三年己亥鄉試　秦發　丁伯思（俱新建人）　余叔龍（奉新人）

冷亨龍（武寧人）

四年甲辰留夢炎榜　徐州　劉鄂（俱南昌人）　楊鄒大（新建人）　閔應昌（進賢人）

丁翔應（新建人）　范少寅（一名貞，豐城人）　章銓（分寧人）

丙午鄉試　吳應辛　汪燕雷　汪一鵬（俱南昌人）　馬韶（字文甫）

陸士朴（字淳夫）　趙汝經（字宗道，太平司戶，俱豐城人）　葉政

曹應龍　黃一鳴（俱進賢人）　涂成章　唐谷（俱靖安人）

章鑑（有傳，分寧人）

六年丙午鄉試　秦嗣高（南昌人）　丁誥（新建人）　鄧應中（奉新人）

七年丁未張淵微榜　王景伯　徐洪　談采（俱南昌人）　潘鼎新（新建人）

南昌府志　卷二十三　科第　二十一　四百四十

雷宜中（殿試第一，有傳）　范嶶（有傳）　鄧得源（字伯光，俱豐城人）

羅一鶚（進賢人）　舒楠（靖安人）　葉惟華（終朝散郎，武寧人）

九年己酉鄉試　丁泰來　譚世賢（俱新建人）　熊定中（字季和，掄之子，新州知州）

鄒選　鄒應龍　陰應夢　鄒登龍（俱奉新人）

冷時和（武寧人）

十年庚戌方逢辰榜　黃時若　胡元　侍其師龍　王之淵（俱南昌人）

胡德高　李宏遠　鄧得遇（俱新建人）　徐海

陳杰（俱豐城人）　陳南强　熊應辰（俱進賢人）

號木叔，自號竹林先生，奉新人　余應雷（靖安人）　冷應元（官至提州）　余應夢（字謙甫）

周應合（武寧人）　余應龍（分寧人）

丁震龍新建人 廖樗年 李顒 廖松年俱豐城人
劉起龍靖安人 李宗道武寧人
寶祐元年癸丑姚勉榜 萬道同 徐琦 徐頫 劉光伯俱南昌人
唐元齡新建人 趙崇鍪字和甫 范登字邦德至廣東幹官俱豐城人
周文舉 胡文舉縣丞有傳 陳築俱進賢人 冷應登當陽知縣武寧人
塗泰亨字安遠幼辭子任端明殿學士左遷中書舍人兼直秘閣致仕靖安人
三年乙卯鄉試 丁中有傳 譚應炎俱新建人 熊瑁豐城人 劉沇字孔裕起龍子學正
梅植武寧人
四年丙辰文天祥榜 喻用國 王景俠字汝翁俱南昌人 陶叔量字叔元
程澥字則明元時隱居自號宋頑民新建人 楊夢斗字濟叔 胡宏字宏仲見父仲伯傳

黃宏子 湯長卿字體仁俱豐城人
吳良弼字仲說撫州僉判進賢人 胡一元 趙謙夫
趙時瑑俱靖安人
六年戊午鄉試 徐沐 熊大經有傳俱豐城人 高元慶 溫應華俱奉新人
開慶元年己未周震炎榜 黃惟寅 萬正俱南昌人 譙賢甫一云分寧人
范金字鑄淵 李復道俱豐城人 趙崇轉一云分寧人
吳益 胡震桂有傳 余用虎 趙特俦有傳奉新人
楊友龍任廬陵丞武寧人
景定二年辛酉鄉試 丁光新建人 陳友沅有傳 王義端豐城人 胡烈
胡德琛 楊英俱分寧人 冷應鉦字圖南分寧人

汪鴻漸 葛應縉與堂吳草廬記 饒應子
魏登俱新建人 田應武新建人一云分寧人 周彥約字德夫廣東參
政 王義山有傳 余應雷 徐思立有傳
范昌年 李毅通有傳俱豐城人 任隆呂進賢人舊志爲豐城人
袁洙 舒棟字惟清邠佐四世孫襄陽教授俱奉新人
五年甲子鄉試 丁紹休 田正夫俱新建人 黃勉豐城人 張桂芳
楊任傑俱奉新人 葉夢麟和子丞相章鑑薦于朝略曰葉夢麟有書鋼恆族里寧空其家而不顧如渴見利如士兩魁漕薦對人未嘗言文後官將仕郎武寧人
黃斗南 余紹禹 胡震 雷霓
李天麟俱南昌人 袁顥一云顒順字從道漸之子任龍川主簿 徐遇顒

陳霖字惠甫判官俱豐城人 胡起龍 樊必篤興國戶曹參軍
萬一鶚俱進賢人 余炎午有傳奉新人 劉正巳 涂幼度
余丙發判官 張有慶俱靖安人 李大賓縣尉武寧人
三年丁卯鄉試 丁國華 丁惟熙 王定孫字靜翁終龍溪縣尹
鄧守孫 鄧介孫俱新建人 羅一理進賢人 鄒景星
彭木應 [illegible]
四年戊辰陳文龍榜 萬應登 白至中侍郎 羅應新 王明仲教授
王從俱南昌人 陳元亮 陳懋卿字德允終廣西教授
楊應時俱新建人 范宣損有傳 范性道一云參道秘書郎
熊汝奎有傳 黃一元原姓萬 徐炎發 丁顯祖治之子評事

[illegible]發〔[illegible]〕 楊龍傑 王午孫
李同發〔俱進賢人〕 冷應焱〔[illegible]武寧人〕
六年庚戌鄉試 丁少過 毛時龍〔俱新建人〕 徐霆榮 甘起巖
洪淵 字淵甫 教授 皮洪〔俱豐城人〕 鄒蘭孫 官至諫議大夫 袁汲〔俱奉新人〕
李洪〔奉新人〕
七年辛未張鎮孫榜 梅升龍 徐幼度 余天麟 熊震
夏鍾應〔俱南昌人〕 陳時遇 懋卿弟 喻元 程渠甫
趙玉純〔俱新建人〕 張弘毅 字通父 授瑞昌尉 入元不仕 徐逢震
趙用信〔俱豐城人〕 汪應辰 汪炎 葉登龍〔俱進賢人〕
九年癸酉鄉試 程巽中 毛則賢 丁約〔俱新建人〕 彭方大〔奉新人〕

南昌府志 卷之十七 科第 二十一

余應雷 趙謙夫〔俱靖安人〕
十年甲戌王龍澤榜 路萬里 殿試第二名 余以道 殿試第三名 王庚孫〔俱南昌人〕 王森
毛應龍 林晰〔俱新建人〕 熊朋來 有傳 熊禾〔俱豐城人〕
上舍出身附
羅成立 [illegible] 羅實經 羅景顯〔俱南昌人〕 徐思辛
孫奇 [illegible]上庠 晚以詩[illegible]多持己以對人言
王益 字能[illegible]知新[illegible]任知縣 大觀四年上舍 黃次山 王武子
范璿 雷觀 有傳 鄒楊 熊如淵 有傳
李嗣俊 有傳 徐欽 有傳 熊炎 有傳 豐城人 羅唯實 府判〔奉新人〕
童科附

羅汝慧〔[illegible]南昌人〕
范者 七歲試九經大義書卦能作賦〔豐城人〕 劉伯琦 嘉熙四年八歲中九經
羅澄 淳祐九年九歲中九經科 陰幼遇 寶祐元年七歲中九經科 應夢之子 有傳
陰幼選 景定二年七歲中九經 應夢之子 陰幼迪 景定四年中九經科 應夢之子〔俱奉新人〕
周天驥 應合之子 入元任總管 正議大夫 進江西行省參政〔武寧人〕
元
蕭復正 字伯英 大德中進士 任浙江廉訪使 陞徽州路總管 事政績載徽州志
延祐元年甲寅鄉試 偰哲篤 龍興路錄事司乃蠻人 氏登進士第 仕至吏部尚書 羅曾〔俱南昌人〕
黃菊莊 登進士 徐汝士 陳宗强 熊誠 教授
馮勉之〔俱富州人〕 吳彝凱〔武寧人〕
四年丁巳鄉試 哈剌八台 錄事司同知富州事 阿八赤之子 偰玉立 哲篤弟 登第 授侍御史 朝請大夫 [illegible]國史編修官

南昌府志 卷之十七 科第 二十二

熊良輔〔俱南昌人〕 周尚之 字東陽 知縣〔富州人〕 葉績 終寧州判官〔武寧人〕
祝彬 字文夫 登第 終國史院編修官〔寧州人〕
七年庚申鄉試 李簡 游仁傑 劉英甫 南昌人 御史中丞 有惠政 [illegible]
胡謙 字仲傳〔豐城人〕 胡鑑 字貴明 [illegible]登明經進士 任刑部員外郎
至治三年癸亥鄉試 偰直堅 哲篤弟 登第 任宿松縣達[illegible]〔南昌人〕 崔應誠〔武寧人〕
泰定二年乙丑鄉試 樊亨道 教授〔南昌人〕
三年丙寅鄉試 偰善著 哲篤從弟 登第 知潭州事 張異 字存心 州判〔富州人〕
余貞 明年登進士 有傳〔寧州人〕
天曆二年己巳鄉試 偰列篪 哲篤弟 進士 河南府經歷 有傳〔南昌人〕 范希仁〔富州人〕
高懋德 明年登進士〔靖安人〕

李炳　官至本省員　熊爗　州字邦彰……進士
熊太古　字……集賢……撰子　隱傳石　徐邦憲　字南憲明年登進士任縣丞　富州人
鄧梓　人　字文若明年登進士能詞章歷官豐尹以清幹聞　奉新
天統二年鄉試　黄應魁　南昌人　孫子初　登進士授翰林修撰洪武元年領薦長　大常博士
李節之　字斯美登進士　陳植　字本溪　俱富州人　登進士任上高令
甘棠　靖安人　周天鳳　寧人　天驥從弟泉州推官　武寧　龔瑨　字晋夫
祝椿　周維翰　俱寧州人
至正元年辛巳鄉試　帖古思輔化　龍興路錄事尋轉任瑞昌達魯花赤　囊加德普化　盱江書院山長
慈真鐵睦　學正　哈直　學正　雅理　學正
賽輔廷　人　撫州學正　俱蒙古色目　戴從義　新建人　舒慶元　靖安人

三年癸未鄉試　令和叔　分寧人
帖哥　錄事司捏古歹人氏再舉　任大同路判官湖州事　囊加德普化　怯烈歹人氏再舉
雅理　再舉任翰林典籍　伯顏　字子中錄事司阿魯人氏　有傳　俱蒙古色目人
熊吉　龍溪書院山長　新建人　熊釗　人　有傳　進賢　舒泰　分宜丞有傳　奉新人
徐道安　再舉　錄事司　戴懋和　錄事司
七年丁亥鄉試　偰朝吾　哲篤弟兄弟五人前後登第今城中有五桂坊是也其父偰文質正議大夫吉安路達魯花赤致仕遷東湖上
薩剌忽丁　錄事司四四人氏　伯顏　再舉　哈直　馬里黄人　錄事司
三舉　俱蒙古色目人　辜中　登戊子進士縣尹有異政　南昌人
丁之幹　新建人　周普德　字伯中南康錄事　范鈞鎮　字明……岳州……
事　俱富州人　傅箕　登王宗哲榜進士　進賢人　吳霖　武寧人

十……年……鄉試　偰朝吾　再舉　鐵木哥　錄事司　伯顏　三舉　蘭生　再舉
哈直　四舉　溥博　錄事司　俱蒙古色目人　羅學成　縣尹　南昌人
廖岳　字文哲　新建人　陳臨　富州人　朱夢炎　字仲雅登文允中榜進士　進賢人
胡士元　解元　傅樂　塗溍　周冕　俱靖安人
十三年己……鄉試　劉鐸　字仲宣入國朝爲給事中　徐善德　熊懋
楊元登　李學安　駱瑛　字伯玉龍興路錄事
李修　字仕賢入國朝任本學教　俱南昌人　丁濟高　字伯宇　新建人　朱自省　授建昌路照磨
陳熙明　龔賢　字達善　俱富州人
十六年丙申鄉試　李懋　字仲調　胡季安　登進士入國朝爲祭酒　李顒　登進士　俱南昌人
安奎棣　熙弟　字伯源初敏通五經受學于樊碧梧稱……　王純

陳熙載　植之仲子　俱富州人

國朝

洪武三年庚戌鄉試　劉鑄　周淵　俱南昌人　能誼　丁時敏
黄德潤　俱豐城人　羅先源　字深道　主事　吳顒　艾甫　字宗尚　俱進賢
人　黄載　字文博　主事　余進善　十……新淦人
四年辛亥鄉試　馬伯庸　劉鑄　字季治知縣歸老隱……　南昌人　能誼　字……吏部主事
丁時敏　縣丞　黄德潤　字瑞玉縣令　有傳　俱豐城人　吳顒　字……行縣丞
樊用允　州同　俱進賢人　毛焜　字……事南昌人　黄載　奉新人
五年壬子鄉試　晁鐘　南昌人　夏原震　游維善　知縣　黄宗載　俱豐城人
徐善　陳善　俱靖安人

六年[illegible] 毛昱 字[illegible] 進士 知縣[illegible]
按科第志是年春詔停科舉別令有司以德行爲本文藝次之
事主辟召至甲子復定科舉法查本省通志載毛昱一人仍存
之

十七年甲午鄉試 程以善 解元 胡鉉 俱南昌人 陳孟芳 新建人 楊臚 豐城人
何實 進賢人 陳宗禮 奉新人 聶以大 僉事 羅士應 縣丞 俱武寧人
余義 艾旭 蔣俊 歷天中教諭 俱分寧人
十八年乙丑會試 程以善 南昌人 淳謹貴而力學 仕監察御史 卒 蔡英 終長史 唐賢 知縣
胡鉉 字士鼎 戶部主事 俱南昌人 楊臚 字克紹 聶原震
游維善 俱豐城人 樊用良 知州 向實 有傳 俱進賢人 陳宗禮 按察御史 終戶部
侍郎 奉新人 徐眞 胥泰 俱南昌人 羅士應 聶以大 俱武寧人

南昌府志 卷二十 科第

二十年丁卯鄉試 王化 郭霄 監察御史
胡儼 以書經中第二 有傳 陳貞 饒忠 兵部司務 張士傑 進賢人
何奎 胡泰 俱南昌人 劉愷 教諭 羅蕃 字行素 知
縣 俱新建人 蕭韶 御史 靖安人 盧從龍 教諭 武寧人 艾旭 字惟寅 御史
范敬先 京闈中 俱分寧人
二十三年庚午鄉試 何奎 南昌人 范敬先 新建人 艾旭 御史 分寧人
二十四年辛未會試 彭九思 國子學正 范珪 字克恭 僉事 姚震 字用彥 刑科給事中
陳貞 教諭 熊稜謙 教諭 俱南昌人 張文淵 魏本立 俱新建人
舒垻 教諭 進賢人 袁琛 字彥[illegible] 教 解奇 教諭 俱奉新人 冷自誠 [illegible]

二十六年癸酉鄉試 吳清老 [illegible] 周惲 [illegible] 萬文昭 陳俊 [illegible]
陳彥禮 李謐 魏瑞 劉瑜 以歲貢 天中 俱南
昌人 周冕 吏目 陳泰 終教職 張新 俱新建人
李貞 國子博士 後姓孫 豐城人 曾振 字孝思 教授 五經 書 [illegible]
進賢人
二十七年 萬文昭 李謐 劉瑜 俱南昌人
乙亥 盧鵬 任訓導 武寧人
二十九年丙子鄉試 沈禎 鄔修 崔行道 教諭 周泰
傅俊芳 教授 尚伯方 教諭 姜仁 教諭 俱南 徐昇 字大升 李正 豐城人
楊溥 教諭 高賓 教諭 胡仕傑 [illegible] 俱進賢人

南昌府志 卷二十 科第

能德昭 [illegible] 舒義 教諭 [illegible] 吳邦哲 訓導 [illegible] 縣人
三十年 鄔修 有傳 胡泰 [illegible] 黃宗鉞 有傳 豐城人
三十二年己卯鄉試 張侗 有傳 羅善 李正 宋彥銘 熊文成
徐彥忠 知縣 熊瓚 余伯恭 [illegible] 少卿 [illegible]
李琦 教授 劉復 龔鐩 有傳 王高
劉端 李時 陶績 知縣 李廷儀 刑部員外郎
吳存 有傳 俱南昌人 王新 訓導 李敬 萬忠 俱新建人
傅行 曾烱 字尚炯 [illegible]
天順改元 [illegible] 俱進賢人 俞伯啓 [illegible] 胡寧 [illegible]
孫昊 [illegible] 羅琮 [illegible] 石彥誠 [illegible]

南昌府志　卷二十　選舉

三十一年丙戌會試榜　王高有傳　劉端有傳　宋彥銘　劉瓚宗器字

李時給事中　劉稷知府以康能著　熊文成人俱南昌　李毅國子博士

萬忠給事中新建人　俱傅行隰州判官　陳用昌知縣　鄧均受俱奉

新人　石彥誠有傳寧縣人

永樂元年癸未科蔡　蔡晰字原德教授　漆壽　楊儀鳳　李文成教諭

萬義　徐定祿　鄧鉞俱南昌人　杜忠新建人

鄭景清訓導　楊來芳　熊直俱豐城人　陳陽

熊靜俱進賢人　胡澄　熊本誠　張昭俱奉新人

徐壽教諭　陳善俱靖安人　胡猷教諭武寧人　曾希賢寧人

余廉高歲貢順天中武寧人

二年甲申曾棨榜　楊儀鳳御史　漆壽字時亮知縣　鄧鉞知縣南昌人　萬義教諭

張新　杜忠知縣　涂頁俱新建人　熊直字惟清是年始選庶

吉士進與曾棨　楊來芳知縣豐城人　陳陽字陽齡御史忤權貴左遷

二十八人　熊靜字伯靜知縣調經歷　胡澄字景淵行　熊本誠給浙江左參政

俱進賢人俱奉新人　曾希賢知縣奉新人　陳善靖安人　鄧友新建人

二年乙酉科鄉試　彭升訓導　萬宗海教授　王春給事中　許銘

樂金　鮑英　孫淼給事中　雷韶

胡挺衛經歷　涂燮教諭　羅賓衛經歷　彭遠有傳

萬矩同務俱南昌人　傅泰　熊子奉字子高順天府推官

胡啓字□□　丁鴻訓導俱新建人　陳濠字也敬　周東流七年

徐衍人　楊伯震□□　丁侃字□和教　袁昱字□□參政

吳叔閏字子愉　黃人政教諭　甘由字迪之　范銘

楊羽教諭　汪昌言人俱豐城　陳子倫監察御史　周煒

胡昭字師濟知州　江式主事　鄧振縣丞俱進賢人　呂叔正有傳

邵彥輝　劉震知縣清介俱奉新人　熊忠給事中　余廉高應天府中

童漆興教諭俱武寧人　王性謙訓導寧縣人

四年丙戌林環榜　雷韶　衛源有傳　許銘字彥銘副使洪熙改元命鎮遼東賜勅許便宜從事

王春知縣俱南昌人　吳叔潤有傳　甘由監察御史　雷遂給事中知府福建

汪昌言知縣俱豐城人　周煒字季煜郎中俱進賢人　張昭給事中

邵彥輝監察御史俱奉新人

六年戊子鄉試　范節禮部郎中　齊禮訓導　譚鉉　毛仲恭

鍾祿字大錫右參議　胡淵衛經歷　賀誠　舒伯鴻

李方遠一作彥遠知府俱南昌人　塗昇訓導　金克順知縣

章旭俱新建人　羅貴素　黃靖一作娟字孟文學正

黃崇禮　余鄂輝訓導　余衡教諭　丁斗字惟金

朱輻字啓高員外郎　劉墳教諭　孔文肅倉大使　孫曰良

史安俱豐城人　喻謙字孟謙教諭　徐行

熊節字與成教授存心制行無愧古人俱進賢人　許堅教諭奉新人　周壽南教諭

陳源清教諭俱武寧人　王瑛字彥輝東平訓導寧縣人

九年辛卯　羅貴素參事　史安彬之孫有傳　孫曰良貞之子有傳俱豐城人

陳子倫 人
先是七年己丑當會試值 書是年遂罷乃 廷試 詔以舉人陳燧等寄監讀
九年辛卯鄉試 鄭韻 黄賛 俱南昌人 方以安 知縣 崔彦俊
劉時省 俱新建人 丁璣 曾自省 楊仲剛
朱經 字惟常 教諭 歷典文衡 袁海 字秉常 知府 俱豐城人
雷禧 教諭 傅端 陳孔彦 學正 俱進賢人 李瑛
廖彤 字子容 教諭 徐應奇 俱奉新人 鄧本孜 教授 詹嚴 教諭
李重 俱靖安人 冷紹康 武寧人 祝以中 訓導 俱靖安人 徐行 御史
十二年甲午鄉試 魏英 字有之 主事 以事謫交趾 詔取還 俱南昌人 崔彦俊 俱新建人 徐行 不避權
官以能名著有清堂集 進賢人

南昌府志 卷

周英 朱璟 訓導 雷謙 徐義
魏淡 李倜 閔中 萬輝
俱同知有詩名 俱南昌人 李時佐 謝善 字有餘 訓導 徐謙 俱新建人
劉顯 知縣 著清 胡遠 高復 臨川學中 黄獻
丁鉉 李杰 後改名元 熊翰
胡軫 辛卯科 一作 徐琳 夏希純 喻俊
李實 劉金節 徐孔奇 雷誠
鄧在恭 朱慶 字孟吉 教諭 何澄 字世清 國子博士 陳源 字川本 教諭
曾旭暘 羅鵠 字仲升 訓導典試 陞御史 吳預
周綸 字士彦 應天中 [illegible] 有識鑒 俱豐城人 熊淵 周恭 教諭

樊鑑 人 鄧本春 新人 舒敏 朱來
涂鍠 胡恭 俱靖安人 熊宗性 教諭 武寧人 劉宗輝 人
十八年 鄉試 徐義 有傳 周英 字世傑 御史 歷僉事 俱南昌人
章旭 主事 李時佐 主事 俱新建人 鄔在恭 御史 黄獻 字不貴 庶吉士
丁鉉 有傳 劉金節 主事 雷誠 有傳 胡軫 有傳
李實 任給事 歷御史僉事 調同知 徐孔奇 知府 俱豐城人 吳預 字 中 知
樊鑑 字仲 靜之弟 給事中 熊淵 字淵 學 俱進賢人 詹銓 御史
李重 俱靖安人 字九鼎 主事 調揚州通判
十五年丁酉鄉試 楊衡 教授 錢文貴 周昇 喻禮 訓導
蕭誤 訓導 萬彪 涂敏 訓導 萬觀

南昌府志 卷

胡瑞 俱南昌人 魏彦祥 訓導 王璉 任宣 訓導
高信 胡景 黄裳 熊瑛 俱新建人
毛鴻 字漸達 三任訓導 所至有 楊爵 陳琳 字文
何克恭 教諭 鄒務宗 訓導 聶用文 楊儀
游和 徐正 雷成春 黄金
陳正 夏登勝 周懋昭 丁俊 俱豐城人
舒頤 吳子中 中 以學史 胡式 教諭 俱進賢人 湯伯恭 寧人
十六年戊戌鄉試 萬輝 長史 改同知有詩名 楊衡 教授 賴瑛 陝西御史
錢文貴 知縣 李倜 字允揚 知縣 俱南昌人 黄裳 新建人 王璉 有傳 南昌人
周懋昭 後姓徐 庶吉士 喻俊 字仲偉 御史 雷成春

熊翀 ……　胡遜 御史　楊儀 ……　胡恭 ……
十八年壬子鄉試　程鵬飛 訓導　朱飾　陳玹 昌人 教授 俱南　徐福 解元
馬思俊　許昇 俱新建人　關潤 字士温 教諭　熊稷 字德恭
聶好謙　范衷　徐琳　熊昱
李元凱　張彥　黃成　楊誠
甘瑛　孫曰讓 字讓齋 貞之子 郎中　余友直 訓導
毛責 字鍾靈 教諭　黃玉 字季温 訓導　任禮　葉齎 字本固 天中 教諭
俱豐城人　李頊　鄧敏　萬和 字元……
胡球 字士潤 教諭　李塤　胡璣 字從義 教諭　沈慶
吳嚴　陳教 俱進賢人　周思敬　熊聆 俱……

十六年……　周昇 字宇昭　萬觀 昌人 有傳 俱南　黃成 御史　游和 字世温 主事 調通判
丁儀 字秉昭 主事　任禮 布政　聶好謙 有傳　熊昱 有傳
聶用乂　徐琳 字士…… 訓…… 官後改名共誠　李元凱 有傳
夏希純 有傳　范衷 城人 有傳 俱豐　傅端 字克正　陳穀 字世用 御史 陞知府
加布政使　李塤 字孟和 知縣　沈慶 字子高　鄧敏 賢人 知縣 俱進
舒敬 字守中 薦舉 知府 靖安人
二十年……鄉試　李洪 字宗…… 僉事…… 寺丞　王貞　李貴 訓導　余儼 有傳
黃贊　劉徽 訓導　汪靜　漆衡 教諭
羅俊　胡智　萬脩齡 訓導　趙經 字孫倫 知州
李成　馬亨　黃智　易偉

萬全 ……　吳伯軒 ……
曾仲純 教授　涂禎　余鐸 教授　陳欽 長樂人 寄籍
方以政 以安弟 俱新建人　阮璞 訓導　胡疇
夏兌 字紹祖 知縣　杜敬　孫曰恭　吳顯
蔡濟 字惟敬 訓導　夏德 訓導　李杲 字特亨 教諭　丁濟 字若舟 學正
蕭成 字仕暘　黃大順 訓導 俱豐城人　傅景茂 進賢人　鄒珦 奉新人
洪範 字九疇 石門教諭 靖安人　辜綸 字…… 人
二十三年甲子鄉試　魏浚 字尹韶 御史 南昌人　孫曰恭 貞之子 有傳　徐正 字必端
楊誠 字彥勝　杜敬 字叔貞　張彥 俱豐城人　舒頤 御史
吳嚴 字孟達 俱進賢人

正統元年丙辰鄉試　陳杲 訓導　梅友實 有傳　張斌 昌人 同知 俱南　李瑛 應天中 訓導
孫昌 字曰蕃 解元 止助教 先任河南運司教授 創立學規 立祠祀之　羅綸 字克…… 導 俱豐城……
人
三年戊午鄉試　馬俊 新建人 郎　甘瑛 字宗華 八閩通志 漳州知府 政績載　吳顯 字道昭 主事 陞員外
丁俊 有傳 俱豐城人
四年己酉鄉試　黎彥常 人　朱華 昌人 知縣 俱南　葉時 訓導 陞檢討　胡豫 字元昭 知縣 俱新建
周正 字公直 訓導　黃俊 字希彥 城人 助教 兼檢討 俱豐
熊鍊　周璉 字永端 主事 俱進賢人　蔡奎 武寧人
……鄉試　熊鍊 人 有傳 進賢
七年……鄉試　胡撫 ……　萬齊 ……　陳安 ……

羅瑛 黃亭 州同知 余理 字世洪 助教 楊子榮 順天中 長史
范謨 字朝恩 應天中 學錄 以舉學 賜宴 秤衣 一舉 俱豐城人 朱實 字成初 訓導 進賢人
湯自新 訓導 奉新人 車誠 字演經 周英 俱寧縣人
十年乙卯科鄉試 陳經 南昌人 萬祥 知府 羅虒 苦持操 至老無以自給 虒從弟 歷教諭 清 俱
申宏 新建人 王安 字邦寧 任善 禮之子 字士淳 巴縣
教諭 袁軾 順天中 教諭 俱豐城人 周鑑 奉新人
余泰 字安仲 滴江教諭 靖安人
陳安 有傳 新建人
三年戊子鄉試 江萬程 長史 伍渙 字汝文 教諭 俱南昌人 林惟盛 字培之 為人[illegible]
爽貴談論 有治才 官至太僕寺丞 新建人 李郁 聶智

孫儼 同知 俱豐城人 蘇仁 字榮夫 萬昇 教諭 進賢人 劉華甫 聶家間 用乂子 順天中
四年[illegible]科鄉試 羅瑛 字彥清 主事 左遷經歷 有強幹才 以承差中 俱豐城人 聶智 同知 順天中 李郁 字若虛 主事 陞知府
六年[illegible]鄉試 熊淵 任教職 終紀善 羅虒 鄧讓 教諭 俱南昌人 羅程 教諭
張袞 有傳 蔡珪 教諭 黃節 甘節
鄭溢 陳寬 吳德崇 顯之子 知州 丁節 教諭
朱斌 字孔武 訓導 以吏 順天中 羅正 字大經 知州 以吏 順天中
羅哲 以軍生 順天中 熊穆 字惟深 教諭 俱豐城人
黃華 字頂實 都督府都事 進賢人 李華 字[illegible] 武府教授 靖安人

熊熙 [illegible] 武寧人
十一年[illegible]鄉試 萬祥 知府 南昌人 熊文 給事中 新建人 孫[illegible] 即儼 以字行 有傳
劉華甫 有傳 鄭溫 字厲夫 中 知縣 以承差應天 甘節 字尚[illegible]
哀人 疾而卒 俱豐城人
九年甲午鄉試 闕敬 通判 程[illegible] 教授 俱南昌人 嚴而有恩 士子懷之 劉觀
朱宣 湯光烈 名熙 以字行 以吏 山西中 學正 詩文 二事 石有舉 吳與弼 高其搭之 終教授 所著有 石蓋行世 學士[illegible]元[illegible]表其墓 俱新建人 涂[illegible]
游明 周[illegible] 字丕烈 教 余鍉 字公鼎 [illegible]
劉明淵 教授 以吏 順天中 俱豐城人 陳璝 字邦達 訓導 進賢人
鄧坊 知州 奉新人 涂[illegible] 靖安人

[illegible]鄉試 羅虒 有傳 南昌 涂謙 有傳 陳寬 字用弘 主事 俱豐城人
十二年丁卯鄉試 劉子肅 學有養 龔海 鎰之子 任知府 居官能守 不愧其父 胡灌 解元 終[illegible]
熊大觀 南昌人 教授 俱 萬泰 寺丞 萬鑑 新建人 知州 俱[illegible]
毛倫 字天叙 孫極 字[illegible] 知 朱華 字[illegible] 知 黃泰 教諭
杜參 同知 致政 知州 任簡 教授 楊進 徐清 字[illegible] 官 俱豐城
人 胡貴 順天中 李英 字仲明 通判 進賢人
冷旭 字公日 [illegible]縣人
十三年[illegible]鄉試 黃節 有傳 楊進 字曰俊 解史議 知縣 俱豐城人
鍾[illegible] 南子 以儒士中 任同知 清[illegible] 著 胡希岳 教職 周正
萬禮 副使 居官有才力 所至有聲 俱南昌人 范寬 字志夫 袁潤

毛玹有傳　胡鏞士賢任　李獄字世望　陳泰字[illegible]甫知
朱鍏字有烈學正　涂珏　周琳字廷器教諭　楊榮字尚賢知府[illegible]
丁璐　李節字世行同知　杜華字王琰同知博士　呂律字焻陽教諭
范鏞有傳　余洪字士弘同知　余安止通判由貢曠天中
夏寧訓導　甘寘教諭　胡洹見祖彰傳　杜立字張宣教諭
徐善字日滋俱豐城人　李芳字廷實教諭進賢人　黃岳　余貴字廷和溫州通[illegible]
判俱奉新人　[illegible]教諭進賢人
二年辛未柯潛榜　劉子肅有傳南昌人　李[illegible]節之子有傳　游明有傳俱豐城人
四年癸酉鄉試　章廣終教職　[illegible]有傳　熊惠　唐鑑任教職
劉季清有傳　劉[illegible]知縣　陳榮歷知沛滑平惠三縣在[illegible]

南昌府志　卷二十　科第　三十五

[illegible]廷舍後堂師事之俱南昌人　曾[illegible]字吾輝知縣　杜佐字叔寧同知　袁芳
徐晃知州　李坪字世泰長史　滕卓知縣　劉方字元方教諭
孫約字東方通判官　楊璿　傅實　李裕
宋榮　聶元　聶蒙昌名仁以字行　汪根
李華字南實節之子知州　李松字喬教訓導　余敏字時勉知縣　徐鑑訓導
孫中字仲正提舉　周義　李達字時敏訓導
孫勝　李述　甘成教授　曾房訓導
游浩　周禮訓導俱豐城人　章衍通判　廖清字其源同知
楊峻　王朝遠　傅珪　王威字峻咸訓導
葉燦字時佐國子博士　姜鼎[illegible]通判俱進賢人　熊深奉新人

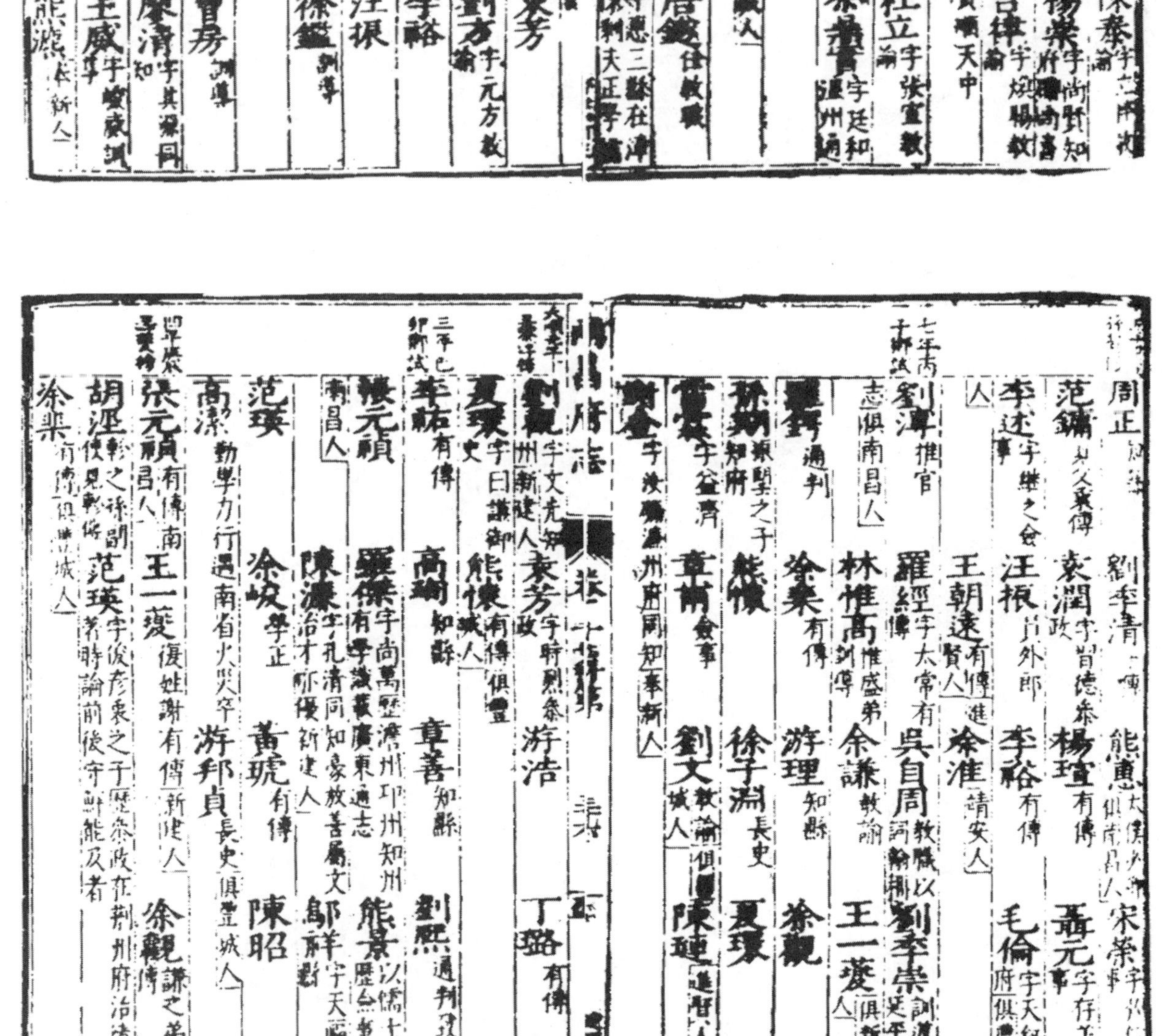

[illegible]周正[illegible]　劉季清有傳　熊惠[illegible]俱南昌人　宋榮字以仁[illegible]
范鏞見父彙傳　袁淵字習德參政　楊璿有傳　聶元字存善[illegible]
李述字繼之僉事　汪根員外郎　李裕有傳　毛倫字天叙知府俱豐城
人　王朝遠有傳進賢人　涂淮靖安人
七年丙子鄉試　劉潭推官　羅經字太常有傳　吳自周教職以詞翰稱　劉季崇訓導[illegible]延平府
志俱南昌人　林惟高惟盛弟訓導　余謙教諭　王一夔俱新建人
羅[illegible]通判　涂楽有傳　游理知縣　涂觀
孫瑚瑚堅之子知府　熊懷　徐子淵長史　夏璟
[illegible]字益齊　章閘僉事　劉文教諭俱豐城人　陳璉進賢人
謝奎字汝勵滁州府同知奉新人

南昌府志　卷二十　科第　三十六

天順[illegible]榜　劉觀字文光知州新建人　袁芳字時烈參政　游浩　丁璐有傳
夏璟字曰謙御史　熊懷有傳俱豐城人
三年己卯鄉試　李祐有傳　高翔知縣　章善知縣　劉熙通判致仕
張元禎　羅傑字尚萬歷濟州邛州知州　熊景以儒士中[illegible]
南昌人　陳濂字孔清同知豪放善屬文新建人　鄔祥字天福知[illegible]
范瑛　涂峻學正　黃琥有傳　陳昭
高潔勤學力行遇南省火哭卒　游邦貞長史俱豐城人
四年庚辰[illegible]榜　張元禎有傳南昌人　王一夔復姓謝有傳新建人　涂觀謙之弟有傳
胡洹彰之孫副使見彰傳　范瑛字俊彥袁之子歷參政在荆州府治績甚著時論前後守鮮能及者
涂渠有傳俱豐城人

六年庚子鄉試 舒向 人 有傳 ……李士實 黃諒 貞肅之子 知縣 祀清遠名宦
涂中 縣 字叔文 知 熊定 熊瑄 饒一正
毛松齡 金鑾 孫綱 字立之 曰讓之子 知縣
袁禎 以曹州 順天中 黃沂 鄧森 長史 以鄉選官 順天中
徐榮 字世美 孫紳 于大節 進賢人
七年辛卯鄉試 高潔 勤學慎行 涂玨 曹瀨 胡纘 四人 進士
祭俱豐城人 餘縣無考
八年甲申彰歡榜 胡深 新建人 傅寶 字東輝 有 章甫 字以晃 黃寅昌
孫緝 字繼之 曰良之子 御史 陳昭 豐城人
于大節 有傳 進賢人

南昌府志 卷二十 科第

成化元年乙酉鄉試 秦賁 字叔元 推官 和易有守 陳諫 人 知縣 新建 鄒儒
羅衿 周瑄 盧球 知縣 李貞 字廣明 知
杜禮 之子 字士節 熊 以道州 胡賓
胡廷祐 以桃源籍中 俱豐城人 向榮 朱贇 俱進賢人
二年丙戌 羅經 有傳 南昌 李士實 刑部侍郎 以濠逆誅 豐城人 熊繡 有傳
袁禎 字貞吉 西御史 鄒儒 字崇魯 御史僉事 俱豐城 陳璉 字邦貴 僉事
楊峻 有傳 俱進賢人
四年戊子鄉試 丁隆 譚顯 興之子 趙昂 南昌人 李廷
周相 字易巽 知 丁禎 字天錫 知 董 孫綸 曰良子
涂璿 吳源 知縣 熊魁 通判 劉

甘洛 任洋 朱德 知縣 巫 城人
饒泗 樊金 俱進賢人 劉相 舒忠 安人
十年壬辰 熊京 人 有傳 南昌 李廷 使有政聲 毛松齡 字喬年 副使 剛勁有才 祀名宦
俱豐城人
十三年丁酉鄉試 萬廷鳳 祥之子 解元 知縣 龔浩 繼之子 知州 有傳 舒炯 國子學正
秦昇 彭載 字公載 趙文 昂之弟 有傳 俱南昌人
謝綱 新建人 朱璞 字文玉 通判 袁官 州 字時禾 知 夏珪 字日瑞
熊信 縣 李壽 字修德 知縣 蔡梓 字鳴鳳 熊章 長史
劉滸 教諭 順天中 俱豐城人 舒瑾 字大信 萬福
徐顯 通判 舒綱 復姓陳 有 胡濬 字克廣 知縣 李景 廣之子

南昌府志 卷二十 科第 三十八

舒中 字中 知縣 俱進賢人 周季麟 胡明
張溥 俱無考
彭載 人 南昌 朱贇 字元甫 知縣 樊金 字公 鹽運使 俱進賢人
周季麟 有傳
熊達 蔣濟 提舉 余洪 進士 丁昉
熊忠 通判 俱南昌人 甘琦 人 推官 有清操 豐城 魏默 有傳 新建
熊一定 劉昶 州判 熊焕 正 丁鍊
江渾 孫鵬 字公大 曰良孫 知縣 順天 李振 教諭
袁華 字時敷 李鏞 史 黃貢 知縣 俱豐城人
舒洪 舒忠 余淵 知

十二年[illegible]之弟給事中不出[illegible]何[illegible]使[進賢人]
十三年丁酉鄉試　姚[illegible]字文章紀之子知縣以儒
士中　李洪　聶文廣字約之[俱南昌人]
人　尚璞貧不[illegible]新建人　楊康　余聰字元欽教諭
徐成文知州　涂昇　徐文學正　熊[illegible]
李漢　涂瓊字曰聰教諭　胡賢字萬壽知縣　杜梁字王充[illegible]之子
錢[illegible]順天中式豐城人　趙總助教一作總　熊祿　王建
徐祥[俱進賢人]　余秉清字體乾雲南石屏知州　劉[illegible]教諭軍生
十四年[illegible]鄉試　鄒[illegible]苦學安貧　丁隆有傳　丁佑知縣　[illegible]
涂昇字卿儀見文觀傳　丁錬字質純偏之孫貢列加光　[illegible]
熊[illegible]字[illegible]和知州[俱豐城人]　熊祿字[illegible]貴光祿卿　普進[illegible]
王建字成中知縣[俱進賢人]　謝韓同知　艾璞　魏[illegible][俱南昌人]
十六年庚子鄉試　熊倫字尚叙州判　朱珂字鳴王同知　袁春教諭　羅[illegible]字[illegible]推官
鄒琥[新建人]　聶達知州　盛佐教諭　黃芸
夏金　羅祿字廷爵推官清介[俱豐城人]　左輔
頤賢　江常　宋焯字文表知縣　劉佐字[illegible]判[俱進賢人]
李源解元　余洪[俱南昌人]　江潭[illegible]人　饒泗字正繹知[illegible]
十七年辛丑鄉試　文璞有傳　江潭有傳[豐城]
左輔字廷璧性至孝負奇行授行人奉使滿剌加國著有遊海錄
項議逆濠之謀而避之乞歸[illegible][俱進賢人]
十九年癸卯鄉試　閔元[illegible]縣南昌人　汪濤　李勤字[illegible]教　涂旦
徐玄　李綮[illegible]之子以[illegible]中　孫蔓字[illegible]知縣

[illegible]　黎芳字[illegible]　李望[illegible]　白[illegible]
楊顯字文榮知縣有廉介聲　徐璀　李鏜字[illegible]之子[illegible]
周貴字[illegible]俱進賢人　甘雨應天中任知縣廉介自持撫綏黎庶致政家居無安動為
舒玠[俱靖安人]
二十三年甲子鄉試　黃芸字斯馨刑部郎中調通判有才名寧濠致之不得卒為所害　劉[illegible]字季顒[illegible]中[俱豐城]
人　舒玠僉事[靖安]
二十年[illegible]鄉試　張甫知縣　楊[illegible]　諶鎔字大用推官操持清謹士民稱之[俱南昌人]
鄒璿訓推有器識工于詩　熊[illegible]　陳佐順天中俱新建人　涂瑋文教授
李道宏教諭　劉晉訓導　蔣欽[俱豐城人]　舒琮字大琮[illegible]進賢人
舒錦性篤行並力學而遂於文靖安人　杜玉樹[武寧人]
二十六年[illegible]鄉試　楊[illegible]崇之子[illegible]　熊祥僉事　涂旦字卿元見文觀傳　李漢有傳[俱豐城]
李源有傳　萬福有傳俱進賢人
弘治二年己酉鄉試　熊璞字大輝知州　劉崇　李綬字昌文知[illegible]
南昌人　金祿　李雍知縣　陳銑安之孫[illegible]時用[illegible]
張元春　魏[illegible][俱新建人]　崔銮字[illegible]教諭　朱祖元字[illegible]教
蔡廷周學正　江淙第二名　李彥　李儒字萬[illegible]知應天中
金選[illegible]廣山　袁范字時憲　周[illegible]字文中訓導　吳祺學正[illegible]
楊桐俱豐城人　傅習　饒糖　饒澄字正[illegible]從弟知[illegible]
汪[illegible]知　胡江字東進賢人　周季邦　周季鳳[俱[illegible]]
人

胡江　饒櫓字文中……人

楊英 知縣　李世賢 知縣　王潮 教諭　劉廷重

熊灌 字惟之郎中 俱南昌人　王朝卿　姜山甫 推官 俱新建人

范兆祥　涂景 字崇美鳳之子知縣有政　袁輿 有傳

游相　周鎬 字曰京教諭 豐城人　楊二和　趙楷 字民範 俱進賢人

萬祥 順天中　周冕 雲貴中 俱寧州人

楊二和 復之子提學副使 進賢人　周季鳳 有傳 寧縣人

涂常 字以誠知　陳璉 有傳 南昌人　謝騏 新建人　荒孫　袁光 字公輔

袁剛 字公明芳之子 一作綱　范瑾

熊卓　李瓚 字南器教諭　雷述 字德紹通判　費侃 俱豐城人

南昌府志　卷之二十七　選舉

姜文魁　萬鏃　熊璋 評之子通判　徐嫻 教諭

熊僑　涂明 俱進賢人　萬廷彩 有傳 武寧人

謝騏 太僕少卿　王朝卿 安陸知州　熊儒 大同左衛指揮僉都御史 俱新建人

范兆祥 有傳　熊卓 有傳 俱豐城人　姜文魁 任……　傅習 字本學……

俱進賢人　周季邦 知縣 字公達 松陽知縣……

陳奎　鄒紋 知縣陸通判 俱南昌人　熊桂 新建人

陸時通　涂秋 字仲實秋之子通判　甘璲 字世鳴　李敏 字紹行知縣

羅仁 應天中　蔣淙 字振之 俱豐城人　胡濟 字世邦知縣　于朴 天中 字廷美

王順祺 字廷壽知縣　朱廷聲 俱進賢人　余禎 奉新人　涂文祥 靖安人

陳奎 有傳　劉廷重 郎中 俱南昌人　熊桂……

金祿 字天爵同知 俱進賢人

朱廷聲 有傳 進賢人　謝鳳一 孫　熊蘭　王春

十四年鄉試 胡訓

萬奎 字欽象通州　胡大化 知縣　張欽 字敬之以儒士中任員外郎中

劉伯秀　陳顧望 以廣東解元中　陳璿 字子諒知州 俱南昌人

熊鳳 外省中　塗駿 字邦毅訓導 俱新建人　游潛 字用之駿之子知州

李金　朱槩　范偉 字秀民蘭之子通判　丁澄 字憲卿

熊紋 字止儀儀之子　葉釗　熊轅 字時和　黎順 字舜臣御史

李緝 字熙式同知有政績人服　涂敏　胡潔 雲南中

楊敷 字學文崇之孫知縣 俱豐城人　宋景 奉新人

南昌府志　卷之二十七　選舉

十五年會試 胡訓 兵部尚書加太子少保 南昌人 有傳　張元春 有傳 新建人　江淙 字……

刑主事郎中三爲刑官皆清慎剛明事多平反且學行文修著

有學問……

吳棋 僉都御史太常寺卿有傳　葉釗 有傳　涂敏……

俱豐城人　涂文祥 淮之子郎中 靖安人

十七年鄉試 龔暹 字明遠……　熊蕙 字天民景之子知縣　張渾 字仁實 南昌人

趙秉貞 知縣 新建人　甘珂 字世……　陳梁 教諭　袁華 字時鳳知縣

熊茂 字……　熊一中 字……推官　江湍……　黃禹 字駿民知縣

曾時 字……知縣　李浙 俱豐城人　李鎮　萬鏜

趙桓 字民望通判　徐曰忠 字公甫 俱進賢人　陳恩……

周期雍 寧州人

十年乙丑吳璟榜
劉伯秀副使　許謙河南僉事俱南昌人　魏泰傳新建人
萬鏜有傳俱進賢人　宋景有傳奉新人　張賢佐廣中欽命
嘉靖二年辛卯鄉試
張仁興字子榮　熊浹　羅鐸字希顏
楊璉字大容知縣南昌人　楊薰　陶禎有傳　熊有兆州同俱逵之子
余祺知縣新建人　楊康字方義知縣　楊孜字勉文之孫知州
鄧鏞授學正教授漢陽令撤盧狼併廢半壁生祠祀之　葉銘劍之弟知州
鄧山齡字仁夫知縣　楊銓經魁　吳天祐字吉甫知縣有詩名
廿桂字影木新建籍俱豐城人　宋炫字文錦　舒芬
萬潮南僉事俱進賢人　樊準授徐州知州伏闕保留者萬餘人詳徐州名宦誌
周謙　周晃雲貴中俱寧州人

南昌府志　卷二十七　選舉

十一年壬辰林大欽榜
楊薰有傳南昌人　李金有傳　胡潔字汝清隆之孫震之從孫
朱檠有傳　李彥袁州衛經歷運使俱豐城人　萬鎡之子仕守
今學有所用爲御史屢有建白以延平知府致仕進賢人中大夫進賢人　周期雍有傳寧州人
五年戊午鄉試
蔡本字文卿州知　姜儀　秦傑有傳　朱世忠有傳
廿桓通判　蕭國遠知縣　閔曾知縣　羅大式知縣俱南昌人
聶義字□□由節婦楊氏子知縣調教授惠民有　來衡俱新建人
鄒珠字□□水知縣　吳希賢字士勉　賴暹字文山知縣有政聲璧主
李銓字尚選　范祉字中之知縣　熊彰湖廣中知　胡廷賜字如忠知縣
王國光俱豐城人　傅燦字益明知　季材之子字德用知州　湯霖字時濟知縣俱進賢
鄧顯麒奉新人　汪濤知縣豐城人

能潮河泊人
陸時通御史　金選　周清
俞茂堅有傳豐城人　萬潮字汝信鎡之子會魁右副　李鎮字安邦
孫繼芳湖廣中俱進賢人
八年癸酉鄉試
獨孤著十四歲中未仕　劉奇有傳　陳冠　涂相
樊昊同知　熊鍵縣之子知　高繼曜字□□　劉克俱南昌人
張元龍字元仁甫元春弟值濠蓄逆謀紿不附已枷置家門使其斃盡因窘迫自盡始獲釋卒不判汀州梢傳修肅公月溪二橋民利賴之陞判州府同知美餘毫不染指民尸祝馬蹄運同致仕林居二十載當道造請一面不可得也
盛經俱新建人　陳器字道寓　呂箕字南有知州陞長史　胡舜卿字師舜之姪
知縣　江魚字惟化臨安推官斷獄遇毒卒　袁城
鄭高字時升知縣　李廷璋字宗德任靈壽縣令救荒無遺力陞刑部郎錄囚多平反知高州府除奸剔蠹

南昌府志　卷二十七　選舉

俗多所釐正致仕入名官祠　萬鉉字仕用福之子通志名謚
俱豐城人
黃圻字成之子員判　楊林　樊綱同知嘗授學呂涇野清介自持鄉人號爲枯禪先生
俱進賢人
九年甲戌唐汝楫榜
姜儀有傳豐城人　查仲道應天中分寧人　王國光
熊浹有傳俱南昌人　楊銓有傳　王國光字君重主事
楊林字宗喬郎中進賢人　鄧顯麒有傳　余禎有傳俱奉新人
查仲道有傳　周昺知府俱寧州人
十一年丙子鄉試
傅雲　熊楫使蘭之姪副　萬曰燮字舜卿知縣　陳彌正字日中太湖知
謝陞通判俱南昌人　魏良輔蔡之子　魏良弼　魏椊
裘衍有傳俱新建人　陳善字論之　高宇有傳　黃耀字文翰知縣
劉善毓字秀卿知縣　袁光度字應夫　袁光儒字純夫

…中庭… 李遂 … 楊照 字… 夏謐 字文…

黄烱 字張文 曾孫 何遷 字守仁 傅烱 人 進賢 廖天明 太和人

舒栢 人 有傳 俱安 陳由文 陳由正 周開 昂之弟 雲南中 知縣

俱寧州人

十二年丁丑舒芬榜

舒芬 字國裳 贈翰林院 修撰 有傳 進賢人 涂相 字夢卜 御史 陞僉事 南昌

十四年己卯鄉試 以逆濠變罷試

葉稠 字柱芳 順天中 南昌人 同知 方正 俱介

黄鉞 應天中 知縣 寧州人 裘城 字邦衛 知府 豐城人 徐日忠 知府 賢人

十六年辛巳楊維聰榜

李浙 人 一名沂 字邦秀 郎中 豐城

陳由正 給事中 寧州人

張鰲 丁燮 燮之子 僉事 熊汲 熊洛

南昌府志 卷十七 選舉 四百七十五

乙酉鄉試

胡初 字以復 劉廷詔 萬燗 同知 李袞 教諭

王臣 黄榕 知縣 俱南昌人 萬一燮 符鍾 有傳 俱新建人

陸時泰 字道亨 郭希顔 涂楗 陸夢麟

李遂 范廣 字正弘 知縣 陸時望 字副之 徐州知州 加四品服 民德之 刻名宦碑

甘勳 甘時華 教諭 雷裕 字以孝 通州 黄鏕 字允直

袁塡 字翔器 知縣 甘翔鵬 字時舉 同知 涂立 字汝中 通判 李端芳 字時順 通判 俱豐城人

何社 傅應祥 章詔 知州 改教

傅錠 知縣 見府志 趙公輔 知縣 張國器 同知 俱進賢人 甘文瑜 知縣

宋慶 俱奉新人 陳道 恩之子 知縣 靖安人 方孟縉 武寧人 沈鑾 知縣 寧州

陳冠 有傳 王臣 有傳 俱南昌人 萬燮 御史 一名一燮 魏良弼 有傳

…俱新建人 陸夢麟 字文… 推官 陞同知

甘燾 知縣 俱豐城人 夏謐 主事 諭通判 陞同知 何社 有傳 傅燗 有傳 俱進賢人

四年乙酉鄉試

萬鏜 龔善治 字良輔 給事 任職清慎 居鄉恬退 士論嘉之 樊維

劉仕賢 字以俊 吳子金 有傳 樊臣 黄文明 通判 俱南昌人

魏良政 解元 有傳 魏良貴 俱新建人 袁晃 黄澤 字世清 許州知州

任一綫不東所 著有禮記主意 熊孟 字元夫 知縣 王林 字元修 河南中 太僕丞 豐城人

江治 張東 樊維 知縣 樊臣

江灝 呂鵬 鹽運副 俱進賢人

俱南昌人 名宦 齊在鄉有惠政 …

五年丙戌龔用卿榜

葉鑾 欽弟 庶吉士 歷南京兵部尚書 有傳 熊汲 字引之 洛弟 官政三 歷二千石 … 魏良弼 …

南昌府志 卷十七 選舉 四百七十六

俱新建人 李遂 … 楊經 以寧夏籍中 俱豐城人

江涯 有傳 傅應祥 副使 公平廉慎 見廣東通志 江以潮

七年戊子鄉試

萬鍅 字欽夫 以儒士中第二名 劉伯躍 第三名 張珩 字以正 第五名 知府

張朝錫 字時晉 知縣 鄒翀 通判 唐堯臣 字士良 僉事 趙惟興 有傳

萬人傑 知州 張朝佐 高昇 知縣 劉廷篔 知州 俱南昌人

雷禮 游禾 字定嘉 之子 通判 孫世祐 吳江 字道源 運使

李梓芳 湖廣中 朱芾 字朝宗 太僕丞 俱豐城人 朱憲章

傅重祥 江滿 余佐 何克明 知州 …

曾鈞 俱進賢人 周訓 寧州人 字麟 第四子 應天中 授知州 陞宗人理歷…

八年己丑羅洪先榜

劉伯躍 工部侍郎 南昌人 涂樺 字文翰 …

[illegible]人德之次第中[illegible]
于俗終其身惟咬暢達泊如也
孫世祐刑部郎中 李逢有傳 朱寬有傳俱豐城人 樊臣知府
江滿參政俱進賢人
十年辛卯鄉試 熊濱汝洛弟 劉仕禎知州 舒文舉字廷用 趙禮字惠登
李東光字青[illegible] 張壽字時賢物任南平知縣有善政立有去思碑 胡植
萬廣愷 唐聯四川中俱南昌人 胡實 章奎俱新建人
諶謙字益德知縣 黃巽字克制任知縣諒之弟 李璣
朱瀕子字明旭知縣調州判祖元 黃國用字良弼御史 袁邦行字哲夫知縣
教授 俞時河南中俱豐城人 樊濟川 萬宗義字克方知縣
李伯會字宗本知縣改教授 汪集 吳詡俱進賢人

南昌府志 卷二十 選舉

唐曜字幼貞四川籍歷副使 劉仕賢南昌人 是重于御史歷僉事俱
十一年壬辰林大欽榜 熊洛字景之官至府尹雲南臨安道祀名宦祠 不謂敢爲人謂指于進取力于操持云
雷禮字必進少傅尚書加太子太保謚端 郭希顏有傳俱豐城人 朱宸章字良[illegible]官行人
推給事中彈劾郭勛當權者所不敢言者轉四川副使彈張孚敬
母少假借著怨忍退默四卦以自警 兩授行人出使浙楚蒲幣擢刑科歷兵
曾鈞有傳俱進賢人 廖天明惠終養奉新人
十三年甲午鄉試 姚春 羅崇奎 萬國紱 王子秀
劉廷賓同知 齊譽 蕭時寰知州 秦燦字正誼
熊琦 姜慎字克修南昌人 熊炅新建人 黃朏
陸應豹 徐鉉 范慶 劉建官字茂中推
吳道南以吏河南中 黃炯字文熙守武岡[illegible]防海 [illegible]知府俱豐城人

[illegible]進賢人 祝文 石巨川 王子清[illegible]人
十四年乙未韓應龍榜 李東光大使丞 胡植字立之漕運右副都御史調光祿寺卿致
魏良貴字師孟少游舒梓溪門鄉舉同良弼諸兄弟授學王文成公於杭州八閩陞寧波知府疏請留其七郡
頴之有及風滅火賊井兩堂賦載郡志歷薊泉參撫江都御史
恩廣淵雅博大故文成公甚奇之弟之子新建人
李璣有傳 范慶有傳俱豐城人 汪集字惟義庶吉士終參議
徐守道直隸長遠籍中俱進賢人 方孟縉有傳武寧人
十六年丁酉鄉試 張希舉解元 葉龍字四名 第 姜博 樊傚字
葉照 彭懋字汝德僉事致績見延平府志俱南昌人 丁以忠
熊勳 姚璵知縣俱新建人 鄢懋卿 袁光翰
杜極 孫銓 袁鉦字汝靜知縣俱豐城人

南昌府志 卷二十 選舉

杜楷 吳楠字與用 蔡寀字孔章教諭俱進賢人
徐樂于木充幼有穎敏讀書過目不忘詩文俊逸立就惜抱奇志未究有子若有陽溪類稟中應天第三名
宋國華人[illegible] 劉會應天中寧州人
十七年戊戌茅瓚榜 萬敏參議 齊譽副使清廉有聲 葉照有傳 萬廣愷字錫卿刑部侍
郎 萬文彩中雲南 羅崇奎總督川廣副都御史俱南昌人
丁以忠有傳新建人 杜極字道清工部侍郎 吳道南字大在推官 俞時揚州吳江立有生祠
推御史多建白官至侍郎俱豐城人
十九年庚子鄉試 楊乾亨字起元第二名 周文龍知州 萬恭 劉仕鋭知縣
丁正義友謙六世同發 劉日睿 諶輔知縣 熊炤字有明同知
王希烈 江汝楫字濟之 楊朗[illegible]

魏尚大人 俱豐城 李遜　曹僎 ……　雷逵

雷賀　徐南金　夏祚 守長卿湖廣中教諭 俱豐城人

江汝楫　艾本深 字子静 俱進賢人　況國奇 順天中知縣奉

新人　辜佑賢 字惟湯南昌人湖廣中同知　宋介慶 景之子知縣

縣陞飾事 本新

人

二十年壬午 張希舉 字直卿左布政　張緯 欽之子郎中　熊彥臣 逵孫鍵子庶吉士檢討

姜傳 字克約僉事 俱南昌人　李遜 有傳　龔秉德 山東中副使

新建人　徐南金 字體乾庶吉士改御史陞提學副使 俱

鄧繼 豐城人　雷逵 之子布政　雷賀 述之 副使 俱

南昌府志 卷 選舉

二十五年丙戌 鍾棠武 第五名　羅文博 通判　張正和　黃垣

伍希中　鍾沂　劉廷高　熊 知縣

余朝卿　劉廷梅　喻顯科　朱伯辰

高啓衡　高啓新 知州　萬思謙　辜用璣 湖廣中知府

萬屋龍　諶廷詔　王民 知縣　熊光 南昌人湖廣中 俱

吳桂芳 第一名　張尚 字懋志知府有治行歷著軍功見張侯政紀　張仲 第二名

金銑　李遜　王淑　陳蘭化 太僕寺

戴仁 同知順天中　鄧芳 四川中　蕭大賓 俱新建人　胡杰 解元

萬宷　黃城 字良卿　宋洛 字宗程郎中　朱世徽 字道昭知縣

能 ……　丘桂芳 ……　熊汝達

雷學麟 人 俱豐城　趙文同 ……

二十八年己酉 禹蒸 人 字甫郊兵部左侍郎 南昌　吳桂芳 工部尚書　李遜 字子敏遜從弟提學副使

張仲 元泰孫同知　蕭大賓 工部侍郎　鄭河 官 俱新建

人　涂鉉 名知府 二中第一 俱豐城　陸夢豹 字文蔚夢麟弟主事

萬宷 人　雷學麟 字國禎參政　熊汝達 字德明工部侍

郎 俱進賢人　宋國華 字崇樂初令休寧歷主事員外參政修

枝 …… 貴州左布政使 奉新人　二王府貴約工成郎中轉四川提學

三十一年壬子 張正位　李袞 第五名　羅文靖 倩之弟同知致仕

謝遠　萬烺 人傑子　劉廷槻 廷梅弟　朱奎

姜儀　張正謨　余應舉　劉仕階

南昌府志 卷 選舉

楊汝轄　吳一澗　郭廷臣　李天榮

周時中　胡旻 字叔晦 之孫　梅時望 人 俱南昌　熊弘猷

聶宜 知縣 俱新建人　李栻　李樕 字萬德金之孫知縣

陸于嘉 字伯子知縣　張益　文廣 字子容　熊早 知

李東華　吳金 字德伯應 知縣　李東華 芊之弟長史　彭登瀛 人 俱豐城

謝東 字廷英知縣　吳仲 字應和知縣 進賢人

丁未 張正和 字 參政　熊琦 字憲 布政　劉廷梅 字與和廣東副使 行詳汪道足暨誌

李天榮 …… 所全活 ……

金銑 人 知府 新建　胡杰 字子文庶吉士　朱伯辰 給事中　喻顯科 南昌人 俱　袁光翰 字 ……

黄□字大章□之子參議 彭發□ 應西中式俱豐城人 汪泊字□之弟判部

侍郎|進賢人| 萬思謙有傳南昌人

涂淵 吳子泰 萬潛川知州 王炬知州

阮文中 李仲 魏元吉 王壽益知縣

梅時雨 袁世用姪 袁復東 劉日材 魏守仁

陳翔通判 劉廷槐 羅復|俱南昌人| 陳汝裔知縣

王浡|俱新建人| 黃國華 袁伯雅字宗正教諭 衛應瑞字道徵知縣

賴守中字以時通判 袁伯膺字宗聖炊之子 夏栻 李贊

袁伯嵩字宗鎮知縣 涂鈞字季秉教授 皮約應天中 孫懽字思□

王資字汝觀湖廣中知縣|俱豐城人| 萬仲|進賢人|

南昌府志 卷十七 科第

余應舉字德甫改名日德副使 李仲字道卿工部主事

朱家賓欽踪辛于官官郎若寒 黃垣 吳一鶚右布政

素云 楊乾亨字彥元筮授行人出使周藩餽遺毫不染指擢給事中再七日同謝江劾趙文華不法忤旨廷杖為民謝絕交游死無以為榮云 鍾崇武主事崇文弟 萬虞龍太常少卿|俱南昌人|

張益字舜卿給事中 夏栻字廷昭若水子太僕寺少卿|俱豐城人| 萬仲字彥和主事|進賢人|

趙文同安人副使

張作第二名元春孫仲之弟大理寺司務 鍾崇文 陳贊冠之子

羅大玘 黃憲 張國光同知 熊璟洪之子|俱南昌人|

夏琛 喻南嶽 孫烺字晦卿知州|俱新建人|

李貴解元 李材 鄧集字國光通判 賴梅字安和知□

胡緒 袁國賓 葉浩通判 周汝德

胡師字□大通判 孫溥字仁甫解元 張鳴鳳廣西中|俱豐城人|

熊天瑞字國禎|進賢人| 甘懋德知縣奉新人 陳文實□州人

李炎光祿寺丞 阮文中字仲和延綏副都御史贈侍郎 王希烈字子忠有傳

吏部侍郎掌詹事府事贈禮部尚書 余朝卿山西太僕卿 張正儒弟副使

魏元吉參政 鍾沂太僕少卿 劉日材左布政使 葉龍禎之子僉事

樊儆遼東苑馬 姜儆學士御史侍讀 羅復副使|俱南昌人| 李貴字廷良玄孫庶吉士

士編修副使 李東華字煥之孫由太常博士擢工科給事中 陳四事又條陳吏弊五事

喻南嶽副使新建人 萬浩字汝吉福孫庶吉士歷禮部侍郎|進賢人|

萬廷言第二名 喬柯大理寺正 伍希德知州 朱信亮知縣

南昌府志 卷十七 科第

黃榜 萬弘謨長史 魏時望 鄒磯國子學正

魏天益|俱南昌人| 吳椿 艾繁長史

謝廷傑 方來崇 方來獻字士琛來崇弟知縣

樂祖同知縣|俱新建人| 游李奎 袁均咸字誠之光儒子通判

袁賓遂字宗元均咸姪 黃輦 周冀字應時

李廷觀 徐銘字惟新 孫世用字濟之教諭知縣

范謙|俱豐城人| 李輔 樊溥 李棟字中|俱進賢人|

蔡國珍 余良翰 余良民|俱奉新人| 潘僑應天中式|武寧人|

周行性從鄒東廓講學孝行著聞|俱州人|

張正謨正和弟禮部郎中 楊汝楠郎中|俱南昌人| 方來崇

[illegible]外郎[illegible]人　黃翰 知府　[illegible]　李廷[illegible]

知府[illegible]　余良翰 [illegible]州府知府

蔡國珍 字汝聘 見任四川按察使 俱泰和人

三十七年戊午科　鄧太奎 知縣　袁貞吉　李諭 知縣　黃仁榮 御史

王禎　吳廷光 通判　章應南　魏天成 知縣

李[illegible] 知州　羅日臣 知縣　余[illegible] 知縣　周楷

蕭[illegible]　高則[illegible] 推官　周懋德 字一芳　彭愷

楊[illegible]允　劉經緯　胡汝寧　萬振孫 河南中

徐廷賓 湖廣中　熊炯 應天中 歷同知長史 俱南昌人　張位 第二名

李一躍 字子龍　魏焯　萬壽 俱新建人　丁杰 字[illegible]

黃惟泰 字思安 同知　丁材 字國用　黃[illegible]臣 知府　涂[illegible]桂

蔣[illegible]　徐守倫 字[illegible]之 知縣　熊[illegible]欽　李楝 俱豐城人

朱廷袞 字克[illegible]　傅未嘉 字以中 俱進賢人　周曉 知州

鄭南金 知[illegible]長史 俱新建人

三十八年己未科　朱奎 字文石 布政 [illegible]起用　袁貞吉 字孔安 見任[illegible]河南右副都御史 陞工侍郎　郭廷臣 字良佐 知府

葉[illegible] [illegible]少卿　劉日[illegible] 字汝思 廷重孫 御史　黃樞 有傳 即榜改名

魏時亮 即時望改名 字舜卿 見任左副都御史　羅大[illegible] 字[illegible]節 知府 俱南昌人

王[illegible] 字定南 [illegible]主事　吳椿 字壽卿 左布政使　王淑 字儀南 [illegible]推官　謝廷傑 [illegible]

大理寺丞 俱新建人　周汝德 字時昭 副使　皮豹 字文蔚 [illegible]　黃國華 [illegible] 知府

熊秉元 郎中 [illegible]人　李輔 字[illegible] [illegible]工部尚書[illegible]　潘[illegible]

高則益 [illegible]　羅[illegible]　袁一貫　李恒

喻文偉 [illegible]　徐作　龔汝正 知縣　趙銓

伍士望 字景周　黃[illegible]　熊瑞　萬[illegible]

陳瑎　楊文明　葉[illegible]　陳[illegible]

楊一桂　袁一貫　蕭繼康　熊汝器 俱南昌人

黃[illegible]番　陳九功 通判 新建人　蔣伯堂 字廷觀　羅[illegible] 字[illegible] 推官

鄧一相　孫[illegible] 字汝峻 知州　曹[illegible] 應天中 字時[illegible] [illegible]以官生[illegible]

林之棟 字光隆 湖廣中 俱豐城人　方[illegible] 字[illegible] 知縣　樊兆[illegible] 字一元 進賢人

陳文 上元知縣 靖安人

四十年辛酉科　徐作 左布政使 [illegible]　萬廷言 字日忠 廣愷子 提學僉事　劉[illegible] 字適[illegible] 右布政

楊汝允 知府　萬振孫 [illegible]中 知府　王禎 [illegible] 知縣　劉[illegible]階 知縣

楊文明 參議　鍾崇文 僉事　高則益 [illegible]副使 俱南昌人

李材 字孟誠 兵部[illegible] 都御史　游季勳 字懋[illegible] [illegible] 即季炎改名

蔣機 [illegible]史　李楝 字孟[illegible]　趙可格 [illegible] 四川中 俱豐城人

四十三年甲子科　姜忻　全選　劉良弼　梅[illegible]

李大經 知縣　李[illegible]　葉[illegible]　熊珍

劉浹　漆彬　趙來亨　蕭敏道

章明試　劉仕泰 知縣　楊一麟 應天中 知縣　甘一鳳 字子儀 應天中

推官　周芸 湖廣中 俱南昌人　彭程 教諭　張相 通判

喻均　李春和　鄧以誥 教諭　余繼[illegible]

袁應旂　黄時濟舉人　黄焯　杜揖
杜循　涂鍾嶽字維翰知州　宋倬字元犖同知俱豐城人
吳尊　江和　涂寨教諭　許琛見任泉州府同知
涂案　袁應瑞　馬汝驥俱進賢人　余良樞
陳九疇俱奉新人　方從懋孟瑞子武寧人
四十四年乙丑科范應期榜
陳棟字隆之會元探花編修右春坊贊善　涂淵知府　姜忻傳之弟見任按察使
熊汝器見任知府　龔以正貫之後任知縣　萬通即錢改名涂弟知府　楊一桂庶吉士右參政
蕭敏道知府　劉良弼巡撫廣西僉都　周表字周翰事中
袁國寧字子清知府　涂春林字時芳給事中　李栻字孟敬之子俱南昌人
鄒士綱字縉之同知俱豐城人

隆慶元年丁卯鄉試
李湯聘教諭　萬文卿　鍾允復　胡仕朝知縣
張偲　熊惟學　姜偉見任推官　陳應元見任知縣
舒應元進賢學中　羅大奎見任同知　洪子韶　魏顯國教諭
劉良佐知縣　萬民俊山東中俱南昌人　金炅第三名
鄒以讃　朱用光　王元弼知縣
鄒元忠　廖俊民　郭廷翰廷臣弟知縣俱新建人
袁伯鑰知縣　劉穩知縣　李國珍　林梅
毛錡　丁餘慶順天中豐城人　羅希賢推官陞同知　楊重俊知縣
鄧楨同知俱進賢人　徐嘉釆教諭　廖瀾順天中奉新人　王質卿俱寧州人
二年戊辰科羅萬化榜
趙來亨知州　熊燧見任刑部郎中　劉洨　辜明試

張偲見任中書舍人　穆煒　張位字明成二名庶吉士歷翰林院
士禮部侍郎　喻均見任知府俱新建人　黄煒知府副使　胡鍇字本理見任按察使
杜循教授　范謙字汝益慶之子庶吉士見任按察使俱豐城人　陳九疇知府奉新人
四年庚午鄉試
鍾士弘見任知縣　劉應旂改曰暘　胡汝煥字孟渙汝學弟之子
鄧朝佐知縣　劉日梓　劉仕松知縣歷通判　劉一龍
張士佐知縣　齊世臣　陶希臣　姜惠
熊大維湖廣中　甘一驥應天中　丁弘道應天中俱南昌人
萬國欽第一名　涂杰　張譽　丁此呂俱新建人
李廷謨　胡必準字可平豪曾孫推官　范梅
黄正物見任知縣　吳達　袁王成知州　孫楨

黄焯　林遇春俱豐城人教諭　李涵恩　吳繼祖教諭
饒廷錫　姜師閔應天中知縣俱進賢人　徐文煥奉新人
吳從周　陳利器　陳以朝俱寧州人
五年辛未科張元忭榜
熊惟學第四名顧之孫見任提學副使　甘一驥字子德一鳳弟見任驛傳副使加參政
陳贊冠之子知府　齊世臣太常寺卿告終養　伍士望字景周見任南
京禮部郎中　涂彬庶吉士歷副使俱南昌人　鄒以讃會元探花編修
張譽太僕少卿　涂杰見任御史俱新建人　杜栩字崇叔知州
袁應旂字邦士知縣　袁賓遜字宗元知縣　范梅知府豐城人　江和知縣俱進賢
余良樞字士忠良禎弟見任撫州知府　余良禎即良民改名字邦本知縣俱奉新人
陳以朝同知　吳從周俱寧州人

譚桂　徐秉正　周元勳　丁永祚
熊裕　李大憲　張陞 字敘甫 任知縣　葉修
李和 字以□　黎道美　李琛 字以獻　郭有恭 見任知縣
彭烨 應天中　胡大化 字子誠　黃凝道 河南籍
熊夢祥 字惠載 湖廣中 俱南昌人　閔溢 字守之 通判　熊汝相 字舒華 教諭
羅朝國　陳良輔　符栄　徐州牧 字仁夫 解元
徐即登　周偉 字國章　李瑁　徐忠齋 字汝□
陸應川 應天中 俱豐城人　宋應和 奉新人　余學夔 寧州人
譚凝道 部主事　胡汝寧 見任給事中　萬文卿 見任副使 俱南昌人
饒廷錫 知縣 進賢人

毛志尹 字維衡 第四名　王尚賓 字以興　章邦翰　黎獻臣 字本孝
劉仕瞻 字汝□　劉曰淑 字爾止 仕泰子　張振業　陳子貞
張守顧 正漢子　鄔應元 字廷建　汪朝聘 河南中　萬愛民 山東中
黃子美 山東中　方民敬 貴州中　熊師夔 湖廣中 俱南昌人
樂□同 字成甫 祖同弟　周以敬 字子修　羅相 字將輔　譚曰選 字世□
方彭庚 字壽□　喻燭 字廷光　吳九成 山東中 俱新建人
袁仕銳 字以志 知縣　熊秉衡 字文卿　游圻 字子翰 教諭　袁奎
盧秉 字定獻 見任知縣 俱豐城人　徐君興　饒仲 字廷理 位之弟
樊毅 字南□　孫羽侯 湖廣中 俱進賢人
廖邦介 字和　余孝甚　劉德卿 □州人

吳子韶 郎中　陳瑫　羅用敬　譚□士
南昌人　金貞　丁此呂 字右武 俱新建人
李瑄　支應瑞 通判 進賢人
袁時徹 第四名　涂嘉會 第五名　范以淑　譚廷錦
李一色　涂世道　劉日桂　陶彬
萬民命　周鐸 應天中　萬不□　夏良鋼
朱應隆　艾自芳　陳儒　鄧以誠
王士昌　余顯鳳 貴州中 俱新建人　郭廷輔
羅棟　李藻　李復陽　李應龍　李大臨
熊廷相 推官 應天中　李舒芳 山東中 俱豐城人　饒位 解元

吳兆禎 知縣　吳文英　舒基 南安人　陳□ □州人
徐秉正　劉晁 主事　章□　陳子貞
涂應會　萬子美 郎中　涂用□　余繼善 推官 新建人
袁奎　李廷謨　饒位　徐貞興
譚□隆　鄭龍□　劉熺　熊鍾弘 字右大
劉鵬　吳遇　陶若□　李坤
涂宗濬　趙國芬　楊國華　余文奎
周著　羅世美　李成章　劉廷柱
吳位　羅良卿　歐陽仁　閔香
符榮　熊宇奇

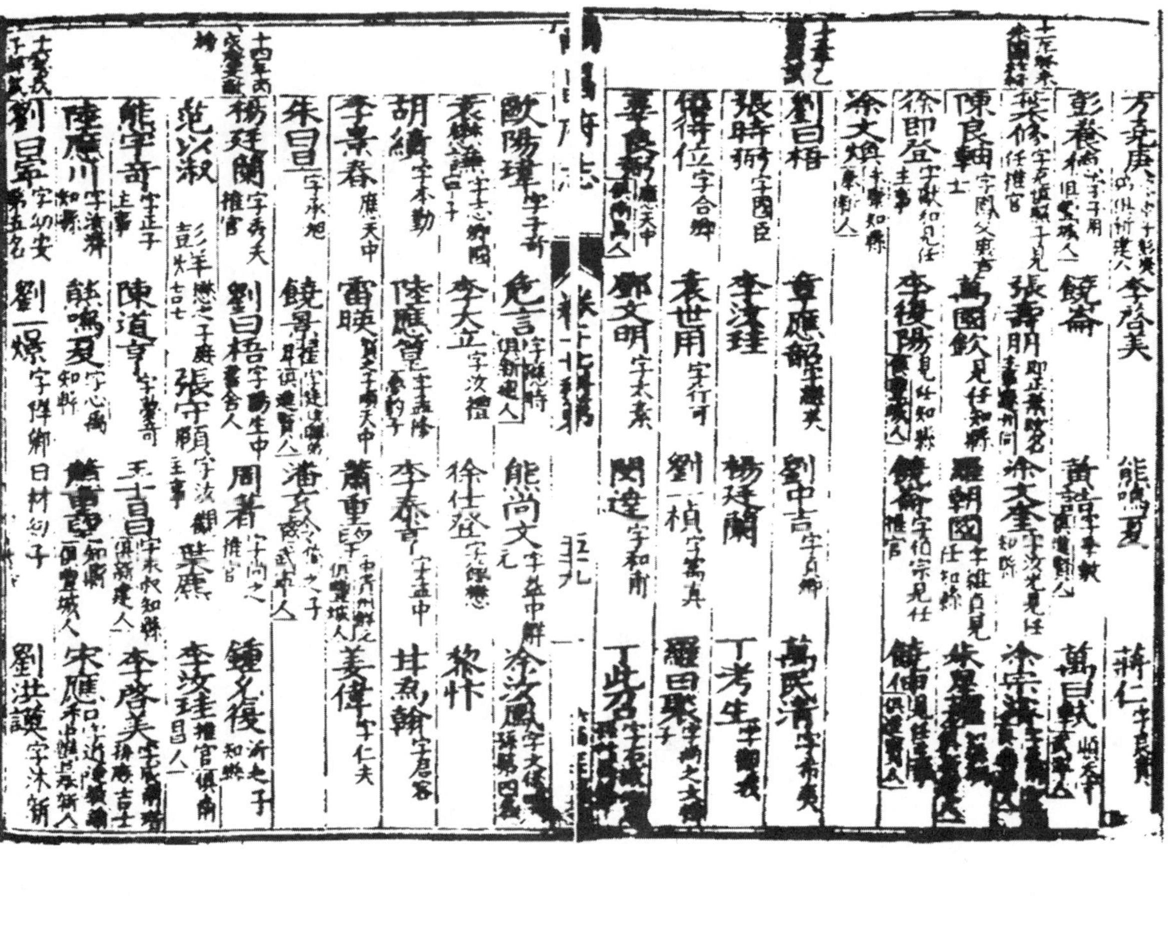

方克庚[illegible]　李啓美　熊鳴夏　蔣仁字良[illegible]
彭養倫[illegible]豐城人　饒侖　黃[illegible]豐城人　萬曰[illegible]
十五年丙子　[illegible]修[illegible]　張壽朋[illegible]　涂大奎[illegible]　涂宗濬[illegible]
陳良輔[illegible]　萬國欽見任知縣　羅朝國字維甸[illegible]　朱[illegible]
徐即登[illegible]　李復陽[illegible]　饒侖字伯宗[illegible]　饒伸俱進賢人
涂文煥[illegible]人
劉曰梧　章應韶[illegible]　劉中吉[illegible]　萬民清字希夷
張時衡字國臣　李汝珪　楊廷蘭　丁考生[illegible]
傅伴位字合卿　袁世用字行可　劉一楨字篤真　羅田聚[illegible]
姜良翰[illegible]　鄭文明[illegible]　閔達字和甫　丁此呂[illegible]
歐陽瑋字子新　危言[illegible]俱新建人　熊尚文字益中解元　涂汝觀[illegible]
袁懋謙[illegible]　李大立字汝禮　徐仕登[illegible]　黎忭
胡繼字本勤　陸應曾[illegible]　李泰亨[illegible]　甘為翰字君宰
李景春應天中　雷暎[illegible]　蕭重望[illegible]　姜偉字仁夫
朱昌字承旭　饒[illegible]　潘[illegible]之子
十四年丙[illegible]　楊廷蘭推官　劉曰梧[illegible]　周著字尚之　鍾允復[illegible]之子
范以淑　彭烊[illegible]　張守順[illegible]　葉應[illegible]　李汝珪[illegible]南昌人
熊[illegible]字奇　陳道亨[illegible]　王士昌[illegible]　李啓美[illegible]
陸應川[illegible]　熊鳴夏[illegible]　蕭重望[illegible]　宋應和[illegible]
十七年[illegible]　劉曰寧[illegible]第五名　劉一爆字伴卿日村幼子　劉洪謨字沐新

蕭言興[illegible]　萬廷崑[illegible]　涂喬遷[illegible]　羅應期[illegible]
劉炎[illegible]之子　齊世祚字惟德　揭尚謙字若爽　黎道炤字明中
張靖臣字國直[illegible]之孫　姜評字幼[illegible]之子　萬應奎字拱辰　王訓字懋先
喻惟敬字[illegible]　萬文勛字[illegible]　晏文輝字伯充　熊鍾文字質卿
袁允元字孔仁　譚應鍾字參白　趙國華[illegible]　楊春茂字叔和
劉一焜[illegible]日村次子　劉一焜字元[illegible]日村長子
李表伸之子[illegible]大中第五名[illegible]南昌人　丁立礽字長與[illegible]
潘朝選字若猷　熊子儀字令之　李鼎字長卿[illegible]之子應天中俱[illegible]
朱孔昭[illegible]第三名　涂尚德[illegible]之孫第四名　李右謙[illegible]
蔣世亨[illegible]　熊廷棟字吉夫　熊思孝字念甫　萬紘字仲見
涂流字太初　蔣汝翔字廷翠俱豐城人　何天清[illegible]
饒景鵬[illegible]　饒景暉字廷駿　章文標字惠卿　顏佺字國用
饒景暉[illegible]　王應虹[illegible]　舒木[illegible]應天中[illegible]
吳之瑗[illegible]南州人

歲貢

李仲輔　宋建 任鄧州同知　郭文 宇汝之 南布政　毛威 知州
王遠 字仲智　楊煥中 奉同　熊信 字存中 桐城教諭　崔彥俊 府倅
劉鑄 知縣　高鏻 經歷　喻齡 教諭　周流芳 訓導
陳瑾 字大用 使　黃綱 知縣　熊偉 長史　余禾 知事
蔡英 上歷長史　劉智 主事　劉瑜　姚紀
宮政 訓導　袁應 訓導　張淮 訓導　蔡琦 訓導
黃魁 訓導　裴冕　聶遠美 武昌府　鍾鍠 知府
譚靜 以楷書入監 訓導　熊俊 教授　鄧志洪 以楷書入　熊斐 經歷
曆伯益 同知　胡倫 知府　李正　劉宗傑 推官

萬明 知縣　吳觀 郎中　陳孟哲 訓導　祝良 典史
劉安 知縣　潘興 教官　萬孟朴　羅如 經歷
危濶 通判　舒伯冶　范昺 理之子　范杲
蕭誰 學正　黃璀　梅文 教授　黃玉 府照磨
彭璀 知縣　龔珩 訓導　蕭子實 訓導　劉震 泉州衛經歷
楊暄 知州 有傳　萬孟霖　胡琳　熊智 知縣
孫綱 泉州　彭膺　袁明　丘治中 知縣
譚興 提舉　袁謨 字光 訓導　彭顒　彭磐 知縣
吳越 知縣　黃峻 建寧推官　鄧塤 府經歷　彭
萬潤 知縣　徐昱 知縣　李恕　劉章 知縣

劉傑　陳冕　袁讓 知州　魏平
張紳 王府教授　余琦　陳益 教授　張正
姚昭 字文著 吉府紀善　周冕 經歷　漆闡　羅璐 訓導
楊酌　雷璞　劉德 訓導
萬輝 訓導　陳哲 訓導　萬元正 經歷　劉山 教諭
熊熙　萬相　萬默　吳化
熊椿　汪波 訓導　王綸　徐湳
舒遐　王正　江沛　丁善興
周炎　張泰 學正　龔昕 知縣　樊愷 字以和 教諭
楊元昌　胡璉　羅文德 縣丞　胡璨

樊禹 教諭　樊昇 字以東　李煥 知縣　萬偉
吳敬德 教諭　熊滓 通判　姜性 教授　樊瑾 字一齋 教諭
鄧子貴 訓導　劉廷政 學正　熊梅　吳子玉 教諭
鄧振魁　萬問睿
樊卓　戴韶 國子監　鍾賢 教諭　蕭琛
丁鵲齡 訓導　萬瑾 通判　樊與 教授
楊倘 教諭　劉廷藩　姚良能 王府　劉廷恂
熊秀 教諭　羅大才　高尚朴　陳焴 訓導
萬江 知縣　胡文卿 訓導　熊邦相 訓導　朱信魁 教諭

丘循[illegible]　李文演[illegible]　倪希賢　黎廷獻
陳濂 王府教授　楊咸亨　周化中 訓導　王爵 未仕
涂杞 訓導　鄒現　陳道　胡儒[illegible]　喻文乾
陳濂 訓導　高則允 知州　李表 順天鄉試　姚弘器
湛涑　萬桐 訓導　周岱 學正　熊一之 訓導
彭烊 [illegible]進士　周鐸[illegible]　張徵[illegible]　萬璧 訓導
吳福文 見任教諭　朱賢允 見任教諭　王泳 知縣　余鈺 訓導
劉廷綬 見任訓導　萬懋 訓導　劉守成 見任教諭　李惟賢 見任教諭
李下賢 知縣　李履賢 知縣　喻世章　吳子元 未仕
李奕　鄒珵 未仕　萬有道　萬[illegible]

南昌府志　卷二十七　選舉

朱賢舜　以上俱南昌人
趙萬相 教諭　鄒惟慶 知縣
盧潮 有傳　范叔先 有傳　李隆 任僉事調郎中　范紹 給事中
徐萬 主事　熊濟 推官　吳璋　陳杞 推官
袁鍾 教諭　吳安 教諭　王允[illegible]　胡清 字源深 同知
陳異 教諭　陳思忠 知縣　李俊 知縣　吳鑑 歷[illegible]
鄒輔　喻濟 教諭改河泊　陳諱[illegible]
吳銹[illegible]　余琳 學正　李士膺 教諭　吳璋
鄒晉奇　趙雲程 教諭　張璽[illegible]　陳輝 教諭
林柤[illegible]訓導　姜桂芳　談雲 教諭　周維 訓導
胡儒 知縣　淩昊[illegible]　朱元輔[illegible]　吳鑑[illegible]

吳錫[illegible]　鄒孔清 教諭　萬海[illegible]府訓導　方傑 教諭
李輔 字廷佐　關崇　袁鶴 教諭　淩璧[illegible]訓導
熊紀 縣丞　羅璉 訓導　朱良輔 教諭　吳演 訓導
吳儲 知州　周麟 教諭　梁卓 訓導　郭昇[illegible]教諭 有傳
崔嵩[illegible]　鄒律　丁杞　涂瀚
牛嵩 王府伴讀　牛山 教諭　陳文獻 字子徵　張良材 教諭
彭昇[illegible]　趙其昌 教諭溫醇寬恕不苟取與 載大湖縣志
夏一高 四川建昌[illegible]　程度[illegible]訓導[illegible]　王陳 有傳
張雲龍[illegible]　鄒倫 學正　熊奐 姪子　喻祿 訓導
趙鉦　方一奎[illegible]　熊輝 縣丞

南昌府志　卷二十七　選舉　　[illegible]四

吳翰 訓導[illegible]　戴士民 訓導[illegible]　符湘　丁相 未仕
胡文清[illegible]　方佐[illegible]　羅敷 縣丞　傅弘[illegible]
趙賴昌 教諭[illegible]　喻楫[illegible]　曹鐸 見任教授　黃甲 見任學正
陳相[illegible]　黎廷芬 見任主簿　魏岱 見任訓導　張磐 見任訓導
陳禎 見任訓導　夏玘 湖廣建始縣[illegible]　李應聘
丁克明　以上俱新建人
徐偉 知州　喻瀟 [illegible]知縣
孫琜[illegible]　劉用 知縣　范蘭 知縣　熊試 給事中
徐嵪 助教　孫貞 見鄉舉　揭清[illegible]　徐昇 見鄉舉
陳善 知縣　孟友端 知縣　聶陞 同知　黎選 字仲海 同知
王郁[illegible]　曾昇[illegible]　熊觀 參政　甘有年[illegible]

□貞 訓導　熊柱 主簿　楊德全 訓導　曾舜□
徐大用 縣丞　熊閏 縣丞　鄧制 縣丞　范貫
聶爾瞻　金秉輝 知縣　江潤 州判　徐昇 經歷
熊常敬 字克修 知州　丁伯琛　葉蓁　羅仲銘 經歷
黃武 知縣　滕克釗 縣丞　楊進 進士 僉御史　屈德 字孔哉 知縣
雷晴 訓導　周琛 經歷　徐韶 字子韶 知州　范炎 推官
聶智 進士　郭貞　毋道　陸軾 字持載 知縣
余安止 見鄉舉　曾唯 知縣　余皦 知縣　張翼
范謨 見鄉舉　孫謀 教諭　熊彥 主簿　周備 訓導
孫中 見鄉舉　周庠　黃琬 知縣　孫日勤 教諭

熊秉昇 未仕 著有水亭遺稿　徐輪　李森 知縣
余義 伴讀　鄒閏　黃粲 訓導　徐仁
毛顒 訓導　林智 同知　吳壽山 通判　涂巽 訓導
劉全節 進士　汪振 進士　周楨 經歷　徐廉 教授
孫書　夏理 訓導　丁珩　劉華芳 知縣
夏昌 通判　游弼 長史　王宣 知縣　胡修 訓導
李忠　毛麟 訓導　李叙　周綬 訓導
毋受　張鑑　鄒珍 訓導　熊浩
聶敬 訓導　黃箎 教諭　劉華秩　楊邦固 訓導
毛璞 訓導　李韶 訓導　劉祉 教諭　熊傑 訓導

李美 訓導　周瑜 訓導　羅沖 同知　鄢定 訓導
袁蓁 教授　劉甫 訓導　袁甫 訓導　丁齡 知縣
何通 教諭　葉芳　袁著 衛經歷　徐文展 訓導
葉琛 訓導　夏吉 經歷　朱章 教諭　涂明
袁鳳 訓導　袁謙　毛桂麟 訓導　孫鵬 經歷
江派　李廷賢 教諭　范琦 訓導　李煥 學正
徐褒 訓導　王文郁 教諭　徐誨 訓導　高鳳翥 教諭
胡龍昇 教授　金璽 教諭　夏瑾 訓導　袁爽
黃錦 訓導 祀名宦 贈參議　蔡昇　涂揮 判官
史遜 教授　袁魯 教授　黃進 知縣　黃若騎 教諭

毛仲麟 訓導　袁熙 字敬學 教諭　李萬魁　吳應瓏 教諭
顏偉 紀善　呂軫 教諭　袁珂 訓導　羅敘
袁載 訓導　孫紘 訓導　汪鉉　涂柯 昇之子 訓導
周魁 訓導　袁墀　楊惟璧　任鵬 訓導
袁坤利 教諭　孫期 綱之子 訓導　楊敔 康之子 教諭　孫溥 見鄉舉
袁勤 訓導　夏若水 學正　袁德 教諭　毋翔鴻 教諭
袁伯聰　鄧漢 訓導 有學行　李良器 教諭　劉用 訓導
熊運 訓導　涂震 訓導　陸于光　游尚禹
杜哲 有文行　徐正之　袁伯偉 教諭　江逢 有端學行
陸應川 進士　熊楷　周拱 教諭　張讚

陸漳 訓導　高杏 知縣　熊廷相 見舉人　丁慎中
杜伯瑞 訓導　葉澁 訓導　孫維　陸果
朱佃　涂崇佑　袁昇 知縣　李萬程 教諭
袁恂 縣丞　周邦 州同　李富春 訓導　周學之 訓導
李章　孫凱 州判　熊浩 教諭　熊韶 知縣
熊恒 教諭　任藻 訓導　袁鎬 訓導　周流 通判
黃純　杜子麟 教授　以上俱豐城人
正統十一年　詔進赴部錄用
杜立 見鄉試　楊茂 伯震姪 府寺丞　李彥　田貫
嚴晏 海之姪 知縣　胡剛 經歷　江澄　楊進 見進士

南昌府志　卷二十七　選舉

熊紳　熊澈 府知事　羅紳 瑛兄 知縣　徐義
范暘　葛璇 知縣　徐斕 昇之姪　以上俱豐城人　徐縣舉考
傅仲彰 同知　鄧益原 吏部員外郎　吳孟積 通判　周思忠 兵部主事
吳孟暹 主事　焦伯佐　陳謨 有傳　王平 知縣
龔積 縣丞　舒鎔 縣丞　盧式 典史　傅石 教授
游袁 教諭　顏本政　顏復　熊賢 通判 有廉名
陳淵 知縣　何儼　葉琥 縣丞　何鎔 知縣
李康 州同知　呂清 訓導　吳諒 訓導　樊進 字公昇 授宗 知事
楊明 知縣　楊慶 縣丞　鄧成　涂澂
周武 經歷　楊成 衛經歷　舒璉 知縣　舒恂 府教授

危安　羅訓　吳璜　吳晁
陳瓚 教諭　曾銳 府知事　李芳 縣丞　樊琦
樊乾 字公矣 杜陽訓導　徐乾 御史行孫 知縣 任　吳璧　樊琇 字公璋
鞠春 訓導　徐進　陳琦 知縣　周璜 訓導
張欽 教諭　朱琳　何佐　羅綺
王贊 訓導　艾英 訓導　向學 訓導　何玘 訓導
宋掄 訓導　吳琢 府經歷　萬達 訓導　姜武 訓導
江霖 知縣　楊宣和 教諭　向鑑　李偉 訓導
熊桓 訓導　陳鍾 訓導　陶煥 訓導　焦獻 教授
徐昂 訓導　李淵 訓導　章燮 訓導　陳紀 孫 御史

南昌府志　卷二十七　選舉

熊定 一名廷 知縣　熊琰 知縣　李康 州同知　傅建 知縣
樊楫 字公啓 教諭　趙鐸 知縣　沈憲 知縣　陳雲章 有傳
胡煌 知縣　萬魁 訓導　余魁 學正　朱廷賓 廷之從子
任訓導以孝友稱　楊毅 縣丞　熊彪 通判 賢孫 未仕卒
樊桓 字一貞 有教授　胡珪 未仕卒　陳彥章 訓導　張琛
吳袁 縣丞　萬臻 教授 知曾孫 出 歷兩任經歷 職不副其所學
李瀚 字子容 知縣　趙鏜 訓導　舒鉞　吳祿 教諭 以學行
傅鐙 高要知縣 有惠政　饒樾 訓導 泗之子　吳大縉 訓導　余進 訓導 著有易經講說
學者多宗之　焦綱 知縣　車達 知　樊以時 教諭
黃宋 訓導　何克敬 任教授　焦日章 教諭

萬德修 訓導 李蘭 訓導 樊秦 字□□ 訓導 譚炅
姜燾 字□□ 歷知縣 吳溥 典籍 傅汝冏 何充宅 教諭
萬一本 教諭 李杲 支焜 教諭 熊文元 訓導
曹治 教諭 姜旦 字起東 樊輪 訓導 饒世通 訓導
李國望 訓導 李元亨 徐一縉 胡璉 字重器
以上俱進賢人 余懋 字敬德 刑部主事 譚充貞 金華同知
王士立 行人 周賓 字利賓 教諭 應求賢詔 歷知縣 陰鎰 字□美 理問
張知初 學正 周遜 字正禮 懷寧知縣 羅啓贈 縣丞
余侗 字建中 兵馬 性剛直有膽氣 閔志宏 主簿
許廸 字以康 胡璁 字文舉 主簿 余禹新 教授 鄧毅 字□□
鄒憲 字憲章 魏租 字□□ 檢校 彭倫 字□□
李輯 字用中 羅田縣丞 潘垣 字履道 廖桓
王憲 王椿 譚詢 字子立 陽通判
李成 毛信 字仲孚 教諭 薦墨詞章 當時推重
許淵 字靜深 教諭 孔惠 字廷順 泉州同知 王遜
舒程 字本剛 訓導 舒鎮 字秉清 推官 熊珦 字文顯 知縣 王與學
夏邦昂 李璨 縣丞 葉謨 典史 劉昺
鄒德全 知縣 甘霄 縣丞 嚴恪 鄧滋 推官
廖永薇 吏目 余齊 衛經歷 胡與儀 知縣 鄒復陽 知縣
羅錦 知縣 鄒昇 訓導 熊省順 推官 周鳳岐 推官

鄭賢 縣丞 胡紀 周祥 余光奕 字□□ 直教尚
古禮 鄒璘 衛經歷 舒偉 教諭 余霖
廖庚 主簿 王振魁 知縣 平湖公 周歷 主簿 周廷昌 訓導
李珪 教諭 湯欽 訓導 傅中立 訓導 黃進
廖時 訓導 呂聰 判官 余賜 典寶 鄧九思 字□□
導篤學願行 鄧希禹 斷事 周桓 主簿 胡鏡湖 訓導
劉浚 經歷 黃采 字□□ 教□ 孔文俊 訓導 鄒京 訓導
余灼 知縣 徐瀞 字道致 鄒峻德 州同知 甘霖 字大□ 訓導
胡綬 經歷 帥子阜 訓導 宋時 字以中 訓導 余洪
饒鑑 訓導 鄧廷相 通判 謝材 主簿 胡徵
況孜 字時行 知州 清貧有守 以孝聞 鄧廷鳳 教諭 徐燦 登□□
第三名見鄉舉 胡信 訓導 況國奇 字子常 鄉試 登順天 鄉□
謝梓 訓導 余慶甫 訓導 廖錫 教諭 周霽 訓導 有孝行
廖覲 羅文憲 宋隆 徐高 知縣
廖興邦 知縣 鄧雲龍 訓導 工詩文 胡廷重 字良□
之子 醴陵知縣 孔紳 徐國華 知縣 陳堅 訓導
余翺 訓導 王元週 甘銳 黃卷 教授 致仕
羅岳 教諭 致仕 宋慶餘 通判 宋應奎 字道光 宋和慶 通判 致仕
余珏 教諭 徐矯 廖興信 教諭 甘文會 教諭
鄒希曾 訓導 徐文翰 字邦彥 見任 知縣 孝德 況國瑞

廖邦翰　余元亨 訓導 時通見任六合　鄧美春 訓導
周時權　〔以上俱奉新人〕　熊宗哲 給事中　鄢仲誠 經歷
熊以淵 知州　劉進文　況思文 都察院檢校
朱勝祖　趙思政 推官　黎敬祖 主簿　余理 判官
趙瑞 知縣　陳琳　陳紹　朱永 登應天府鄉試
陳希賢 主事　陳明善 縣丞　陳興祖
范鏞　張衡　余琨　舒怡
汪澄　熊賢　詹崇　張星
袁滿　況榮 知縣　劉瓊 理問　熊驥 推官
閔益　張鞠　鄧讓　胡永

余立　鄧銘　朱璣 訓導　侯寬 倉副使
湯誠　呂鑑 縣丞　黃真 主簿　侯清 衛經歷
胡鑑 縣丞　陳謨 員外郎吉終養兩起不就　萬清 府知事
黃鉉 推官　鄧紀　汪璋 通判　鄧鑑 主簿
舒寧 知縣　塗洪　李蕃　程琛 縣丞
舒厚 縣丞　胡思得 衛經歷　陳離 教諭　舒鍠 州判忠厚狀介
居官踰久積資不踰判士論尚之　余鑾 訓導　舒忠 見鄉舉
劉祐 經歷　朱本淵 歷連州守和易與民平于官下士死民哀之
葉桂芳　趙同文　余敦善 知縣　鄧寅 縣丞
廿雨 見鄉舉　黃儀 都司都事　詹清 衛經歷　陳日富 吏目

左大猷　劉天祿 州判　胡秀 吏目　應鳳儀
舒景明　舒嘉 衛經歷　舒瑩　劉子武 判官
余尚重　趙方簡 主簿　張塤 州吏目　況璣
舒清 教諭　塗應祥 縣丞　趙瑚 訓導　汪時來 通判
塗呈祥 縣丞　塗儀祥　趙煥 主簿　舒誠 吏目
項鍔 衛經歷　晏淮 教授　陳淮 知縣　趙宏
張銀 縣丞　徐湯 知縣著有理學正說及詩稿　陳遇 字友時號 丞
項壁 歷推官通判治獄無冤借升不授　趙炳 字文本 衛經歷同官
助奎人多術之　羅黼 教諭　張鈴　胡洛
陳昇 訓導　塗玄 訓導　劉松 訓導　塗邦傑 訓導

陳愈宗　漆邦達 訓導　胡廷瑞 訓導　廿豪 教諭
劉幹 教授　陳章　舒校 訓導　龔騏 訓導
項潮 知縣　涂廷祥 訓導　應銳 知縣　龔豹
吳廷光 知縣　劉俊 主簿　舒光遠 縣丞　熊時中 訓導
漆時彬 州同　陳應龍 教諭　舒本立　湯雲霖 訓導
熊夢徵　徐肯構 訓導　舒本宗　舒肯播
〔以上俱靖安人〕　羅士應 見鄉舉　胡璉 御史
張長興 州同知　曹奎 僉事　彭宗立 州判 通判　朱一中 斷事
李德謙 州同知　徐正宗 教諭　梅均善 訓導　徐宗稱 典史
余原高　石永清 知縣　汪伯亮 主簿　雷時俊 知州

夏弦　李崇輝 教諭　聶友忠 知縣　余南壽
張存創 知縣　盧顥　張成泰 縣丞　周旋 推官
戴海 知縣　梅廣 通判　梅清 提舉　聶鍾 州判
段文道 典史　盛齊 縣丞　冷濟　黎瓚 州判
胡鑑 縣丞　王輔　葉盛　周政
蕭澄　余進　盧翰　殷緝 知州
石鐘 主簿　陳銘 松陽縣丞　杜志宜　鄧滄
葉俊　冷成　胡端 教授　吳源 鹽課副使
陽春　高松　盧琛 理問　盧鳳
李煥　張如玘 主簿　徐縡 縣丞　葉雲谷

方聰　盧孟簡 主簿　林洪　周信
黎臻　張天仁 刑部主事會選進金授蘭谿簿 乞休不允竟棄官歸
梅傳　羅通 家貧事親孝以撫林公俊以安貧 行孝稱之由貢授吾化丞囊無一
金兩舉　萬廷鏊 知縣　余璁　李喬林
汪守巳 訓導　王盛　戴杞　周通津 主簿
張如玘 主簿　劉源 知縣劉殷從父指摩撫弟義不讓 貢縣以居官
陳棟 主簿　杜俊　盧凌雲　盛烜 州同
彭鳳儀 通判　潘儼 主簿　盧瑗　井櫟 主簿
萬廷策 教諭　邢萬策 訓導　潘大夏 縣丞　潘槐 訓導居官以廉
黔補　石麟 字玩珠訓導　潘大經 訓導

陳琅　盧璁 教授　萬一新
李宇 教諭　張錕 縣丞　盛祐 訓導　陳瑞 主簿
石渠 經歷　沈朝鄉　劉定民 訓導　李喬杰 訓導
潘僑 登進士　吳祐 主簿　盛廷贊 教授　彭凱 教諭
潘大章　潘大鵬　盧時祥 經歷　李春暉
盛應律 知縣　徐湝 訓導　姚泗 訓導　盧懷鑰 同知
盧時遜 訓導　盛應求 縣丞　萬日軾 登順天府鄉試
張巘 訓導　盛宗唐 訓導　徐贇　彭濬
蔣俊 見鄉舉　張以和 中翰　戴宗文　黃進
以上俱武舉人　余善 見鄉舉　任泰

吳邦哲 見鄉舉　何朝祿 知縣　蕭良 御史陞副使
羅琮 見鄉舉　周昊杰　彭勝玉 戶部侍郎
王性謙 見鄉舉　李思誠　余仲矩　陳煥
胡仕謙 知縣　車名顯 知縣　余廷杰 御史　王仕享 校
章幼文 不傳　王忠　沈貴高 布政司庫副使
冷瑛　陳琳　陳著　周榮律 吏目
潘衡　王琬 推官陞員外　羅伯琛
匡泰 訓導　王世賢 知縣　桂鐸　陳元紹
歐煇　黃榆 主簿　章璽 通判　胡仲文 縣丞
陳鎰 教諭　盧仲徵　陳兗　郭頫

王冠　李九思　張永隆　游□爵 貢生

周叔慈 有傳　陳璽　王德誠 訓導　李仕進 訓導

羅□ 歲貢經歷　車雍　陳泗　王佑 縣丞

涂燦 王府教授　夏正　查仲儒 通判　王湜 知縣

戴邦哲 訓導　查仲道 登應天府鄉試　王龍 州吏目

黃榮芳 主簿　張元中 府經歷　黃鉞 見鄉舉　查仲昂 知縣

周季孟 訓導　梁棟 府照磨　余功正 通判　余功彰

周詡 知縣李廣三子康慎愛民有惠政　陳由仁 知縣　周訓 見鄉舉

陳遠模 知縣　陳由義 知縣　王朝宗　劉源注 主簿

余理 知縣　查應元 選貢　周佃 訓導　周希程 字一之

劉會 登應天鄉試　查德元 訓導　李良 訓導

蔡邦卿 推官　查懋元 訓導　周試 縣丞　陳自斐

陳修模　陳言　石化玉　石煥玉

陳由極 主簿　劉源宗 經歷　劉棨　余銓 知縣

吳則勝　劉果　劉應龍 知縣　周存性 登應天鄉試

蔡奕世 訓導　陳謙 知縣　劉評　王有極 訓導

查憲元 訓導　陳由我 教授　查國麟　蔡高世

蔡□ 訓導　王子夏 州同知　熊如元　萬珩 教授

朱繼藩　孫性之 教諭　周貴 教諭　梁紹康 知縣

熊蓋 知縣　陳讜　陳登之　陳憲德 教諭

李堯梭　陳警 登順天鄉試　黃天章

徐一文　陳以桂　查兆龍　陳以期

施信　周期達　以上俱寧州人

武科 進士

熊仕武 南昌人由武進士授南昌衛名所鎮撫陞撫州把總復陞南贛坐營守備

朱重光 新建人由武進士授南昌衛名左所鎮撫

台拱柏 進賢人由武進士授南昌衛前所中所鎮撫

封廕

夫馳封豈獨恩賁哉蓋德基也處懷期物不逆不競渾乎先民遺矩醇固存焉而機知鮮矣是以子孫蒙其福庇也世重名檢文華風勵頹郿固矣然國家元氣福極乃在閭閻鄉井閒我朝優禮儒紳及其先世勳位僉隆追崇愈遠豈非以其德厚流光有資元氣哉蓋使各登枝而懷本蚓賚深矣

胡重器 名昂以字行有德行以子儼贈國子監祭酒侍講所著有豫章百詠詩
劉叔懋 以子端贈太理寺少卿　龔琮 以子鏞贈僉事
胡學文 以子珏贈郎中　羅德厚 以孫旡贈右副都御史

羅公器 以子旡累贈右副都御史　鄒彥禮 以子璣贈郎中
萬鍾 以孫禎贈尚書　萬浧 以子禎累贈至工部尚書
張孟物 以孫元禎贈侍郎兼翰林學士　張仲實 以子元禎累贈史部侍郎兼學士
熊資直 以子景贈郎中　丁濟川 以子隆封御史
熊瑄 以子達贈知府　劉伯拱 以子廷重贈主事
熊銘 以子雍贈同知　陳聰 遜逵全三百任主簿廉能以子本贈御史
胡崇信 捐粟五百石賑饑有司爲給冠帶立碑俱不顧以孫訓贈南京工部尚書
胡仲倫 以子訓累贈至尚書　熊昭 以子蘭封御史
陳本 布政以子冠遂階有傳　姜崢 以孫儀贈副都御史
姜樫 以子儀贈副都御史　熊秉治 以曾孫汝懋太子太保吏部尚書

熊邦 以孫汝懋贈太子太保吏部尚書　熊佐 以[illegible]
活甚衆後以子汝贈太子太保吏部尚書　涂鳳占 以子相封御史
龔同 以子禰贈知縣　張穎 以孫鑿贈尚書
張記 以子鑿累贈兵部尚書　王大武 以子臣封僉事
丁隆 副使以子葵加贈中憲大夫有傳　熊良 以子汲洛加封知府常以名節砥礪后裔
胡源 以子楨贈御史　齊世懋 以子謇封給事中
羅貢任 以孫崇奎贈布政使　羅大輔 以子崇奎贈布政
萬孚昌 以孫廣愷贈刑部右侍郎　萬廣救 宸濠反鄉人嘗赴公請願侯取賊贓
貴之就養無銘戒示輕刑錫人感之金賤饑詳羅文恭公志銘以子廣愷贈刑部右侍郎
劉僕達 以子伯曜封侍郎　張欽 郎中以子緯進階大夫

張元龍 以子希舉封主事　姜愈 以子偉封主事
熊鍵 知縣以子彥臣封翰林檢討　萬明達 以孫恭贈兵部左侍郎
萬文炳 年二十讀詩于寧有少緒擧撻之炳讀書目不一瞬寧人爭延爲經師以子恭封主事贈兵部左侍郎　熊蘭 知府以子木進階中憲大夫有傳
高繼耀 捐官以子啓新贈進階文林郎　張元芳 以子正和正謨事封副使
熊淪 以子琦封員外郎　萬集仁 以孫思謙贈左布政使
萬時律 以子思謙累贈左布政使　劉伯封 以子廷梅贈副使
李時俊 以子天榮再贈知府　劉伯徵 以子廷育封大理寺正
余叙 以子曰德封主事　李時濟 以子伸封主事
吳顒 [illegible]員外郎　萬開禮 [illegible]以子[illegible]員外郎

李鑰 以子萱贈主事　喻忠節 以子[illegible]贈[illegible]
阮鳳 以子文中贈副使　王業樹 以孫希烈贈侍郎
王廷望 以子希烈封侍郎兼翰林學士　余文輝 以子朝[illegible]贈知府
張元宗 焚券合樂好善樂施人所過即知初以子正位贈知府以子沂贈御史　鍾彩 濟于財貨[illegible]府兒不義輒面數之
劉仕沃 以子曰材封主事
樊義 以子做贈僉事　姜桓 [illegible]從弟不有其恩[illegible]匿之不計其償以子
徽贈御史　羅鎬 以子復封御史
楊端 以子成贈知縣　張采 以子驚封中書舍人
劉應奎 以子[illegible]贈南國子監學正　張果 以子點贈推官
朱賛 以孫奎贈苑馬卿　朱華 以子奎贈苑馬卿

袁承昌 以子貞吉贈松江知府　葉均 以子憲贈主事
羅傳 字道宗幼業儒書迎賊救父讓宅順兄穀粟濟貧分肉餽老人不能殮則捨棺不能葬則捨地力少則給牛水淹則給種買舟濟渡仗義築圩息爭救難著行可記以子文精奉直大夫
萬文化 以子通贈同知　蕭時信 以子敏通封主事
劉仕貴 以子曰睿贈推官　黃璽 以子樞贈郎中
魏天相 以子時亮贈給事中　羅貢紳 以子大𤣱贈郎中
徐顯良 以子作封主事　劉武 有孝行以子經緯封郎中
齊遂 孝友嗜學以子世臣贈給事中　楊用賓 樂施周急券不爲償者盈篋不爲藏
以子汝允贈主事　涂稼 以子嗣贈員外郎
熊瀞 以子瑞封員外郎　張桓 以子思封副使

王秉新 以子循贈給事中　楊汝瑞 以子大用[illegible]中行詳兩溪誌銘
鍾任 以子崇文崇武贈主事　陳光 以子棟封翰林編修
姜佐 以子忻贈郎中　[illegible] 以子汝器封郎中
楊用寬 捐田贍族有義士之稱以孫一桂贈參政　楊立 州判以子一桂封參
劉[illegible] 以子良弼贈大理少卿　[illegible] 以子維學贈主事
[illegible] 以孫一[illegible]贈運使　甘元奎 任江津縣主簿撫夷父[illegible]不[illegible]
[illegible] 斗米單騎入[illegible]歸[illegible]江津人思之祀名宦祠以子一[illegible]
[illegible] 以子柯贈知縣　伍守中 以子士[illegible]贈府同知
[illegible] 以子汝[illegible]贈給事中　萬應舉 以子文[illegible]封郎中
[illegible] 以子[illegible]封主事　陳世傳 以子瑞封行人

[illegible]元 以子文[illegible]贈知縣　[illegible]訓 以子桂[illegible]主事
陳[illegible] 以子邦翰贈知縣　陳[illegible] 以子貞封知縣
[illegible]賓 自祖父三世同爨以子嘉會贈主事　黃晳 以子仁[illegible]封知縣
[illegible] 以子賽封員外郎　謝永亨 南昌人書以孫一夔再贈尚書
謝[illegible]仁 推官以子一夔累贈至工部尚書有傳　謝[illegible] 以子[illegible]封吏部郎中
[illegible] 以子[illegible]封治中　[illegible]仁山 以子桂贈知府
[illegible] 知縣以子[illegible]進階文林郎有傳　張瑞 以子元龍贈府同知
[illegible] 布政使以子良[illegible]良貴進階有傳　[illegible] 以子良弼封給事中
萬邦政 以子[illegible]贈知縣　丁儀 以孫以忠贈侍郎
丁大章 好善多陰德里稱長者以子以忠贈侍郎　李宣政 以子[illegible]贈右侍郎

李宗榮 以子[illegible]贈右侍郎　吴珂 以孫[illegible]贈右侍郎
吴山 以子甘芳贈右侍郎　李素端 以子進贈主事
吴必遂 以子[illegible]贈員外郎　穆傑 以子煒贈主事
張元春 原任知府以孫贈侍郎兼翰林侍講學士有傳
張元美 以子尚贈同知　張登 以子作贈國子監學正有傳
張寶 光禄署丞[illegible]容易東寧名理平生所許無疾崇處世極長者著見閩實録崇闢世教云以子位累贈至侍郎兼翰林侍講學士
俞燮 [illegible]軒集 以子均封主事有素
鄧儀 以子以蕭封翰林編修行詳上鳳洲銘王翔石傳
徐乾 劉殷校丹徒學邵二泉説書孝友二字贈之以子杰贈御史
嚴存敬 以子暑贈郎中　丁運 以子此吕贈推官行詳吴自湖誌銘

熊渠 以子熟贈主事　孫業 以子凱封知縣
萬楠 以子國欽封姿江知縣　王蘭 以子元鍬贈知縣 俱新建人
黄以仁 以孫宗載贈尚書　黄子貞 以子宗載贈尚書
丁壽可 以孫鉉贈侍郎　丁尚文 以子鉉贈右侍郎
孫仲明 以孫日良贈右布政使　熊秀夫 以子觀贈知府
孫貞 任國子監生以子日恭封翰林編修日良加贈布政使
甘孟進 以子暎封主事　徐孔昭 以子正封主事
曹光焜 以子賓贈修撰　聶伯損 任本縣學訓導以子用義封御史
任載遠 以子[illegible]封主事　史伯允 以子安贈郎中
夏添祥 以子[illegible]　劉漢廣 以子[illegible]贈主事

范賓 [illegible]以子[illegible]　葛元亮 以子[illegible]
傅汝霖 以子[illegible]贈郎中　李敬達 以子賓贈御史
楊啓明 以子[illegible]封御史　金伯祿 以子思泰贈都察院經歷司知事
朱世祿 以子[illegible]贈員外郎　袁汝能 以子海贈御史
孫仲積 以子好謙贈主事　丁維辰 以子[illegible]封監察御史
丁維陽 以子[illegible]封主事　孫惠 以子[illegible]中恭贈都察院經歷
游邇思 以子丙贈主事　李南輝 以子[illegible]封按察司僉事
胡德 以子[illegible]封主事　劉琛 以子華甫封給事中
吴伯衡 以子顯贈員外郎　李仲止 以孫尚書裕贈右都御史
李端明 以子裕封右都御史　楊行素 以孫泰贈南禮部尚書

楊渠 知府以子康贈尚書　涂永載 以子謙子觀封監察御史
黄鑾 舉人以子節贈郎中　李杏志 以子漢封給事中
孫任能 以子[illegible]贈主事　袁文溥 以子潤贈主事
袁胄美 以子芳封給事中　黄源清 以子[illegible]贈主事
杜宗周 以子參贈府同知　楊伯義 以子茂封府事府主簿
胡鍾 以子[illegible]贈御史　范從德 以子寬贈檢討
黄仕機 以子[illegible]封知府　毛顯 以子松齡封主事
杜立 訓導以子[illegible]封同知　楊子榮 長史以子宿進階一級
陳立章 以子[illegible]贈御史　胡琛 訓導以子[illegible]贈御史
丁秉操 以子[illegible]封主事　熊南綱 以孫[illegible]贈左侍郎

丁燦以子鎔贈員外郎　徐秉彰以子[illegible]贈御史
熊錠以子卓封御史　熊仕瑞以子僕贈右侍郎
袁昂以子禎封御史　江益明以子章封主事
劉叔晁以子巽封御史　范文盛以子兆祥封檢討
徐可權以子業封御史　游大韶以子弼封審理正
李本謙知事以子金贈主事　李孟以子鏞封審理正
李世琮以子延封主事　葉瑋以子鈞封主事
吳嗣正以子祺封大僕卿　江益德以子淙贈主事
朱壽山以子槩封主事　李琳知事以子彥封知府
李春榮以子廷璋贈郎中　徐瓊教諭以子敎封御史

陸德崇以子時通贈御史　李鏞長史以子漸貴進階奉政大夫
甘尚熙以子昭贈府同知　胡翀以子舜臣封知縣
朱廷輝以子晃封知縣　熊東里以子一定一中封知縣
袁欽恒以子城封主事　袁時祥訓導以子光儒贈知縣
陸時叙推官以子夢麟夢豹貴封　楊傑寧以孫銓贈右布政使
楊璉都督以子銓贈右布政使祀　王章以子國光贈主事
賴廷輝以子進封知縣　郭錦以子希顔封檢討
李稽同知以子翺考績進階奉政大夫　孫伯輝以子世衡贈員外
黃順氏以孫潯贈推官　李萬平以子遜封郎中子遂贈尚書祀鄉賢
作[illegible]　李與仁學士以孫[illegible]贈侍郎兼

李萬古上以子[illegible]贈侍郎　高鳳許以子[illegible]贈郎中
范夢蓋以子慶封員外郎行詳刑部[illegible]郎　徐[illegible]以子南金封御史
雷逵通判以子[illegible]贈給事中　雷廷中以孫衡贈尚書
甯邦鑑以子禮贈尚書　鄢[illegible]以孫[illegible]贈左副都御史
鄢高知縣以子懋卿封左副都御史　游潛知州以孫季勲贈府尹
游本以子季勲贈府尹　袁伯聰序班以子國寧封評事
范夔究以子梅贈主事　蔣世滋以子袞封御史
袁[illegible]選以子李封知縣　李選以子橡封郎中
李光胤以孫廷觀贈運使　李[illegible]知縣以子廷[illegible]封運使孫[illegible]貴治尹
雷[illegible]通判以子逵封主事　杜[illegible]以孫[illegible]贈侍郎

杜士曙以子[illegible]封侍郎　徐[illegible]以子[illegible]封給事中
　袁[illegible]訓導以子光[illegible]贈員外郎
黃[illegible]訓導得士心化名宦以子[illegible]贈大理評事　徐朝寧以子鉉封主事
黃本原以子國用贈御史　陸理知州歷以子[illegible]贈[illegible]
胡汲以子杰封編修　萬芹以子寀贈郎中
萬洪以子寀贈郎中　熊[illegible]以子秉元贈主事
萬檜以子倬封員外郎　李恩以子東華封太常博[illegible]
孫[illegible]以子[illegible]封知縣有詩集　李闇以子貴封編修
黃[illegible]以子翰封主事　張美衍以子益贈給事中
黃希芳以子炯封知州　黃木清以子[illegible]封知縣

胡備 以子繡封主事
李萬清 以子會封贈 詳汪南明小傳
余禮 以子成文封同知
胡舜相 以子以準寧推官 供豐城人
朱志同 以孫夢炎贈亞中大夫知府
朱紹信 以子夢炎贈嘉議大夫鹽運使
向雲翔 以孫贊贈資德大夫右都御史
向允恭 以子贊贈資德大夫右都御史
熊東昇 以子鍊累贈奉政大夫僉事
熊鵬昇 以子祿累贈奉訓大夫員外郎
萬和 教授以孫鏜贈資政大夫南京右都御史
萬福 知府以子鏜贈資政大夫右都御史
陳先 以子謨封主事
陳孔彥 學正以子穀贈御史
吳預 建德知縣以子晟贈御史
舒有源 以子廷鎮贈御史
樊和 以子鎡贈給事中
王濬儀 以子朝遴封御史
陳子寧 以子棟封御史
楊敬菴 以子峻封御史
于尚經 以子大節贈御史
樊仕貫 以子金贈主事
向以節 以子榮贈御史
饒孟頴 太平訓導以子清贈主事
傅明昌 以子習封大理寺評事
李時春 以子源封給事中
葉來芳 以子桀贈檢討
姜子望 以子文魁贈知縣
李孟斌 以子康贈
曾晏如 以子鼎贈
張孔宣 散官以子淮封
徐經綸 以子珍贈
李時望 以子澄贈
朱孔寬 以子廷榮贈侍郎
李憲 以子鎮贈御史
舒法 以子芬贈修撰
徐祥 以子日忠贈主事
傅玉川 以孫炯贈侍郎
張淅 以孫梁贈右侍郎
何機 以子祉贈給事中

傅松 以子炳贈侍郎
張瓚 以子梁贈侍郎
江珉 以孫淮贈主事中大夫參政
江欽 以子淮贈主事加贈中大夫右參政
傅濬 以子應祥贈郎中
江朝重 以子滿贈主事
曾田勉 以孫均贈右侍郎
曾文獻 以子均贈左侍郎
朱魁 以子應章贈給事中
汪旦 以子集慶封尚寶卿
何祥 以子克明封知州
楊紹震 以子煦贈郎中
雷倫 以子治贈尚寶卿
熊宗 以孫汝達贈右侍郎
熊譽 以子汝達贈右侍郎
江玠 以子治贈尚寶卿
萬湖 以子仲贈員外郎
李柯 大常寺典簿以子輔贈御史加贈 進賢人
呂仲仁 以子爰正贈郎中
孔斯誠 以子惠贈通判
宋宇昂 以孫景贈通議大夫都察院右副都御史再贈吏部尚書
蔡以謙 以子昱贈宣義郎 比城兵馬
宋迪嘉 以子景贈尚書
鄧九思 原任訓導以子顯加贈文林郎
余秉清 舉人知州以子楨加贈奉直大夫
宋岳 以孫國華贈雲南布政使
廖進 以子天明贈郎中
蔡焰 輕財仗義雅好儒釋
宋慶 舉人以子國華贈雲南布政使
余湍 以子茂贈順天經歷
以子國珍贈考功郎中
余葛 任典史以子良翰累封知府
余荃 以子良能贈登士郎 鴻臚寺序班
鄧卿甫 以子南金封知縣
陳大道 以子九疇贈主事
余茂 任瀨丁經歷陞長沙通判君行賑饑興利人多賴之祀縣鄉賢以子良[illegible]贈奉直大夫
魏廷秀 以子啓鶴贈 兵馬
周焞 以子曉贈知縣

陳伯宣以子恩贈知縣　舒沂以子栢贈鹽運使
趙惪以子文同贈主事　陳大鴻以子文贈知縣
吳潮以子廷光封知縣（俱靖安人）
方璞以子孟縉封（武寧人）
周銘（有傳）以孫季麟贈副都御史　周叔襄以子季麟贈右[illegible]都御史
[illegible]以子仲道贈員外郎　王鈺以子澋贈光祿署[illegible]
熊季昌以孫朝雍贈尚書　周彥中以子朝[illegible]
張仲雅以子幼文贈龍虎衛經歷　王公顯以子伯[illegible]衛經歷
陳思忠任州判以子以朝封員外郎（俱寧州人）
李[illegible]任驛丞以子大經封崇明知縣（南昌人）[illegible]
[illegible]
黎大[illegible]方正有[illegible]以子廷[illegible]贈員外郎（[illegible]）
[illegible]汝梅以子位封知縣（進賢縣）　朱袞以子世忠封同知
[illegible]文以子弘封知縣（俱南昌人）
[illegible]以子秉正贈[illegible]（[illegible]南昌人）

廕子

張熙以祖元禎恩廕官至長史　熊熿以祖汝[illegible]廕官至知府
張[illegible]以祖元禎廕中書舍人　熊惟齊以曾祖汝[illegible]廕授中書舍人
胡溥未仕卒　以父誦廕官生
胡永烈以曾祖訓補廕　萬廷寅以父[illegible]恤廕

張緒以父[illegible]廕　張儒臣以祖[illegible]補廕
萬允位以祖恭廕　劉廷翀以父[illegible]廕（通判）
劉廷芬以父[illegible]功廕　王時文以父希[illegible]廕
阮濂以父文中恩廕（俱南昌人）
謝[illegible]以祖一夔廕官至治中　丁此周以祖以忠廕
李一鵬以父[illegible]廕　李一鶚以父[illegible]補廕
吳仲芳以兄佳芳廕官至通判（同）　吳緒廷以父佳芳功廕（俱新建人）
黃[illegible]以祖宗[illegible]廕授按察司經歷　黃[illegible]以祖尚書宗[illegible]廕授奉常寺丞
丁琥以父尚書鉉死難功廕大理評事歷官郎中致仕　丁禎以祖鉉死難功廕
丁[illegible]以曾祖鉉死難功廕　孫鵬以祖副都御史[illegible]廕中[illegible]天府試
李[illegible]以父尚書[illegible]廕中[illegible]試　熊[illegible]以父侍郎[illegible]廕
熊[illegible]以祖侍郎[illegible]補廕[illegible]官　楊[illegible]以父尚書[illegible]廕[illegible]州判
吳[illegible]以父中丞洪[illegible]廕[illegible]府通判　雷瀚以父尚書[illegible]廕中[illegible]天府試
雷[illegible]以父尚書禮修內殿功廕[illegible]府經歷　雷澥以父尚書禮修三殿功完廕
雷[illegible]以祖禮補廕　李自芳以祖尚書[illegible]廕
李[illegible]以父尚書遂平侯功廕加歷指揮　李格以叔尚書遂平侯功廕授撫州衛所千戶
李漢[illegible]以祖遂[illegible]　郭禹臣以父希顏廕見任通判（俱豐城人）
會[illegible]以父[illegible]恩廕授南昌府教授　朱[illegible]以父廷[illegible]授刑部照[illegible]
萬漢以父鎧廕　張伯謙以父[illegible]廕授都督府都事[illegible]
蔣[illegible]以父[illegible]補廕官至通判　張仲謙以父[illegible]功廕授大常寺[illegible]

萬灝以大(父)綬蔭任通判　曾允行以祖鈞蔭

李大綱以父(綱)思蔭(俱進賢人)

宋國縉以祖(宗)御史補蔭(豐新人)

周讓以父季麟蔭官歷長史　周詢以父季鳳軍功蔭歷官長史

周希張以父期雍蔭　周先鳴以父期雍軍功蔭

周期靜以祖季鳳蔭(俱寧州人)

雷灝以父少傅禮蔭歷工部員外　杜愼初以父侍郎(丞)蔭見任光祿署丞

游日時以父府尹季勳蔭(俱豐城人)　雷泓以父尚書禮蔭

新修南昌府志卷十七終

新修南昌府志卷之十八

[illegible]世得一士若接踵而至也豫章自秦漢以來[illegible]人代起由耳目之所睹記懷瑾握瑜晦跡不[illegible]者日月爭光可也黃文節之莊志烟高[illegible]澗寂遐哉不可尚已其它或以勛業或以文章或以操守炳然可述即一節所稱亦各有所長叔自爲不朽嗟乎何其彬彬也故自表見之外跡其行誼尤著與科目不及載者具爲列傳以備當時錯藻之替云

秦

章文一統志名章文豫章郡人漢高祖遣灌嬰討定南方文獻地于嬰請以築城嬀集版築其功居多民賴地于公凡民佃居者悉不取其值郡人懷之卒祠祀于章江之濱至今廟貌如故

漢

李淑豫章人漢更始時所校官爵皆群小庖豎之流時淑爲軍師將軍上疏切諫其畧曰方今寇賊始誅王化未行百官有司宜愼其人選者貪亭長捕賊之用而當輔佐綱維之任惟名與器聖人所重今以所任加非其人望其裨益萬分興化致理無是理也更始怒繫淑詔獄後果如淑言

何湯字仲弓南昌人少事沛國桓榮榮門徒常四百餘

人湯爲高弟以才明知名榮年四十無子湯乃爲更娶
生三子榮甚重之欲拜郎中守開陽門候光武微行夜
還湯閉門不納更從中東門入明旦召詣大官賜食諸
門候以此皆奪俸建武十八年夏旱公卿皆暴露請雨
洛陽令獨車蓋出門湯將衛士欲令車收蓋詔免令官
拜湯虎賁中郎將上常歎曰赳赳武夫公侯干城湯之
謂也湯以明經授太子經乃爲榮拜關內侯榮嘗曰此
阿仲弓之力也

程曾字秀升南昌人受業長安習嚴氏春秋積十餘年
還家講授會稽顧奉等數百人常居門下著書百餘篇
皆五經通難又作孟子章句建初三年舉孝廉遷海鹽
令卒于官

騶猛字驕孫豫章人和帝時仕至蒼梧太守以清白爲
理郡人頌之曰於惟蒼梧交阯之域禹貢厥人島夷皮
服大漢惟宗廸以仁德出自中臺鎮於外國威風光遠
吏人從則鳩集以禮南人入服簡于帝庭功化畢植

謝仲字文豪南昌人和帝世任至薛令有德行居父憂
舍側有兕馴擾舉有道以高第除郡博士京輔都尉右
內史衛尉大司農詔加奉車都尉荆州長史卒

劉陵字孟高豫章人爲長安令縣多虎爲百姓害陵到
官逾月虎悉出境流傭皆還後拜侍中車駕出祀南郊
上升輿欲馳陵蹕曰陛下萬乘主升車不正立不當上
爲天地靈下爲萬物觀邪上愧曰敬受侍中之言

唐檀豫章人通經史善星占教授鄉里漢元初間郡生
芝草太守劉祗問檀對曰方今陽道微弱豈嘉瑞乎永
寧初有婦生四子祗復問對曰京師有兵禍發蕭牆果
如所占舉孝廉拜郎中時白虹貫日上書呈咎棄官
去著書二十八篇

徐穉字孺子南昌人少警敏博學多聞非其力不食時
陳蕃爲豫章太守下車即先詣之蕃性方峻不接賓客
惟穉來特設一榻去則懸之後蕃遷與胡廣俱上疏薦
言穉宜爲輔弼桓帝以玄纁備禮徵聘不出至靈帝復
以蒲輪聘欲用之會卒年七十二穉蘊蓄宏邃超世遠
俗四察孝廉五辟宰輔三舉茂才皆不就稱爲南州高
士然雖未大用於時而閭里服其德化至道無拾遺遠
近皆嚮慕之子胤字季登篤行孝弟居喪哀毀嘔血隱
居不仕貧窶執志彌堅太守華歆請見辭疾不詣漢末
寇賊縱橫相約不犯其廬

按南州高士豈獨倏然遠邁漢末黨錮諸士哉清概峻節殊嚮迥於其高可仰而不可及千載而下[illegible]然亦[illegible]諸人物並列[illegible]以[illegible][illegible]直[illegible]于當漢季亂[illegible]坦[illegible]時于上[illegible]有日者[illegible]

喻合字匡孫南昌人好學不恭榮寵隱居廬山北阜布衣蔬食三十餘年吳孫晧晉武帝皆徵不起後卒屺山下

熊遠字孝文南昌人潛心經史志尚高潔元帝時爲主簿北陵被發帝欲舉哀遠以爲宜脩復陵園討除逆類天下自爾應矣會冬雷電大兩帝下詔責躬遠又疏云詔書以雷雨非時自責躬以人事論之意者群臣不能夙夜在公所致耳後正旦帝欲作樂遠復疏以今孝懷皇帝梓宮未返豺狼當道神人同忿豈可不以道義繫人心而以樂爲乎帝嘗謂其正色立朝不茹柔吐剛朕所賴後屢拜太常卿加散騎常侍子鳴鶴武昌太

周續之字道祖其先廣武人徙居豫章八歲喪母哀毀過于成人事兄如父大守范寧立學招士續之年十二詣寧受學數年通五經五緯號曰十經同門稱爲顏子居閑讀老易入廬山與彭城劉遺民陶淵明謂之尋陽三隱劉毅劉柳屢薦辟不就宋武帝北伐還鎮彭城遣使迎之禮賜甚厚每曰真高士也後武帝踐阼爲開館東郭外招集生徒乘輿降幸後移病鍾山卒通毛詩六義及禮論注公羊傳于世兄子景遠有續之風

羅企生字宗伯南昌人多材藝初拜著作佐郎殷仲堪之鎮江寧引爲功曹屢遷武陵太守未之郡而桓玄攻之

羊茂字季實豫章人爲東郡太守冬坐白羊皮夏臥單板榻常食乾飯而已

鄧通字文淵豫章西平人沉毅有學行爲馮翊太守不通賓客心迹殊異凝然恬默京師號曰鄧獨坐

黃向字文舉豫章人嘗行路得遺珠一囊可直三百萬向訪主還之以其半謝向向竟不納

龔石字顯光南昌人黃武元年會稽謝斐爲郡太守獲罪于大帝石因帝出幸具表陳訴候駕於道頓首流血時大風雪流血成冰帝爲之駐車省章斐罪得理

鄧爍字文艶南昌人父遵崇邑令後漢末自[illegible]徙家焉爍美姿容善言詞辨博通經典仁孝純篤[illegible]弘毅任散騎常侍後爲棠邑太守

胡勃字欽宗南昌人爲郡功曹嘉禾二年太守黃翊爲人所誣勃懷斧詣闕乞代翊罪朝廷嘉之翊即得降宥後爲廬江太守卓騎將軍吳亡入晉懸車不仕

諶禮字秀發南昌人舉德行拜尚書倉部郎中撰書儀十二卷

胡休字吉甫豫章人爲潯陽令有德化嘉禾生于庭白雉翔于野官至太守

仲堪更以企生爲咨議參軍仲堪多疑少决企生謂弟遵生曰殷侯仁而無斷事必無成及敗走文武無送者惟企生從焉路經家門遵生曰家有老母將欲何之企生揮淚曰今日之事義必死之爾等奉養不失子道一門之中有忠有孝吾復何恨或勸其詣玄曰殷遇我以國士不能共殄醜逆何面目復求生乎玄聞之大怒遂害之遂近悼焉時年三十七先是玄以羔裘遺企生母胡氏及企生遇害胡母即日焚裘

胡藩南昌人叅郄恢征虜軍事殷仲堪爲荊州刺史藩說仲堪曰桓玄意趣不常非將來計仲堪不悅及劉裕

起兵召參軍事從征慕容超討盧循頻戰有功又從伐關中統別軍至河東破後魏河上兵以功封陽山縣男卒謚壯侯

【宋】雷次宗南昌人少入廬山篤志好學尤明三禮毛詩宋時徵至都開館雞籠山聚徒教授久之還廬山後又徵詣都爲築室鍾山號招隱館使爲太子諸王講喪服經子肅之頗傳其業

【齊】胡諧之南昌人南齊武帝時江州別駕歷遷左衛將軍加給事中諧之風采瓌潤兼以舊恩見遇進都官尚書有識鑒每朝廷欽官寀量用人皆如其言人服其明卒

[illegible]肅侯

【梁】[illegible]孝頃本新人簡文時[illegible]兵傳侯景之亂歷仕巴州刺史豫章太守南州刺史[illegible]與侯瑱周文育周[illegible][illegible]等相攻戰有功人立祠祀之

[illegible][illegible]叅南昌人五歲能孝母楊氏患熱思瓜非其時[illegible]叅方家不得銜悲且行過一僧問其故曰我有一瓜[illegible]遺我歸奉母舉室驚異太守王僧辯引爲功曹[illegible][illegible]天監表異之特[illegible][illegible]曾子

王[illegible]南昌人仕梁爲晉都太守晉安家[illegible][illegible][illegible][illegible][illegible][illegible]得錢二[illegible]五千[illegible][illegible][illegible][illegible][illegible]又爲[illegible]陽尹[illegible]其[illegible]

蒼璧一枚廣一丈六尺亦不入私

黄法氍字仲昭新建人少勁捷有膽力爲[illegible][illegible][illegible]侯景之亂合徒衆監知郡事陳武帝將踰嶺入援遣兵助而敗之梁元帝承制授交州刺史累以功授[illegible][illegible]將軍開府儀同三司進爵爲公大建七年爲豫章刺史[illegible][illegible][illegible][illegible]贈司空[illegible]曰威子玩嗣

[illegible][illegible]字仲宗南昌人爲廣陵太守舉孝子吳素爲孝廉從素[illegible]金[illegible][illegible][illegible]門[illegible]不[illegible][illegible]以[illegible]盛金[illegible]園中而[illegible][illegible]追之不[illegible][illegible]金[illegible]廣陵[illegible]之

[illegible]孝詮字子平少孤事母孝在[illegible][illegible]不爭恐貽母憂也

貞觀中隨母渡江遇大風母墮水中季詮號叫投水救
母食頃持母脅出水上中使鄭植遣舟拯母子俱死矣
都督謝叔方遣兵曹參軍當機具禮祭而瘞之
胡敬之南昌人諧之五代孫幼聰敏高潔簡靜仕爲侍
御史彈劾不避豪貴後爲琛州刺史卒于官高宗下詔
弔問賜絹歸塋
楊相如南昌人聰明博古神龍初進士補當塗尉舉上
書言當世事改歷晉陵陸渾又上君臣政要三卷明皇
曰朕身之寳也拜右拾遺開元末復上書語益切直出
爲懐州別駕

鄧璦開元中應茂才異行對策高第授王府參軍開元
九年修五聖圖具載父元宗遇老子降語事又追贈元
宗州刺史授璦京兆府醴泉縣尉仍賜詔褒慰
臧嘉猷進賢人開元中州牧吳兢召不赴著無求論以
見志又著皇王十翼七卷兢名其鄉曰真隱里曰正吉
以旌異之又以所居爲旌賢坊天寳中左相李適尚書
張均復以嘉猷學究天人洞識精微薦用竟以親老不
願仕歸著德政八章以獻朝廷嘉其節賜東帛屢徵皆
不起年八十二卒
劉昚虛字全乙靖安人恭儉有詞藻皆悟過人以才著

名當時與襄陽孟浩然友善年二十七開元中補考功
員外郎累轉崇文館校書郎時吳兢都督豫章方直少
許可獨高其行改所居之里爲孝悌鄉以旌異之有集
五卷行于世
鄧承緒南昌人祖懷素察孝廉父敬先威衛郎將承緒
性聰敏開元中九經擢第登三甲科爲丞相李林甫所
重嘗試内殿超等觧褐京兆府參軍拜尚書兵部員外
郎爲虢王府判官後爲信州刺史終于家
熊曜南昌人祖九思察孝廉父彦方廣州録事參軍曜
剛直有詞學與禮部達奚珣右丞王維爲文章之友開

元中及進士第觧褐貝州臨清縣尉轉左驍衛胄將軍
卒
龔履素南昌人居南雲山三十餘年傾産買書聚徒教
授講説之暇荷鍤躬耕弟子自遠而至者與均衣食貞
元三年卒
熊曒南昌人家貧躬耕志學大暦中擢進士第授秘書
省校書郎後爲永城縣丞著文選頴悟并集五卷
王季友豐城人博極群書貞元進士能詩仕爲御史中
丞杜甫稱不容口有詩云丈夫正色動引經豐城客子
王季友群書萬卷常諳誦孝經一通看在手豫章太守

高帝孫引爲賓客敬傾久
應智頊奉新人隋末林士弘掠江西頊于華林山屯兵置柵保靖一方武德五年歸唐以爲靖州刺史
魏徵士績職方乘云南昌魏相公廟在縣東謝埠即魏鄭公五世孫碁唐文宗時爲起居舍人宣宗以爲相封鄧國公令狐綯譖之出爲西川節度使遂官隱南昌之長定鄉立祠祀鄭公因讀書于歸仁鄉之堯城山綯敗懿宗三召不起故人稱徵士或云不知何人舊傳嘗被徵不就讀書堯城山佛寺偏室西面皆水夜厭蛙聒抝前揺止之蛙遂宗不鳴一代之隱士也且唐書碁本傳亦無三召不起之文則非碁明矣原失其名胡爲予必欲求名以實之耶

鄒垣奉新人宣宗徵行嘗至其宅遂受知後徵入朝不顧賜號清隱居士人因名其里曰駕山
徐玉南昌人徐孺子之後博綜經史文辭婉麗聖曆中登進士第解褐補王府參軍轉秘書郎加朝請大夫爲按察使畢公判官執法公清爲當特所忌出爲曹州司馬卒
陶公達南昌人父雅溫州別駕公達幼能屬文建中初詣闕獻詩百首特授同州澄城尉改美原丞貞元中相國渾瑊奏授觀察御史辟爲從事又爲鄂岳觀察使勾幹判官轉殿中丞侍御史卒

來鵬南昌人以詩名家皆有詩曰分明記得還家路徐孺宅前湖水東來鵠其昆弟也亦以詩名
李孝子者南昌人霍王元軌孽子年十一母以獲罪于父被逐孝子隨母劉居南昌縣前方二載母病思食肉且數無酬直因割股充膳時鄉里以狀聞縣縣長不爲意後聞于州病創數日卒
歐陽持守化基新建人其先家高安縣中唐天復九年進士仕唐爲大學博士因察朱全忠有異志遂歸西山楊行密表除左拾遺團練判官又察行密心不在唐復歸西山遂家焉憤朱溫之亂作西山歌

南唐王子邨豐城人南唐時爲御史丞屬時亂與弟兵馬使子卬子邦統保舍民兵以衛鄉井而寇果入境子邨獨搏戰賊悉衆捺之救不至遇害首雖斷猶挾足踏馬走五里許乃仆賊大駭竟以是去鄉人至今祭于社
羅仁節仁偘奉新人居晉城人以其姓名其地爲羅坊兄弟以理學教授鄉里築精舍梧桐山下學者益衆李氏有江南國相郡守交辟不能致獨與徐鉉爲密游以布衣終焉著書十四卷號宗孟集門人私謚仁節曰中庸先生仁偘曰誠明先生後謝艮齋撰縣志表其號云
宋齊丘字子嵩本廬陵人少孤好學善屬文佐李氏有國

常參與謀議修舉禮法以遏疆暴官至節度使後拜表乞歸九華山賜號九華先生封青陽公未幾復爲洪州節度加大傅久之得罪放歸青陽卒

孫魴南昌人家貧好學既長會廣明喪亂都官郎中鄭谷亦避亂歸宜春魴往師之遂有詩名嘗與沈彬及李門齊已廬中之徒爲倡和儔侶楊行密據有江淮魴射策授都從事與沈彬從李建勳游爲詩社先主受禪遷正郎卒詩集僅百篇題金山詩有天多剩得月地少不生塵之句膾炙人口

羅穎南昌人經傳涉獵與里人彭會友善皆以詞賦得

開寶中詣金陵舉進士第例以黃衣守選及王師問罪後主銜璧穎再應鄉舉下第道經漢高祖廟穎題詩其落句云嫚侮群豪誇大度可憐容得辟陽侯少頃輒自免冠鞠伏廟廷口陳自咎之言掖而去數日卒

毛炳豐城人好學不能自給隨里人入廬山苟獲貲鏹即市酒盡醉嘗醉于道旁有里首張谷掖之而起炳瞋目曰起予者爲誰對曰張谷也炳呵之曰毛炳不干於張谷張谷不學於毛炳醉者自醉醒者自醒醒醉之道兩者固殊安用掖爲汝可速去無撓予卧由是人頗重之後聚生徒數十講誦於南臺山迨數年自署于齋壁云先生不在此千載只空山因大醉一夕卒有詩集傳于世

陳喬字子喬豫章人幼聰敏善屬文以蔭補大常寺奉禮郎小心勤恪善守法度遷門下侍郎及王師問罪喬以固守時張泊爲喬之副同言于後主曰苟社稷失守二臣俱死之城陷喬辭死後主執其手曰當與同北歸喬曰臣以身死之則陛下保無恙但以不朝之罪歸咎于臣斯計之上也遂自縊明年朝廷嘉其忠因數喬處喬事母孝謹撫字親族均財兄弟蹤迹如一因財用不足以致敗論者惜之

王定保字翊聖豫章南昌人少與曹松同棲廬山十年不下光化中舉進士吳融重之寧遠軍節度使厲知禮辟爲巡官劉龑將建號改元署百官惟定保抗直多異議乃令使荊湖年方還授禮部郎中知制誥假秘書監使于吳楊行密見而奇之禮待甚厚八年龑作南宮成七奇賦權禮部侍郎翰林學士後以久居内職表求治郡大有中爲容州節度使先是軍宴多調民爲具定保悉以家財供給吏民懷之召歸遷中書侍郎平章事卒贈司空定保樂於著述老而彌篤嘗撰摭言十五卷科第記十八卷文集三十卷

潘承祐字乾德少游官江淮仕吳為光州司法參
斷大獄爭不能得歸閩嶺會王氏稱制以為大理少卿
王延政鎮建州辟為節度判官屢諫不納及延政僭號
以為吏部尚書拜右丞相倖臣楊思恭好聚斂承祐疏
切諫陳八不可延政大怒勒歸私第及城陷查文徽以
禮致之中主以為衛尉少卿屢被顧問甚見稱許薦陳
誨林仁肇皆著功効以老病授禮部尚書致仕歸隱豫
章西山卒謚曰定子慎脩

宋何蒙洪州人精春秋左氏學南唐時進士宋初為洛州
推官累遷至水部員外郎通判廬州真宗時上所著

機要類十卷後知濠州以光祿少卿致仕
胡仲堯奉新人累世聚居至百口構學舍聚書延四方
游學之士南唐時嘗授寺丞維撫杉旌其門州境旱歉
仲堯發廩減市直以振饑太宗嘉之除本州教授以國
子監主簿致仕弟仲容以累官至光祿寺丞致仕弟克
順端拱初進士子用之從子用莊用舟並進士及第
潘慎脩字成德南昌人仕江南為秘書省正字因入貢
待罪太祖嘉其得禮擢贊善真宗即位遷考功郎中同
脩起居注上嘗稱為儒雅君子又稱為長者書其姓名
于御屏從幸澶淵因病詔給肩輿歸卒臨終精爽不亂

平生風度蘊籍博涉文史清言亹亹不絕聽者忘倦
寇準數毀之準守馮翊後縱不洪慎修承命驗治反薦
準有宰相材人服其識度子汝仕官至工部員外郎直
集賢院
陳恕字仲言南昌人少為縣吏折節讀書禮部侍郎王
明與語大奇之後舉進士授大理評事通判澧州以吏
幹聞累遷右諫議大夫知澶州驛召為河北東路營田
制置使太宗諭以農戰之旨對曰古者兵出於民若使
之冬持兵禦寇春執耒服田萬一變生悔無及矣議遂
寢每奏事不從執板終不改易太宗深器之真宗問錢

穀不對拜禮部尚書知貢舉擢王曾為首陞尚書左丞
多病乞解利權上曰卿求一人可代者獨薦寇準蓋其
性公廉絕私介然自立事親以孝聞執喪哀毀得疾卒
周鶚一名誘字元輔豐城人當定陵昭陵時邑人未能
知學鶚實倡之自太平興國初五衆于鄉而四居首為
韓忠憲客絳其與游也絳巡撫江西與俱至京師以布
衣召對曉得學究出身子承敬字仁仲以合法貢第進
士入仕十八年猶初品號冲和先生
袁抗字正之南昌人父處仁以孝行聞于鄉生抗舉進
士歷官至三司鹽鐵副使以約費緩賦為己任遷光祿

少卿少府監先自廣南還橐中無銖兩南貨居官以廉能稱少子陟字世弼有才名登進士第歷官通判撫州茂績著聞

陳執中字昭譽恕子以父任爲秘書省正字知惠安縣抗疏論政事徙知梧州上復古政要三篇真宗異而召之又進演要三篇擢右正言言事引大體權要忌之累遷至中書門下平章事集賢院大學士時西羌納款宰臣猶兼樞密執中言非祖宗舊制觧樞密兼政五年人不敢干以私四方遺問無及門者封岐國公致仕卒謚恭上命張方平撰神道碑御書其額曰褒忠之碑云

黃茂宗字昌裔分寧人父中理築書館于櫻桃洞之臺兩館游士學者常數百人茂宗高才篤行爲書館游士之師祥符中國學試進士初被黜後以胥偃薦登科授崇信軍節度判官卒

黃注字夢升分寧人天聖八年進士著作佐郎瞻之曾孫也性好學以文名爲歐陽脩所奇初任未與簿屢調南陽素剛不苟合怏怏無所施以卒修嘗問平生爲文幾何曰吾已諱之矣子知我者乃肯出修讀之以爲博辯雄偉意氣奔放不可禦也所著有破碎集公安集南陽集凡若干卷

字從字伯順豐城人多貲能友弟厚俗有司征諜急[illegible]不能償者代之輸且勤誨學子三孫十一仕者八人

李琮字世京從之子也開館延師豐儀厚以待從學者邑之東鄙有長堤江水歲齧浸爲民患琮輸財于官易之以石遂爲永久之利于東爲高安圍王禧官歐陽大尉素以問琮曰隱而不言非忠也發而有罪非仁也力可及而弗爲非義也遂捐千餘緡實其費而隄[illegible]者得以理去以子貴累贈工部侍郎

李東字子正琮之子貴元元年及第文學行誼過其人司馬光范鎮皆同年雅相引重官至宿州刺使祈[illegible]

惠政以循良稱與同時過昱之純孝何延世之清直並稱爲三郎中子君伯知蕲縣從弟仲詢秘書省校書

黃庠字長善分寧人博學強記超敏過人景祐初就舉國子監開封府禮部皆第一時名動京師所作程文傳誦天下近世罕比歸江南卒

過昱字彥明豐城人母早卒刻木爲像飲食必進[illegible]愈勤惻世俗鮮知事親乃考古人勉於孝者類成三十卷目曰至孝通神集寶元元年第進士嘗攝金谿正民版之僞以均徭役臨訟必與上下反覆務盡其情至赦刑恒以惻怛爲心終都官郎中居定林自號定林老[illegible]

趙庶明字吉甫新建人少倜儻寶元間詔求直言上書大畧謂銀夏契丹不可恃其恭順而不備又言趙元昊必叛朝廷以其狂斥建州未幾元昊果叛又私走京師上宰相書遷秘書省校書郎後知惠州政先慈惠民甚安之罷歸上築徐孺子亭側曾孫呂登進士終奉議

黄雕字富善分寧人庠之子也好學尚氣節皇祐元年進士爲京兆法曹謁府不肯參拜庭下即解冠歸隱於芝臺書院姪堅博洽工詩有雲樵居士集

葉顔言武寧人家貧好學有重望退然若愚登王堯臣榜進士初任著作佐郎終朝奉大夫

黄廉字夷仲分寧人嘉祐進士歷任州縣神宗召訪時務對甚悉擢提點河東刑獄元祐初爲戶部郎中時茶法爲川陝害遣廉按察奏罷其大甚者累遷陝西都轉運使給事中

李晃字君儀秉之從姪弱冠與弟茂元省其舅晏殊於京師數月請歸晏曰遲遲比上郊天吾奏汝一官辭曰晃自勵以圖後舉茂元舅宜恩之明年茂元補大廟齋郎晃久之亦調崇安簿民謝旻無子養他姓兒以致富後娌生一兒垂死戒曰吾故貧皆汝兄佐吾致富分財當優之後娌兒稍壯詣官乞還兄姓晃詰娌兒不服更訴于州蔡襄爲運使晃謂曰法順人情今與同姓晝訟豐裕欲終奪而害之殆非所以順人情也襄曰微主簿吾幾誤任法矣具奏著爲令續爲寺之司理平盜獄以分首從高絹直以活貧民其處心平物稱是

李允字君起亦秉之從子也以舅晏殊恩試將作監主簿爲泉州戶曹時郡將會墨僚屬皆厚獻以求媚將怒允無所奉會憲使按部獨拜薦之後爲臨川丞監宿獎理積逋省徭役平獄訟政化大行數月以病歸卒

黄庭堅字魯直分寧人幼警悟讀書數過輒成誦舅李問文章天成治平四年舉進士教授國子監蘇軾一見

詩文歎其獨立萬物之表江西詩派祖之世稱蘇黄善行草書楷法雖屢遭貶謫孜孜講學不倦蓋其胸次脫然不爲貶謫所困故于濂溪先生之學契悟獨深卒賜大師有文集刀筆傳于世

按黄太史脫塵超俗灑然無累東坡常舉以自代云瓌瑋之文妙絕當世孝友之行追配古人今尚可以想象其人矣其亦徐高士之流亞歟

揭伯徽豐城人嘗有百韻詩上東坡又有絕句一百首譏評時俗咸有深意歐陽脩讀其詩有詩云劍氣光芒射斗牛劍池風物占清幽天教間出英雄士人獨推先翰墨流幾爲詩魔生大瘦常因酒聖肆狂游高吟逸詠

戌何事可惜昇平白頭又有唱樂說二千言傳世

潘興嗣字延之新建人愼修孫少孤篤學與王安石曾鞏善嘗銘周濂溪先生墓仕爲德化縣尉因刺史許珹不爲禮徑歸築居豫章城南自號清逸居士後以瑞州推官召不赴士夫高其風節以子昂通籍受封孫淳師事黃廷堅尤工于詩

徐禧字德占分寧人少有志度博覽周游求知古今事變風俗利疚以獻策擢檢討元豐中城永樂禧以給事中被詔與內侍李舜舉往相其事會夏兵趨新城禧亟往視或諫禧曰本被詔相城禦寇非職也禧不聽與舜舉俱至永樂城陷死之贈吏部尚書謚忠愍

王本字觀復分寧人六歲能詩日誦千言登元豐進士累遷知洪州未幾轉京畿歷改知楊州兼淮南東路兵馬至即出繫囚取郡事悉條理之公私兼裕居二歲丐祠詔提舉南京鴻慶宮明年請老越三日卒

呂延年字商老靖安人風骨秀整卓犖不羈政和進士調安南令李綱力薦轉江西宣慰司議事比至酋招捕之策旬月盜平歸功同列後令蘄春有聲稱致仕徜徉林壑取坂仙詩語以有山名其閣

鄭文武寧人與周濂溪黃山谷游宗室隱居不樂仕進自號華堂居士

孫發字妙仲豐城人幼穎悟勤學元祐三年進士調崇仁尉民有發一手誣人者發力辨之因作截臂行以告在位者尋以母老致仕時人高之有敷山集若干卷孫奇字師穎宣和貢士有詩名族子裒字子稷日誦萬言年十二賦詩登進士李綱辟爲掾未行而卒有文集三十卷族孫文柔字思善官瑞金尉嘗集義兵保障鄉里

黃得禮字執中豐城人元祐進士爲柳州推官應詔言事其畧曰嘉祐熙寧之法仁祖神宗之所爲也而主之者分曹爲朋迭立勝負惟天子建中和之極擇其善者而增損之此行法之要也人才實難得使無四凶之罪而加以流竄之刑遺孤旅櫬雖死不還及有持平守正言不苟發者未必見省此風不革異日必有參夷五族之法聞于上者矣願朝廷退人以禮此任人之要也言雖未行其忠貞之心亦自可見

余良肱字康臣分寧人第進士改大理寺丞出知湘陰縣蠲逋米數千石里息代輸通判杭州壘石堤二十里湖不爲害知虔州士大夫死嶺外者過之悉賑護其孤遺光祿卿知宣州治爲江東最七子卞奭最知名皆以任子恩試校書郎卞博學多材畧奭尚氣不少貶俱入

黨籍

黃叔敖字嗣深廉之子登元祐進士累官廣東轉運判官兼提舉市舶後知荆南府尋除給事中上疏論朋黨未革不可以爲治政兼侍讀進尚書以通議大夫致仕

徐俯禧子庭堅甥仕爲司門郎中會金人立張邦昌集百官議皆以次書名俯獨不書後避地廣中建炎中召至累官僉書樞密院事俯才俊與曾幾呂本中均工于詩有東湖集

洪朋字龜父南昌人父民師爲石州司法參軍奔父喪哀毁殞于道妻黃氏庭堅女弟未幾亦卒朋幼失怙恃受業于祖母文成君李氏手不釋卷落筆成文庭堅嘗稱其筆力扛鼎不患文章不垂世兩貢禮部竟無成卒年三十八同郡黃著哀其詩百篇爲集山谷曰黃君所編句句可傳弟芻舉進士仕爲諫議大夫所著有職方乘老圃集弟炎亦舉進士高宗召爲中書舍人時方倥偬除命塡委炎操筆立成未嘗屬稾

范璿字舜文豐城人政和進士知歐寧縣平心率物吏民愛之召對便殿問何以得民曰臣知爲陛下愛民耳上悅拜兵部員外郎上言帝王弔伐事語剴切時秦檜主和議璿力爭曰宰相須開懷聽天下人言安可以私

意害公議出知南劍州不就所著有松谿集子德勳以鄉薦知龍泉縣撫除邦寇民賴以寧知肇慶召赴行在所未至卒亦有文集

李安國字元佐豫章人少穎悟能詩歷官知建昌軍剖決精明有兩邑賦不均請減其多者爻訟頓息遷知常州條上利害進司農卿開無名通十八萬省楮幣百萬三年積緡錢斛米千百萬淳熙初判戶部侍郎

謝直孺字少聚奉新人幼以詩受知山谷擢紹聖進士時議甄別元祐黨人直孺嘗解選監察御史入爲戶部侍郎屬犯中原奏用种師道衆議合陞工部尚書除知南京屬兩至率兵會職見執父之歸國徽宗諭曰孤城闔閉天下兵至者獨卿與張叔夜耳張邦昌僭位直孺嘆曰吾豈事僞主耶高宗立除知洪州進刑部尚書兼侍讀多所獻納上書文物多師古朝廷半老儒于翁以賜敗兵部兼吏部卒有西山老人集從弟良孺以漢州録事參軍應詔論瓊華宮事有綠衣上僭之語寧宗初與從弟將臣胡田俱入黨籍二子榆鄉進士貴兆進校尉

胡田字雲從元豐間參鄜延都總管曲珍事敗夏人于金湯以功進忠訓郎左殿班直轉右侍禁元符間同從

弟良上書論瓊華宮事入黨籍編管本州崇寧間刻名黨人碑

胡敎實字觀光靖安人學精粹尤深於左氏班史爲辭文簡而古第紹興進士以不附秦檜褫級後守臨賀奏減上供之半請憲司損新苗之直以寬民兩科及爾郡弟敎詩舉進士既貴不易初聘識者義之弟敎禮舉鄉薦署辰州學事敎實有玉澗集遺稾

范瑨字次房靖安人紹聖進士獻時政利害八事爲衡州南漳縣令上表言監司州縣掊克誅求徽宗親批其曰非瑨朕不聞此言欲待以不次執政不可遂自免歸

彭林州復奏嶺南漕臣徐惕僞作御筆收買珍異薦數民不聊生封章再上乃罷惕前後章奏剴切深中時弊官終左朝散大夫

黃彥輔字伯彊得禮子政和進士著論是非刊落陳言歷官所至有聲事辨而不擾豪奕醞藉嘗在京師樊樓賦月詞十篇都人聚觀謂謫仙墮世明日詞聞禁中優爲吉水令卒

黃次山字季岑彥輔弟幼穎異宣和初進士與李綱善謫虢州銅場建炎初擢吏部員外郎後又論劉光世呂祉事不報次山有盛名以敎論事媢嫉者衆補外提點河南刑獄所著有三餘集

陳景祥武寧人登大觀進士仕至九江太守高宗稱爲天下清廉第二人

鄒揚字庭光豐城人爲人介特自信宣和初以上舍解褐轉樂平丞靖康時勤王師起建昌當閩廣荆蜀走集前令無具邑里騷然郡俾揚代其任乃銜牒之縣即以常平米給過軍以義倉米賑流民軍至賴以無擾且議論慷慨疏通知變皆人所蓄縮而不敢發者後卒于官

孫璟字子才有學有行安貧樂善自號寂庵有集若干卷

王鐵字承可本之子以世祿授通仕郎建炎間累遷敷文閣直學士知湖州適番禺請師上命鐵往比至閩境聳服除海盜禁妄費士大夫貧不能葬及流落不獲歸者悉捐俸以資之郡人爲立生祠卒于官

徐升字公允豐城人宣和進士任萬載盱江丞知蘄州俱有政聲安定郡王令時稱其作邑以詩書宜民冰雪自守古之所謂士者也罷官不持一錢歸事母極孝自養與養妻子至約云

鄒適字擇可豐城人宣和進士爲越州僉判嘗曰孔孟不以讀書爲學必有得于心體于身推之于民者游夏

不以若述爲文必得意以出辭辭以達意而已矣公自謂平生只讀論語十篇及至老死有未施一若此者可謂學矣温公自謂不能四六而平生所著殺帛粟頗皆適于用若此者可謂文也又曰身不能無過而鄉里未能告我以過其自克如此

黄薰字仁伯山谷姪孫事母至孝母柩在堂水暴至勢不容遷薰伏柩上願隨流俱斃所居室與柩俱泛去薰晰夕號哭沿流尋問至武寧縣萧港前後數柩同下惟此柩流入港中徘徊不去居人陳氏繫于桑林間薰再拜哀認得焉

雷觀豐城人靖康元年以大學生上書云天下利害之言蓋聞于上則當言之人雖欲緘默苟容不可得也言官得以盡其言則執政之臣雖欲擅權爲奸不可得也上嘉之賜出身典舘職後爲博士以臺評謫監當紹興間南倅潭州料院

樊昌時昌詩進賢人建炎四年爲閤門祇候舍人王虎謀逆沈巨艦欲陷豫章兄弟舉兵力戰死之虎亦敗衂紹興初府帥高衛以事聞贈修職郎立祠福壽山祀之

何廷世字楙之豐城人登慶曆進士爲都官郎中仕有清直聲族子莫字道夫大觀進士調鄂之工曹既得官益刻苦讀書臨事明健如老吏猶子時升自號半隱山人紹興初入大學有志古文云

何穆字茂欽豐城人嗜學雖科舉不遂恬不介意紹興壬子韓世忠統師二十萬道出豐城時劇暑絶流穆令結茅淺溪以飲軍士有病者舁歸醫養之又有簽血流汚過者掩鼻躬爲洗沐卒病良已乞爲奴以報不許贈而遣之母任再適人未能盡子職人以孝弟稱之

李生者南昌人好義樂施每歲稔社倉積穀歉歲和糴平準又集鄉之義勇以衛社中紹興間李成寇饒州以隆興路爲家生撇成出率衆戮其妻子成恨下令致生

不然且屠隆興生面縛詣成成怒其抵明日剖心祭其亡魂縛禁手足于巨板釘之火神廟用梟悍琛板守之執懈至夜半忽火神揮劍跳躍起割其右手縛生執劍自開餘縛雞鳴出城南走筠州入楚泗岳武穆兵討成大破之武穆表生行軍長史不就生逝其名相傳李君子芭郎此避難處

何章字文成穆之子幼負雋聲出語驚人諸老皆折行輩與交米芾抜州解連師與之呼爲小友問所欲以覘其能答曰爾有斗陂溉田數百頃仍歳夏漲潰其防民饑困乎[illegible]願[illegible]邑人耕此賜[illegible]倖其[illegible]爲[illegible]其後行文

集若干卷

李廷瑞字雲紀豐城人教諭新建廣昌縣學庠長南劔延平書院侍親不赴母方夫人歿廬墓踰年有白蓮生廬前田畈中華蕃盛人以爲孝感所致

徐時動字舜鄰豐城人師事胡安國於荊門傳其學以歸第進士爲處州教官改吉州未及歲移疾遂不復仕以平日所得於師者演繹述爲孟子說四十卷西岡録三卷師門答問三卷文定既沒肖其像寘龍澤僧舍而祭以文有曰天地鬼神鑒在軻子思之道雲山江水新伯夷下惠之風

莫將字少虛寧州人以父援實延入仕歷任縣邑有聲更踐滋久紹興七年除大府丞後使金還朝除工部尚書俄以敷文閣學士知明州又改知廣州終于官將在朝以學問自結主知上屢形嘉獎其握節出疆尤熟虜情大后鑾輅之返將之功爲多歿贈端明學士塟新建五諫鄉之新城云

徐定字國和豐城人父國會義居三紀窐木連理國會卒廬墓三年晝夜不絕哭冢有紅紫牡丹忽變爲白號大孝子後定卒子子義未弱冠居喪三年足不履房闥寢食于墓號小孝子曾孫傅霖字尚澤幼敏不群事親孝謹居喪如制人謂徐氏世濟孝子子正常字禮叔孝友篤實杭山章鑑表其墓曰篤行先生

李惟深字彥溪豐城人年十九第紹興十二年進士轉都昌丞外臺俾録囚得其情又爲憫囚賦以獻知宜黃縣適淮壖宿重師軍裝和糴百需猥至惟深諭富民以理不戒而集集第奏軍一事以謂輕用人命徒耗糧廪前此揀發弓兵曾不能北向發一矢及事休十不一歸以此知士非素練是謂棄之事遂得寢後來祠終于家

王樞字致榮豐城人通群經尤邃于春秋紹興十五年進士參吉州軍事郡給軍衣有濫惡者衆譁欲變庭中莫能制樞正色折之乃定寧瑞金丞岳州每請學官執經自講其指授者多與計偕登顯仕再丞鼎州會茶寇繹騷道路不通或欲焚山絕茶或欲官自賣樞建議爲長短引以便負販至今賴之眉山李壽以從班行郡事雅相欽重府事悉以咨焉終常德府通判號東谷有文集二十卷行于世

陳特立字致柔奉新人弱冠應科連薦三舉紹興二十一年登第初爲南城尉部使者至以親族不往迎同僚強之不聽使者賢而薦之知宜春縣毀大姓僞券歸其田於民及以憂去邑人罷市相弔治田者亦感而致奠

趣使知麗水秩滿歸行李蕭然北傑以詩送之云不覺
囊金盡誰知飯有無時宰以其連作四邑諸公同聲譽
之遂除臨賀太守卒于家
許叔達字商叟奉新人舉紹興二十四年進士授崇仁
簿民有尸其子於親屬之門累驗不能辨叔達摘其奸
誣者伏辜及宰寧鄉賑貸有法流民推爲一路救荒之
最門符有唐虞新教化卓魯舊循良之句調宜春令而
卒張南軒書稱之曰持身氷玉每飯不足高齋讀書淡
然自若

京鏜字仲遠豫章人登紹興二十七年進士龔茂良帥
江西見之曰子廟廊器也及茂良參大政遂薦鏜入朝
上引見鏜問政事得失鏜言天下事未有驟能如意者
宜舒徐以圖之上善其言累遷右司郎官時上居高宗
喪金遣使來弔鏜爲使金報謝金主盛宴具樂以勞之
鏜曰苟憫奔涉之勞賜郊宴勞之德已至矣若必聽樂
而後宴豈所以昭北朝之懿哉金主知鏜不可奪去樂
而後宴孝宗聞而喜曰士大夫臨危不變如鏜者絶少
乃以爲四川安撫制置使寧宗即位累遷爲右丞相薨
于位贈太保封魏國公謚文忠
袁鳳字子儀奉新人方九齡作詩有坐觀天下本無事
何必呂陽作引年之句識者嘆異登紹興二十七年進
士初尉理定俗相習鬻妻爲常鳳曰夫婦人倫之首可
爾耶白府嚴其禁室家始相安擢荔浦令建獻利民三
事運帥張紫微喜曰使屬邑皆能究心如此吾可卧而
治矣授衛州録參而没
余紹祖字光裔奉新人紹興二十七年進士爲潭州觀
察推官民盜海商既獲而窮治不承紹祖募人於江淮
間取舊舟示之盜遂駭服及知廬陵縣歲旱郡督催不
少緩紹祖揭告身付吏求去吏將改容謝之禁卒以衣
不繼謀生變闔城大恐紹祖析以禍福片言而定秩滿

積俸二千緡析券弗取歸裝書數篋而已通判江陵府
趙沂公雄尤器重辟守巴東命下以疾終士論賢之
孫儼字溫父豐城人紹興經界訖事將均稅縣令丁綽
集民會議有欲以山田槩行者儼慨然作曰山田之利
萬萬不侔此議誠行異時縣以不辦告病民以逋負流
亡困圖不空職此之由吾不忍聞令從其言
羅從彥字仲素南昌人以累舉恩爲惠州博羅縣主簿
從學楊龜山先生初見龜山三日即驚汗浹背曰不至
是幾虛過一生矣既築室山中絶意仕進終日端坐精
思力踐朱文公謂龜山倡道東南士之游其門者甚衆

然潛思力行任重詣極如仲素一人而已卒謚文貞所
著有遵堯録行于世
按延平志先生南昌人以避難徙居劍浦陳淵嘗謂
與學清節爲南州之冠冕故學者稱爲豫章先生不
忘所自云
李大性字伯和祖積中爲御史自四會徙居豫章少力
學習典故以父任入官權大理司直後條陳用兵利害
忤韓侂胄仕至端明殿學士卒封豫章郡公謚文惠李
氏自積中三世官于朝兄弟相師友而大性與弟大異
大理大東並躋從列爲名臣子孫世稱尤盛云
王允文字文伯豐城人與弟允邵皆舉進士有聲士林

允文從陸象山學精詣力踐諸公爭館致之彭忠肅公
薦於楊誠齋誠齋重之忠肅以論韓侂胄卒死謫籍允
文具疏進始被卹典士論稱之有棲碧類藁若干卷
范士衡字正甫豐城人由薦辟母久疾祈神授藥遂愈
父没出必泣告于墓而行除推官恊一守以廉能著每
謂春秋一經其說蔓衍皆傳註害之作尊經辨及春秋
本末晚事朱熹以書請益熹報之稱爲老友
黄疇若字伯庸得禮曾孫第淳熙進士主祁陽簿遷知
廬陵周必大稱其有子路治蒲之政進知成都召除兵
部尚書力辭歸所著有竹坡集

黄噐字子耕廣昌姪孫嘗從朱熹學舉大學進士累官
知台州謝良佐子孫播越流落噐收而教之在郡先勸
後禁訟牒消縮郡稱平治遷袁州所著有復齋集
劉德秀豐城人隆興元年進士歷官諫議大夫吏部尚
書進龍圖閣學士四川制置使改知潭州召簽樞密院
進齊郡公爲政嚴而不苛帥蜀尤有去思自號退軒有
遺藁數十卷
簡世傑字伯俊自進賢徙居靖安登隆興元年進士初
官靖安府司理叅軍外邑以盜上府凡六七人世傑推
詳非是後果獲真盜時叅政范成大爲帥將劾令兩貴

之世傑力辭且謂令誤非有他成大自是益賢之旣鎮
蜀辟入幕府倚以肺腑蜀士翹楚者皆爲范所得世傑
汲引力也知鄂州蒲圻縣政本豈弟行之以信不設科
條民不忍犯知賀州嶺外自鹽法屢更復用官鬻法民
以爲病世傑一切罷之人蒙其利
徐如聘字光伯豐城人隆興初求直言應詔陳十事累
舉得官上澧之慈利簿辨殺人疑獄時苦旱忽雨人以
比東海雪冤之應再調萬載丞而卒
趙汝暨字及之新建人仕爲明州録事叅軍時有執平
民爲殺人盜者汝暨直其冤繼獲真盜豫章守介[illegible]

撫趙葵薦汝堅知郡民始安且有拓境之功善政具衆
進刑部尚書轉工部致仕
胡价字仲藩奉新人舉進士主桃源簿知湘陰縣調湖
北憲屬提舉所在有聲所著有尚書篇義當世急務湖
北利害漢唐龜鑑及本朝名臣奏議等書
高鼎字國器新建人乾道己丑進士授鄱陽簿時給事
吳芾帥江西一見加敬有大政必使預聞武寧多寇未
獲委攝尉事鼎以計捜捕全黨就擒調樂平簿饒之岸
地數鹽米額民甚苦鼎條析利害奏除之再調宜春丞
民以逋租拘囚數百悉引至庭開諭限期以輸不施箠

楚而賦辦吉有疑獄委之推鞫悉得其情囚多貸死退
歸西山閑居二十年卒年八十一
范飛卿字朴甫豐城人以春秋舉進士不第晚該恩授
龍陽主簿卒飛卿居家孝友行義孚於鄉里學以明善
誠身爲本自號東軒所著有東軒思説詩文百篇行于
世
孟程字深甫豐城人淳熙進士調襄陽監酒汝屯田十
千頃令淑浦寧遠皆正賦籍吏不敢欺邑計亦裕有
詩文千餘篇自號氷雪林主人遷臨江倅未至卒
陸筠字嘉材一字元禮舉進士倅江陵張南軒爲帥一

見而合言多聽從其後南軒力疾薦筠有云惘愊無華
善言不隱密贊府事助益爲多蓋紀實也平生篤好孟
子著翼孟音解九十一條周必大序其嗜古著書有益
後學云
熊恪字子敬豐城人朱文公帥長沙道清江謁館客於
彭忠肅彭以恪薦以有宿諾辭文公義之張元德洽幼
師事之恪平居和緩發言舉動不妄嘗云學不遷怒之
法有二平日當涵養臨事當持守又嘗爲忍銘以示元
德元德云古人乳犬攫虎伏雞搏貍精誠之至也不可
使學者知忍而不知行其所當忍欲易以懲忿之箴遂

作懲忿記號謹節先生
盛璲字温如豐城人世業儒領淳熙間科第晦菴先生
過豐城一見器重之留居其家兩月爲人剛毅木訥峭
盜蠭起首擒渠魁數人盜阻山入洞據險謀暫息而再
舉又諭以禍福群盜駭散定賞功授奉節郎以親老辭
歸卒于家朱文公嘗有詩贈之
于華字去非淳熙進士少有能賦聲朱文公嘗有詩寄
之累官知房州繕甲治兵扞防金寇賢逆賊偶命不能
東出有竹國集若干卷
舒邦佐字平叔靖安人淳熙進士授善化簿値歲旱民

饒秦鑰稅民深德之郡每歲輸納例有所饋悉却之人服其廉後調衡州司録叅軍著有雙峯偶藁

丁鈇字仲熊新建人以伊洛之學倡于江右弟子雲集與陸子靜爲友領淳熙慶元嘉定三舉歷官曲江縣簿朱仲晦聘掌教白鹿書院不就時與往復敷繹内聖外王之微而學愈堅定自號甕天先生臨終賦易簀七絶有歸時認得來時路月白風清自古今句人服其達所著有春秋要辨易通釋書辨疑王伯論性理大旨辯

裴萬頃字元量新建人淳熙進士有孝行節操其學惟以存心爲主粹然一崇乎正爲樂平簿清聲播聞遷大理寺丞力求外補差江西撫幹以便禄養卒嶽忠湖誌其墓所著有竹齋詩集

王衡仲字仲平豐城人淳熙進士授新昌簿居官善推鞫以得事情出守建昌值大旱初入境寘心默禱大雨如注郡人迎喜曰眞刺史雨也自號栢軒有文集若干卷

張仲芳字萬春原金華府人淳熙時知隆興府大旱禱雨審獄活囚皆爲異政見國事日非常歎曰滿朝皆婦人但知和議固頗不共戴天讎耻具疏言恢復大計不報遂解印綬隱居南昌之松亭里

黄菼字持國彥輔曾孫紹熙進士至廣州提幹李脩己嘗稱其讀書自具一隻眼議論不隨人脚跟其爲文章筆力奔放可追古作自類爲留皮集

黄端卿字正仲疇若子補茶陵丞值賊臨城焚掠率兵擊賊却乘勝以進雨暴至賊聚執之命前導入城端卿罵賊遂遇害事聞詔立廟雲陽門進爵王賜廟額忠顯官其二子

孫伯溫字南叟豐城人幼端莊讀書敏悟紹熙四年進士調慈利簿改知新昌縣爲治先教化後刑罰揭縣門曰有冤可訴無理莫來豪民競田伯溫繩以法乘間莫斐遂以罪去再知臨湘縣未上而卒伯溫嘗謂學者當知三坑四關之病有利欲坑文義坑枯寂坑惟義與利是生死關惟誠與僞是虛實關惟敬與肆是安危關惟動與静是吉凶關知此則可以爲士矣

李諠字宜言南昌人虛已曾孫幼以孝行著宣和間以上舍釋褐賜第歷官諫議奏牘數百無不剴切當帝心嘗論和議之非秦檜不樂遷工部尚書資政殿學士所著文集三十卷

孫義字伯隆豐城人書無所不讀尤精於曆每謂治曆當備三法曰象曰器曰數因圖寫古今七十六家法攷

作大曆議又謂知曆者不可以不知星知星者亦不可
以不知曆折衷各家之言作太極圖及清臺考類復古
著傳其它著述尤盛雖麄無儲粟澹如也
潘淳字子真興嗣孫父昂官至太守淳自少穎異篤于
孝養淹貫經史百家師事黃庭堅尤工詩曾鞏李綜張
商英程鈞相繼奏補淳官授建昌縣尉辭奪之不以介
意自稱谷口小隱所著詩話補遺傳世後丞相趙鼎帥
江西搜訪清逸之緒而淳已亡復論奏加恩以從弟濤
爲右迪佐郎
徐端字舉叔豐城人弱冠以文學見知所著有易叢[illegible]
莊子章句晚歲號挈矩病叟叙平生大畧授其子俟屬
繡刻石表墓自作祭文挽歌超然無所芥蒂一日手書
忠孝大致數百言命酒家人小集明日冠帶食罷索書
曰君以為了多少未了以為未了何時而了題曰了了
道人自贊歛筆硯而逝
黃千能字必彊豐城人刻意讀書嘗謂皇極九疇之統
漢儒舉以參五事配六極則失之妄作皇極要論謂古
今地理無一定之形神禹疏河之故道無沒而難考作
禹貢圖說雜著尤多
揭飛雄字少穎登進士未及唱名而卒劉弼謂其爲

人外若不勝衣言吶吶不能出口而不爲不義屈亦不
以一毫不義取予其爲文典麗精緻詩亦閒雅平淡
熊方字廣居豐城人貢上庠參澧州軍事雅善書高宗
內禪大書堯舜二字表進有旨付秘閣除本路帥幕性
好養生之術注道德經象山集豫章錄臨汝編又補東
漢年表因名其堂爲補史王隱
鄧元字南秀豐城人第進士主袁之分宜簿時夏潦暴
至邑屋皆沒民爭走山無所得食公不候白州家發廩
粟以濟民免饑死再辟廣西帥屬時宜州蠻欲叛劫不
遜語公奉使者檄約束之即退聽未幾卒於邸有文曰
漫塘集
甘同叔字處和一字叔異豐城人力學精思工於詩詠
第進士參桂州民曹州將奇之擴荔浦令卒有節軒集
淳熙間與鄧南秀齊名鄧之天才公之學力皆不及
陶夢桂字德芳進賢人第進士出入江淮荊蜀二十年
愛民力修軍政以廉能稱退居平塘恬然以簡澹自适
趙汝俱字和仲進賢人昭承皇太子六世孫以漕貢仕
至丞與縣丞俱雖帝胄而澹然布素真文忠公以固窮
之節許焉
徐倫字彝仲豐城人慶元五年進士爲袁州推官待次

七年安貧篤學聖經賢傳味實玩華尤好唐宋諸詩既至官郡守才之謨謀筴筆軍賦民訟皆以身任當路六薦右史張嗣古尤嘉其文遭父喪哀瘠卒

范仲武字季克豐城人慶元進士知大和縣徙倅安豐道縣洪都帥聞以治狀首以蜀下戶餘賦爲言帥善之在安豐料賦無道策給餉無缺事保守箕谷捍蔽兩川其功爲最簡帥劉光祖疏其治狀聞于朝召赴行在未對而卒

范應鈴字旂叟豐城人開禧初進士知崇仁縣有政績累遷大理少卿卒謚清敏號西堂先生所著有西堂雜

著及對越集徐鹿卿稱其經術似倪寬決獄似雋不疑治民似龔遂風釆似范滂理財似劉晏而正大過之人以爲名言

王武子字文翁豐城人開禧元年進士爲江夏尉臺檄視旱武子請蠲其租仍禁刑牛罷關征等事使者行之獨某屬沮格蠲租議武子力爭不能奪後租不可督卒從倚閣人服其識再調爲浦令謂民有能奉親事長服田力穡畏訟樂輸者里長以名聞厚加旌賞時架閣裘萬頃被召臨別求贈言武子曰入爲朝士寧拙踈毋便習則不失其在我者裘踐其言未朞月而出人謂武子不特勉諸己且有以淑諸人

羅必元字亨父進賢人舉進士仕至朝散大夫知汀州特除直寶章閣嘗從真文忠公游於性理之學甚邃疏劾賈似道被黜歿遺命不用浮屠可見其學之正矣

雷璲字彥實豐城人兩舉鄉貢特奏授澧州司戶璲嘗有貸於人既死無知者一日携金以償其子謝曰無有璲曰尊公實知之固辭委金而去

王仲友武寧人父病劇割股作肉糜以進病尋愈有司爲書篤孝之門

王休字致美豐城人嘉定間鄉薦兩爲第一爲文下筆

千言一旦盡焚去取眉山集讀累月沛然似之作心要十篇責王而賤伯表忠而黜佞著誠而惡僞以晏子踊貴屨賤之言爲藥石以相如子虛大人之賦爲酒色謂淵明不夷不惠爲避世之尤謂仲舒劉蕡之策或緩或激皆愛君之實識者是之

李修己字思永豐城人父希説以學行教授鄉里生修己舉進士參興國軍是時陸九齡分教是州謂當息其已學求所未學公遂與爲師友又師朱子操履堅正臨事敏決嘗哭汝愚不附侂胄李燔亟稱之弟恕己亦登第授武岡令

李義山字伯高豐城人修己子擢嘉定十三年進士授大宗正兼倉部輪對言爲善不可有疑心去惡不可有悔心歷陳進善不能無疑者三去惡不能無悔者三末復奏四事遂是罷歸其在湖南以提舉攝帥潭楚俗尚鬼淫祠矮婆假禍福惑人連邑附和成風義山曰此張角孫恩之漸也斬妖覡譚法祖燬其祠

徐鹿卿字德夫豐城人博通經史嘉定中進士累官至禮部侍郎卒謚清正爵國男鹿卿居家孝友喜怒不形在官廉約清峻所著有泉谷文集奏議講義及手編漢唐文類文苑菁華行于世子端知善化縣

徐經孫字中立豐城人寶慶初進士累官太子詹事敷陳經義隨事啓迪景定初春雷求直言所對切中時病忤時相賈似道拜翰林學士知制誥未踰月罷歸後以端明殿學士閒居十年卒追封豐城伯謚文忠

冷應徵字公定分寧人寶慶初進士調廬陵主簿以廉能著知廣州理政務不擾不倦常曰治官事當如家事惜官物當如己物開襄樊受圍日繕器械裕財粟以備倉卒後卒賴其用臨事輒斷雖勢豪不爲撓奪

舒嗣隆邦佐六代孫幼有才識器量以廣州帥閫征傜有功歷官奉議大夫出言行政雖鉅儒不能非之初從帥征傜不肯濫殺降民寧自受罪竟得破傜而還

王汝正武寧人咸淳七年母張氏病割股煮湯以進病遂愈

李龍庚字彝甫豐城人舉紹定元年鄉貢甲辰補太學生淳祐末謝方叔當國龍庚扣閽上疏言方叔耄昏子姪縱欲敗度交通賄賂權柳公論條上五欺十責之罪京尹承風旨羅織興獄少司成蔡抗率屬爭之獲免未幾宰相竟罷以桂陽軍判官終于任

李登字仲主豐城人紹定元年鄉薦特奏授耒陽簿時湖南被兵列城震恐守臣委登督修城壘規畫有方不

數旬竣事民不知役再調吉水丞經界方行覈田高下以色定等賦均而民樂輸及代郡守魏峙知登清貧檄之受納秋苗資事例以賜歸裝登代至即行秋毫無取焉

其茂榮字榮可豐城人少從李登受學族兄選字安仲俱擅文名紹定中師生兄弟同與鄉薦徐元杰榜及第調常德府戶漕江西兵馬鈐轄司幹官平生以節操自勵文學自任剛介寡諧仕進數困其所著述甚多

章鑑分寧人淳祐四年進士累官同知樞密院事咸淳中拜右丞相兼樞密使後予祠鑑在朝寬厚與人多許

當宜中字宜叔豐城人師張洽得朱子緒餘補大學生上書論史嵩之奸後登第爲右司諫與賈似道論不合去經畧廣東比還奏乞復故相吳潛官賜美謚以勵臣節復濟邸封爵以厚天倫後帥廣東元兵至力戰病創而死

熊炎字時中豐城人授靖安教諭攝縣事復教授瑞州遷廣東儒學副提舉同知英德州嘗撫傳記所載孝節忠義廉循吏爲六傳有裨風教

范巖字子巖豐城人淳祐七年進士授臨川縣主簿方試禮部郎伏闕陳十事曰嚴資善之教訓絕黨惡之議

論選宰執以盡君子之用重臺諫以開君子之交責監司以清吏弊擇重臣以壯邊圉廣耕屯以招流散救碎會以便交易謹楮幣以重宗廟續恩意以篤天倫既第復上書曰當今之時可爲治世惜者五謂公論將絕正人引去輕獻學校庇護嵩之創龍翔觀可爲明主危者六謂敵國窺江寇循海道楮幣折閱浙右盜賊軍驕而紀律不嚴拒言而人不敢諫疊疊萬言憤激忠愛亦敢言之士也

胡文舉字明仲進賢人寶祐進士主寧國軍簿調黟縣尉縣有殺人失屍者廉得其屍并其妻與奸夫姦情可士大夫目爲滿朝歡云

胡仲伯豐城人子宏登進士授高安簿給俸不時仲伯戒之曰昔鄭攸載米之官惟飲吳江水而已非無俸然惟恐虧廉節耳及歿歐陽守道誌其墓曰古人言求忠臣于孝子之門予謂求廉吏于鄉善人長者賢父兄之門蓋賢仲伯之能教子云

胡大訓字世文豐城人中紹定戊子鄉試性剛直秉道嫉邪游國學時憤權奸史嵩之奪情起復同黃愷伯等上書數其罪被逐作捲堂文辭先師歸隱于桂陂

熊大經字仲常豐城人舉寶祐鄉薦以恩科主建陽簿

時後村劉克莊爲宰大經推誠贊理見義勇爲後村嘗遺書曰昔試邑非才惟主簿忠告善道頗助陰扶罷此身于無過之地爲力最多轉龍泉令廣西憲司幹辦致仕

巨孝友字順伯豐城人學有淵源凡陰陽造化性命道德必洞究所以文清公李宗勉不妄接納屢致書幣聘之與鶴山魏了翁交鶴山稱爲修士著性理發訓造化六合海潮論撮古今名臣事跡爲政監哀風土人物爲豐水志自號平庵弟孝恭字敬伯著小學名數書行於世

賁人以爲神自是臺省疑獄多以屬之悉得平反授梁縣丞卒于官

羅一理進賢人値宋亡謝枋得舉兵圖恢復一理與弟起潛偕往後被執不屈起潛與兄臨刑相顧曰今日得死所矣既斬面赤如生

丁中字汝明新建人鐩之孫性剛介篤學力行兩中寶祐鄉舉補大學循理齋上舍與徐鹿卿矩山吳幼清爲友聚書數萬卷訓子弟必先德後藝値宋運革隱居不仕人稱曰韋軒先生

胡霆桂字直翁進賢人開慶元年進士爲鉛山主簿公

清嚴毅時私醋之禁甚嚴有婦訴其姑私釀者霆桂誘之曰汝與姑和乎曰和曰既和則能代汝姑受責矣以私醋律笞之政化遂行縣太治宗室寓地多不輸田賦霆桂繩以法卒爲誣以酷暴歸著書自娛由天經地志禮樂名物下及醫藥卜筮之書無不究覈世號寬居先生

趙時侔字謙甫奉新人宗室子也開慶元年進士授興國軍大冶尉郡守趙崇㯰以修築郡城委之帥闕責其遲不稟命與郡守俱以罪聞朝廷知其非辜特授廣東連山尉平潮州等處蠻寇有功辟南海尉就知縣事祥

興元年崖山行朝潰與幼主同沉于海

徐伯琛字通父豐城人張公洽以其子妻之因授業焉嘗語之曰讀書自有見處須盡捐富貴之習見自識聖賢之心讀論語則如親見孔子讀孟子則如親見孟子因言求意方不枉讀受教左右數年修身踐言聚書益富建闢浩閣以貯之號齋曰東林有花竹之勝家不踰中人而買書延賓賙貧施藥不吝景定癸亥授迪功郎年九十三卒子純子欽皆能力學以繼其志云

陳友沅字直翁豐城人篤學力行景定中鄉舉時兵興鄉豪斂民伍搆鄰寇渠魁號藏協從悉舍之人以爲德

所著有春秋集傳等書傳于世

王義山字元高豐城人通易學景定三年進士歷仕自永州戶漕至江西帥司參議官分司贛州入元提舉江西學事寓居東湖初宰新喻有訴僧紹南還俗者義山判云紹南棄異端從吾道自人其人不亦可乎漕使江古心見而是之湘潭縣豪李氏爭田不遂獻之學義山引春秋齊人來歸汶陽之田書來歸者心悦而歸之也李非心悦先聖其肯受乎仍還李氏號稼村數月[illegible]爲墓志而卒弟義端聯名鄉薦仕至綏寧令

徐思立字志夫豐城人景定三年進士授南雄教授[illegible]

臨江路丁大全當國植黨諫官與諸生扣閽攻之有旨
戒諭立名學宮思立爲書抵祭酒反覆萬言轉聞以伸
公論於是十年不得志德祐初改奉議郎尋除武學博
士罷歸謀走海上不克遂卒有雜著若干卷藏于家講
議刊於臨江郡庠

吳仲軒進賢人度宗時進士嘗語江萬里曰國步日蹙
吾不復仕矣茲行試吾斤斧之利鈍耳遂歸隱教授於
鄉四方從游者衆盱江程鉅夫嘗薦引不起作詩謝之
云抱疾經年久何期徵詔臨芸窗書已蠹竹徑葉花深
空返皇華使難忘鷗鳥心懷君雖感激衰鬢不勝簪

曾光字元明豐城人紹興二十七年進士嘗判融州彊
寇李接擾旁郡獨不入境移知房陵房西馬所經校率
者執券要索不已光給予如律卒群譟庭下悉擒械之
謂其校曰朝廷所需者馬爾於若輩何有其人謝過戢
衆以去

李毅通字幼剛龍庚子景定三年進士歷任蘄黃縣尉
江州法參靜江教授安慶掌書記撫州推官階文林郎
爲文有家法在江州奉母之官載米以養攝瑞昌宰臘
雪艱食勸所親厚者各從鄰巷量輸之糴人人樂禀命
云

熊汝壁字允夫豐城人咸淳戊辰進士授崇陽簿九經
不釋手一月一過讀李義山嘗執經於其父琱門下及
李漕湖南汝壁留其閣有僧以楮鏹萬緡求通關節汝
壁毅然曰某與李公三世以道義相交何可晚節以利
相浼邪

楊龍偉進賢人登進士爲鄱陽縣簿辟都大提點坑冶
司幹辦公事在鄱陽時信州軍亂焚其邑提點刑獄司
檄龍偉往視龍偉誅其首數人餘釋之邑大饑民胥結
黨爲盜舊制義倉非朝命雖持節使有朝命無臺檄皆
不敢擅發龍偉曰事急矣獲罪不辭也乃發義倉賑之
民遂安

徐欽字汝敬豐城人家藏書數萬卷無不覽記工詞賦
通六經試胄監參大學明善齋內侍董宋臣除押班主
管大廟及國信所都大提點欽率同舍生抗疏言國信
不可付閹寺內臣不可與兵權主管大廟不可用不祥
之人再疏不報入元不仕開梧陽精舍集生徒延老成
爲之師更相訓誨寇數未息群盜再過門適外戶未關
皆歛戢去歿年八十九

李嗣俊字士愚豐城人舉胄監都城旱詔求直言上書
乞逐女真立濟王後收召言路逐臣罷龍翔宮土木削

萊陳韓總軍毒民請遂之行臣誠五日不雨請斬臣以正欺君之罪弟良字士愷舉鄉薦兄競奕文思泉湧開塾授徒歲嘗數十踰學者曰活機活物也惟活故無往非自得之妙

南宮靖一字仲靖寧縣人端平進士嘗著小學史斷二卷其論周秦謂作史者當于莊襄之元年東周既滅特書周亡然後進秦使接周統於莊襄之終年呂政嗣立特書秦亡然後正其姓氏別爲後秦斯實録矣今乃不然東周未滅遽進昭襄之秦呂政嗣立猶冒嬴秦之姓於周則絕之如恐其不亟於秦則進之如恐其不多好惡不公是非逆置其謂之何哉其立論皆如是自號坡山主人

王用龍字震叔進賢人德祐丙子宋亡用龍誓不爲異國民時謝枋得招諭江西用龍檄衆往附其詞曰以燕人而伐燕全趙壁而歸趙爲元鎮守兵所獲欲自經守者奪其帶家人饋食至碎甆器齘吭而死

趙若煥字堯章進賢人年二十三值宋祚訖賦草之茂三章援琴而歌與箕子麥秀歌同悲弟若燧受當路索絡俾同游者諷之來歸披閱古書得精要語遄筆之策日曰備忘告戒內外戚疏又著中庸講義適情小藁逸民自得合若干卷平居未嘗免冠褰裳嗜酒不致醉每微酣令人歌淵明歸去來辭自吹洞簫以和書閣臨池扁曰曉泉年八十晨起安坐而逝

揭道孫字志道豐城人業進士一筆千餘言世華技無所施因徜徉山水幽處痛飲狂歌繼以大息教授鄉里每食舍肉將歸遺親親沒事兄如父事姊如母姊寡有子十歲被俘極力偏求弗獲養姊于家終其身作堂名廣思歲時於中序族年逾四十而鰥不再娶晚嗜佛書年六十八卒

黃介字剛中分寧人意氣卓越喜兵法制置使朱禩孫帥蜀中介因上攻守策禩孫受之以自隨及貴辟充廣濟簿尉平反死囚尹不能抗錢直孫復辟入幕及與直孫別誦南八男兒死爾語以勉之後家居帥鄉民登龍安山爲保聚計德祐元年北兵至砦衆奔潰介堅守不去且射且詬面中六矢不動顧謂家童陳力曰爾盡力勿走力曰主在死生同之介身被鏃如蝟面頸復中十三矢倚柵而死力亦死妻劉氏被掠于甬中逃得不死及壯求母四方逾十年得于京以歸州里稱爲黃孝子云

盛溫如錙充李充家皆豐城人溫見知于朱晦庵充受知

于真西山克家爲遼陽儒學提舉均之博學治聞之士也

余炎午字光伯奉新人登咸淳乙丑進士授漢陽縣令以文學才幹稱秩滿安撫使徐安民辟湖北又奏留兼權機容在幕府有挾貴與居民爭地民不得直炎午毅然直之同寅莫能奪有軍官恃勢爲民害炎午執擬從軍制帥守欲護之而不可撓以諸司交薦除靖江府通判命下不就入元奉總府及臺檄教諭鄉邑暇日喜吟詠賓友賡酬成秩取韓氏詩平淡二字名其集炎午得導引訣心和貌偉年老童顏子孫一門四世詩禮之風

譪然可稱教諭應魁其子也

元熊凱南昌人精義理之學以明經開塾四十餘年時稱遜溪先生從游者衆同邑熊良輔受學焉又善屬文所著有易傳集疏風雅遺音小學入門等書

雷光霆分寧人家居教授學士程鉅夫詹天遊皆其徒也嘗註九經輯義五十卷史辨三十卷詩義指南十七卷至元間遣使徵拜未幾卒學者稱龍光先生

熊朋來字與可豐城人宋咸淳進士授寧慶僉判未上而國亡遂隱居教授元初以薦爲福建廬陵教授所至講論經義考古篆籀文字調律呂協詩歌以興雅樂終以清州判官致仕學者稱爲天慵先生所著有集三十卷子太古鄉貢進士有文名

揭傒斯字曼碩豐城人幼貧讀書晝夜不少懈父子自相師友由是貫通百氏凡三入翰林朝廷臺閣之儀靡不閑習立朝雖居閑散而急于薦士爲文章叙事嚴整語簡而當詩尤清麗善楷書行草殊方絕域咸慕其名卒謚文安子汯工翰墨官至秘書監丞

廖立孫字幼與豐城人至元十九年鄉寇大作立孫負母冒白刃逃難及安歸孝養終身與江華不殊揭翰林曼碩題其墓曰有元純孝廖立孫之墓又爲作詩刻石

曰豐城昔在至元庚辰寇紛紛亂如鬼是時廖生負母行不死白刃天有情固知至孝天必感母子全活見太平廖生雖死猶未死往往遺民言此事如昔江華遭亂離負母逃潛經險阻情詞惻惻賊舍之孝行還堪繼今古嗚呼薄俗梟獍同墓上請看純孝字

趙一德新建人至元中被俘至燕事鄉留守二十年忽泣請歸視父母許之至家父兄已歿惟母在年八十一德等父兄畢如期而還留守嘆其孝即縱之將辭歸值留守以冤被誅餘皆忘去一德獨留爲訴枉得雪其家分以田廬一德不受而歸皇慶初旌其門

丁[illegible]字上欽新建人聰明純溫沉潛義理游吳草廬門
草廬禮之爲製士敬字說范椁嘗柎其背曰有美君子
如余如玉吾不及也母病侍湯藥不解帶者兩月及沒
哀毀幾絕時吏督氏買鹽榜笞無虛日乃鬻帑以代輸
鄧氏子命孤則教育之爲娶暇日手編金閨彝訓八卷
自號小溪有小溪集四卷小溪寓興十卷授龍興酒務
大使未任值兵變壬寅卒于家
榮應瑞寧州人嘗官崇仁邑校秩滿吳草廬先生爲文
送之畧曰應瑞爲人發言雅馴處事雍容官于崇仁三
年與少者相安與老者相得內無町畦外無圭角自始

至建官滿如一日藹然揖讓于洙泗之間蓋非常人也
趙德宋宗室博學工文隱居郡城之東湖嘗著四書箋
義五經辨疑行于世
夏景孫字權可分寧人自幼讀書資性勤敏博通經史
進士余貞師之其教人以孝悌爲本事父至孝旦暮必
溫凊問起居飲食親調時新茶果父未食不敢先食後
執喪一遵禮經時人以巨孝先生稱之余貞脩史以其
精通史學薦未及上而卒
冷敬先字有華寧州人登進士授武義縣尉遷長興州
判有嚴酷聲後轉宣政院咨省副使太[illegible]敏捷深識治

體與元明善虞集友一日以言忤執政遂求解任二公
惜其去爲詩文贈之嘗歲約入租十萬餘石恒分恤族
黨之貧乏者士論韙之號巨波又號木溪
龔煥字幼文進賢人通五經師饒應中其歸宪一以明
體反躬爲務所性所樂初不外求時科舉未行學者猶
踵宋末之弊文尚華靡煥獨與學者議曰苟以科舉進
士必遵朱子之學其程式皆預爲擬定煥歿而科目興
一如所言所居在泉嶺下人稱爲泉峯先生
熊復字庶可新建人以五經教授鄉里四方來學者常
數百人以明經舉進士者衆著春秋成紀以惠後進門

人稱爲西雨先生子吉以春秋中至正甲申鄉試世其
家學士林重之
朱仁二靖安人仲和之子至正間母劉氏病篤藥禱無
應於是割股取肝救母得活　詔立精孝坊表之
包希魯字魯伯進賢人穎異絕倫嘗校古文尚書於吳
文正公之門其該博於書無不讀探優皆可爲後進法
教人先德行而後文藝士習爲之一新門人傅箕輩私
謚爲忠文先生所著有點四書凡例易九卦衍義詩小
序辨說文解字備義及原教說儒等篇
王懷字景符師事包希魯得其與旨索居山林以道自

處遠方子弟之受業者皆循蹈正學師道甚力壽九十
四卒
熊東字季隆凱之子嗣守家學從游者衆其為學堅苦
刻勵于聖賢格言真知篤信以四書五經為日用飲食
造詣高遠踐履平實後辟臨川學正不就
陸幼遇奉新人五世同居家數百口讀書講學八歲中
九經科著韻府羣玉行世
焦位字致中進賢人少聰穎游吳草廬門授書經心純
行古以孝聞末季兵亂痛父母死于非命誓不飲酒食
肉結廬墓側洪武初辟授池州府學教授卒于官

龔道源字士原新建人刻苦讀書教授鄉里從者甚盛
多以經學登第著有雲山夜話集學者稱為碧梧先生
湯霖新建人早喪父事母孝母嘗病熱更數醫弗效母
曰惟得冰可愈時天甚燠霖累日號泣池上忽聞池中
戛戛有聲視之乃冰澌也亟取奉母疾果愈郡守聞于
朝嘉其孝行授臨江路儒學教授
舒泰奉新人以春秋登至元進士居父喪一遵禮制虞
伯生嘗云泰行古道不為世俗所變而足以變世俗也
任分宜丞有辨冤獄却虎患屏妖祟數事歐陽玄稱其
有剸煩治劇之才剸水[illegible]之際兵難起某帥慕其才

欲授職之不得次年冬倡義兵誅寇而鄉境殘黨復大
至怒罵不屈遂遇害
余真字復卿寧州人中泰定丁卯科第授上海丞調東
陽縣令皆以政聲聞事父孝每事必咨稟而後行及還
鄉四方執經從者不遠千里後至元庚辰秋以翰林修
撰召修遼金宋三史史成乞歸養中途聞父喪痛哭徒
跣數百里居喪盡制哀毀骨立有司上其行于省府未
幾寢疾卒
樊列篪字世德曰鵬人父文質官江南遂居豫章列篪
兄弟五人俱登進士方伯表曰五桂坊列篪由翰林臣

海潮州有惠政罷歸民留之不得至正間紅巾亂瀚臣
檄掌東門之管奉命往別道士陳白雲曰予世為忠臣
兵事不測志不辱國辱先死則願以身家相託歸具牲
酒酹祖墓屬妻黎曰今寇圍城幾一舍倘不守爾等當
即赴池井勿污爾身忝爾祖城陷列篪遂投井死妻妾
子女死者十有一人明日道士旁諗一室盡死乃浚井
竭池求屍具棺槨以葬聞者為之感慨云
黃沖字季中南昌人時汝潁江淮兵起陷江州南康至
龍興城下官軍與戰遂大敗之一時守吏卿於承平束
手無措惟沖驍勇率下每戰有功後新建遣使置義兵

將校遂授冲左義兵副千户官昭信校尉佩白金虎符廉訪使吳當奉詔招捕即召冲收兵從征冲曰自群逆摧却省府政治日懈使君能布宣天子恩威民可得也會火你赤攻奉新靖安冲獨背城力戰而你赤遂遁其將疾冲不與已合誘致議事遂被害論者惜之

吳德文吳德機莫以中俱寧州人時草寇侵掠州境德文等起集義兵從州判楊宗訓守把武昌界與賊戰於南樓嶺宗訓敗德文以中等復統兵從宗訓收捕戰於黄岡累勝乘虚追逐賊伏兵四起宗訓謂德文曰我世受國恩報國是此時也若等各宜逃生德文等泣曰相公既不負國恩我輩豈敢負相公耶誓與同死於是奮戰宗訓被殺德文德機以中力竭就擒以中奪監押人刀以自刎德文德機俱被殺

祝興可寧州人世業儒時草寇殘破州治率鄉丁應州判楊宗訓以圖恢復値寇余佑二等攻吳僊里迎戰大破之寇遁又同余天常搜捕佑二以火爆其岩石遂擒殺之餘寇吳娘子劉院判至高嶺復遇戰力屈遂爲寇所擒罵不輟口而死

胡紹遠武寧人至正壬辰外寇侵燬縣治居民四散紹遠兄弟五人倡義聚衆保障鄉里賴之而安者五載江西右平章道童左平章火你赤差官齎禮幣至邑特加慰勞巳亥秋與僞漢陳友諒兵戰於建昌之麻潭力不能勝兄弟皆死之鄉里立祠塑像以祀焉

伯顏西域人其祖父仕江西因家焉伯顏由東湖山長辟爲行省都事至正中兵陷伯顏間道入閩計攻復建昌因陳江西緩急之勢朝臣驚嘆奏授南恩知州後除吏部侍郎會全閩二廣皆歸　國朝由是潛隱北山洪武中以禮往徵伯顏聞使者將至作七哀詩祭同事死節之士飲藥而卒

樊復字明仲進賢人幼警敏好學有大志至正間寇攻郡城江東之黨操舟應之明仲率弟文仲姪用行屯兵下流禦之力戰殺其渠魁未幾寇攻北山明仲復戰于新塘力不支與弟姪死于新橋事聞贈明仲進賢尹文仲臨川丞用行崇仁簿

范復亨字顏卿南昌人舉進士不第省署吉水等州都目後歐祥彭瑩合寇袁州復亨募集義勇力戰而死

毛鐸字仲聲郡城人治詩經不第省署爲富州學正時士儒李明道集衆據州治脅爲從事仲聲曰我爲士人肯從爾爲亂乎李曰若勝屈于我富貴立致仲聲抗然曰吾寧折首不爲屈膝遂遇害

鄧祿字伯壽奉新人任臨江府照磨領義兵從胡萬户
援江西至豐城遇水寇力戰手殺數十人死之
劉中行字明復郡城人博洽經傳隱居不仕時號儒宗
諺曰若要明從中行攙槍中人多遇害中行謂其妻曰
人生終有一死與其死於寇孰若死於己乎遂飲鴆死
妻亦如之
吳孔昭進賢人刻苦問學紅巾寇其家縶其祖欲兵之
孔昭叩頭流血請以身代寇矜而釋之子預孫晟相繼
登第人以為孝感所致云
萬穀字子義進賢人性至孝有愛妾少忤母意輒出之
至正間流民刼掠一村賴以全安又樂施以周饑寒鄰
有疫瀕月入其室抗詞祝神曰獨不憐其貧苦乎脫有
靈移患於我疫遂息母歿結廬墓側
張原吉南昌人至正間兵亂失母哀號求之踰年始得
性好古尚禮不事矯飾冠婚喪祭一行之以誠重然諾
死生以之居多淫祠未嘗一往來志行孚於鄉雖童稚
亦敬憚之子侗孫武賢佐俱擢賢科
熊釗字伯幾進賢人至正甲申以春秋領鄉薦授崇仁
學遷進賢適徐壽輝兵犯江西釗與樊明仲合謀倡義
立營柵以守時江西被攻甚急外援不至乃出奇兵與

戰連捷夜遣兆上持羽書入告城中得報乃併力出擊
圍解授臨江路知事入　國朝洪武取校書會同館賜
宴所著有學庸私錄等行于世
丁之翰字季蕃新建人儼季子幼從父講學頴悟絕人
稍長業五經文名著聞壬辰兵變奉父母避難郡城時
城中饑疫罄橐以贍姻族多賴以全隱居屢薦不起入
國朝職教新建縣學遷進賢教諭徵為主事以疾辭榦性
剛介不隨流俗造士以明體為先著有潛夫等集行世
聶惟寅字孔肅豐城人至正間同弟仲肅從陳植游於
龍光書院時植倡明正學一時士類若朱傳萬等皆與
為友所著有樗櫟集　國初累薦不起
饒原惟受學于饒雙峯與聞性理之學萬復字明復受
學于龔泉峯王楫字用濟少穎悟博學善屬文學者稱
槎江先生熊良輔字任重受學於熊東學者稱梅邊先
生熊原字孟和受學於熊凱學者稱端學先生王復亨
字復心深明易理鄧紹先博學工詩雄健有體裁集以
才子稱之已上皆南昌人教授鄉閭有功後學云
黃麟字文昭弟鳳字文儀南昌人至正壬辰江右盜起
麟年十二鳳甫十歲奉母避難備嘗艱險幸得保完入
國朝兄弟友愛始終不渝鄉人推重稱麟曰純翁鳳曰義

翁俱年踰七十
萬俊可進賢人少負才畧性直無私元至正壬辰邑陷省臣委脫歡員外復之時俊可招安縣民已及其半遂辟爲宜黄尉辭不受脫歡欲殄餘民俊可訴之貰其死民獲更生至今德之
楊行道字中道進賢人龍偉子學問該博操行醇篤嘗於途得萬姓者遺珠萬求之甚悲行道矜而還之歳饑群盗過其里咸相戒曰勿驚楊宣教事聞旌其門爲高年耆德之門
鄒季嘉新建人由府吏歷官至奉訓大夫湖廣省郎中

居官以廉介自持政績爲時人所重
甘士廉豐城人官至嘉定知州嘗爲廣西帥慕蠻獠咸信廉介著聞時論翕然推之
熊自得授崇文監丞熊釣授儒學提舉徐可久辟當塗令徐智授同知陳仲易朱本俱授徒鄉里已上皆豐城人傳通經史之士也

新修南昌府志卷之十八終

新修南昌府志卷之十九

人物傳

國朝劉秩字伯序豐城人吳元年授典簽尋除檢閱出爲徐州同知洪武元年召議郊廟禮陞崇明州知州民素苦酒賦繁重及塗田賦有常額至郎爲　奏除之夏無麥復請估錢帛以輸民得不饑歳徵戸口食鹽米民尤所苦　奏減估米三萬石有奇民大悦爲立生祠未幾以詿誤謫幼子孫孫年十二詣　闕申寃
上憐之白其事乃斬誣者
李宗頤字正叔靖安人自幼聰穎年十二以能詩聞陳

友諒陷南昌妻夏氏自溺井宗頤義之不再娶國初擢國子監學正改丞渭南單騎剖決隣縣爭地縣歳輸糧二萬而田無定額乃立法丈田公私兩便後拜監察御史累官禮部尚書卒表爲義夫
張謙南昌人明經飭行初職教東湖宗濂南書院洪武初有司以文學舉拜監察御史尋辭歸布政李宜之薦舉入朝講周易稱旨吏部覆試第一陞刑部侍郎文行蔚有時名

包實夫進賢人力學明經事親至孝嘗館授于邑太常
里暮歸忽遇虎途啣其衣曳至林莽中實夫曰爾欲食
吾肉吾何憾但念父母垂老缺終身之養虎知我呼虎
乃起復曳其衣至故處而去人以爲孝誠所感
包宏字用夫洪武初膺文學舉陳情乞養父奉部咨文
學首舉辭不獲至京　上問陰陽鬼神對稱旨授

勑差遣山西察訪政等事至官舍疾卒大書于壁曰學傳
乎道統心貫乎一德功被乎天下言利乎後世此聖賢
之學君子之事也書畢正衣冠端坐而卒
熊鎮字孔昌爲淮安府教授學博才贍善誘人燕居必
衣冠整肅無怠容一郡人知向學士風爲之大振門人
各以經術授受皆其遺教也季子恕有父風以鄉舉官
至無爲州知州
朱善字備萬豐城人少聰穎十歲能文通四書五經大
義及壯以經學授諸徒值兵變隱居不仕以道學之傳
爲己任洪武初薦授教授及赴廷試第一授翰林院修
撰署院事知制誥極承寵遇後以事獲譴家居未幾復
召爲翰林侍詔授奉議大夫文淵閣大學士乞疾歸逾
年而卒所著有詩經解頤輯釋史輯等書傳于世
周銘字仲彝寧州人性孝友善屬文通詩書春秋三經
痛父埠任交阯金場大使死節屢舉孝廉不就隱居鄉
廬以孫季麟貴贈都察院右副都御史
向寶字克忠進賢人洪武中進士授兵部員外郎歷應
天府尹出爲浙江鹽運判官洪熙初累官至右都御史
兼詹事府事宣德初條陳缺政八事皆有裨於時秩滿
致仕卒於南京

胡儼字若思南昌人未冠知名博極群書詩文豐裕才
足以達天人智足以籌帷幄中洪武鄉試授華亭教諭
陞餘干講授每至夜分宰桐城　奏免逋賦秩滿擢翰
林受知永樂洪熙朝直內閣備顧問眷待優渥陞國子
祭酒以師道自重有胡安定之號乞歸進太子賓客林
居二十年日與學者講道德性命之旨充養益粹蓋深
章之學由雙峯饒氏弘齋李氏遡之紫陽朱子以續夫
濂洛之傳公以自任興起後學所著有頤庵集
萬鋼字仕堅南昌人洪武庚申舉聰明正直　廷對
高皇御門問曰天下何人快活諸選士對皆不稱及鋼從

民對曰畏法度的快活　上曰朕改一字守法度的快
活即日命吏部除授廣平府同知有惠政鑿石改道石
中有六十萬鋼改路南行人咸異之廣平府至今西甬
祠存與胡儼同時

龔鎰字了諫南昌人領洪武鄉薦擢給事中陞雲南僉
事教屯軍引水灌田適廣西叛寇猖獗親督官軍進討
生縶兇渠還所掠良民男女數多後陞四川按察使辨
釋死罪未決者五十餘人平生鯁介不阿執法有聲在
職四十餘載無異寒士長子海鄉科任部州知府廉介
剛直士民畏服次子浩鄉科任知州

范敬先字思祖新建人洪武初進士官御史嘗指陳闕
失言過激切　上怒命磔之市磔者已披其兩乳敬先
曰姑止吾有詩獻詩云劇人呵叱廟廊器　聖主磨礱
梁棟材　上得詩亟命釋之後謫趙府貧不能歸或濟
以麥舟道遇親友其貧尤甚即以麥舟轉濟覓困之以
終

石彥誠字誠之寧縣人登洪武庚辰進士授武義丞下
車召父老立廳事再拜諭以相翼理民或以爲過彥誠
曰吾誠心必有感俯嘗檄所部供億武義獨多彥誠請
府白守減三之一會　召修永樂大典父老不忍其去
有泣涕者書成陞廣東徐聞縣知縣治如武義時居急
遽中未嘗妄撻一人而公事亦未嘗不集上官按臨或
以私意干索一毫不與大學士楊溥嘗薦其孝友廉平
學術醇正宜居近侍未及徵用卒

吳存南昌人洪武中領鄉薦歷官中外才能著稱永樂
中陞山東布政使寬平仁恕深得方面體善吟詠尤長
於草書

徐彥成豐城人嘗師城西朱至真洪武壬申洪水衝入
城舊家皆得賜往省其師師言兩家城中地登卑宜歸
凡三建乃去此歸巨浪洶湧時已四鼓虞師必免予舉
復與鄒駕舟往救俄而舟覆鄒緣木免徐竟溺死

黃輅字子威進賢人由吏員洪武間薦署屯田主事歷
刑科給事中擢松江知府值饑疫交作發廩蠲稅民困
以蘇時沈女妙蘭嘗出肝活母江都令任子英妻曹秀
真北兵至欲汚之不屈死俱奏表其門嘗以事如嘉興
歸老稚數十谷携蔬菓趨舟投之呼笑而去宣德間懇
乞致仕壽八十餘卒在松二十餘年五去政四保留松
民謂自來郡守廉能明斷未有及者至今祠祀焉

劉孟雍南昌人洪武二十五年由人材舉授濟州龍溪
知縣陞保定府安州知州濟民保留有異政卒于官民

[illegible]像立祠

黄宗載豐城人登洪武進士授行人遷湖廣僉事諸道惟銅鼓五開多巨奸難治公至榜諭諸姦豪悉戒懼無敢犯者謫驛丞起御史奏張斌不學無術當伏法士論壯之齊延按交趾比歸橐無交趾一物工部尚書黄福曰吾閱御史多矣惟宗載知大體及爲吏部侍郎與蹇義協力一心進退人才號爲得人尋轉南吏部尚書引年致仕王冢宰直謂公正己率物不少回撓一時稱爲德之盛焉

鄔修字存誠南昌人中洪武進士初授行人歷官知府

生平操履清勁士論無間

章彬字自新南昌人兄弟四人洪武間　朝廷遣使覈田彬仲兄自勗任其事以直結怨鄉里有朱同文者陰唆黨類訟之　朝刑部建繫兄弟盡論死侍郎高公審而憐之謂宜罪坐其長四人爭死彬請益力高公義許之彬在獄分饌同繫者幷經紀于巡檢等後事未幾朱同文以罪繫死　詔獄彬竟蒙　宥戍遼東比還諸兄尚無恙歡聚二十五年卒人以爲天道福善之報

徐伯恭南昌人山西行太僕寺少卿素抱清操夷險一致致仕歸行李蕭然安處舊廬非飲射不入城府

陳仲賢武寧人爲祇事母[illegible]氏極孝洪武間母病割股煮湯以進服之而安者數四後爲吏歷事于　京母病乞歸省既而病革仲賢潛入幽谷中焚香籲天剖脅取肝煮粥以進母復愈永樂初以事聞擢鴻臚司儀署丞旌表其門

支黼字孟㷖弟黻字孟冕進賢人祖蘭石嘗建祠學宮以祀漢唐宋諸賢且捐田爲祭後人高其義以配於祠父叅卒母寡撫養黼黻俱成立兄弟同處無私貨無間言事母以孝聞洪武五年江西行中書省進黼貢于京師歸卞文驗臬司據法論死黻聞之詣臬司請代臬

司義之乃减末等謫戍臨濠後遇赦還一邑俱重其行

顏溥饒用文俱進賢人溥善事親嘗創百丈龍橋夏則施茶以祈親壽父卒廬于墓側用文以貨藥爲業貧病者輒濟之母病割股飼母病遂痊

張顯奉新人父士原洪武初以儒士薦不就嗜經史善草書學者稱爲誠齋先生顯以明經舉授王府教授永樂初與修　國史遷國子學正考績書最特陞國子監丞

劉端字季莊南昌人建文二年進士驟遷大理寺丞庶明執法先奉　詔召兵靖難抹　詔還朝問舊主安在

後因治方孝孺獄書月繼息樹陰剔鼻而卒平生負浩然氣每以天下事自任在詔獄時有詩云綱常千古事此日屬銘彝所著有儒行十二篇懷古詩集并百家輯錄隆慶初　詔恤革除死難諸臣建大節祠與同省死事十四人同祀

王高字　　南昌人與劉端爲同年進士又與端同官靖難後坐繼方孝孺息樹陰剔鼻而終隆慶初　詔恤革除死事諸臣與端同祀大節祠或曰高爲刑部郎中

吳淑潤字子愉豐城人永樂初登進士第授福建道監察御史有容譽風尋陞浙江按察司僉事聲稱赫然

丁倬字秉章豐城人由鄉舉任教職陞崇金知縣居官清淡臨民平易秩滿去任儒隽贈詩云一塵不著岸珠謗萬變難磨鐵石心人以爲實錄

呂爰正奉新人永樂初中鄉試擢兵部主事廉謹守法歷陞郎中精於所務輿論以爲不可釋特陞左通政仍理司事有武職坐無辜爰正出之一日公暇於坐見一黑光幘乃金寶而漆外者爰正意必所出無辜官所酬亟追還之其清介類此尋以老疾致仕

盧淵字文淵郡城人洪武由監生授主事轉員外郎中以賢勞特陞兵部侍郎永樂初復起爲侍郎視事及巻

同列退秉燭治文書不少懈嘗督工運木河上[illegible]人不勞後進表北京遘疾　上遣中使賜藥齎與[illegible]爲人端重謹飭終始不渝凡所謀爲深洽輿情卒贈本部尚書謚恭順

崔彥俊新建人永樂壬辰進士以才授貴州思州知府府治新立到任未久百度具新九載滿老幼留泣塞道二十里長官司爭進馬保留賜秩正三品復任丁內艱改直隸徽州郡多訟首除興訟之徒百人諸縣凜然新安衛卒素放縱刦奪即劾奏加以重罪自是秋毫無犯學校屢拜之人乃立法季考嚴行賞罰中第者自是不

絕歲時必躬行境內開陂塘通水利不堪耕種之地奏免稅錢九載致仕而歸子琬有孝行

孫日良字良齋豐城人登永樂辛卯進士拜北平道監察御史適有獻瑞者應制賦詩特賜　褒嘉陞知交州府後改重慶府會都御史賈諒奉　勑芟除豪惡羅織獄結不解乃爭活數百人正統間擢廣西布政使時廣多盜勦賊殄戚捷聞賜綵幣寶鈔丁外艱起復爲都察院右副都御史鎮守臨清未幾得疾懇求謝政歸二十四年壽八十七卒

史安豐城人永樂己丑進士授禮部主事陞郎中時文

人復叛兵部尚書李慶參贊軍事與安併進士陳鏞以助師入交趾賊於官軍所經之處悉列柵以守總戎柳升連破之頗有矜色安鏞言於慶曰總戎之意驕矣驕者兵法所忌安知其不示弱以誘我乎升不知戒明日以數百騎獨先賊伏兵四起升被鎗死其副將崔聚整兵復進賊驅象進鬬衆亂被執安鏞皆死之時守帥隔遠未及以其節聞

衛源南昌人永樂丙戌進士擢監察御史累官河南布政賑恤饑民全活者衆二年入爲刑部尚書與顧佐齊名

徐義字伯制南昌人永樂乙未進士授監察御史歷陞廣東按察司副使河南左布政使所至俱有聲初拜御史問爲官之要於祭酒胡顧菴以前輩居官有三事勉之云一要省事二勿避事三行所無事蓋知義有才而致箴也義祖得明洪武中嘗以耆老入覲

高皇帝親訪民隱慰勞甚至給鈔五萬錠命儲粟備賑得明選立東賑倉於乾封鄉歲儲穀一萬石歉則散豐則斂無豪猾侵蠹鄉民賴之

況鍾字伯律靖安人由吏員永樂間爲授禮部主事陞郎中簡知蘇州府授璽書假便宜從事至則梁除屬吏卒不法暨豪右恣侵者絕不少恤章善癉惡吏民震慴與周文襄講求糧運之法奏減重額虛徵糧合一百二十萬餘辦釋誣入軍籍千八百餘復逃戶三萬六千七百餘種種興革皆綱紀大務正統五年滿績郡民八萬扣 闕請留再任七年卒於官論者謂其廉潔之操一塵不滓執守之固千夫莫回

丁鉉字用濟豐城人登永樂乙未進士由博士歷遷刑部郎中尚書何文淵薦爲本部右侍郎正統間虜寇犯京畿 上命治兵太監王振主親征不與外議及

命下即上章言邊鄙之事惟嚴備不必親御六師無本兵

師行次唐家嶺軍中夜驚失大將所在鉉嘆曰是豈可以言用兵耶因詣帳殿力請車駕還嚴號令明賞罰責成於諸將足矣 上嘉之不決退又連章請還皆爲振沮來報者言虜大可慮始用前請振猶從容虜奄至鉉遂遇害景泰初贈尚書追謚襄敏

萬觀字經訓南昌人永樂辛丑進士授監察御史陞嚴州知府七里礁漁舟數百艘晝漁夜竊行旅患之令十艘爲一甲各限以地使自守由是無復有警嚴光祠久廢侍創之且求其後以奉祀以憂去郡人乞留不果庚服闋上章願復得觀爲父母會有言平陽吳剛非

可詔改平陽時百工赴役後期工部令械繫就道多死
乃悉去其械諭遣之民歡呼即役修堯祠有芝生於梁
累有善政遷左布政使卒
夏希純名寧豐城人登永樂辛丑進士授南京刑部主
事盡心鞫獄陞本部郎中薦陞陝西右叅政振紀綱恤
民隱調度邊儲斷復民田皆井然有條陳疏致仕號南
歸翁未顯時喪毋廬墓黃金城扁其屋曰讀禮清舍
胡清南昌人以明經授沂州訓導永樂九年知泌陽縣
持身廉謹門無私謁視民如子前宰以邑小視學校爲
不急務清日再視學懇懇爲諸生講說泌科貢大盛至
是始得人在任六年民安其化以疾卒葬泌城東故老

耆民歲常致奠焉
王璉字仲璜新建人永樂戊戌進士拜監察御史宣德
間巡按福建劾奏內臣取花鳥者恣肆貪虐　上嘉之
即其處誅焉部境悚慴
范衷字恭肅豐城人永樂辛丑進士歷廣東昌化鳳陽
太和二縣尹陞汝州知州居官視民事如家事每去任
民輙哀戀不舍平生清苦飲食惟求充饑絲絹華綵未
嘗及體特冢宰王直推天下廉官三人衷爲第一性至
孝廬父墓瓜生連理又有三白兎遶墓馴走八郡孝感

所至二子鏞鉞皆進士官藩臬長有聲于時鏞任廣
政績尤著
孫曰恭字恭齋曰良弟永樂甲辰進士第三人及第歷
翰林編修修撰侍講廷試時第爲狀元析卷嫌其名若
曩字遂置第三曰恭端志雅操問學醇篤爲文簡古三
楊公甚器重之惜未大用而卒
熊觀字用學豐城人由貢入監永樂初因精於律筭教
習六部授刑科給事中陞屯田司郎中値營建北京勞
瘁常州知府江陰有田沒於江賦猶在民爲奏豁之俗
尚華靡嚴禁教本轉鳳陽知府歲饑親勸粟賑濟正統
間薦陞山西叅政昔多逋者由是復業若歸市焉所至

郡邑旌廉能懲貪墨風釆凜然及致政執經業者無虛
日號退菴
熊昱字爾耆豐城人永樂辛丑進士任監察御史陞湖
廣按察司僉事清介有聲致仕起爲叅政不赴
丁俊字秉存豐城人永樂丁未進士任監察御史巡按
福建食惟腐人謂之豆腐御史都御史陳智每畢之以
勵群屬以剛直忤權貴謫嚴州河南二府推官卒
范冉昌豐城人任光祿寺録事宣德初應求賢任守令
詔禮部郎中史安薦冉昌處心公正與物慈祥　召對

安民策稱旨陞宜興知縣改龍陽所至著廉能聲卒于官

劉顗豐城人任舒城知縣平易近民勞心撫字眞如父母之愛子弟去任久民益慕焉時論以爲良吏之最

余儼字持敬南昌人永樂癸卯鄉薦除光澤縣學訓導陞郴府紀善正統己巳因登極恩遷河南光州判官明年召爲大理評事以郊宴倒不得與改監察御史復以宴不得寄席坐殿上超擢右僉都御史天順改元出知常德府未幾歸卒

聶好謙名遜以字行豐城人永樂辛丑進士授工部主事遷郎中擢知廣州府抑強扶弱除弊革奸權貴有所需拒之弗惮郡稱爲仁懷太守值新會冦聚官軍捕之不克鎭巡檄好謙撫安賊聞之曰此吾仁懷太守來也俱投戈降未幾賊復發攻圍廣城都御史楊進登城諭之賊曰必得吾仁懷太守面諭我等即散去好謙奮然欲往衆遏之不果既而憂憤成疾卒滿城哭慟如喪父母賊平衆即所爲祠祀之

胡軫字敬同豐城人攻苦食淡力學不倦登進士歷兵部主事孫涇登天順進士授監察御史執法不阿官至雲南副使守備漢中

彭遂南昌人由鄉貢知祁州調都督府經歷宣德間陞淮安知府政蹟特著歲大歉民得以爲生者惟資於鹽時私販之禁甚嚴下令舟車所載爲私其負擔者即非私且發廩爲糜計口食之惠遍六邑所活以千萬計後以事詿誤逮赴京值中貴李德過淮軍民千餘人挽舟行百餘里呼曰煩公語 天子乞還我賢太守德歸以聞 上亟命止之復回淮視事正統中賜 勅旌異從擢廣東右布政使致仕

熊鍊字學淵進賢人登宣德庚戌進士授刑部主事調工部改大理寺正有誣僧妖言法當死獄成衆莫敢辯鍊獨慨然曰一僧不足恤但明知其誣如職業何卒辯之僧得釋未幾陞浙江提學僉事既至嚴約華靡以孝弟忠信禮義廉恥爲先且明於知人去取之際如較錙兩在浙八年改湖廣尋陞廣西右參議轉右布政使告老歸卒年七十七

曹壽字易齡豐城人善書爲文章雅贍尤長於詩由經明行修永樂八年知府田 聘爲于京師 欽除江都訓導會選文學士充宮僚親擢春坊左司諫與選爲東宮伴讀終翰林修撰

雷誠原名鑑字誠智豐城人登永樂進士授行人奉使

稱職九載秩滿拜延平太守詢民疾苦巡行屬縣豪猾欽跡民甚德之

王得仁名仁以字行復姓謝新建人由吏員宣德間任汀州府經歷時衛官卒甚横㫖殺府隷得仁條　奏其惡置之重典由是慴服中官入閩索郡縣金千百得仁厲聲揚言欲奏聞中官遂去嘗有殺人而貎所拾遺金者得仁理之盜竟得釋又嘗卒反充軍者十二家各寄懐金玉爲報得仁悉訶斥之僅二載陞推官六邑歡動涉尤盜起得仁承檄徃守諭賊以恩信感泣遁者萬人民走賊城中圍久食乏得仁發廩賑之全活甚衆圍解

餘冦怨以疾卒六邑聞之相率詣其子一虁留像以祀請于　朝祠之扁曰遺愛

熊尚初南昌人宣德間由吏員舉授都察院都事轉經歷陞福建泉州知府會大冦鄧茂七猖獗鎮巡檄以監軍不旬日降賊數冇明年賊勢逼境閫帥危懼尚初嘆曰受命一方本以安民今冦出不時由我不職所致寧一人受害無致下民受殃遂單騎出城爲流矢所中卒有司嘉其忠配享忠臣廟

萬祺字維壽南昌人爲郡工曹掾精星曆學正統間給由赴京除鴻臚寺序班陞主簿

景皇帝不豫時有議召襄王者石亨詣祺問休咎對曰皇帝在南宮奚事他求亨悟率衆迎　英廟復辟久之亨以其事　奏召至　文華殿慰諭再三歷陞郎中會逆賊曹欽反殺都御史冦深執尚書王翺學士李賢欲加害祺陳利害力救乃止欽伏誅　上召問始末祺以實對陞太常寺卿直　武英殿以便顧問一日言御史楊進忤旨事祺曰御史職當言路故耳累陞工部尚書太子少保進階資德大夫正治上卿以疾卒于官

陳安字靜簡新建人正統丙辰進士授大理寺副鞫都察院所棲盜有一跛者詰之曰汝等騎刼耶步刼耶

僉曰步安曰跛者詎能走耶跛者泣曰某皮工被誣至此詢實遂釋之未幾陞陝西叅議漢中府久旱率僚屬虔禱連雨三日改雲南滇池暴漲禾盡沒軍民大窘乃度宜處置禮勸土官之長并借減官俸量支庫銀均壹賑給活人十餘萬再調四川陞湖廣左叅政遷右布政使逾年轉左布政使累疏致仕

羅箎字應韶南昌人生有異質祭酒胡頤菴試以七題立就頤菴喜曰此倚馬才也舉進士拜監察御史官軍獲閩冦少壯五百餘悉論死因詣總憲奏免之凡活三百餘人累陞都察院右副都御史巡撫湖廣時苗獠雜

諭慰賊開叙榜諭以 朝廷恩威聞者來息開有不率
盡奇邀擊之遂擣其巢歲饑綏催徵分富室及出官帑
糴粟六十萬石民困以甦召還上疏乞親萬機用正人
節賜予等事皆人所難言未幾致仕卒所著有知菴集
鍾甬字廸勇南昌人幼穎敏甫長肆力于四書五經砣
砣窮晝夜歸然爲士林師表後游京師楊文貞欲亟見
之不得乃肩輿往就屬程督學兩薦賢坻順德訓導不
就南昌守胡公本惠薦補郡學訓導强而後可雖不能
俯仰遂力求退張元禎稱其真知實踐卓然以聖賢自
力特立乎詞華利禄之際非孟子所謂豪傑之士哉

辛幼文寧縣人由歲貢終京衛經歷嘗受學于南昌鍾
甬制行端潔老益不渝已貢監歸近例聽于本省鄉試
有趙御史者潛求賂必薦之幼文愧而亟歸曰用賂求
舉迹雖秘如鬼神何少宰黎大樸父嘗佐寧邑與幼文
文厚訥選時僅于私第一見未嘗輒往來黎甚重之又
有群盜欲刦縣預報沿途諸大姓迎款諸大姓多竄避
受荼毒幼文率族衆禮待之去復遺之銀帛盜一不取
其立心耿介不欺且善處變類如此
黃節字順中豐城人嘗從臨川吳與弼學趙伺甚端登
正統戊辰進士除兵部主事 勅往古北口羊二口巡
視將勇借椶將薄城乃令軍士以水灌城水消虜不得
上遂去因率兵乘之虜敗遁後湖湘苗寇作亂與平蠻
將軍李震等率師征之抵酉陽等峒蒐殺賊數千級獲
乘勝大破絞羅等峒餘蓬峒等寨尚不服節言於震曰
今兵威大震餘賊莫若遣使以招震從之賊爭赴營納
欵班師陞署郎中尋陞太僕寺少卿卒
徐議字恒讓豐城人進士正統間
英宗北狩侍講徐珵請還都金陵議上疏云居祖宗之位
當守祖宗之業欲守其業者無他惟在於聖心有主而
不惑於邪謀耳令後敢有建爲遷都之言者使人人得
而誅之如此則人知朝廷有固守之志而無妄動之心

也
景皇帝時攝國從其言人心稍定景泰初陞山東按察司
副使奉 勅理冤獄原宥者千餘人青州饑以廷臣所
委白金三千兩糴米且勸富室出粟三萬石民賴以濟
值東昌等處大饑治之過於青州所活甚多後以勞勩
致疾卒
丁傑字秉英豐城人博通經史隱居教授生徒由科目
進者甚衆正統己巳御史徐議以其學行同臨川吳與
弼薦於朝 命下有司禮聘不起御史陳選同知毛璞

復奏聘省辭鄉人賢之

楊時習豐城人永樂中由吏員擢大理寺左評事以奏對稱旨　上親擢爲本寺卿因忤時論求外補除交趾按察使盡心王事先是國王黎季犛來歸　賜官京師羈縻之後求歸祭掃時習預知季犛爲交人所服恐歸致變連疏阻不允及歸果叛時同官者連名署降狀時習不降懷印歸　朝備白其事則已籍其家矣及後檢閱中書得時習前奏請兵十餘疏直之復其官尋卒

李璥字世望豐城人從之十七世孫自幼穎敏比長肆力春秋登景泰辛未進士授監察御史巡按南贛獨持風裁陞貴州僉事尋轉四川苗劾湛總兵謀叛得實籍其家時論快之擢松潘兵備副使時徐謝二指揮有邊功爲當道所抑璥奏陞之其人陽爲厭果投金五百爲謝璥怒而拒之曰薦賢爲國豈望報邪總兵堯或被虜圍璥選壯卒八百騎留五百自衛遣三百從間道出我以暁星擣其巢穴而歸仍移營三十里四鼓虜果大縱四出復圍營尋覺營空虜衆驚惑重圍立解後卒於官蜀人慕之祀於名宦祠

李浴字舎德豐城人登景泰甲戌進士授監察御史巡

按陝西建言選將安流民等八事尋劾權貴逆謀謫襄陽令以雷震赦復職擢山東按察使雪冤獄活流民以億計平大峴山都御史原傑薦累遷副都御史總督漕運剔除宿弊修飭河道漕運至今賴之丁外艱起服留署院事進右都御史振揚風紀臺省肅然陞工部尚書尋轉吏部適朝　覲黜陟一以至公弘治間迫於群言而歸卒年八十尚書張瀠楊廉誌其墓

游明字大昇豐城人自幼明敏登景泰辛未進士除刑部主事時草場火責在中官反誣居卒縱火下刑曹擬罪明察其冤辨中官之誣居卒得不死通州軍儲倉歲以中官受賂虛出通關責糧歲不下千石倉吏欲發其事中官賂以白金吏持金訴於官戶部以中官故劾吏知情明以大吏納賂責糧小吏發其事反坐以誣是縱大吏爲姦也卒白其事天順末陞福建按察司僉事提督學政其教先德行而後文藝滿九載陞副使仍提學士子安之未幾疾卒

劉子肅字敬之南昌人擢景泰辛未進士爲人精悍嚴重初除刑部主事司寇俞士悅有所私者子肅執之士悅不能庇錦衣衛指揮門達怙寵弄權入朝失貂求欲置主者之罪子肅但杖出之門達大怒出憾語不爲動

陞福建按察司僉事歸十餘年卒

劉季清字士廉南昌人景泰甲戌進士授南京大理寺評事江陵有富民王福訟子不孝乃以父子至親曉譬百端感泣而去逾年出至江滸福以子盡華故態來謝又有姑訟婦不孝婦泣曰婦事姑安敢不孝姑既訟不孝無所洮罪因察其非悖戾者再四詢其故不言久之乃曰夫貧於隣貧難償姑迫私奔以求免婦不從耳乃逮其貸主至一訊而婦遂得免季清為人孝友廉介每遇宴輙不懌或怪之曰老母久違養何能自樂居常食淡素以教授為業云

王朝遠名漢以字行進賢人景泰甲戌進士除南京監察御史嘗劾權姦忤 旨出宰衡山翌日復職未幾陞陝西按察司副使會虜寇邊以督糧餉功陞從三品秩特兵後艱食奏減公私租餘粟數萬石及弛茶鹽之禁賴全活者甚多成化間擢都察院左僉都御史鎮守甘肅輕騎巡邊覈兵之精壯者千餘補各屯增修墩堡煙火相聞擇廉吏主市平其物價彼此獲利夷人大悅邊境晏然累章求退歸歲餘卒

楊瑄字廷獻豐城人景泰甲戌進士授監察御史出按河南歸過河間民群訴太監吉祥忠國公石亨奪其田

六日鎮境瑄具以 聞併言其擅權之罪偕慧字迪見具疏極道二凶肆惡有泄其謀於亨者遂與祥合謀傾之瑄疏入下錦衣獄欲坐以重典會大風雹拔樹壞室走東華門下馬牌於郊外特 詔從減發戍遼東戍廣西居五歲二凶以逆誅特 旨放歸

憲宗嗣位陞浙江按察司副使政聲偉著轉按察使卒

楊源宜子欽天監臺郎正德初逆瑾亂政源察星象失度疏陳止遊幸黜奸邪忤旨杖于朝謫戍甘肅卒于途中外壯其節槩

孫儀字懷望豐城人正統進士任刑部主事陞福建按

察司僉事滛祠與寺觀之私刱者悉毀之凡法所在權貴莫能撓左遷臨海知縣致仕卒

樊瑾字公瑾南昌人領景泰癸酉鄉薦授知吳縣改績溪累有善政尋調彭山時松潘苗民作亂中丞長媜以瑾諳天文知兵略舉參戎事嘗出師見黑雲氣起自西方謂敵有伏兵宜防之師不從果敗績由是師益信之凡指畫發縱往無不利事 聞陞兵備僉事卒

楊暄字好善南昌人由歲貢授山東布政司理問不以家累自隨衣粗食糲人所不堪其子問往省之叱怒迫令歸耕當道以廉介薦陞德州知州歲有隸門八

備柴薪以供炊爨餘一毫不取歲久早所禱不用師巫
呂披髮徒跣行赤日中焦勞得疾卒同僚視故篋凈無
一物常服一破褐衫猶未仕時所置也
訏惟德南昌人家貧善書景泰五年夏父病革刲左脅
取肝煮湯飲父復自縫之上官嘉歎辟爲承差任滿
熊懷字信安豐城人登天順丁丑進士授刑部主事讞
獄詳明擢廣平知府摧豪强興水利歲暑澇餓殍載道
捐俸發廩賑之全活者甚衆秩滿士民立生祠祀之
服闋改知河南衛輝府以循良稱陞廣東參政時瀧水
猺獞猖獗大軍征勦懷給饋餉振威聲遂平之捷
聞賜以綵幣銀碗寶鈔三水猺獞復孽僚屬執之獄懷辯
釋數千人進左布政使政績茂著累遷南京刑部侍郎
以老乞休卒
李諮字汝猷南昌人由鄉舉任教諭剛介負氣言無顧
避見忤當道復不屈意於鄉宦求釋歸甘貧苦老猶躬
耘灌自食
李恕字惟省南昌人由歲貢終宿松主簿經學有聲兄
孜省以左道倖進同鄉顯宦多攀附恕挺然自守即省
饋遺多却之嗣迎居所賜第中亦不往縉紳事未嘗口
及再選主簿知友稱屈恕欣然就任已而孜省敗援附
者羅斥幸免者惟恕獨無預焉
王一夔字大韶後姓謝新建人得仁子天順庚辰狀元
授翰林院修撰歷陞禮部侍郎十年以不附李孜省擢
工部尚書一夔外夷中寄言婉氣和善謀而多成嘗因
彗見陳五事以格君心而正宮闈尤人所難言又疏諫
土木興論善之至於立義田以贍貧立義學以訓族迄
今推重卒贈太子少保謚文莊
張元禎字廷祥南昌人幼靈異五歲出語驚人有心定
萬事定之句勤學力探經傳賾隱多所獨得貌癯氣剛
登進士授編修成化初上疏勸行三年喪又疏論治道
大本曰講學四事與時宰議不合請告益潛心性理弘
治初召用上疏勸行王道幾萬言凡三赴召侍　經筵
進講太極圖性理諸書
孝宗特爲低几就聽之有天生斯人以開朕之語正德初
乞歸終吏部侍郎
徐渠字伯輔豐城人生而神異勤於問學登天順庚辰
進士授監察御史巡按廣東辯疑獄刑多平反巡漕河
法繩貴近河道肅清復按閩奏宋儒胡安國蔡沈真德
秀從祀未有封爵制可之各封伯爵陞廣東副使守備
瓊州風采凜然海外衣冠爲之一新以直道忤上官據

誣以事挫辱百端遂不食數日卒

涂觀字恒乎豐城人登天順庚辰進士歷南京吏部郎中時當考察衆論多可否觀連署上章復別疏請黜十餘人　憲廟命廷臣覆覈卒從之陞知浙江衢州府丁内艱改寧國府政尚寬平民懷其惠有天降涂來鮮倒懸之謠致仕爲人平易信厚篤於孝友兄按察使謙蚤卒事寡嫂撫諸孤皆有恩禮二子昇旦皆舉進士昇任御史終廣東副使旦任都給事中歷官湖廣左布政皆以才能著稱

丁璐字元美豐城人登進士授工部主事不肯屈摩權閹諸閹相戒無敢犯陞欽州知府恩威並施單騎駛服夷人感服鄰郡張乙叔姪時有異政九年陞廣東參政卒璐古心古道殊無勢利態凡事之難爲者處之綽有餘裕惜未獲大用云

于大節字守正進賢人登天順甲申進士授行人陞監察御史成化間巡按湖廣以直言謫雲南鶴慶推官陞四川僉事浙江按察使以不阿權貴被劾遂稱疾去大臣復交章論薦力以疾辭　朝廷強起之改山東按察使卒大節矜名譽甘清苦歷任三十餘年終始一操士大夫高之

馬崇字尚賢豐城人天順壬午鄉薦授桂林府同知因陽朔縣治瀕江遂使人鑿江石大者高其城垣小者積垣下石取向江深未幾蠻寇至莫能渡都御史征大藤峽委造戰艦有功陞柳州知府改永州府設三等九則以均徭役榜令及時嫁娶以變末俗民甚德之早受學于胡九韶爲詩文有理致晚以子薦官贈南京禮部尚書

毛璦字漸明豐城人由鄉薦授鳳翔府同知浚渠灌田民稱爲毛公渠改長沙時攸縣多虎璦檄城隍神不二日獲其六七餘虎遁上封事十事皆切時務將滿去奏留加四品俸未幾卒惟舊書而已

黄琥字瑩之豐城人領鄉薦拜臨洮同知嘗督賦於京以所得羨餘代民逋岷州用師督餉數萬區畫悉宜洮民歲苦河决作浮梁以濟民廟祀之先是參將王杲納賄所司莫敢發御史熊冲檄公覈其實陞知肇慶郡舊有魚利緡錢二百以供守土中貴實無魚率歲辦於民公至罷之弘治己酉引疾解職民爭走當道懇留不得去自是備荒積粟萬餘石捍潮築堤二百里復以得廢瀧水功擢廣東參政尋乞休進嘉議大夫卒號迫菴

揚峻字惟高進賢人登成化丙戌進士授知州徙縣寬

發無滯百度維貞擢監察御史奉　敕清理淛湘軍政摘發奸隱人稱神明遷廣東僉事改福建兵備杭汀盜起民恃無恐陞浙江副使尋進按察使剔蠹宣滯憲度修舉轉左布政使部使文章以薦進南京光禄卿斌供具清吏弊政聲翕然尋以老告休馳驛還鄉進階通議大夫峻性孝友才優識遠人多慕之

熊繡字汝明豐城人占籍道州登成化丙戌進士授行人轉御史巡按陝西劾布政使干藩含濫藩落職繡謫知清豐縣得民心肖像祀之起知鳳翔府府大旱民多流殍禱岐山須臾巨雨枯槁頓甦遷山東參政累陞陝西巡撫都御史閱歷三邊聲望不振改兵部左侍郎進右都御史巡撫兩廣以瑾賊誣休致瑾誅　召爲南京刑部尚書未幾卒家計蕭然嗣子貧乏不能立卒謚簡肅

羅經字太常南昌人自幼有志操擢成化丙戌進士拜大理評事寺副寺正陞廣東按察司僉事瓊崖遠隔鯨波分巡者多失所守經居一載歸橐無瓊物改補提學勞於督課卒經平生廉潔嘗以京官居家十載惟閉門授徒以自給云

熊景字關甫南昌人登成化己丑進士授刑部主事部多大獄部長使翰之恒爲闕堅齊以出入景執法一不爲動擢員外郎轉廣西僉事都御史朱節檄景嘗潯桂諸猺猺人類而獸性動必以死逞靜則跧伏不見蹤跡景乃陰遣人商服負鹽抵猺所猺不疑集問虛實各曰吾商人不知新按察司何人然見其方具器若古壹狀者十數實石其中室以巨木計曰猺出降無庸發此不然當破大藤峽者也猺具白酋即日詣降朱大喜鐫銀牌曰獎勞功勤以付之尋以母老告休父老泣留者塞道年五十六卒

萬九衢南昌人少篤學博極群書以能詩名天順間授河南考城縣廉潔自守一毫不苟取有民訟經年不決司府檄委訊九衢廉得其實片言輸服後歸田年八十卒

周季麟字公瑞寧州人幼穎敏博學登成化壬辰進士授兵部主事遷郎中司馬余子俊馬文昇皆器重之章疏多與參酌弘治間陞浙江左參政分守金華屢斷宪獄平巨盜侍郎吳原以賑饑至倚之而事集存活甚衆陞河南右布政使未幾轉左治績益著會虜犯甘凉持陞右副都御史往巡撫之始至勒兵與虜戰斬首百級捷　聞賜　勅獎勵移鎮陝西有奉　詔取牡丹者哉

抑其豪民以不擾　召還巡撫薊州致仕
丁隆字時雍南昌人賦性剛方問學該博登進士授大
平縣令築堤捍民號爲丁公堤擢御史出按湖廣執法
不徇爲權奸所忌謫判光州風采愈勵陟同知臧廷平
沙寇勦賊連絡賊陛兵備副使乞休養高林泉每恨逆
濠兇殘呈當道立保甲以備防禦人服其先事之智云
江潭字朝東豐城人成化辛丑進士授南京屯田主事
嘗榛部檄蘆洲權璫多方賄之不得同官有中其餌
者因以語搖潭一不爲動轉員外郎屢與司空爭事不
苟隨陞郎中丁內艱居家未嘗出門戶服除赴銓卒

南昌府志　卷之九人物

於京橐無一錢簏無重裘棺斂之費悉出親友潭學問
精博詩文可傳言動未嘗苟簡所用未究人惜之
舒綱字大中本姓陳進賢人幼穎異領成化辛卯鄉薦
初試禮闈不第遂棄科舉之學勵志聖賢博究群書父
喪廬墓三年事母孝撫弟遺孤恤族中婚葬冠婚喪祭
悉遵古典主教白鹿洞師道尊嚴有古人風
艾璞字德潤南昌人幼警敏擅文名登成化進士授兵
部主事累官都御史巡撫蘇松諸郡所至有聲奮捧建
儲詔使朝鮮歸橐蕭然　詔求直言首陳慎修等六事
又疏陳政令四事皆人所難言因勘勳戚家田違理語

建　詔獄戍边璞謫復職致仕卒
魏然字本純新建人天性孝友志學不倦領成化甲午
鄉薦授知光澤縣剗釐宿弊不避强梗銳然以興學變
俗爲己任嘗延禮邑之士有文行者課邑之俊秀暇則躬
爲講經義豐暈不倦邵武光澤志俱稱其剛明幹濟請
托不行公家庶務多所修舉後家居足不履城府所著
有介菴小草
萬福字季崇進賢人幼穎異淹貫經史登成化丁未進
士時冢宰王端毅公欲釐正兩淮鹽法特授運司副使
比蒞任廉知分司歲利餘鹽乃盡革之屬場存積歲久

南昌府志　卷之九人物

竈丁賠納甚艱爲白撫按奏罷之晋陟南京刑部員外
郎中折獄平恕擢知金華府會逆瑾遣其黨四出有校
尉樊信者恨弗賂誣以廢事瑾矯銓部奏令致仕福心
事坦夷或干以私則毅然莫奪且孝友白天性勤儉如
布素子鎰鎰孫瀨並貴顯　封通議大夫順天府府
尹
張粲字宗禮新建人少業儒多病因精於醫療人有奇
効遇大疫沿門捨藥併給贫藥具素以濟急爲心未嘗
責報貧困者輒施金貲衆活者甚衆至以儒名之郡邑
舉爲良醫卒後人多神祀焉胡顯蓋爲之銘次子升繼

其職行誼尤著父子以施藥為事嘗有夜取藥者兩家
痛異誤投追索不及終夕繞床而行及曉往詢之俱痊
始安其宅心不欺多類此張東白為立傳次子益官教
授孫元春登進士元龍舉於鄉人以為驗慶云
李源字本清進賢人成化丁未進士授刑科給事中條
陳時事言甚剴切奉　勅理兩廣邊儲蒞事廉恕軍民
便之轉左給事中掌科事會有權貴誣樵朝士與論黜
沸抗疏論之每疑獄參駮多平反遷都吏科居諫垣十
餘年凡彈劾上輒焚其稿以故人鮮知之秩滿進太常
少卿丁艱以疾卒于家

趙文字天章南昌人成化辛卯舉人知夷陵滁二州事
在滁劾太僕寺主簿王廷不法事廷落職文亦塵遷陝
西都司經歷尋陞衛輝府同知改南雄府遂乞致仕歷
官二紀廉介自持無宅于市無田于野水蘗之操士論
高之
李漢字克昭豐城人登成化丁未進士改庶吉士陞工
科右給事中為人守正嗜學奉　使寧藩賜金一無
所受周藩與巡撫交惡奉　詔往訊奏云待宗室當以
恩處大臣當以禮遂得兩釋在科處分畿內籍地底里
大閹無敢干以私者初登進士吏部尚書裕其從伯父
也方掌銓衡時遂其居以避嫌勢後裕致仕多所論惜
惟漢獨完名卒于官
范兆祥字廷和再昌之孫七歲作登堯山詩以奇童稱
登弘治丙辰進士觀兵部政時北虜入貢　廷議依違
可否兆祥慎憤上疏數千言其間尊國體料夷情有人
所不敢道者選庶吉士授檢討應　詔陳言時政語切
宮闈下錦衣獄比貿平寺廷尉始釋之出為　涇府長
史上疏論討安民社二事時議招南土民兵備邊兆祥
力言不教之民不宜[illegible]而遠征遂寢在涇國抗論損冗
賦罷暴征　王每嘉納之以不附中人復下錦衣獄謫
戍永州尋放歸兆祥有才名尚氣節雖屢困踣未嘗沮

抑也
陳伯宣字弘化靖安人補邑庠父卒廬墓肖像事之母
熊氏病作湯藥不就寢室尋瘳後病卒廬墓五年寢室
中嘗草叢生子恩中弘治甲子鄉試克承其業母舒氏
患風疾渴與人言樹藤煮酒可療如言進母疾愈踰年
復患心疾咳乃嘗涎驗味醎苦母既喪哀泣如禮會父左
肱患毒將危禱以身代後瘥明年卒痛哭幾絕事繼母
愈以孝聞弘治間有司上其事　詔旌表父子孝行之
門

劉華甫名光以字行豐城人登正統壬戌進士歷吏兵給事中劾不避陞蘇州知府　勑許便宜行事是時瀕海田爲水所齧民虚賠糧三萬餘石悉爲奏免以疾乞歸復起雲南曲靖軍民府夷酋例以牛羊金帛爲餽乃付之有司爲脩學資羅雄州逋征五載許以其貨物補納不兩月告完州酋有叔姪爭立及女官搆兵馳使和解俱聽命後以疾辭歸卒祀鄉賢祠

張褒字宇中新建人由鄉薦授工部主事理河閘於濟寧立法嚴整舟無敢越次進河道肅清冢宰王翺才之轉考功主事理徐州河洪時歲比凶挽夫多以饑逃奔

官剝舫亦多竊至即簿録民間剝舫損其僱直十一以贍葺之由是官舫獲濟挽夫亦多復焉歷陞浙江布政司右參政致仕歸卒家長身玉立言論洒然動人篤于孝友有盜寘尸於考楷者考以憂哀比歸啓視信然乃别白事爲禮葬嘗賑州遇盜胠其篋無珎物惟篋中有銀酒器一事盜得之感拜稱長者去智足應變類此

崔宛字文美知府彥俊次子爲人寬慈謙退取予不苟父疾危刲股進之尋瘥母病晨夕籲天求代俄一石墓子墮案上視之士字也後果十一年而終宗族貧者月給米二斗行見餓人輙食之見暴尸輙瘞之鄉隣待以

[illegible]不下百餘一日偕巨賈至孤老院人給一衣即首論之曰此巨賈之惠也又聞有貧病無藥餌者輙給錢俾往至其家伴醫數金去施恩不求人知多類此寧庶王以銓宇侍郎楊寧巡按御史許士達嘗感其父之教奇薦爲典寶副非所好纔及四十即懇乞致仕

艾祥字景福先世自南城徙南昌蚤孤失學言動衣冠儼然儒者事外父母曲盡其道禮其妻始終若賓客汲汲濟人不惜費憚勞貧賴以婚葬惡少感而向善者甚多子崇徳教以力學篤行曰得好官易做好人難崇徳亦有志操爲國子生

楊廉字方震豐城人崇之次子領成化丁酉鄉試第一丁未登進士好學攻文詞于天下事靡不究心低昂百氏權衡程朱初授庶吉士除給事中首薦張元禎吳寬李東陽王鏊宜備日講講書宜用大學衍義時論題之歷官至宗伯嘗摘薛瑄十五人各爲傳旌命之曰理學名臣卒贈太子少保謚文恪

舒向字用志南昌人由鄉舉歷順天府通判剛介負氣恬於仕進領薦三十餘年始就選居官端潔敢於爲民勳戚權閹勢不能動篤故舊重信義扶植周旋非死生所能易心焉

黄德瑚字瑞玉豐城人由進士授湯武縣丞居官廉謹陞英德知縣愛民如子賦役公平致仕

陳𤩽字希陽南昌人由鄉舉授羅田教諭諸生有確廪者家貧以馬爲禮竟卻之後生得市馬以殯瘞其親陞鎮江府判辭馬價其餘用賑饑民全活甚衆邑民祠之

熊浩南昌人其妻徐與李孜省妻兄弟也孜省方寵倖公卿畢上壽浩獨不往至目爲林靈素孜省中傷之授祿勸州知州逾年彝夷皆若子訓尋改知潞南州値竹子龜山二寨倡亂院道議興兵勦滅公力請撫遂單車入寨宣威德諭以禍福二寨帖然歸順賴全活者數萬

入夷人廟祀焉乞休歸疾革作浩然歌而卒

熊卓字士選豐城人十歲能文作近體詩由進士爲平湖知縣擢御史陳時政得失奉　敕勞軍盡革乾沒之弊按都督神英贓罪論如法雖權貴莫之撓出按廣東會璽下吏望風先道時逆瑾權傾中外卓獨抗節不屈遂誣以奸黨勒令致仕素以詩名與李獻吉何仲默相頡頏云

陸時通字行之豐城人由進士授行人選御史首陳國體厲聖學六事發逆濠奸䟽及濠誅武廟親征駐蹕南畿者久時通力請回　鑾辭甚懇切士林韙之

汪深字文淵進賢人由鄉舉授蘄水縣知縣性清正有才下車首詢民瘼革弊清虛糧積穀至肆萬餘石後饑歲藉以賑卹修築堤堰旱澇有備葺學宮文風爲之一新卒于官士民哀慕之祀蘄水縣名宦祠

李元凱名杰以字行豐城人由進士爲婺源令邑故煩劇下車與民休息至利病當因革者調停竭力不避勞怨任之　國初設千戶所鎮其地歲久官暴滋害特奏除之合又有採木内臣貪虐凌有司遂棄官歸無可耕然篤志爲修往拜吳康齋之門談道終身窮約不變

婺人追祀名宦

熊遠字成章南昌人由進士爲溧陽令興學校毀淫祠立義塚以絶水葬尋擢御史劾道士崔志端名儒聾懋張元楨陳獻章又納番貨築堤壍杜濟沱水患因忤逆瑾致政値逆濠構亂以死自守卒免于患祀鄉賢祠

傅習字本學進賢人由進士任大理評事以執法忤逆瑾謫理問瑾怒未釋復逮刑弗狥屈後陞僉事副使兵備屢建軍功終副都御史克定土官之亂其剛介始終一致云

涂淮字達夫靖安人由進士授工部主事歷陞順慶守
嘗自矢曰吾縱不能爲循吏自信決不爲酷吏也時民
苦水患　請築堤禦之以奠厥居且弭盜安民興利禁
幹七載郡大治終身無所覬于世居鄉未嘗以貲達歷
荆人焉
陶鎮字啓歷南昌人由鄉舉任揭陽令自少躬耕力學

父病嘗糞以產讓兄以廉遜友居官仍家徳壁立蓋書
行之士云
丁鍊字質純佩之孫由進士令淳安蒞政清苦擢禮部
主事與纂修　憲宗實録尋死廬墓服闋補工部員外
乞休准致仕進階光禄少卿楊文恪公銘其墓書其
進退以禮評哉
朱廷聲字克諧進賢人由進士授行人歷御史南刑曹
主政員外郎浙臬僉憲以侍郎致政其生平操履清謹
居官以廉介稱雖政尚平恕人不敢干以私鄉評雅重
其恬澹云

朱棨字尚節豐城人由進士令吳縣改令産德陞刑部
主事轉員外疏諫　武皇巡遊　廷杖奪俸遷蜀僉事
番賊阿戎叛據石城討平之轉少叅播州宣慰兄弟爭
殺僉議用兵公獨往諭以禍福竟悅服轉大梁憲副歷
叅政卒于官
楊銓字仲衡豐城人由進士令襄陽擢御史以逆瑾罷
疏革鎮守清戎兩廣酌鹽法軍政利病罷行之陞興化
知府去後民建祠立碑歷陞廣東布政使事載平交錄
終順天府尹致仕銓體貌魁梧材宏而斂爲時所重云
秦僎字季升南昌人賦性剛明居家孝弟由進士

州推官平反冤獄復補潮州擢涿州知州明文東武
之位雪姜誣嫡氏之冤以清節入潮名宦祀鄉賢祠
范慶字元會豐城人由進士授刑曹主事歷員外郎
嘗決武弁奪爵不爲權貴撓奉　命勘晉藩獄情法
盡出守蘇州禁火葬革酒肆捕樗博止游女惓惓
風易俗爲先終雲南憲副卒祀本縣鄉賢祠
陳雲芝平進賢人由歲貢任建寧府學教授因議大禮
太僕寺丞復疏議孔子祀典謫黃州通判平生堅志理
學著夜思録通鑑綱目前紀進留　御覽
劉奇字　南昌人家貧力學嘗夜分不寐隆冬以桶

汪草灰温其死故學頗該博善屬文爲文宗李崆峒公
所識拔由舉人授醴陵教諭郄貧生之贄且分俸以贍
之歷金華同知未赴任卒居鄉嘗群其子弟教之旣仕
又携其甚貧者館穀焉蓋自守廉介之士云
葉釗字時勉豐城人由進士授南刑主政見乆繫淹滯
者皆制於貴戚不敢决公悉按如法有中貴奪民蘆洲
蒿利不下五百金判以歸之應　詔陳八事忤逆瑾逮
獄旣歸講學於嶽麓石皷諸山壽卒諸士請配享石皷
書院
陳奎字文表南昌人由進士知廣濟縣刋教民輯要轉

移風俗擢御史查盤芔蕭牴牾逆瑾幾斃逮禁巡按西
粤奸贓解綬歷山西河南山東臬落平孟寇城晉陽修
三關改汾河扈從　武廟南巡權璫畏憚以廣西左轄
致政當道餽以逆產咸固辭焉祠鄉賢
張元春字幼仁新建人由進士授山陰知縣築頗海堤
賑民免昏墊遷滁州知州淮甸大祲賑恤道殍多所全
活轉蘇州同知因盜起燕齊聞流刼將犯蘇公守太倉
常熟誓以身徇民賴底寧陞梧州知府值初建軍門兵
興承檄整理捷聞進階三品以憂去家居嘗榜于燕坐
有求國是愛鄉評之語

[illegible]宗[illegible]喬俄新建人由進士授行人副時逆瑾弄權公
上書言時政無所避忌出參閩藩時古田流賊盤據[illegible]
者欲屠之公曰倡亂者馬周良也誅止周良耳賊解民
賴全活者數十萬咸肖像祀之以毋死歸行李蕭然陞
右布政致仕卒祀鄉賢祠
查仲道字文大寧州人性剛介不苟由貢入監中應天
鄉試登進士授兵部主事疏諫　武宗南巡被撻幾死
嘉靖初録直言擢郎中出守杭州因織造太監綦横民
不堪命力抗阻之遂爲所誣械至　京竟遷同擢知汀
州府卒于官民立祠祀之平生以直道自尚云

胡訓字海之南昌人公以世德篤生謙恭醇謹平生不
以賢智先人由進士自筮仕以訖公輔始終一致故每
居一官輙思其職如備兵東粤以賊攻賊海賊屏跡巡
撫雲南以夷治夷滇夷畏懷及總憲南都整飭大體風
紀肅然官至太子少保南兵尚書卒贈榮禄大夫賜祭
埜祀鄉賢世稱盛德長者云
楊薰字太和南昌人渾厚存心清約自守由進士授主
事劾劉瑾謫判潮州民生祠之備兵四川議征松潘之
績後僉貴州郄餽宜慰之金致政行槖無餘物家居野
服逍行雜田叟市賈中絶無宦態卒不能殮陽明先生

書清流比于贈之
熊浹字說之南昌人由進士授職諫垣諍　武廟南廵
疏　世廟以弟繼兄以子繼父與時議異出參河南
召修明倫大典歷僉副右都御史風采凜然再起南禮
部尚書議寢表揚朱家巷疏轉南兵書考校軍政悉當
材品　召掌北院糾正官邪辨雪誣枉時議建　九廟
有附會武皇不可自爲一世者公正言之晉冢宰銓敘
流品尤獎拔恬退後以諫箕仙忤　上械繫歸田蓋平
生重倫理挺挺有氣節得大臣體没謚恭肅
熊蘭字天秀南昌人由進士授行人擢御史家居欲遂

時逆濠蓄異謀在位者多畏忌公首洩其奸　武廟嘉
征至金陵聞而嘆曰真御史也官至太平知府祀鄉賢
弟舉人葛爲人剛正濠逼脅從巳窘辱百端因禁一載
幾死終不附
周季鳳字公儀寧州人授學兄季麟自幼爲黎文僖公
所稱許由進士歷吏部員外慮囚湖廣極明慎釋矜疑
者三百餘人陞兵憲副改雲南提學遷布政使平嘉魚
巨寇擢御史終刑部侍郎卒進階尚書謚康惠
余楨字典邦奉新人由進士授工部主事改武庫司嘉
靖議大禮以諫獲罪而死至隆慶改元奉勘合稱楨素

忠愛之公抗疏闕庭堅持大禮之議直道殿謫遂以
殞身殁不能爲殮贈光祿少卿祀本縣鄉賢祠
何祉進賢人由進士授行人陞戶科給事以諫諍著聲
時江北大饑疏請發內帑蠲租稅民賴全活告養復起
南兵科條陳南畿一德三義軍政四事馬政五事足國
裕民六事陞嘉定知府立有生祠惜未竟厥施而卒著
有常濱文集祀本縣學鄉賢祠
舒芬字國裳進賢人幼資異十二歲作馴鷹賦人
賦郡守祝公蕃稱郡庠督學虛齋蔡公試輒首選曰他
日必大魁天下果以狀元授修撰因　武廟北狩上疏

聖孝疏又上車服疏諷諭切至後因南廵率同寅伏
闕懇疏幾斃杖下神色不異謫福建市舶提舉　世廟
錄用讜言復職旋以疾終平生風節凜然文章亦宗跌
不孳所著有周禮定本等書評者謂其仕也諷也名與
羅公倫齊云謚文節
朱世忠字良弼南昌人舉人時逆濠慕其才名招之不
肯附授知縣歷同知各立有生祠以左長史致仕居官
一清如水居父母喪甚孝家立祠遵文公四禮與兄弟
均分基產無汝我親疎之間林下常徒行自奉菲薄號
苦節先生祀鄉賢

上半頁

方流籍武寧人幼從父分宜周偉赦公深見器重以女妻之事母克孝比沒廬墓由進士授刑部主事時貴戚張氏構大獄不決爲析斷平允推理淮安漕刑時江西吳城兌運水次軍民交變公諭輸服議改兌者兌民至今稱便陞僉事著有鳳里淺稿祀本縣學鄉賢祠

朱冕字文巾豐城人由進士筮仕福清知縣廉潔自持政有利於民者殫心力圖之陞刑部主事以執法招怨謫無爲州同去之日民卧轍攀留終揚州府同知才未竟於世而約己厚人鄉評重焉

姜儀字君爵南昌人由進士初任鳳陽抗疏逆權閹

平湖寇懾服貴宜慰安族鎮建寧諸路荒全活億萬人征楚苗蠻不妄殺一人復地四十五營寨疏忤時相謫官致仕澈屣葛巾不復城市生平剛介淡薄敎孝弟夫婦相對如賓終日危坐讀易勵志聖修祀楚辰名宦本郡鄉賢祠

李萬平字維衡豐城人賦性端毅學務實踐處燕秘虎蹲山峙濼不敢狎自韋布與隆貴諧忌態間雅曾米汨忤郎泰以桀驁聞者猝然相遇莫不欽聽事寡母至孝逆濠之變威刼不屈東沙公嘗題其枋曰盛世逸才

李金字宜之豐城人由進士初尹碭山築城以防流寇

下半頁

後値洪水特爲保障陞兵部郎中諫　武廟南巡杖幾死守台州懲奸惩弛鹽禁鐲逋負設糜拯饑民賴全活致政惟怡情詩酒蔬布之風至老不渝祀碭山名宦祠

李逢字邦吉豐城人由進士授紹興節推廉明人不敢干以私居諫垣有風采時大同搆隙國是無從抗章直憲臣劉源清之獄復疏臧光祿靡費四十萬緡　世宗幸承天伏闕極諫謫尉永福轉德安守所至有聲卒于官嘗師陽明先生其學一以忠信立誠爲本焉

王臣字公弼南昌人自幼穎異從王文成公學精思默證一洗支離舊習由進士任泰州作諭民錄或以天倫

訐爭者誨諭懇到多至感泣崇祀胡安定令諸士師王心齋一時江北淮南仰泰州爲山斗繼由員外郎出僉浙臬爲文成撫孤以東粵少參去位林居日與鄒東廓錢緒山諸公往來論學見悟益明浙士慕之祀勳賢祠子緝博學力探能世其學

趙惟興字本張南昌人由鄉舉知桐廬縣任怨均役野宿禱雨設飦濟饑民尸祝之貳承天守出帑以援漂沒築堤以障洋沙巨璫不敢撓其法邑有權鹽美金用以貸貧民之輸一日公出適衙內之炊遣人告之公報曰官雖五品衙無儲偫俾從人知清白吏宦游十載寒素

如故卒至無以爲殮云

魏良弼字思說新建人性資剛毅操履端嚴與諸弟俱遊王文成公門早聞良知之學自縣宰陟諫垣屢以讜言犯
闕屢受廷杖亦屢復職每杖患甫愈又以直言受杖下
詔獄矣雖獄卒亦爲之流涕而直聲動天下養高林泉聲無虧因而學養生家術居家力行孝弟四十年尚足跡稀陟城郭里門有角輒赴請平有愧而及門自解去者年踰八十養愈邃禮愈恭良知之學愈徹四書五經大全雖耄不釋手隆慶初晉太常少卿致仕因禱雨本鄉病終

魏良政字師伊新建人孝友朴素平雅豁達混然天成初手錄陽明王先生傳習錄久之有得而師事焉志篤而功專見明而守固於良知之傳深得其肯綮中乙酉榜首方伯嚴公紘躍起颺言曰學古力行素有聲稱人也雖燕居無惰容對妻子必以貌處宗族鄉黨一無所挾嘗曰吾輩之學頭腦既明只以專一得之氣專則清精專則明神專則靈又曰不尤人何人不可處不累事何事不可爲所以其兄都憲及齋公常對人言夢中見良政流汗浹背其在生前尤可知已

魏良器字師顏新建人性資起與學識深純未冠與聞良知之學於良弼良政諸兄偉然以聖賢自期特嗣遊王陽明先生門獨往益銳透悟益深凡王門諸賢多其所啓廸者故云侍師顔門人日益親年雖少善於開發所以信從者衆公亦以興起斯文自任衆以顔子比之嘗曰理無定在親之所安即是理孝無定在心之所安即是孝故其學以透悟本心良知爲最要巡撫何公立石表其墓

葉照字以明南昌人由進士授鎭江推官弱冠斷太獄數十豪右斂手操若冰蘖明比水鑑訟者畏服師事歐陽南野公講性命之學嘗嘆其一日千里惜乎位僅郎

署而殂未究厥施云

萬鏜字仕　進賢人由進士授刑部主事員外郎改吏部考功文選郎中陞太常少卿順天府尹南京兵部侍郎右都御史刑禮二尚書轉北京刑吏二部尚書掌銓選人服其介加太子少保卒蒙祭葬

周期雍寧州人由進士選御史清軍兩廣陞福建兵備僉事統兵協討寧濠人義之歷參議參政按察使陞右僉都御史整飭薊州等處邊備巡撫順天等府大理等卿轉刑部左右侍郎南京右都御史刑部尚書自陳休致

鄒顯卿字文瑞奉新人由進士授行人諫武宗南巡忤旨廷杖謫國子監學正典試京闈首拔楊維聰士論服其知人擢御史上先聖尊節民財釐祀典疏巡鹽山東監察湖廣俱有生祠去思碑著有夢虹奏議祀本縣鄉賢祠

郭昇字東旭新建人敏而好學事親以孝聞嘗從陽明先生於虔預識宸濠之變避居巖中奉兄于難居室罹兵燹官給逆產堅辭不受以貢授興國司訓日聚諸士講良知之學即以俸貲餽貧之數月翕然信從卒於任歸櫬蕭然著有大學中庸問答

吳子金字惟良南昌人幼穎異持己凝重身無傾倚因王文成公倡學與同郡魏良政往師之隨言解悟其父毋以講學妨課業爲疑公曰學以明心課業心之緒餘也未有心明而業不精者乙酉果與良政聯榜橫經就業其門者甚衆嚴分宜嘗走幣羅爲館賓公見若曹不率教私語人曰是將怙勢以干國紀者輒謝去所著有壁箴屏銘夜氣說等篇

鍾文奎字應明新建人其父夢新昌尹抱古黃香授母詰旦生奎爲邑諸生事父嚴得其懽心逆濠嘗威劫之無憚色母病露禱減齡以益母壽一夕夢神[illegible]

衛愈及母喪廬墓游王文成公門嘗云離本性以求解悟者測憶之知也外人倫而索隱微者空寂之見也文成亟讚歎其力行師訓毅然不變而延同志問學至忘寢食無媿孝廉之稱云

羅明南昌人由吏員授衛知事歷四川劍州判官正德六年強賊鄢藍等數萬人攻城民竄明偕男生員介死守孤城不支明被縛罵賊就死介奮身救父亦被殺父死于忠子死于孝正德年蒙 恩卹䕃

高宇字弘堂豐城人少處孤貧刻意自慎由鄉舉任常德節推擒劇盜杜欽籍贓萬計毫不染擢南京刑主事員外郎中出守程番轉桂陽有宸濠之變挺身援之卒解重圍及歸行李蕭然人服其清操云

江匯進賢人由進士授兵部主事陞河南右轄廉介剛直不畏權貴居家益勵清節士論高之

舒栢字國用靖安人由鄉舉司訓歙縣學惓惓以四禮五倫爲教嗣授學於陽明先生發[illegible]一根於性命陞梧州同知參贊陽明先生爲平田州厥功居多擢南刑員外出守南寧未之任而卒蓋其自視欿然佩服良知之訓無少懈也著有亞學繫言等書

袁勳字公圻豐城人以鄉舉授順昌

謫降五開銅鼓諸甸遷永州二守改常德陞南京宗人府經歷清操篤行終始不渝

陳冠字端卿南昌人由進士授工部主事歷南北刑部副郎權營繕郎中親覈中貴役占冒濫諸弊歷郎署十五年不遷忤時相謫官家居不事豐殖一榻數十年無有御之者郡大夫共高之祠鄉賢

張鏊字濟南南昌人由進士簡庶吉士陟部郎悉毁寶玉佛像力拒撤藩田租督浙學政得人最盛以視辭忤時相改遼冏卿轉藩臬至南兵尚書先時相度罰部險要務水陸兵首尾聯絡俾江南北免倭寇荼毒皆公力

也致政緝小圃日以詩文自娛然外直內清修儒雅爲世所重云

宋景字以賢奉新人方正耿介持大體習典故由進士筮仕州守以治行卓異改御史因忤逆瑾請告再起忤時相擢僉憲歸後薦起歷藩臬陟南兵尚書轉左都御史執法不撓糾肅百僚海內想望其風采蓋平生慕宋廣平之爲人故學行事業風神頗類且居鄉恂恂不以爵位先人卒贈太子少保兼祭葬謚莊靖祀鄉賢

王諫字子忠新建人以歲貢教諭餘姚姚文獻甲天下難爲之師公敦本賞端已率先士事自浮澆轉台州教授姚人士立碑思之陞國子助教出倅延平條利弊八事至於籌策廣福海寇灼見顛末惜未究厥施云

萬廷彩武寧人由鄉舉授訓導歷國子學録知州同知南刑員外郎中陞參議終參政歷官四十餘年練達剛正勤慎精明其行詳知耻録所著有求正稿没祀本縣鄉賢祠

張臬字正野進賢人由進士授刑部主事員外郎中歷副使參政按察使左右布政使陞都御史巡撫四川南京兵部侍郎總督閩廣右都御史

傅炯字朝晉進賢人由進士授刑部主事改山東道御

史歷南光祿大僕大理卿陞南操江都御史刑部侍郎南刑部尚書自陳致仕卒蒙　論祭葬

李璣字邦在豐城人由進士儲養翰苑掌國子祭酒累遷至禮部尚書典文試者五典武試者一嘗爲史官典內學堂教事後中官多貴倖亦不藉以進且秉陽洞豁不設城府人樂親焉

李遂字邦良豐城人由進士筮仕使垣列秩祠部出歷郡牧藩臬晉貳留憲歇歷四紀赫有令聞間以忤權遭擯落迨建節淮陽出奇謀以平倭難貳樞留部擒首惡以靖叛軍陞總兵樞參機務坐消池河之變功尤偉焉

少師華亭徐公謂公藏蓄如深山巨川不可測識變化
如蛟龍不可指擬舉而措之用如和風甘雨疾雷迅霆
交發互至使人畏懷感悚不能已于其心可謂才之美
者矣祀鄉賢
胥鈞字廷和進賢人由進士筮仕大行至少司寇中外
垂三十年所至遺愛遐思遠邇若一居南垣以蹇諤稱
歷藩臬中丞卿亞以勁節著抗疏歸田其介如石奇氣
峻節海宇仰之愛君憂國之誠時發諸篇什閒讀之令
人凜然正襟卒贈大司寇謚恭肅
鄧漢字潔之豐城人父葬薄終身不華服無疾言遽色

奉母以孝聞拾遺金坐待失者悉還之由歲貢歷教授
致政壽九十而卒
喻茂堅豐城人由進士筮仕黄岡治行卓異擢御史恒
守正忤時後守兩郡戢三事所至遺棠敦大體云
郭希顏字仲愚豐城人幼穎異年十四舉於鄉由進士
選翰林吉士授檢討疏　東宮監國進　神天改號胄
表受知　世廟擢春坊贊善議　太廟禮陞中允後謫
府判轉鹽運副乞歸田數載以　儲宮未定疏請安儲
忤　旨賜死本省追隆慶改元蒙遺詔䘏録　賜祭贈
勳鄉陰後裔疏有愚忠録

程伊字宗洛南昌人資禀樸實行履方正授學王心齋
公雖其同門以現在樂體爲宗公獨敬守繩墨以九容
檢身言動舉止造次弗苟終日嶷然如泥塑人家甚窶
辭受取予悉律以禮朋輩有踰閑者率面糾之寡過里
中宴會卬倒鑰其門人病其固公曰食色性也吾以堅
忍吾欲食之性耳及几案書籍筆扇各有定所門人罔
敢移尺寸其模範令人嚴憚與羅楫同師學各有得
張登新建人少倜儻有大志博學宏才練達事體嘗慨
本郡糧科獨重他郡民不堪命乃稽會通省糧則不爽
秋毫鳴諸當道得　請題改重科派又以南新二縣差

徭民歲傾產者數十家亦爲議改募役皆其功也且仗
義疏財貧困待舉火者相望其豪邁類如此
裘衍字汝忠新建人舉於鄉就業南雍值逆濠倡亂公
領義兵戎服登舟次九江賊已就擒因師陽明先生講
良知之學授岳州推府巴縣人有拾漂皇木者數十人
坐罪公覈其冤巴人刻木祀之擢南工主政陞郎中乞
休家居日郡同志講學垂老不勌惜鴻才未盡施用焉
袁坡字邦夷豐城人志慕前修行謹屋漏毋死廬墓泣
血三年嘗從鄒東廓王心齋諸先生講明正學業
結廬雲山遠近同志從之遊者雲集至不能容平生不

事產業晚歲家益薄讀書談道晏如也著有雩部集文
符鍾字伯聲新建人由鄉舉任道州知州賦性溫雅持
己端嚴爲諸生時卽慨然有志聖賢動遵古禮游湛甘
泉先生門循其體認天理之教嘗自反所爲刻責創艾
深慮力行之難其反覆質問具見雍語與二業合一訓
中任道州賑荒撫綏治行稱最卒于衛至無以爲殮云
李瑞芳字時楨豐城人由鄉舉初令武義有去思碑再
令永興賑饑有法三令華容民呼爲青天
丁以忠字崇義新建人公生而軒朗覲易持大節由進
士筮仕刑曹諸疑難大獄多所裁決出守河間發粟賑

饑却賄明法大宰熊恭肅公以直言被遣校卒拴梏不
少貸公弗顧卒治安車以行太宰得無恙歷閩廣藩臬
所在尸祝巡撫山東汰冗兵簡浮食拜南都少司馬定
譟卒之變既考績鄉貴當國感時事遂懇疏致仕歸家
杜門靜攝痛父母蚤世每伏臘忌日涕淚若孺子事伯
兄尤謹斗粟尺帛不以自私著有世美堂稿卒祀鄉賢
子運力學飭行善繼父志云
黃樞字聖卿前名榜南昌人少沈定端毅練達典故由
進士授縣尹陟南刑曹屢轉至太守居官清愼自持興利
剔蠹苟有益於民者恒不顧利害以闘之故嘉興賑荒

湖州積雨特疏請蠲民謠謂其存心無忝趙方勵志有
乎孟博竟以勞心民瘼卒于官當秉讜時有勢家餽賂
拒金齎起手麾之廉介至死不變殁祀湖州名宦本郡
鄉賢
吳桂芳字子實新建人由進士筮仕部郎拒婚時宰爲
士林所重出守維揚督學東魯繼由藩臬建牙兩廣練
兵勤寇開府河漕疏海口以洩淫潦造石堤以防風濤
卒于官且孝事繼母推恩陰均貲産以待弟建橋梁築
圩堘以利濟鄉人嘗論道龍光以作興後進云
孫世祐字元吉豐城人由進士授行人歷員外僉憲參

參參至都御史撫滇南先是土官讐忿禍變相尋至頻
剿黔徒緝奸猾諸難悉平晉少司空修其城堞時倭夷
江寇並起特以無恐召拜司寇而卒世稱爲長者
李遷字子安新建人登進士出使滇蜀貴竹堅却餽賂
筮仕南兵曹按侵犯　皇陵獄不徇權貴全活數百人
知濟南疑獄多所平反歷楚蜀西粵藩臬辦雪冤獄闔
諭藩王巡撫眞定援兵破虜總督兩廣悉勤諸蠻蕩平
三世劇寇功尤偉焉以南刑尚書請告日徜徉于鵠嶺
鳳凰間儉無遺帛淸節天成所著有鶯谷山房集卒祀
鄉賢祠

黃澥字世清豐城人由鄉舉授彰德節推倅毘陵與炎
中水利守許州除商稅紓里甲民有青天黃卅之謠卒
祀許州名宦祠
萬思謙字益父南昌人由進士授吳江丞轉嘉定尹矢
身禦倭捐俸築城淹滯郎署轉光祿丞以長揖冢宰外
補官至閩左轄家徒壁立陞大常卿致書張江陵勸復
言官切直相忤致政所學以宗孔為本以興起後學為
已任與人言若吶吶不出諸口而其淵涵有不易窺者
當永訣時偃起親題學以知為主一段尤奇絕　子
王希烈字子忠南昌人幼穎異七歲有敲落梅花擲筆

香之句人咸奇之由進士選翰院吉士授編修歷春坊
祭酒吏禮侍郎兼侍講學士掌詹事府事充　經筵
日講與纂修副總裁公粹中休度內直外和居常以名
節自持在朝二十餘年未嘗私謁政府侍　經筵日講
嘗守經寓規攝大宗伯事會肅王薨無嗣中尉某陰援
為代公正色不許甲戌典會試江陵以子希進公矢日
不私士論服之屬與鄉會試門生側獻譽悉峻絕之居
父喪哀毀服闋頃以原官　召用而公竟以毀瘁贈禮
部尚書賜祭葬祀鄉賢祠

新修南昌府志卷十九終

新修南昌府志卷二十

人物表

夫縉紳之士昭灼之儒有傳以詳其行矣茲用立表何
與蓋砥行閭巷或以無名湮沒立節搢紳或以未備見
遺闡幽節實壹惠所以發休光示不朽也

[illegible]

周文諒 任典史勤于民事載大湖縣志　楊政 任邵州判祀生祠陞[illegible]　熊炳 [illegible]治才稱所蒞咸有[illegible]任寧國府通判

俱新建人　袁伯明 建劍東義館義倉人甘嘉之　丁袍 任縣丞以廉吏見稱[illegible]

俱豐城人 波府志　廖根 任餘姚縣丞[illegible]直不撓補任會[illegible]　余茂 [illegible]見表

俱奉新人　舒琥 任縣丞廉能普著靖安人　陳大模 任縣丞清介寧州人

掾史

萬子雅 洪武中任經歷陞雲南僉事遷松江知府復調常州　龔華 任邵州同知　張[illegible]

熊好雅 任經歷陞湖藩司經歷　蔡元隆 [illegible]　萬仕邦 [illegible]

[illegible]

涂茹 任于江典史流賊猖獗[illegible]　萬相 [illegible]

[illegible]

劉季綬 [illegible]　熊克[illegible] [illegible]

[illegible]　朱典 [illegible]　朱鉅 [illegible]

新建人 張啓明任兵部武選司主事 余敬叔任刑主事
毋守信禮部主事 金士熊任工部都察院經歷明習吏事離案牘
葛惠節任通政司參議 李杲任王簿秉機務論板不爲勢撓
熊廷用孝事嚴親分產出繼之第任長樂典史著清名官祠
優薦長崇海水溉田以治才稱擢州吏目民
遠近留之 徐燧居鄉行鄉約正身率人感化一方 俱豐城人
徐珍宿州同知 進賢人 蔡昱任南京北城兵馬 奉新人 胡廷貴
杭州通判 武寧人 方用謙永樂初任御史 汪暌任寧波知府 俱學□人

遺行

胡與著有蕭亭百詠詩 喻鉞撫臺獎稱逸上 南州 劉宗儒字希孟從學張
東白羅一峯婁一齋陳白沙諸先生門積學善詩文精研古禮爲庠生時當道皆待以賓禮而不名白沙嘗稱
其貌恭而恂確有所守嘗贈以詩云 胡孔範好學端修以孝義著嘗抗節郡
宸濠幣于儒有學行廬墓辭貢聘卿欲從于康媳喻氏但以孝行稱知府感于國奏聞有旨于孝難婦孝在
難皆孔範庭 熊彖教授鄉里嘗有女中婦失全不訓之喜也
婦曰天歎弗泉夢天錫三□□水家□貴罷歸□□端其孫及各滿果食其報云 齊海尚博恍博洽以風節自□
逆濠之謀吏 羅傳捐財尚義善 劉廷亮庠生篤志理學友愛二弟公 行可稽 尚精于易學舒博嗣
服其 張大行篤志好修標古爲趙振至喻仕明幼穎異行宜亦不責報兄歐陽德誌銘能詩文
所事梁寅求明理學 蕭榮老而不倦讀書甘貧 龔彥相學讀書精講
可之者有刷趣詩集
後進論議英 俱南昌人 余能文王
發動中禁
成公門人力行古道 鄒泰字幼乾居家明宗法請先祀
以範宗族 弘博多技藝著有弘齋集
潘永貴力耕勤學 劉修己以孝友稱□□□□當出粟
持身剛正 □□□□之

丁以誠忠義兵以拒宸濠十居首 章希敏
足嘉 喻滋事母極孝
云 喻禎 余烈征貧力學事二親以孝
公 中途被擄置之不較 喻瀚事兄而分產辭多要
門 鄒賓公嘗與修省志居家多
侯嘉 庠生五歲畢誦經書長受學王文成
孔公銘字□□山林故諸子皆免于難 俱新建人
胡全字□□以文□□學力行精義理遂
胡寧全之子經史□□從學吳康齋先生 李旭
不□□□□□ 黃鐸字季揚師事吳康齋作室
多揚文□公載集 李南濱
中頗稱許焉 其族人吳康齋爲賦詩
其 涂質煥學博 杜洞字子鑑歷文藝任肇昌丞王文
居 行□ 成公征思田表使司軍賞辛于軍
門文成自書文表之 鄒黃裳讀書過目成誦淹貫經史
貽墨尚存

俱豐城人

熊大年宏博 王枕字景符幼穎悟絶人
人私諡 萬梓字世寧希慕古道
貞文先生 由舊典正冠危坐而卒
心易學著有 俱進賢人 劉應鑾理諸書 周烜事二親
南園吟草 萬銳
撫諸弟教愛兼致親喪三 余苑平生恬無外慕惟 黃奎
年不御葷酒人以爲難 日以書史自娛
淹貫經史詩多援筆而成 俱奉新人
荐有四書口義五經箋註
爲學俗所污遇事如解人多 徐學文 舒愉
以大用期之惜時貢而卒
惟文母壽高望顯天乞 舒鑑
壽以增之父母繼亡哀毁踰禮
亘日以吟詠自 俱靖安人 陳潛仁
適生平無過 幼嗜學事

兄弟之爭。**榮景華** 父忌惡疾，奉起居終始如一，家範甚肅，淳有古風。**陳鳳岐** 幼有志，雅知

立身大節。**周應辰** 博覽書史，敦尚信義。**劉昕** 歲歉出粟助賑，居喪率循家禮，好吟詠，著有對鳴集。

周彥中 事父母奉養彌謹，及襄大事，乃悉如家禮，代兄雪誣，鄉人義之。**幸泰** 于人少介，壽合詩

可給賦稅，斗升不一。至公庭，事親以孝稱。**王尚爵** 好讀書，崇尚四禮，置義塚，賑饑荒，父母殁，哀痛成疾

而卒。**查勗己** 性孝友，每事務為挽親，兄弟有私貲其不平者，輒推己之所有以益之，鄉人稱為孝友先

生云。俱寧州人

孝子

張杲 廬母墓，有白蛇之異。**武憲** 割股救母。**萬肇元** 割股。**熊希堯** 割股。

羅文溥 廬墓。**熊燧** 父病割股。**劉武** 父病割股。**萬一貫** 割股。

劉仕可 俱南昌人

劉祥 割股。**麥佐** 割股，廬墓。**湯護** 廬墓。熊之子**趙萬榮** 割股。

熊灼 割股。**徐道壽** 捐身救親，賊感其義釋之。俱新建人

涂壽 廬墓。**葉香** 廬墓。**李汝壽** 父死，哀毀骨立，逆塋廬墓，三年；母死亦如之，致有鳥

巢廬蛇守之異。**袁均治** 母病割股。**黃國靖** 盡誠以田繼母，以全生父。**涂秀**

俱豐城人。**萬殊** 割股。進賢人。**黃燮** 割股以救母。**涂燁** 入火救母。

周賽 刻木事母。**余良贊** 割股。俱奉新人

陳伯宣 廬墓，刻木肖像事親。**陳恩** 子割股。俱靖安人

張良贊 割股救母，其父兩盡其誠，誓不再娶。人謂孝子慈父。武寧人

黃暄 懇疏救父，死于獄。**查壽** 割股。**李行權** 割股。**陳孔坊** 捐身入火

以救母。**雷徹** 割股。**徐鳳** 割股。**陳廷策** 割股。俱寧州人

義夫

葛元壽 豐城人，年二十妻死，不再娶。**楊璉** 豐城人，贈布政，早失偶，不再娶。

顏鏞 早卒，終身不再偶。進賢人

義士

楊以忠 長八尺，有膂力，元末陳友諒亂，忠統義士守禦十餘

劉世倫 抗節不從，死之。**陳經官** 禮部儒士，逆濠迫附，已不從，死之。

舒遷 庠生，以智勇統材[illegible]**辜增** 逆濠迫脅附，已守正不屈，一家百口皆死於難。

楊官 京師中途投江而死。俱南昌人

夏正鄉 **譚則賢** **鄧均才** **丁子午** **程彥德**

熊持敬 **鄧均寶** **熊君佐** 元末義士，統兵保障鄉里，皆戰死。俱新建人

樊袞 以大難[illegible]進賢人

熊金玉 [illegible]**胡雪五** **張德規**

俱有勇[illegible]戰死于[illegible]俱奉新人

義舉

萬祥 倉大使，居鄉立有義倉、義塚。南昌人。**余汪** 遺金立義塚

訓詁以[illegible]**方鳳** [illegible]倫好禮，尚義樂施，出穀修圩[illegible]云。俱新建人

袁伯明 [illegible]之豐城人

余端 歲饑出粟賑[illegible]**余桁** [illegible]**張良員** [illegible]

娶者[illegible]都御史林俊[illegible]俱奉新人

葉坤 [illegible]**陳瑶** 出粟[illegible]**鄒啓揚**

劍清隱隱節人多其 尚義亦俱武寧人 鄒玉孝事繼母撫弟孤曲盡其用心 尚好善言善行詩以自娛

鄒啓詔之孤事母以孝補葯施藥死施棺貧不能葬者施地見暴露者即捧瘞之 俱寧州人

義賑

趙繼昭　秦文伯　李復初　秦本武　萬邦奇

楊信行　萬邦敬　萬孔亮　萬孟廣　張仲素

鄧知伦俱南昌人　歐陽則安新建人　袁文溥

羅懷玉　劉明遠　劉制節　劉公美　劉公韞

周好德　吳伯貞　呂象初　王逸勤　黃崇達

張惟懋　宋子誠　饒季遠　李子儀　孟公政

屈儀雅　龔叔徽　熊公傑　吳自敏　井全明

熊謂庸　夏原昫　蔣文謨　熊伯政　鄔峻德

陳孔安　尚宗武俱豐城人　朱文貴　黃子重

吳安邦　車季實　傅夢殷　陶璧　黃士英

雷季章　洪炯　車拳一　李昇　傅同生

傅民悦俱進賢人　廖永年　胡麟　曾以潑

余士奇　陰萬崇　張惟亮　周原昫　周節文

王秉彝　鄭啓清　胡正德　鄒伯璣　鄒繼遠

羅性暉俱奉新人　況寧　舒璣　林世文

陳德明　湯璋俱靖安人　黃□俱寧州人

已上俱宣德正統成化年間表□□義民

寓賢傳

易漸之大象曰君子以居賢德善俗蓋在寓賢固擇仁而居而賢者有功人國其流風餘韻歷世不泯吾郡若增而重矣茲敬表而傳之

周澹臺滅明字子羽武城人　孔子弟子公正無私子游渼與之子貢曰貴之不喜賤之不怒苟利于民矣廉于行己是澹臺滅明之行也南游至江弟子從者三百人設取與去就名施乎諸侯友教豫章上大沒葬東湖之東是生于武城葬于豫章豫章文學自子羽始廟祀茲土蓋亦不忘其友教之功云

秦甘羅下蔡人秦相甘茂之孫年十二事文信侯呂不韋秦使張唐相燕不肯行羅請行之不韋不可羅曰項橐生七歲爲孔子師臣生十二歲於茲矣卒說唐治行復說趙割五城以廣河間與趙攻燕得十一城羅還封爲上卿復以茂田宅賜之舊傳甘羅旅寓於武寧至今有甘羅村及故基理或然也

晉范宣字宣子其先陳留人徙家豫章隱遁好學博綜羣書尤善三禮躬耕養親親沒負土成墳廬於墓側累徵不起太守殷羨韓康伯爲之改宅致帛皆固辭不受日以講誦爲業學者聞風而至諷誦之聲有若鄒魯時太

守范甯立鄉校兼尚經學志云化二范之風也著易難
行于世
唐柳渾汝州人登進士嘗爲衢州司馬隱於下南山中羣
公交書走幣皆謝絶不就朝右籍甚有聲徵拜監察御
史歷官銀青光祿大夫右散騎常侍宜城伯中書門下
平章事卒謚曰貞
南唐陳陶閩人以儒名家尚聲詩曆象無不精究昇元中
至南昌將詣建康不果乃築室西山日以詩酒爲事會
宋齊丘出鎮南昌陶志不屈而齊丘亦不爲之薦遂終
隱焉

宋李寅本建安人有清節仕江南李氏至諸司使宋初授
官不拜舉進士爲衢州司理參軍以母在江南棄官歸
後其子虛已舉進士通判洪州迎養至豫章樂其山水
遂於東湖築第以居建東湖書院湖上建涵虛閣時楊
億張士遜皆叙紀其勝
李虛已字公受少同父寅同入廬山脩學後登進士歷
職郡縣遷員外郎出倅南昌時寅已謝歸春秋高寅母
尚無恙虛已雙舉迎侍未幾知洪州緯有德政仁宗立
遷尚書工部侍郎虛已忭夷曠事親孝喜爲詩與子婿
晏殊唱酬有集其令虛舟官至洗馬兄弟甚相友愛

部成章建炎初以上書論黃潛善汪伯彥誤國除名前
雄州編管久之高宗召赴行在其徒忌譖遂止于洪州
金人入洪州訪得之曰知公忠正能事吾主可坐享富
貴成章不應脅以威亦不從遂釋之曰忠臣也吾不忍
殺遺之金帛而去
蘇雲卿廣漢人紹興間來豫章東湖結廬獨居待鄰曲
有恩禮無良賤老穉皆愛敬之稱曰蘇翁身長七尺美
須髯寡言笑布褐草屨終歲不易未嘗疾病披荆畚礫
爲圃藝樹耘芟灌溉培壅皆有法度雖隆暑極寒土焦
草凍圃不絶蔬滋鬱暢茂四時之品無闕者視他圃尤

勝又不二價市鬻者利倍而售速先期而輸直夜織屨
堅韌過革舄人爭貿之以饘遠以故薪米不乏有羨則
以周急應貸假者負償一不經意溉園之隙閉門高臥
或危坐終日莫測識也少與張浚爲布衣交浚爲相馳
書函金幣屬豫章帥及漕曰余鄉人蘇雲卿管樂流亞
遁迹湖海有年矣近聞灌園東湖其高風偉節非折簡
能屈幸親造其廬必爲我致之帥漕密物色曰此獨有
灌園蘇翁無雲卿也帥漕乃屏騎從更服爲游士入其
圃翁運鋤不顧進而揖之翁曰二客何從來也延入室
上鋌竹几地無纖塵案上有西漢書二冊二客悅若自

失默訐此爲蘇雲卿也既而汲泉煑茗意稍欵洽遂扣其鄉里徐曰廣漢客曰張德遠廣漢人翁當識之曰然客又問德遠何如人曰賢人也第長于知君子短于知小人德有餘而才不足因問德遠今何官二客曰今朝廷起張公欲了此事翁曰此恐怕他未便了得在二客起而言曰張公令某等致公共濟大業因出書帀金帛寘几上雲卿鼻間隱隱作聲若自咎歎者二客力請共載辭不可期以詰朝上謁且遣使迎伺則扃戸閴然排闥入則書幣不啓家具如故而翁已遁矣竟不知所往

元伍良臣元濟陽王𤤎臨川鄉經歷也富甲海內至正間避地于進賢之崇信鄉雖以懿親乃恬然如布衣致力經籍從事于翰簡及大事異勢殊措置進退出處之宜皆得諸義理之精故其緒餘之見于詩者題曰中流一壺其名當而其得于中者深哉又所編通鑑纂要補論見聞錄皆有關于世教

伍伯遜其先福建汀州寧化人徙居南昌與弟伯暘伯遠伯璣讀書敦信義一時稱厚德者歸焉同居數百口雍睦無間祭酒胡頤菴溪嘉重之長子渙領正統戊午鄉薦於柘城教諭仲子恒康齋吳聘君高第景泰庚午應賢良　詔以親老賜冠帶終養于家

新修南昌府志卷之二十一

貞節（國朝定制孀婦以在三十歲以前守節至五十歲以後皆遵制也）

易曰苦節貞凶悔亡自古守貞植節苦則苦矣凶則凶矣而能自遂其志夫何悔之有嗚呼貞女節婦惟欲自遂其無悔之心乃嗜苦如飴視凶爲吉所以能勝此綱常之重哉閨門風化所自出用是表之以倡風教云

晉

謝小娥豫章人嫁歷陽段居正居正與小娥父作賈江湖並爲盜所殺小娥夢父及夫告曰殺汝父者申蘭殺汝夫者申春小娥尋訪歲餘得之乃詭服爲男子托傭蘭家一日蘭醲酒食會群盜蘭與春皆醉小娥斬蘭首因大呼捕盜鄉人踰墻擒春幷其黨數十皆抵死小娥還豫章人爭聘之不許祝髮爲尼

唐

周廸妻廸洪州商人也唐末楊行密圍楊州時食盡軍士殺人而賣其肉廸妻曰勢窮蹙如此義不兩全君有老母不可不歸妾請鬻以備行資遂詣屠肆得白金一錠使歸至門語守者金詰之不信共詣肆驗其實妻之首已在案矣衆歎異共以帛遺廸收其餘骸歸

宋

余釗妻李氏武寧人釗死長子大任方一歲次子大川甫一月父母屢欲奪其志李氏立三說以示不變一曰爲人子當盡孝二曰爲人臣當盡忠三曰爲人婦當盡

節卒不可強舅思愳患雙盲姑潘氏老病朝夕侍湯藥
不少懈嘉定間
詔封孺人後二子皆貴
吳世靜妻余氏進賢人夫早卒止有一女厲志守節以
紡織自給歷十五年淳祐中北兵遊騎至章江撫其女
曰世亂如此無辱身相携赴水死
萬性會妻胡氏進賢人年十七嫁生子輿夫歿諸舅以
輿幼不足恃諷欲嫁之泣不應一日歸集諸姊妹以利
害誅誘旁引曲譬務相感動卒不變言未旣而禮幣至
門胡乃引刀斫案大慟仆地氣絶良久甦曰必欲強我

命盡今日衆懼而止遂趍裝還自是不復歸寧保全遺
孤卒揭文安公題其墓曰貞節婦
元 吳中孚妻進賢人少寡景定初兵亂携孤女以自沉於
縣之梁步曰義不辱吾夫也
姜興一興二進賢土坊人土坊原係南昌割歸進賢姜
羅世爲婚姻故兄弟竝娶羅仲敬女爲婦至元中婦俱
虜于寇欲汚之不從行至眞隱鄉之梘頭二婦同赴水
死人共難之
王德甫妻余氏德甫以訟喪家甚貧依先隴結茅爲廬
衣食不給有慫慂語余輒止之曰自取何尤德甫令改

適余氏泣曰婦歸王氏家非不裕至此命也婦人無
去夫之理卒不行勤以供薪米居數歲以瓦易茅爲屋
五楹二十年未嘗出門閾比鄰罕見其面筠陽陳偉微
作節婦傳以義之咸淳中權縣事危頤吉即其里立節
婦坊與粟帛
鄭伯文妻丁氏新建人元大德間伯文病卒丁氏年二
十七始終不改節言所以不死之故事聞詔旌表其門
朱至眞妻袁氏豐城人元丁亥夫遊學自燕還買舟上
贛會兄袁氏猶行欲入閩適壬辰兵變退寇袁氏義不
受辱卽投水死至眞僅免終身不娶

戴復古流寓江右武寧富翁愛其才以女妻之居二三
年忽欲作歸計妻問其故告以曾娶妻父怒宛曲解釋
盡以奩具贈夫仍餞以詞云惜多才憐薄命無計可留
汝揉碎花箋忍寫斷腸句道傍楊柳依依千絲萬縷抵
不住一分愁緒捉月盟不是夢中語後面君若重來不
相忘處把盃酒澆奴墳土夫旣別遂赴水死
王梓甫妻呂氏少寡獨一女織紝鍼縷爲食義不易節
至正初大饑有欲強聘之者乃慟哭携其女同赴水死
姜本道妻彭氏弟本源妻葉氏俱寧州儒家女至正中
道源起集義兵隨省委州判湯盤克復州治賊黨余祐

二䘮衆追逐至本道家兄弟與賊拒敵俱爲賊易勝所擒罵賊不絶口爲賊所殺彭與葉訣曰我夫旣死賊必辱我我決於此乃引刀自刎葉亦隨之而死

余文佐妻費氏尚珎奉新人幼秉志操值元季兵作隨夫避難至正中渠寇虜掠鄉里惡其夫文佐守義不入其伍遣卒縛文佐尋殺之費氏驅迫前行至横岡寇欲汚之費氏義不受辱自投潭水而死

劉應震豐城人妻范氏應震得心疾合巹之夕疾作不能成禮應震出就異室未幾卒服除母欲議改適不許母曰未配非改節也對曰名在劉氏家廟夫以疾廢姑在誰養去之可乎姑歿復有以爲請者誓死不易居三十年如一日卒年六十九

袁用賓妾孔氏至元兵亂肆掠於袁坊縛用賓以行孔隨至臨川之名賢鄉乃泣曰夫旣不可脫吾義不受辱寧愛一死不以謝吾夫遂踊躍赴井死人皆義之

國朝李宗顒字叔政博學宏詞預十才子之列娶新建夏氏相敬如賓元季陳友諒陷南昌部卒悦夏氏欲汚之堅不可詒近井傍抱女孩投井而死宗顒義之不再娶天朝一統之日宗顒被徵拜國子學正歷官至禮部尚書宗顒位極人臣宜其妻妾滿前而其心恒感夏氏之

節義終身不再娶時人咸以義夫稱之

監察副使胡以謙妾周氏金陵人以謙永樂初任湍於兵周哀號求夫屍於原隰中負歸圖死以殉父母止之曰夫以娶汝爲無後計今汝有娠而死汝夫一支之脈遂至殞絶汝死何益周意稍解未閱月生子伯槐辭父母倩其兄與同護喪葬寧人慕其姿色爭納賂聘之周泣曰圖富貴者怕饑寒使吾圖富貴何必去父母而至是耶於是引刀斷髮示不再嫁躬耕紡績撫育孤有成闔門無一毫玷汚焉

舒氏四節靖安舒弘道妻王氏年二十八而寡子三人俱幼王氏紡績撫教俱有成立長子仲甫生子禾一朞而卒妻陳氏亦操志不二兩女長曰靖正適項坊張宅次曰靖貞適奉新鄭宅亦蚤寡俱無出或諷以再適俱厲色斥之曰婦人二夫犬馬不異何面目見吾母於地下年俱八十而卒

劉氏雙節南昌劉天瑞妻熊氏年二十三而寡生子仲高娶俞氏年二十亦寡生子觀方七歲熊氏自念嫠居甚艱辛諷俞氏曰此煢煢七歲兒安可冀望俞氏泣曰姑能不負所天吾獨不能乎前途明暗一聽諸命於是姑婦紡績自給觀竟有成立孫曾不下二十餘人熊氏

年九十一踰亦八十一人以爲夫道之報有明公雙節
集行於世
邑庠生周珎妻吳氏豐城人年十八適珎二載餘珎遘
疾踰歲弗瘥一日疾甚珎曰我終汝事他人吳因以死
自誓珎翌日殞畢吳及暮入寢室自縊死合葬登仙鄉
號節婦冢
翰林院庶吉士周懋昭妻孫氏豐城人適懋昭年甫二
十越三載而懋昭卒于官遺腹生子仁誓不再嫁紡績
勤苦供養舅姑
翰林院庶吉士黃獻妻胡氏豐城人年二十五適獻甫

二載生子張獻卒于官胡自京扶櫬還誓以節自守家
貧惟紡績以資日給
余繼妻熊氏名寒奴豐城熊叙端女年二十一歲歸繼
孝事舅姑克盡婦道繼得疾度不能起語以備後事熊
氏出篋中衣對繼紉定每襲爲二泣且謂曰卽有不幸
吾當服之以俱死不能獨生也繼卒熊氏服襲歛畢闔
家人議舉棺焚化卽衣所紉衣期赴火死家人察其意
防之少懈卽自縊與繼同日合葬于施家園
余睿昭妻游氏正統九年歸睿昭夫卒無嗣時年二十
九終喪後矢靡二心撫侄余銘爲夫嗣孀居三十年匪

懈祀不接宗族惟紡績以供舅姑躬勤艱苦終始不渝
弘治十一年請　旨旌表
高紹妻樊氏進賢樊公黼女年十八歸紹甫二載而紹
卒無嗣誓不改適紹弟緝方五歲撫之有成爲娶樊仲
華女賓氏之族妹也踰七年緝亦卒妻泣曰吾姊能以
節持吾獨不能以自勵乎於是姊妹同心以守事舅姑
以孝撫緝子啓旺補邑庠生姊年八十二妹年六十卒
人咸稱其爲雙節云
李與鎬妻林氏豐城人四川副使獻之子婦也年十九
歸李甫二載生子平與鎬故平尚襁褓族豪利其產百

計害之林恐不遇害密托於外氏育之身攖其鋒豪見
林志難奪乃寅夜執兇器毆之中額流血被面時繼姑
徐氏年二十五亦孀居林因奔就之得免自是姑媳相
依守節不渝教子俱有成孫逢遂繼登鄉薦人皆賢之
胡魁妻聶氏南昌人年二十五魁喪聶撫孤克執婦道
居數年舅惑於繼妻逼奪其志聶顯大以死自誓舅禁
之於室期日嫁之聶哭曰我死不難惟孤無托寄以衣
物賂杈祖得還母家舅知其志不可奪命歸居之外舍
貧苦百端以治生撫孤終始不渝年六十七卒
賴文璧妻胡氏貞豐城人年十七歸文璧甫二旬文

壁訪外舅溺於磯山濟渡處逾年自歸寧訪夫所溺處因以自溺幾死時舟人赴水援之始全活後父憐其少且鰥於家微諷改適遂素純靚服自縊而死聞者憫焉

楊俊妻謝氏南昌人年十八適俊家貧婚踰月夫即適四川謝奉姑備嘗艱辛越三年俊舟歸吳城溺水死謝聞之悲號幾絕引斧自劈破腦妯娌萬氏見驚奪斧阻救及夕自縊而死聞者傷焉

李瓚妻胡氏瓚奉新人蚤歿長子洓甫三歲幼子沖尚在懷胡氏年二十三守節撫孤時有欲奪其志者胡氏

守愈堅三十九年始終無玷華林亂嘗迫於寇投懸崖不死人咸謂天佑節云正德十年　朝命旌表其門二子俱孝友尚義後知縣陳芹追奬洓義益賢其母給以母子皆義牌額

閔邦燦妻萬氏南昌萬獻女年二十歸邦燦甫半載邦燦商遊三年歸溺鄱陽湖死萬聞之哀痛期於必死舅姑勸止之不從復延其母諷諭之萬佯諾衆以爲然防之懈一夕具服從容就縊而死聞之者莫不驚嘆云

張士琦繼室洪氏南昌人年十七歲歸張越二載而寡居志不貳撫育夫前妻子張源得有成立未嘗以貧窶動心貞白之操著于鄉　朝廷特加旌表

陶振綱妻李氏南昌人年二十二而夫喪遺孤在襁舅姑以貧故奪其志李遂剪髮自誓舅姑後又彊之欲挈孤同溺乃止勤織以養舅姑撫孤幼葬祭教訓各盡其道至老不渝鄉人皆嘆慕之

舒銓妻佘氏孀居被賊執欲污之佘氏墜於溝壑厲言罵賊曰我名家子寧死不受爾賊辱大罵不絕口賊怒殺之

李與祿妻常氏豐城人與祿娶之僅歲餘而卒常扶櫬南歸遺腹生男父母欲再之常泣曰我留將置此兒何所即以死致決竟歸茹辛以終其志云

指揮使方印妻張氏字文娥新建人梧州府知府張元春女也正德庚午夫印督兵討饒州桃源劇盜屢立戰功已而死之張時年二十三聞訃號曰吾夫以死報國吾何難以死報夫以慟遂絕救之得甦以有娠默禱曰姑俟之生男也吾與俱生生女也吾與俱殉矣踰月而生子恩値家徒壁立惟紡績織絍殫力盡瘁事姑以終其天年嘉靖間家　旌表後以子恩貴封大淑人贈太夫人

諶炷妻陳氏文諱英豐城人炷爲江州巡司掾流寇掠

其境恭被執陳氏吉英俱爲賊欲汚之遂殺孫氏
指賊罵賊怒又殺之吉英枕抱二屍以血塗面籲天而
呼復厲聲以罵賊賊又殺之後江守馬公奇其節核實
以聞　詔旌其門

盧鵬舉妻聶氏武寧人鵬舉商卒于外聶時年二十子
伯軒方一歲計聞泣欲相從於地下其父母遣人防之
數月不遂乃託紡績以紿防者不甚備之自經而亡

余陽妻張氏奉新人年二十一歲華林賊衝入縣境張
氏以少艾被虜驅迫前去至後圩旅店衆欲辱之張憤
曰有死而已決不受賊奴辱罵不絕口賊遂斬之

易功廉妻江氏奉新人年二十五歲遇華林賊被執賊
悅其姿色驅之前去至西岡段堅不從賊坐地不行賊
怒遂斷其首

謝聰妻楊氏新建人年二十歲夫喪誓不再適遂首惡
服朝暮哭不絕聲者數年無子立侄廷和承祀娶媳方
氏生孫天胤和先楊氏早卒方氏時年二十四姑媳同
撫孤孫苦節愈堅天胤長娶鄧氏未幾年胤又早卒鄧
時年二十二遺腹生子產嘉靖丙辰楊氏年七十終
題　請旌表

胡閣一妻秦氏夫卒送葬扶靈歸宿聚而觀之者問曰
彼從者誰何侍者曰阿叔已許兩嫁婦曰烈女無二夫
吾今必死痛哭於夫靈付孤於叔遂跳水死

胡璉妻秦氏而鄧氏乃其妾也新建人鄧生子綱甫二
歲而璉卒二氏俱青年誓不再適共撫一孤綱嘉靖二
十四年奉　明文願納穀賑濟饑荒者表揚義名綱自
納穀二千石入官不願自身冒義之名惟欲伸嫡母生
母共守節四十餘年之苦于時撫台查勘旌以雙節孝
義二匾後復題　奏旌表

金曰榮妻孫氏年二十二夫病故長子應緯三歲次子
應隆纔八月孫氏勵志守節家貧苦狀難以枚舉窮年

爲人紡績教孫金銑中進士嘉靖二十六年題　請旌
表

吳都憲祺豐城人繼室徐氏副室張氏李氏俱芳齡徐
氏事姑以孝聞嘗從祺北上抵河西務公墮舟徐躍出
俱下頃抱以出公逝觀沂長沙風烈舟顛危甚又哀哭
籲天始定李無嗣張嗣孩提或有以他意風之者徐曰
婦人夫死稱亾人無再醮禮守適各惟所志張與李泣
曰烈女無二肯憚一死辱大人於地下茹苦服縞共撫
其孤一門三節當道訪實題　奏旌表

謝烇奉新人其妻雷氏生子邦化甫七歲而烇亡時年

二十五歲父母憫其無完節微示以他適意雷氏以死
自誓撫孤成立爲娶余氏生孫世英甫三歲而邦化又
亡余氏時年十九歲哀毀骨立亦無他志姑媳共守氷
操雷氏享年八十五而終世稱一家貞節云
王朝卿妻方氏新建人朝卿舉弘治丙辰進士方三載
朝卿卒方年十九翁以王諫嗣之時諫尚襁褓撫之甚
艱閨門嚴整人罕及見臨危惟曰雙梆雙梆他無所及
後諫以選貢歷延平別駕孫淑湜竝登進士
鄧梧妻萬氏新建人年二十五梧卒萬氏哀絶期與同
死父母以姑老子幼諭之遂剪髮毀形誓不他適專勤

織紝甘茹澹泊葬故舅事繼姑俱盡禮撫孤訓孫俱成
立邑侯給貞節匾額以表其門
胡鍠妻何氏進賢人善事舅姑正德六年夏寇至姑老
疾艱於行何負之踰墻避焉姑尋以驚卒賊冬寇復至
衆皆逃匿何泣守姑柩不去遂被執以行至苦膓陂曰
此死所也胡不速殺我遂罵不絶口投入陂內死次日
夫收屍貌似生人咸哀之
郭匡習妻溫氏新建人事舅姑備極孝謹姑廢明昕夕
侍側飲食親調移必扶𢹂夜則候其就枕然後即安及
寢疾割股以進立愈後匡習喪年二十有一子皆幼或

微諷以覘其意輒摘髮碎鏡誓死靡他當道旌之年至
九十二忽疾弗治偶一道人衣白者與以異劑不旬日
瘳人以爲疇昔刲股之報云
聶庄妻潘氏豐城人庄商泗州病卒婦聞訃號哭幾絶
舅姑促令改嫁適水漲溝中不滿尺整衣赴水而死
徐鍾妻屈氏南昌人僅生一子鍾客死河南屈年二十
五聞喪慟哭欲與俱亡閉門自縊姑蔡氏覺而破門救
之哭勸婦若死則孤孫與誰撫焉屈以撫孤守節自誓
其母李氏憐其早寡欲奪其志乃斷髮以示旣而復欲
奪之即欲自殺母李乃止孤嘗患痘幾危屈掌心燒香

籲天願身代子以昌大後子果得生事姑孝謹寢食與
俱姑疾湯藥必親嘗姑死紡績供葬鄉閭稱其貞孝學
道書貞節扁以旌之
南昌生員萬文式妻徐氏式亡徐年二十七撫其一孤
亡立一嗣又亡再立一嗣不肖蕩覆家産殆盡全無怨
悔饘粥布服終身不御帛凡婚嫁慶會一不與焉撫院
表其閭曰貞節

烈女傳

羅文姬字淑魯豫章南昌人羅元幹之女少有令德行
不踰閾年十六適鄭氏疾篤執文姬手曰汝盛年當別

適人矣姬誓不嫁鄭亡水漿不入口者七日葬夫訖投
繯而死都督滕王聞之歎息賻以羊酒邑人楊懷秀爲
賦哀之
高烈女寧縣人年十七歲有美色元季盜起匿巖穴中
盜詰其弟得之高抗言曰我在室女未受父母命豈可
擅事人盜甘言誘之再三高曰吾寧死不屈也盜强之
高大詈不服乃拔刃示欲殺高忻然受刃顔色不少變
遂遇害
劉氏二女龍興人長曰貞年十九次曰孫年十七皆未
許嫁陳友諒寇龍興其母泣謂曰城或破置汝何所二
女曰寧死不辱父母也城陷二女登樓自縊
陳淑眞富州陳璧之女璧故儒者移家龍興淑眞七歲
能誦詩鼓琴元末陳友諒寇龍興淑眞取琴絃彈之曲
終泫然流涕曰吾絶絃於斯乎父母怪問之淑眞曰城
陷必遭辱不如早死明日賊至遂溺東湖水死之時同
郡李宗顥妻夏氏亦儒家女賊至與其女共投井死
趙孝女名郡珍進賢趙淑式女母萬氏臥疾不起郡珍
嘅翁孝謹事父因自縊死
葉貞女兆姚南昌葉相女自幼許聘新建李素乾子光
庭未娶光庭病卒兆姚時年十三先月娶光庭騎白馬
衣素入其室相對補綴覺以告嬸母念氏越數日計聞
傷之誓不改節父母憐其幼欲爲轉聘兆姚聞之命密
於室整裝自縊而死
蔣愛貞順義鄉人其父存時納徐貢陳聘未適而貢陳
死愛貞破鏡遺簪重服室處誓不更適富民楊某萬某
者相繼强聘之兩訟于官得以不果有一兄曰貴亦死
遺孤方二歲嫂陳氏方十九歲愛貞同志相守窮鄉茅
屋紡績延活貧苦萬狀克全雙節兒童走卒無不知敬
之者行部觀風諸公悉加獎勵優恤之愛貞亡年六十
七陳亡年六十五
祝氏寧州人許聘武鄉盧榮年二十未歸榮病革女聞
亟往視之將屬纊慰之曰君不諱我爲立后遂斷一指
爲誓已立所親繼之躬紡績未嘗出門户一日謂諸婦曰
我平生不欲人見膚體汝等皆去遂於靜室浴竟更衣
而卒人指之爲貞女墓云
陳氏寧州陳孟寔女爲處子時母黄氏疾危醫不能療
陳氏焚香籲天割股置糜中食之母病尋愈然割股在
女子爲尤難謂之孝女信然
余五英新建人元末劇賊史老械勝脅大號聞五英名
强委禽焉率百騎車鎬水父母族衆大駭議未決復鼓

哭而前英從容跪謂諸父母曰與兒白綿家庭于兄
得如雎𨈆何因盛飾綠𦅳舟合巹禮畢英佯吐欲水二
婢擁出舟突赴水死賊相顧錯愕去王文莊公爲立傳
易妹貞聘儀賓子楊鐶未婚鐶故妹自閩計墜樓幾死
誓不再天奔吊楊宅舟至河索夫主成親迎禮用小竹
篙抱主入至柩前行合巹禮朝夕哭奠朞年夜焚香畢
自縊夫柩側　題奏旌表造貞烈枋

樊鳳英南昌樊昱之女聘新建城頭萬尚弘爲妻未婚
弘病女爲廢寢食弘病亟昱往視之三晝夜女不寢食
亦三晝夜計至女痛哭亟白母曰吾欲歸治萬郎喪母
曰進父歸乃遣若女痛不能禁乃登樓自縊盔計者席
未幾也後與弘合葬于城頭祝家山之原　撫院題請
建枋以旌表之

彭氏女分寧人嘉靖中年十九歲從父入山採樵父爲
虎所攫躑數步女子惻然號呼執刃損身亂斫虎以救
父虎遂棄去父得不死負歸州以事聞　詔賜粟帛仍
命有司歲時存問焉

貞節娃氏 前有傳者茲不錄

元霍榮妻段氏 大德初旌其門　趙時煬妻陳氏 延祐間旌
喻克成妻熊氏 至治間旌其門　傅宏振朱本妻段氏

王武育妻吳氏 進賢人
國朝俞銘妻梅氏　諶伯仲妻徐氏
胡思敬妻曾氏　熊伯良妻史氏
諶珂妻蕭氏　羅復榮妻張氏
丁正文妻魏氏　俞明遠妻梅氏
萬仲管妻蕭氏　知事萬崇儒妻梁氏 蕭氏姑
萬國符妻方氏 蕭氏孫媳三代貞節　贈主事李綸妻龔氏
李昌泰妻萬氏　張碩妻譚氏
辜宗妻熊氏　秦本固妻周氏
劉仕汴妻陳氏　唐思恭妻張氏
魏世用妻李氏　熊準妻李氏
萬慜妻胡氏　熊朝妻徐氏
劉元妻羅氏 正德年旌　喻一魁妻魏氏
朱大省妻曾氏　鄒懷德妻楊氏
羅文勝妻賈氏　黃順妻陳氏
庠生劉仕可妻羅氏　庠生朱信堅妻劉氏
誥封奉政大夫伍守中妻董氏　萬守纓妻劉氏
萬富妻黃氏　尹獻妻胡氏
舉人高啓翔妻鍾氏　舉人萬㸁妻劉氏
封君楊用寬妻李氏　余潮妻熊氏

黄廷繼妻陳氏　贈主事熊袞妻封安人丁氏
羅大珏妻劉氏　舉人胡旻妻劉氏撫孤守節孝事祖姑
周子英妻易氏　楊用才妻鄧氏
庠生齊言妻李氏　庠生黄漢妻樊氏俱南昌人
謝同權妻鄧氏　聶仲英妻楊氏
熊克相妻佘氏撫孤守節　談緒妻趙氏
丘德彰妻夏氏居孀奉姑節孝並著　陳綸妻譚氏
鄧元吉妻戴氏　魏廷楈妻熊氏撫孤守節詔旌俱新建人
王伯崇妻熊氏　劉天瑞妻熊氏
劉仲高妻喻氏　范頤妻孫氏正統間旌表

南昌府志　卷三十　貞節　十八

胡彥文妻顧氏天順間詔旌　丁紳妻范氏詔旌其門
夏希武妻傅氏年十七撫遺腹守節成化間旌表　李銘妻王氏
黄一清妻游氏守節五十二歲詔旌　胡寧岡妻熊氏撫孤守節正德間詔旌
黄克傑妻劉氏撫遺腹守節正德間詔旌　朱朝濟妻羅氏嘉靖間旌表
黄季遜妻吳氏　任夔妻孫氏年十八守節
潘濡妻熊氏　涂曰璉妻胡氏
宋聰一妻鄧氏　袁智廣妻鄒氏詔旌
蔣默妻黎氏流賊逼劫氏[illegible]入水自溺旌　胡王祥妻張氏旌表
夏才妻熊氏旌表　范用志妻孫氏
李總妻范氏　劉嫂妻吳氏

管深清妻胡氏　龔大邦妻胡氏
周咨謀妻徐氏　熊沛妻聶氏
熊煥妻丁氏詔旌　毛欽若妻李氏
古禎妻熊氏　楊楠妻熊氏
吳騤妻蔣氏　李務妻鄭氏
陳朝妻徐氏　杜阜妻黄氏
范正端妻潘氏　黄穗妻雷氏
孫鋌妻劉氏　黄栗妻李氏
李廷和妻丁氏　劉種妻李氏
游璣妻黄氏年二十守節九十一　李運二妻佘氏

南昌府志　卷三十　貞節　十九

袁伯乾妻闕氏[illegible]年二十守節　袁騏妻潘氏
林全禮妻萬氏　黄廷須妻雷氏
徐贰妻胡氏[illegible]風滅火之異　甘正蔡妻鄒氏俱豐城人
吳安泰妻胡氏　熊叔輝妻陳氏
熊叔信妻佘氏　曾翊如妻萬氏成化間詔旌
熊時雅妻謝氏成化間詔旌　顏會宗妻李氏[illegible]
舒矜式妻楊氏成化間旌表　傅金妻艾氏[illegible]
萬春妻吳氏　方義立妻支氏
庠生樊淑妻聶氏　李壽妻鄧氏俱進賢人
桃文博妻湯氏　胡紳妻謝氏

廖繙耕妻余氏　余錨妻舒氏
庠生余楷妻舒氏　徐執揚妻吳氏
庠生周南妻彭氏　余國相妻余氏
徐袞妻余氏以上俱奉新人　庠生張彥遜妻蔡氏
汪庸妻張氏　舒克正妻洸氏
張萬英妻舒氏　趙進妻程氏
舒沭妻余氏　舒銳妻黃氏
舒仲甫妻陳氏　宋波妻項氏俱靖安人
余遠山妻李氏　余用義妻王氏
盛旺妻李氏　余福燃妻王氏

彭玉瑫妻李氏　楊灌妻江氏正德間旌
盧貯妻夏氏以上武寧人　王廷蕾妻陳氏正德間旌
王公顯妻周氏　陳沛妻章氏
周季哲妻陳氏　李謨妻呂氏
王公庭妻查氏　王廷鳳妻陳氏
徐安民妻盧氏　徐仲英妻周氏
周瑾妻劉氏　查勗己妻沈氏
石勝安妻黃氏　余漢妻黃氏
辛善繼妻車氏　陳邦達妻徐氏俱寧州人

新修南昌府志卷之二十一終

新修南昌府志卷之二十二

古蹟

志古蹟者何見古蹟思古人常情也况人事興廢陵谷變遷一展卷具在目中寧無黍離之悲哉

南昌灌嬰城即郡南灌城鄉今黃城寺有灌嬰廟相傳為嬰故宅　子城即隋唐舊譙臺東西兩門相值洪人稱為東華西華蓋襲江南舊稱云　劉繇城在郡城東歸德鄉二十三都　孫鑰城在郡城東北二十里鍾陵鄉吳孫權第五子初封齊王後徙于此又二十里為齊城蓋其離宮也　椒丘城在郡城北下流一百四十里華歆所築

昌邑王城在郡城北六十里漢封昌邑王賀爲海昏侯今名遊塘城即此地也或云城頭乃舊城基　海昏尉城在郡城南三里大業二年置三年廢　吳城豫章志云孫鍾種瓜處鍾即權之祖　豐城　黃金城富城縣故址在長豐鄉故豐城豫章志云在劍池登仙鄉晉大康中置廣豐縣地名故縣在今縣東二十五里　黃中城在進賢縣治南五里莫詳其始　奉新故縣在二十都盤山之上　大史慈城在奉新縣西二十里吳鄱尉太史慈所築　余城在奉新縣西十里史云余孝頃築此以拒侯景　黃城在奉新鄉田野中舊傳宋岳飛經過因累土以為屯宿之

所越王山城在縣五十里舊說越王勾踐伐楚屯兵于此倉城在奉新縣龍山北隅新吳故城在奉新縣西三十里靖安舊城周圍二里屬靖安舊縣在饒潭之上武寧舊城周圍一里餘艾城在寧州西百里崇鄉四十九都春秋魯哀公二十二年吳公子慶忌出居于艾即此地也西安城在寧州西三百里漢建安中置隋開皇九年廢西平城在寧州西鄉七十三都唐武德五年置[illegible]三年廢開成六年再置開寶二年復[illegible]四百八十步洪武二年知縣項中宣因故址[illegible]高一丈[illegible]在東湖東北流[illegible]湖故爲溝東折出城以殺其勢南昌徐孺子亭即徐孺亭據豫章續志即徐孺子宅也在郡城內東湖小洲上徐鉉記孺君亭在徐孺子墓側即思賢亭也今廢梅仙亭即子貞祠堂舊在南昌尉故廳之側詳曾漸記今廢碧波亭唐宣宗時塘東有三亭乾元中廢環波亭宋咸時已有之曾鞏有詩今廢洪谷齋曰碧波亭後爲徐孺子祠東湖亭唐符載有記今廢南亭唐時創今莫考所在矣南浦亭在廣潤門外見文天祥詩即今之驛也臨章亭在南浦亭側唐崔國輔有題今廢水天一色亭在洪谷門外爲水所圮湖山千里亭在舊望雲門外今俱

廢問政亭在東湖東百花洲宋張滋所建今廢派惠亭在府學前宋龔茂良建爲諸生游息之所今廢後樂亭巡撫箭雍創于行臺方池內章袞有記今廢梅亭在南昌尉廨南北二津亭宋時在瀕江今廢新建龍沙亭在北門外唐權德輿孟浩然俱有詩今廢望江亭唐韋丹建今廢列岫亭在光孝寺北今廢豫章溝亭在望雲堤上宋太守程師孟建楊傑有詩今廢石亭古圖經唐觀察韋丹置在觀音院迎恩亭在章江門外滕閣西南詳元虞集記今廢豐城賓氣亭在縣西北黃庭堅有詩今廢濯纓亭舊閱稅于此今廢觀樂亭在龍潭寺舊[illegible]在王郭仙跡覽秀亭在今署京梅亭在尉署今俱廢奉新退思亭在主簿廳後仁智亭在富陽坡山巔迎恩亭在城東門外今皆廢毗君亭在寶雲寺宋令李平爲之記今廢靈鏡亭在百丈山唐宣宗常游此龍山亭在縣治龍山之巔毀于兵燹采溪亭舊在安固橋今塑於水靖安釣亭在縣治東地名烏石口商老建張叔夜有詩雙溪亭在邑前毬場東偏幽谷亭在縣廳東南採芹亭在儒學前今俱廢武寧望江亭在縣治南隔江今尚存放生亭在縣治西南之龍潭後廢寧州治翁亭宋黃庭堅殺冠亭在南山院後山谷所留今廢溫冷二泉亭

在邑西黃龍山秀江亭宋隱者吳叔元朋山谷有詩心亭縣南宋創今廢邀月亭宋時創今存留倉其故趾也問春亭宋時創邑東秦市旌善亭即其地杏苑亭在杏苑水濱今廢桂香亭黃龍院內黃庭堅與靈源師論禪有時聞一陣桂花香之語後因以名亭釣亭黃裳創于雙井側黃庭堅有詩南昌風月臺在舊子城西南今廢新建豫章臺在龍沙南今廢宋有蔡九峰詩繙經臺在雙嶺崇勝院舊傳謝靈運繙經于此豐城徐孺子讀書臺在豬山南有石崖高處甘露臺在海慧院遺跡尚存寧州靈壽臺黃山谷有詩靈椿臺今俱廢南昌南昌樓即子城南樓物華樓舊在東湖西城上後移洗馬池知府金銑撰記今劉公祠即其地也大觀樓在圓覺寺張元禎題扁聚奎樓在貢院前本朝建今廢春風樓在府城西況志寧有詩新建遷仙樓在府城大儒巷乃宋時酒庫今改府新獄豐城相農樓跨城爲之詳宋陳容記奉新華豐樓舊距治百步今廢爲民居南昌秋屏閣在大梵寺側褒賢閣在東湖南今廢涵虛閣在東湖北今南昌縣學即其遺址見宋楊億詩新建吸江閣在上藍寺山門外取馬祖答龐居士吸盡西江一口水意逍遙閣在玉隆宮見洪芻父詩奉新兼勝閣在惠安院元燬于水綵霞閣在寶藏院觀瀾閣在儒學西今廢藏書閣在儒學內宋黃山谷銘今廢南昌寫韻軒在紫極宮見虞集記奉新洗軒在縣治內今廢武寧廣心軒在龍潭寺內南昌百鑑堂在按察司正堂後元劉因作記正心堂在南昌縣廳後思賢堂在望仙寺東徐孺子墓側今廢雷公堂在總持寺新建相公堂在西山舊名石堂宋齊丘訪陳陶處豐城崇賢堂在智度寺右宋雷宜中建以祀孺子諸賢清樾堂劉弇孫建今廢奉新希顏堂在今廳後冰壺堂在希顏堂後學易堂在冰壺堂北今俱廢三賢堂在治東南周敦頤爲分寧簿蘇軾來

省其弟子瑞州黃庭堅分寧人故合而祠之衮繡堂在靖安縣以曹彬曾爲主簿後爲相故以此名南昌梅福宅舊志云後爲天寧觀黃庭堅有詩徐孺子宅志云徐孺宅在梅福宅東陳蕃爲遷于塘東百步湖南際小洲上詳劉須溪記熊鳴鶴宅在惠民門內即今之普賢寺由邑人熊鳴鶴捨居宅爲寺故也京丞相宅原爲宋齊丘園因名荊家山後爲廣積倉基分宜嚴相請佃建宅即其地馬南平王故宅今爲寺新建林仁肇宅在郡東先爲新建縣治今莫考其詳路嗣恭宅元爲新建縣今爲玉虛觀劉尙宅尙爲鎮西將軍施宅爲寺宋名大安

寺陳甯宅在縣治西山之陽東湖南岸亦有灌圃之所自號布衣三教香爲歌詩武寧甘羅故基在邑治西甘羅枋丁令威故居世傳在縣東三十里寧州鄧獨坐宅在邑治後漢人名通有學行不與人交人號爲鄧獨坐云吳猛宅在奉鄉吳仙里黃庭堅宅在修水上後居雙井皆有遺趾章鑑宅在修水抗口李君子巷在蓼洲琵琶洞在蓼洲南昌宋令公園宋齊丘爲後唐中書令大起第宅于城南後宋相京鏜第宅仍此即今嚴相府第廢基也陳處士園南唐處士陳陶隱居東湖南岸今爲民居黃氏林園今沒于湖蘇翁圃在東湖中即雲卿種

蔬處潘公園潘清逸曾築臺于其地南園北園東園樂圃皆宋時名公花圃豐城疏窑園在宣化鄉今爲民疏圃武寧鍾陵瓜園即今瓜原地舊傳孫鍾種瓜于此南昌洗馬池府學西舊傳灌嬰飲馬于此又美女沐浴化白鶴去名浴仙池墨池在梅仙觀側王右軍寓此又謝靈運居此註道德經新建石臼池在樵舍許旌陽搗藥處豐城劍池即雷煥掘獄得劍處寧州磨劍池旌陽逐蛟于此磨劍南昌土閘在州城南角變閘吳五鳳二年太守張滂築高四丈餘萬柳堤在東湖四圍南塘灣職方乘東湖舊通大江漢太守張躬築堤以通南路以消

東湖之水義松在西山洪崖觀黃山谷有記古槐在孚應廟世傳崔隱士手植古栢在萬壽宮許遜手植現存古松在舊南昌縣衙廳側現司馬溫公送沈坤詩鐵象在曾賢寺鐵香爐在大安寺鐵柱在旌陽鐵柱觀井中大鐵索縱橫四散莫知所止蛟穴一在豐城縣治東二里一在豐城縣治西幽水流觴在百丈山西北唐宦宗寀遊此避暑鑿石引泉爲九曲元趙孟頫書天下清境四字鐫于石仙虎跡在藥王山世文蕭綵鸞跨虎昇仙處有二跡彷彿于石上朝斗壇在豐城縣西北岸十里其壇縱橫各十尺有古松列植下有卅井相傳南昌

尉梅福築以朝斗蓋豐城在漢爲南昌地也常州文本武寧縣之市名稱南謂市曰虛以不常會多虛日也豫章晉風俗記曰豫章以木氏郡豫章記云松楊門內有高大樟樹中間枯死至晉復生是西漢所以名郡之因也燃石晉豫章有石以水灌之則熱以鼎置其上灼食即雷煥入洛齎此石問張華華曰所謂然石也

丘墓

周禮建官有墓大夫陵墓之重也有自來矣本郡古陵墓多不可考然或賢而有功澤于民者間存一二

國朝大臣冢　諭葬者得並紀之亦以重典禮也

南昌○澹臺滅明墓在郡城內總持寺左淳熙中程大
昌創友教堂於墓前堂詳程大昌記祠墓詳熊釗記重
修墓堂詳陳詮記○楚春申君墓在永山○灌嬰墓在
今順化門外二里許舊印土寺右寺今廢世傳爲城隍
墓○徐孺子墓在進賢門外望仙寺東萬曆十五年太
守范淶禮謁其墓檄知縣何選重修門堂塚墓建漢徐
高士寢路石枋於通衢查濟墻外四面界址詳酈道元
水經與張九齡墓碣○昌邑王墓昌邑故城有大墓一
所小墳二百許志云豫章有百姓塚茔昌邑王妾處○
許邵墓邵因漢末大亂從楊州刺史劉繇[illegible]會卒

權葬舊松陽門內今莫考其處○孫奮母墓吳志云奮
母仲姬墓在豫章距城十里○徐盛墓在郡城東○周
瑜墓○呂蒙墓○馬忠墓俱郡城東四十里○黃蓋墓
在瑤湖東黃墓嘴○聶友墓方輿志云在州南二十九
里○范宣墓在豫章今失其處○溫嶠墓在今南塘西
北濱江嶠平蘇峻之亂還鎮豫章後朝廷思嶠勳業將
造大墳於元明二帝之側陶侃上表得停移豫章人遂
于墓所立廟祀之○桓伊墓在今蔡家坊石馬街東豫
章志云墓有石柱麒麟各雙土人因石馬橫於道側故
以名其鄉墓在田畔今已查明○郭璞墓舊傳在[illegible]

閣東汚池內太平寰宇記云瘞於江陰黃山不應有墓
在此○太守史群墓舊傳在東湖之東北一里○吳太
保墓在城南太保岡○唐丞王墓在六十一都地名來
墓○胡藩墓方輿記在州南一十九里○林仁肇墓在
郡城東十里齊城岡○宋太守張仲芳墓在松亭里○
侍郎龔日升墓在淡里○元萬戶萬友信墓在劉岡
國朝○忠節公劉端墓在北港就龍寺側萬曆十五年太
守范淶親爲文祭之扁其鄉曰忠臣鄉檄知縣何選修
其祊墓○忠節公王高墓在永和門外萬曆十五年太
守范淶檄查知縣何選親爲重修太守撰文給[illegible]劉

墓云○憲使[illegible]墓在西城○胡祭酒儼墓在南塘之
[illegible]萬曆十五年知縣何選奉太守范淶命清界重修○
都御史羅虎墓在丁家山○學士張元禎墓在松亭里
○冢宰熊浹墓在超溪側○尚書胡訓墓在林家橋○
尚書張鏊墓在溪湖山○都御史阮文中墓在尾嶺○
贈兵部侍郎萬明達墓在方溪湖○贈侍郎萬文炳墓
在洞陽山○贈禮部侍郎王崇禎墓在　運珠嶺○
封禮部侍郎王廷聖墓在本里官莊○吏部侍郎贈禮
部尚書王希烈墓在[illegible]赤岡嶺○都御史劉良弼墓
在黃茅鄉新建○寧獻王墓在西山緱嶺　敕建瑩域

宮○[illegible]王墓在西山蹬嶺峯下○許旌陽母塚在蕭
仙峯東○歐陽持墓在忠信鄉○南平王鍾傳墓距小
石頭十里○燕王墓在石頭西即昇弟景遂之墓也大
實中封燕王○保順郡公墓在西山龍泉院前南唐國
主大弟景遂之子墓趾尚存○徐鉉墓在西山鸞岡鉉
官邠州卒奉新胡克順與鉉有恩舉柩歸葬于此鉉父
延休弟錯同葬焉詳蘇轍貽太守孔宗翰書并張商英
記○京鏜墓在桃花鄉之雙港楊萬里誌其墓○贈尚
書李彥舟墓在桃花鄉新里之雷岡○余仁仲墓在西
山張家山詳辭蔣墓表暨元碩碑陰記○宋侍郎楊[illegible]
墓在太平鄉石鼻曼峯芙蓉山○宋學士[illegible]墓在
曹谷○尚書謝一夔墓在遊仙鄉高燉村○侍郎丁以
忠墓在青峯嶺○尚書李遷墓在田西○左都御史宋
景墓在太平鄉保奉新人曹城○吳王墓在中城山後三國
志堅世家富春故葬于城東武寧志亦載吳王墓在長
樂鄉未詳孰是○王季友墓在橋山南古松尚存○王
中丞墓在集賢觀北○李永爵墓在楊子洲以平賊戰
沒于此因立祠墓側○尚書黃嗜若墓在沈江○少卿
范應鈴墓在檀村○白石墓即范登雲墓在超山○侍
郎徐鹿卿墓詳李義山行狀○尚書徐經孫墓詳熊朋

[illegible]表○尚書雷宜中墓○學士楊[illegible]墓○廖立孫
墓在縣長樂鄉○[illegible]八房[illegible]墓在[illegible]
徐中山武寧王墓祖[illegible]
冠丁[illegible]墓在[illegible]○[illegible]御史[illegible]曰[illegible]墓在[illegible]山○[illegible]
士[illegible]墓在[illegible]○[illegible]墓在文[illegible]
[illegible]墓在長安[illegible]○[illegible]墓在[illegible]○[illegible]
[illegible]墓在[illegible]○尚書李[illegible]墓在山[illegible]峽○[illegible]
[illegible]寺[illegible]○[illegible]墓在[illegible]南○[illegible]
[illegible]墓○[illegible]墓在[illegible]○[illegible]
[illegible]
按韓文公曹成王碑不言墓在何處姑存俟知者○[illegible]
彭祖塚在縣北百里○王[illegible]墓在縣西六十里○[illegible]
將墓在[illegible]鄉○[illegible]士墓在縣[illegible]四十里○定王[illegible]
眞隱鄉按彭祖爲之大夫封彭城沒葬其邑徐州有塚
王陵塚在河東夏侯嬰東平人曹王皐沒于襄陽[illegible]士
元城人仕于關中皆不應有塚于此○鄭[illegible]墓距縣四
十五里舊傳紹興四年鄉人于龍唐鋤地得韓昌黎所
撰碑今不存○吳樞密塚在歸仁鄉三都○范左司理
墓在十五都○吳居厚墓在二都○羅北谷墓在十九
都楊橋○右都御史向寶墓詳金幼孜神道碑○包希

曾[illegible]墓○尚書萬鏜墓○尚書傅炯墓○尚書曾鈞墓○侍郎萬浩墓在北嶺○右都御史熊汝達墓○江東易王墓在崇禮鄉○陶平塘墓○胡起龍墓○僉都御史王朝遠墓○光祿卿楊峻墓○少卿李源墓○知縣王順祺墓以宸濠城守加恤賜諭祭奉新○大史[illegible]墓在南鄉十都順應廟傍○[illegible]史君墓在十七都[illegible]墓里○耿夫人墓在縣南丸[illegible]林[illegible]子五日[illegible]春○[illegible]夫人墓在縣南[illegible]以子[illegible][illegible]夫人○[illegible]王[illegible]縣北三十里乃[illegible]是[illegible]

[illegible]墓在富仁鄉○進士[illegible]墓在白香山[illegible]士胡教[illegible]墓在[illegible]山○[illegible]士墓在九[illegible]山○尚[illegible]宗順墓在[illegible]坪○太守況鍾墓在神州[illegible]○吳王墓在縣東南[illegible]吳王孫權[illegible]瓜[illegible]母于此寧州○黃注墓在雙井詳歐陽修志○大史黃廷堅墓在雙井弘治都御史林俊培修之爲置田二十一畝五分載于籍○黃[illegible]墓在雙井○尚書余東墓在碌口曲灘○丞相章鑑墓在高鄉佛塔○石彥臧墓在彭橋○右副都御史周季麟墓在逸山○右副都御史周季鳳墓在犀津○楊卿墓青石爲槨制度異常

年久莫知爲誰也○尚書周期雍墓

災祥表

春秋書災不書祥以示儆也舊志災祥並書今特列其類凡怪異不經者不具載云

	休徵	咎徵
春秋魯昭公三十二年		歲在星紀吳伐越
漢高帝三年		十月甲戌晦日有食之在斗二十度
武帝太始二年	明月珠出於豫章海昏 大如雞子圍四寸八分	
元[illegible]中		熒惑守南斗
元帝初元元年		癸酉四月客星犯南斗第二星大如瓜
漢明帝永平八年		乙丑十月壬寅晦日食旣在斗十一度
章帝元和二年	白烏見南昌時李儀爲豫章太守	
和帝永和十三年	白鹿見于餘干鹿高一尺九寸時餘干屬豫章	
安帝元初間	芝生豫章	白虹貫日

順帝永和初　白雀見時太守孔□爲
　二年丁丑八月熒惑入
永和六年　白雀見時夏侯滿爲太守
甘露降郡門時陳蕃爲太守
　犯南斗
孫權赤烏十三年　五鳳二年　赤雀見
永安六年　赤雀再見
　五月熒惑逆行入南斗
晉武帝太康元年　嘉禾生豫章
五年　嘉禾再生時望氣者云豫章有天子氣後懷帝以豫章王爲皇太弟

南昌府志　卷二十三　祥異　十四

七年　白雀見
　有木生連理有星孛于南斗長數十
太守顧□以聞
　丈餘日沒
永安初　紫雲見于斗牛間獲寶劍豐城令雷煥掘獄得寶劍二曰龍泉曰太阿
惠帝永康六年　大典豫章枯樟再榮
懷帝永嘉元年　彩雲覆郡邑　甘露降而雲降
　七月太白犯南斗十九月
麒麟見
　又犯　地震水湧山
二年
　崩
　五月江西諸郡邑饑民

三年　白鹿二見豫章
　多饑
　大鳴東南有聲如風雨
　相薄十二月太白入
成帝咸康二年　白鹿見望蔡時望蔡屬豫章太守桓景獲以獻
　月在斗
　九月太白入南斗
五年　獲銅鐘南昌民掘地得銅鐘四枚太守褚裒以獻
六年　甘露降寧州產佳橘一蒂十二實

南昌府志　卷二十三　祥異　十五

穆宗升平四年　二月鳳凰將九雛于豐城舞于里中今名其地爲鳳凰里
永和閏　月鳳凰復見群鳥隨之
　月犯南斗者四太白犯
　斗者三
哀帝興寧二年　咸安二年　二月白虎見在南昌石馬山
　癸酉三月月掩南斗第
孝武帝寧康二年　月離虎見
　五星
太元六年　兩桐連理相去一丈六尺白□

七年 見[illegible]之以獻

太白晝見在斗

宋文帝 元嘉十四年 白虎見

十六年 白鹿又見望蔡縣

二十二年 獲銅鐘出豫章縣江州刺史王部獻明年又獲一枚於石塘中

二十六年 甘露見四月甘露二降明年四月又二

二十七年 彩雲覆郡邑 甘露白雲中降 [illegible]劉思孝以聞

[illegible]帝 武建二年

乙未五月熒惑入南斗

[illegible]帝 大始四年 望蔡獲銅鐘 高一尺七寸圍二尺

五年 獲古銅鼎 八寸太守張辨以聞

六年 木連理 太守劉愔之以聞

[illegible]帝 永明五年 獲銅鐘 在豫章縣長岡山 望蔡

獲白鹿一

八月熒惑入南斗

[illegible]帝 天監元年

十年 新吳縣獲四目龜

十四年

太白犯南斗

[illegible]帝 永定三年

九月月入南斗

[illegible]帝 三年

三月熒惑逆行入南斗

九年

火星又入南斗 [illegible]大[illegible]

高祖 武德六年 六月慶雲見 許敬宗有賀洪州慶雲見表

九月太白入南斗

十二月朔日有食之在斗十九度

高宗 顯慶四年 白烏見建昌

五年

龍朔二年 慶雲見建昌 時建昌隸洪州

二月熒惑入南斗十六月復犯之

[illegible]后時 洪州進大象牙 剖之牙中有二龍形相攫而立

麟德二年 新吳望蔡獲白麈各一 有司以獻會東封泰山放之獻下共邪谷置寺觀以銀麈爲名

玄宗 開元十八年 白鹿見 洪州九齡獲之以獻上表云三名 明年又于下則白鹿見

二十一年

二十二年

德宗 貞元六年 嘉禾生 市氏施伯良家 [illegible]

十二月朔日食在斗十二度

十年　豫章溪澗魚頭皆戴蚓
十九年　三月熒惑入南斗赤色如血
憲宗元和二年　秋大旱
四年　巳丑旱自正月不雨至于六月九月太白犯南斗
穆宗長慶二年　秋洪州螟蝗害稼八萬[illegible]頃
[illegible]宗天成元年　七月乙未月犯鉤鈐及[illegible]丑入于南斗熒惑[illegible]南斗者一犯之者一
[illegible]祥符[illegible]年　七月大水傷稼漂溺[illegible]合
仁宗慶曆五年　芝草生八月洪州章江禪院產芝草高一尺二寸葉二十一層色白黃有紫暈旁生小芝葉九層上有氣如煙
神宗元豐二年　稻再生洪州六縣稻已獲再生皆實
徽宗大觀二年　豐城獲古鐘各大小不[illegible]有篆文上詔令進　旱自六月不雨至于十月

孝宗淳熙[illegible]年　甘露降于曲江之海慧寺
理宗端平元年　六月大風雙[illegible]叶守陳[illegible]自朔于[illegible]
世祖至元二十三年　嘉禾生寧州民張安世進嘉禾二本　寧州山崩　靖安山裂
順帝至正六年　甘露降于進賢縣　龍興南昌新建大水
九年
十一年　進賢瑞竹生鮑希魯有瑞竹記　十月丁卯歲星太白熒惑會于斗
太祖洪武二十七年
成祖永樂十三年　大水
宣宗宣德九年　白鵲見出于進賢白田[illegible]獸于朝
英宗正統十二年　瑞竹生進賢兜城三[illegible]寺產異竹一本兩幹
十四年　大水
景泰六年　甘露降按察司副使韓雍私第有甘露記[illegible]蒼金文
憲宗成化十年　芝產于豐城縣學宮[illegible]作芝堂[illegible]張昇有記　三月大風拔木
十三年　四月大雨雹
二十年　三月新建豐城大雨雹

年	祥	異
二十一年		五月大水封城門淹房屋
		人畜甚衆五日始退
孝宗皇帝弘治六年		大水
七年	十月五日甘露降于豐	大水蠲稅七分
	城梅仙壇	
十五年		旱
武宗皇帝正德四年		大雨雹　六月大水
五年		奉新華林賊發
六年		春三月日抱環珥白虹
		貫之
七年		旱
八年		六月豐城水災大旱蠲賑
		九分冬雨木冰
十二年	甘露降于南昌府學	四月地震御史范輅上其事六
		月甲子東北方白氣
		如虹飛墜有聲
十三年		六月有星自東南向西
		比其光燭天有聲
十四年		六月十四日逆濠反御史孫燧副史許逵死之都御史王守仁起
十五年		正月至三月恒雨四月
		[illegible]黃石嶺
十六年		大水
世宗皇帝嘉靖元年		塔影倒懸
五年		五月大水
十一年		六月大旱
十二年		六月大雷雹七月蝗
		蝗起蔽天
十三年	閏二月六日申時五色	
	雲見	
十六年	白鸚鵡見于南昌太平	正月雨木冰五月大水
	鄉弋陽王拱[illegible]進獻	
十八年		四月木冰六月又大水
		寧州瀼民居壞田[illegible]
		沙磧
十九年		大水饑蠲稅若干分
二十二年	正月朔日慶雲見	
二十三年		旱民多饑死樹皮皆空
二十四年		大饑蠲稅若干分
二十九年		四月黃霧三日

年	祥	異
三十五年		四月大水
三十九年		二月雨木冰
四十年		正月雨大水三月大雨雹夏太白晝見八月閩粵寇壓境
四十一年		四月至六月大水衝決民居田產
四十二年		三月大雨雹
隆慶五年		大雨雹
萬曆三年		地震且旱
五年		三月奉新縣雨黑穀
十四年	甘露降進賢鶴仙峯如飴	大水蠲賑有差
十五年		大水秋風荒
十六年	玉隆萬壽宮獲金龍玉簡	春雨菽 七月中旬武寧縣雨雪深二寸一分雪後嚴霜三日

新修南昌府志卷之二十二終

新修南昌府志卷之二十三

寺觀

史紀元封水平間事蓬萊天竺以奉二氏故彤宮琁宇跨山川喙勝焉遂三山十地求之盡湯固所遵迺則韓子之黜二氏概可睹矣茲復譜寺觀儒釋而志之何歟豈司馬氏謂吳楚之俗慕清淨而譚苦空也抑宮宇之建多據形勝而山靈資之以供奇乎爰載之備攬勝者攷焉

寺

南昌

普賢寺 在城南惠民門內晉隆安四年武昌太守[illegible]捨宅[illegible]建南唐保大二年袁州刺史[illegible]鑄鐵二十萬斤鑄普賢乘白象遂以所鑄名寺即舊隆興寺也 延慶寺 在順化門內宋景[illegible]中[illegible]東湖側獲琉璃佛元總持寺 [illegible]在清臺 繩金塔院 [illegible]佛院在進賢門外元季兵燹洪武二年重創 九蓮寺 在進賢門外同馬祠後今廢 真覺寺 在[illegible] 應天寺 在進賢門內大街唐建 大梵院 在[illegible]一都 東山寺 在郡城北今廢 真寂院 即郡[illegible]郡南十五里 陂寺在 菩提寺 在郡城東今為迎春之所 圓常寺 在郡南大洲村 濟江舊名[illegible] 印土院 在郡東今廢 百福寺 在繩金[illegible] 桑林寺 近市[illegible] 用[illegible]舊名延福 佛頭塔寺 在城南十五里官道旁唐建 龍泉寺 在[illegible]湖口 皇覺寺 在郡城東南十里 清泰寺 在進賢門外一都唐建 滸湖寺 在六十五都舊名[illegible] 大忠寺 在六十五都舊名[illegible] 聖僊寺 在進賢門外今廢 崇勝寺 在北沙[illegible]子坊 釋迦寺 [illegible] 皇覺寺 [illegible] 龍藏寺 在四[illegible] 布金寺 在五[illegible]人

王寺（[illegible]）大維寺（[illegible]）慧雲寺（[illegible]）廣福寺
一（[illegible]）普濟寺（在二十都）正覺寺（[illegible]）三學寺（在十一都）法雲
寺（在十一都）阿耨寺（在二十都）眞寂寺（在辟邪）慧門寺（[illegible]）寶積
寺（在武山）福壽寺（在奉新）定光寺（在板溪）等慈寺（在式陽）智覺寺
（在小藍）南塔寺（在四十二都）新林寺（在三十二都）潔瀦寺（在虎山）定光
寺（在石鼻）隍城寺（在六都）普通寺（在三十八都）曇智寺（在蜀溪）就龍
寺（在北阿）法林寺（在三十七都）慧燈寺（在大山）圓覺寺（在蓼洲今幷歸宗寺）
荊林寺 眞覺寺（在黃臺）王公菴（在[illegible]丸都）保和菴
廣教寺（[illegible]）華藏塔（在六十六都）市林寺（在進賢門外左[illegible]幷歸[illegible]寺）
新定 永寧寺（舊名能仁上藍寺剏在子城西本梁葛鄮宅[illegible]大曆中馬祖道一道場火燬後南平王鍾傳[illegible]）

（[illegible]元李後廢洪武[illegible]國改南昌縣儒學[illegible]于[illegible]元之舊[illegible]今在東湖北貢院後爲百官[illegible]習儀之所）石
亭寺（在章江門外[illegible]觀察使奏置有杜牧碑 大安寺（在郡城北有六
尺[illegible]云赤烏元年造蓋二國吳時東寺舊物也）洛室寺（在今上藍寺鐵香爐高六
二十二[illegible]）雲蓋寺（在郡城西北四十餘里唐建）雙嶺寺（在洪井東北十五里）開
元寺（在郡城東北）雲漢院（在府城西梅嶺宋袁陟嘗與王安石來遊於此後卜居其旁）
翠巖廣化寺（在[illegible]十[illegible]都洪井上）龍光寺（在城北[illegible]）雲堂院（在府城西）
接[illegible]報恩寺（在[illegible]）東覺寺（在北鄉十三都）大定寺（在德勝門外二鋪）天
寧寺（在德勝門外二鋪）上塔寺（在西山禹港里知縣[illegible]禪師於此題曰本空之塔）觀音
寺（在德勝門外二鋪）滿覺寺（在二十二都二啚）章江寺（在二十[illegible]都）見處寺
（在二十一都）禪定寺（在[illegible]二啚）空輪寺（在十[illegible]）明星寺（[illegible]）

仁山寺（在八都二啚）成珠寺（在二十都三啚）雲峯寺（在十二都一啚）福海寺
（在八都一啚）禪悟院（在西山繚嶺東院側有深巖許旌陽記云老龍寄在禪悟院番與江南救旱災
邑旱就其巖禱雨輒應近有牧童持火入巖見其底有禪悟二字長尺餘）法水院（在十三都三啚）圓
果院（在三十五都一啚）淨社院（在四十八都三啚）養眞院（在三十三都三啚）定
嚴院（在五十一都一啚）慈觀院（在五十一都一啚）光教院（在三十六都一啚）望
城菴（在沙井鋪中建邑侯張公生祠）
豐城 壽昌寺（在縣城東今爲祝聖所）正法寺（在縣城東）西禪院（舊名聖因院在縣治西）
圓覺寺（在正信鄉六十都）壽聖院（在長寧鄉三十八都）普照院（在長豐鄉七十二都）
正梧寺（在縣北十里）香社院（在宣風鄉七十六都）法忍寺（在縣北曲江之上）海
[illegible]院（在宣風鄉七十四都）金華山僊院 海闊院（在龍霧洲）羅山[illegible]

院 石灘寺（去縣十五里近石灘渡）梵雲寺（在北湖）慧燈寺（在道鳳鄉）[illegible]
嚴寺（在興仁鄉）慈觀寺 淨住寺（在歸德鄉）正宗寺（在歸德鄉）光福寺
（在興仁鄉）定明寺（在長豐鄉）宣妙寺 智度寺（在櫧山）堯壇（張詳尚書撰碑）
進賢 海智寺（在白雲山）福聖寺（遷南嶽廟）禪靜寺（在楓林山）永林寺（在全山）集
善寺（在汶池山）海慧寺（在龍塘山）三德寺（在杏城山）圓通寺（在藍田山）正悟
寺（在南陽山）護國寺（在高城山）金山塔寺（在石橋南）明心寺（在張姑山）戒
德寺（在北嶺東）智度寺（在杏城山）妙嚴寺（在龍安山）能仁寺（在歸德鄉七都）廣
梵安寺（在侯城山）覺海寺（在儒田山）覺性寺（在清溪山）永福寺（在麓泉山）
慈寺（在上嚴山）靜因寺（在柯城山）明慧寺（在河田山）普滿寺（在西平山）後林
寺（在十一都）慈恩寺（在勒城山）永寧寺（在十四都）靜悟寺（在十四都）靜

慧寺四都　多寶寺在四都　十三惠香寺在嵊山　聖惠寺在峰山
摩尼寺在長慶山　金剛寺在積賢山　感慈寺在武頭山　慈德寺在二十都　金
文寺在二十都　法濟寺在金泉山　行林寺在修峰山　祖教寺在二十二都　道
濟寺在二十二都　福勝寺在二十二都　普光寺在二十四都　定香寺在二十
十四都　定惠寺在寶壽山　青果寺在延壽山　梵葉寺在慶寶山　吉祥寺在[illegible]
林山　利生寺在三十都　崇惠寺在厚明山　崇勝寺在赤嶼山　等法寺在三十五
都　崇果寺在瞿舍山　崇覺寺在中岡山　崇眞寺在三十六都　崇因寺在三
十五都　崇梵寺在湖山　崇教寺　崇仁寺　崇化寺　興報
寺在黃岡山　崇聖寺在白湖　崇福寺在中黃山
奉新　寶雲寺在縣東北　惠安寺在縣西　延恩寺在縣東　金相寺在[illegible]

大智禪寺在臥丈山　九峰聖壽寺在奉化鄉　隆教寺在建十九都　慶[illegible]
教院在北鄉　信善院在北鄉　海智院在同安鄉　梵安院在南鄉　圓通
院在南鄉　行林院在從善鄉　尊勝院在同安鄉　幽谷院在同安鄉　長壽院
在同安鄉　寶藏院在同安鄉　惠明院在同安鄉　道濟院在同安鄉　中山院在奉
新鄉　崇法院在奉新鄉　臨池院在奉新鄉　海惠院　達觀院在新安鄉　靈
光院在新安鄉　舍利院在新安鄉　定惠院在新興頭院山　寶蓮院在新興鄉　澄
果院在新興鄉　成覺院在新興鄉　延恩院在縣西三十里　崇果院在法城鄉　曇
智院在法城鄉　安福院在法城鄉　開化院在進城鄉　普化院在進城鄉　皇佛
院在進城鄉　普通庵在進城鄉　大覺院在進城鄉　普安寺在奉化鄉幼遇鄒梓有
記　崇因寺在奉化鄉　戒德院在奉化鄉　曇慧院劉道成修造所　千佛院在

[illegible]福勝院在奉化鄉　廣福院在奉化鄉　寒溪院在奉化鄉　白雲菴在嶂山
劉道成建　崇覺院在奉化鄉　聚塔院在百丈寺西
寶林寺在錦谷奉唐御公權爲書門額曰大中賜林禪寺御僧會司　寶峯院在石門山　祐
聖院在南義鄉　法藥院在縣治東爲習儀之所　[illegible]僧寺在忠夏都　祐聖寺在[illegible]
延慶寺在忠夏都　安聖寺在富仁都　報身院距縣八十里　定明院在[illegible]
般若寺在象湖都　九僊寺在南源都　善法院在東江都　寶月院在象源都
雲菴在新興都
禪寺在縣治西一里黃山谷扁其小軒曰賞心　譚田寺在安樂鄉四都　金城寺在二十
龍興寺在三山　石燕寺在二十都　資國寺在北鄉　松山寺在二十二
峯寺在二十三都　南山寺在二十五都　蓄州澤寺在四十四都

寺在二十七都　法院在二十六都　樓田寺在年豐鄉　寶峯寺在二十八都
山寺在三十一都　天明院在三十一都　操坑院在三十三都　藍關寺
在三十三都　南塔庵在顧羲鄉　資福院在三十一都　九宮院在三十二都　楓
城寺在三十八都　太平院在三十二都　新峯寺在三十五都　大成寺在三
十五都　後城院在南鄉　嚴陽菴在嚴陽山　臨江院在四十八都　正當院
在四十八都　接持寺在四十一都　厚城寺在四十一都　陳明寺在下南鄉　虎
泉寺有虎爪泉出其中　普化寺在下南鄉　燒香院在長樂鄉　周田院在四
延慶院在四十二都　厚山院在四十五都
寧州　黃龍崇恩禪院在仁鄉十三都　七　雲峯院在崇鄉五十三都　石潭
院在[illegible]一都　感業院在九都　禪巖院　接待院　淨藏院

在十八都成覺院在十九都佛巖院舊延福院法昌院在二十二都　澄心院
在三十七都傳燈院在四十七都化度院在四十八都佛惠院在四十五都
蓮塘院在四十九都宗教院在五十一都了宗院　上華院　萬
德院　保昌院在七十都九蓮院在七十二都香林院在七十都覩覺
院在三都解空院在四都即清水庵國清院在四都普智院在四都法
輪院在六都水坑院在一都舊普賢院崇勝院　月明院在十五都正
濟院在十六都梵惠院在十六都圓覺院在十七都七佛院在十八都圓通
院在十八都感化院在三十都保寧院在三十都海藏院在二十八都普濟
院在三十四都淨社院在二十九都千福院在二十一都摩尼院在十二都三
空院在十都雲居菴在十都天居院在十一都白雲院在十一都清球

院在十一都雙峯院在十二都明惠院在十二都牟尼院在十二都雙溪院
在十二都阿耨院在十四都輪山院在十五都金錫院在三十二都觀心院
在二十五都寶相院在二十八都增覺院在七十都

觀

南昌鐵柱宮在南昌門內晉建許旌陽鑄鐵柱以鎮蛟螭之害詳王安石記宋濂碑玄妙觀在府
進賢門內舊為道紀司今改入真武萬壽宮紫極宮在惠民門外唐建廣集有禹鋼軒詩善應觀
在進賢門內今廢會靈觀在進賢門外玉清觀在進賢門外東今為水次倉妙濟
觀在洲十華觀在定都純陽觀在城南陳祠左宋建玉臺觀在六十六
都冊霞觀在青山湖口玉霄觀在六十五都紫府觀在十　通真觀
在洲　建玉宸觀在十　都五岳觀在　冲道觀

常清觀在三十三都大虛觀在三十三都逍遙觀在三十七都
集真觀在三十六都即黃岡觀靈僊觀在五十八都後城觀在三十七都永
真觀在六十三都今祀武陽郡公像在內凌虛觀在五十三都義城觀在東壇洞
陽觀在縣東湖陽湖中迎僊觀在六十四都清都觀在五十四都紫霄觀
在四十二都棲霞觀　添香觀　太極觀　冲真觀在五十七都沙
埠崇僊觀在五十二都斗門
新建龍興觀在德勝門外今廢玉隆萬壽宮別號逍遙山去郡八十里即許旌陽故宅黃
宮道隆觀在南六都鄉彭真觀在布政司後舊名宗華觀至德觀在布政
大河中冲虛觀在府城西北四十里舊僊壇葛陽靈觀在三十一都
舊名梅僊觀開元觀在修仁坊唐建洪然中有道士得玄通之教被召賜以紫

清真觀在德勝門外天寶觀在西山第十二洞天也最勝處乃建德觀在
東龍山觀在天寶洞西南處冊霞觀在二十西都懸真觀在二十一都道
德觀宋建觀基入貢院今改上藍寺後玉虛觀在德勝門外紫清觀在二十都棲
真觀在西山天寶洞下冊陵觀在二十四都鍾離祖師修真之所今冊井猶在石富觀
在十七都紫陽觀在天寶洞西翊真觀在梅嶺西南黃堂觀在松湖霞山
觀在忠信鄉清真許僊觀在趙家圩凌雲觀在翔鸞洞西北紫霄觀在十二都
帥僊觀在五十一都紫府觀在四十四都
豐城白鶴觀在縣治南賢能坊即許戰修煉之所清都觀與白鶴觀相對陽靈觀在城東
嶽觀在城梅僊觀在七十七都烏石觀在興仁鄉興雲觀在興仁鄉成
僊觀在　懸霞觀在　歸冲靈觀在興　堯壇觀　道壇觀

紫霄觀都五 崇僊觀在十都 紫府觀在池鄉 僊林觀在昌鄉 冊
霞觀在富城鄉 勝靈觀在大順鄉 招雲觀在正信鄉
進賢 崇真觀在縣治南折桂坊 護福觀在二十七都 麻姑觀在四都 龍泉觀
在七都 靈陽觀在八都 三寶觀在九都 靈僊觀在十二都 大霄觀在十
五都 元陽觀在十六都 興真觀在二十九都 寶慈觀在三十都 紫極觀在三
十二都 至德觀在三十六都 鶴僊宮在界山
奉新 浮雲宮在浮雲山有浮丘石室 昭德觀在縣西文明坊劉真君故宅 崇玄觀在縣
東北 葆真觀在崇善鄉 景雲觀在建康鄉 天壽觀在建康鄉 栢林觀在北鄉
景福觀在南鄉 崇靈觀在南鄉 元道觀在南鄉 招賢觀在南鄉 陶
僊觀在南陶女山 希真觀在同安鄉 冊成觀在同安鄉 永寧觀在同安鄉 集

福觀在同安鄉 立雲觀在奉新鄉 嘉福觀在奉新鄉 真靜觀在奉新鄉 延真
觀在奉新鄉 大元觀在新安鄉 青霞觀在新安鄉 真常觀在新興鄉 玉虛觀
在法城鄉 靈僊觀在法城鄉 崇真觀在進城鄉 僊遊觀在進城鄉
靖安 棲霞觀舊名華車在承恩坊 崇元觀在葛僊山之西 登真觀在盆田都 凝禧觀
在熊僊都 集僊觀在忠裏都
武寧 朝元宮在明倫坊今習儀處 上清觀在井羅坊 丁僊觀一名精靈觀 天尊觀
在上昇仁鄉 清溪觀在十七八九都 井泉觀在十二都 冲真觀在二十七都 玉清
宮在二十五都 劍池觀在一都 太平宮在大山 演慶宮在柳山
寧州 儀翔宮在高市有王光遷設道紀司 旌陽觀在旌陽峯下舊名得日觀 許僊觀在六
都 紫府觀在八都 彌玉觀在七都 千秋觀在十都 [illegible] 崇聖觀

九都 吳元觀在十七都吳猛故宅 黃沙觀在十五都 [illegible] 丹霞觀
在十六都許觀形記 逍遙觀在二十八都 紫霄觀在三十一都 凌霄觀在朝陽池
在三十四都 壽聖觀在十五都 崇真觀在二十八都 紫陽觀在三十五都 朝
僊觀在四十七八都 太初觀在四十九都 太和觀在四十九都 太清觀在七
十一都 明山觀在五十五都 崇道觀在六十四都

高僧傳

道一和尚者得法於南岳讓南岳讓得法於曹溪六祖大曆中建道場於豫章開元寺號江西馬祖弟子百三十九人各為一方宗主禪宗至此大盛於世龐居士嘗參道一問曰不與萬法為侶者是什麼人道一曰待汝

一口吸盡西江水即向汝道居士大悟以貞元四年示寂臨終偈曰心地隨時說菩提只亦寧事理俱無礙當生即不生門弟子奉骨舍利建道場于靖安之石門山相國權德輿為碑宣宗賜謚大寂禪師

懷海和尚卅歲離塵依附馬祖祖殁往新吳百丈山以禪宗自任多居律寺說法乃刱立禪居凡具道眼有德者曰長老學衆無高下並入僧室置十務僚舍每用主領一人營衆事後叢林日盛當代宗師從而廣之今所謂禪苑清規者備矣春秋九十五後謚大智禪師

丹霞天然和尚初習儒將應舉遇一禪客問仁者何往

曰選官去禪客云選官何如選佛曰選佛當往何所曰西江馬大師出世此選佛場也天然往見馬祖乃令參南嶽石頭與之落髮尋爲說戒即掩耳而去便返見馬祖遂得宗旨

慧寂和尚初參溈山悟旨執侍十五載後領衆止仰山嘗示衆曰聖邊事如今且要誠心達本但得本不愁末飽特後日自具去在若未得本縱饒將情學他亦不得豈不見溈山道凡聖情盡體露眞常事理不二即如佛唐大中十三年故相韋宙以笈嘗爲江西觀察使有柱敘所撰遺愛碑以石亭覆之表置石亭寺迎慧寂居之

敕賜智[illegible]禪師

黃檗希運和尚住洪州高安縣黃檗山鷲峯下大安寺僧衆奔湊希運以禪宗自任會昌中裴休廉洪州迎至州廨龍興寺旦夕問道贈詩曰自從大士傳心印額有圓珠七尺身掛錫十年棲蜀水浮盃今日渡章濱一千龍衆隨高步萬里香華結勝因擬欲事師爲弟子不知將法付何人大中四年師示寂諡斷際禪師

令超和尚居高安之上藍山中鍾傅微時令超識之每加禮遇及傅爲南平王迎師之豫章開元寺改開元爲上藍大順元年正月十五日齋罷令鐘令超端坐而逝諡元寂大師塔于西山

黃龍超慧和尚字晦機聚徒行化道勝一時一日有僧問如何是大疑的人超惠荅曰對坐盤中弓落盞又問曰如何是不疑的人曰再坐盤中弓落盞又問曰風恬浪靜如何曰百尺竿頭五兩垂凡所酬荅逈出常情超慧傳至惠南惠南傳祖心祖心傳惟清死心三世相踵黃龍遂爲江西名刹

亮座主頗講經論因參馬祖祖問見說座主大講得經論是否師曰不敢祖曰將甚麼講師曰將心講祖曰心如工伎兒意如和伎者爭解講得麼師抗聲曰心既講不得虛空莫講得麼祖曰却是虛空講得師不肯便出將下階祖召曰座主師回首師曰是甚麼豁然大悟便禮拜祖曰這鈍根阿師禮拜作麼師曰某甲所講經論將謂無人及得今日被大師一問平生功業一時釋

黃龍祖心和尚王韶在燕和多殺人晚年知洪州學佛一日見師問曰昔未聞道罪障固多今聞道矣罪障減乎曰今有人貧時負債富時還否韶曰必還師曰然則雖聞道矣奈何債主不相饒何韶悵然

惟清和尚自號靈源叟與死心同繼祖心居黃龍惟清自幼聰敏讀儒書究知精微因入黃龍聽法遂大頓悟

落髮棄俗後主法席衆者接踵山谷先生與師最善一旦升堂說法遽合掌對衆云吾去矣遂歿亦塔于山

死心和尚本儒家子尤愛釋典二家貫串出入故爲世重山谷先生嘗與交遊詩文往復既歿山谷銘其塔

嚴陽尊者名善信唐天祐間江西制置劉公刱明心寺迎善信居之善信雖杖錫來遊踞坐蟠石常有一虎一蛇馴遶左右臨化前一日升堂戒其從曰吾歿後切勿沐浴既歿建塔于寺之西淳化中啓其塔髮垂至踵指甲過臂

賓侍者新吳金相寺僧也嘗作心經度一七婦孀一夕

夢語其子曰吾今超度矣旹賓侍者心經力也後蛻化郡城及期郡刺史臨之見頂間火炎炎發更攬筆製一偈曰大地沉吟乾坤拍塞笑殺阿羅驚動彌勒遂以筆擲刺史衣而火已熱頭顱矣化後遺有舍利子數十顆異香襲襲滿地焉

訢笑隱名大訢南昌人幼閱爽頓悟禪機研窮教典旁及儒家道流之說元文宗時召赴闕特賜三品文階嘗編禪林清規所著有四會語錄蒲室集

來復豊城人號見心幼出家明內典通儒術善爲詩文元末時受知於歐陽玄諸公　本朝初以高僧召至京師時論與僧宗泐齊名所著有蒲菴集

詩僧

石亭寺僧靈徹荅韋刺史丹詩有云年老心閒無外事麻衣草坐亦容身相逢盡道休官好林下何曾見一人

列僊傳

洪崖先生者或曰黃帝之臣伶倫也得道僊去姓張氏或曰帝堯時已三千歲矣漢武帝時有衛度世者入華山尋其父僊人叔卿叔卿在絕巖中與數人博戲於石上問之爲誰曰洪崖先生與許由巢父也班孟堅作西京賦云洪崖立而指麾郭景純遊僊詩云左挹浮丘袂

右拍洪崖肩是先生爲衆僊之長久矣隋文帝開皇九年改豫章郡城爲洪州以先生[illegible]居山名之今洪井在伏龍山北麓南二里許爲[illegible]傳爲先生乘鸞所憩處也

王子喬周靈王太子晉也好吹笙作鳳鳴王二十八年穀洛鬬將毀王宮太子晉累諫不聽遂退居別宮齋戒思道浮丘公密降其宮賜以靈藥接以上嵩高山三十餘年後見栢良謂曰可告我家七月七日待我于緱山頭至期果乘白鶴駐山頭數日而去方輿記云洪都西山峯最高絕頂即王子喬之道壇在焉此山即子喬控

觀之所故以洛中緱山名之
蕭史周人少遊終南山遇異人授長生術善吹簫宣王末史籍散亂蕭儒有著述以備史之不及遂以蕭史名入秦穆公以女弄玉妻之女善吹笙二人自以笙簫聞秦國末終鳳凰來下二人乘而去公惘然遣人四方尋之至西山高峰使見之一日二僊復至峯頭吹笙簫而鸞鳳並集其傍使者聞急訪之又冲昇矣今有蕭僊夫婦吹笙之坪在焉
許遜字敬之南昌人生而穎悟從吳猛拜神方祕法後隱於西山之陽逍遙山田以修煉爲事晉武康時爲旌陽令大施濟利尋棄官東歸遇諶姆傳以道術遂斬蛟誅蛟悉除民害慮豫章爲浮州蛟蜃所穴乃於郡城南井鑄鐵爲柱下施八索鈎鎖地脉由是水妖屏迹城邑無虞又周行江湖諸郡殄滅毒害乃歸舊隱精修至道寧康二年一百三十六歲舉家同時昇天雞犬亦隨遜飛去宋封神功妙濟眞君
吳猛字世雲濮陽人仕吳爲西安令因家分寧性至孝夏不驅蚊懼去已噬親也遇至人丁義授以神方又得秘法雲符道術大行嘗見暴風書符擲之風即止或問其故曰南湖有舟道士求救驗之果實西安令干慶死

已三日猛曰數未盡乃卧於屍傍數日同起嘗渡江値風濤猛以白羽扇畫水而渡觀者駭異許遜上昇猛亦於是歲乘白鹿車與弟子四人昇天宋封神烈眞人
施岑字大玉沛郡人祖朔仕吳因徙居九江赤烏縣大王狀貌雄偉勇健多力弓劍絶倫許君初領徒誅海昏大蛇會鄉壯三百餘人來助力大王與馬恭懸克役眞君納之與甘伯武執劍侍左右寧康二年御蒼虬乘雲而去西嶺米鎭江千石上有觀今額至德爲大王號蛟臺南昌之地亦有之皆所以坐水妖也
甘戰字伯武豊城人有孝行喜神僊術往從許遜遜異其精器凡異文秘訣悉令寫之自是周遊江湖誅蛟斬蛇無不從焉及遜上昇戰歸豊城布德行惠鄉人感化陳大建初乃駕麟車乘雲而去宋封精行眞人
盱烈字道微南昌人少孤事母孝母許氏遜之長姊遜嘗築室宅西數十步間俾烈母子居之故日聞道妙母嘗採花果以奉遜飛昇日母子俱從遜騰雲而去宋封烈和靖眞人
鍾離嘉字公陽南昌人眞君仲妹之子少喪父母植性簡淡眞君見其有受道之資乃授之神方寧康二年十月十五日冲舉今新建丹陵觀是其故址

彭伉字武陽蘭陵人仕晉爲尚之左丞嘗修僊術師事眞君納女爲眞君子婦後致政挈家居豫章再詣眞君門下盡傳其道宋永初三年舉家二十六口白日昇天今郡城宗華觀是其故址

干大居洪州西山中無四時常持花不欲近人亦不與人語有少年好道往事之不能得干遂而畢之不去上山渡水不曾置至一處臨水而坐問少年曰頗渴否曰然懷中出物如囊與之置此口中掬水下之少年如言須臾困臥及覺不見干或曰干大即旌陽僕夫許大人

丁令威俗傳爲武寧人晉建武元年三月三日[illegible]化鶴而歸棲神空中言曰有鳥有鳥丁令威去家千載今始歸城郭如故人民非何不學僊冢壘壘故今有令威故居有遼東山屏與搜神記所載不同姑仍舊志存之

吳彩鸞猛女唐太和末有書生文簫寓鍾陵紫極宮一日於西山遇之許成婚與歸鍾陵簫貧不自給彩鸞書孫愐唐韻運筆如飛日得一部鬻之獲金五緡盡則復寫如是僅十載稍爲人知遂偕往新吳越王山二人各跨一虎陟峰巒而去

曾仁覽字紫庭豫章人許遜之壻得遜道術嘗爲青州從事歸省父母夜輒啓還家父母疑之一夕妻執所携青竹杖比明仁覽出拜父母曰僊道隱密不敢洩耳取青竹撫之乃化爲青龍乘去

胡眞君名慧超嘗遇日月二君授以淨明忠孝之道神妙莫測唐初隱西山之洪井偶見一家悲戚問之答曰城側廟神歲擇女爲配明日當行是以悲也超于是命風雷焚擊妖廟併拔巨樟擲于江中逆流而上今樟樹鎮是也州人感激廟祀郡城玄妙觀後謚洞眞

劉玉眞諱玉字頤眞其先鄱陽石門人父遷新建少孤有志于神僊學嘗遇胡洞眞郭景純張洪崖授以秘要元貞後許眞君親降其家授中黃大道八極眞詮由是開闡大教誘誨後學春秋不一終後三年啓空視之惟存空函

張氳晉州人號洪崖子隱姑射洞中僊書秘典無所不通唐開元中玄宗召問曰先生善長嘯可得聞乎即應聲而發拜官不受還山絕粒服氣洪州大疫市藥病者立愈玄宗聞之意必氳果然三召不至天寶末忽大霧尸解乾元中詔立應聖宮奉爲宗以氳配焉

黃中黃諱元吉字希文豐城人年十一入玉隆萬壽宮其師王月航愛而教之啓以清淨之教後師劉玉眞[illegible]

鎮動之及其由以傳教之任付馬後乃以發明師說爲
已任一日諭其弟子陳天□等曰今夜子時吾返于眞
之虛矣明日用火淨吾骨□風南來者吾報汝也已而
果然

萬振字長生南昌人天師也得長生久視之道顯晦莫
梁間人莫知其年或云旌陽欒巴之徒後漁者得青石
長七尺扣之有音樂聲郡以獻于朝唐高宗命碎之得
二劒鎔上刻天師姓名帝異之召見曜日殿後屍解于
京師數日啓棺惟有一杖一劒詔以銅匣盛劒杖葬于
西山天寶洞之側

南昌府志　卷二十三

李元基唐武德初人隱葛山中有道術能坐在立亡人
莫之測時時經行以符藥救人採虎骨針鵲影活魚鱉
甚衆每晝出夜止露宿草野中代宗末在建昌縣中挿
松栢滿身飛去後有人採藥葛僊山中見元基跨青鹿
行若飛問之不應莫知所在

錢朗南昌人讀書西山以五經登科仕唐累官至光祿
卿文宗朝歸隱廬山得補腦還元之術錢鏐延致于杭
禮之如師玄孫數人皆以明經爲縣宰已皓首矣而朗
猶如童子一日語家人曰我適爲上清所召今去矣俄
氣絶數日顔色如生衆棺尸已解去時年一百七十[illegible]

虞

許堅南唐時人形陋而怪幘巾芒屩短衫至骭亦無寶
業癖嗜魚得大魚即全體烹而啗之隨意所適人不能
測一云宋景德末堅卒于金陵明年兵部員外陳靖見
堅于洪州帝命發其塚視之棺空無所有人以爲屍解
云

包眞人宋人也總角時遇異人授以至道且囑眞人曰
麻姑洞天汝得道飛昇之地也既往閩之眞人乃稱遊
海島因憩息於麻姑觀遂倦之自稱包道者[illegible]
[illegible]輕出一言[illegible]風雨[illegible]

南昌府志　卷二十三

照木以泥塑像謂觀主曰頭戴吾[illegible]
兄捧迎之取龍泉木池之雨沛注禾乃登一夕異香襲
人觀聞天樂作於龍井之上觀主驚異往觀之眞人已
乘雲騰於空矣後凡歲旱迎眞人遺像仍取龍井之水
池之雨隨應屢有秋邑人益敬信乃徧塑眞人遺像
奉之有道者詣爲麻峯無爲得道眞人云

鄔道微不知何許人爲道士神清氣爽濟止無定常醉
吟於道多游豫章之間或數見其容益壯於前人莫之
測也一日忽登市樓醉飲飛昇而去

徐慧字子奇本豐城人因仕廬陵家焉子奇幼孤事[illegible]

貴絶俗閉戸讀書危坐竟日聞中黄先生得都儒淨明
之道遂往師焉盡得中黄八極之妙又參藍眞人于長
春宫得全眞無爲之旨賜號淨明配道格神昭效法師
嘗自賛曰生前我即汝死後汝即我于是二中間誰曾
識眞我五月望日命弟子召鄉友話别云這個臭皮袋
撇了無罣礙烈焰紅爐中明月清風外擲筆端坐臭流
玉筯尺餘而去
周貫號木鴈子喜酒布衲不完乞錢輒詣酒家一醉不
顧好事者訪其道術輒便以惡語若狂不可近者宋熙
寧石頭張先生見之邀酒食醉卧中夜聞𦍩馬聲驚覘
周生死矣四體暴露如生或謂尸解未幾張生又遇之
云我今往雙嶺則知周生未嘗死也
劉道成新吳人以明經辟爲陳州刺史乞休泉壑修黄
老之術皈依大羅眞待後合宅舉梁武帝即其故址
爲闔業今昭德觀其所更名矣
陶安公新吳人澗跡爲陶冶師嘗冶鐵烟結聚紫蓋有
群鳥集而鳴曰安公安公道與天通七月七日迎汝以
赤龍及期龍果至公跨之去二女修其術亦僊去天寳
間額其山爲陶僊觀
傅顛名得一鐵柱宫道士往來臨江之新淦豫章逢往
不可測語言或與書史合有時深夜立風雪中鼻息如
雷人以顛目之齒童時戲山中遇對奕者遺之果既食
不知所以狂也乾道間朱文公嘗贈以詩云到處逢人
説傅顛相看知是養生前直教壯斗傾天漢去作龍宫
第二僊又大書其所居曰雲庵淳熙元年召對德壽内
殿賜號靈寳大師又御書燒扇一握賜之
陳端一奉新昭德觀羽士也聞太乙清微之法飛符檄
雷霧顯宋政和中賜號靈寳大法師遂爲天下道教之
祖建今宗之其觀有白玉蟾詩流布寓内焉
周顛僊不知其名自言南康建昌人元末往來南昌乞
食養宿閭閻下一日忽有異詞凡新官至必謁爲告
太平及國初　駕至南昌顛僊拜於道左言動殊異隨
至金陵且云入火不熱試復以巨甕積薪焚之火滅揭
視寒氣凛然嘗以手書地成圈曰破一桶成一桶時諫
友諒據江南問可征否曰可果平之後辭入廬山莫知
所之有御製傳
張刺達不知何許人自號西峯道人每一飲食樽罍雞
醬尤不滿所欲累月不得飲食亦不見其饑渴寒暑皆
不審接人不發一語惟嬉笑富人或贈以衣貨拂而不
受嘗賦五言詩遊遍太清家行吟日未斜山中尋勝跡

坑呂氏紀宮或占日叫占室或作醫而作蔡盖古晉應牧率以一司自效世失賝之網絡兩儀鼓鑄萬品者何斟斟哉不知百川支派同滙於海綸車異輻共縮於轂彼以羨學擅家者皆道之橐鑰也鬖鬖方伎傳謂其無可觀乎蒐收之爲博物者備焉

崔希眞業于郡西箸鼓琴工繪事好修養之術時夜大雪見一老人避雪門下神色毛骨非常人也心竊異之命家人具大麥麵以進老人曰麥稟四時之氣穀之善者也沃以豉汁則彌佳又具松花酒以進老人曰花澁無味乃索懷中藥投之酒中則頓美隨遺藥數丸圖一副而去後崔出示茅山李合光荅曰此眞人葛洪第三子也

葛生本楚人漢末隱于新吳山中草木衣食逍遙物外有餽遺者輒卻而勿受時太史慈爲建昌都尉見生知其非常人也與之共飲問以休咎但握其拳而無所荅再詰之又顧而言他慈厚惠之俱委而去當時孫策據江東握拳者謂大帝也後人至其處虎豹環側不可近矣

司馬頭陀精堪輿家歷覽本郡諸山鈐地一百七十餘處迄今猶驗一日至奉新叅百丈曰近于湖南得一山千樹碧桃花人始識其不凡有師事之者令其備行李同遊龍虎山至期削跡不知所向後問其日果在龍虎山永樂中遣使訪求竟莫能得

桂心淵撫之桂家林人少爲道士居龍興紫極宮鶉衣草鞋醉卧弗就衾枕號爲狂風子唯翰林虞公知其物外人禮遇之初宮僚三十六衆有宴臘之會心淵一過會飲啜無筭或乘醉罵詈因之後不設會本寮或三兩各自爲會心淵幻在各廂溷擾衆始異之俄而拱手謝衆跨一虎於懸崖之下招之弗返虞公贈詩云深隱靡山裡年年不見春風高會跨虎月落更聽猿酒熟邀笛去舟成笑不言雲屛第九疊相與浴晨暾世謂虞公與心淵亦有仙緣風契云

楊節譽龍儒五世孫幼有儒風道氣受學於鳳嶺傅梅岩儒也所禱雨暘輒應天順壬午遍訪奇異事江西以節譽聞遣鎮守太監臨縣召至京　上御奉天殿朝見試以法教凡指揮風雨捷于影響宮殿妖氛隨以蕩滅甚奇之　賜帶俸錦衣衛指揮使不受封以眞人又不受誓自詠曰三朝鵷序班聯肅九度龍顏面問奇後羽化而去相傳謂楊法師

方伎

乃一千五百善智識所居丈曰老僧可住否曰不可和
尚骨相彼肉山也時華林覺為首座詢之不許一見典
座曰此溈山主人也果如其言宋末鐸長老術亦如之
國朝南昌劉子南新建趙子方豐城何野雲亦其流亞
云

夏呈信新吳浮雲宮道士能運掌心雷治石精至今丫
口石現存凡祈晴禱雨無不輒應

徐復高新吳梁玄觀道士操行端潔道術精通永樂十
五年嘗至豐城祈禱登七層臺上案振金牌則雷鳴手
訣不旋則電掣精大雨傾盆魚蝦盈街章江水溢三尺
孫任持太嶽泰和山　嘉靖末年豐城熊顯亦以道術
薦　寵官大常寺少卿

黃鏊官鴻臚寺序班熊允官鴻臚寺丞萬祺官工部尚
書俱南昌人俱由掾史以善星命致京秩祺為鴻臚主
簿時推　英廟當復辟言無不驗舊志云論術溢精於
允允精於祺論官溢不如允允不如祺而三人精星命
之術可槩見矣

新修南昌府志卷之二十四

紀事

嘗睹各郡邑志末多記殊業異說不知日用常行即
中庸之道而惟變所適亦非鬼魅魍魎之謂也爰採
本郡古今常變賢良奸軌有關於文事武備之大體
者記之以垂永鑑云

周

敬王　年澹臺滅明以弟子三百人至楚及教于江（今豫章地也澹臺墓在會昌東湖豫章理學始此）

景王九年楚令尹子蕩帥師伐吳師于豫章次于乾谿
吳人敗其師於房鍾（豫章之名始見于此）

景王十六年楚師還自徐吳人敗諸豫章獲五帥

敬王二年楚子為舟師以略吳疆越大夫胥犴勞吳王
於豫章之汭

敬王十二年秋楚囊瓦伐吳師于豫章吳人見舟于豫
章而潛師于巢冬十一月吳軍楚師于豫章敗之

敬王十四年蔡侯吳子唐侯伐楚舍舟于淮汭自豫章
與楚夾漢夫槩王以其屬五千先擊之楚師亂吳師大
敗之遂入郢

始皇二十四年王翦滅楚虜負芻明年置九江郡南昌隸焉南昌之名始此

西漢

高帝命灌嬰討定南方居人章文獻地於嬰請築郡城豫章郡城始見於此

十一年封皇子長爲淮南王兄子濞爲吳王二國遂盡有揚州之地豫章屬焉

景帝三年漢削吳之豫章郡濞遂連七國反將軍周亞夫平之

武帝元封五年置揚州刺史領郡六豫章其一也以南

昌爲治所

東漢

永平　年太守張躬築南塘捍堤以捍江水

獻帝建安四年孫權以孫策計進廬陵討平丹陽僮芝遂爲廬陵太守

建安十五年劉備表孫權爲徐州牧明年權分豫章爲鄱陽長沙爲漢陽析南昌之南境置富城縣治富水之西故名豐豐城縣自此始

陳蕃爲豫章刺史下車即問徐穉所在懸榻待之穉辟不起

吳

吳王孫策至豫章斂兵不殺民德之

八年孫權西伐黃祖破其舟師堆城未克而山寇復起還過豫章使呂範平鄱陽程普討樂安太史慈領海昏劉表從子磐數爲寇於艾西安諸縣太史慈樹兵幕阜山以拒之磐遂絕跡不復寇

周訪吳郡人彭綺作亂以訪爲鄱陽太守生擒綺賊帥董嗣負劫抄豫章臨川並受其害吳粲王洽以三千兵攻守連月不能拔訪表乞以便宜從事訪遣間諜授以方策誘使殺嗣數郡無憂

晉

惠帝永興元年右將軍陳敏舉兵反自建號楚公逐揚州刺史劉機丹徒太守王曠遣弟恢南略江州刺史應邈奔弋陽

石勒南寇攻陷江西壘壁三十餘所留刁膺守之躬率精騎三萬還歸擊王如惲如之盛復屯江西有雄據之志焉

穆帝永嘉四年十二月豫章人黃韜反自號孝神皇帝聚衆數千臨川太守庾條討平之

殺元顯爲司徒左長史桓玄用事升黃門郎左衛將軍

玄敗績遂定江西湓中賊衆攻廬陵[illegible]行敘之任之

永嘉中華軼歷鎮威將軍江州刺史已而帝承制改易長吏軼不從命遣左將軍王敦都督甘卓周訪宋典趙誘等討之軼遣别駕陳雄屯彭澤以拒敦自爲舟軍以爲外援武昌太守馮逸次于湓口訪擊逸破之前江州刺史衛展不爲軼所禮心常怏怏至是與豫章周廣太守爲内應潛軍襲軼軼衆潰奔于安城追斬之

范甯爲豫章太守大設庠序選郡中子弟課讀五經時范宣亦隱遯好學遠近聞風宗仰誦讀之聲比之鄒魯

元帝渡江以周訪爲揚烈將軍領兵一千二百屯潯陽鄱陵與甘卓趙誘討江州刺史華軼所統屬武將軍丁乾與軼所統武昌太守馮逸交通訪收斬之逸來攻訪訪率衆擊破之逸退保柴桑乘勢進討軼遣其黨王約傅札等萬餘人助逸大戰於湓口約等又敗訪與甘卓等會於彭澤與軼水軍將朱距等戰又敗之軼將周廣翻城以應訪軼衆潰訪執軼斬之遂平江州帝以訪爲振武將軍復命訪與諸軍共征杜弢弢作桔槔於官軍船艦訪[illegible]攻飛以拒之桔槔不得爲害而賊從青艸湖密抄宫亭人[illegible]六府史[illegible]豫章時王敦鎮湓口遣將諸稽與李恒受訪節制共擊彥殺於豫章與彥交戰彥軍退走訪率帳下將李午等追破之臨陣斬彥及暮與賊隔水賊衆數倍自知力不能敵乃密遣人如樵採者而出於是結陣鳴鼓而來大呼左軍至士卒皆稱萬歲至夜令軍多布火而食賊謂官軍益至未曉而退訪與諸將曰賊引退終知我無救軍宜促渡水北既渡斷橋訖賊果至隔水不得進遂歸湘州訪復以舟師造湘城軍達富口而弢遣杜弘出海昏時湓口騷動訪步上柴桑偷渡與戰斬首數百賊退保廬陵訪追擊敗之賊嬰城自守訪復圍廬陵弘突圍而出訪軍追之獲[illegible]賊衆不可勝數弘入南康太守率兵逆擊之又破之奔於臨賀帝又進訪爲龍驤將軍王敦表爲豫章太守加征討都督賜爵尋陽侯

六朝

宋高祖武帝時盧循寇南康廬陵豫章諸郡郡守皆奔委時帝鎮下邳進兵河洛及徵使至即日班師鎮南將軍何無忌戰敗死於豫章四月癸未帝至都劉毅自表南征帝以賊新捷鋒銳須嚴軍偕進使胡藩止之毅不從五月盧循敗毅于桑落洲十月帝師舟師南伐十二月乙卯大軍至大雷庚辰賊方舟而下帝躬提幡鼓命

衆軍齊力奮之軍中多萬鈞神弩所至莫不摧陷帝自
於中流麾之因風水之勢賊艦悉焰西岸上軍先備火
具焚之大敗循還潯陽悉豫章悉立柵左里丙申大軍
以左里將戰帝麾之麾干折幡沉於水衆咸懼帝笑曰
昔覆舟之役亦如此今必勝矣太子左衛將軍胡藩等
破其柵循單舸走衆皆降
張綰爲豫章內史安城人劉敬宮挾妖道聚黨攻郡遂
寇豫章刺史湘東王遣司馬王僧辯討賊受[illegible]節度[illegible]
月間賊黨悉平
梁紹泰二年周廸起兵於臨川與[illegible]
之文帝嗣位[illegible]反廸與[illegible]等[illegible]文
徵廸出鎭湓口廸趑趄不至豫章太守周敷本屬廸文帝
録其誅景朝之功廸不平乃陰與留異相結及[illegible]
廸疑懼乃使弟襲周敷敷破之天嘉三年文帝乃[illegible]
州刺史吳明徹豫章太守周敷討廸不能克文帝乃遣
宣帝總督討之廸衆乃潰
梁元帝韋粲爲散騎常侍至廬陵聞侯景作逆便簡閱
部下倍道至豫章郎就內史劉孝儀共謀之孝儀曰必
如此當有勑安可輕信妄爲動孝儀置酒粲怒以杯擲
地曰賊已渡江便逼宮闕水陸阻斷豈得自安孝粲令
日何情飲酒耶即馳馬出部分將發會江州刺史當陽
公大心遣使要粲粲乃分麾下爲前軍粲馳見大心曰
上游藩鎭江州去都最近殿下情見實宜在先中流任
重當須應接不可闕鎭今宜張軍聲勢移鎭湓城大心
遣中兵柳昕帥兵二千[illegible]粲粲悉留家累於江州以輕
舸就路至南州合州刺史柳仲禮帥步騎萬餘人至橫
江先是安北鄱陽王範亦自合肥遣將帥江西之衆赴
都會粲至青塘合戰敗績
梁盆州刺史鄱陽王範爲雍州刺史侯瑱爲[illegible]太
守範遷鎭合肥瑱又隨之侯景圍臺城範遣瑱輔其世
子嗣入援都及城陷瑱嗣同退還合肥仍隨範徙鎭盆
城俄而範及嗣皆卒瑱領其衆依于豫章太守莊鐵鐵
疑之瑱懼不自安詐引鐵謀事因刃之據豫章之地後
降於侯景將于慶慶送瑱於景景遣瑱隨慶平蠡南諸
郡及景敗巴陵瑱乃詣景當異以應義師仍隨都督王
僧辯討景恒爲前鋒既復臺城景奔吳郡僧辯使瑱追
景大敗之於吳松江後瑱還鎭豫章時余孝頃爲豫章
太守及瑱鎭豫章乃於新吳縣列立城柵與瑱相拒瑱
留軍人妻子於豫章令從弟大淵知後事悉衆以攻孝
頃後瑱既失根本輕歸豫章豫章人拒之乃趨盆城就

北將焦僧度僧度勸瑱投齊

侯景之亂黄法𣰰於鄉里合徒衆太守賀翊下江州法𣰰監知郡事陳武帝將踰嶺入援建鄴李遷仕作梗中途武帝命周文育屯西昌法𣰰遣兵助文育時法𣰰出頓新淦縣景遣行臺于慶來襲新淦法𣰰敗之梁元帝承制授交州刺史資領新淦縣令封巴山縣子敬帝即位改封新建縣侯太平元年割江西四郡置高州以法𣰰爲刺史鎮巴山蕭勃歐陽頠來攻法𣰰破之

侯景之亂鄉人周續合衆以討賊爲事續所部有欲侵掠敷者周敷擁護之親率其黨捍送至豫章俄而續部下將帥爭權殺續以降周廸廸倚敷族望深求交結敷未能自固事廸甚恭廸大憑伏之廸據臨川之上塘敷鎮臨川故郡侯景平梁元帝授敷寧州刺史陳武帝授禪王琳據有上流余孝頃與琳黨李孝欽等共圍周廸敷助於廸廸擒孝頃等敷功最多熊曇朗之殺周文育據豫章將兵襲敷敷大破之

陳武帝與齊軍戰于幕府山命侯安都自白下横擊其後大敗之以功改封西江縣公仍督水軍出豫章助豫州刺史周文育討蕭勃安都未至文育已斬勃擒其將歐陽頠傅泰等惟孝頃與勃子孜猶於豫章之石頭作兩城孝頃與孜各據其一又多設船艦夾水而陣安都至乃銜枚夜燒其艦文育率水軍安都領步騎登岸結陣孝頃俄斷後路安都乃令軍士堅柵引營漸進頻致剋獲孜乃降

李遷仕之據大臯遣其將軍杜平虜入灨石魚梁作城武帝命文育擊之平虜棄城走文育據其城遷仕聞平虜敗自將以攻文育文育與戰遷仕稍却相持未解會武帝遣杜僧明來援别破遷仕水軍遷仕衆潰不敢過大臯直走新淦遷仕又與劉孝尚謀拒義軍武帝遣文育與侯安都杜僧明徐度杜稜築城於白口拒之文育頻出與戰遂擒遷仕武帝發自南康遣文育將兵五千開通江路侯景將王伯醜據豫章文育擊走之遂據其城累功封東遷縣侯武帝以侯瑱擁據江州命文育討之時新吳洞主余孝頃舉兵應勃遣其弟孝勱守郡城自出豫章據于石頭勃使其子孜將兵與孝頃相會又遣其别將歐陽頠頓軍苦竹灘傅泰據𡸁口城以拒官軍文育遣軍襲之仍於豫章立柵據其中間築城饗士賊徒大駭歐陽頠仍退入泥溪作城自守文育襲頠擒之於是盛陳兵甲與頠乘舟而宴以巡傅泰城下因攻泰尅之蕭勃在南康聞之衆皆股慄其將譚世遠斬勃

谷降出遼軍于夏侯明徹持勃首以降謝孜余孝頃猶
據石頭城帝遣侯安邦助文育攻之孜降文育孝頃退
走新吳廣州平文育還退豫章以功授開府儀同三司
高祖武皇帝監始興郡事時蔡路養起兵據南康蕭勃
遣腹心譚世遠爲曲江令與路養相結同遏義兵大寶
元年正月帝發始興次大庾嶺大破路養軍帝爲江州
刺史時寧都人劉藹等資高州刺史李遷仕州艦兵仗
將襲南康帝遣杜僧明等據白口禦之二年僧明擒遷
仕送南康斬之承制授江州刺史帝發南康灘石舊有
二十四灘灘多巨石行旅以爲難帝之發水暴起數丈

三百里間巨石皆沒進軍頓西昌時遣王僧辯督衆軍
討侯景次盆城帝率杜僧明等合三萬將會馬時西軍
之食帝先計軍糧五十萬石至是分三十萬石以資之
仍頓巴丘會侯景廢簡文立豫章嗣王棟帝帥師發自
豫章二月次桑落洲時僧辯已發盆城會帝于白茅灣
乃登岸結壇刑牲盟約進次大雷
武帝受禪樊毅與弟猛舉兵應王琳琳敗奔齊及陳永
定元年周文育等敗於沌口爲王琳所獲琳勝將事南
中諸郡遣猛於李孝欽等將兵攻豫章進逼周廸軍敗
爲廸所執等道歸王琳琳敗還朝

隋
煬帝大業十二年冬十月鄱陽賊帥操師乞自稱元興
王建元始興攻陷豫章郡以其鄉人林士弘爲大將軍
詔治書侍御史劉子翊將兵討之師乞中流矢死士弘
代統其衆與子翊戰於彭蠡湖子翊敗死士弘兵大振
至十餘萬人十二月壬辰士弘自稱皇帝國號楚建元
太平遂取九江臨川南康宜春等郡豪傑爭殺隋守令
以郡縣應之其地北自九江南及番禺皆爲所有
乙巳方與賊帥張善安襲陷廬江郡因渡江歸林士弘
於豫章士弘疑之營於南塘上善安恨之襲破士弘焚

其郛郭而去士弘徙居南康蕭銑遣其將蘇胡兒襲豫
章克之士弘退保餘干

唐
癸未安撫使李大亮誘張善安執之大亮擊善安於洪
州與善安隔水而陳遙相與語大亮諭以禍福善安曰
善安初無反心正爲將士所誤欲降又恐不免大亮曰
張總管有降心則與我一家耳因單騎渡水入其陳與
善安執手共語示無猜閒善安大悅遂許之降
丁酉永王璘反攻揚子李成式將趙侃等濟江至新豐
璘使子瑒及其將高仙琦將兵擊之侃等逆戰射瑒中

屏璘兵逐潰璘與仙琦收餘衆南奔鄱陽收庫物甲兵

欲南奔嶺表江西采訪使皇甫侁遣兵追討擒之潛殺

之於傳舍瑒亦死于亂兵

冬十月辛亥以湖南觀察使曹王皋爲江南西道節度

使皋至洪州悉集將佐簡閱其才得牙將伊慎王鍔等

擢爲大將引荆襄判官許孟容置幕府愼兗州人孟容

長安人也愼常從李希烈討梁崇義烈愛其才欲留之

愼逃歸希烈間皋用愼恐爲已患遺愼七屬甲詐爲復

書墜之境上上聞之遣中使即軍中斬愼皋爲之論雪

未報會江賊三千餘衆入寇皋遣愼擊賊自贖愼擊破

之斬首數百級而還由是得免

元和二年二月韋丹拜洪州觀察使洪據章江上控百

越爲一都會屋居茅竹爲俗每烈日大風竹戞自焚小

至百家大至蕩空霖必江溢燥必火作致人無冋志公

始至任計口取俸除去冗事取公錢教人陶瓦堆壘萬

億計人能爲屋取官材瓦免其半賦徐責其直冊自載

酒食以勉其勞初若艱勤日成月就不二周歲凡爲瓦

屋萬四千間樓四千二百間縣市營廐各爲棟宇無不

創馬派湖入江節以斗門以走暴漲闢門廣衢南北七

里築堤長十二里城成明年江與堤平凡成陂塘六百

亚萬頃三年而政成

大中九年六月丙申江西軍亂都將毛鶴逐觀察使鄭

憲

冬十月上以光祿卿韋宙父丹有惠政於江西以宙爲

江西觀察使發鄰道兵以討毛鶴

十二月韋宙奏克洪州斬毛鶴及其黨五百餘人宙過

襄州徐商遣都將韓季友帥捕盜將從行宙至江州季

友請夜帥其衆自陸道間行比明至洪州州人不知卽

日討平之宙奏留捕盜將二百人於江西以季友爲都

虞候

咸通六年夏四月楊收建議以蠻寇積年未平兩河兵

戍嶺南冒瘴霧物故者什六七請於江西積粟募強弩

三萬人以應接嶺南道近便仍建節以重其權從之五

月辛丑置鎭南軍於洪州

乾符三年二月敕福建江西湖南諸道觀察刺史皆訓

練士卒又令天下鄉村各制弓刀鼓板以備羣盜

四年夏四月賊帥柳彥璋剽掠江西

五年二月王仙芝餘黨王重隱陷洪州江西觀察使高

湘奔湖口賊轉掠湖南別將曹思雄掠宣潤詔曾元裕

楊復光引兵救宣潤

曹師雄寇湖州鎮海節度使裴璩遣兵擊破之王重隱
死其將徐唐莒據洪州
中和元年十二月江西將閔勗戍湖南還過潭州逐觀
察使李俗自爲留後
中和二年五月以湖南觀察使閔勗權充鎮南節度使
勗屢求於湖南建節朝廷恐諸道觀察使效之不許先
是王仙芝寇掠江西高安人鍾傳聚蠻獠依山爲堡衆
至萬人仙芝陷撫州而不能守傳入據之詔即以爲刺
史至是又逐江西觀察使高茂卿據洪州朝廷以勗本
江西牙將故復置鎮南軍使勗領之若傳不受代令勗
因而討之勗知朝廷意欲鬬二盜使相斃辭不行
秋七月己巳以鍾傳爲江西觀察使從高駢之請也傳
既去撫州南城人危全諷復據之又遣其弟仔倡據信
州
文德元年秋八月楊行密畏孫儒之逼欲輕兵襲洪州
袁襲曰鍾傳定江西已久兵强食足未易圖也乃免馬
殷與劉建峰孫儒合攻行密儒戰敗死殷轉攻豫章略
虔吉有衆數萬
景福元年夏五月楊行密屢敗孫儒斬首傳京師其將
劉建鋒馬殷收餘衆七千南走洪州推建鋒爲帥殷爲
先鋒指揮使以行軍司馬張佶爲謀主比至江西衆十
餘萬
天復元年十二月江西節度使鍾傳將兵圍撫州刺史
危全諷失火燒其城士民讙驚諸將請急攻之傳曰乘
人之危非仁也乃祝曰全諷之罪無爲害民火尋止全
諷聞之謝罪聽命以女妻傳子匡時
天祐三年四月江西鍾傳卒其子匡時代立傳養子延
規怨不得立以兵攻匡時楊渥遣秦裴率兵攻之渥字承天行密長子也
九月克洪州執匡時及其司馬陳象以歸斬象
於市赦匡時以秦裴爲江西節度使
秋七月秦裴至洪州軍於蓼洲諸將請阻水立寨裴不
從鍾匡時果遣其將劉楚據之諸將以咎裴裴曰匡時
驍將獨楚一人耳若帥衆守城不可猝拔吾故以要害
誘致之耳未幾裴破寨執楚遂圍洪州饒州刺史唐寶
請降
五月楚王殷遣兵會吉州刺史彭玕攻洪州不克
六月撫州危全諷叛攻洪州袁州彭彥章吉州彭玕信
州危仔倡皆起兵叛楊隆演召嚴可求問誰可用者可
求薦周本本乃請兵七千人戰于象牙潭敗之
南唐

南唐主元宗璟以金陵去周纔隔一水洪州險固居上游集羣臣議遷之羣臣皆不欲遷惟樞密院使唐鎬贊之乃升洪州為南都建隆二年宋太祖征李重進使諸軍習戰艦於迎鑾鎮璟懼甚小臣杜著偽作商人奔宋彭澤令薛良坐事責池州文學亦奔宋宋太祖斬著於下蜀市配良隸廬州牙校唐主少安然終以懸弱遂決遷都之計留太子從鎰監國遷於南都宋遣王守正來勞遷都洪州迫隘宮府營廨皆不能容羣臣日夕思歸唐主悔怒不已唐鎬慙懼發疾卒六月唐主亦殂年六十四以喪歸金陵子從嘉即位更名煜

昇元六年再遣使行田

宋

太祖時王師問罪金陵王明師師入豫章武勸以城逆期不下當盡屠之明心不然繆與衆約曰吾入城觀變汝等視吾鞭之上下為處分鞭到即如令否則不可妄戮一人翌日入城竟舉鞭以示城于是獲全人甚德之

分寧貢乾蜂太宗以其傷生擾民罷之

咸平四年六月頒九經于州縣學校

慶曆四年詔州縣立學行科舉新法

皇祐四年七月儂智高陷邕州九月以孫沔為江西[illegible]安撫使以便宜從事沔請益發騎兵且增選偏裨二十八人求武庫精甲五千發兵七百餘人由洪州歷臨吉虔州至大庾立防禦操練之法使賊不得度嶺

周敦頤初授分寧縣主簿後知南昌縣事邑人懼違教令以汙善政為耻

高宗建炎三年十月金人濟江知江州韓相棄城遁金人自大冶縣趨洪州十一月太后退保虔州江西制置使王子猷棄洪州走丁巳金人陷臨江軍守臣吳將之走金人陷洪州權州事李積中以城降袁撫二州守臣王仲嶷皆降諸州悉陷

劉光世當隆祐太后在南昌議者謂金人自蘄黃渡江陸行二百里可至命光世移屯江州為屏蔽光世既至日置酒高會金人自黃州渡江凡三日無知之者比金人至遂遁太后退保虔州馮檝貽書光世言賊深入最兵家之忌進則距山退則背江百無一利而敢如此橫行者以前無抗拒後無襲逐也太尉儻選精兵自將來洪而開一路令歸伏兵掩之可使匹馬不還光世不能用

楊沂中傅李成叛呂頤浩駐軍彭蠡以守其境張俊岳飛密為定計俊急趨南昌與賊夾江而營飛請自為先

舘沿中宫上游徑絕生米渡出賊不意復筠州臨江
軍馬進走江州俊追殺之成遂遁
賊帥張琪自徽犯饒州有衆五萬呂頤浩自左蠡班師
命其將閻皐姚端崔邦弼列陣以待琪犯皐軍皐力戰
端邦弼兩軍夾擊大破之時韓世忠平閩寇旋師永嘉
若將就休息者忽由處信徑至豫章建營江濱數十里
湖南賊曹成不虞其至大驚以其衆降
紹興六年前相李綱來帥以城北巖壁沙積截東北隅
入三里許廢四門凡十二門
隱士蘇雲卿灌園豫章張浚以書幣屬帥漕辟之雲卿
遁去
紹興三十一年九月上皇展事于明堂禮成頒制特授
皇子鎮南郡節度使明年六月上受内禪越隆興二年
從守臣特用紀年之號錫府額曰隆興
淳祐間王居安知隆興府李元礪陳廷佐倡亂撫永新
撫龍泉江西列城皆震居安與督戰于黃山賊始走
嘉定間陳韡知隆興府賴寇陳三槍作亂出沒江西閩
廣所至屠殘詔韡節制三路捕寇軍馬兼知贛州三槍
就擒
開慶初元兵自漢攻臨江時制置使徐敏子屯兵隆興

不進知臨江軍陳元桂登城督戰死之
元將伯顏下九江兵三道南伐知隆興事吳益棄城走
元兵乘勝攻臨江知臨江軍鮑廉力戰被執死之
至元十二年李恒從鎮常德以扼湖南之衝俄有詔分
三道出師以恒爲左副都元帥從都元帥遜都台出江
西九月開府于江州師次建昌擒都統熊　遂圍隆興
轉運使劉槃請降恒逆其詐密爲之備槃果以銳兵至
恒擊敗之殺獲殆盡槃乃降下撫瑞建昌臨江
至元十四年春車駕幸上都命所統軍三百赴上都壬
午隆吉撫二州城隆興濱江姑存之
十四年宋丞相陳宜中及其大將張世傑立益王昰於
閩中郡縣豪傑爭起兵應之恒遣將破吳浚兵於南豐
世傑遣都督張文虎與浚合兵十萬期必復建昌恒復
遣將敗之兜港進走從文天祥於瑞昌又破之天祥走
汀州遣鎮撫孔遵之幷破趙孟溁營軍取汀州或言天祥
墳墓在吉州者若遣兵伐之則必下矣恒曰王師討不
服耳豈有發人墳墓之理乃分兵援贑自率精兵潛至
興國天祥走追至定坑獲其妻女擒招討使趙時賞巳
下二十餘人降其衆二十萬

至元二十年元帥台懷遠大將軍江西行省命討武寧
叛賊董琦平之
至元二十一年因前探本府隸皇太子是年改隆興爲
龍興
至正十年慶童遷平章行省江浙適時承平盜起海瀕
已而延蔓于江浙江東之饒信徽宜鉛山廣信所在不
守慶童分遣寮佐往督師旅以次克復
至正十一年辛卯十一月蘄黃紅巾蔓延江西新建土
寇鄧南二由蘄黃鶴鄉乘勢聚衆往攻瑞州守禦官軍
出城迎捕行省遣萬戶張要因領兵於烏山來戰擒獲
鄧南二誅之壬辰春蘄黃紅巾有稱鄒元帥者由湖廣
九江率衆水路來攻龍興圍城五十四日時平章道童
左丞章伯顏郎中普顏不花廉訪僉事鎖曾灌并力固
守官軍雖寡弱幸民之敢勇者赴義死戰老弱亦登城
運石行省適臨江楊萬戶率義兵來投省臣命駐撫州
門與城中接勢翌日楊萬戶以小舟自城南順流而下
城中義兵亦自新城門小渠中出龍沙迴流而上合戰
無虛日累獲其巨艦輜重賊不能支夕盡遁
壬辰三月紅巾蕭鄭二百戶與新塘稱塘主羅志名者
立寨閏三月二十一日義士夏正卿譚則賢等率義兵
五千人討之不克敗走殺溺一千餘人正卿死之而蕭
鄭二人亦去又有史普清者稱元帥率蘄黃之衆數百
自奉新到新建驅脇鄉民據新塘復立寨土寇俞謙可
剮胖俞昇余玉等佐之故家大族殘滅幾盡鄒既敗走
行省屢遣朱千戶領兵討之竟不能克義士夏益卿熊
君佐程彥德等不敢入惟駐生米章家渡以爲郡城西
障時阿都赤招集義兵屯大塘嶺以遏興國建昌往來
之衝以故西岸之紅巾不得近城是年秋鄒遣其黨自
興國由武寧奉新豐城入南昌之境勢欲攻城義士黃
季中劉仲昇率義兵接戰連勝之以故東南之寇不得
犯至城下維時瀋府經歷因而四郊傍縣皆寇壘也
癸巳夏丞相亦憐眞班火你赤統北軍自廣信來從進
賢循至龍興未幾丞相病卒左丞統北軍及義兵自南
昌復豐城復臨江復瑞州轉兵攻新建之新塘寨史普
清敗走率其黨俞謙可等驅新塘之衆仍據奉新爲巢
穴數年之間剽掠新建之境百里爲墟
國朝
戊戌夏陳友諒由九江親率水兵乘風一夕掩至官軍
義兵勢衰不敢城遂破道童火你赤等潰圍出奔撫州
陳兵四出屬縣皆降己亥秋陳往九江命爲丞相胡廷

留守江西辛丑秋
王師破九江將壓境新建熊持敬者舊從陳氏為掾逃聚
衆於西山之滸源立寨意欲合城中抗敵壬寅春
王師下江州胡以員外郎劉原善詣軍門納款且使其子
約降禁止若干事
太祖許之胡入覲熊亦撤寨散衆
上命舊參政鄧愈留守山寨以次而罷詔改龍興路為洪
都府以葉琛知府事三月陳降將偽同僉康泰祝宗因
從右丞徐達征湖廣守沌口往途謀叛乃率其衆自湖
口還襲城夜半入據之琛戰死愈走建康新塘[illegible]

屈拜徐玉等將夏益卿一家盡殲之徐右丞自新城門
登城康泰敗
王師入城康祝突圍走撫州鄧兵逐定師還特命都督
朱文政鎮守癸卯夏陳友諒自湖廣親率水兵復來攻
圍城
八月
上親征陳友諒督徐達等諸將率舟師乘風溯流而上劉
基以為宜徑拔江州傾其巢穴
上從之遂悉師西上長驅過小孤友諒丁普郎迎降師徑
抵江州距江州五里許友諒始知之以為神兵自天而

下之皇挈其妻子夜奔武昌我師遂克江州遂作[illegible]
江西諸郡偽漢江西行省丞相胡廷瑞守南昌見江州
已破遣其部將鄭仁傑詣軍門約降請禁止若干事
上初有難意劉基自後躡所坐胡牀
上悟許之
偽漢餘干守將吳宏建昌守將王溥袁州守將歐普祥皆
遣使請降
命趙德勝廖永忠等分兵攻下瑞州臨江吉安諸郡鄧愈
領兵襲浮梁偽漢參政侯邦佐棄城遁遂取樂平擊敗
偽蕭總管五千餘衆擒萬戶彭壽等六十八人饒州之

境悉定十月鄧愈駐兵于臨之平塘時鄧克明據撫州
遣使通款而實無獻城之意愈知其情捲甲夜趨比曰
入城克明單騎遁
十一月康茂才蔡遷等敗偽漢八陣指揮遂取瑞昌縣
至正二十二年正月
上幸南昌胡廷瑞率其副將偽平章祝宗同僉康泰等迎
謁建昌王溥餘干吳宏袁州歐普祥黃彬俱率衆來見
寧州陳龍及吉安孫本立曾萬中皆來降以鄧愈為江
西行中書省參知政事鎮南昌
壬寅年四月十有四日

王師抵江西偽漢守臣降附政行令肅野不擾耕而不易
肆雖老臣宿將罔敢干犯乃大會于滕王閣
上命儒臣韓詩放陳友諒所畜鹿于西山縱觀燈火權遊
連夕居民扶老挈幼出入軍旅中綽有太平氣象
四月江西降將祝宗康太叛回據南昌知府葉琛迎戰
于市死之鄧愈出走徐達兵至湖廣沌口聞變旋師討
之宗泰等敗走南昌復定
上命大都督朱文正統元帥趙德勝薛顯等同叅政鄧愈
鎮之偽漢八陣指揮餘寔建柵南昌之西山十二月趙
德勝孫興祖等攻敗之俘斬三千餘人

至正二十三年四月偽漢陳友諒自將圍南昌時友諒
大作戰艦悉其所有兵號六十萬空國而來是月壬戌
乘江漲直抵城下其氣鋭甚用雲梯百道進攻晝夜不
息友諒親督促之攻城壞三十餘丈城中且戰且築城
復完友諒盡攻擊之術而城中備禦隨方應之殺傷甚
衆於是院判李繼先元帥牛海龍趙國旺等皆戰死友
諒復分兵攻陷臨江吉安以其所獲吉安守將劉齊朱
叔華臨江同知趙天麟等徇于城下文正等不為動六月
辛亥趙德勝巡城至東門敵發蹶張弩中其腰膂箭深
入六寸重傷而死朱文正乃遣千户張子明赴建康告

急子明[illegible]乘漁舟夜從水關潛出越石頭口夜行
晝止半月始達建康
七月
上命諸將解廬州之圍親督舟師三十萬往援南昌進次
湖口是月丙戌友諒始解圍東出鄱陽以迎我師丁亥
遇於康郎山戊子合戰
上分舟師為十二屯徐達常遇春等諸將分擊敗其前軍
復乘風縱火焚寇舟二十餘艘軍威大振友諒驍將張
定邊前欲犯
上舟舟適膠沙常遇春從傍射中定邊定邊舟始退俞通

海來援舟驟漲水湧
上舟遂脫明日己丑
上親布陣復與友諒戰命常遇春諸將分調網船載荻
置火藥其中至晡時東北風起乘風縱火焚其戰艦數
百艘烟焰漲天十里之間湖盡赤友諒弟友仁友貴皆
死又明日庚寅永忠等復以六舟深入搏擊之敵聯大
艦撚力拒戰我師望六舟無所見意其已陷沒有頃六
舟飄飄而出旋繞敵船勢如遊龍我師見之勇氣愈倍
合戰益力聲振山海敵兵大敗永忠等還辛卯復聯舟
大戰自辰至午敵兵復大敗[illegible]韓山我師先

至罌子口横截湖面遏其歸路友諒不得出是夕我舟
渡淺渦于左蠡與友諒相持者三日劉基亦密言於
上請移軍湖口期以金木相犯決勝
上從之八月八日我舟入江駐南湖嘴水陸結營列柵江
南北岸置火舟火筏中流戒嚴以俟敵舟不敢出糧且
盡二十七日敵計窮冒死突出繞江下流欲由禁江道
回
上麾諸軍追擊復以火舟火筏衝之敵舟散走追奔數十
里力戰自辰至酉友諒中流矢死

寧獻王
太祖高皇帝之子初封寧夏後從
成祖文皇帝起兵靖難永樂初徙封江西即布政司府建
正統元年詔重臣分行郡縣勸民出粟所在富民應詔
旌以璽書給復其家
五年復遣重臣行郡縣勸民出粟
景泰三年巡撫江西都御史韓雍勸募富民納粟二千
石以上奏賜官帶旌為義官一千二百以上奏賜璽書
旌爲義民
弘治十二年太守祝瀚築大有圩于南昌鄉民賴之
正德六年正月己卯江西盜起召守制右都御史陳金
總制江西等處軍務以右副都御史俞諫提督軍務
兵征之先是江西諸郡盜賊蠭起贛賊犯新淦執參政
趙士賢諸安賊據越王嶺碼碯寨華林賊破瑞州府殺
副使周憲既而撫州東鄉饒州姚源洞等處賊亦作亂
金等奏調廣西田州東蘭等處狼兵共征之
正德十四年六月丙子寧王宸濠反巡撫江西都御史
孫燧按察副使許逵死之
寧獻王五世孫暴戾險愎能以口給禦人既嗣位長惡
不悛肆無顧忌淫汙宗女殘傷骨肉而人倫亡䟦削其
社草菅人命而天理滅識者已占知其妖孽矣方且横

生非心陰窺大位正德初逆瑾干政賄請樂章復護衛
瑾誅而護衛革錢寧用事重賄復之護衛既得羽翼乃
成於是引宗室拱欉拱栟覲鐵覲鏈宸潰承奉劉吉涂
欽梟人王春王親婁伯樂人秦榮爲心腹内史黄瑞萬
銳熊永受陳賢指揮王信王麟葛江審理蕭宗瀛引禮
丁潰白泓羅璜儀賓李世于全張恩强文盛校尉徐紀
火信林華盧孔章趙隆爲爪牙鷹犬出入王宫同謀不
軌頤使氣指令行計協於是磬王府之寶藏羅四方之
奇巧諂事左右以固其寵要求假勑以重其權凌轢藩
臬以張其威癸酉布政司使鄭岳被誣爲民乙亥副使

胡世寧被逮戍邊戍□清戍御史范輅逮繫□戍□指揮荒皆以守正忤濠遭其陷穽時則太監張雄商忠步監盧明錦衣指揮錢寧實主之於内濠懼夫川未易足也於是民以刑劫財以横聚奸民仇役者往往投獻他人財産良民辜增一家百餘口坐是靡遺環省城數百里十室九空民乃謀立寨以拒之濠討沮以王春籌計編管賊徒凌十一於南昌京家山吳十三於新建沙井有弗令潛以剽掠貲産一空無門控訴自是號召誅求靡不如意而道路以目矣先是嘗與省城致仕都御史李士實飲酒賦詩往反甚密開至其家權宴終日䜩醻

舉人劉養正以僞學矯譽于時濠遣官禮聘至與語大悅厚賞賚之而亦納于彀中矣相士李自然阿其狀貌當爲天子術士李曰芳妄稱青藍山及省城東南有天子氣濠因葬母於青藍山築陽春書院於進賢門内時率嬪妃遊宿以壓當之

遣駕將巡山東陰遣秦榮張設勾攔搬演雜劇撰爲疏詞播傳各路意在邀引

駕臨以便篡逆謀調太監畢真浙江鎮守蓄兵聚財爲外援真至浙咸造盔甲兵器待時助逆巡撫都御史孫燧□以不執狀

瞯賜匿于逆一不得逞歲己卯御史蕭淮得南昌人錦衣千戶張儀言甚悉乃條疏其罪

朝廷遣司禮太監賴義駙馬崔元都御史顔頤壽將命戒諭且偵其逆狀何如未至錢寧遣逆校林華奔告其故濠懼乃與郡王承奉儀賓官校平日與謀心腹者計以六月十三日生辰燕官大肆殺戮脅同舉事至期咸宴各官旦辰謝宴拜未畢宸濠立出露臺曰

太后有密旨令我起兵監國各官知大義否都御史孫燧請密

旨看濠怒又以問副使許逵逵曰惟有赤心爾濠大怒却

入殿庭易戎服出命凌十一縛曳燧逵令王信張嵩殺之惠民門外平時同謀逆黨齊呼萬歲械擊三司等官于儀衛司公差戶部員外馬思聰布政司參議黄宏梔繼死于桎梏是日遣涂欽收各衙門印信縱囚分遣閔才等劫取庫藏遣涂欽領兵攻破九江南康兵備副使曹雷知府江穎指揮劉勳等皆避難逃遁十六日郊迎劉養正拜爲國師逆李士實加僞太師議僭號改元事士實養正請到南京舉行於是刊刻僞檄僞榜賫令參政季斆等傳諭各府指斥

乘輿革正德年號及賫令布政梁辰僉押咨文備呈府部

分道並佁王春等四出招兵巡撫南贛都御史王守仁
適奉
朝命勘事于福建道出豐城聞變還駐吉安與知府伍文
定致仕鄉官王懋中等謀起兵討叛時九江既破濠以
僉事師夔撫之十七日遣宸濜熊永受領兵往吳城各
處截虜運糧二十二日遣拱樤祭旗纛拱栟覲鐻覲鋌
祭山川社稷城隍忠臣等廟二十七日余欽領兵攻圍
安慶知府張文錦守備都指揮楊銳指揮使崔文謀定
守固堅不可克七月初一日令劉吉出府庫銀幣分賞
各郡王拱樤而下有差以覲鐻掌承運門并各宮門鑰
以拱樤掌府事仍管省城七門協同萬銳督理內外○
○其子城各門以郡王將軍分管是日宸濠率宮眷及
拱栟李士實等同時登舟宸澾領兵前行號稱先鋒宸
濜宸洧宸渢宸汲宸瀾宸溢宸湯拱樤執瓜帶刀隨行
防護宸渢管理錢糧以承奉劉吉爲監軍太監提督軍
務以布政司參政王綸爲副元帥參贊軍務指揮葛江
爲僞都督將軍校一百四十餘隊分前後左右中五哨
令指揮王信等官分投管哨令校尉火信等執旗領兵
以萬銳鎮守江西指揮余雄總理巡守謝鳳王儲劉子
達徐大用齊綸俱授僞七事廿桂與士實男李汝淇授

僞錦衣衛指揮余鐙授僞光祿寺署丞上下贊畫初五
日至康郎山道拱栟祭告以拱栟與覲鋌等分投督哨
順流直抵安慶初六日至安慶賊兵攻圍已十日矣城
中望濠舟千艘軍容甚盛驚悸者頗有二心會濠遣僉
事潘鵬奉檄說降指揮使崔文斬鵬愛僕潘旺仍支解
其屍以徇軍士人心乃固嗣是攻圍又十日城守益堅
賊兵亡者過半濠乃還保江西時七月十五日也十八
日都御史王守仁發兵臨江樟樹鎮十九日誓師市汊
焚勦西山二十日進省城城門不守二十二日宸濠兵
還至黃家渡二十五日知府伍文定以火艦襲之仍指
示顛兵登岸夾攻宸濠爲伍文定部下知縣王冕所執
李士實劉養正等皆以次就俘檻送京師宸濠等十四
人賜死國除李士實王綸等四十八人凌遲處死籍沒
家產余鐙劉勳凌遲處死籍潘鵬等俱斬一時征討
官軍論功行賞有差嗚呼宸濠兇暴淫虐毒流江西者
二十餘年天人共怒一旦稱兵反叛自速其死所謂自
作孽不可活者信矣宗室如拱樤藩屬如劉吉邦人如
王春如劉養正輩甘心從逆罪惡滔天彼李士實以致
仕大臣王綸潘鵬師夔以見任方面居顯位叨重祿既
不能死又從而羽翼之豈非天地間大罪人耶時被脅

隱忍偷生如李淑輩尙多姑志其尤者傳之爲執以
萬世不臣之戒云
都御史王守仁入城日坐都察院中洞開諸門令可見
前後坐對士友論學不輟報至即登堂遣之反坐理前
語如常蓋前自南都以來凡與學者皆令存天理去人
欲以爲本後經宸濠張許之難始有致良知之說曰某
于此良知之說從百死千難中得來不是容易見得到
此故良知之學發自豫章而豫章人士咸宗之
嘉靖四十年八月閩粤寇數千壓豐城境徑長安趨臨
江居民洶洶四竄撫院胡公松檄寧州盧公岐嶷提兵
擊賊敗之於楊湖賊遁去
隆慶二年巡撫都御史劉光濟檄郡縣行條鞭法
萬曆九年　詔郡縣清丈田土
十四年知府范淶表章各先賢祠墓挑濬東湖修復周
城九津水道

按豫章自春秋以前無攷已澹臺滅明以孔氏之學
友教四方開天闢義明節樹風六順用張四維皆作
無論其他卽子游所稱不由徑不入公室此之爲脩
所謂躬行君子非耶我豫章獨其過化之地而衣冠
之藏在焉今士大夫好譚名理尙風節而務眞脩者
自來矣陳蕃下榻于徐穉張浚卸幣於雲卿然其人
皆知企哲嚮來挽頹千古天不言而成化聖有開而
必先豈一朝一夕之故哉我　朝自文成倡學人知
嚮風而其弊也蔬談寂體累事實矣太守范公起而
振之明倫反經黜浮崇雅士浸浸軌于孔氏行于上
之謂風成于下之謂俗風俗壹而道德同紀事孰大
于是他如劍履戰爭盛衰概見檄詞舉要良亦愼諸
微渺不經無妨闕如也

新修南昌府志卷之二十四終

新修南昌府志卷之二十五

藝文

夫文所以載事也南昌治最煩鉅而事亦多故諸大夫之所經畧者爲今甲以計久長則奏疏文移其徵矣其至建置之沿革山川之勝槩往往于名賢之制作見之故文與詩非曼詞亦當時記載之林也爰備採而存之首奏疏次文移次詩文爲考事者稽焉

請封孔子後書　梅福

臣聞不在其位不謀其政政者職也位卑而言高者罪也越職觸罪危言世患雖伏質橫分臣之願也守職不言沒齒身全死之日尸未腐而名滅雖有景公之位伏歷千駟臣不取也故願一登文石之陛涉赤墀之塗當戶牖之法坐盡平生之愚慮亡益於時有遺于世此臣寢所以不安食所以忘味也願陛下深省臣言臣聞存人所以自立也壅人所以自塞也善惡之報各如其事昔者秦滅二周夷六國隱士不顯佚民不舉絕三統滅天道是以身危子殺厥孫不嗣所謂壅人以自塞者也故武王克殷未下車存五帝之後封殷于宋紹夏於杞明著三統示不獨有也是以姬姓半天下遷廟之主流出于戶所謂存人所以自立者也今成湯不祀殷人亡後陛下繼嗣久微殆爲此也春秋經曰宋殺其大夫穀梁傳曰其不稱名姓以其在祖位尊之也此言孔子故殷後也雖不正統封其子孫以爲殷後禮亦宜之何者諸侯奪宗聖庶奪適傳曰賢者子孫宜有土而況聖人又殷之後哉昔成王以諸侯禮葬周公而皇天動威雷風著災今仲尼之廟不出闕里孔氏子孫不免編戶以聖人而歆匹夫之祀非皇天之意也今陛下誠能據仲尼之素功以封其子孫則國家必獲其福又陛下之名與天亡極何者追聖人素功封其子孫未有法也後聖必以爲則不滅之名可不勉哉

請復州治疏　林俊

爲復州治以制強禦事據南昌府寧縣具呈本縣上接湖廣瀏陽下連武寧奉新靖安荒僻阻險人民豪橫或招納強僕或養交俠客百十爲羣歃盟自結狡者構訟諜勇者習拳棒爭雄角勝執杖持兵結黨聚徒奪牛搶殺倚人命則屋舍爲墟誣賊情則雞犬殆盡奏告連年身不出官糧里終歲足不到縣匿卷案關已者百不一存遞公文提人者十無一到鄉民被其吞食官長遭其詈罵近年以來尾大不掉滋蔓難圖是固地險之足恃抑亦職輕之易侮緣本縣舊爲寧州　國初改寧

□乞復州治以制强梁等因臣訪得該縣在萬山之
中陸多峻崖水多惡灘舟車艱虞上司不到奸事好亂
誌録舊風陷吏抗官鄉襲常態委的民極頑梗縣難鈐
東臣雖稍裁懲亦未能終絶禍根如蒙乞　勅吏部參
詳臣奏將寧縣奏復爲州官改别用另選風力知州等
官管理庶職重易臨民刁可制謹題請　旨

請復常平疏　　林俊

爲備糴本以復常平事臣聞古無常豐之歲而民不患
於不給無他積之有豫也夫民司命者官而恃以爲命
者穀穀不積民有不實耳而死者矣故預備之計于民
最急今江西所屬預備倉穀積蓄俱少臣切憂之宋仁
宗時嘗出内庫百萬緡以助糴本今日内庫臣未敢知
若承差吏典納銀之例又妨政體彼善之法冠帶尚義
猶可行耳伏望　特勅該部計議奏行布政司招納義
民官一千名除問革官吏外不拘本省别省客商軍民
舍餘老疾監生廪增附學吏典及子孫追榮父祖各聽
銀七十兩者授正七品五十兩者正八品四十兩者正
九品各散官二十兩冠帶榮身監生減十之三廪膳減
十之二陸續塡給收完銀兩分俵各縣以資糴本各該
冠帶雖不免甚而[illegible]亦用加之[illegible]罰務經[illegible]

遣使絶陵轢桀于順從其不願冠帶願立表義牌坊者
若出穀二百石亦容蓋豎不限不停以補官乏臣又見
凡問口外爲民邊遠充軍罪囚或逃而不去或去而即
逃徒名治奸無益事實乞　勅法司計議除情重如
扛幇誣告强盗人命不實誣告十人以上因事忿爭執
操兇器誤傷傍人勢豪不納錢糧原情稍輕不係巨惡
參審得過之家願納穀一千石或七八百五六百石容
其自贖免擬發遣其誣告負累平人致死律雖不擯情
實猶重并窩藏强盗資引逃走抗拒官府不服拘捕本
罪之外量其家道罰穀自五百石至一百石以警刁豪
俱由巡撫參詳無容司屬專濫臣仍與巡按督併二司
專責守令于囚犯紙米并應追贓罰工價逐旋存積務
取數足爲期不容分外科罰如縣一十里則積一萬石
二十里則積二萬石糴本精選該縣行檢富戶量力領
買上上六百石次四百石次三百石又次二百石不許
市民公役冒領侵費專廒收受名曰常平如秋成穀賤
陞石糴入春夏穀貴五石四斗糶出秋成五石糴入春
夏四石五斗糶出每石明扣一斗以備折耗存積俱令
社長社正開報貧民每丁止買二錢以杜兼利前項銀
兩當令前該富戶給領秋成照價糴入穀貴依前糶出

借貸如常若穀賤年分不必啟糶所貸上下和貸人注並任同心遠大之圖用復常平之政臣再勸社民各立義倉與義學義塚倒置名曰阜俗三義蓋一義者書一義之門二義三義稱是義倉之畧社中富民任其出穀六百石或四百石別處一倉極貧利一分次貧利二分春借秋還轉相賙助民樂表異似亦有從若常平既復社倉又行則饑饉有備而地方可保無虞此預備至計子民至急而江西今日尤爲急者伏惟　聖慈留意

免民糧差疏　　李承勛

切照正德四年以來賊首胡雪二等嘯聚孽兇於奉新

縣界華林山靖安縣瑪瑙崖立寨二縣居民被害極矣臣奉委征勦仰仗　天威勦滅前賊時值春深殘民初回借債買牛借債糴種鹵莽種田僅及一半餘尚荒蕪其盆田新興石馬三鄉人民去寨尤近被害尤酷正德七年按察司副使周憲陣亡又蒙委臣征勦華林山流賊臣到奉新縣目見法城進城二鄉人民被害之酷與靖安縣盆田新興石馬之民無異仰仗　天恩又滅前賊二縣巨寇雖已盡除臣愚以爲尤可憂也蓋二邑之民失業已久而靖安之盆田新興石馬三里奉新之法城進城二里爲尤甚前日盜賊未平此輩雖云失業然皆招集在官充當便手義兵日有口糧之養月有魚之供身在軍營衆強不敢騙害糧差俱免官吏無由催索雖非長久之計而眼前頗易過日今盜賊既已散回復業隻身雖存骨肉俱盡屋廬焚毀觸目傷心饘粥猶不能繼茅屋猶不能完若又催徵稅糧編當差役三歲不耕銀米安出欲典賣妻女則俱已被虜欲典賣田土則無人承受催科不前必加鞭朴鞭朴不已必致逃亡逃亡通貽累人包陪此時民被可暴之酷又有甚于前日盜賊之條其爲後患理在不疑此則可憂而可弔者也伏望　陛下憫此二縣殘民十分被害困苦之甚特

勅該部將此二縣正德七年稅糧蠲免一年奉新縣進城法城二里靖安縣盆田新興石馬三里殘民蠲免三年稅糧并一應雜派差役令殘民安心自在濟營家計彼知　朝廷憫恤如此之厚則當感恩刻骨永爲忠孝之民當四方多事糧餉匱乏之時臣欲爲民請免三年糧差誠若難行然臣之愚欲爲　聖朝培植邦本深慮初回復業之新民不禁催科之逼迫致生他變未免又煩
聖慮所得甚少所失甚多若因而矜免不多而能消地方後日之患爲利甚大矣

計處地方疏　　王守仁

曰惟財者民之心也財散則民聚民者邦之本也本固則邦寧故文帝以賜租致富樂之效太宗以裕民成給足之風若民一體古今同符爲照宸濠志窮荒度誤肆併吞宸濠既敗該臣等已行守巡等官將該府及各賊黨田地房屋委令府縣等官俱抄沒在官造報在冊矣但委官查勘之時正事變搶攘之際業主驚散俱未寧家上司督責急欲了事依契風查憑人混報多寡是較占買未分兼以勢室豪强資行包侵之計奸徒私竊動開埋沒之端及今審處不早將來遺失益多再照前項田產多在南昌新建二縣受害獨深人人被其誅

求家家被其撿括且賊師起事抄掠尤慘官兵破圍傷殘未蘇財盡已極民困莫加查得二縣額派兌軍淮安京庫三項糧米共十一萬九千石有零　淮益二府祿米共四千二石節奏寬免未奉停徵運官守催旗校逼取勢急若火案積如山民納不前官宜爲處及照一方之統會在于省城各府之錢糧併於司庫查得本布政司官庫先被賊兵劫搶繼因軍餉動支官吏徒守乎空櫃紙筆亦除于鋪家大兵必有荒年民窮必有盜賊萬一變出無常禍起不測則寸兵尺鐵皆無所需束芻斗糧亦不能給公私失恃緩急可憂再照省城各門城樓窩鋪及諸司衙門先是王府占據多屬疏陋近因兵火蔓延半遭蕩焚夫城樓者一方防禦之所關衙門者諸司政令之所出託始創新固無民力因陋就簡見有官房如蒙乞　勅該部查議將前項抄沒過寧府及各賊黨下田地山塘房屋等項行令布政司會同按察司各掌印官及分守分巡官并府縣官從實覆行查勘明白委係占奪百姓者遵照　詔書內事理各給還本主管業及將於內官房酌量移改城樓窩鋪衙門餘外無碍田地山塘房屋仍令各官公同照依時估變賣價銀入官先儘撥補南新二縣兌軍淮安京庫折銀糧米又

王府祿米外有羨餘收貯布政司官庫用備緩急仍禁約勢豪之家不得用强占買各委官亦不得畏勢市恩致招物議凡撥給變賣事情若有勢豪强占强買及委官畏勢市恩各情弊許撫按衙門指實糾劾懲究施行事完該司將各項數目從自造冊奏報并呈該部查考是蓋以百姓之產納百姓之糧以地方之財還地方之用民沾惠而　國不費事就緒而財不傷書曰守邦在衆易曰聚人曰財惟　陛下留意焉

徵收秋糧稽遲待罪疏　王守仁

臣竊照江西錢糧小民所以不肯輸納與有司所以催

於追徵者其故各有三而究其罪歸則責實在臣何者宸濠之叛首以僞檄除租要結人心臣將起兵旁郡恐其扇惑卽時移文遠近宣布　朝廷恩德蠲其租稅許以奏免諭以臣民之分激其忠義之心百姓丁壯出戰老弱居守旣而旱災益熾民困益迫然而小民不卽離散者以臣旣爲奏請雖　明旨未下皆謂　朝廷必能免其租稅尚可忍死以待也夫危急之際則啗之免租以竭其死力事平之後又罔民而刻取之人懷怨忿不平此其不肯輸納之故一也及宸濠之亂稍定而大軍隨至供饋愈煩誅求愈急其顚連困踣之狀臣於前

奏已畧言之百姓不任其苦强者竄而爲盜弱者匿而爲奸繼而水災助禍千里之民皆爲魚鼈災民載途嗷嗷求賑其時臣等旣無帑藏之儲又無倉廩可發所以綏勞撫定之者更無別計惟以　奏免租稅爲言百姓喁喁晉謐謂命在旦夕不能救我而徒曰免稅免稅豈可待邪蓋其心以爲免稅已不待言尚恨其無以賑之也已而旣不能賑又從而追納之人怨益深不平愈甚此其不肯輸納之故二也當大軍之駐省臣等趨走奔命日不暇給亦以爲旣有前奏則賦稅必在所免不復申請其時巡撫蘇松等處都御史李充嗣奏稱江西片

被宸濠之害乞將該年稅糧軍需等項俱行停免該戶部覆題奉　聖旨是各被害地方着撫按官嚴督所屬用心設法賑濟欽此又該給事中王紀奏本部覆題奉聖旨是這地方委的疲困已極自正德十四年以前一應錢糧果係小民拖欠未完的俱准暫且停徵還着各該官司設法賑濟毋視虛文欽此俱欽遵該部備咨前來臣等正苦百姓嗷嗷咨文一至如解倒懸卽時宣布百姓聞之歡聲雷動遞相傳告旦夕之閒深山窮谷無不畢達自是而後堅守蠲免之說雖部使督臨或遣人下鄉催促小民悉以爲詐妄譁起而驅縛之催徵之令不

復可行此其不肯輸納之故三也郡縣之官親見百姓之困苦又當宸濠顚危之日懼其爲變其始惟恐百姓不信免租之說指天畫地誓以必不食言旣而時事稍平則盡反其說而徵之固已不能出諸其口矣況從而鞭笞摧撻之其遽忍乎此其難於追徵之故一也三司各官舊者旣被驅脅新者陸續而至至則正當擾攘分投供應四出送迎官離其職吏失其守糾結紛拏事無專責如挈手雜繰於亂絲之中東牽西糾莫知端緒旣而部使驟臨欲於旬月之閒督併完集神輸鬼運有不能矣此其難於追徵之故二也夫責信而行勢已不順

若從民間尚有可徵之衆必不得已刻削而取之恐
者尚或能辦也而民之瘡痍已極矣實無可輸之物矣
別夫離婦棄子鬻女有耳者不忍聞有目者不忍睹也
如是而必欲驅之死地其將可行乎此其難於追徵之
故三也夫小民之不肯輸納既如彼而有司之難於追
徵又如此後值部使身臨坐併急於風火百姓怨謗紛
騰洶洶思亂復如將潰之隄臣於其時慮恐變生不測
謂各官與其激成地方之禍無益　國事身膏斧鑕以
貽　朝廷之憂孰若姑靖地方寧以一身當遲慢之戮
乎因諭各官追徵毋急以紓民怨各官內追於部使外
窘於窮民上調下緝如居顛屋之下東撑則西頹前支
則後圮强顔陵詬之辱掩耳怨懟之言身營閭閻之下
口說田野之間曉以京儲之不可缺諭以　國計之不
得已或轉爲借貸或敎之典折忍心於搥骨剝脂之痛
而浚其血閉目於析骸食子之慘而責其逋其計江西
十四年分兑軍本色米八萬石折色米三十二萬石改
兑米一十七萬石臣始度其勢以爲决無可完之理其
後數月之間亦復陸續起解完納是皆出於意料之外
在各官誠窘局艱苦疲瘁已極亦可謂之勞而有功矣
今閩部使參奏且將不免於罪臣竊寃之昔之人固有

借其政拙而自署下考者亦有[illegible]
者各官之以此獲罪固亦其所甘心但始之因叛亂旱
荒而爲之　奏免者臣也繼之因水災兵困而復爲申
奏者臣也又繼之因　朝廷兩有停徵賑貸之　旨而
爲之宣布於衆者亦臣也又繼之慮恐激成禍變而諭
令各官從權緩徵者又臣也是各官之罪皆臣之罪也
今使各官當遲慢之責而臣獨幸免臣竊恥之夫司國
計者慮京儲之空匱欲重徵於後期者之罪而有罰俸
降級之議此蓋切於謀國忠於事君者之不得已也亦
豈不念江西小民之困苦與各官之難爲哉顧欲警衆
集事創前而戒後固有不得不然者正所謂救焚身之
患不遑恤毛髮之焦攻心腹之疾不得避針灼之苦耳
伏望　皇上憫各官之罪出於事勢之無已特從眚災
肆赦之典寬而宥之則法雖若屈而理亦未枉必謂行
令之始不欲苟撓則各官之罪實由於臣即請貶削臣
之祿秩放還田里以伸　國議如此則不惟情法兩得
而臣亦可以藉口江西之民免於欺上罔下之恥矣臣
不勝惶懼待罪之至

補遺典以昭忠義疏　唐龍

昔我　太祖高皇帝剪除羣盜建都金陵僞漢陳友諒

卒水軍一夕掩至江西　王師[illegible]
軍門納款乃命參政鄧愈留守會廷[illegible]將祝宗康泰
作亂愈走復命左丞徐達討平之於是以朱文正爲大
都督鎮守其地友諒聞之乃悉衆以巨艦攻城甚急自
癸卯夏至秋凡八十五日文正命諸將分兵拒守友諒
竟弗能克遂有鄱湖之捷焉時則有若平章趙德勝者
晝夜巡城爲流矢中左脇而卒右副指揮使劉齊右翼
元帥同知朱濬統軍元帥許珪三人者領兵取吉安友
諒軍至齊等力戰俱歿于陣左翼元帥副使牛海龍突
圍出戰中矢死樞密判官李繼先左副元帥趙國旺俱
以圍急繼先出戰殞於敵中國旺引兵燒賊艦追都督
投橋而死洪都知府葉琛臨江府同知趙天麟江西行
省都事萬思誠康祝之變琛思誠迎戰死于市天麟守
臨江府城破死之管軍百戶徐明當圍城之日友諒陰
設陷阱數臨城誘戰明乘醉躍馬出城射賊賊走明追
之墮阱中賊脇之降不從尋殺之張子明者張元帥之
子代父爲間使走金陵求援兵還至吳城被執友諒强
投以萬戶令其徇城給衆降子明佯許之至城下望城
大呼曰我張大舍已見　主上令諸公堅守救兵且至
我必死[illegible]見諸公賊怒攢槊刺之死[illegible]人有[illegible]山

夏茂成皆軍士勇敢善戰德山以夜半潛出城焚賊舟
事覺遂遇害茂成守城樓當戰衝中飛砲而死以上凡
十四人友諒滅　太祖念十四人忠義立廟于南昌府
歲時祀之贈趙德勝梁國公劉齊彭城郡侯李繼先隴
西侯朱濬[illegible]國郡侯許珪高陽郡侯趙國旺天水郡侯葉
琛南陽郡侯張子明初贈武義將軍加贈忠節侯牛海
龍隴西郡伯趙天麟天水郡伯徐明合肥縣男[illegible]
千戶夏茂成總管獨萬思誠則未之及臣追慕遺烈諮
諏講拜乃訪聞其事及考國子祭酒郡人胡儼所撰稱
文亦曰思誠之贈未聞其禮官或遺耶爲默識[illegible]
始得江西也僞漢之强倍於曹操鄱湖之捷過於赤壁
趙德勝等十有四臣各奮忠義之心共成掎角之勢分
兵力戰爭死而歸就須褒恤之恩均沾顯榮之秩獨萬
思誠仍列都事夏茂成僅加總管事本相同報者有異
夫人臣之效死固無望酬之私而　國家之顯忠當有
過厚之意是雖一時遺文逸爲今日缺典如蒙　勅該
部查議將萬思誠一體追贈夏茂成亦加贈千戶庶幾
賞不遺忠政不忘遠國典全而人相勸矣

乞表異忠義官員疏　　唐龍

切念正德十四年六月十四日江西宸濠謀反是日鎮

守撫按及公差部屬秆都布按三司各官進府衙酒宸
濠羅列賊兵分布兇刃歡呼趣撫都御史孫燧賜令隨
往南京孫燧抗顏正色示以臣無二君之義文問按察
司副使許逵逵反覆明其不可終毅然曰惟有赤心不
豈從叛平宸濠遂喝官校將孫燧許逵曳出俱斬于市
將其餘各官拘執鎖禁于獄内公差南京戶部主事馬
思聰仰天憤嘆絕口不食死之繼有布政司參議黃宏
亦死夫孫燧許逵守正秉節挺刃而死雖古之忠臣亦
不過此馬思聰黃宏雖暫就執尋即捐生道無辱于人
臣志終白于天下但思聰視宏則尤烈[illegible]曰無任[illegible]
則國空虛使當時皆如各官安意就縛屈身苟全而無
四臣挺然於其間則何以爲國家也哉先是城中有廟
一所近該南新二縣父老士佛撤大殿立孫燧許逵二
像肝立馬思聰黃宏木主寘于其中私號全大節祠歲
時朔望相率禱祠尤見四臣忠義之在人心者如此其
深也但事出于下而不出于上遺烈雖存明典尚缺如
蒙乞　勑兵部查議將孫燧許逵俱　賜謚贈官各廕
一子世襲馬思聰黃宏亦量爲贈官仍襲馬思聰一子
入監行令布政司查相應官屋改立祠宇將孫燧許逵
馬思聰黃宏並祀于中孫燧許逵位次在上馬思聰在
右黃宏在右之下照例　勑賜額名及行令本司查撥
無主官田五十畝行南昌府收租以供祀典如此則不
惟使人臣忠者勸不忠者戒抑見我　國家有臣如此
且俾萬世之下指此罵宸濠曰亂臣曰賊子則四臣之
忠義不泯而宸濠之罪惡益彰矣

弓箭弦條折價疏　程啓充

爲除積弊以革侵欺事江西歲辦弓箭弦條府縣任坐
匠戶轉相侵費那前措後無可揣摩又南北風土不同
南方弓箭解角弓觔開漆脫箭鏃不利翎葉披離弦腹
柔脆一挽輒斷乞要比照京價定爲額例行令辦解赴
部團局成造部覆奉　欽依通行巡按等官督同前項
司府州查照嘉靖元年以前歲造弓箭弦條見徵在官
已造者驗過如式仍舊解納本色未造者俱要照今所
議解納折價内有未徵在民係正德年間者照例蠲免
係嘉靖元年者仍要解價不必派民就於每年料價銀
内如無料價就於均徭餘剩銀内每弓一張該銀陸錢
貳分箭一枝該銀叁分弦一條該銀伍分照依額數支
解局匠比照班匠則例每名每季徵銀壹兩捌錢差委
的當人員每年上半年限六月内下半年限十二月内
解部收貯若弓箭器仍匠作逐年成造部該[illegible]人[illegible]

……項匠價并物料價內相兼雇覓高手藝在局
□造遇同年例軍器年終奏　請科道等官會同試驗
送庫交收備用仍照成化弘治正德年間事例俱以三
年爲率如果弓箭有堪用之利匠吏無侵欠之弊經久
可行另議題　請以爲定例

止發掘墳塚疏　陳洪謨

爲地方事江西訟獄繁興惟發塚一事尤多蓋因本地
人民多習地理方書溺於風水之說窺見地勢頗好希
圖富貴輒將他人屍嚓掘發不顧暴露將自已父母或
妻子棺槨安置其內掩埋又有一等殘忍之徒止因小

忿互爭遂至將他屍骸投諸水火或更加殘毀蝟興訟
獄卒由于此臣檢照　大明律內凡發掘墳塚見棺
槨者杖一百徒三年欽此又查得問刑條例一款凡發
者杖一百流三千里已開棺槨見屍者絞發而未至棺
王府將軍夫人郡縣王及歷代帝王名臣先賢墳塚開
棺槨爲從及發見棺槨者不分首從俱發邊遠衛發而
未至棺槨爲首者發附近衛各充軍又一款凡發塚開
棺槨見屍爲從者俱發烟瘴地面充軍已經通行遵照
外臣愚欲乞法司檢詳律例除開棺見屍依律問擬絞
罪外若曾發掘墳塚不拘有無開棺不分首從事例問
發烟瘴地面充軍或止照先年發見棺槨者不分首從
俱發邊衛充軍謹題　請旨

請設江防守備　胡松

爲請設江防守備以重上流事題稱要將湖口縣南湖
嘴地方添設守備一員就於九江府衛摘撥軍民精兵
共三百名并造多槳戰船四十隻交付管領操駕與鄱
陽守備畫地犄角專備江湖出沒之寇若江寇入湖責
在湖口湖寇出江責在康山各守備謹題　請旨

差役疏　劉光濟

爲酌議差役事宜以蘇民困事臣惟賦役繁重責在均

平民力困詘要當節省蓋法有弊而當釐事有窮而當
變臣待罪江右切見地土墝薄民鮮厚藏橫征厚斂科
派無紀生民之困莫大于此隨行布政司會同各司道
官將里甲差徭逐一查議又選委練達政體有司官稽
諸成法參以時宜凡歲徵歲用咸爲劑量冗役冗費盡
爲汰革稅糧則定爲徵解之法徭役則定爲編派之規
行之再朞民情稱便臣又慮公私費用苦節則不可久
力役工食過損則不樂從勉强一時終難善後又經覆
行會議隨事損益頗協人情凡徵收起解給散支銷等
項皆有規則誠爲一時補偏救弊之術于地方似爲有

宜除事體瑣細不敢一槩塵瀆　聖聽謹摘其大要條
爲五事　上請
一均徭役臣惟均徭之法十年一役計丁驗糧戶分等則行之已久誠爲均平無累然法久弊生名爲均徭實有不均之患每歲徭銀原有定額而各甲丁糧多則派銀數少而役輕丁糧少則銀數多而役重其弊一也所編之差有正銀一兩而止納一兩者此必勢豪夤緣者得之有加至一二倍者以至數十倍者此必平民下戶無勢力者當之此患在不均其弊二也北方則門丁事產肆者兼論南方則偏論田糧糧多差重則棄本逐末以致田日賤而民日貧其弊三也糧多殷富之家平日則花分詭寄以圖輕差及至審編則營求賄囑以脫重差其弊四也歲歲審編公門如市官吏開賄賂之門里胥恣索騙之計其弊五也丁糧編剩利歸于官小民不蒙輕減之惠其弊六也有此六弊小民困累已甚且應直之年役重費繁力不能勝大抵人情皆安于目前既不能預積十年之費以待一年之輸是以一年當差即九年未得蘇息而傾家蕩產者相比也及查均徭規則原分銀力二差銀差內如各官柴薪馬丁儒學齋膳夫先年俱坐員審編以致貪婪有司收將殷實人戶自行坐占因而加倍徵收漁獵無厭如南京各衙所并山東八定等處馬價則以地方隔越有司不肯一體追徵以致經年連負不得以時起解濟用此銀差之弊也力差內如府州縣斗庫及各驛廪給庫子則賠費不貲門皂防夫禁子弓兵等役皆編徭戶姓名募人代當則抑勒需索水馬機兵等則各編頭戶貼戶以數十戶而朋爲一役募役則給由帖取討工食窮鄉下邑之民不能抗威市積年之勢戶戶被擾雞犬不寧其害尤甚此力差之弊也弊多而法疏則民害滋甚臣愚擬將各項差役逐一較量如力差則計其代當工食之費因勞逸而量爲增減如銀差則計其扛解交納之費因難易而加以增耗通計一歲用銀若干止照丁糧編派開載各戶由帖立限徵收如往年編某爲某役某爲頭戶某爲貼戶今一切革之其有丁無糧者必係下戶止納丁銀有丁有糧者必係中戶及糧多丁少與丁糧俱多者必係上戶俱照丁糧併納是其戶之貧富不待審編而自定徭差不得避重而就輕其銀一完則終歲無追呼之擾而四民各安其業使輕重通融于一縣苦樂適均于十甲是亦調停之一術也
一革坊里臣惟州縣設有坊里輪年當差乃庶民往役之

義自勾攝公事催辦糧差之外無他事也奈何有司不
加體恤凡祭祀宴饗造作供帳饋遺夫馬百需費用皆
令坊里直日管辦坊里又坐派于甲首費出無經以一
科十甽里騷然日見凋敝如病羸之人不少休息將無
回生之望臣愚以爲今日所急在于革坊里在于定經
費凡歲用所需舊係坊里自行出辦者今皆派徵銀兩
貯之官庫如鋪陳轎傘幕次器用等項應預先置造者
祭祀鄉飲賓興上司支應等項應臨時買備者修理衙
門工料應臨時估計者接遞夫馬應預先顧募臨時撥
發者莫非有司之事掌印官爲之經紀扣筭實用數目

責令該吏照所司分管隨事給銀登記支銷其買辦役
使之人即于隸兵內輪撥應用與坊里絕無干涉自規
則之外不許妄用自歲徵之外不許加派其前項經費
仍置立稽查格冊每季赴臣等院道衙門查覈如果支
用有餘作正支銷如果事出不經支用不敷亦聽各該
州縣于原編備補銀內支銷如此則一州一縣咸有經
常之用既不失之苦節廢禮而妨事而坊里輪年應役
可無額外誅求之累矣
一定派則查得本省各項差徭自嘉靖二十八年該前任
巡撫都御史張　酌定賦役總會文册內開南北京庫

漕運本折米銀起運存留　宗藩司府倉米皆出于
戶口食鹽起存錢鈔則出于丁惟里甲均徭丁糧兼派
里甲一丁折米一石均徭二丁折米一石及查各該州
縣有以糧獨編驛傳有以丁糧配編民兵有以丁折米
獨編民兵全不編驛傳者各因丁糧之輕重而爲之調
停以免偏累民已相安相應查照舊規通融兼派其戶
口食鹽起存錢鈔近年奉例隨糧帶徵但查鹽鈔二項
係是丁差若仍前隨糧帶徵則畸零小戶不無煩擾合
行改正仍照丁口徵納及照田糧有沙逃人丁有逃絕
若不爲之查處則糧差無從徵納里遞不免包賠臣議

將沙逃田糧除舊額幷沙陷無蹤原經　奏准免派起
運止派存留司庫者里遞均攤輸納外其有舊雖沙荒
今已開墾久已迷沒今曾清出或本管里長幷各勢豪
包占影射者即于得業人戶名下追收花利以抵糧差
不得槩及通圖包賠如妄捏沙逃無據者與實糧一例
編差至于逃絕人丁原額註于實徵冊內有據者照舊
免編外其新開逃絕遠難槩免合照不成丁則例比實
丁減半編差各州縣因差人丁原額折筭多寡悉從其
舊若有投托勢要隱避差役及脫漏戶口者許諸人首
告將本名下罪銀充賞凡有清出丁口幷逃戶復業

一面增入逐年格冊一例編徵仍候造冊之年將徵黃
二冊改正如此庶丁糧派則既定而奸猾欺隱之弊悉
除小民永無偏累矣

一僉糧解照得夏秋稅糧有起運存留有本色折色收解
之役名爲糧長各該州縣有一年一審編者有三年有
五年間一審編者止是僉報殷實人戶原不輪年分甲
每遇審編之期勢豪大戶賄緣規避坊里僉報富豪百
端身爲應役而所費已不貲矣官府不得已而爲一切
苟且之計或以數人而朋充一名或令一身而包賠[illegible]
戶閭里騷然息肩無日包攬者得肆侵欺貧難者苦于
[illegible]一充此役鮮不破家此皆民間至苦極累事也臣
查得 大明會典洪武四年令天下有司度民田以萬
石爲率設糧長一名專督其鄉賦稅十五年革罷糧長
徵收令里長催辦十八年復設糧長是糧長之設或編
殷實或輪里甲皆我 祖宗舊制合無將各里排年管
催本里人戶稅糧聽其自行輸納米入官倉以管糧官
典收銀入官庫以掌印官典收查照舊規應用領解糧
役幾名就于經催中審其丁糧近上家道殷實者僉定
名數責令管解糧米有撥運腳耗之費折銀有秤收火
耗之費俱于派則內酌量加徵當官給發以資其用免
其獨力賠補是十年之中不過輪役一年縱有一年之
勞得享九年之逸況以本管里長催徵本里人戶事勢
尤爲順便庶幾 祖制里甲催辦之意而審編之弊可
杜矣

一處解運查得兌軍兌淮南京各本色糧米及各項折銀
俱係府州縣管糧官管押經收人役交納縱有掛欠侵
欺其弊立見追賠易完以有官統之稽查便也其歲派
南北本色棉苧布疋舊規原係糧役徑解以致稽[illegible]
泊侵動以萬計且將麄疏布疋抵數解納驗不中式大
爲駁回節經該部開催竟無完報其起解南京各項[illegible]
色如新例及江濟二衛水夫馬船工料銀兩會同館[illegible]
價各衙門柴薪皂隸等銀每差解戶逐項轉解以致中
途花費侵欺或掛欠延回經年批單不獲上爲 國用
所關下爲各役身家所係豈容襲循舊弊而不爲之處
合無將南京布疋順委部運南糧官帶解北京布疋各
府類總委官押解南京各項銀兩務照北京事例凡係
原差解戶自解者俱解布政司收貯委官類解嚴限掣
批回銷庶可杜侵欺掛欠之弊矣

水災疏　　　徐栻

爲水災重大懇乞 天恩賑恤以濟民艱以安地方事

看得江西一省土瘠民貧産薄賦重如南昌九江二道所屬田地多臨大江鄱湖常被水衝淤沒湖東湖西二道地方曾被流賊焚刼尚未甦息嶺北所屬密邇三巢日有兵事倥偬民未帖席且山多田少尤難度日似此各道地方即豐收之歲生理鮮薄尚有流離轉徙之患况復遭洪水流災其何以堪不惟賦稅難徵且恐饔飧不繼俯仰無賴草竊可虞臣惟災傷之來雖古盛世所不能免然而　國無損瘠者以蓄積多而備具豫也今查所屬庫藏自查解邊儲之後所積無幾見今燒造磁器費夥視前又加匱竭雖經通行各屬將扣留贓贖盡

數動支前去鄰省豐收地方糴買稻穀相兼見貯倉穀放賑固權宜救荒之計然糴貯有限所濟幾何以固錫免　寬恤之　恩不得不懇陳于　君父之前也今該司道議呈欲照隆慶二年改折量免事例一節庶爲有濟伏乞　皇上軫念民艱將江西坐派南京倉米比照隆慶二年事例破格全數改折攤派被災縣分每石止徵銀伍錢解赴南京免其腳耗將被災各縣隆慶五年分存留稅糧悉與蠲免併　賜免徵鈔鹽暫停本年帶徵仍將九江鈔關船稅贛州鹽稅各銀兩量留一半以補　王府祿糧等項將見貯在庫及糴買稻穀相兼接濟今冬明春賑恤之用其隆慶五年以前分小民拖欠之數併乞　天恩暫爲停緩待隆慶六年方行追徵斯數十萬生靈免爲溝中之瘠感戴天地覆載之德而地方亦藉以無虞矣

水災疏　　孫旬

爲異常水災乞　恩破格優恤事看得南昌諸郡濱城決堤千里爲壑禾苗淪沒則秋成無望室廬漂流則棲止無依牛種並空則耕作無賴人口淪溺則骨肉相離烟火斷絶則饑餓切膚瘟疫盛行則死亡枕藉圩岸崩塌則隄防無資叫號之聲徹天逃避之處無地詢諸父

老皆云數十年來所未有也當此愁苦憔悴之時正存亡呼吸之際必俟諸郡冊報類齊而後題　請計其重覆查勘往回動經月餘使奄奄垂斃小民久待日時是欲以循途守轍之規而解剥膚燃眉之急不惟遲遠原限致取皐譽臣恐張口難延噬臍無及則江右數十萬生靈皆爲餓殍矣此臣所以不避冒昧之罪汲汲而哀鳴於　君父之前也臣切惟水旱之災盛世不免不恃其不來而恃吾有救之之策爾考之周禮十二荒政首以散利薄征爲言夫曰散利即今之所謂賑也曰薄征即今之所謂蠲也此兩策者誠爲救災之急務上之惠

下下之望上者皆不越是矣但今日所謂賑者不過取給於倉穀而已夫倉穀之積多者萬石少者亦不下數千非不可以濟民之饑也然大江以西生齒繁盛計口分授不過升斗之多耳以之救目前之急則可以之周終歲之計則未也何也蓋當此洪水為災之時二麥以淹沒而無收兩禾以湍衝而未樹有田者乏於貲而束手無策無田者艱於食而枵腹待餔此豈粟所能濟哉乃今勸借之令難行常庫之積不給即欲責所司措處亦安肯捐已以濟人也未免假之那移取之罰贖政愈煩而民愈困賑之計窮矣臣愚以為以　朝廷之財而

利天下也難以天下之財而利天下也易　內帑之儲臣不敢望發矣撫按衙門贓罰原係府縣留貯備賑之需續議解京濟邊實一時之權宜亦值此公私匱乏賑恤無措獨不可一議留之乎合無暫將今年撫按應解贓罰銀兩照數扣留該省查照地方被災分數督行府縣各掌印官與同倉穀相兼賑濟附近之民計丁給穀使其作種作食得遂携將之便僻遠之民計丁給銀使其貿食貿種得省搬運之勞庶殘喘可延耕穫有望而困苦之民不至委身道路也　今日所謂蠲者不過減免于存留而已夫存留之銀上則　宗祿下則各軍月糧所望以為資生之計也如萬曆十一年奉　詔減徵在小民固沾輕省之惠矣然一時之征輸雖緩而後日之處補甚難何也蓋此乃按季支放之數給者計日而籌領者屈指而俟各　宗無士農工商之業一愆期而逼促盈庭軍丁有輓輸城守之勞一踰時而怨咨載道此豈分毫所可少哉乃今積欠者已多搜括者殆盡即欲責所司處補亦安能神運而鬼輸也將來因之加派藉之科斂弊愈滋而財愈竭蠲之利詘矣臣愚以為損下益上者民貧而　君不能獨富損上益下者民富而君不至獨貧京庫允運之額臣不敢望蠲矣舊例派剩

米銀及布絹料價固皆郡邑起運之錢糧往歲類多小民拖欠近則盡數完徵值此地方災傷輸納不前獨不可一議減之乎合無暫將本舊例派剩布絹等項銀兩破格酌議無分起存量為蠲減行臣查將所屬被災處所嚴督府縣各掌印官照依各都圖勘過災傷分數躬親磨派有災者照糧額減編無災者不得以濫冒已徵者照派數免徵未蠲者不得以逋負庶民受實惠官無虛文而凋瘵之衆不至失業流竄也夫是兩者臣豈敢好為嘵嘵思徼此非望之　恩于我　皇上哉良以江右災沴重大事勢窮迫非我　皇上軫念臣藩大破常

[illegible]特賜蠲賑臣恐流離失所之民困蹙無聊愁苦思
亂老弱轉於溝壑强壯萃于萑苻不大有深可虞者乎
仰惟我　皇上存心國本加意民天憂凢旱則躬徒步
之勞感風雷則下求言之　詔觸目警心無一事一念
不在於敬天變而憫人窮者即詩書所稱何以加焉今
兹江右重地罹此異常大災其哀號慘戚之狀若我
皇上見之將大有惻然於　聖衷而不忍坐視者矣臣奉
職無狀致災有由省躬知愆罪將安辭兹復顧忌隱忍
使我　皇上之膏澤不下生靈重困則臣之罪益大矣
故敢直陳狂瞽冒瀆　天聽

停刑疏　孫甸

爲宇内水旱異常推廣　聖恩緩刑辟以弭災沴事臣
一介草茅遭逢　聖明擢在言責之列猥奉　璽書巡
按江藩夙夜惕勵思所以少竭涓埃聊酬高厚於萬一
頃者奉職無狀致有洪水爲災業已冒昧具題伏蒙
皇上俯從臣請破格蠲賑凛没孑遺之民不啻出溺塗而
升衽席臣愚竊幸大江以西有災而無災矣乃復接邸
報見各省直以旱災聞者則有如畿輔之真順廣大等
處河南之彰衛懷慶等處陝西之延慶臨鞏西安等處
山東之濟青山西之太原平陽等處以水災聞者則有
如江南之應寧蘇松等處江北之淮安等處福建之汀
州等處其間流離困憊之狀饑餓死亡之苦漂蕩淹溺
之情在諸臣言之甚悉我　皇上聞之大爲惻然動念
故或允其請而多方賑恤或可其奏而倍常蠲除遣又
納輔臣之議　勑户兵二部戒飭有司招撫流移申嚴
保甲緝捕盗賊務使災民得所地方安寧以稱我　皇
上憫災恤民至意此其　宵旰之中　聖明之所軫慮
密勿之地者碩之所講求台瑣岳牧之間忠盡之所披
瀝已既詳且切可謂捄荒之長策濟時之苦思矣愚臣
杞憂之見安所容其嘵嘵哉但有　皇上之所已行群

臣之所要　請而今偶未之及者臣竊比於千慮之一
得願爲我　皇上陳之臣嘗讀周禮荒政十有二條自
散利薄征而下而緩刑遂居其三夫首曰散利　皇上
今日之所賑恤是也次曰薄征　皇上今日之所蠲除
是也若緩刑者果何與於荒政而即次於二者之後耶
蓋獄情微暧變態糾紛犯者不必檮杌聽者不必皐陶
不當其罪而輕入之固足以傷天地之和即當其罪而
後殺之亦足以召天地之戾故孝婦冤而不雨賤臣扣而
飛霜鍾室之草長丹周庭之血爲碧蓋其幽憤抑鬱之
氣蒸爲災異或爲水旱或爲[illegible]而至于災

獄既成之後尤能助天爲虐是故緩刑一事　明王重之而荒政所不廢也然臣又以爲欲刑之緩其道有二經曰刑者侀也侀者成也一成而不可變故刑之未成緩在任法傳曰死者不可復生斷者不可復屬是以君子惡絶人於善也故刑之既成緩在行誅臣嘗伏覩我皇上卽位以來　欽恤民命愼重刑章謂各處爰書之牘引用律例或有未合下　詔所司修正　大明律例彙成一書刊布天下俾操三尺者毋得妄行引擬故有出入違者參究治罪此非所謂緩之於未刑者乎往年皇子誕生　壽宮肇建中外重辟荷蒙　聖恩連停誅戮

而今歲大審我　皇上留心省覽所全活者六十餘人此非所謂緩之於將刑者乎夫是二者固我　皇上之素所樂爲與羣臣之素所將順者惟是水旱薦臻災沴流行之時天下方喁喁然跂　明詔而望　特恩僭令聖天子在上賢公卿百執事在列而偶未之及毋以緩刑止可施於平日而無預於救荒耶抑以救荒惟在于散利薄征而無事於緩刑耶則周禮不必載而周公不必言矣故臣願我　皇上體上天仁愛之意擴天地好生之心一獄之决也必求其當而不肯以輕入一例之引也必求其合而不肯以濫遣申飭法司及各內外問刑衙門一以新頒律例詳愼科斷毋或[illegible]深入[illegible]失不經毋寧失不辜事有虧枉卽與伸理毋以迎合上司見有同異卽與分豁毋以黨比僚官臣所謂刑未成而緩在任法者此也方今　朝審屆期秋決伊邇凡彼見監重囚固有應死之罪孰無欲生之心於此緩之而生乎則緩之一日生也緩之一歲亦生也而　朝廷之仁在焉於此決之而死乎今年決之死也明年決之亦死也而　朝廷之法在焉是在我　皇上一轉移之間耳伏望　聖慈循往年之故事溥今日之新恩自京師畿輔以推及于被災之地自被災以推及於無災之地一

體再免行刑一年以後酌時寬猛間一行之臣所謂刑已成而緩在行誅者此也夫刑未成而緩在任法臣言之夫人而能信之至於刑既成而緩在行誅則或見以爲大辟不當以屢縱也或見以爲　聖恩不可以再徼也然不知往年之停刑停以　皇子之誕生也而非爲民災而停也停以　壽宮之肇建也而亦非爲民災而停也故臣愚以爲往爲　皇子生而停刑重　國本也今爲民災而停益見我　皇上之憫人窮焉往爲壽宮建而停刑培　國脉也今爲民災而停益見我　皇上之發天變爲人窮憫則人和可致而國本益固矣天心

憂則天和可召而國脈益培矣前之停以開後之端後之停以成前之美行聖政之所已行格天心之所未格如此而災沴有不弭者臣不信也何也一人而罹於重辟其父子兄弟妻孥親戚朋友休戚相關者無慮數十人決之而死其悲痛而號泣者無慮數十人推之而天下何啻數千萬人由是積悲成雷乖氣生焉乖則足以致異緩之而生其歡呼而鼓舞者亦無慮數十人推之而天下何啻數千萬人由是積歡成需和氣流焉和則足以致祥感應之神捷於影響契合之妙速於桴鼓要之其機在於 聖心一念之生殺耳惟我 皇上其審擇焉且臣嘗籌之自昔權臣柄國政尚嚴刻以殺戮之多寡爲功罪之分數每省舉而肆諸市曹者動至數十百人每歲不下數百千人我 皇上以爲三四歲之停足當彼十數歲之殺乎連年災旱稻仍未必非其積殃所致此其刑之當停者一也上年 皇上以憂旱之故當熱審之期 詔天下巡按御史佈理冤枉諸臣所平反者甚多即今江西特荷允釋者亦二十有五人是近日之所矜宥皆往歲之所緩留者也設令而不一暫停我 皇上能必天下之行刑若前諸臣所平反者無一二枉死者乎儻亦有之皆足以傷和氣而致災異此其刑之當停者二也由斯以譚是緩刑也者考之周禮既與荒政有裨參之時事又與救災爲切我 皇上軫念災民加意憫恤所賑者不惜數十萬石所蠲者亦不惜數十萬金乃於緩刑一節不傷財不廢法不多事不擾民在 聖心一推恩足矣何憚而不爲哉伏望我 皇上毋以周禮爲欺毋以臣言爲謬毋以曠蕩之恩爲難繼 勑下法司再加酌議覆 請施行則庶乎 皇仁覃敷而休徵協應太和之在成周宇宙間者在今日矣曾何災沴有不潛消而盡弭者耶天下幸甚臣愚幸甚

止造磁器停魚課疏

陳有年

爲災方仰戴蠲恤乞止無益之作捐不費之惠以濟重困事夫所謂無益之作者難成磁器是也查得御用磁器奉 旨額造九萬六千六百二十四個付對而坐枝口把夫諸器之斷難成具在前疏中不敢再瀆臣姑言其關災務者凡器非能徒造也其物料人工種種皆官錢也而官錢又非若川流常繼也費于東則西闕靡于前則後窮其事理固然也方今遺民嗷嗷慮以爲青黃不接無所續命假令造一器得一器之供費一錢得一錢之用尤以爲 陛下必不忍以區區器用易生靈養也若之何其以斷斷難成者耗之也 陛下誠以此費

稅之于發賑之稍得一輸稅之夫移之于修築之圩得一供稅之工又使百姓曉然仰愼德而驩然頌至仁陛下何愛焉其不以必不可與之空器爲百姓德也所謂不費之惠者長河魚課是也查得南昌府長河歲解額課四百七十八兩有奇自去年災傷權弛河禁官爲解課而洊災民取其間損一濟百人賴以生今歲又災額課例當申解然臣切念解之　內府不啻滄海之一毛留之災方或可備饑將之一口又使百姓秋毫皆出鴻造而一息皆頼延續　陛下又何愛焉其不以不貽之賦爲百姓德也夫議者臣旣言之矣言之近于瀆魚課臣數年旣解之矣言之近于細然而臣不敢避也臣切從數千里外見　皇上處周海隅念軫烝黎至發內帑賞賚捐鉅萬大積爾尤復惓惓屢　聖衷若恐不逮其生者此何心哉豈其輕施乎實且大而重靳乎空且小者臣有以知　皇上之必不然也臣是以敢請是臣所以推廣仁慈而願忠于　陛下之分也　陛下更垂察焉

以上俱奏疏

南昌府爲查修圩峄以防水患事案查先據南昌縣申詳請動官銀修築該縣圩閘等處已該本府議詳官銀發縣修築外今照該縣西有長江一帶自黃泥洲十里廟起至市汊驛上面章湖渡止沿江圩堤關係一縣田畝若有崩頹急當修築以防來春水患此係事關民瘼比各村小圩不同合再查修爲此仰縣官吏照牌事理卽查該縣西河一帶自黃泥洲起至章湖渡沿江等處但有衝崩圩堤原未經估勘者速委佐二官員臨江履湖逐一細詳踏勘約計程途丈步多寡設處修築堅固以捍水勢以保無虞如該縣旣經勘過者作速督修仍先具前項各口峄圩名幷司驛程途山水卽便繪畫圖說申府以憑查閱施行

南昌府爲禁約事照得江省地方細民之家凡遇喪故無地安葬者輒將屍柩暫行寄頓經年暴露如遇上中元日藉口天官赦罪盡行焚化又有一等慣行焚屍之人及一等無藉棍僧抄化骸骨排砌焚毀男女遞遷聚集觀看非惟有犯律例抑且大傷天和除已往不究外合就出示嚴禁爲此示仰省城內外居民人等知悉凡有宛故卽行擇地安埋如果無地可葬者許令葬於漏澤園內不許仍前寄頓焚化若有違犯者許地方隣佑

是首遞捕官挐獲本犯并停頓之家定照律例擬徒擬死其左右隣及地方總小甲知而不舉者事發一體連坐決不輕貸

南昌府爲申嚴義倉以備賑荒事近奉司道劄付奉兩院案驗准戶部咨該浙江道御史李　題稱百姓貧窮饑饉爲災要行天下有司于預備倉外每里擇寬平之處立一義倉即俾里中之富者量爲出積或動無礙官銀糴穀收藏仍擇其有力有行者爲之長每遇青黄不接散之貧民遇豐稔令其倍納至於薄收之歲無取焉但其出納止當存簿報州縣稽查無令查盤以重民

困而有司尤宜體恤罔多事以擾其長仍免其雜差其中收放有法蓄積盈餘者給以義民冠帶榮其身以示奬勵一節該戶部覆奉

欽依已經通行外查得設立義倉廣爲儲積誠備荒之良策也矧今地方水災異常府縣倉庫空虛若不着實舉行則將來賑荒于何取給相應摘款查行爲此仰州縣官吏查照先今事理即查該州縣某里原經設有社倉者上緊修理如或年久未修廒屋倒壞僅存基址或被勢豪侵占者俱要清查改正責令退還該里不必另尋基地如未設者即使擇寬平之處立義倉一所各於八里中之富者量爲出積或有無礙官銀查出置糴仍選本里有德有力者掌其出入印鈐文簿收掌每歲肆伍月青黄不接查該鄉貧民量給收成之際令其每石出息二分本利一併還官若年歲荒歉即作賑恤不取或倣古穀貴則平糶穀賤則平糴如朱文公社倉斂散之法隨宜隨俗以求民便收支之數責在簿籍該州縣稽查無令槩入查盤致滋擾擾亦不許猾徒濫充其長致被侵盜花費事印官務要着實舉行庶得預備實用因循息玩亦毋得因而擾害庶於民生

國計可補萬一

南昌府爲查舉宗長以寓鄉約以敦風教事照得所屬地方多故家巨族其禮義廉恥孝弟忠信之風傳自先世者宜無不善但世趨江河人心不古昔朴而今華昔實而今僞兼之族衍蕃衍子孫分住人各爲心不聽本家尊長約束以致習俗日偷奸盜詐僞放僻邪侈無所不至遠則有玷家聲近則連累父兄羞辱族里抑亦有司教化未明申諭不熟之故歟查見行保甲法立有保長檢察非爲以保護地方而宗長之名初未議及恐教之無素民未知方一罹法網雖寬矜之無益矣合無每姓設立宗長一名使各訓其子孫於人情爲近於尊

爲便族大者數百丁數十丁不妨立二三名卽一姓三
五煙一二十人者亦立一名務令本姓推選素行服人
齒德俱尊者充之該州縣給印信文簿一扇業數多寡
照丁繁簡不必拘泥但高闊尺寸照式裝釘簿首卽將
本府所示開寫在前各該州縣徑書發行年月印押每
族一簿每簿只於年月及簿面用印鈐蓋後面空白不
必用印聽各族宗長書列善惡每簿面用白厚紙裝敘
項寫某都某村某姓宗長簿其字徑寸實書不用浮籤
以防日後剝落簿內坐名右付宗長某人異日或有事
故另推更換卽仍送該州縣改名仍用印鈐年久紙盡

另裝簿呈官倣行各該州縣仍給刑杖一條付各宗長
收執刑杖上用綿紙一片大字書官給刑杖四字亦用
印鈐蓋使粘於杖上每月朔日各宗長率本宗子弟集
赴祠堂無祠堂者聽便空屋各整肅衣冠如鄉約禮跪
拜序坐講明
聖諭六語使知警省士農工商各務本業冠婚喪祭一遵
家禮儀節不得用浮屠尼道居常一切神會戲場誇鬭
無益之事悉行屛絶毋得犯禁或有與同姓異姓爭訟
小忿卽委曲解釋省得紊煩官府損壞身家結怨親故
遺累子孫或欲遠遊糊口卽各明報於宗長前同某ㄔ

往某處幹某業歸家之日到宗長報明倘有異貨異物
必須查究明白恐有別情其族间有孝子順孫節婦烈
女及行善積德等項備將事蹟開註簿內年終送州縣
査實以憑賞勸若果異行可徵者該州縣卽爲申府轉
請
院道重嘉旌奬如子弟恃頑非爲不聽教訓者初犯宗
長于祠堂論戒再犯仍加重諭三犯集衆將官給刑杖
鞭撻示警如復不悛宗長具名令本宗子弟呈該州縣
以憑拿究枷號本宗祠堂示衆懲一警百各令遷善改
過然合族宜敦

聖諭之時卽是鄉約之意近村或有孤姓零戶田莊佃家
因而感義欲入聽講者不妨勸率招徠共成美俗毋以
衆暴寡毋以強凌弱如各宗長與人爲善化俗有效各
該掌印官卽行奬勵其尤者或請給冠帶或敦請鄉
飮以風各族如宗長不能正己教率無方自底不類則
官法不貸另行僉換是在各長吏加意着實舉行積之
歲月庶幾化民善俗適觀厥成矣
南昌府爲禁革渡船重載以一法守事照得小船重載
殃民非小近訪得生米鎭人載小船過新建上鄉一帶
里遞等役送銀下省兌納糧差必經之處然以一葉之

小舟而裝載五六十人往往遭風顛覆溺死無算良苦
舟子貪心不足駕舟中流刁勒船錢恃伊善泅識水不
顧樯柁隨風飄蕩淹陷人死非命深爲可恨聞上年准
宮之家詳告該縣已行痛懲嚴禁不謂再隔一年仍蹈
故轍蓋未得夫經久之法故刁頑復肆其玩心爲今
之計合宜於生米鎮埠口編立總甲一名專管船隻仍
編定字號刻於船頭開具船戶姓名籍貫手冊送縣立
案以便稽查更刊刻大字石碑或厚木榜牌豎立埠口
寫定每船大者許載二十餘人小者載十五六人仍照
舊規每一人出船錢伍釐責令逐日輪流挨照原編號
次攬載不許擅越每月朔望總甲赴縣具不致多載害
命結狀違者連坐又合徑照南昌縣於本府圓覺寺渡
口亦照前刊立大字碑牌就令本處總甲帶管凡生米
載船沿岸不許違禁多載人數以充貪狠上船之處與
上岸之處互相覺察如此庶法令行於永久而鄉民免
覆溺之患矣

南昌府爲廣積貯以備荒歉事照得江省近年連遭水
患官民倉廩類多空虛欲思善後之圖合申明激勸之
典該本府會得本年四月內奉
牌一道飭案爲感時慮後敬陳救荒之策以善後圖事

准本司咨奉
撫兩院批據布政司呈詳覆議過分守湖西道議呈詳
捐激勸一事今本府目擊民艱思欲預其積貯擬合再
行申明爲此仰州縣官吏查照先今事理即便多給大
字告示曉諭富戶及有田之家遵照前議有能納穀壹
百石上倉者給與扁額貳百石者榮以冠帶叁百石者
給冠帶之外仍與優免一丁一石在各紳富戶所費米
穀不過出於羨餘而所得典章不啻光生梓里凡我好
義之民須爲榮身之計無得遲疑失此機會且所納之
倉或府或州或縣聽其從便或有籍屬本縣而田在客
縣者聽其納之客縣不必拘定總本縣之倉以省搬移
之費各宜踴躍一體照行

南昌府爲理濬城中一湖以奠民居以防水患事查得
城中東西二湖出路舊溝爲諸水所聚必疏通不滯斯
無壅淤之患先是廣南橋之利止取於高橋以東而設消
於高橋口橋以西及城內水閘橋不閘惟外水大漲乃
下板築塞城外水閘橋以禦外入閘日丙子歲一交官
自牟小利遂重閉水閘以致丁戊二年水浸沿湖房舍
者經月淤熱蒸鬱居民疾病困之茲欲去城內水閘橋
閘口之窗以常洩內潦清理城外板閘伊令堅固以

防外湧又查得沿湖居民有恃強佃占年年填出者有淤塞洪恩橋及同仁祠橋使東湖之水不得長流者皆欽清理還官仍令各居民挑出淤泥使湖深可以蓄水庶城中永無水患似亦計之得也合行查議

南昌府爲申明鄉厲典禮議祭無祀鬼神事照得本府欽奉

太祖高皇帝舊制云云看得在京都有泰厲之祭在王國有國厲之祭在各府州縣有郡厲之祭在各縣有邑厲之祭令皆遵奉惟謹但在一里應各有鄉厲之祭訪得鄉村都里並未舉行以致年荒多疫此亦一端且江右民風信巫尚鬼其不當祭鬼神如信佛祜香迎神賽會無故費財瀆禮而正經　國典合祭鄉厲反皆不知殊爲可訝除嘗禮之祭邪巫僧道妄談禍福煽惑妖言等項非法者本府已經出示并通行所屬嚴禁外所據鄉厲祭祀合遵舊制舉行爲此仰州縣官吏照帖事理即便出示着令見年里長傳論各鄉村市鎮及各宗長督令本姓宗人擇一空地立爲鄉厲壇與社壇相隣遵照

祖制每年以三月清明七月十五十月初一隨宜備辦羮飯祠醴于附近社壇處所祝告本境之社令其主祭庶　國典不爲虛文怨鬼不致失所而水旱災咎其亦可免矣該州縣務要着實舉行毋求虛套先具遵行緣由申　府仍於各鄉開報究田另具其都其啚鄉厲社壇數目具冊另報以憑查考施行

南昌府爲并議修閘以防省城水患事除前已行外又查得兩湖水口舊有内外二閘水小則開内閘通外閘以達於江春夏江水泛漲則閉外閘使江水不得侵入或時值雨久城内湖水滿溢則只開内閘俾水由城壕自廣潤門歷章江門德勝門轉永和門以達於蜆子湖故湖濱居民不致淹害隆慶年間　布政司曾發銀命官修理外閘見存但因閘石原係官地勢家佃造店屋其地稍底江水大則由底處漫入故外閘不得用爾近歲湖濱民居春夏被水久淹疾病之多職此故也今欲於該處中間築高二尺其濶不過丈餘其長不過十餘丈待築高之後仍許其照舊造立店房不奪其業但除其害何如爲此仰縣掌印官照牌事理即便會同新建縣掌印官將前項事宜一并議妥仍揭示通城内外許諸人據實呈報估計修理所費亦不甚殺而居民免水浸之虞消疫病之疾所利當倍之矣此係事關民瘼二縣務宜留心速議停妥詳報以憑覆奪施行毋得遲違未便

南昌府爲清查街道溝渠事照得省城地本卑濕衙本狹隘舊觀兩邊居民俱以官溝爲限自嘉隆間民起虛簷侵罩街路兩蒙前任
都察院嚴查復舊不意年來民習日偷得寸復尺虛簷之外又起披簷陸續蓋占彼此效尤在良民徒抱隱憂在痴民且自得計酒肆之間聳起門面强梁之户高架月臺舊者不除新者復續怙不知畏後將若何且爲害非一端今姑舉其槩如侵簷之下外列豬欄溝坑遮蔽一遇春雨驟漲漫衍水道不通爲害一侵簷之上左右相聯無磚墻之隔板薄遂乾易於惹火先年之禁亦因被火延燒難救之故況今日侵罩愈甚更大可虞爲害二所居爽塏則無病暗濕則多災大勢較然今街坊室廬中下之戶率皆泥地屋又甚低內已沉暗而更加之重簷其暗益甚陰氣閉鬱陽道不暢易得薰蒸成病爲害三夫水火疾病民之所苦而乃貪目前小利忽忽不自知即知之亦因沿成習不相警戒爲民上者欲每事貽民以安合今改正但事關地方民多訛惑猶過則忻悅改正則遲疑相應申請　憲臺明示理諭省城內外大街小巷俱以兩邊官溝爲準將新起虛簷盡行拆取舖店欄楯俱移在溝內悉要露出官溝復還前額今日時變久令陰陽無忌許三箇月以裏改正報府廣而陽氣暢水道利而濕氣消縱有火災不致延蔓或過大雨不致瀰漫是預防水火却疾病之一道也

南昌府爲申明種植以興民利事卷查先該　本府看得所屬州縣地方間有高阜及瀕水之處堪種桑柘麻麥棉花荳粟等項每每抛荒不治查蘇湖等處男耕女織故閭閻富饒稅賦易辦就經通行所屬遍諭鄉村大小人户凡有荒蕪地土俱要儘力墾耕種植各木仍於季終將報過人户姓名造冊繳查去後迄今許久未據申報一二到府是小民猶安于偷惰而長吏未必盡可嘻即今孟春正當種植除五穀等件百姓素知種法不開外今將種樹古法開列於後以便各民照法栽植所植之樹桑棗爲要一人植十株謂之勞十人百百人千千人萬即以十歲計之皆有不盡之利其不宜植桑之處木棉苧麻皆可不宜植棗之處桃李梅柿油桐木子皆可且救一年一種何等勞苦而桑棗等樹植于一年則三五十年享其成利況無糧差之重賦又無水旱之災傷天地自然之利民何苦不爲合再申明刊布曉諭各民亦當自思養活生計萬勿懶惰有辜上意各州縣仍責令該管見年里長查取各戶開墾過若干處種植

……十株揭報該縣掌印官每於查點鄉兵之時親行阡陌驗其虛實實者賞虛者罰賞罰必信毋為空談方是良有司勸課農桑實政仍於季終將各人戶姓名造冊送　府以憑間或到鄉查驗該縣是否着實奉行如有一優一劣本府定不相貸毋得違錯未便

計開

凡栽一切樹木欲記其陰陽不令轉易[illegible]者不須　大樹髡之[不髡風搖則死]小則不髡先為深坑內樹訖以水沃之著土令如薄泥東西南北搖之良久[illegible]然後下土堅築[illegible]時時溉灌常令潤澤[每澆水盡即以燥土覆之覆則保澤不覆則乾涸]埋之欲深勿令挠動凡栽樹訖皆不用手捉及六畜觸突[戰國策曰夫柳橫樹之即生倒樹之亦生然使十人樹之一人搖之則無生柳矣]凡栽樹正月為上時[諺曰正月可栽樹言得時易生也]二月為中時三月為下時棗雞口槐兔目桑蝦蟆眼榆負瘤散自餘雜木鼠耳虻翅各其時[此等名目皆是葉生形容之所象似以此時栽種者葉皆即生早栽者葉晚出][雖然大率寧早為佳不可晚也]樹大率種數既多不可一一備舉凡不見者栽時之法皆求之此條○崔寔曰正月自朔暨晦可移諸樹竹漆桐梓松柏雜木唯有果實者及望而止過十五日則果少實○凡五果花盛時遭霜則無子常預於園中往往貯惡草生糞天雨新晴北風寒切是夜必霜此時放火作煴少得煙氣則免於霜矣○崔氏曰正月盡二月可剶樹枝二月盡三月可掩樹枝[illegible]○種棗常選好味者留栽之候棗葉始生而移之[illegible]三步一樹行欲相當[illegible]欲令牛馬履踐令淨[illegible]正月一日日出時反斧斑駁椎之名嫁棗[illegible]候大蠶入簇以杖擊其枝間振落狂花[illegible]全赤即收收法日日撼落之為上[illegible]

○鄉野宜栗高燥沃壤宜桑○桑柘熟時收黑魯椹[illegible]即日以水淘取子曬燥仍畦種[illegible]常薅令淨明年正月移而栽之[illegible]率五尺一根[illegible]常斸掘種綠豆小豆[illegible]栽後二年慎勿採沐[illegible]大如臂許正月中移之[illegible]率十步一樹[illegible]行欲小掎角不用正相當[相當者則妨犁]須取栽者正月二月中以鈎弋壓下枝令著地條葉生高數寸仍以燥土壅之[illegible]明年正月中截取而種之

[illegible]凡耕桑田不用
近樹（伤桑破犁所謂兩失）其犂不著處劚斷令起斫去浮根以
蠶矢糞之（去浮根不妨耧犂令[illegible]）○氾勝之書曰種桑法五月取
椹著水中即以手潰之以水灌洗取子陰乾治肥田
十畝荒田久不耕者尤善好耕治之每畝以黍椹子
各三升合種之黍桑當俱生鋤之桑令稀疏調適黍
熟獲之桑生正與黍高平因以利鐮摩地刈之曝令
燥後有風調放火燒之常逆風起火桑至春生一畝
食三箔蠶○養蠶法收取種繭必取居簇中者（近上則絲
薄近下則子不生也）泥屋用福德利上土屋欲四面開窓紙糊

厚為籬屋內四角著火（火若在一處則冷熱不均）初生以毛掃（[illegible]）
（[illegible]）調火令冷熱得所（熱則焦燥冷則長遲）比至在眠常須三
箔中箔上安蠶上下空置（下箔障土氣上箔防塵埃）小時採福德
上桑著懷中令煖然後切之（蠶小不用見露氣得人體則眾惡除）每飼
蠶卷窓幃飼訖還下（蠶見明則食多食多則生長）老時值雨者則壞
繭宜於屋裏簇之薄布薪於箔上散蠶訖又薄以薪
覆之一槌得安十箔○龍魚河圖曰冬以臘月鼠斷
尾正月旦日未出時家長斬鼠著屋中祝云付勅屋
吏制斷鼠蟲三時言功鼠不敢行○下田停水之處
不得五穀者可以種柳八九月中水盡燥濕得所時

急耕則鐲㯶之至明年四月又耕熟勿令有[illegible]
鳴壟一畝三壟一壟之中逆順各一到鳴中寬狹正
似葱壟從五月初盡七月末每天雨時即觸雨折取
春生少枝多疾三歲成椽比於餘木雖微脆亦足堪
事一畝二千六百六十根三十畝六萬四千八百根
根直八錢合收錢五十一萬八千四百文百樹得柴
一載合柴六百四十八載直錢一百文柴合收錢六
萬四千八百文都合收錢五十八萬三千二百文歲
種三十畝三年種九十畝歲賣三十畝終歲無窮○
陶朱公術曰種柳千樹則足柴十年以後髡一樹得

一載歲髡二百樹五年一週
南昌府為查議徵糧調停民困事查得新建縣[illegible]
民連年遭水稼穡愆期而所納錢糧較之先年且倍其
頭蓋丈量之害遺累不淺也適今不為調劑將來日積
害多貧難措辦迫於逋負苦於俯仰束手待斃其將若
之何是為民父母者之責也本府熟思審處苦無斡旋
之術若裒水鄉之重則而益上鄉則上鄉業有成言若
改通縣之則壞而難下鄉則一縣均有騷擾今查該縣
舊有沙米一項派糧頗輕雖已革去名色而沙米分數
[illegible]分一縣田畝之間合無仍將此一項徙出原

毀[illegible]詎若[illegible]於[illegible]
尤甚之處其[illegible]不得[illegible]一分[illegible]
殺澤下之處其在[illegible]上下[illegible]
議其息又來[illegible]之則兩亦[illegible]行[illegible]
難不毒於今情有[illegible]果否[illegible]合行[illegible]
案[illegible]
[illegible]官[illegible]民[illegible]
[illegible]民生[illegible]
案[illegible]
[illegible]免所[illegible]

者[illegible]不備至今查得鄒子等五河泊所額有長河官港
向係大戶籍以納課告佃專利萬曆十四年已該本府
參議詳允將前項官港盡數給與小民自備網罟取魚
度活將牙稅銀肆百柒拾捌兩肆錢陸分肆釐壹毫玖
絲柒忽由詳解司抵作該年額辦課鈔之數覆批在卷
萬曆十五年九月二十五日奉
兩院會牌同前事仰府即便出示曉諭沿江上下漁戶
居民人等知悉長河官港魚利悉聽自打採取以充衣
食不許勢豪阻遏該府仍查本年課銀另為處補依奉
就經通行出示曉諭將前項官港盡行弛禁聽從災民
採取魚利外查寧州南新豐進等縣稅契銀兩具由申
司轉詳抵解本年課鈔銀兩去後
兩院批允行府遵照徵解間隨奉
布政司劄付奉
巡撫都御史陳　案驗為災荒仰戴鄒郵再丐
天恩止無益之作捐不貲之惠以濟重困事萬曆十六年
正月十六日准
戶部咨題前事備劄行府照依咨案備奉
欽依內事理即將南昌府屬萬曆十五年分魚課銀肆百
柒拾捌兩零暫免解補以後年分仍照數全徵解[illegible]
得通欠等因依奉除將前申稅契銀兩又奉批允分發
南新二縣賑濟外本年課鈔已蒙題
請免追今該本府看得所屬地方今歲春夏霪雨連綿低
窪早稻盡皆淹沒至秋又值亢暘復佈晚禾盡行枯槁
災民毫無所望惟朝夕在河港取魚苟延性命查長河
官港徵課之年例應八月初五禁目今七月已半八月
將至若欲立禁徵課是奪饑民目前饔飧之食而使之
有束手待斃之憂誠恐計出無聊變生不測似當預為
之所將前項官港再行弛禁一年川澤之利取之無窮
不貲之惠為今沿大江河數百里之貧戶皆有事於河

[illegible]於他求矣但查鄒子等五河泊所開除十六年
係有閏年分共該鈔銀肆百玖拾肆兩肆錢叁分貳釐
壹毫貳絲叁忽貳微貳纖捌渺柒塵係解部錢糧勢不
可缺必須抵補案查本府先經詳允請發布政司庫貯
軍餉銀內鄒照磨領賫壹千兩前往南贛二府買到稻
穀共糶過銀壹千陸百肆拾貳兩伍錢叁分柒釐肆毫
壹絲肆忽內除壹千兩補還原借軍餉本銀外尚剩餘
利銀陸百肆拾貳兩伍錢叁分柒釐肆毫壹絲肆忽申
明批示在卷今查此項餘利係屬無礙官銀相應酌處
合候申詳允日于內照數動支銀肆百玖拾肆兩肆錢

叁分貳釐壹毫貳絲叁忽貳微貳纖捌渺柒塵以抵本
年課鈔銀兩抵解仍通行各所道示曉諭丹將官港盡
行弛禁一年聽從沿河災民取魚度命不許勢豪阻遏
緣係請詳弛禁長河官港事理

以上俱萬曆十四十五十六年南昌府文移

新修南昌府志卷之二十五終

藝文

城東門記　治記　各志存　書

曾鞏

南昌於禹貢爲揚州之野於地志爲吳分其部所領八州其境屬于荊閩南粵方數千里其田宜秔稌其賦粟輸于京師爲天下最在江湖之間東南一都會也其城之西爲大江江之外爲西山州治所因城之面勢爲門東西出其西門既新而東門獨故敝熙寧九年余爲是州將易而新之明年會移福州又明年自福州被召還京師過南昌視其東門則今守元侯既撤而易之元侯以余爲有舊於是州來請曰願有識余辭謝不能而其

請不懈蓋天子諸侯之門著見於經者不明學禮者謂諸侯之制有皐應路門天子之門加庫雉然見於春秋者魯有庫門有雉門見於孔子家語者衛有庫門或以爲褒周公康叔非諸侯常制其果然歟蓋莫得而考之也在雅之緜古公亶父徙宅于岐作爲宮室門墉得宜應禮後世原大王功述而歌之其辭曰迺立皐門皐門有伉釋者曰伉言其高也又曰迺立應門應門將將釋者曰將言其正也則諸侯之門維高且嚴固詩人之所善聖人定詩所以列之爲後世法也今元侯於其東門

革陋興壞不違於禮是可書也會余未至京師易守明州元侯則使人於途速余文不已按南昌之東門作於淳化五年於其棟間題曰皇第六子鎮南節度洪州管內觀察處置等使徐國公元偓尚書戶部郎中知洪州軍州事陳象輿以籍考之徐國公後封兹南土實留京師則作門者蓋象輿也至門之改作凡八十有九年元侯之於是役其木取於地不在民者其功取於役卒之羨者其瓦甓金石髹彤黝堊之費取于庫錢之常入者自七月戊子始事至十月壬子而畢旣成而南北之廣十尋東西之深半之而高如其廣於此出政令謹禁限時啓閉通往來稱其於東西爲一都會者而役蓋不及民也元侯名積中云

都察院記　　羅欽順

嘉靖十七年十有二月甲寅望江西改建行都察院成惟時右副都御史浦南胡公實奉　璽書撫臨兹地文武僚屬遂以是日奉迎祭戟奠厥攸居百度一新輿情咸悅于是左布政使夏君邦謨按察使尹君嗣忠都指揮僉事張君鯨與諸司官合謀宜有記述以垂久遠乃以書來告曰江西會城舊有行都察院三所其一乃正統間撫臣所建後爲鎮守太監府其一成化間撫臣所建遭逆濠之亂而廢其一乃正德末年撫臣所建今爲巡按御史察院嘉靖初嘗罷撫臣不遣旣而復置則前政所居御史奉有　成命矣時鎮守以華因卽其府爲行院居之爰及今年而鎮守亦復邦謨等仞聞報見公亟請所處公曰府爲鎮守舊物所宜及察院嘗經奏請不可更昔人之所廢者其必有見無庸復外此將無善地乎僉曰提學之署高而顯敞且當藩臬之中將圖改建地無善于此者署北尚多隙地移其署而置之稍壯亦罔弗宜公曰善乃興事此其興廢遷改之本末也興事以七月十一日爲屋凡百餘間左堂右寢堂以聽政前後皆五間中爲川堂其前爲儀門亦五間又前爲大門間殺其二列卒之廡間十六居吏之舍間十三栖卷之舍間七皆附于堂寢以安息前後亦皆五間中爲甬樹庖湢庫廄合十五間皆附于寢其前作亭一區以待賓客大門之內有土神之祠外臨通衢表以綽楔中左右各一三司之暫憩有館凡諸屬吏來俟進止者皆有所庇之廬體勢崇嚴品式具備所用木石瓦甓葦鐵竹葦卅漆之類費金凡二千五百有奇人夫匠作爲力凡二萬一千有奇金取諸贖刑之余力均諸里役與卒之羨者公明無遺照指授規畫動適幾宜故歷日僅百五

十有奇遂克臻于完美役鉅而費省功倍而民不勞此則今茲剏造之大凡也願得一言以鐫諸石庶永永有徵先生宜勿拒欽順不敏竊觀公之是舉有三善焉其待物也公其決幾也果其用財也節蓋凡彌綸庶務鮮不由此是宜風紀振肅小大歸心嘉績之成如種斯穫其於
聖天子倚任之重諒無負哉諸君子謀議克諧賛襄有恪皆所以為一方久遠之計協恭之美又于是乎在皆所宜書所愧衰憊空疎無能為役顧來書意勤而言重不敢辭且表著公之用心以諗後之君子宜必有合吾民之受賜將不止于今日而已乃勉為之記公名岳字仲申華亭人浦南別號也

察院肅清堂記　　韓雍

豫章巡按監察御史察院考之郡志其地前時城隍廟遺址洪武五年按察使周禎創始焉治事之堂五楹扁曰肅清穿廊後堂凝翠軒東西廂房儀門各若干楹歲久滋敝正統十三年秋予奉　命來代同寅實媿芮公按治其堂將傾藩憲諸公率謂宜撤新之時閩浙盜起鄉邑繹騷予方約束諸司停不急之務敢以此勞民十四年春予奉　璽書詣章貢巡歷郡邑宣布　上德意先是堂之西房悉貯永樂宣德間案牘簿書充棟內多油楮久而鬱蒸火生其人莫之知也既炎上諸司率衆來觀壞其户壁出其簿書所焚已百之二始知火之由煽熾撤堂乃熄餘弗燬四月二十日也五月朔藩憲遣人移檄予知之遂還時　王師下閩浙盜悉伏誅江右郡邑賴少司寇錢塘楊公同寅舜江胡公俱以長才奇策規畫防範之密盜弗侵境民以按堵藩憲諸公復謂治事無堂人何所瞻南新二邑前所儲材木尚在宜仍舊貫予謂此公所也代嘗至不治誠何所視事從之遂以　聞經始於五月六日落成於六月六日蓋材因

素有費皆公出而規不加舊故民樂趨赴而成之速也既題扁如昔率謂宜紀其成惟御史朝廷耳目官也表率百僚而振揚風紀職任甚重也非肅何以臨下非清何以持巳正其衣冠尊其瞻視儼然人望而畏之斯肅也彼美君子一鶴一琴望之凛然清風古今庶幾乎清矣此名堂之意歟於戲正巳正人端本澄源舍肅清其何以予雖菲薄不敢不勉因書以紀歲月用俟後之君子登斯堂者幸相正焉

清軍察院記　　張元禎

吾江西會府故無清軍侍御察院率寓於南昌道而内

昌道初在貢院之左後爲鎮守之治遂遷於經藏寺東繼復升爲巡撫行臺再遷於今憲司之南侍御劉公至始亦寓焉既而倡謀於藩憲諸君以爲民僞日滋文案任在山積視昔大殊非有專署防範少闊即弊悪生諸公僉曰是誠宜爲乃即東湖西涯普提廢寺興剏馬南昌張同守汝舟寔董其役定方正位西壖地少肭則爲倍直益以徧民之基廣幾四丈袤六丈而羸中爲視事之廳前列三間後爲堂廳左右翼以延廡若案牘之房若庖湢之次若後更及輿皂之室靡一不備而周繚以垣門外豎爲通衢東西椑楔扁曰肅僚貞度復爲鋪四十間以節諸司之謁見者費出公帑之餘力取民務之隙材具堅良工吏競勸經始於弘治丙辰之仲冬至明年季夏曾未一朞而功告成其地位清高其規制嚴整東有湖光之攬映後有鍾樓之聳峙塵空囂寂眞執法者肅清之所哉公嘗謂是舉不可無紀祝郡守瀚廳通守尹張通守才楊推府譽以徵於余惟我

太祖高皇帝以神武聖文定華夷而致太平　列聖相承安不忘危咸以詰戎兵爲大事故命御史出而專理著爲令焉御史何官也　朝廷耳目所司紀綱所繫而專付以清軍之責不啻重矣顧出無常署而假寓他所事理豈當然者居室尊嚴詩人以爲君子攸芋公與諸公叶謀而有茲興剏其所以崇體勢尊朝廷亦在是而徒致謹於防範已哉春秋重作始作始必書余記不可辭抑因有告焉古君侯之土級茅茨豈惟尙素節樂無事亦以近民云耳地禁崇深則堂百里而門萬里情隔越甚昔宋祖落成大開四門欲人洞見其心繼今衙　王命居是已崇嚴矣毋亦推此及下使各得自達以洞見其情哉公名芳浙之麗水人端謹有爲理戎多見人之未到汝舟余江右賢郡佐覩茲剏置之弘壯亦可以少知其人云

布政司記　　陳文

西江故豫章郡地今南昌府也而布政司之設則自我朝始所屬凡一十三府六十有九縣分隸焉其俗敦詩書行誼以文獻爲天下稱首者其來遠矣然俗之所定鮮有不移於風之所化故得失相尋而淳漓替見者信厥有由況古所謂藩垣屛翰實繫於此苟忽而不治又何以表正郡邑而一歸向於悠久哉此重脩之事誠不可以無紀也是司設於洪武初年至永樂改元以其第爲　寧王府遂假南昌府第爲之迄今六十矣其堂廡儀門與夫退思之軒賛佐之廳隘漏淍弊不足以居而

施政且不足以興觀也先是廣東雍公爲左布政使嘗請于　朝欲撤而擴之其志方勤而赴　召入佐天官矣於是今左布政司福建黄公合諸寮友廼謀再　請以成其志焉其木石磚瓦之費工匠飲食之需皆有常給出於官而不征於民經始於去年閏七月十七日落成於今年六月初八日幾及一年而厥功告成其輪奐之崇飛規摹之弘壯方岳之區巋然傑構而聳舊觀遠矣廼因叅政餘姚楊公至京謁予求記其事謂將勒諸珉以告來者余曰昔周召康公循行南國以布文王之政或舍甘棠之下後人不忍伐其樹而愛之愈久愈

深曰召伯所茇而不敢忘焉蓋茇者草舍也布政於草舍尚足以繫人心而興詠歌如此矧繼志改作積有歲年斯成其美而必記焉以紀其盛亦周人咏歌之意其工力費出之數董治經營之計則具載於碑陰云

按察司記　　　錢習禮

自昔帝王之治天下必立臺憲之司俾佐紀綱之地任耳目之寄震肅百僚脩舉庶政以弼成邦家之治其責之重非他官比　國朝稽古建官内置都察院外立各道提刑按察司精選其人以任厥官江西治所舊仍元肅政廉訪司廨宇洪武乙巳按察使陶安始創建之前堂後翼然中峙幙司並置左右一廳群吏之房序列東西二廡限以重門應制合度歲久日入圮壞圖增葺之長貳列以上　聞報下按察司張文昌副使周安苪釗僉事倪傑陳恕趙敏張哲王通朱良暹高旭下及僚吏僉議允諧須材陶甓擇日之良撤而新之以堂基褊隘廓其後二丈許旁及幙司吏舍門垣甬道各以序爲役民以時程工有度衆歡趨之始功於正統已巳冬十月卒功於景泰庚午夏五月營構組緻繚繢炳煥堂廡弘敞門闥嚴正垣墻峻整街道平衍足以示等威聳觀聽規模倍加於舊額其堂曰衡鑑以書來屬記於予予

惟　國家臺憲之設將以責正於人居其任者必先脩飭於已剛勁不撓潔廉自將使吾心於聽決之際如衡之平銖兩之不失若鑑之空妍媸之必形然後足以別邪正辨枉直察風俗清獄訟燭閭閻之幽隱究州郡之奸慝雖方廣數千百里地坐制一堂之上威望肅然風采揚厲俾強梗帖柔寇攘帖息健吏不敢不遵其職細民舉得以樂其業田野因之而安　朝廷倚以爲重風紀大政寔繫於茲群公以是而名其堂蓋欲朝夕策厲俛盡厥職余不辭而爲之記庶刻諸貞石以爲觀省之一助云

糧儲道分司記　　羅洪先

國家財賦仰給東南計天下所入江以南得什之六而江西視天下居什一焉其土地狹而薄東西南距嶺川洩其壯無平原瀦蓄高田仰澤于雨雨輒乆川輒泛溢故水旱之報無虛歲農民四時勤苦僅足食不能滿一歲而賦入去其強半故富家思厚藏必詭法自便而老胥則亂版籍得出入丁稅以罔機利或阡陌連數里其稅不輸於畸人貧而愚者既無以自食又多陰代富家逋稅官司莫能原其來由柢據籍征歛惟後時之誅每下令又爲猾搶取持廣其羨目長其時直逞不肖之心

而以賂相逐蓋十三府一州七十三縣皆然也而自府以下又各有分部常不下百十人省以一人督率之其耳目必有所不逮故民不困於賦者蓋亦什一而省中督率之勞視他司訟獄亦當什之六焉非有惻怛子諒之心剛果明敏之才變通輕重之術然且早作而夜思人謀而利制固未可以辦此使後違出入之防閑上下之情則督率雖勞宜未足以爲惠也正德間參議陸君原情始建糧儲分司於集仙坊蓋因沒産爲之其地湫隘無以容衆其制寝陋不能嚴出入其道路紆僻吏民之奔命赴訴者不便利嘉靖庚子冬象山黃君子長自工部郎中左職明年秋至官既數月周知稅役儲畜二議以布已意又數月因吏民之情以分司多弊請于臺使盡貿其故業益以贖金擇九江道之東公地之隙爲屋凡若干楹而聽事燕休庖寢慾藏之所靡有不備前爲重門四爲崇墉視他署之崇嚴相等而又相連比吏之抱牘以進者堂序有嚴民之環門屏而候命令者日以不廢經始於壬寅二月又二月而告成蓋將於是既其心盡其才然其變通以宜民者亦可槩見其什一矣夫民苦饑渴奔走以受聽斷一日之淹猶爲可念也而況傴抑於陷穽慘毒於朘削者不尤足悲矣乎吏之竊符僞

章自逆而順指猶足爲禍福也而況習故以舞文懷墨以攫奪者不尤當察矣乎數月之間耳目所逮有不便利者雖舉廢役衆猶若不容緩也又況加以歲年凡耳目所未及其關係尤重且大者將不次第徧舉矣乎王君爲工部與聞　朝廷財賦之議常憂以天下固不獨江西之民然甚東南之困以培　國家之命宜自江西始故因記是役也附以見聞而必有望焉

都司公廨記　　陳　文

江西都指揮使司實元平章府我　朝洪武初稍易其名至洪武八年十月　頒降印信始有定名所轄南昌

及雨歷儀門幕廳俱用雜木爲之積以歲久腐壞

天順四年庚辰都指揮僉事養賢奏　准脩理而緩於歲歉明年辛巳都指揮同知王貴廼與同僚僉事杜榮等計經營區畫弗疾弗徐以備其百費之貲至八年癸未始合同僚周泉馮廣之議督屬採辦用資市貨漸至完足廼顧募人力匠作擇任百戶盛阜王成王玠董文提督之其工力及費俱以萬計而工皆樂勸人不告勞不踰年而告成矣於是貴因便人奉書幣懇求余記謂將勒諸碑以示永久余固辭之弗諾明年冬貴至　京

躬謁予寓而求益勤故不得已而荅其槩若前所云者余曰噫功累積而鮮成事難集而易壞興之於既久之餘就之於匆亟之際非同心於公而不泥以私者曷克濟諸古人即爲山譬進止於事功者蓋以其積集之有漸喪敗之無難皆存乎人焉故曰其人存則其政舉夫脩理公廨固政中之一事諸君成之弗疾弗徐至於完矣美矣而政於是出令於是行旗旄騎卒之嚴整風行雷動之氣焰大江之西賴之而爲巨鎮者寧不在茲乎寧不在茲乎用爲碑記以爲光前啓後之徵云

南昌府中門記　楊傑

何以書正名也豫章之水源於虔會貢水而爲章北至于洪崖之門漢之郡曰豫章因水名也隋易郡曰洪州因山名也唐治軍建節曰鎮南制遠俗也僞唐僭稱南都避中原而北遷也宋朝削平僭僞聲教被于四海州名從隋仍舊貫也鎮名從唐存武畧也鎮名則有節度使以領之州名則有觀察團練刺史以鎮之是二者之名不可闕其一也而鎮南之名固已表于府門矣惟州名則闕然未之表也兵部施公出守是邦以德義鎮俗事爲有本乃命以州名表于中門表之所以正名

也正名可書不可不書故書

南昌府堂記　周良臣

南昌古漢豫章郡也　國初稱洪都尋倣唐制建會省稱南昌府云所統爲州縣者八縣儒學倉庫驛遞廵泊者五十有八編戶三十萬稅糧五十萬山川文獻名物之盛甲天下蓋宇內雄郡也獨府治卑庳不稱往制故自洪武三年郡守趙公文奎即唐觀察使治所蓋以前邑故址傑構章江之東永樂改元寧藩南遷乞封時不敢辭遂移布政司于府治府則就新建治所爲之弘治[illegible]守[illegible]公[illegible]辟率務省便莫執于度迄今越七十[illegible]

敝朽日益滋每視事輒聞震傷聲潰潰若兆成謂不葺且大頹余亦時時語寮佐謀新之顧深計而中輟屢矣迺萬曆乙亥歲夏四月十有四日俄聞西北二楹傾聲甚迅人馬辟易會余方理牘燕屢胥徒各就廨莫有罹者盖東三楹亦棟橈榱折岌岌且盡頹矣不獲已爰白諸司諸司報曰可翼日余率諸僚佐連觀故宇程物宜數因革檄屬邑南新二縣令林應訓詹沂校經費書斂權鳩徒庸越七日庚寅用牲于司空昭升經營乃屬知事李綸照磨周書督津吏輸財木屬經歷童養浩檢校李如桃共畚揭紀功實屬縣丞胡慶錫史守中庀畧具佐將作委輸責之縣正汰浮濫也稽閱總之在巳虞踰溢也拳石塊礫寸薪尺朽咸有主者防漁蠹也材礪鍛磚垔甓膠米公市平估懸格臚慮侵擾也縮溢伸乏辦材程能撙勞節力奬勸振惰百司執事各辦其物經始于四月二十有二日越九月十有一日告成堂五楹高三丈一尺有奇廣倍之軒楹稱是費凡五百三十三緡有奇取諸公帑之羨者取諸贖金之裒積者取諸舊料之旋售者不以征于民民方病旱艱食藉是得食力于公役既竣上下宜之余追念慮始之難有遠嫌慕激莫適任其責者有視𥳑汲汲若不朝夕者余敵不憚譏議以從大役經紀五閱月而不閒溽門之議時絀舉羸而卒免于咎寔賴士民和會暨寮倫協衷襄事以能有成誕敢記其始末以勞其事且以詔來世云

南昌郡官題名記　郭希顔

南昌郡題名成自太守程君始也肇洪武至于今嘉靖巳亥守而下凡百三十有二人或難勿齋子曰子非史官與郡大夫賢則特書之非是則不得書法也乃今獨可以詳與子應之曰夫題名者所以存往而詔來者也吾讀南昌郡題名而知守之爲職不易稱也南昌爲附郭首郡民殷而事夥郡大夫至聽斷必繼以燭未明則興興而其上有中丞有御史有藩臬之長則又往訊其視事與否視事則馳蓋促輿而造庭焉有所咨數賓以告告而得所請則喜無巳則固請又無巳則改圖之是守之於南昌難耶易耶夫守古諸侯之官也漢興寵以朱旛榮以五馬亦有若起白潁川入拜丞相其遇之異數者誠欲鎮綏其民人藩衛其幾輔而已以故守之在當時獨坐一方操制生殺天子不得撓而況其下哉今之所謂守者雖豪傑士往往制於上甚者幽明黜陟不在政治而在愛憎夫士窮居時口夔龍而心伊呂一旦

顯盾於世非不欲抒說而振烈也乃上之所望者逐隨隨行而已耳守之自保者俛仰伺嚮而已耳豈其古今人品相懸之遠哉誠以昔人所重若彼而今若此是故專制不伴而功業相反也程君櫟峰由進士守南昌三年矣予嘉其行古之政又悼夫寡諧而無知其賢者遂因以發之使人知守之為職不易稱而今之失其守非古也後有作者覩其紀載則美刺見矣明其勸誡則治道興矣故曰夫題名者所以存往而詒來者也其僚李君雲崖劉君文峰柯君蘭坡賢皆可鐫云

公府齋居記　　范淶

公府齋居者何府治為別居以視公事者也公事自府治出矣別為居者何簿書期會有恒經亦有大典傳所謂戎祀及選士考績如功令則較藝程書鍵署居業重其事也居而齋者何先儒謂齋為齊齊其思慮之不齊者然與否與予思予稱慎思然而稱遠慮而上翼乃以天下何思何慮繹咸之繇惡在其慎與遠也咸其無心乎思慮其有心乎有則憧憧不齊孰甚焉惟慎與遠始能祛其有以歸於無無者純乎一理貞念研絕乎上下俗幽明皆是物也無而未始無也所謂何思何慮然與否與故上聖齋神其次齋心其次齋事神無在無不在世睹其然固惜其功大傳言齋戒神明予與氏言聖不可知其謂是歟夫心神明之宰變動不居思慮出入豈皆如聖人則戒慎恐懼加於無所睹聞不以有事防無事斷動靜合一乃稱齋心顏氏其庶幾之亦不得而見之矣得見齋事者可矣考魯論亦以執事敬言仁敬則萬慮澄空總歸一理凡毀譽得失利害順逆一切機智皆亡之所謂何思何慮者也制事制心原非二致於齋事乃見齋心鄉入道之教歟居有堂名抱陽者何堂於府治為壯史言負陰抱陽人之生然也陽於色為赤於人為心報　主庇民義本天植彼憧憧者反失之縱欲

滅理又其甚者堂之地即嚴相嵩與所籍産額名思義或爨然有所惕歟堂前為大門門之楹三左右內外楹各有差堂後為楹倍於前東以壯為庖區號圃西透邐而南闓然離向者為主靜軒慎動實也主靜要也亦合一者也齋居之義也居前廣九丈二分丈之一中廣視前縮二丈二尺後廣視中縮一丈一尺袤十有四丈東西同鼎新於萬曆丁亥夏五月竣於六月程材鳩工一取於美地之值不逾時不費民南昌令何子選同新建令余子夢鯉營之南昌典史楊汝穂督之而余檄之又為記之

南昌縣衙記　萬恭

南昌古豫章輔邑也漢治東郭一舍故爽塏利居室帝武陽徙治令章江之湄地故卑濕永樂初封寧獻王居藩司乃居藩司于府基而居府于南昌邑之故基又居南昌治稅課司之基與新建南北畫土而分隸焉然衙宇西濱章江巨浸湯湯東壓寧藩崇閎言言既又爲藩所餔居其私人危垣重闥迄于今猶未恢復也以其故地極汙下貳百年來縣綬者鄙屋構容膝爲旦夕安豈復有攸躋攸寧之度哉吏故傳舍衙宇衙宇亦復傳舍吏以其故室極湫隘居者數不利萬曆丙戌姑蘇

何侯以循良異等調而至于時天久陰雨江漲暴嚙而汙下湫隘者曾不可蓬蘽而托膝焉乃白太府范公中丞陳公直指孫公獲百金不足乃市公府閒居以益之不足乃捐俸肆拾金併益之不三月成之矣正室五楹崇視公堂博稱之東爲思過軒三楹西爲報本軒一楹川堂三架外延禮賓館三楹景哲堂三楹以祀漢以來賢令者雖新舊雜治之其實皆新創也始事于丙戌十二月落成于丁亥二月而規模弘遠矣明年水明年戊子又大水侯陸行乘輿泥潦縱橫水行乘舟濤浪澎湃察疾賑饑藏粟理圩與我父老甦旦夕之命者踰三載什九在外什一在內而高明爽塏者又不得久籍而托處焉頃之高皉乃登于是陸之民號侯曰我陸人樂也滸滸而父母何苦水之民號侯曰我水人生也兢兢而父母何病蓋至是侯有寧宇矣始乃造司馬氏而噓嚱焉若曰屬者構久合矣而適歲有水土之役不敢言內顧乃今入此室處竊願公文而紀其事也司馬氏曰余嘗讀書至治蒲者入其境田野闢入其邑道路平入其郭公宇備明觀政者以爲有三善焉彼固夷時耳三善尤足多之而況仍之以巨浸連之以頻荒

天子綜核大吏操求縣官所爲重足而徬徨室家所爲反

袂而徜徉者也侯固上之將

天子休命次之萬舉稱大吏意指下之彌縫百姓之大難而匡救其災而又令退食委蛇婦子寧止蓋其氣浩故能先民而後身其才裕故能時詘而舉贏其神定故能形勞而心逸異日者持其中軸將外安有如此邑內寧有如此室矣余著之於瓶後來者得覽鏡焉

南昌縣題名記　王臣

題名之義何所昉乎其諸國史之遺意矣乎古者諸侯之國皆有史以記事寓褒貶而昭勸懲是故其政抑畏民用康乂自秦罷縣天下而國史亡國史亡而善治鮮

後世循吏酷吏之傳猶爲師倣古意然其所謂後[illegible]
旣其并是傳而亡焉而守令之政遂泯然無聞於後世矣傳說之告高宗曰明王奉若天道建邦設都樹后王君公承以大夫師長不惟逸豫惟以亂民孟子曰民爲貴社稷次之君爲輕夫知民之爲貴而天下之有位凡以爲民則知親民之責爲匪輕知親民之責爲匪輕則所以容保以厚其生匡直以正其德所欲聚而所惡勿施焉者其容於恝然已乎且以一命之寄而臨乎百里之上親民之責萃於厥躬又若是其重且大彼應文逃責隨世就功名者未足與議也如知其重且大者在我

皇皇然求副厥責憂民之憂樂民之樂而吾身之毀譽得失超然不以怵其心是故其生也民愛戴之其死也民尸祝之若人所謂豪傑之士非歟就使得志爲公卿而澤不被於匹夫匹婦其心之所樂安在哉吾知其不以彼而易此也今之爲令者率三歲而代代者至或所見不同必變易其舊又其甚者盡其法意而去之而前令之政遂蔑焉無存彼中之士與夫兇殘貪鄙固自幸其名迹之速泯其克盡師牧之道可爲法於後世者使亦無以託其傳此識治者所憂也題名之碑後世以義起其最爲近古者乎南昌爲江西首邑號稱文獻然而

其省會外當湖廣吳楚之交又七府[illegible]十羊九牧民志靡定爲之令者縱使才力過人率智慮竭於期會精力罷於奔走求其克盡親民之責非豪傑之士其孰能之然則令吾邑而稱賢於后先者奚宜弗傳舊無題名之碑誠缺典也祁門吳侯自宜春調繁而來蓋有志於親民者朞月政孚民和脩廢舉墜遍稽邑志得前令宋公英迄葉公國華凡四十有四人第其履任之後先勒名於右虛其左以俟來者以臣邑產也俾識其歲月義不容辭侯名瓊字德輝乙未進士廉仁明斷剸繁治劇綽如也茲惟曠典之舉爲師戒於永永遺愛

吾民其有涯哉

新建縣題名記　張位

新建與南昌附會省分東西治南昌介東南無山川之險一望平原廣十新建介西北帶章江直濱彭蠡西山崇巒疊巘與瑞州南康奉新諸郡邑犬牙[illegible]環菁數萑苻出沒逋逃南昌絃誦比屋薦紳聚處地[illegible]稍少壯散之四方然文綿而剖煩新建五里不一族十里不一士其民攻苦力作死徙無出鄉尚介而樸木雕此二邑風土大較也夫言邑於今之日難矣言邑於會省之地尤難之難者無論謁見送迎之疲於奔走也徵發取給

之瘁於措辦也税牒爰書之眩於紏紛也竿牘造請之困於旁午也兩臺藩臬郡守儼然臨之分道諸司列郡長貳行李之往來不時耳目之旁察非一中間意見勢難盡諧輪蹄交集周旋力或未徧斯口吻雌黄巧射暗中百里九十番成而敗率多嗚呼艱哉故山邑之歳郡邑之月也郡邑之月省邑之日也謂宜於繁簡勞佚當爲擇時稍劑量爲平尚未有舉而行者葢余素處闤闠得之尤真也新建創設自吳而陳代有沿革　明興循宋制邑名未改余侯以八閩茂才來試于茲暇搜往仕諸君子不少槪見則嘆曰前事後事之師也觀人審已

之鑒也篤鳳鶱鸎異代同棲何惜西山一片石卒令泯泯無徵由是肇自洪武元年蘇英迄萬曆十一年凡得四十三人鑱諸碑而謁余爲記余惟士君子之馳騖于名也有二有振譽於一時者有垂聞於不朽者操趣殊而品行異也一時之名道在獲上不朽之名道在得民獲上則聲望易騰而徵擢較速瑣闥赫奕豸冠巍峩若將掇之不然者亦畫省翱翔尊官膴仕之坐致由此其梯天下攘攘率褰裳而就之矣獲民則悶悶無奇日不足而歳有餘居則德去則思在朝廷則咸望其尊榮處鄉里則爭問其安否以及其子孫何若沒則尸祝而俎豆之世世不忘之人也之德以百年猶指凡幾何世之隆也上之采名與下符故吏治核世之衰也上之責實與下異故吏治虛由是綰墨綬者心力不在闤闠而在伺候承奉之際精神不在民瘼而在長安輦轂之間習惟習俗漸靡使然毋亦上之人之所爲倡者不在此而在彼故也竊又聞之論治識體顧名思義治忽所關孰鉅於斯牧養之義心乎愛者也譙訶撻責總成其慈備以摘發稱明震聾發聵爲在其爲民父母不將名與實左耶逮至登獻納而好條政欵是代六官之庖也坐法臺而日頒約束是掣有司之肘也苟不正體統而

責名實滔滔日趨孰與挽之故稍卑牧令尹之臣可以觀世矣茲名之紀也俾它日指之曰某也在任而爲眞父母擢去而爲眞臺諫寧不姓名之光瑰琰之重哉比者饑饉荐臻余侯焦勞拯濟所頼全活甚衆詩曰豈弟君子民之父母觀侯今日之政而卜它日立朝之業諒克副乎其名而夙夜終永譽矣余并嘉之因特記以俟

豐城縣治記　　雷　禮

吾豐位署自唐以前不可攷歴永徽二年建堂于中後罹兵燬元至正十六年重建入　國朝洪武二年燬六年立増修二十九年何丞昭義復充拓之余正統初

題以廳圮草創權堂年久因循弗葺日就頹檜梲弗蔽隆慶戊辰潼川肖山張侯以進士來知縣事周覽咨歎曰噫哉土敝則草木不長澤汙則龍蛇不宅茲州蒞政之地民所依也而若是陋乎具狀請院道咸報可責之成于是侯規度程督升基高三尺創正廳及站廳各一所后列正樓廳東創思補廳并明樓各三間前峙儀門一座凡七間門外左立迎賓館右立造冊房各一所又建幕廳龍亭庫海棠祠及兩廊巷房從後站屋俱易其故址取歆毁踈曠及漫漶摧剝者葺飾改觀士民樂觀其盛翼如也既訖工屬予記其事予觀先王之教營室

之中土功其始清氣至而脩宮室凡以不用財賄廣德施也故單襄公過陳見國無寄寓縣無施舍譏其廢教況蒞政之地乎人情恒樂逸而惡勞視官府如傳舍視民之休戚若秦越然其稍知者又怵於怨謗不敢任此吏治所以不振也豐自建牧以來上下千餘年然自余始祖煥公以寶劍呈祥顯名于晉繫后若邾侯脩輔創勅書樓胡侯璉建捍江堤林侯仲懿築觀巷墻劉侯嗣嘉成水東驛陳侯元凱脩講學堂其流惠于宋元者以一事遺跡至今較之避怨謗于一身而聲名籍如者何啻徑庭也語有之氤氣開而人文著耳棠茇舍之制不可復見于今矣使樂清約之名因陋就簡貽[illegible]譏謂體國愛民者如是耶侯超然遠覽談笑成此不指功民不知勞由是升堂蒞民則羅峰曉翠面其南與豐基隆棟相對越孤亮拱之如揖讓于左右環以劍水濮回如帶自足以挺不拔之節擎擔大受之器慶矣豈無江山之秀昭人文也哉予告老山居仰藉澤庇因以景煥公者景侯侯造福吾豐難以枚舉書此見王政所當先亦可例其餘云

進賢縣題名記

袁州海才

聖朝稽古建官任賢使能調選以資更代以年猶天有四時寒暑相推而成歲功焉雖代有變遷亦惟其常耳今天下州縣欲皆得其職者雖難其人然征賦之浩穰期會之峻急獄訟之紛糾供億之繁重為之吏者亦豈易為力也哉余監鍾陵之二年勞心焦思撫煩剔苛竭力以從事而後民瘼稍甦同寅協恭乃經營土木去年起麗譙修公署今年建儀門築甬道內外苟完鉅細粗舉亦盡職而已矣撫歲月之如流念僚采之數易尋昔代去何啻傳舍因取前後在職之氏名繫以歲月刻于石俾來者指其臧否知所鑒戒而各盡心焉非敢愛其而矜能也

奉新縣鼓樓記　張元禎

事有所當爲者而又有不可爲不能爲者何也有其事焉未際其時不可也際其時未得其人不能也得有爲之人際可爲之時而爲所當爲者則費不耗役不淹而民受其賜矣於戲時之不可失人之不易遇其亦古今之通義歟蓋一閭里間莫不有當爲事況邑有民人社稷二三之官六事攸繫即古子男之國而無當爲之事乎謂之當爲切於民者皆是也奉新南昌大邑賦稅獄訟往往倍厥鄰境太平李侯登賢科而來尹茲大邑既逾年凡事之當爲者次第爲之畧盡斯固有爲者矣

列年穀再登民安其業興舉廢墜適其時歟邑治之南有鼓樓歸然高峙下通一道舊架以木歲久傾圮侯出入過之一旦顧謂其僚曰環有百里間爲吾之民有耕者有織者有讀誦負販者又有奔走趨事不一其役在公者晨昏之際咸惟更鼓是聽斯樓更鼓之所在也有警乎民最切將使惰者勉勞者息蓄奸懷慝者畏縮而不敢肆何莫而非斯樓之功歟今若此弗稱其瞻乃出俸資之餘倡率僚屬壘石爲臺搆重屋七間高三丈四尺有奇深三丈而廣倍之加半焉經始於成化丙申六月六日落成于丁酉三月之望既堅既完不靡不麗壯

乎舊規而置更鼓焉邑之父老咸謂侯有成績[illegible]司訓[illegible]來顧君望來徵敘文以紀始末昔張希顏令萍鄉因更鼓分明獲知于范延賞而受張忠定公之薦奉新去萍鄉不遠侯之才視希顏亦不讓政之善者固不止此當道必能知而薦之有日則更鼓寧可以末節細務視之而斯樓之作其可已哉若夫挹星月之清輝覽江山之勝槩而寄情于落霞飛鶩之餘登高望遠者當自得之侯之初志不與也侯名方字尚義先府君守潞州有能聲邑丞王君琛判簿孫君智慕[illegible]楊君忠司訓鄭君和顧君望馬君晉皆能其官而樂助者他如耆彥

秀民董役輔義而凡有功於樓者亦皆次第名氏列諸碑末是爲記

靖安縣治記　朱宗晦

予自爲浙西經椽時與有志之士究論先聖爲治之道未嘗不慨然興懷暨拜天子寵命來牧茲土得以行其所可爲安敢不與僚佐之士竭其忠誠以著夫學古入官之效廳著北舊有堂宇簷傾壁壞予始脩而飾之以爲燕處治事之所揭尊美二字朝夕仰觀以助脩己邑有儒士進而言曰善哉令尹[illegible]堂也靖安爲邑最小事煩而民[illegible]令尹以五美仿

諸心吾屬其有瘳乎昔趙宋時曹幽爲簿於玆後至寧
輔人以衮繡名其堂榮則榮矣然止於稱美而已於國
家何補楊億先生爲令於玆搆不木清華亭於邑治之
東南豐先生來侯云雖爲千家邑正在清華間至今以
爲名言美則美矣然止於適趣而已於政治何益孰若
吾令尹尊五美之可尚也修己之學愛民之心具見於
此乎乃進生而論曰古之言治道大且詳者無如孔子
孔子歷述堯舜禹湯文武之政於魯論篇終記者以荅
子張問政之目記乎帝王之後然則爲治之要孰有大
於此者吾與二宰判簿長史皆策仕於此幾輟去穖能

不以五美服膺哉姑以玆堂諭之因其舊而修飾不自
傷於民之利吾惠也可不費也民之少有勞可無怨矣
吾處是也政平事理得所欲矣而不爲貪吾樂於是心
平氣和信亦泰矣而不爲驕或進縫掖討論治道或語
吏胥推究事體或理訴牒審實獄情儼然以爲民望吾
之威無不猛歟若是則吾與僚佐不負斯堂之美矣生
曰今尹之論非特有光於斯堂實斯民之幸子曰未也
五美固所當尊四惡尤所當屏虐暴之政不革五美何
以施賊吝之心不消五美何以著吾特書尊美蓋亦一
寓之意也生曰信哉郭公善善不能用惡惡不能去秦
伏書以爲戒四惡去則五美見矣子曰未也後之來者
有見於此智者尊之昧者反之苟縱其利而費繁勞甚
民而怨積欲而貪者或匪仁慢而驕者不克泰衣冠瞻
視乏正大之威蕃楚躁謬肆苛酷之猛政治其有不惡
歟其或托溪山之美以曠懷覽風物之美而肆意則美
其所美而非吾斯堂之美矣生再拜曰斯言也豈弟無
窮之意也請記以爲斯堂鑒予以生之請頗有符于浙
西縫掖之意遂書以置諸壁間使後之君子有以知予
之心二宰劉鼎字公平肆安士也判簿謝敬字允恭四
川潼川州人也長史撫州徐彥才字與名同生姓劉名

權邑之美門人

寧州治記　　楊廉

分寧隸州之歲冬十一月婺源葉君天爵來爲守握章
之閱月卽謀所以新州之治者蓋視事之堂棟宇朽蠹
將撓儀門廊廡苟且相附位置不分其朽蠹猶堂而頹
敗特甚焉鼓樓處西偏出入必磬折焉於是卽其漏者
鼎而新之離而正之卽其朽蠹頹敗者否而革可而因
之勞費未半而成功倍之輿州而同一維新焉州之新
者何分寧吾南昌所屬也唐析于武寧而爲縣宋因之
崇古元[illegible]升爲州我[illegible]朝洪武二年改縣今

上弘治十六年復爲州前之州以縣固各有義不暇及今之州也以其地巖險西北諸山迤邐數百里連峯接岫豪強倚以武斷賊發急之則挺變都御史林君俊廵視吾土深爲之慮用知府祝君瀚言以爲地大物衆所臨乎上者非隆其秩無以彈壓之遂以州請　詔可之郎張置官吏而州焉然豈特州與州治之新而已哉葉君之甫至也卽所以分寧之舊俗與所以圖乎新者召父老于庭與之約復備以榜之通衢用徧以告其州之人而其舉措設施固莫非與民圖新者聚別是一境不惟秀民之多文章節義之士之所由出而物産之饒民生

其間足以自食其土之所有而無求於外古今此山州則古今此州縣古今此人心則古今此人物曷爲而頓興於前哉意者皷舞而作興之誠長民者之責也葉君以名進士嘗令崇仁明察剛毅康公有威聲聞四馳其政已成而擢于此然則家詩書而戶禮樂聞一州而絃歌以還分寧之舊不端有望哉孟子曰予力行之亦以新子之國廉於葉君亦云故爲記以及之

寧州明通公溥堂記　陳瀾

寧州古分寧邑也邑兹土以治惟訟繁政劇乎是病邑者難之部使者胥常重臤弊與日深蓋稱難治維弘治改元侍御林公來　命蒞茲省尤篤意于寧遂奉其臨司刑守官會于寧考不治狀乃知其縣秩既卑無以懾伏豪右而宰役不得其人法雖存無所用之用是走驛徒以狀　聞于朝遂革縣而升之州選訪旁郡良吏以政績著者得葉侯於崇仁舉以爲州守而委之新政焉侯下車彰善癉惡軌民于法朞年而政成弊𠜂利興賦增訟簡而寧遂爲江右之治郡侯旣新其人又新其州治之舊顧退處之堂棟宇將撓殆不可事事侯曰昔先正濂溪周子筮仕爲分寧主簿斯堂蓋先生所嘗憩焉者也在寧人固宜有甘棠遺愛之思在郡守不可無

緇衣好賢之敬況子之退食于堂端居而志慮精仰思而政事理蚤作夜息無非爲州民計者是豈可緩乎於是鳩工度材不以勞民日省月視不以妨政凡四閱月而落成其規制爽塏與治堂稱侯乃題其楣曰明通公溥之堂蓋濂溪所學之至在太極一圖而通書正以闡圖旨之精蘊至於聖學一章實萬世心學之綱要其用功終始乎一而動靜闢焉靜以一而虛則萬理畢照動以一而直則萬事不撓而明通公溥在是矣然則侯之命斯堂也不亦約而博乎故登侯之堂也知侯之政觀堂之名也知侯之心凡繼守茲堂者未究求之

而優游於是堂焉以思之則順且利斯其爲明而公也昔子游絃歌而治宓子彈琴而理侯之用心其有稽於古乎用是道以爲政固將有優於天下者而獨寧郡乎其始也苟繼今以爲守者不此之務或以私奪公以勢撓法則雖堂焉是居吾未見其通且溥也侯姓葉氏名天爵字良貴徽之婺源人予以同年識君侯之學行有素知其建置必在利民非徒作者故記之以爲寧人告俾來者知所自且有所法

江西貢院記　　嚴嵩

江西貢院舊在會城中東湖之上澄流涵抱地位廓清

風氣攸萃始設科所建也正德己卯值逆濠之變科試因廢而舊院日就敝時兵後百務倥傯不暇給有司遂即濠所構陽春書院者改新貢院焉然僻在城東一隅士就試每患苦弗便司試者亦以蒞事諸所東西不相屬察防爲難前巡按御史陳君東上議欲復其舊未果行會嘉靖壬子新貢院災鄉士大夫咸欲復其舊請于今侍御吳君遵君力任其事合謀于巡撫中丞陳公洙集藩臬諸君議曰茲惟　國家掄材盛典逆濠倡亂爲世大僇所謂陽春書院固其暴取横斂以宮室是侈民毖之府叢逆之故迹也士始進期之以忠孝迺今校試于茲得以示訓天將醜濠德而燼之予吾廢迹而[illegible]之人不可夫言欲從衆事失則反其初天其意者有待哉於是吳君以復舊院議上得　旨報可乃即舊址而重建焉中爲文場爲至公堂爲後堂爲考官房爲彌封謄錄諸所及庖湢皆具前爲明遠之樓局以重門繚以崇垣設棘圍之宏敞邃深廒屋鱗次聯絡靜嚴工始于嘉靖甲寅　月成于次年　月舊址頗隘吳君益拓旁近地廣之云於是吳君以嵩江產也嘗與聞斯議廼與陳公合詞使來請記　今制諸省每三歲試士謂之鄉試士貢之禮部進之

天子賜第而登用之皆由是始也鄉試者即古鄉舉里選之遺意其法備於成周士修之家者本忠孝大節綱常倫理之懿出而用世罔非古人咸懷忠良以左右厥辟底于至治其得諸實行者深也漢雖重文學經術然皆詔郡國舉孝廉賢良方正之士猶爲近古是以時皆能以行誼自立及夫強臣擅執國綱命遂繁禁錮之慘士駢首就義不悔漢祚賴以維持其効可睹已我　朝上取周法倣其意旁采漢宋之制試士校之以文然始也雖以文進其究必以行稽吳君於更建之始從去逆藩故地昭然示人以忠孝之指其繫世教人心[illegible]

也合天意順與情述復舊觀以弘新制風聲所感彼得必有如周漢之士出其間以應有司之求翼蕺　聖治而著得人効者乎江西稱鉅藩士由鄉舉而奉廷對往往位通顯樹勳業相望是皆由貢院出者也嵩亦嘗貢興于斯今老矣不足以企前修喜茲役之成特論著大義以諗諸後來之彥使知所取則焉且曰無忘賢監司作新之功舊院內原設有旌忠祠祀孫許二公至是以祠改建於陽春之基君子曰貢院復之舊以興後也祠遷之濠宮以戒逆也二者咸宜焉于時寮衆諸君子胥贊其事有勞法得書並書于碑之左

貢院題名記　　虞集

至正四年歲在甲申江西行中書省欽奉明詔興賢能於郡縣聚之會府拔其尤以充貢先期驛至中外文學大夫以較藝乃八月之吉受聘而至者先後入院遵累舉之制而試之九月十五日得右榜九人左榜二十二人又以新制取次榜右生六人左生十有二人留省以備學官之任其與計偕者省憲官親與爲燕工歌鹿鳴而勸之焉賓禮盛矣然省憲有主試監試之官貢院有主文考試之目又有分任試事於簾外者皆一時知名之士上下內外勤勞幾月餘竣事各散還其官所未有題名以記之者也蓋延祐甲寅初科不及行而因循至於今爲缺典請立石十貢院而悉題其名焉夫江省所統郡二十多以文物稱布衣韋帶之士脩行於鄉里誦書史求聖賢之道稽當世之務人人欲自獻於明時其積業非一朝一夕之故而來應試者不暇數千人遠者千餘里有司者不明經學之傳不足以得明經之士不知治道之要不足以得致治之才學術之邪正文氣之升降道德之所以興風俗之所以化其機蓋在是焉非直爲數十人之進取而已而所得之士他日有見於世者可指名而論之其於國家治教之運豈不重哉古者

諸侯薦士於天子天子試之射而使與祭焉數與祭者薦之國有慶賞先王之遺法也備書以徵文獻於將來宜在於此詩曰梧桐生矣于彼高岡鳳凰鳴矣于彼朝陽必有詠歌報聖天子者

黃冊庫記　　何喬新

郡邑黃冊建庫藏之重民數也我
太祖高皇帝受
天命以有天下疆里之廣遠邁漢唐　列聖休養生息戶口滋殖亦非前代所及舊制天下版籍每十年輒改造繕寫獻于　天府藏之後湖庫副在布政司若我

閣庫江西布政司統郡十有三縣六十有九版籍尤多
庫不能容則别藏于章江門之城樓及廣積倉之别室
天順八年左布政使莆田翁公世資以為黄冊藏於他
所非先王拜民數孔子式負版之意乃度地城東得故
鑄錢局廢地建庫房五十間廳事三間作門以謹啓閉
鑿池以防欝悠悉徙郡縣所上黄冊并藏於此命幕職
一負吏一人卒徒二十人責以典守然創始之初規制
未備成化十八年左布政使福清王公克復右布政使
三山陳公煒以廳事隘陋撤而新之前為視事之廳後
為燕休之堂翼室庖湢等房以序列置又作中門以嚴

出入凡為屋十有三間歲久寖圮未有葺之者弘治五
年左布政使宜興沈公暉來蒞茲藩周覧及是顧棟撓
瓦落池堙墻頹乃與右布政使會稽韓公邦問叅政太
康陳公瑗當塗夏公祚叅議姚江諸公讓天台潘公禩
高要李公魁合議曰黄冊寔　朝廷所重黄冊完具則
數政出令可倚而定也今藏冊之所傾敝如此不可以
不葺遂相與計材慮役具白于鎮守太監宜山鄧公原
巡按御史姚江韓公明皆以為宜沈公乃命照磨吳應
鳩工庀材卜日興事撓者易之落者補之堙者濬之甃
者繚之又於堂壯作樓七間以遠潔污前為步廊以便

校閲樓南為甬道十有六丈以達于堂　凡用木三千
七百章瓦甓甎堊鐵石之用稱是經始於弘治六年六
月以是歲九月訖工是役也財取諸在官之羨錢役取
諸負舉之囚徒而勞費蓋不及民既成脩梁傑棟堅甓
崇墉稱其所以為藏典籍之所者沈公以書屬予記之
予惟王者以民為天而黄冊所以紀民數也蕭何在漢
入關之初先收圖籍傳崇在宋手自書籍躬加讐校古
之名臣未有不致重於此者我　國家紹古致治尤重
版籍藏冊有常所造冊有常時而隱漏變亂者有常刑
誠以為版籍者治忽之所係也今沈公與諸君子祗

德意敬民數高着大厦麻而藏之誠知所重矣繼自今
稽戶口之登耗者在是攷墾田之多寡者在是辨兵民
驗土客以令徒役者又在是其有資於治道豈淺也哉
夫一庫之作似不必書然所係甚重不可不書於是乎
書

南浦驛記　　虞集

我國家建元立國統一海宇著馳驛之令以會通天下
之路以周知天下之務視目力之所及道里之遠近縱
横經緯聯絡旁午皆置館舍以待往來水行者有舟楫
以濟不通置驛亦如之無間内外考久矣乃至正乙酉

[illegible]三月總與路始作水驛之館者何也江西制行中書省六十餘年勳舊德業相繼於位凡所統屬皆有府署以祭行其政令日新月盛無所闕遺惟水驛未有館舍公卿大夫之來與凡使于嶺海及四方之士弭楫城隅次舍不具無以稱大藩容主人之禮焉所統郡址控江湖南極嶺海屬吏事上計貢賦貨幣征商之輸各率其職而至者登載於岸無所蓋蔽雜市逆旅無公私之便執事者久病龍興緣江而爲城上流淺隘下流有風濤之虞受江右諸源之水而行迤寬廣安而有容惟橋步門之外爲然昔人所謂舸艦迷津富商大賈之會也瀕

江之地本隸南昌水驛之設當在於是至元大德間置財賦提舉司理東朝外給之出納不及于政也閭閻闤闠列肆成市居貨充斥有司莫得而問焉去年甲申之秋不戒於火千室就燼有司按籍行地得前代南浦亭之故基於其僾雜[illegible]之區蓋昔者迎候燕餞之處也乃請于行省白諸憲府即其地以爲水驛之館上下合辭以爲宜即以是月郡府率南昌之屬而受役焉於是儒林郎靳君仁爲省檢校官清而體嚴風裁著於賓佐行[illegible]以親涖之度其地之勢東坐西向得縱者百四十尺衡[illegible]千[illegible]之數作堂其中九架者三間其前軒崇廣如堂而殺其架之四堂左右有翼如堂之深左右廡五架者八間皆有重屋大門七架者五間庖湢井渫與凡牆壁庳廁之屬悉備前爲郡門七架者一間表之曰南浦之驛而名其堂曰明遠之堂於是使舟至止近畿官道之側至館如歸所謂送往迎來無愧于郡府者矣木石工傭之費爲中統鈔者一萬九千四百五十緡有奇皆取諸官帑無與於民也是以堅緻端重而可久也館成之日靳君首疏其始末以郡牘授集使記焉從容中度粲然有文無待於集之執筆也然嘗忝記載之職今遂然草野固在封域之中其敢以寡

陋辭乎夫公府之有所營建常因其不可不爲者而後爲之不先時而強作不後時而失宜制度有節而有成無傷財傷民之實此君子之行事所以可書也館之始作榮祿大夫釁子公爲平章政事參政通奉大夫董公守恕其成也榮祿大夫完者不花公爲平章政事參政則資德大夫寄只爾公也省郎中奉直大夫不答失里朝列大夫崔從矩員外郎奉直大夫也先伯朝列大夫王艮都事承務郎倏都剌其掾史則吳禮也

石頭驛記　　汪彥章

自豫章絶江而西有山屹然並江而出曰石頭渚者世

以爲殷洪喬投書之地晉史記及世說稱洪喬爲豫章太守去都日得書百餘函次石頭悉投之江中遠今且千載而洪喬之名與此山俱傳石頭於他書無所見以圖志攷之唯唐武德中嘗以豫章之西境爲西昌俾縣令治其地蓋今石頭是也及觀韓退之次石頭驛寄江西王中丞詩則自晉以來知其爲石頭至退之時又知其嘗爲驛也豫章據吳楚會衝阨甌閩交廣之道故古今爲刺史治所凡南方之人往來者州與夫屬州之吏受約束太府者肩相摩而袂相屬也而石頭阻江負城十里而近至此者非風濤之不時則稟沐以俟見或使客之迎勞冠蓋之留連其栖息徘徊不可無所而驛之故基僅存草萊生之無救所風爲屋數楹以更傳遽而已此豈理之所當然者耶大觀三年轉運使彭城劉公行府事之明年當縣官置郵東南百廢具興公既以方畧授其人使之繕城陴聯走集抑兵戍守爲江湖形勝而又間以其材圖驛之舊撤而新之且刻退之詩壁間使疇踏興廢者有攷焉蓋役不更時調不及民而所以爲行李居處飲食之安者皆具稱其爲江山俯仰之盛也公名敦字厚之云

豐乘序　　胡松

古者入國問俗非徒以博聞見資游談周旋人情也亦而已也君子將有志於經世焉俗奢則示之以儉俗儉則示之以禮此其大都也孔子適衛見其民庶則思富而教之謂齊可使變魯魯可使至道其他所之之邦必聞其政至於父母之國則尤用情焉公志欲加賦有子爲信師說者勸以去獄季康子患盜欲殺無道以就有道仲尼教以無欲而樹風至於其君或用田賦或作丘甲或游觀盟會必譏書特書不一書誠有意乎變而易之以庶幾文武周公之盛也故曰吾豈匏瓜也哉焉能繫而不食蓋聖賢爲家天下之志如此哉明之有天下制度成周而郡縣小大之政抑以爲綱詳以會典斯亦文武周公建官分職制大夫師長輔民觀物之意也承久治安日滋而其意遍乎天下余讀李太史豐乘而重有感焉夫豐之俗考隋書志若阮曾二子所稱紀皆美矣賢人君子之生蓋庶矣而又多先明往哲之治宜蒸蒸向治而風俗日敝至民數版圖田畝賦稅並詭以耗殆不可詰則胡以言理廸溝渠坊陂尤民生衣食大計而皆闕而不講余甚病之比嘗與諸監司議秉令君新政以相從事於方田覈賦而未皇也乃今太史具言之蓋有意乎其經之矣而他日獻替調燮之

略不亦居可識耶志爲紀一表五志八傳五其體古而則其文雅而馴其事典而核若星野疆域營建食貨祠祀人文三才之道畢茲矣太史公自叙有序足徵覽而屬予爲弁其端予重有感於古賢聖仁人之業于今爲急將與良令長交勗云爾

進賢縣志序　陽二和

或有問於予曰子修志乎予應之曰邑故有志成化戊子者志矣弗詳也正德辛未者詳矣猶遺也識者憾焉憾之者誰乎邑大夫欽靜劉侯　簡自德興視篆務索觀之喟然曰一邑之典章文物夫可遺哉顧民事方殷

既逾年噓枯濡涸剔蠹鋤梗民乃大裕爰率其寮彭君德輝司教饒君廷璧訪予石灘草堂謬屬筆焉予早竊且海竊不自揆亦欲表章先哲三辭不獲命乃試脩之脩之奈何曰先儒廣漢張子論志不可不重人物而官守又民生休戚焉繫故表之編年俾　國家世祚而昔之豐嗇才之臧否一覽可悉也他如山川鄉都之屬則繫於地理貢賦物産之屬則繫於食貨凡有切于民事者則統曰水利有役于民力者則統曰建設貤封任子恩典也而旌義榮身之例得附焉廟壇祠墠祀典也而寺若觀之祝釐得以類焉且予奉命以輿議而侯與鄉袞耆席萬公程度具張得取正焉然文獻委於胡灰久矣亦未足爲全志也志脩矣亦有資於理乎先哲凋謝典刑日遠志世道者一展閱焉可以省而鑒可以忻而戚民物故登也而耗焉風俗故淳也而瀉焉人材故替也而昌焉前政故良也而莫繼焉惟治哉生聚于斯庠序于斯有弗感發而興惕者邪則侯之憾之屬之汲汲者厥惟旨哉或者曰志所志夫既聞命矣然匪苟作者良史若司馬氏君子猶病其世緒之舛善謗若歐陽子何弗顧其譏耶予弗能荅適蜀憲雲溪姜公過訪乃飄言曰此何遜邪昔遷史不作志遂使三代秦漢之制度不

傳若吾人欺跂仕途罔聞焉矜泳藝苑罔識焉子復遜之則俾一邑之文獻不亦無徵邪問者唯唯而退侯聞之謂予曰子盍叙之予曰補齋清卿已有言矣然侯之意不可虛也爰次是語以諗諸同志

奉新縣志序　朱雲鳳

奉新古名邑也在漢爲海昏之地及典午平吳遂孫氏其上更曰新吳石晉天福二年徐知誥代吳稱唐惡新吳之名若相並峙始改曰奉新亦後世去忌諱識之意山川之秀麗風俗之淳朴人物之俊良戶口之蕃衍財賦之充實與夫儒林梵宇之森立德源[illegible][illegible]之靈異南

昌之屬邑有八而奉新不多讓焉至我　國朝聲教四
訖號稱易治迄今百五十年世趨江河治道判去技兹
上者僞否不一鼓舞之機寖不古若重之以逆藩煽害
惡歲頻仍而民滋狡僞者日衆詞訟蔓興奸宄蜂起自
是釀成華林之嘯聚剽刦十餘年而始散民風至是一
大變矣嗚呼古之新吳即今之奉新也豈天之降才爾
殊哉要亦所以作之者之術異其趨焉耳　新天子改
元之初年雲鳳猥以庸劣承之兹土始至值兵凶之餘
百度凋敝閭井蕭條人民舛傲催徵勾攝殫費心力兼
之才與任違莫知所措暨黽勉從事勞勸萬狀朞月稍
有成殆及瓜期則政蹟民風歷歷若有可志會武廟升
遐禮官檄天下郡邑各萃實錄與志文實相表裏而邑
博三君子皆發跡賢科東南時髦雲鳳時相欽洽有麗
澤之益焉一日雲鳳告語曰紀事莫大於志書大傳曰
天子有問無以對責之疑有事而不志責之丞司馬遷
不作志遂使三代秦漢之制度沿革不傳有識者至今
不能不爲之浩歎今江右省郡皆以時修輯而吾治邑
志尚爾缺典司風教之任者責將安歸僉曰諾時學訓
南海嵠君希旦性資純孝自棒檄家居卽留內子侍養
而獨處官舍者已六稔於兹矣講次有暇應餘有文遂
假[illegible]孤之集編摩撰次之功實[illegible][illegible]貴而[illegible]諭毛君
偕[illegible]同官[illegible]君子鍾互相參訂衆善成集不數月而志
書有成其爲卷凡若干各有論列[illegible][illegible]大書目則分注
宛然[illegible]史矩度置之篇帙殆未可[illegible]已者是則可嘉也
已若其分列次第則曰地理曰財賦曰宮室曰祠祀曰
儲郵曰官秩曰選舉曰人物曰恩例曰災祥凡十二卷
又以詞翰終焉凡十四卷梓而行之者則雲鳳顯主其
事也共濟其美者則同寅邵君衛甫吳君士驄董其功
者則蘇衛林子景輝也邑博三君子謂雲鳳有提調之
責當序諸首簡故僭次其顛末若此若夫啓百世復古
之功基一代維新之制以備他日太史之采錄者深有
望於後之君子焉吾何敢

靖安縣志序　　王晟

靖安在禹貢爲揚州之域在春秋屬吳楚之間在漢置
鍾爲保障南唐始改爲縣在宋屬隆興府在元屬龍興
路上應斗宿之度其建置沿革山川風土人材物產之
類無不悉焉弘治庚戌監察御史姑蘇唐公命晟重加
脩輯遂與學生搜索舊聞旁詢故老於舊志僞者正之
缺者補之凡邑中疆域城郭山水風物之詳廨宇貢賦
戶口寺觀祠廟臺榭之類名賢進士孝子節婦之始終

以至仙翁釋子之可紀騷人墨客詞章之可取者罔不具載釐爲四卷唐公適物故以呈于郡守東曾閤侯侯喜曰此正吾所宜究心者也然書欲傳久不可忽再命晟芟正而屬以序維邑之有志猶國之有史也史載天下之事其體當簡而嚴志紀一邑之事其體當詳以盡然而史之所書多本於志之所錄則其所繫亦重矣是脩輯者誠豈可忽耶抑宣宗唐之英君也命詞臣纂次諸州境土風物爲處分語故能成大中之治蕭何漢之賢相也收秦圖籍具知天下阨塞戶口多寡之處故能成佐命之功彼爲　天子與相天下者且然况郡邑守

令乎則其於統內山川之險易風俗之淳漓貢賦戶口之登耗人物之盛衰奚可不究而知之以爲出治之資也施諸政不出戶庭而得之誠於志有所賴而賢侯之舉豈徒然哉愚不佞謹書此以識少爲　國史之裨焉

武寧縣志序　楊　廉

武寧爲南昌屬邑僻在[illegible]之間數十年來士之事詩書者或無心以出而縉紳之東西者少至部使者亦往往間歲一臨焉故在今郡邑中以山縣稱盛者不考其實而忽其名卽乎今而輕乎古其原則繫於典籍之無徵也四明馮公制鄉視篆以來因訪舊[illegible]僅存者僅得永樂間草創寫本閱之而知其概乃言曰永[illegible]冉溪陽山之區冊尙託諸文字以顯是邑也絜而置之當不在此後者哉唯是志有不就則前美莫彰曉出弗勉殆相須以趨於輕且忽者而終無[illegible]辭乎人言矣遂走使豐城俾廉執筆從事廉旣至於[illegible]寫本者詢以故老之傳聞參以舊家之譜牒而質以豫章一統諸圖志研精三月始克就緒雖有愧於一家之言幸而傳之夫人覽之知其山川如是人物如是風俗如是物產如是戶口如是貢賦如是疆域如是古蹟如是則於是邑也必不至于倒簿之而鬪風興起者亦將不少矣馮公

引重之意其庶幾乎或副哉雖然昔人有作海賦而不道鹽者廉竊思夫鹵莽而不止於不道鹽也後之君子其是正焉馮公名琦起自賢科其治縣存風教於法律之中寄精密于簿書之外而人才之洗濯又欲躋曾武寧者卽此一舉而其用心亦可見矣志凡八卷卷首弁之以圖其小小例義覽者當自得之

寧州志序　謝存儒

夫志曷爲者也爰以闡幽發微稽績致履以示軌物焉者也今[illegible]志之大司寇泉坡公志之也泉坡公述紹傳敘公之弘烈通監康惠公之遺緒是庸集厥成焉爾嘉靖

庚子余小子來守豫章閱郡志疏蕪方謀脩輯適覽厥籍作而嘆曰嗟乎兹志也其猶有古之道也夫古昔皇墳肇析帝典攸彰王國版圖胥有紀載內史登策書外史述方物彬彬乎盛矣自方域變而郡縣置經制亡而檮杌興於是乎邦國之志紛然陳矣然而纂組刺繡豐于詞或失則離詰屈曼衍繆于體或失則誕比事類物損于真或失則譎曲引旁核戾于正或失則衰兹四者君子奚取焉以予觀于兹志其猶有古之道也夫是故星野列而仰觀玄渾可徵也形勝昭而俯察黃儀可徵也官司職而顯觀人理可徵也秩祀明而幽綜神教可徵也人物賁而遠孚賢範可徵也志有五體而庶幾乎古其諸內史外史氏之流亞也與余又聞之天下有道行有枝葉否則辭有枝葉也已昔者周公克成厥始召公克承厥中而畢公以老成典刑保釐東土政敦德義辭尚體要故曰公其惟時亦有無疆之聞兹而臯坡之志兹土也使守兹土者體而行焉産兹土者嗣而興焉則不徒辭枝葉而行寔本根之雖為政于天下無難者余小子亦預有榮爾矣豈直曰志寧而已乎

萬恭

文廟禮樂志序

余登泰山之巔循諸麓而南徙若從天降者憩于宣山源水之側夷其土為之亭獲斷碑焉其文曰唐八德二年詔罷元聖周公祠以孔子為先聖立廟于太學貞觀四年詔郡邑學皆立孔子廟一時禮臣議於從祀不暇考虞夏商周之制而徒即學為廟此嘉祐刻也則虞夏商周學與廟故為二耶自唐武德二年以前魯哀公十六年以後固學皆宗周公不宗孔子耶彼哀公十六年而前泝唐虞夏商其時周公未作學又何所宗耶武德以前孔子且不廟於學又烏睹所謂孔廟禮樂耶過魯之祀蓋軍旅中總總一太牢從孔氏室而將事焉國學校未設禮樂有未遑也周公制禮樂辨等威明度數經緯天地孔子嘗夢見之乃罷其祠以孔子代之而又用其禮樂則夢見者又何以安也唐人謂周公當與風后力牧伍從祀於帝王又啓魯宇為開國祖享天子之禮樂於魯太廟禮則然不當為廟於學與青衿諸徒相憑依罷周公祠者尊之也立孔子廟者親之也而用周公禮樂於孔子廟者又所以尊之也學者誦法孔子攷綜典籍即周孔迭祀之雖廟學分合之故其數不可陳也安暇論禮樂哉夫所宗者非宗其人也顧能宗其道不耳宗其道則周公不為讓孔子不為僭八佾不為隆一牢不為殺將寄其禮樂所及者以為形而化其禮樂

所不可及者以爲神是謂大宗儒之代殊禮累世不治
樂孔廟之議言人人殊莫能統一
世宗皇帝惡拘儒之不達也條貫之辟通也奮焉明稱號
正從祀定舞佾上之懿　先師之心而下之展崇報之
義以爲萬世法程雖甚盛典茂以加矣乃禮樂在江右
者竟匆遽而循意見而由莫能達
天子明禋隆昭代威儀典籍不足故也大中丞西蜀曹公
有憂之謂司馬氏少嫺於典故宜敘述文廟禮樂以逮
羣祀藏在十三郡校大江之右有司者得考鏡焉余謬
謙未遑也乃命文學胡湜討論諸籍遺我　王度頤釋
奠釋菜禮樂儀注圖說以及於祀行聖公名宦鄉賢
社稷神祇功臣節士國屬皆附之上下二千載間綜覈
百家洸洋數萬言余次第以復於曹公折衷焉侍御武
强賈公見而悅之序諸首簡頒諸學宮則宗廟之美百
官之富渢渢乎在大江之右矣游太廟不必問魯況不
足多然鈞天之音可寫也其所以爲鈞天之音不可寫
也夫子學琴於襄三年不成聲久之則見所爲穆焉而
深思者從然高望而遠志者此化其耳目所不及者以
爲神也夫化其所不及者以爲神則琴之質可以無桐
琴之絃可以無絲外可以無文王之容内可以無孔子
之心是謂神而不形然則大中丞所爲命司馬氏也其
將寄之也夫其將化之也夫曹公賈公殆寄其所可化
者而化其所不可寄者衆人皆謂我大宗

江西大志藩書　王宗沐

三代之封夏殷尚矣周公相武王履天下之籍立七十
一國姬姓獨居五十三人天下不稱偏焉而荀卿以爲
大儒之效何也蓋王者理天下不能獨治褒功分土更
置犬牙幹枝相屬所以爲公天下之具而骨肉同姓顧
可倫之使其無茅土奉祿養生送死以爲親愛之具義
此所以爲武周之心也顧時有所必變勢有所偏重而
仁義之道兼行於其間則扶植防閑不使其猜忌以抵
於法而又爲可繼之制以遂其親親之心而不至於窮
斯則道之難也草昧之初支庶不煩其後蕃斯麟趾漸
至數十倍太平宴安情寶日泰此時之所必變者適千
里者十金之費十人共之則適而有所加則有所薄加
不已而無至以分則將益金不然無以自給此勢有偏
重者裁制之謀近於甚間而曠蕩之澤涉於懈弛惟夫
張而不絃寬而不縱斯則制變救弊而惟英君信相能
權之者也
高皇帝初定天下洪武三年始封十　王大約儀衛規畫

下

天子一等而沿邊大封盡齊晉秦楚蜀粵之地其後諸庶再封此將軍者合四十九而同姓之籍殆徧代爲壓矣

是時謂導葉居升不鮮

帝意上封事謂分封太侈他日藏之則生慾有七國之憂任之則不掉有尾大之憂至引漢晉之事以明之其後

漢齊之變若與居升語合不知亦一時之會而

帝意居升不解也西漢之專賈誼語之矣至今以爲得然劉濞叱呼諸呂側目而齊兵出駐則壯軍倚重安劉之功孰雖之哉晉氏之難女主擅朝權臣瀰瘤盡自中生

南昌府志　卷三十六藝文

彼倫冏者非難本也唐宋孤弱卒於無附居今法古得失可鏡矣況　本朝之制食租不親斷轄與漢晉寬異顧所以爲慮者非一時創造之所能悉而事久變形亦侯後之粉飾圖以補之爾江西三大府先後並建皆

天子骨肉　淮　益　僅僅奉法無大過

祖訓焉而寧濠則滔天不逞　社稷幾危阽矣所以然亦以僭侈不裁請求每遂生其野心彼其初亦以爲厚之而其後則遂不可禁此所以爲仁義之道當兼行於其間者也先是宣德元年更定宗藩祿米品級後二年王權奏乞南昌附郭灌城鄉田俾子孫得耕種自給

宣宗皇帝與權書曰所喻欲得灌城一鄉田土與其子耕牧朕不惜今户部言灌城之田一千六百一十七頃六十餘畝鄉民所賴以足衣食廣子郡王自有歲祿若從叔祖所言百姓失業必歸怨朝廷故擬田之喻不能曲從

其後權復上書謂親親不當分品級

尚皇帝朝賀祭廟將軍與諸王同班靖江世子兄弟將軍但群臣相見行君臣禮不宜變臣不避斧鉞誠望赦免

上復與書曰承喻以祿米定品級非舊制忿恨之情溢於言表再三披閱駭愕良深將軍與諸王同班考

祖訓及禮制皆不載且天無二日民無二王群臣與靖江府將軍前皆行君臣之禮是天下紛紛多君也今叔祖輒有不避斧鉞乞爲赦免之說何冤何抑而忿恨不平覽畢以示公侯伯五府六部文武大臣咸謂叔祖意非在此蓋託此爲名耳不然何以宣德元年八月之事而至今始發也予已悉拒群臣之言不聽或復不謹非獨群臣有言不已天下之言皆將不已是時雖欲全親親之義有未易能權奉書惶語塞是時非

上優容則幾不免而其後終身無纖悶得謚爲獻亦有懲也弘治十六年濠請易宫甓以琉璃得請畀引銀貳萬餘兩爲治具遣撫林公俊書江西公私匱竭人民愁困

南昌府志　卷三十六藝文

盜賊不息引錢糧無預於民不知積欠僅貳萬米千餘兩今　益府宮殿蟻蠹計修葺費約叁萬餘兩、淮府造坟順昌崇安王將軍起第支伍千叁百餘兩後來尚未可計他諸儒學傾頽預備倉穀數少官軍俸糧支尚缺肆萬肆千餘石皆仰給於是臣嘗見寧府完美堅緻金碧燦煌古者采椽不斵茆茨不剪土階賛竟卑宮賛禹儒服紀河間樂善紀東平湘州之約儉鎮西之輕財礿不用琉璃豈亦慕采椽茆茨之盛崇古儉示質樸以聖會明王所以揚盛休垂後美者端亦在是寧府移封之會憲哉今歷百年傳數世一旦無故而遽改之孝子顧孫所不爲况性習難靜易動難儉易奢揉之猶懼或放縱之何往不流王春秋方富不務身心而規規循常文采之間以毀前人法則臣未知其可　奏上濠意稍戢往天順間寧以罪革去護衛正德初賄劉瑾得復比瑾敗復革去而伶人臧賢者方幸用事濠輦萬金於賢家擬復請時大臣多不可乃瞰　廷試士持大臣右己者一二人卒從中下之得復護衛由是羽翼就而反意決參政胡公世寧暴其惡御史范公輅忤意咸逮下錦衣獄謫戍邊群臣莫敢發者然流言道路籍籍而事端見御史蕭淮等復舉奏己卯遣大臣赴闕詰等爲書諭之

未至濠懼己卯六月乃定反殺巡撫孫公燧副使許公逵發兵指南都破南康九江攻安慶不克而贛州巡撫王公守仁合伍知府兵從上流下破南昌擣其巢濠聞還兵遇於黃家渡擒之是時雖於　社稷無所撓而江以右其先吞噬繼殺戮不可勝計其詳見實書而死傷瘡痍亦已敝矣濠平寧府廢而　弋陽　建安　樂安三郡王皆免復封如故是時事倉卒新失王無所統以弋陽攝稱曰管理府事統體若大王者再世則　樂安建安爭次及事上禮部議謂濠反其國名已除若云管理府事是顯除其國而陰存其名以郡王鈐束郡王體與親王等是顯不與其名而陰與其實名不正固宜爭今三府各自相攝宗儀等而凡　奏請得各自達餘以支屬鍾陵附建安石城瑞昌附樂安臨川宜春附弋陽便奏可是時天下一家餘二百年　天派蕃庶往往撫臣告不給者饋餽公車即江西以十三郡之力給諸藩而借商稅免軍餘諸種種猶不給封制親王祿萬石郡王鎮國將軍千石次以遞減而先是弘治癸亥奏定萬石者支米貳千石每石折銀壹兩千石者伍百石以遞降居半分給米石銀制錢而皆以其餘折鈔著爲例然亦不給而派於民户者冠服婚喪屋料肩瓓不啻米

於而往往乞請不已也嘉靖壬子因天下中尉求女封
禮部乃上奏略曰洪武初封　親郡王將軍纔四十九
女九至永樂間增封　親郡王將軍四十一女二十八
通百二十七位爾而當時本色祿米已不能全給　瀋
府纔陸千石　遼府　韓府　伊府各貳千石　代府
叁千石　潞府僅柒百石　慶府雖柒千伍百石而郡
王中分之故無滿萬石者蓋　天派日衍征租有限
祖宗預計必然如此今各親郡王將軍中尉計九千八百
二十八女計九千七百八十三通一萬九千六百一十
一其位數多國初一百五十倍後尚未艾而　親王本
色祿米又無不給萬石者計天下歲供　京師米肆百
萬石而各處祿米凡捌百伍拾叁萬石視輸京師之數
不啻倍之皆　國初所未計者即如山西存留米壹百
伍拾貳萬石而　宗室祿米叁百壹拾貳萬河南存留
捌拾肆萬叁千石而　宗室祿米壹百玖拾貳萬是二
省之糧即無水旱蠲免不少升斗猶不足以供祿米之
半況官吏俸給軍士糧皆取其中如之何其能供先是
嘉靖九年　豐林王台翰奏欲定限郡王將軍中尉子
女其限外之數止給冠帶口糧台翰亦郡王也豈猶不
欲富而言此亦以有司不能全供必數懷觖望本可嫌
乏未能辦給而　宗室勢欲全得必數受侵侮致令因
之阻隔　國計無由充足不若使各受冠帶月糧許其
如民間應制舉爲吏各治生爲兩利也今中尉女爲袒
免親不宜復封奏可於是始損中尉女婿封但稱宗婿
而令得比民間業制舉事不甚乖舊制而通計歲所省
天下無慮萬數固不啻矣（禮部二奏皆歐陽文莊公筆）始者　令著
宗藩不得市民田固懼侵擾然利在群趨冒者多而奸
民甲乙爭不勝甲以産獻宗室則乙者無所措而糧差
爲原户不除貧民益困　周府將軍安㳣奏下户部令
天下各查王府田比民間編差輸糧匿不報及派且不
納者田産還復官而罪其管庄者繇戍邊江西　益府
田故寡又皆還葬兆市以守護者得　特旨免而其餘
饒州南昌悉理附册以季祿折留司庫爲輸是時給事
中王公鳴臣同有是奏而鳴臣猶欲於各王祿以地之
米價貴賤爲差竊江西四川湖廣廣西米賤不啻視陝
秦諸府部議合庄事施行而折米議下撫按勘未報也
考今志江西所縣係祿者亦不及周秦諸封十之五而
猶廩廩若此天下憂深慮遠之臣無慮大小語　藩封
未嘗不欲建一長策爲可繼之制以遂

天子親獲之心而不至於窮而事未易言也江右固名地殆者忘之移是也罔捭欲得之爲具文物聲名可以保國也宇獻王博雅通精自家不啻白首經生以故其餘韻時有讀書高雅者視天下諸封猶多倚朝廷稍調停其祿秩而令其秀者視唐宋故事與科制除官不抑其志則必有爲國家宣力者然事制大與不給之故皆非臣下所得而議矣

江西省大志賦書　王宗沐

古之治天下者其好生之德厚下之心靡所不庸其至而於取民之際經常度則纖悉周密物任於土則齊其多寡而不執其論弊生於細則防其萌蘖而不使其流畢舉心力以虞其變若此者非獨以足國需而快適意使不窘匱也國以民爲本民以食爲天雖堯舜之治世爲之君者不能不籍取民以爲國經雖五代之亂世爲之民者未嘗不知奉上以爲職制二者交致而節紓後養則上之柄實持焉三代而降茲道浸微漢自文帝免租借費毀庭以布帷宮飾不緣積聚賦劇其後耗敗猶不缺於民以永其世晉氏暴起胡氛昏翳民用塗炭于今升歸其過於民事以撫公劉后稷之□民深根固蒂貞觀間□□之歲至天下斷獄二十九人□户不閉其功不細而歐陽脩歸其功於民事以租庸調取民之法乃三代遺意焉然則治亂之效端可覩已宋元季世庸君暴主常脧削極斂用以資其奢糜其欲而興利之臣又爲豐豫之語以導其未萌故民生不勝其求則起而爲抗抗而聚且不戢則封疆不展供億無由至以窮促而亡其國者往往而是也豈非蒙於附地之理忽於覆舟之戒其最弱而愚者乃所以最強而散固未可以過損之道剝之也哉古語曰國之大事於是乎在民之藩庶於是乎生有味其言之也

高皇帝起民間其於閭閻之豐凶札瘥尤所關理生甦還宮至手披民籍接黎耆詢所疾苦故於天下經制凡所爲編定節度征徭爲百世不易之法誠跨前朝而垂後矩者自吳元年以後與僞楚相持於翼軫之郊鄱湖之曲揮戈瀝血之事劇於四方故早歲於江西之民猶加意焉洪武十四年江西户一百五十萬至二十四年則一百五十六萬五千幾煩矣而㸑夫則後於畿內（在洪武七年）免租則多至全蠲（在洪武四年）其煦休之意以重民之故抑亦以九江鄱湖據南都上游而其地南臨二廣壯援宣揚西控楚東翼浙爲中原一大都會哉宣德間永豐酉子良作亂而江西大饑富民曾希恭等出粟以賑

逆行人齎　勑旌勞其重若斯而景泰間都御史韓公
雍未幾來撫更還賦法履縣刊定一盈縮無不便者民
翕然安堵蕃阜不飢寒也弘治癸亥間儲蓄大抵又寡
而盜煩巡撫林公俊奏募人納銀柒拾兩者授七品散
官次以遞降監生減十之三廩膳生員減十之二不願
冠帶願立表義坊者出谷貳百石銀發縣糴谷每十里
積谷萬石貯之倉名曰常平如秋成谷賤陸石糴春夏
谷貴伍石肆斗糶秋成伍石糴春夏肆石伍斗糶省其
餘以備耗每衛積壹萬石所貳千石更勸社民各立義
倉義學義塚名曰阜俗三義蓋一義者書一義之門二

義三義櫛是義倉之備社中富民任其出谷陸百石或
肆百石別儲一倉極貧利一分次貧利二分春借秋還
轉相賙助下戶部覆議　命俊行之至正德壬申華林
盜起明年桃源再作浸延廣饒數郡後僅僅克之民甫
未息而宸濠復叛連年苦兵生齒凋謝巡撫王公守仁
巡按唐公龍先後奏請租寬力役市逆濠產悉以代民
運輸而以其餘賑貧民雖瘠瘵復完而經常一定之法
亦倉皇未之及也
上御臨天下晏然江西循無事四十年休養戶口益息文
物煩富於斯時迺然大都物豐羨萌形影可見而民所

病與謂未善者卽閭閻不得逹逹且不治治亦格不行
者豈少也哉先是右布政蔡公曙欲酌民糧多寡以爲
額視地肥瘠以爲徵法頗均大抵民戶糧壹石以柒錢
伍分爲輸而嘉靖戊戌巡撫胡公岳與布政夏公邦謨
參議王公髙更定爲七則大都亦不過酌多寡視肥瘠
而慮視古則密矣第一則若南昌新建豐城進賢奉新
靖安武寧寧州高安上高新昌清江新喻新淦峽江廬
陵吉水永豐泰和萬安龍泉安福永新上饒王山廣永
豐鉛山弋陽貴溪臨川金谿崇仁東鄉南城南豐新城
鄱陽餘干樂平安仁浮梁德興萬年都昌建昌安義贛

縣寧都諸州縣糧多又濱江派起運兌淮南米每民米
壹石加耗米肆斗柒升貳合柒勺柒抄陸撮陸圭貳粟
起運京庫折銀顏料棉布大各府祿米存留倉糧每石
納本色正耗米壹石壹升肆合肆勺伍抄玖撮貳圭折
色銀貳錢貳分玖釐壹毫伍絲捌忽捌微第二則宜春
分宜萍鄉萬載四縣糧科重不令兌淮止派起運南米
雖加耗每石銀肆錢玖分伍毫捌絲伍忽肆微而四縣
猶以糧重故累奏乃以原派吉安安福二倉米減除而
用宜黃樂安永寧三縣京庫苧布輕則派四縣每石本
色正耗米叁斗壹合陸勺玖抄肆撮陸圭捌粟折銀叁

錢叁分玖釐柒毫叁絲玖忽肆微第三則德化湖口彭澤三縣雖濱江而糧故寡不令兌軍止派淮安南米每米壹石加耗米貳斗肆升九勺貳抄叁撮玖圭柒粟連棉布折銀存留倉學每石本色正耗米伍斗陸升捌合壹勺叁抄貳撮貳圭玖粟折銀叁錢叁分陸釐叁毫玖絲伍忽捌微肆纖第四則廣昌瑞昌德安三縣阻山星子縣雖濱江而糧寡皆不令兌淮止派南米每石加耗米貳斗叁合玖勺柒抄叁撮九圭肆粟連類料棉布京折大各府祿米存留倉學米每石本色正耗米叁斗捌升陸合捌勺玖抄貳撮伍圭捌粟折銀肆錢捌釐伍毫肆絲陸微捌纖第五則宜黃樂安永寧三縣阻山不令兌淮南米故無本色加耗止派京折棉布類料祿米存留倉米每石銀伍錢貳分陸毫貳絲玖忽伍微陸纖第六則大庾南康上猶崇義雩都興國石城龍南諸縣阻山且糧寡不令兌淮南米故無本色加耗止派京折祿米存留倉學米每石銀陸錢陸毫貳絲肆忽叁微陸纖第七則瑞金信豐安遠會昌四縣糧寡不令起運故無加耗止派倉學每石折色銀陸錢已定議布下施行然各縣田科則不均畝壹斗者頗適中而有至壹斗捌玖升者民猶以爲病故事京庫民折米叁拾萬每石徵銀

貳錢伍分號爲輕則而沙洮米撥其內叁萬嘉靖二十三年巡撫虞公守愚下參議王公梃復議凡壹斗以下與壹斗柒合止者如故派徵斗壹升以上則餘數改與民折輕則計叁萬餘與曾沙洮絕同謂之改兌米分派督徵此南昌新建二縣獨稱附省差煩不應視他縣爲詞嘉靖二十五年巡撫都御史傅公鳳翔復檄下布政司改議因糧之輕重以爲增損惟奉新高安上高新昌萬安豐城新淦吉水龍泉永新進賢靖安武寧寧州安福峽江吉永豐南豐崇仁諸縣每米壹石原派銀柒錢肆分柒釐捌絲捌忽肆微柒纖并宜春分宜萍鄉萬載諸縣每石原派銀肆錢捌分壹釐貳毫俱以田科重仍舊不更其田科猶輕若新喻泰和南城清江廬陵鄱陽餘干樂平德興浮梁安仁萬年都昌建昌安義廣永豐弋陽玉山臨川東鄉新城贛縣鉛山貴溪金谿寧都上饒諸縣每米壹石改納銀柒錢肆分陸釐柒毫貳絲叁忽壹微柒纖德化湖口彭澤三縣每石改納銀陸錢陸分肆釐陸毫捌忽貳微陸纖廣昌星子德安瑞昌諸縣每石改納銀陸錢叁分玖毫捌絲壹忽柒微壹纖永寧宜黃樂安三縣每石改納銀伍錢肆分肆釐玖毫玖絲叁忽伍微伍纖大庾上猶南康崇義雩都石城龍南興

國諸縣每石改納銀陸錢伍分玖釐陸毫捌絲參忽玖微伍纖瑞金信豐安遠會昌諸縣每石改納銀陸錢肆分肆釐南昌新建二縣每石改納銀伍錢捌分柒絲玖忽伍微叁纖皆以起運存留本折雜定之然南昌新建故派南京本色米壹萬陸千餘石移於新喻等二十七縣而是歲部檄下減輕南米銀玖千伍百陸拾餘兩又悉與南昌新建於是各府以爲言嘉靖三十年巡撫吳公鵬更定之南米復派二縣而均減輕銀陸千伍百陸拾餘兩以界通省南米故額捌錢叁分者減除叁分刻載頒布顧里甲歲派雜辦多民間不盡知且不與糧牯

徵則奸民納其急者而遺其緩終不輸官而有司於派時不能盡勾考吏緣爲奸并均徭力差募人者執帖取諸民其率常數倍嘉靖三十五年巡撫蔡公克廉乃倡議爲一條鞭法統計一歲運京與留及官所需額若干通十年均派之總收其直於官而以時給諸募人其最病者富民當金銀庫子給服縣官輒傾家蕩縣官諸費取給於庫子其廉者不至是而過客治具酒食或錢糧徵不及輒令庫子借輸不能悉還雖廉或爲之而徵銀在官募人則庫子貧民縣官束手無所措公議一出民翕然以爲便然庫子不獨供縣官也而凡庫藏銀錢皆

[illegible]倉中又有柵子級者亦倉支放滿乃借代[illegible]此二役雖募不肯應卽應者又懼其盜侵而逃則貧無籍者不能償也於是有司窮不能計而公故議 准益二府祿米卽令饒與建二府獨輸之米石折銀壹兩他費不與則二府苦獨重無不便而一條鞭法革不施行矣先是學倉糧收六而放以五軍糧收五而放以四皆存其一以備不給戶工部不時有所需兼歲之水旱不定所謂雜辦者頗羸於歲額以待之然存其一者與多編之羸不能悉查則往往私縣官而閭里椎髓苦不辦又加困而病矣明年丁巳各縣往往告不給而 三殿

火 大工興復有加派巡撫馬公森巡按御史徐公紳以爲南京倉方米賤而支本色則困軍江西方米貴石捌錢而欲盡輸則困民不若視近例於江西三十六年應輸南京倉叁拾萬陸千石俱徵銀捌錢以五輸南京而以三留通得銀玖萬壹千捌百以助大工而罷派於民甚便乃會 奏得請准一年施行而袁州民復告病公通融稍減其南京本色大府祿及存留米而加以南京折色與銀米去舊額每石肆分而民稍稍紓矣然舊額運莫重於兌淮留莫重於祿米而令過江湖餘銀以給祿則過重而祿封歲增亦苦不給又明年巡撫何公

遷巡按御史郇公本立乃爲奧定減二兌米之過江者每石柰升至銀貳萬叁千餘兩以前改重沙塞米運者與　王庄銀牛米改留司庫以給祿而以學縣倉米放六放五者食壹錢加爲帶徵新祿通留司庫於歲給祿有羨改重沙塞原在折銀叁拾萬內者悉乞以與民而折米之額自在於是各縣皆均他諸除　淮　益派名以革其自收別新舊倉米以免其混雜均撫州南昌舊額以平其告爭會戶部復將兌軍米加折五萬輸銀太倉因名曰兌折米綱維提揭分析郎於其間運留自爲加減而派額備矣而是歲賦書適成然此皆其大都郎中丞監司往往爲籌計不遺心力然民所以病非獨額也而其弊不可悉數其大者初派時在糧額有輕重而戶工部歲派或然加增無定準派官不一察則弄人悉散其重而執其輕者懸空數以市於民而二部下檄布政司每省一分則或每府一分而其入吏與部輸者分之官不知也旣派下而縣官不察民不知吏因緣爲市如舊額滿徵而匿其新減之數吏下於收頭收頭取於民而與吏共其羸民不知也旣徵而在官不以時入庫則部輸者利以爲息甚至用以爲市田舍屋費傍倚有勢官不能追即追以其息募貧民[illegible]飲食之而已此享其利官不得而詰也未徵者在民則負固險遠又或官族隸人不敢捕急則以自運爲解糧長亦不能詰何而往往以見田爲沙塞不輸同甲孤愚者畏官爲償無所控民益困歐陽修所謂一室去而四鄰俱盡者豈獨唐人然哉大較瑣煩不能盡　朝廷苦用不給官苦負逋無所措手故欲紓民莫先均賦均賦莫先去弊去弊莫先精察精察莫先任人嗚呼盡之矣

江西省大志均書　王宗沐

一條鞭法凡里甲均徭通計十歲所總存留起運爲額應募應加者增其數不輸甲通一縣共徵之帖下民戶備載十歲諸色課程糧稅徭役所應納之數于上歲分六限凡上納完輸與給募皆縣官自支撥募人不親至民戶蓋輸甲則十年一差繇多易困今一年稍稍辦力均易輸且給總在官諸募人不可復加取於民而民如一限輸完可閉戶而卧無復叫呼之吏矣考松江志載周文襄公年譜有云公每府通計一歲田糧及支撥總數以秋糧正米爲則定爲加耗徵完如數支撥若干爲存留若干爲起運凡夏稅馬草農桑絲絹逃絕積荒坍江陷海包納之數與夫織造供應軍需等費悉于是取之故是歲賦外漠然不見他役之及已而官府無復科

單之㩦織造軍需今之里甲也供應今之支應庫子單給庫子也其所載加耗之例又云華亭每正糧壹石加米柒斗上海加米捌斗凡夏稅麥豆食塩義役等項悉于此支撥其後止加陸斗至伍斗止夫義役今之均徭也而所謂加耗今帯納之差銀也此其故案施行有驗可覆也余於賦書載所以不行之故大抵過慮在各縣金銀庫子與斗級然未詳也用一綴二古之三徵亦一歲之法今攤差通徵分為六限亦用一綴二之遺意也夫十年而輸壹兩不若一年而輸壹錢為輕且易也且人皆安日前孰能一年而積壹錢以待十年輸耶是宜

當差之歲賣産鬻兒者相比也均徭之法每歲通縣徭銀數一定不可復減而各甲丁糧多寡不一甲之丁糧多則其年派銀數輕丁糧少則其年派銀數重固已不均而所當之差又復不齊有編銀壹兩而止納壹兩者有加二加四加五加七八者有倍納有四五倍七八倍者有十倍有百倍者今合民間加納之銀俱入在官正派之數輕重通融于一縣苦樂適均于十甲募人不損其役值徭戶不苦于偏累固便金銀庫子正編之銀壹兩費輙倍數百兩各邑雖不盡同大約不相遠今令縣給銀募人革定名徭編之舊照司府庫子之例取徭

銀為募人工食之費止令巡守不管收支其收支則以委該縣架閣庫吏縣無架閣庫者則以他冗吏為之徭戶視當則入役初常例費已不貲而誅求于上需索于下靡有紀極今以吏司之則毫末必禀命于官需索者固不得行而誅求者亦將少歛以冀得代不苦久候查盤吏有身役固不得竊庫銀而逃倉中斗級有親充有募充徭戶親充固當償所折耗募人代充而徭戶亦不免償者蓋募人止為看守而查盤之折耗使費皆徭戶自持夫彼守而此償是教之使盗耳今募有家籍者充之於工食外歲加脚費查盤折耗俱責之則必不自盗

而耗自少年終必更無復歲久浥爛此又甚便其號次難充者如各驛庫給庫子鋪陳庫子看監禁子諸役庫給庫子舊例徭戶親充客使人挾勢需索不啻數倍今改議徭戶編銀解府驛官領銀供應客使人知官支有程不可得多即用無濫且稍稍有餘鋪陳庫子每名設如僉銀肆兩而用必十倍者蓋初役常例已柒捌兩而看守扛擡每名必以四人充當鄉民勢有不能必至募役工食亦拾柒捌兩而又損失補償故費無筭今量驛繁簡每名酌為加其直給令驛官臨時顧扛役不及冊動驛夫而無事則貯之官禁子舊皆顧役而號稱難充

者則買刑具賄賂耳今則具官編工價給造不取辦楚子止令守冈食起居斯無所累他諸其事煩不可悉道大約通徵附秋糧不雜出名目奸吏無所措其手而人知帖所載每歲並輸可省糧長收頭諸費尚不可勝利矣然事每每以更革大不敢決議而人行之須造冊甲歲起斯不偏碍此在定計久之民相安而享其便也此法不行其次莫若於造冊之歲另爲十段一冊以貯縣其法如一里十甲共萬石糧則一甲各千石通融齊每歲編徭據以定差蓋庶乎多寡輕重適均蓋人戶丁糧附冊有懸絶者人利其甲糧多者愈趨之則寡者益寡不勝而至於逃而甲糧多者非勢豪則奸猾予十段均平之即逃絶虛米皆以分配則大戶小民更相休息此亦以濟冊籍奸弊之窮爲守令利民之大法也凡法無皆利者無皆弊者得其人則皆利失其人則皆弊諺曰斷而後行鬼神避之今欲聚稽而謀爲一定百利之法者三代以來無是也

改止亭記　　王希烈

萬曆二年乙亥地官尚書郎史君星渠奉　命使江西監督兌軍事政先體要百廢具興而尤釐革宿弊與民史始稱㫋使君……

給事者爰稽庚牒吾省寔當之以故比年輸納數之加縣運軍率稱貸至鬻妻子不足償也典運官往往坐奸而其弊端卒莫可究詰司計者選擇而使史君蓋注覩之矣乃使君明敏平恕洞悉下情既諸弊種種釐革殆盡君猶曰此治其標耳必有爲之本者久之有告曰民苦水涸四方米不能至勢必倚給於市而市戶之狡者率以木爲礱能使濕稻爲米而完淨無損其直復减十之一趨利者爭市之使君慨然曰有是哉夫以濶揆燥法當並罰在被虧軍在庾虧國斯其弊之端而禍之本乎亟捕米戶之爲木礱者一二人寘之法隨下令許其自新於是諸人相率持礱具詣行部白過使君進之階除誨戒之人給湾實仍録其姓氏揭諸亭中以示懲創因取中庸改止之義以名其亭君嘉斯人之能改而咸與維新焉民耻且革害本斯絶是歲糧運甲諸省大司徒加旌別云丙子秋使君且受代謁予一言爲改止亭記予曰賢哉使君懲惡必盡民不能欺可謂明矣一懲百警民獲自新可謂恕矣明且恕使君賢乎哉夫爲政急在袪弊本以明法非以警民也盡法無民自古記之矣今仕者或務爲包荒以容奸爲長厚而斤斤稱能吏者往往察見淵魚一切繩之以法斯二者皆過已古今

治盜之善必稱渤海謂其能化盜爲良耳彼赭衣悉收廾心屠伯仁者弗爲也其視使君政止之義何如耶或曰茲一事耳不足以槩使君公何與之深耶予曰不然政無巨細匪明弗察匪恕弗行苟明且恕措之天下可也昔王文正公以不税農桑一事知呂文靖必與沂公並相蓋於其能重民事達治體卜之也孰謂斯舉不足槩使君哉予識不逮古人而於使君則爲知己請書以竢使君名繼志應天溧陽人起家辛未進士

新修南昌府志卷之二十六終

新修南昌府志卷之二十七

藝文 學記 書院記

南昌府新學頌并序 虞集

維皇世祖皇帝建元立極制度考文學校之法自天子之都至于海內郡縣皆有祠廟以祀先聖先師學皆有舍以處師弟子其在天子之都統於丞相御史大夫佐之其方伯連帥之所治司憲莅之其郡縣者王之以守令分憲行部者隨而察之天子之學歲時有事於先聖先師三獻官皆命於天子視辭聞天子敬遣其官其非中書左右丞相即參政也御史監察如法其在外有司自方伯連帥守令惟其所在而致禮焉司憲者亦惟其所在而莅之天子之學用大牢其在外者用少牢其樂備八音以諸生肄之此祭之大畧也其所以爲教者堯舜三代禮樂之事易詩書春秋之文顏曾思孟之傳而周程張朱數君子者之所述非是道也莫敢干焉至元初始用許文正公教胄子蓋用程伯子之意聚才能而教之京師其成德則用之朝廷至爲輔相其次則布之郡國此其所以一道德而同風俗均齊周徧而無間然也延祐中又念學於外者成才未甚見也設進士之科以收之推其所至帝之爲治無過於斯矣方域廣遠歲

月悠久有司文具以失其旨者多矣有識之君子所以深感祖宗之遺意而究心幾微之間焉語曰百工居肆以成其事君子學以致其道學之所以弗治則有司之咎也志慮散於視聽之游驟坐立惰於居處之恭嚴忽其書而不服於心胸輕其師而不信其成說悠悠其來望望其去居業者鮮矣夫夸者習射以觀德始得與焉君子蓋以得與於夸爲慶尊貴者悼於跪起之煩執事者苟於簡易之便安有未施敬於民而敬之者乎隆興爲江西會府其民庶百萬爲士者十四五列郡屬縣仰觀而視則焉而近歲之弊無以逾於衆人也天相文於聖世天子之命吏其有能興起而作新之者乎乃至正四年十有二月大中大夫肅政廉訪使張掖劉公沙剌班上任之日謁先聖先師於大成殿禮也乃升講堂延見提學事教授諸學官躬問其所教進弟子員以次升降而觀其容止進退喟然嘆曰吾嘗聞之學校之爲教所以正人心人心正而風俗淳矣江西之俗不患乎文學之不工惟患乎風俗之不厚而有司之政不能齊之以法也然法末也其必以學校爲本乎職教有者發之以聖賢師友之傳而滌其耳目熏染之舊申之以孝友忠信之實以致其居安習業之工來將來觀無官府形勢之隔爵告爵訓不越於家人父子之間吾意所存蓋有在於此者周行講學之舍簡陋弗稱命憲史阿里沙督有司新之即日治中孟舉率其屬而從事焉凡役則副提學屬劉曄教授夏溥皆蒞之講堂前齋舍六列於東西凡齋爲屋三間講教之所也深廣容席可以習禮圬墁甃甓上下堅緻盡徹其南以容光加疏櫺焉弟子之列施木榻於東西壁下書冊筆硯之具橫其前師居其中坐深而容凡棟楹戶牖與諸用物坐具髹漆之飾玄黃朱堊各適其宜逾月而畢工又時其飲食而親嘗之學者進退可以俯容講習可以安居矣於是分小學循序不敢躐等大人之學五經之師朝夕授業而傳之課其成藝以觀其所就公時至學親與諸生講論經義誘導勸奬不悼身爲之師其必欲人才之成風俗之化一發於誠而無所僞也已蓋公至之一月中順大夫憲使覃懷李公守仁繼至凡公之所爲若出於已有同德而無間言也李公曰記有之弛而不張文武不能也張而不弛文武不爲也一弛一張文武之道也公之爲教備矣予請爲息游之助昔夫子彈琴於杏壇之上而從游者在焉即講堂之庭六齋之間築臺三級而種杏焉以象夫子之所居瞻焉如見聖人之容思焉而尋聖人

之樂而二公之所以相成者蓋如此也李公之謁廟也見齋宮之不稱偏隘無所容乃更為東西齋別為新門出泮池左以通往來比八月咸就凡憲使之意副使寧夏脫脫公僉事益都郝公源歸德張公珪伯顏公完哲帖木兒公先後之所共成終始贊之者經歷東平司君允德知事河中張君汝遴照磨保定崔君振舉蓋一時皆文學之士及多出於成均是以能若是也常歲春秋上丁之祀行省憲司官皆至郡縣吏設行幕華以文綉盛以几席皆假諸民間而用之以備齋宿之次鼎俎既設執事在位郡監守率諸生徒吏列三獻之位將行事

焉則贊禮者引省憲官入廟門北面再拜而退有司始行事焉是月六日丁亥提學官教授以常例請二公之意素定於是劉公乃言曰聖人有言吾不與祭如不祭乃使告於省臣之來與祭者參知政事迷只兒曰方伯之寄甚重國家大事而弗親之懼失委任之意如何參政曰廉使有言敢不敬從於是參政為初獻劉公為亞獻隆興路達魯花赤督吾兒海牙為終獻其分奠十哲從祀則蒙古學提舉郡剌儒學副提舉嗛郡教授溥郡錄事者李廉以前進士與糾儀官則行省左右司都事劉貞憲司知事張汝遴[illegible]曰神之格思不可度思[illegible]

[illegible]馬賜胙後三日儒學教授以奉議大夫儒[illegible]范隋具始末走臨川而告於集曰斯文之盛昉見於吾江右可以風示於四方可以貽則於來世風俗之化人才之興所以輔成聖化於今日者蓋在於此請為文以刻諸石集受而嘆曰鬼神之為德其盛矣乎諸君丕宣皇上之德求始教之本而盡心焉齊明盛服以成祭獻之禮非積誠之感其孰能有與於斯乎頌聲之興蓋不可已也乃次第之以為興學頌其辭曰

皇建有極郡縣萬國置學立師遐邇如一睠茲東南山界川畫鎮以匡廬浸以匯澤其人衣冠其食稼穡

詩書藝文棟宇布帛牛羊魚鱉篠簜柚橘樹以豫章會府攸宅島夷方來貢賦畢出文從武隨鬼神寧謐監以司憲治以方伯富庶而教聖度王則巍巍素王袞冕圭舄門人侑之與饗從食通祀之尊天子嘉易惟我臣庶罔敢不服皇皇在宮自古在昔教我育我天子之德土沃歲豐以恬以息靡靡城闕藐藐几席事惰故常孰與昂激皇十三載至正歲曆濟濟盈庭卿相公辟刑措兵偃端拱恭默史進啟監簡冊金石躬秉周禮郊丘宗祏治化之本百吏承式綉衣持節湖江爰即問憲之監侃侃張掖佩服仁義好是正直

紳綖淳風勁氣正色覃懷靖共明習禮律託茲底
質堅松栢副嚴僉明自西自壯成均俊良執法慎擇
來佐議論醞籍明白張掖乃至集思忠益來觀宫墻
黌舍秩秩三以成列左張右闢高明以容舟艧有奐
史授之簡郡相其役先生設教弟子授職象勺武夏
不僭不忒詩書執禮春秋周易伊洛緒言許贊朱述
異端蕭條華藻擯斥父子昆弟各踐其實張掖至止
不嗟以懌平易近民慚漬融液覃懷曰嘻亦既勞飭
爲壇于庭嘉樹環植可以咏歌可以琴瑟從容升降
觀彼有德惟時官司道以正直唯嗛及溥先以齋慄

八月丁亥不占而吉鍾磬既縣籩鼎既絲明衣齋爐
有赫百職百職既具恪恭朝夕觀德與祭不譁以惕
憲諾相臣方伯肇域禮樂刑政民人社稷薦國常事
名在祝冊敢築敢宿嘉薦來適伯誰郎署忠言孔碩
齋明承祀搢紳正笏顒顒昂昂于于翼翼精明昭白
款動洋溢凡民有心動植維物無感不應有逹無嵩
神曰賜胙百拜受福伯曰維憲時乃嘉績天子萬年
顧釋憂恻士無惰游民無損瘠老安少懷作息帝力
効乎四鄰風動雲釋君子壽豈子孫千億輿頌之興
治不可抑幹史陳之以示無斁

南昌府儒學文廟記　　胡儼

南昌江西之都會也故學廟壯觀於諸郡洪武甲戌秋
學廟災像隨燬未幾廟重作而像未設春秋有事祀以
木主迄今三十有四年是爲宣德二年監察御史毗陵
許公勝金華包公德懷姑孰夏公能按臨是邦以正月
上日暨藩臬諸公祗謁廟庭顧瞻徘徊慨然有作新廟
像之志於是諸公咸協贊以成其美鳩工集材訪古遺
像興作於是月丙午告成於三月某日仰觀聖容冕服
輝煌巍巍乎王者之像四配十哲各稱其年德與其爵
之所爲服者龍帷殿廡煥然一新凡詣學廟得瞻聖賢
道德之光華莫不肅然起敬豈獨學者之得所依歸哉

典教事者乃列狀爲之記考之禮書先聖廟像之設不
載其始而通典釋奠儀則曰享之日設先師位於先聖
神座東南北向蓋古未有像故將祭而設位也唐開元
八年三月國子司業李元瓘奏顏子配像當坐今乃立
侍閔子騫等雖列像廟堂不參享祀七十子者則文翁
之壁像尚存制從其請顏子等十哲爲坐像悉令從祀
曾參大孝爲塑像坐於十哲之次七十弟子及何休等
二十二賢則圖像於壁蓋當時已有像矣若韓柳廟碑
亦可徵也朱文公禮廟塑像說曰古人之坐兩膝著地

因反其蹠而坐其上也頃年錢子言作白鹿禮殿欲臨祭設位子言不以爲然而必以塑像爲問余既畧爲考禮所云其後乃聞成都府學有漢時禮殿諸像皆席地而跪坐文翁猶是當時琢石所爲尤足據信及楊方子直入蜀帥幕府因使訪焉則果如所聞者且爲倣文翁石像爲土偶以來塑手不精或者猶意其或爲跏趺也去年又屬蜀漕楊王休子美今乃并得先聖先師三像木刻精巧視其坐兩蹠隱隱見於帷裳之下惜乎白鹿塑像之時不得此證以曉子言使東南學者未復見古人之像以革千載之謬爲之喟然嘆息文公之說如此

近時老師宿儒以像設爲象教且以爲異端誤矣蓋文翁刻像之時象教未入中國也其可謂之異端耶嗟乎聖人之神明洋洋乎如日麗天如水行地無所往而不著學者即此而求之彷彿其形容於千載之下而思慕其道德於千載之上誦其詩讀其書端其趨向豈非吾進德之地乎然則斯舉也其所繫豈小補哉倡其事者二御史公楊賛之者憲使童公寅叅政陳公禮憲副成公均劉公洵叅議陳公傑劉公中孚僉憲黃公翰高公韓王公繼行顧公謙樂其事而勸相者都指揮僉事羅公壽督其事者南昌知府任爛同知李振推官萬鵬新建知縣茅自得南昌主簿蕭韶理其始終者教授陳銓訓導陳觀生員黎彥常李衢吳城范巘周友諒鄧志學塑工設色雷日新熊爾思其人也而儼爲之記庶來者有徵焉

南昌府儒學記　魏良弼

南昌府學會秀儲英植材陶器其來已非一日而士之居是學者景行先哲追蹤遺矩所以學爲士爲賢爲聖求所以盡爲人之道者雖未必人人盡同而可法於後來者寧少哉古今題刻炳若星日可稽也今士入學即令展謁先師然後登堂明倫立標定趨亦以聖人人倫

之至望之耳故曰三代之學皆所以明人倫也　國初創造府州縣建學養士竒勤飭惰嚴幽陟明悉責成于守令提調故士稱弟子員者視守令猶父母也不曰作之君作之師哉是故文翁化蜀風同鄒魯伏恭令杭遂成伏學武城弦歌流風可想古今猶一揆也故多技作人之功詩云豈弟君子民之父母有以哉厥後更代靡常提調未稱遂謂守令難以責成正統間乃設督學官于按察總領之守令提調之責遂有所諉而教亦不專矣夫道有否泰政有隆替待其人而後行也今不曰人非而曰官弊何異因噎廢食仰督學今有專　勑故責

成守令皆視　國初少異而士之宗提調亦視督學爲少遜也夫士既視守令爲父母即視督學猶高曾也今上不受教于提調而惟督學是宗是猶弟子舍祖禰而宗高曾原本雖同其如地遠而分不親愛博而情不專何如古以鄉三物教萬民即今守令之職按察明刑以弼教猶古糾以八刑之官令制三歲賓興猶古也未聞專以三物廸士亦未聞糾以八刑名同而實異守令之責分先王之風微矣學大脩於弘治壬子繼是脩者屢見宮墻外臨巷一道竟未有爲展拓計已三易壬子於今矣茲幸三溪饒公來守是邦德以道民儒以飭吏門無通介守不爽節蓋欲起文伏之風于千古流休聲於無窮也責固嫌于安[illegible]矣復忌于自專故令多士引發而鳴諸當道自待風亦厚矣惟時若都御史翁公御史蕭公左布政使馮公按察使陳公提學鄭公守巡孫公許公咸是公議遂以公地易民屋得地東西若干丈南北若干丈設屏樹坊宮墻廟貌煥然一新道遠勢雄目豁心泰自開　國以來所未備也今備于公手仍以壬子紀年寧非一大數耶教授王君三聘訓導陳君旦袁君旻何君燁楊君萬仞仰德昭教請記諸君子亦樂事之有成也不容以不依辭夫公既以身教無隱於諸士仁施義發于諸士父兄已三年于吾士乃謂諸士曰門前路徑要須寬廣不然則發軔展足無地何以任重道遠耶開示周行廣居大啓諸士其念之哉諸士復相謂曰公爲吾儕脩學惟恐開導不至吾儕所以自脩亦須自念躬逢盛典周旋俎豆佩服詩禮脩于身行于家者于六德六行不謬乎前哲遺矩庶幾人倫之道所謂過則聖及則賢也書曰日宣三德夙夜浚明有家日嚴祗敬六德亮采有邦是故　朝廷作養會秀儲英植材陶器至意公脩學亦有光也設有樂道謀不復升堂入室從事百官宗廟之美而來督學不孝不弟之糾者于公爲毀堯書墁而亦非記者樂成意也吾儕敢不念哉公名相廣東大埔人乙未科進士

南昌縣儒學記　　　胡儼

南昌縣儒學宋之東湖書院也東湖書院乃殿中丞李寅父子講學之所初在進賢門外元季燬於兵　國朝洪武五年知縣黃德銘移置今處于今六十有七年矣歷歲滋久風雨震凌材木腐撓丹壁漫漶屢敝而屢修爲政典教者亦嘗留心焉近歲廡堂齋及橋門庖廚役入於敝於是知縣沈崇道縣丞陳嗣謝子璋主簿李璞典史趙應相繼有作崇道作齋舍十有四間庖廚三間

役與前除　一永撤明倫堂而新之彩繪聖像重建櫺星門而啟廡密戶及頖水之橋則璞與應所作也其關經營措置教諭鮑玄璵訓導邵汝能顏公忠與有力焉始於宣德八年成於正統二年規摹壯觀文學聿新而爲政典教者可謂知所務矣汝能公忠念成功之不易謁余爲之記余自少爲諸生發身自兹嘗聞諸老先生言豫章之學宗雙峯饒氏雙峯得之李弘齋弘齋則遡紫陽朱子以續夫濂洛之傳者也初勉齋黃公爲新建丞與弘齋講學于兹極論道德性命之旨當是時雙峯實從弘齋而與有聞焉雙峯之學傳之徽菴程氏徽菴之學傳之吳文正公其所以開來學者實肇於此諸君子接踵從游者可不知所重哉知所重則知所本知所本則紛華聲利舉不足動其中矣噫前脩既往來哲方啟諸君子苟不鄙余願相與勖之

南昌縣儒學記　　黃仲昭

成周盛時建學立師教民以德行道藝而賓興之故當是時列于庶位者彬彬然皆馮翼孝德之士而治效之隆不可尚矣自兹以降其法漸廢隋唐始設科目而以辭賦取士學者遂不復聞德行道藝之教而專攻辭藻以求售於科目治效所以不及於古者有由然也大啟文運我

太祖高皇帝御極之初即　詔天下府州縣立學一以古經四書及濂洛關閩之學爲教復出辭賦而定以經義論策取士蓋欲其講明聖賢之學以立其本然後國家考實以達於用即成周盛時育才取士之遺意也　及

聖神繼統重熙累洽其治效可以追配於成周之美者豈偶然哉然而天下承平日久學者急於仕進忽義理而不求惟浮華之是騖甚至斷裂章句穿鑿經旨以迎合主司之意其弊又有甚於辭賦之學者是豈

聖祖所以立學養士之初意哉竊嘗論之聖賢之學科舉之文非若孔墨顏蹠之不相爲謀也學者能於聖賢之書熟讀精思體認親切使其理瑩於內道積厥躬見之於事而無不宜暢之於辭而無不協由是大比而登庸之則雖未盡合成周之制而其爲學體用兼該本末一貫聖賢之教亦豈外於是哉此則

聖祖所以期待學校之深意而凡游於學校者皆不可不以是而自期待也南昌縣故有學歲久滋弊弘治壬子監察御史姚江韓公明以清才茂學來按兹土爬梳蠹弊發舒隱詘既風清弊息乃躬戾學舍具悉其弊因慨然曰事孰有急於此者乎遂謀於鎮守太監鄧公原按

恒雜絃誦聲波丁卯西蜀牟公俸來爲按察使見而湫隘之乃撤經附之貯有司者重其直購民徙其廬前後地遂墟焉時巡按監察御史浙東閔公珪亦少佐其費而僉事南海陳公驥寔力贊其決云然址雖闢而文廟建歲已久剏厥廡弗壯無以昭崇極而聳瞻仰堂齋亦庳陋窘風日弗稱學生日富而業或無所於肄魁星樓之庋賜書者蠹撓至危弗可躋今按察使三山陳公煒自爲副使時言於牟公俸及遂安余公復時卽惕焉于中謀大政營之顧束於新制馴積到今成化丙申始克成蓋禮殿兩廡重門其癸巳之肇剏者東西兩合會講會食之庭射圃觀射之廳其甲午之繼剏者講堂二齋書樓洎先賢之祠又今丙申之繼剏者殿崇澣廡延袤雄增舊觀宣聖四配肖飭之工可髣髴千載之形容十哲從祀諸賢木主栞鉅以麗焉重門櫺星樹之石堂齋高朗以容樓枕堂背形制魁傑射圃並湖爲脩垣亘百數丈蜿蜒狀騰波之龍射廳宛其驤首處學地旣開拓復累之歲月以登茲丕搆巍巍乎軒翥潭潭乎沈邃中寂不譁外嚚以屏廟足以妥聖靈揭衆虔學足以嚴師教寧士肄矣落成釋菜遠邇聚觀老稚賢愚一口興歎有官者咸弗曰茲江右首校列邑環而象焉微我陳察使魏公富議以克合於是副使張公璁洪公鍾吳公瓊僉事陳公祥趙公艮汪公舜民張公源潔郭公秉聰葛公萱咸協力助相而布政使沈公暉韓公邦問參政陳公瑗夏公祚參議潘公祺李公魁亦贊其決爰命市材備工卜日就事廟自殿廡以至戟門學自講堂齋舍以至賜書之樓栖士之室鄉賢之祠學官之廨與夫庫廩庖湢重門周垣腐者更之欹者正之易置其所未宜增建其所未備而復高其堂之址密其屋之覆石其階墀甓其道路百爾具備式堅以好凡爲屋八十有一間爲重屋四十有一間剏建者三之一餘皆因其舊而新之是役也韓公總其綱魏公經其費吳公督其成而凡蒞工役課章程則副斷事孫容南昌府同知張汝舟實任之經始於是年七月之望告成於明年五月之朔教諭張縉訓導陶成莫顒率其學諸生請於予曰學舍之敝久矣非韓公篤意新之曷克臻茲是不可無紀予故推

聖祖立學之意於前以爲今之邦人士子勗著韓公新學之功於後以爲後之有職於茲土者勸

南昌縣儒學記　張元禎

茲地故晏家山址爲宋東湖書院廟而學之顛末具國子祭酒胡頤菴先生記可稽也地前後夾民廬市囂聲

公剏端本澄源胡能崇教化地舉我有司弗遑以始終
茲功氏賡罔弗曰茲功鉅矣茲維我陳公德我欲内我
七八百里子弟于善以風四方而弗苟遑以所惺然哉
庸臬司嚮乃及愚二十年前茲學舊諸生也知縣陳問
教諭徐繼芳訓導鄭寬僉以輿論圖示公績于石來屬
筆愚誼不容辭已若諸士友處茲維新之學感而奮自
新於分内事擢故見祛故習于以主敬窮理立大本而
達大用異時需之四海而顯敏之一捌而燕烈風震霆
而發慶雲瑞日而常茲維豪傑者自期許以不苟生天
地不詒羞聖門諒之有素弗諏云

南昌縣儒學記　　萬恭

南昌學址故在會城東八里而強今皇城橋之墟地勢
自虔州北折千里或浸爲湖或聳爲阜似日者似月者
似虎踞者似龍委蜒者悠悠累累息于章江之濵漢人
都之然距章江東偏氣不大萃而文物故不大著唐人
始于東湖洲渚中編竹室繩樞以居俄乃鱗聚環湖者
若櫛蓋江東一大都會也遂徙都焉并徙學宫于湖之
陽文學往往間出矣　國朝因之舊東其門取制科者
若晨星尤弗利於黌生正德初病之或曰爲之南門文
物當甲江之右矣從之則孺子亭後曰湖若天印焉已
里許出浮屠若文筆立于南方西設金堤亘湖如垂天
之虹迄嘉靖終僅僅五十禩而第制科者百餘人舉鄉
科二百有奇且多鉅人上之以安壤定社稷次之能以
治狀紀賢良領方岳澤蒼生下之郎矜庶隅不失尺寸
以無愧循循蓋由學宫出者歛緡紳成帷集珂珮若鳶
王齊鳴朝者以善其政野者以善其俗而文物洵甲于
江右彼其地氣必積八百年而後興耶學宫久弗葺隆
慶初師儒患之余亟言之大中丞江陰劉公姑蘇徐公
劉公屬南昌邑劉令料金五百理諸殿宇之頹弗治者
徐公屬南昌郡沈理南昌邑林令爰還東偏隙地之蝕
于嚴氏者而博士何君葦乃大鳩工治其棟楹缭以闌
垣覆以陶甓隆慶四年脩文廟脩二廡脩儀門明年鑿
泮以石欄脩櫺星門脩明倫堂脩二齋脩魁星樓又明
年脩學門脩膳堂脩敬一亭而後治東偏隙地毀嚴氏
舊肆爲之黌舍砥豎湖南石坊闢地自南湖濵迄于北
街袤四百乙十有六尺又從東鎖巷建新建之學基廣
三百一十尺余嘗陟浮屠壯望之又陟鍾鼓樓南望之
則巨浸萬頃日月盪之盡成金鱗不啻蛟龍之奮洽濵
朱甍輝耀烟雲薈之徧出五彩又不啻廣寒之宫環佩
璀璨美無度也于時何君等諸文學懽呐中丞德意久

而或湮且懼或有盜跖之徒踵嚴氏之蝕以為余罪首事宜有紀余適有治水之役未遑也壬申冬還濟口乃致辭焉唯是役也經始于隆慶庚午之秋告成于壬申之冬兩中丞亦既積累尊且久矣願諸文學故以報兩中丞孔子曰百工居肆以成其事第念兩中丞既以諸文學為之肆矣諸文學將何以成其事與無愧前脩以無詒兩中丞憂獨不見宵練之匣乎古有宵練之劍者惟藏以千金之匣劍化以去猶寶匣焉夫南昌故劍區也余願諸文學寶劍勿寶匣

新建縣儒學記　胡儼

新建縣儒學乃元之宗濂書院也按郡志宋淳祐間江丞相萬里典藩于洪以濂溪周子嘗尹南昌乃建祠祀之表其額曰宗濂精舍其地在望雲門外龍沙岡之上後燬于兵元立學官天下郡縣皆有學元統初邑令薛方即龍岡故址以為邑庠時省臣賈鹿泉監司劉宣因郡士萬一鶚能朋來之請謂精舍既為邑庠而周子之祠不可湮沒乃相與出貲得民間廢宅於東湖北涯復創宗濂書院元季龍岡之學復廢而東湖之書院存國朝洪武五年遂即書院為新建縣儒學于今六十餘年矣其居講席者非一人而與造修復者亦屢矣然更歷歲月風雨震凌而殿堂門廡齋舍祠宇不能不敗剝有志於斯者存乎其人焉宣德七年春三衢江玠來為教諭慨然有志新之玠丞相公之族孫也即以其事請于當道時吏部侍郎富春趙公巡撫江西監察御史安岳王公亦按治于茲合藩臬諸公及郡邑長吏詢謀僉同即其故而更以新於是自禮殿達於門廡自講堂及于齋舍若藏修之室若江公之祠鳩工飭材如甓鋟堊用碧照耀輪奐增美巍然傑出於湖光天影之間猗歟偉哉工始於八年春二月再閱月而告成可謂役不煩而民不勞也董其事者主簿桂暘袁景春朝夕在類克勤所事既落成景春與玠謁余記之竊惟是邦濂溪先生過化之所丞相江公所以祀先生者豈徒然哉誠欲學者知所依歸而光風霽月高山景行千載猶一日也故學舍雖有遷易而道則無古今求其道者圖書具在圖衍太極書體乎誠而天地萬物之理無所不該推之於用則修齊治平自身而家而國而天下亦舉而措之耳學者果能於先生遺書廣求而盡心焉則日進於高明不流於汙下日歸於中正不惑於邪說而凡馳騖於文藻役志於功利者皆非先生之學也吾黨之士幸相與勗之是為記

新建縣儒學記　　謝一夔

新建縣學在縣治東南歲久廢圮前巡按御史俞君藎沃君類洎憲長陳君煒等相繼作興其大成殿兩廡戟門櫺星門泮池及明倫堂兩齋次第構治而未底完美且學故址淺隘貯　賜書之樓密邇堂後師生之舍雜處今巡按御史叚君正行學周覽慨嘆以爲非所宜然乃銳意開拓增修於是　欽差鎮守太監劉公巡視侍郎金公洎藩臬二司咸協心營度節費積羸於學後市地築卑平窪高爽與學基等遷樓於其上樓前翊以廂房樓後列校官長二廨舍堂左右作屋若干楹以遂兩

齋使諸生便於升講泮池址建泮宮坊學東西峙兩坊牌東曰儲賢西曰育英其諸饌堂卑陋者新之號房弗給者增之庫廩庖湢之歉腐者易之垣墻頹塌者築之街衢凸凹者平之其爲材也必良碑甃也必堅石堤也必固簷角暈飛圬鏝炳煥自是妥祀有儀肄業有所供億有備基址深邃而方正規模恢廓而雄偉視舊殆什伯焉知府張侯蕭謂是役不可無文以昭示久遠乃屬教諭翁端訓導黃萬石具事之顛末走書徵記於予予拜手稽首言曰　朝廷之設學校無非欲造就人才以備用其才之云豈直工文詞其必有以明乎聖人之道

而德行之足稱也已蓋聖人之道本諸心而著於書者易書詩春秋禮記學庸語孟諸書皆聖道之所由寓也本之修身而身修本之齊家而家齊本之治國而國治本之平天下而天下平書之功用甚大如此今之學者非不讀也然不過誇記問之富爲文詞之工以揆科目媒利祿而已迹其所行能不叛盭乎聖人之道者幾希而人也文如班馬亦藝焉耳於身於家於國與天下也了無所益求才而得是人焉豈徒二三子之羞抑亦爲國者之憂李盱江之訓具在吾黨士子游歌于斯者無寧蹈是哉夫讀其書必思明其道使蘊之於身心則粹

然德行之可嘉發之於文章則仁義之言藹如由是出膺世用上而黼黻
皇猷以澤天下次而修政立事以惠一方又次而談道義以淑後進隨所任大小以竭其力著其效設有不幸亦當仗節守義以植綱常爲世道重夫如是斯足以稱人才之名而不負　朝廷建學之盛心與諸君今日修學之美意矣敢以是爲諸士子告亦因以自勵焉

豐城縣儒學記　　黃次山

先王之教始乎家塾而君子之學亦先乎父子之仁何哉受中以生親嚴禮具和同其際實惟君師於是制其

常產而受之田桑蕃於常心而申其孝弟自家達而至於黨庠序而後國學之政行焉此先王之教也父子之仁移於國則爲君臣之義接於物則爲賓主之禮知人道之可終則終之智之事也知大道之可至則至之聖之事也知之於賢否條理者也聖人之於天道終條理者也金聲而玉振之此君子之學也孔子曰十室之邑必有忠信如丘者焉孟子曰堯舜之道孝弟而已矣蓋使治已以仲尼則可使是民爲堯舜之民是有命焉若治已以仲尼則君子不謂命也孝弟忠信性咸在我而世有不可與入堯舜仲尼之道則亦自暴自棄而已自暴自棄者舜之所威禮之所不齒二帝三皇之治所以人倫明邦本固以其先後勸沮與後世自恣苟簡者異也紹興十二年太子中興大學州縣亦往往建學而豐城令雷繼遠祗德之先因人之願從學于城東面勢惟新考室加舊高明宏麗舍奠及時大君師之教令既推而達於士矣士之所及先務者尚反於一鄉之善士以存者爲未足又尚論古之人豐城士子千數何所矜式親者疑私遠者近諛嘗相與求諸古人則王季友其庶幾乎博極群書而孝經曾不釋手當時公議以風后力牧則之問學淵源於堯舜仲尼之道不遠矣邑無君子斯焉取斯以古況今後生可畏願諸生勉之朝於斯夕於斯正心誠意而友先哲於斯學成行尊祿在其中焉余年無幾幸見之

豐城縣儒學記

揭傒斯

上御經筵之明年夏六月濟南姚侯紱爲富州以舍菜禮見于先聖先師祝曰惟夫子之道參天地配日月用中罔敢知而用中實生齊魯之交寔邇夫子之訓欽承明命來守是州今之州古千乘之國也敢不敬恭朝夕惟夫子之訓是承顧瞻廟學摧陋弗稱曰余之責也會教授清江陳明之繼至議與志合明年秋大修孔子廟仍其舊者惟殿若明倫中廟二堂江山秀傑樓惟一政作而有加規制必嶻就法度出入必限由正途凡爲屋幾七十楹又刻銅爲七十二弟子及諸賢像以嚴祀事甃半池其前倣古頖宮侯纖悉載度是董是勞吏忘其私公勸其勤涉冬徂春用告厥成而命傒斯爲之記在至元二十有三年陞豐城縣爲富州以河東陳侯元凱爲之尹時科舉廢十有三年矣士失其業民墜其教盜賊滿野竟數十里不聞雞犬聲陳侯大懼遂修孔子廟建小學日集文儒故老講求治要悉資以爲政不數月境内大治知所務也今科舉既復亦十有三年而侯寔

來當天下文明人復其業猶皇皇焉汲汲焉以興學校明教化爲先務者與守同其志亦同也夫無有天下父師之責者君也承君之志行君之化者宰相與太守也宰相布於上太守奉於下故人之生也爲之學校以教之設科以舉之必使士有恒業民有恒志然後聖人之道可明賢材可得而治可成也古之有天下者莫盛於唐虞三代而不能去學校廢選舉以爲治秦能去之歷之二世而亡雖然君子之學視學校爲隆汚以科舉爲去就亦異乎夫子之教矣若夫善學聖人者在畎畝則行乎畎畝在魚鹽版築則行乎魚鹽版築豈待學校之

教而科舉之勸哉然世亦豈能皆伊傅其人而不爲之教與勸也此上之志而侯所以力行之者況上方親御講筵詳求聖人之治愚雖不敏願與學孔子者共勉之侯廉慎簡正不爲盛名而人敬畏之蓋賢守云

豐城縣儒學記　胡儼

豐城儒學重修訓導聶伯埴具其興作本末求爲記按學舊在縣東南宋紹興中邑令雷繼遠徙于郭之東廣五畝而贏厥後唐容劉卿月宰邑復增益之容撥絕產之田以廣教育卿月拓范氏之壤以充直舍元初縣令陳元愷又重修之殿堂祠宇齋舍書樓各奠以位後皆燬於兵而禮殿獨存　國朝洪武初張立林衎相繼修作而學復興既而知縣姚瑾作文昌樓三間縣丞何昭善購隙地以充廣之凡所未備悉加增置焉歲久寖入頹敝於學弗稱伯埴乃言于參政程公稹僉憲黃公森遂命知縣鄭子朝鳩工集材次第興作先禮殿次講堂禮殿作於宣德四年五月落成於是年九月講堂作於明年五月七閏月而告成是役也伯埴親任其事不憚勞勤及匠石食飲之費有不足者取於其家以資給之至於殿廡戟門文昌樓齋舍庫庖射圃則教諭江振齊於鄭尹趙史復撤其故而更以新於是規摹宏敞締構

完美不獨士子得所依歸而邑之人士皆得其瞻仰矣余以衰疾歸老江鄉閑閱郡志於屬邑人物自唐以來豐城爲盛夫人物之盛固由乎山川靈秀之所鍾苟非教養之有素薰陶之有漸雖有忠信豈能彬彬若是哉此學之設有功於世而先王之教必由茲始人材造就必自茲出子弟之賢必本於父兄師友相與誘掖勸奬礱磨切磋以底夫達材成德之地凡若此者又必有賢守令爲之表率則勤怠者有所勸懲觀感者興於禮讓教化行而風俗美其所繫豈細故哉此余於藩憲諸公邑之令佐喜其知政之務學之師友期於慶學之成而

於伯埴深加其用心之勤也故不慚虛薄而爲之記云

進賢縣儒學記　　胡儼

進賢縣本南昌之東境晉武帝析置鍾陵縣尋廢唐武德初復置八年又廢縣爲進賢鎮宋崇寧二年復改鎮爲進賢縣於是儒學隨建在縣治東南此建學之始也宋亡學廟寖入於敝元至正庚寅監縣袁州海牙重修之元季燬于兵　國朝洪武初知縣施皓遷學於縣治之南重建廟堂門廡齋舍其制度儀章具載前進士李寔碑文有可徵焉二十七年知縣陳友常繼修大成殿明倫堂永樂四年知縣李思中又修兩廡東西齋及戟門欞星門是皆能崇儒學知爲政之本也自是三十餘年積寒暑風雨之變殿宇器物不能無朽敗像設丹堊不能無漫漶正統戊午夏龍巖張冲來令斯邑舍菜于廟退而周覽卓然有志於興舉廼協謀同僚暨學之師儒經營措置搆材備物明年己未命工繪宣聖四配十哲之像又明年作兩廡肖從祀諸賢凡百九位儀容章服彬彬焉郁郁焉工既訖遂欲重作禮殿適南昌郡守池陽胡公同知涿郡王公行縣喜其有爲亟稱美之木齋專理學政按察僉事天台陳公又移文督其成乃興作於壬戌冬十月告成於癸亥春三月禮殿三間二翼以二丈一尺有奇深三丈一尺廣加於深二丈五尺美哉侖奐夐超於昔丹碧照耀燦然一新學者得其依歸士庶有所瞻仰張令之用心文教視昔人之勤又有加也至於贊相成之者縣丞崇安倪彥成吳江楊勉王簿富陽楊信典史嚴陵張樂教諭婺源倪以學訓導華亭褚良皆與有力焉雖然廟學之修舉豈徒爲觀美乎哉學者由義路禮門獲覩聖賢之德容當思進德修業以務其本爾蓋明體適用君子所以成己成物先儒有曰記誦華藻非所以探淵泉而出治道故科舉之外有物理之學物理之外有性命之學五六十年前余承事先輩若艮菴傅先生虞亭熊先生嘗與講學而竊聞緒餘且期待以斯文甚至前修既往而不知老之至也因爲斯記并舉二先生之期待於予者亦竊有望於學之諸君子焉願相勖之是爲之記

奉新縣儒學記　　胡旦

漢魏以來奉祀孔子惟曲阜闕里至唐開元始詔州縣置廟并像十哲繪七十子春秋釋奠載于典禮宋朝因之不改舊物奉新隸豫章在李唐時僭亡不暇先聖之廟舊址存焉大江之西豫章之境風俗淳厚士人儒雅家崇孝悌門聞義遜詩書之教講誦之聲無時有息良

以官無徭征尸無稅賦友睦之道盛乎與行大理評事致仕胡仲容縣人也宗族甚大德業其昌勑旌門閭以尚高義若弟若子文章策名或長或幼詩書崇訓以其鄉縣漬于皇澤家門揭于素風先聖祠堂獨無作者乃捐家財剏孔子祠凡三十許間像宣尼顏子以下續曾參之徒籩豆簠簋率以常品二仲含萊令佐行禮於是乎在談經肄業敦儒信道者於是乎有歸矣嗚呼先聖以天縱之資膺作之性誕興文教卓爲世程後人方之廣厚於天地照臨於日月浸潤於江海誠亦大矣而謂仁功邁於堯禹享祀比於社稷信哉今觀伏羲之馬生神農之穀藥皇帝之軒冕孔子之詩書皆日用民賴以生而不可闕也三皇五帝廟有定處祠有常時未若闕元之詔州縣與社稷並立者也宜我宗人用作祠像厥功告畢會余倅廬陵而書之以紀時日

奉新儒學水城記　謝廷傑

奉新隸南昌郡在省治西距百餘里曩時城厚且完數十年漸就頹毀邑侯至皆以當　國家承平時可恃無警竟莫任修輯計逮長樂陳侯來治兹邑則喟然太息曰噫殆哉易曰王公設險以守其國故周禮有掌固之職凡以掌修城郭溝池樹渠之固也今堂堂一大縣不知爲城守計吾弗知所終已遂議出羨餘經理之於凡縉紳之士嘖嘖言其弗便於學先是學宫之前峙以高城中外隔絶凡山川之奇皆爲所蔽是時以科第起家聲樹廟堂者雖不乏人然僅僅焉弗多見耳城頹之後遂相繼接踵而出若山川之靈使然繼侯乃量工命日分財用乎板幹稱畚築程土物議遠邇畧基址拓厚薄仞溝洫具糇糧度有司未決數旬悉繕完之於學宫之前則拓其舊跡延袤以迄于川據水爲阻甃以石自外視則壁立數仞嵬然一城自内視則川原形勝一覽都盡無復曩時之隔絶也於是士皆樂之其願徊徊於詩書之門游觀乎道德之域者不知其幾千百人也嗚呼可謂知大計哉亦可謂善通變哉吾聞侯之宰是邑也利者興弊者革偃者起困者甦民曰便矣而是舉也士又便之乃爭自淬礪以爲百姓倡則不但他日有所賴矣爲屏翰爲干城而孝弟忠信之俗成民且親其上死其長萬一不幸則芟茨之守堅於重門晝地之守嚴於白雉而兹邑行且爲保障矣侯之澤寧有窮哉昔人謂大儒善調一天下必得百里之地而後見其功今侯當一面之寄所建立乃如是則他日秉鈞持衡卽調一天下無難矣中丞徐公嘗輯侯弭盜可方龔遂造士可方

文翁以今觀之信然時博士弟子具述其所以以禮與幣來請予紀其事且以先大父文莊公嘗紀其修學而是舉也亦將勒石於學以誌侯之績於不朽似弗可辭也遂書以紀之城經始於隆慶六年十月望工成於萬曆元年正月望計長一千八丈主其事者縣令陳公儁而教諭朱河訓導卑成鑾余忠謀望任訓導李本賡咸與厥成董其役者縣丞金積主簿徐堯咨典史蘇林是也

武寧縣儒學記

舒芬

武寧縣有學自宋紹興間始歷元至正十二年毁于兵我大明受命洪武五年乃建于縣治東南是後科目亦往往有人成化十年乃遷于縣治西由是比年解荒乃正德己卯桂平陸君浚來知縣事逾明年庚辰政通民和惟科目乏人是懼乃相學宮曰是宜遷乃謀于教諭鍾汪訓導宋檄莫琛乃謀于僚屬縣丞張翔周冠主簿吳志大典史王瓚監生劉源諸生井傑又進耆民盛環詢謀之乃請于巡按監察御史唐公龍提學按察司僉事邵公銳分守右參議周公文光分巡副使顧公應祥定議遷于縣治西南故城隍廟所且曰內環脩水外對挪峯盡一邑形勝差稱仲尼王者之居僉曰然乃卜

始治功于是年十一月壬寅再逾年爲嘉靖元年壬午正月既望工告成事蓋自大成殿迤兩廡抱儀門出爲櫺星門巍然翼然足以嚴王祀也自明倫堂兩齋直北爲齋宿房于外爲祭器庫爲神厨爲號房爲膳堂爲射圃乃官衙井然秩然足以若民望也是秋大比諸生方孟緒果錄于有司癸未春教諭鍾汪亦登進士第師生僉曰此可見志一則動氣也陸侯之心其可泯耶宋君莫君遂使生員陳琅沈朝卿來問記予以學校之設雖自朝廷而作興士類求真才以濟世用則在良有司若陸君者其聞道乎君嘗被聘考試于閩余時在船司得一接談意其他日必爲良有司也今作縣而用心若此武寧之士其勿負哉苟逐時好舍經而求傳違聖而師心則致於用必無所忌憚而誤蒼生矣必戒慎恐懼由太極通書以遡孔孟之傳由周官六典以稽周召之法則庶幾乎才非血氣可以濟世用也余非知爲學者亦書所見以告武寧之士而不敢欺

武寧縣儒學文明閣記

邵寶

弘治乙丑四月既望寶行視武寧之學祗謁先聖禮畢退揖諸　座以臨諸生既而觀于堂北有新閣焉毛尹駿請登之凡邑南諸峯皆列前楹若環拱而獻秀者又

顧其後則有岡焉新築也有林焉新樹也與閣相映發顧騤曰佳矣哉故有是乎騤曰此民之池也昔南昌守祝侯行縣至於斯見而陋之因謀塞之而爲斯閣以冠其上凡斯閣之建則侯之功也閣既成岡與林次第以就此則騤所以終吾侯之事者執事學之宗也騤也方將告成而適臨焉敢拜斯言之重明日騤暨教諭洪世傳率諸生陳棟等請爲記以旌南昌之勤實乃進諸生而告曰孔門論學有堂室之喻汝嘗聞之矣蓋堂以升之室以入之淺深先後於斯焉在然則凡爲居者有堂焉必繼之以室堂而無室則于制未備而況于學獻有升入之義者乎今斯閣之基其在學分宜爲室弗室面池君子曰洿于是乎基焉去洿而平實矣君子曰猶卑於是乎重屋焉去卑而高明矣君子曰猶虛於是乎岡焉以爲敦厚君子曰猶疎於是乎林焉以爲邃密蓋有堂室之遺制也諸生升堂之餘而室是入乎實以質之高明以達之敦厚以成之邃密以終之遠有所見而近無所遺觀極於外而規詳於中與爲學之備也豈特制焉已哉且學爲郡邑六事之首夫人知之而或以爲緩即有務者侈于門墻足矣而孰能備夫堂室之制如是況武寧僻處山谷幾爲歲而部使一至南昌之留意於

此葉缺

此而毛尹遂焉詩曰衣錦尚絅斯其近之矣諸生之於學也又當自是始由是而堂而室學大有成居爲碩士起爲名卿大夫稱武寧之材則所以旌南昌之勤者莫大於是矣記之爲騤曰公斯言也其斯記也請書而刻之閣之建也南昌擬其名曰文明君子曰稱凡爲地二畝出于邑人張鑭不願受直其費則南昌勸富室助之曰陳榮等數人爲白金若干兩督工民耆三人曰黃碧山盛炳是月望後五日記

寧縣儒學記　夏寅

寧南昌屬邑也有峻山長谷之限承宣提刑者歲不能

此葉缺

舉之司風化者何所逃其責乎諸生游斯學誦斯文今日學之興日行之其無負不舉之吉先正嘗言天下第一等事不可讓他人做於乎而況於職其與者乎

寧縣學建藏書閣銘序　　黄廷堅

分寧縣有學所從來遠矣然邑子諸生頼學以成就者少挾書以游四方者多蓋在官者常曰獄訟之不得其情賦租之不登其時簿書珠墨之不當其物寇強發而不輒得是吾憂也若勸學養士二千石之任也故廟堂蕪然未嘗過而問焉彼蓋不知養士之源發於縣以爲民父母莫聽獄求盜之謂哉今吾寧延平胡君器之之爲縣左規而右矩謹名而務實教之用經治之用律其隱民不急牧民不煩豪吏斂手困窮得職然後盡心於學乃舉其鄉先生與一經之師位之以師友而作興可學之民弟子常溢百負器之率其僚潔牲酒籩豆釋奠春秋諸生升降成文耆老嘆息則合謀曰群居終日常病無書今令君不鄙我民使得燕居以勤已事甚大惠也惟是公家力不能者吾儕其勸成之於是學有職及諸生之父兄皆自勸市書以給諸生之求且爲出入之不嚴不可以保存暴涼之不時不可以持久相勸作書閣并祭器而藏之閣成謁諸令君令君乃以元祐八年夏五月丁丑釋菜於先聖之廟而告成焉諸生以告黃廷堅而請銘之於是有問者曰郡有學朝廷爲之擇師教事備矣縣不興學亦病者乎廷堅曰是不然今夫浮屠之舍非傳先王之道也而所居如林其墮隳不守凡有官之君子必左右經營復之關市之征先王以禁利末其開塞有勸令則徒會其入百人之聚有網漏一金之利必請而張官置吏焉夫士不可一日而無學民不可一日而無教至於興學聚書則雖萬室之邑以爲非職之憂者何哉此可謂爲民父母之心知發政先後之序者乎諸生曰信如子之言請書刻之堅琚以爲後人

詔　凡治有條如機有綜經經緯緯積千成兩管斛之手簡功於紐可席可韈不能以守睹此廟學終歲蓬艾聖師所居風雨無蓋今誦聖言皆有夏屋爰及萬冊守以華閣華閣渠渠言行之林聿求古今自觀德心咨爾諸生永懷茲道勿嬉勿騖以廸有造得意自已書不盡言如御琴瑟聽於無弦幕阜几几吳味楚尾其下脩水行六百里山川之靈毓秀於民世得財用我培其根勒銘頌成式告爾後無或墮之永庇俎豆

三賢書院記　歐陽玄

洪之奉新三賢書院者舂陵周元公眉山蘇文忠公脩川黃文節公之祠也邑庠舊祠三賢以元公嘗仕脩川黃文節公實脩川人蘇文忠公南行弟文定公謫官筠州因省其弟過洪州之筠奉新爲邑蓋有三賢之轍迹焉故邑人慕而思之孔子之宮更兵祠廢世儒鄧君謙亨久欲復之未暇後至元五年己卯有旨禁民爲蓮社其祠宇聽民請射爲業有堂名種德適邇鄧氏居謙亨與伯子杞謀遂入辭于官請以爲三賢書院有司許之乃撤故爲新加以補葺中爲先聖宴居別室爲三賢祠一如他書院制既而講授肄習悉循其規於是割田若干畝入得粟數百石以備聖賢饗祀師生廪膳之資且日其季子梓宰邑安化逍劉上將父兄命具書院顛末謁玄爲之記玄嘗竊考周元公道德之盛其出處正當汴宋承平之秋君子衆多之日而當世諸賢縉紳士唯呂正獻趙清獻二公相知文學蘇文忠黃文節獨深企仰文節稱公光風霽月人品甚高新安朱文公每服其知言文忠作濂溪詩有曰先生豈我輩造物乃其徒此非深喻太極通書之旨安能爲是言哉然蘇公之識之豈能知尊周子之學而不能知程子之賢黃太史之辭章足以極周子之形容其行義乃不足以稱富韓公之識鑒孟氏所謂智之於賢者命也蓋蘇黃之知周子卽孟氏所謂性歟歷元祐諸公之學接於濂溪眉山文不偶於洛學脩川之不見察於彥國豈謂命歟二賢生乎起敬周子之心一日著於文墨議論之間距知百歲同堂之祠實張本於斯焉是亦孟子之所謂命者歟玄固願士之來游來歌於是者屬其希賢之志勿諉於命務究所知謂性不謂命焉前脩遠乎哉玄之是記庶幾可爲諸士友進脩之一助云謙亨字仲謙有德望于里中杞梓克紹家學梓登元統進士第歷官以淸幹聞

正學書院記　羅洪先

督學憲使敬所王公因貢院改復取完壤成材輔以爲

新建書院其上於是巡撫吉陽何公巡按五台徐公東泉鄭公咸助之成中爲崇𧨏堂廣幾許後爲退食之軒燕休之館庖廐圃湢巨細咸具左右爲號舍者凡幾所堂室門墀各限嚚雜外爲夾道繚以周垣總爲屋若干可容生徒數百十人扁其門曰正學書院始于嘉靖戊午某月又幾月而告成道使委記于余未幾王公遝叅政而憲使滄溪黃公代爲督學增其未備復申往命余未嘗得造其門繁書與圖其愛士良勤而規畫至弘遠矣夫名以正學者所以別其學爲聖賢不雜於他道云爾嘗考正學之明獨在孔孟之時而其後莫盛于宋然

夫子方且責原壤惡鄉愿而病異端楊墨之辨孟子自謂出不得已二程朱陸之於佛往往若敵壘之吾儕是當時之人惑於他道亦甚矣夫當極明之時邪正紛紜乃自不免此何說哉凡吾之言學未有不篤于躬行者于躬行之中而議論稍偏意念稍蔽其始止于毫釐而流弊乃或千里之謬初非與聖賢之道背馳而不類則原壤楊墨之類是矣以其偏蔽之流固不得不爲之防而躬行所至各有自得又足以易視聽而傳久遠向非見正於聖賢固莫知察其微而絶其患此他道之辨所以必出于斯道極明之時亦其勢使然也夫聖賢之學

何學哉求以復吾之心焉耳以吾心之能應也而遇之爲君臣父子兄弟夫婦朋友焉於是有五倫之交以吾心之能應常不違其本體之則也而形之爲親義序別信焉於是有明倫之實即五倫之交而善吾酬酢變化之用必博學以竭其才即明倫之實而敦吾主宰靜定之本必約禮以立其大此聖賢之學所以周徧而不涉於流蕩精深而不失之高虛皆所以篤躬行而非以空談相誘長其知見而已也傳此者謂之六經言此者謂之課試而盡此者謂之賢才其不出於此者皆他道也非吾聖賢之正也濂洛之後至今日講學之風遍天下

其亦可謂盛矣其皆篤於躬行矣乎亦有失之偏蔽者乎抑亦尚不免于空談而偏蔽之患猶不解乎慨自江門致虛之說出而俗學爲之一醒然所謂分殊處合當理會者固未始忽遺也紹興言致良知不離格物誠周徧矣其言曰良知者未發之中寂然大公之本體便自能感而遂通便自能物來順應又曰當知未發之中常人亦未能皆有是必致之而後可謂之學未嘗廢學言良知也夫正學不明聖賢汲汲于奔走者不啻拯饑溺之切也然當極明之時而他道即已叅雜其間然則議論之從違意念之輕重其在今日烏可無慎也哉雖然

吾方恐其偏且蔽者由此以後而卒無所成自不足以
易視聽又懼求正學者之有躬行之驗則亦無以取信
而不受變于外也群公書院之設固聖賢之汲汲焉遊
息講授而來者亦嘗以是隱於其心否乎致不慮之良
知以存未發之本體而勿執感應自然以至於廢學斯
可免于偏蔽之患而務躬行者尤當端才以立其大然
後可進于賢且才其或竊六經之文以工課試不復知
有其他俗學也此於人已無算尚何以捄人之偏與蔽
哉求正學者自得之

南昌府志

重建正學祠記　沈九疇

正學祠故爲書院其奧祀宋濂溪周先生而河南兩程
先生從皆肖像具衣冠儼然邦人士瞻依舊矣往當路
者釋憾于一郡吏遂矯誣盡毀天下書院靡孑遺焉歲
丁亥夏使臣疇奉
命視學豫章至之三日謁見
先師又三日遍禮郡所祀名賢忠臣節士則首至祠下矣
祠僅三楹几几榛莽中上漏下濕冠裳塵垢伊威與其
座隅雜昔絃誦之區安在嗟嗟祀事之弗敬教之不行
使者將安逃罪於是移南昌守范君淶諭民受直而還
其地于公間有慕義不受直者於是移南昌令何君選

新建令余君夢鯉鳩工分葺學舍于祠之東西凡爲楹
共一百十有二東上別爲道南祠其西上爲芳潤軒則
與諸生談藝之所也祠仍其舊新之前構講經堂五楹
又前門二重皆三楹表以綽楔題曰正學祠則唯中丞
陳公命費若干金則多屬鍰之羡皆得請于陳公及先
後侍御孫公朱公祠將成而侍御祝公中丞莊公繼至
尤加意焉俎豆孔嘉觀聽攸萃翼翼焉比于舊貫矣
夫今天下學士先生非孔子之言弗道　國家取士非
孔子之言弗收也其奚學之正不正是懼揭揭然縣諸
其人且所祀僅三子也何居使臣疇曰夫三子者非學

南昌府志

孔子者邪孔子之道萬世無弊不數傳乃有叛其學以
亂秦安可逆計也千載而還儒者濂洛最著矣乃其流
至以其說相軋彼以此爲俗學此亦以彼爲禪夫學安
有此兩者何至以相詬病也孔子所爲教類曾語具在
疑後世儒者極慮殫精高談性命無復逾之顧當其時
曾子一未嘗厭棄皆未妄意速肖至於身通六藝之徒
其言莫不聞儻盡厭棄其學曰吾奚弗回參庸弗克臻
成功則四科虛設五教尤多岐也故孔子嘗曰賜也非
爾所及也蓋禁之也是故昔以卑病學今病高遠昔以
維病偏今病精微夫亦其積漸致然嘗觀流俗所紀字

獨吾道即百家衆說始未嘗不崇質約語近而理要事
省而功多迨其衰也趨逈岐術逾甲矣是故學者宜擧
也三子講道實始于江州余嘗道經其處蓮池遺址向
在凡四傳而豫章羅氏又推明其學故三子者豫章所
最宜祀祀三子猶其祀孔子也孔子聖之終三子儒之
始故祀三子猶其祀孔子歟陳公名有年餘姚人孫公
名可萊陽人朱公名鴻謨益都人莊公名國禎晉江人
祝公名大舟蘭谿人

南昌縣新脩儒學記

齊世臣

南昌邑有庠與郡庠鼎峙洪城蓋鬱然稱首教哉其址

樸翼南湖而蜓枕龍沙章貢西浮筆峯南拱故所毓者
秀異士以文章德業名世者後先踵起海內號材藪焉
惟治湖洳窪汨閼數十稔不一飭則墊圮勢矣會有諸
司振文者率先郡而後邑邑又劇甚縣綬者率疲鵰於
簿書租繇則數十稔不一飭者亦勢矣
聖天子茂繹基隆廣厲黌序三令五申維守令是重克齊
何侯礽授臨潁異績濫聞亟徙之令南昌又惟劇邑是
重耳侯蒞政以天日之心運風霆之力剔蠹興瘠理棼
達閼不朞月而百務犁然卓有古循良之槩頑遭大祲
仍歲民困孔棘時事阽危又什佰疇昔令難也者當是
時取稱塞者即旦夕趣道殣不給姑置教學事弗講矣
侯則操其要術其次第緩征輸省刑獄發倉部築堤圩
戢暴亂而又輸環阡陌所至問民疾苦各察其情欲而
爲之所全活奚啻萬億三越歲無寧晷戊子春經略甫
闢東作既秩侯憮然曰民困幸有瘳矣顧觥時舉而教
思之射馬師帥謂何且上作而下貴應我　太府希陽
范公風節勵俗若澹臺徐孺子溫司馬黃司空諸祠墓
無不飭釐一新矧學宮爲養士之所可任其蕪壞弗振
乎遂白范公毅然大庀厥工殿堂門廡飭舊爲新庖庫
次舍因甲益高門左右改置鄉賢名宦二祠扁其中曰

萬仞宮墻補葺師生號舍凡百餘楹學址爲李公涵虛
闢地則祠之東北隅學西有高橋則造石闌百二十坊
易其名曰躍龍南爲重柵大壁扁其亭曰龍門廟貌精
然改觀過者色動神竦僉曰規制之備命名之美曠百
年一見矣約費壹百叁拾金皆取諸節省之餘不煩民
力經始是歲之三月越八月而工竣適歌鹿鳴賓興者
十五士自制科以來數稱獨盛氣化人事若相待以有
成也學博吳君儒周君家相劉君天民偕諸弟子員屬
余記其盛余固肇業斯宮者敢以不敏辭竊謂古之爲
治者先教而後政今之爲治者有政而無教甚至馭士

芬泉灕新一切絕以法網故人皆以道德為迂談以術為末技士子耳濡目染相率衒其才智逐於浮競而忠信之意驟微頃秉事者痛士習文體日趨於詭欲力維之不得其弊有由然矣我豫章夙稱禮域即風會之流遠不逮古昔夫士者民之倡也士不反經斯庶民不興當歲則逸心易生凶歲則暴行紛起侯有槩於中也久矣故當荒政劻勷之日猶孜孜建學牖材終不以甄育後賢字正欲明示意嚮作新耳目轉移世道人心翕然一歸於正此蓋為 國家計萬世泰寧樞本也豈論歲豐凶為脩輟也哉是舉也取義大用意深嘉惠遠侯有大造於南邑而所望於多彥者至厚已然則多彥之所藉以副侯者何居傳有之上表端者其下決拾即召爾乎多彥仰止孔孟當務遠宗先進盡祛教習文軌六籍之正行遵三代之英出必移孝作忠處亦服仁載義俾下里編氓靡不感興而滌易焉豈惟決拾其棠于侯有光即山川所蟠毓先喆所被黃遞增休美無替哉爾乃是不發遠慮而覺舍弁髦而絃誦恥平吊詭騖浮隨世以希榮進無論盭 主上憲令即師帥所為拮据而振育教者其何狀之副嗟夫士將[illegible]以学乎

濟濟多彥職思其虔余因嘉侯之績又述侯之意而申之勸勗令世世稽文獻者覽而推不朽云

會修堂學約二篇　徐用檢

學不尚止尚其進會不貴文貴其實舜何人也予何人也有為若是舜人也予亦人也終身可憂此尚進之學也以已方同弗如自屈投杖聞罪自咎離群此實實之會也余至豐邑行學偶申古學之義諸生夙同是心者聞之津津向往焉因訂為會意諸生有學矣且有會矣其進耶止耶實耶文耶進則為舜止則為鄉人實則為友文則為面朋是在諸生之自愛而擇之耳諸凡入會與入會之後務虔終始毋傷龍人以阻善類

古人訓學以效言效先覺之所為也學者所稱先覺非孔子耶孟子耶入孝出弟孔子之處家也飯蔬飲水孔子之安貧也東周禮樂孔子之夢想也進禮退義孔子之出處也孟子願學孔子有終身之憂者也吾人欲效先覺則必當學孔孟欲學孔孟則必當思已之孝弟果能如孔子耶安貧果能如孔子耶夢想出處果能如孔子耶其願學孔子之切果能如孟子之憂勤以終身耶念念而求之事事而踐之一刻如此為一刻之學一時如此為一時之學進之為日月之至純之為三月不違此學之義言效先覺之所為也不然雖日從事於學日聚友講學名而已矣失學之義猶弗學也余至豐邑行學因諸生進講為論學之義諸生有感各訂會以切磋於學茲復書此者因陸生輩之來請也與是會者其尚勉效先覺不徒循會之名則斯會庶其光大可不至中廢也矣

藝文　補遺　碑記

徐徵君墓碣　張九齡

後漢高士徐君諱穉字孺子南昌人也先生受天元休含道傑出生知而上貫之以一體脩潔純動適玄妙知道之將廢乃窮則獨善躬畊取資非力不食隣落所庇率化無訟在漢之季遭時溷濁不抗跡以庇物故退卧山林不茍利以辱身故進無祿位五辟宰府四察孝廉又舉有道就拜太原太守皆辭疾不起延熹二年尚書令汝南陳蕃僕射南郡胡廣相與上疏極言先生宜爲輔弼協和人神桓帝猶能安車玄纁備禮致聘而竟不屈志知時之不可支然而諸公嘉招雖不之屑就及聞薨卒徒步吊祭禮有所尚隻鷄不薄意有所加生芻爲貴士之感義實衰世之有補人而見德俾後生之可薦其廢中權行中慮皆此類也昔者夷齊介潔而遠去沮溺避迹而離群顏闔鑿坏以遁逃接輿強歌而詭激此其所作或類沽名夫有所不爲至則偏也無適不可用之極也先生則貽絕在心而經修於世純儉以存戒愽愛以體仁應物以會通全已以歸正漢庭所以宗其德天下所以服其行豈與彼數子直道而已哉靈帝物欲蒲輪聘焉會先生以疾終時年七十有二子曰孚登薦行孝弟亦高尚不仕　唐開元十五年予忝牧兹郡風流是仰在懸榻之後想見其人有表墓之儀豈孤此地則先生德其可沒乎乃銘曰靈芝無根醴泉無源角立傑出先生斯存英英先生德不可銘麟出無應鴻飛入冥道高事遠跡存名邵勒石舊邦以觀其妙

徐高士祠記　曾鞏

漢元興以後政出宦者小人挾其威福相煽爲惡中材顧望不知所爲漢既失其操柄紀綱大壞然在位公卿大夫多豪傑特起之士相與發憤同心直道正言分別是非白黑不少屈其意至於不濟而織羅鈎黨之獄起其執彌堅而其行彌厲志雖不就而忠有餘故及其既歿漢亦以亡當是之時天下聞其風慕其義者人人感慨憤激至於解印綬棄家族骨肉相勉趨死而不避百餘年間擅強大覬非望者相屬皆逡巡而不敢發漢能以亡爲存蓋其力也孺子於時豫章太守陳蕃太尉黄瓊辟皆不就舉有道拜太原太守安車備禮召皆不至蓋忘已以爲人與獨善於隱約其操雖殊其志於仁一也在位士大夫抗其節於亂世不以生死動其心異於懷祿之臣遠矣然而不屑去者義在於濟物故也

孺子嘗謂郭林宗曰大木將顛非一繩所維何爲棲棲不遑寧處此其意亦非自足於丘壑遺世而不顧者也孔子稱顏回用之則行舍之則藏惟我與爾有是夫孟子亦稱孔子可以進則進可以止則止乃所願則學孔子而易於君子小人進退消長擇所宜處未嘗不惟其時則見其不可而止此孺子未能以此而易彼也孺子姓徐名稺孺子其字也豫章南昌人按圖記章水北徑南昌城西歷白社其西有孺子墓又北歷南塘其東爲東湖湖南小洲上有孺子宅號孺子臺吳嘉禾中太守徐熙於孺子墓隧種松太守謝景於墓側立碑晉永安中太守夏侯嵩於碑旁立思賢亭世世修治至拓跋魏時謂之聘君亭今亭尚存而湖南小洲世不知其嘗爲孺子宅又嘗謂臺也余爲太守之明年始即其處結茅爲堂圖孺子像祠以中牢率州之賓屬拜焉漢至今且千歲富貴湮滅者不可勝數孺子不出閭巷獨稱思至今則世之欲以智力取勝者非惑與孺子墓失其地而臺可考而知祠之所以示邦人以尚德故并采其出處之意爲記焉

徐孺子亭記　　徐鉉

天之愛民甚矣雖數有治亂而常生聖賢致乎其位則必加于將舛其道則教垂于後雖銷聲滅跡亦全身遠害不德而德普逃名而名揚推尊等宮禮重於列國式閭表墓道光於無窮舉善而教政之大者也恭惟我祖炳靈南國舊宅界乎仙館高臺峙乎澄波孺亭之稱海內瞻仰名公良牧代加崇飭千載之下猶且慕焉丞相司空鄧王以茂親之重膺分陝之權思老成之典刑仰高山之景行不言而信不肅而威乃命經營將從締搆九成方起百堵未周遽子歲入秉國鈞以武昌連帥侍中濟南公代司宮鑰公致用以武從政以文祗奉舊規率由周禮再廢成制詳考舊基夷坎窞而就平碑崖岸而增固乃崇堂奧乃加藻繢右嚴樽坫之序左設庖廚之區前臨康莊旁眺城闕平湖千畝凝碧于其下西山萬疊倒影於其中依然懸榻之場想見致芻之狀與夫洪崖之館絢綵於煙霞滕王之閣騫飛於雉堞南州之物象備矣前哲之光靈萃焉嗟乎君子與一役建一事於時必可頌於後必可觀玆亭之作也都人朋悅過賓矚目紀於方國之史播於樂職之詩鉉也辛承燕翼之謀獲恭翰墨之任俾垂不朽敢憚無旨

徐孺子祠記　　朱　善

大賢之政非有關於名教不苟作也今年仲春余從許

侯謂高士墓於南門外墓之蓁塞久矣樵蘓牧圉游戲乎其間孰知其爲當敬者自侯之至乃始垣以繚之門以扃之樹以封之時而祭祀以享之祭之日清颷掃塵樽俎旣陳侯與賓從序拜於墓前夾道而觀者莫不嗟嘆而人始知名教之爲重祭畢而燕侯慨然曰東湖故有環波亭允爲茲郡之勝今亭雖毀而基尚存余方將命匠掄材徙高士祠於其上且俾郡之文學之士時致其祭以寓其企仰之思以遂其遊觀之樂何如皆對曰善未幾而祠宇告成侯再率賓具禮而釋奠焉而人益知名教之爲尊惜余時留京師而弗獲與斯禮也比歸亟請一二文學之士同往造焉始入而余心肅如旣謁而余心愉如左右顧瞻而余心廓如矣堂高可以棲神庭廣可以行禮比牖靚深可以燕喜前臨通衢後俯清波植之槐柳種之芰荷芭菜含芳各有生意曾不踰時而東湖之景煥然矣非篤於名教者其孰能與於此余因謂二三文學曰世之稱孺子爲高士者謂其弗仕之爲高歟抑以其節操行義之爲高歟如以其弗仕之爲高則當世避世而隱者固非獨孺子一人而已如以其節操行義之爲高則君厨顧俊及諸賢孰非有德義者先賢之論孺子蓋曰龍德而隱德固非專於隱也其潛見飛躍惟其時耳當可爲之時孺子未必不爲於不可爲之時孺子是以不爲此其所以爲高歟噫孺子信不可及矣而吾黨之士得以歌於斯游於斯仰前賢之高風挹湖山之清氣以陶寫其性情而增修其德業者非侯之賜而誰歟則是侯之斯舉固大有功於名教而凡與斯游者皆不可忘也於是同游者若干人各賦一詩裒爲一卷請余序諸卷端書而納諸許侯云

修徐高士墓碑　萬恭

徐高士非遯世者也史稱居南昌家貧常自耕稼非其力不食恭儉義讓所居服其德率無訟陳太守禮請署功曹數詣太守太守爲下榻終日言左右莫得聞夫漢自安桓而後母后數臨朝幼冲數踐祚始也外戚執國命繼則宦官出矣漢事岌岌矣乃陳太守獨懷忠憤思以一絙維大樹之顛禮高士外籍功曹內圖遠畧促榻而語慮所以郤母后植長君制外戚典兵除宦官封列侯執政者其謀甚忠憤其計議甚深遠此其志何如者夫擊磬不可與謀世荷篠不可與達權使高士而眞遯世也將趍而避之矣太守不得與之言矣且太守用世者也道不同不相爲謀卽相見兩言而決耳數終日言何詳左右莫得聞又何秘也意者亦欲太守處[illegible][illegible]

不可則止乎已而黄瓊免李固杜喬尸諸朝太守且爲尚書令始荐高士於桓帝宜擢登三事協亮天工尚書令豈冒焉以高士嘗帝哉誠耕玄纁安車出南昌以竟榻中之謀畢忠憤之志也夫漢事之不可爲尚書令之不得自免高士固籌之熟矣蓋至是决於遯思矣黄耶鄉卒高士炙鷄絮酒奔而吊諸冢君子以爲不倍師郭林宗有母之喪高士往吊之生芻一束君子以爲不忘友誠報五辟宰府四察孝廉舉有道知遇之恩大非遯世處薄者流也夫高士師友之節不忍廢也而謂其處薄不事王侯徒高尚與姜肱袁閎韋著李曇遂倫比忍

於廢君臣之義者哉讀其答茅容之言曰爲謝郭林宗大樹將顛非一繩所維何爲棲棲不遑寧處嗟乎此其志益可悲矣惜哉陳太傅以八十餘齡徒拔劍叱宦官橫死北獄悲夫豈其處義未精乃忘高士榻中語耶左司馬恭高士里人也間爲豫章太守范公涞南昌令何侯選反覆漢事白高士之心深然之捐俸三十金有奇建石門表諸通衢曰南州高士復路繕土垣四十丈廊三楹亭一楹亭堂三楹且補石墓之缺基趾藏離覆坎衰二百四十尺傅七十尺亟令余爲之碑存高士之蜕附存高士之心余乃捫心文之諸史家所稱說遯世者皆上取焉夫今范太守種種高義毋讓昔陳太守而處義過之榻固易辦耳惜無能爲太守下者

澹臺祠友教堂記

程大昌

豫章總持寺之東有澹臺子羽墓本圖經所傳爲信也司馬遷記子羽從弟子三百人南游至江班固又言子羽居楚友教士大夫豫章在春秋爲楚則子羽宜有墓然京相璠記子羽泰山南武城縣人也有冢水經陳留裘氏鄉又有子羽冢是一子羽也而稽之圖記其墓三出矣酈氏雖知泰山陳留必有一誤顧不敢堅決以爲孰是則豫章圖經其得獨爲信哉且子羽名施後世自

子游之宰武城始以子所關世蓋有四武城也左馮翊清河定襄皆以名縣而清河特曰東武城者以其與定襄皆隸趙且定襄在西故也若子游之所嘗宰其實魯邑而東武城者魯之北也故漢儒又加南以别之史遷之傳曾參曰南武城人者殆加也論語無此也子羽傳正次曾子子遷務省文故敘其邑里止曰武城至京氏則指其墓在南武城縣明其爲魯也夫子嘗欲適趙及河而返也洋洋乎丘之不濟此命也韓愈亦曰孔子西行不到秦是秦趙之地皆未始經行也語曰子之武城聞絃歌之聲是絃歌云者於南武城乎聞之豈北秦趙

歟東武城有絃歌臺遷志遂定著以爲子游所宰之邑則誤矣夫聖賢遺跡衆矣詢考二事其眞僞固已相半其可勝辨哉雖然予於其僞也而有喜焉受之鹿臺飛之石牓徧四海無復出者荆山歷山首陽則不一其地後世去古聖賢絶遠既無所事畏亦無所有覬而爭攘以自夸耀于是有一事而彼此互相同者此其意豈不甚可喜也哉嗚呼其可以使人慕尚如此無乃聖賢之澤久而不泯也歟其亦民之秉彝者無古今故好是懿德也歟則其僞也乃其所以爲可尚也况今之疑未必非昔之信者歟淳熙元年予將江西漕過子羽墓嘆曰

楚在春秋士能讀墳典丘索已博矣其後屈宋遂爲儒宗非友教遺澤歟其尊鄉國宜遂築堂祠之命曰友教

澹臺先賢祠重修記　范謙

道莫盛於至聖傳道之賢莫盛於聖門其在中原者亡論已自大江之南以西凡得聖道遺化以迄于今蒸蒸然賢哲輩出與中原文獻相角立者迺其由則自澹臺氏始夫澹臺曾產也子游宰武城亟稱之曰行不由徑非公事未嘗至於偃之室至聖如尼父惟恐以其貌失之賢可知矣其後七十子各以尼父之道傳之四方而澹臺氏乃南游於江設取予去就友教乎國人道大行士宗其學沒相率而祀之以故豫章郡今有澹臺墓祠在東湖之上總持寺之東宋以前興廢不可攷淳熙中轉運副程君大昌作友教堂焉專祀元季以兵燹廢

明興洪武三十年參藩李君思聰重構立遺像輪奐特新東西若干丈南北若干尺備載於記宣德二年郡教授宣城陳銓請於侍御司府再葺之正德十年復修飭門宇石砌其土崩者有督學使田君汝耔爲之辭歷今又七十餘年矣余守豫章首謁祠展墓有味乎友教之旨也乃進多士商之士各守其新說或曰良知或曰心學以爲知本是固然矣獨不曰武城之所爲亟稱者乎不

徑趨不苟謁率履正直潛離蔽固總歸於忘私於制行之確見其知於修身之密見其心是謂直內方外一以貫之者觀曾子子思子學術與澹臺氏同而其述天子庶人之學與三重之制至於建天地質鬼神考前俟後一本之於吾身信乎躬行之君子難矣哉稱今徒涉想像玄解以從事於無何有之鄉而使人視之如雷電鬼神不可測識者非所會於澹臺氏之堂也即史稱南方之學得聖道之英華者莫如子游及其訓子夏門人必以有本望之則子游於本末之辯殆諄諄焉以子游有本之學而稱澹臺氏不越乎所履聖道從可知矣於是與

多士瞻徊祠址者久之而祠隣於朱邸歷年遠垣圯稍
稍損於隣之先世余乃從多士所請爲査往牒恢擴其
故址垝者築縮者闢未繕者增嚙者葺[illegible]翳萎者飭以
駿蔚凡爲楹爲甍及墓之後堂之前左右庖厲阿翼之
數浮於昔有差總周垣以内度之廣前四十三尺[illegible]西
十八尺後五十五尺袤左一百五十尺右一百六十三
尺隣邸出緡錢十五千抵損值餘緡以千計者給二十
有五悉公帑民無一瓦一木之費自萬曆丁亥年六月迄
冬十二月役罷時南昌何令選董其成纖細具中度令
復伐石請記余言不文惟述祠之所由與士之宜爲先

賢所學者樹之堂側以折衷於實修君子且諗之曰爲
政急於知務武城絃歌得人先之詎謂世無澹臺氏也

蘇公祠記　胡儼

士君子幼而學壯而行致君澤民行義以達其道者乃
其本心也然時命不偶道不可行材不能展勢不可爲
功不能立其有見於此者於是遯跡山林栖泉石而友
麋鹿隱約以終其身者豈其本心哉余觀歷代史策有
獨行有逸民有隱逸有一行等傳當時史官亦何取焉
豈不以其負才能修節義道雖未弘志不可奪縱無濟
世之功終有堅貞之操足以立懦夫之志息貪鄙之風

其視苟得之徒俛首低佪孰若無愧於心放身而自得
此儒先君子有取於廣漢蘇公者良有以夫公字雲卿
與張丞相德遠爲友宋南渡德遠貴顯雲卿乃遯跡豫
章結廬於東湖之小洲種蔬織屨爲業垂二十年其離
群獨居泯其形跡蓋有慕徐孺子之風于千載之上而
神交于幽明之間者乎後德遠復相函金幣移書府帥
招之有故人蘇雲卿隱在治下耕築斯人管樂流亞非
折簡可招爲我造其廬必禮致之帥即與漕謀乃更
服爲游士造其所雲卿曰二公必賢士大夫乃揖坐松
根與之語因泛問德遠識量雲卿歷敘其槩且云一片
忠心儘可托但長於識君子短於知小人時兩宮悉離

德遠志在恢復二公曰今上起張公欲了此事雲卿曰
此事恐他未了得二公徐拱立出書幣雲卿遂神色不
怡喉間隱隱有聲似怨張公暴已者二公請同載以歸
雲卿謝不可曰來日專當修敬二公退翌日遣使往廬
迎候書幣不啓而雲卿已遯也帥漕復命德遠撫
几長嘆而已中興國史以雲卿爲隱逸第一人豈徒然
也哉由此而言雲卿蓋有識者豈非顏闔之徒歟人謂
徐孺子爲東湖之孔明余亦謂蘇雲卿爲東湖之孺子
易稱遯世無悶詩詠考槃之歌雲卿之謂乎彼抗俗不

顧果於忘世者不可同日而語矣監察御史昆明張公仲益巡按江西嘗閱郡志見雲卿之事喜曰是可以表世厲俗乃告藩憲師閫諸公謀立祠宇湖心之故址於是邑中尚禮之士伍伯遜秦本武李復初鄧文伯萬邦奇徐尚文魏友良葉原中葉原永九人者聞義而興各以其貲市材募工始事於正統壬戌夏五月告成於是秋七月八窓虛明中爲肖像煥然翼然于湖雲烟水之間遠近瞻望莫不起敬仲益之景行先賢可謂發潛德之幽光而雲卿之清風高致則亦與孺子之垂諸後世者同一不朽云

龍興路城隍廟碑　　黃紹

豫章郡新修城隍廟成郡安侯命屬吏黃紹爲之記按廟在子城之東其神則世傳以爲漢將軍灌嬰也歲久祠壞侯下車謁奠周視感嘆亟圖新而大之召工會所費度非百萬緡不可迺謀于監郡阿思蘭不花捐己俸以倡好事者歡趍之寧夏楊公繼來持憲節亦以涖事告于神偕憲幕議各以俸助於是凡有祿在官者一無所靳焉貲用以充度材庀工以觧以慎經始于至正八年之四月竣事于十年之二月正殿中峙旋以兩廡表以三門以楹計之凡二百有五十像設之儀悉倣縉而完之棟宇宏麗[illegible]何嬌如丹碧焜燿象服森列神靈於棲蓋奂然足以爲江右之偉觀而民不知勞非侯之善於營措孰至是哉稽之易繇有曰城復于隍城隍之名見於經者昉此神而祠之則若誘以專城之寄而未知所從始也傳志稱漢高皇帝時將軍南畧地至此壯其山川形勢首請于朝築城以控引海嶠屏障江淮高皇帝嘉其功封潁陰侯俾世祀斯郡將軍歿而人思之立廟以祀然則將軍之廟食于茲自漢開國初固然豈當時已有城隍之號也歟殆未必然也夫將軍奮匹夫佐高皇帝掃平天下功烈懋盛雄武英毅有遺靈而又

首祀茲郡歷千百餘年久賴其休顯有應驗更唐迄宋爵秩益崇王封廟祀世王茲土禮亦宜之古之祭法能爲民禦災捍患大有功德於人者則祀之以報本也人固謂是祠之修復侯知所以報本之義矣然紹以爲侯之心猶若有在者聖天子方嚴司牧之任飭風紀之臣勉勵之而豫章爲江西列郡之冠爲府臬司之所臨涖素號難治侯以閩海僉憲來爲守牧其所以上體宵旰之憂而撫摩其民人者靡不究極然而地數千里民物之殷龐事變之轇轕憂思所感有不得於心者衆矣言而有不得於行者又衆矣[illegible]

開作[illegible]照之成興有貲之爲而爲者[illegible]新之靈[illegible]相然佑其何以凝泰和而考休徵哉吾意邦侯是心惟監郡蘭侯有以契之惟監憲楊公有以知之而或昧焉故紹不敢以荒蕪爲辭輒述梗槩并系以詩勒諸麗牲之石俾後之來者有以知吾侯之用心也先是倅臨川郡金陵李漢傑嘗以私帑率衆人爲正殿而功弗竟因附著於此云楊公名文書訥今爲崇文太監蘭侯西域人前郡監安侯名謙河間人

詩曰

相此大邦　左江右湖　殿以西山　寔維奧區
邈觀周秦　魁在荒服　其誰郡之　穎陰之績
崇城言言　下有深隍　穎陰之功　終古不忘
不忘維何　威靈濯濯　世土玆土　廟食王爵
巍巍穀廟　載經寒暑　上雨傍風　神逝勿顧
我侯南來　載謀載度　煌煌新宮　不日而作
爾爾寧夏　議協而同　蘭侯弗爽　集此膚公
新宮清穆　衆服赫奕　左右我氏　時萬時億
我廬于壥　我稼于畝　惟神之休　終善且有
廣壯清酒　報祀以時　神之來兮　赤豹文貍
既安既宜　坎其伐鼓　神其不留　雷鼓[illegible]

巋然新宮　神之安宅　孰謂無庸　麗牲有石

城隍廟記　韓楊

國朝自洪武戊申制令天下府州縣皆立城隍廟以祀城隍之神夫高城深隍有神司之賴以保障吾民而捍禦其患也南昌古豫章之爲貢揚州之域寔爲西江列府之望城隍神廟在府治東北隅稱之神者故老相傳以漢穎陰侯灌公諱嬰爲之按高帝紀九年神以御史大夫將車騎追項籍至東城破之渡江破吳遂定豫章蓋神嘗有功南上況豫章爲所定之地而舊城亦以灌爲名廟食於此理或然也奈何廟由前代所創始洪武迄今歷年滋久風雨震凌氷霜剝蝕梁柱爲之朽摧瓦甓爲之殘缺先此亦嘗修焉第小補治尋復毀壞弗足以妥靈揭虔景泰辛未西廣蘇仕宣以通判權知府事廟謁之際顧瞻咨嗟乃捐貲爲倡夙夜經畫亟欲新之邦人素敬神惠咸樂趨助木石磚瓦斤斧蜻蜓工善吏勤不煩程督始事於景泰辛未之春告成於明年壬申之夏上棟下宇前殿後寢罔不完美吁官民一心說而不知勞也神人一理感而有其應也廟貌既新之後千里和平四境寧謐入邑有豐登之慶一方無旱潦之災[illegible]業西山而郡城爲之益高[illegible]南浦而郡城爲之益深

下以保障斯民干以捍禦灾患匪爲捍禦爲然抑使郡邑之内吏之貪酷者不得以虐於民民之强暴者不得以戕夫衆若是則神之爲德其盛矣乎矧神之爲神忠貫古今義安社稷寔前代之英豪載當今之祀典者乎未幾同知府事周時雍等上思　朝廷立廟祀神之重下念前人修廢舉墜之勞請文刻石以示將來予也忝職茲土知神之靈應爲悉且樂其廟之成也遂書此爲記并係之以詩俾四時享祀者祝而歌之其辭曰

昔稱豫章兮今曰南昌洪都新府兮江右名邦其高爲城兮其深爲隍既固且深兮如金如湯神能主之

兮奠此一方禦灾捍患兮時雨時暘家家耕鑿兮戶戶蠶桑黎民安樂兮飽食煖裳皆神之惠兮人其敢忘歲時享祀兮國典有常瞻之如在兮望之洋洋神之錫福兮悠久無疆

重修城隍廟兩廡記　　范　涞

豫章城隍廟勝國時在子城之東今在府治之東南廟址殊而府治所趨亦異云廟故有兩廡前爲重門門外出大道樹木枋一巍然王題昭揭靈貺此中三老相傳其神即漢潁陰侯灌將軍龍興路碑載之頗詳廟之或圮或修亦數見於前人所爲記而兩廡之飭未之也余守是邦以來每朔望循故事謁神感於廡之傾者朽者漶漫弗蠲者曷稱廟貌顧民務是急亦未遑也逾歲而巨浸爲灾民亟籲於神不得命臆計前所建枋去大門遼遠靈氣或未續爰諮梓人移其枋進十四丈有奇堪輿家言吉又逾歲巨浸復作民籲於神益亟謀及兩廡而黄耇時爲余言神之尊統乎省會猶及見舊廡壁間繪十二郡城隍像與諸善惡所作所受狀甚悉幽有轉冥明有勸戒盡圖之余又從所請於是南昌何令選新建余令夢鯉相與庀工塗抹輝煌五色軫軒飛流東西森列相向凡爲楹各以九計步櫚稱是鏡甓以二千計

甎瓦以六千計一切取給於官帑及贖石之羨工始於萬曆丁亥六月竣於九月爲日匝一季觀食諸民亦稍稍賴是役以舉火余昔之所感於衷者莫不如畫得藉手以妥神矣乃偕少府黄公别駕章公郭公司理吴公率二令三老諸人士拜於廟祝曰維

帝主民閭閻仰漢宣化者臣維天生民斡旋亭毒妙者神維茲神宫蕤肅煥赫有顯其仁孰匪民方用昭晋存以徧以禋再祝曰喁喁宇下廟食攸依誰尸保障亦惟高靈災厲叱退禦瘼殄孽具兆時雨時暘嗟阿降嘏郊國春盈千萬斯倉千萬斯年維神之相諸三老亦率其辭

姓稽首而祝曰維公侯大夫士因民事神因廟庭之崇幽明揭志神順天休臣庶 帝功維富歲符廣明信無斁樂只融融疇不去逆惠迪奉教盡式以底於仁風祝旣或欲載書以爲左券余謂神之佑吾民尤有甚於民之所自佑者書曰天矜于民民之所欲天必從之易曰天且弗違而況於人乎況於鬼神乎請以此代神之祝以荅民僉曰願并志之乃次第其事與其歲月勒諸麗牲之石

順濟廟石砮記　　蘇軾

建中靖國元年四月甲午軾自儋耳北歸艤舟吳城山順濟龍王祠下旣進謁而還逍遥江上得古箭鏃槊鋒而劒脊其廉劌可愛而其質則石也曰異哉此孔子所謂楛矢石砮肅慎氏之物也何爲而至此哉傳觀左右失手墜于江中乃禱神願探得之當藏之廟中爲往來駭心動目詭異之觀旣禱則使人沒求之一探而獲謹按禹貢荊州貢礪砥砮丹及箘簵楛梁州貢璆鐵銀鏤砮磬則楛矢石砮自禹而來貢之矣然至春秋時隼集於陳庭楛矢貫之石砮長尺有咫時人莫能知而問於孔子孔子不近取之荊梁而遠取之肅慎則荊梁之不貢此久矣顏師古曰楛木堪爲笴幽以北皆用之以北考之用楛爲矢至唐猶然而用石爲砮則自春秋以來莫識矣可不謂異物乎兌之戈和之弓垂之竹矢陳于路寢孔子履藏于武庫皆以古見寶此矢獨非寶乎順濟王威靈南放於洞庭北被於淮泗乃特爲出此寶軾不敢私有而留之廟中與好古博雅君子共之以昭示王之神聖英烈不可不敬者如此

溫忠武公廟記　　胡儼

豫章城南有晉侍中大將軍溫忠武公廟者以公之墓在也公咸和初爲江西刺史持節都督平南將軍鎮武昌豫章乃江州刺史治所也公至豫章親祭徐高士之墓仰其風節愛其山川言于朝曰豫章十郡之要宜以單車刺史居之事雖不行而心實重焉故臨終之日與陶侃書云蓋公之瘞豫章從公之意也後朝廷追公勳德將爲造大墓於元明二帝陵之北侃上表并公書得停移瘞今廟之後有坎隱然實公之墓故老相傳舊碑載墓去廟三十步初廟近拂岸司瀕于江歲久爲水嚙今廟徙臨墓矣而舊碑亦湮沒世俗無知者因訛爲宋司馬溫公豈以公嘗爲劉琨右司馬故耶鄉人歲時祀事惟謹有以事禱者輒不得卜復禱曰廟無碑豈非欲得祭酒之文乎遂得卜嗚呼公之事載諸史冊彰然

暉映今古公之精神上下與天地同流百千載猶一日公豈以予言爲足傳耶特以予能正其訛耳嗚呼公嘗晉室之微能以勞定國豐功偉績不獨著于王室而豫章之人不受王教蘇峻之禍公之利澤深矣公不棄豫章而妥靈於此豫章之人豈能忘此所以世世祀公而不絕也公之祀應祭法余故表而出之求余文者鄒鵬南復作詩以遺之俾與其鄉人歌以祀公其詞曰

五馬浮江典午微中原雲擾竟莫支惟公天授豪傑資弘毅有猷復有爲仗劍南來歷嶮巇翼哉王室昌厥祠群賢滿朝振光儀王事靡盬勞驅馳逆敦憑陵肆傲欺神器振搖綱紀墮斷桁扼險公出奇掎頷之間舍鳳披凶峻結約逼郊畿乘輿播越徒嗟咨公復奮身舉義旗感激將士張國威羽書四發如星飛征西遂下荆州師指揮岳牧與愆期白石之役天相之殲厥醜類無孑遺冊勳錫爵同三司廷議欲留公固辭旋軫南經牛渚磯犀光下燭號蛟螭翩然歸鎮曾幾時奄忽神遊哲人萎遠邇聞訃泪漣濡丘墓千載江之湄祠宇雖存人莫知神明昭格於赫熾井邑庇庥民實思有牲載俎酒載卮願公朝夕無我遺

許旌陽祠記　王安石

自古名德之士不得行其道以濟斯世則將效其智以澤當時非所以內交要譽也亦曰士而獨善其身不得以謂之士也後世之士失其所業靡斕於章句訓傳之末而號爲頡頏者不過利其藝以干時射利而已故道日喪而智日卑於是有不昧其靈者每厭薄爲非士之所謂道者名不副其實也亦以所尚者非道也嗚呼其來久矣晉有百里之長曰許氏者嘗爲旌陽令有惠及於邑之民其爲術也不免乎後世方技之習如植竹水中令疫病者酌水飲焉而病者旋愈此固其精誠之所致也而藏金於圃使囚者出力而得之因償負而或免於桎梏豈盡出方技之所爲者以是德於民既後輒棄而免豫章之昏墊大抵皆其所志足以及之志之所至智亦及焉是則公之有功於洪論者固自其道而觀之矣夫以世降俗末之日仕於時者得人焉如公亦可謂晦冥之日月矣公有功於洪而洪祀之虔且久祥符中升其觀爲宮而公亦進位於侯王之上於是州吏峻其嚴祀之宮室與王者等茲固侈其功而答其賜也工弗加壯中焉以圮今師帥南豐曾君鞏慨然新之鞏儒生也殆非好尚老氏教者亦曰能禦大菑能捍大患則祀之禮經然也國家既隆其禮於公則視其陋而加之以

屢所以教王命而昭令德也書來使余記之余嘗有感於士之不明其道而澤不及物者得以議吾儒也故於是舉樂爲之述焉

許眞君廟碑　陳文燭

江西有鐵柱宮　昭代額曰妙濟萬壽宮蓋許眞君故里也四川有旌陽觀祠祀眞君者不佞兩謁之儼若遇云往讀列仙傳如晉葛洪屍解同眞君羽化世號神仙何從祀之而祀典所云法施於民則祀之能禦大災則祀之能捍大患則祀之善乎萬司馬氏曰祀功也非祀仙也唐于伯虎配眞君于黃帝之與蚩尤神禹之與無

支祁悉歸正論道士徐碧雲請余文碑焉憶眞君上昇讖云吾仙去後一千二百四十年間五陵之內當出弟子八百師出豫章大揚吾教時生沙洲過沙井口令牘将及矣歲侵古水甚於蛟蛇安得眞君之靈福民乎守土者禱焉按眞君名遜字敬之詳白玉蟾傳中其先蓋潁陽由云傳極詳書尤嗜神仙家卜居西山有曾鐵燈纍者知爲金而返之里人化焉晉太康元年爲旌陽縣令除煩去苛諭民于道歲饑點丹輸租歲疫持法愈病知晉室将亂而歸焉從者居如營壘號許家營至變幻莫測如擬劒于童女問道于諶母飛茅爲祠畫松爲壁

運風雷以拔社出靈泉以濟旱驅蛟于龍山驅蛇于海昏再驅于西安郡渚召社伯書符文鑄鐵柱鎭之故聚骨洲釘蛟石名並天壤焉其讖記云鐵柱鎭洪州萬年永不休八索鈎地脉一派通江流天下大亂此地無憂天下大旱此地薄收地勝人心善應不出奸謀若有興謀者終須不到頭其慮深矣寧康二年冲舉生自吳赤烏元年得年一百三十六此八十五化之大也所稱淨明法者蓋玉京隱書也在上爲無上清虛在天爲中黃八極在人爲丹元絳宮服鍊者中正而玄黃攝意歸身攝想歸正以心達心以性達性淨而絕塵明而燭幽忠

孝廉謹寬裕容忍故大舜終身以成孝比干諫君以成忠善卷殺身以成廉南容復圭以成慎榮期安貧以成寬顏回簞瓢以成裕是仙之冠者豈山澤之癯哉不本忠孝而思服鍊是舍厦屋而入炎火也萬法皆空一誠爲實內景黃庭三五飛步神奏玉京符千年之嘉運備八百之仙數可屍𥓓塵世珠寶矣上士得道眞在心性而妄者遠矣遠於妄所以成功也此八寶垂世之訓也夫道無而有道有而無眞君超騰隱化比廣成子河山公矣郎言中黃固居正位而通理文在中而元吉易道也其儒而仙眞而誠者乎故曰惟天下至誠爲能化此

吾儒濟世之功何得儗其君也余因述之以鐫于石復爲迎送神辭二章俾祭者歌之侑神焉其辭曰

彭蠡湯湯兮神仙窟宅汪世飛昇兮有靈赫赫神馭逍遙兮儼龍光于咫尺千載多艱兮或大饑與大疫顧鬱陶而隱思兮望雲霓而解厄心嬋媛而傷懷兮眇不知其所蹠

右迎神

玄氣高朗兮冲而不盈大化寥廓兮教宗淨明弭節西山兮横大江而揚靈出世濟世兮倚閶闔而若生奠椒漿與桂酒兮吹參差以蘭旌乘回風之摇蕩兮

識歸路之營營

右送神

鎮蛟靈柱頌　宋濂

豫章郡鐵柱二旌陽令南昌許遜敎之鑄以鎮蛟者也郡地瀕于江水蟲騁妖故民多江禍旌陽與西安吳猛世雲用正一斬邪三五飛步之術追殲其妖于長沙復懼遺孽爲興使物冶鐵壓其窟宅一在西山雙嶺南湮没巳久一在牙城南井迄今猶存柱出井外僅尺下施八索謂能鈎鏁地脈云唐咸通六年節度使嚴譔來爲郡將發視之未及咫烈風雷雨江水暴溢譔恐而止其見亡道家書者如此濂竊聞之周有壺涿氏掌取水蟲若欲殺其神則以牡橭午貫象齒而沉之則其神死淵爲陵爲龍罔象之屬也古蓋有其術矣矧單陽則飛制以重陰乃伏而不動鐵陰而蛟陽者也斯柱之建其亦沉橭象之遺意與於戲豫章之民與蛟不兩立微旌陽西安民其魚矣濂不敏謹詢郡守葉君琛之請勒文柱下以頌神功於億萬載頌曰

吳楚合域翼軫分經南昌巨都蛟孽所庭味樓波潏雕運濤縈夫諸獸駭胜遇禽徵沇竄黿產餌卓泓成靈伯應歷鬼憲宣刑徵籙三辰斗建七星揮斥電戰

刓劃霆升河清黒㢘川液紅腥軌天設鎮冶金建楹祝融主鑠關伯司型八神錫美五官儲精上旋圜樞下鍵方嶠滇妃捧鑑淵后持衡飈笙鶴籟月吹邑汀仙旂廻紫童節流青玄勳督沕素牒晶熒龜山鐵組龍鼎文銘翊扶鴻宰幹運清寧泰山可礪靈柱弗傾

武陽郡公廟碑　杜牧

皇帝召丞相延英便殿講議政事及於循吏問元和中興之盛言理人者誰居第一丞相墀言臣常守土江西目覩觀察使韋丹有大功德被于八州殁四十年稚老歌思如丹尚存丞相敏中丞相植皆曰臣知丹之爲理

所至人愛所去人思江西之政熟於聽聞乃命守臣紓于創上丹功狀縣大中三年正月二十日詔書校史臣尚書司勳員外郎杜牧曰汝為丹序而銘之以美大其事牧伏念天寶建中艱難之餘根於河北枝蔓於齊曹梁閣為寧者率以劉叛錮為宗室老以是叛因其地高下其目致而欲幾者往往皆是憲宗皇帝聽古議廣讓用聖任賢使能整頓法度號令未出威先雷霆十有四年擒縛虎狼方行四海罔不率服當時凡五徵兵解而復合僅八周歲天下晏然不告勞者實以守土多循良吏而丹居第一周召伯理人於陝西召穆公有武功於宣王時仲尼稱其宗江漢之詩絃而歌之列於風雅班固敘漢宣帝中興名臣言理人者亦首述黃霸龔遂次將相下今明詔刻丹理効令得與元和功臣彰中興得人之盛傳於無窮用古道也謹按韋氏曰漢丞相賢已降代有達官寬用大功於後周封鄖國公鄖公曾孫幼平為岐州參軍生抱貞為梓州刺史梓州生政為漢州雒縣丞贈右諫議大夫雒縣生武陽公公字文明以明五經登科授校書郎咸陽尉以監察御史殿中侍御史佐張獻甫於邠寧府徵為太子舍人遷起居郎檢校吏部員外郎侍御史河陽行軍司馬未行改駕部員外郎會新羅國以喪來告且稱立君拜司封郎中兼侍御史中丞章服金紫弔冊其嗣新羅者以喪告不果行改容州經略使築州城環十三里因悉城管內十三州教種茶麥多聞屯田黃賊長服詔加大中大夫貞元末拜河南少尹遷拜檢校秘書兼御史中丞鄜潞行軍司馬皆未至拜右諫議大夫憲宗即位劉闢以蜀叛議者欲行貞元故事請釋不誅拜上書曰今不誅闢則朝廷可以指揮而使者唯兩京耳此後外州誰不為叛遂拜南東川節度使兼御史大夫時劉闢急攻梓州公[illegible]中表言攻急守堅不可易帥高崇文客軍遠鬬無所資若與梓州緩其士心必能有功遂召拜普慈陰三州觀察使不半歲元和二年二月拜江州觀察使洪饒章江上控百越為一都會屋居茅竹為俗人火之餘烈日大風竹戞自焚小至百家大至[illegible]火木更攻人無固志頓擗無急不為常月生產計公始至任計口取傭除去冗事取公私錢數人陶瓦伐山取材堆疊億計人能為屋取官材瓦免其半賦徐責其直自載酒食以勉其勞矜若艱勤日成月就不二周歲凡為瓦屋萬四千間樓四千二百間縣市營壁各為棟宇無不創為派湖入江節以斗門以走暴漲[illegible]南

許韋二君功德碑　胡儼

豫章許韋二君者晉旌陽令許君唐江西觀察使韋君也按道書許君名遜字敬之其先汝南人漢末其父避地豫章之南昌因家焉敬之自少博學於天文地理陰陽律曆經緯之書靡不通貫尤嗜神仙修煉之術初得西安吳猛所傳精修不懈道德日尊乃以晉太康元年起為蜀旌陽令表忠孝除煩苛開諭善道吏民化服點石爲金代民輸賦標竹施水病者以甦慈惠之政流聞遠邇感慕之至形諸歌謡既棄官東歸遊嵩陽聞丹陽有女師諶母者多道術往師之得寶書符券斬邪飛步之法於是誅海昏巨蟒以除民殃斬江湖老蛟以息水患川澤無罔象之虞山林絶魑魅之怪復冶金作柱以鎮昏墊環千里之間民物奠安其功大矣韋君名丹字文明京兆萬年人周大司空孝寬六世孫唐秦州都督琨之玄孫太師顔魯公真卿之甥孫也文明以世胄之華又從學魯公故其識見才器超於等倫其筮官遷次所至政績具見唐史及韓文公墓銘今獨以其觀察江西者書之文明之治江西也罷八州之冗食以紓民財教民陶瓦以免火災築堤扞江疏斗門以走潦水民不陷溺開濬陂塘以灌田疇而民足衣食又為南北市營北七里溢渫汚築堤五尺長十二里城成明年江與堤平鑿六百陂塘灌田一萬頃益勸桑苧機織高俠俗所未習教成之凡三周年成就生遂手爲目覩無不如志公之爲政去害興利機決勢去如孫吳乘敵不可當向輔以經術仁撫智誘慈母之心赤子之欲求必得之故人自盡力所指必就子産理鄭未及三年國人尚謗黃霸理潁川前後八年始曰愈理考二古人行事與公相次第不知如何元和五年薨年五十八其銘曰

章武皇帝披攘經營凡十四年五大徵兵人不告病肩於太寧將相是以豈無循良考第理行誰高武陽武陽所至爲人父母於洪之功洞無前古洪有居民水火辛苦二者夾攻死無處所曰天使然不嗟不訴武陽始至材瓦是聚公錢不足以俸爲助能爲居宇蕢貸付與月載酒餘如撫稚乳不督不程誘以美語未二周星創數萬堵幾半重樓如詩翬羽鋼以長堤縈四千步明年水平人始歌舞哭父事鉅一日除去灌田萬頃益種桑苧俗所未有罔不完具寂寥千年誰守茲土大中聖人元和是師圖讃功勞武陽豈遺乃命忠臣刻序碑詞寵假武陽爲人慰思訓勸守吏勉於爲理

以令諸軍歲旱則蘇人饑工而民不病饑後爲長衞夾兩營東西七里而人去渫汙凡爲民去害興利殫厥心無遺所以垂裕於後者其功亦懋矣二君於民功德若此而報祀不舉豈非曠典歟祭法曰法施於民則祀之能禦大菑則祀之能捍大患則祀之由此而言二君之祀於禮爲宜然舉而行之則存乎人焉按察使臨漳石公璞有猷有爲刑清政簡乃舉二君之事封章

上聞遂命禮官具祝冊每歲春秋方面重臣採時備物行事祠下諸公奉命惟謹許君仍舊觀以祀即鐵柱延真宮也乃作新祠於觀中西北以祀章君噫國之大事在祀與戎表著昔賢沒世之功德舉千載因循曠典達思慕無窮之人心石公之言　朝廷之命一舉竝得之矣儼郡人也報本之心同於齊民旣書二君之功德如右復系之詞曰

粤若旌陽天賦非常積仁潔行規圓矩方製錦於蜀
豈弟慈祥化金代輸民歸流亡標竹置水沉痾獲康
作民父母頌聲洋洋解組而歸送者襁糧神母授受
金籙玉章呼吸風霆陰陽翕張毒蟒據穴百里罹殃
老蜺魘婚君心惻傷老蛟變幻江湖茫茫人將魚鱉
給我慎郎化犍阴沙甚潴湖湘誅蟒斬蛟神化無方
耕桑奠居厥功莫量表表武陽鄧公之孫毅有外祖
魯公之門高朗振邁出類超羣敭歷中外益茂厥聞
爰來豫章觀察八州罷除冗食財用以周易莭閭尨
民無火憂築隄捍江疏竇走潦水患永息民獲相保
原野曠寞時周有秋滌陂濬塘禾稼滿疇生遂樂利
斯民之休千里湖山惠施仁流

濂溪先生祠記

朱熹

隆興府學教授南康黃君灝旣立濂溪先生之祠於其學而以書來語熹曰先生之學自程氏得其傳以行於世至于今而學者益尊信之以故自其鄉國及其平生遊宦之所歷皆有祠於學以致其瞻仰之意若此邦者蓋亦先生之仕國也而視於其學獨未有所祠奉灝也既言於府而敎立之且奉程氏二先生以配焉又將竊取其書日與學者誦習之而患未知其所以說也吾子蓋嘗爲是以幸教吾邦之人是殆有以識其意者願得一言以記玆事庶乎其有以發也熹謝不敏而黃君請之不置熹惟先生之學之奧固非末學所能知抑不敢謂無其志者惻黃君之請之勤若是亦安得而不爲之言乎蓋嘗竊取先生之言其高極乎無極太極之妙而其實不離乎日用之間其幽深乎陰陽五行造化之賾

而其實不離乎仁義禮智剛柔善惡之際其體用之一源顯微之無間秦漢以下誠未有臻斯理者而其實則不外乎六經論語中庸大學七篇之所傳也蓋其所謂太極云者合天地萬物之理而一名之耳以其無器與形而天地萬物之理無不在是故曰無極而太極以其具天地萬物之理而無器與形故曰太極本無極也是豈離乎生民日用之常而自爲一物哉其爲陰陽五行造化之賾者固此理也其爲仁義禮智剛柔善惡者亦此理也性此理而安焉者聖也復此理而執焉者賢也自堯舜以來至於孔孟其所以相傳之說豈有一言以

易此哉顧孟氏既沒而諸儒之智不足以及此是以世之學者茫然莫知所適高則放於虛無寂滅之外卑則溺於雜駁華靡之中自以爲道固如是而莫或知其非也及先生出始發明之以傳於程氏而其流遂及於天下天下之學者於是始知聖賢之所以相傳之實乃出於此而有以用其力焉此先生之教所以繼往聖開來學而有大功於斯世也今黃君既立其祠以及於程氏而又欲推其說以傳學者是必有以默契於心而亡疑矣而猶若有待乎熹之言者豈將以是輔其說而久其傳邪既不得辭乃敘其事而並書是語以復焉黃君茍以爲不悖於先生之言則願刻之石眉之祠門以告來者庶幾其有小補云爾

黃文節公祠記　周必大

嘉泰元年秋奉議郎臨江徐筠孟堅宰分寧朞年矣專以儒術飭吏事每詣校宮必進諸生以學顧視山谷先生祠宇在講堂之左狹隘朽弊亟廣而新之傳象家廟惟肖釋奠嚴食則擇族老能文者曰嘗主祀事屬予識其成予考圖諜自唐貞元十五年分武寧八鄉以名茲邑西有幕阜山其高千丈廣袤百三十里脩水北來東南經縣治凡六百餘里下入彭蠡此山川之最勝者也

黃氏本金華人先生六世祖贍嘗爲邑宰厥後奉親卜居沒則就葵歷三世家修水上家學有聲而先生出焉此世家之可考者也夫惟山川炳靈世美交濟故其孝友之行追配古人環瑋之文妙絕當世又得眉山蘇文忠公而師之陳張晁秦而友之是宜光顯於朝共振斯道乃或不然初坐眉山唱酬棲遲縣鎮後被史禍竄謫兩川晚以非辜長流嶺南遂隕其命中間翱翔館殿纔六年耳右史之拜復爲韓川沮止其生不遇如此蓋人衆勝天也高宗中興恨不同時追贈直龍圖閣擢從第叔敖爲八座寘甥徐俯於西府皆以先生之故宸奎天

縱至下取此筆□成石刻銘徧于宇□之庭李杜已遠遂主詩□□後光榮乃至於此非天定勝人邪昔孔子在魯魯人指爲東家丘歷聘諸侯伐木削迹無所不有孰知後世郡邑通祀南面巍然一屨之微猶藏武庫聖人尚爾先生其奚憾予既書其大畧又系以辭使遇祀事而歌焉其詞曰

嗟先生之致身何艱難而險阻猗先生之沒世乃發揚而普湖蘇高山與景行極幽僻而爭覩徽炎炎乎當時詎煌煌以終古爰配祭其鄉社似奉嘗於新宇釃脩水以爲醪鈎鰷魚而實俎擷白芽於雙井燦浮甌之雲乳尚來燕以來寧永範模乎故土

三先生祠記　　吳子良

聖天子臨雍進周程張朱五君子於從祀薄海内知鄉方矣顧朱子所與反覆論辯若南軒張氏東萊呂氏象山陸氏各以其道鳴東南士不敢没也則所在學多祠之而豫章獨闕焉予良以提學攝府事念莫先此於是始祠三先生在從祀後或謂朱子於南軒論最合東萊已小異象山則大異矣合祠之何哉嗟夫此說起道術之所以裂心學之所以悖也書曰無偏無黨王道蕩蕩無黨無偏王道平平此言道本無黨偏也道不無黨偏心其可有黨偏乎近世學子互立標榜曰某自朱氏某自張氏某自呂氏陸氏隘矣哉夫當諸君子在時秖見其心之同豈必其論之異縱其異也同者固自若也何謂同同於扶綱常同於別義利同於脩己治人同於愛君憂國而已且夫道有體有用渾然天性之中而無物不具者其體也森然事物之際而無理不形者其用也學有知有行不徒揣度以爲知而必著於行者是知也不徒茫昧以爲行而必循於知者是行也世固有博考古今遠稽文獻而要領則迷淵微則隔者矣若夫實明於要領實洞於淵微則所謂古今文獻者不可廢也此孔子所謂刪詩定書討禮正樂而修春秋者也此朱呂之道所以本無小異也體用未始有異故也世固有直指本心自謂見性而等級則躐工程則疎者矣若夫實進於等級實究於工程則所謂指心見性者不可廢也此孔子所稱先覺爲賢心之精神爲聖知二知十爲回賜優劣者也此朱陸之學所以本無大異也知行未始有異故也嗟夫聖道公溥不可以專門私學深遠不可以方冊既貫群聖賢之旨則可以會一身心之妙充一身心之妙則可以補群聖賢之遺孰爲異同哉爾學之士其必合朱張呂陸之說泝而約之於周張二程合周

張二程之說溯而約之顏曾思孟合顏曾思孟之說溯而約之於孔子則孔子之道即堯舜禹湯文武之道也孔子之學即皐益伊仲傅箕周召之學也百聖而一人萬世而一時尚何彼此戶庭之别哉然則今之合祠三先生也宜也非為三先生設也

十二先生祠記　　徐栻

夫人鍾天地之秀毓山川之奇以豪傑稱名者或涵貞飫道追黃躡孔或飭名砥節勵俗匡時均之為賢也洪都雄視六合襟帶千里匡廬聳立彭蠡匯流其所鍾秀毓奇者代不乏人故宋有羅豫章氏梭山象山復齋三

陸氏其從文公遊者則黃商伯張元德李文定元有吳草廬氏明興則羅一峯胡敬齋張東白吳康齋先後著聞彼其應運名世握奇策勳者固不盡于十二公然其游泳洙泗之涯徘徊勳華之廷討論莘渭之跡足以羽翼名教扶植綱常而挽回風化皆世所謂賢人君子也士大夫欣艷景貽祀之鄉也久矣茲復取故閣并列而俎豆之惟時劉憲副白峰董正郎容山萬方伯合溪同三庠諸生葺索名于余余名以希賢蓋的張而射者準焉由標立而志定也江漢之俗往往書游緣襲習而機化也諸賢非志道之的乎非彼所人士之所耳聞而目睹者乎抑慕之慕則學學爲將與之同歸涵養克粹希羅豫章卓見大本希象山兄弟擇師自淑希張黃文定主敬實踐希草廬康齋敬齋礪節勁氣希一峯東白濟濟馳聲依依振武予自是而知洪都之多賢也茲堂不爲無功矣夫細行可紀者錄常藝得名者式矧十二公脩德累功破俗樹猷者乎方今　聖明右文圖治表章先哲如十二公皆余所謂涵貞飫道飭名砥節而豫章象山尤窺體要志士尚友師其大而究其餘其為世道民風助者豈微哉周子曰士希賢賢希聖諸賢皆聖人之徒也有志者因之以希聖賢亦諸賢之所厚望乎李

學者也余敢以是為諸大夫士崇祀之意

節士祠記　　包希魯

節士祠者隆興路判官兼領水兵千戶大梁辛君敬為樊明仲以下死節之士十有四人而作也士之死於節者以其激於義也至正十二年淮蔡之兵南犯豫章君時以道州錄判佐寓次郡城憤切敵愾奉命濟閩從擊江東連勢之黨於郡東之十四人者以戎事從君先後而死者也當時君以徒手單騎糾兵彭蠡之上十四人者實來或以率衆至或以勇敢聞或以謀畫進其人雖有高卑之殊而其致身於死則一也矧皆非有職司祿

食以居位者故咸得而祠焉若明仲與其從弟文仲從子用行及徐思德則皆儒者也故近賢倡義勇決捐身而陶正道傅焕章饒思舜則志以口舌挫擊而招捄之者也至若熊有源之慷慨陳伯通之驍勇徐弘道之堅毅葉明遠允第之激烈果銳咸可尚焉若劉清公之爲浮屠沈壽之出騶卒則尤不可泯没之也樊氏三人行中書既循著令而褒贈之矣君猶閔其或泯於久也乃悉列祀而復勒其死事之蹟於石夫聖賢汲汲焉以教民知義者非趨人之蹈於死也以明夫義則能忠君親上而相保以生也繼不幸爲義以死則其生氣豈不烈烈然天地之間哉其含恥苟偷以存其喙息者人恒視以狗彘不若也雖生百歲而何爲者耶此義之在所貴節之在所秉而祠之所以作也

忠臣廟記　　胡儼

帝王之興必有佐命之臣際風雲之會戡定禍亂措天下於乂安至於臨危赴急奮咸敵愾蹈白刃如即甘寢殺身以成仁嬰城而固守者非有英雄之資秉豪傑之志烏能若是之烈哉此豫章忠臣功顯當時名垂後世廟食無窮炳炳烺烺與國咸休有非行陣之間積功累勲之可比矣初元政不綱羣雄竝起我

太祖高皇帝提乾符而興淮甸一時龍虎鷹揚之士雲從景從勇除羣盗捄民於水火之中遂建都金陵時僞漢陳友諒率水軍乘風一夕奄至江西元司徒道童平章火你赤皆遁去城遂陷友諒以僞丞相胡廷美守之辛丑秋　王師至九江將壓境廷美悸遂遣人詣軍門納欵明年春　王師至江西命參政鄧愈留守未幾廷美裨將祝宗康泰作亂愈走金陵復命右丞徐達自湖口還師討平之於是以朱文正爲大都督統諸將鎮守文正者

太祖之從子也友諒聞之乃悉衆以巨艦攻圍城自癸卯夏至秋凡八十五日文正命諸將分城拒守友諒屢攻不克時則有若平章趙德勝者晝夜巡城爲流矢中左脅而卒右副指揮使劉齊石巽元帥同知朱潛統軍元帥許珪三人者領兵取吉安友諒軍至各城齊等力戰俱殁於陣左翼元帥副使牛海龍友諒攻城急海龍突圍出戰亦中矢死樞密判官李繼先左副元帥趙國旺俱以危急率出戰被擄殞敵中趙引軍燒賊艦追者至投橋而死洪都府知府葉琛臨江府同知趙天麟江西行省都司萬思誠康泰之變琛思誠迎戰死于市天麟守臨江友諒軍攻臨江城破天麟死之管軍百戶徐明

當圍城之日友諒陰設陷阱數臨城誘戰明秉醉踞馬出城射賊賊走明追之墮阱中賊鉤取去誘之降不從臠殺之張子明者張元帥之子代父爲閫使走金陵求援兵還至吳城被執友諒强授以萬戶令其徇城紿衆降子明佯許之至城下望城大呼曰我張大舍已見主上令諸公堅守救兵且至我必死幸見諸公賊怒槊刺之死城下又若張德山夏茂成二人者皆軍士性勇敢善戰德山以夜半潛出城焚賊舟事覺遂遇害茂成守城樓當賊中飛砲而死凡十四人者其事大畧如此及友諒滅　上念諸將忠義命有司立廟城中歲時祀之

贈德勝梁國公齊彭城郡侯海龍隴西郡伯繼先隴西郡侯珪高陽郡侯國旺天水郡侯琛南陽郡侯天麟天水郡伯明合肥縣男茂成總管德山千戶子明初贈武毅將軍飛騎尉千戶後加贈忠節侯其誥詞曰身雖被執猶盡忠言死不易志古今所難所以崇德報功也獨思誠之贈未聞豈禮官一時或遺耶今都指揮同知湯節每與同列行事祠下慨然欲表章之俾有聞於世屬記於余嘗聞諸長老曰昔　王師之盛友諒順天應人無不一當百鄱陽之戰過於赤壁戮鯨鯢而殄豺虎如摧枯拉朽散亡之卒投戈請命此固神謨廟畧之有定

然亦豫章之守有以老其師挫其鋭遂致摧敗零落而不可支吾也又嘗頗聞

國史頗知其事故不辭而記之

忠臣廟記　　張元禎

自古無有以南取北亦無有未向北而先取南有之自吾　聖祖始方其得江西也僞漢來爭時則有籓屏臣屬十有四人協心死守無何鄱湖奏凱僞主奔殪江西定矣繼是雄楚獨吳嶺背海翼靡不震懾乞命南方定矣因而　天戈北指三齊迎刄孤燕破竹不四三載共方又定天下不容不混一矣　聖祖念王業之興實肇

于是基南方之基實江西之重而江西之屹屹克守實成鄱湖犄角之勢又寔十有四人是賴焉乃　詔有司記功作祀封公者一侯者七伯二男一餘三人各仍其官立廟時祭報功無窮於禮爲宜廟在南昌郡學之南創於洪武追封之始宣德中重葺之天順成化間累經葺之多歷年所雨淫日暴壓蒸蠹蝕幾於不支非更新之無以稱　朝廷尊祀之意弘治戊午南昌郡丞張侯汝舟顧瞻既嘆乃區畫百費聚財庀工一不以煩民曾未幾時廟貌嚴肅堂陛尊嚴重門既啓夾廡如翼文儀武威凜凜一堂之上勃然猶有生氣其宏規偉觀甲於

一郡十有四公之忠魂既妥有司歲時之享祀亦廢矣
候當燬淫祀鞭妖鬼投之烈火又嘗修徐高士墓温大
真祠以表一忠一清之節今於茲廟復悵惓致意焉爲
政能闢邪崇正知所先務事多類是十有四人者曰趙
德勝曰劉齊曰牛海龍曰李繼先塑像居中曰趙國旺
曰許珪曰朱清曰張子明曰趙天麟曰徐明曰張德山
曰夏茂成曰葉琛曰萬思誠塑列左右其爵秩功烈具
見舊碑侯蘇州崑山人在職九載剛正廉明始終一致
上下信服五載褒旌三薦郡守今將奏績　明廷茂膺
峻擢云

旌忠祠記　　　謝　遷

旌忠祠者有司奉　上命以祀死忠之臣也正德己卯
夏六月十有四日寧藩逆賊宸濠反假宴會集撫按藩
臬暨諸司於庭環列兵刃首呼巡撫都御史餘姚孫公
燧詐稱　密旨令起兵脅使從逆公正色抗詞折之請
見密旨濠語塞公復天以天無二日臣無二君之義次
問按察副使固始許公逵亦毅然曰惟有赤心豈從汝
反乎濠怒令兵校曳出惠民門戮之二公罵不絕口延
頸受刃時方盛陽日慘然無光忽有黑雲蔽其尸竟日
父老奔赴飲泣焉爲於僧舍朝夕哀之濠見黑雲之異
亦□怖遣人爲市棺而棺已具諸民矣益延濠之畜異
謀爲日已久孫公窺見其萌凡所以預爲之防者靡不
用其至濠務峻剥下以結權倖民不聊生公志在恤民
每裁抑之動拂其意許公亦同志濠故知其必不可屈
也肯肆毒且用以威衆民亦以是哀慼之深也既而巡
撫南贛都御史王公守仁起義兵討賊濠敗遂伏誅恭
遇
皇上嗣承大統　詔禮官議褒恤而巡按御史唐龍復疏
請廟祀二公奉　旨贈燧禮部尚書謚忠烈逵左副都
御史謚忠節賜祭葬有加各録蔭其子且　命立祠享
祀南昌城中舊有土神廟一區父老徹去土神位奉二
公祀之私號曰全大節祠以時請禱及奉　朝命有司
遂修祀事於茲而淺隘弗稱巡撫都御史陳公雍嘗檄
布政使陳策蔣曜按察使曾大有議改作事未就繼各
遷代以去都御史盛公應期繼至巡撫素重風教慨茲
祀典宜隆乃檄布政使王藎嚴紘參政徐贊林廷棉爲
副參議陸溥陳墀暨吾鄉迪倚按察使丁沂副使周廣
諮度之僉謂貢院舊址面俯東湖明爽宏邃足以妥英
靈而起瞻仰以覆於盛公可其議乃委南昌府同知劉
守愚率縣丞彭□董其役經始於嘉靖□□秋九月訖

甲申春二月而落成矣先是正德壬申撫州華林冦猖獗按察副使安陸周公憲督兵追勦身先士卒父子俱殞于賊事聞以蒙贈憲按察使謚節愍而未與祀典盛公疏請於　朝下禮官議合以死勤事之義　特允配享旌忠祠　綸音遠降適新祠考成乃奉孫許二公並位南向而以周公配享於左于時左布政使陳洪謨始至率遂屬祗爲歲事廟貌崇嚴山川改觀忠魂義魄儼若着存式慰邦人瞻仰之情祠五間前爲享堂又前爲中門爲外門各殺其二廂廡庖湢及諸供事之所以間計者凡二十緣以周垣深以丈計者四十有八廣以丈計者二十有七既完既固瞰湖堅緻襖石爲之扁曰旌忠遵　聖訓也凡木石工役之費皆出自官帑於民無秋毫之擾經畫調度纖悉畢舉皆盛公所指授也於是盛公暨布政陳公遣使致書屬余紀其成吾弟亦以書來促此固區區之所欽羨而樂道者何敢以衰耄辭嗟夫爲子死孝爲臣死忠天地之大義也義當死則舍生而取義降衷秉彝人孰無之聖賢立教垂訓昭如日星章逢之士亦且素講而飫聞之矣然非見之真信之篤守之固而能不迷眩於臨難之頃幾希若三君子者可經綸國白刃如飴精忠大節視昔顔袁二公之在常山張許二公之在睢陽蓋異世而同符非其胸中確然素定能如是乎真可謂無忝所生不負所學者乎彼蠖屈鼠伏苟一時之生者能無愧於心乎江西舊有康山廟祀三十六人豫章廟祀十四人皆開國死忠之臣也仰惟我　聖祖再造區夏振綱常於淪斁之餘故當時同德不一心之臣雲合景從其盛有如此者不數十年來列聖相承仁涵義育內寧外安伏節死義之士無所於見往歲逆藩竊柄摧挫善類予憫夫士氣之沮喪也每竊憂之今適遇事變而二三君子挺然繼作光昭前烈所謂歲寒知松栢疾風知勁草信不誣矣天地之正氣祖宗之遺澤不于是在乎此又深爲世道慶也嗚呼旌忠之祠於前二廟列峙邦域輝映今古以風勵於天下豈直一邦之偉觀一時之美談而已哉

旌忠祠記　　徐階

旌忠祠者以祀巡撫江西右副都御史贈禮部尚書謚忠烈餘姚孫公江西按察司副使贈禮部尚書謚忠節固始許公者也初二公死宸濠之難濠誅　詔有司建祠以祀　賜今額及諭祭文蓋所以褒崇之者甚至而時有司絀于財力會徙貢院於所謂陽春書院者遂即舊院之遺宇祀二公其中予昔督學江西每病其狹陋

思戍觚之未能也嘉靖壬子貢院災甲寅秋巡按監察
御史吴君視院之制以爲不足以遠大患又視舊院之
左右皆可拓也謀諸巡撫都御史陳公疏請復貢院于
舊址而作新屋陽春之墟以奉俎豆　詔報可吴君乃
以十月二十七日經始祠事閱八月告成堂寢門廡弘
壯靜深而　朝廷褒崇之意于是始稱夫自有載籍以
來臣之死難者多矣然其忠雖同而功之在國家則小
大有異何者夷狄寇盜人知其爲賊死則足以立節而
不死亦不足以惑衆知是而死焉者其功小若夫奸逆
之起衆方疑于從違而獨名其爲賊使曉然知奮而攻

之此則功之大者也濠之始稱兵也矯稱奉
太后寄旨入監國于是時
武皇無嗣而　車駕又數遠狩冒風露兵革之虞聞者莫
能明其信否賴二公首發其詐仗君臣之義詈爲反賊
而死之于是天下始知順逆之所在城守堅于安慶義
旗建于虔州勇智之士雲合響附而濠遂以敗縛然則
二公之死豈徒立節已哉國安社稷之首功也自古國
家取士莫利于得賢而所謂賢者莫大于安社稷有事
則爲忠無事則爲良二者皆社稷所由安也惟玆乙卯
之試吴君於制當監臨其肯飭祀典意實有在矣士承

玆祠景仰前哲慨然動其爲忠爲良之心而持以應有
司之選則於君所以風厲焉者庶無負矣吴君名遵字
公路浙之海寧人陳君名洙字道源上虞人其諸有勞
者茲刻名碑陰而予實董學政又嘗病祠之簡陋有志
于改爲故僭記其始末且于多士致厚望焉

王文成公祠碑　吴桂芳

陽明先生王文成公以正德己卯來平我南昌逆濠之
變南昌之民賴先生義師得脫水火即祖席思所以俎
豆先生以報祀功德於無斁者億萬人一心也顧先生
道大望尊功成蹤爵身殁之後忌者稍起郡民蓋貿貿

焉嘉靖己亥前少師華亭存齋徐公視學江右始徇士
民之請即射圃舊址肖先生像祠之丙辰前司徒晉江
可泉蔡公來撫我邦議捐贖金葺之乙丑徐公復捐
賜金再葺之自是南昌父老始得歲時伏臘拜瞻祠下
欷歔低回久之而後去二公復即祠之左右建號舍若
干楹集郡諸生儁者讀書講學其中祠彬彬稱盛矣隆
慶改元
穆宗皇帝修舉　先朝佚政時華亭徐公方柄國　天子
允諸廷臣之議　詔復先生新建伯世其爵遣官　諭
祭造塋　賜謚文成蓋先生應得之典茲爲始備時南

昌之民相與衆手加額稱　明聖云今年春侍御巡察
雲門任公濬清之暇謁先生廟宇慨宏而祠額未稱爰
謀於撫臺鳳竹徐公檄太守雲皐周公豎坊其前扁以
今謚更檄太守議所未備者屬邦人記之太守議曰先
生之祠記之者既再矣顧皆陳述先生學術之大端而
未及先生戡定之偉績夫江漢告成吉甫作誦淮蔡既
又昌黎述碑先生平逆濠之難社稷之功也祀之宜也
其功在南昌則南昌之專祀之又宜也祠先生者以崇
德報以報功記先生之祠者可獨靡哉請以屬司馬氏
司馬氏曰余舩龍時聞郡長老言正德己卯六月之變
甚譁蓋是時豫章之民每飯不忘王公也大烈哉仁人
載其功其德無競已顧距今垂六十年未有記其事者
豈非郡中之闕典歟鳳竹雲門二公之政舉其大太守
周公之義協於中其賢夫其賢夫余以所聞於郡父老
者著于篇俾郡子弟暨祠中諸生於俎豆先生時譽歌
之其辭曰昔在中葉
武皇嗣業內蠱外訌根盤株結姦宄攸乘以斧以蘖蠢茲
一寧濠王我大邦德否志侈睥睨匪常招逋納叛逆謀用
張　帝念親藩削其護衛爰　遣近臣往詰其罪逆濠
聞之乃反形斯熾戕我撫使及於憲臣天地以黯日星爲
昏賊旗紛指虐焰如焚遂破南康以迄九江舳艫綿繹
其鋒莫當遠近大聳望風迎降桓桓王公開府于贛有
詔赴閩撫處軍叛既次紛江倉卒聞變扁舟宵遡駐轡吉
安虎符遄發四徼材官洒涕臨戎不共戴天義師之興
有嚴有翼亦有吉守同心戮力暨于列郡奉期咸集公
有勁卒曰維新民感公神武赴義如奔曾不踰旬亦集
轅門兵既卒止我武維揚元戎萬艘以先啓行公曰咨
汝文武將吏賊帆既遠余追曷企維是南昌賊巢在焉
我往克之賊必內牽歸而擒之易若燎原將吏曰都數
維勝算先人奪人賊將焉寘旌幟蔽江士志競勸華章
之野其墉言言賊之宗盟城守甚堅公親誓師一鼓盡
殄公亟下令戮者斬夫若軍若民皆我髮膚有妄殺者
立抵厥辜城下之日市不改肆老穉胥慶壺漿簞食
時逆濠盛兵在皖攻其外郛晝夜靡綏我捷既聞賊喪
厥魄廻解皖圍星言返國歸次黃溪我師逆之賊鋒甚
銳我氣小摧公再誓師戮彼北者凡厥效尤必殺無赦
時維盛秋西風方飇公曰時哉火攻爲上乃集輕舸乃
藉乃膏揭帆順流直擣賊船濠急揮金躬擐督戰火燎
其舟賊是潰亂大兵乘之遂執渠魁或俘或馘命曹棄
夷凱聲雷動歡徹九衢父老有言我爲賊穴匪公來蘇

賊且返擁虎而負嵎厥未易驅將殄吾衆以抗 王師哀此無罪匪屠則誅公之德矣何日忘之父老再言濠逆始傳

武皇赫怒親征而南匪公擒濠 萬乘來狩我室我家孰保相守公之德矣如山如阜父老又言公厩平逆巨璫貪天拒公奏績矯 詔提兵來入公壁公也御之不吐不茹經權竝運彼璫誠輸莫敢我噬亦莫敢我漁公心獨苦公民晏如公之德矣曷其數諸維公德懋維公功巍

肅皇錫爵

泰皇世之金章鐵券與 國咸熙爵以酬功祠以寄感咸我思者華亭少師葺之廟之少師司徒且葺且坊爾雍之烈伐石記功守議之協司馬作碑以告來哲

仁政祠碑　　萬　恭

嘉靖中少師華亭徐公承 上意旨曰父老良苦賦役法州縣吏若治棼絲益理益亂我父老不得休息宜莫若一條鞭法便上之吏耳目可勿塗下之民易以循守與我共此者其良撫臣乎德意甚優渥父老延頸法意之成願薄海莫有應者隆慶二年春徐公顧江陰劉公即頎以大江之西屬 上試之劉公曰諾入其疆下群吏議所以行鞭法者旬日吏莫肯行豪右不欲也府吏胥從皆不欲也乃劉公意銳甚謂余言曰條鞭良法與父老休息畫格不得行柰何余請言狀公曰督儲云吾治賦上供歲多逋若之何復能征役緡錢逋不已甚乎吏議不便余曰誠不便哉析征之可乎令里甲催征者皆賦儲道主之而當歲者督役錢州若縣主之劉公曰善舊法官倉庫悉令富民典守司出納民大弗支幾槖市不啻也今令何鈌椽代之椽大怖有自經者吏議不便余曰誠不便哉與休之可乎椽悉歲役而給之值民悉罷役而輸之緡錢官待椽以效勞者例而速償之缺椽即歸市不啻也劉公曰善顧賦役輸官者甚鉅猾吏

舞文籍不可稽籍不可稽則官病豪右輸後期且弗滿數務不得不迫弱者而逮豪右者則民病吏議不便余曰誠不便哉莫若為之格冊列其丁稅之全數于上端而撮其賦役之輸數于下方里胥執冊而征之有司者即按其冊而比之椽莫敢上下其手官視民之逋完在目中也劉公曰善乃集群吏大議鞭法召撫州同知包君大燿召南昌府理張君守約召吉安府理鄭君恭召饒州府理孫君濟遠召新建令王君以修召廬陵令俞君一貫召臨川令蔣君夢龍鎖棘院而校討之包君總其事上二十四議于大中丞大中丞駁二十四議下六

君者且令包君曰報一章耳文學胡湜者胡少保之從子也善計慮且習賦役事余言之劉公令日從包君議謀一獲即入告大中丞大中丞曰計所報章可否批答焉復上則悉懸布諸督院之壁公且日仰而讀俯而思三月乃定南昌新建二邑條鞭而公髭鬢加白矣余白劉公曰太苦矣為父老而瘁其身夫西伯之化始于二南今年姑以二縣試明年始徧七十餘邑者何如公乃下令曰江南不苦賦而苦役賦悉若故毋有改易惟役民悉輸錢於官官盡顧役於民民即老死勿自役于官勿入市壓即民一錢亦得自輸于官孤且發者[illegible]乃

者附其錢于里胥曰帶輸約之為四差銀輸官者南昌二萬三千兩有奇新建一萬二千兩有奇身一丁征一錢五分有奇稅一石征一錢八分有奇亡親役之苦亡鬻產之虞亡愁嘆之聲亡賄賂侵漁之患父老悉去湯火明年鞭法大定而南昌太守丁君應壁適至攘臂以風七十邑者又明年七十邑軟若畫一矣余賀大中丞大中丞曰未也此所以安野人也我圖所以安邑人者復創坊甲條鞭法其法一如里甲法盡輸錢盡顧役也邑人曰二百載不聊生矣今活我活我乃扶老携幼入謝劉公者以萬計大中丞曰未也我圖所以安遠人者

復刱禁約舖行法乃火牌裂籍官與民平市也賈人曰二百載不帖席矣今生我生我公撫江右父老安父老懼公去江右而鞭法解散褁糧蒲伏　闕下疏留之
上念父老三年乃召大司農去之日旄倪數萬遮公號泣而從之公為欷歔父老思帝置則肖像而尸祝之擇青雲樓而居之博士弟子思公弗置則樂群于樓中而誦法之民有疾苦奔而禱之無弗應者朔望必覩公生辰必祝第頌大中丞上壽上公且多男子也繼公者常熟徐公大倉凌公吳縣楊公悉唯劉公鞭法守而勿失父老加寧一矣青雲祠居府學宮墻西偏後為樓五楹中

為廳三楹前為門一楹旁為四廂各三楹皆繚以石垣少司馬吳公額曰仁政祠司馬氏曰古稱施仁政於民之效士願立朝農願耕野商願藏市旅願出途信然劉公愛民哉施仁政而不顧於瘁其躬徐公凌公楊公愛民哉施仁政而不嫌于仍其官余悉表而出之以告人心且以諗夫後之觀風者

仁政祠記　吳桂芳

仁政者何紀應谷劉公撫江右時惠民之政之仁也祠者何江右群黎戴公之政之仁相與尸而祝之冀以報公之仁而示公之政者也江右之有撫大臣百五十年

矣鴻儒鉅公後先相望高風惠蹟固比比可觀記皆未嘗有專祠近歲懷忠有祠懷仁有祠然皆祀于既歿之後亦未有以長生祝而祠之者祠之自應谷劉公始公之來也適賦重政苛民貧財磬若就倒懸之時公下車之初擊貪墨之吏樹之風聲躬素絲之節端其表極揆文奮武百度維新不旬月之間列郡鶴風喁喁願治已乃旁求民瘼其最曰庫斗糧解之累公咨于衆斷于獨爲一條鞭法約民間輕重徭役歲令輸十之一在官而民悉歸農凡故所稱艱大賠累破貲蕩產之役一切報罷休哉公仁吾鄉鄙之民也其次曰坊甲之累公咨于

衆斷于獨爲坊甲之議約公家惟正之役料市戶丁產亦令歲輸銀在公而不役其人凡故所稱賓禮賓宴坐庫無紀之費一切報罷休哉公仁吾坊廂之民也又其次曰鋪行之累公再咨于衆斷于獨爲鋪行之禁欽諸有司分役鋪行木榜聚而焚之俾各以時值自爲貿易凡故所稱直日包行抑勒橫索之風一切報罷休哉公仁吾市廛之民也致昔言仁政者莫善於孟子其稱發政施仁必使士願立朝農願耕野商賈願藏其市行旅願出其途而後爲仁政之極今劉公之撫我江右也條鞭之法以仁耕者坊甲之法以仁市民鋪行之禁以仁

商旅皆趨之沉痾之餘而躋之仁壽之域拔之水火之穽而登之康莊之衢至於興學造士章軌貞教士油然有共帷帝臣之願士農工賈各適所欲無弗仁者此於子輿氏所稱何以加焉夫苦累列者然後知陽春之爲恩厲炎蒸者然後知凉颸之爲澤弘正以前民未嘗無庫斗糧解坊甲鋪行之役也顧其時國富而斂不煩政清而吏不厭民雖有是數者之役而不罹是數者之患爲撫大臣者固樂與斯民相安於無事而民亦忘其利賴之惠感矣從生也劉公當民累既亟之會窮則變變則通雖欲守常襲故若弘正諸公與民相安于無事之

天不可得矣江右之民當困踣既極之後德斯戴戴斯祠雖欲不識不知若弘正之民與公相忘于無感之天亦不可得矣茲仁政祠之所由建歟祭法曰法施于民則祀之能禦大災則祀之公具有焉是宜祠祠址於郡庠文廟之右取俎豆宮墻義也其故址爲洗馬池青雲樓與公入掌鳳池覆澤寰宇意也祠成諸生胡友是劉友守成朱友賢舜陳友縉萬友安邦謝友天奭輩父老熊世美蘇廷用高文昇胡仲浩徐文經廖大亨輩請余爲記余次其說如左因系以詩俾諸父老歲時歌之詩曰有斐君子江之隩兮來撫江右政何仁兮除苛禁

經濟神兮良法美意劑調勻兮四民寧宇樂利均兮閭閻寒谷生陽春兮於穆廟貌孔焉鄰兮青雲鳳池早致身兮百千萬禩永無垠兮曷以報之在後昆兮

懷仁祠記　萬恭

江右父老苦十年一役法久矣世皇帝季年媚於民瘼思以恩澤之乃下諸路撫臣令曰役民者其猶舉重乎九年者逸而以一年舉萬鈞爾絕肋斃耳宜莫若析萬鈞十舉之一年直千鈞耳亡九年之逸然亦亡一年之斃命之曰條鞭法父老扶杖加額幸甚自是民亡斃也而諸路竟格不行御史大夫周公

如斗按部江西與諸有司者矢曰所不能舉條鞭爲父老計者有如江水乃拮据四閱月而科條悉具然精竭而神疲矣疾在歸矣猶剌剌理條鞭事疾且大漸諸司視之猶手書空作一字蓋以一條鞭殉也悲夫父老哀之祀懷仁祠于章江之滸司馬氏曰余毋入懷仁祠未嘗不反面拭淚云夫周公沒迄于今父老數爲余言公疾則萬禱公歿則萬哭公祠則萬奠彼其時法令非洽也劉公光濟繼之然後大行蓋周公疑其意劉公述其事皆精之極也神之者也周公祀懷仁劉公祀仁政所謂精極而神著者非耶後十有五載周公從子伯思宗爲新昌灣仲子愛爲南昌灣有中丞風飭祠而新之余聞之食粒懷稷飲井懷益江右鞭法若故也乃周公安在哉夫周公爲江民也死江民爲周公也祠百世之下將憑祠而觀章江之瀾必且泫然懷曰此紫馬而廻者非章江之瀾殆條鞭之仁流也已公諱如斗號觀所登嘉靖丁未科進士浙江餘姚縣人

徐孺子祠碑　陳文燭

漢高士徐公名穉字孺子豫章南昌人也南昌范太守滂南昌何令選[illegible]產余令夢經關南州高士寢路復新其祠太守請余書麗牲之石有志於古人者嗚呼孺子

恭儉義讓所居服德惟蕃能致之而太守之名重仲舉樹立風聲抗論惟俗惟穉見禮之而高士之名重南州一榻清風穆如千載可想爲蕃之薦孺子也使登三事協亮天工必能翼宣盛美增光日月豈知竟不仕蕃猶處豈知尙書令亦不自給乎太守不能致孺子之出高士不能止仲舉之進爲世道計耳或謂太守馳驅崄阨之中與刑人腐夫同朝爭衡自取滅亡不如孺子高又謂高士遯世離俗坐觀漢亡不與仲舉同心非通論也元興以來致出宦豎孺子欲仲舉挽之大綱如復出而

共理淵乎伊吕之業者下榻云云此耳及世不可支
無能爲也雖鳶聘不顧馬相知豈後管仲鮑叔乎耶江
南俗卑薄孺子傑立視同舉美胘衷閭諸賢已加一等
乃令其鄉崇節義尚名檢興起在千載間故太守重之
彼蕃先守樂安下榻如周璆鮮克有終矣漢末纖羅鉤
黨之獄起諸公執彌堅而行彌勵百餘年來亂而不亡
與有力焉而孺子之風遠矣南昌西楚地余爲楚聲俾
歌以祀其辭曰炎祚中衰兮世溷濁而莫洛有美好脩
兮俾蔡棠而濡足高士昂昂兮情素潔而如玉豫章有
美兮繽紛其若木太守高風兮設一榻而難續偶語論

心兮時事其頻蹙圜鑿方枘兮難入而自覺鳳凰飄翔
兮愧鳧鴈之碌碌故居穴冢兮欽遺風而變俗千載招
魂兮還生芻于一束

重修徐高士祠記　涂杰

史稱漢高士徐孺子南昌里人也家壬貧躬耕稼事隱
居東湖瀕今有祠鬱然或曰卽孺子宅未知然否祠肇
建于信州曾子固氏沿世滋遠屢飭屢圮剗基址故三
面眕風雨湖水浸淫齧其垣綠葺匪易司風教者慨焉
郡剌史范公下車首謁事欽禋典謂此而弗修則在昔
下榻之意謂何亟以校士請移檄南昌縣令何君圻之

曾以閑臺級以宛亭繚以石砌而祠之貌益宏其工費
佐之鍰金毫髮無擾于民三月而告竣事屬余爲記余
惟孺子翩翩鴻舉義至高已今千有餘歲邦人誦慕若
新豈不亦箕潁之芳躅哉然余竊嘗論其世考其人而
知孺子不仕非得已也桓靈之世母后臨制奄貴戚販
扈矣諸豎嬪亂宫掖日斲月削久矣其不可爲者猶三
也乎哉猗歟然濡首趨之若捧土以塡盟津溢流溺
矣孺子生其季也曷嘗須臾忘漢室而故栖栖蓬累以
博名高哉夫其養徒千餘人固欲有所用之也藉令得
當一出操尺寸之柄以勵勳其間庶幾纂孽可消圖本

可固劉氏不至無炊火矣奈何以彼時事祇靡靡不可
復支雖身猶椹質亦竟何益跡其寄謝林宗數語素已
洞觀而熟計之寧以巖居川游爲愉快乎此其見識卓
而其志良足悲也不然于諸公辟舉皆弗之就矣胡爲
乎赴其死喪不憚千里而衰之古之避世者或負囊以
逃或鑿坏而遁類硜硜與世無涉而已奚肯識其人又
重爲知己憐者豈篤于知己之私而忘君臣之大義乎
必不然矣嗟嗟孺子仲舉高之而矰繳不及罔蕈胥于
濁世直與五處士之名爛焉迄今天下後世共知之矣
乃其心所欲爲而時不可爲有大不得已者奪其志則

世之人或未之知也余故曰孺子不仕非得已也彼俯陽拱嘿宣室埽軌奚裨大樹之顛伯起一醒堅桑兩建砥滋忠義之威孰若完名牗下視德藏而流風遠耶湫矣高士之名非東都諸君子寥寥可埒矣雖然出處之際亦難言哉妄意不忘君而甘心寵利藉口諸君子之釀禍而與世委蛇是又皆孺子之罪人也蓋學孺子者師其心而已矣余非能知孺子特著其大者如此若夫高節戾行取素餐而躬義讓其緒餘乎于今里其遺芬與起百世世多能道之故弗著云范公名淶餘寧人何君名遜順天人俱進士

晉將軍溫忠武公廟碑　陳文燭

豫章城南有晉將軍溫公廟上人稱司馬廟或因將軍右司馬也由晉永冠廟祀至今偶有智力者謀地爲葬而廟廢南昌范太守淶從士民意復之伐石砰焉請余文以昭勸戒將軍諱嶠字太眞謚忠武晉之名臣也元帝鎮江左劉琨與將軍同心王室班彪論劉氏之復興馬援知漢光之可輔晉祚雖衰而天命可圖轻裾而往豈得已哉明帝即位將軍在侍中參佐機密大謀而詔命文翰悉出其手王敦邑之上疏論敦剛愎不仁忍行殺戮道路以目復奏軍國要務者七皆救時之藥石也將軍受顧命蘇峻有反狀陶侃同謀敗之有江州之命且陳豫章十郡之要宜居以刺史乃屯潯陽遣督護王愆期西陽太守鄧嶽鄱陽內史紀瞻等率師赴難聞京師傾覆因而悲哭時峻軍多馬南軍舟楫不敢輕戰將軍於四望磯築壘以逼余讀報侃書謂南康建安晉安三郡軍並在路次須仁公同赴此會社稷危殆肝腦塗地受國恩者忍之哉侃之能敗蘇峻多將軍之力云將軍卒而侃上書稱故將軍嶠忠誠著於聖世勳義感于人神臨終別書藏之篋笥時時省視中夜撫膺臨飯酸噎人之云亡嶠實當之願勿移豫章葬地蓋成帝追思忠武勳德將造大墓于元明二帝陵之北因侃言止耳則祠而有墓俱在豫章祭酒胡公儼謂豫章人得將軍不受王敦蘇峻之禍報以此耳孰知將軍精神命脈久江州哉顯忠表武頓還舊觀太守此舉余甚韙焉陳子曰溫將軍至豫章首謁徐孺子墓曾文定公謂漢至今數千載富貴堙滅者不可勝數孺子獨稱思焉世之以智力取勝者惑矣況將軍德澤聞者感泣乎以勞定國則祀能捍大患則祀余拜忠武祠而凜凜者奚啻將軍之于漢高士也

重修黃司空祠記　黃在裘

豫章城南三里許爲南雩雩三面環三祠雩東行數百武逦澗而北極于平田徐孺子墓在焉墓稍南爲漢陳司徒蕃祠又西止于江爲晋司馬温公嶠墓墓右爲祠近爲右族所廢東北里許爲陳司空黄公祠仲舉太真事皆表著豫章人人能言之唯黄公起梁陳間南史稍軼祠亦雜穢與諸神廟等雖春秋血祀不異而問司空遺事則豫章人莫知爲何也新安范公博物朗識治先教化舉廢興墜雨下車即浚兩湖通九津修葺澹臺孺子諸祠墓所在甲軼景哲啓遷詔來人士翕然向風次復温司馬墓歸侵祠址修陳司徒祠黄司空祠闢名播寶鳩工庀材不朞月而封樹增崇廟貌改煥志功德示不忘也三祠歸然於南雩之間高風在望余忝幸而在事諸祠墓范公業已有記雄文輝暎千古生色比以入棘孔巫會司空祠成謬以記屬余安能爲役哉按司空諱法氍字仲昭新建巴嶺人史稱其忠義有膽力能距躍二丈日行二百里此之爲異巴自天授又閑書疏明簿領爲士民所推即所着持居然經世之規項侯景之亂公即合徒里閭内爲桑梓保障外爲建鄴應援何其烈也時太守賀詡下江州公巳監知郡事起名無何陳武帝將入援金陵李遷仕中梗帝命周文育頓西昌爲備公以兵資育破遷仕而自屯新淦據豫章上游已而侯景遣于慶龍豫章將掩公不意公卒破于慶殺之自是景終不得窺大江以西大江以西人且較然知有逆順群兇不敢相附諸鎮之援俾得自堅公之力也頃領高州刺史拜新建侯永定二年新吴人余孝頃據豫章公與周迪擒孝頃以功授平南將軍開府儀同三司已而迪反公又平之内史熊曇朗反金口公又平之累功進爵爲大將軍領江州刺史光大五年大舉北伐公爲都督出歷陽大敗砲車步艦之功進兵合肥禁侵掠躬勞撫則又浸浸乎仁義之師矣比加侍中封義陽郡公鎮壽陽薨贈司空謚威豫章人血食之自梁陳以來至今未改也嗚呼江州高州公蒞政郡也與豫章不相及豫章人何以祀公蓋豫章者交廣之襟喉吴楚之要會而又金陵之門户也豫章不守則金陵受其衝交廣之賦不入楚蜀之委輸必斷故公一守豫章而于慶之襲敗孝頃之據敗曇朗之叛敗公雖無駒犋偏拊之政而大有造于豫章者三焉況身犯鋒鏑履危險出民水火而厝之衽席之安此其爲烈又豈一粟一帛之力哉大以豫章賜公千世食邑此所謂禦大災捍大患則祀之宜也靈光巋然高山仰止謹稽首爲之銘曰天柱正傾

地維紐絶濟時艱難非才則烈羿浞爭驅梁陳之季於彼逆兇竊我神器日月蔽虧宇宙昏蒙物情大駭翕然無虜挺生英哲定起桑梓誓衆勤王指顧摧靡迺援建康迺振西昌新淦既都群醜殲亡比伐之師凛凛而制厥敵以謀禁掠以義迺奠豫章維公故里没世不忘廟食于此范公爲政仁風在茲景仰高蹈復新厥祠蘭鐙桂醑琴瑟既具萬舞斯聞神其至止願言祇之福我元元十風九雨陰陽斡旋神亦告余鑒于明德惠我氓兮乃土乃粒

修陳司徒廟碑　胡汝煥

豫章城南二里許爲懸榻里里中有漢陳司徒祠司徒先爲豫章太守故豫章人祠之祠代不知何所始去祠北數十武孺子墓在焉司徒事載在史冊如日月其治豫章唯懸榻事最著祠與高士墓其若一體而枕藉之昔人風範可想已又去祠濵江南二十里有高風廟亦祀司徒云或曰故理學名臣張公元禎手題也煥始通籍常侍先子過其地廟貌巋然神衣履古色靈光獨存里巷父老頗能談先朝軼事令人豔心千古想見其爲吊千里忠亮謇諤之節而香火視今祠較盛今祠故爲郭而郡邑大夫僉瞻仰芳躅修祀事與九廟同也余曰司徒其概見者艾肖鯁不二心之臣憂國奉公如饑渴孺子亦非忘世者也史稱司徒年十五時不治庭宇父友薛勤勸之酒掃以待賓客公以掃除天下爲對此其志甚偉既在事忤左右一麾出守則時所指爲倔將軍至貴倨也而司徒且自嚴重請謁不得通何一旦至豫章乃甘心徐稺而折節下之若此意必籌度天下大計須其人重若山者而饑渴之也頃入爲尚書令即率胡廣等薦稺以佐命才即稺不起而太守諒非浮慕孺子名矣或又爲之說曰司徒孺子之交蓋以志合而威焉者也而知量亦自兩人耳司徒入朝事多忠義所激賞其時孺子豈無一言精義之術進之乎而槩以國事不答待太守太守謂何若謂曾及之而太守未盡然則尊陽之又從而薦揚之安復不相入也惡是何言爲治貴識大體如揣摩其意而鑿說之則昔人之心事晦矣司徒既徵入重在宗社即鞠躬至死以畢其掃除之志夫復何憾其守豫章重在風教獎飾岩穴以正人心皆太守事也司徒甫下車即問孺子所在欲先往之主簿白群請欲使君先入廳司徒曰武王式商容之閭吾之禮賢何所不可頃下榻待孺子而復裁趙宣不令其詐時意衆司徒之識度不亦遠乎真可謂得治本矣其豫章

治行史多軼而不傳余讀其拯李膺一疏悵悵以炎旱傷谷民物流遷外威私門貪財黨賂為言讀之令人不忍竟讀此之為心并其循恩之政又無待言也司徒去後千餘年而有辟蘇虞卿于朝者夫非聞百世之風而興起焉者耶又五百年有太守新安范公直亮忠清不吐不茹慨然有攬轡澄清之遺毓焉而又敦悅古道闡治士趙士之姱節好修者皆得自表見期淮磨志操不負明府無何迺飾所司葺司徒祠及孺子墓景哲訪來闡幽昭鑒嗚乎太守之思深哉夫士自重則士重矣曰地靈所招明府多賢師佩服太守不啻司徒[illegible]指意如此煥南州之產漸被德教甚深而材[illegible]與袁閎章者諸人抗而太守說立之下風之廟修詞[illegible]成屬為言之煥分不敢辭銘曰甫產應期山庭表德矜吞三變彷迪九德徐孺川冲珪璋淵塞昂昂其標懍懍其蹟出稱民幹入掌國楨南金等照荊王參貞志操堅峻風鑒殊明高而能降字而不名器若成群無雙自剔寧比遊秦寧肯適越廬榻星懸殘碑湮沒氣藴風雲志亮日月高山仰止千載寂寥蟠龍驍首棲鳳傾條庭知佩几室無掛瓢一塵出守五袴興謡帝眷豫章天降柔梓光彼脩圖紹茲芳趾身屬上皇名懈高士心誠求之色無愧已司徒陳公諱蕃字仲舉汝南平輿人歷官司徒贈太傅太守范公諱淶字原易新安海陽人時共事諸賢郡丞黃公在裒別駕鄭公堯家理刑吳公[illegible]南昌令何公選新建令余公夢鯉也鳩工集材何公獨董其事云

修同仁祠記　　丁此呂

豫章環十里為東湖湖之上聖廟在焉南曰徐亭北曰蘇圃爾北兩淮之間為同仁祠蓋正德己卯之變先後在事諸臣俎豆其中者也按己卯寧庶人濠謀不軌反狀已具諸司僚皆覺知而懼不敢發巢臣胡公世寧發[illegible]彼人上書言濠惡狀中變人察其奏論戍遼東[illegible]被謫而天下由此知濠反乃後孫公燧開府江西許公[illegible]達常為自部中觀濠好日夕規謀所以備濠者[illegible]狀益著一日伏賊兵殿內矯詔南面臣諸司首詢孫公孫公曰天無二日不穀無二君勿愛死次及許公厲聲曰予雖有赤心亟往而刑耳豈從而反濠怒甚叱賊兵縛兩公持銅錘折其臂曳至惠民門殺之悲夫亦何其烈耶濠既殺天子兩守臣遂起兵留所親守南昌而自督兵徑趨金陵謂中原可睥而窺也贛州巡撫都御史王公守仁以行部道[illegible]　[illegible]吉州太

守伍公文定計招集遠近起義四方響應即日勤所部督義兵薮大江而下擊破南昌復之時濠駐王家渡官兵乘勝追擊大敗于樵舍生執濠蓋若穿囓縞耳先是濠爲不道蹂躪江南既大憝殄除民日夜思得一祓社席于是唐公龍寔按兹土復民廬舍歸侵田建置葳牢計議租賦閭閻闤闠之間復爲夫妻子毋如故兹其德亦何偉與是五六公者所宜江南之民世世尸而祝之社而稷之者也嘉靖時

肅皇帝修巳卯功詔江西祀孫許旌忠祠而王公亦肖像有祀未嘗合六公共祀于同仁祠同仁者志其心也蓋

曰與仁同功其仁未可知也昔商之三臣有去者有囚者有死者而孔子並歸之仁孟氏亦曰君子亦仁而已矣何必同夫以孫許之抗節王伍之平難即三尺豎子亦知其與日月爭光宇宙爲烈矣顧初作難時濠覺害能生殺人觸之者若以石投水焦没巳耳又天子之懿親也孰肯以身發大難之端者而禍亂既平瘡痍未起則撫綏安輯人臣之功伐爛焉兩公者一開之于機先一綏之于難後此其心寧與身伏斧鑕躬冒矢石推其鋒而驅除其難者有殊條貫乎蓋仁人心也此心生生不息與天地始與天地終其爲物不貳夫是之謂大同

彼爲子死孝爲臣死忠千古聖賢所以齊死生而行從化者恃此以不異夫夫委質爲人臣子顧此謂何耳若遭遇之順逆建立之後先自有不齊可一置而勿論故因其所同者而同之天下莫不同堯舜之揖讓也湯武之誅伐也伯夷之採薇也太公之秉鉞也姬旦之六典也仲尼之六經也同也吾安知胡之不爲孫許乎孫許之不爲唐乎吾安知唐之不爲王伍胡乎吾安知六公不爲南州之食力蓺圃之纖嗇乎彼其所不同者安在而其所同者安在也方今

天子神聖海内安瀾無蘖芽因緣之孽無淮南吳楚之虞

獨以水暵頻仍民不聊生大江以西道路死亡相藉新安范公來守是邦日夜焦勞面目黧黑視豫章之厄若痌瘝在身而不忘起焉且通三湖濬九津訪先賢之遺跡如澹臺孺子陳司徒溫司馬諸祠敝者修廢者復千載而上旦暮遇之矣此其心亦何心與果且有異乎哉果且無異乎哉彼五六公其人既巳往矣公覩其祠敝謀一飭而新之庀材鳩工不踰月而煥然改視東湖之濱南北相望湖水洋洋亭祠奕奕儒風大暢忠魂載揚其令人有千古之思乎下走不佞敬執筆爲之記

新修南昌府志卷之二十八終

新修南昌府志卷之二十九

藝文二　記　樓記　寺記　水利記　山記

滕王閣序　王勃

南昌故郡洪都新府星分翼軫地接衡廬襟三江而帶五湖控蠻荊而引甌越物華天寶龍光射牛斗之墟人傑地靈徐孺下陳蕃之榻雄州霧列俊彩星馳臺隍枕夷夏之交賓主盡東南之美都督閻公之雅望棨戟遙臨宇文新州之懿範襜帷暫駐十旬休暇勝友如雲千里逢迎高朋滿座騰蛟起鳳孟學士之詞宗紫電清霜王將軍之武庫家君作宰路出名區童子何知躬逢勝餞時維九月序屬三秋潦水盡而寒潭清烟光凝而暮山紫儼驂騑於上路訪風景於崇阿臨帝子之長洲得仙人之舊館層巒聳翠上出重霄飛閣流丹下臨無地鶴汀鳧渚窮島嶼之縈迴桂殿蘭宮列岡巒之體勢披綉闥俯雕甍山原曠其盈視川澤盱其駭矚閭閻撲地鍾鳴鼎食之家舸艦迷津青雀黃龍之軸虹銷雨霽彩徹雲衢落霞與孤鶩齊飛秋水共長天一色漁舟唱晚響窮彭蠡之濱雁陣驚寒聲斷衡陽之浦遙吟俯暢逸興遄飛爽籟發而清風生纖歌凝而白雲遏睢園綠竹氣凌彭澤之樽鄴水朱華光照臨川之筆四美具二難并窮睇盼於中天極娛遊於暇日天高地迥覺宇宙之無窮興盡悲來識盈虛之有數望長安於日下指吳會於雲間地勢極而南溟深天柱高而北辰遠關山難越誰悲失路之人萍水相逢盡是他鄉之客懷帝閽而不見奉宣室以何年嗚呼時運不齊命途多舛馮唐易老李廣難封屈賈誼於長沙非無聖主竄梁鴻於海曲豈乏明時所賴君子安貧達人知命老當益壯寧知白首之心窮且益堅不墜青雲之志酌貪泉而覺爽處涸轍以猶歡北海雖賒扶搖可接東隅已逝桑榆非晚孟嘗高潔空懷報國之心阮籍猖狂豈效窮途之哭勃三尺微命一介書生無路請纓等終軍之弱冠有懷投筆慕宗慤之長風舍簪笏於百齡奉晨昏於萬里非謝家之寶樹接孟氏之芳鄰他日趨庭叨陪鯉對今晨捧袂喜託龍門楊意不逢撫凌雲而自惜鍾期既遇奏流水以何慚嗚呼勝地不常盛筵難再蘭亭已矣梓澤丘墟臨別贈言幸承恩於偉餞登高作賦是所望於群公敢竭鄙誠恭疏短引一言均賦四韻俱成滕王高閣臨江渚佩玉鳴鑾罷歌舞畫棟朝飛南浦雲珠簾暮捲西山雨閒雲潭影日悠悠物換星移度幾秋閣中帝子今何在檻外長江空自流

滕王閣記　韓　愈

愈少時則聞江南多臨觀之美而滕王閣獨爲第一有瑰瑋絶特之稱及得三王所爲序賦記等壯其文辭益欲往一觀而讀之以忘吾憂繫官于朝願莫之遂十四年以言事斥守揭陽便道取疾以至海上又不得過南昌而觀所謂滕王閣者其冬以天子進大號加恩區內移刺袁州袁州於南昌爲屬邑私喜幸自語以爲當得躬詣大府受約束於下執事及其無事且還儻得一至其處竊寄目償所願也至州之七月詔以中書舍人太原王公爲御史中丞觀察江南西道洪江饒虔吉信撫

袁蔡屬治所八州之人前所不便及所願欲而不得者公至之日皆罷行之大者驛聞小者立變春生秋殺陽開陰閉令修於庭戶數日之間而人自得於湖山千里之外吾雖欲出意見論利害聽命於幕下而吾州乃無一事可假而行者又安得舍己所事以勤館人則滕王閣又無因而至焉矣其歲九月人吏浹和公與監軍使宴於此閣文武賓士皆與在席酒半合辭言曰此屋不修且壞前公爲從事此邦適理新之公所爲文實書在壁今三十年而公來爲邦伯適及期月公又來燕於此公烏得無情哉公應曰諾於是棟楹梁桷板檻之腐黑撓折者蓋瓦級磚之破缺者赤白之漫漶不鮮者治之則已無侈前人無廢後觀工既訖功公以衆飲而以書命愈曰子其爲我記之愈既以未得造觀爲歎竊喜載名其上詞列三王之次有榮耀焉乃不辭而成公命若其江山之好登望之樂雖老矣如獲從公遊尚能爲公賦之

滕王閣記　虞　集

國朝分建行中書省其鎮乎江西者即龍興而治焉郡城之上有曰滕王閣者俯臨章江面直西山之勝自唐永徽至元和十五年百七十餘年之間其重修而可知

者昌黎韓文公記之後五百四十九年當我朝至元三十有一年省臣以茲郡之貢賦隸屬東朝乃得請于隆福皇太后賜錢而修之記其事者柳城姚文公也又四十年今天子即位改元元統其明年甲戌江南行臺御史大夫塔失帖木兒以丞相來鎮茲省嘗登斯閣而問焉追惟裕皇先后之遺基有以廣聖上之孝心乎章馬合睦贊之曰重熙累洽之餘民力亦既紓息名蹟弗治將無以致執事之恪恭也集衆思僚佐請于朝而作新之既而丞相移鎮江浙丞轄以次或陞或遷平章寔克終始其事焉厥既落成省府使人適臨川之野而命集

記之集曰噫昔韓文公之記是閣也猶以名列三王之次爲幸今韓姚兩文公之文卓然相望於千載之上而辱俾集繼之能無弗稱之懼乎且一閣之遺見崇於今昔者如此彼滕王何其幸歟將命者曰吾相君之屬筆於子也其容度于上下也審矣且子嘗從事于國史今老而寓諸其境於事爲宜宜勿辭也乃爲稽諸郡牘以是年十二月丙子授工庀役越明年乙亥仍改元至元之歲其五月之吉柱立梁舉又明年丙子七月竣事閣之崇爲尺四十有四深如崇之度而廣倍之材石堅緻位置周密檐宇虛敞丹刻華麗有加于昔焉會其費

爲中統錢十六萬五千餘緡因前至元故事給自内帑用之有制民不知勞赫然足以成大藩之盛觀焉嗚呼洪惟天子躬脩孝理化成于天下登庸宅揆之臣承之以慶賞刑威之制風紀之司振肅中外自方伯連帥至于郡縣奉行教令罔敢踰越其規模宏遠漸被所及無有不至者矣顧茲江湖嶺嶠之交至于海島邈在南服勢若遼遠然而涵煦之久保障之固生齒數千萬日滋以庶無外事以奪農時舟車畢通無所底滯倪然咸知畏法而安分以服力於公上况乎禮義文物尚有可觀於其間者乎于斯時也來涖是藩者及歲時之問賦而與往來之公卿大夫觀風之使四方之賓客若屬吏之來受事者相與登覽觀于斯閣優游雍容以歌頌國家之盛而發其聲于此民之心不亦偉乎

重修滕王閣記　　陳文燭

滕王閣者唐高祖子元嬰建也永徽中都督洪都王書畫妙音律喜蝴蝶選芳渚游乘青雀舸極亭榭歌舞之盛以王而名閣繫封于地也咸亨中都督閻伯璵宴客欲誇其婿能文而王勃至東自馬當七百餘里天風助之當筵揮毫至落霞與孤鶩齊飛秋水共長天一色咸嘆曰此天才也其婿慚而退元和中大原王仲舒爲從

事修閣有記後爲觀察適韓愈刺袁州復請記之言江南多游觀之美而滕王閣瓌偉絶特獨爲第一自喜詞列三王之次三王者卽仲舒與王緒並絳州而三也宋大觀中修之左丞范致虛有記元至元中修之學士虞集有記蓋閣在南昌郭門外大江西山環抱之東匯澤爲彭蠡址起爲匡廬美哉江山之固乎而子安昌黎之文吐符靈曄又屹乎如高山浩乎如長江者哉我
朝洪武中
高皇帝起淮甸統一華夏破僞漢兵數十萬於鄱湖曾于斯閣傳警駐蹕放陳友諒鹿於西山祭酒胡儼爲之賦

天下大定偃武修文與舞干羽于兩階歸馬于華山之陽放牛于桃林之野何異乎

列聖相承湛恩汪濊今

皇帝御極十有五年德侔往初澤被羣生不冒海隅出日罔不率俾江省歲祲爰　詔優錫中丞餘姚陳公侍御益都朱公祇承德意加意黔黎有司鰓鰓奉法循理况風土儉而野士習純而正閭巷熙熙若登春臺眞千載一時云丁亥之秋閣方理新九月九日不佞同右使宋公觀察使戴公學憲沈公兵巡丁公携酒落成觴詠浹浹因感昔人之宴俱屬三秋之候覩日太守范君淶率南昌何令選新建余令夢鯉請文記焉不佞謂三王之詞業亡其二然蘭亭已矣而王逸少之記在焉梓澤丘墟而石季倫之記在焉史稱滕王從禽爲娛閻尊憲與高宗爲書戒之俾省方觀民其言足訓也使非二三公之文安知閣之名不湮沒草莽耶且由唐而宋世運休隆道德有若鹿洞鵝湖文章有若廬陵南豐忠烈有若疊山文公明興諸君子皆足以紹之今閭洪代甲于寰宇者增江山之重今閣雖小修而棟折者雲構榱崩者星羅可望氣祥而容宴豆庶幾太平之象焉恨不令三王韓子見而述之彼所稱人傑地靈而民自得于湖山千里之外者不知視今日若何也夫天下有道鳳凰麒麟皆在郊藪登覽者樂可知也天下無道戎馬生于郊登覽者何適而可故值胡元之世閣幾墮浸矣遭宸濠之變閣幾瓦解矣語曰制治于未亂保邦于未危其言廩廩亦願脩者先于未壞云耳滕王閣與江湖廟廊等字乃仲山王公問小江吳公文華書皆名筆云舊有額曰江西第一樓不佞補存之而獨愧其言之不文也

修滕王閣記

張位

大中丞京山王公撫治江右之明年戢管登豫章城西滕王閣則見檻礎攲圮堦除湫隘無以稱瑰偉絕特之觀躇躕嘆焉有司請曰一張一弛道之用也修廢舉墜政之經也自我公來撫是邦孜孜夙夜大有造于江右民亦勤矣若游息節宣斯陶斯咏與民偕樂夫豈爲私矧江山之勝待人而彰有其舉之胡可廢也嚴公節省爲度賓客父老之望其將謂何中丞公乃與巡臺鉅鹿陳公暨藩臬諸公謀爰命有司葺而新之費取贖鍰市材募役毋損公賦毋煩私家閣前增築露臺環繚石欄上構飛櫚陽榭以便遠眺宏敞軒豁煌煌乎足稱壯麗矣時維九月中丞公開讌落成之藩伯鄞郡張公安陸楊公憲使南充王公濟寧郭公屬舊史氏位記其事

惟茲閣肇建自唐永徽迄今巋然殆且千年跡其遞衍興廢之由固可以考其人論其世也勝槩名區古今不改第所遭遘時爲難耳大江以西故一大都會也南通甌粵北控江淮東連吳越西接衡楚地當江南之中四方無故則與列省共享其安封疆所轄城邑碁布横壯爲源九江爲委湖東湖西分道而治而洪又當十三郡之中也四郊無故則與列郡共蒙其福夫特者上之所爲也至一方苦樂是在司牧者自爲之耳江右于元季爲干戈用武之區昔我

高皇帝龍奮江左率舟師破僞漢兵數十萬於鄱湖駐蹕

章江飲至斯閣剗平僭亂用以貽萬世安二百年來治明化洽山增高而水增深今

天子加惠元元計安寓內甚周胡越一家烟火萬里大江南北宵柝不驚太平極盛之象千載一時臺憲屏翰諸臣宦遊茲土得以旬宣餘暇優游樂此無事尚亦有愉快哉竊觀治平之際未易居也其有希蹤卧理呰窳倖安枉務看山飲酢需代是逸豫妨政者之爲茲亡論已至其懲惕驚奇喜爲名蹟束濕薪而攬烹鮮拘攣刻核索無遺味是又無寧宴安者雅存不用之用也江右阻山帶湖萑苻伏匿不無小警然土瘠民勞重生而力本儉淳樸之循可以爲樂國中丞公簡易精嚴以巡臺公一乃心德率諸良有司謝去煩苛一切敦大體爲治從不職之官裁浮冗之費盜期弭而不期爲功賦期均而不期爲羨朞月之間境內恬嬉風雨調而田疇再稔乃詰武備繕墉堞因以餘力而及斯役先憂而後樂之非其厚貽於民而因以自貽者與夫樂心感則舉目成歡憂心感斯觸途興慨此人情大致故同臨一景也智量相懸而賞適者殊趣矣舉公登斯閣也長安日下油然起江湖之思閭閻撲地惕然動省觀之念檻外長江足占旱潦山原盈覜可驗民功上路驂騑儀勝友之盛乎

迷津舸艦其商旅之通乎撫陳蕃之榻把彭澤之觴豈古懷令寧無憂逸之當訪乎蓋政理所裨茲爲是賴奚翅遊觀之適觴咏之藉而已哉嗟乎江山風物千古如新異時歌舞宴遊之蹤蓋與寒烟衰草相爲湮沒獨其功澤及人文章耀世令人徘徊徙倚有餘慕焉則人世所爲不朽而存者可念也詩曰蔽芾甘棠勿剪勿敗召伯所憩又曰勿剪勿拜召伯所說甘棠一物耳愛其人則思其嘗憩且說也相與依依惜之中丞公雅望旦夕且徵還廟堂會藩伯張公擢大京兆行一時羣公冈深內名流悉去此羽儀

天朝不遠矣它日茲閣藉之爲重也無若其棠乎余邦人
也身際太平幸托軒幪爲庇樂觀盛事且以慶山川之
有遭也遂不辭記之若其形勝景物之詳則有前人巨
筆在

寫韻軒記　　虞　集

龍興紫極宮寫韻軒高據城表面西山之勝俯瞰長江
闤乎民居官舍之中特爲夐絕眺望如此者亦或有之
至於秋高氣清望見上游諸郡之山若臨江之玉笥巒
之華蓋寸碧天際森列戶牖此則他處之所莫及也西
山神仙窟宅得道往來城府致其榻世拯俗之意而然

覽蕪錫於此蓋必有之郡人相傳唐文蕭吳綵鸞豈其
人與世傳吳仙嘗寫韻於此軒以之得名余昔在圖書
之府及好事之家往往有其所寫唐韻凡見三四本皆
硬黃書之紙素方潔界畫精整結字遒麗神氣清明豈
凡俗之所可能者哉要皆人間之奇玩也登斯軒而思
其風釆亦足以寄遐思也乎而世人塵俗之想沉溺於
胷中意謂高仙幽棲者不異於已而書其遇合之事殊
不經也蓋唐之才人於經義道學有見者少徒知好爲
文辭瑕閒無所用心輒想像幽怪遇合才情恍惚之事
作爲詩章荅問之意傳會以爲說盍簪之際各出行春
以相娛玩非必真有其事謂之傳奇元稹白居易猶或
有之而況他乎遂相傳信雖爲其道者若文吳之事亦
久而莫察良可悲乎蓋所謂仙者形質化泯神明昭融
豈復有分毫世俗之念而有可以受謫者乎昔陶隱居
著真誥載李夫人少女降陽生之事猶言玄契遇合真
道不邪不有偶對之名初無弊褻之跡從容接對禮意
森嚴此一證也借曰以凡念之起見謫于天自當恐懼
修省一息不敢緩而可以因循袵席之燕暇以至十年
之久乎誣吳君也亦已甚矣而使庸人孺子無所知識
更得以藉口吾黨之士其可吮墨弄翰揚瀾而助之哉

乎因書此以遺其觀之主者余君玄谷無貽愧於茲軒
之高明云

涵虛閣記　　楊　億

涵虛閣者致政李公挺生民之秀負王佐之材決科廟
廷文雅第一從政劇邑吏人不欺以太夫人在喜懼之
年有羸老之疾拜書北闕求養南陔天子嘉之恩禮尤
異既南臺之進秩仍水衡而分俸用致官政歸侍庭闈
始卜居歷陽載離寒暑會公之令子今西臺御史以尚
書郎通守洪州叔孫必葺豈復懷安元方將車因以東
上今年御史秩滿歸闕公且致書於予曰吏東西南北

之人也前年來江西登臨山水覽觀風物戀戀而不能去且欲占數畝爲豈邪之民買田一廛築室百堵編名戶版輸稅公上陶陶然與漢陰丈人携手於羲皇之世矣兹郡之勝實惟東湖今之所居介于湖上郄視闤闠前瞻渺瀰棟宇轇轕而世喧自分魚鳥聲軋而物態咸見澄波萬頃翻映雲天崇期八達絡繹冠蓋此亦古人大隱之迹不出市朝儒者一畝之中僅庇風雨者也春之辰雜芳被隄淥波如染可以臨清流而賦詩夏之晝涼飇拂衽炎雲成峰可以登高明而逃暑潦收水清華木搖落可以詠秋風於楚詞歲暮天寒密雪飛舞可以

歌南山於周雅故足以攄心發而習靜狎海鷗以忘機宴坐觀空入毗邪之不二谷神反聽味玄元之五千豈徒晨昏謳謠之餘雍容肆體而已若夫天宇岑寂湖光皎鑒俯見雲鳥豪末靡遁其形旁連邑居囂譁不接於耳遊氛宿靄廓洞開遠水長空混茫爲一髣髴其梗槩目之曰瀰虛優哉游哉聊以卒歲願志其事式爲美談

夕佳樓記　陳文燭

夕佳樓與滕王閣竝峙在章江門北云刱爲嘉靖間撫臺何公遷書樓日荒圮萬曆丁亥南昌守范君涞檄南昌何令選新建余令夢鯉修之守道龔公嘉歎此長有司之事也三月望日召余同右伯宋公登焉古人修禊事宴桃李卜平春暮況登樓乎乃巡城而西竝輿至樓下解帶憑欄西山當面岡巒如洗章江之水繞城隅而洄日將蒙谷碧波瀲灩極浦幽岫閃閃作五色光已而下樓過北城登德勝門白沙長里許高數十丈如沙城青林翠竹一望無際郭內萬家比屋連甍最高者紫薇樓也兩公言江自南贛西繞鳳凰洲北逾楊子洲望匡廬而注于湖河自撫建過廣潤門南會于江諸水合流融結而城茲土信美矣余謂陳仲舉之高風韋丹之遺

愛王子安之弘詞張雷之博物王伯安之勛樹孫許之忠烈皆與江山不朽登覽者以人異乎已而還樓日西匿矣烟雲倏起蒼茫莫辨西風飛帆過者千計影落酒鎗已而薄暮遠火漁燈乍明乍滅栖鳥投林嚶嚶和鳴少焉月出太宇如鏡絕無纖塵宋公言西湖月夕惟虔士放鶴亭佳龔公言桐江月夕惟子陵釣臺佳余謂鄱湖月夕惟石鍾山佳

高皇帝文謨武烈在焉爲奕千古遠邁漢宋中天大明登覽者以代異乎已而月漸近人去燈移席就月飲焉蛛網掛檐沉鯉躍水風響濤聲遠樹如落村墟夜舂與漁

鍾相間寘王渾忘兹夕誠佳矣兩公言中原多故水旱頻仍如登覽何余謂天心仁愛 明主宵旰吾儕果杞人憂乎歸而漏下三鼓越三日有司以旱禱雨雨三日豐汪操筆記之或可釋登樓之感也

紫薇樓記　陳文燭

紫薇省卽古中書省也改自唐開元而武德間置行臺尚書省于諸道馬端臨以爲廣廷出入帝命周官掌王八柄內外之職同也 明興始因元制置江西行中書省設左右丞尋改爲布政使司 國初建樓稱紫薇蓋取中書省之意也嘉靖間吾郡大司徒傅公頤爲左使修之萬曆以來傾圮日甚右使仁和宋公議修而不侈至少參義烏龔公力贊焉兩臺允帑金百餘兩月而工成美輪美奐督之者理問殷哲也南昌名都其勝在西山長江而樓倚西郭街山吞江浩蕩無際東如文筆塔壯如彭真觀一瞬而盡南有覽秀辨章二樓若左右翼晴登之則祭光雲影在樓矣雨登之則風帆煙艇在樓矣月登之則金波玉鉤在樓矣雪登之則瓊樹瑤階在樓矣大都景以西勝云夫春宜日夏宜雨秋宜月冬宜雪非獨樓景勝也乃天運焉王者承天而布之民故曰王省惟歲卿士惟月師尹惟日春省耕而補不足秋省斂而助不給夏暑雨小民惟曰怨咨冬祈寒小民惟曰怨咨先王之政詳在月令皆天也

主上端居九五卽登樓壯望邈若萬里歲屢大侵 詔下賑貸其仁如天卿士師尹無能宣布萬一登斯樓也四時可觀省矣昔王元之記竹樓陋齊雲落星之高華恥井幹麗譙之歌舞言幾于達乃謂鼓琴詠詩圍棋投壺皆樓之助王子賢乎哉夫我則不暇或一所處異也至云後之人嗣而葺之寧無王子之願乎兩公聞余言而嘆曰吾子身江湖而心魏闕又何間中書省與行省耶異日兩公携酒樓上命侍吏書余言鑱于石

鍾樓記　何喬新

皇明奄甸九有稽用周漢唐宋之制分畫天下爲十三道各設都布按三司以統理之江西爲南服大藩南昌則古之豫章郡三司之治所在焉舊有譙樓在城南普賢寺洪武中始建於治東湖之上廣濟橋之南外爲飛簷五層內爲重屋三層鐘鼓晝角列置其上樓之後爲陰陽學前爲臺以奠日晷爲室以置壺漏及居昕夕之司其事者歲久寖圮雖屢修葺僅支其欹亥補其敝漏而已比年以來則岌乎將壓矣鎮守太監鄧公原謀於巡按監察御史鄧公公輔欲改作之以歲艱民病未暇爲

既而御史鄧公代還公又與監察御史張公縉王公忠議曰譙樓之設所以謹候而授民時也顧傾圮日甚公今圖之猶有材瓦可用者一旦壓覆將榱桷瓦破而勞民傷財滋甚今歲豐政簡庶可興役乎二公皆以爲然公又合三司長貳謀之亦皆以爲政體攸繫相與贊其興作退而鳩工庀材諏日興事求大木於湖湘得環偉之材可爲柱者四公喜曰是可以任重矣風雨寒凌不能動也公命有司斬木山巔陶瓦氷次命南昌府同知張汝舟撤而新之其故材舊木堅緻可用者亦所不棄於是拓其舊址而築之圍周四十丈因其舊規而增之

其崇七丈重屋飛簷皆如其舊陰陽學之署壺漏之室司事接息之所以次新之凡爲屋十有八間徙日圭之臺於大門外欲便於測景也又以舊路陜隘市民地以廣之湖波蕩激築石隄以捍之作門以臨通衢扁曰授時凡用木以株計者新舊九千三百六十有六瓦以片計者新舊二十四萬九千三百四十有四鐵石甎堊之需大率稱是然費出公帑工出傭賃而勞費不及兵民始事於弘治甲寅冬告成於丙辰春閏三月崇簷翬飛踈櫺虛敞自遠望之崪然若出霄漢之上登高臨之超然若在埃壒之表咸以宏壯偉麗前所未有稱其爲南服大蕃者公曰是役之勞與費亦大矣不可以無紀於是憲副吳公瓊具是役之顛末屬予記之予惟時以作事事以厚生爲政者之先務也今鄧公與諸君子汲汲修葺是樓伐鼓鳴角以警昏昕晰刻漏以節晝夜非急所先務者乎曾文定公有言禮有必隆不得而殺政有必舉不得而廢若茲樓之建是也是役也協謀勸相者布政使祁公順洪公鍾按察使陸公珩參政洪公漢僉公鉞副使吳公瓊趙公良談公俊參議潘公棋王公有恬孫公儒僉事黃公仲昭張公源潔郭公秉昭茆公欽沈公銳沈公清都指揮同知何公昇僉事馮公奉章公

暠楊公泰戴公賢南昌府知府滑君浩詳書其實俾是邦之人百世之下於諸公之勤尚有考焉

重修江西治城麗譙記　　范淶

麗譙譙樓也方言鐘鼓樓以授時設也嘗考訓詁家譯譙爲巢譙之貴於高尚矣而江右省治所稱瑰偉絕特者則滕王閣然其高未甚也飛華爽磴八窓曠視者則明遠樓其高猶未甚也維茲麗譙當省城之中東西兩湖之涘挿浮雲入碧落憑欄寓目不啻所爲樓閣特俯而瞰之凡近而朱邸匾署市闤琳宮駢櫛於雉堵之內外者遠而列巘橫青龍沙飛白逶迤突兀於江干之西

以北者又遠而南贛吉袁諸河洪濤奔駛從南以西下東則建武臨汝諸河從南左折竝饒河下與西南河俱北滙於彭蠡而匡廬之隱隱峨峨亘障爲屏塞者皆無遺矚焉蓋全省最高之處昔人以吳楚二大都會登斯譙覽之思過半矣譙之剏修始末及高廣層楹之規制詳於尚書何公右伯吳公先後所爲記自吳公而後歷今又四十年其甍城垣墉欞檻黝堊爲風雨所摧剝而傾圮者尤甚於前人所欲葺之時顧連歲民困於賦時詘舉嬴不可俟其太壞而費縣又不可余乃上其議於方伯陳公宋公轉請於大中丞陳公直指朱公欲以十

三郡之力合成之咸允所議曰此闔省星臺柰何累一郡爲惟時友邦又皆濟濟名流搏志一慮期會如約凡譙樓工材之所需罔不具備飛棖重霤悉如舊制而止獨壺漏昔在譙臺後楹今移之臺中昭其明也更置陰陽學負臺而湖樹日圭如寘向其空也𡾋嶢煥然中天足爲省會之重矣雖然非其所以重也古今忠良分猷佐人主以至治者必期曰唐虞及稽堯之世懷山襄陵天未悔禍而羲和所惓惓者乃以敬授人時先之舜代堯爲治亦在璿璣玉衡齊七政而後施封山濬川之功政之所重可想已比歲寓內南北水旱報儆弗息致

王上宵旰憂勤百執事而下在在拮据救過不給是懼則將何以交修之易稱天地交泰惟以裁成輔相左右有民象其事而九二尚于中行可謂備矣亦惟曰包荒用馮河不遐遺朋亡以光大也曰敬曰齊曰中行本乎身贊乎天曲成乎民物此授時之說也故洪範有言狂恒雨若僭恒暘若肅時雨若乂時暘若夫肅乂節宣陰陽之術也狂與僭反是時之難授也如此藉第令以測景定刻候考鍾伐鼓吹晝闔闢民昏旦一臺官辦之耳嗟嗟巍峨高思益下變讀遠慮念崇乃百執事之所以重

斯譙者歟是役也舉於萬曆十五年丁亥七月竣於明年夏之閏六月所費近三百緡皆官帑民得食其力悅而忘勞董其事者經歷王與隆也司挈壺事者陰陽正術成周也壺有銘至元六年庚辰龍興路重製樓上銅巨鐘唐乾德五年丁卯關國侯林仁肇施鑄時地爲龍興寺後之改不可攷萬曆十四年春正樓脊內風墮小木櫃一其色赭貯有五穀藏與乃成化十六年庚子鎮守太監劉氏者捐貲夫脩葺匱春爲識事在何公所記之前又何記觀臺外圖周𥧌地數百尺後吳公未記時已入其地於清軍察院今臺外東西南所存者淵僅數

武俠者猶半之殊與弘治間不類皆前記所逸併載之

王皇閣記　萬恭

漢城豫章于章水之東負遷車而至者轔轔也然利于陸不利于水市之人率爲之行室于章水之濱乃負遷舟而至者洋洋也然利于水不利于陸民日與蛟龍爭旦夕之命晉敬之先生者脩淨明忠孝之教天神降地祇出驅蛟龍而戮之西安亡墊溺之虞事在旌陽傳中力徙城于章江之滸而水陸始兼利矣洪之民德敬之先生甚厚卽其所維鐵柱所而祀之西湖之陽第曰福主而不名非祀仙也祀功也迄千二百年而祀事益嚴嘉靖中帝有事於薄海名山者八以鐵柱宮爲萬壽宮蓋珠宮瓊宇彤殿紺閣于是焉居先生以博殿則冠珮鏘鏘仙幢洋洋若鎮鐵柱于無疆且令蛟魔虓魈于九地之下何千萬年繫之頸而投降也又居玉皇以崇閣則寶霧濱濛琉閭玲瓏若招先生之盧上與天通寥陽之中廣漢之內將偕豫章之人凌空御風飛言唉之顯顯鳴環璃之璁瓏也都人士說焉依我祖禰無何萬壽言災都人士又戚焉喪我考妣　帝曰吁有司其續我真君之故居顧有司嚴于將命取貯真君耳而棟宇僅十二焉都人士大戚而故王皇閣則瓦礫填委益淒漫淒楚亡復棟宇之制都人士又大戚乃長[illegible]伏及左司馬吳公號召宇都名藩都袞紳都旄倪以萬曆二載撤閣而新之閣崇五十尺博七十四尺入五十二尺上空其中爲廻廊爲金屋貯玉皇飛甍長梲神樸天闕下爲周垣爲雲堂貯玄帝丹青錯落簷牙高啄命之口天宮値凡三千金又循殿而益之其博相如也其入相如也崇損閣十之三楹十圍棟十二圍榱題節棁稱是飾以玄堊繚以陶甓以貯福王命之曰九州都仙宇値凡八百金統爲萬壽宮始千二百年之規制于斯爲盛哉

世宗皇帝之德意于今爲烈矣都人士又大說司馬氏曰余少遊西安兆率見敬之先生試劍石於瀾中又遊西山見許母塚化金岡及黃堂觀飛升所云道經所紀述皆不虛凡萬壽故宮栢枝委地矣歷有年所矣而崇淨明忠孝之教者日以寥何以故夫　返道道返真真返神神返妙至妙無返變化息最上入於無始夫有始生息無始生無息故無息者非以我之精氣神爲神爲妙爲真也以我之精氣神爲神爲妙爲真如列炬密室中直不爲風速息耳非真不息何者盜天地之精氣神以自私者也是喬松之徒也敬之先生以淨明忠孝之教

福社稷利蒼生是不以我盜天地之精氣神而以十二
萬九千六百辰人之精氣神爲我之精氣神又以十二
萬九千六百日人之精氣神爲我之精氣神又以十二
萬九千六百月人之精氣神爲我之精氣神又以十二
萬九千六百歲人之精氣神爲我之精氣神夫有我有
息無我無息是合宇宙而列之炬也則斯閣也斯殿也
其先生之委蛻也夫是謂真神是謂真妙是謂真真君

雲峯院記　曾鞏

分寧人勤生而嗇施薄義而喜爭其俗然也自府來抵
其縣四百里在山谷窮處其人修農桑之務率數口之
家留一人守舍行饁其外盡在田高下磽腴隨所宜雜
殖五穀無廢壤女婦蠶杼無懈人茶鹽蜜紙竹箭材章
之貨無有纖鉅治咸盡其身力其勤如此富兼田千畝
廩食藏錢至累歲不發然視捐一錢可以易死寧死無
所捐其於施如何也其間利害不能以稊米父子兄弟
夫婦相去若弈棋然於其親固然於義厚薄可知也長
少族坐里閭相講語以法律意嚮少戾則相告訐黨訐
張事關節以動視聽甚者晝刻金木爲章印摹文書以
紿吏立縣庭下變僞一日千出雖笞朴徒死交迹不以
屬其心其喜爭訟豈比他州縣哉民雖勤其習如是漸
淵入骨髓故賢令長佐吏比肩常病其未易以教所移
也雲峯在縣極西界無籍圖不知自何時而立景德三
年邑僧道常治其院而脩之門闥靚深殿殺言棲客
之廬齋庖庫廋序列兩旁浮圖所用鐃鼓魚螺鐘磬之
編百器備全吾聞道常氣質偉然雖其學其歸未能當
於義然治生事不廢其勤亦稱其土俗至有餘輒斥散
之不爲黍累計惜樂淡泊無累則又若能勝其嗇施喜
爭之心可言也或曰使其人不汨溺其所學所歸一當
於義則傑視邑人者必常道乎未敢必也慶曆三年九
月與其徒曰吾排逢藿治是院不自意成就如此今走
矣恐泯泯無聲畀來人相與圖文字實石刻之使永承
與是院俱傳可不可也咸曰然推其徒子思來請記予
不讓爲申其可言者寵嘉之使刻示邑人其有激也

智度寺記　胡寅

事無記無以傳久遠有大事不足記而有小足記者有
常事不必記而亦有當記者人生必有業古之民業四
今之民業七既服耒耜而又執斤削既通貨賄而又習
弓矢失常變守蓋棄財也治道所惡君子不言也各安
其業不相侵奪猶動物不植走物不飛理之固然則又
不必記也均是農也或鹵莽或力田則力田者可取矣

均是工也或奇衰或侈度則侈度者可取矣取之以勸能者戒不能者則不以其細故常事而無記也今夫服儒衣冠則當修仁義禮樂一取正於仲尼乃其業也詆訾先聖而崇裔異端五欲貪淫而持守齋素殘民害物而懺祈罪福實諸所無而談論空寂猶之棄材焉則無可稱者矣去父母毀膚髮攻苦學佛爲廣宮大厦以事佛而居其徒相與紹隆而不替此爲僧人常業也凡其所建立必求吾儒之能文者以紀述之疑者不必記而君子有不免爲之言者亦因其教寓勸戒焉耳既已爲僧而又壞敗其業甚則破戒律私妻子近屠沽市販或至棄寺而出居風雨敗像經卷爲塵甚亦不顧僧如是者衆矣則能不叛其教而守其常業者豈不足道乎豐城龍潭寺主僧廣照以餘佛寺緣化有徐氏應甕父子施最厚照一不私已盡用以葺其廬凡殿堂門闥寮庖浴匽丹青鐘鼓備物咸稱寺在邑東五十里山峰中松篁蔽虧澗壑春撞人境佳處也紹興壬子秋末予侍親自杭西行至是少憩焉家君愛其邃深清曠留度冬春甚適明年夏四月將去而之衡山廣照請曰山僧耆老多病物疾於此屋未嘗有士大夫車轍馬跡也今幸辱臨得一言刻諸石沒齒不恨予既許諾又以其事尚諸邑里無間毀者遂爲之記蓋歎世有當爲而不爲不當爲而爲之者則凡能爲而不失其分者爲可嘉也

藏經閣碑　萬恭

豫章永寧寺據東湖之陽前絡豫章溝而右聯諸章江山自虔州垂空而下息于豫章李唐南平王之故居也壯麗甲豫章城緇流數百徒萃旃前爲貢院前左掖太湖又前湯湖印若地璽又前登銳浮屠若地笄蓋豫章一佳山水也正德末肉食者惡永寧梵宫侵藩公府遂斬其後脉而渠之今東西沼水相貫也永寧寺夾而貢院亦南徙嘉靖中後渠堙俄復永寧梵宫俄復貢院故處夫盛衰之緣豈不以地氣哉隆慶初禪人道安者渡江止永寧徘徊斷礎荒礫中曰景泰藏經

勅諭金書故在也而經化煨燼六十餘矣直走金陵爲大藏尊經六百七十函卷七千有奇直六百金禪安顧有經無閣與無經同乃萬曆癸酉合緣人金五十鎰即大雄殿之後方斷礎荒礫中爲之藏經閣閣崇四十有八尺博三十有六尺深稱是石柱十有六前後左右危垣盡甓錮之上爲複道而虚其中置經於複道環而匱之戒覆轍也乃禪安又顧有閣無相與無閣同以萬曆丁丑四月八日合緣人諸釋子捐七範銅萬斤有奇爲

金人相命之曰接引佛聳立閣中巍十有六尺色特慈悲若求與衆生欵語縮具左掌若自捫而平其心舒其右掌又若求與衆生携手而招之來也費凡千二百餘金是役也經始于隆慶丁卯之春而告成于萬曆丁丑之秋余亟苦禪安而禪安不自苦也欣然索余記其事余惟我豫章長老子弟往年病征求苦盜賊雞犬不得寧息卽居室且莫敢安敢爲藏經謀卽七尺且寘遂又安敢爲金人丈六謀哉乃今以

天子乂安元元而江右大中丞種種稱德意條鞭法者均甲法者鋪行法者法門攤者法萬曆錢者法清津者

生存養死有登晨人相與忭于野賈人相與愉于市山無藏疾湖無揚波故禪安一呼而十年建千金之業蓋三則民蓄積裕而舉贏易也是役也其敢忘

明明天子乂安之大德余特勒之貞珉俾食祿者得鑒觀焉

復豫章城三湖九津水道碑　萬恭

豫章氣脉南自梅嶺萬馬騰空而北下登華山衛朱嶺揷招雲峰而東渡河擁白湖嶺而北走登雨前嶺又西度天王河播爲大陸虬而浮者鬱而突者垂天之虹者涉江之龍者歷上䧺旗岡上謁麥山折而東踰佛頭嶺折而西抵南關稍折而東掠武壋入焉爲澹臺祠又折而北爲永和門西歷府基至德勝門又折而南其中脉歷新建縣擁四道兩院而盡于鐵柱宮左三支爲開司爲臬司爲府庠盡于兩學者爲龍蟠右三支爲藩司爲南昌縣爲鳳凰坡盡于廣潤門者爲虎踞南二支一入進賢門東爲正學書院而盡于順化門一入進賢門西擁京山廣積倉而盡于惠民門城中瀦水者爲三湖曰東湖曰西湖曰北湖而城中洩水者爲九津曰五行津曰五鼇津曰八政津曰五紀津曰歸極津曰三德津曰稽疑津曰庶徵津曰福極津有砂以抱之有水以匯之是江南一大都會也又章貢之水西招吉袁臨瑞之流大瀦者爲贛河一千里繞而左又軍峰之水東招杉關建撫之流大瀦者爲撫河四百里繞而右以其故繞而左者穿樵舍吳城入于湖爲西鄱湖繞而右者穿楊家灘趙家圩入于湖爲東鄱湖兩湖又北駛百里始混一于彭蠡爾三湖九津之水與[illegible]河歷歷隔綫脉不肯歸附西河入西鄱湖而獨蜿蜿蜒蜒出內水關穿廣潤章江德勝永和四門之城濠而過之東歸蜆子湖艾溪湖出牛尾閘趙楊家灘入東鄱湖夫三湖九津之水顧舍其近而遠是畜去其所甚便而附其所甚不便是豈湖

津之性哉蓋城中之脈從西而東又折而北而西而南故城中之水爲氣所扼遂從北而南又折而西而北而東山逆水水逆山交互紐結而不可解以散乃信饒二河之水自震來而會南九二郡之水自兑來而會都昌大岫導吳越諸阜控彭蠡之東爲大龍蟠匡廬大岫導荆楚諸阜控彭蠡之西爲大虎踞鞋山既障湖口截合而三湖九津之水道悠悠洋洋六百里而始浮于江蓋至是而北門之鎖鑰備矣是又江南一大佳風水也事在張學士碑中弘正而前風氣凝聚人文宜爾故發三名臣巍科足名賢而今安在哉後來者鄧乃慨念九津水患爲不克恢復故道又從而爲之外水關浚諸西河棄故濠堙爲南肆堤爲魚沼以恣彼貪暴豪强之谿壑而城中之水患日轉風氣日散者將百年矣豫章刺史范公以聖賢之學仰觀天文俯察地理中媾人事間以嘗司馬氏指掌而晝之斷焉清九津之舊源紀三湖之故額培綫堤之原脈禁華蓋之掊削毀魚沼塞外關深斯湖也鑿斯池也若廣若袤悉丈尺而從事焉載在府庫圖在象魏且命司馬氏文而勒之貞碑揭諸應門之右告我父老子弟萬萬世愛而護焉以永無斁我豫章之元元司馬氏懼其久而玩也係之以銘曰恒恒

刺史南國之綱不解于位外大邑是蒞理我三臟而津之水茫茫理我九竅而津之水湯湯我血氣我沼我華蓋我岡友我璞質完我金柳彼何人斯胡不舍昆吾之項而自裂紀堂胡不虛震澤之腹而自壓肺腸不念刺史苦自取滅亡河洛思只終焉允臧桓桓刺史匪居匪康我有額豪刺史匡之我有餓人刺史恭之田則有岸澤則有梁父母孔邇邈撫我南邦

烏土溪水利記

鄒守益

江浙同志大會初舉于沖玄再舉于懷玉予與劉師泉陳明水束裝而赴焉道出南昌會象岡胡中丞論學繹所聞而象岡亟以烏土溪水利爲請曰溪在縣五十五都延袤數里許東西界于山南北有隄有閘潴蓄水利蔭田萬石其下曰新塘曰姑塘曰西城曰高坊曰沙窩曰黄臺曰塔田凡八鄉咸賴以粒食歲納溪課取魚蝦蓮藕以輸河泊銅板冊及郡下帖可覈也比年封殖決隄而菑畬之禾則大稿植也歸自京以隱瘼告于中丞吉陽何公而里耆旄倪數百人合辭以呈公慨然力主興復之策近山鄭憲伯懷南韓郡侯協義以贊檄何典史震及時勘覈衆咻紛如不疑不沮盡毀溪田增修隄閘以對于聳塈庠生黄世芬耆民胡棫等立碑溪上

更名何公溪頌惠一言以杜覬覦而永懷澤盍聞之天下之事公則均均則和而安私則不均不均則乖盭而傾圯古之君子慨然以身爲天地萬物之主饑溺不獲其所若痌瘝乃身故居則思澤于鄉仕則思澤于官學之涇也畏高明而虐惸獨視旱乾流徙愁然若秦越無惑乎中澤潢池之莫瘳也夏忠靖之疏蘇松魏文靖之濬湘湖歸俎豆而芳汗青跡象罔與吉陽二中丞喜惠烏土光于前聞謂之公而均非耶抑是中天則一毫好惡增損不得故均天下爵祿蹈白刃峻功偉節而中庸獨不可能稍有增益于皇極終幽爵矣吉陽公嘗學

于井泉太宰以體認天理爲宗而象罔切琢吾友魏子師顏角聞致知格物之傳尚思不疑不沮以達天德使寬裕剛毅齊莊密察溥博而時出之則所以澤潤四海赫赫濯濯以弘

聖主嘉靖之烈嗣有大于是溪者益尚能泚筆記之

譙堤記　　　　齊　譽

譙堤者吾郡太伯西蜀雲阿譙公所築之堤也堤以公姓志公之功民之不能忘也堤在郡城西南六十里許茅岡楓樹潭之上厥地窪衍當章貢盱汝諸水旁出合流之衝歲夏秋水輒溢沒爲壑舊嘗築堤環障我民得田其中顧功未大集續用弗永隨蔬湮墊禾稼弗殖田不常登稅額虛存蕩析逋徙民以重困嘉靖癸卯公以簡擢來視吾郡事究心民所疾苦謂茲堤之役不可緩後圖所以修築焉審形度方詢由稽故而始謀審順時諏日下宣上聞而事紀定擇官授方計畝任力而工能畢集悉躬勞勤糾頑懲情而人以競勸凡公之秉心塞淵有以作之迺不終月堤屹屹告成綿絡枝實視舊有加固可垂諸久遠明年秋禾乃大稔甲於諸方堤左右民鼓舞懽呼戴公之功遂表公姓命名茲堤勒之貞石用詔無斁嗚呼難哉夫守有邦之土物雖事役地職以

與民利其政之大者顧水土之役舉動艱重功非目前彼其傳舍廨官守固宜視此爲後矣迺公獨先盡心焉爲民永圖此其視民饑溺真猶痌瘝在身而官之事真視猶一家之事俾厥民亦若子弟然席家之成業得世守矣嗚呼公之功信難矣哉凡諸戴公頌公焉者固乎諸人情之公也是故可以觀立政之要焉可以樹官司之則焉誠可以永永傳也抑公之治南昌也興學造士導利寧民賑窮恤貧疏滯鋤梗庶政卓著然亦有所本云公尊甫翁東谷先生嘗令靳水靳之民戴翁惠澤至今誦之不衰此其得民要非可以聲音笑貌爲者翁令

歸龍門隱矣欽所未大試者而以付公公故次第施之輒有成績行且達之天下流聲光爲宦業固顯顯傳世也南昌之政特爲之兆爾

築五圩碑記　萬恭

豫章北際過黃溪渡而下巨浸衍爲平沙非三壤故疆生齒日繁則與水競利奪而成壤爲圩者五曰余家塘黃泥埒雙坑圩萬家塘王甫巷皆若崇墉然括內成田以數十萬跨南新二邑屬之糧以萬計下瞰四十八圩即五圩成四十八圩皆壤也即五圩敗四十八圩皆魚也嘉靖初歲洪水決余家塘再決雙坑圩其時[illegible]于財[illegible]民詘于力三載乃底績圩民若竭澤矣踰六年載乃復故壤萬曆十四年春徂夏霪大水四月決余家塘破之決黃泥圩又破之決雙坑圩又大破之洪洞無涯田殫爲湖廬舍爲瀦室而憑者棲而浮者桴而没者蔽巨浸而下而圩民將靡孑遺矣南昌何侯乃匍匐水行乘舟隄行乘屐救死掩胔問疾賑饑乃約圩民諗之曰吾聞嘉靖初二決猶然疲三載塞之也柰何今三決而不啚一勞永逸之也無已則錮石堤乎圩民曰是沙壤者亡底也安所置石爲侯曰吾知所以處此矣歸白上大夫括官藏二百廿金募水民田夫以萬司馬治方溪湖堤法從事焉蓋黃河捲埽法也法以草小綆裹石于下方置栽焉覆以草茵內實以土先以巨綆貫小綆之外與人挽巨綆則平舒席捲而墜諸決中[illegible]埒畚一而功十者也乃三月而三決盡塞上排五圩之橫決下拒四十八圩之植擣逾年田盡成壤水盡歸壑圩民大驩奔司馬公而問焉往三年塞二決而民益病今三月塞三決而民益安何以故司馬公曰是以修圩窩厭饑又處之之術善之善者也昔東周君欲爲稻西周君不下水東周君患之蘇代爲東周君以術于西周遂下之水稻乃大登夫爲稻術亦何嘗之有哉今術[illegible]稻術羨知厭饑厭[illegible]羨知塞決塞決術羨知捲埽[illegible]圩父老且令世世遵[illegible]約法也毋忘世世不忘[illegible]者

豐城縣新埽記　楊廉

治水猶用兵以正合以奇勝而後可以盡用兵之術正以爲之隄奇以爲之埽而後可以盡治水之術周禮曰善溝者水漱之善防者水淫之鄭氏謂淫乃水淤泥土助之爲厚此其後世之所謂埽乎豐城地勢低窪當春夏水生之時所恃者隄而已然諸隄以縣治之隄爲要縣治之隄以埽爲要是埽也橫波突出成功最難是之

有埽自宋淳熙間辛帥棄疾始經此而能留意者惟[illegible]平間邑人徐禮侍鹿卿至　國朝洪武間何丞昭善藏諸縣志可考也自餘皆忽不知務波濤齧及則退而示弱而隄始不勝其任猶用兵無奇終亦折北不支潰散敗衂而已郡守祝侯下車之二年親臨豐城閔民疾苦顧縣之堤岌岌然乃進父老諭之曰此宜隄此宜埽父老曰彼故隄彼故埽侯曰斯言太泥耳今之水勢使辛帥復生亦必別有所處矣父老曰然侯爲之經畫纖悉達之鎮邈而允告之[illegible]其兩從[illegible]君屢食息且暮躬[illegible]以先民民忘其勞不[illegible]成於是邑父老以書來屬廉爲記將刻石以垂永久廉謂隄吾縣治而知埽之爲急者能幾人我天順間尚令穠欲於上流安沙導水西行其論甚高而未覩其成成化間黃簿端竭力以塞石橋之決築堤長五十丈近年劉令璣因其傾圮又從而改築其長倍之是一令一簿爲有功茲事最鉅者而所就僅若此今侯去辛帥三百餘年而見與之合且不局局于昔人之陳迹其功之卓當與辛帥並矣於戲天下事何者而不有其要侯之治水可謂知要矣然侯之知要豈特治水爲然哉寔於郡政無不然矣記之使人知祝侯之政埽二其一在水口是爲石埽其一在敖家墻是爲土埽營度於弘治己未之夏訖工於庚申之冬廉聞祝侯欲更埽於善奄堂之下剸歲斂財力殫屈不可爲比捐堂食之鏹以爲費則章責發而後將矣期於今歲辛酉水昏正而成之不毫髮及帑藏侯剖决如流率五皷起視事至漏下二十刻方退寢其勤且敏前此未之見是役也縣令何公亦焦勞以相厥成云

南昌縣田賦考威序

萬廷言

南昌民田凡五等曰上曰中曰下上下中下下而賦因之是田與科[illegible]定制也乃有高不及下上而似之低不及下下而[illegible]勝者名曰中高中高甚類下中而沙瘠被水實與下下等不幸在水鄉稍臨深爲高又時與下下田相錯出於林麓村落間竟廣不及一望又窮鄉遠城廓計初履畝者不能徧及徒測形似而比之下上之科蓋劣其實不甚劣其名也然而實不勝也則折之或畝有半或半以上以就下上之畝科謂之折田如考中所稱六十三四五六等都之變例是也是田與賦不相值也然所以得折者猶以瘠田稍闊或乃漸墾經野先臣姑裒括而劑量之非制也然自宣順以來未之有改矣萬曆庚辰　詔天下大丈田畝恐欺蔽弊滋使清泒

抵虛非更制也而一時有司奉行稍過劇小弓增田額
易賦法數更　祖宗之舊南昌官民田舊百萬有奇遂
增至百三十餘萬夫田腴必狹故上中二等與下上田
不得增卽弓小亦不得多增所最增者惟下下與中高
耳蓋旣瘠闊又漸墾又以折作額故也然此二種田原
少不過九萬有奇今所增三十餘萬卽有新陞與他所
增大約此九萬中不下增十萬又此九萬應折不過二
三萬卽以折作額不過增萬有奇其餘卽瘠闊或稍墾
亦安得遽十萬增哉田增賦亦增毋九萬而子十萬是
賦亦不啻倍增也增此則減彼腴田減科而瘠田增科
額田不十萬頓增十萬此事理最易曉而當時竟行之
何耶無亦期會急而聽受少耶同池之水此盈彼挫諸
所瘠腴增損弊又可勝言哉是田與賦之不相值不特
折田已也又明年壬午大水民棄產逋賦紛紛告矣而
此倍增之鄉沿城北近湖數百里尤薾然有不樂生之
願矣幸　天恩蠲蕩　詔許復舊中丞曹公來撫吾土
數十萬人擁車泣訴號呼震動公惻然施行委吉安司
理茅君董其事而商丘楊侯自峽江以才能調至未幾
中丞馬公實臨之於是田復舊額覈新陞稅五租例征
別定折畝如考中所載云楊侯旣勒之碑復刻此考將

戶曉焉可謂勤矣又明年丙戌大水漂沒廬舍老弱[illegible]
纍亘數百里田廢不事惟我二三大夫極意軫念奏蠲
請帑賑饑築圩冠蓋相望猶皇皇不給一丁亥復大
水於是父老歎曰使如新丈不復舊又將柰何吾儕雖
欲餓守此土得乎此考成不可忘於是再刻焉畀予序
之夫羣公佑庇我民使田賦五等復相值以稱　詔所
軫卹至意德亦弘矣然予惟折田非制矣禹貢厥田下
上厥賦下中三錯則豈必五哉請賦折田從下下而錯
下中著令可也斯名實之論也且官民田等而租例征
猶爲通變之未盡矣故予詳道本末如此使吾民稽首
天恩且不忘羣公與楊侯之德而又致望於後之君子焉
至於田賦數目具載考中不復贅云

西山行程記　　余　靖

西山在新建縣西四十里巖岫四出千峯北來嵐光染
空連屬三百里按郡圖初濟江十里有磐石名石頭津
亦曰投書渚又並江北行有銅山卽吳王濞鑄錢之所
寰宇記謂南昌山也山有夜光遠望如火以爲銅之精
自石頭西行二十餘里得梅嶺乃梅福學仙之處嶺峻
折羊腸而上十里有壇曰梅仙壇壇側有觀曰梅仙觀
今曰陽靈觀自嶺紆徐南行六七里得翔仙峰在山之

東北山下有村村側有川今呼爲葛仙源自葛仙羊腸而下十里又平行十五里捫蘿而上五里得洪崖山侍山桃壑有洪崖煉丹井白井南繞溪五里有鶴岡由岡而折行五里得一峰最高曰鶴嶺有壇在鶴嶺之北又有二崖號曰大蕭小蕭蓋蕭史遨遊之所崖側有蕭仙壇又蛇行十里得天寶洞洞南平行三十里得許旌陽及盱母宅又自梅嶺而北上下行五里得安母壇又北行四十里得吳源之水高下十堰每堰溉田千餘頃其極源至山之椒得風雨池風雨池者能出雲氣作雷雨西山之勢高與廬阜等而不與之接餘山則枝附矣或

謂陰山多浮屠陽山多神仙

躍龍橋記

范淶

橋以龍名外象也龍以躍名內象也橋當省會西湖間南昌新建二庠之前亘長三百尺蜿蜒隆隱跨於湖波亡論風雨晦明景與心會皆奇觀也其東南爲徐孺子祠折而北爲同仁祠度洪恩橋即東湖爲蘇雲卿祠轉院在焉又度廣濟橋即北湖其源逶迤浩蕩皆西湖爲之委而此橋爲之鎖鑰得地之勝得天之中又二庠之西北爲郡庠地脈連綿咸抵湖而止蓋三庠氣運萃會之所也余於去冬日檄濟湖用形家言可聚王氣[illegible]水涯高卑參差業復舊而湖畔宮牆之餘亦以時[illegible]其載各記中獨橋若有待焉橋故石址而兩旁欄楯[illegible]簡往來人如織冥夜暝或至墮溺者有之於是南昌何令選以其地屬邑治也乃商之新建余令夢鯉協力經畫凡前工所缺者行人所欲著者悉伐石新之自橋北左右旼圻以及橋之南盡去湫隘之陋規制軒豁文礎璀璨湖水若增而深黌宮以爲華其平而履者以數千步計縱而幹者以數百柱計橫而版者稱是徘徊四顧猶龍之脫其泥塗舒其羽翼奮其頭角者焉橋南有木坊令因請余改題曰躍龍橋夫龍純陽者也陽之德爲

君子躍之則道長其爲用九而取數實多是年南昌邑庠之舉於鄉者十有五人爲一省諸邑之冠前此未有婣美者即南昌而新建漸可知已又是年合郡諸庠共舉四十五人得五九之數當一省薦書之半郎豫章素冠諸郡前此亦未有若斯盛者且四十五人也其爲同氣三昆弟竝舉者兩姓相望如劉氏饒氏聯珠輝映此君齊驅即求之海寓士籍未可多屈指況由五九而積之數且駸駸以上猶斂此皆　國運之盛也而肇於豫章又適成於題橋之後謂非天時人事相爲表裏者邪夫運隆者力厚氣盎者德全請龍德應運際[illegible]

世則其風節忠猷旂常彪炳可視諸祠賢揆將卑越人後先以仰答　國家造士至意而玉題嘉名庶幾其副予

王子安之言曰地靈人傑地非人弗靈天非人弗成三才一理惟參贊化育則歸之人睹斯橋也興思遠矣不然徒杠輿梁王政之一事而冠帶圜橋門濟濟威美輒桴鼓之應如此哉余故爲之記以勗夫盡民事者

堯嶺重建碑　　張鏊

洪南行章江百里而餘其山自筠州東南出與江會其峯最峻而巋然特立者堯峰武其峰自麓而阜僅二千而環數百餘里無與埒故以峰名其下龍洲東浮鄉嶺西崎羅閣二山秀出天外西山象潭諸丘擁屏疊嶂前後顧江獨淵然澄焉凡諸邑之沃原華陌對茲峰若冠弁所謂地與人胥勝豈不信然志峰隸富州　國初改隸豐城南新皆密邇自宋紹興有學佛人卽其上搆禪室又尊祀堯帝其間或廢或興又百年至元末燬于兵癸天順間曰普燁者又復之綿歷如綫嘉靖初予過之見其荒榛白霧頽垣圮宇一二衲衣于迓皆喈喈奔奏若不謀昏旦予旣去留京師十年人謂予道茲山靈異有精于佛大千者自匡山來倡其徒數百人執伐山斬陶執工執金帛執餱糧數百里而集縉大夫士從百千人而業於成也予甚喜又二十年予歸自留都聞師已大千還寂久矣夫理寓于空虛渾淪其動物之端不二也必有顓固其思奮勵其行而後無不與也矧勤于吾儒者哉工始于庚戌迄于乙卯殿若干楹崇以高闊緣以周埤封以嘉樹數萬株相度區畫具宜大千可謂勞且賢于其徒矣嘉靖壬戌春予偕從兄一松居士與其友可間者遊焉皆壯其勝愈樂之大千之徒弘希弘祥韋指草間石謂予曰師待此以瞑目二人卽應聲强予又再月書之大千諱明照卽天池寺僧也

真寂寺記　　鍾　沂

真寂寺者其阯卽天祿山也考之南陽古墓碑旁有兩石獸鐫其膊一曰天祿一曰辟邪則天祿之於辟邪蓋冢前二獸通本地傳以爲名而無從論其世云按寺譜唐貞觀初有北廓居士者始搆廢于天祿山開元間有僧日新者就其地肇建梵宇佛像始名爲真寂寺西與辟邪市相爲左右東臨大溪西北望武陽津可四里許四圍約計地十有三畝面南有門扁曰錦市珠林進而佛殿進而觀音堂又左而法堂而僧房寺傳馬祖曾卓錫于此蓋本寺祖師也予按南昌郡志亦載真寂寺鄰辟邪宫舖寺之建置所繇來遠矣大明嘉靖戊戌十

有謀寺阯爲風水者寺僧僨里人抵死拒之寺竟得存自後堪輿家謂其地止宜于道場而弗良于宅兆爲風水謀者亦弗復覬戊申予聚徒修業于寺特寺圮壞之甚寺僧宗議稍修葺之然而因陋未備也辛酉予爲先君　贈御史諱彩卜葬于天禄山之壯去寺約五十武萬曆庚午距戊申又二十三禩寺僧祖朗椙椙然募緣緣重修之於是爲殿宇神像刕乎改觀以予知寺之顛末乞言以紀其事予惟佛氏之教論法孔孟者所不道也顧寺肇自唐貞觀迄今幾千年其山名可備古蹟況爲祝延

聖壽之地哉故謹記之如右且進朗僧而謂之曰而知真寂之義乎釋家謂卽心是佛自心主無妄謂之真自心體無極謂之寂寂故真真故寂佛經所謂應如是生清淨心不應住色聲香味觸法生心應無所住而生其心蓋惟無住則諸境不染無妄復矣無妄復則無極爲體而本心明矣心明則天性見矣是真寂之義也禪宗也業禪者能奉行則福德無量神明昭格濟衆生而死四境或者其在斯乎朗僧合掌恭敬言曰善哉善哉謹以勒諸貞石永永傳敎於決門

修築沱口塘隄橋閘記

鍾　沂

大江以西頗稱平土唯水源章貢滙彭蠡所經衆水奔流四汜則南昌地勢然哉自武陽韋公修渠道陂袒席會城者內外迄今戴德不磨嗣是不無置力水利者罕有成績其繼美前休端有待乎今日也余也私嘗跂拭焉會里中范進士爾聞氏以余子允復同年過而請曰不敏世家南昌之沱口去會城一舍許額有南昌塘隄上合牛尾青山湖鐵線港而通章江下通楊家牌道家圍直抵彭蠡隄所分走水者曰口是曰沱口舊編竹筏以利涉一遇巨浸筏罔濟病涉而又病田汙萊者殆半失有秋厥患不細先是圩長萬賢等請給官鏹建閘弗就經圖遞司陳茂莪石建閘又弗就比萬曆丁亥春本縣何侯克齋選僧新建佘侯十竹夢鯉以水災行部至此輒停輿閘阸要不可輿則自行數十武閘命左右掖而登岸奪帷周眂病焉毅然以修築爲任尋用萬賢呈白南昌郡公范睎暘淶公卽是之閒諸兩臺檄發公帑金肆拾兩委義官帥天祚督率刻期興工計費不給余侯捐俸金拾伍兩助之又不給何侯再捐俸金貳拾兩助之於是鳩工運石始事春三月越冬杪告成事下空以洞上鎮以磯計丈三尺瀾表並之潦漲浮白屹如長虹偃亘其上膾履若夷都人士之往來胝遠如邇而

訖于役老釋行餉者卽罔征無虞塘遂名曰南昌堤
有而淪棄之橋閘名曰德勝蓋從新而再建之者其於
惠於本里豈淺鮮哉以淑　請告抵里適觀厥成而同
里廩生堯大奎偕以淑叔父銓以記事責諸不敏不敏
非其任也幸公爲記之余素不嫺文唯是范君固請不
得辭焉余惟南國思召而芾棠之詩詠焉襄陽思羊而
峴山之碑立焉書不云乎民往常懷懷於有仁自古記
之矣武陽公以修水利得民患聲施到今不泯題兆郡
公以心得之學行師保之政而仁覆一郡何侯余侯協
心同德而仁覆一邑其爲民拯溺興利以弘濟艱難特
大政之一端耳卽武陽公昔所棲席者不得專美於前
郡公行且晉躋樞要二邑侯行且召列臺諫以仁覆一
郡一邑者光被乎海寓異日者嘉績炳諸奏冊其於龍
人士之懷仁而勅貞石者譬猶一吷也范君拜手稽首
曰俞哉遂書以爲之兆爾

賦

劍池賦　　　　　　唐　李德裕

余屆登豐城弭楫江渚問埋劍之地有池存焉感其至
靈之物亦有淪棄非遇識者無繇能振雖人亡劍去而
故事可悲因維舟俄頃以爲此賦云天地鬼神龍泉太
阿光耀時足沉埋日多往者紫氣衝星時人莫識吳已
亡而氣存寶乃隆於敵國既精感而上達當龍變而不
息未遭風雨之會尚假雷生之力豈通塞之有時何晦
顯而難測我不自振掘之而得雖潛汚壤之中[illegible]
苦之蝕誠宜英主用之提攜指揮內以靖諸侯外以服
四夷爲東序之祕寶備有國之光儀一見留於邑長一
獲佩于台司始謂伸於知己終乃屈于不知既而長[illegible]
王匣躍入漣漪化鋒鍔兮奮迅煥精光兮陸離尚尾[illegible]
波斷鯨鯢之族矯首清漢讋江海之祇昔時在獄今成
廢池寶常棄於茲土人載懷而孔悲況乎耶溪水涸赤
堇山閉巧冶既沒作者曠世風胡已遠杜武復逝斯物
倘存知者誰氏惟人代兮去不留嗟雙劍兮焉可求

豫章賦　　　　　　國朝　包希魯

挺炎州之嘉植聡有蔚之豫章鍾柔靈之秀實涵天澤

於遐方出地拔孤根之與千雲森直榦之良表露柯之濯濯鳴風葉之鏘鏘爾其跡理外彰奇文中炳秋氣藏甡春陽熙頴繁英散碧玉之紛圜實墜玄珠之烱古茁封老翠於蛟皮高蔓落危青于龍頂蔭千畝以茂鬱兮百圍而特挺洵蘊美而蓄奇競含芳而散景若乃地據磅礴勢凌虛寒荆揚兮於獨産藏籍紀乎惟喬時載集於鵰鶚豈爰止於鵷鶵雲之屯兮翳翳風之發兮飈飈丘山疑於顧盼斤斧謝於薪樵楓香慙於蒻葉柳苑愧於長條颯玄霜以黄落湛玉露而丹彫唯貞松之可友與勁栢而同標信凡木之難儔出群材而竟超是以物

獲充於致産郡因之而得名敞黄堂而擢秀依華省而敷榮取材錫南邦之貢備物泝上國之聲苟致用于樣斵資工構之經營析眞花於碎錦合中墨於直繩脩梁騰於緑霓隆棟翔於青冥允矣地維之壓壯哉天柱之承俟王宮之有章扶明堂而不傾示威尊於四海儼壯麗於神京枝餘製於御削猶樽爐之有巍嗟將用乎玉陛庸詎華於丹楹益培本於后土毋排榦於風霆撫年運之悠永拂雲漢而憑陵神有待於牛化事昔聞於龍騰寔匠氏之屢頋亦將軍之獨屏詠喬木於漢廣紀堅心於易經比杕杜其莫可匪拱棠之足并是不孤之固毓由大化而生成于衆木之何若維斯材之獨貞遂爲之歌曰豫章蔚兮江之南本既固兮枝難戡下蟠鴻龎兮上與天參徵良材於大用兮維此其堪

滕王閣賦　胡儼

騎仙李之盤根布柯條於區宇既命爵以錫圭遂分茅而胙土惟滕啓封實介鄒魯爰來豫章督郡開府山川秀靈人物蕃蕪星躔斗牛地兼吳楚據百粤之上游壯雄藩之重鎮朱門畫戟號令肅乎風雷綺閣層臺詩書被乎閭里誠東南水陸之都會古今人材之淵藪宜乎王公之所臨處也想夫端居多暇濼宮日長圖書既厭

琴瑟倦張中心不怡積思浩穰乃命輕駕肅冠裳擁高牙駿乘黄俯郊郭耀旗常六轡總總八鑾鏘鏘騰吹長阪弭節高岡江山相望鬱乎蒼蒼既游目以騁懐遂欣欣而樂康於是庀梓人程匠石相陰陽表區域奠方位於高明燔蓍龜於蓬蓽杷梓之良材斵巖巒之秋骨締構費於經營精神妙于規畫歸然傑閣成功不日觀于台榭凌虛檐牙翬飛碧窗瀟洒彩檻透迤際乎沙兮浩浩撫長江兮瀰瀰謝氛埃於物表接蒼蒼於天涯遠煙積兮凝黛空翠生兮襲衣碧瓦華榱青山隱隱丹楹藻棁緑樹依依錦纜牙檣兮雕檻鶴汀鳧渚兮參差至

若乃日載陽花明柳碧素練澄江長天一色[illegible]
漱孤鶩於落霞野水兼葭亂白鷗於飛雪啼鵑送半山
之夕陽征鴻橫千里之明月地位絕湫隘之炎歊房櫳
隔高寒之凛冽四時朝暮光景明滅于以宴樂于以游
息或憑高以暢神情或望禊而書雲物帶彭蠡之湫茫
挹華峯之秀特列閣皂之雲屏倚洪崖之冊壁招五老
於匡廬納九江於几席呼君山之紫髯吹洞庭之玉笛
吞雲夢兮八九曾不芥蔕於胸臆賓從光兮羅綺翩躚
咽兮歌舞新過行雲兮棟梁塵王顏酡兮玉杯傾美人
醉兮嬌艷春一旦事闌人去物換星移樹闌公之[illegible]
鍔王勃之文詞朱簾畫兮雨冷畫棟顯兮雲飛對樓前
之潭影目檻外之波馳濡毫援簡蓋已大息於當時余
嘗汎舟章江繋榜南浦訪故老以遺蹤指蒼苔之斷礎
古木號兮西風芙蓉悴兮夕露壞壁鴉飛灌烟蛩語宿
草迷堤殘碑仆土佩玉兮鳴鑾音塵兮何許惟江上之
西山見君王之歌舞鬟采采之黃花空蛺蝶之栩栩繼
三上之文雅擅後來之韓愈抑巴山之故亭與冊梯而
並峙竹色兮松聲凄涼兮杜甫余乃浩然興懷測然凄
楚樂極悲來豈惟斯故追往事於亡陳亘臨春與結綺
詢香風於沈檀極人間之麗美何啻百倍於斯閣然亦
凋零而銷毀矧楊氏之四香又驕奢而侈靡效氷山兮
莫恃竟何足以比數並飄搖於兎燦而同鞠爲榛莽矣
獨河間之禮樂暨東平之微孅著藩屏之良規流芳聲
於青史顧賢否之異途徒感慨於千古

詩

唐宣宗　百丈寺

大雄眞跡枕危巒梵宇層樓聳萬般日月每從肩上過
山河常在掌中看仙花不問三春秀靈境無時六月寒
更有上方人罕到暮鐘朝磬碧雲端

唐宣宗　浮雲宫

道人西蜀來自謂八百歲愛此華林幽穴居聊避世眞
風度萬刼神仙邈相繼靈岫摩天空鳥道入雲際石髀
紫苔封泉泓墨龍懟碧桃花未開白鹿跡已逝春風撼
山館急雪舞林際滌除衣上塵刮盡眼中翳何當贈刀
圭豈復便俗吏吾不學李寬盗名取嘲戲

唐宣宗　浮雲宫　一作袁陟詩

爲余傳語嶺頭雲知汝無心笑我勤我亦暫來稱使者
眼看官職似看君

寶劍　梁　吳　筠

我有一寶劍出自昆吾溪照人如照水切玉似切泥[illegible]

邉霜凛凛匣上風凄凄寄語張公子何當來見攜

寶劍　陳　陰鏗

清池自湛淡神劍久遷移無復連星氣空餘似月池夾篠澄深綠含風結細漪惟有蓮華鍔猶思匣中雌

泛邦亭湖　隋　范雲

舳艫承泒水舉帆逐分風混漾疑無際飄颻似度空檣烏排鳥路船影沒河宮孤石滄波裏匡山苦霧中寄謝千金子安知萬里蓬

石頭驛樓　唐　張九齡

山檻凭高望川途渺壯流遠林天翠合前浦日華浮萬井緣津渚千艘咽渡頭漁商多末事耕稼少良疇自守陳蕃榻嘗登王粲樓徒然騁目處豈是獲心遊向遂難愚谷來名亦盜丘息陰芳草所空復越王憂

登城樓望西山　張九齡

城樓枕南浦日夕顧西山宛宛鶴鶯處高高烟霧閒山井今猶在洪崖久不還金編莫我授羽駕亦難攀檐際千峯遠雲中一鳥閒縱觀窮水國遊思徧人寰勿復塵埃事歸來且閉關

遊東湖　張九齡

郡庭日休暇湖曲邀勝餞樂職在中和虛心挹上善乘流坐清曠舉目稱悠緬林與西山重雲因壯風卷晶明書不逮陰影鏡無辨晚秀復芬敷秋光更遙衍萬族紛可佳一遊豈能展羈孤忝邦牧顧已非時選梁公世不容長孺心亦褊永念出籠繁常思退疲蹇歲阻風露嚴日恐蘭苕翦佳辰不可得良會何其鮮罷興還江城閉門聊自遣

早登西山　沈　頌

遊子空有懷賞心杳無路前程數千里秉徑迅輕馭緣繞松篠中蒼茫猶未曙遙聞孤村犬暗指人家去疲馬懷澗泉征衣犯霜露喧呼溪鳥驚沙上或騫翥娟娟東岑日照曜獨歸處

南浦　韋　莊

南昌城郭枕江烟章水悠悠浪拍天芳草綠遮仙子宅落花紅襯賈人船

劍池　李群玉

雷煥豐城掘劍池年深事遠迹依稀泥沙難掩冲天氣風雨終思發匣時夜電尚搖波底影秋蓮空吐鍔邊輝自從星折中台後化作雙龍去不歸

龍沙亭

龍沙豫章北九日掛帆過風俗因時見湖山發興多容

中誰送酒棹裏自成歌歌竟東流去滔滔任夕波

龍沙亭　權德輿

龍沙重九會千騎駐旌旗水木秋光淨絲桐雅奏遲煙蕪斂暝色霜菊發寒姿今日從公醉全勝落帽時

臨章亭　崔輔國

楊柳映春江江南轉佳麗吳門綠波裏越國青山際遊宦常往來津亭暫臨眺驛前蒼石沒浦外湖沙細向晚宴且平孤舟悠然逝雲留西北客氣歌東南帝獨有淒淒心誰知恐芳歲

過鍾陵　李紳

龍沙江尾抱鍾陵水郭津橋晚景澄清對楚山千里月郭連漁浦萬家燈暫拋雙旆辭榮寵遙落丹霄起愛憎惆悵舊遊同草露却思恩顧一沾膺

次石頭驛　韓愈

憑高回馬首一望豫章城人由戀德泣馬亦別群鳴寒日夕始照江風遠漸平默然都不語應識此時情

寶峯寺　裴休

泐潭靈勝地祖塔鎖雲嵋浩劫有窮日真風無墜時歲華空自老消息更誰知到此驚塵慮功名迥可遺

劍池　祖無擇

巧冶何年百煉金荆鍾苦刃此湮沉氣衝牛斗雖難掩鑑遇張雷始見尋恍惚莫窮神物遠波瀾空在曲池深鉛刀也強思磨拭悵望西山與華陰

劍池　崔融

寶劍出昆吾龜龍夾彩珠五精初獻術十戶共論都匣氣衝牛斗山形轉轆轤欲知天下貴持此問風胡

劍池　南唐　陳陶

秦帝南巡厭火精蒼黃埋劍故豐城霸圖漆灰金龍[illegible]坤道扶搖紫氣生星斗臥來開窟穴雌雄飛去[illegible]永懷惆悵中宵作不見春雷發匣聲

鍾陵道中　陳陶

原隰經霜蕙草黃塞鴻消息恐流芳秋山落照見麋鹿南國異花開雪霜烟火近通槃瓠俗水雲深入武陵鄉曾逢舊缺話東海長憶蕭家青玉床

華林書院　宋　楊億

聞說華林寺名將闕里偕生徒侶東莞書籍勝西齋俎豆儒風盛塤箎樂韻諧門閭雙桂茂編秩九流排講學搴紗幕題詩掛粉牌荀陳傳舊族游夏結同儕紅實洲生橘清陰世種槐夜蟾穿戶牖晴瀑瀉巖崖遠客來千里新恩出兩階橫經定何日憑此寄幽懷

華林書院　錢若水

居近華林對白雲義風深可歎人倫兒孫盡得詩書力門巷偏多車馬塵樓上落霞沾筆硯池邊怪石間松筠鄉閭豈獨氏遷善堦砌常聞鳥雀馴朱實垂庭紅橘熟清香襲座藥畦春他年好卜爲鄰住悔葺吾廬洛水濱

華林書院　晏殊

西齋輝赫亘山隅嘉致清風世莫如鄉黨名流依絳帳烟蘿幽境似仙居趨庭子弟皆攀桂彈鋏賓朋總食魚汗簡傳經亞鄒魯粉牌留詠盡嚴徐杯盤互進先生饌門巷應多長者車墻籍豈惟精四部絃歌常見習三餘琱簪珠履延髦士縹帙牙籤列賜書碧沼暮涼浮菡萏紗窗秋靜滿蟾蜍閑庭瀟洒移泉石華表峥嵘冠里閭我恨覊遊在芸閣不陪諸彥曳長裾

華林書院　王禹偁

水閣山齋架碧虛亭亭華表映門閭力田歲取千箱稻好事家藏萬卷書旋對杯盤燒野筍別開池沼養溪魚吾生未有林泉計空愧妨賢卧直廬

涵虛閣　富弼

畫閣高連百尺城涵虛應不愧標名門前柳色兼旌色座上琴聲雜珮聲背美五湖歸范蠡未饒三徑隱淵明我來恰值初晴後山色波光分外清

望湖亭　蘇軾

黑雲堆墨未遮山白雨跳珠亂入船捲地風來忽吹散望湖亭下水連天

杏苑水　蘇軾

繁花影浸碧波紅苑似桃源勝境中不獨杏壇春晝永斯亭今亦繼遺風

劍池　蘇轍

劍氣夜干斗精誠初莫隔全身寄獄户隱約還自得張雷彼知我勉爲爾一出腰間雖環珮亦既報之德天地間要非手中物躍去延平水三日飛霹靂出當乘風雷歸當卧泉石千年故宂在三歎泉上客

徐孺子祠　蘇轍

陳君落落堂上棟徐君鬱鬱澗底松澗深松茂不遭伐堂毁棟折傷其躬二人出處勢不合譬如日月行西東胡爲賓主兩相好一榻掛壁吹清風人生遇合何必同一朝利盡更相攻先號後歎不須怪外物未可擬心胸比干諫死微子去自古不辨汙與隆我去故國空歎息城東舊宅生茅蓬平湖十里照華屋獨畫孺子遺陳公二人皆合配社稷胡不相對祠堂中

滕王閣　　　蘇轍

客從筠溪來款側舟一葉忽觀章貢餘洸蕩天木接霄
風出洲渚草木見豪末氣吞西山浮聲動古今業樓觀
却相倚山川互開闔心驚魚鳥會目送鳧雁遠遊觀客
帆久更悟江流闊使君東魯儒府有徐孺榻高談對賓
旅確論精到骨餘思屬洲山登臨寄遺堞騰王應咲勝
狂客亦憐勃萬錢罄一飯千金買豐碣豪風相凌蕩排
語終倉猝事往空長江人來遂飛楫和篇亦無憾抱恨
費彈壓但當倒瓶罌一醉村江月

徐孺子祠　　　黃庭堅

喬木幽人三畝宅生芻一束有誰論藤蘿得意千雲日
簫鼓無心進酒樽白屋可能無孺子黃堂不是欠陳蕃
古人冷淡今人笑湖水年年到舊痕

梅福宅　　　黃庭堅

吳門不作南昌尉上疏歸來朝市空笑拂巖花問塵土
故人子是國師公

寅庵　　　黃庭堅

四時説盡庵前事寄遠如開木曇途畧有生涯如谷口
非無小肆在成都傍籬榛栗供賓客滿眼雲山奉燕居
閒與老農歌帝力年豐村落罷追胥

寶氣亭　　　黃庭堅

豐城邑巖巖水種六萬戶石堤眠長虹鰕棹日沉霧今
君政有聲新亭延客步淚落世父碑心傾文饒賦懷昔
南神兵埋王思武庫寒光射漢津兩賢紓一顧張公拆
中台木拱孔彰墓不能從見戲歲晚龍蛇去空餘寒泉
泓因雨長蛙鮒鉛刀藏寶室萬世同此度

釣亭　　　黃庭堅

檻外溪風拂面凉四圍春草自鋤荒陸沉霜髮爲釣直
柳貫錦鱗緑餌香影落華亭千尺月夢通岐下六州王
麒麟卧歎功名骨不道山林日月長

石池潭　　　黃庭堅

吾家溪潭動百尺坐見游魚可倒指月明無風水不動
釣絲鑑中出朱鯉乘閑具席于草岸呼網一舉常百尾
膾霜炙玉眠鷗夷樹掛落日醉不起幾年手版齎青山
趣魚舷聲不入耳凉秋九月役吏事瘦馬奔走黃塵裏
有酒不得好景飲訪古或聞芻牧子指我石池十里近
蒼苔畏崖碧無底楚王此遊歎寂寞創奇造幽有遺址
我來徘徊知足否廢興盡可付流水髮鬆故溪在吾目
濯手漱齒有餘思開樽喜與風景遇蘆花入盃歡人醉
魚翁有意助酒卮青竹盡日垂青餌我疑溪靈斬異景

不遣紅顏滿人意人生天地未歸客計較貴賤着丈夫
當須醉倒截月歸不信夢鄉流不止

物華樓　王安石

千里名城楚上游江山多在物華樓遥知王師臨樽俎
獨卧朱門隔獻酬想有新詩傳素壁怪無餘墨到滄洲
偶陪南望重重緑章水還能向此流

滕王閣　王安石

白浪翻江無已時陳蕃徐孺去何之愁來徑上滕王閣
反覆文公一片碑

鄱陽湖　王[illegible]

茫茫彭蠡春無地白浪春風濕天際東西捩柁萬舟回
千歲老蛟時出戲少年輕事自南來水怒如山帆正開
中流蜿蜒見脊尾觀者膽墮予方咍衣冠今日龍山路
廟下沽酒山前住老矣安肯學佽飛買田欲棄江湖去

南浦　王安石

南浦隨花去迴舟路已迷暗香無覓處日暮畫橋西

松門山　余靖

日暮倦行役解鞍初息肩寒昏臨水寺風徑欲窮天蘆
浦初聞鴈人家半在船思君正惆悵黃葉更翩翩

寳氣亭　胡銓

歷衆不遂江流淨涸力都從雲壓消斗下只今無劍氣
年來牛犢在人腰

泰人洞　潘興嗣

泰人當日避風烟自種桑麻老洞天緑竹横溪雞犬靜
不知門外漢山川

秋屏閣　僧祖可

袖手章江淨湫然倚風殘葉舞翩翩霜鷗牆渚白鴈雲
霧雨含沙輕若烟楊柳一番南陌上梅花三弄遠雲邊
鶴鳴雙劍忽生興我欲因之東去船

昭德觀　白玉蟾

我見蓬萊不足誇西顔玉練燦丹霞新開天上圖書府
舊是雲中雞犬家三十六年心似鐵百千萬事眼如華
而今漸覺逢迎懶一日兩番蜂報衙

夜宿進賢　朱熹

白日照寒林翛然千里平乾坤一以沒浩蕩驚飈生露
彩林表見月華波上明同行彝狂士思發商歌聲洗耳
金石奏信知塵慮輕

經豐城　朱熹

湫湫豐城縣回頭憶舊遊晴江羅遠樹宿莽亂中洲寶
劍今誰問衡光射斗牛他年還記得此日一扁舟

盛家洲　朱熹

湖上闌干百尺臺臺邊水殿倚雲開洪橋人隔荷花語王碗氷盤進雪來

盛家洲　朱熹

欲復問何處行遲梢認門路從幽草入巷與柳楊分市淨人矜遠言忘意獨存所經得才俊猶足慰斯文

經赤岸望遠山　朱熹

曉起清江弄小舟晚風吹過赤岡頭遠峯自作修眉斂萬里那知客子愁

徐孺子亭　朱熹

孺子高風何處尋東湖臺觀水雲深生芻一束人如玉此日凄涼萬古心

百丈寺　袁陟

複嶺嶮崖峯層崖偏屈盤寺當幽谷面路指白雲端樹老青天骨嵐凝上帝冠導師方丈古僞老舊碑完苔露諸峯外仙壺此地寬璦田收耙稏碧溜汪琅玕風閣逝清瀨月壺蒙素紈石屏秋已凍抜屋夜多寒三宿孤懷爽千山遠夢殘惟愁鍾動曉西下見征鞍

浮雲宮　楊萬里

李貞宅子故依然道院西偏古洞前一日身遊八百里三番花落九千年卅臺石室俱蕭蘚絳節霓旌已杳天借問飛仙那用步步行猶是地行仙

蘇公祠　眞德秀

魏公孤忠如孔明赤手能支天柱傾蘇公高節如子陵寸膠解使黃河清等是世間少不得閑津耦耕各其適後人未可輕雌黃兩翁之心秋月白

逍遥閣　洪炎

傑閣龍樓倚翠微中秋午夜望清輝桂枝婆娑三千尺柘影西壇四十圍簫鼓或疑風雨下雲霞猶想錦帆飛只今井臼依然在不見歸來丁令威

南浦亭　袁陟

不是修亭瞰遠空化民從此見移風過溪人語水聲裏隔岸樵歸山影中晚對層嵐侵榻冷夜看漁火繞欄紅須愁飛詔歸清禁游客頻來憶次公

杭山　章鑑

買得漁磯繫釣船魚龍吹浪駭鷗眠從來白石清泉地勝似青山小洞天

豫章臺　況志寧

城陰零落豫章臺平地晴沙捲雪來欲訪鄴翁問壓跡小園荒徑長莓苔

天寶洞　况志寧

風雨池邊古木寒千年枸杞當晨餐巖前石壁誰爲鎖
歲歲秋風長蕙蘭

梅仙壇　况志寧

上疏歸來事可嘆嶺頭誰爲築星壇先生不食炎劉祿
自拾松花當晚餐

天寶洞　楊無爲

極元眞人養眞處石間隔斷紅塵路玉簾今古不曾收
只有白雲晚歸去

海覺院　文天祥

閒黎鍾後訪閩蒲江色漫漫書欲晡一箇梅邊河滿子
千蓑蘆外筆頭奴急風吹鴈還家未新雨生濤到海無
本是白鷗隨浩蕩野田飄泊不爲孤

吴城山　文天祥

龍行人鬼外神在地天間彭蠡石磐出洞庭商舶還秋
風黃鶴閣春雨白鷗閒雲際青如粟河流接海山

南浦亭　文天祥

半生幾度此登臨流落如今雪滿簪南浦不知春已晚
西山但覺日初陰誰憐龜鶴千年語空負鸕鷀萬里心
無限故人簾雨外夜深如有廣陵音

碑邪館　文天祥

長江幾千里萬折必歸東南浦驚新鴈盧山隔晚風人
行荒樹外秋在斷蕪中何日洗兵馬卓書四海同

徐孺子亭　元　趙孟頫

南州有高士食力事耕稼傲游聊卒歲不矯亦不詭大
木行欲顛綿綿豈足賴何爲諸老翁栖栖不遑舍斯豈
非無見明哲自高邁誰能懸一榻待子來稅駕

寫韻軒　虞集

仙人本是好樓居深下重簾寫韻書江上數峯千仞表
硯中微露九秋餘下方鐘鼓塵初定絕世文章事不虛
最愛夜寒天闕近碧雞留得玉蟾蜍

鐵柱宮　虞集

老龍無意弄新波化作鬼翁倚柱歌點石神方空瀆得
沉沙遺戟不堪磨汾陰鼎氣千年出海底珊瑚百尺過
誰在蓬萊期劫外下騎黃鶴一摩挲

寫韻軒　吴澄

樓近依城起登臨及素秋宮雲低硯席江月近簾鉤世
外高情别人間妙墨留興懷空自仰千載思悠悠

過豫章　伯顏子中

繫棹滄洲外行行入故城樓臺空舊跡門巷半新名遺

學從誰說明身只自鷺惟看徐孺子千古有餘清

滕王閣 并序　　國朝 汪廣洋

壬寅年正月十有四日

王師抵江西僞漢守臣降附政行令肅野不釋耕市不易肆雖老臣宿將罔敢干紀大會于滕王閣命儒臣韓詩放陳友諒所畜鹿于西山縱觀燈火懽讌達夕居民扶老挈幼出入軍旅中綽有太平氣象余適持文墨佐戎事重念孟軻氏所謂不嗜殺人一旦形容於今日寧不踴躍感激耶繼而以逆徒叛離師復歷境余亦將命駐馬綏懷之暇求向之所登滕王閣者但見瓦礫紛披基趾傾覆矣九月五日吴左丞自臨川以詩見寄余勉強用韻仍書此以識所見之畧云

繡閣披雲倚碧寒江城雨雪徧峯巒半空撾鼓三軍樂
五夜燒燈萬姓懽相國旌旄來隱隱賓筵珂珮響珊珊
重臨謾憶追遊日獨有陽春和最難

又　　汪廣洋

雉堞巖巖江水頭芙蓉香淨浦雲收舊時歌舞空遺跡
此地幨帷重久留歷歷鳥鳴秋苑樹班班人上夕陽舟

烏石觀　　強立

數峯老翠簷前落想見當初帝子游

道人夜誦大洞經露冷平池雙龍聽經罷龍歸窓月落
寒風蕭瑟吹松扃

南浦驛　　曾棨

悠悠片影楚江遥復漢輕陰傍釣家乍逐楚煙籠草色
還隨灘月隱蘆花風吹暝靄收殘雨日絢晴暉帶落霞
幾度鴈歸迷宿處數聲嘹唳隔寒沙

南浦驛　　王英

重疊山江上城江流一道接東瀛萬家楊柳烟中市
十里荷花浦口亭神劍已驚風雨化潭蛟空蟄水雲屋
登臨何處堪回首徐儒祠前春草青

南平王宅 在南平寺　　胡鼎

訪寺行吟日未西荒園故址草離離老僧對客無多語
只說南平富貴時

烏遼塔 在龍沙天王院前仁壽二年建　　胡鼎

隋塔稜層疊石危滿前芳草夕陽低雲烏也解興亡事
猶向天王寺外啼

豫章溝 在東湖之北源深則水反溢入東湖故為溝東折出城以殺其勢

飛花浪煖拍天飛湖漲瀕濠岸亦移避水人家城上嘆
舊溝重整待何時

灌嬰城　　胡儼

楚歌聲斷霸圖空獨向江南氣勢雄列障青油屯夜月
連營赤幟動秋風荒臺百尺遺黃土故壘千年蘚碧叢
幾度經過開吊古牧童吹笛夕陽中

蘇公圃　　胡儼

故人天上有深期一寸丹心事每違萬履何曾增市價
灌畦長是息心機青青菜甲同誰摘白白湖魚亦自肥
莫訝殘編塵滿架明朝又採別山薇

綠鶯岡　　胡儼

相隨一徑入烟蘿隱隱雲中尚踏歌松暝漸看山色近
桂寒偏恨月明多一時座上帷屏徹半夜樓前風雨過
自是真仙形迹泯千年玄契奈渠何

南浦　　吳與弼

杳靄江山遠近樓桃花晴映綠楊洲滿船盡是青襟客
誰道春風非勝遊

過漸嶺　　吳與弼

漠漠暮林橫綠野潺潺秋水映紅雲遠來客舸依沙岸
獨犬一聲何處村

徐高士祠二首　　陳獻章

故人已謝陳蕃榻欲起先生佐帝桓自昔山林輕祿位
至今朋黨惜衣冠尋常咲語諸公接亡十丈雖一老千

誰爲開元張相國重磨碑碣寫心肝
杜陵烟艇曾來否相國銘章今在亡人物一時堪輔弼
斯文千載共輝光眼中斷送蒲輪返原上來攜絮酒香
事異鑿坏終遠去鴻冥天濶道之常
陳蕃賓武使人悲却憶陳蕃在郡時他日蒲輪應未信
平生木榻竟何裨事幾成敗未易筭天命去留那得知
萬古青山一回首風清月朗聘君祠

和徐高士祠前韻　　夏寅

恭施法峻鴻先舉漢到陵夷鹿再亡黨籍衆方搜李范
廟謨誰復念高光東京黃耇出何補西澗紫芝春不香
一片曲江鐫後石至今文采暎綱常

和徐高士祠前韻　　張元禎

萬牛莫致安車載束草却彝知已亡心了先生此機竅
跡於夷惠更輝光丹山威鳳出非偶空谷幽蘭死抱香
冷眼笑渠鈎捕者強將赤手正天常

和徐高士祠前韻三首　　羅倫

黨錮諸君宿草寒西山南浦足盤桓莫煩使者重懸榻
懶逐群兒學掛冠未有烟花嬌我老只餘風月倩人看
生芻一酹東湖水幾許清光入肺肝
往古來今成代謝青山流水廢興亡流連木榻堪何事

憐浩炎精遂不光文獻銘章秋日白杜陵烟艇泊花津
朴居細問玄真子人道夫心合有常
問道東都萬古悲可堪人事與天時群雄睥睨終何及
一代人材信有裨黨籍總文諸子與天機只許此翁知
解嘲莫笑楊雄論誰晝陳蕃入此祠

西江第一樓　韓雍

江上新成第一樓樓中勝槩冠南州圖分太極乾坤定
水接扶桑日月浮歌舞蕭條千古嘆經綸康濟半生憂
登臨郎益君親念欲報深恩未肯休

明遠樓春望　李夢陽

貢院初開閣春陰獨倚欄柳邊千艦聚花裏萬家殘風
雨江聲壯兵戈地色寒斷腸沙雁北群起向長安

市汊夜泊　李夢陽

此夜章江月無端照獨舟人生真梗泛歲暮且帆遊朧
逼寒燈焰波吞霧雪流坐吟風雁起漁笛滿前洲

曉至鄔子驛　李夢陽

湖夜乘風過天明見驛樓數家依獨樹落月隱春洲日
抱越峯上江奔吳徽流姚源東水外兵甲氣還浮

上元滕閣登宴　李夢陽

陽浙通新霧陰城帶鼓樓君王罷歌舞棟宇白雲留隹

色殿亭換客心江水流暮昏仍一望燈火萬家明

進賢公署　二首　孫燧

牀臺雪後一枝梅疎影横斜伴月來索笑巡簷詩興動
揚州此日是誰栽
公餘徙倚對寒梅一種清香入座來自是商家調鼎味
何人借向此中栽

鄱陽戰捷　王守仁

甲馬秋驚鼓角風旌旗曉拂陣雲紅勤王敢在汾淮後
戀闕真隨江漢東群醜漫勞同吠犬九重端合是飛
龍涓埃未遂酬滄海病懶先須伴赤松

豐城阻風　前歲遇難于此得北風幸免　王守仁

北風休嘆北船窮此地曾經拜北風勾踐敢忘嘗膽地
齊威長憶射鉤功橋邊黃石機先授海上陶朱意獨同
况是倚門衰白甚歲寒茆屋萬山中

夜泊石亭寺用韻呈陳婁諸公　二首　王守仁

廿年不到石亭寺惟有西山只舊青白拂掛墻僧已去
紅欄照水客重經沙村遠樹凝春望江雨孤篷入夜聽
何處故人還笑語東風啼鳥夢初醒
悵望沙頭成久坐江洲春樹何青青烟霞故國虛夢想
風雨客途真慣經白璧屢投終自信朱絃一絕好誰聽

□□心事滄波舊從與漁人咲獨醒

龍光書院訓勉　鄒守益

干將兩古劍石函閟幾年精光不可掩猶自動星躔况此剛大氣亘古本浩然驕吝一害之阱井聚蛙蛸不有乾乾功龍德何由全淬劍亦有術學聖豈無傳

謁孺子祠　羅洪先

千年見說南州士今日初登孺子臺返照湖邊孤鶩遠青蒭門外幾人來能勞下榻俱知已得赴公車竟異才景物不殊時已別春風庭院長莓苔

杏花村　王仲序

省垣東去路迂斜猶有名村是杏花春水平湖千萬頃晚風沽酒兩三家勸農何事花迎馬送客歸時柳帶鴉明日青原還引望江城如抱暮雲遮

三月既望同宋右伯龔少參登夕佳樓　陳文燭

春深莫問夜何其况上危樓景更奇星帶山光浮碧漢月隨帆影到清巵桃花浪湧滕王閣芳草烟迷孺子祠今夕正佳人正好倚欄沉醉斗杓移

秋夜登紫微樓　陳文燭

明月中天紫氣浮薇垣縹緲有飛樓山連龍虎雲霄迥江抱滸罍日夜流萬里星辰看北極千帆風雨下南州何傳信美非吾土徙倚危欄寄遠眸

中秋明遠樓　陳文燭

侍御祝公大參黎公憲副金張二公對月

登樓意氣總憑陵三五蟾蜍忽上升河漢飛光若重關山樹色影疑增天空驥馬名雲淨鵬翔任大鵬今夕掄才真不偶酒尊都在玉壺冰

初秋夕佳樓　宋應昌

雕甍畫棟壯洪都涼意憑臨景物娛野靄烟光浮玉嶼濤平帆影入蘋蕪春風南浦人初合明月江城酒漫沽莫惜淹留醉良□□□白髮上吾顱

次陳五嶽夕佳樓韻　宋應昌

城頭綠暗春何其日夕樓空眺益奇風淨江天帆集浦烟開山郭月生巵坐中我愧陳蕃榻望外人傳徐孺祠賦就不知漸楚調心交金石許誰移

中秋同陳方伯王叔金憲副子魯張憲副明遇明遠樓對月　黎邦琰

鈴柝沉沉散遠天憑高明月倍嬋娟光分河漢暎榆外影入關山落鴈前敢擬掄材同大匠且從把酒對群賢胡床不淺南樓興獨有揮毫愧仲宣

和陳王叔明遠樓對月之作　金學曾

下高空明月來赫闌分席共徘徊之闌尘步娉娟近
開門道從窮宛開劉去尚餘牛斗氣匹求應得豫章材
忽聞萬吹知天籟欲和秋風漫自裁

勘下鄉田圩即事示所屬 二首　　范淶

澤國圩堤到處看莫嫌眉黛鎖愁端突從舊歲茅煙細
野至深春草色寒欲問瘵饑多覗子那論作伴把魚竿
漢庭每說循阡陌我輩追芳事更難

我輩追芳事更難饑無菜色始平安發棠已慨齊民望
蠲賦重逢漢主寬不謂瘡痍猶未起縱加涓滴若爲餐
如今須作千秋計澤國圩隄到處看

謁旌忠祠 二首　　范淶

蘋藻芬芳父老隨瞻依廟貌憶當時旌搖社稷扶雙壁
鼎重綱常繫一絲燕雀讓巢風夜幕虬龍偏鬭歲寒枝
令人長恨吳王濞漢道方隆尚不知

莫問當年白書昏英風凜凜駐忠魂相將一死持臣節
肯惜餘生負主恩鶴唳匡山天地老龍藏劍水古今
存淮南此日謀俱寢汲黯盈朝勢自尊

偕寮友登滕王閣 二首　　范淶

碧窓朱栱控南州兩捲雲飛此壯遊千里目分天地色
百年心緒古今悠山將遠[illegible]只壯瓦

對洞凭欄無限意數聲漁唱又驚秋

霓旌猶憶聚環裾風景依然在太虛作賦誰賡千古調
登樓已隔十年餘城頭霽路吳兼楚天外湖山畫與廬
出牧共逢茲勝地浮名休負使君車

夕佳樓觀漲分得風字　　范淶

一雨三春到處同登樓遥望水漫空那堪歲歲洪都府
長伴冷冷砌石宮網集新田輕破浪帆迷舊浦亂迎風
莫言我輩無心緒萬里江天愛日紅

偕同官落成鍾鼓樓分得過字　　范淶

共上高樓意若何樓中王漏歇金波雲霄半向晨鍾入
簷擊平臨遠樹多烟篆乍浮新棟宇鍾聲長遶舊山河
凭闌問俗情無限不是尋常載酒過

讀張曲江撰徐聘君墓碣次陳白沙先生韻 三首　　范淶

當年誰共扶炎祚梁是將軍王是祖鳳在中原蹤結網
鴻飛冥海肯彈冠江山落月情猶繫禾黍秋風眼倦看
千載摩挲讀遺碣不堪回首憶忠肝

欲尋高士名空在得見遺文道未亡大厦縱難支一木
西京猶自有餘光原過野草爭秋色壟上幽花駐晚香
不是飄零甘避世憑將出處繫綱常

殘碣斷蘚猶堪悲況是西風日暮時號令不曾歸王帥
匡扶何以望偏裨鼎彝輕重誰勞問烏有雌雄世未知
懸榻庭虚梁月落依稀顏色冀前祠

奉陪范公暨諸僚長落成鍾鼓樓得門字　黄在衮

岧嶢千尺倚天門曲曲雕欄静市喧城擁鰲頭雲外矗
山迴華表鏡中翻授時未鮮憂民理聽漏空懷戀闕恩
勝賞一時參佐並南州人士望朱旛

謁温太真祠墓　黄在衮

殘碑落日卧荒阡灌木叢林古道邊世遠精靈[illegible]
廟移鍾簴已非前登舟尚想勤王淚絶袂堪憐別[illegible]

四海一家歸寄書啼烏三匝暮門烟

陪范公暨諸僚長夕佳樓觀漲得天字　黄在衮

岧嶢飛棟俯長川極目洪濤倚檻前春事乍驚三月暮
雨聲初散夕陽邊龍沙浪湧千檣集廬岳波涵九派連
正是使君憂畎畝只將精意格皇天

堯峯　張鏊

松檜參差石磴斜遠公飛錫便成家鶴巢上界依仙頂
龍叩諸天問法華故國風烟聊倚杖當年翰墨且籠紗
定鍾何處仍回首明日白雲江上沙

堯峯　魏時亮

堯峯住處有幽人漫檢圖書席上陳塵濾清風超海嶽
興隨好月到江濱千年暴濯懷秋漢一敦精光轉日輪
寄語同袍慎離索共求貞果必求因

遊瀑峯　魏時亮

瀑阜曾遊菊滿籬雨風催送酒盈巵遊人笑伴山童舞
來馬閒隨野鳥嬉風落木高丹樹葉雨餘月在碧梧枝
二三聯袂溪頭別恰似吟風弄月時

左轄五岳陳丈邀集滕王閣　黎邦琰

捲幔輕烟漕復收若爲飛蓋美遨遊依微樹色逶連郭
浩蕩江光曲抱樓且喜開尊傾北海寧論下榻在南州

十年奔走宦途[illegible]何妨盡日留

新修南昌府志卷三十終

南昌府志後序

春秋存王迹孟子一語揭仲尼筆削大義垂千古史法何簡明哉志有襃無貶若與史異然善者錄不善者勸詎云志非史也患在不能

憲章

昭代標樹典刑是即弗克誦法仲尼為可懼耳豫章自澹臺子羽產數以來風稱文獻如雷次宗豫章記涂廙豫章志洪芻職方乘代有

鴻儒鉅筆我

高皇帝恭奉天討一捷鄱湖定豫章即謂天下不足平是吾郡寔先入版圖被王化郡臣操觚纂圖經

對揚謨烈由洪武逮弘治辛酉經大匠手者凡三而志竟冀傳可慨也　新安范公祖來牧是邦適值歲祲甫下車揭綱振紀罔茹柔吐剛以端風化尤軫念饑黎焦勞遑遑忘寢食每嘆郡之成憲亡徵版籍溢詭遐詢博訪偶得張東白先生所修遺本手授澂曰子其為我續之懇辭弗獲爰群同志擴摭蒐漁刪訂補竄歲餘具草復命范公祖復聘督學萬思默公少宗伯張洪陽公太史鄧定宇公總其義例而筆削之凡體裁梗概諸公序已具述之矣澂謂在郡為志在國為

史史藏褒鉞志頌表章苟有裨於
民風政紀雖一郡乘亦足以存
高皇帝暨
列聖之憲典誕敷
今上休養賑𧹞之謨猷否則藝焉
耳雖工曷補故斯志也其義要森
嚴性彰執法秉鑑寧核而遏[illegible]
慎懼其繁則蕪也寧簡而近[illegible]
懼其嚴則罔也匪蕪匪罔俾一郡
典章文物足可信傳庶幾罪可少
逭也雖然孝哥藩寧無暴白之
情乎而不以情干喜名悅譽寧無
覬覦之私乎而不以私瀆由公祖
青天白日書事一郡非郡之人咸
率其直道而行之心以取衷焉故
潢等得以對越天日恫恫乎秉筆
直書罔敢徇毫髮意見以玷巨典
孰非公祖精誠之感格哉若夫義
例弗詭於春秋與否匪予小子所
敢知
萬曆戊子歲孟冬月郡人章潢謹識

後序終

福州府志（一）

提要

《福州府志》三十六卷，明潘頤龍修，林燫輯，日本內閣文庫藏明萬曆二十四年（一五九六年）刻本。九行二十字，白口，單魚尾，左右雙邊，前有沈𥳑序。是書分輿地志、官政志、人文志、雜物志。林燫，字貞恒，號宗伯，閩縣林浦鄉人。嘉靖二十六年進士，參與校錄《永樂大典》和纂修《承天大志》。著有《學士集》、《四書直解》、《詩說》等，並編修《福州府志》，刪輯《八閩通志》。

福州府志叙

不肖桐嘉靖己未赴南宫試
幸出閩宫保林文恪公門下
謁見即謬以國士許樹立無
狀遂巡至郎署歸卧山中幾
三十載萬曆壬辰蒙
恩起田間僅三載擢守閩節齋
視事福諸生以府志進受而
卒業則公手筆也諸生復請
曰林氏世履清德文恪公行
誼學業名一世遺邑見尼弗
獲讚襄
皇猷宣潤
鴻業僅此志覩公一斑為公

知愛者得無意乎昔歐文忠
作醉翁亭記蘇長公親為書
之亭中石寶于今不衰郡志
較一亭記謂何梓成踰一紀
而莫為識其簡端地主門生
兩咎具在惟執事者圖之桐
慶然曰唯唯無何桐以衰老
罷歸公介弟仲山公觀察浙
中以書來教曰願以終諸生
請嗣君世勤繼申曰先文恪
兩與禮闈一典畿試長成均
貳銓曹門下士寧無一二善
言者乃生死之目則耽耽於
執事願有所藉口以報墓木

桐悽然不忍違乃按志而叙之曰國有史郡邑有志家有譜一也記載欲備考核欲精議論欲正識欲遠心欲虛是故瑣事小物不可遺也疑傳怪習不可因也詭行僻學不可徇也短晝近利不可紀也瑕瑜並著不可廢也斯志也叙物産則無徵不録關淫祀則非制勿存辨中正則病新學之淆衆剖肝之非孝植經常則慨户口之多僞兵食之漸銷立朝議論可稱者不以忌讐而弃沒其善功名損於

治罷者不以循良而槩與其他縣斯以譚公之皆心直筆遠慮公心大畧可覩記已諸生惜鉅才之小用感郡乘之僅存竊謂當爲世道惜不當爲公惜也所恨生平辱國士之知而還起還仆既無韓昌黎之文學以光顯敘與又乏蘇眉山之翰墨以傳永叔徒欲備蒸嘗饘粥以安存歿而猶兀兀未妥也嗚呼媿矣

萬曆丙申三月朔日門生歸安沈桐頓首識

重修福州府志

重修名氏

福州府知府潘　頤龍

同知鄧　于藩

通判陳　圻

劉　宗觀

推官李　寀

前知府李　應龍

同知周　[illegible]

[illegible]　中

通判张　[illegible]

王　守恒

鄭　[illegible]

趙　道隆

推官謝　廷寀

閩縣知縣葉　[illegible]

候官知縣[illegible]

懷安[illegible]

[illegible]志名氏

[illegible]大夫南京禮部尚書郡人林　[illegible]

舉　人　袁　表

劉　鎮

太學生馬　㷆　同修

郡諸生王　應山　張　亨心

陳　[illegible]　方　邦治

王　[illegible]　葉　[illegible]

郡[illegible]胡　世[illegible]　[illegible]

府[illegible]

訓導陳　[illegible]

[illegible]

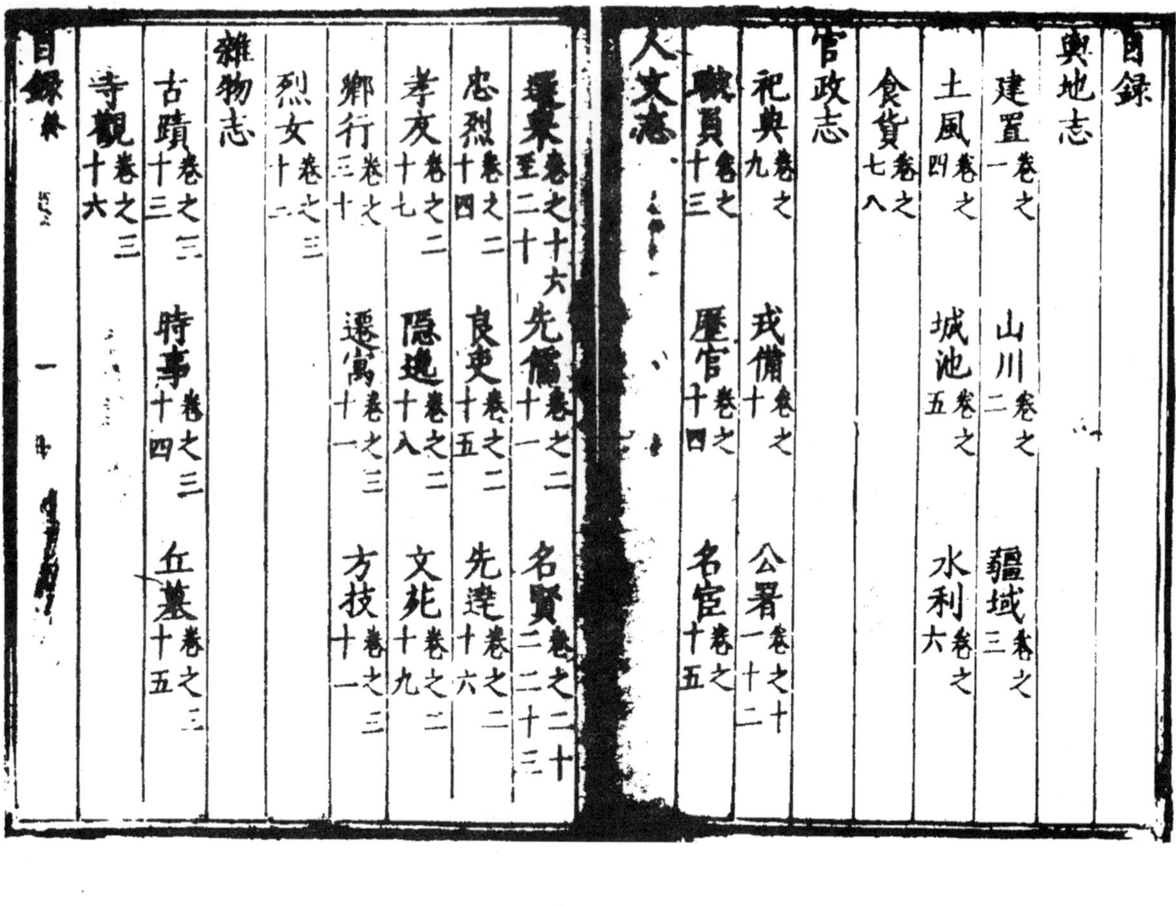

目録

輿地志

建置卷之一　山川卷之二　疆域卷之三

土風卷之四　城池卷之五　水利卷之六

食貨卷之七八

官政志

祀典卷之九　戎備卷之十　公署卷之十一十二

職員卷之十三　歷官卷之十四　名宦卷之十五

人文志

選舉卷之十六至二十　先儒卷之二十一　名賢卷之二十二二十三

忠烈卷之二十四　良吏卷之二十五　先達卷之二十六

孝友卷之二十七　隱逸卷之二十八　文苑卷之二十九

鄉行卷之三十　遷寓卷之三十一　方技卷之三十一

烈女卷之三十二

雜物志

古蹟卷之三十三　時事卷之三十四　丘墓卷之三十五

寺觀卷之三十六

目録終　一

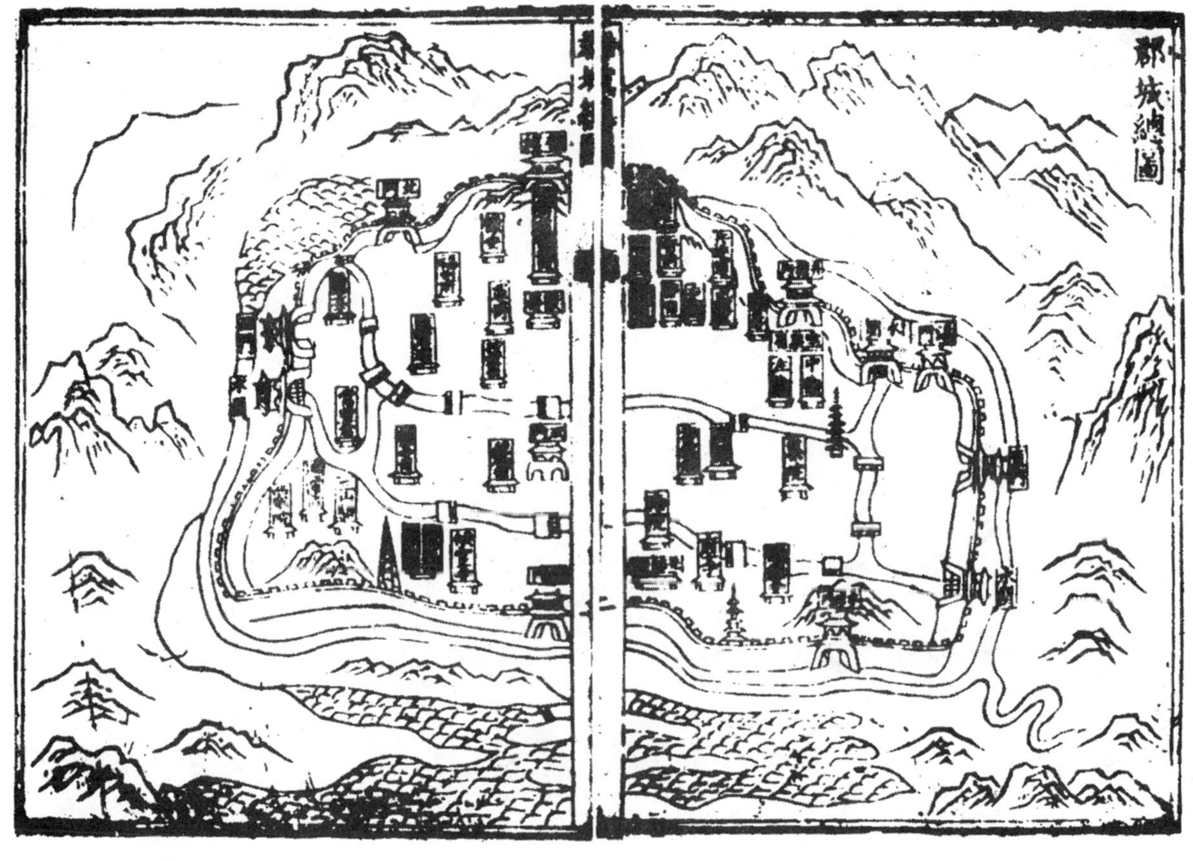
郡城總圖

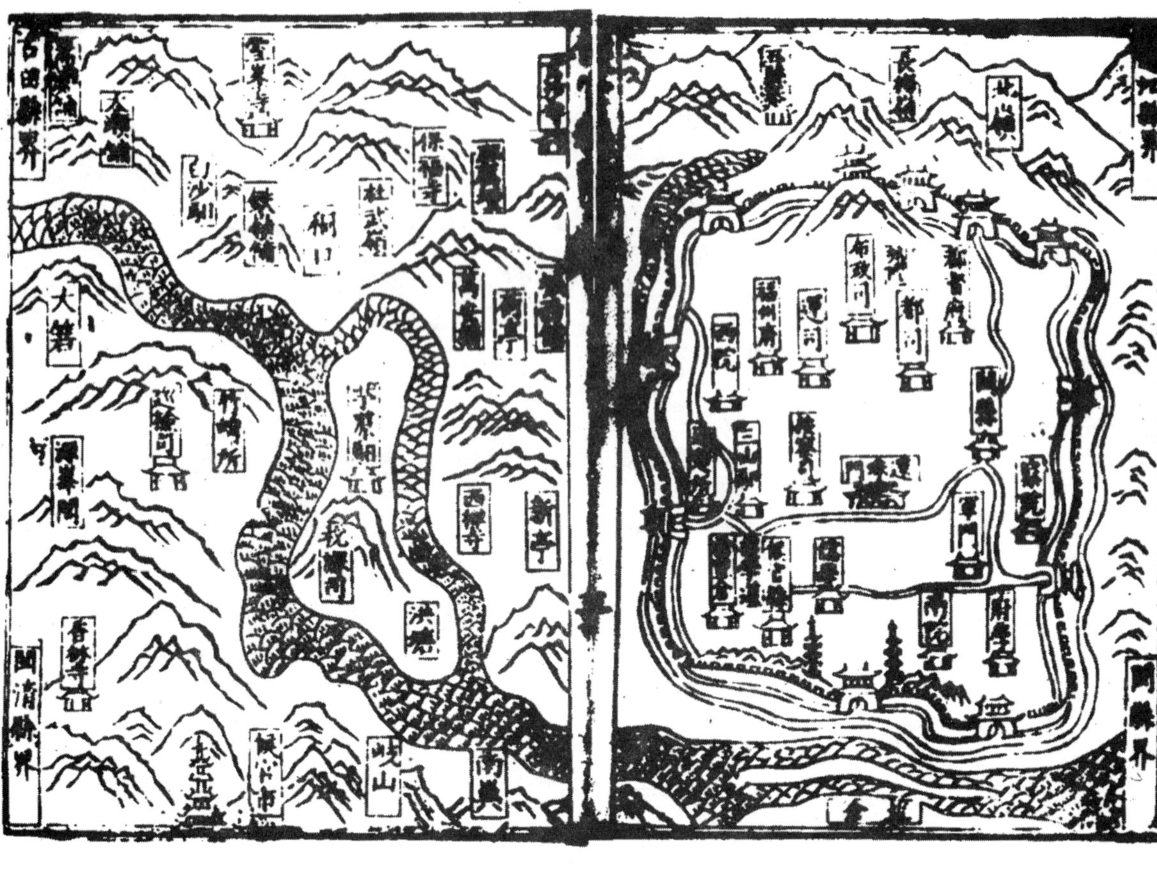
古田縣界
閩清縣界
閩縣界
布政司
都司
大箬
新亭
西禪寺
香爐寺

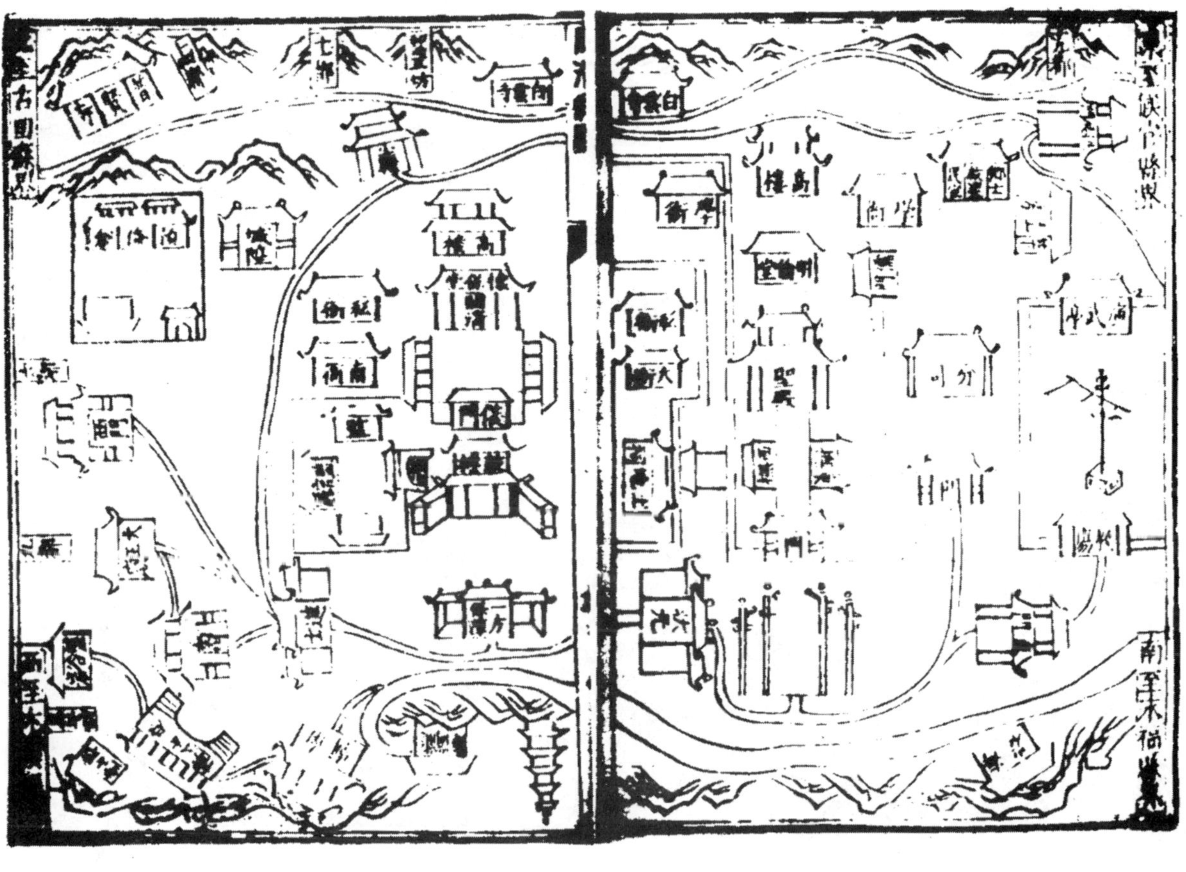

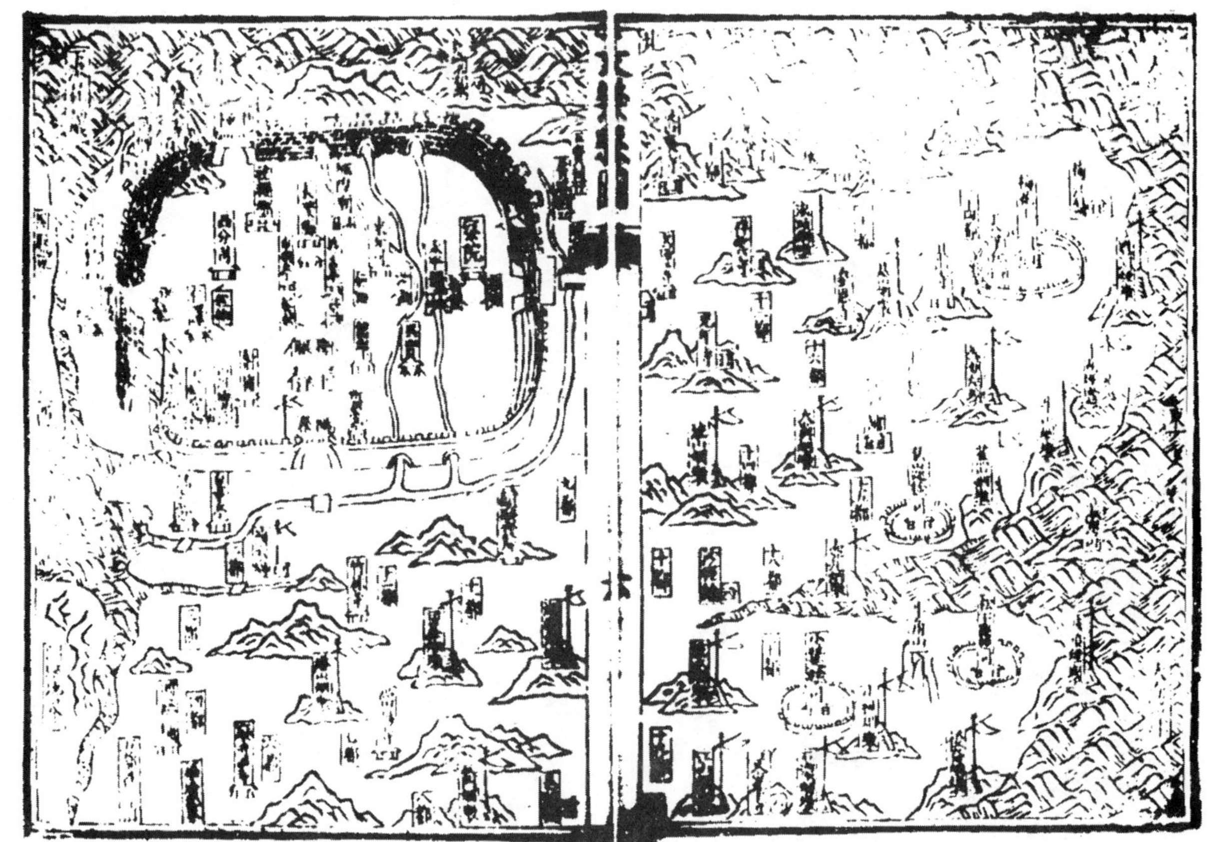

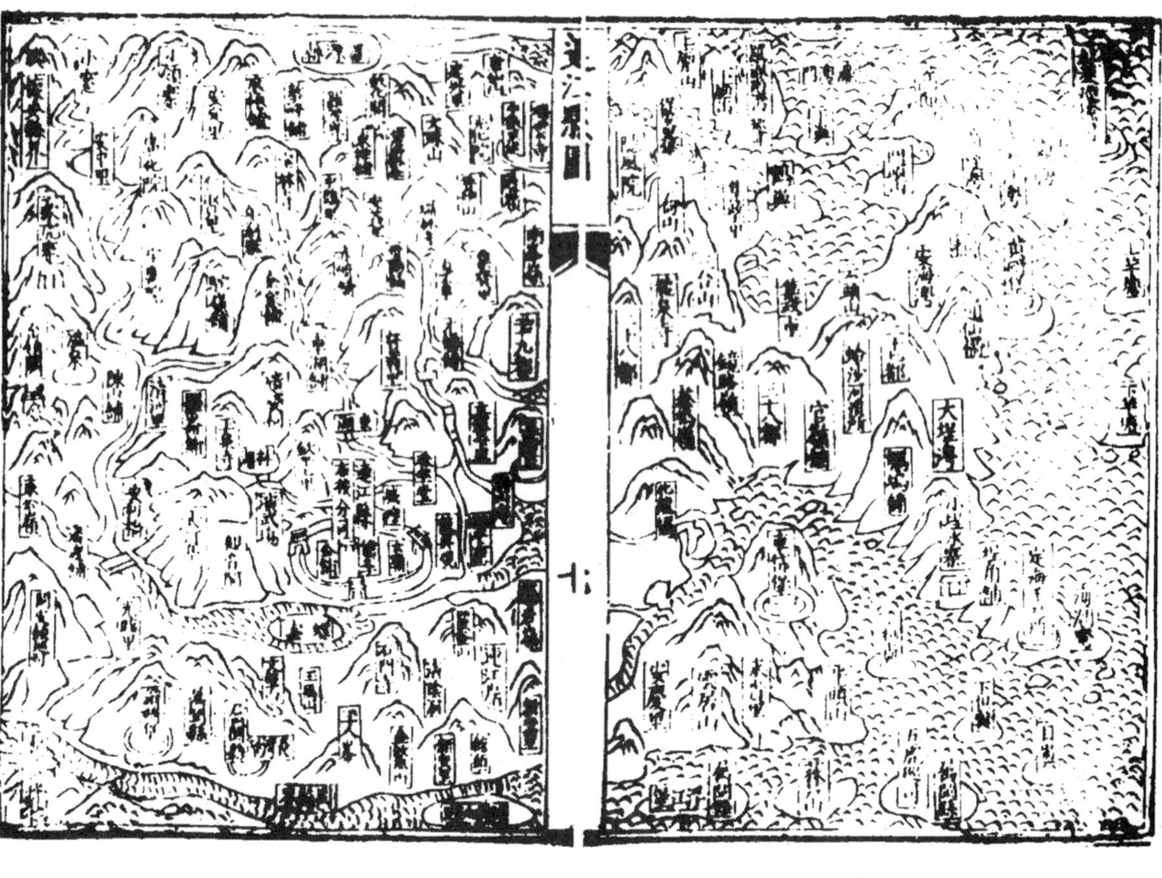

福州府志卷之一　　輿地志一

建置

福郡在禹貢其域揚州其星牛女夏少康封庶子無餘于會稽地南至海郡其封内也周七閩始入職方春秋時屬楚秦滅楚置閩中郡漢興閩君無諸以兵從諸侯滅秦後又從漢滅楚高帝以其有功也封無諸為閩越王今郡城内冶山即其都也武帝時閩越與東甌數治兵相攻元封元年詔徙其民于江淮之間後稍稍出自山谷自立為冶縣漢因置南部都尉遂制之建安初始有候官五縣吳改建安郡晉改晉安郡劉宋改晉平郡梁改南安郡陳永定元年為閩州刺史領之大先元年改豐州隋開皇改泉州大業元年復為閩州又改建安郡轄縣四閩曰建安曰南安曰龍溪以閩為治所唐武德元年改建州六年復為泉州景雲二年復為閩州置中都督府開元十三年始稱福州天寶元年改為福州長樂郡隸江南東道轄縣十閩 侯官 長樂 福唐 連江 長溪 古田 梅溪 永泰 尤溪上元元年置節度使閩府其地尋罷節度置都團練觀察處置使乾寧三年陞觀察使陳巖卒復以上潮為節度使統其軍曰威武軍潮卒弟審知代立梁初為大都督府其後王氏僭號改九號長樂府王氏滅歸吳越周廣順元年改彰武軍宋初復為威武軍轄縣十二閩 侯官 福清 長溪 寧德 長樂 羅源 連江 古田 永福 閩清 懷安屬兩浙西南路雍熙二年改屬福建路大觀元年升帥府元至元十三年改福州為路 國朝洪武二年改路為府屬福建布政使司轄縣十三閩 侯官 懷安 古田 閩清 長樂 連江 羅源 永福 福清 福寧 寧德 福安成化九年析福寧福安寧德三縣別置福寧州今轄縣十附郭曰閩曰侯官曰懷安外七縣曰古田曰閩清曰長樂曰連江曰羅源曰永福曰福清

閩縣在郡治東故漢冶縣地東漢改東候官吳屬建安郡晉太康中置原豐縣屬晉安郡隋開皇十二年始稱閩縣唐開元十三年置福州郡縣隸焉五代偽閩嘗改其名尋又復之迄宋元 國朝因之編戶四十里

候官縣在郡治西故漢冶縣地建安初析置候官縣吳屬建安郡晉屬晉安郡隋省入閩唐武德六年析

置於西北江濱（今侯官縣市去城三十餘里）貞觀五年復省入閩嗣聖十九年復置貞元五年始移入州城（觀察使鄭叔則奏移治今）元和二年復省五年復置五代偽閩改為閩興軍復其舊迄宋元　國朝因之編戶三十九里

懷安縣在郡治北宋太平興國間郡守何允請析閩縣九鄉八千戶置縣在芋原江之北咸平二年奏移石岊元至元間又遷于其西　國朝因之洪武十二年縣丞張希閔始疏遷入城（今治古縣城）編戶三十七里

古田縣在郡城北二百八十里故山洞也唐開元二十七年都督李亞丘始招來洞豪劉疆林溢等千餘戶置縣環溪之匯屏山之南宋太平興國初遷水口端拱元年復舊迄元　國朝因之編戶四十八里

閩清縣在郡城西北一百二十里唐貞元中析侯官十里置梅溪場晉為縣五代偽閩改稱閩清迄宋元　國朝因之編戶九里

長樂縣在郡城東南百餘里故隋閩縣地唐武德六年析置新寧縣于敦素里今古縣即其地也後改曰長樂上元初移吳航頭（即今治所）元和三年省入福唐五年復置五代偽閩改為侯官後又改為安昌尋皆復舊迄宋元　國朝因之編戶三十二里

連江縣在郡城東北九十五里晉太康三年析閩縣溫麻船屯置溫麻縣隋開皇中省入閩唐武德六年復置縣曰連江迄宋元　國朝因之編戶二十四里

羅源縣在郡城東北一百五十里唐大中元年析連江一鄉為羅源場咸通間又析閩縣地益之為永貞鎮五代偽閩改鎮為縣宋天禧間改永昌乾興間始稱羅源縣建于鳳溪之間慶曆間移戴坑（即今治所）迄元　國朝因之編戶一十四里

永福縣在郡城西百二十里唐永泰二年析侯官尤溪二縣各一鄉置永泰縣宋崇寧間改名永福迄元　國朝因之編戶三十六里

福清縣在郡城東南一百二十里唐嗣聖十六年析長樂郡地八鄉置萬安縣天寶元年改福唐五代偽閩改永昌後唐長興四年始稱福清吳越有閩土因南浙宋太平興國三年改屬太平軍八年復改隸福州元升為州　國朝復以為縣編戶三十里

福州府志卷之二　　輿地志二

山川

郡西北枕山東南帶川城中之山高者曰九仙山初名于山又名九日山相傳何氏兄弟九人居此得仙故名又閩中記越王無諸九日之所遊也山有峯曰鼇頂峯巨石壁立山巔登之可表裏望閩城後宋狀元陳誠之讀書于此俗又呼曰狀元峯傍有玉蟬峯南有小華峯勢皆甲于鼇頂云其諸可登覽者又有曰平遠臺曰仙人床曰躍馬巖曰碁盤石曰金積園曰青牛洞曰鄰霄石曰九日臺曰石鼓池曰煉丹井曰龍首泉曰獅子巖曰集仙巖曰石砥老巖曰琴臺曰石門曰梅嶺皆勝迹也小華峯金粟臺舊有篆刻宋黃子蕭詩六鼇鼇蕩玄圃碎三島崩騰失空翠海風掣斷南山雲分我滄江半江水臺南巖谷青岌岌奇松瘦石作人立山巖恐有風雨來林徑空濛落花濕水東岩前結平綠積霧飛嵐坐堆擁蓬萊迢迢幾萬里一朵入光浸寒玉吟翁回首看不足幾炎策驢度空谷誰知咫尺山中幽壑斷殘碑古脩竹烏石山與九仙東西對峙於城南萬歲寺碑云九仙烏石聲之角一名曰道山宋郡守程師孟所名也今人當華記略曰福州治侯官於閩爲土中所謂閩中也其地於閩爲最平以廣四出之山皆遠而長江在其南大海在其東其城之內外皆奇旁有瀟瀟通潮汐舟載者晝夜屬于門庭麓多桀木而匠多良能人以屋室巨麗相矜而佛老之徒其宮尤猶家焉光祿卿直昭文館程公爲是州得閩山嶔崟之際爲亭於其處其山川之勝城邑之大宮室之榮不下簟席而盡于四矚程公以謂在江海之上爲登覽之觀可比於道家所謂蓬萊方丈瀛洲之山故名之曰道山國朝林鴻詩吟秋宿桂月際晚登清冷手援碧蘿蹋身接翠屏長風吹雨來不見群山青疲白雲濕衣歸途悵悵真情狀巖棲觀空靜勝□見勝衣花臺開演經沃以井露言迷途醉而醒割慈愛永也投禪扃金人吉遂宇題在白雲又與名僧期乘閑却來狀入門問錫竹桂嶂見中澗泉影紅浸廊鮮花紫海天上南溢一望見千里獨樹川上浮孤烟島邊起予生淡多暇所性樂山水真賞非外求寡心果若予端居在人境久沒塵埃中探奇不憚遠於焉待往還石猶至森列臺島盤空林端宿雲大竹外微逕通巖壑深杳籠天花雨紫茸冶師禪門秀成騰同古於說法超上乘苦心歸妙宗予慚善根淺迷方莫能從暫此於下石聊味淨世跡陳烜高人棲遁處僻近遠公禪宿業落山逕風松雜澗泉開尊鉤露幔秫石拂水紋皆結束林谷暗須問白蓮周玄松門娟娟景漈別樓依東林谷暗嶂擁川雲逈初迹鳴清帝寂夜凝殺企安不妙賞心寓玄芳遊髮鶴向亞龍錫流中接鄰留搖湖仰百年間能爲幾時客晨風應亭至好鳥欣春及物樂俱有情人生豈無適餘花映尊俎落日有峯曰薜老峯嶽中烏夫語塵志歸曼期諒超隔舊石刻倒書薜老峯三字其山多勝迹舊傳名皆有所以者曰坐禪石狀若荀峙于碧石上微綱印動故名曰天合嶓有巨石梁如天台故名曰靜霄臺山最高處故名曰浴鷗池雷震石成穴名曰泉湧群鴉洛之故名曰宿猿洞有隱者畜猿故名曰金蟒穴唐天成間有巨蟒色若金蟠其間故名曰仙井仙人任放煉丹於此故名曰金剛迹石上有巨人跡故名曰華嚴巖有僧持華嚴於此一夕嚮大聲擊石爲巨室故名曰頭陀巖有頭陀斧石爲室十餘巖實可容宴坐故名又有曰鱗次臺曰向陽峯皆登覽之所也向陽峯有石刻三字烏石山遠俱在閩閩人指其中有三十六奇前代真宮梵宇特其今多頹廢矣自洪武至今所建亭榭或存或圯與九仙之支爲時際污亦猶洛陽名園有關於世云羅山峯北今閩縣烏石之支爲閩山東天寶中即以烏石爲閩山今十八民居有光祿吟臺字越王山在郡城北半蟠城外一名平山東聯冶山

一名將軍山 一名泉山 閩越王無諸之所都也 唐刺史裴次元開毬場于山南[illegible]
[illegible]亭爲記稱[illegible]十[illegible]今山[illegible]寢半崇亦嵩山[illegible]
[illegible]發閩人相傳以九仙山烏石越王爲三山
[illegible]磅礴于閩閩中戊山名丁隱而不見者曰靈山今開元寺
東[illegible]有閩阜曰芝山開元
[illegible]以入於民居寺址 曰鍾山寺有
藏[illegible]二山[illegible]山[illegible]名白馬山宋政[illegible]
詩[illegible]
[illegible]花香度嶺[illegible]宇新磨[illegible]
山之陰有溫泉焉土人浴之愈疥南爲二脉山實
月山 唐有實月寺 [illegible]初[illegible]今[illegible] 又南爲東嶽嶺 一名康山有東嶽祠在山下

逾嶺而東有嶴曰竹嶴曰前嶴曰後嶴曰橫嶴又小
山曰茶園皆在平田中
金雞山去城三里而遙相傳秦時有望氣者謂有金
雞之祥遂斵其山脊今爲義塚凡死無所歸者葬其
地山之北勢漸高曰青鵞柔溪之水出焉又名曲水
俗傳閩越王流觴處 又北爲龍窟有嶺曰獵嶺西連奇山其山
多怪石其諸小山曰東湖曰峭谷
鳳丘去城五里而近北連蒲嶺蜿蜒南際江
東山去城十里而近有洞曰榴花洞 俗傳樵者藍超遇鹿至洞中遇

真人與榴花一枝而返後往遂失所在唐有丈珠寺
國初西湖今廢山南有陳處實隱居處號處實公庵宋
許將讀書處 出景隆初僧滌一始卜居
龍首澗 有泉曰聖泉寺西若遠汲忽二禽噪於
地名舌以水所在皆洞鑿之泉忽湧出其後或湧或
涸俗傳湧則民安其勝景又有神移泉文殊巖獅子
峯松塢天台井 靈芝鳩鶯龍淵 東爲古嶺下有潭曰鐵嵎龍居之 產茶
鼓山去城四十里而近高入霄漢蟠數十里能興雲
兩郡之鎭山也登其巔東北可望海有峯焉曰大頂
峯 宋趙汝愚登臨得句江月不隨流水去天風直送海濤來朱文公摘天風海濤四字大書鐫之盤石
曰小頂峯曰香爐峯有池五色鳥浴之曰浴鳳池有
洞曰靈源洞 五代時僧神晏誦經聞水聲叱之遂西流今名曰喝水巖又有將軍石[illegible]

真臺石門光祖師巖茸靈松白猿穴[illegible]
唐建湧泉寺 國朝宣德間重建爲鼓山寺山之半
又有半山寺今半山燬于火鼓山寺雖存僧貧無田
以居其徒迸于四方每客至遊者但見其重門不扃
荒徑莫剪嗟昔勝槩或爲之嘆息云 宋黃幹詩 登山
如學道可進不可已懸崖更千仞壯志須萬里平生
石鼓懷獨酌靈源水巍巍大頂峯欲往輒中止今朝
復何朝攀攬渡清泚好風從西來縹緲吹遊子褰裳
陟危巔萬象皆備視東南際大海日月旋磨蟻烟雲
渺洲渚歷歷僭可指城中十萬家叢雜不判[illegible]郊原
與市廛瑣碎如聚米同來皆良儔酌酒共嘯歌深林
更叫嘯盤石恣徙倚摩崖陟公研泚几爲我紀更待
來後句歸以銘石几 蔡襄郡樵晞東方岌見瑩人
日乘舟泛早潮[illegible]里登南麓雲泮翳前路樹暗迷幽
谷朝鷄亂本魚發几明金壁靈泉注石竇清吹出篁
竹飛毫劃峭壁勢力忽驚觸捫蘿躋上峯太空延眺
矚孤青浮海小天白挂天涤鬼遶肥遯人去尚白幽
簡西景後向城庵留未云足 元帖木兒有與直上

隱雲棲古刹林深路欲迷絕頂一螺長篝羅海天[illegible]萬山低 王翰 旭日照高岑天風振遠林不用含海色那識白雲心 暨樹空香滿珠林積翠深坐來明月上何處起潮音 閔朝英 棟倚[illegible]海上秀中峯開禪宮飛亭掛空翠直上臨方蓬源流在几席人光映蕉襟月極萬里外但見青紫靄耀色從東來光然豈境空登臨豈不佛別意嘆無窮 國朝唐震明 冰巖詩靈境欽幽寂玄巖閟林莽秋風何處來冷冷百泉響傳聞似禪機點半謝塵轍蕭然一榻靜賦此賞遐想曇花散人間[illegible]蓬卓錫振梵音寒流白西徃道人以投暇風登岩獨上竹徑清露繁松關碧苔長伊予性疎癖隱地參弘敞蓮社如有期攀緣恣仕賞 黃[illegible] [illegible]峯高竦翠深閣隨飛錫到雲林橋邊草露沾行屐[illegible]外松風度梵音[illegible]漢昔勞青嶂路烟霞今遂[illegible]頭心志形共了三生約蓮社相過日抱琴 鄭公亨 絕頂臨大[illegible]相揖與囊過嵐光移野席谷籟散林[illegible]過雨沾衣濕閑雲入袖多不知滄海外圓嶠更如何 陳業 [illegible]東有住山[illegible]吾目天風吹我遊遠邇入際麓雲開半山亭旭日升暘谷[illegible]何處聲老僧迎林屋龍化石潭秋鳳浴天池竹嶺石東枯藤蜿是不周綱下界耿河沙夷島遐可矚大塊噫空青幽壑塵寒瀑長嘯問山靈茲遊許吾獨 林俊 披蓁歷山椒萬象送遙目天風毛髮寒海氣昏晴麓獨高俯衆岑靈響遞虛谷帆檣帶江影駭浪來雲壑景曠懷相[illegible]盤動脩竹清[illegible]百慮遠[illegible]雲物綱神飛[illegible]遊蓬萊仙東憑仰世一飆絮人事感亂瀑峴若[illegible]鬟聚景象尚茲獨樂天竟奚疑賞心亦聊足 蔡天佑 獨立青宵海東[illegible]然萬里御天風潮聲[illegible]出有[illegible]雲氣輕籠曉日紅泰帝[illegible]蓬島闕越日臺上納羽空乾坤覽勝象懷歸路林碧度夕鍾 張潛 悠然出海上巍巍與天鄰仰看衆山拱始悟泰并低瑞靄散蒼翠靈光發虹霓琪樹聯[illegible]瑤草春萋萋蓬萊在人間梯磴亦可濟上通無極境日月行東西星斗繞朱甍雲能護琉題我欲結茲室靜言窺天[illegible]

鼓山之支曰魁崎嶺曰蕭灣嶺曰蓬崎山臥牛[illegible]崎山多巨石南至於江有石若劍曰劍山

君山去城六十里而遙上有崑崙石室下臨潭曰馬面其東為腦山多奇石有石如芝狀曰仙芝石其諸小山為石山虎蹲疊石磕下有巢曰龜巢又東曰鳳洋山兩峯並峙其名曰龍門

浮江山去城百里而遙與王埔山對峙五虎有巡檢司琅琦青洋福斗具列于海灣中

城西之山大夢山去城一里而近其下有方池焉山之西勢漸高曰貴巷山南曰怡山仙人王霸於此號去 舊有西宮今廢 其支曰鳳凰山黃山末山皆在平田中

歷山去城五里而近 有牛婦石 其連山保福火峯卧龍群鹿清泉有嶺曰祭酒嶺 僞閩時光州灌溫事王延翰官至御史大夫國子祭酒延禀使者至延翰命溫件餞于鶴之溫恐延禀兄弟從嶼有隙遂自欽藥於此地閩人憐之遂因以名山

文山去城二十里而遙 宋隱君鄭有所居鄉太守為造石橋尚在

文山之南有嶺曰婺嶺又西為桃源山其傍諸山曰山 有懷安縣故址 洪山靈光山厚山鄭坂山皆在江滸

旗山在江之西去城五十里而遙山勢透迤若旗其高與鼓山東西相望也 上有鑪峯石下有仝山[illegible]傳右旗左鼓今閩之[illegible]

小之麓有嶴曰南嶴西連仙宗其山多松縈紆十數
里白鶴巢焉淵流泠泠有聲每與鶴鳴相應
大象山在旗山之西山形外抱中夷如蹲伏狀中有觀音泉
其傍諸山為蘇岐山尋山岐頭山浯溪之水出焉
岐頭有奇石下懸臨溪曰鍾石又有磯石號醉魚
石門山去城五十里而近兩山對峙中貫清溪望之
如門其傍孤阜曰超山有超山寺
嶴頭山去城七十里而近環山有六橋焉其諸小山
曰華㯤山赤塘山鳳山龍臺與赤塘對峙又有龍湖
山小臺山皆臨江有嶴曰董嶴曰横嶴
大帽山去城八十里而遥南連橘頂有巖焉曰天乙
巖西南隅茸泉湧於石上其山多藍草
龍潭山去城七十里而遥溪源之水出焉傍有溪源宫其
西曰西山曰藥山又西曰芹山唐舉山
城南之山横山去城二里而近南為惠澤山一名獨山又
南為釣龍臺有盤石焉相傳越王餘善釣白龍處也
一名越山臺有石刻大書全閩第一江山宋趙汝
愚隸古南臺二字 唐韓偓詩無那離腸日九迴強
擕抱立高臺中華地向城邊盡外國雲從島上來
四序有花長見雨一冬無雪卻聞雷日宮紫氣生冠

冕試望扶桑病眼開 國朝王偁詩高臺遠眺大江
流江上雲屏依舊收才子揮毫春作賦騷人酹酒晚
移舟空潭龍去山河改古殿雲寒劍氣愁莫問吳中
多感慨漢家陵樹已先秋 林鴻詩無諸昔建國赤
土蹴王封築臺青冥上垂釣滄江龍乘龍去不返千
載如飛蓬只今荒臺上叢壁多遺蹤我有太古懷來
吟江上峯天青海氣滅地占寒烟濃潭水綠
萬丈秋岑碧千重登臨未厭已落日催孤鐘又南渡
江為藤山狀如瓜蔓引五六里許其西有嶺曰白鷺
嶺臺曰望北臺東聯鰲頭壺嶼隱起田中又南為黃
山一名鳳山上多礪石下有井曰飲井
高蓋山去城三十里而近其巔有池焉曰青龍池其
支山曰齊坑山曰北園山其西南為鶴龍山吳山蓋
安山王灣山嶼山柯嶼山陽崎山皆[illegible]在江干
中有岡曰鳳凰岡其木多荔枝多龍眼其江多巨石
茸泉山去城四十里而近其山少草木多巖石有泉
色白而味甘泉湧石上不盈不涸以烹茶釀酒土人輒能辨其味北俯平山宋
少帝航海駐兵焉有平山堂今廢茸泉之南為九曲山有鳳凰
南華峯蓬萊橋錦繡谷逍遥臺俱石刻篆隸大字殊佳為瑞跡嶺有寺有坂曰達
坂逾坂而南有清凉山石几山傳坑山大翁山城門
山山多勝跡宋相鄭湜宅址在焉石鯊山皆臨江
仙崎山去城四十里而遙與陽崎隔江對峙舊名陸崎元

潛所置義渡即其處也其支南陽山巔有潭龍□
之其名烏江潭其西曰朳山東曰新安山有嶺曰大
歩嶺有石焉其狀如伏羊曰柝岐山有白雲谷卧龍岡鳳巢白牛嶺
鳴鳳曰王枕山有飛霞洞秋鳩巖界上冷泉青田坂 其巔有枕峯宋有
崖寺國初重建今廢 其麓有枕嶼
大象山去城四十里而近巍然爲城南之障有峯曰
銀峯其支曰西峽曰文殊曰珠曰黃石皆臨江
方山去城五十里而遠高千仞四面如城郭焉中有
田三四頃其木多栟櫚其末特茸唐天寶中賜名茸髮山 其山有峯
曰天柱峯潭石棋局 有巖曰黃巖曰靈源巖靈源溪鯉魚石 有古蹟
甚奇 方山之支曰梁山有臺焉其名曰紫臺其下有巵
嶼 按國朝鄭善夫巵嶼沿溪訪陳職方詩巵嶼蒼蒼紫臺瀨江曲曲越山限漁人釣艇沿溪泊野老柴門湊水開樹杪溪通仲蔚宅草玄低傍子雲才南遊更得酬佳節黃菊青山數舉杯 橫嶼其
東有東峯山有巖曰五仙巖紫薇巖唐有紫薇公隱此 又有
山曰木灘曰石壁曰塔峯平地突起中有平臂臺衣林古洞 木嶼有
峯曰□狼峯皆在方山南義溪之水出焉
白鹿山渡江去城五十里而近其傍諸山青羊山圓
頭山馬山有嶺曰青鷂嶺上有峯曰金雞曰王水曰

雲山嶺之下有潭曰龍湫潭注于溪其木多榕謂之
榕溪又南白田山産蕉苧可爲布坑曰蕉坑溪曰蕉
溪溪之北有山焉潮滿則浮曰浮峯諸山間有嶼曰
芝嶼
九龍山去城七十里而近上有嶺曰牲牛嶺嶺下有
潭曰毘濟潭
雲門山去城七十里而遥中有松竹泉石之勝南蓮
芹巖峯曰蒲峯又有山曰後灣曰石龍石龍有石跨
江長十餘丈名曰龍腳凡諸山在江之左有嶼曰
嶼曰猴嶼
衡山去城百里而近山枕閩江一名曰霍山其傍諸
山曰鷲峯曰甖臺曰銅斗曰重雲山有龍井焉曰盤
石其山戴巨石蝕與雲雨龍溪之水出焉縈迴二十
有六灣北注于江下有石橋網罟雲集盤石之南爲石門有二
石對峙諸山在江之右有嶼焉曰般嶼曰獺嶼
自方山至于海其多奇峯其中有一百六十云可記
者貪狼峯蓮花峯方巖峯白鹿峯古城峯飛蓬峯紫
微峯太平峯金仙峯天柱峯朝陽峯金欄峯起雲峯

[illegible]峰雙童峰百六峰
城北之山龍腰半蟠城內迤邐而北府社壇居之有
井曰義井有石焉高數仞叩之清越巖谷皆應曰應
石龍腰之北為浮蓋山舊傳閩越王積穀所也
大鵬山去城十里而近橫亘可三五里許北連馬鞍
九峰其東為升山（唐天寶中道人任敬脩真於此今有任公臺洗藥池遺跡）又名
飛來山（舊傳越王勾踐時有山飛來）其　為鳳池山山椒有池焉
廣可三四畝有泉曰水簾泉
芙蓉山去城二十里而遙狀若芙蓉有洞焉秉炬入
之乍隘乍廣縈紆可十里許鍾乳滴瀝石堂廓然中
容百人（五代僧義存開山堂）
壽山與芙蓉對峙山多美石瑩潔可硯大者徑一二
尺類珉其傍又有山九峰閩人以其秀拔并芙蓉壽
山號曰三山其東諸山曰東室曰龍巖曰澗田
西室山去城二十里而近其傍為沙溪山杜鵑山其
北有梧桐嶺下多井欄又西曰拜郊山閩粵王燔柴
處也（上有壇址）黃巖山在西室之東南巖高百餘丈瀑布
澎湃閩里許其巔有井曰仙井

蓮花山去城二十里而近山形上銳而下圓狀類菡
萏鎮郡之北若屏然其山高峻多嶺山之南曰長箕
嶺（又名桃枝）其北曰北嶺有山土膏潤名曰臙脂山踰北
嶺曰湯嶺溫泉出焉又北曰爪山
雪峰去城一百八十里山高四十餘里有峯曰象骨
峯盛夏積雪有泉焉隨潮盈縮其名應潮泉大目之
水出焉有潭曰豐澤潭（五代有崇聖禪寺僧義存居之閩王審知問山有何異答曰山頂六月猶有積雪至迎以名其勝蹟有鸞山閣枯木菴留香堂乘雲亭又有碑無字或題云一片如屏蔽翠間風吹日炙蘚花斑莫言闕處無文字好待高人着眼看）雪峯盤據四邑（侯官寧德古
田閩清）其連山可名者曰丁山曰求隆山山有玉几
峯曰雙髻山若水出焉巖壑幽邃皆人跡所罕至梅
嶠山在雪峰之西南其木多梅梅溪之水出焉
郡之水海為大江名十數馬頭與馬瀆為大馬頭東
南通大海馬瀆西北納建寧延平之溪海有潮汐馬
頭受之達于江達于河達于溪達于浦三百里達于
馬瀆潮則衆流皆盈汐而水退衆水由馬瀆江而下
分為二自北而東者循岊山南至于洪山又東南至
于鼓山江曰石岊曰南臺曰濵（舊名蜆）曰大定曰西峽

會于馬頭入于海自南而東者術高蓋山至于方山南至于仙崎又西南至于欣山江曰黄曰峽曰螺女曰瀨曰澤畄曰陽崎（國朝黃玄詩帆邑入長江江帆疾如鳥空山白雲外一望更何有蜀沓風雨來蕭條夕陽後孫燈照寒爐且復酔杯酒長江滄浪曲遠應滄浪叟崖暗古木倚沙明暮潮吼扣舷江水深大路離情厚何處有帽盧殘鐘到溪口）曰金鐮曰黃岸曰仙崎會于馬頭入于海馬頭納衆流浩無涯涘風濤洶湧中有巨石焉如馬首狀隱見以潮舟行必避之建劒二溪東瀉山東之激巨石多灘水怒號日夜有聲至馬瀆流始趨山漸闊而廣矣江之別曰上洞在江之左下洞在江之右

溪曰大目（源出古田）曰小目（源出永福）會豪（源出鼇侯十二連江九都仁十五六都）注于馬瀆沙（自水口抵芋原總名）桐（懷十三都）陳塘（十四都）黃石注于石岊浯洁注于澤苗黃注于延澤浦入于江（以上並懷）義達于西峽入于海其不能自達者溪曰焦曰榕曰白鹿曰苦竹曰桑曰善曰大坑曰東崎岊曰浩曰荷曰孟（以上皆閩）資灌溉不可方舟

湖曰東湖曰西湖（宋蔡襄詩山前雨氣晚纔收水際風光翠欲流儘渚旌旗停曲岸滿潭鉦鼓競飛舟浮來鷗鳥紛相狎引去沙禽好自由歸騎不勝山川賞萬枝燈燭度花樓 國朝方那望陳草湖邊舉微一棹鏡中移驛鳥千聲轉長風波浩洞酡景勝宴坐覺神怡往往留餘興歸來日暮時）曰石湖曰陳湖曰龍湖

城中之水舊鑿三河爲外設水關四（水步門曰南水關湯門曰東水關西門曰西水關北門曰北水關）東西南三水關引河入城北引西湖皆可以方舟又鑿龍髯河二狹不容舠（城中初鑿河時譙樓南還珠門北橫亘一河爲第一水名大橋河又南至安泰橋橫亘一河爲第二水名新橋河東河起自東水關北行至左衞前止與大橋河合西河起自北水關南行至常豐倉前止與新橋河合南水關北潮來至德政橋轉使君橋即與新橋河合矣又譙樓左畔屯田道西有龍髯河經開元寺前人家之後至劉刀糯淺入南河其右畔登雲坊邊亦一龍髯河經太中寺達按察司前橋下亦淺入南河相傳晉子城河也）

古田之山翠屏峙于縣北其南爲曦嶂其泉出焉又爲仙亭山傍諸山曰月山（國朝高棅詩研峰多秀奇一峰狀如月半影出陰崖四時掛天闕松蘿映空巖樓屋通幽絶遊子愛清輝逍遙步林樾）曰古城山龜山在縣東山多草木有洞曰藍洞東有嶺曰金仙嶺登可巔可以遠眺蓋邑之勝槩云其左重巒疊巘峯突出曰文峯又東牛頭嶺最高而遠五華山在縣西南山有五峯爲其高千仞亦名大仙山（又名大佛嶺金仙家約吮光宋縣令李坡詩尋源探雲霞中有飛華聯翩樂朱簾吟翁使不群雲泉流無涯清旭起風璧空香送天花香會法鼓寒聚海茶奇峯俏如削芳樹一何森江將琴詞拂）

與紅塵隔終馬謝朝巖峩地磬丹砂　國朝張以寧
太姥嶺盡小石來黑雲削鐵懸崔嵬泉飜石根六月
雪雨老石路千年苔我行忽落青山外白雲四望茫
茫海黛痕三點見蓬萊明星玉女遥相待九華天姥
曾見之人間有山無此奇平生
酷恨李太白不到閩山獨欠詩
北臺山在縣西又西為黄蘗山其山多桃塢曰桃塢
湖曰桃湖溪曰桃溪洲曰桃洲　宋縣令許當詩桃溪
一何清想像武陵水
所愛春風晴灼灼花數里漁舟日去來無人識歸止
安知歷幽源不遇神仙子　國朝王偁清溪一帶綠
桃花春來水上流胡麻東風尋源信登權雲中遠見
山人家於茲水木相含景裊裊松杉亂天影少馬遊
雲深鶯鳥中鳥飛來片雲今二三老翁住東陂薛衣
霜雪鬚兩眉自言入山歲已久不知世上今何時傳
聞有客遥驚喜共荐清泉飯松子烟林霧篠不逢人
歸棹落花應滿地問予何事在塵寰那似山中日月
間偕逢靈境真堪悦區緣未謝還成别
别後重來定幾時夢繞溪邊綠蘿月
極樂山在縣西北極樂之陰有嶺曰仙嶺有巖曰仙
巖又北山曰石崎嶺曰天宫曰福全福全有峰曰鳳
翀又東北為寶泉山之旁龜石
鼓山在縣東百里餘旗山在其西　宋禮里亦有旗山　馬山在
旗鼓之間北為杉洋鎮其山多竹可為楮群山之間
有峰曰幽巖峰曰麟峰曰象峰
閩清之山臺山峙縣西南又南為鍾南山其上有巖
曰盤谷下有橋曰渡仙西曰逢遠人　一名名山　多產名花異
果或云仙居之　無名氏詩偶與雲水會不與雲水通雲散水流後杳然天地空
鍾湖山在縣東北上有積水焉其味鹹或傳應海潮
盈縮鍾湖之傍山曰石竹山曰猴山曰鳳凰山鳳凰
之麓有巖曰起傳宋陳祥道舊居也
玉臺山在縣西北上有井產蜥蜴禱雨則應或以為
龍云又有石鼓扣之輙鳴其南留錢山唐乾符間天
雨錢聲錚錚然其傍白雲山朱頂山居民於其時亦
獲雨錢山椒
白面山在縣南遠望巖石皆白溫泉出焉
大幘山在縣西舊傳其巔時有雲霧如鼓大幘之西
為龍都巖里人或聞仙樂之聲焉二山雲氣巖　其
傍山為太湖為偃草
昂峰山在縣西梅溪環流其下　黄勉齋龍門巷記云山析為二支東西迭仰而相向俯而相就宰而交互以相入梅溪之水沿山而流若縱而俯若低而翔若侍而滄莫知其所自出如是者十餘里然後聳為雙巖瀉為三瀑其西轄崖東瀨駭猝崒澎湃靈怖呈奇不可名狀
峰山最遠北通尤溪上有櫻樹根分而枝合大數十
圍雖盛夏陰者如坐冰壺之側鸛鶴棲鳴其間無數
長樂　環城內外皆山六平在縣北南山登高對峙其

南六甲傍諸山曰金雞曰龜息曰四明曰石臺有峰
曰松石峰又北曰首石其山戴石石高二十丈許廣可數十步中有寳
泉四面見水國朝林鴻金雞山詩遠公青蓮宇百尺構雲間一徑入松蘿山泉灌苔髮石房彈玉琴清
響在林樾夜來滄海寒夢遶波上月微吟白雲篇高興了未輟未能悟聲聞安得辯言說
王恭松石峯天王寺詩炎暑不可度端居日方永同袍四五人共愛山中前乘閑軼氛埃叢林逗籬遲遲潭靜氣已秋竹
深午猶暝初沿鼓溪轉稍入空中境婉婉林鳥聲悠悠野僧定平生好幽玩盡日悵佳興山水發清機風
泉潛初性日夕徐徐歸雲間響孤磬
南山之南五峰並峙曰五馬山又三峰竝峙曰三峯
山東連芝山其間有二潭焉曰白龍曰祥雲世傳龍
居之嘗有人獲卵于其側大如斗傍諸山曰半占曰
戲崎曰翁曰阜惟岱邊最高山多奇石旱禱則應
牛壟山在縣東南巍然丘阜四面環之中有田可百
餘畝又南曰嵩山曰三山曰屛風山有嶺曰漏水嶺
有峰曰鷲鼻峰
郎官山在縣東南其高可上捫列宿達于石尤以通
福清傍諸山曰七巖曰溪湄山多奇勝溪湄卜吳曰帆尖石曰筆
架山曰寶山雲曰珠湖月曰大聖峯曰石洞泉曰龍津釣曰馬嶺樵曰南隅耕曰西崙牧國朝吳海詩
連山如波濤高峯盈雲日岸然欲約撲其勢雜可巫屹攀將欲飛俯瞰覺自失黑田幾聚落端不見織

南延川源深北望海水出處高視益遼縮地豈有術
天寒霜露交收穫事已畢仍年蝗旱餘民物盡蕭瑟
遘茲得非幸惆悵寧具述　羅田泉山中七巖獨高
秀經營將半載宿願始得副綠雲攀鳥道十步九𧿒
動剛颷從北來巖谷盡號呶促步赴層巔依石避野
燒霹然烟焰交欻若雷電遶其勢吁可畏僮僕盡驚
走須臾得少息方覺性命有列坐成自慶陷觴酌大
斗陰陽却變化霏雨垂白晝癡雲迷海嶼昏霧失林
藪歸途畏虎迹慘慘瞑色厚幽懷莫能寫　又有詠窟
追次宜自咎述此成短章聊用紀艱逅
天馬白巖石牛諸山皆小栢山之木多栢
龍泉山在縣西南有五峯焉南連福湖有峰曰獅峯
有石曰梯雲二山多奇石皆朱徽國之所常遊也福湖
物見龍二字龍泉勒朝陽二字皆朱文公書
山之麓曰石馬傍小山挽坑
黃峰山在縣東世傳仙人董奉居之南俯定山其巖
曰董巖山國朝林鴻詩吾嘗慕康樂愛入名山遊名山不易得何必蓬瀛洲董峯高峩峩仙子居
上頭白鶴去不返黃茆翳丹丘下接渤澥流上有白
雲浮陰壁耀海日寒枝掛猵猴幽尋豈不遠逸興隨
去留仙人未可期空山春復秋
董峰之西諸山爲蛤山福州裏山紗
帽山柯林山山有峰曰龜峰岌國朝陳亮詩疇昔過
鄉駐馬首翩石蹬跣
兩鬢華始作登臨客是時冬向深和候未蕭瑟追隨
得良朋周覽訪奇跡浮雲散輕陰霽日升海色千岩
含暮景湖影侵空碧郊原紛綺錯左右羅第宅向來
多賢豪聲跡何籍籍良辰作佳遊此地幾登歷我來
一感慨俯今視昔落月
松風生遲回景將夕
曰紫微峰有巖曰白龍巖有
嶼曰赤嶼與蛤嶼與合嶼與峙于江中

南阬山爰有平楚廣十餘里名曰古縣

靈峰山在縣南山多奇勝有峰曰香爐有洞曰歸雲

靈山天池宋陳襄詩天柱支南極蓬山壓巨鼇雲崩石道險潮落海門高候館聞鼉鼓秋風憶

蟹螯憑高望鄉樹千里楚江舟 其北諸山曰聖娘曰冠峰曰仙曰牛

曰五雲曰嵐乾曰鴻曰鼓角曰斜頭皆並海山多峻

嶺曰孝義嶺曰半嶺曰魁嶺曰卓嶺曰登賢嶺曰榕

嶺夾道植榕樹或數百年其大可合抱云山嶺之間

奇峰曰冠峰曰龍角峰曰雙髻峰曰鼇頂峰曰龍翔

峰一名釣魚臺 遥望紫薇並對曰翠薇峰巍然突起田中

高數丈曰冠豐峰

越王山在縣東北週三十里越王勾踐七世孫無疆

與楚戰不利族徙居焉連山曰靈有嶺曰古爛又東

為籌峰唐水部郎林慎思讀書處也晦翁常遊題其巖曰德成以林

郎中德成於此也後人因晦翁所寓又別題一巖曰晦翁巖 有峰曰鴈峰臨於巖

湖宛在湖水中央小阜曰蟹山湖傍山有勝迹者六

焉曰六奇其東南又有山曰爐峰山曰周山曰碁山

皆小國朝王恭碁山詩塵中何處避炎蒸靜愛空王

山載酒隨閑到飛閣觀潮倚醉登水遶蓮花通寶地

路迴蘭若轉金繩仙人棋局埋幽草閑上禪扉問古

僧小澹愛僧沙界樹涼晴作雨石渠泉響暗流水青

嶴鸚鵡鳥啼曾近楊香臺損則衣覓甕老來行止

無此病後惟携幾有淵明發別離方外去何時請

又同 左按蒜巖右連石首其高若為群山所尊者曰

泰太常太常之陽有嶺曰從龍曰風門風籟日夜不絕

聲焉其陰有嶺曰浮崎嶺曰提麻嶺曰潭嶺曰碧嶺

曰香爐嶺浮崎北界于閩

海中諸山壺井浮澳潮至則沒潮落四面平沙海錯

出焉其南為鍾門又南有石對峙風濤中曰王母礁

宋王妃航海所經故名 又有石曰閩王禁石

御國山頁巨浸若藩屏中國之狀御國者衛國也外

夷入貢者必登望以識海道

連江之山龍滐山在其北龍滐之西為西山宋參知

李彌遜隱處也釣魚臺尚在 其東為龍卧山有嶺曰矮嶺

覆釜山在縣東南山之巔有三峰焉衆山環之曰南

乾曰北乾曰矩庚大坪橫其前平如掌傍諸山曰金

鼇山曰金鷄山有巖曰梅巖有嶺曰連江嶺曰東岑

嶺有峰曰允峰

玉樓山在金鼇之東其南定岐山下有峽曰荻蘆峽

秦時望氣者以為有異焉遂斷其山脊定岐之傍嶺

平山其顛古壇祭海處也又東為雲居山最勝為東
岱山有嶺曰彭田曰澄巖曰王孫曰小灣
玉泉山在縣西北山有清泉山名唐所賜也其南鳳
凰山文筆山張棋山文殊山白巖山其間有嶺曰白
蓮曰俞裴湯嶺之陰温泉出焉有巖曰洄口曰寶華
東坂山紫霞山羅漢山皆縣東北其間多勝迹有峰
曰降虎峰曰古洞峰有巖曰紫巖曰白巖有石曰雷
移石有嶺曰三望嶺

香爐山在縣北其山多奇石有巨人跡焉其傍諸山
曰龜魚曰馬鼻有嶺曰透嶺有嶴曰鵝嶴後嶴有石
曰髻美石
馬鞍鰲鼻相次東際海三德山峙於海門曰嶴月嶴
青嶴洋嶼上竿塘下竿塘諸山列在海中
羅源之山群山峙于縣北（殊山一名文印嶼）其東北連
山尖山鳳山右為下梅嶺右為上梅嶺又有嶴曰鯽
魚嶴
蓮花山在縣南（南山一名）山有二石卓者如筆平者如硯
其麓下臨城中有巖曰聖水巖（其石有泉水飲之可愈疾）其傍皆

山為席帽山羅漢山羅溪之水出焉金鍾鐵障對峙
于西南又南松崎山鶴嶴突江中
仙茅山在縣東北有兩山焉曰大茅小茅其山多嘉
木巔有洞曰羅喜洞有奇石環者如垣敞者如壇級
者如磴穴者如盆石上之泉汲之不竭莫究其源仙
茅北連洞宮半嶺山之間有峰曰童子峰曰五馬峰
有嶴曰龜嶴其東諸山福原山洪福山烏巖山天堂
山有山戴石旦暮烟浮其上曰香爐簾山堆禾多泉
石之勝

登高山一名象山在縣西南山巔平石可坐十餘人
有晉時塚焉（三磚各誌永康元年）
寶勝山在縣東北黃沙溪之水出焉其傍諸山金粟
山後山白巖山有巖曰紫霄巖曰道者巖有嶺曰龍
興嶺
萬石山在縣西北其山多異石傍諸山曹山梧桐山
有嶺曰西洋嶺
烏巖山禹步石皆濱海金爐嶂峙海中
雄福之山唐笄峙於縣北最高而秀傍有嶺曰

[illegible]峭嶺有巖曰梅巖其傍諸山又有楠木岐山登瀛

山鍾山

大小妃二山在縣東閩越王葬二妃焉其傍有山曰

陳山有巖曰方廣巖巖之巔石室可庇千人林蟄勝

絶邑之奇觀云宋慶曆間邑人黃非熊初築室讀書其下獨人告之非熊剪荊斬險攀緣而上抵一石室可庇千人鄉人即其地奉浮屠其室內架閣三層不假片瓦暴風疾雨不能犯中則深空嶝險山徑崎嶇遊者有攀躋之勞及其境巖洞飛鷺殿臺綜紛使人神觀軒豁忘其憊矣周圍有十奇曰上泉洞瑞松鳩鍾碧石聽泉崖瀑布泉龍樹巖葦羊谷龍尾泉望仙臺清音洞又有石燈觀音影星巖仙掌仙樹仙岩石芝石筍石龜石田瑞景皆自然天成云元林清源有詩云石室雲開見大地山河三千世界水簾風捲露半天樓閣十二闌干國朝林鴻詩玄巖太古色恍若入鴻濛一逕穿[illegible]端天香[illegible]中雲歸山殿冷月出水簾空塊然靜言說冷冷松桂風

高蓋山在縣西南其上東西有二石室焉常有紫雲

如蓋覆之山有十奇紫蓋峰寶王巖玉華峰放雲岑水簾洞龍吟池漱泉龜石鳳臺飛昇壇

南為大張山龍泉山六洞仙山其傍山太極山鐵券

山越王山有嶺曰龜嶺有巖曰龍都曰白鵝

福清之山縣北為鷲峰金翅在鷲峰之北玉融峙于

其南山有石如玉故名玉融之左為五馬其右為旗鼓

旌

[illegible]巖山在縣東其山有巖洞泉池之勝傍諸山曰巖

臺曰鹿角曰烽火曰網曰鍾曰龍海口鎮東二城在焉又東曰

龍卧曰拱辰皆並海拱辰有石洞焉風芃芃從之出

舟人避之

五周巖在縣北有嶺曰石尤曰常思曰傀儡傍有怪

石應人聲曰應石

石竺山在縣西山多勝跡鄉人乞靈于此其產少竹而多筍資名株之俗送齋資筍有洞曰紫雲國朝林鴻詩群峯際滄海一峯凌紫雲昔人煉丹處石室莓苔紋颯飄龍虎車即此上丹闕惟留白鶴影究在青松月下有靜者廬其人順浮屈一水落天鏡[illegible]石[illegible]石有[illegible]身[illegible]天地開伊予困流俗千載未[illegible]長歌[illegible]攀逸天

靈山有石曰天寶無患溪之水出焉又西靈石山

磅礴百餘里其山往往有香氣吹石竇中有峰曰報

雨土人以其鳴候雨久旱鳴必雨久雨鳴必霽

黃蘗山在縣西南有峰十二瀑布潮湃瀉巖石間止

而為潭其山多蘗木南臨逕江曰金鼇山其東為閩

讀山唐水部陳燦讀書處也一名小隱巖又東金山

大讓山濱海

[illegible]鶴山在縣南傍有石竹鳴門石鑼有峰曰靈峰寺

崎鶴鴒峯又南曰草堂山一名蒜嶺登其巔可觀海嶠

海中高數丈曰廬徂石

南有嶼曰白嶼雙嶼草嶼仍一嶼南日舊置戍焉

海中之山遠縣者以十數海壇爲大週七百里有居民

國初徙入縣虛其地 其山舊産馬毛鬣有異文或曰龍種云海

壇之支爲水馬山有石焉如舟帆狀曰石帆又有鍾

門嶼山形若鍾海環之山水獨清而其有石井通海

深不可測

小練山傍有大練門小練門昔海賈互市處也後徙入

福州志卷之二 川 三

風濤中望可見曰甌鵝門

大岐山在海中舟楫罕至

古田之水溪以十數東溪水口並注於江曰瀨曰白

曰青曰蓊曰西曰其亦名監 曰錦亦名感 入於東溪川横

日桃入於瀨

閩清之溪曰梅曰演水曰瞿曇並入於江

長樂之水大者海江曰磁海曰壺井曰才石曰梅注

於海其溪曰汶坂曰後洋澤於桃枝湖曰黃夫曰棘

亦名 入於磁澳 注

福源之溪曰羅南入於環達於海曰黃沙曰起黃曰

九龍入於松崎達於海曰霍口達於鼇江入連江界

永福之水曰大樟溪歷楊崎注於江曰漈澤於鹽湖

曰龍門北連閩清有黄 曰狀口台漈爲 曰龍嶼皆達

於大樟其不能達者鴈湖白葉湖

連江水大者海江曰鼇江亦名岳江江濱有潭石刻漁滄天乙之門六大字

注於海溪曰周曰利坑曰竹入於鼇江曰財注於海

福清之水大者海江曰遷曰龍其溪曰鹿角曰盧曰

交曰無患曰西東二溪並注於龍曰蘇白漁入於遷

福州志卷之二 川 三

福州志卷之二

福州府志卷之三　　輿地志三

疆域

福州府八閩都會之地其郡名泰曰閩中漢曰候官晉曰晉安唐始爲福州城中有三山焉謂之三山越王九仙烏石地産榕又曰榕城大若十圍蔭數畝其形勝憑山負海枕佑百川叢會唐林諝閩中記水清山秀爲東南之尤唐黄璞閩中名士錄通典其封疆至

京師六千一百三十二里至　南京二千八百七十二里南北袤四百四十五里東西廣四百四十里東抵海一百九十里西抵延平二百五十里南抵興化二百三十里北抵建寧四百里東北抵福寧二百一十里統縣十附郭曰閩曰候官曰懷安外七縣曰古田曰閩清曰長樂曰連江曰羅源曰永福曰福清

閩縣古名東冶漢原豐晉長樂梁廣九十三里袤八十里東抵連江九十二里西與候官接壤南抵福清八十里北與懷安接壤東南抵長樂七十五里宋設十二鄉領三十七里元改置城内爲四隅隸録事司城外三十六里隸縣

國朝編戸四十里城内四坊外七鄉領三十六里統圖一百二十有七

城内左一坊圖三　左二坊圖五　左三坊圖三

南津坊圖三

城外鳳池西鄉府城東南舊名懷挂鄉宋以許忠定居第在東改名鳳池

崇賢里圖三河口　湖塍舊有都尉連榮上仁崇賢五里宋并之

鳳池東鄉府城東

歸善里圖二前嶼　後嶼鼓山里圖四阮洋　下石　歷崎　劍舊有　新豐新籠新安

桑溪里圖一鐵嶺　七門橋五里宋并爲三

晉安東鄉府城東

合北里圖九宋海畦里嘉登里圖七宋嘉崇里江左里圖二閩安鎮　洋嶼　鐵嶼　後浮嶼　嶼崎　宋合浦北里宋合浦南里　江右里圖一鐵場　瀬嶼

晉安西鄉府城東舊名靈芝之鄉

孝義里圖二鵠嶼　秋竹　鷺鼻嶺遂勝里圖三大柴前　竹嶼　横

易俗里圖二東嶺前　白嶺　秦負　參亭　茶園　舊有清平永樂　六里宋元并之

高蓋南鄉府城東南

時昇里圖七 下吳 上吳 淨橋頭 北尾 仁豐里圖二 蓋竹 赤礁
高蓋 光德里圖五 高湖 嶼頭 為五宋并之 舊有仁德方勝
高蓋北鄉 府城南舊名烏石鄉
嘉崇里圖九 上坂 洋口 尾 烏石洋 五龍塘 橫山頭 釣龍臺 上中下航 河
高惠里圖一 下帷 令德與今為五宋并之 後浦 河口 舊有周野
崇善東鄉 府城南舊名希福東鄉
還珠里圖三 崑嶼 南北二里元并之 橫嶼 舊分 西集里圖一 大義
宋有陳瑄世居其里 改榮獮里元復舊 方岳里圖一
崇善西鄉 府城南舊名希福西鄉
永慶里圖三 塔林 方山 清廉里圖一 段唐 五虎 靈岫里圖二
館前 劉嶼 舊有慕賢特化與今為五宋并永 懷安縣慕賢為三元改特仕為永慶
開化東鄉 府城東
光俗里圖三 瀧前 竹崎 箬崎 至德里圖四 洞江 濆 灃 舊有
安善亞今三 甲宋并之
開化西鄉 府城東南舊名温泉鄉
歸仁里圖二 瀛洲 石牀頭 舊有歸 永福里圖三 傅坑 高詳里圖
一 西峽 黃石 化崇仁為五宋并之
賛賢鄉 府城南

歸惠里圖一 琅琦 欽仁里圖一 焦溪 白田 歸義里圖三
梅崎 杭嶼 積善里圖三 青嶼 芸竹
安仁鄉 府城東
官賢里圖三 白湖 接賢里 宋 仁惠里圖五 盧下 坑 龍泉
黃山 永南里圖五 橋 石鼓 楊橋 新城 門 宋永盛南里 永北里圖四
磕下 龍門 君竹 舊勝 開化里圖三 洋下 連坂
殘里宋改永盛北里
林浦 鄧崎 樟林 上壘 下壘
元有合南右里今并入開化
候官縣 古名東候官 漢閩與 唐 廣八十一里袤九十
里東南與閩縣接懷西抵永福八十里北與懷安接
懷西北抵閩清一百里宋設十鄉領五十里元改置
城內二廂錄事司外三十七都隸縣
國朝編戶三十九里內桂枝鄉領三坊外九鄉領三
十六都統圖六十八
桂枝鄉 府治南唐元和間以里人陳去疾登科故名
右一坊圖四 西南關廂圖一 宋延福里成平間劉若虛登第榮歸
九父母父學具慶郡守謝泌改為榮親里 右三坊圖四 宋承平里
東蒋第鄉 府城西北
草市都圖一 城西 保福 貴安 宋蒋順里 草市 一都圖三

嶴 處仁 蔡酒嶺 正節 美宅四里 宋永欽 十六都十七都圖五 小月 溪

宋制市甲 三十五都圖一 陳州 宋安平里

西孝弟鄉 府城西

十二都圖二 赤岸 名歸化二里 宋陽 十三都圖三 石門 宋招賢順

平二里 十四都圖一 塘岸 宋齊禮里

勝業鄉 府城西

二都圖九 新道 宋孝成 新安 方岙 方興四里 尾堤 洪塘 後嶋

脩仁鄉 府城西

三都圖三 壓山 四都圖四 雲嶼 宋海平 靈鳳 鼓平三里 高嶼 坎下

五都圖三 南嶼 宋遷善里 十都圖三 橫楝 宋永康里 上街

永安鄉 府城西北

十九都圖一 二十都二十一都二十二都圖一

龍村 宋永興清化二里 二十五都圖一 梅浦 二十六都圖一

仁溪 宋守仁里 湯背 二十九都三十都圖一 大湖 宋嘉禾東里 宋

二十八都三十一都圖一 三十二都三十三都

圖一 白沙 宋嘉祥西里 大日堤 三十四都圖一 大日溪 溪 鋪頭 浦

宋保安上下二里

石門鄉 府城西北

十五都圖二 斗蕨洲 功上下二里 宋九 十八都圖一 岸柴 宋縣

里 三十六都圖二 彭棋 萬安里 宋

東太平鄉 府城西北

二十三都圖一 雪峰 宋安仁里 湯院 二十七都圖一 黃沙 嶺

宋東安里

西太平鄉 府城西北舊元豐鄉宋改今名

十一都圖二 鐵官 鎮寧 和永 豐興 和泰 川崎 川七里 喚頭 後尾 宋興亭

二十四都圖一 大箬 宋仁德里 小箬

五芝鄉 府城西南舊令善鄉宋改今名

大都圖二 白鶴 宋崇德里 七都圖五 蒼沙 蔣崎 黃岸江 宋開先三

秀二里 八都圖一 古嶴 宋新興里 九都圖一 小臺山 吉慶里 宋

懷安縣 廣八十五里袤二百一十里東抵連江七十五里東北八十里東南與閩縣接壤西南與候官接壤北抵古田一百七十里宋設九鄉領四十四里元改置城內爲二廂隸錄事司外二十五都隸縣

國朝編戶二十七里城內二坊外九鄉領二十五都統圖四十有七

城內子城坊圖四 元初有子城東子城西東濱三坊後合爲一

右二坊圖二元初有東西二廂後合爲一

感應鄉府城西北

一都圖二後浦　清義　安義　縣市　芋原宋西安安東清平立德四里內立德里

宋隸靈山鄉元改隸于此

崇業鄉府城西北宋敎業鄉

二都圖四梅亭　王基　義塚　內洋　興勝坑宋鍾山擇善開化太平忠信欽德賛城

七里

靈山鄉府城東北

三都圖一玄沙　應居　白龍海坑　實福　杜塢四都圖一桑富[illegible]

[illegible]化豐[illegible]里

八座鄉府[illegible]東北

五都圖一田阬六都圖一東濟　東坂　湧泉　北嶺　宋龍鳳孝仁溫泉高

遷後下五里

承平鄉府城南

七都圖二　八都圖三南洲　鳳岡　宋後下黄信順安孝悌安上五里

移風鄉府城南

九都圖三龍安柯墺十都圖二宋在壽崇平清覺句化楊峰[illegible]里

積德鄉府城南

十一都圖五仙峰十二都圖二竹嶼　宋恭南陽孝康勝平待賢

五里

候官鄉府城西北舊有崇江里宋弁之

十三都圖二沙峰十四都圖一　十五都圖一桐口

柿桐嶺　宋清泰安定北平德風靈運超勝江陽七里

同樂東鄉府城西

十六都圖一　十七都圖一　十八都圖一　十

九都圖一　二十都圖一瓜山二十一都圖一宋[illegible]

化前後屯西屯四里

同樂西鄉府城西

二十二都圖一　二十三都圖一　二十四都圖

一丁山二十五都圖一龍跡　壽山　上四都宋興城　焦溪　前中屯四里

古田縣廣八十三里袤二百五十里東抵羅源二百

四十里西抵南平縣一百五十里南抵閩清一百五

十里北抵政和縣二百里東南抵候官一百七十里

西北抵建安縣一百五十里西南抵尤溪縣一百五

里東北抵寧德縣二百里宋置四鄉領十三里元析

爲四十八都

國朝編户四十八里城中五保外四十三都統圖五

十九

城内一保圖一　二保圖一　三保圖一　四保圖

一　五保圖一　東溪　咸溪　居斗　轉水　磨　鳴玉橋　尖峯　平沙　龍

津　花藏　藏坐洲　以上

五保元爲保安里四十八都

和平里　縣西

一都圖一　舊有四十七都圖初并之　二都圖二　三都圖一

神前　竿洋　小黄　四都圖一　三　永樂十年并入一

谷口　黄田　林洋　三七八都弘治五

年後　五都圖一　舊有車口　後溪　龍潭　破口　灘溪里六都圖初并之

崇禮里　縣西

七都圖一　八都圖一　九都圖一　天順六年并入门十八都

五圖弘治十都圖一　十一都圖一　白沙　茶亭

五年復　坂坑　風伯

村　龍井

桃花　塢

保安里

十二都圖一　縣内　十三都圖一　縣内　十四都圖一

縣東　東洋　舉升　醍醐　釣仙嶺　以上各

都宋屬北東鄉元爲建安東鄉

萘仁里　縣北

十五都圖一　十六都圖一　縣北　郑峯　天宫　嶺

福仁　嶺　下

黄白　洪頭　筋竹　黄嶺口

桃洲　高家　岩

新興里　縣北

十七都圖一　十八都圖一　左旌　副坂　平

舊有十九都今并

横溪里　縣北

二十都圖一　二十一都圖二　天順六年分為二圖　二十二

都圖一　二十三都圖二　成化十八年分爲二圖　二十四都

圖二　二十五都圖二　黄袖　象木洋　造山塢

新俗里　縣北舊名洛陽

二十六都圖二　二十七都圖一　二十八都圖

三　二十九都圖三　以上四里舊屬崇惠鄉

移風里　縣東北

三十都圖一　三十一都圖一　三十二都圖二

三十三都圖一　三十四都圖一　平舟　西溪

香洋　白塘

安樂里　縣東

三十五都圖一　三十六都圖一　西案　馬山　大夫

益竹　杉洋　徐坂

皮寮　西溪　三十七都圖一　郡志屬順

里今併縣

正之

順委里　縣東

三十八都圖一 三十九都圖一 黃檗 茶洋

亥民里 縣東

四十都圖一 四十一都圖一 奉洋 蘇洋 蓼洋

邵南里 縣東北

四十二都圖一 四十三都圖一 四十四都圖

一 四十五都圖二 四十六都圖一 縣東南 金坑 倒 溢溪 牛溪 龍溪 牛頭嶺

閩清縣古名梅溪 唐 廣八十五里袤一百二十里東

抵候官縣十五里東南亦十五里西抵尤溪縣七十

里西北七十里南抵永福縣五十里西南一百里北

抵古田縣七十里東北六十里宋設二鄉領十里元

改置二廂八里領二十二都

國朝編户九里今改二坊五都統圖七

東奉政鄉宣政里 縣東北元有二都今析入孝順里

昇平坊合一都二都圖一 和豐坊合十六都十

七都圖一 天王 漢 鎮山 石竹 朱坑 鋪溪

南鄉安仁里 縣南

十九都合十八都二十都二十一都二十二……

十三都爲圖一 白巖山

西鄉孝順里 縣西南

六都合四都及三都之半爲圖一 九都合五都

七都八都及三都之半爲圖一 龍飜巖 王 寺山 石屋

北壽寧鄉仁壽里 縣西北

十一都合十都十二都爲圖一 大帽仙山 十四都

合十三都十五都爲圖一

長樂縣古名新寧吳航 梁 唐 安昌 五代 廣一百二十里

袤六十五里東抵海灣一百二十里西北與閩縣接

壤南抵福清五十里西南六十里北抵海五里東抵

連江一百二十里宋設四鄉領三十二里元爲三十

六都

國朝編户三十二里今以四鄉領二隅二十四都統

圖一百有九

善政鄉 縣西

東西隅圖六 首石 五馬 六平 崇賢里 九

統圖五 弘治間增一圖凡六

都圖五 黃 飛 嶺 桃 坑 爲 十都圖四

鶴 流 政 進 賢 二 里

清平崇十一都圖五 首 水 山 赤 尚 十二

德二里 鶴 林 鳳 池 興 二 里

圖四晁石崇崇舊爲賢數十三都圖三竹埒柯林于墜舊爲都
賢仁義永勝三里有六圖今省
二難鄉縣西南凡第登科故名宋滄循
二都圖四洋門邊關宰嶺舊爲崇化里大三都圖二瀉水小渡嶺
舊名信德里有三圖陳廣閩併之四都圖三白田舊爲萬年里嵩山牛墩
五都圖一石龍嶺舊爲泉元里七巖六都圖二風窠百石堰白巖嵐
乾比由里舊爲七都圖五黄新潭舊爲比由里舊八都圖二參溪滿
曾村小門舊爲河葉依福雲石三里吳平舊
白杞鄉縣東南

十四都圖九嶺角舊爲弦歌舊十五都圖四石梁山舊爲竹湖
歌里十六都圖三可下舊爲和風里雙峯石十七都圖七湖東聖
猿山舊爲崇仁里十八都圖二東石舊爲濂濱崇化二里溫水金井舊
十九都圖二江田舊爲良田里天池山二十四都圖四杜下蜂
門千零里舊爲
芳桂鄉縣東北唐林慎思登第故名
二十一都圖六古潮嶺數化里今爲儀化里鬱石山舊爲方安里
圖三桐口西園嘉靖四十一年并籌峯方安舊名有大宏里圖八大石
六奇舊名欽平里人林慎思後中宏詞更名二十三都圖七東皇村巖峯

爲方淨里二十四都圖六崇花村圖嘉靖四十一年并之舊爲[illegible]里自石
連江縣廣七十里袤九十五里東抵海二十里西抵
懷安四十里西北九十里南抵閩縣二十五里西南
亦二十五里北抵羅源八十里東北一百二十里宋
設七鄉領二十四里元折爲三十五都
國朝編户二十四里以二鄉領城内二里外五鄉領
二十一里統圖四十二
宣善東西二鄉
欽平上里圖五嶺東西舊志有豐邑里即欽平上下里東巷村在縣治前大街

欽平下里圖五白沙浦在縣治前大街東龍樓山
永福鄉縣東
嘉賢下里圖一舊爲名關鄉二十六都圖一桑奥東路關
下竿嶺松沙上二十七都圖二日奥鳴鼻月奥馬嶺二十八
都圖一三嶺山二十九都圖一
南永福鄉縣東南
新安里圖二荻蘆溪度山南北乾山覧峯大坪安慶里圖
二彭田赤沙渡遷嶺福斗王孫嶺鄭岭永貴里圖三荻蘆後浦東
嶺小傳演

五賢鄉 縣東北
安德里圖二 廷嶺 龜魚 香爐山 窰 管貴 保安里圖二 建興
里圖二 浮曦 赤石村 白鵠嶺 上洪 集政上里圖一 下藤 麻村 臨
海 集政下里圖三 鶴嶼 後嶼
太平鄉 縣西北
惠龍里圖一 獅荷 湯洋 藍溪 長圖 張旗山 洄頭嶺 宋光化臨江二里今
并之 清河里圖一 白蓮嶺 一嶺 介裴嶺 寶華 安仁上中里圖一
白嶺坡 天祭 上屯中岸 中屯陂西 下屯叢 洋 長溪
北名閩鄉 縣東北
嘉賢上里圖一 九灣 西漈 後 賢義里圖一 三星 嶺 中鶴里
圖一 降虎 巖村 岸 黃 雷石 仁賢里圖一 翠林 安定里圖一
東戈 山 羅漢 洋尾
羅源縣古名永貞 唐永昌 宋廣七十里袤九十五里
東抵寧德縣四十五里西抵連江二十五里南抵連
江三十五里北抵古田一百八十里東南至海四十
五里東北至永福二百一十里西南至連江二十五
里西北至懷安一百七十里宋設三鄉領十三里元
析為三十六都

國朝初編戶一十四里今城內為二隅外十二里統
圖一十六
崇德鄉 縣東南
東隅圖一 舊有四隅永樂元年併北隅入東隅併南隅入西隅為圖二 西隅圖
一 原烈 上海嶺 伊嶼 下梅嶺 烏鵲嶼 拜井里圖一 舊有二圖永樂十年
并之又有安仁里二圖俱省 梅溪里圖一 道人峯 石鷲 永樂十年并新順里入
梅溪為圖一 善化里圖二
常熟鄉 縣東北
招賢里圖二 烏石山 松禾山 舊有四圖永樂十年并之 臨濟里圖一
紫背嶺 九龍溪 新豐上里圖一 道者嶺 黃沙 新豐下里圖一
溪 天順間并入徐公里成化間復 徐公里圖一 仙茅 小童峯 半嶺 五馬
峯 羅平里圖一 龍興嶺 蔡峯 洪福山 天頓 六年并入東西隅成化八年復
同樂鄉 縣西北
黃重上里圖一 鶴石山 梧桐嶺 黃重下里圖一 西洋嶺 龍口溪 林
洋里圖一 仙嶼
永福縣古名永泰 唐 廣一百二十五里袤一百一十
五里東抵侯官六十里東北七十五里西抵延平府
九十五里南抵興化府七十里東南八十五里北

閩清四十五里西北六十里西南抵泉州府一百里
宋置三鄉領十四里元析為三十六都
國朝初編户仍宋三鄉十四里領三十六都今合為
九都統圖九
豐和鄉縣東舊有永泰唐元今并
永安里合一都二都三都圖一 官鎮 龍泉 大 章 大霄 東洋
保安里合四都五都六都七都又合待旦里八都
九都十都圖一 方廣岩 梅岩 湯泉 歐溪亭 赤芹山
中和鄉縣西舊[illegible]

元福里合十一都十二都圖一 又分十三都十
四都十五都合光德里十六都十七都新豐里十
八都十九都高蓋里二十都二十一都圖一 曹溪 岩
擬樂岩 柚木嶺 瑞峰 大小洋 古嶺 圖 堤 蘇坑 魚坑 事洋 黃坑口 白面 方
壺岩 黃柏洋 花林 東 坑口 上下坂 湍洋 官賢里二十二都二
十三都合和平鄉義仁里二十七都感應里二十
八都二十九都三十都圖一 杉洋 白巖 畔坑 朱洋 洪面 孝坂
後湍 事嶺 龜嶺 黨坑 大假 柳園 唐元里二十四都合和平鄉
龍津里二十五都二十六都圖一 鄉嶺 岩村 郭坑 龍興

事嶺 岐嶺 湯井 六尺
和平鄉縣西南
保德里三十一都三十二都圖一 又分三十三
都合英達里三十四都圖一 英達里三十五都
三十六都圖一 西興嶺 獅子岩 濁水 貫墘 漈門 沖口 湫口 龍湫 石
瀨 登沖 溪 東 葛洋

福清縣古名萬安福唐 梁 唐 永昌 廣一百二十里
袤一百四十五里東抵海五十里西抵興化府六十
里西南一百二十里南抵海一百二十里北抵長樂

二十五里西北抵閩縣六十五里宋設十鄉領三十
六里元改六隅三十六里
國朝編户三十六里今為六隅七鄉領四十四里統
圖一百一十有三
太平鄉縣東
東隅圖一 西隅圖一 南上隅圖一 南下隅
圖一 北一隅圖一 北二隅圖一 以上六隅舊 永西里有東
西南北四隅 今析為六 永東里圖一 河頭 舍下 柏木 慶東里 脩仁里圖
一 舊屬永樂鄉 又名嘉禾 海上里六都圖二 七都圖一

海下里四都圖二　五都圖二

感德鄉縣東

仁壽里圖二舊萬壽里　瀞洋里圖一大湖作瀞陽舊孝義鄉鹿店　一

新安里圖三瑞岩鹿角　復登　永賓里一都圖一　二

都圖四　三都圖三岱石小練山　方民里圖七海口　方

成里圖二拱辰龍川

崇德鄉縣東南

福唐里圖三徽德里元改今名舊欽唐　化北上都圖四白石[illegible]

東塚人居此隋掠　下都圖四山前　時和里圖六金山舊以[illegible]

和南北分二里宋改今名　平南里五十九都圖四　六十都

圖三　六十一都圖三竹瀨盤　連東瀚　平北上都圖五

琵頭北里舊安表隸山亭鄉　平北下都圖四門樓西井　井得里圖四

達溪拜井里元改今名　北濠閩

孝義鄉縣南舊萬安鄉舊隸

隆仁里圖二西林宋柄仁里　南日里圖二南日嶼名南匪舊隸萬

安鄉　化南里圖八前薛常德鄉　江陰里圖六　臨江里

圖二城頭柯與

萬安鄉縣南舊名文秀鄉

萬安里圖一上鄭後崎　漁溪梧宏　新豊里圖一　靈得里

坂鑑

上都圖一遲江舊名靈德　下都圖一前林　蘇田里圖一

蘇溪　安香里圖一鵝鵲　石鐘　綿亭石鐘　光賢里圖三[illegible]嶺

長東鄉縣西舊名長樂東西鄉

文興里圖一東塘　清源里圖一下曹舊名清元　東張　方興

里圖一五周岩倪偏嶺　常思嶺磨石　新寧里圖一

永福鄉縣西北

永福里圖一　清遠里圖一舊隸萬安鄉　善義里圖一

東蔡舊屬山亭鄉　石尤嶺　善福里圖一宏略古屯　永壽里圖一

卷之三終

土風

福郡在八閩爲閩中地平衍西北控甌劍注衆溪之流東南負大海環以崇山帶以長江氣恒燠少寒厥土黑壤厥田中下宜稻畝歲再穫其高田間種麥上瘠民勤於治生田則夫婦并作啓市廛者作器用精巧魚鹽果實績紡之利頗饒七郡輻輳閩越一都會也自唐相常衮以文誨後進宋諸儒倡濂洛之學號海濱鄒魯（圖經云海濱鄒洙泗）明興人文益盛故其俗尚文詞貴節操多故家世族君子朴而守禮小人謹而畏法（閩中記家庠序而人詩書産惺薄以勤美用嗇以實華）此其風之美也其敝也地不通商賈之利民貧者衆或喜訟輕生濵山長林觸嵐氣者多病死巫因以神奸惑愚民信鬼淫祀從來久矣（圖經其俗儉嗇喜訟好巫）附郭閩縣候官懷安及外七邑風大抵同而微有異

古田邑山中重岡複嶺嵐陰至午乃霽舊號曰山洞田歲一穫地脊不足容其民壯者多庸之四方其俗鄙朴勤力居山谷遠縣者往往逋賦短小精悍好鬭喜訟頗易動難安云

閩清風土與古田相類山田引泉注之歲收多入故其俗務稼穡不尚侈靡篤於信鬼是其敝云

長樂厥田同閩三邑濵海有魚鹽之利山出果實販四方其俗儉而用足辨貴賤序長幼有古之遺風

連江亦有山海之利而不及長樂故鮮有厚貲其俗人性舒緩用尤儉

永福氣候大抵與閩清同俗亦信鬼

羅源控負巖谿襟帶陂澤邑居嵐氣如甑民山耕海漁僅而自給俗雖少文謹愨易治

福清背山面海田多舄鹵然頗有海舶之利饒于貲雄他邑其人剛勁而尚氣四方雜處學不遂則棄而習文法吏事故俗喜訟或累歲不休云

節序

元旦掃室焚香拜先祖家少長序拜親戚各相過稱賀三日市不列肆謂之節假四日開假各拜墓延師家塾

立春以蔬餅爲節物先一日郡縣守令祀句芒於東

郊迎土牛鞭之人競取其土為宜年

上元自十三至二十夜戶各燃燈城中歌吹相聞

晦日稱為後九取五穀和蔬菜為糜相餽食之田家味也

清明祭墓添土以楮錢掛樹 霜降後如之

端午插艾于門飲菖蒲酒裹竹葉為糉祀先亦以相餽小兒以五絲繫臂舟人競渡逐疫 相傳端午為王審知忌辰故俗遂罷節事至今郡人猶用初四為節日

七夕女兒乞巧于庭除

中元祀祖焚楮衣女子率以是日歸祀其父母

重陽為角黍如端陽節或採菊萸登高泛酒

冬至粉米為團祀先又粘門楹間取其圓以達陽氣民間不相賀

臘月二十四夜祀竈

歲除掃室宇民間相餽以酒米牲果謂之分年除夕蒸飯藏之稱隔年飯家家焚柴于門辟鬼

蔡端明知福州戒俗文 端明戒俗有五此二者尤切今日之弊故錄之

「一人子之孝死生不違於禮今俗貧富之家多兄父母異財兄弟分養乃至纖悉無有不校及其亡也叛賣貲宅以為酉有設勞觀如原其心不在於親將以偽贍時人生不盡養死而豐財非孝矣一娶婦欲以傳嗣豈為財也觀今之俗娶妻不顧門戶直求資財未有婚姻之家不為怨怒原其由蓋婚禮傍備資已而校爭朝來其暮棄其婦婦姑絕其婦夫虐其妻求之不已至有割男女之愛輒相棄背習俗日久不以為怪此生民之大弊也

嘉祐六年郡守范師道牒諸縣藥方板揭於縣門 古田閩清等山縣僻或蓄蠱毒若中下山之中間或有之故錄其方[illegible]

廳中蠱毒不拘年代遠近先煮鷄子一枚將銀釵一隻及熟鷄子內口含之待一飯久取出釵及鷄子俱黑色是中毒也可用下方五倍子二兩木香丁香各一十文甘草三寸一半炮出火毒一半生用糯米二十粒輕粉三分硫黃末一錢重麝香一十文右八味入小沙瓶內用水十分同煎七分候藥面上生皺皮為熟用絹濾去滓取七分小嘴瓶口服須平旦仰臥令頭高其藥三度上來圍心即不得動如吐出用桶盛如魚胖類乃是惡物吐後用茶一盞止如寫亦不妨寫後用白粥補忌生冷油膩鮓醬十日後服後藥解毒丸三二丸補之更服和氣湯散十餘日平復解毒圓者如人中毒十日以前則此藥可療五倍子半斤銚中蒸炮令熟丁香三兩焙令焦色附子半斤一半蒸令熟一半焙令黃色木香三兩一半炮令黃色一半焙過麝香二文甘草二兩一半炮黃色一半生用水銀粉一盂子朱砂一兩細研為衣右件搗羅為細末用陳米爛飯為丸如彈子大用藥些研令細同酒一盞煎溫服

卷之四終

福州府志卷之五　　輿地志五

城池　街市附　橋井渡並附

福州府城　自晋郡守嚴高改築於越王山之南為子城唐末築羅城　五代梁築南北夾城吳越錢昱增築外城　宋太平興國中錢氏歸附詔悉隳之　諸城興廢詳古蹟志　咸淳間始復外城元末陳有定又加繕葺　國朝洪武四年　命駙馬都尉王恭因元故址築焉北跨粵王山為樓曰樣樓南則因故外城遶九仙烏石之麓廣袤方十里高二丈一尺有奇厚一丈七尺周三千三百四十九丈為門者七曰北門　梁嚴勝門　曰南門　梁登庸門　曰東門　宋行春門　曰西門　梁迎仙門　東南水步門　宋通仙門　東北湯門井樓門　宋湯井船場二便門也　城上敵樓六十有二警鋪九十有八堞樓二千六百八十有四女牆四千八百有五表裏闢夾道各二丈許嘉靖二十八年防倭增置外敵臺三十有六環城三面塹深七尺五寸廣十丈延袤三千三百四十六丈有奇城之北枕龍腰山里許不可鑿云　三山志云遺愛門外山王審知嘗議鑿或曰此龍脉也遂止

城之水關四　一在水步門之東引南臺江潮自河口入繞凡三十有六曲由水關入城　上名直瀆諸浦之水　水利志　國朝成治中鎮守內臣議鑿新港而三十六灣始廢或謂以水直趨江非堪輿家所宜嘉靖初謝給事蕡奏復舊果　一在西門之南引洪塘江潮自西禪浦亦三十有六曲由西水關入城城中河數十曲縈廻于民居前後舟航隨潮汐往來其在北門湯門二關但以洩潦水云

城中之街十有三自鼓樓前達於還珠門曰宣政街還珠門達於南門曰南街宣政街之右曰新街　今按察司前　南街之右曰後街橫鼓樓之南西達於西門曰西門大街折而北達於北門曰北街　府治之西俗名土街　北街之左曰北門後街還珠門之外折而東達於東門曰東街南達於故津門城曰仙塔街北達於井樓門曰井樓門街達於湯門曰湯門街仙塔街折而西曰館前街　福星坊內

城中之市六還珠門市安泰橋市土街市閩縣前市相橋市懷德坊市

城中之巷百有四由宣政街分省東衙巷通賢巷　俗名境　揖舉衙巷萬歲巷沿河東巷右院巷　宋右司理院故址

壽十寺巷沿河西巷由南街分者楊橋巷使旌坊巷俗名棒技 郎官巷宋劉濤敎世郎官宅址 文興坊巷俗名塔巷 通賢境巷 黃巷晉黃璞宅址 嘉榮坊巷內通南營 安民巷宋劉藻以孝聞賜粟帛藻宅址淮之名其坊曰錫類朱文公書 英達坊巷舊有紫極宮又稱宮巷 吉庇巷宋鄭州之宅址 朱紫坊巷宋朱敏中兄弟宅址 桂枝坊巷 官賢坊巷俱官縣前 通懷德坊 天王崎巷 興賢坊巷府儒學前 由東街分者青河坊巷俗名花巷 連桂坊巷俗名鐵巷 清泰坊巷內通石井 三牧坊巷宋朱倬宅址俗名枋門 高行坊巷古駐泊營 朝士坊巷內通塔埼 忠順坊巷 宋陳景參兄弟宅址通豆荳巷 畫錦坊巷 早業坊巷 海晏坊巷俗名河沿

尚書里巷又名河西達于水步門 喜壽坊巷俗名龍枕巷 晉浦坊巷俗名河東 石幢巷 湯井巷 狀元坊巷為宋許將建委巷橫達於諸營及渡尾 行春境巷 由湯門街達者棣華坊巷俗名湯巷 溫泉坊巷俗名西湯 由水步門街分者德政橋巷 東關巷 河務巷 使君橋巷 後岸巷 登瀛坊巷 由仙塔街分者嶽臨坊巷俗名范巷 聯榮坊巷宋樊仁遠兄弟名坊 黃蕉倉巷晉永嘉黃郎二氏宅址 光澤坊巷今府院前 化民坊巷俗名冶巷 鐵 拱星坊巷俗名靈巷 攀桂坊巷 仙跡坊巷俗名觀巷 祠山巷俗名後營 草 由後街達者花巷河沿 小水流坑巷 大水流坑巷 衣錦坊巷宋提

盂祥宅 閩山坊巷宋卓祐之祠俗名渤巷 文儒坊巷宋俗名酒郎 打線巷 圓巷 光祿坊巷宋光祿卿程師孟有吟臺 北澗坊巷又名水部巷 道山坊巷 永安坊巷 懷德坊巷三巷通烏石山觀星諸營 由西街分者西衙巷 石獅巷 宜興橋巷 鍾山巷 大中寺巷 定遠橋巷 都倉巷俗名米倉 舊西營巷 大避營巷 小避營巷 余府巷宋余深宅址今懷安學 西門邊巷 善化坊巷 東峯巷舊有東峯寺 西峯巷 貓皮巷 醋巷 亭通巷 由土街分者淳仁坊巷 新豐巷俗名府巷 縣前巷懷安縣治 悅濟巷 錢塘巷 熙然坊巷 歐冶池巷 存德巷 長河巷 乾元巷舊有乾元寺 華林坊巷內有華林寺 由井樓門街達者經院巷 靈山巷 元閣寺 延壽廊巷 由西大街達貢院前者衙巷 城隍邊巷 麗文坊巷 其餘委巷舊營不悉載

城中之橋凡四十二 河可通舟楫而橋其上者凡三十三 樂土橋宜政街之南俗名毛應橋 安泰橋渠珠門之南俗名吉庇巷口 勾欄橋玄壇河沿 通闤橋俗名花巷口 長利橋閩元寺南俗名剃刀橋 太平橋左衛之南 卿橋井樓門街之南 延慶橋慶城寺南 馬站橋普光塔之北 通津橋津門樓之南 使君橋水步門內俗名新橋 得勝橋水步門閩 德政橋之東 去思橋俗名灣橋舊為木梁宋刺史謝泌易石百姓思之故名一名袖橋 汾門閘

橋（以上俱大街之東）衆樂橋（按察司之南）雅俗橋（俗名按察司之西）

苗橋（水流坑北）合潮橋（俗名雙池與苗橋縱横）定遠橋（驛前道後）宜秋橋

俗名毛胡橋　沁水關橋　金嘯橋　王師橋（在南可通）車弩橋　三山

驛東　太平橋（西門水關之東）西水關橋（驛後）三山灣門橋（坊口）虹橋

俗名板橋　倉前橋　金十橋　三合橋（以上俱大街之西）溝以洩夏潦

而橋其上者六　宣政街新橋（建南復毀）龍驤橋（屯田道西）仁愛

橋　宜興橋　便民橋（以上四橋並龍驤河）關通橋（大中寺前）陸而橋者

三　化龍橋（曹濟坊內）悦濟橋（悦濟坊內）釣鰲橋（福星坊內）

城中之井凡二十有六　曰七星井（其六在宣政……內其一在……）[illegible]之

之越王井（越王山南）惠民二井（府門之南正德間知府王子言鑿）蘇公十

二井（東提刑按察元鑿一　嘉榮坊內一　開元寺南一　慶城寺南一　石井巷並閩縣一　登俊坊內一　桂枝坊內一　萬歲寺南一　官賢坊內一　華嚴坊內並候官　一望運司右一　西察院北一　觀事司南並候官）

安道士井（侯官縣南）龍鑫井（府城西北）金雞井（乾元寺內）廣福井（城隍廟）

朝內

城外之街七　中亭街（自橋南至萬壽橋亘數里民居鱗次）南臺街（俗名洋尾委巷甚多）下渡街（藤山下亘數里皆民居）鉢頭街（東門外達于獄南前以上閩縣）新亭街（西門外）洪塘街（沿江居民數里）下墈街（按洪塘達于……）芋原街（懷安有驛）以上俱侯官　其餘各鄉皆有巷不悉載

城外之市三　中亭市　潭尾市　洪塘市

城外之橋一百一十有三　江之橋六　沙合橋（在中亭街）萬壽橋（跨南臺江三百餘丈俗名大橋宋大德七年王法助建　國朝南北構亭翰林學士馬祖常為記成化弘治間屢修萬曆六年巡撫都御史龐尚鵬重砌石欄行人德之）中洲橋（接萬壽橋達于臨倉前俗名小橋）洪山橋（萬安江口向為石梁成化間造僉事章懋記水門二十餘其七門當衝瀕善崩蓋屢修之萬曆六年都御史龐尚鵬重治水門建屋其上）萬安橋（西門外洪亭舖之北宋紹興七年建當衝瀕　國朝正統嘉靖隆慶萬曆間屢修作亭其上）靈光橋（在桐口水急善崩屢砌萬曆六年重建）河渠之橋一百

[illegible]門外[illegible]登龍橋[illegible]

里　浦東橋　蹺龍橋　蓮岐橋（並鼓山里）七門橋（桑溪里）鶯溪橋

登龍橋　象西橋　浩溪橋　際橋　下湯橋　橫嶼斗門橋（嘉靖間建江二縣水利向苦狹隘水勢善崩弘治初知府唐珣大加濬築便民為多）馬鞍橋（並合北里）

迴龍橋（江右里）奉真橋　草參橋　晉安橋　朝天橋（並方岳里）

大坑橋（永北里）九仙橋（南門外木梁）洗馬橋　虎蒙橋　青龍橋

龍頭橋（仁豐里）象橋（光德里）綠楪橋（高惠里）安民橋　廣坑橋

苦竹橋　安境橋（並積善里）鎮海橋（水部門外木梁）紅橋（永南里二里間）歸仁

登龍橋（歸仁里）林橋（開化里）里尾橋（大田里）廣利橋（嘉崇里）賦

通橋（河口）尚公橋（進貢縣內尚書建）門明橋（井樓門外木梁）湯門橋（以上

[illegible]迎仙橋在西門外 熊兵橋[illegible] 泥門橋俗名[illegible]橋 [illegible]

橋並西門外在街 高岑橋紫林 打鐵橋前 官園 柳橋並草市都 洗馬橋

鳳凰橋鳳凰亭 西禪浦橋 石湖橋西南 宮中濟橋 黃山橋

地藏橋並一都 神仙橋前 丁坂橋尾里 帶橋塘 黃宅橋並洪

[illegible] 樓雲橋 石偃橋 桐山尾橋 觀頭橋 元通橋

新橋高岐都 並 合山橋 鏡橋南與 李宅橋 下浦橋 遼沙橋

蘇岐橋 沿水橋 杜豹橋並明水里 張坑橋白鶴 接武橋 白嶼

橋並清政里 凉傘橋 六橋後崔花嶺山下宋林安宅居址並永康里 十四門橋

招賢里壘石爲橋 鐵平里以 綠榕橋上俱候官 厚嶼橋 拱辰

水凡十四道故名

橋並一都 遺愛門池橋北門外木梁 文山橋文山下 江洋橋十七

都 石塔橋十九都 飛坑橋[illegible] 古坂橋[illegible]

同建並二十一都 林門橋二十都 陳橋[illegible] 周宅橋二上

橋在城西南八都 楊崎橋九都 澤前橋 浦口橋並十都 潘谷倫通

濟橋 般若橋 仙坂橋 [illegible]遶橋[illegible]文[illegible]

以上俱候安

渡凡三十有六 洋下渡故山里 螺洲渡[illegible]渡

方山渡清廉里 王浦渡高蓋里 大義渡[illegible]里 西峽渡

高洋二[illegible] 白田渡 洋門渡 洞江渡 營前渡 洋嶼渡 [illegible]

[illegible]崎渡 甖崎渡並上供閩縣 並城東南以 高崎渡 尾崖渡都

西禪浦渡 報恩前渡並一都 新道渡 林豫洲渡 源口渡

十八都 風流崎渡 渡尾渡並十一都 白沙渡三十四都 大目溪渡

三十三都 大箬渡 安仁渡並二十四都 石過頭渡七都 楊崎

渡[illegible] 澤苗渡 吳

山渡十三都 仙崎渡 沙溪渡十三都 石昌渡 黃石渡以上俱懷

安 國初諸渡並聽上民私濟官不加征嘉靖間設

軍門俗競刀錐紛挐稅告立利孔開而訟牒紛如矣

萬曆九年巡撫都御史龐公

尚鵬罷諸渡稅民甚稱便

井凡九 參井康山下 溪口井 天台井[illegible]里 [illegible]

門井水壯里以上俱閩縣 貴安井候官縣草市都 龍腰井龍腰山下石刻苔泉二字

仙井廣巖山巔 桃源井桃源山下 義井社壇東以上俱懷安

古田縣城

國朝弘治十五年築縣人布政羅榮率耆民高文徽輩請築之

西北跨山東南瀕溪廣袤七里許高一丈七尺厚

一丈周一千三百丈有奇爲門四東曰萬安西曰來

豐南曰迎恩北曰望闕水關五曰威武曰金井曰朝

陽曰玉灘曰觀瀾城上敵樓四警舖十有二女墻二

千三百有奇

街凡四 中街 大街 後街 後河街

市凡六街前市街後市煥文市水口市黃田市文[illegible]

坊市

巷凡二十雙塔巷石平巷分司巷長橋巷丁舍巷湯舍巷油巷蔡巷張舍巷金井巷方舍巷文興坊巷萬安橋巷後林巷慈濟宮巷趙家巷龍家巷米舍巷後庄巷下庄巷

橋凡十有七迎仙橋煥文橋勸農橋平湖橋縣南藍王橋二十六都普濟橋四十四都錦溪橋四十五都凌橋崇禮里清潭橋潮魚橋並和平里平沙橋龍津橋溫泉橋並保安里洪坑橋曹陽橋七都公齊橋橫溪里雙溪橋邵南里其已廢者有丁字橋萬安橋鳴玉橋迎駟橋浣溪橋崇禮里湯奇橋高攀橋鄭源橋並新興里雲津橋縣北石平橋縣東南下有磨劍石朝天橋和平里

渡凡四清潭渡湯頭渡一都萬安渡二都水關保通津渡縣南

井凡六義井迎仙坊溪源龍井永興里花櫚井保安里龍井崇禮里吉祥井吉祥寺前雙塔井

閩清縣無城惟東西北而拗三敵樓附柵爲門昕夕啓閉以迎恩門在縣南門大西門在縣西門北敵樓在縣北

街凡五迎恩街學前街十字街西門街浮橋頭街

市一曰縣前市

巷凡五里仁巷南宅巷後坪巷後萬埕巷際留倉巷

橋凡五渡仙橋縣南龍津橋縣東安仁里晏口橋縣西宣政里龍爪橋仁壽里羅公橋縣西三里知縣羅仁建

渡凡七白塔頭渡天王渡梅溪渡馬坑渡龍岡渡白雲渡大箬溪渡

井一曰古井坊和平里

長泰縣舊城廣僅里餘嘉靖三十一年防倭拓大之廣五里高一丈有五尺厚一丈周一千四十五丈有奇闢門五南曰陽春北曰拱極東曰鎮海西曰清江西南曰平政水關五警鋪五十七三十七年增置敵臺一十有三四十年警濠舊城弘治三年縣令潘府所創新城則令詹萊請于巡撫而築之邑人刑部侍郎鄭世威爲之記

街凡八東街西街十洋街北街城隍街興賢街嶺口街河南街

巷凡九後坂巷大園巷新巷東賢巷府巷府埕巷大

平橋東上巷太平橋東下巷坑尾巷
橋凡五十有六下檜橋永濟橋太平橋阜民橋貴聖
橋南陽橋新橋務西橋沛浦橋今水關中橋嶺口洋迎春
橋東門外普照橋河頭洋永濟橋縣西南豸橋延祥斗門橋
洋門橋並二都斗南橋拱北橋後溪橋並三都牌頭橋龍
首橋丘舍橋並四都拱橋郭橋蔴溪橋行相橋並六都靈
源橋七都中橋渡橋溪上橋並八都桃坑橋九都藍盤橋三
圳橋遵水橋登龍橋並十都山南橋山北橋圳頭橋並十
一[illegible]十二[illegible]橋遵溪橋[illegible]
都[illegible]橋開頭橋並十五都龍津橋十七都杜溪橋二十都貴福
橋塔頭橋化鋪橋三間橋並二十一都七間橋西溝橋星
橋沙合橋並二十三都
渡凡十一吳航渡河南渡洋下渡並縣西洋門渡二都坑
門渡門都广石渡二十二都橫江渡壽港口館頭渡沛浦遵江
渡洪塘渡永福渡並縣西
井凡六楊井縣西南二十餘步衙裹井縣西三十步天妃宮大井
縣西四十餘步龍井十都龍泉院山仙井十四都仙人峯下靈井十九都

遵江縣

國朝嘉靖十八年始請為城廣四里許高
一丈二尺厚八尺周九百[illegible]丈有奇門樓四水關三[illegible]
曆四年增高三尺置三[illegible]樓十三敵鋪其門東曰鎮
定南曰廣化西曰承恩北曰懷寧城始創甫判徐訪令袁繼皆共役
令張賢增築
街凡一十有六美政街仁壽街化龍街萬石街塘邊
東街塘邊西街西上街天王前街王巷街後路街王
步街宏路街學前街興賢街雲路街長街
巷凡十社壇巷江上巷江下巷石橋巷文山巷南亭
巷武邊巷塔巷大龍津巷小龍津巷
橋凡三十三美政橋登雲橋金壁橋魁龍橋福星橋
石橋通濟橋縣城南高梁橋吳舍橋新亭橋並安慶里烏石
橋財橋並嘉賢里浦下橋欽平下里合沙橋二十七都通仙橋二十
六都塘邊橋崇政上里化龍橋二十九都上橋鎮東橋月峯橋溪
頭橋黃湄橋龍津橋並安德里天然橋建興里溪尾橋安義里
朱令橋山坪橋並仁賢里升龍橋保安里登仙橋安定里安利
橋陳溪橋並光臨里龍門橋溪林橋並中鵠里
渡凡十有一館頭渡新安里馬鼻渡保安里東邊福寧毫頭渡
欽平下里橫槎渡羅崙渡濟渡並光臨里東岸渡七[illegible]渡[illegible]

□□渡 永貴里 三子崎渡 □□ 步頭渡 永貴里

井凡二十有一 美政井 縣東 傅公井 儒學東 石山井 儒學石山 龍興井 龍興觀 河山井 河山廟 化龍井 欽平上里 西宮井 儒學 童井 安德里 煉丹井 安德里章仙峯 九井 一長街一欽平里社壇巷口一大街西一大街東一大街東興賢坊一仁壽境一興賢雲路口一仙花宮南 朱砂井 縣北 後崎井 二九都 五泉井 永貴里

羅源縣城 國朝弘治中剏嘉靖初拓而新之延袤三里許高一丈五尺厚一丈一尺周七百一十有三丈闢門四東曰賓日西曰承金南曰□□北曰□□

□樓四 水關三 □□□□今□□之□□後今□□□之

街凡四 縣前街 東門街 西門街 南門街

巷四 梅園巷 南巷 後張巷 芊巷

橋凡十有九 後張橋 錢石橋 澄波橋 南門橋 南岸橋 沈尉橋 宋元祐中沈尉造 並縣南 護國橋 縣北 官亭橋 興龍橋 並縣西 起步橋 縣東 白巖橋 洪洋橋 崇令橋 臯溪橋 並縣西北 巨濟橋 □□里 翠雲橋 □□下里 險橋 □□里 大獲橋 小獲橋 □□

其廢者 崇德橋 □□□□北 匹練橋 □□□南

渡凡三 三港渡 縣東五十□ 河□ □口渡 □□□□ 以竹筏濟□□□

□□漈 里一水出□□安一水出古田故名雙溪

井凡七 仁壽井 縣東仁壽坊左 仙泉井 □□宮右 □□舊社 玄井 縣西四十步 城隍井 壬峯堂井 縣西五十步 清井 能愈疾 水陸寺井 縣西行坊周□ 孝巷井 南岸井 山下 蓮花□

永福縣 國朝嘉靖三年始請爲城 知縣何德□ 石基上墻爲厚丈許高一丈五尺周七百二十丈有奇爲門樓四串樓一百□十其後增建外敵臺者十其門東曰永泰南曰鎮清西曰永平北曰通京 知縣文□陳克□先後修葺

街凡五 縣前街 東門街 登高山街 北街 西門街

巷凡六 橋巷 古井巷 玄壇巷 今□ 新安巷 虹井巷 □地巷

橋凡六 平政浮橋 縣東 永濟橋 十都 通京橋 宜和橋 政和平里 並□ 永安橋 安樂里

其廢者 龍峯橋 縣西 蓋竹口橋 五都 清凉橋 十六都 花林橋 二十都

渡凡九 大章渡 三都 赤崎渡 六都 湯泉渡 二十六都 丘演渡 □□ 酉渡 並二十八都 五十口渡 二十九都 嵩陽渡 三十三都 漢泉渡 三十五都 狀口渡 三十六都

井凡三 古井 虹井 並城中 香泉井 二十七都

福清縣城 國朝正德八年始爲四門東曰文興北曰玉屏南曰龍江西曰豐旋嘉靖三十三年防倭更築垣周九百九十三丈高二丈八尺厚一丈四尺女墻一千三百警鋪二十四建門樓四水關二三十七年築三敵臺城增高四尺環垣上爲堞樓表裏附夾道濠深廣各二丈（城始創令朱袞之力鉅辨築之羅向辰增之）

街凡五小橋街横街上井街䕶塘街後埔街

市一漁市

巷凡三[illegible]巷[illegible]尾巷河頭巷

橋凡三十小橋龍首橋（南門外）水陸橋永濟橋（並西門外）棗橋東塘洋橋龍江橋（方民仁壽二里間）新橋嶺東橋嶺西橋流橋（並方成里）塹柄橋（方成永賓二里間）作坊橋（遵義里）石埭橋（太平鋪）無患橋（宏路驛南）波瀾橋三陽橋（並方興里）王董橋里尾橋（並永壽里）三星橋橫溪門橋（永豐里）躡雲橋逕江橋（並靈得什里）漁溪橋（萬安里）王鐵橋（靈得萬安二里間）迎仙橋（光賢里與化江口舊名上洋橋）三山橋（化北里）東山橋（五十九都）屯上橋（化南二里間）白馬橋（六十都）行下橋（化南里）其廢者士林橋（西門外）閘下橋屋溪橋桐溪橋洋子橋（並[illegible]仁里）交溪橋古屯橋（並善福里）

渡凡八海口渡（方民里）城頭渡岱崎渡柯嶼渡應天宮潮頭渡（並臨江里）下渚渡白沙渡（並江陰里）崎頭渡（靈得里）

井凡六丹井（偏貞觀通上林知源井井）瑞峯井（晉光濟西）龍井（黄葉山）拜井（井得里相傳江畲知拜而得泉處）石井（永東里）通海井（瑞巖山）

鎮東衛城 在福清縣方民新安二里間去縣治一十里 國朝洪武二十年江夏侯周德興督造垣周八百八十餘丈爲門四警鋪四十三女墻一千三百四十有九敵樓三十一

海口守禦千戶所城 在長樂二十四都去縣治四十里 國朝洪武二十年江夏侯周德興督造垣周六百四十餘丈門三女墻一千二百敵樓二十四警鋪二十

定海守禦千戶所城 在連江縣二十七都去縣治八十里 國朝洪武二十年江夏侯周德興督造垣周六百餘丈西南有門二警鋪一十六

萬安守禦千戶所城 在福清縣平南里去縣一百二十餘里 國朝洪武江夏侯周德興督造周五百二十五丈女墻八百二十有七警鋪一十三敵樓一十

嶺東西南有門三
蕪山巡檢司城在長樂縣十五都周三百六十餘丈初為寨嘉靖三十八年始城
松下巡檢司城在長樂縣二十都周三百一十餘丈初為寨嘉靖三十九年始城
小祉巡檢司城在長樂縣二十都舊為寨嘉靖四十一年始城
北茭巡檢司城在連江縣二十六都去縣一百一十里周一百五十丈　國朝洪武江夏侯周德興督造
[illegible]沙河巡檢司城在連江縣二十九都去縣[illegible]五十里
[illegible]
周一百五十丈　國朝洪武江夏侯周德興督造
壠下民城在長樂縣二十都
海口鎮民城在福清縣治東二十里周八百四十四丈女墻一千六百有五警鋪二十四敵臺七闕門四嘉靖三十四年倭始犯閩犯海口鎮民死者千巡按御史吉澄請發帑金七千七百餘兩賑恤之鎮民以所賑築城其後島夷屢犯福清此鎮以有城獲守
化南民城福清縣東南六十里嘉靖間築
沙塘民城福清縣南五十里隆慶間築

福州府志卷之六　輿地志六

水利

郡之水資以溉田通潮於江河者曰溪曰港曰浦瀦而大者曰湖小者曰塘曰池壅而積曰陂曰甽曰堰防而障曰隄曰壩曰埭山泉之注曰坑引泉而通之曰溝曰渠曰圳鑿石刳木引泉曰槽旱潦以時啟閉曰閘

閩縣浦八十有八石浦橋浦內四小港牛嶼浦實月院前浦
[illegible]
七條已上易俗里南塘浦塘浦潘洋浦前洋浦小橋浦[illegible]里葉嶼古下浦湖西浦湖塘浦南塘浦湖井浦林浦衙小埔浦吳石小浦圳尾埔浦湖南浦以上[illegible]溪里橋外方家前小浦龍浦鄭橋小浦西而屏曲小浦康山小浦湖浦潘浦銳浦尾浦橋東小埔浦鄭礫小浦浦東礫內小浦方家門前浦吳宅浦隣塘浦籽乖浦鄭坂浦以上歸善里師姑浦官塘浦東嶽浦西塘浦塘尾浦瓶慈浦前塘浦龍舌浦高嶼浦高家浦高家田浦盤浦口大浦薛宅前浦東坂浦長腹浦以上鼓山里玉中[illegible]

浦康山浦白塔浦南門外水閘邊小浦五龍堂後浦
鄭廟邊小浦後鄭南面小浦王家小浦王中臣小浦
芊官路南小浦白塔頭小浦以上高惠里 洋車路口小浦
資福院前浦石步頭浦二條至太平寺基一至船埠分前 吉祥菴
前浦薛埒浦薛埒東浦錢塘浦抵縣界 候官馬頭浦紙鋪官界
以上嘉崇里 康山浦鰈港邊浦石浦橋浦西石浦後王浦
後浦湯門外浦茶培浦石浦南浦官河北頭小浦南
頭小浦税務前浦後浦以上崇賢里 直瀆浦在縣南從江岸閘河口通
[illegible]北瀆至水步門為湖 塘十有八 寶月院前洋水湖
[illegible]浦又北通東湖

林埭塘西塘鎮平塘以上[illegible]俗里 東嶺塘院塘以上歸善里
村官塘鐵嶼官塘蘇村石泉莊塘以上江左里 翁崎石村
官塘大孟官塘浩溪陳塘以上江右里 童積洲瞻學塘王
嶺塘後嶼清橋塘上灣王塘白岩陳塘良陀林塘
以上嘉登里 圳五華嶺塘角圳嶺邊洋中圳嶺邊大圳嶺
邊圳以上高蓋里 鼓山圳以上鼓山里 隄一海隄在縣東府太[illegible]三年縣令李[illegible]
閘四東岐岳溪二閘浩溪閘龍塘閘以上合北里
侯官湖一西湖在府城西三里皆通南湖當承以灌民田偽閩時周迴十數里繚亘其上
[illegible]木晶宮[illegible]為民田[illegible]守[illegible]
[illegible]今[illegible]十之一二云 浦大十[illegible]

院浦以上東市鄉 白灶浦報恩院前浦林野莊前浦高宅前
浦大王小浦林周園下浦末山浦新橋浦趙宅前浦
曾家橋浦石山浦白灶小浦南浦橋亭小浦山後太
浦高弄浦錢塘王浦浦之東閩縣界 王石堂小浦錢塘小
浦西橋南小浦石湖浦王山西橋浦菱角塘浦官塘
浦西禪塘浦三會浦張家洋浦松栢橋浦以上一都 潮塘
浦中浦橋宅浦五曹浦翁宅浦宋塘浦白灶浦趙宅
浦瀆浦邪浦宋浦洪塘浦橋裏浦裏洲塔前浦外洲
[illegible]

[illegible]頭至柳橋可通
鄉 牛墩浦鄭崎下[illegible]上浦[illegible]浦倉前浦墩頭浦
些嶼上浦二以上[illegible]鄉 塘一水陸塘二 圳四末山院前小圳
處真前小圳西禪前小圳橫圳以上一鄉 池三雲湾池華
鄉 岳公官池長定官池以上一鄉
懷安湖一東湖在府城東北二鄉晉太守嚴高築[illegible]時與西湖同鑿以備旱潦週廻二
餘里宋慶曆中漸塞至淳熙間則盡為民田矣今鄉人猶有湖壁之號 浦六陽岐浦
山浦鳳岡浦江湖 三浦通陽岐 洋前浦廷瀆浦仙坂浦
通濟苗江湖以上六浦俱在府城南按縣地西北一
山[illegible]高[illegible]江[illegible]而其最下者西北一

接埭芋原[illegible]時成巨浸[illegible]守[illegible]高[illegible]二湖以泄之今東湖湮塞西湖亦廢餘民時[illegible]此六湖耳又按三山志嘉祐二年郡守蔡襄[illegible]趙[illegible]下關泓城外溉湖門琴亭湖心至此嶺下去思[illegible]北出河尾[illegible]入港北小浦中[illegible]石泉安[illegible]以此如縣[illegible]作[illegible]十三曰[illegible]北小浦中浦湖心琴亭越[illegible]後溪桑會嶺下范溪瀨溪

古田　洋一　倪洋二十二都　陂二十有六　上洋陂四都　屈斗陂五都　蔣洋陂　徐洋陂俱十五都　覆船陂十六都　鄭洋陂　雙瀨陂俱十七都　樟尾陂　吳元陂　岩頭陂　溪平陂俱十八都　高頭洋陂　陳坑陂俱二十都　西雲陂　平湖陂　溪源陂俱二十一都　漈下陂二十二　東蔣陂　上[illegible]陂俱二十三都　瑞[illegible]陂三十一都　湖[illegible]

諸寮陂　五峰陂俱四十二都　盛溪陂　小溪陂俱四十五都　硬洋陂四十六都

閩清　陂十有一　賢良陂邑人陳暘拜石得泉人蒙灌溉之利甚博暘嘗應賢良科因名昇平坊　梅洋陂和豐坊　鄭埔陂二都　濾口陂五都　橫宅陂七都　連溪陂　溪源陂俱九都　林埔陂十一都　仁王陂十四都　白洋陂十六都　樊嶺陂十七都

長樂　湖十有三　延祥湖湖一帶九兩岐一自典濟橋而東接擺柄港一自橋西南東折直抵龜峰而[illegible]王航同[illegible]潭深廣湖水往來可通舟楫二都　桅坑湖九都　橫嶼湖　仰福湖十一都　上沙湖上接荻蘆陂下[illegible]十二都　鄭湖十四都　賓閭湖七

[illegible]接二十四都界　林姜湖十七都　長林湖西流經陳令津湖達于海　金潦　陳令津湖舊爲飛沙所壅唐縣令陳齊賢指俸買田開溝泄水人德之遂名陳令津以上十九都　龜湖上接筆架山水下通于海二十都　嚴湖唐嚴光捨田爲之大宏里　塡沙湖二十四都　港七　嶺柄港宋林安上議開鑿通馬江之水以灌田畝利舟楫不就正德丁丑郡民有樂是議知府葉溥按地知其難成遂罷是役　稠港　陳塘港　卓嶺港　元祐港宋縣令袁正規所開有黄蒙記以上縣治東北　東港縣治東南　大圳港縣治南二都

浦二十有九　湖滕浦　米寵浦　新塘浦　丘四浦　還珠浦以上二都　王坵浦　白灶浦　鶯石浦　後角浦　銀杏浦　渡龍浦　坂塘浦　官堰浦　古塘浦　師娘浦　浦口　小浦　丁龍　坂浦　橋頭浦　陽[illegible]浦　[illegible]胥浦　朱湖　高浦以上三都　趙塘浦　蓋[illegible]浦　官塘浦　孫塘浦　九石浦　車下浦　圳兌浦　孫洲浦以上四都

塘二十有三　大塘　古灌　斗門塘元延祐開溉鑿承福清界及五都八都各陂水以上七都　前曾塘　丁塘以上八都　凌古塘九都　沙徑　斗門塘　普塘　斗門　海塘以上十都　嶼南　十門塘十一都　東洋塘　西洋塘　鄭湖塘　崔塘　海路塘　閭山塘以上十四都　潼港塘十五都　董塘十六都　南網塘十八都　嶺口上塘　倪塘涌西湖水　林簡塘注龍潭水以上方安里　上湖　石塘二十三都　屈尺塘二十四都　溪六坵　溪八都　沙坂　後洋　溪黄　美溪以上九都　獲洋　王背　大溪　中圳[illegible]

背二溪以上十三都堰二鏡石何㘯新三堰合為一十都
香大石新成屯四堰合為一十一都洋一福船洋內有堰五三
可通湖注大塘永二十一都陂六荻蘆陂七都新田陂灌洋陂周
以上八都章陂童溪陂以上九都十溝七福田溝十都崔塘洋溝
十四都元祐溝十五都承天溝韓塘溝百石溝以上十六都大
官溝二十三都圳二十四都晉塘洋圳十都棧十橫圳十三都壕三
保豐塘壕縣北安里方晉溪浦壕縣西通淡湖河頭浦壕縣南坑
五白芒坑溪口三坑十二都金冬坑方安里陂十大塘陂
石潭陂以上十七都湖前陂八都晉塘陂十都界棧十三都

山塘陂前塘陂後崎塘陂東西二陂以上十四都

連江

湖一東塘湖隋開皇間邑人林光等捨田為湖周二十里歲久壅隔半為民田
通初縣令劉遠奏復之欽平下里塘八十有四縣前塘三脚塘
裏塘下塘四模洋塘赤爐塘雙木貴塘
北樟小崎塘興慶前壇頭五石塘黃貫塘縣前大渠
塘王塘小嶼塘浦下塘以上欽平上里小橋塘四模上下路
塘後坂王前塘吡吡後大渠塘吡吡塘雙碑塘縣東
大渠塘赤爐洋塘後攬塘王蚕洋塘後塘西林壹
以上欽平下里師子塘龍山茭湖新塘水筧塘王浦塘

門以上嘉賢下里峽塘水合塘洗馬塘大小栢塘松塢塘
以上二十九都秦塘多叉塘王塘有斗門蔦福塘師姑塘以上
新安里高梁大塘有斗門湖㮾塘壇橋塘有斗門南北十官莊
塘陳舍後塘長浦塘鄭崎塘城門塘石橋塘可塘黃
崎塘有斗門統軍塘外睦塘有十門以上安遊里横坑塘劉
舍塘董舍前塘外埕塘以上永貴里烏爛塘安德上孫
塘管瀆二塘以上保安里橋木塘土花塘以上建興里下庶
塘官橋塘以上集賢上里前塘光賢里古塘林湖塘以上清河里圖
塘嘉賢上里王塘烏石塘劉家洞塘羅嘴塘大門塘栝塘

栝大塘磨屈塘官路塘猛浦塘以上仁賢里溪一小酒溪
安德里背三十有四財溪背嘉賢下里龍潭背新安里澄巖背
西泄背以上安慶里大潭背永貴里張嶼背王宅背爐沖背
小洞背中圳背以上光臨里澄田背安仁里大背以上崇賢里東塘
溪背洋門背紫蛇背神宮坂背王坂背東灣村背斜
泉背神宮後背南洋石灘背石峽神宮背鄭門前坂
背溪柄翁前背南山背陳趣背新洋背以上賢□里石峽
背大溪背溪東背鳳山背溪東大背以上仁□里溪西背
烏石背以上安定里圳十有五牛圳龍泉圳荻蘆横圳西

壽圳西川圳以上安里　新孫圳官田圳以上貴里　永水洋中圳
竹橋師姑圳南塘圳以上安慶里　鄭塘圳官圳後塘圳南
歟圳以上安德里　古圳光臨里
羅源　塘一　余家塘縣東陽　渠一　永利渠宋慶曆間縣令陳廓所鑿
背一　南庄背縣治西南半里源出尖山倂金鐘潭合流入南岸洋　堰一　蔣坑堰縣治西南
永福　湖一　白蕉湖康元里　塘五　官廳二塘永安里　萬口塘
嘀塘以上保德里　大鄭官塘英達里　陂一　後黄陂康元里
福清　湖三　竹湖光賢里　坨湖新寧里　三十六腳湖湖水流[illegible]

花發生其中魚鱉甚蕃海下里　港一　香岩五峰港萬安里　塘九十有
七　東西二塘永東里　官塘崙仁里　鳳塘　頎塘以上崙洋里　後塘
永賓里　王洋塘　後塘以上方民里　西陂塘　東陂塘　古龍塘以上
方成里　郭塘　麻車塘　陳坑塘　劉坑塘以上臨歷里　新塘　[illegible]
里　以上化北里　大塘　鄭塘　壚洋塘　偶宅塘　崙占塘　曹塘　白
塘　福坑塘　葛坑塘　信坑塘　龍潭　應塘　東一　龍塘以上平北
里　栝塘　木椎塘以上得里　井占　計塘　黄藥　海塘　洪塘　蕭塘
以上隆仁里　吳田塘　寺家塘　郭塘　桑塘　鰻坑塘以上南里　化嘉
塘　鉄塘　馬鼠塘　高岑塘　林子洋塘　江陰塘　道場塘以

[illegible]里　陂塘　林塘　沈塘　滄塘　薛塘以上臨江里　東禪塘　石仞
坑塘　漳塘　池家塘　林陂塘　場前塘　黄塘　林塘以上安里　萬
横塘光賢里　鏡塘　後塘　姚塘　戴塘　王塘以上清源里　官塘　牛
天塘　麻昌塘　馬槽塘　加塘　游塘　施塘　洪塘以上方興里　游
塘　蓮荷塘以上永福里　如塘　官塘　徑塘　南灣塘　筍坑塘　下
蓮塘　牛臺塘　横溪塘　橋頭塘　孫詰塘以上清遠里　烏焦塘
竹頭塘　宅舍塘　白鮫塘　磨洋塘　周重塘　梁塘　前塘　古
塘　董塘　奥塘以上善福里　溪一　龍溪新寧里　洋五　松潭洋仁壽
里　大嶼洋　海埠洋以上崇德三里　陸仁　靈石　白鱗洋　靈石嶼洋

亭洋以上光賢里　陂一百三十有二　溪田陂　洞子陂　石[illegible]
陂　後塘陂　劉洋陂　鄭前陂以上仁里　倫　鄭神陂　賭飲陂　上
牙陂　兩盡陂　神宮陂以上壽里　仁　建[illegible]陂　龍潭陂　東溪陂
擇善院　前陂以上賓里　永　程溪陂方成里　王澳陂平南里　古塘
陂　秋蘆陂　蕭塘陂　前門陂　鄭塘陂以上仁里　陸　靈石莊陂
洪福莊陂　應天院　前陂　朱坑嶺陂　阜嶺陂　溪田陂　西
洋陂以上安里　萬　元符陂唐天寶間置故又名天寶陂宋元符中知縣莊柔正修之　鏡[illegible]
計以因其縣新豐里　蘇溪陂　法海陂　漆林　白鶴陂　後溪陂　林[illegible]
陂　東渡陂以上光賢里　石塘陂文興里　黄陂　廖陂　陀陂　潘[illegible]

姚陂姚下陂石蛇陂葛安陂後陳陂上姚陂以上清源里、
潘陂嚴陂莒陂天竹陂木溪陂王盆陂薛洋陂以上方興
里 新洋陂嶺口陂下洋陂龍潭陂潘墘陂張洋陂大
洋陂景洋陂昃平陂裹頭洋陂長潭陂北洋陂南洋
陂郭陂張陂程陂新陂董陂吳陂官陂小陂簡陂游
陂磨陂龍溪陂師姑陂大莒陂文殊陂下宅陂大洋
陂周陂溪西陂鄭馬隴陂龍陂以上寧里 新膳陂馬陂陳
陂岩陂許陂西陂灘陂王陂翁前陂漳塘陂小洋陂
裹洋陂雙畝陂嵠崙陂寺後陂章東陂百泉陂曾舍

前陂以上永福里 林陂高陂屯塘高陂基陂東圳陂後塘
陂賈林陂東下陂室斜陂黃沙陂南洋陂湖潭陂北
洋陂鄭塘陂趙塘陂官洋陂后溪陂盧塘陂鄭平陂
陂頭陂卓宅陂以上清遠里 無患陂張塘陂杜蔦陂田源
陂林塘陂以上嘉福里 灘五南灘中灘北灘横灘赤湯灘
以上永福里 坑三鄭坑化北里 大松坑隆仁里 南坑新寧里 灘二
馬栖灘永福里 石灘灘遵義里 槽一琵琶槽形如琵琶故名永東里
黃蘖鄭浩田宋天禧間僧復元置堤其上望之若長坂外捍內防日與風濤為敵萬安里、

食貨

戶賦之綱十有四曰戶口曰土田曰秋糧曰夏稅曰
鹽鈔曰丁米料曰徭曰綱曰機兵曰驛傳曰宣曰鐵
曰魚課曰商稅而屯田為目繁多惟著其大者
戶口民數掌于司徒郡自隋唐以降皆籍之稽宋分
主客檢覈無遺福州所增戶至三十萬八千五百二
十有九口至五十九萬五千九百四十有六元分十
等料差用夷制夏法禁稍弛戶廼一十九萬九千六
百九十有四前代登耗大都若是
國初令民以戶口自實洪武十四年始頒黃冊式于
郡縣軍民鹽匠等戶各以本業占籍惟民戶丁多者
許其分析別籍十年乃大計生齒老幼存亡而更籍
之維時福州戶九萬四千五百一十有四閩二萬七十有五侯
官一萬八百五十有四懷安八千一百三十有六古田七千八十有五閩清九百有三長樂一萬六千三
百五十連江五千九百有八羅源一千九百三十有七永福一千二百一十有八福清二萬一千八百四
十有八口二十八萬五千二百六十有五閩五萬八千四百四十有
八侯官二萬四千七百一十有六懷安一萬九千一
百五十有三[illegible]

十有二【長樂】五萬四千二百六十有二【連江】一萬大千八百一十有七【羅源】六千二百七十有【永福】三千二百七十有三【福清】七萬八千五百二十有三其數僅勝國之半以海內新定

皇仁大霈禁自踈濶不詳檢其戶數也嗣是重熙累洽百五十年籍十數更正德七年戶九萬九千一百四十口一十八萬九千六百四十有六至嘉靖初元以來又稍盈縮于曩時焉萬曆初元大造至六年行一條鞭法總覈成數戶九萬八千九百八十有四【閩】萬三千七百八十有四【侯官】一萬六百九十有六【懷安】九千八百一十有三【長樂】一萬九千六百二十【連江】六千二百七十有八【福清】一千九百九十有八【羅源】八千三百三十有六【古田】一千四百二十有一【閩清】一千四百五十有三【福清】一萬五千四百八十有五口二十五萬六千五百二十有九【閩】五萬一千六百有四【侯官】二萬四千八百九十【懷安】一萬九千一百一十有三【長樂】四萬四千一百一十有四【連江】一萬四千八百有二【羅源】六千八百四十有六【古田】二萬九千有二【閩清】二千九百四十有一【永福】四千一百一十有二【福清】六萬七千九百一十有九除女口免差外男子成丁僅一十八萬六千四百二十有一而續稱消耗若老及贓役士類皆復不事又什之一矣

論曰予嘗考歷代草創井邑蕭條蓋百姓新去湯火故爾及洽平日久則未有不滋殖者也舊志載正德時戶口視洪武間不能增十之二三頃視正德又無所增矣夫　國家治平晏然無事二百年于茲即前古未有也休養生息涵濡凡滋固宜數倍於　國初時而民不加多豈有是理哉抑或有司未稽其實而奸胥蠹吏得為僥倖者地耳舊制九十畝一籍其民大抵足舊數而止此敝政也夫一邑之戶始衰而終盛一族之人始寡而終衆柰之何必因其舊也哉是故豪宗巨家或有餘人或數十人將官庸調曾不得錢其寸帛役其一夫田夫野人生子黃口以上即籍于官吏索丁錢急於星火此所以貧者益貧而富者益富也又自倭寇以來軍儲徵求催督旁午皆出于田疇士之供竭矣不毛之宅無職事之人終日美衣甘食博奕飲酒市井嬉遊獨不可稍舉古人抑末之政以紓力本者之困也邪為今之計欲使戶無匿丁則莫若凡訟于官者必稽其版凡適四方者必驗其繻則戶口可覈戶口可覈則賦役可均不惟足國裕財驅民于農亦無便于此者矣

土田之目有二曰官田曰民田若職田若學田若縻

寺田若沒官田若官租地皆係之官而佃于民者與民自占田及寺田官未斥賣悉書于籍其則有重輕官田有科米三斗上下者以三錢五分為率五斗者三錢而止七斗者二錢五分而止總之稱官折而獨其別差若民田之米自五升而上其則不一稽之萬曆元年黃冊總目官田園池地湖山塘計四千九十二頃八十八畝有奇閩三百三十二頃五十七畝七分侯官一千四百九十三頃四分懷安四百四頃三畝七分長樂五百三十九頃五十四畝二分連江一百七十八頃六十九畝五分羅源四百一十五頃一十六畝五分古田二十六頃四十畝六分閩清一十八八頃三十四畝七釐永福二十一頃五十九畝七分福清六百六十三頃五十二畝一分九釐三毫 民田園池地湖山塘二萬八百二十八頃三十一畝二釐六毫一絲七忽閩二千九百七十一頃一十二畝四分九釐侯官二千五百五十四頃八十九畝二分五釐五毫懷安一千七百六十九頃八十二畝八分五釐長樂一千七百六十五頃一十五畝四分四釐連江一千四百二十一頃二畝羅源九百一十一頃二十六畝二分八釐古田二千四百三十一頃九十六畝三分六釐閩清一千二百七十六頃一十三畝五分一釐永福七百三十一頃九十九畝四分四釐福清四千九百九十四頃九十二畝九分一釐 其間有水塌沙壓告稱浮糧者甚夥而侵占隱匿新漲嶼佃未及首正升科者豈少也按籍定賦視國初原額已多短失萬曆七年

按會題奏

吉稽覈履畝丈量均勻攤補其畝視田高下為差其則以縣原額為定截長補短彼此適均則壤成賦民間無不稅之田計畝均糧公家無不田之稅積弊永清久困遂甦今以清出田畝米石悉書之閩縣官米三千二百六石八斗三升八合一勺該銀一千七百七十八兩二錢六分三釐六絲三忽民米一萬七千一百九石九斗七升七合六勺四抄侯官官米三千一百一十石六斗五升二合該銀一千四百一兩七分三釐八毫四絲八忽民米一萬四千三百三十七石三合七勺二抄五撮懷安官米一千三百三石四斗五升一合一勺該銀四百四十三兩四錢六分七釐五毫九忽民米一萬一千二百五十三石二斗九升一合八抄長樂官米三千二百七石三斗四升九合一勺該銀一千一百三十九兩四錢八分五釐四毫八絲六忽民米九千五百四十三石九斗四升二合七勺福清官米五千六百四十八石一斗九升七合該銀二千一十九兩五錢四分八釐四毫三絲民并秋租鈔米二萬六千八百八石三斗九升四合五勺連江官米二千五百九十二石六斗九升三合一勺該銀九百一十九兩一錢二分三釐六絲六忽民米九千六百八十五石一斗一升八合九勺古田官米一千一百八十二石三斗三升三合該銀二百四十三兩八錢八分三釐七毫四忽民并秋租鈔折米一萬三千一十八石六斗八升六合八勺羅源官米六百二十一石九斗一升二合六勺四抄該銀二百一十九兩五錢六分九釐七毫二絲三忽四微民米四千二百九十四石七升四合一勺閩清官米五百八十九石八斗四合三勺七抄六撮該銀一百九十二兩三錢二釐八毫四絲四忽五微民并秋租稅鈔折米

六千七百六十一石四升七合七勺二抄六撮惟赤福無浮糧悉仍舊額云
土田之賦曰秋糧曰夏稅丁口之征曰塩鈔籍丁田
而貢之曰料

秋糧唐謂之租宋名出產錢亦古賦法也

國朝定制宇內郡縣輸粟京師後以閩隔山海至遼
遠令官田米各分本折每石以五斗折色徵銀解京
以五斗本色米存留各倉民米以十分爲率七分各
徵本色派倉三分徵折價銀解京即金花銀至洪御
史灼奏准凡官米俱折銀解京免輸倉民米每石半

本色米五斗輸各倉爲官吏師生俸廩及軍士之月
糧半五斗折色徵銀二錢五分折色中分其半解京
其半奏補各倉糧給軍銀解京者加損索伍耗米輸
倉者加耗米五升於每歲秋杪督糧道坐派各縣以
十月開倉收受所從來久遠矣顧倉儲積弊更僕難
數派下里催不能以時輸納司倉卒史人戍奸蠹留
難民間僧石之儲伺候日久無門可入甚至不得不
託之攬納附倉之猾者賄囑胥史乾沒侵費至一人
而逋負數百石者雖破家亡身不惜也先年倉中積

書假串虛收即刻印鉟文之誅亦所不避謂來術云
息矣迺附庾之凡竊若又何可勝道哉歲派有常惟
閭多方其能有紅腐而不可食耶往正德嘉靖間士
伍脫巾而呼斯亦可慮也予故以存留起運書其總
目以備稽覈茲亦舊額丈田已定所派又或有盈縮
云

起運折色米五萬七千六百四十八石二十二升
五合五勺閩八千四百九十六石五斗五升二合候官七千三百七十二石一斗五升八合懷安五千二百四十一石七十二升四合古田五千八百七十七石四十二升三合閩清三千四十八石三斗四升五合長樂五千二百八十七石二十一升六合連江五千九十六石四斗五升五合羅源二千七十六石二十八升四合永福一千六百九十四石一升一升六合福清一萬三千四百五十七石八斗三升六合

存留本折色米八萬二百八十七石四斗九升
九合有奇閩一萬一千七百五十六石五斗八升八合候官九千八百三十八石七斗四升懷安七千一百九十三石六斗九合要古田八千三百三十石九斗七升二合閩清四千三百一石一斗二升二合三勺長樂七千四百八十五石一十一升三合連江七千二百五十二石八斗十八升九合羅源三千一十八石二斗二升五合永福二千四百二十四石五合福清一萬八千六百八十六石二斗二升三合

夏稅秋租宋制也

國初踵行之若絲綿折絹若農桑絲折絹並起運若
奏若土苧若鈔若翆絲綿並存留所司以毫毛攢青

斂為雜併入折價徵銀解京夏稅名存民間盡不知其縣也按舊志書之閩縣鈔二百五十三錠四貫九百二文侯官二百一十五錠六百九十一文懷安八十四貫八百九文古田一百九十三錠四貫九百二十八文閩清一百四十一錠一貫二百九十一文長樂一百七十錠三十四文連江一百四十一錠一貫二百九十一文羅源六十四錠七百一十三文永福五十八錠四百四十二文福清三百九十八錠二百九十六文鹽鈔征之丁身亡論男婦計口食鹽輸銀一分五釐四毫八絲六忽為上供閏月加一釐三毫其賦至輕郡所徵鹽鈔銀三

千九百七十二兩六錢三分三釐有奇閩七百九十九兩一錢四分四釐侯官三百八十五兩四錢四分九釐懷安二百九十五兩九錢八分五釐古田三百一十一兩一錢四分六釐閩清四十五兩五錢四分四釐長樂六百八十三兩一錢五分三釐連江二百二十九兩二錢二分五釐羅源一百六兩一分七釐永福六十五兩二錢二分七釐福清一千五十一兩七錢三分八釐起運并腳價銀一千五百八十七兩八錢七分三釐有奇存留銀二千三百八十四兩七錢六分四毫有奇

丁米料上供之數洪武間有雜色皮翎毛角弓弦箭及荒縣之貢求繁以後有紅白糖藥味黃白麻細茶牲口諸色物料有額辦歲辦雜辦或為本色或為折色額辦有定額歲辦不常徵雜辦於二辦之外又有泛雜名目也在成化間所辦不過十三件弘治間增至二十三件正德間所貢繁多倚辦該年里甲名數細碎增減因革有司莫能究詰吏胥因緣為姦利虐派倅從其弊益滋沈御史灼行八分法通計各縣丁米每民米一石男子成丁各徵銀八分通融該縣應辦物料送府轉輸民以為便嘉靖二十六年議附由帖徵銀解布政司類輸京師先時徵派視料數稍盈

後因倭寇軍興復增其數以補足軍需萬曆六年龐都御史尚鵬議行一條鞭法酌盈濟虛復以八分為永減而民稱便矣本府料銀一萬七千三百一十一兩六分九釐有奇閩縣三千一百四十八兩六錢一分一釐八毫侯官一千九百二十四兩二錢八分二釐六毫懷安一千三百五十三兩二錢四分一毫古田一千七百四兩二錢二分九釐閩清九百七十二兩六錢七分二釐七毫長樂二千四百四十一兩五錢五分五釐連江一千一百八十七兩二錢九分七釐羅源五百八十九兩四錢三分八毫永福四百八十五兩五錢九釐二毫福清一千九百七十五兩四分三釐九毫

軍器府衛並造取辦丁料銀不足徵之也耗折鈔衙

所造故有軍三民七之目［福州左衛］歲造明盔響甲腰刀角弓鐵箭
明弦及弓箭袋等本色年分軍三料價滴銀九十
三兩一錢二分九釐水脚銀三十六兩八錢五分二
釐俱於軍士抄銀內支辦民七料價銀一百一十四
兩九錢六分九釐水脚銀四十兩九錢二釐徵給軍
匠造解工部折色年分軍三料價銀九十二兩一錢
二分九釐水脚銀一兩五錢六分六釐民七料價一
百一十四兩九錢六分九釐［福州右衛］左衛俱同［福州中
衛］本色軍三料價七十二兩六錢五分四釐水
脚銀二十二兩二錢六釐民七料價銀一百七十
一兩八錢六分一釐水脚銀二十二兩七錢折色年
分軍三料價銀七十二兩八錢五分四釐水脚銀一
兩二錢五分二釐民七料價銀一百七十一兩［鎮東
衛］八錢六分一釐水脚銀二兩九錢二分一釐
俱同左衛［本府歲造］弓弦箭本色年分料價銀一千二
百三十一兩六錢五分五釐水脚
銀二百七十七兩五錢一分七釐供委官督造解二
解折色年分料價銀二千一百七十九兩一分二釐
水脚銀三十七兩四分二釐胖襖褲鞋襪歲造二百
三十六副料價銀三百五十四兩水脚銀一十七兩
七錢俱委官督造解南京工部
［段匹］亦取辦料銀藩司總造解京自有成數
存留料銀［曆日紙工］一百五兩八錢有奇
［科舉進士牌坊］一千三百五十七兩二錢并剩銀二
千兩有奇俱解司庫支用
丁田之役三曰綱曰徭曰機兵田之役一曰驛傳
之為四差銀

……役坊里之長供之皆憲綱經用若慶
賀……詔迎春祝學祀典之當舉者鄉飲酒之而行
者……閱武之賞賚者貢士于禮部若資其路費邑
之……其衣糧行部及士大夫之往來者有
餽……官長始至有郊勞致館門祭堂鋪陳蓋器
什物……其……席歲終供桃符花燈正雜諸綱一切
取辦至無算也
國初以里甲繫民十載番役所領惟催徵勾攝載在
令甲顧役使支應官府諸費未知作俑何人坊里供

役勢易陵迫雜物私饋多為辦費吏胥如虎抑索沓
至故有米石丁一而費至數金者坊郭之長尤苦焉
嘉靖末郡監公始議官當者為令以丁及米若干徵
銀若干責辦該吏又應誠良法美意但坐派於見年
之里役名猶有此日必有議役私當者法不能經久
至萬曆六年兩院叶議行一條鞭法盡以綱歲經用
多寡稽其縣丁米歲一徵之［閩］每丁派銀六分三釐五毫六絲每米一石
派銀九分五［侯官］丁一錢四分二釐九毫丁一
釐三毫七絲米二錢一分四釐三毫［懷安］錢三
分六釐六毫五絲七忽米［古田］丁六分七釐三毫
三錢四釐九毫八絲五忽米一錢九毫三絲

清 丁九分五釐九絲八忽一微米一[illegible]微九纖 [illegible] 丁七
[illegible]分[illegible]絲七忽一[illegible]分二
釐[illegible]二絲[illegible]八絲八忽六微 米一錢 連江 丁一[illegible]微米七
六分八釐一絲[illegible]八絲八忽六微 [illegible]
六分七釐六分三釐八毫二絲九忽六微
絲五忽一微 羅源 米九分五釐七毫四絲四忽四微
永福 丁一錢五分四釐九毫六絲五忽 福清 丁一錢
米一錢二分九釐三毫五絲七忽 四分一
釐一毫六絲一忽八纖七纖米
二錢一分一釐七毫四絲二忽 本府通計編綱銀一
萬二千五百六十三兩九錢五分二絲 閩 一千七百
錢二分八釐八毫二絲 侯官 一千六十五兩七錢六
分八釐六毫 懷安 一千四百七十七兩九分五毫古
田 八百八十一兩六錢九分四釐 閩清 四百九十四
兩三錢四分九釐八毫 長樂 一千二百六十六兩一
錢七分九釐八毫 連江 八百九十五兩四錢四分七
釐七毫 羅源 五百九十一兩八錢二分一釐二毫 永

福 五百二十八兩八錢四分 福清 一千
六百四十四兩五錢二分九釐六毫 輸于縣幫遇
有經用讀吏支出事不廢費不浮坊里之困疾求蠲
矣然派剩稽覈無令吏胥得侵漁冒破而民若庇當
加之意云

搖力役之征古法也
國朝酌而行之謂均者辟則行有在鈞其衡石若有
所偏碳則不勝任而什夬郡編于屬縣皆庶人在官
者視事繁簡給其稍食有銀力二差亦米顧役免役
之遺意乃若兩院督府上司府縣各衙門門子皁

隸庫子獄卒鋪兵儒學殿夫門子斗級庫子及
驛館夫倉斗級巡檢司弓兵秋課巡攔各分司公館與
書院祠壇門子橋渡廠夫之屬 欽差 若長夫上中二
解戶各衙門祇候馬夫儒學齋夫膳夫借撥皂隸之
屬任者歲一編之以見年里甲後五年應役其中銀
差輸解力差如斗級鋪兵館夫諸屬所費溢額派倍
積其甚者則庫子庫子本備究收役使非縣官視為
甲首公私之需無不取給其破產者什之九隆慶間
議以縣吏充庫子行收稍弊稍蠲而若鋪兵斗級有
代者猶多索雇直萬曆六年行一條鞭法以十年總
編盡清官戶之重免皆諸邑丁米稍裕官與雇直又
多節省無僱辦[illegible]不均之[illegible] 閩 [illegible]丁[illegible]銀[illegible]七
[illegible]銀[illegible]六分六釐[illegible]毫六絲[illegible]
[illegible]分四釐三毫八絲[illegible]
[illegible]四忽米 古田 丁八分[illegible]六毫二
懷安 丁[illegible] 長樂
[illegible]錢[illegible]分[illegible]八[illegible]
[illegible]
丁[illegible]錢[illegible]八分
米[illegible]
[illegible]九分[illegible]九
[illegible]

府通計均徭銀二萬六千九十九兩四錢九分九釐五絲【閩】一千六百八十五兩三錢二分三釐五絲【侯官】二千五百五十三兩一錢【懷安】一千九百五十兩四錢五分七釐【古田】二千八百七十一兩【閩】十六百八十七兩四錢【長樂】四千一兩一錢六分七釐五分【連江】二千四百七十五兩六錢【羅源】一千四百十兩【清】九釐【永福】一千三十一兩三錢【福清】四千六百兩

綱徭二差近因裁省員役復有節縮其籍矣

【機兵】所募丁壯禦外侮邑編戶供其資糧府縣站初烽煙無警在城二縣米石男子一丁輸銀二分如閩清永福一錢以上賦已稱重季年倭寇軍興諸邑各有增募附郭至一錢以上外縣倍之適緣地方頗靖當事輒為減省各縣坐派又興兼時焉【閩】每丁石各派銀五分五釐八毫五絲一忽三微又加派【侯官】每丁石各銀五分七釐九毫二絲五忽六微五纖【懷安】每丁石各銀七分七釐九絲【古田】每丁石各銀一錢二分一毫二毫四絲五忽【閩清】每丁石各銀九分九釐九絲四忽九微【長樂】每丁六分四釐【連江】每丁石各銀一錢五分五釐八毫【羅源】每丁石各銀一錢六分二釐二毫九絲七忽【永福】每丁石各銀一錢【福清】每丁石各銀二絲本府通計歲徵銀一萬九千五百六十九兩六錢【閩】一千八百九十名【侯官】一千五百名【懷安】六十名【古田】一百名【閩清】七十名【長樂】一百名【連江】二百二十名加【羅源】二十名【永福】八十名【福清】三百名

洋館二十名【羅源】一百二十名加杉洋館一十名

名歲受七兩二錢為在伍世以丁壯募其實供官府勾攝役使殊非訓民禦暴之初矣軍門抽充餉銀各有名額在其中

【驛傳】古候人主送迎往來縣次續食而資其長途輿馬郡七驛三遞運所置馬驢夫力舖陳廩餼有差等苗戶之役不知始於何年郡當孔道使客絡繹從役橫索加以驛官吏百計需求附驛之猾多方刁勒編戶充夫甲館夫其不至破產者無幾矣嘉靖十三年知府胡公有恒以官當請于監司報可米一石徵銀三錢給驛遞支應士庶同聲稱便季年倭變置開府站銀屢增萬曆初有旨裁乘傳之費頗省吾郡條鞭內每石徵銀二錢七分四釐通計二萬二千七百四十兩八分【閩】三千九百六十六兩二錢二分二釐【侯官】二千二百三十一兩四錢【懷安】二千一百六十六兩五錢六分七釐八絲七忽【古田】三千一百六十一兩九錢八分一釐八毫八絲八忽八微【閩清】一千五百十八兩八錢一分八釐五毫四絲五忽七微二纖【長樂】一千八百八十六兩五錢三分八釐【連江】二千三百四十九兩六錢九分二釐二毫【羅源】一千三百四十九兩四錢八釐七毫一絲七忽六微【永福】九百四十九兩四錢八釐七毫一絲七忽六微

十一兩二錢二分八釐一毫八絲五忽四微二塵四
塵福清二十一十三兩六錢一分七釐九毫二絲九
忽給各驛遞八年以後視前所徵又輒末減但公差
驛卒俱以私當為便而里長拖延府無可給掾史留
難驛無可支又病官當惟縣能速解府無滯支則公
私兩便何以藉口而復規留當哉

論曰詩大東蓋刺賦役不均也周大夫告病其託
為婦人之言者歟是故臨食而嘆念君子之行役
顧周道而潸然也其卒章也歸之天而無所怨尤
焉是詩人之厚也夫以成周之時而猶不均若此
豈其政然耶抑地使之然耶竊謂不惟列國郡亦
有之吾福山海之利曾不及漳泉延建而為八閩
都會節使監司咸聚焉頃又將臣建牙遠夷饑絈
奔走供億問皆吾福之力也役則其煩民亦勞止
矣詩云不憖于位民之攸塈言在位者當為民所
依而息也則夫均之於彼而節之於此誠不能無
厚望焉

海之課曰船江海湖塘之征曰魚課山冶之輸曰鐵
課門市之征曰商稅課曰門攤

鹽課 隸郡者福清有海口牛田二場設鹽課司掌鹵
地與其禁附海為鹽戶主煎作依山為竈戶供薪本
後專曬曬令竈戶以銀代薪為雇直鹽竈戶每米一
石准夫一丁着令復其身仍給工本鈔曰辦鹽一斤
四兩積三百六十日為一引四百五十斤以入于倉
嚴私販之禁許民男女成丁者歲給鹽三斤徵米八
升謂之鹽糧後罷米折鈔每丁口歲納鈔六貫每貫
折錢二文中半折之為鈔三貫錢六文閏月則算而
加之倉鹽給口食餘者以給商販又之民不復支鹽
納鈔如故其私鹽擔負不及數於法無禁私販多白
鹽最易貨售入倉類低黑殺雜鹵壞買人又慮險阻
就場輒置引市私鹽充數繇是倉鹽積久虧耗丁夫
困於賠累依山戶縣又不免其雜役編戶重獨困矣
後遵戶部奏准各折銀米以足軍需遂罷辦鹽入倉
之例工本鈔亦復竹支今以二場原額開列于左而
戶口食鹽鈔已悉見前茲不復贅 海口場 附海一千
七引八斤十一兩四分八釐該銀八百五十兩二錢
一分四釐 依山八千九百二十六引二百九十七斤
十四兩七錢四分二釐該銀二千二百
三十一兩七錢四分八釐七毫五絲 牛田場 附海六百

五十二引五十一斤二兩八錢五分該銀三百九十
一兩二錢七分七厘五毫[仙山]八千九百七引三百
九十一斤十三兩二錢五分該銀二十
二百二十六兩九錢九分四厘九毫

魚課之征所從來遠矣

國朝立河泊所榷漁利凡舟楫網罟不以色藝自實者沒入之洪武中遣校尉點視遂以所點為額納課米其後漁戶逃絕米責里戶辦納不敷乃有折徵之令每米一石半納本色五斗折色五斗輸銀二錢五分編戶猶稱重困至弘治七年按史吳一貫奏准不分本折並徵銀三錢五分本府舊額米七千三百八十二石八斗九升三勺三抄共徵銀二千五百八十四兩一分一釐六毫有奇[閩]九百七十一石九斗有奇今實徵六百六十二石七十二升三合三勺三抄[侯官]五百八十四石六斗六升四合今實徵五百九十四石四斗六升二合[懷安]三百十六石五斗九升今實徵二百一十九石一斗五升[長樂]六百七十四石一斗今實徵六百五十七石一斗五升六合[連江]八百八十八石一斗七升七合今實徵八百三十一石九斗二升[羅源]五百八十三石三斗九升一合今實徵五百八十三石三斗九升一合[福清]二千二百九十八石一斗四升今實徵四千三十一石八升七合　按籍諸縣課多失額獨福清增其舊三之二隆慶間知縣葉夢熊所稽覈也江海漁舟多爲豪門私役歲暮時往往剽掠風晨兩夕為行旅之

鬻者[illegible]捕[illegible]依勢家以免郡人患之謂宜皆籍于[illegible]補諸縣其類非惟里長得免賠累而此輩不役[illegible]輸官之外得以自食其力無良者亦不敢肆誠[illegible]變民之一大機也

[illegible]為[illegible]自宋時禁人販入海後有詔許於所[illegible]在[illegible]置鐵爐有業作者郡倅監之而征其稅

國朝[illegible]官爐原額所徵古田六千五百七十四斤一兩[閩清]一千[illegible]兩今歲運三萬五千三百八十二斤價銀三百五十二兩八錢三分五釐水腳銀二百四十七兩六錢七分七釐有閏年增三十二十斤價銀三十兩三錢水腳銀二十一兩二錢一分俱派福清縣料銀內解給委官買辦送工部應用

商稅等課宋時所征于門于市者其目最繁

國朝洪武初府置稅課司各縣置局令商賈各三十稅一巡攔者收所稅以季終輸于官而民間田宅之交易官給本工墨令自填寫為印識以照之亦收其稅永樂七年以歲物為額不當遣官點視按為定額正統初命革稅課司局征不及一萬貫者有司兼領

□隆慶以後屢有减省本府税課□額辦商税各項

十五兩六錢……

加之人情做……

兩五錢七分……

○閩縣原額鑄……

税鈔四千……

南州税課……

茶課鈔……

貫一帶辦……

錠……

九錠……

十六隆慶六年……

一錢……

額帶辦課銀……

税課局銀一十一兩五錢九分六釐七毫四絲○連

江帶辦課銀六兩八錢○羅源帶辦課銀八兩○永

福帶辦課銀一十三兩六錢○閩清帶辦課銀九兩

六錢已上六縣課鈔銀俱隆慶四年裁省帶徵酒税

各縣諸税課并門攤舊志原額多併入料銀徵解初

有差

各縣有地賃鈔房租鈔没官菓利鈔併入官米給散

末郡有倭患撫按始增榷場以充軍餉福清海口

田税……

銀二……白糖税……其餘山林川澤之

産自旁邑亡若瓷鈥不遺即海錯微物末税不得□

炎天多疎成器然稱不便萬曆五年撫巡撫下令

悉停諸税其後以軍餉不足復舊有司酌議市利徵

者則不復征云

屯田自制兵以來尚矣

國初籍民為軍遞講屯政度郡屬田地間曠者給衛

士耕作有從他衛所至者在城之衛又戍屯他郡之

田洪武備舊屯水衆稱新屯北時有紅牌及樣田諸

事例每屯百户一員軍一百二十名人給田二十畝

歲輸正糧一十二石餘糧一十二石正糧給本軍月

糧餘糧給守城軍士其後正糧聽其自給不復征餘

糧只徵六石以其田腴瘠分本折色田在于叢山中

軍士非土著不諳耕耘委田與土人佃種之而收其

餘息自利或有逃故隸戎籍之家者從而更頂之有

户而占田數頃既不荷戈教戰又非秉耒之夫今

稽弗政始未嘗不嚴密而未稍滋弊也今於諸衛

總其成數以備稽覈備採弊則在于土之人云

福州左衛屯田一千一百一十六頃一十二畝……

屯糧二萬二百三十九石六斗七升四合有奇起運折色米一萬八千三百九十六石有奇存留本色米一千八百四十三石一斗三升六合有奇內起運者附徵銀解京曰存留者上倉米也

福州右衛屯田一千一百頃三十七畝九分內中左所屯五區俱在懷安縣二都十一都右所屯五區俱在懷安縣十五都中所屯五區其一區在懷安縣三都四區在古田縣五都十都前所屯五區俱在古田縣十二都四十四都後所屯五區其一區在古田縣四十五都其四區在羅源縣二都七都中左所屯五區俱在羅源黃童甲盧齊等里又新屯九區北五區在泉州永春縣其四區在惠安縣屯糧一萬九千三百一十一石五斗一升三合有奇起運折色米一萬五千九百二十石七斗三升八合存留本色米三千三百九十石七斗七升五合

福州中衛屯田九百七十二頃五十三畝五分有奇內左所屯四區俱在閩縣嘉崇里嘉登甲右所屯四區其一區在閩縣瑞聖里其一區在長樂縣二都又二區俱在連江縣永貴甲一十七都中所屯四區俱在連江縣東政甲賢義甲前所屯四區俱在連江縣仁賢甲後所中四區俱在連江縣中鵠甲仁和里其十在他郡泉州惠安縣興化仙遊縣凡若干區屯糧一萬五千四百四十四石九升四合起運折色米一萬三千八百七十九石二斗五升四合存留本色米一千五百六十四石八斗四升

鎮東衛屯田五百二十二頃九十五畝一分九釐二區在福清縣永福里一區在新安一區在還義里三區在靈得里一區在北隅一區在隆仁里二區在修仁里一區在平南里一區在蘇田里一區在長樂縣十九都屯外郡一區在莆田縣屯糧一萬四百九十石起運折色米一千五百七十四石存留本色米八千九百一十六石

論曰我　國初屯田蓋古寓兵於農意也當時議者固謂數十年後盡屯天下之田則可以盡養天下之兵矣吾土險阻屯者多並山谷非若他郡平衍易於稽覈是故歷年滋久舊田者既私相貿易新墾者又不請稅于公強宗則多兼數圻豪民則亂我經界又耕非受田之兵歛以乾沒之長即有饗額嚴刑督之猶不能足而況望其有所增益為養兵之利乎甚矣非　國家設屯意也法之敝如此獨不可變而通之乎謂宜因均田之令與撫院履畝括舊屯並其新墾勿令強宗豪民更得侵冒擇其膏腴者給諸衛丁壯自食其力有急用之則可以省客兵此亦漢人實塞下用土著之良策也

福州府志卷之八　　輿地志八

食貨

物產之目十有四曰穀曰蔬曰果曰木曰竹曰藤曰花曰草曰羽曰毛曰鱗曰介曰蟲曰貨

穀之屬　稻大都二種曰粳曰秫名品甚多志其大者春種夏熟曰早稻秋種冬熟曰晚稻歲可再熟其歲一熟者曰大冬秋與早稻同熟者曰早秋與晚稻同熟者曰晚秋與大冬同熟者曰大冬秋粳米有紅白二色再熟之稻其名又有曰黃芒曰金洲曰占城曰白香諸種　麥大麥小麥蕎麥　菽豆也大者曰菽有黑白綠紅黃數種　稷有間有穄與黍米相似而粒大　胡麻俗名油麻

蔬之屬　菘　芥　白菜　油菜子可為油　芥藍　蕹菜　胡蘿蔔色黃　蓴　鳧葵　荇菜　茼蒿　萵苣俗名萵筍　甕菜生出東夷人用水載其種歸故名　芹　莧　菁　菠薐　苦蕒　莙薘　東風菜葉長莖紫先春而生　茄　莧菜　胡荽　同蒿　蕨　薑　葱　韭　薤　蒜　木耳　香蕈　菌性熱冬月生　芋　薯蕷　瓠長而瘦上曰瓠短頸大腹曰匏　石花菜生山石間　海藻　紫菜　鹿角菜以上生海　苔菜海苔也

果之屬　荔枝樹高一二丈許大合抱四時不彫葉類冬青花似木犀實初青漸紅肉如肪玉其品曰桂林中冠金鍾勝畫江家綠綠核圓丁香虎皮紅牛心玳瑁紅硫黃朱柿蒲桃粉紅小丁香狀元紅大小丁香核又有曰中元紅以六月熟方熟以晚重於時曰雞子磨盤饅頭七月熟曰火山先熟四月可摘荔枝之次者品乃其下耳星毬紅珠形詭狀核如丁香有純無核者味甘而脆益興品也移植他處莫能性畏高寒郡西北境皆不可種延江之南其熟差晚過北嶺始大盛閩產此果品第一　龍眼一名圓眼七八月實殼黃　橄欖木端直而高秋實後甘脆美曰碧玉　橘　香櫞　柑　佛手柑　柚　橙　桃　李　梨　杏　銀杏　梅　楊梅　枇杷　蘆橘　甘蔗赤白二種　蕉俗呼芭蕉樹高丈餘實可食一種無花可績為布　棗

栗　榛　椎似栗而小　葡萄　蓮　芡實俗名雞頭先實後花　芰　櫻桃　木瓜　柿　柰　石榴　林檎一名花紅　土瓜大如盂色青白味甘　楊桃有五瓣色青黃　鳧茨一名荸薺　菩提果　金斗　餘甘　山核桃　胡桃　無花果

木之屬　榕其大可圍凌冬不彫城中獨蕃故名榕城　松　柏　楓　桐　相思木堅有文　檀　椒　樟　榆　槐　楠　梓　橡　杉

柏檜楓有脂而香杉葉如刺幹勁者合抱可中棟梁花大桑柘楮桃槲楊柳
白樺水楊木槵青剛冬青一名萬年枝謝朓詩大風動萬年枝吉兆藤
金剛藤石南藤香藤王孫藤
竹之屬慈竹一名子母竹生不離本斑竹鶴膝竹似靈壽不須斵削自合扶制箭竹苦竹淡竹石竹猫竹江南竹秋竹蘇竹谿竹
筋竹肉厚而節小可爲弓弩材合汁竹鳳尾竹紫竹可截爲管方竹人面竹觀音竹棕竹綿竹水竹
藥之屬地黃牛膝薏苡天門冬麥門冬黃精細辛茴香茯苓柴胡決明子土紅花葉上青下白根如葛頭香薷連翹
何首烏春生苗葉葉相對根大如拳雄赤而雌白香茅半夏使君子天南星蓖麻子牽牛子石蟠車前子前胡獨脚仙葉同上青下紫梗長三四寸赤孫施葉如浮萍栝樓石蓋薄荷澤蘭蓯金牛葉如茶上綠下紫實圓紅如朱小青小花二月開石常鹽麩子桑螵蛸附桑枝桑寄生菴藺狀如蒿艾木通木賊覆盆子石斛若竹
菖蒲艾建水草似桑枝葉香附子蒼耳荽田草春生花葉無莖
陸荊芥羊蹄益母草枸杞鷄項草葉如菊花有刺青色香麻山茱萸紫蘇石韋二月有花四月採治蠱毒金櫻子白蘞荷葉似茶煎根似
黃牙能解蠱毒亦云解蛇海螵蛸黑魚丁公藤千金藤紫金藤

青色含春藤五葉藤感藤
花之屬末麗色同嬰娑氣掩蘭芳盛夏香尤酷烈開數十步之外汴京謂南土諸花之最至今北人方重之素馨蔓生白色露裛愈香一種黃者無香牡丹芍藥不甚蕃
玫瑰俗名蕾菜山丹長春四時有花謝豹真珠酴醾瑞香紫白二色者香紫薔薇辛夷俗名木筆越橘半丈紅一名紫棟夜繡毬海棠閙雪紅閙提玉簪剪金紅度年紅幹高花麗冬春不變含笑色白花半開香甚故名百合凌霄葵有紅白紫錦諸色蜀葵玉蝴蝶名仙鬘八佛桑有五色木槿鷄冠山茶蜀茶御仙似罌粟而小金鳳狀如飛鳳有紅白紫數色葉可染指金錢木芙蓉有紅白二色一種朝白暮紅名醉芙蓉
桂有丹黃白三種四時開者曰月桂木蘭鷹爪鳳尾馬纓玉屑玉龍鬆寶相薝蔔其實梔子杜鵑紫薇夾竹桃一名半年紅夜合
蘭一莖一花曰蘭一莖數花曰蕙其種不多人家喜種之春夏開香聞也萱一名忘憂賽蘭色黃蔓生四五月開香勝蘭花水仙扁竹其根射干紫羅傘滴露
金錦竹剪春羅迎春紅荳蔻金燈花葉不相見玉帶美人蕉其花四時皆開深紅照眼經月不謝海石榴蠟梅花黃蠟色根葉俱香刺桐指甲而葉細可染甲安色淡香置髮中久紫荊罌粟有紅白二種九月布子春深乃生實如小罌子若細粟
草之屬蘋藻萍蘆菅蓼茭豨薟俗名火炊馬藍即大葉冬藍為澱

石龍燈心鷄腸鱧腸一名蓮 紫背葉背紫 佛甲附石
而生 仙人掌貼壁而生 [illegible] 虎杖似紅草而
大有細刺 [illegible] 獨生一株 吉祥魚腥鼠麵虎耳
可以染 [illegible] 形如帶 [illegible] 索饅頭
兎耳馬鞭能治淡酸接骨斷腸草 蔓生野中葉大如 食之能殺人 旱
蓮遍地錦荞草剪刀草
羽之屬翡翠 雄赤曰翡雌青曰翠 其小者謂之翠碧 鸛錦鷄雉鵲鸕鷀
鷂鷹鶖鷗鴨水鳥 鶴鵲鸂鶒鴛鴦鷺鴛鵝鴇鴐
鶖鶇鵰 頷下胡大如囊 [illegible] 水 魚而食之 其骨可瑩劍 鵓鴿鳩鷲鶯白鷳
鷄山鷄竹鷄狐鷄 一名 姑惡 鷓鴣 [illegible] 信鳥 鵁鶄鷯鷯 比翼鳥 練
鵲鵂鷗鳥慈鴉鶻海鶻 似鴟 魚而食 攫鷹鶚鳶鵿紅娘 翠身 冊當
似鶡 白頭公戴勝 一名郭公 啄木布穀鶺鴒鶺鴒謝豹 杜鵑
別名鷦鷯 [illegible] 即鳴 雀百舌山呼吉弔 似百舌 其鳴自呼
綵鸞 [illegible] 而小 頂上有五色毫 雷舞 聞雷即舞 畫眉鵰 伯勞鵶
訓狐 俗名 猫頭
毛之屬虎豹鹿馬驢騾牛豺狼熊麂麞猴猿玃 似獮猴而
大色蒼黑 能攫持人 好顧 兎狸 香狸 [illegible] 猩猩 生迷江五 刺蝟猪
野猪豪猪 白 [illegible] 如 [illegible] 黑端 貓犬山犬羊山羊獺竹鼬鼠狼
似鼠而大 鼫鼠 有黃色 在田中 好食粟豆 鼯鼯 色蒼 青斑 其尾如狐 鼷鼠 鼷
能食鼠

鱗之屬鯉魚金魚鱸魚蓮魚草魚大姑白刀白魚鯿
鯽鯽魴鱧鯪鯰鰣鯔鮀鮓 有五色 鯸鮐石鱗魚 一名谷東
一種 [illegible] 烏魚 [illegible] 田見泥鰍海鰍 有大如 船者 鯗魚 初生 隨母
水 [illegible] 浮游 [illegible] 則入母口中 鯔鯯鰊鯇赤鯮方頭鯡 鰣 比目 鯆魚 子魚
黃魚鮫魚 石首黃魚鰣魚 銀魚鯨魚鱟魚琵琶魚鰩
魚 狀以鼠 刺鮮魚 [illegible] 如 [illegible] 食之 鯆 鬬湖 乘波霧 集 故名 鰺魚馬鮫 骨柔無鱗
鰛 似馬鮫而小 帶魚鱭魚 雌生卵雄吞之成魚 青色無鱗 魟魚 形圓如扇 無鱗紫黑
色尾長於身能刺人 海燕 有肉翅能飛水上 鯢魚 一名河豚 白鰾 形圓薄類錢 青
鱗殼魚鹿角魚 芒角持 戴在鼻 泥猴魚 生泥穴中 夜則鼾 大如掷 鬣青斑色
朝比 要魚章魚 腹圓口在腹下 有圓文 浮起紫色 江賦所謂森衰垂湖 八足聚于口旁 足上皆
是不拒 似章魚而大 居石穴中 人取 之則以足粘石相拒 故名 烏賊 八足絶短 集在口 縮
也 [illegible] 喙在腹 懷板含墨 遇大魚輒噀墨 溷水自匿 小魚則
吐墨以迷之 性嗜烏 每暴水而伺烏下啄 則捲而食
之 柔魚 似烏賊而小 色紫 俗呼為鎖管 水母 一名鮀 形圓而大 多足 浮遊水上 以蝦為目
黃雀魚 貼沙 蝦 龍蝦 虎蝦 黃蝦 白蝦 苗蝦
介之屬龜黿鱉穿山甲 俗名鯪鯉 蚌蜆 [illegible] 殼厚 [illegible] 有十二足 身尾長
有刺 碧血 骨脉 子如綠豆 蝤蛑 俗呼為蟳 又有殼 斑而刺者 為虎蟳 [illegible]
雌常負雄 雖風濤不解
蟛蜞蟛越擁劍 二螯大小不侔 以大者鬬 小者食 一名執火 蘆擒千人

擘狀如小蟹殼堅人盡力擘不開　蠣房海味之最佳者江賊所謂礪礫碌礎是也　車螯一名瓦屋大或專車其殼可以爲器小者土人呼之爲珠蚶　蟶　蛤　海紅形類紫蛤而大　蛤
蝛　蝍　蜆　沙蛤俗名西施舌　沙虱　殼菜亦名淡菜　烏粘　海膽殼圓如盂外結密刺內有膏黃土人以爲醬　石決明附石生　江瑤柱　泥筍　石華附石生
海月明如鏡可爲窗色土人磨其殼以飾窗牖謝靈運詩揚帆採石華挂席拾海月　石劫俗名龜腳　石帆紫黑色枝荷相動連帶不絕生海中石穴間　沙筯又名塗釘　螺田螺溪螺海螺
黃螺　香螺　紅螺肉可爲醬　細螺光彩如鈿　參螺味辛如參　棱螺殼細很文如雕鏤　竹螺殼文龕螯　背螺俗名研螺　鸚鵡螺堪作酒杯
蟲之屬　蛇蝮蛇　花蛇　紅蛇　白花蛇　烏蛇　青竹蛇　黃頷蛇　蜥蜴似蛇四足尾青碧以

五色者爲蝶而不備者爲蛾一種書蠹　黿一名蠦壁間形小而黑名壁蝨又曰守宮　蝦蟆　蟾蜍　蜘蛛　蝙蝠一名伏翼晝伏夜飛捕蚤蚊食之生岩洞者食石鍾乳精五百歲變白體重
蟀　蜂　蝶　蚯蚓　蜻蜓　螳螂　螻蛄　蛣蟯　蟋蟀　螢　蠶　斯蜀　蝽
蠐　龍蝨　蟒　蝓　蝸牛　斑猫　鼠婦　蜈蚣　蜉蝣　水蛭　白蟻　蚊
蠅　蛾
貨之屬　銀古田有寶興場五峯場竹林場重峯場求福有保德場黃洋場五龍場銀斜場龍場今並廢　銅永福有保德場安有高務坑古田有黃洋場今並廢　鐵溪坑鄭洋場溝米坑溫洋場
鉛礬場苔溪坑保東坑連江有蒋洋南北山坑福清有東寧場玉壕場南匿場高速場嶼下嶼場今
鹽日晒而成福清有鹽埕　絲　紬　絹　綾　綃　紗　緞　改機改機故五層

閩有林洪者工杼軸謂吳中多重錦閩不遠遂改段機爲四層故名改機　綠布　績苧
紵絲織以爲布今純用絲　吉貝布　苧布　麻布　葛布　蕉布　紅麴　糖　蔗
爲蜜之　黃蠟蜂蠟也　白蠟蟲蠟也　藍澱採馬藍草水浸經月去楂以灰攪之即成澱
紅花　紫草　烏梅　木綿　生漆　苧蔴　茶　紙　油菜油麻油茶油桕油
桕油　硝

祀典

先師廟郡城南祀

至聖先師孔子堂左右列祀四配十哲兩廡列祀先賢先儒　國初祀典因前代用王禮洪武四年𠡠穴有司重搆禮殿殿之南爲戟門又南爲欞星門門東爲神廚宰牲房西爲齋宫戟門東爲神庫皆𦒿制也成化十二年加籩豆舞佾之數祭以天子禮矣嘉靖九年

肅皇帝改定禮制尊孔子曰至聖先師孔子四配曰復聖顔子曰宗聖曾子曰述聖子思子曰亞聖孟子考定十哲曰先賢閔子騫冉伯牛冉仲弓宰子我端木子貢冉子有仲子路言子游卜子夏顓孫子張六十二子曰澹臺滅明宓子賤原憲南宫适商瞿漆雕開司馬耕有若巫馬期顔辛曹䘏公孫龍秦祖顔高壤駟赤石作蜀公夏首后處奚容蒧顔祖句井疆秦商公祖句兹縣成燕伋顔之僕樂欬狄黑孔忠公西蒧施之常秦非申棖顔噲左不齊公冶長公皙哀高柴樊須商澤任不齊公良孺公肩定鄡單罕父黑榮旂左人郢鄭國原亢廉絜叔仲會邽巽公西輿如陳亢琴張步叔乘諸從祀曰先儒左丘明公羊高穀梁赤高堂生毛萇伏勝孔安國董仲舒杜子春韓愈周惇頤程顥程頤邵雍張載司馬光楊時朱熹呂祖謙胡安國張栻蔡沉真德秀許衡熙申黨公伯寮秦冉顔何荀况戴聖劉向賈逵馬融何休王肅王弼杜預吳澄而增后蒼王通歐陽脩胡瑗四人林放蘧瑗鄭衆盧植鄭玄服虔范寗七人各祀于鄉又以神有像非古也改立木主大成殿曰先師廟戟門曰廟門籩豆各損其四舞以羽籥用六佾隆慶間又以薛瑄從祀每歲春秋二仲之上丁日布政使率府屬齋宿以祭屬邑各有廟惟閩縣侯官懷安縣官從祭府廟𣗳縣廟行釋菜禮外邑並釋奠不用樂　自漢晉宋齊梁州之祀未備唐武德二年始詔有司立廟致祭玄宗謚文宣王弟子各封爵時州廟黔學宫東序在今布政司西大曆七年觀察使李椅移今所太平興國間始作禮殿真宗加爲至聖文宣王進諸弟子爵景祐間有司肖孔子十哲像又繪其七十子及先儒像于壁元延祐間增兩廡繪像一百有五堲嘉靖間悉革而不因矣

閩廟在九仙山之麓 宋慶曆始建 國朝成化間知府鄭時重修
候官廟在官賢坊內 宋慶曆始建 國朝宣德十年重修
懷安廟在府治西 宋大中祥符間建于石岊 國朝洪武間從縣入城移今所
古田廟在縣治西隅 宋紹興二年建 國朝弘治元年重建
閩清廟在縣治東南 宋景德四年始建 國朝正德十五年重建
長樂廟在縣治北 唐乾符四年建 國朝正德十四年重建
連江廟在縣治東南 宋紹興八年建 國朝隆慶四年重建
羅源廟在縣治東南 宋元祐六年建 國朝嘉靖三年重建
永福廟在縣治東 宋崇寧始建 國朝正德間重建

福清廟在縣治東 宋元豐始建 國朝嘉靖三十七年重建
啓聖祠在先師廟之北祀叔梁紇配以顔路曾點孔鯉孟孫氏從祀則程珦朱松蔡元定將有事于先師則先釋菜不用樂屬邑祠並同 嘉靖九年始建
名宦祠在府學廟門左與之南祀宋少師蔡襄中書舍人曾鞏諫議謝泌太卿程師孟龍圖學士孫覺朝議柯述魏公張浚忠簡胡銓文靖張守尚書汪應辰學士程邁太師陳俊卿忠定趙汝愚少師梁克家忠敏辛棄疾尚書蔡幼學直文華閣楊長孺文忠真德秀文靜魏了翁太卿王鎔尚書湯漢尚書吴革文毅洪天錫侍郎徐明叔元平章董文炳平章高興楚公程文海都事藍光教授劉直內御史韓準文定王惲總管王翰楚公李士瞻 國朝襄武湯和按察使陶垕仲參議鄭湜參政楊景衡僉事謝肅僉事呂升僉事曾穆都御史劉廣衡副使劉脅知府唐珣按察使馬文升副使劉乎敏提舉羅倫參政劉大夏副使沈訥副使潘璜副使邵銳布政使査約布政使陳珂知府汪文盛布政使陳錫布政使吴昂參政魏榮知府葉溥知府歐陽鐸知府胡有恒副使劉王僉事江以達凡六十一人祭以春秋二仲上丁之第四日名宦祠之北特祀唐故相常公亦春秋二祭 副使金賁亨萬曆間改祀
閩縣祠在明倫堂左祀唐知縣李菲宋知縣黄德裕陳麟杜杲劉熗胡巖起 國朝知縣魏谷才典史沈鑑教諭歐陽瀚凡九人
候官懷安古田並闕
閩清縣祠在啓聖祠左祀宋知縣史温王晄大元知縣董楨蔡嗣宗 國朝以御史知縣事沈源知縣朱

鄉賢祠在府學廟門右翼之南祀唐水部林愼思宋少師陳襄虞部鄭洙祭酒鄭穆教授周希孟教授陳烈少卿劉銑文定許將轉運孫奕博士林然節度王田博士陳祥道朝奉鄭俠奉議劉康夫史舘劉夔宗正丞林之奇脩撰張嘗提刑李芘尚書李彌大侍郎李彌遜鄭公黃祖舜教授陸祐丞相李綱太師陳孔碩府丞陳剛中永國公朱倬脩撰黃龜年御史黃瑀文肅黃榦著作王蘋文靖鄭昭先侍郎鄭湜知府楊宏中少保陳貴誼忠肅陳韡侍郎陳公益左史徐鹿端明趙以夫文簡許應龍處士潘柄太師鄭性之教諭林用中參知政事黃洽端明李韶少卿唐璘忠靖趙汝騰學士陳居仁中書林希逸通判潘牥樞密林存迪功陳藻處士林公遇樞密高應松法曹朱投侍郎黃師雍待制陳暘元學士林泉生總管林興祖國朝處士吳海參政鄭珞侍讀學士林誌都御史洪英知府林元美編脩陳景著給事中林福教諭林銑都給事中姚銑尚書趙榮知府孟杞參議謝璟知縣高瑶教諭王佐教諭吳伯璋知府李興參政林迪中教余琢左輔黃鐘楊珣劉爲凡十一人

長樂縣祠在廟門東祀宋知縣李茾閔希聲吳仲巽蕭竑徐世英袁正規吳一鴻主簿陳之鄧元攝縣尹吳復　國朝知縣丘宗兆王遵道龍舒縣丞朱褒張文可主簿劉有源典史黃本教諭孫大雅廖正訓導俞拱凡十九人

連江縣祠在廟門東祀唐縣令劉遶宋知縣鞠仲謀國朝知縣歐陽翰凡三人

羅源縣祠闕

永福縣祠在戟門東祀唐觀察使常袞元攝縣事王翰凡二人

福清縣祠在廟門東祀唐縣令賈郁縣尉林攢宋知縣方階郎簡莊柔正顏師魯方械劉朔莊廷珪趙希漢李元吉章伯奇徐輝傳楫縣丞翁卿元林孝淵主簿林枅劉崇之傅大聲縣尉黃國鎮元達魯花赤馬合馬沙知州林以順林泉生判官曹道振　國朝知縣汪仁余懋劉忠淵蔡光親周玹余泰康永紹麗鄧縣陳逅張楙教諭周南何公溥凡二十七人

丞鄭同主事陳鈍郎中周傑尚書黃鎬尚書林瀚參
政王俊都御史陳紀尚書林泮副使林玭御史林璨
都御史林廷玉知府許坦員外周熊主事宋宣副使
翁晏尚書林廷選參議倪玭訓導姚珏給事中許天
錫長史鄭伯和尚書林庭㭿處士馬驄郎中鄭善夫
同知李廷儀副使劉世楊博士廖世昭都御史陳達
侍郎鄭諒主事王昺御史舒汀右布政使陳暹少卿
袁成能中允陳謹教諭齊滎和凡百有九人

閩縣祠在啓聖祠右祀宋處士李樗少卿任文薦中
奉李芘侍郎陳孟宣教林琦處士陳禾進士林夙推
官楊朏凡八人後舉祀者俱入府祠

候官懷安二縣舊有祠今并入府

古田縣祠在戟門西祀翰林學士知制誥張以寧

閩清縣祠在明倫堂右祀宋秘書陳祥道侍郎陳暘
黃師雍文定公許將觀文鄭自誠編脩陳問朝請蕭
矜編脩許份　國朝編脩許琛布政使謝璣凡十人

長樂縣祠在廟門西祀宋水部郎中林顗思宋秘書
陳宋霖安撫林安上處士陳栩樞密使尚應松教授
陳如晦元處士歐陽侊博士陳俞教諭鄭子尚教授
蔡通知縣陳夔進士劉砥進士劉礪提刑張翀　國
朝教諭朱漢奎知縣陳祖知縣陳伯康贊善陳仲完
侍講陳全都御史謝士元郎中黃熙教諭陳德隆光
祿丞林公黼苑馬寺卿陳文沛處士陳耀通判陳豫
章知州林谷顯凡二十七人

連江縣祠在明倫堂東祀宋侍郎李彌遜尚書李彌
大參政常挺凡三人

羅源縣祠在明倫堂之左今廢

永福縣祠在廟門西祀宋脩撰黃龜年北海令朱庭
脩宣教郎盧銘機宜吳元美侍講蕭國梁祭酒黃安
大學生鄭僑處士林羽元學士林泉生　國朝檢討
王偁凡十人

福清縣祠在廟門西祀宋監安上門鄭俠樞密黃祖
舜朝奉王蘋太祝黃顏榮侍郎林栗正德七年提學姚淡華嘉靖九年後祀
樞密陳貴謙僉判敖陶孫迪功郎林亦之迪功
郎陳藻處士林文之處士林公遇通判林珪　國朝
御史鄭孟參政韓弘布政使何宜御史謝天錫副使

[illegible]竹諒副都御史陳仕賢布政使翁世經主事[illegible]
程郎中李庶凡二十一人

社稷壇在郡城北大鵬山南洪武七年定禮制刻石于壇其壇北向四方各二丈五尺高三丈東西南北陛各三級立石主一于壇之南又置木主二曰府社之神府稷之神 七縣云其縣 其傍有神庫神廚宰牲房洗牲池齋房歲以春秋二仲上戊日郡太守蒞祭禮畢藏主于庫 壇舊在城南七里唐遷于南澗寺東偽閩時遷烏石山之陰元初遷法海寺洪武六年移今所

閩侯懷三縣不別為壇

古田壇在縣治西七里

閩清壇在城隍廟前 舊在縣北今地

長樂壇在縣西

連江壇在玉泉山之麓

羅源壇在西隅棣華坊

永福壇在北僑溪之北

福清壇在南隅龍門江之右

風雲雷雨山川壇在郡城南釣龍臺故址洪武元年令府州縣得祀境內山川其後又令風雲雷雨[illegible]城隍合祭壇一而設位四中祀風雲雷雨之神左祀府境內山川之神右祀府城隍之神悉南向日本琉球浡泥山川之神祀西隅東向歲春秋二仲上巳日布政使率諸司蒞祭如社稷禮 宋元時皆附於社稷壇洪武二年建惠澤山六年移今所

閩侯懷三縣不別為壇

古田壇在縣東南

閩清壇在德懷廟前

[illegible]壇在縣西南三峯塔下

連江壇在新安里

羅源壇在縣治東隅

永福壇在縣南沙灣橋之南

福清壇在縣北隅玉屏山之北

城隍廟在越王山之東祀本府城隍之神 洪武二年封鑒察司民威靈公十七年更定禮制革封號 歲無特祀合祭于山川壇厲祭則迎神主之凡有司至將視事必齋宿廟中誓于神宣德十年重修御史王介為記 我國家誕膺[illegible]撫有萬方洪武初考[illegible]

典義于[illegible]中興之初[illegible]京師達天下勅州[illegible]縣[illegible]城隍之神[illegible]等差越一中[illegible]于禮祭[illegible]神[illegible]千萬世也惟閩[illegible]城隍廟在藩臺北隅[illegible]建於此載祀典隸郡守沈[illegible]入我朝規制始備迄今數十年日就頹圮歲時修葺但補其敝陋而已正德癸酉太監尚公安以舊臣來鎮閩省明年乙亥躬謁神祠睠眺良久嘆曰高城深池偉哉金湯之勝惟茲神宇所以捍虞妥靈乃因仍若是猥之禮文殊有未稱於是謀諸督府太監尚公春巡按御史張公景暘胡公文靜暨藩臬長貳郡守議既允合乃涓辰程物鳩徒庀工凡殿寢堂階門廡之舊撤然一新而規模宏敞視舊有加矣肖像孔儀徽衮冕之舊易以時制冠服比考成而祀焉廟貌改觀神休歆止于行臺鄰於祠往返所經初營建時雖盛暑亭午亦閒崔公暘從尋公之用心勤密所謂治官事如家事者歟[illegible]城隍之神祀典具載又非若宮梵宇可方也雖然古者諸侯爲國從事於禮樂明之治有本焉有文焉宮墻具瞻豆籩孔式者文也省刑薄稅以厚其生興學勸農以奉其[illegible]自[illegible]社以植其善者本也本末兼盡而後神人和民生遂而熙然者太平之治於無窮斯於　聖天子之制作爲不負矣象簡賢圖治之意爲無忝矣官于茲士有事于茲廟者尚念之哉

閩侯懷三縣不別爲廟洪武二年封縣城隍爲顯佑伯後改稱本縣城隍之神

古田廟在縣西

福清廟在縣西

長樂廟在縣東北[illegible]德七年知縣楊禩重修[illegible]縣有二廟今朔望分謁焉

連江廟在欽平下里

羅源廟在縣東

永福廟在縣治東

閩清廟在縣治北

旗纛廟在都指揮使司堂之北中設軍牙六纛神位洪武元年建每歲驚蟄霜降祭用大牢今則惟霜降用少牢焉祭日都指揮使戎服率屬行禮凡出師迎旗祭之師旋歸旗于廟

福城三衛不別爲廟

鎮東衛梅花所萬安所定海所各建廟一

郡厲壇在郡西北寶福山立石刻祭文洪武間所頒也歲以清明中元十月朔日三祭先期牒告城隍日迎神主之宋元皆附社稷壇洪武三年建於馬鞍山之後八年移今所

閩侯懷三縣不別爲壇古田閩清長樂連江羅源福福清各有壇祭如郡儀又各鄉間置社壇厲壇

東嶽行宮祀泰山之神五代時建宋大中祥符間復廣其制

朝紀宮在九仙山上祀火神

漢閩越王廟在南門外釣龍臺之西祀閩越王無諸

福建左參政程莊記

皇明御極統一四海隆丕基于億萬斯年皇帝寅畏上天夙夜靡懈百神之祭尤注淵衷王音若曰維兹神祗著禍淫功用叵測默贊于我皇猷允有位宜敬崇報故自郊廟迄于中祀鑾輅必臨船行爲祼所在祠祭則各命有司而廟額神號務從古質尤愿應祀而逸也特勑禮部咨詢方鎮牽率犧典俾無遺失此漢閩越王歲時祀事所由復興也王諱無諸姓騶氏其先禹之苗裔夏后少康封其庶子無餘于會稽以奉禹祀於是始有越國之名後二十餘世至句踐爲越王又六世無疆爲楚所敗越以此散諸族子爭立或爲王或爲君濱于江南海上王蓋其後也上距無疆爲七世秦并天下以其地爲閩中郡及諸侯伐秦王率兵以從秦亡復佐漢滅項籍高帝五年以功復立爲閩越王王故地唐大中間始建祠于釣龍臺山之西勝英厲響久著靈蹟水旱兵疫邦人祈之無弗應著宋宣和二年封鎮閩王賜廟額曰武濟提點刑獄俞向撰廟碑紀靈異甚悉歷朝國更封真君入國朝來有司弗舉成曠典者十二年矣乃洪武丁巳詔以儀鑾使江寧葉公茂來爲福建布政使公敦本務實治民事神咸極誠敬蒞事之明年政務畢舉神人以和尤慮祀典弗究無以稱 上意及延父老歷詢郡祀始得神之本末適時告旱公因率僚佐左參政南陽唐公俊及莊往禱祠下齋虔恭顯禱如在工祝駿奔執事有恪繼時靈風飄衣紫煙飛繞陽行陰欽天宇靜肅精誠昭明發揚動盪有赫其臨者焉祝告之頃陰雲倏興非霖流沛霈既斯苔益信所聞由是僉議即具狀以達于中書下禮官議從神故封稱曰漢閩越王之神遵新制也於是藩翰之臣咸相慕拜時則有若都指揮使滁陽趙公圭都指揮同知和陽王公誠提刑按察副使於陵王公璉同議協恭以十二月壬寅祇易祝號式新祀事于以昭 上德于以揚神休使邦人父老知所尊重於戲閩在古爲蠻粤文身之地至王以神明之冑居之故能乃心實使諸侯兵踣秦斃楚佐炎漢成帝業業勳靈廟[illegible]三山磅礴之氣爲之增壯自時厥後漸摩風教用夏變夷馴致唐宋之世篤生秀民或立言垂訓或爲世宰輔蟬蛻荒服之習湛沐鄒魯之化者王實啓之按祭法能禦大菑捍大患則祀之然則公之舉興神之服休命孰不日宜哉知福州府葉城董彦暨其僚屬咸願爲文刻石示久用敢序其梗概系之以詩俾邦人歌以祀焉其辭曰炎漢之隅閩海瀆綿標照耀光郁紛維王奕葉神禹孫育騶虎豹勳荊榛殿此荒服保黎民斡旋機軸轉化鈞詎歌來歸赤帝尊鐵騎汗血趨崑崙手扶烈日開宸形旄矢昭殊勳草木衣被生陽春漸摩風教俗以淳民挺拔宜人文并棠蔽芾森若雲翼翼遺廟今尚存歲時報祀羅酒罇于薦蕙殺香苾芬翕張造化參乾坤神靈赫若禪桑敉

廟籍田　參政唐濂撰記

福城南去九里曰南臺又曰龍臺上有漢閩越王廟王當秦亂保障吾閩帥師助漢滅項顯受封爵及歿廟食茲土緯著靈跡庇民之功歷載祀典邦人每歲六月半爲瓜蓮會以靈貺祭之禮元至正十八年行省平章政事普化帖睦爾嘗捨閩縣公田六十畝二分以助香燈之費田在遂琴里者三十八畝七分二釐在靈岫里者二十一畝二分八釐有奇見存初廟前江心旋長沙洲人以爲神靈感召名大廟洲故登誌曰靈應洲屬侯官縣一都土地居民王方廣扞治成田亦捨于廟增助香燈田計[illegible]有一十畝五分四釐雖江水衝激東傾西復人皆知爲神田也祠下居民鄭廣者求爲守廟以田私[illegible]戶子神又將田之所入者賄易廟西陳氏閩[illegible]十三株弁籍於戶是後祠守日敝凡若[illegible]成化癸巳會耆民鄭得等發鄭神[illegible]田及契責之太守唐侯珣覈實本之誌書證之碑記參之輿論悉田與閩實爲廟之故物始寘神於法之寅歲適建閩唐侯乃籍其田復歸之廟然議者有大功德者必世祀如王之捍大患禦大災[illegible]於傳記者昭昭可考英偉之氣黙相動盪雖不係於田固有無窮之靈貺之所香燈弗稱其非 國家崇重之典與邦人

龢忠意也治民事神守臣當務修廟復田裏幾千餘
載事𫎭民鄭蒂莊思正等咸請紀石以示時奉何
祠者知警不敢復萌權奪之念乃爲
之言其田園稅糧具列於碑陰云

廣應廟在東山善溪祀漢閩越王郢子山峽間有二
潭共一深不可測舊傳王子射中大鱔於此土人禱
雨則應 唐太和元年觀察使張仲方早禱輒至聖泉
寺明日入門池色淨澄闕雨聲來圖
練副使李貽孫詩旆旆息民生風雲遂馬來判官李
𢿙許雨隨旨蜂合雲煙晶揪禾肉供奉訪城侍御
詩雲陰隨雨度 宋曾鞏禱雨文 嗟乎旱也甚則爲之
椎穫逐風來 荒荒之穢將槁而萎
𦲷𦲷之衆爲望而作繼閩屬者寇賊之難連其既斃
貧士已羸餘甿咸萃百十雖雖頗跰出沒負力衆[illegible]
亦有覬覦諸斂所推相望苦痛未受[illegible]室家萘煐
迍近並婗我畜以桑亦[illegible]以威從有法貴不從係[illegible]
或擾而亭或就羈縻逮歲朔易壹定無遺山林夜行
笑語追隨吾人即安含秧而饁士馬亦奇桓桓驛騎
天子聖德海邦是綏維此海邦初亦難餒今雷于兵
師征始歸今食足矣廩實尚微若歲大旱如此如不
如京如坻自公及私獄無訟繫里無俗鬭或於未
方始在茲今此大田既碩而齊俾不卒成以忍爲斯
神有靈號國人所祗神有顯號天子所褒蓋館把之
稿能澤之胡寧有餘斂而不施我用日稀辭以歸
以告源側尚其聽之驟除驕陽矮其積雨彌爲牛爲
晃瀣淋漓俾農有秋百物具宜婚偷與争長羣飲
人於報帝
崇有數思

剛顯廟在烏石山之巓祀唐處士周朴 朴閩人遷寓傳宋紹興間敕
淩帥閩請於朝爲建祠

顯應廟在螺江之滸祀唐將劉氏兄弟三人 宋淳閩

[illegible]之亂淮甸人劉行全得仝仲全兄弟
衛之有功未獲封賞而卒閩人憐而祀之

靈濟宮在府城南欽仁里之梁山祀南唐江王徐知
證饒王徐知諤諡兄弟嘗將兵至閩郡人德焉爲立
祠 永樂十四年
文皇帝有疾禱神著靈驗命拓其址而新之封爲眞人
御製碑文 賜廟中五歲一遣祭 賜袍

忠懿王廟在慶城寺傍祀閩王王審知唐侍郎于兢
撰碑文每歲迎春有司遣祭取其碑下土爲春牛

權務廟在鳳池坊東祀五代權務使張睦 見名宦

宋林公廟在城西南 祀宋義士林傪林衎父
子 宋康定間有海寇由海門入傪衎傾貲募兵禦擊大破之官軍懷其功鄉人思而祀之[illegible]

忠毅侯廟在郡城譙樓之右祀元副都元帥陳君用

顯忠廟在三山驛左祀元參知政事葉文炳 文炳見名
宦 按舊志陳元帥劉廷檢於閩地有捍禦之功擧葉參知十郡之日秋毫無犯其德在人皆不可忘遂
祀並廢宜復之

劉巡檢廟在北門外祀元檢校劉濼

天妃宮在水步門內一在大石江滸 舊記莆田林氏都巡檢第六女生
[illegible]間少而靈異處室三十年而卒爲水神求[illegible]
弘仁普濟天妃奉使外夷者必禱其宮有應[illegible]

□海衛□衛則應或蝶或雀或燈光有人見之□而利涉矣嘉靖間給事中陳侃使琉球還為詩紀

古靈祠在萬壽巷內祀宋樞密直學士陳襄 襄見名賢傳 國朝高廷禮詩寂寂古靈祠明明仙居宰當時化百里惠澤流千載家林廟貌存不啻桐鄉愛何以昧井邑古榕陰大

道南祠在光祿坊內祀宋儒楊龜山李延平羅豫章朱晦庵後推祀二程先生以四先生配之 今廢

道原祠在貢院南祀宋儒林之奇黃榦 正德十七年建

李忠定公祠在西門外祀宋丞相李綱 正德十九年建與忠賢墓

□近今其裔孫居守綱見遷寓傳

拙齋祠在三山驛前祀宋儒林之奇呂祖謙

劉氏五賢祠在鳳岡祀宋儒劉夔劉康夫劉藻劉砥劉礪 按劉氏之賢不止五人又有劉世南劉嘉譽劉子玠俱見先儒似當并祀

勉齋祠在烏石山之西祀宋儒黃榦 嘉靖間建今祠地歸大吏立于學宮射圃之左

唐公祠在西門外西湖之澨祀郡守唐珣 □見名宦□治間建

一峯祠在朱紫坊內祀羅文毅公倫 □□□□□□□□後劉□□□□□□□□也一峯先生□□□□□□□制郡有學有宮以祀大□□□□□□□□□□

成化丙戌進士第一科學完德備尤不愧□□立懦之風皎然光霽天日可衷也先生之學貴實□生白沙並鳴先生危論實嚴苦勤講語點一性真非聖之書絕口不談意之所極蓋將循濂洛以直泝洙泗視身世榮辱若贅疣然故其化也以正綱常也以厲名節退也以身心之蘊迪後進如不及然白沙嘗許之為豪傑為所立卓然為必為君子世以為允白沙在廣南先生在江右所在師事東南兩夫子有今書院之作其諸生私淑之遺有位作人之盛乎學自近始也學孔先顏顏深矣四儒其範也四儒又深矣嗣遺響以再鳴希榮其母二先生始于白沙之祠後併祀之斯記在山以老哀辭柳不忖端緒而先生為肝八年改祀其祠地所賣問矣

姚公祠在水步門外河口祀兵科給事中姚銑 正德十五年建銑見忠烈傳

忠烈祠在郡城西閩山之麓祀尚書孫公燧 嘉靖二年建燧孫御史琮按閩重修燧餘姚人正德初參政後撫江西死節素有重名所至人懷之

留愛祠在萬安橋之西祀郡守葉溥歐陽鐸汪文盛胡有恒 隆慶間建溥文盛有恒俱見名宦

仰德祠在西門外貴安山祀布政使陳錫 隆慶四年建錫廣東人在閩有惠政 祠之左有巡撫龐公尚鵬生祠 尚鵬南海人萬曆八年建

崇報祠在萬壽塔之東祀郡人都御史林廷玉副使高文達 嘉靖二十年建廷玉文達見人文志正德間平寇有功有司請為立廟

殷公祠在西門外西湖傍祀都御史殷公從儉

是歲[illegible]贊西人撫綏八閩當兵火之後紛己便民人懷其惠

懷惻祠在郡城西羅漢洋祀布政使查約參議楊瑀都指揮使王翺經歷周煥嘉靖十二年建初撫四夏三司方最候御史臺順卒至約輩遂溺舟人惻焉周經歷僅以身衛主投介岸賊死之時失其名似當附祀

彰義祠在南門外吉祥殿祀禦倭陣亡將卒嘉靖四十年建禦倭兇閩至城下把總俞了明等戰死有司并死士合祀之為廢置祠田今守者頗乾沒

古田劉侯廟在雲岸坊西祀唐劉瑗唐開元時爲率衆千餘戶歸化爲邑人德之爲立廟宋崇寧初賜爵元大德間新之學士累以寧爲記

靈應廟在西北臺山祀宋縣令李堪嘉定間建後封遺愛侯備[illegible]

以夫爲之記

臨水夫人廟在縣治東三十里祀水神舊記江南下渡陳氏女年二十四而殁陳氏世巫覡女死而爲神有禱輙應宋淳祐間封慈濟夫人賜廟額曰順懿張以寧爲之記

閩清黃公祠在縣治之東祀元縣尹黃禎

長樂九賢祠在六平山下祀朱文公配黃榦李㑺劉砥劉礪正德五年建初宋禁僞學文公避泥焉主於劉氏四賢實從之

連江劉鞫二公祠在東湖壩上祀唐縣令劉逵宋縣令鞫仲謀見人文志

福清龍江祠在海口龍山之南中爲殿祀孔子旁三賢堂祀宋儒林光朝林亦之陳藻宋末建嘉靖間令[illegible]行修葺

忠愛祠在青湖旁祀宋介公鄭俠正德十五年建

論曰傳云陳夫人好巫而民淫祀風使之然也吾聞信鬼俗之教也其唐之衰耶其王氏父子據有上之時耶自鄉鄉以豎刃兆祥始感神怪後世子孫踵而尤甚莫不竭民力以崇奉所謂實皇者然而禍亂繼之相蹱也亦竟何福之有哉不務民義其效可覩已柰何至于今其風未泯也蓋習之移人久則難變矣舊志所載或里巷之私奉或巫覡之妄感今皆削之惟在祀典者則因而存焉嗚呼祀典正則民志定民志定則左道息左道息則俗風美詩不云乎自求多福何必倀倀然而聽於神也哉自晏子不能勝臺之侯冉子不能救泰山之僭愚獨何人敢有意乎斯若夫叐經使邪慝不作則賢有司責也

福州府志卷之十　官政志二

戎備

東漢建安八年三四吴始立南部都尉府於建安今建元寺東舊傳乃吳都尉營

晉置典船校尉又有溫麻船屯舟兵制度皆不可考

唐開元十九年置泉山府兵有左衛營右衛營兵千五百人領於刺史其後置經略寧海二軍其使亦刺史兼之黄巢之亂州人陳巖爲丁壯保鄉里朝廷因授以節鉞巖置九龍軍

五代僞閩竊據置龍虎等六軍及拱宸控鶴宸衛三都又有全勝百勝横衛海路捉生護閩諸營

宋初置兵有三曰廂兵者戍州城之兵也有崇節營水軍營牢城營凡三千人曰禁兵者自外道之兵也或京師或他路更番至隸州者謂之本駐軍隸鄉監者謂之駐泊軍曰鄉兵者籍鄉民爲之也諸縣置巡檢寨十一都巡檢寨一籍民爲邏警弓手防海則籍舠魚船教習水戰宋兵制屢更名號猥多皆無益於戎務詳載其國史云

元初以兵千人增戍福州繼以江淮萬户府來鎮又置亳州翼萬户府又設福新萬户翼威遠萬户一又有巡軍弓手並隸四巡檢司

國朝福郡兵有四曰衛兵曰弓兵曰機兵曰客兵

衛兵者衛所世籍之兵也　國初或簡户丁或調他省或配有罪籍之爲兵設指揮千户百户等官統之環十邑之地置衛四所二十有六在城衛三曰左衛曰右衛曰中衛在外之衛一曰鎮東衛在福清縣東海濱左右衛轄所各六曰左所曰右所曰中所曰前所曰後所曰中左所中衛轄所五裁其中左所鎮東衛轄所如左右衛又外轄所曰萬安所在福清東南海濱曰梅花所在長樂東北海濱又定海所在連江縣隸福寧衛

衛兵有二曰征操軍曰屯種軍征操軍者入則守城謂之見操軍出則守寨謂之出海軍凡軍歲踐更月給米一石出海者給四斗小旗九斗六升總旗一石二斗[illegible]

屯種軍者洪武初取發守及[illegible]屯田分[illegible]所軍[illegible]人種田三十二畝[illegible]六石以米驗[illegible]

者因本色以銀輸官解貯京庫者曰折色因地遠近
而制其賦正統間鄧茂七之亂御戒嚴調屯軍以守
屯軍始有給八十者嘉靖間倭入寇軍門選衛軍千
人備戰號曰標兵衛軍始於常給外加餉銀五兩四
錢

福州左衛原設旗軍六千七百二十名今實在城操軍一千七百八十六名出海軍一百八十五名疲紀軍七十七名屯種不支糧軍八十七名共一千一百二十五名選外選練餘丁一百一十一名

屯旗軍一千六百九十七名

福州右衛原設旗軍七千一百五十五名今實在城操軍一千一百三十六名出海軍四百五十一名疲紀軍三十九名屯種不支糧軍八十六名共一千八百二名選外選操餘丁四百一十八名

屯旗軍一千九百二十六名

福州中衛原設旗軍五千七百一十八名今實在城操軍一千一百五十七名出海軍一百三十六名疲紀軍四十五名屯種不支糧軍一百七十七名共一千七百九名額外選練餘丁二百六十五名

屯旗軍一千五百九十三名

興化衛原設旗軍八千六百八十七名今實在城操軍七百五十

出海軍四百六十一名標兵軍三十七名屯種不支軍二百二十一名疲紀軍一百一十三名小旗六名

屯旗軍一千四百二十二名

萬安所原設旗軍一千四百九十九名今實在城操軍五百六八名出海軍四百四十名疲紀軍二十八名

梅花所原設旗軍一千四百五十八名今實在城操軍二百零二名出海軍四百九名疲紀軍三十八名不支糧餘丁一千名

弓兵者每縣括民丁役之統於巡檢郡要害地置巡
檢司十有三曰閩安鎮巡檢司弓兵六十人曰五虎
門巡檢司弓兵六十人曰竹崎所巡檢司弓兵三十
人曰五縣寨巡檢司弓兵三十人曰杉洋巡檢司弓
兵三十人曰�松門巡檢司弓兵三十人曰北茭巡檢
司弓兵百有二十人曰蕉山巡檢司弓兵七十人曰
小祉巡檢司弓兵七十人曰松下巡檢司弓兵七十
人曰洋朗巡檢司弓兵四十人曰牛頭巡檢司弓兵
百人曰壁頭巡檢司弓兵六十人凡七百七十人娃
役者復其家弘治初始變其法以田賦充弓兵役每名
銀七兩二錢民間私雇賞倍之嘉靖四十二年倭入
寇軍門議以各寨弓兵多逃始募兵戍

頹直寨留兵十人有奇兵給銀五兩有奇而機其六
充軍餉弓兵之名徒存巡檢雖設無所用矣

機兵者　國初簡民間武勇籍於官時練而用之復其家二人弘治初又令選民壯以州縣大小定多寡以四季定操演以軍法禁私役古寓兵於農意也閩縣三百名侯官一百八十名懷安一百一十五名古田一百八十名閩清三十一名長樂二百五十名連江二百名羅源一百二十名永福四十五名福清三百名凡一千八百有奇其後在諸縣者時有增損惟長樂福清如故自正德以來法廢乃取之田賦役者官歲給雇直七兩二錢凡守關隘追盜賊巡捕官督之嘉靖四十年倭入寇軍門以兵食不足始於其中選爲標兵隸麾下又奏增機兵之直而減其數收羸以足餉機兵槩增直至一兩惟標兵則給餘者仍給七錢五分抽二錢五分并所減各縣機兵之食供徵充餉萬曆五年龐巡撫始減增直輸賦者便之

今機兵實數閩充餉見存一百八十二名除選標兵并抽一百三十七名侯官一百九十九名見存一百四名懷安一百六十七名見存一百二名古田三百三十名見存二百閩清一百名見存七十七名長樂舊額二百五十名見存一百六十七名連江一百四十名見存一百四十七名羅源一百三十名見存一百名永福八十一名見存六十五名福清見額三百名見存一百名凡一千二百有奇

弓兵者舊制兵無有也嘉靖三十六年郡苦倭寇巡撫始有調廣西向武州兵禦之者未幾遣歸四十一年倭又入寇巡撫告急鄰省浙江總督都御史胡宗憲遣參將戚繼光以所練義烏兵八千人自浙來援與倭戰大捷明年巡撫譚綸與繼光復以浙兵平興化之寇斬首萬餘級乃奏留浙兵戍閩散於八郡而開府在省會故兵多聚於郡置監軍副使一員郡同知專理海防通判專管沿海倉糧客兵每歲踐更缺則補之又時時徃募其勇鋭大抵聚郡者不下數千人矣人月給銀九錢而犒賞之費不存焉開府幕下親兵散處城中餘者教場建屋數百間居之

水寨

小埕水寨在連江縣定海所前景泰間建備倭武官指揮一員福州右衛一百十員分哨官快哨船福州右衛旗軍一千二百八十七名鎮東衛梅花千户所萬安千户所官一十七員捕盜一千五百四十二名總哨官定海所官四員旗軍四百名

烽火門水寨在福寧州東一都松山正統間建初設

武衛官一十一員旗軍一千三百八十九名中衛官一十一員旗軍二千三百八十六名福寧衛官一十一員旗軍九百九十名大金千户所官四員旗軍三百名

洪武初命江夏侯周德興經畧海徼備倭衛所巡檢司築城數十防其内侵又於外洋置水寨三後增為五爲福州者二日烽火門曰小埕指揮一人統其衆謂之把總各衛所遣戍者指揮一人領之謂之衛總終歲則更萬厯初巡撫龎尚鵬置福清海壇山水寨防倭遣戍視諸寨

把截寨凡十有一長樂四十石黃崎仙崎東山連江一光臨里福清六松關永平白鶴峯頭大坵牛頭

埕寨凡十閩縣一古嶺長樂一大祉連江一北茭福清七松下平北里平南里沙鳩連盤長沙峯頭

烟墩凡六十有五閩縣九鳳岬長崎琅琦海嶼象洪拱嶼東岐鱗嶼旺崎長樂二十有二壺井石鼎洞林山上湖浪頭山南嶺嶺山大嶼甲塞塔山板山牛山湖頭鼇頭嫁山山亭山流水壺井小福清二十有七松下岑頭祉大祉江田石門石濃白鶴大嫁壠下汶流瑯嶼赤林磁積仙岩前晏亭磁塔山馬頭澆頭鬣嶼前村洪坑䧟小西嶺蒲海石磁陳塘嶺吳峯頭

等井烟墩多洪武間建亦有不屬千户所者廢而不脩云

三衛教場在南門外週可四里將領以時簡閲軍士都御史閩臨之巡按御史嵗一閲視而賞罰其能否府及二縣備賞功費

鎮東衛教場在衛東門外

梅花所教場在城南門外

萬安千户所教場在城西門外

定海千户所教場在所城外東南一里許

防海之舟曰官船曰快船曰哨船委指揮一員造之郡二水寨外更有南日浯嶼銅山三寨不隸於福州衛者亦造舟於此三衛舊各有廠景泰間始併為一今在橘園洲

兵器甲胄干戈之屬衛所軍匠為之有定式有成數都指揮視其利鈍而藏之庫三衛舊各有庫弘治間始合而藏之武備鉄炮之屬謂之火器三衛置局造之其外衛所則取兵器於庫局

論曰郡兵舊有定額自寇亂以來益日增不知其幾

矣十邑之民困於供億故吾鄉[illegible]不得已則額罷浙兵予竊謂此未易輕議也何以言之耶夫諭兵利害者譬如養生無病若藥不可試病未瘳而勿藥亦非善養生者矣嘉靖間倭寇吾土列城陷四郊焚蓋環郡之外悉賊壘矣當是時也若非控于大邦假習流之卒以驅剿豕突俾其室家得乎今喪亂既平人有功于我而棄之不可謂義矣且閩寇與浙直不同倭之寇浙直也脅有內訌倏往倏來飄風一日轉數千里稍不得利揚帆鳥舉矣吾則海濱奸民桀驁稔惡亂心無厭黍為島夷耳目是故兵朝撤則賊夕至矣不可不慮也故輕罷兵者是不審利害之實病未瘳而勿藥之說也若大欲今為久遠之計者則莫若漸教土兵則可以漸省客兵郡多崇山峻嶺獨一面距海兵法所謂挂地也伏而候之險而要之藪可以入不可以出雖韓白有不易窺者是故其禦賊也用奇而不用戰其養兵也貴精而不貴多自嘉靖末迄今十餘年有意土著久矣卒未臻其效者蓋緣有說浙兵之客吾土也居則有餉行則有齎賤更貴召募則有雇直而上又數十之標猶不啻厚薄如此奈之何責之以死敵也假使以閩兵之養養客兵客兵必不為用以浙兵之養養土兵土兵獨不可用乎謂宜籍土衛丁餘以實缺伍可得千餘人萬戶長領之機兵弓兵汰以充餉者悉復舊額亦可得千餘人海防領之俱統於監軍尊責之禦侮無其他役二三年後則土兵可強土兵既強然後浙兵之思歸者厚資遣之踐更而不願復者勿強物故有缺者勿補不惟閩之食者日寡而浙之耕者亦日衆此所謂一舉而兩利者也蓋昔晉公子有愛馬者死於傳馬失之不知飽其芻秣固良馬也此言雖小可以喻大惟當事者圖之

福州府志卷之十二　　官政志三

公署

巡撫都察院在嵩山之麓嘉靖三十六年建其地宋尚書王祖道宅也洪武初駙馬王恭居之正統間改爲鎮守府嘉靖間改爲提學道後寇闖中朝議設撫臺督軍務遂開府于此

巡按察院在光澤坊內嘉靖二十七年改市舶府爲之其地即織染局成化間建市舶府御史陳宗夔自南院徙居以後因之

清軍察院在城南學宮之傍成化七年建其地即舊貢院成化間既遷貢院遂改爲南察院嘉靖二十七年以後御史南不居者久之萬曆五年御史候堯封清軍始署今名

西察院在三山驛之右正統十年建今廢爲使者公署

布政使司在越王山之南洪武初改勝國中書省創爲以譙樓爲大門儀門之外東曰清軍道舊在冶山之南與[illegible]察分司　曰分守武平道西曰督糧道曰分守福寧道相距

經歷司照磨所翼正堂左右理問所在督糧道之南隅司獄司在理問所之北隅庫曰架閣庫曰廣積[illegible]庫

[illegible]司在還珠門之西北洪武初改勝國廉訪使司爲之司之內經歷司照磨所翼堂左右司獄司在東門之西南隅庫曰贓罰庫曰架閣庫

監軍道在鍾山之右嘉靖三十年改舊福寧道爲之

分巡兵備道在冶山之南嘉靖四十年改清軍道爲之

提學道在烏石山之麓嘉靖四十年改五經書院爲之

屯田道在芝山之麓開元寺西正德三年建

巡海道在冶山之麓

分巡武平道在撫院之右今廢

都轉運鹽使司在譙樓之西洪武元年建經歷司在堂之東庫曰架閣庫曰廣盈庫司之分司二一在黃崎鎮一在水口批驗鹽引所二一在竹崎一在闖安鎮鹽倉在時昇里

市舶提舉司在烏石山之麓舊置泉州成化五年改建司之東有吏目廳

[illegible]廠在水部門外夷人方物貯之南有柔遠驛

貢院在將軍山之北成化七年建中爲至公堂後爲衡鑑堂堂之東爲謄錄受卷彌封之所西爲對讀供給之所衡鑑堂之北爲内簾東西屋數楹考官閱卷所也兩旁廊廡列焉至公堂之前爲試場明遠樓中峙樓之南爲門三重中建華表旁有二華表對立華表之南有木橋曰青雲橋達于通衢先是洪武十七年布政使薛大昉移來文場在譙樓東者改建於城南成化七年參建今所有司復拓而廣之萬曆五年燬于火重建

翰林學士柯潛記其畧貢院者賓興賢能之所也舊在藩城南地勢湫隘不足容多士諸公蓋屢欲闢之而勢有未能去秋右布政使朱公英按察使劉公敷時謀遷他所擇將軍山之麓焉其地面嶺負山臥冶池澄其下憑高而望岡巒聳秀河渠縈迴祥氣清靄倏忽變化於空曠有無間蓋城中勝處也二公既卜允臧矣會今春巡按御史洪公性至以歲當大比於是相與相度之鳩工飭材務在不勞民不苟作以成興賢盛事爲永久圖中爲至公堂後爲衡鑑堂二堂之間因舊池橋於其上池之側爲廂房東西各四堂之東爲謄錄房十七受卷彌封各四西爲對讀房入供給房十七衡鑑之後爲公明堂堂之東西並列爲考官房十二其側爲廂房東西各二廊廡之所咸具自至公以至公明繚以周垣覯□其容又於至山之上爲凌雲軒至公之前爲廣場橫各二十餘丈多士試所也中爲明遠樓南爲文門文闈之南又爲重門二曰賓興曰選賢賓興之前臨長街爲貢院坊又跨東西爲二坊對立曰掄秀曰登俊街南出舊有聚文坊亦更新之位序顯嚴彩耀内外□□□極完緻始事於正月二十四日七月初八日訖工焉□公乃爲書俾潛記之潛惟貢舉治之盛若莫如唐虞三代然所以致治者有由於賓興有道也故元凱並起岳牧得人其治效者有不期然而然者矣 聖朝 列聖繼作文命誕敷造百年于茲蓋易所謂久道化成者人才之盛凡唐虞三代無愧也吾閩素號文物之區躬經飭行遺照明之世累累有人顧每當大比歲霧湧雲集而場屋或不能容有司往往乎藏入試之數似非所以廣賢路矣今諸公相與究圖改遷去湫隘就高廣賓興彝典視昔益隆他日者升之 王朝敷施有位以佐太平之業以爲邦家之光則諸公之勤於用心者所繫豈小也哉昔魯僖公修頖學復閟宮詩頌之而春秋不書蓋春秋凡役必書以重民力而繫於治化者則雖役民無譏也詩頌之者邦人喜幸之心也貢院爲賓興設其所繫豈後於頖學閟宮況又經畫有度役不及民亦春秋所與也潛邦人也瞷然喜幸之心乎遂爲之記俾後來有考焉

福州鄉貢進士題名 尚書林瀚撰記

鄉學里選舉制也我 朝法之取士而又參之以唐宋設科規制凡預者其姓名書于榜揭于衢登于 天府而傳于四方亦彰彰矣然藩臬諸公尤慮其久而致泯又於通衢建坊書之學宮立石刻之冀益奮然遠且爲將來後造勸焉吾福當入閩首郡附以三邑人才之生鍾三山壺江之秀彬彬輩出於時爲盛當正統丁卯秋東魯許公道中以翰林修撰特奉 命來典文衡事竣乃從諸公之請紀之于石有取元魁及舉進士者則分註加詳夫今四十有餘載繼登第者題入名于石石已無餘地矣成化丁未提督學政僉憲金陵任公吉夫乃命所司重購石而續刻之奏屬爲記維時瀚奉 召命還朝以供史事未果建弘治己酉□憲劉明仲先生又申請舉其事瀚惟人生勢壤間得業經史而爲士得由科目以發身又過上之人圖以不朽其名於職榮矣夫一舉于鄉學官有名之再舉于春官對于大廷國學又有石名之名不朽固在于是然必正吾心以端其本然後推所□用于用如是則芳名又將紀諸太常銘諸彝鼎而

升青豈但茲石之不朽也我藩之父子叔姪
舉後題名于石而又屬為記以繼辉公亦幸之幸矣
敢不惕勵以
俟夫後賢 尚書林泮撰記 泮向宇貫州得題名記一通誌吾福城四學鄉
進士題名自洪武甲子迄於成化甲午計科三十有
六而記則內翰許先生秦 命校文昔作其即古之
賢書遺意也先是巡按侍御崇公崇重賢科以四學
題名典缺命工礱石題之凡元魁進士則分註之遂
謀諸藩臬請記以示將來之勸泮嘗閱諸先達題名
恒起思齊之念未幾借仲第濫竊賢科亦得題名下
方姓名又得大司成林先生記自成化丁酉至弘治
己酉凡九科加以方尚未題也其勵於將來之意尤
拳拳焉然此固為四學設耳抑有附學外邑而取應
者有業儒及隸名他後取應者有升胄監取應京闈
及本省者有職下官取應他省及京闈者又有父祖
子孫兄弟取應萃于一門者或欽題名而遺於分
註泮恐久而散佚遂取歷科榜文姓名鄉進士錄書
命工過梓並上聯 國家立賢無方下著儒林彙貫
有緣不敢辭也雖然傳不云乎賢才出國將昌我
國家際百三十餘年昌運以開萬世鴻業于茲則吾
福城賢才之盛可徵而二先生之記題名蓋亦不徒
託諸空言也已夫題名於先者泮既思仰有素矣敢
不惕勵自儆與諸同志共圖以俟乎將來耶噫
此固記題名者之意亦 朝廷設科簡賢意也
總兵府在將軍山之西嘉靖四十三年建傍有坐營
司
福建都指揮使司在越王山之東布政司東洪武
八年建元總管府故址也經歷司在堂之東洪武[illegible]尋更為使司副馬王恭闢而新之其後屢有修建成化十九年官署吏舍判始備斷事司在
都司之西司獄司在其又西

[illegible]在南營嘉靖間建
教場在南門外一里許中為閱武堂傍列兵舍
預備軍器庫在城北華林坊內弘治四年建
造船廠在洪塘橋園洲隆慶元年建 舊廠在府城東南河口

[illegible]卷之十一終

□署

福州府在越王山之麓譙樓之右洪武二年改勝國萬戸府爲之中爲堂守及僚聽政所也經歷司照磨所在堂左右堂之南爲儀門門外列館于東者一曰總捕曰清軍曰海防于西者一曰理刑儀門之南爲大門出大門有戒石亭□八閩首郡中明旌善二亭對峙其前堂之北爲穿堂又北爲後堂獄在大門之內鈐以司獄司庫在穿堂之後曰大備庫曰贓庫曰鈔庫曰龍亭庫知府同知通判推官各宅一區列後堂之北祠七地迎賓客各屋數楹列前堂之南吏房在堂左右階其後隙地爲吏廨先是州治皆在今布政使司歷晉唐宋至元始立總管府於譙樓東　國朝改建今所洪武三十一年燬于火知府應崇新之萬曆五年知府李廣闢重修

織染局在府治西南懷德坊內洪武八年設

寶源局在芝山寺之左萬曆五年建

常豐倉在府治西洪武十年建厫二十有六其地僞閩[illegible]寺也至弘治間郡守鄧[illegible]建三廒

稅課司在安泰橋西洪武七年建即宋稅務舊地

三山驛在城西即元東驛故址元有東西二驛今西驛成化間改爲郵亭道

三山遞運所在三山驛之前

陰陽學在譙樓東洪武八年設

僧綱司寓開元寺　道紀司寓城隍廟

總鋪在府治前

迎春亭　勸農亭皆在東門外

府儒學在城南興賢坊　國初因宋元舊制洪武四年燬于火七年重建中爲明倫堂堂之南爲儀門門外爲泮池跨石橋其上又南爲大門大門之內樹碑于亭堂左右爲齋者四左曰志道曰依仁右曰據德曰游藝堂之北爲尊經閣爲饌堂爲米廩　聖廟在學宮之西　敬一亭勒御製敬一箴并范浚心箴程頤四箴凡六碑教官宅諸生號舍射圃皆在東先是唐學宮在今布政司西觀察使李椅始移于此洪武間知府楊士英重修成化間知府唐珣修葺之

閩縣在府治東南洪武二年建中爲正堂右爲典史廳堂之南爲中門折而東向爲大門中明旌善二亭大門外左右又折而南臨通衢樹楔八閩首邑[illegible]

儀堂之西獄在中門外之西知縣縣丞主簿宅皆在
堂北東南為典史宅又南為土地祠吏房列堂左右
首吏廨西南隅先是宋元縣治在城都坊內洪武間知縣路圓玉始移于此即淨業寺故
址也成化三年知縣御金重建
閩之屬有虎門官母與巡檢司在嘉登里
閩安鎮巡檢司在江右里
閩安鎮稅課局在江右里洪武三年建舊時升里有稅課局今省
大田驛在西集里
江南河泊所在嘉崇里洪武十年建

公館二一在峽江北岸一在大義
鋪舍一十有三由郡城南達于福清者曰橫山鋪曰
江南鋪曰白湖鋪曰龍卧鋪曰方北鋪曰峽江鋪曰
閩屯鋪曰梳峯鋪曰方南鋪曰梁山鋪曰大田鋪曰
義溪鋪曰尤模鋪
預備倉三一在縣庫之西一在光德里一在常豐[illegible]
畔又舊有義倉一所在東慶環珠崇賢里今廢
養濟院在縣治西南九仙山之麓洪武間設正[illegible]
又建院東門外官舍區以棲鰥寡者邑人鄭欽今廢

閩縣儒學在九仙山之麓洪武初因宋元舊制拓而
大之明倫堂在先師廟之後其門東向堂左右列二
齋曰居仁曰由義教官宅在學宮隙地諸生學舍半
在山學初建于宋慶曆間及元至元徙于大學官丁
高子琳將景從相繼修建洪武間御史張德諭陳張王學官
李惟益正統間御史陳永復丁瀅天順間御史鄭儀
成化間御史尹仁提學僉事鄭
城知府鄭時唐珣俱修學有勞
社學凡十振文社學在縣前街之北今[illegible]河東社
學在南津坊德貴巷晉文社學在易俗里[illegible]
社學在南津坊溫泉坊內[illegible]社學在左[illegible]

崇正社學在喜壽坊龍臺社學長橋社學沙
合社學皆在嘉崇里藤山社學在聘畀里
侯官縣在府治南官賢坊內洪武三年建制視閩縣
大門折而東南向舊在罡江之西唐貞元間徙入郡城元至大間又徙于城西洪武三
年定今所
侯官之屬竹崎巡檢司在府城西北六十都
洪塘稅課局在城西二都洪武三年建
白沙驛在城西北三十四都洪武初有小[illegible]今廢
鋪舍十有一由郡城西門達于梅亭者曰城西鋪曰

界達于閩清界者曰陳湖鋪曰葉洋鋪曰豐田鋪
曰馬坑鋪曰大湖鋪曰松嶺鋪曰湯池鋪曰小箬鋪
曰橫路鋪曰萬灘鋪
預備倉三 一在常豐倉內 一在西禪浦 一在二都
養濟院 在右三坊洪武間建
儒學 在縣治東宮賢坊內洪武初因元之舊宣
德十年拓其址而廣之 學齋廨舍諸縣畧同 學堂之北爲尊經
閣閣之下爲養賢堂其東又有閣曰奎文 先時學建于宋慶曆中又元景定癸亥燬于火縣尹鄭衍新之別縣東之地以[illegible]其後縣尹[illegible]重修洪武間知縣[illegible]
宣德間布政使周[illegible]教諭[illegible]正統間[illegible]典史丁[illegible]縣守尚書薛希璉成化間知府唐珣書志皆載其修
學有[illegible]
書院二 拙齋書院在三山驛前 古靈書院在右
靈溪之傍
社學凡四 儒文社學 實文社學並在右三坊
文林社學在閩山廟巷 應文社學在右一坊
懷安縣治在府治北子城坊內洪武初建于芋原江
北十二年移入城制視侯官縣省丞簿惟有知縣
典史堂二 儀門吏房在堂左右階吏廨列于其後大門之

內榕樹兩株數百年物云 初縣自城外移入洪武十二年知縣薛武始建前
書林瀚記 天下附郭之邑惟吾福郡有三焉是已懷安縣治舊建于芋江之北二十里
許宋咸平中遷石岊始廣故縣爲治元至元間移于
縣西尋復舊治我 皇明洪武十二年縣丞張希閔
以隔城遠供役惟艱剗遍大江時請于巨浸乃奏徙
城中府治之西北即今地也歷年既久傾圮日甚正
德乙亥吉水謝君善來尹是邑方經營新之會更任
去丁丑西廣韋君邦相繼之重心[illegible]字[illegible]周[illegible]顧
縣宇敝陋慨然是惡可已於是稟于郡侯括茶葉
公溥鎮[illegible]藩臬諸公咸允其請給公帑白金八鎰有
奇以相其役遂取其材於林伐石於山陶[illegible]於冶
集羣工而興作之中爲正廳五間高三丈七尺深廣
稱三之一左爲典史廳右爲庫前爲儀門門左右爲
土地祠爲廊東西兩廊凡十六間以貯文卷又前
爲大門門外爲申明旌善二亭廳之後爲[illegible]堂堂
兩旁爲夾室後爲燕居[illegible]又爲[illegible]室[illegible]如[illegible]房[illegible]門
屏皆飭之頹靡不煥然一新煥然改觀矣經始於
戊寅仲冬越明年八月厥工告成屬予記于石予惟
今之爲有司者處繁劇之地簿書叢脞日不暇給至
若興廢舉墜之典心非不欲爲力有所不及爲也夫
舉也非韋令之敏於才未必工之克成且速如是況
能理財節用民不告勞舉百年之墜典壯一邑之觀
瞻殆今之賢有司僅一見者他日政成而甘棠之尚
去思繫焉予故爲之記其事凡有勞皆備書于碑
書林廷選撰題名記 懷安縣故石岊也洪武十三年薛令武始移今署中更修飭無
奉重民力而安苟備故公無度閣文書之藏私無退
食委蛇之所百度咸缺而題名爲大正德丁丑平南
韋君邦相來蒞茲邑因是創燕乃於己卯春舉久廢
議堂構咸思是大缺恐歲久益不可考爰稽故牒自
國初迄今令凡人令而下丞簿史幾人列名勒石而
時于庭請予爲記予嘗撫二廣蓋知君自家食時蔚
有名久矣及官吾土茂著猷爲又甚嘉之夫懷安
古附郭邑土瘠民貧[illegible]閩[illegible]爲下私冶閩廷臣[illegible]

慨□一獨以學校有定額人才視二邑無上下故神
閉之不特裁巫簿然府司符下少午財與殫竭□民疾
首籲楚不給控訴爭庭懷獨難也然後以有負當新
辭不乞難乎題名縣之史也後之從名貢實者其廉
其能恭公恭明恭無一可因者而以開塩胸無愿美
無隱惡良史孰大於是予嘗見志載薛公武之事
刑罰周公信之倫復如民□不隱之貴民戴史胡公爲
飾之木諒德化允當第父母也予故表而出之以爲
記實若近來之循良懷之人士今能稱之嗚呼諸公
當其難吾常公當其尤難則既成有今聞已副休風
於無窮不有待於
將來之諸公哉

懷安之屬五縣寨巡檢司在府城西北十七都

瀟崎稅課局在府城西南九都洪武元年設

芋原驛及遞運所並在府城西一都芋江邊

鋪舍有十由城西達于白沙者曰梅亭鋪曰土堰鋪
曰游崎鋪曰葛岐鋪曰鐵嶺鋪由井樓門達于連江
者曰來宜鋪曰北嶺鋪曰官溪鋪曰板橋鋪曰任溪
鋪

預備倉二 一在府城西南 一在華林寺前

養濟院在右二坊

懷安儒學在府治西西門街壯洪武十二年建正統
十一年有司始備其制十三年闢路達通衢大門在
譙樓南 先時學建宋大中祥符間在府西□縣治之東瀰歷元屢有修拆 國朝始移入城西□

布政使周顧方正參政宋彰御史張淑學文
同知府唐珦知縣胡節李克敏陳文彬皆然

三山書院在府城西關外西湖之上　瓜山義學在
十二都

社學凡五　懷北社學在貢院南　懷西社學在保
二營今廢　懷南社學在善化坊　懷東社學在將軍
山之南　越峯社學在華林坊

古田縣在翠屏山南雙溪匯流之上洪武初因元之
舊改慕廳于堂東堂之南爲譙樓譙樓之北爲中門
□有二所在中門左右 縣建唐開元宋太平興國初遷水口其後復舊元貲間增置西廳丞簿尉舊各有廳云洪武三年知縣韓秉彝重建正德間知縣劉倫重修　諸縣廨舍署同三縣

古田之屬杉洋巡檢司今廢

水口驛在縣南一都

黃田驛在縣西二都

水口遞運所在驛傍

陰陽學今廢　醫學在惠民藥局內今廢

僧會司在吉祥寺　道會司在祐聖宮西

預備倉在縣北兼善坊

預備倉四一在二十六都一在八都一在館山一在
十八都
公館八石山公館秀峯公館上洋公館嵩溪公館豫
陽公館竹園公館
鋪舍十有二在縣前者曰總鋪達于閩清者曰曹陽
鋪曰茶亭鋪曰崎嶺鋪曰陽歧鋪曰常瀨鋪達于延
平者曰朱坑鋪曰秀嶺鋪曰豫陽鋪曰谷口鋪曰竹
園鋪曰雲頂鋪
養濟院在十二都

布政司分司在縣治北
按察司分司在縣治西
府館在紫極宮東　捕盜館在東杉洋
古田儒學在縣西隅洪武初因元之舊學有文昌祠
成化間始出之祀于別所正德七年改明倫堂於文
廟之東學建自宋景德二年知縣李堪拆淫祠材
之紹興間丁寇知縣周彥耀移創西郊其後
復移至寶祐二年知縣許鑒始定今所洪武間知縣
鄭恭正統間主簿錢景泰間御史羅瑢天順間教諭
按問瑢成化間知縣汪璀縣丞吳儀弘治間副使陳
祥知縣屠容正德間御史李如圭胡文靜同知葉溥
知縣周遂劉倫皆志
教諭吳修俱有勞

[illegible]書院在八都　[illegible]書院在九都
閩清縣在梅溪南里許洪武初建堂之後有觀風樓
預留倉在中門內之西縣建五代宋熙寧有洪水之
災令徐縱新之洪武九年主
簿鄭珍重修縣丞黃禮正統間毀于兵前後知縣左
鎮黃澄典史余銘俱增葺有勞嘉靖間知縣彭珂又
拓而
新之
閩清之屬陰陽學在縣治西　醫學在縣治東
僧會司在善賢寺　道會司今廢
預備倉四一在賓仁里一在盍平里一在仁壽里一

鋪舍三縣之南曰梅溪鋪東曰眠石鋪北曰雞口鋪
養濟院在城隍之右
府館在縣治南
閩清儒學在縣治東南洪武初因元之舊永樂間移
明倫堂於禮殿之北學之東有射圃學建宋景德四
年知縣史[illegible]即
舊廣學地創之其後屢燬于火自宋迄元有司每有
建洪武初知縣趙起新之永樂間知縣朱暉正統
間知縣葉宗景泰間知縣李節天順間教諭馬能
化間知縣左輔陳霆間教諭麥春及皆作學有勞
長樂縣在六平山之南洪武初因元之舊[illegible]平
[illegible]堂東為典史廳西為庫中門之外[illegible]

旌善申明二亭俱在縣治西東偏舊縣治唐武[illegible]以下數[illegible]
[illegible]防禦使董琦移建今所[illegible]泰間知縣龍翻重修
長樂之屬石梁焦山巡檢司在十五都
小祉山巡檢司在十八都龍江
松下巡檢司在二十一都大祉三司並洪武間建
稅課司在縣治西洪武間建
長樂倉在縣東二十四都梅花千戶所舊課所正統
六年改爲
預備倉在鼓樓東
河泊所在十五都
陰陽學醫學俱在南山塔下
僧會司　道會司並缺
鋪舍六在縣西者曰總鋪西達于福清者曰何橋鋪
東達于焦山巡司者曰沙堤鋪北達于梅花者曰沙
嶺鋪曰梅江鋪南達于小祉巡司者曰巴頭鋪
養濟院在龍津坊
察院行臺在縣治東半里許
布政司分司在縣治東

按察司分司在縣治西
府館在察院西
長樂儒學在縣治東興賢坊內洪武初因元之舊成
化十四年新明倫堂弘治間復拓其地而廣之學之
內有朝陽軒瑞榕樓學建由唐神龍間至宋元祐始遷縣治[illegible]其制天順七年知縣任衙重修成化間知縣羅欽弘治間知縣王漁俱修學有記
書院四　龍峯書院在方安里　藍田書院在十六
都　南山書院在塔傍　鳳岐書院在十五都
社學凡五　高陞社學在縣治西　河陽社學在平
政門外　龍南社學在十都　石梁社學在十五都
阜林社學在二十都
連江縣在龍濼山南龍江之北洪武元年[illegible]堂之[illegible]
爲庫西爲幕廳爲架閣庫爲際留倉儀門[illegible]地有
在其左獄在其右堂北隙地構預備倉觀稼亭勸
閣縣建唐武德[illegible]至正燬于兵洪武[illegible]從[illegible]新之[illegible]後[illegible]修隆慶間知縣[illegible]
連江之屬北茭巡檢司在二十六都洪武二十年建
稅課司在通濟橋西洪武十八年建
定海倉在縣東定海千戶所城內洪武二十年建

沙河泊所在二十七都洪武十六年建
陰陽學在縣治西北龍津坊內　醫學在縣治前
僧會司在欽平上里　道會司在欽平下里
鋪舍十有六縣西者曰總鋪達于懷安者曰羅崙鋪
曰潘渡鋪曰陳山鋪達于羅源者曰陀嶺鋪曰俞家
鋪曰赤崎鋪曰丹陽鋪曰東禪鋪曰東湖鋪曰賢義
鋪曰財橋鋪達于定海者曰松塢鋪曰官嶺鋪曰嶓
港鋪曰埕角鋪
養濟院在天王寺前

布政司分司在縣治南
按察司分司在縣治西
府館在縣前
連江儒學在縣治東南洪武初因元之舊而新之弘
治十年移先師廟于學之東射圃在其西隅初學址宋嘉祐在縣治之東知縣朱定創之紹興間始移今所淳熙八年邑人鄭鑑言于令蘇紳改其制南向其後知縣趙汝訓鄭汝元縣尹夾德明成和教官徐復營力□葺平章燕赤不花秘書監卿貢師泰與揚□修之勤□國朝知縣歐陽榆凌王與郭軒張賢教諭吳嗣善俱修學有勞
社學一在縣治東

羅源縣在東戴坑洪武初因元之舊而新之□□譙樓備倉縣建宋慶曆中令陳偁所創也元至治□修葺洪武□□作縣□□□□建其後縣丞葺成化間知縣蔡弘陳儇俱□□明知縣徐珪嘉靖間知縣馬進皆修建有勞
羅源之屬河泊所在洗尉橋之北洪武十一年建□
靖間移橋之西
陰陽學今廢　醫學在縣治西
僧會司　道會司俱廢
豫留倉在洗尉橋之北洪武二十九年建
鋪舍六在縣西者曰總鋪達于連江者曰警峯鋪曰
□鋪達于寧德者曰護國鋪曰福源鋪曰新□□

養濟院在城西門外
布政司分司在旬宣坊
按察司分司在縣治左
府館在城隍廟東
羅源儒學在縣治東南洪武初建景泰六年始備其
制弘治十五年又拓其地重建學建宋慶曆□□□□所創也先是在□明寺南知縣袁符始移今所迄元屢有修葺洪武□教諭黃受典史謝忠祭景泰間知縣楊文瑞成化間同知章濟弘治間知縣鄧□□李南徐珪訓導□□□□問知縣鄭公善嘉靖間知縣吳周並修建有勞

祠 興燬于火知縣陳炎新之後屢燬屢新 元太
祠 起朝學俱燬 問王毅仍復其舊 國朝洪熙
縣王舉宗泰間知縣劉奎弘治間知縣譚顯劉庸
新 尊龍烈正德間知縣宗良佐黃信俱修學有勞

福清縣在鰲峯山之麓歷唐宋元或爲州或爲縣洪
武初因元之州治弘治十五年闢而新之嘉靖三十
七年爲倭所焚四十五年改建 縣古 典間 中間宋縣 曾 縣人 雀 宋 良 重 新
之 國朝成化間知縣余泰龍溪弘治間知
縣況瑩嘉靖間知縣葉夢熊俱修建有勞

福清之屬壁頭山巡檢司在江陰里
牛頭山巡檢司在南平里
澤朗山巡檢司在化北里以上俱洪武十二年建

海口稅課局在方民里 舊有南門江 稅課局今廢
福清倉在鎮東城内 萬安倉在萬安城内千戶所
之南俱洪武二十一年建
預備倉四 一在雙旌門 一在時和里 一在光賢里一
在方民里
際留倉
宏路驛在善福里 蒜嶺驛在光賢里俱洪武十二
年建
河泊所在海口鎮

社學凡十一 縣東社學 拜井里社學 梅溪里
社學 善化里社學 招賢里社學 臨濟里社學
新豐上下里社學 徐公里社學 清平里社學
林洋里社學 黃蘗上下里社學

永福縣在麒麟山南洪武初因元之舊成化間吏建
堂宇預備倉在堂之西正德元年始移民居設其路
于東南規制方備 縣古 宋 紹興 間 重建洪武初 燬成化間典史孟
輝創之弘治間知縣譚顯正德間知縣鄭倫俱
修葺有勞隆慶五年又燬知縣陳克侯重建

永福之屬漈門巡檢司在縣西三十三都
陰陽學在縣治北 醫學在縣治東
僧會司在重光寺 道會司在香山堂
際留倉 即元常平倉
鋪舍五縣南門總鋪達于福清者曰汰口鋪曰葛嶺
鋪曰峽山鋪曰創嶺鋪
養濟院在縣治西
府館在縣治南
永福儒學在縣治東洪武初因元之舊嘉靖間遷東
皐山之麓後復建于故址惟射圃仍東門外 學宮 崇寧

海口場鹽課司在方民里　牛田場鹽課司在崎和
里
陰陽學　醫學在縣南隅坊前
僧會司在清遠里　道會司在方民里
公舘四漁溪公舘蒜嶺公舘宏路公舘常思公舘
舖舍二十在縣治南者曰總舖西達于閩縣者曰宏
路舖曰高車舖曰太平舖曰磨石舖曰常思舖達于
興化者曰金印舖曰玻瓈舖曰漁溪舖曰蘇溪舖曰
蒜嶺舖達于永福者曰浯溪舖達于萬安所者曰店
頭舖曰牛田舖曰三山舖曰桃林舖曰後坑舖曰城
西舖達于長樂者曰薛田舖達于鎮東城者曰南門
舖
養濟院在後洪山
布政司分司在縣治東
按察司分司在縣治西
府舘亦在縣治西
福清儒學在縣治東洪武初因元之舊重修明倫堂
學建宋元豐邑人提學游[illegible]所捐地也元祐間
[illegible]方叔完淳熙間知縣劉敦增元至元間知縣[illegible]

[illegible]文海知州毋逢辰買思[illegible]州判乃麻歹[illegible]
[illegible]所勞至正九年知州林泉生乃更正其制[illegible]
洪武迄正統暨繼者五嘉靖三十七年燬于倭知
縣應元葉夢熊相繼新之萬曆間知縣徐師曾[illegible]
涖于二

元學士林泉生記

福清自唐爲縣宋始立學
門外　元貞二年陞縣爲州學仍
其舊至順間予來之州[illegible]禮殿[illegible]在學宮堂下
堂崇於殿三尺諸生列舍居兩廡從祀上諸州長日
此浮屠梵宇之制非禮也請更爲左學右廟責不
至正九年夏予叨守斯邦廟學頹廢益甚[illegible]
是冬復學之東壩規以明年改作新廟適予校文
有人不果又明年辛卯之冬始撤舊堂因北山之
以崇其基址度其規制新其堅良[illegible]以下石梁
章爲殿屋四楹中廣六尋深如其廣四阿爲[illegible]
門外週于廡遵古制也講堂爲憂學在東廡之東
主[illegible]高秀出其前彌文明也堂下東西有二齋
有泮水[illegible]之亭[illegible]也又南爲前序大小學
[illegible]門[illegible]也由堂及門凡爲屋七十五間十二
六月中[illegible]來代予快甚學集事甚[illegible]作成門
庭之南外爲[illegible]星門[illegible]兩[illegible]從祀[illegible]庭[illegible]
丹[illegible]然凡有所未備者方[illegible]以就完予時[illegible]
[illegible]治矣海上往來福清皆成喜其成美及[illegible]
去邦人求予記之乃進其[illegible]紳而語之曰始予之[illegible]
是役也非以[illegible]觀之將以復大禮也復者反其[illegible]
初也昔者二帝三王之治天下也以禮[illegible]以[illegible]
今君令臣恭父慈子孝兄友弟恭夫義婦[illegible]而天下
之志定矣二千年間有久治無久亂者與於禮也[illegible]
漢以後[illegible]相仍千百年間有久亂而無久治者[illegible]
下任禮而任法[illegible]不與禮而與利也然則道之[illegible]
禮必先立及其衰也禮亦先[illegible]故復古者先復乎[illegible]
也[illegible]周之禮其存於今者學校而已古禮之[illegible]
[illegible]自學校始儒者之言有曰古之爲學校者曰[illegible]
曰選士曰[illegible]政曰[illegible]曰[illegible]曰干戈羽籥曰鄉飲酒
曰射皆禮也今皆亡之謂焉而已矣是以存者名[illegible]
[illegible]乎聖賢之道著在方策脩道之教本於心[illegible]
[illegible]因方策之所存復吾心之固有則[illegible]而[illegible]

公孔子之道人人可能也人人能爲堯舜爲禹湯周公孔子之道則古禮無不可復其存其後蓋在不在彼孰敢以虛名視學校哉詳古今之教矣民有效矣傳曰一家讓一國興讓此國家立學崇化之意予之望於同志者無窮也

社學凡十　蒙亨社學在北隅後坡　養端社學在西門　西塘社學在官塘邊　崇文社學　擢英社學俱在南隅場前　永安社學在南隅鄭巷　文在社學在縣前　仰高社學在南下隅　王井社學在北隅上井　中峯社學在光賢里

福州左衛指揮使司在府治東南洪武八年創爲右衛二十一年改爲左衛經歷司在堂東鎮撫廳在大門内之左千戶所六左所右所中所前所後所中左所各有百戶所十列堂兩廊東西

兵馬司六今並廢

軍器局一在南津坊

福州右衛指揮使司在左衛之西洪武二十一年建制同左衛惟千戶所在大門内左右鎮撫廳在衛門百步許

兵馬司六一在鍾山寺前餘並廢

軍器局一在小皷樓

福州中衛指揮使司在左衛之東洪武八年建千戶所惟五餘悉同左衛之制

兵馬司五今並廢

軍器局一在南津坊

鎮東衛在福清縣治方民里洪武二十年建諸制並同左衛外增守禦千戶所二

兵馬司六今並廢

軍器局一在衛城北山上

梅花守禦千戶所在長樂縣治東二十四都洪武二十年建初爲巡檢司江夏侯周德興奏移巡檢司於蕉山而建所于此

鎮撫司在所西南半里

萬安守禦千戶所在福清縣平南里洪武二十年建所廳之左爲吏目廳右爲鎮撫廳有十百戶所列後門左右

定海守禦千戶所在連江二十七都坭角灣隸福寧衛洪武二十年建吏目鎮撫二廳設于所城外東一里許

職員

舊志所載前代設官不專爲郡者今皆不載或以他官而領郡或以郡守而領使者則書之

漢置候官長南部都尉

吳置建安郡太守

晉置晉安郡太守

唐武德七年置長樂郡中都督使州刺史領之其佐有別駕長史司馬各一人錄事參軍一人錄事二人功曹倉曹戶曹田曹兵曹法曹士曹參軍各一人參軍事四人市令一人市丞一人文學一人醫學博士一人助教一人

開元二十一年置經略使後改經略軍使後又改經略爲防禦皆以州刺史領之各置副使判官推官巡官爲之佐

上元間置節度大使諸王遙領之不親州事以副大使知節度事其佐有行軍司馬副使判官支使掌書記推官巡官又有同節度副使館驛巡官府院法直官要籍逐要親事隨軍

[illegible]初改都團練觀察處置使其後復爲威武軍節度使其設屬視防禦使唯有推隨軍要籍進奏官各一人

宋置福州大都督府長樂郡威武軍爲兩浙西南路以節度使遙領之總理郡政則州官也置知州事一人通判軍州事一人簽書判官廳公事節度推官觀察推官節度判官觀察判官節度掌書記觀察支使各一人諸曹錄事司戶司法司理參軍各一人州學教授一人

建炎元年置安撫使守臣秩崇者得兼其官其秩卑者稱主管安撫公事兼總一路文武之事其屬有參議官主管機宜文字幹辦公事主寫機宜文字準備將領準備差使措置招捉盜賊官而福建路兵馬副總管鈐轄都監皆隸焉

元置福州路總管府達魯花赤一人總管一人同知治中判官各一人推官二人達魯花赤用蒙古人總管用漢人皆一路之長云總管府之屬經歷照經歷知事各一人提控案牘一人司獄司司獄一

人儒學教授學正學錄各一人蒙古學不置學錄三山書院山長一人醫學教授二人學正一人陰陽學教授學正各一人永豐倉監收納　平准行用庫提領　覽倉　在城稅務各大使一人在城站正提領副提領各一人

至元十七年置錄事司達魯花赤一人錄事一人判官一人典史一人

明福州府置知府一人同知一人通判三人推官一人司吏一十九人典吏二十九人

郡守　掌郡政率其屬以撫所部十邑之民其職諸司職掌福州當省會事尤劇凡閩省七府疑獄讞于院司率牒移聽凡院司及部使者有所約束必先七府區畫武臣自指揮以下考其賢否達于上世胄之祿行伍之糧以時給之其勞蓋倍他郡云

同知專掌清戎兼防海　今事守或缺則攝篆

通判其一佐守理獄其一專督倉庾之出納其一詰奸盜兼制衛所轄邑巳齊　縣邑凡二十有七

推官佐守理刑院司或𠬝聽他郡之獄

經歷司經歷一人知事一人照磨所照磨一人檢校一人　司吏一人　典吏一人

儒學教授一人訓導四人廩生四十人增廣四十人附學無定員　司吏一人

司獄司司獄一人　獄吏一人

織染局大使一人副使一人　司吏一人

局雖設官歲貢內府有常數府簡閱其精者官備員而已

常豐倉大使一人副使一人　攢典一人

倉受者八郡之賦以備軍儲府判督之使受牒守支而已在外邑則否

稅課司大使一人　司吏一人

官不常設自嘉靖以後議以商稅增權充餉或他官攝之

三山驛驛丞一人　吏一人

三山遞運所大使一人　吏一人

陰陽學正術一人醫學正科一人僧綱司副都

一人道紀司道紀一人副都紀一人

舊制府選其人達于部而授之近多以空秩冒名

閩侯懷三縣不別設官

閩縣 諸縣職唐以前不可考唐置縣令以望緊上中下別之而縣名沿革多不同今所載者自宋而下始詳云

宋知縣事一人丞一人主簿一人尉一人劉溪巡檢一人

元達魯花赤以蒙古人任之別置縣尹一人以漢人也主簿縣尉典史各一人儒學教諭一人大義巡

檢一人閩安鎮巡檢一人閩安鎮務提領大使副使各一人江南州務大使副使各一人大田站正提領副提領各一人

國朝知縣一人縣丞一人主簿一人典史一人 司吏六人 典吏十四人

儒學教諭一人訓導二人生員廩生二十人增廣生二十人附學無定員 司吏一人

五虎門官毋嶼巡檢司 閩安鎮巡檢司巡檢各一人 司吏一人 稅課局大使一人 攢典一人 大田驛驛丞一人 攢典一人 河泊所河泊官一人 攢典一人

侯官縣

宋設官縣及學同閩縣并蕉洲巡檢一人

元設官同閩縣并蕉寨巡檢一人洪塘稅務提領大使副使各一人白沙小箬二站正提領副提領各一人竹崎批引所提領大使各一人

國朝知縣一人縣丞一人主簿一人典史一人 司吏六人 典吏十四人

儒學教諭一人訓導二人生員廩生二十人增廣

生二十人附學無定員 司吏一人

竹崎所巡檢司巡檢一人 司吏一人 稅課局大使一人 攢典一人 白沙驛驛丞一人 驛吏一人 小箬驛 今省

懷安縣

宋設官視閩縣鷄荼鎮巡檢一人監鹽倉一人

元設官同閩縣三縣寨巡檢一人稅務提領大使副使各一人

國朝知縣一人典史一人舊置丞簿後省 司吏六人 典吏八人

儒學教諭一人訓導二人生員廩生二十人增廣

生二十人附學無定員司吏一人
五縣寨巡檢司巡檢一人吏一人稅課局大使一人
攢典一人芋原驛驛丞一人驛吏一人懷安遞運所大使
人所吏一人

古田縣
宋設官知縣事兼兵馬監押一人丞一人簿一人尉
二人監商稅務二人監水口鎮一人水口巡檢
人
元設官視閩縣各口杉洋西溪三寨巡檢各一人縣
務提領大使副使各一人水口務都監同監各一
人水口黃田二站提領各一人副提領各一人縣
留倉大使副使各一人
國朝知縣一人縣丞一人主簿一人典史一人司吏六人
典吏一十四人
儒學教諭一人訓導二人生員廩生二十人增廣
生二十人附學無定員司吏一人
杉洋巡檢司巡檢一人司吏一人水口遞運所大使
人吏一人黃田驛驛丞一人驛吏一人水口驛驛丞一

攢典一人
陰陽學訓術一人醫學訓科一人僧會司僧會一
人道會司道會一人
閩清縣
宋設官裁承餘視閩縣監商稅務一人
元設官視閩縣安仁里巡檢一人稅務提領大使副
使各一人
國朝知縣一人典史一人司吏二人典吏八人
儒學教諭一人訓導二人生員廩生二十人增廣
生二十人附學無定員司吏一人
陰陽醫學僧道會司設官視古田
長樂縣
宋設官視閩縣監鎮口鹽倉一人權商稅務一人
元設官視閩縣北鄉巡檢一人稅務提領大使副使
各一人
國朝知縣一人縣丞一人主簿一人典史一人司吏六人
典吏一十四人
儒學教諭一人訓導二人生員廩生二十人增廣

生二十人附學無定員司吏一人
所門巡檢司　石梁焦山巡檢司　小社山巡檢
司各巡檢一人司吏一人　稅課局大使一人攢典一人　長樂
倉大使一人攢典一人　河泊所河泊官一人攢典一人
陰陽醫學僧道會司設官視古田

連江縣

【宋】設官視閩縣監商稅務一人荻蘆寨水軍統領兼
福州興化軍都巡檢使一人

【元】設官視閩縣寧善等鄉巡檢一人名閩等鄉巡檢
一人稅務提領大使副使各一人　際留倉大使副
使各一人

【國朝】知縣一人縣丞一人主簿一人典史一人司吏六人典吏一十四人
儒學教諭一人訓導二人生員廩生二十人增廣
生二十人附學無定員司吏一人
北茭巡檢司巡檢一人司吏一人　定海倉副使一人攢典一人
蛤沙河泊所河泊官一人攢典一人
陰陽醫學僧道會司設官視古田

羅源縣

宋【元】設官視閩縣監商稅務一人南灣巡檢一人稅務提領大使副
使各一人

【國朝】知縣一人典史一人司吏二人典吏八人
儒學教諭一人訓導一人生員廩生二十人增廣
生二十人附學無定員司吏一人
河泊所河泊官一人攢典一人
陰陽醫學僧道會司設官視古田

永福縣

【宋】設官視閩縣辜嶺巡檢一人

【元】設官視閩縣漈門巡檢一人稅務提領大使副使
各一人

【國朝】知縣一人典史一人司吏二人典吏六人
儒學教諭一人訓導一人生員廩生二十人增廣
生二十人附學無定員司吏一人
漈門巡檢司巡檢一人司吏一人
陰陽醫學僧道會司設官視古田

福清縣

東設官視閩縣臨海口鹽倉各一人海口松林南廣巡檢各一人

元改縣爲州設官達魯花赤一人知州事一人同知一人通判一人吏目一人儒學學正一人蒙古學正一人龍江書院山長一人附目海口鎮門遷上四寨巡檢各一人本州遷上海口三務提領大使副使各一人際留倉大使副使各一人蒜嶺宏路二站提領副提領各一人

國朝知縣一人縣丞一人主簿一人典史一人司吏六人典吏一十四人

儒學教諭一人訓導二人生員廩生二十人增廣生二十人附學無定員司吏一人

壁頭巡檢司　牛頭巡檢司　澤朗巡檢司巡檢各一人司吏各一人　福清倉大使攢典一人　萬安倉大使一人攢典一人　蒜嶺驛宏路驛驛丞各一人驛吏各一人

河泊所河泊官一人攢典一人

陰陽醫學僧道會司設官視古田

武職

元置福州兵馬鈐轄一人以州官領之武臣爲之副有駐泊兵馬都監一人兵馬都監四人監裏外壁稅務三人監作院一人監甲仗庫一人福鎮州巡捕馬遞鋪一人皆統於鈐轄

元至元二十二年移濟南東平萬戶翼戍福建後號曰定州翼萬戶府置達魯花赤萬戶一人副萬戶一人經歷知事提控案牘各一人鎮撫所鎮撫二人都目一人所統千戶翼有十各置達魯花赤千戶一人副千戶一人提控案牘一人彈壓一人上百戶二人下百戶十五人

至元二十七年置福新萬戶翼所統千戶翼有六設官如定州翼二翼皆上隸帥閫不轄於州

國朝福州左衛指揮使司指揮使一人指揮同知一人指揮僉事二人令史二人典吏五人

經歷司經歷一人知事一人

衛鎮撫一人司吏一人

左右中前後中左六千戶所正千戶各一人[illegible]

戶各一人鎮撫各一人百戶各十人

福州右衛指揮使司設官吏視左衛

福州中衛指揮使司所但有五設官吏視左衛

鎮東衛指揮使司設官吏視左衛

梅花千戶所　萬安千戶所設官吏視左衛六所

福州府志卷之十四　官政志六

歷官

後漢侯官長商升建安初任　南部都尉賀齊

晉太守嚴高有傳舊有劉珧陳文彥三山志俱無善因劉任一不知其疑設於此　趙理

鄭逸　楊恬大康安間任　卓宏永中任

東晉太守郭粹　賀喬　楊羨　謝摛　陳熙　師暢　陳雲　謝永

顧颺　薄儁　朱育　祖會永興至大寧間任　魏隨　王昭俱升平間任

陶宏　李崇俱興寧間任　江諒咸安初任　戴困康寧初任　賀期　王祐

戴耿　王楚之　陶夔　孔粲俱泰元間任　謝景　與劉延壽俱隆安間任

劉攽元興初任　張須元　殷隱　張裕　胡景　胡方生俱義熙間任

劉宋太守顏胡　樂探之　何勗俱永初間任　張先　頃阮彌之　沈雲子　阮仁之　丘祚　阮永之　顏仲文　劉隱　范璩

王粹俱元嘉間任　何厥孝建中　殷經　王環之　孔靈産

江輝　劉瞻俱大明間任瞻擢郡為逆沈恩十等討斬之　閔景文　傳謝颺　虞愿有傳俱泰始間任　王秀之　劉正一名俱元徽間任

南史劉德愿元嘉間任

齊太守丘仲𧺝孔景之蕭世軌俱建元間任王份袁利孔徽王德元俱永明間任陳休尚建武間任謝璟永泰間任劉景超永元間任

內史劉常永明初任

梁太守范縝劉業彭求年崔遠琛劉融謝茂王暇褫津徐嶔蕭機俱天監間任崔仁普通間任徐惲大通間任袁士俊臧厥俱中大通間任蕭汞以觀寧侯知蕭正表以封山侯知蕭推以南浦侯知俱大唐間任蕭基以長樂侯知中大同初任蕭雲以賓化侯知太清間任陳羽大寶初任侯官人初為監郡侯景之亂[illegible]以郡讓羽元帝因以為太守陳寶應紹泰初任羽之子羽以郡傳之至陳天嘉末寶應據建安晉安章昭達敗斬之定閩中

內史江彥標天監中任

監郡羊偘袁狎俱大同間任

陳太守王質天嘉末任曹仕明樊毅俱光大初任蕭紀以宜黃侯知羣文奏駱文牙俱大建間任章大寶昭達之子至德三年朝廷以李暈代之大寶殺暈反誅吳惠覺俱至德間任

隋太守劉弘鄭萬頃秦桂國護韋冲俱開元間任陳昇楊許任大業間任韋世超義寧初任

通守閻弘古大業間任

唐刺史王義童都督使武德末任薛登方叔述楊遇剛長什劉伯瑛元韶俱貞觀間任薛士通永徽間任王大禮龍朔間任張承慶都督使袁德仁俱景雲間任任乾英先天初任梁惟忠都督使傳黃中謝光庭王崎一作琦田義昌辛子言都督使唐循中校長史兼經畧使許融李亞丘經畧使徐嶠俱開元間任盧升明李珧裴悟高璠許炅劉[illegible]悔楊知古俱天寶間任古潩經畧寧海軍使至德間任董玠都防禦使乾元初任李承昭節度使上元中任李椅都團練觀察處置使皇甫政鮑防俱大曆間任常袞有傳孟皞俱建中間任盧惎吳詵吳湊有傳鄭叔則王翃上八人俱都團練觀察處置使李若初柳冕有傳閻濟美有傳俱貞元間任陸庶上三人俱都團練觀察處置使元義方裴次元都團練觀察處置使薛謇元錫[illegible]又俱貞[illegible]徐[illegible]上二人俱都團練觀察處置使衛中行俱寶曆間[illegible]獨孤朗孫仲方[illegible]桂仲武陸伯倫唐扶[illegible]李貽孫黎[illegible]杜宣猷孟彪李貲都督使李景溫[illegible]李播李[illegible]上二人俱都團練觀察處置使韋岫俱乾符間任鄭鎰都團練觀察處置使廣明初任陳巖[illegible]王潮知其[illegible]

後蜀知收殺之虐
拜審知爲節度使
別駕衛總 貞觀間任 弘毅 長史王孝敬 永徽間任 李
偕 廣德初任 司馬蕭嗣德 咸亨初任
防禦副使賈允華 乾元初任
團練副使李貽孫 太和中任 判官武自和 元和間任 李敬彝
太和間任 巡官權幼公 元和間任
觀察支使盧昂 元和間任 判官楊寧伯 元和間任 侯勣 太和間任
推官馮審 元和間任
監軍使[illegible]劉元鄴

五代刺史王延翰 審知長子也後唐同光間授自[illegible]
後遂僭稱王[illegible]延稟延政[illegible]相繼僭竊[illegible]政亦[illegible]
竊據[illegible]土不可列之秩官及吳越所破[illegible]兵以有
閩地李儒贇吳程錢弘俶[illegible]
贊明孫承祐皆以吳越之命[illegible]
始受宋命而錯亂[illegible]越[illegible]所置之
史亦非前代郡守比前志所載今[illegible]其下
宋 太平興國元年吳越納土州始置官知州事楊克讓 以兩浙西路轉運
傳 侯陟 何允昭 商嘉[illegible] 太平興國間任 孫逢吉 魏咸熙
供 間任 源護 端拱[illegible] 張昭先 張從式 俱淳化
間任 [illegible]
礪 馮伉 供[illegible] 陳象輿 [illegible]咸平間任 [illegible]
[illegible] 嚴碑 趙[illegible]李欣 王[illegible]

有傳 康孝基 間任 俱天禧 陳絳 [illegible]則 有傳 章頻 有傳 尹錫 孫沔
鄭載 聖間任 俱天 高覿 [illegible]州人 [illegible]王[illegible] 知福州 [illegible]
張沔 梁逸 范亢 間任 俱景祐 許宗壽 間任 [illegible] 沈邈 [illegible]陽人有
治才然少[illegible]以 王逵 蔡襄 有傳 成戩 間任 俱慶曆 李上
酒自[illegible]康定初任
交 劉夔 有傳 曹穎叔 有傳間任 俱皇 劉忠順 燕度 [illegible]盜[illegible]鄉人
請[illegible]福建路兵馬鈐轄 范師道 長洲人以奏[illegible]之不當用出知州
事 元絳 間任 俱嘉祐 張伯玉 章岷 俱治平 程師孟 有傳 丁
[illegible]元積中 曾鞏 兼福建兵馬鈐轄 有傳 俱熙寧間任 孫覺 有傳 劉瑾 吉
人[illegible]有治才 但御 謝卿材 俱元豐間任 許懋 林積 [illegible]
下[illegible]

王祖道 [illegible]元符間任 葉仲湛 俱紹聖 程之邵 柯述 有傳
供 [illegible] 陳軒 建陽人有惠政 陳覺民 葉棣 俱崇寧 檀宗旦
間任 羅畸 俱大觀 孫琦 張勳 黃裳 蘇曄 陸藴 俱政和 孫
竢 余深 劉韐 崇安人後入朝死國難 柳庭俊 陸藻 俱宣和 李
友聞 江常 泉州人有治績 林安上 林遹 [illegible] 程
邁 [illegible]間任 張守 有傳 曾楙 張致遠 有傳 折彥質 張浚
安撫大使 葉夢得 有傳 安撫使 莫將 薛弼 有傳 張宗元 王綸
建康人以忤秦檜罷 張澄 方滋 李如岡 沈調 辛次
歸[illegible]知是州
膺 有傳 安撫使 王師心 汪應辰 有傳 [illegible] 趙子潚 王[illegible]

望汪徹安撫使有傳　薛良朋　陳俊卿安撫使有傳　史浩俱乾道間
任　沈夏　梁克家有傳　趙汝愚有傳　賈選　馬大同俱淳熙間任
林枅有傳　鄭僑安撫使有傳　辛棄疾安撫使有傳　詹體仁俱紹興間
任　木待問　陳居仁有傳　葉翥　張杓俱慶元間任　何澹嘉泰間任
何琮安撫使端平間任　蕭逵　李大性四會人時朝議將用兵大性謂不宜輕舉
忤韓侂冑意出知州事俱開禧間任　倪思歸安人以論史彌遠出知[illegible]者　黄度
有傳　葉時　蔡幼學安撫使有傳　衛涇　程卓　楊長孺安撫使有傳
任希夷　曹彥約都昌人字簡甫嘗從朱文公講學俱嘉定間任　王居安　楊
[illegible]人[illegible]安撫使學本周程以正心修身爲本　真德秀有傳俱[illegible]
丁黼有傳[illegible]　余[illegible]以友愛率人[illegible]安人有直聲
以建言罷歸起知州事俱嘉熙間任　趙葵安撫使葵有將名爲世所重　李鳴鳳　趙
必愿安撫使有傳　徐清叟浦城人任安撫使蒞政有紀風采凜然　吳潛[illegible]
人安撫使以直亮稱俱淳祐間任　吳淵安撫使潛之兄嘗與學養士然爲政或過於嚴　程
珌　湯漢安仁人安撫使廉介有守恬於進取　史嵩之　陸德輿　史宇之
俱寶祐間任　陳韡安撫使　董槐安撫使　馬天驥安撫使　陳宜中
江萬里都昌人安撫使從赴止水池死國難　王鎔有傳　洪天錫安撫使有傳
吳革能留心於教化　雷宜中　趙順孫俱咸淳間任　趙與擇　王剛
中

通判軍州事陳鑄有傳　林霽有傳　姚希德有傳　鍾元尚　葉
備江濤
簽書判官廳公事陳公琰治平間任　胡銓江西人上疏排和議黜監
廣州鹽倉改簽書判官
觀察推官李思義治平間任　林深之　羅必元有傳
節度判官王珪天聖間任　董汶嘉祐間任
觀察判官沈唐治平間任
幹辦安撫司公事王晞亮有傳紹興中任　李誠之東陽人受學呂
祖謙後守蘄金兵破城與其屬俱死之　徐鹿卿有傳嘉定間任
教授陳烈見人文志皇祐間任　周希孟見人文志嘉祐間任　莊柔正　張
讀俱崇寧間任　張洙紹熙間任　劉翔　繆烈淳祐間任

元

福州路總管府達魯花赤舊志詳進至脫列海牙十七人皆蒙古人[illegible]部今
不載
總管郭琛　岳天禎　楊忠　燕宗龍　張鐸　趙華元俱元貞間任
賈庭直　趙執中俱大德間任　夏若水　吳繹俱延祐間任
王從政至治間任　劉元亨泰定間任
同知楊元魯　劉君澤　忽辛　朱德重　福徐[illegible]　奇程題
俱延祐間任
治中劉淵　韓良佐　尤思恭　劉天祐　周旺俱至元間任　徐

學寄元貞初任 憲德明序作賀鎰俱間任人 錢勉至大間任 潘
允巡延祐間任 靳大中至治初任
判官何榮祖 馮奕俱至元間任 荊謙元貞初任 傅澤 張南仲
俱大德間任 孟思誠至大初任 冀祥皇慶間任 馬振鐸 張壽俱延祐間
任 鄭衍至治初任 張伯顏 靳孟亨俱泰定間任
推官郭忠恕 趙彥琇俱至元間任 張恕元貞初任 鄧文亮任
衛德政 王居敬 馬振鐸 董禎 邵德俱大德間任 董德謙
賈弼至大初任 李良弼皇慶初任 劉智 延孫謙 劉湜俱延祐間任
[illegible]俱至治間任

儒學教授熊朋來 劉直內有傳
國朝 福州府知府楊士英有傳 董彥哲 李肅真定人 廖崇
德 劉鑑俱洪武間任 唐循中 宋珉 王榮俱永樂間任 張輝 王
泰俱宣德間任 張徽 吳信南海人俱正統間任 雷硍景泰間任 畢亨有傳
天順間任 吳淵 周鈗 鄭時舒城人 唐珣有傳 陸珩歸安人俱成化間任
陳勉臨川人 張遜無錫人 蔣渙有傳俱弘治間任 尹灝安福人 王
子言淳安人 余祐鄱陽人 葉溥有傳 歐陽鐸泰和人 錢[illegible]
士顏 錢紳 謨之俱正德間任 汪文盛有傳 朱豹上海人 汪堅[illegible] 胡
有恒有傳 洪大楠昆山人 陳大綸舒城人 邵紳丹陽人 鍾光

[illegible] 翁伍倫蕭山人 祁清山陰人 吳崧
[illegible]嘉靖間任 [illegible]人俱 邊維垣彭縣人隆慶間任
[illegible]人 [illegible]應蘭東莞人 潘順龍仁和人俱萬曆年任
同知宋貴寶洪武間任 周孟初宣德間任 郭琰正統間任 古來昌
大庾人 丘晟 常濟海陽人俱成化間任 陳康 黎璟 張鼎歸安人 周
澤俱弘治間任 徐濬 王銓金華人 葉鈇上海人 陳鋼泰興人俱正德
間任 夏玄郴州人 朱世忠豐城人 胡瑞有傳 劉璲吉水人 顏參
安仁人 張魯吉水人 張仲孝 章美中會稽人 陳邦治[illegible]陽人
梁符順德人俱嘉靖間任 張敏德萬安人隆慶間任 周鐸太倉人 盧中

官師 九

餘姚人萬曆年任 鄧于藩南海人萬曆年任
通判陸鑑洪武間任 朱瑛 唐忠俱永樂間任 劉澈正統末任 鄭祺
天順間任 張珽 汪瀚 毛祚 羅鍔 周仁 廣陸璘俱成化間任 吳
鑾 陳英 劉璽 陳釗 程海俱弘治間任 黃溥 陳九經 田惟
立 楊卓 葉元暉 莫權俱正德間任 黃瀾橫州人 鄧朴麻城
劉瓚餘干人 姜芳儀真人 朱時通蘭谿人 劉子明安福人 何
儆龍川人 劉貞安仁人 魏頌蕭山人 姚一和高要人 王正中
餘干人 楊嘉慶寧國人通敏而和厚 朱綸濟河人 陳璹嘉[illegible]人 何[illegible]
龍游人 徐訪永康人 陳倜江陰人 談文惠順德人 劉[illegible]人

王製人 謝仲賢人 劉廷表人 譚秉清
人 張偉人 大慶人 彭晉瀛人
文濟武人順德 陶紹人 周召人 唯吉人南海 任良
翰 嘉清間任 易信人 陸夢斗人山陰 劉守禮人浮梁
隆慶間任 孔人龍人浙江 張楚人萬安 王守恒人和州 鄭萬復
萬州人 趙道隆人 陳祈
推官 管思義永樂間任 張斌 傳允中俱正統間任 江祖天順
間任 馮琛 陳新民人泰興 蔡璟俱成化 曹文 徐紹 方李
任 鍾 俱弘治 新淦 何文 福人
[illegible] 陳大成人
王尚學有傳 俞柔人新昌 黃正色人光山 有傳 凌邦奇
蘇州 馮成能人慈谿 徐必進六安州人俱嘉靖間任 李貞元山
人 魏若弱植而中耿介 李一中建德人俱隆慶間任 楊茂先
人爲給舍時間讜論 番禺 謝廷寀 李寀舒城人萬曆年任
儒學教授 徐宏 陳景著見人文志永樂間任 廖彤正統間任 毛達
天順間任 熊瓊成化間任 何述 徐統 王俊俱弘治間任 王客 陳
孔慶有傳俱正德間任 郭聰 劉金 曹政 譚朝重 唐尚忠
承芳有傳 凌雲 潘松宜興人有傳 余漢 王藎臣 杜子麟

大中 傅鉞俱嘉靖間任 區志才 浮梁 俱隆慶間任 胡廷治
于唐 吳御俱萬曆年任

閩縣

唐 令李華有傳太和間任

宋 知縣事 江文表建隆間任 孔延世 賈大冲慶曆間任 陳清治平
間任 呂百能 方叔完俱熙寧間任 黃德裕邵武人時稱 黃
默俱紹興間任 莊誼崇寧間任 陳麟有傳政和間任 蘇頌 方擬 李公
彥 蘇欽俱紹興間任 丁長卿乾道間任 趙彥佩 劉愉有傳 胡
起 卓行 間任 胡興淳祐間任

元 達魯花赤俱不載名諸縣倣此 縣尹 郭升之大德間任 初任

國朝 知縣 路圓王洪武間任 魏谷才有傳 王孚俱永樂間任 吳謙
陳敏政有傳俱宣德間任 李福正統間任 邵瑾建陽人 陸潤蘇州人
歐陽麟 何淸 人俱成化間任 葉清黃山人 龔本義烏人
金振 間任 劉槐人 李顒古水人 汪淳樂清人 舒韶有傳
史 人 柴鏞人 楊大古天台人 余鍠零陵人遂安
而 黃夔新建 鄧乾卿南海人 黃鵬湘陽人
顧 海鹽人 歐陽興吉水人 唐守
勳 戴朔 春

慈谿人周舜岳安仁人鮑宗沂揚州人王原相番禺人向程
慈谿人俱嘉靖間任許子良仁和人賀南儒海鹽人卒官褒崇無錫俱隆慶間任
黃門常熟人萬曆年任葉際光懷寧人俱萬曆年任
儒學教諭歐陽翰正統間任徐統姚明俱弘治間任袁天麒
陳瑞俱正德間任王製魏蓋臣吳世脩陳紱顧眾袁坤
利憑喬有傳劉欽命黃寅陳克侯俱嘉靖間任黎鎰徐芳
俱隆慶間任葉廷綬萬曆年任朱松

從官縣

宋知縣葛光遠寶元間任方叔完有傳陳南復宣和間任唐虎

元縣尹郗衍魏揚祖俱至大間任王壽元統間任

國朝知縣張繼洪武間任毛原輝永樂間任周昇宣德初任梁叔恭
正統間任單宇張恒俱景泰間任莫泰天順間任葉寬樂宗茂熊
達兴奎俱成化間任陳庠陳輻永嘉人周相安仁人俱弘治間任劉
綱張濬襄陽衛人呂鄉永豐人胡大化南昌人俱正德間任唐儒直隸
人李輔番禺人黎文會臨川人張潁瓊山人舉後以進士陳如
綸有傳錢泮常熟人黃巽豐城人傅良才人黃龍南海人
丘緯武進人尹士龍慈谿人陳節合肥人任春元餘姚人曹
慎丹徒人俱嘉靖間任詹世用弋陽人隆慶間任周壽先南海人董子

行唐縣人俱嘉靖年任
儒學教諭羅倫黎公顗俱正統間任蔣寔天順初任倪敏王
淙胡淅俱成化間任張德純王容鄭恭胡文亨劉鑾善
王重陳禧俱正德間任袁來德蔡雨梁斌陳建有傳洪
喬曹仲良廖言王翹張奮揚劉澤杜一貞唐之燦
陸高雷武緣人待諸生有恩周葵俱嘉靖間任李文傑隆慶間任畢大
魁萬曆年任

懷安縣

宋知縣葛吳評有傳洪子著紹興間任吳興大觀初任樊紀徐謙
寶慶初任

元縣尹馬振鐸大德間任李仁延祐間任

國朝知縣崔居敬許武有傳何汝文周禧有傳蔣穩俱洪
武間任徐拱辰永樂間任項祐吳益俱正統間任張定景泰間任劉
繁何克智俱天順間任胡節有傳何恕李亮施昂錢塘人俱成化
間任王景祥馮放吳允禎南海人俱弘治間任謝汝昌謝善吉水
人王本廣人天台人帝邦相平南人俱正德間任胡道芳歙縣人呂文
彥南海人沈應徵嘉定人孫一理高安人水杞長洲人陳寶
義德化人金澍鄱陽人陳脩番禺人經彥寅全州人唐朝

全州人 羅夢鶴 英德人 唐世淳 全州人 戎來宥 □□人 俱□□間任
鄒廷訓 無錫人 隆慶間任 蔡雄元 揭陽人 萬曆年任
儒學教諭劉金 鄭斌 司馬符 陳受 俱永樂間任 丘純 宣德間任 丁泰亨 沈善 俱正統間任 王灝 景泰間任 張克康 天順間任 陳文彰 昌 俱成化間任 張昭 高鴻 尹克羅 俞瑞 俱弘治間任 陳貴 正德間任 曹祥 陳岳 潘偉 潘文澤 馮光浙 劉恬 區志才 陳述 俱嘉靖間任 姜文源 黃文星 俱隆慶間任 范兄山 李素 謝元 俱萬曆年任

古田縣

宋知縣事兼兵馬監押薛琪 有傳 李湛 有傳 許嘗 有傳 楊忞 俱慶曆間任 陳昌期 有傳 周彥雄 鄧觀 湯遜 呂晉夫 俱紹興間任 楊汝南 龍溪人，崇重學校，置學田以餘諸生，乾道間任 趙師□ 廖天覺 有傳 陳諒 有傳 傅康 有傳 薛舜 有傳 蘇文本 有傳 劉克遜 嘉定間 宗炳 端平間任 徐思留元亮 泉州人，有惠政，嘗創義塚，置貢士莊 洪天錫 許鑒 福州人，抑强扶弱，人畏憚之 黃時中 丘□ 有傳 趙若穆 有傳

元縣尹王奐 汶上人，嘗修建學校，有善政及民 馬合麻 有傳 陳均 □□ 何王 至治間任 趙孟□ 至順間任

國朝知縣韓秉壽 陳詔 寧波人 章忠 溫州人 鄧恭 王彥 任友俊 有傳 俱洪武間任 馬陶 花潤生 有傳 俱永樂間任 林暐 隨術 張昱 有傳 俱宣德間任 丁忠 廣 陳復 俱正統間任 杜求濟 池州人 景泰間任 尹古 泰和人 徐忭 常熟人 俱天順間任 黃玠 南安人 余敏 汪璀 茅和 上虞人 俱成化間任 侯泉 曲江人 胥□ 有傳 陳秉彝 合浦人 請謙 泰和人 俱弘治間任 包傑 松陽人 周達 朝城人 錢查 長興人 劉綸 江夏人 俱正德間任 陳獻 番禺人 周誥 吉水人 何章 貴溪人 蔡德進 東莞人 何世綸 興業人 徐建 餘姚人 郭惟濤 □□人 吳立 寧□人 向□ 元 張棟 □□人 王□ 東莞人 張廷儀 □□人 □□ 存植 人 黃□儒 □州人 鄧于潘 南□人 俱嘉靖間任 陳□ 人 周炎 □□人 俱隆慶間任 俞香 □□人 鄭之驕 □□人 黎民敬 □□人

儒學教諭陳胤 有傳 李文舉 周瑄 俱天順間任 王敬 龍叔祥 余大鯨 何湘 何昭 俱成化間任 周真 林昇 俱弘治年間任 克蒔 蔡元用 李琛 俱正德間任 鍾聲 王鎰 謝詔 馬驄 陳一德 林岡 周一桂 席祥 黎永清 胡紹 謝維新 陸冷 俱嘉靖間任 趙鏊 隆慶間任 陳萱 姚能 羅士毅 俱萬曆年任

閩清縣

宋知縣事李念 咸平間任 史溫 有傳，大中祥符間任 徐絳 熙寧間任 黃琛

邦傳 趙甫 瑀 蘇欽 紹興間任 傅伯成 朱䕫 胡特 俱淳熙間任 陳[illegible]
伋 寶祐間任
元 縣尹張淵 至大初任 董禎 有傳 蔡嗣宗 有傳 劉晨孫 常建浮橋民不
病涉
國朝 知縣趙起居 葉宗 沈源 有傳俱洪武間任 王珩 朱教 [illegible]
人 俱永樂間任 龔瑾 宣德間任 吳清 楊克勤 辛節 俱正統間任 余琮
有傳 徐昌 俱景泰間任 解文 左輔 [illegible]
[illegible] 章庚 人 常熟 方定 人 浙江 袁明 人 [illegible] 人 [illegible] 貴[illegible]
貴溪人 [illegible] 王信 人 長興 [illegible]
人 許崇仁 天台人 程貴昌 人 徽州 楊[illegible] 人 [illegible] 有去思
齊榮 [illegible] 正德間任 彭琿 有傳 吾義 人 [illegible] 劉爲 有傳 趙時
勉 人 歙縣 王琳 人 儀真 羅才 人 安[illegible] 唐廷相 人 全州 何渠 人 香山
人 李植 人 番禺 張家傳 人 鄞縣 趙元良 人 [illegible] 陳藝 人 俱
嘉靖 王鼎 人 含山 姚文炳 仁和人 俱隆慶間任 先劼 南海 楊[illegible]
儒學教諭劉惟勉 任宣 俱宣德間任 王保中 王寧 俱正統間
任 徐崇 盛馬能 曾璵 會稽人 俱天順間任 [illegible] 傅琇 李文
俱成化間任 吳玉 周澤 姜文星 俱弘治間任 俞河 [illegible] 師範弟子 有
[illegible]貧不能舉 [illegible]龍 李紹 李林 松 鄧璁 俱正德間任 [illegible]
[illegible]者勸之

倬 許讓 鄭顒 黃文 [illegible] 尚策 裴方 盛棨 世芳 吳政 [illegible]
李一源 李廷宣 俱嘉靖間任 葉春及 蘭衛道 俱隆慶間任 英
輿京 朱朝紀 萬曆年任

長樂縣

宋 知縣事李莊 有傳 方廷範 俱太平興國間任 董淵 慶曆間任 余倪
吳仲舉 有傳 閻希聲 有傳 方次彭 守公述與化人 治邑謀議權宜 楊咏
道 俱皇祐間任 王企 胡旦 陳公言 丁掌 俱嘉祐間任 蘭竑 有傳
徐世美 不尚威嚴清慎著 俱熙寧間任 施文 元豐間任 伍擇之 字元賓 [illegible]
化人 吏不忍欺 以 [illegible] 袁正規 有傳俱元祐間任 謝詰 正和 陳
[illegible]
[illegible]大 [illegible]間任 王奉議 吳一鳴 有傳 隆興間任 徐碁 王遇 乾道間任
方[illegible] 淳熙間任 陳昭度 莆田人 紹熙間任 王方 陳三人 俱以儒術飾吏治而民敬之
元 縣尹丁德孫 鄞縣人 寬厚愛人 去後見思
國朝 知縣丘崇亮 江陰人 勤以卑民 衆黎 俱洪武間任 楊以忠 劉文炳 俱洪
武間任 王道濟 有傳 蔡士璋 江西人 為政廉平 民畏愛 張李綸 蔡
光親 莆田人 臧敬 陶融 揚州人 俱永樂間任 [illegible] 有傳 龍翰 有傳 應
茂和 象山人 張佑 定海人 俱正統間任 高琪 江都人 [illegible] 陳瑞 [illegible]
人 俱景泰間任 孫叔倫 鄞縣人 任衡 天順間任 黃琛 [illegible]人 門無私
[illegible]利民之 汪正 祁門人 能操下不敢為奸 吳禧 仙居人 羅叔 [illegible]人 [illegible]
政甚多

邑七年政平後內 張鳳宜春人俱成化間任 潘府有傳 劉舉海陽人 上饒
多山 鍾紹有傳俱弘治間任 梁翰人 楊標宜山人 龍坡武
人 曹鉉人武進 楊麟上饒人為政寬平任太久而民思之 汪宗有傳 曾
銖 江寧 劉士達人慈谿 何應和有傳 俞介 遂寧
路南寧人為政通敏先時縣署凋 蔡萊常山人 邑人 葉
民病逃涉遺 之
城及倭入 楊汝輔南昌人 戴時望臨川人 劉尚龍三水人
人俱嘉靖間任 周冕臨川人 蔣以忠常熟人俱隆慶間任 韓紹安福人 蔡
濂南海人俱萬曆間任
儒學教諭高才 林廷琛 彭有諒 孫大𢓡有傳俱永樂間任

張大素 張俊俱正統間任 周洪 廖正廣東潮州人薄利而重名檢諸生
敬之 李懋 林琚俱成化間任 潘瑗有傳 王琮 傅雲俱正德間任 黃
袁泰 蘇磨 唐佐 楊祚 劉廷賓 沈武 黎國士 劉洙 劉潤 李
應科 吳大奇 楊猷 丁顒 郭岱有傳 黎兆鵬 陳豪俱嘉靖間
任 林一鵬隆慶間任 李日清萬曆年任

遵江縣

唐 令劉遠有傳

宋 知縣事吳舉 鞠仲謀有傳 洪中寶曆間任 鄭事道元祐間任 黃
泳有傳政和間任 林覺 阮圭俱紹興間任 傅伯成有傳 方奉 曾
俱淳道間任 蘇懋淳熙間任 趙善 任 杜汝訓 洪侶 趙善
間任 向 有傳 宋寶 潛義謙有傳 鄭宗 臨
有傳俱咸淳間任 縣志所載
令甚多今按舊志不詳悉

元 縣尹董政 任 成和 任 劉徒

國朝 知縣王得欽 張盛 范希節有傳 李鳳有傳 侯炯南豐人
政勤明吏畏民懷俱洪武間任 楊廷芳衢州人 董膺 伍昇俱永樂間
任 劉仲戩宣德間任 周昇 吳琳俱正統 歐陽瀚有傳俱景泰間
任 李俊完縣人 孫珏鄞縣人 李紀江都人 章武臨川人 林
人 遂安 凌玉山陰人俱 間任 陳昱玉山人 黃蔭婺源人 郭軒

有傳 葉清人 昌 胡杲湯溪人俱弘治間任 張鎮江陵人 杜煥上
吳芠池州人俱正德間任 陳賢番禺人 顏德倫安福人為政有
忍 李蘭人餘杭 區燦番禺人 何天衢道州人 冼漢南海人
袁鎰揭陽人在邑六年以便民為務 向鎬人上元 金國棐安鄉人
史元功人鄞縣 朱思忠山東人 熊尹臣江西人 林思貞廣東
人俱嘉靖間任 曾以學廣東人 宋應辰天台人俱隆慶間任 張聘夫婺源
人 張賢順德人萬曆年任 按縣志有李
舜教學王真凡十 劉娗人
人通志俱無載
儒學教諭鄭子榮 李瑛 許貞 周齊 吳廷圭 高宗

李開 郭陳乾 鄭嗣善俱永樂間任 鄒切 學呂勉俱宣德間任
郭誠 汪廷貴俱景泰間任 游貴 傅榮 梁初 嚴聪俱成化間任
李慶 沈佳俱弘治間任 熊宣 和魯 呂熙 良貴俱正德間任 何
章 王岸 梁鏞 張沈 輿 紹芳 危椿 鄧千 潘劉元 許尚
靜 呂中 歸袁 濂 馬子騏俱嘉靖間任 諸熊 相劉 起鵬俱隆
慶間任 徐龍 郭春渠俱萬曆間任

羅源縣

宋 知縣事陳傅沙縣人璀之父為政公 袁符元祐間任 吳
[illegible]陳[illegible]俱建炎[illegible] 梁倚 林[illegible]有傳 陳文俱紹興間任 林介卿
有傳 林僖子 趙彥琰 趙師黎 儀林 確成公 葉林 燮程

成

元 縣尹丁德孫邵武縣人寬惠清民為立碑 葉餘慶至正間任

國朝 知縣劉鐩宿遷人 鄭復初有傳 楊清卿 郭宗文有傳俱洪
武間任 李惟有傳 希說南城人 字勞民恩之不忘 唐慶[illegible]
范全長洲人 湯文端有傳俱景泰間任 沈勛仁和人 王禹華亭人
上奏免邑歲兵五十餘名人感其惠俱宣德間任 孫昱仁和人 黃寬正統間
任 何琛南溪人 邵璲永嘉人俱景泰間任 趙升[illegible]人 陳案[illegible]
酌賦役科徵聽民自限從本 千官傳以為神俱天順間任 余昇[illegible]人 施弘[illegible]人

任 八十多 陳瓊上虞人 參謹順德人 俱成化間任 馮鑑仁和人
有惠政 崇興安人 李南臨川人為政公 徐圭弘治間任 鄧公隆
善香山人 黃相海陽人 趙鏞常熟人 汪雲鶯含山人俱正德間任 吳
周華亭人 陳鵠安仁人 何經四會人 陳嘉猷番禺人愛民不事[illegible]
蕭然升南京 程洪政人 樂平馬進人 邵陽謝旻人 南昌土有南
安福羅世華人 懷集高相人 江都龔廷霄人 清江李箕南陵
人 唐音來中人 會稽韓鳳儀人 文昌林了俊潮陽人 崔梧[illegible]州
人 何所聞順德人 羅棋興寧人俱嘉靖間任 蕭蔚馬平人隆慶間任 楊

[illegible]任時俊遂江人洪武初任 [illegible]身高[illegible]清方 陳思立洪 俱
武間任 方永寧 楊忠俱永樂間任 金恕宣德 鍾觀 黃紋番禺 有
人能得士心 李昱有傳景泰間任 陳宰 吳榮人 蕭夔 傳
俱正統間任 [illegible]
俱成化間任 葉華 蔡漢 陳暘 姚任 榮 潘廣 劉瀚 魏鵬俱正
德間任 鍾倫 胡鳳岐 于寬 鄭宗 李趙淮 李來 張大會
周熈 宋治 李師周 周琳 董爵俱嘉靖間任 陳由我隆慶間任
冼劫 劉文林 張鳴鶴俱萬曆年任

永福縣

宋 知縣事鄭慈慶曆間任 沈亞夫熙寧間任 顧沂 翁鎮 吳械[illegible]

□□繹魏謌蕭彦林深之鄭仁蓮俱大觀初任劉求懷
方耕阮符俱宣和間任陳炎建炎初任楊泳董鴻道葉秉仁
黃叙楊克朱憲明林萱張暄黃允鍾安老陳大年
周因楊懋泉州人政暇勤詢民瘼人懷其惠湯選林光朝有傳顔澈
楊士訓宋恭甫許衍侯至果舒俊宗方大琮有傳陳
武祐鄧剛施常滕定卓雄李數盧希轍游特升鄧
靚江安止謝芘林士宗縣志有王禹問戴白侯黄熙劉大成洪嵩黄粟眞謝
余徐舍檀八人

元縣尹李良儀劉亨泰黃均王翰有傳劉全祖見人文志

明知縣胡克恭南昌人惠於民而嚴於豪右王矩有傳夏駿張性
趙博有傳何義胡奎江西人陳忠南昌人黃諒樂昌人林僚
劉進李綱施謙歸安人俞旭烏程人劉伯翼廣信人高第
嘉木人覃奎譚顯人南昌朱成人義烏梁德宏南京金吾衛人劉
清人錢塘張良佐人臨安姚禎歸善人以上年代無考傅義鄭信
人武進何謙人南海宋大章南京人縣文廟祀典沿舊顔師大章至更其制士人
談之俱正德間任龍宜和人順德黃金人揚陽革綸官山人剛斷無滯以
勤民事辛官人胡易山陰人翁鉅壽昌人留心學校每謂諸生講解經義林
舜民人合浦羅瓊賀州人嚴□□劉應時依泉人安□

檀□文惠高安人諶輔南昌人周煥金華人林枝俱嘉靖間任
間任李煒人順德吳道立俱隆慶間任陳克侯人順德林宗敎
永嘉人李思成□□俱
儒學教諭張志學程孟序茅秉吳弘道胡溥繆臨
魏琮陳愷王琬張居敬陸俊徐怡丘瓊黃尚禮蕭
羅龍羅浩程世鵬嚴榮李仲胡永祈吳紳朱以端
徐棣劉吉何禾何燭王鉞邵舜選

福清縣

宋知縣李郁有傳方偕莆田人善劾吏吏有桀黠白事者明日懲其一詰之

符間任毛國華明道間任鄭孟賓慶定初任崔宋臣胡景達
俱熙寧間任方叔完元祐間任莊正柔有傳符間任陳大和建炎初任
王洙范處義傳俱紹興間任有曹績劉朔傳有
李宗思劉夙劉敦趙崇賁邊應祥方棫興化人上作
新學廟文章政事有足稱者葉廷珪甌寧人長於繁劇趙希漢
部武人有經署顚傷嚴人服其明李元吉有傳丁楨章伯杳溫州人嘗立義
任民賦有不足至捐貲以貸之徐輝性強敏長於□婁演淳祐間任王□
庚景定間任

元達魯花赤馬合馬沙有傳知州吳安元貞間任毋逢辰

奕孫儀郭惠俱大德間任 劉鐸至大間任 莫德茂 吳濤俱延祐間任 王佐至治間任 賈思恭泰定間任 陳天錫 林子朴興化人初名以順廉靜好禮爲政寬簡 林泉生見名宦至元間任 杜謙俱

國朝知縣 江仁有傳洪武間任 余懋寧德人 劉忠宣德人下車即詢民瘼均其徭役有德於民俱永樂間任 蔡光親有傳洪熙初任 周玹有傳 沈禎俱景泰間任 顏紹賢臨海人 余恭鄱陽人俱天順間任 劉伯謙 郭淮慶 求韶作門人攻劇尚嚴盜賊屏息 嚴敬 昌龍瓚南海人有傳 吳崇徽桐鄉人俱成化間任 劉璋 龔嘉祺 鄧槩有傳 况璟高安人 高志山陰人 張翔蘄州人 朱華上虞人 馮寅慈谿人 羅鑾泰和人 陳[illegible]正 方雲鶴餘杭人 朱晃重慶人 程道[illegible]人 [illegible]建人俱弘治 彭世潮東莞人 陸從大華亭人 張棣嘉定人清而能愛人撫其德 鈕緯會稽人 葉宗文全州人 羅向辰馬平人 曾應元全州人 葉夢熊歸善人俱嘉靖間任 陳大猷南海人 許夢熊南陵人俱隆慶間任 徐師張永康人萬曆年任

儒學教諭 陳禮 劉昭 侯丕 梁全 舒璡俱永樂間任 沈約天順間任 潘信 吳公器俱成化間任 鍾琪 潘授 朱鑑 馬傑 周南上元人 丁作人 勤 何公溥[illegible]俱正德間任 李浦 徐弘道 張縝 司馬騏 陳恪 周用中 劉喆 孫學濂 洪袞

[illegible]嘉靖間襲 歐陽達隆慶間任 官寅 尹禮 繼俱萬曆年任

國朝武職

福州左衛指揮使 陳浚河南西華人永樂間任 陳楷隆慶間襲 王智直隸臨淮人宣德間任 王璽嘉靖間襲 趙儀直隸兗遠人天順間任 謝德隆萬曆年襲 洪傑成化間任 張進山東利津人成化間任 張漢正德間襲陞都司 張棡嘉靖間襲 閔賢河南汴州人成化間任 閔溶嘉靖間襲有傳 閔清嘉靖間任以兄溶死事加陞都指揮同知 安璽直隸三河人正德間任 安繼爵萬曆年襲 陳言湖廣江夏人正德間任 陳紹芳嘉靖間襲 王奎山東兗州人嘉靖間任

指揮同知 花旺直隸江都人洪熙初任 花清嘉靖間任 花棋直隸全椒[illegible]

[illegible]嘉靖間襲

指揮僉事 衛英直隸[illegible]人洪武間任 [illegible]廷相嘉靖間襲鎮東衛掌印 李達直隸安陸人洪武間任 李鳳嘉靖間襲陞署指揮僉事 計忠和州人洪武間任 計棡隆慶間襲 齊興山東昌邑人永樂間任 齊洪元嘉靖間襲 張欽直隸鶴澤人宣德間任 張國琛嘉靖間襲 朱蓉湖廣咸寧人景泰間任 朱能嘉靖間襲 古通[illegible]人弘治間任 古應科萬曆間襲 薛謙弘治間任 舒義直隸金山人正德間任 舒鎮嘉靖間襲 孫德滿嘉靖間襲 徐棠千戶陞任隆慶間 劉 徐焯萬曆間襲

署指揮僉事 王英[illegible]樂間任 山後人永 王亮嘉靖間襲 王應期萬曆間襲 韓天祥嘉靖間武舉[illegible]任中式

鎮撫 瞿煥湖廣崇陽人洪武間任 瞿世澤嘉靖間[illegible] 今李木[illegible]

印
孫鍾 山東蒙城人 嘉靖間任
左所正千戶邢政 山後人永樂間任 邢德恩 優給 趙鑒 隆慶初陞掌所
印 副千戶施遠 江西臨川人洪武間任 施濂 嘉靖間襲前所掌印 王毅
浙江廣安化人永樂間任 王燦 嘉靖間襲 趙清 直隸安東人永樂間任 杜忠 山東
東平人宣德間任 杜炫 嘉靖間襲本所印 方清 正統間任 趙鋼 弘治間任
李楨 壽州府人 嘉靖間任
右所副千戶徐榮 直隸宿遷人洪武間任 徐榮 直隸揚州人永樂間任 徐
錢 嘉靖間襲 林贊 浙江平陽人宣德間任 林逢春 隆慶間襲 李聰 弘治間任
中所正千戶朱遷 嘉靖間任 朱淮 嘉靖間襲本所掌印 副千戶錢泉

永樂間任 [illegible]人 錢應隆 嘉靖間襲 陳信 景泰間任 江西[illegible]化人 陳志
學 萬曆間襲 殷繼先 隆慶初陞任 鎮撫林廷章 侯官人嘉靖二十年會試中
武陞任
前所正千戶陳福 山東鄒縣人洪熙初任 陳昌言 嘉靖間襲 劉清 隆慶
初陞任 副千戶劉端 直隸邳州人洪武間任 林實 正統間任
後所正千戶陳興 河南息縣人宣德間任 陳聰 嘉靖間任 副千戶韓
俊 北京薊州人洪武間任 韓大祥 嘉靖間襲武舉會試中式今陞鎮江把總 韓
天祐 萬曆間襲掌印 李靖 成化間任 金章 嘉靖間任 王天驥 嘉靖間任
中左所正千戶劉英 滁州人成化間任 劉楷 嘉靖間襲 皮讓 正[illegible]

紀 副千戶胡顒 泗州人永樂間任 胡文柱 萬曆間襲本所掌印 姚海
人正統初任 姚文炳 萬曆間襲見任
福州右衛指揮使劉彬 龍山人宣德初任 劉鎮 嘉靖間襲 朱義 海州
人正統間任 朱巽 嘉靖間襲有傳 朱正色 萬曆間襲以父賊陞都指揮同知
鄭和 直隸全椒人成化間任 鄭世勳 嘉靖間襲 劉欽 樂州人成化間
任 劉一桂 萬曆間襲掌萬安所印 胡玘 直隸山後人成化間任 胡國卿
萬曆間襲見任 江琛 定遠人正德間任 江尚柱 嘉靖間襲 指揮同知陳
友 直隸大興人洪熙初任 陳玉 嘉靖間襲 王勝 直隸合肥人成化間任福建都司
指揮本衛 王公仁 嘉靖間襲 指揮僉事 盧茂 滁州人洪武間任

男臣 嘉靖間襲以倭功陞北路守備 楊管 直隸全椒人洪武間任 楊梅 嘉靖
鄭王 直隸合肥人永樂間任 鄭文恩 嘉靖間襲以倭功陞玄鐘把總 鄭國彥
優給 周文 西華人永樂間任 周澄 正德間襲 張良 蕲人宣德間任 張勳
嘉靖間襲以倭功陞同知 馮政 直隸山後人景泰間任 馮廷基 嘉靖間襲以功陞都
指揮僉事 馮銘 隆慶間襲 閻源 直隸滄州人正統間任 閻偉 嘉靖間襲 陳鉉
長樂人正德間任 陳國樑 隆慶間襲 李澍 直隸合肥人嘉靖間任 李梓 隆慶
間襲 邢宗義 [illegible]人嘉靖間任 邢端 嘉靖間襲 孫元 萬曆間任 鎮撫
清 景陵人洪武間任 鄭森 嘉靖間襲掌印 陳旺 浙江人永樂間任 陳附
間襲以倭功陞 中所正千戶

右衛左所正千戶葉玉陸安人成化間任　葉權嘉靖間襲掌印　副千
戶徐賢蕪湖人景泰間任　徐燦隆慶間襲見任　馬雲鵬隆慶間陞任掌右所
印

右衛右所正千戶閻海東平人永樂間任　閻有增優給　副千戶
孫敬寧海人洪熙初任　孫元隆慶間襲加授本衛指揮僉事　賈文元隆慶初陞
右衛中所副千戶葉茂吳縣人洪武間任　葉向榮隆慶間襲　宋紫
任　羅澄隆慶初陞任
隆慶初陞任掌印　百戶　林璧正德間任武舉　林大經嘉靖間襲陞副千戶
右衛後所正千戶趙得泰平人成化間任　趙世通嘉靖間襲[illegible]　副千
戶[illegible]直隸山後人永樂間任　劉演嘉靖間襲見任　趙[illegible]德間任
趙文恩嘉靖間襲掌印　張友滕縣人宣德間任　張溶隆慶間襲
右衛後所副千戶盧剛新建人洪熙初任　盧璧隆慶初襲見任　徐義
汝上人宣德間任　徐欽隆慶間襲以會試武舉中式加授本衛署指揮僉事　百戶　劉
大經嘉靖間襲掌千戶所印
右衛中左所正千戶管瑄繁昌人成化間任　管清萬曆間襲見任　副
千戶于忠直隸山後人永樂初任　于懋桂隆慶初襲見任　王汝[illegible]
人成化間任　王灝嘉靖間襲以積功陞正千戶掌印
福州中衛指揮使李善壽州人永樂間任　李源嘉靖間襲[illegible]掌鎮撫司印

劉浩江陵人正統間任　劉繼良嘉靖間襲　郭鏜滁州人正德間任　郭邦
仁隆慶間襲見任　楊麟滁州人嘉靖間任　楊桂隆慶間襲以父職左所正千戶
指揮同知蕭成嘉興人宣德間任　蕭燦萬曆間襲見任　孫海清苑人景
泰間任　孫廷棉嘉靖間襲以父降職僉事　田澄盧龍人正統間任　田邦用
嘉靖間襲見任　指揮僉事　劉貴定遠人洪武間任　劉訓隆慶間襲見任　黃
德黃岡人洪武間任　黃朝用隆慶間襲見任　高亮公安人洪武間任　高拱
宸萬曆間襲見任　單興鄆縣人洪熙初任　單廷濟嘉靖間襲掌印　賈玹章丘
人景泰初任　賈中興萬曆間襲見任　夏榮直隸合肥人景泰初任　夏建寅
萬曆間襲見任　王[illegible]直隸合肥人正德間任　王來鳳[illegible]府學生嘉靖間襲　王
元璧[illegible]間襲今掌左衛印　鎮撫　楊忠開平人永樂間任　楊子[illegible]隆慶
間襲見任　戴瑄臨淮人成化間任　戴廷棉嘉靖間襲見任
中衛左所正千戶李興棗陵人宣德間任　李樑材優給　副千戶
戴贇壽州人洪武間任　戴應秋萬曆間襲見任　聶孔曜隆慶初陞任掌所印
中衛右所正千戶楊能滕縣人景泰間任　楊朝卿隆慶間襲降職本所
副千戶　鄭亨滋陽人宣德初任　鄭瑚萬曆間襲見任　牛諒東平
人宣德間任　牛𤇆隆慶間襲掌印
中衛中所正千戶崔振臨淮人間任　崔應潮嘉靖間襲掌揚花所
印　副千戶　劉鑑冊貴人宣德間任　劉仲恩嘉靖間襲以積功陞本所正千

戶房智和州人景泰初任房鎮萬曆間襲見任張灼隆慶初陞任朱忠
隆慶初陞任
掌前所印
中衛前所正千戶孔貴諸城人永樂間任孔逅嘉靖間襲見任鄧英
臨川人景泰初任鄧大榮嘉靖間襲見任副千戶王良定遠人永樂間任
王決嘉靖間襲見任孫起直隸合肥人永樂間任孫廷錫嘉靖間襲
中衛後所正千戶李榮甫懷柔人洪熙初任李廷輿嘉靖間襲掌印
副千戶呂達和州人洪武間任呂瀕嘉靖間襲以養功陞本所正千戶楊
震上海人永樂初任楊昌言嘉靖間襲以會試武舉中式陞署指揮僉事李全
[illegible]武陵人[illegible]嘉靖間襲見任

[illegible]使盛璟鳳陽人洪武間任盛忠嘉靖間襲劉[illegible]人宣
德間任劉標嘉靖間襲見任胡福來安人宣德間任胡繼勲給優丘讚
鳳陽人宣德間任丘泓嘉靖間襲秦敏鳳陽人宣德間任陞都指揮使秦經國
萬曆間襲陞都指揮僉事指揮同知張俊鳳陽人永樂間任張煐隆慶間襲
掌鎮撫司印指揮僉事張晟鳳陽人洪武間任張鵬嘉靖間襲聞忠
汝寧人洪武間任聞大章嘉靖間襲掌中左所副千戶印戴俊和州人永樂間任
戴一袞嘉靖間襲以父死事陞本衛指揮使吳壽龍溪人永樂間任吳繼祖
嘉靖間襲見任商敬黃州人永樂間任商昇嘉靖間襲左所正千戶掌印倒刺
火直隸山後人天順間任後賜姓高高忠守嘉靖間襲今任指揮使鎮撫趙

英和州人洪武間任趙順嘉靖間襲見任李福淮安人洪武間任李大河
嘉靖間襲見任
鎮東衛左所正千戶殷順直隸鳳陽人洪武間任殷希尚嘉靖間襲
王安荊州府人永樂初任王烜隆慶初襲見任張英蘇州人景泰間任張釗
嘉靖間襲副千戶王能應天府人永樂初任王學夔嘉靖間襲
鎮東衛右所正千戶閻忠徽州人永樂間任閻大振嘉靖間襲掌印
劉源壽州人弘治間任副千戶王清順天府人洪熙初任王光臣給優
張興直隸山後人景泰間任童養正隆慶初任童可賢隆慶間襲見任
鎮東衛中所正千戶李旺杭州人宣德初任李明弘治間襲穆宗

本州人景泰初任穆大同嘉靖間襲見任楊寬蘇州人正統間任副千戶
劉勝青州人永樂初任劉思琦嘉靖間襲以父死事陞本衛指揮僉事再陞署都指
揮僉事見任王伯琳真定人永樂初任王應科隆慶間襲掌所印呼延
兒和州人宣德初任呼良朋嘉靖間襲以優功陞本衛指揮同知尋陞福建中路參將
今任本省都督盧毅黃州人間任盧麒嘉靖間襲見任
鎮東衛前所正千戶曹能汀州人宣德間任曹世王嘉靖間襲劉
恩金華人嘉靖間任劉際明隆慶間襲掌所印朱鎮南陽人嘉靖間任許
賢鳳陽人嘉靖間任副千戶謝禎沔陽人洪武間任謝日烘嘉靖間襲
見任吳鎮太平府人永樂初任吳愈嘉靖間襲以兄功陞本衛指揮同知吳鳴鳳

萬曆初襲見任　任源真定人永樂間任　任光嘉靖間襲見任

鎮東衛後所正千戶趙瑄惠山人永樂間任　趙國柱嘉靖間襲以會
試武舉中式加授本衛署指揮同知　陳賞盧州人間任　陳宗煜嘉靖間襲見任
黃真山後人宣德間任　黃濱正德間襲　陳伯芳惠安人隆慶間陞任　副千
戶宋忠濟南人永樂間任　宋德萬曆間襲見任　黃信福寧州人宣德間任
黃宣嘉靖間襲見任

鎮東衛中左所正千戶姜海淮安人宣德間任　姜文英嘉靖間襲
胡聰鳳陽人弘治間任　副千戶趙信濟南人正統間任　趙雄弘治間襲
[illegible]濟南人正[illegible]嘉靖間[illegible]

[illegible]所[illegible]德間任[illegible]宣　吳洲襲見任　王[illegible]
人宣德[illegible]嘉靖間襲降職　副千戶孫寧鳳陽人永樂
初任[illegible]本所副千戶
任　孫玉嘉靖間襲　張顯鳳陽人正統初任　張經隆慶間襲見任　王綸嘉靖
間襲以姦降職

萬安所正千戶夏麟滁州人永樂間任　夏雋嘉靖間襲見任　張淮鳳陽
[illegible]嘉靖[illegible]任　副千戶許達[illegible]洪武間任[illegible]嘉靖間襲見任

萬曆初任　源真定人永樂間任　任光嘉靖間襲見任
鎮東衛後所正千戶趙瑄惠山人永樂間任　趙國柱嘉靖間襲以會
試武舉中式加授本衛署指揮同知　陳贇廬州人間任　陳宗煌嘉靖間襲見任
黃真山後人宣德間任　黃濱正德間襲　陳伯芳惠安人隆慶間陞任　副千
戶宋忠濟南人永樂間任　宋德果萬曆間襲見任　黃信福寧州人宣德間任
黃宣嘉靖間襲見任
鎮東衛中左所正千戶姜海淮安人宣德間任　姜文英嘉靖間襲
胡聰鳳陽人弘治間任　副千戶趙信濟南人正統間任　趙雄弘治間襲
[illegible]嘉靖間
所[illegible]吳[illegible]宣[illegible]吳洲襲見任　王[illegible]
人宣德[illegible]　王璽嘉靖間襲降職　副千戶孫寧鳳陽人永樂初
初任　本所副千戶
任　孫玉嘉靖間襲　張顯鳳陽人正統初任　張經隆慶間襲見任　王綸嘉靖
間襲以姪降職
萬安所正千戶夏麟鄞州人永樂間任　夏雋嘉靖間襲見任　張淮鳳陽
任　嘉靖　副千戶許達洪武間任　[illegible]嘉靖間襲見任